KOMPENDIUM **Excel 2010**

Excel 2010

Zahlen kalkulieren, analysieren und präsentieren

IGNATZ SCHELS

Markt+Technik

KOMPENDIUM

Bibliografische Information der Deutschen Nationalbibliothek
Die Deutsche Nationalbibliothek verzeichnet diese Publikation in der Deutschen Nationalbibliografie; detaillierte bibliografische Daten sind im Internet über http://dnb.d-nb.de abrufbar.

10 9 8 7 6 5 4 3 2 1

12 11 10

ISBN 978-3-8272-4566-3

Covergestaltung: Thomas Arlt, tarlt@adesso21.net
Lektorat: Brigitte Bauer-Schiewek, bbauer@pearson.de
Fachlektorat: Georg Weiherer
Korrektorat: Sandra Gottmann
Herstellung: Elisabeth Prümm, epruemm@pearson.de
Satz: Reemers Publishing Services GmbH, Krefeld
Fotonachweise: Philipp Burkart, München
Fotolia, www.fotolia.com
Druck und Verarbeitung: Firmengruppe APPL, aprinta druck, Wemding
Printed in Germany

Im Überblick

Inhaltsverzeichnis

Vorwort

Liebe Leserin, lieber Leser,

ich freue mich, dass Sie ein Buch über Excel 2010 lesen. Natürlich freue ich mich auch, dass Sie mein Buch lesen, und ich bin sicher, Sie werden zufrieden sein. Ein Kompendium ist schließlich (nach Wikipedia-Definition) ...

Kompendium (von lateinisch compendium »Ersparnis«, »abgekürzter Weg«) bezeichnet ein kurz gefasstes Lehrbuch oder Nachschlagewerk.

Ein Lehrbuch ist dieses Buch sicher, Sie werden (fast) alles lernen, was es über Excel 2010 zu wissen gibt. Auch den Anspruch eines Nachschlagewerks erfüllt das Buch, ich habe mir die Aufgabe gestellt, alles Wichtige zu beschreiben, was das Kalkulationsprogramm zu bieten hat. Nur kurz fassen konnte ich mich leider nicht, das wäre ein Widerspruch. Excel ist so umfangreich, so mächtig im Funktions- und Befehlsumfang, da würden simple Beschreibungen weder Sie noch mich zufriedenstellen. Ich erkläre Ihnen lieber verständlich, was in Hilfetexten oft geschraubt daherkommt, zeige Ihnen anhand von Beispielen aus der Praxis, wie´s geht, und packe wertvolle Tipps und gute Ratschläge mit hinzu. Und deshalb ist Ihr Kompendium ein richtig großes Buch geworden.

Die CD zum Buch

Das eBook und die Praxisbeispiele finden Sie auf der CD zum Buch. Häufig sind die Übungsdaten in einer Datei gespeichert und die Lösung in einer zweiten, sodass Sie bequem nach der Anleitung im Buch vorgehen können.

Ein- oder Umsteiger?

Kennen Sie Excel schon, zum Beispiel aus einer der vielen Vorgängerversionen? Oder betreten Sie Neuland, unbelastet und mit viel Neugier und Entdeckerlust ausgestattet? In beiden Fällen haben Sie natürlich viel Arbeit vor sich. Als Einsteiger in die Excel-Welt sollten Sie sich zuerst mit den Grundlagen vertraut machen und die Basisfunktionen einüben. Nehmen Sie sich dann Praxisbeispiele vor, suchen Sie sich aber Aufgaben dazu. Erstellen Sie Ihre persönliche Adressverwaltung, berechnen Sie Umsätze, Absätze, Energiekosten, entwerfen Sie Dienstpläne und Terminkalender, oder stellen Sie Statistiken auf.

Umsteiger haben es schwer. Excel 2010 (eigentlich schon 2007) kommt mit einer völlig neuen Oberfläche. Keine Menüs und Symbolleisten mehr, stattdessen ein Menüband mit vielen Gruppen und Symbolen, das sich auch noch ständig ändert. Schimpfen Sie noch einmal kräftig, weil nichts mehr am alten Platz steht, und packen Sie es dann an. Die Oberfläche ist nicht nur anders, sondern besser, und mit etwas Geduld werden Sie sie bald im Griff haben. Ein kleiner Trost: Die Tastaturkürzel sind (fast) alle gleich geblieben.

Ein kleiner Kapitelführer

Lesen Sie das Kompendium nicht von vorne nach hinten, sondern wählen Sie gezielt einzelne Kapitel aus, und suchen Sie über das Inhaltsverzeichnis und den Index nach dem Themen, die Sie interessieren und die Sie lernen wollen. Hier eine kleine Übersicht über die Kapitel mit Einsteiger- und Profi-Index. Im grafischen Kapitelindex sehen Sie, für welche Lesergruppe das Kapitel geeignet ist, für Einsteiger in die Welt der Tabellenkalkulation oder doch mehr für die Profis, die bereits Erfahrung mit Excel gesammelt haben.

Kapitel 1 beschreibt die Installation und Einrichtung von Excel 2010, den Programmstart mit einigen Alternativen und die Oberfläche mit Menüband und Symbolleiste für den Schnellzugriff. Hier finden Sie auch Beschreibungen zur Anpassung dieser Oberflächenelemente. Die zahlreichen Optionen sind ausführlich beschrieben.

Einsteiger Profis
1 2 3 4 5 6

In Kapitel 2 lernen Sie die **Oberfläche** des Programms mit allen Registern des Menübandes kennen. Fenstertechniken, Zoom, Statusleiste und Ansichten sind weitere Themen. Der Dienstplan ist ein nützliches Praxisbeispiel.

Einsteiger Profis
1 2 3 4 5 6

Das **dritte Kapitel** beschäftigt sich mit **Arbeitsmappen und Vorlagen**, Schwerpunkt ist hier die Vorstellung der Dateiformate mit den neuen Formaten XML, PDF und XPS, beschrieben werden aber auch alle anderen Dateiformate. Weitere Inhalte: Konvertierung von XLS-Dateien und die Arbeit mit Mustervorlagen. In der VBA-Ecke finden Sie nützliche kleine Makros.

Einsteiger Profis
1 2 3 4 5 6

Von der Tabelle zur Zelle führt Sie das **Kapitel 4**, hier erfahren Sie alles über Tabellen, Zellen, Zeilen und Spalten. Lernen Sie, Tabellen anzulegen und zu verwalten, und lesen Sie die Grundlageninformationen über Tabellenblätter und deren Aufbau.

Einsteiger Profis
1 2 3 4 5 6

Die **Grundlagen der Tabellenbearbeitung** behandelt **Kapitel 5**. Hier erfahren Sie alles über die Zelle, die auch in Excel der Ursprung allen Lebens ist. Wichtig für dieses Thema ist das Zahlenformat, das hier schon im Prinzip erklärt wird. Zur Zellbearbeitung gehören auch die Ausfülltechniken, Kommentare und die Rechtschreibprüfung.

Einsteiger Profis
1 2 3 4 5 6

Das **Kapitel 6** behandelt **Formeln und Funktionen** und dürfte mit diesem Thema zu den wichtigsten im Kompendium gehören. Es beginnt mit einfachen, verständlichen Erklärungen zum Prinzip der Formeln und Formelbezüge, erklärt das Funktionsprinzip und liefert nützliche Tipps und Techniken für die Eingabe, Bearbeitung und Fehlerkorrektur von Formeln und Funktionen. Im letzten Drittel wird´s für Profis interessant: Zaubertricks mit Formeln, dynamische Bereiche und Rechnen mit Datum und Zeit gehören zu den Geheimnissen der Tabellenkalkulation.

Einsteiger Profis
1 2 3 4 5 6

Verknüpfungen und Gliederungen gehören nicht unbedingt zum Standard in Tabellenblättern, sind aber für fortgeschrittene Anwender ein sehr wichtiges Thema. Lernen Sie in **Kapitel 7**, wie Sie Tabellen und Mappen verknüpfen, Gliederungsebenen einziehen und Teilergebnisse in großen Listen berechnen.

Einsteiger Profis
1 2 3 4 5 6

Die nächsten drei Kapitel gehören thematisch zusammen: **Kapitel 8** behandelt ausführlich die **Zahlenformate** mit Schwerpunkt auf die benutzerdefinierte Codierung, im **Kapitel 9** finden Sie alle Informationen über **Schrift, Rahmen, Farben, Muster und Hintergrund**, und **Kapitel 10** zeigt, wie die Ausgabe Ihrer Kalkulationsergebnisse über **Seitenlayout, Seitenansicht und Druck** gesteuert wird.

Einsteiger Profis
1 2 3 4 5 6

Wie aus einfachen Listen Spezialbereiche werden, die in Excel **Tabellen und Datenbanken** heißen, und wie diese sortiert und gefiltert werden, zeigt das **Kapitel 11**. Lassen Sie sich dieses Kapitel nicht entgehen, wenn Sie mit importierten Listen, großen Berichten und Datenmengen aus externen Quellen arbeiten. Nicht nur die Tabellentechnik, auch die Shortcuts sind besonders wichtig.

Einsteiger Profis
1 2 3 4 5 6

Im nächsten **Kapitel 12** sind die **PivotTable-Berichte** Schwerpunkt. PivotTables sind Analyseinstrumente, die große Listen in überschaubare Zusammenfassungen verwandeln. Üben Sie mit den Daten von der CD, und lernen Sie dieses Analysetool kennen, das zu den wichtigsten Werkzeugen der Excel-Profis gehört.

Einsteiger Profis
1 2 3 4 5 6

Kapitel 13 führt Sie in die Welt der **Diagramme** ein. Lernen Sie professionelles Chart-Design, Visualisierungs- und Präsentationstechniken kennen. Erstaunliche Fähigkeiten bietet Excel im Bereich **Grafische Objekte**, lesen und üben Sie mit den Formen, Zeichenwerkzeugen und SmartArts, die in **Kapitel 14** beschrieben sind.

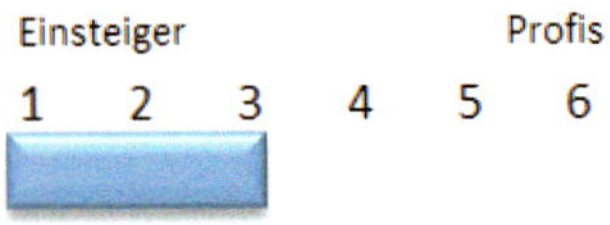

Ob Textdatei oder Access-Datenbank, SQL-Abfrage oder SAP-Bericht – Excel kennt sie alle, die **Externen Daten**, und **Kapitel 15** beschreibt, wie Sie diese sinnvoll und optimiert in Excel integrieren. Lernen Sie ODBC-Abfragen kennen, und wagen Sie den Sprung vom *Copy&Paste* zur dynamischen Datenintegration. Und lernen Sie ein geniales Werkzeug kennen: Mit PowerPivot reißen Sie Grenzen nieder. Importieren Sie riesige Datenmengen, verknüpfen und rechnen Sie mit DAX-Formeln.

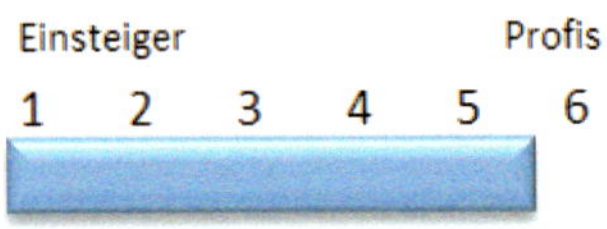

Unter dem Begriff **Datentools** fasst Excel einige Spezialtechniken zusammen, die in **Kapitel 16** beschrieben sind. Die Datenüberprüfung zählt dazu, ebenso das Konsolidieren und Was-wäre-wenn-Analysen, Zielwertsuche und Solver – Techniken, die nicht zum Repertoire der Standardtabelle gehören, aber die so richtig Leben in die Zelle bringen ...

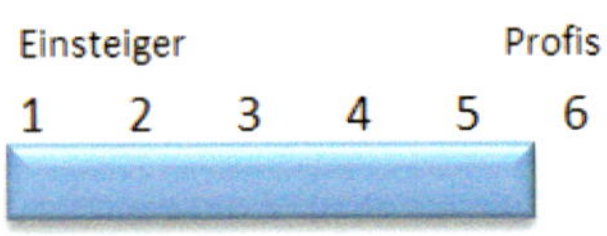

Das wichtige Thema **Sicherheit und Schutz** in Arbeitsmappen und Tabellen behandelt **Kapitel 17**. Lernen Sie das Sicherheitscenter kennen, und sichern Sie mit den Ausführungen in diesem Kapitel Ihre wertvolle Arbeit vor unterwünschten Zugriffen oder Manipulationen.

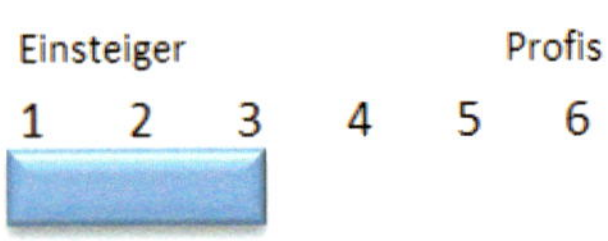

Von Excel nach Word, Access oder PowerPoint – das Office-Paket ist eine ideale Plattform für Datenverarbeitung aller Art, und in **Kapitel 18** wird beschrieben, wie **Excel im Office-Verbund** mit anderen Programmen arbeitet. Auch Outlook kann mit Excel ganz gut ...

Haben Sie Lust auf **Makroprogrammierung mit VBA**? Im großen **Kapitel 19** erfahren Sie alles, was Sie für diese wirkungsvolle Automatisierungstechnik in Excel brauchen. Nach einer einfachen, besonders für Einsteiger gut geeigneten Einführung in die Makrosprache lernen Sie Objekte, Methoden und Eigenschaften kennen und probieren auch Ihre ersten Ereignismakros. Der VBA-Editor als wichtigstes Werkzeug wird ausführlich erklärt, Makrotechniken und Tipps aus der Praxis stehen im Vordergrund. Mit Fleiß und Geduld werden Sie schnell Erfolge erzielen.

Im **Kapitel 20** lernen Sie noch einige **Spezialtechniken** der Makroprogrammierung kennen, u.a. die Ausstellung eines Zertifikates, die Entfernung von Kennwörtern und die Integration von Makros in die Oberfläche. Und wenn Sie noch mehr Spaß mit Excel haben wollen, sehen Sie sich die **FunMakros** an.

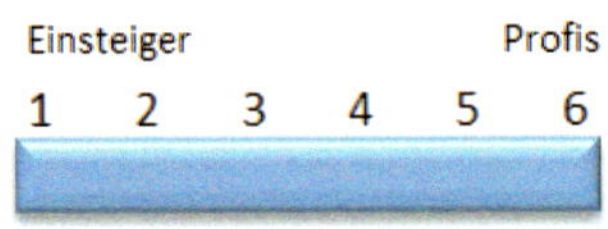

Im **Anhang A** finden Sie noch eine Beschreibung der Optionen, die im VBA-Editor einstellbar sind, und **Anhang B** enthält eine Liste mit allen wichtigen Tastenkombinationen (Shortcuts).

Ein Blick auf den Autor

Ignatz Schels, Jahrgang 56, war nach Abitur und Ausbildung zum Technik-Informatiker drei Jahre Produktmanager beim Markt+Technik-Verlag. 1986 machte er sich selbständig, und Microsoft holte ihn als Excel-Kenner der ersten Stunde für mehrere Jahre als Trainer. In seinen Spezialseminaren bildet er fortgeschrittene Excel-Anwender, Controller, Projektmanager und Visual Basic-Programmierer aus, zahlreiche Firmen wie BASF, Bosch, Daimler, Siemens u.v.a. gehören zu seinen Partnern. Als Referent leitet er Spezialseminare für Controller und Personalmanager bei Bildungsinstituten wie ManagementForum, ManagementCircle, International Business School (Schweiz), ÖPWZ (Wien) sowie für die Universitäten Mannheim und Regensburg.

Ignatz Schels programmiert mit VBA in Access und Excel zur Automatisierung von Datenimporten/-exporten mit Datenbanken aus Access, SQL-Server, Oracle, SAP-Anbindung, OLAP-Cubes und erstellt Software auf Excel-Basis mit Schwerpunkt Controlling und Projektmanagement.

Der Fachjournalist Ignatz Schels hat zahlreiche Bücher, Artikel und Schulungsreihen zu Excel im Controlling und Projektmanagement, zu Windows, VBA, Access und Office veröffentlicht. Er schreibt für das *ProjektMagazin* (www.projektmagazin.de) und für *Excel im Unternehmen* (Haufe).

Der zertifizierte Projektfachmann (GPM/IPMA) Ignatz Schels schult Projektmitarbeiter und betreut Software in Projekten. Sein Buch *Projektmanagement mit Excel* (Verlag Addison-Wesley) enthält ausgesuchte Lösungen für den Einsatz der Tabellenkalkulation im Projektmanagement.

Auf seinen Internet-Seiten finden Sie alle Informationen, Publikationen und Angebote sowie ein Leserforum, reserviert für Leser seiner Bücher. Nutzen Sie das Kontaktformular für Fragen, Wünsche und Anregungen.

www.schels.de

www.excellent-controlling.de

Dank zum Schluss

Ein großer Dank gebührt meinen Freunden und fleißigen Mitstreitern beim Verlag Markt+Technik, allen voran Birgit Ellissen und Brigitte Bauer-Schiewek.

Meiner Familie, meiner Frau und meinen drei Buben danke ich für die moralische und logistische Unterstützung und die unerschöpfliche Geduld, wenn der Chef mal wieder im Buchstress ist.

Jetzt wünsche ich Ihnen, liebe Leserinnen und Leser, viel Freude beim Lesen und Schmökern, den Erfolg, den Sie sich erhoffen, die Geduld, die Dinge zu nehmen, wie sie sind, und den Spaß, den ich selbst bei der Arbeit mit Computern und Excel habe. Nicht immer, aber immer öfter ...

Ignatz Schels

Teil 1
Der richtige Einstieg

In diesem Teil demonstrieren wir Ihnen den richtigen Einstieg in Excel 2010. Kapitel 1 zeigt Ihnen, wie das Programm installiert und eingerichtet wird, anschließend lernen Sie mehrere Alternativen für den Programmstart kennen. Sehen Sie sich die wichtigsten Oberflächenelemente an, das Menüband und die Symbolleiste für den Schnellzugriff. Die Optionen im Datei-Menü (Backstage-Ansicht) müssen Sie anfangs nicht ändern, wenn Sie mehr Erfahrung mit Excel haben, können Sie hier nachschlagen und die eine oder andere Option für Ihre Zwecke anpassen.

Kapitel 2 führt Sie dann in die Fenstertechnik von Excel ein und listet alle Register des Menübands. Studieren Sie diese in aller Ruhe, und lernen Sie die Unterschiede zwischen den einzelnen Symbolgruppen kennen.

Zu den wichtigsten Elementen der Oberfläche gehört die Backstage-Ansicht, das Datei-Menü. Hier sollten Sie sich gleich mit den Speichertechniken und den unterschiedlichen Dateiformaten vertraut machen. Außerdem finden Sie Informationen über die Druckvorschau (Seitenansicht), die Druckereinrichtung und die Möglichkeiten, Excel-Tabellen oder Tabellenbereiche zu Papier zu bringen oder als PDF-Druckdateien abzuspeichern.

Kapitel 1: Excel installieren und einrichten

Die korrekte und vollständige Installation von Excel ist Voraussetzung für ein fehlerfreies Arbeiten mit dem Programm. Integrieren Sie Excel in Ihre Windows-Oberfläche und passen Sie das Menüband und die Symbolleiste für den Schnellzugriff an, so dass Sie optimal damit arbeiten können. Die zahlreichen Optionen zur Einrichtung der Oberfläche sind ausführlich beschrieben.

Kapitel 2: Die Excel-Oberfläche

Keine Angst vor den vielen Fensterelementen, Registern und Symbolen. Sehen Sie sich das Fensterkonzept von Excel an, lernen Sie alle Register und Gruppen im Menüband kennen und achten Sie auch auf die hilfreichen Kontextmenüs.

Kapitel 3: Dateiverwaltung im Backstage

Für die Verwaltung der Dateien ist das Dateimenü, auch Backstage-Ansicht genannt, zuständig. Es bietet Befehle zum Öffnen, Speichern und Sichern von Dateien, Versionsverwaltung, Dateiinformationen. Für die Ausgabe der Tabellen auf Papier oder PDF stehen Seitenansicht und Druck zur Auswahl.

Kapitel 1

Excel installieren und einrichten

Auf dem Personalcomputer muss ein Softwarepaket wie Excel bzw. Office zunächst installiert werden, aber das wird wahrscheinlich schon der freundliche Verkäufer vom Elektronikmarkt für Sie erledigt haben, denn in der Praxis werden neue Geräte ausschließlich mit einer Reihe fertig eingerichteter Programme ausgeliefert. OEM-Software nennt sich so was, OEM heißt *Original Equipment Manufacturer*, und wenn Sie einen Computer mit dem Betriebssystem Windows und einer Office-Suite kaufen, hat Microsoft diese Software dem Händler billiger überlassen. Dafür darf er sie nur in Verbindung mit der Hardware verkaufen. Das hat für Sie den Vorteil, dass Sie nichts installieren müssen, es gibt aber auch Nachteile.

Ein vorinstalliertes Office ist immer die günstigste und kleinste Version. Wollen Sie später zum Beispiel auch mit dem Datenbankprogramm Access arbeiten, das in dieser Version nicht enthalten ist, müssen Sie die nächsthöhere Office-Version nachkaufen (sofern es Access nicht als Einzelpaket gibt). Wenn Sie nur eine Office Starter-Version haben, ist der Funktionsumfang eingeschränkt, und Sie müssen auf einige Programmteile von Excel verzichten (siehe unten).

1.1 Hardware- und Softwarevoraussetzungen

Was Ihr Computer können muss, damit Office 2010 läuft, ist meist in der Minimalversion ausgeschrieben. Die Taktfrequenz des Computers sollte 500 MHz oder höher betragen, 256 MB Arbeitsspeicher sind ausreichend, wenn Sie keine grafischen Funktionen nutzen wollen, der Monitor muss mindestens eine Auflösung von 1024 x 576 Punkten vertragen. Auf der Festplatte müssen 3,5 GB für die Office-Installation frei sein.

Hier sollten Sie aber einen guten Rat befolgen: Versuchen Sie nicht, mit schlechter Hardware gute Programme zu fahren. Ältere Computer, die gerade noch die Mindestanforderungen erfüllen, werden Ihnen wenig Freude bereiten, und »alt« ist ein PC leider schon nach wenigen Jahren. Mit 512 MB Arbeitsspeicher sind lange Wartezeiten vorprogrammiert, bei älteren Festplatten sind weniger die Kapazitäten, sondern vielmehr die Zugriffszeit für Schreib- und Lesevorgänge das Problem, und wenn Sie einen alten Röhrenmonitor und eine ebenso antiquierte Grafikkarte haben, werden Sie nicht in den Genuss der wirklich exzellenten grafischen Möglichkeiten des Office-Paketes (bzw. von Windows selbst) kommen.

» Rüsten Sie auf: Im Takt von 2,5 GHz sollte das Prozessorherz schlagen, 2 GB Arbeitsspeicher sind Pflicht, wenn Sie nicht ständig warten wollen, und Festplatten ab 500 GB lösen alle Speicherprobleme. Schaffen Sie sich noch eine externe Platte für Sicherungsdateien an, und vergessen Sie auch die Peripherie nicht: Ein alter Drucker, der sich schon unter

Windows viel Zeit lässt, wird Sie auch mit Excel-Tabellenausdrucken permanent ärgern. Ihre Maus sollte ein Rad zwischen den Tasten haben, das ist für Excel absolut wichtig.

» Office 2010 will das Betriebssystem Windows XP mit Service Pack (SP) 3 oder Vista mit SP 1 sehen oder den Windows Server 2003 R2. Ideal ist natürlich Windows Server 2008 oder Windows 7, und wenn Ihr Windows gut und schnell läuft, dann werden Sie auch Freude an der Arbeit mit Office haben.

TIPP Informationen über Prozessor, Arbeitsspeicher und Betriebssystem finden Sie, wenn Sie unter Windows das Startmenü öffnen, mit der rechten Maustaste das Kontextmenü von *Computer* öffnen und *Eigenschaften* wählen. Ein nützlicher Helfer ist auch das Diagnoseprogramm *dxdiag*, es zeigt Ihnen Informationen über die Grafikkarte, DivX, Sound und Maustreiber. Wählen Sie dazu im Windows-Startmenü *Ausführen*, und geben Sie ein:

```
Dxdiag
```

Bei Windows 7 tragen Sie `dxdiag` einfach in das Suchfenster ganz unten ein.

1.2 Die Office-Versionen

Die Frage, ob die Standardversion oder eine billige Schul- oder Studentenversion ausreicht, sollten Sie sich auch stellen, wenn Sie von einer älteren Office-Version upgraden wollen. Vielleicht entscheiden Sie sich doch

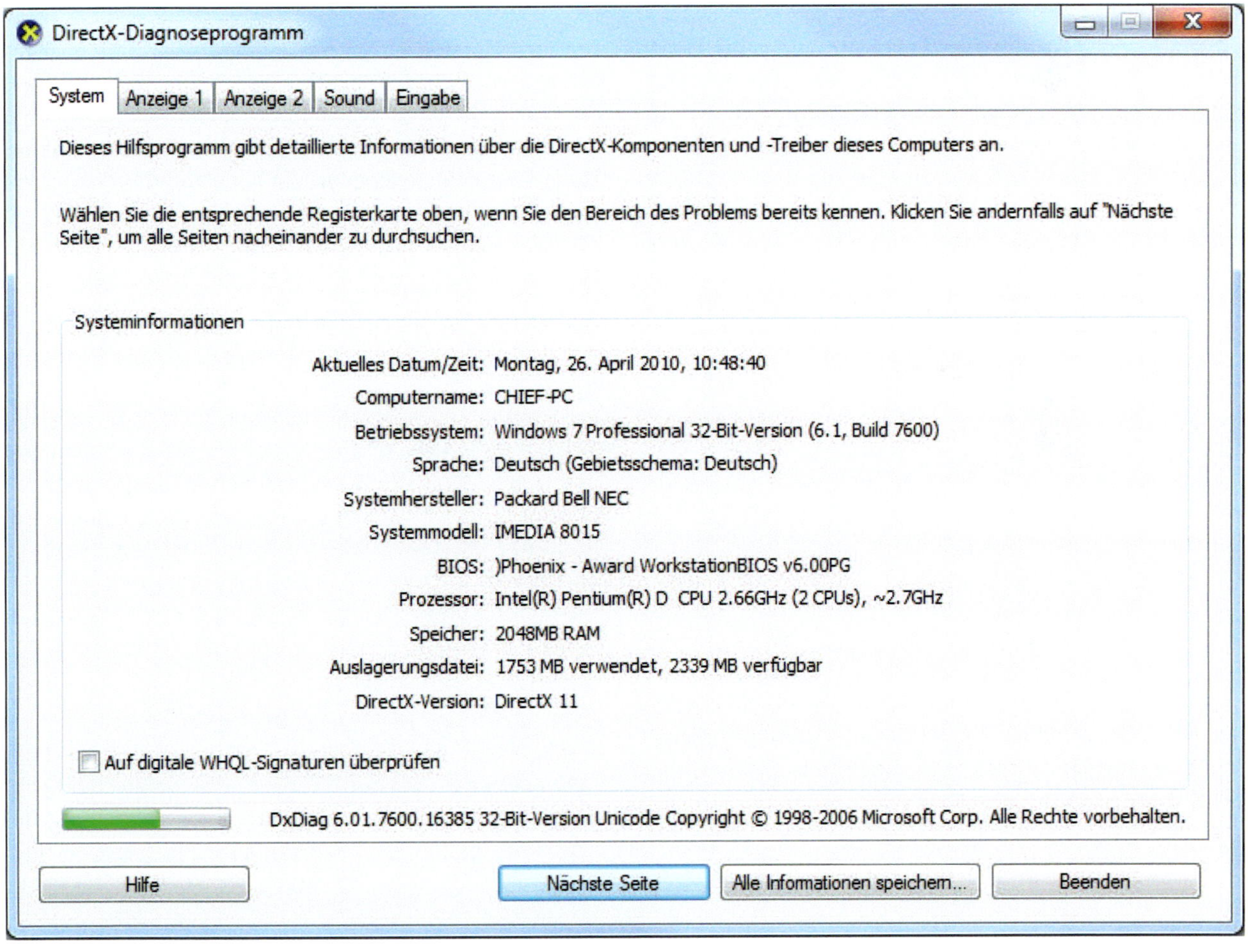

Abbildung 1.1 Schnelle Informationen über das System mit dxdiag

lieber gleich für eine »große« Version. Hier eine Übersicht über die Versionen:

» *Microsoft Office Home and Student 2010* enthält neben Excel auch PowerPoint, Word und OneNote.

» Die Version *Home and Business*, die meist als OEM-Software auf neuen Computern installiert ist, bietet zusätzlich noch das Mailprogramm Outlook.

» *Microsoft Office Professional 2010* liefert zusätzlich noch das Datenbankprogramm Access.

Neben diesen Versionen gibt es noch *Standard* und *Professional Plus*, diese Versionen sind aber nur als Volumenlizenzen für Firmenkunden erhältlich. Auf neuen Geräten ist meist die Version *Home and Business* installiert. Als Excel-Anwender haben Sie natürlich den vollen Programmumfang, nur Access als nützliches Werkzeug für größere Datenbankaufgaben fehlt.

1.2.1 Office Starter 2010

Wenn Ihr neuer PC mit einer Office Starter-Version ausgestattet ist, haben Sie kein vollwertiges Excel. Office Starter löst Microsoft Works ab, eine kleine Office-Suite, die bei PCs mit vorinstalliertem Windows zur Software-Grundausstattung gehörte. Works gibt es nicht mehr, Office Starter enthält je eine abgespeckte Version von Excel 2010 und Word 2010. Das sind die Unterschiede bei Excel:

Office Starter blendet ständig eine Seitenleiste mit Werbung ein, die nicht entfernt werden kann. Außerdem bietet das Menüband nur fünf von standardmäßig acht Registerkarten an (*Datei*, *Start*, *Einfügen*, *Seitenlayout* und *Formeln*, nicht enthalten sind die Register *Daten*, *Überprüfen* und *Ansicht* sowie die *Entwicklertools*.

Im Register *Einfügen* fehlen die Symbole *PivotTables* und *PivotCharts*, *Screenshots*, *SmartArts*, *Datenschnitte*, *Signaturzeile*, *Objekt* und *Formeln*. Im Register *Formeln* gibt es keine Gruppe *Formelüberwachung*.

Von den zahlreichen Zusatzprogrammen, die Office nach der Installation im Startmenü anbietet, kann die Starter-Version nur den *Microsoft Clip Organizer* und den *Microsoft Office Picture Manager* anbieten. Dafür bietet es aber einen *Office To-Go Device Manager* an, der die Möglichkeit bietet, das gesamte Starter-Paket auf ein USB-Laufwerk zu kopieren.

Wenn Sie von Office Starter 2010 auf eine Vollversion umsteigen möchten, brauchen Sie nur einen Product Key, und den bekommen Sie im Fachhandel. Achten Sie darauf, dass Sie den Schlüssel für die richtige Version kaufen, das Angebot reicht von der *Home & Student-* über *Home & Business* bis zur Vollversion *Office Professional 2010*.

1.2.2 Office 2010-Testversion

Für Unentschlossene bietet Microsoft eine 60-Tage-Testversion an, sie kann von der Internetseite des Herstellers geladen werden:

www.microsoft.com/office2010

Der Aktivierungscode wird nach dem Download per Mail zugesandt, er steht auch auf der Download-Seite. Excel läuft nach Aktivierung der Testversion tatsächlich ohne Einschränkungen, aber eben nur 60 Tage. Dann schalten alle Office-Programme in den Evaluationsmodus, was bedeutet, dass Sie keine Dateien mehr bearbeiten und speichern können. Außerdem erscheint nach jedem Start eine Anfrage, ob Sie nicht bald die Vollversion kaufen wollen, und die meisten Programmfunktionen sind ausgeblendet. Das Arbeiten mit der Textversion wird Ihnen ab diesem Zeitpunkt sicher keinen Spaß mehr machen.

1.3 Office 2010 online

Desktop-PCs und Notebooks sind nicht die einzigen Computer, die sich für eine Office-Installation anbieten. Excel & Co lassen sich auch mit PDAs (Personal Desktop Assistants) und Mobiltelefonen bedienen, und mit Office 2010 wird auch die Online-Nutzung der Bürosoftware Realität.

» Die Office-Suite, zu der Excel gehört, lässt sich auch auf Mobiltelefone installieren, die über das Betriebssystem *Windows Mobile* gesteuert werden. Microsoft bietet *Office Mobile* zum Download an, die Version 6.1 unterstützt das 2007er-Dateiformat, das kompatibel mit der Version 2010 ist (www.microsoft.com/downloads).

» Für den Blackberry gibt es eine Office-Version bei Softonics (www.eoffice.softonics.de) oder alternativ dazu Apps zur Bearbeitung von Excel-Dateien.

- Apple iPhone-Besitzer installieren sich die *Quickoffice Connect Suite* und tauschen Dateien über WLAN oder Mail aus.
- Das iPad, Apples Touchscreen, kann schon in der ersten Version Excel-Dateien im XLSX-Format (Version 2007 und 2010) anzeigen, und Apps zum Erzeugen und Bearbeiten von Excel-Tabellen werden nicht lange auf sich warten lassen.

1.3.1 Excel in der Cloud

Mit Excel 2010 kommt eine weitere Benutzerebene ins Spiel: Suchmaschinengigant Google hat mit seinen Google Apps den Anfang gemacht, und Microsoft wird mit seinen Office Web Apps dagegenhalten: Software wird zukünftig nicht mehr auf Datenträgern installiert, die neueste Erfindung heißt Cloud-Computing. Der Hersteller bietet seine Dienste im Internet an, Excel wird mit dem Browser bedient, und die Daten werden online auf dem Server des Anbieters gespeichert und von dort abgerufen. Die Vorteile liegen auf der Hand: Geringe Hardware- und Softwarekosten, unbegrenzter Speicherplatz, gemeinsame Nutzung der Daten über das Internet, Sicherheit und, nicht zu vergessen, Schonung der Umwelt durch Reduktion von Papier, CDs, DVDs und Verpackung.

Der Schlüssel zum Online-Office heißt *Office Web Apps*. Diese werden über einen Browser gestartet, Internet Explorer, Apple Safari und Mozilla Firefox gibt Microsoft als kompatibel an. Voraussetzung ist ein SharePoint 2010-Server, der die Office-Webanwendungen ausführt oder eine Windows Live-ID.

Office 2010 bietet zudem die Möglichkeit, Daten auf einer Online-Festplatte zu speichern. SkyDrive heißt das Projekt, dieses Himmelslaufwerk kann sich jeder anlegen, der eine Windows Live-ID besitzt und damit Speicherplatz auf den Servern von Microsoft reserviert bekommt. Mehr dazu finden Sie in Kapitel 3.

1.4 Excel installieren

Der Installationsvorgang für Office 2010 ist einfach, die Installation dauert je nach Hardwareausstattung weniger als eine halbe Stunde. Sie brauchen die DVD oder die Datei, die Sie per Download erhalten haben. Die DVD legen Sie ein, das Installationsprogramm startet automatisch. Download-Dateien werden in der Regel einfach per Doppelklick aktiviert, um die Installation zu starten.

1.4.1 Ältere Versionen?

Ältere Office-Versionen können Sie zwar behalten und weiterhin nutzen, wenn Sie bei der Installation angeben, dass Sie diese nicht überschreiben möchten. Es gibt aber gute Gründe, dies nicht zu tun. Die Versionen bis 2003 arbeiten mit einem älteren Dateiformat, Excel 2010 kann deren Dateien problemlos lesen und auch Dateien in diesen Formaten erzeugen. Dabei wird es aber immer zu Funktionalitätsverlusten kommen, die Excel aber auch anzeigt.

Problematisch ist die gemeinsame Nutzung von System- und Programmdateien, zum Beispiel der persönlichen Makrodateien. Das neue Office wird zwar in einem eigenen Ordner hinterlegt, benutzt aber einige Dateien aus dem alten System.

Aktivieren Sie Office-Programme wie Excel wahlweise in der alten und in der neueren Version, wird das jeweils aktivierte Excel nach dem Start neu konfiguriert, was im ungünstigsten Fall einige Minuten dauern kann.

TIPP Eine gute Alternative zur Parallelinstallation von Office XP oder 2003 und Office 2010 ist der Windows XP-Modus unter Windows 7: Installieren Sie diese virtuelle Maschine, und richten Sie Ihr älteres Office unter diesem XP-Modus ein. Damit trennen Sie die beiden Versionen und können auf der alten XP-Plattform weiterhin mit der Vorgängerversion von Office und Excel arbeiten. Hier finden Sie Informationen zum XP-Modus:

`http://windows.microsoft.com/de-DE/windows7/products/features/windows-xp-mode`

1.4.2 Die Installation

Zur Installation des Office-Paketes besitzen Sie entweder eine DVD oder eine Installationsdatei, wenn Sie das Produkt per Download erworben haben. Wichtigstes Zubehör ist der Produkt-Key, den das Installationsprogramm gleich am Anfang anfordert. Dieser Schlüssel befindet sich auf einem Aufkleber in oder an der DVD-Hülle oder wird nach dem Download per Mail versendet, und ohne diesen lässt sich keines der Programme einrichten (außer im oben beschriebenen Testmodus).

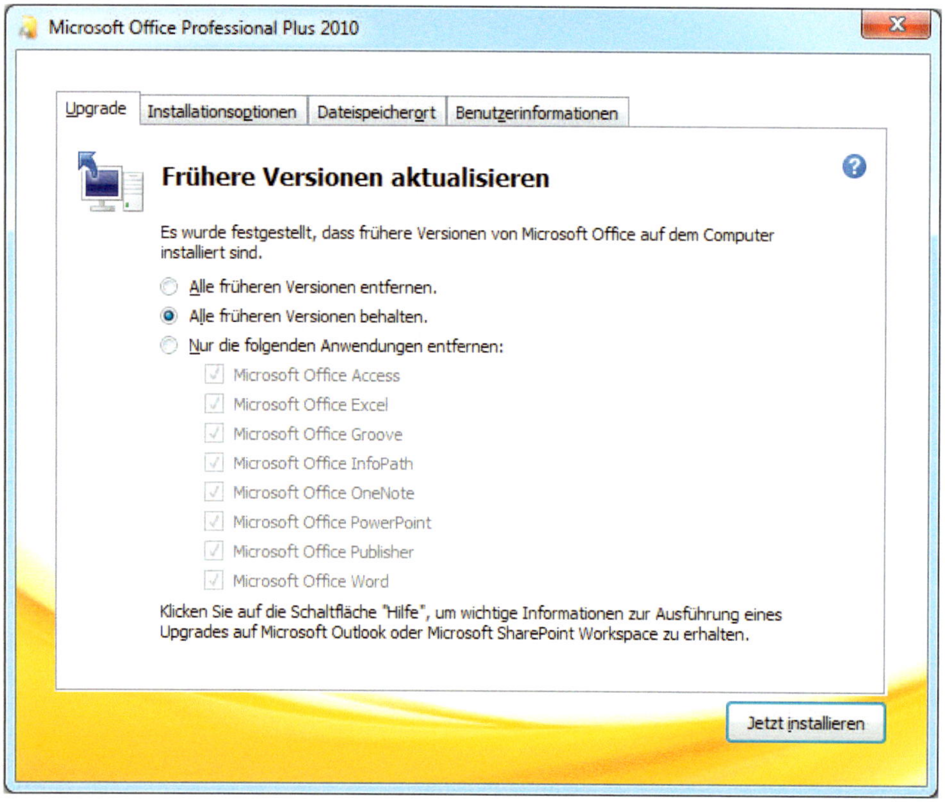

Abbildung 1.2
Office 2010 wird installiert.

Das Installationsprogramm wird Sie zunächst auffordern, den Ordner für die Programmdateien einzugeben oder zu bestätigen. Ändern Sie den Vorschlag nur, wenn Sie ein anderes als das Standard-Laufwerk C benutzen wollen, in der Praxis sind immer wieder Fehler aufgetreten, wenn Office seine Dateien im Unterordner eines Unterordners suchen muss. Verwenden Sie keinesfalls Netzlaufwerke zur Installation, die Laufwerkbuchstaben sind nicht fest zugewiesen und können sich leicht ändern. Das Installationsprogramm schlägt in einer Standardumgebung diesen Pfad vor:

C:\Program Files\Microsoft Office\Office 14

Stimmen Sie diesem Vorschlag ruhig zu, auch wenn der Programmordner im deutschsprachigen Windows C:\Programme heißt, Office wird automatisch in diesem installiert, es wird kein zusätzlicher Ordner *Program Files* angelegt.

Bestimmen Sie im nächsten Schritt, ob Sie die Vorgängerversionen der Office-Programme behalten wollen (siehe oben: Ältere Versionen). Das Mailprogramm Outlook müssen Sie auf jeden Fall ersetzen, alle anderen Applikationen können Sie auch behalten.

1.4.3 Installationsoptionen

Die Office-Programme werden mit der Standardinstallation nicht vollständig installiert. Diesem Umstand haben nicht nur zahlreiche Hotline-Mitarbeiter viel Arbeit zu verdanken, auch die Autoren von Fachbüchern müssen immer wieder Fragen nach Programmteilen beantworten, die zwar beschrieben, aber nicht verfügbar sind. Achten Sie auf den zweiten Reiter Installationsoptionen (siehe Bild), schalten Sie auf diesen um, und stellen Sie sicher, dass jedes Programm vollständig installiert ist. Speicherplatz ist in der Regel genug verfügbar:

Klicken Sie auf das Pluszeichen am Symbol neben dem Programmnamen (z. B. Excel), um die nicht installierten Objekte anzuzeigen. Ist das Symbol weiß unterlegt, sind alle Objekte installiert, wenn es grau ist, fehlt mindestens eines.

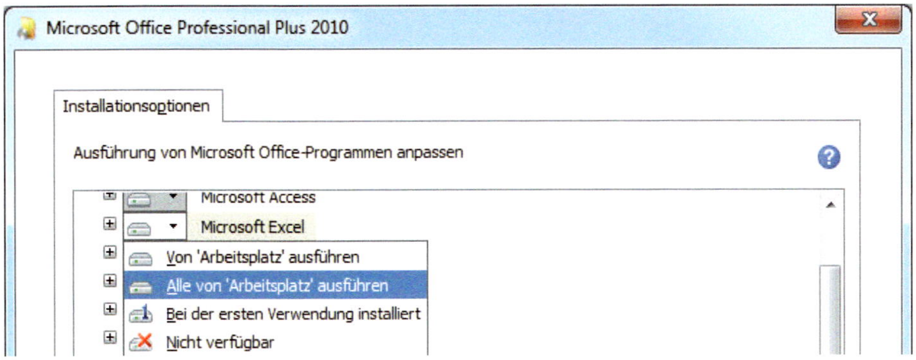

Abbildung 1.3
Stellen Sie in den Installationsoptionen sicher, dass alles installiert ist.

Klicken Sie auf ein Objekt, und wählen Sie *Von 'Arbeitsplatz' ausführen*. Sie können auch auf das Symbol klicken und *Alle von 'Arbeitsplatz' ausführen* markieren.

In Excel 2010 installieren Sie damit zusätzlich die .NET-Programmierunterstützung, einige Add-Ins und Beispieldateien.

TIPP Diese Installationsoptionen können Sie über die Systemsteuerung nachträglich verbessern. Wählen Sie die Kategorie *Programme*, markieren Sie die Office-Version in der Liste aller eingerichteten Programme, und klicken Sie auf *Ändern*. Jetzt können Sie *Features hinzufügen oder entfernen*.

1.4.4 Umsteigen von 2003/XP

Office-Updates waren in der Vergangenheit nicht mit großem Aufwand für den Anwender verbunden. Seit Office 95 wurden Word, Excel, Access und Co. zwar stetig verbessert, die Benutzeroberfläche bekam aber meist nur kosmetische Operationen verpasst. Das uralte Prinzip der Menüs am oberen Bildschirmrand, kombiniert mit einer (wachsenden) Zahl an Symbolleisten, blieb bis zur Version 2003 erhalten. Mit Office 2007 machte Microsoft einen radikalen Schnitt. Symbolleisten und Menüs wurden abgeschafft, die Multifunktionsleiste mit Registern und Registergruppen hatte Premiere. Auch das uralte, längst überfällige binäre Dateiformat hatte ausgedient, ab Office 2007 werden Dateien als XML-Archive abgelegt, neue Dateiendungen wie DOCX (Word) oder XLSX und XLSM (Excel) kennzeichnen diese deutlich.

Wer von Office 2007 auf 2010 umsteigt, wird die wenigsten Probleme haben. Bis auf die »Backstage«, den Bereich, in dem alle Funktionen rund um Dateien und Dateiausgabe untergebracht sind, sind die Programme nur in kleinen Details abgeändert worden, das Office-Menü links oben in der Ecke war doch wohl nicht so transparent, und Microsoft kehrte wieder zurück zum alten, wohlbekannten Datei-Menü.

Wer jetzt aber von 2003, XP, 2000 oder gar Office 97 umsteigt, muss mit viel Suchaufwand rechnen. Menüs gibt es nicht mehr, das Menüband (so der neue Name der Multifunktionsleiste von Office 2007) ist in Register unterteilt, die je nach Bearbeitungsstatus Aussehen und Inhalt wechseln. Alle Symbole von früher sind zwar noch da, aber eben woanders als im »alten« Office. Die einzige variable Symbolleiste, die der Anwender noch selbst gestalten kann, war in Office 2007 die Symbolleiste für den Schnellzugriff, angeordnet wahlweise unter oder

Abbildung 1.4
Wieder dabei: das Datei-Menü

über dem Menüband. Die Multifunktionsleiste ließ sich nur mit viel Fachwissen und zusätzlichem Einsatz vom XML-Entwicklerwerkzeugen anpassen.

Wenigstens in diesem Punkt hatte Microsoft ein Einsehen: Das Menüband lässt sich vom Benutzer frei gestalten, Register und Gruppen können hinzugefügt, Symbole verschoben, integriert oder gelöscht werden (siehe dazu Kapitel 2). Aber bevor es so weit ist, muss der leidgeplagte Umsteiger erst einmal die neue Benutzeroberfläche kennenlernen.

1.4.5 Das interaktive Referenzhandbuch

Hilfe kommt vom Hersteller: Das interaktive Referenzhandbuch ist eine Flash-Animation, in der die »alte« Oberfläche von Excel (oder Word ...) zu sehen ist. Für die Suche nach einer Programmfunktion in der neuen Version klicken Sie einfach auf das Symbol. Die Animation schaltet um auf die neue Oberfläche und präsentiert das passende Symbol.

Die Flash-Animation befindet sich auf den Seiten von office.microsoft.com. Suchen Sie mit der Suchmaschine Ihres Vertrauens nach dem Begriff »Office 2010 interaktives Referenzhandbuch«.

1.5 Excel starten

Wie ein Programm gestartet wird, lernen Sie schon nach der Installation von Windows: Das Startmenü befindet sich links unten in der Ecke, die wichtigsten oder meistbenutzten Programme werden darin angeboten, und was nicht als Symbol verfügbar ist, findet sich unter *Programme*.

Das Startsymbol für Excel finden Sie in einem Menü, das Microsoft Office oder Microsoft Office 2010 oder ähnlich heißt, je nachdem, wie diese Menügruppe bei der Installation des Office-Paketes genannt wurde. Wenn Sie Office 2010 parallel zur Vorgängerversion installiert haben, wird die Menügruppe noch von dieser übrig sein und *Microsoft Office* oder *Microsoft Office 2010* heißen.

» In Windows XP klicken Sie links unten auf *Start*, wählen *Alle Programme*, öffnen das Menü *Microsoft Office* und klicken einmal auf das Excel-Symbol.

» In Windows 7 klicken Sie auf das Startmenü-Symbol links, wählen *Alle Programme*, schalten um auf das Menü *Microsoft Office 2010* und klicken auf das Excel-Symbol.

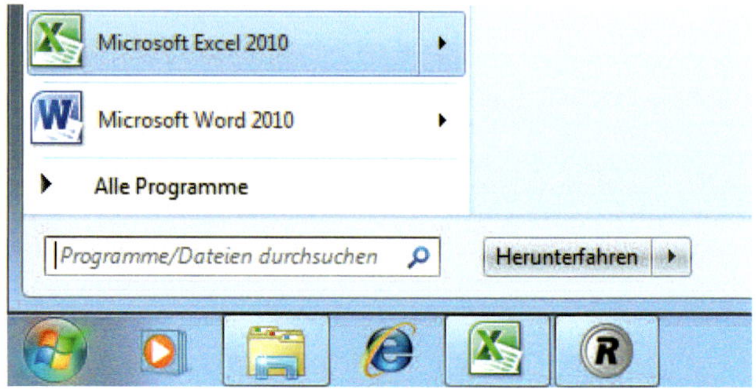

Abbildung 1.5 Excel starten aus dem Startmenü von Windows 7

Wenn Sie für die Taskleiste das klassische Startmenü eingestellt haben (rechte Maustaste auf Startmenü, *Eigenschaften*), wird das Excel-Symbol in seinem Menü bleiben. Im Startmenü von Windows XP oder Windows 7 wandert eine Kopie des Excel-Symbols schon nach dem ersten Aufruf in den linken Bereich des Startmenüs und kann dort ganz bequem mit einem Klick aktiviert werden. Sie können das Excel-Symbol aber auch selbst an eine andere, vielleicht bequemer erreichbare Position ziehen:

1. Öffnen Sie das Startmenü und die Untermenüs bis zu den Office-Symbolen.
2. Zeigen Sie auf das Excel-Symbol, halten Sie die Maustaste gedrückt.
3. Ziehen Sie das Symbol an eine neue Position, zum Beispiel in den Bereich oberhalb des Startmenüs.

TIPP Wenn Sie bei dieser Aktion zusätzlich die [Strg]-Taste gedrückt halten, kopieren Sie das Symbol, anstatt es zu verschieben.

1.6 Zuletzt verwendete Dokumente

Wollen Sie nach dem Start des Programms gleich eine gespeicherte Arbeitsmappe bearbeiten, sollten Sie die zuletzt verwendeten Dokumente benutzen. Zeigen Sie dazu einfach auf das Excel-Symbol im Windows-Startmenü ohne zu klicken (oder klicken Sie auf den Pfeil rechts am Symbol). Das Startmenü wird erweitert, und die rechte Hälfte zeigt die Dateien an, die Sie zuletzt mit Excel abgespeichert hatten. Klicken Sie eine Datei an, wird sie gleich im Excel-Programmfenster aktiviert.

Die Liste der zuletzt verwendeten Dokumente gab es in Windows XP und Windows Vista auch im Startmenü, hier werden allerdings alle Dateien aufgeführt, also auch PDFs oder Word-DOC-Dateien. In Windows 7 ist der Startmenüeintrag für zuletzt verwendete Dokumente deaktiviert worden, er lässt aber wieder einschalten (rechte Maustaste auf das Startsymbol, *Eigenschaften*, Register *Startmenü*, *Anpassen*).

1.7 Ein optimales Startsymbol

Es gibt eine empfehlenswerte Alternative zum Startmenü, die Sie sich ansehen sollten. Starten Sie Excel in Zukunft mit einem Doppelklick auf ein Desktop-Symbol oder - noch besser - mit einem einzigen Klick auf die Taskleiste.

1. Schalten Sie um auf den Desktop. In Windows 7 klicken Sie dazu auf das Rechteck rechts unten in der Taskleiste.
2. Öffnen Sie das Startmenü. Ziehen Sie das Excel-Symbol mit gedrückter Maustaste aus dem Menü heraus auf den Desktop. Sobald Sie die Maustaste loslassen, wird das Symbol verschoben. Halten Sie dabei die `Strg`-Taste fest, wird das Symbol auf den Desktop kopiert.
3. Klicken Sie mit der rechten Maustaste auf das Symbol, und wählen Sie *An Taskleiste anheften*. Jetzt genügt ein einziger Klick, um Excel zu starten. Wenn Sie das Symbol verschieben wollen, ziehen Sie es einfach mit gedrückter Maustaste an eine neue Position in der Taskleiste.

1.8 Start über das Windows 7-Suchfenster

Windows 7 macht den Start von Excel noch ein Stück einfacher: Verwenden Sie das Suchfenster. Im Unterschied zu den Vorgängerversionen ist dieses etwas flexibler und erkennt sehr wohl, ob Sie eine Datei suchen oder Excel öffnen wollen.

1. Klicken Sie auf das Startsymbol. Der Cursor blinkt automatisch im Suchfenster ganz unten im Startmenü.
2. Geben Sie ein:

   `excel`

3. Drücken Sie die `Eingabe`-Taste, und Excel wird sofort gestartet. Ist das Programmfenster bereits geöffnet, wird es auf dem Desktop aktiviert.

1.9 Excel-Datei im Windows-Explorer starten

Das Windows-Explorer-Fenster wird Ihr bevorzugtes Werkzeug für die Dateiverwaltung sein. Wenn Sie eine Excel-Datei bearbeiten wollen, öffnen Sie das Explorer-Fenster, suchen die Datei und markieren den Eintrag im rechten Fenster, in dem die Dateinamen aufgelistet sind. Jetzt genügt ein Doppelklick auf die Datei, und sie wird zusammen mit Excel gestartet. Hatten Sie Excel vorher schon in einem Fenster geöffnet, wird kein zweites Programmfenster geöffnet, die Datei steht dann zusammen mit den zuvor geöffneten im *Fenster*-Menü zur Auswahl.

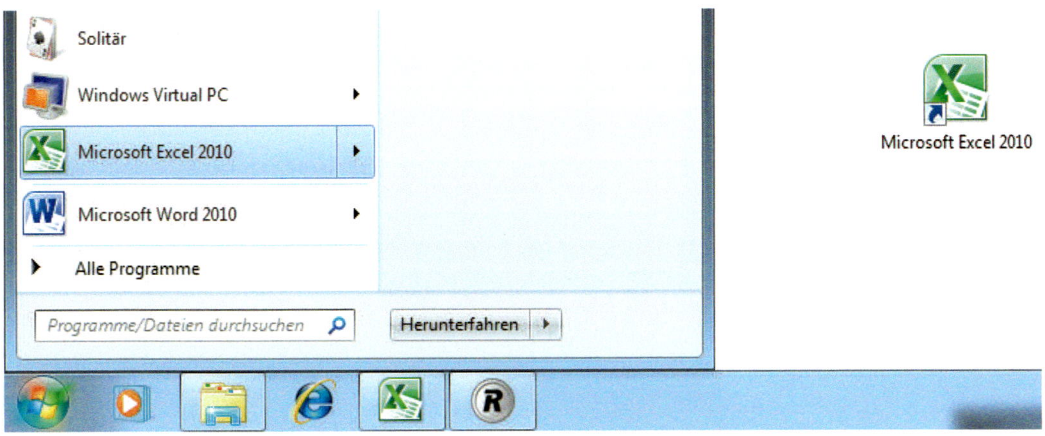

Abbildung 1.6
Das Excel-Symbol auf dem Desktop und in der Taskleiste

Besonders nützlich ist hier das Suchfenster: Nehmen wir an, Sie wissen nur den Dateinamen oder vielleicht sogar nur einen Bruchteil davon. Um die Datei so schnell wie möglich zu starten, gehen Sie so vor:

1. Öffnen Sie in Windows XP mit *Start/Suchen* das Suchfenster, und wählen Sie *Nach Dateien oder Ordnern*. In Windows 7 finden Sie ein Suchfeld unten im Startmenü.
2. Geben Sie den Suchbegriff oder einen Teil davon ein. Starten Sie die Suche mit einem Klick auf *Start* oder (in 7) per Doppelklick auf das Symbol der Datei, das im Startmenü angezeigt wird.
3. Das Suchfenster schließen Sie wieder per Klick auf das Kreuzsymbol rechts oben. In Windows 7 klicken Sie auf das Kreuz rechts neben dem Suchfeld, um es zu löschen und das Startmenü wieder anzuzeigen.

1.10 Startprobleme bereinigen mit Startoptionen

Nicht immer wird der Start des Programms reibungslos ablaufen, aber für diesen Fall hat Excel vorgesorgt. Starten Sie das Programm mit Startoptionen, dann können Sie in Ruhe nach dem Fehler suchen.

Startoptionen sind Zusätze, die an den Aufruf der Programmdatei angehängt werden und diesen variieren. Mit Startoptionen beheben Sie Startprobleme oder suchen nach Fehlern beim Start. Wenn Sie mit Startoptionen arbeiten wollen, sollten Sie zunächst die Position von *Excel.exe*, der Hauptdatei des Programms, lokalisieren. Normalerweise finden Sie die Datei unter diesem Pfad:

» In Windows XP:

  C:\Programme\Microsoft Office\Office14

» In Windows 7:

  C:\Program Files\Microsoft Office\Office14

Wollen Sie beispielsweise Excel im abgesicherten Modus aufrufen, in dem keine Startdateien geöffnet werden, lautet der Aufruf:

```
Excel.exe /s
```

Am einfachsten testen Sie diese Startoptionen in der *Ausführen*-Befehlszeile:

» In Windows XP:

  Klicken Sie auf *Start*, und wählen Sie *Ausführen*.

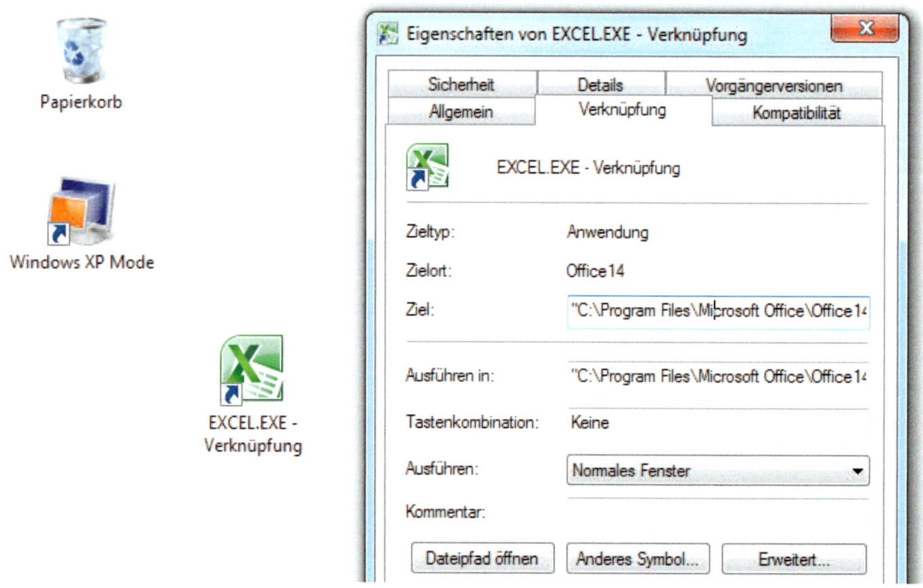

Abbildung 1.7
Die Verknüpfung des Excel-Symbols wird neu definiert.

- In Windows 7:

  Öffnen Sie das Startmenü, und tragen Sie den Aufruf in das Suchfeld ein, in dem der Cursor blinkt.

Um einen dauerhaften Start mit einer Startoption einzurichten, definieren Sie ein Verknüpfungssymbol um:

1. Suchen Sie *Excel.exe* im Office-Ordner, und klicken Sie die Datei mit der rechten Maustaste an.
2. Wählen Sie *Senden an/Desktop (Verknüpfung erstellen).*
3. Wechseln Sie auf den Desktop, und suchen Sie das neue Symbol. Öffnen Sie mit der rechten Maustaste das Kontextmenü, und wählen Sie *Eigenschaften*. Schreiben Sie unter *Ziel* auf der Registerkarte *Verknüpfung* die Startoption unmittelbar hinter den Aufruf der Programmdatei.

Mit dem Aufruf der Programmdatei können Sie natürlich auch einen Dateinamen verbinden. Geben Sie aber am besten den gesamten Pfad zur Datei an. Wenn Sie eine URL verwenden (*Uniform Resource Locator*, die Webschreibweise für eine Adresse), benötigen Sie keine Anführungszeichen:

excel.exe »C:\XLDaten\Buchhaltung.xlsx«

excel.exe http://MeineWebseite/Buchhaltung.xlsx

oder

```
excel.exe /s "C:\XLDaten\Buchhaltung.xlsx"
```

Starten im abgesicherten Modus

Im abgesicherten Modus startet Excel ohne die Dateien aus dem Startordner XLSTART und ohne alle anderen Zusätze. Sie können wie zuvor beschrieben in der Befehlszeile von Windows den Aufruf mit Startoption eingeben:

```
excel.exe /s
```

oder

```
excel.exe /safe
```

Alternativ dazu drücken Sie die [Strg]-Taste und klicken im Startmenü oder auf dem Desktop auf das Excel-Symbol. Bestätigen Sie die Abfrage, ob Sie Excel im abgesicherten Modus starten wollen, mit Klick auf *Ja*. Der Modus wird in der Titelzeile angezeigt. Sie müssen Excel verlassen und noch einmal starten, wenn Sie wieder normal arbeiten wollen. Im abgesicherten Modus geht nämlich einiges nicht:

- Sie können keine Vorlagen speichern, keine AutoKorrekturen ausführen und neu anlegen und keine SmartTags laden. Dateien können auch nicht im Startverzeichnis abgelegt werden.
- Die selbst definierte Symbolleiste für den Schnellzugriff wird nicht geladen, Sie erhalten nur die Standardsymbole (*Rückgängig*, *Wiederholen* und *Speichern*).
- Es werden keine Add-Ins (Solver, Analyse-Funktionen ...) geladen.

Start mit neuer Registrierung

Das Installationsprogramm von Excel hinterlässt wie fast alle Windows-Programme einige »Schlüssel« in der *Registry*, der Registrierdatenbank von Windows. Beim Start werden diese Schlüssel ausgelesen, und je nach Schlüsselart werden Programmteile eingestellt oder Zusätze mit geladen. Wenn Sie den Startfehler in der *Registry* vermuten, sorgen Sie per Startoption dafür, dass sich Excel neu registriert:

Geben Sie diese Startaufforderung ein:

```
excel.exe /o
```

Damit installiert sich Excel automatisch neu und registriert sich in der Registry wieder, und zwar unter diesem Schlüssel:

HKEY_CURRENT_USER\Software\Microsoft\Office\14.0\Excel

Der Schlüssel fügt fehlende Einträge hinzu, falsche Einträge, die bereits gesetzt sind, werden nicht verändert.

HINWEIS Vorsicht bei Änderungen in der Windows-Datenbank: Die *Registry* wird mit der Anweisung `regedit` unter *Start/Ausführen* bzw. im Suchfenster von Windows 7 bearbeitet. Änderungen in dieser Datenbank, die aus mehreren Dateien besteht, sollten aber nur von fachkundigen Anwendern durchgeführt werden. Die Gefahr, dass das Betriebssystem Windows Schaden nimmt, ist groß.

1.10.1 Weitere Startoptionen

Hier eine Auflistung weiterer Startoptionen:

`/a progID`	Startet Excel und lädt das Automatisierungs-Add-In, das mit dem Parameter *progID* angegeben ist.
`/e` oder `/embed`	Damit startet Excel im »embedded mode« ohne eine neue Arbeitsmappe. Das Programmfenster erscheint mit einem leeren Arbeitsbereich.
`/i`	Excel wird in einem Fenster mit maximaler Größe (Vollbildfenster) gestartet. Einstellungen aus der Registry, die dagegen sprechen würden, werden ignoriert.
`/m`	Mit dem Start des Programms wird automatisch ein Arbeitsblatt für Excel 4.0-Makros erzeugt.
`/p`	Damit bestimmen Sie den Arbeitsordner von Excel. Setzen Sie zum Beispiel den Eintrag so, dass automatisch `C:\XLDATEN` als Arbeitsordner eingetragen wird: `... EXCEL.EXE /p "C:\XLDATEN"`
`/r`	Die im Aufruf angegebene Arbeitsmappe wird schreibgeschützt geöffnet: `Excel.exe /r "C:\XLDaten\Buchung.xlsx"`

`/t` oder `/n`	Die im Aufruf angegebene Arbeitsmappe wird als Vorlage geöffnet:
	`Excel.exe /t "C:\XLDaten\Buchung.xlsx"`
	`Excel.exe /n "C:\XLDaten\Buchung.xlsx"`

Tabelle 1.1 Startoptionen

1.11 Das Excel-Fenster und eine erste Mappe

Nach dem Programmstart präsentiert sich Excel ganz ohne Tabellen oder Arbeitsmappen. Nur die Symbolleiste, der leere Arbeitsbereich und die Statuszeile werden angezeigt. Drücken Sie Strg + N, wird eine neue Arbeitsmappe mit drei Tabellen geöffnet (*Tabelle1*, *Tabelle2*, *Tabelle3*, links unten sind die Register zu sehen).

Es gibt kein Limit für die Anzahl geladener Arbeitsmappen, Sie können so viele starten, wie Sie wollen. Nur der Arbeitsspeicher wird irgendwann eine Grenze setzen. Im Register *Ansicht* finden Sie unter *Fenster/Fenster wechseln* die Liste der geöffneten Mappen.

1.11.1 Mehrere Tasks

Wenn Excel wie beschrieben gestartet wird, befindet sich technisch ausgedrückt eine »Task« im Arbeitsspeicher. Alle Dateien, die Sie anschließend laden, übernimmt diese Task, sei es über das Datei-Menü, aus der Liste der zuletzt verwendeten Dokumente oder per Doppelklick auf einen Eintrag im Windows-Explorer-Fenster. Sie können aber auch weitere Tasks starten:

Halten Sie die Shift-Taste gedrückt, und klicken Sie auf das Excel-Symbol in der Taskleiste.

Beachten Sie aber, dass Excel ziemlich viel Arbeitsspeicher braucht, und eine weitere »Instanz« belastet das System noch mehr. Mit Strg+Shift+Esc starten Sie den Windows-Task-Manager, auf der Registerkarte *Prozesse* sehen Sie, wie viel Platz jedes Programm braucht (Excel: ca. 34 Mbyte). Wenn Sie gleichzeitig mit zwei Excel-Fenstern an einer Datei arbeiten wollen, müssen Sie die Arbeitsmappe freigeben.

1.12 Die Optionen

Die Anzahl der Optionen war in früheren Versionen noch einigermaßen überschaubar, mit Excel 2010 ist sie enorm gewachsen. Wer von Office 97/XP/2003 umsteigt, wird sich an eine neue Struktur gewöhnen müssen, die alten Registerkarten unter *Extras/Optionen* gibt es nicht mehr. An ihre Stelle treten zehn Kategorien von *Allgemein* bis *Sicherheitscenter*.

Klicken Sie auf das *Datei*-Menü.

Wählen Sie *Optionen*.

Für die neuen Optionen bietet Excel Hilfestellungen, alle Optionen, die schon in der alten Version enthalten waren, geben diese leider nicht. Zeigen Sie auf eine Option mit einem kleinen Ausrufezeichensymbol, wird eine kurze Beschreibung angeboten (Sie können auch auf das Ausrufezeichen klicken).

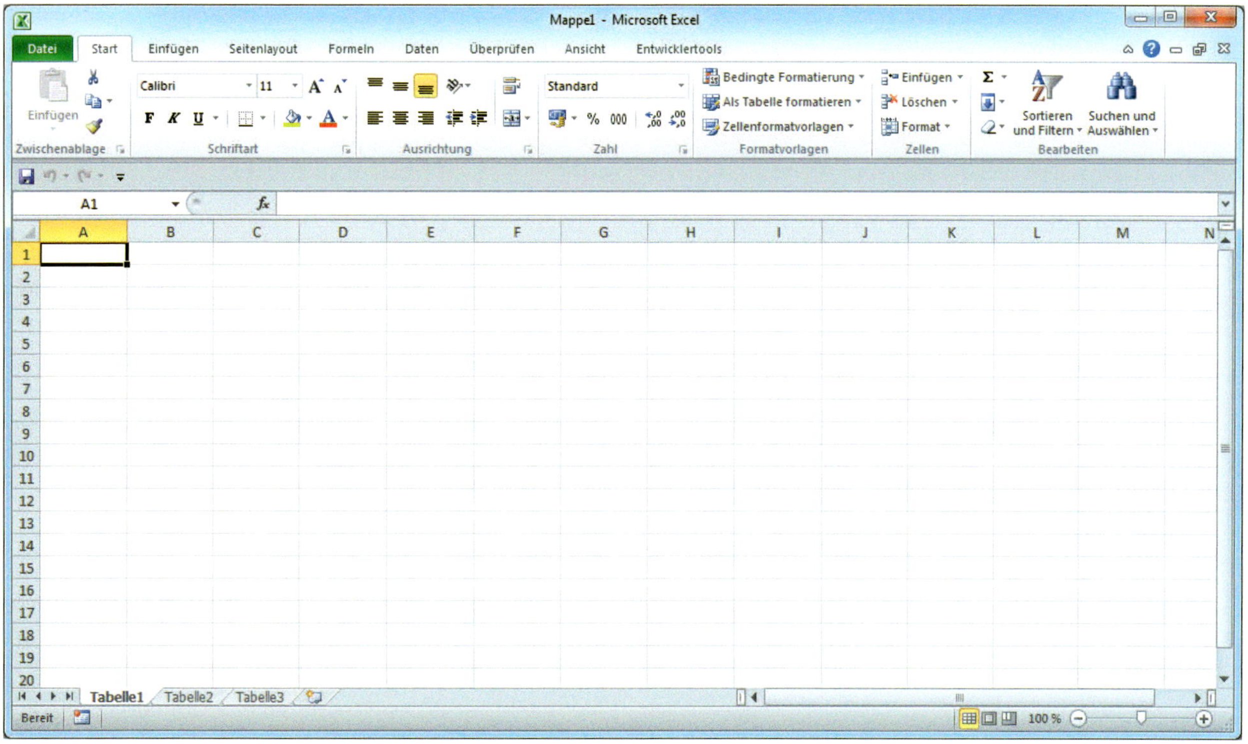

Abbildung 1.8 Excel nach dem Start mit neuer Arbeitsmappe

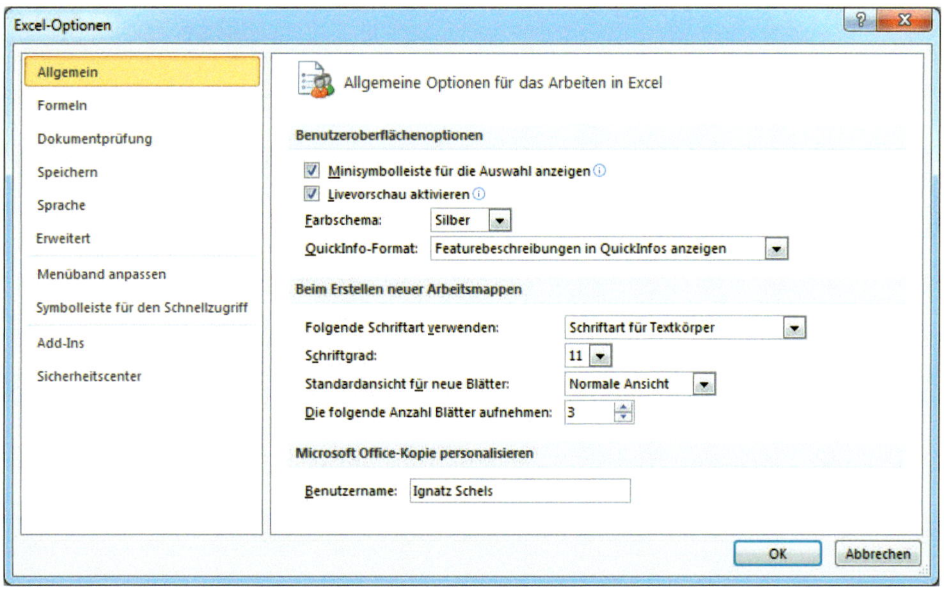

Abbildung 1.9 Die Excel-Optionen aus dem Datei-Menü

Das Problem mit diesen Optionen: Eigentlich sollten Sie alle kennen, damit Sie Ihre Oberfläche und die Programmfunktionen optimieren können. Sinn und Zweck einer Option bleibt Ihnen aber verschlossen, wenn Sie noch nicht oder wenig mit Excel gearbeitet haben. Schauen Sie deshalb immer wieder mal in die Optionen, und studieren Sie diese. Mit zunehmender Beherrschung des Programms werden Sie diese auch sinnvoll nutzen können. Die meisten Optionen sind aber für den Einstieg richtig und passend eingestellt, einige sollten Sie aber überprüfen, bevor Sie Ihre ersten Gehversuche mit Excel machen:

1.12.1 Allgemein

Hier stellen Sie allgemeine Optionen für die Oberfläche ein, und das sind zunächst die Farbe, die Schrift, die Anzahl der Blätter, die Excel beim Anlegen einer neuen Mappe anbietet, und der Benutzername.

Minisymbolleiste für die Auswahl anzeigen: Markieren Sie Text in einer Zelle, erhalten Sie eine kleine Symbolleiste mit einigen Formatiersymbolen (Fett, Kursiv, Schrift, Farbe).

Livevorschau aktivieren: Ist diese Option aktiviert, werden Formatierungen, Zahlenformate, Zell- und Tabellenvorlagen bereits zugewiesen, wenn Sie mit der Maus auf das Symbol oder Element zeigen.

Farbschema: Legen Sie die Farbe für Fensterrahmen, Menüband und Zellränder fest (Blau, Silber oder Schwarz). Die Einstellung gilt für alle Office-Programme.

QuickInfo-Format: QuickInfos sind die kleinen Kästchen am Mauszeiger, die auftauchen, wenn Sie auf ein Symbol zeigen. Wenn Sie Featurebeschreibungen anzeigen lassen, erhalten Sie Hilfetexte.

Beim Erstellen neuer Arbeitsmappen: Bestimmen Sie die Schriftart für die Zellen in neuen Arbeitsmappen. *Schriftart für Textkörper* ist Standard, damit wird die

Kategorie	Option
Allgemein	Definieren Sie Farbe und Schrift, und tragen Sie den Benutzernamen ein.
Formeln	Bezugsart: Z1S1 ausschalten
Dokumentprüfung	Die AutoKorrektur-Optionen ersetzen automatisch falsch geschriebenen Text und legen Hyperlinks an.
Speichern	Geben Sie hier an, wo Excel mit *Datei/Öffnen* Ihre Dateien sucht, und tragen Sie den Speicherort ein, der nach *Datei/Speichern* angeboten wird.
Sprache	Überprüfen Sie, ob das Sprachschema korrekt eingestellt ist (wird bei der Installation von Windows übernommen).
Erweitert	Kein Dezimalkomma, Direkte Zellbearbeitung zulassen, Zoom mit der IntelliMouse ausschalten. Optionen für Arbeitsblatt: Bildlaufleisten und Blattregister anzeigen, Formeln: Alle Prozessoren zum Berechnen verwenden, Lotus-Kompatibilität: Nichts einschalten.
Menüband anpassen	Mit Klick auf *Zurücksetzen* schalten Sie die Standardbelegung ein. Passen Sie das Menüband erst an, wenn Sie mit den Symbolen sicher sind.
Symbolleiste für den Schnellzugriff	Mit Klick auf *Zurücksetzen* schalten Sie die Standardbelegung ein. Neue Symbole können Sie bei Bedarf hinzufügen.
Sicherheitscenter	Einstellungen: Eingabeaufforderung für ActiveX-Elemente, Makros mit Benachrichtigung deaktivieren, geschützte Ansichten (alle ankreuzen), Externer Inhalt: Benutzer zur Datenverbindung und zu Arbeitsmappenverknüpfungen auffordern.
Einstellungen für den Zugriffsschutz	Excel 97/2003 ankreuzen, wenn Sie diese nur in der geschützten Ansicht verwenden wollen.
Datenschutzoptionen	Wenn Verbindung mit Office.com angekreuzt ist, startet Excel automatisch Internet-Zugriffe für Updates und Hilfetexte. Das gilt auch, wenn Sie das Senden von Dateien zur Verbesserung der Datenüberprüfung zulassen. Überprüfen Sie in den Übersetzungs- und Rechercheoptionen, ob alle benötigten Wörterbücher und Suchdienste aktiviert sind.

Tabelle 1.2 Wichtige Optionen für den Start

Schrift *Calibri* verwendet. Die Schriftart für Überschrift ist *Cambria*. Beide stammen aus dem Standarddesign, das im Seitenlayout zugewiesen ist. Wenn ein anderes Design verwendet wird, wird jede Zelle mit der im Design definierten Standardschriftart formatiert (siehe unten: Corporate Design).

INFO Sie können natürlich auch Arial oder Times New Roman bzw. jede andere Schrift aus dem Angebot verwenden. Angeboten wird alles, was unter Windows installiert ist.

Benutzername: Tragen Sie hier Ihren Benutzernamen ein, wird dieser zur Personalisierung von Excel-Mappen und auch anderer Office-Dokumente (Word-Textdateien, PowerPoint-Präsentationen ...) verwendet. Im Sicherheitscenter können Sie diese Personalisierungen wieder entfernen, wenn Sie nicht wollen, dass Ihr Name in den Einstellungen der Datei auftaucht.

1.12.2 Formeln

In dieser Optionen-Kategorie stellen Sie alles ein, was sich auf Berechnen, Formelschreibung und Fehlerbehandlung bezieht.

Berechnungsoptionen: *Automatisch* berechnet alle Formeln in einer Tabelle sofort neu, wenn eine Zelle beschriftet oder geändert wird. Datentabellen sind Matrixberechnungen, die unter *Daten/Datentools/Was-wäre-wenn-Analyse* angelegt werden. Wenn Sie die Berechnung für diese ausschalten, werden die mit Variablen bestimmten Alternativen nicht sofort berechnet. Um die Wartezeit bei größeren Berechnungen abzustellen, können Sie die Berechnung auf *Manuell* stellen.

Nutzen Sie die Symbole unter *Formeln/Berechnung*, wenn Sie eine andere Berechnungsart als *Automatisch* verwenden oder diese Tastenkombinationen:

Wenn Sie die **iterativen Berechnungen** aktivieren, können Sie für diese Berechnungsarten die maximale Anzahl und die maximalen Änderungen angeben. Je höher die Anzahl und je kleiner die Zahl für die maximale Änderung ist, desto länger dauert eine Berechnung, das Ergebnis wird aber genauer, je kleiner die Zahl der maximalen Änderungen ist.

Diese Parameter beeinflussen die Berechnung mit dem Add-In Solver und der Zielwertsuche.

Arbeiten mit Formeln: In der ZS1-Bezugsart sehen Sie keine Spaltenbuchstaben am oberen Rand der Tabelle, sondern wie bei den Zeilen Zahlen. Auch die Formelbezüge passen sich dieser Schreibweise an, die Formel

```
=A1*$C$1
```

sieht in der Zelle D1 so aus:

```
=ZS(-3)*Z1S3
```

Die Z1S1-Bezugsart ist zwar schwer zu lesen, zeigt aber Bezüge in ihrer ursprünglichen Form: Bei relativen Bezüge wird der Weg zur Zelle angegeben (z. B. (-2) für zwei Spalten nach links), absolute Bezügen gibt die Formel direkt wieder (Z1S3 = $C$1).

Autovervollständigen-Formel ist nützlich, wenn Sie eine Formel direkt in die Zelle schreiben. Excel schlägt Ihnen nach Eingabe der Buchstaben die ähnlichsten Funktionen vor (SU = SUMME, ANZ = ANZAHL() oder ANZAHL2() ...).

Tabellennamen in Formeln verwenden: Wenn Sie mit Einfügen/Tabelle einen Bereich zur Tabelle erklärt hatten, wird dieser Name vorgeschlagen, wenn sich ein Teil der Formel darauf bezieht.

GetPivotData-Funktionen für PivotTable-Bezüge verwenden: Erstellen Sie eine Verknüpfung auf eine Zelle

Tastenkombination	Zweck
F9	Berechnet in allen Arbeitsmappen alle Formeln und deren abhängige Formeln, die sich seit der letzten Berechnung geändert haben.
Umschalt + F9	Berechnet im aktiven Tabellenblatt alle Formeln und deren abhängige Formeln, die sich seit der letzten Berechnung geändert haben.
Strg + Alt + F9	Berechnet alle Formeln in allen Arbeitsmappen neu.
Strg + Umschalt + Alt + F9	Überprüft und berechnet alle Formeln in allen Arbeitsmappen neu.

Tabelle 1.3 Tastenkombinationen für manuelle Neuberechnungen

in einer PivotTable, erhalten Sie, wenn diese Option aktiviert ist, nicht den Zellbezug, sondern die Matrixfunktion PIVOTDATENZUORDNEN().

Fehlerprüfung: Lassen Sie die *Fehlerüberprüfung im Hintergrund* aktiviert, kennzeichnet Excel echte oder vermeintliche Fehler mit einem grünen Eck links oben an der Zelle. Um welchen Fehler es sich handelt, sehen Sie, wenn Sie den Fehlerindikator anklicken. Hier können Sie diese Markierung ausschalten oder eine andere Farbe zuweisen. *Ignorierte Fehler zurücksetzen* schaltet alle Markierungen wieder ein, wenn Sie *Fehler ignorieren* im Fehlerindikator angeklickt hatten.

Regeln für die Fehlerüberprüfung: Diese Liste zeigt alle Fehlerquellen, die zu einer grünen Fehlermarkierung in der Zelle führen können. Sehen Sie sich die Beschreibungen an, schalten Sie einzelne Optionen nur ab, wenn sie lästig werden.

1.12.3 Dokumentprüfung

In dieser Kategorie definieren Sie alle Voreinstellungen für die Rechtschreibprüfung und die Korrekturhilfen. Diese Optionen gelten übrigens für das gesamte Office: Wenn Sie neue Korrekturen aufnehmen, sind die auch in Word und PowerPoint verfügbar.

AutoKorrektur-Optionen: Ein Klick auf diese Schaltfläche blendet eine Dialogbox mit vier Registerkarten ein. Die *AutoKorrektur* enthält Optionen, die automatisch aktiv werden, wenn Sie Texte in Tabellen erfassen. Zwei Großbuchstaben am Wortanfang, kleingeschriebene Wochentage und die versehentlich gedrückte Feststelltaste sind damit kein Problem mehr, Excel korrigiert diese Fehler automatisch. Wenn die Option *Während der Eingabe ersetzen* aktiviert ist, werden auch die in der Liste aufgeführten Ersatzzeichen verwendet. Ein (c) wird damit automatisch zu ©, und »Rechnug« dürfen Sie ruhig falsch schreiben, Excel macht »Rechnung« draus.

Geben Sie in das Feld *Ersetzen* weitere Lieblingstippfehler ein, schreiben Sie den richtigen Begriff daneben, und klicken Sie auf *Hinzufügen*. Wenn Sie einen Eintrag löschen wollen, markieren Sie diesen in der Liste und klicken auf *Löschen*.

Die Optionen für die Rechtschreibkorrektur kommen ins Spiel, wenn Sie im Register *Überprüfen* die Rechtschreibprüfung starten.

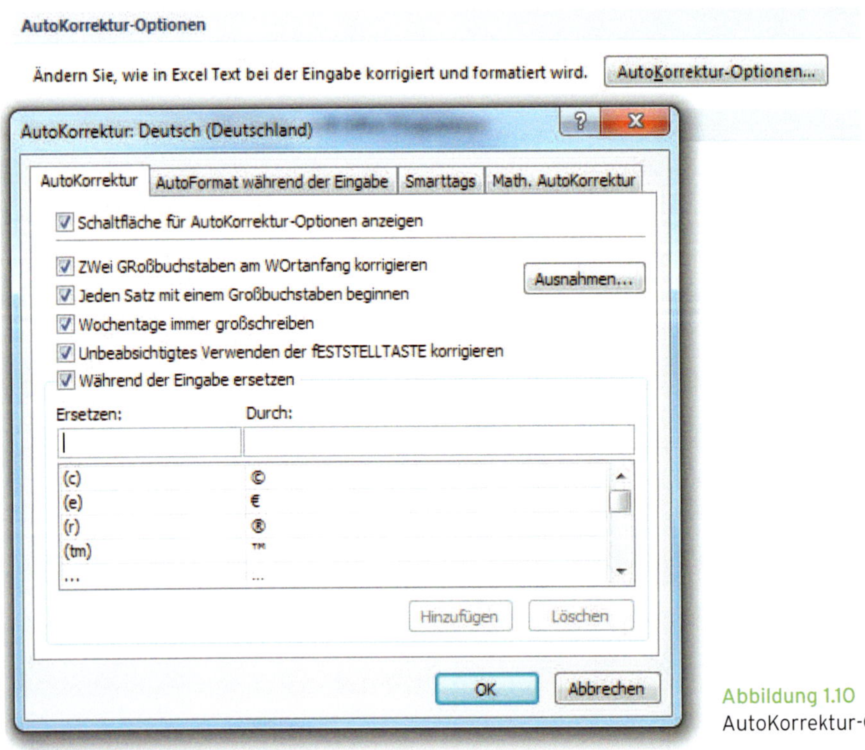

Abbildung 1.10
AutoKorrektur-Optionen

- *Wörter in GROSSBUCHSTABEN ignorieren:* Prüft nichts ab, was großgeschrieben ist.
- *Wörter mit Zahlen ignorieren:* Prüft keine Wörter an oder in Zahlen (z.B. 1000 kg, 50 Liter, 120 Tonnen).
- *Internet- und Dateiadressen ignorieren:* Prüft keine Wörter, die Pfadangaben, URLs (Webadressen) oder Protokolle (http://) enthalten.
- *Wiederholte Wörter kennzeichnen:* Identifiziert Wörter, die bei einer Rechtschreibprüfung mehrfach vorkommen.
- *Deutsch: Neue Rechtschreibung verwenden:* Deutschsprachige Texte werden nach den Regeln der neuen Rechtschreibung abgeprüft.
- *Großbuchstaben behalten Akzent:* Weist bei französischen Texten Wörter als falsch aus, wenn in Großbuchstaben der Akzent fehlt.
- *Vorschläge nur aus Hauptwörterbuch:* Die Vorschläge in den Benutzerwörterbüchern werden nicht verwendet.
- *Benutzerwörterbücher:* Mit dieser Schaltfläche können Sie Benutzerwörterbücher auswählen oder neue Wörterbücher anlegen.
- *Französische Modi:* Hier stellen Sie die neue Rechtschreibung für Französisch ein.
- *Wörterbuchsprache:* Hier bestimmen Sie die Sprachversion durch Auswahl einer Lexikondatei.

Die sprachspezifischen Einstellungen sind in Abhängigkeit von den Sprachversionen, die Sie mit dem Office-Paket installiert haben, abrufbar.

1.12.4 Speichern

In dieser Kategorie finden Sie alle Optionen rund um Dateien, Dateiformate und Speicherformen.

Dateien in diesem Format speichern: Das Standardformat ist die Excel-Arbeitsmappe mit der Endung xlsx, dieses Format ist in den Versionen 2007 und 2010 identisch. Öffnen Sie die Liste, finden Sie weitere Dateiformate, u.a. das Format für Mappen, die Makros enthalten (xlsm), die älteren Dateiformate für Excel 97 bis 2003, das Apple Macintosh-Format und das OpenDocument-Format (ods). Was Sie hier einstellen, wird beim Speichern einer Mappe nur vorgeschlagen, Sie können das Dateiformat jederzeit neu bestimmen.

Die **AutoWiederherstellen-Informationen** lassen Sie am besten wie eingestellt, der Speicherort befindet sich in Ihrem Windows-Benutzerprofil. Damit wird die aktive Mappe alle zehn Minuten in eine temporäre Datei zwischengespeichert, nach dem Schließen der Mappe wird diese wieder gelöscht. Sollte Excel unvermittelt abstürzen (was vorkommt), sei es durch Stromausfall oder Steckerziehen oder bei einem Systemabsturz, wird nach dem Neustart automatisch die zuletzt gespeicherte Sicherung eingespielt. Sie können aber noch entscheiden, ob Sie diese oder die zuletzt »echt«, also bewusst gespeicherte Version nehmen wollen.

Wenn Sie die automatische Sicherung für eine Mappe ausschalten wollen, suchen Sie diese in der Liste unter *AutoWiederherstellen-Ausnahmen für:* und klicken auf die Option *AutoWiederherstellen nur für diese Mappe deaktivieren.*

Mit den **Offlinebearbeitungsoptionen** bestimmen Sie, wo Sie die Dateien zwischenlagern, die für den Upload auf einen SharePoint-Server vorgesehen sind.

Grafische Darstellung der Arbeitsmappe beibehalten: Legen Sie hier die Farben fest, die Excel verwenden soll, wenn Sie eine 2010er-Mappe in einer früheren Version öffnen. Wichtig sind hier vor allem die Diagrammfüllfarben, die Excel 2010 aus dem Design bezieht. Die neuen Farben werden der nächstliegenden Farbe in der Palette zugeordnet.

1.12.5 Sprache

Diese Optionen-Kategorie definiert die Bearbeitungssprachen, die in der Grammatikprüfung und beim Sortieren von Zellinhalten verwendet werden. Sie können weitere Sprachen hinzufügen und eine Sprache als Standard festlegen. Für die Oberfläche und die Hilfefunktion wird die in den Windows-Regionaloptionen (Systemsteuerung) festgelegte Sprache verwendet. Klicken Sie auf den Link, um weitere Sprachen aus dem Office 2010 Language Pack von der Microsoft-Internet-Plattform zu beziehen.

`Weitere Anzeige- und Hilfesprachen von Office.com abrufen`

Wenn Sie eine andere **QuickInfo-Sprache** festlegen, werden Schaltflächen, Menüs und Dialogfelder in diese Sprache übersetzt, sobald Sie mit der Maus darauf zeigen.

1.12.6 Erweitert

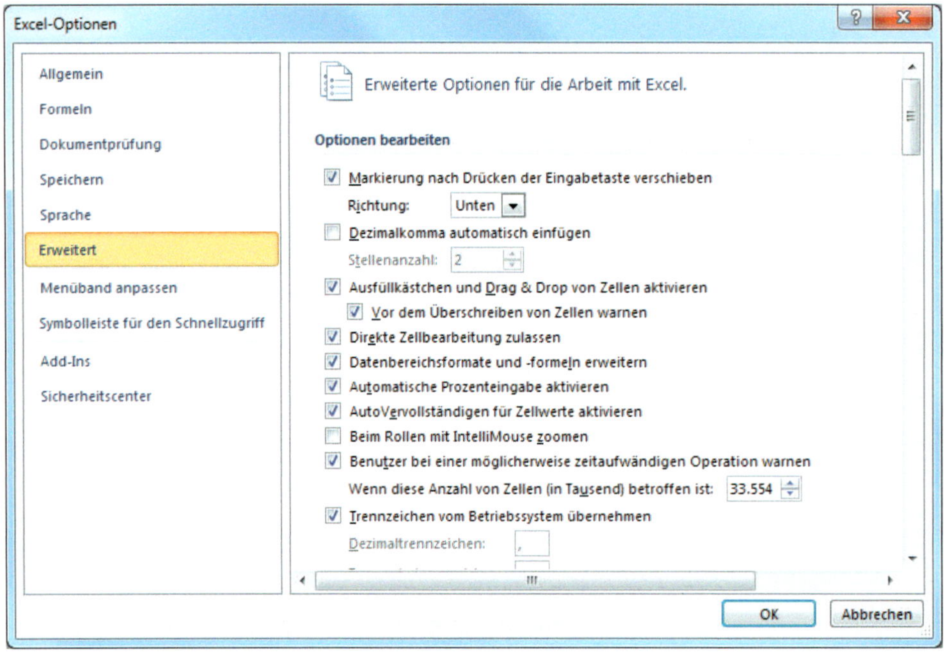

Abbildung 1.11
Optionen-Kategorie »Erweitert«

Das ist die wichtigste Kategorie mit vielen Optionen für die direkte Bearbeitung von Zellen, Tabellen und Mappen. Eingaben in Tabellenblätter werden von Excel nicht nur sofort berechnet, sondern auch sofort überprüft. Das Programm reagiert manchmal sicher nicht so, wie Sie glauben, und das liegt meist an Voreinstellungen oder Optionen.

Bearbeitungsoptionen

Markierung nach Drücken der Eingabetaste verschieben: Hier bestimmen Sie, in welche Richtung der Zellzeiger nach der Eingabe springt.

Direkte Zellbearbeitung zulassen: Ist diese Option aktiviert, können Sie jede Zelle per Doppelklick öffnen und direkt in der Tabelle bearbeiten. Der Zellinhalt steht gleichzeitig auch in der Bearbeitungsleiste zur Verfügung, der Cursor bleibt aber in diesem Fall in der Zelle. Ist die Option deaktiviert, bleibt Ihnen nur die Bearbeitungsleiste zur Bearbeitung der Zelle.

Ausfüllkästchen und Drag & Drop von Zellen aktivieren

Diese Option brauchen Sie für zwei Voreinstellungen:

- das Ausfüllkästchen am rechten unteren Zellzeiger sichtbar machen und ...
- ... die Bearbeitung der Zelle im Tabellenblatt zulassen (nicht nur in der Bearbeitungsleiste).

Die Option *Vor dem Überschreiben von Zellen warnen* ist wichtig. Die Warnung erscheint, wenn Sie Zellen auf andere Zellen verschieben, die bereits gefüllt sind.

Dezimalkomma automatisch einfügen: Damit werden Sie selten arbeiten, aber wer ständig viele Zahlen zu erfassen hat, ist vielleicht gewohnt, diese ohne Kommas zu schreiben. Ist die Option gesetzt, wird jede eingegebene Zahl automatisch als Dezimalzahl gewertet, die Anzahl der Stellen lässt sich ebenfalls bestimmen. Klicken Sie diese Option an, übernehmen Sie die Voreinstellung *Stellenzahl 2*, und geben Sie anschließend 2399 in die aktive Zelle ein, zeigt diese die Dezimalzahl 23,99.

Datenbereichsformate und -formeln erweitern: Ist diese Option gesetzt, werden neue Daten, die am Ende einer Liste angefügt werden, automatisch mit dem Format der ganzen Spalte formatiert. Enthält die vorherige Zelle eine Formel, wird diese automatisch kopiert. Voraussetzung für die Automatik ist, dass mindestens drei von fünf Zeilen vor der neuen Zeile diese Formel enthalten.

Beispiel: In diese Liste werden Euro-Beträge eingegeben und berechnet. Die Spalte D berechnet die Mehrwertsteuer, und in Spalte E wird der Gesamtbetrag kalkuliert. Geben Sie den fünften Wert in die Liste ein, wird dieser automatisch auch im Währungsformat ausgewiesen, und die beiden Formeln tragen sich selbstständig in die Spalten D und E ein.

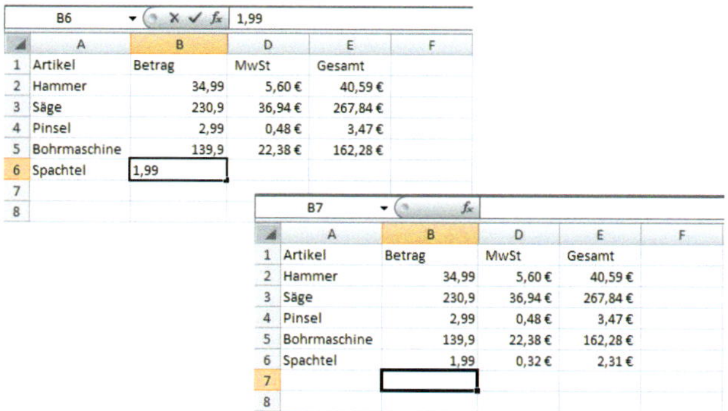

Abbildung 1.12 Formeln werden automatisch erweitert.

Automatische Prozenteingabe aktivieren: Mit dieser Option werden alle Zahlen kleiner als 1, die im Format *Prozent* formatiert sind, mit 100 multipliziert. Wenn Sie diese Option deaktivieren, werden alle Zahlen mit dem *Prozent*-Format mit 100 multipliziert.

AutoVervollständigen für Zellwerte aktivieren: Diese Option ist so tückisch wie nützlich: Wenn Sie Daten in einer Spalte erfassen, werden Sie auch den einen oder anderen Begriff mehrfach eingeben. Ist die Option gesetzt, wird Excel nach der Eingabe der ersten Zeichen den Rest gleich vorschlagen. Anfangs wundern Sie sich, warum die Zelle automatisch gefüllt wird, schreiben Sie aber einfach weiter, wenn Sie den Eintrag nicht übernehmen wollen. Wenn Sie diese Eingabehilfe stört, schalten Sie die Option hier aus.

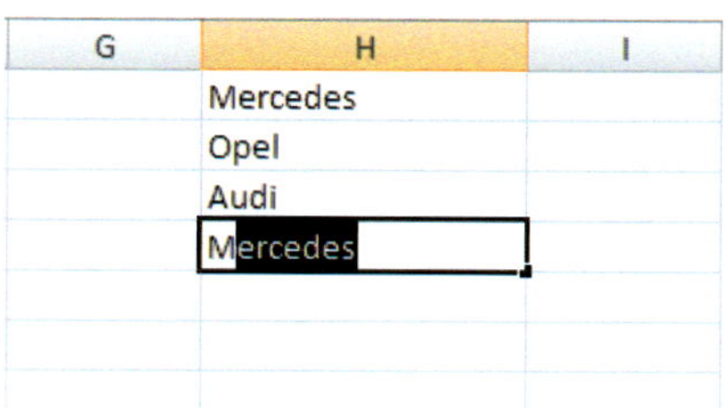

Abbildung 1.13 AutoVervollständigen schlägt Begriffe aus der Spalte vor.

Beim Rollen mit IntelliMouse zoomen: Diese Option sorgt dafür, dass die Tabelle verkleinert oder vergrößert wird, wenn Sie am Mausrad zwischen den beiden Maustasten drehen. Ist die Option nicht gesetzt, rollt nur das Tabellenblatt nach unten bzw. oben.

TIPP Sie können auch `Strg` drücken, um mit dem Mausrad zu zoomen, dann kann diese Option ohne Häkchen bleiben.

Benutzer bei einer möglicherweise zeitaufwändigen Option warnen: Excel-Tabellen sind mittlerweile mehr als eine Million Zeilen und über 16.000 Spalten groß, und eine Operation wie z. B. eine Formel oder eine Verknüpfung über zu viele Zellen könnte den Hauptspeicher überlasten oder zu lange Wartezeiten hervorrufen. Diese Option warnt Sie davor, wenn die eingestellte Anzahl Zellen betroffen ist. Tragen Sie eine kleinere Zahl ein, wenn Sie zu wenig Hauptspeicher oder einen Computer mit schwacher Prozessorleistung haben.

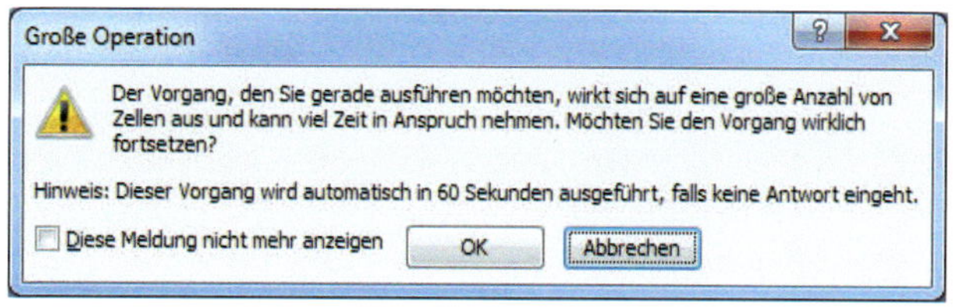

Abbildung 1.14 Warnmeldung, wenn die Operation zu lange dauern würde

Trennzeichen vom Betriebssystem übernehmen: Tragen Sie hier ein anderes Dezimaltrennzeichen und Tausendertrennzeichen ein, wenn Sie Zahlen abweichend von der Regionaleinstellung in der Windows-Systemsteuerung benutzen wollen. Wenn Sie zum Beispiel mit dem Regionalschema Deutsch (Deutschland) arbeiten, Zahlen aber im US-Format erfassen wollen, geben Sie einen Punkt für Dezimaltrennzeichen ein und ein Komma für die Tausendertrennung.

Cursorbewegung: Mit *Visuell* ignoriert Excel eingestellte Textsprachen und bewegt den Cursor immer gleich, wenn in einem Text beide Textversionen (von links nach rechts und von rechts nach links) gleichzeitig verwendet werden. *Logisch* bewegt den Cursor immer in eine Richtung.

Ausschneiden, Kopieren, Einfügen

Wenn Sie die Schaltfläche für Einfügeoptionen anzeigen lassen, wird nach dem Einfügen von Daten aus der Zwischenablage ein kleines Kästchen angeboten, in dem zusätzliche Optionen verfügbar sind.

Eingefügte Objekte mit übergeordneten Zellen ausschneiden, kopieren und sortieren: Diese Option bezieht sich auf Formularelemente und ActiveX-Objekte, die unter *Entwicklertools/Steuerelemente* zur Verfügung stehen. Ist sie aktiv, werden diese Objekte zusammen mit den Zellen im Hintergrund kopiert, ausgeschnitten und auch sortiert.

Bildgröße und -qualität/Drucken

Hier können Sie temporäre *Bearbeitungsdaten verwerfen*, damit die speicherintensiven Schritte für die Bildbearbeitung nicht zwischengespeichert werden. Wenn Sie die *Bilder in Dateien nicht komprimieren*, erhöht sich die Bildqualität eingefügter Bilder, da diese nicht automatisch optimiert werden (JPEG-Komprimierung). Legen Sie die *Standardzielaufgabe* auf einen kleineren ppi-Wert (ppi = point per inch), werden die Bilder stärker komprimiert.

Wenn Sie unter **Drucken** den *Modus für hohe Qualität* einstellen, werden Grafiken im Originalformat gedruckt, was bei großen Bildern sehr aufwendig sein kann.

Diagramm

Die erste Option bewirkt, dass Namen von Diagrammelementen (z. B. Größenachse, Legende, Datenreihe) und Daten angezeigt werden, wenn der Mauszeiger ca. eine Sekunde darauf zeigt. Mit der zweiten Option sehen Sie den Wert jedes Datenpunktes am Mauszeiger.

Fügen Sie *Diagramme im Entwurfsmodus* ein, werden diese in einem Modus angelegt, in dem keine 3D-Effekte angezeigt werden. Gleichzeitig werden sie mit einer gleichnamigen Schaltfläche gekennzeichnet. Entfernen Sie die letzte Option, wird diese Schaltfläche nicht im Diagramm zu sehen sein. Den Entwurfsmodus können Sie auch über die *Diagrammtools* ausschalten.

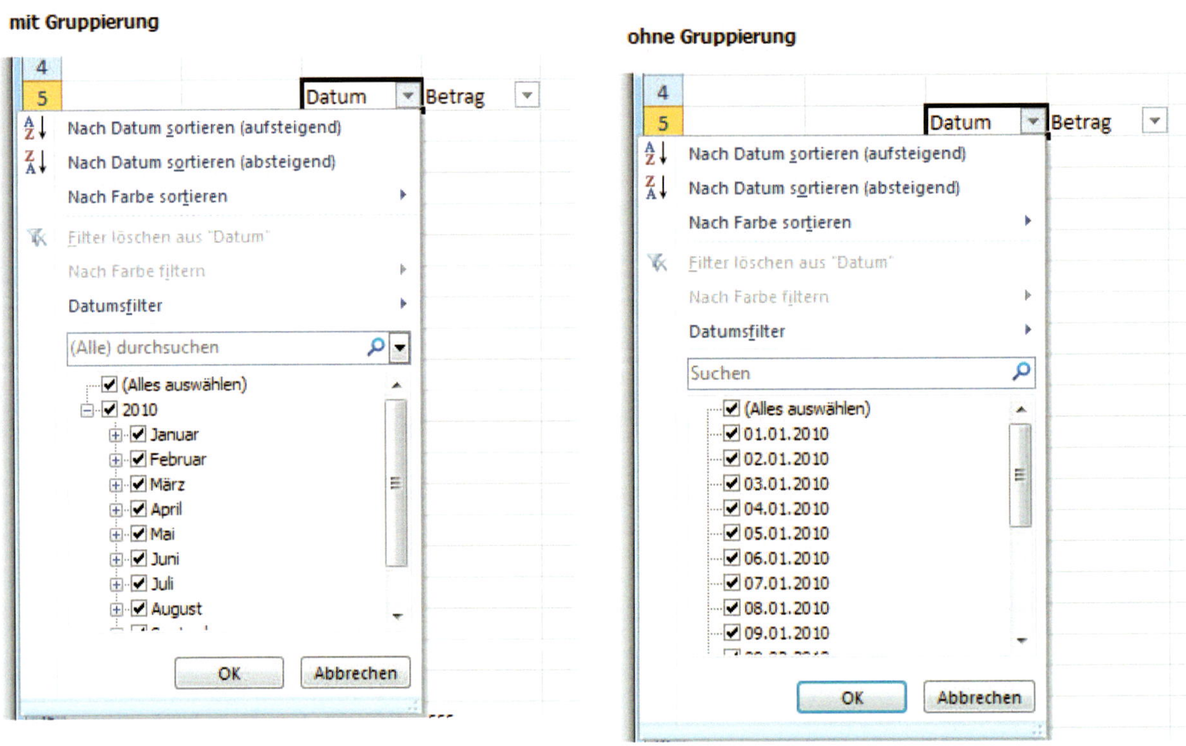

Abbildung 1.15 Datumswerte werden im AutoFilter gruppiert.

Anzeige

Definieren Sie in dieser Rubrik die Anzahl der zuletzt verwendeten Dokumente (*Datei/Zuletzt verwendet*) und das passende Maßsystem für die Lineale, die in der Ansicht *Seitenlayout* über den Spalten und links von den Zeilennummern angeboten werden.

Alle Fenster in der Taskleiste anzeigen stellt für jede Arbeitsmappe ein Symbol in die Taskleiste. In Windows 7 sehen Sie alle Arbeitsmappen in der Miniaturansicht des Excel-Symbols.

Bearbeitungsleiste anzeigen sorgt dafür, dass die Leiste mit dem Namensfeld und dem Formelbearbeitungsfeld angeboten wird.

QuickInfos für Funktionen anzeigen blendet bei der Eingabe einer Formel die passenden Funktionen ein, wenn Sie die ersten Buchstaben tippen. Mit der Tab-Taste holen Sie eine markierte Funktion in die Zelle.

Steuerzeichen anzeigen zeigt »bidirektionale« Steuerzeichen an. Diese werden bei Verwendung von Sprachen eingefügt, die von rechts nach links gelesen werden.

Hardwaregrafikbeschleunigung aktivieren schalten Sie aus, wenn Ihr Grafikadapter Schwierigkeiten bei der Wiedergabe hochauflösender Bilder und Animationen hat.

Für *Zellen mit Kommentaren* können Sie alles ausschalten, nur die Indikatoren (kleines rotes Dreieck) oder die Kommentare und Indikatoren anzeigen lassen.

Die *Standardrichtung* ist die Ausrichtung, die automatisch eingestellt wird, sobald Sie Buchstaben oder Zahlen eingeben. Schalten Sie um auf eine Sprache mit Rechts- bzw. Links-Ausrichtung, wird auch die Ausrichtung der Zelle geändert.

Optionen für diese Arbeitsmappe anzeigen

Wählen Sie in der Liste eine Arbeitsmappe (die aktive Mappe wird angeboten).

Horizontale/vertikale Bildlaufleisten anzeigen: Damit werden die Rollbalken am rechten und unteren Bildschirmrand aktiviert.

Blattregisterkarten anzeigen: Schalten Sie diese Option ein, damit Sie die Registernamen der einzelnen Tabellen sehen.

Datumswerte im Menü »AutoFilter« gruppieren: Ist diese Option aktiv, werden Datumswerte in der Filterliste gruppiert, wenn der AutoFilter für ein Datumsfeld eingeschaltet ist.

Objekte anzeigen als: Wählen Sie *Alle*, wenn Sie gezeichnete Objekte (Formeln) und Grafiken sehen wollen. Mit *Nichts* sehen Sie nur einen Objektrahmen. Die Option wird benötigt, wenn ältere Grafikadapter oder schwache Prozessoren Probleme mit der Anzeige haben.

Optionen für dieses Arbeitsblatt anzeigen

Wählen Sie in der Liste eine Arbeitsmappe oder ein Tabellenblatt (die aktive Tabelle wird angeboten).

Zeilen- und Spaltenüberschriften einblenden bestimmt die Anzeige der Zeilen-/Spaltenköpfe.

An Stelle der berechneten Werte Formeln in Zellen anzeigen schaltet die Formelansicht ein (auch unter *Formeln/Formelüberwachung/Formeln anzeigen*).

Blatt in Rechts-nach-Links-Ansicht anzeigen schaltet die Anzeige auf die Rechts-/Links-Leserichtung um, die Spalte A steht damit am rechten Rand.

Seitenumbrüche einblenden macht die Umbrüche in der Tabelle mit gestrichelten Linien sichtbar.

In Zellen mit Nullwert eine Null anzeigen: Schalten Sie diese Option aus, werden keine Nullen in der eingestellten Mappe oder Tabelle angezeigt.

TIPP Diese Option sollten Sie sicherheitshalber nicht verwenden, nehmen Sie stattdessen ein benutzerdefiniertes Zahlenformat, das die Null ausblendet:

```
0;-0;""
```

Gliederungssymbole anzeigen, wenn eine Gliederung angewendet wurde: Gliedern Sie mit Daten/Gliedern einzelne Zeilen und/oder Spalten, zeigt Excel am oberen und linken Rand Gliederungssymbole zum Ein- und Ausblenden der Zeilen- und Spaltenebenen. Mit dieser Option können Sie diese Symbole ausschalten.

Gitternetzlinien einblenden: Schalten Sie diese Option aus, werden keine Zellgitter für die Mappe oder Tabelle angezeigt. Das betrifft nicht die Zellrahmen, die Sie als Formatierung für einzelne Zellen zugewiesen haben. Mit dem Farbauswahlfeld lässt sich auch die *Gitternetzlinienfarbe* bestimmen.

Formeln

Multithreadberechnung aktivieren sorgt dafür, dass alle verfügbaren Prozessoren für die Berechnung von Formeln einbezogen werden. Angeboten wird die Anzahl Prozessoren, die Windows ermittelt hat, der Wert kann unter *Manuell* reduziert oder erhöht werden.

TIPP Prüfen Sie mit dem Windows-Dienstprogramm *msconfig* (*Start/Ausführen* bzw. Suchfenster), wie viele Prozessoren Ihr System anbietet (*Start/Erweiterte Optionen*).

Wenn Sie einen HPC-Clusterconnector (z. B. Windows HPC Server 2008) einsetzen, können Sie die nächste Option einschalten und diesen konfigurieren.

Beim Berechnen dieser Arbeitsmappe

Die erste Option aktualisiert *Verknüpfungen mit anderen Dokumenten* automatisch. Die Option *Genauigkeit wie angezeigt festlegen* macht nur dann Sinn, wenn Sie die Anzahl Nachkommastellen bei eingetippten Zahlen auf die vom Zahlenformat vorgegebene Zahl reduzieren wollen.

Mit *1904-Datumswerte verwenden* beginnt der Excel-Kalender am 1. Januar 1904 und nicht wie standardmäßig am 1. 1. 1900. Diese Option schalten Sie ein, wenn Sie beim Datumssystem mit *Office für Macintosh* kompatibel sein wollen oder müssen. Auf diesem System zählt Excel nämlich ab dem 1.1.1904 die Kalendertage.

Externe Verknüpfungswerte speichern: Wenn Sie diese Option ausschalten, nehmen Sie die Daten, die von externen Verknüpfungen geliefert werden, aus der Tabelle heraus. Damit reduzieren Sie in Tabellen mit vielen Verknüpfungen zwar erheblich das Speichervolumen, wenn die Verknüpfung aber nach dem Öffnen nicht mehr verfügbar ist, fehlen Ihnen die Werte.

Allgemein

Diese Optionen beziehen sich wieder auf Excel selbst, nicht auf die aktive Mappe oder das Tabellenblatt.

Auf *Feedback mit Sound* werden Sie gerne verzichten, weil damit bei jeder Rückmeldung von Excel ein Windows-Sound ertönt. Mit Feedback für Animationen sind die Übergangs- und Einblendungseffekte gemeint, die älteren Grafikadaptern Probleme bereiten können (und Excel verlangsamen).

Wählen Sie *Andere Anwendungen ignorieren, die DDE verwenden*, reagiert Excel nicht auf DDE-Anfragen von außen, was u.a. dazu führt, dass für Dateien, die per Doppelklick aus dem Windows-Explorer gestartet werden, eine neue Instanz geöffnet wird.

Aktualisieren von automatischen Verknüpfungen anfordern ist für die Meldung zuständig, die nach dem Öffnen einer Mappe mit Verknüpfungen erscheint. Schalten Sie sie aus, wenn Sie den Dialog nicht sehen wollen.

Fehler des Benutzeroberflächen-Add-Ins anzeigen: Add-Ins werden mithilfe von VBA-Makros so programmiert, dass sie das Menüband abändern und beispielsweise Gruppen entfernen, eigene Gruppen und Symbole für ihre Makroaufrufe installieren. Ist diese Option gesetzt, erhalten Sie eine Fehlermeldung, wenn diese Umprogrammierung der Oberfläche nicht funktioniert.

Mit *Inhalt für die Papierformate A4 oder 85 x 11 Zoll skalieren* wird das Seitenlayout entsprechend skaliert.

Beim Start alle Dateien öffnen in: Hier steht ein Eingabefeld für einen alternativen Pfad zum Excel-Startordner bereit. Dieser Ordner befindet sich in der Regel im

Abbildung 1.16 Automatische Verknüpfungen bestätigen

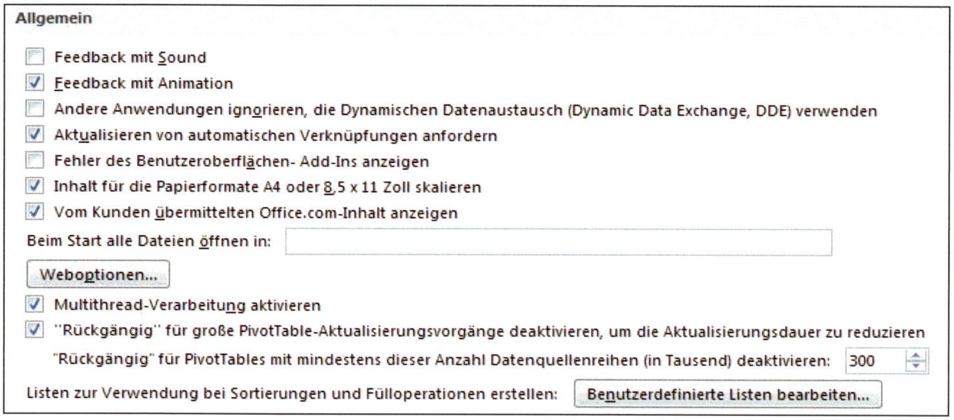

Abbildung 1.17 Allgemeine Optionen

Windows-Profil des Benutzers. Alle Dateien in diesem Ordner werden automatisch nach dem Programmstart aktiviert. So sieht der Pfad unter Windows 7 aus:

```
C:\Users\Benutzername\AppData\Roaming\Microsoft\
Excel\XLSTART
```

Damit Excel auch die Möglichkeit hat, im Netzwerk auf einen Startordner zuzugreifen, können Sie unter dieser Option ein alternatives Verzeichnis angeben (z. B. \\Servername\Ordner\XLDaten). Achten Sie aber darauf, dass sich Laufwerkbuchstaben bei temporären Netzwerklaufwerken oder für externe Geräte ändern können, verwenden Sie nur Pfade in UNC-Schreibweise (mit \\Servername).

Mit der Schaltfläche *Weboptionen* erhalten Sie eine Dialogbox mit sechs Registerkarten. Auf diesen definieren Sie die Einstellungen für die Ausgabe von Excel-Tabellen als Webseiten (*Datei/Speichern und senden/Im Web speichern*).

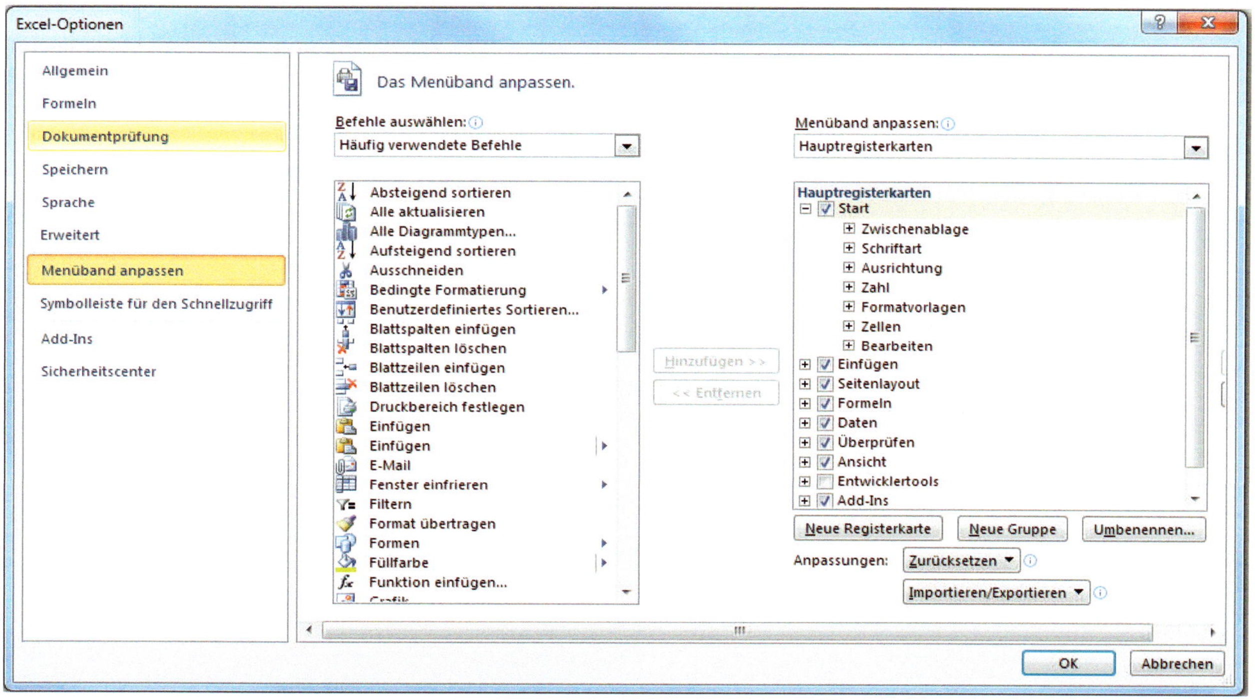

Abbildung 1.18 Menüband anpassen in den Excel-Optionen

Multithread-Verarbeitung aktivieren sorgt dafür, dass alle verfügbaren Prozessoren für alle anderen Aktivitäten (siehe oben: Formeln) herangezogen werden. Dazu gehört zum Beispiel die Neuberechnung von PivotTables und PivotCharts. Die nächste Option »Rückgängig« für PivotTables deaktiviert die Rückgängig-Funktion für große Aktualisierungsvorgänge oder eine angegebene Anzahl von Datensätzen. Damit verbessern Sie die Verarbeitungsgeschwindigkeit für PivotTables erheblich, weil Excel keine Rücknahme-Schritte zwischenspeichern muss.

Benutzerdefinierte Listen bearbeiten bietet die Möglichkeit, eigene Füllreihen zu definieren.

Die *Lotus-Kompatibilität* bietet die Möglichkeit, Excel so einzustellen, dass die Bedienung und die Formelbehandlung mit dem Programm *Lotus 1-2-3* (Hersteller IBM) kompatibel sind.

1.13 Menüband und Symbolleiste anpassen

Zu den »radikalsten« Neuerungen der Version Office 2007 gehörte die Einführung der Multifunktionsleiste. Sie löste die bis Excel 2003 üblichen Symbolleisten ab, die sich nach Bedarf ein- und ausblenden ließen oder von Programmfunktionen wie der PivotTable automatisch aktiviert wurden. In Excel 2010 heißt diese Leiste jetzt Menüband, das Prinzip der Leiste mit mehreren Registern am oberen Fensterrand ist gleich geblieben. Neu ist die Möglichkeit, dieses Menüband benutzerspezifisch anzupassen, das blieb in Office 2007 Entwicklern vorbehalten, die mit entsprechenden Werkzeugen (z. B. Visual Studio RibbonCustomizer) ausgestattet waren.

1.13.1 Menüband anpassen

Schalten Sie im Datei-Menü auf *Optionen,* und klicken Sie auf die Kategorie *Menüband anpassen*. Sie können dazu auch mit der rechten Maustaste in das Menüband klicken und den Befehl im Kontextmenü wählen.

Die Liste links zeigt zunächst eine Auswahl häufig verwendeter Befehle. Schalten Sie im Listenfeld um:

Befehle nicht im Menüband: Die Liste zeigt nur Symbole an, die noch nicht im Menüband zu sehen sind.

Alle Befehle: Die Liste zeigt alle verfügbaren Symbole an.

Makros: Die Liste zeigt alle Makros an, die in den aktiven Arbeitsmappen und Add-Ins verfügbar sind.

Registerkarte »Datei«: In der Liste sind nur Befehle zu sehen, die im Datei-Menü oder in den Programmfunktionen des Datei-Menüs verfügbar sind, zum Beispiel die verschiedenen Dateitypen oder die Seitenansicht unter *Drucken*.

Alle Registerkarten/Hauptregisterkarten: Hier schaltet die Liste auf eine Gliederungsansicht um und präsentiert alle Register mit ihren Gruppen und Untersymbolen.

Registerkarten »Tool«: Diese Registerkarten werden zusätzlich eingeblendet, wenn eine bestimmte Programmfunktion aktiv ist oder Elemente wie SmartTools, Bilder, PivotTables etc. markiert sind.

Benutzerdefinierte Registerkarten und Gruppen: Damit zeigt die Liste nur Teile des Menübandes an, die der Benutzer selbst gestaltet hatte.

Um ein Befehlssymbol aus einer dieser Listen in das Menüband zu holen, markieren Sie zunächst das Ziel in der rechten Liste. Einzelne Gruppen erweitern Sie per Klick auf das Pluszeichen. Klicken Sie dann auf das Symbol der linken Liste, und holen Sie dieses mit *Hinzufügen* in das Menüband.

Neue Register und Gruppen

Mit den Schaltflächen unterhalb der rechten Liste erweitern Sie das Menüband um neue Register und Gruppen. Ein Beispiel:

Legen Sie ein neues Register mit der Bezeichnung Mappen & Tabellen an, und holen Sie alle wichtigen Befehle zur Dateiverwaltung in dieses Register:

1. Klicken Sie auf *Neue Registerkarte*.
2. Markieren Sie *Neue Registerkarte (Benutzerdefiniert)*, und klicken Sie auf *Umbenennen*. Tragen Sie ein:

   `Mappen & Tabellen`

3. Markieren Sie *Neue Gruppe (Benutzerdefiniert)*, und wählen Sie *Umbenennen*. Geben Sie ein:

   `Öffnen`

4. Suchen Sie ein passendes Symbol, und klicken Sie auf OK, um die Gruppe zu speichern.
5. Klicken Sie auf *Neue Gruppe*, benennen Sie diese um in *Speichern*, und weisen Sie das Diskettensymbol zu.
6. Eine dritte Gruppe nennen Sie *Drucken*.

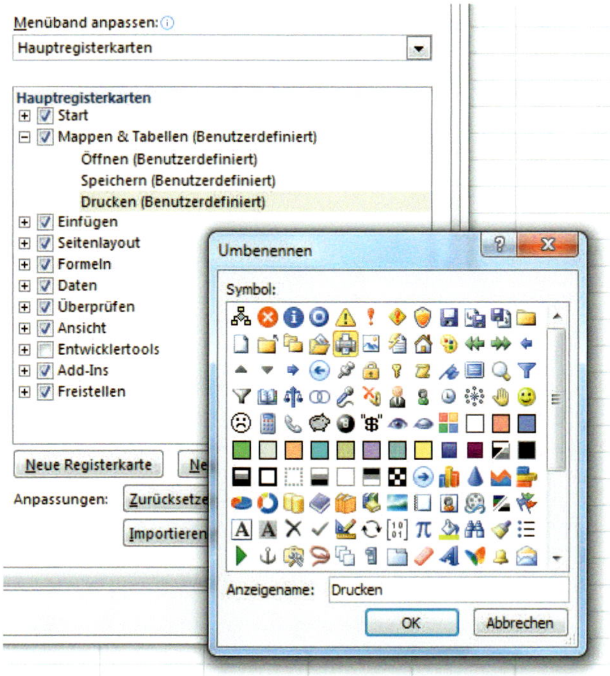

Abbildung 1.19 Eine neue Registerkarte mit drei Gruppen

7. Markieren Sie die erste Gruppe, und wählen Sie aus der Liste der Registerkarte *Datei Öffnen*. Holen Sie das Symbol mit *Hinzufügen* in die Gruppe. Holen Sie außerdem *Zuletzt verwendete Datei* und *Neu*.
8. Fügen Sie in die Gruppe *Speichern* diese Befehle ein:

   `Speichern`

   `Speichern unter`

   `Arbeitsmappe`

   `Arbeitsmappe mit Makros`

   `Als PDF oder XPS veröffentlichen`
9. Für die Gruppe *Drucken* wählen Sie:

   `Drucken`

   `Seitenansicht`

   `Senden`
10. Markieren Sie zuletzt die Gruppe, und klicken Sie am rechten Rand auf das Pfeilsymbol, um diese vor das Register *Start* zu schieben.

Beenden Sie die Anpassung des Menübandes. Das neue Register wird angezeigt, testen Sie die Symbole in den einzelnen Gruppen.

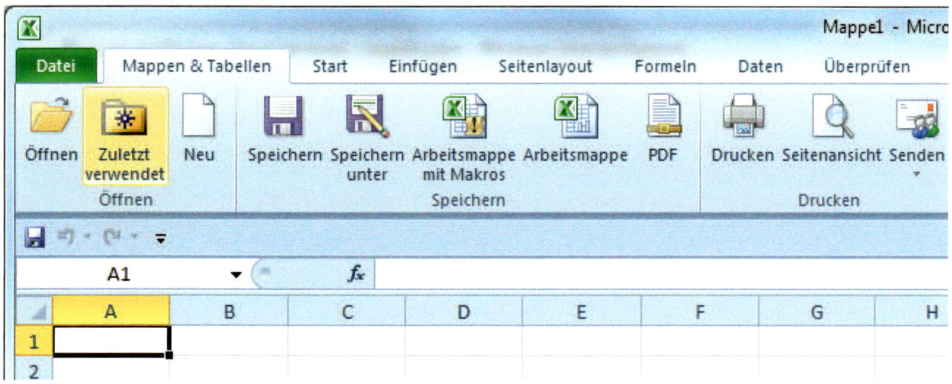

Abbildung 1.20 Ein neues Register im Menüband

1.13.2 Menüband speichern

Das benutzerdefinierte Menüband lässt sich als Datei sichern, was den Vorteil bietet, dass eigene Anpassung, team- oder aufgabenbezogene Register oder komplette Individualbelegungen für Unternehmen auf weitere Computer verteilt werden können.

1. Aktivieren Sie *Datei/Optionen/Menüband anpassen*.
2. Klicken Sie auf *Importieren/Exportieren*, und wählen Sie *Alle Anpassungen exportieren*.
3. Geben Sie einen Dateinamen an, die Endung *exportedUI* (UI = User Interface) wird automatisch zugewiesen.
4. Klicken Sie auf *Speichern*.
5. Um ein gespeichertes Menüband in eine Oberfläche zu holen, wählen Sie *Importieren/Exportieren/Anpassungsdatei importieren*. Suchen Sie die Datei, und holen Sie sie mit *Öffnen* in die Anpassung. Bestätigen Sie die Sicherungsmeldung mit Klick auf *Ja*.

1.13.3 Menübandänderungen zurücksetzen

Um einzelne Symbole oder Gruppen aus dem Menüband zu entfernen, aktivieren Sie die Anpassung unter *Datei/Optionen/Menüband anpassen* oder im Kontextmenü der rechten Maustaste.

1. Markieren Sie ein Symbol, das Sie in eine benutzerdefinierte Gruppe eingefügt hatten. Alle Standardsymbole sind deaktiviert und können nicht entfernt werden.
2. Klicken Sie auf *Entfernen*, um das Symbol zu löschen. Wenn Sie eine ganze Gruppe löschen wollen, markieren Sie diese zuvor in der rechten Liste.
3. Klicken Sie auf *Zurücksetzen*, wenn Sie alle benutzerspezifischen Änderungen im Menüband löschen wollen.

Nach einer Sicherungsbestätigung werden die Symbole, Gruppen oder alle Änderungen im Menüband gelöscht.

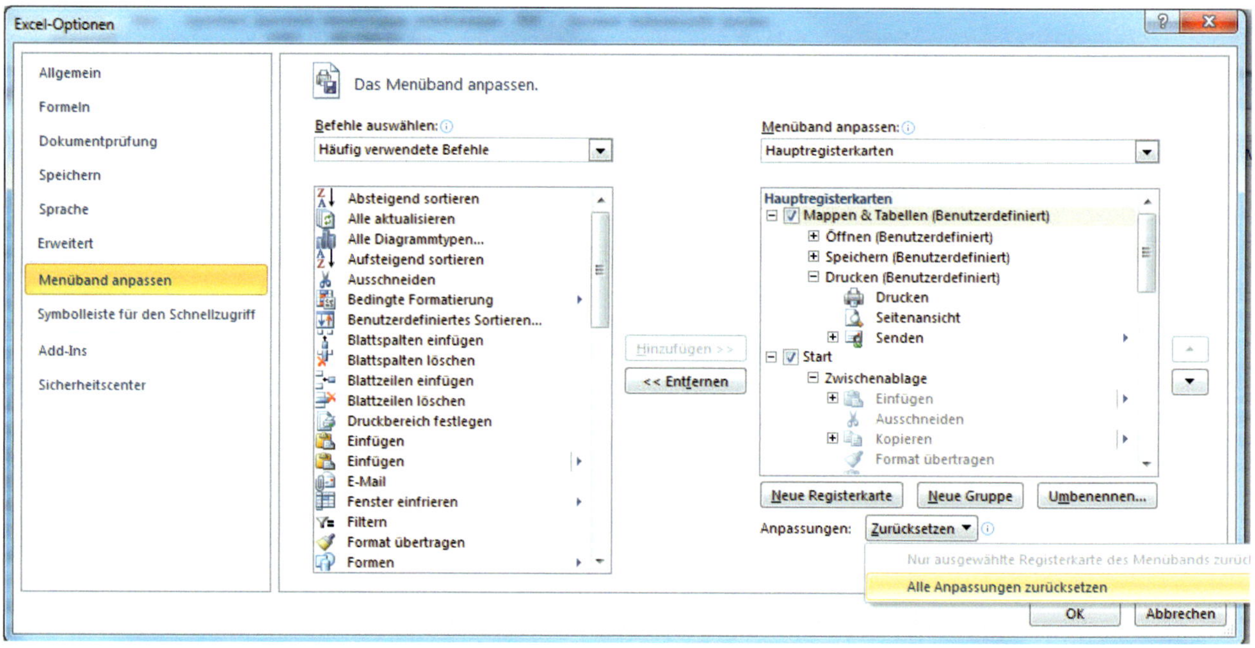

Abbildung 1.21 Das Menüband wird wieder auf den Standard zurückgesetzt.

1.14 Die Symbolleiste für den Schnellzugriff

Nicht so flexibel und ausbaufähig wie das Menüband, aber kompakter und praktischer ist die Symbolleiste für den Schnellzugriff. Wer von früheren Versionen gewohnt ist, regelmäßig wichtige Programmfunktionen als Symbole in die Oberfläche zu stellen, wird diese kleine Leiste öfter nutzen als die Menübandanpassung.

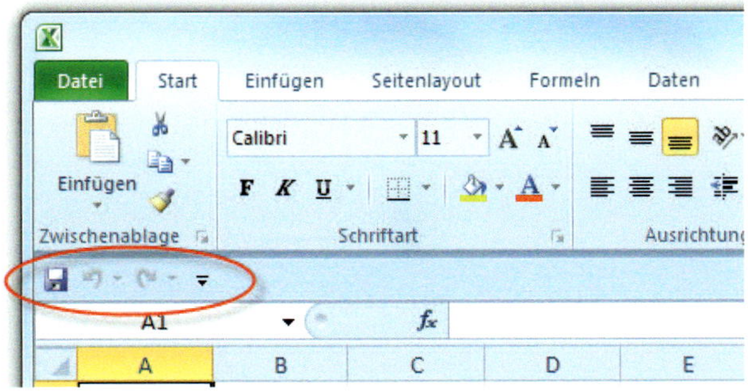

Abbildung 1.22 Die Symbolleiste für den Schnellzugriff, hier über der Multifunktionsleiste

Nach der ersten Installation sollte diese Leiste über dem Menüband stehen. Sie bietet drei Befehlssymbole und ein Pfeilsymbol mit einem Steuermenü an, in dem weitere Befehle auf ihren Einsatz als Symbol warten:

» *Speichern*. Klicken Sie auf das Diskettensymbol, wenn Sie die aktive Arbeitsmappe speichern wollen. Ist die Mappe noch nicht benannt, erhalten Sie einen Speicherdialog und können den Dateinamen eingeben (entspricht *Speichern unter* im Datei-Menü).

» *Rückgängig*. Ein Klick auf das Symbol macht die letzte Aktion rückgängig. Klicken Sie auf das Pfeilsymbol rechts an diesem Symbol, erhalten Sie die Liste der letzten Aktionen (bis zu 99). Ziehen Sie den Mauszeiger über die Aktionen, die Sie rückgängig machen wollen.

» *Wiederholen*. Dieses Symbol stellt Aktionen wieder her, die Sie rückgängig gemacht hatten, und ist aus diesem Grund auch nur dann aktiv, wenn mindestens eine Aktion rückgängig gemacht wurde. Auch hier können Sie mit dem Pfeilsymbol eine Liste mit mehreren Aktionen anzeigen.

» *Symbolleiste für den Schnellzugriff anpassen*. Hier finden Sie einige zusätzliche Befehle, die Sie einfach anklicken können.

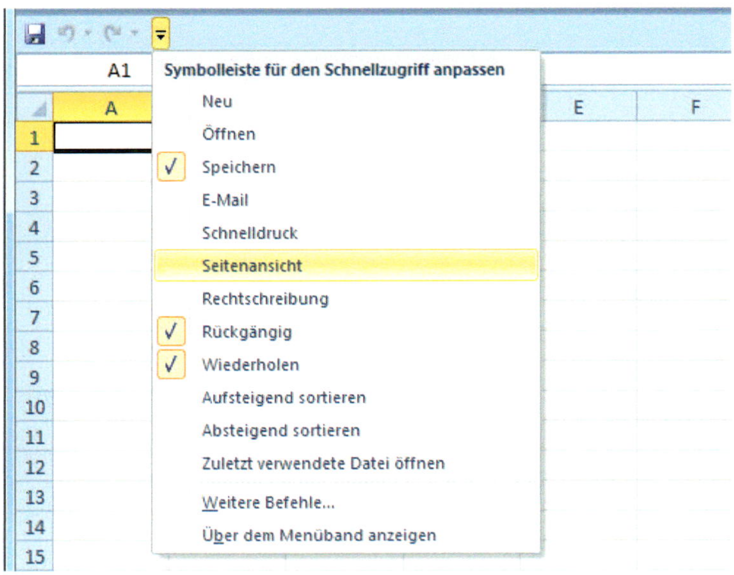

Abbildung 1.23 Symbolleiste anpassen – weitere Befehle

Die Symbole dieser Befehle werden daraufhin in der Leiste aktiviert:

- *Neu*: Legt eine neue Arbeitsmappe an.
- *Öffnen*: Aktiviert den Dialog *Öffnen*, mit dem eine gespeicherte Datei geöffnet werden kann.
- *E-Mail*: Öffnet eine neue Nachricht in Outlook und fügt die aktive Arbeitsmappe als Anhang ein (entspricht *Neu* im Office-Menü).
- *Schnelldruck*: Druckt die aktuelle Tabelle oder den im Seitenlayout bestimmten Druckbereich auf dem Windows-Standarddrucker aus (entspricht *Drucken* im Datei-Menü).
- *Seitenansicht*: Druckt die aktuelle Tabelle oder den im Seitenlayout bestimmten Druckbereich in eine Seitenansicht auf dem Bildschirm (entspricht *Drucken/Seitenansicht* im Datei-Menü).
- *Rechtschreibung*: Startet die Rechtschreibprüfung für die aktive Tabelle (entspricht *Überprüfen/Dokumentprüfung/Rechtschreibung).*
- *Aufsteigend/absteigend sortiert*: Sortiert den Zellbereich oder die Tabelle nach der Spalte, in der sich der Zellzeiger befindet (entspricht *Daten/Sortieren und Filtern/Sortieren*).
- *Weitere Befehle*: Damit öffnen Sie die Anpassung der Excel-Optionen, in der alle verfügbaren Befehlssymbole zur Auswahl stehen (entspricht *Datei/Optionen/Symbolleiste für den Schnellzugriff*).
- *Unter/Über dem Menüband anzeigen*: Platziert diese Symbolleiste zwischen Bearbeitungsleiste und der großen Leiste.
- *Menüband minimieren*: Reduziert die Anzeige der großen Symbolleiste auf die Registerkarten. Erst ein Klick auf ein Register öffnet die Gruppen mit den Befehlen. Diese Einstellung lässt sich hier im Menü oder per Doppelklick auf ein Register umschalten.

TIPP Das Aus- und Einblenden des Menübandes geht schneller so: Klicken Sie doppelt auf das Menüband. Ob Sie diese Symbole oder einen Teil davon gleich einschalten, bleibt Ihrer bevorzugten Arbeitsweise überlassen. In der Praxis werden Sie die Befehle aus dem Menü sicher häufiger als viele andere brauchen.

1.14.1 Schnellzugriff-Symbolleiste platzieren

Ein freies Verschieben wie früher gibt es für diese Leiste nicht, sie kann entweder unter oder über dem Menüband platziert werden:

1. Klicken Sie auf den Pfeil am rechten Rand oder mit der rechten Maustaste in die Symbolleiste für den Schnellzugriff.
2. Wählen Sie ... *unter dem Menüband anzeigen*.

Wenn die kleine Symbolleiste unter der großen steht, heißt der Befehl natürlich *Symbolleiste für den Schnellzugriff über dem Menüband anzeigen*.

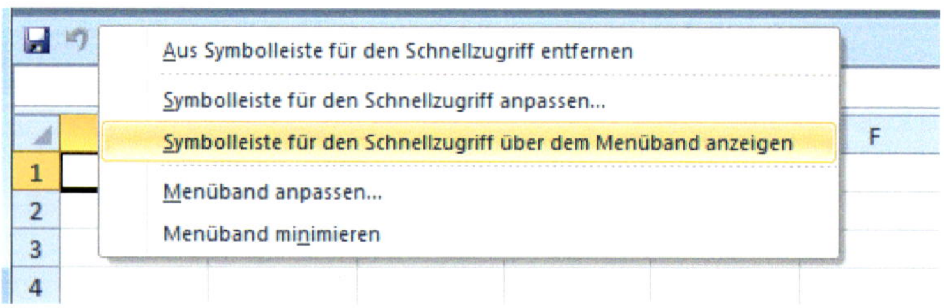

Abbildung 1.24
Symbolleiste für den Schnellzugriff positionieren

1.14.2 Schnellzugriff-Leiste anpassen

Die kleine Auswahl im Menü, das mit dem Pfeilsymbol am rechten Rand aktiviert wird, enthält schon einige sehr wichtige und häufig benutzte Befehle. Wer seine Schnellzugriff-Leiste optimal auf eine individuelle Arbeitsweise anpassen will, holt sich die komplette Befehlsübersicht und bestückt die Leiste mit allem, was sonst mühsam aus den zahlreichen Registern und Befehlsgruppen gesammelt werden muss.

TIPP ... was auch für Umsteiger von der Vorgängerversion keine schlechte Idee ist. Manche Befehle sind einfach zu gut versteckt ...

1. Wählen Sie im Menü der Symbolleiste für den Schnellzugriff *Weitere Befehle*, oder schalten Sie im Datei-Menü unter *Excel-Optionen* auf die Kategorie *Symbolleiste für den Schnellzugriff*.
2. Klicken Sie in der ersten Liste (links) auf ein Befehlssymbol, und holen Sie dieses mit einem Klick auf *Hinzufügen* in die Symbolleiste für den Schnellzugriff.
3. Um ein Symbol aus der Symbolleiste zu entfernen, markieren Sie es in der rechten Liste und klicken auf *Entfernen*. Das Symbol wird nur aus der Symbolleiste entfernt, nicht aus der Befehlsauswahl.
4. Mit den Pfeilsymbolen rechts neben der rechten Liste wird die Symbolauswahl sortiert. Klicken Sie das Symbol an, das Sie neu positionieren wollen, und klicken Sie auf den Pfeil nach oben bzw. nach unten.
5. Öffnen Sie das Listensymbol über der linken Liste, und passen Sie die Befehlsauswahl an.

Neben der Standardeinstellung (*Häufig verwendete Befehle*) können Sie alle Befehle, die sich noch nicht in der Leiste befinden, oder die gesamte Befehlsliste anzeigen

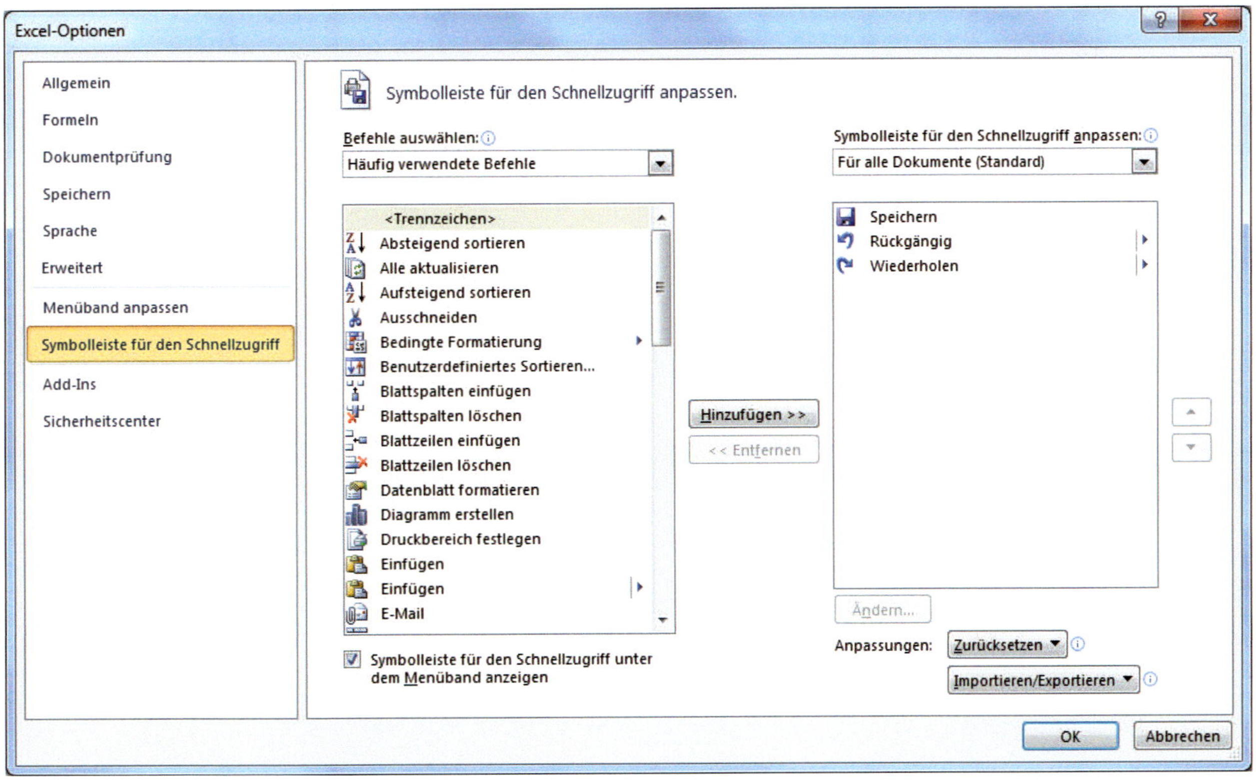

Abbildung 1.25 Hier wird die Symbolleiste angepasst.

lassen. Diese bietet über 1.000 Befehle an, die Unterbefehle nicht mitgerechnet. Damit Sie trotz der Riesenauswahl in akzeptabler Geschwindigkeit ein bestimmtes Symbol finden, klicken Sie in die Liste und tippen den ersten Buchstaben des Befehls ein.

TIPP Ein Doppelklick auf ein Symbol in der Befehlsübersicht fügt es in die Symbolleiste ein, ein Doppelklick auf ein Symbol in dieser entfernt es wieder.

1.14.3 Symbole aus dem Menüband holen

Bei der Arbeit mit Mappen, Tabellen und Diagrammen werden Sie häufig das Gefühl haben, dass bestimmte Befehle längst in die Symbolleiste für den Schnellzugriff gehören. Weil Sie diese nämlich ständig benutzen und immer wieder in das passende Register schalten müssen. Bevor Sie jetzt die umständliche Prozedur starten, den Anpassen-Dialog öffnen und das Symbol suchen, lernen Sie den kürzesten Weg kennen, um einen Befehl in der Symbolleiste für den Schnellzugriff zu verankern:

1. Suchen Sie das Symbol, das Sie aufnehmen wollen, in der entsprechenden Registerkarte und Gruppe.
2. Klicken Sie mit der rechten Maustaste auf das Symbol.
3. Wählen Sie im Kontextmenü *Zu Symbolleiste für den Schnellzugriff hinzufügen*.

Um das Symbol richtig einzusortieren, wählen Sie im Menü der Leiste *Weitere Befehle*, markieren das Symbol und setzen es mit den Pfeilsymbolen in die richtige Position.

1.14.4 Speicherort für die Symbolleiste für den Schnellzugriff

Die kleine Symbolleiste muss Excel irgendwo im System abspeichern, damit beim nächsten Programmstart wieder die aktuelle Zusammensetzung der Symbole angeboten wird. Excel speichert die Änderungen in einer Datei namens *Excel.officeUI* (in Excel 2007 noch *Excel.qat*). In diesem Pfad wird die Datei gespeichert (der Laufwerkbuchstabe C wird als zugewiesener Buchstabe für das Programmlaufwerk angenommen, *Benutzername* ist der Name, mit dem Sie sich in Windows anmelden):

» In Windows XP:

  C:\Dokumente und Einstellungen\Benutzername\Anwendungsdaten\Microsoft\Office

» In Windows 7:

  C:\Benutzer\Benutzername\AppData\Local\Microsoft/Office

Diese Textdatei lässt sich mit jedem Texteditor öffnen, einsehen und auch bearbeiten. Benutzen Sie den Notizblock-Editor Notepad von Windows, ein Textprogramm wie Word oder einen XML-Editor.

ACHTUNG Achten Sie darauf, dass die Datei als versteckte Systemdatei gespeichert wird. Wenn Sie unter Windows danach suchen, muss die *Erweiterte Suche* aktiviert werden, damit können Sie auch nach versteckten Dateien suchen lassen.

Die editierbare QAT-Datei bietet die Möglichkeit, die benutzerspezifischen Einstellungen der Symbolleiste für den Schnellzugriff zu sichern oder auf einen bestimmten Status zu setzen. Löschen Sie diese Datei, wird die Symbolleiste für den Schnellzugriff beim nächsten Start von Excel die Standardbelegung mit den Symbolen *Speichern*, *Rückgängig* und *Wiederholen* anzeigen. Kopieren Sie die Datei, und speichern Sie die Kopie unter einer anderen Bezeichnung ab, haben Sie eine Sicherung der Symbolleiste, die Sie jederzeit wieder reaktivieren können, indem Sie sie unter dem Originalnamen *Excel.officeUI* in den Office-Ordner Ihres Profils kopieren.

Wenn Sie eine QAT-Datei aus Excel 2007 verwenden wollen, aktivieren Sie diese im Texteditor und tauschen diesen Link aus:

Alt:

```
http://schemas.microsoft.com/office/2006/01/customui
```

Neu:

```
http://schemas.microsoft.com/office/2009/07/customui
```

Speichern Sie dann die Datei unter der neuen Bezeichnung `Excel.officeUI` ab.

1.14.5 Symbolleisten aus früheren Versionen

Bis zu Version 2003 bot Excel zahlreiche Symbolleisten im Kopfbereich des Programmfensters an. Die Leisten mit der Bezeichnung *Standard* und *Format* waren standardmäßig aktiv, weitere Leisten ließen sich über das Kontextmenü (rechte Maustaste) oder mit *Ansicht/Symbolleisten* aktivieren. Mit *Ansicht/Symbolleisten/Anpassen* konnten neue Symbolleisten angelegt und mit Befehlen aus dem Register *Befehle* bestückt werden. Erfahrene Anwender nutzten besonders das Makrosymbol und definierten sich eigene Symbolleisten mit Makrosteuerung. Hier ein Beispiel: Die Arbeitsmappe Projektbericht.xls enthält mehrere Makros:

- Erstellung eines Projektberichts über den AutoFilter
- Ansteuerung der Tabellenblätter Projektleiter und Projektbericht
- Auflösung des Filterkriteriums beim Aktivieren des Tabellenblatts Projektbericht

Die Symbolleiste *Projektmanagement* ist an die Arbeitsmappe gekoppelt.

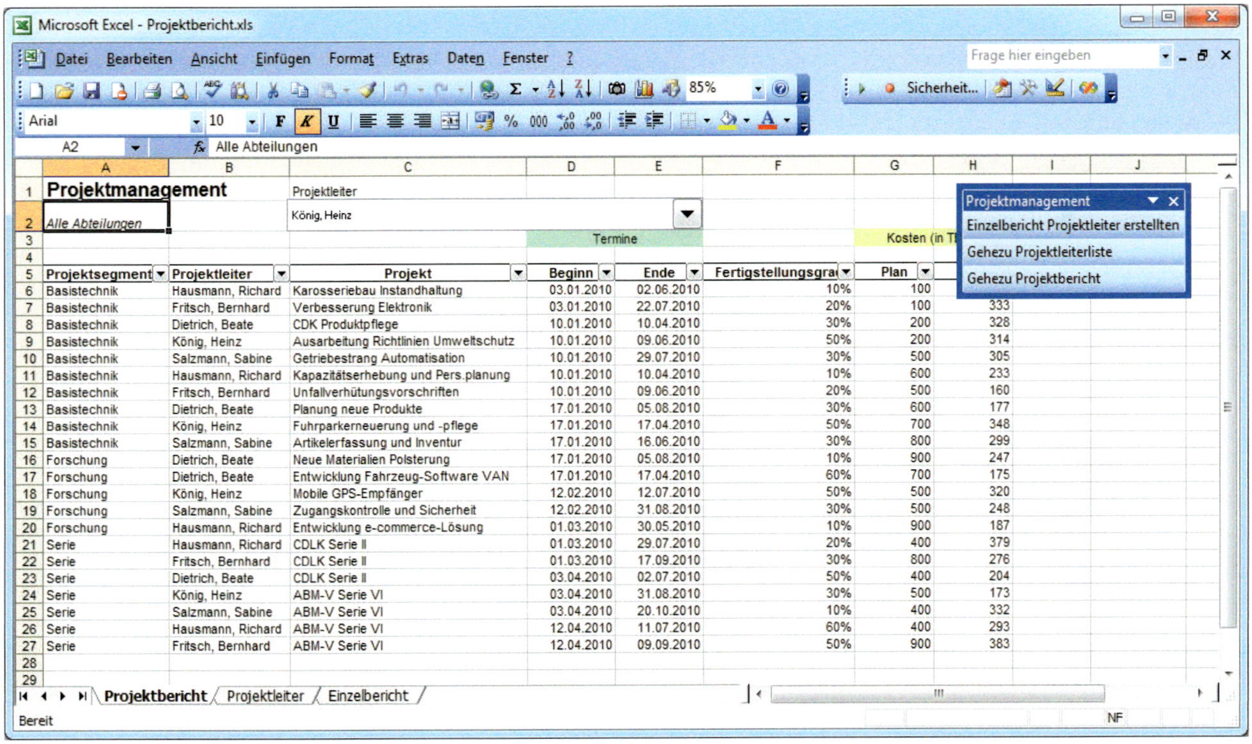

Abbildung 1.26 Symbolleiste in Excel 2003

Was macht Excel 2010 mit dieser Symbolleiste? Die gute Nachricht zuerst: Die Makros funktionieren auch weiterhin. Die Leiste ist allerdings nicht mehr wie in der Vorgängerversion als selbstständige Symbolleiste sichtbar. So finden Sie die Makros wieder:

1. Öffnen Sie die XLS-Datei mit *Datei/Öffnen*, und bestätigen Sie die Sicherheitswarnung mit *Inhalte aktivieren*.
2. Schalten Sie im Menüband auf das Register *Add-Ins* um. Hier finden Sie die Gruppe *Benutzerdefinierte Symbolleisten* und darin die Symbole aus der früheren Symbolleiste *Projektmanagement*.

Um die Symbole in das Menüband zu integrieren, konvertieren Sie zunächst die Arbeitsmappe in das Excel 2010-Format:

1. Wählen Sie *Datei/Speichern unter*.
2. Schalten Sie um auf den Dateityp *Excel-Arbeitsmappe mit Makros (*.xlsm)*.
3. Speichern Sie die Mappe mit der Endung *XLSM* als Makroarbeitsmappe.
4. Schließen Sie die Datei, und öffnen Sie sie wieder.
5. Holen Sie die Makros in das Menüband: Wählen Sie *Datei/Option/Menüband anpassen*.
6. Erstellen Sie in der rechten Liste ein neues Register PM, legen Sie in diesem Register die Gruppe *Projektmanagement* an.
7. Markieren Sie in der Liste *Befehle auswählen* den Befehl *Makros*.
8. Klicken Sie das erste Makro an, und holen Sie es mit *Hinzufügen* in die neue Gruppe. Holen Sie auch die beiden anderen Makros in die Gruppe.

Schließen Sie die Anpassung des Menübands. Jetzt stehen die Makros im neuen Register *PM* zur Verfügung. In der Gruppe *Add-Ins* können Sie die alten Symbole mit der rechten Maustaste anklicken und mit *Benutzerdefinierte Symbolleiste löschen* aus der Mappe entfernen.

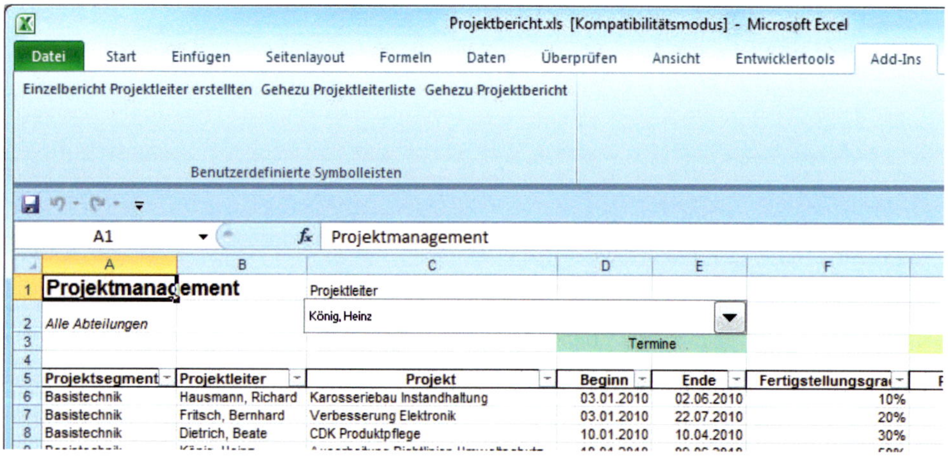

Abbildung 1.27
Die benutzerdefinierten Symbolleisten sind in der Gruppe Add-Ins zu finden.

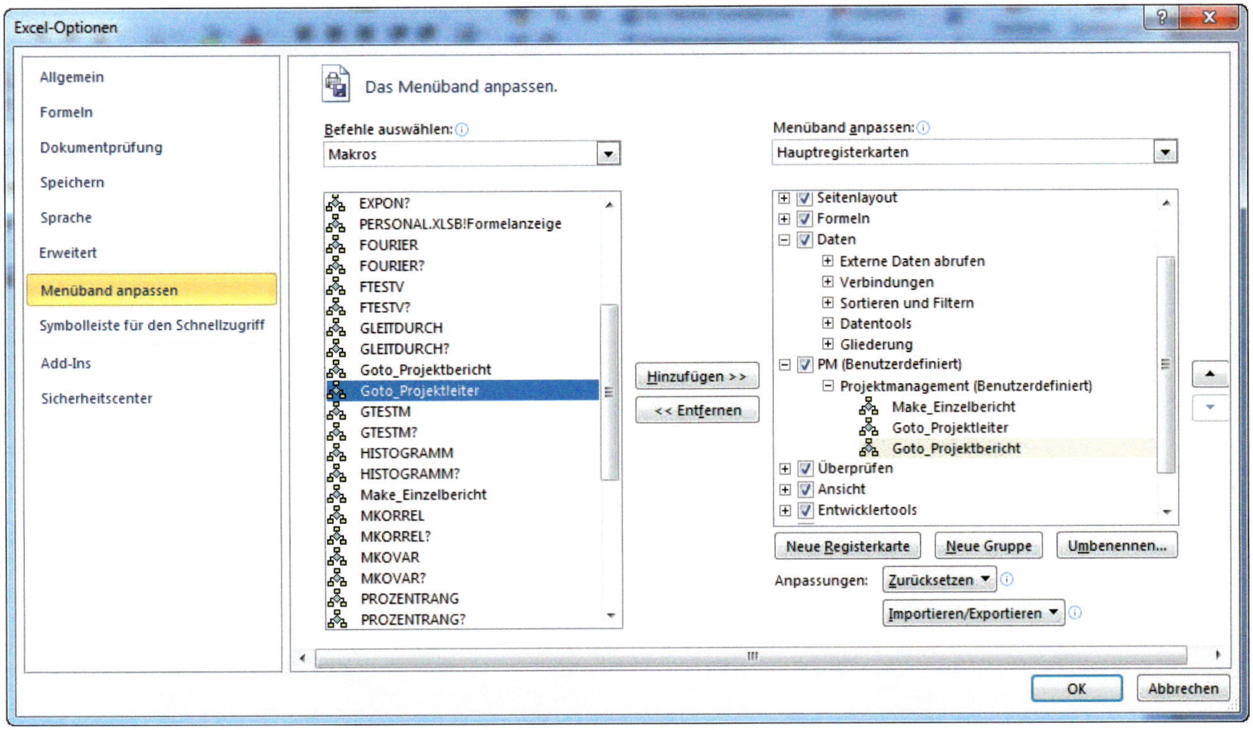

Abbildung 1.28 Makros in das neue Register und die neue Gruppe einfügen

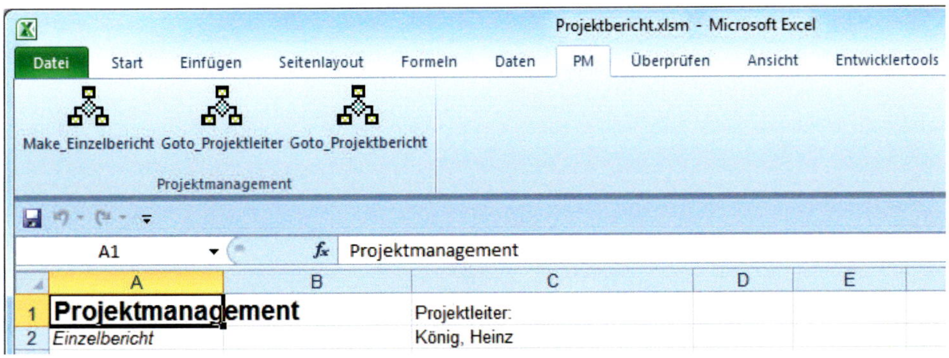

Abbildung 1.29
Neues Register mit Makros in der Gruppe

Kapitel 2

Die Excel-Oberfläche

Das Wichtigste an Excel sind die Tabellenblätter, und davon bietet das Fenster nach dem Start zunächst drei Stück an. Die Oberfläche besteht aber nicht nur aus Tabellen, viele kleine Elemente sind rund um die Zellen mit Zeilennummern und Spaltenbuchstaben gruppiert. Sehen Sie sich diese an, sie haben alle ihre Bedeutung.

2.1 Das Excel-Fenster

Das Hauptfenster kann wie jedes Windows-Fenster im Vollbild oder im Fenstermodus angezeigt werden. Im Vollbild übernimmt es die Kontrolle über den gesamten Desktop, kein anderes darauf aktives Fenster ist sichtbar. Der Fenstermodus gibt den Blick auf andere Fenster im Hintergrund frei, soweit diese nicht verdeckt sind.

TIPP Sie können das Programmfenster per Doppelklick auf die Titelleiste in den Fenstermodus oder Vollbildmodus befördern. Bei innen liegenden Arbeitsmappenfenstern geht das auch, aber nur vom Fenster zurück zum Vollbild.

Diese Elemente finden Sie im Excel-Fenster:

Fensterelement	Erklärung
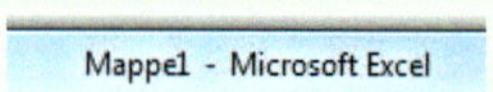	Die Titelleiste zeigt den Programmnamen und den Namen der ersten Arbeitsmappe (*Mappe1*). Nachdem die Mappe gespeichert wurde, erscheint hier der Dateiname.
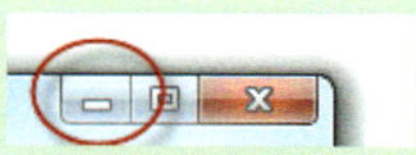	Die Symbole *Minimieren, Maximieren und Schliessen. Minimieren* befördert das Programmfenster vom Desktop in die Taskleiste. Dort kann es mit einem Klick wieder reaktiviert werden.
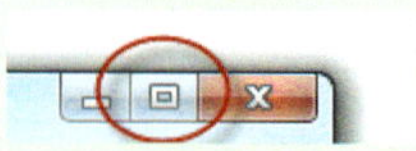	Das Symbol *Maximieren/Verkleinern*, ein Umschalter zwischen Fenster- und Vollbildmodus. Befindet sich das Fenster im Vollbildmodus, schaltet das Symbol auf den Fenstermodus um, dabei werden die Ränder des Fensters sichtbar. Im Fenstermodus schaltet das Symbol auf Vollbild um.
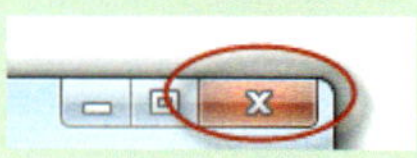	Das Symbol *Schliessen* schließt das Excel-Fenster und beendet damit das Programm (entspricht *Datei/Schliessen*). Anstehende Änderungen, die nicht gespeichert wurden, werden noch abgefragt.
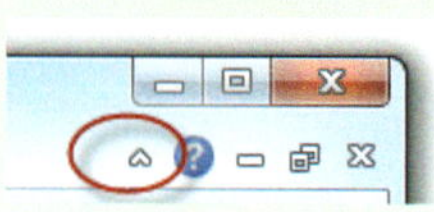	Die inneren Fenstersymbole sind für die Arbeitsmappen zuständig. Das erste Symbol links blendet das Menüband aus und wieder ein (Pfeil zeigt nach unten).

Fensterelement	Erklärung
	Das Fragezeichensymbol aktiviert die Programmhilfe in einem neuen Fenster.
	Diese drei Symbole minimieren, maximieren oder schließen das aktive Arbeitsmappenfenster innerhalb des Programmfensters.
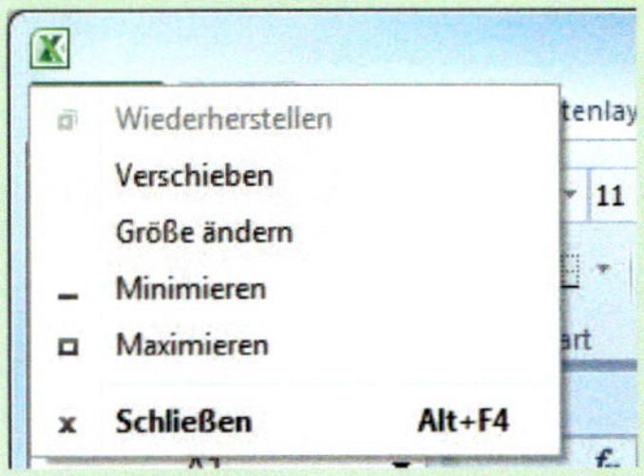	Auch das Excel-Symbol links oben bietet auf den Klick ein Menü an. Hier finden Sie die Funktionen der anderen Fenstersymbole. Drücken Sie [Alt] + [Leertaste], erhalten Sie dieses Menü. Mit den Cursortasten und [Enter] wird ein Befehl aktiviert. So können Sie Excel ohne Maus bedienen.
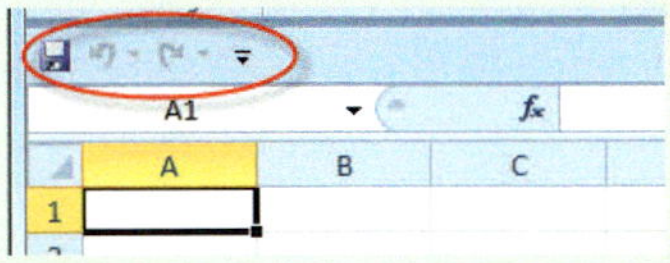	Die Symbolleiste für den Schnellzugriff. Sie steht wahlweise unter oder über dem Menüband und kann mit zusätzlichen Symbolen bestückt werden.
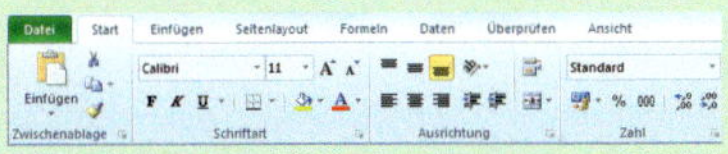	Das Menüband mit acht Registerkarten, die in Gruppen unterteilt sind.
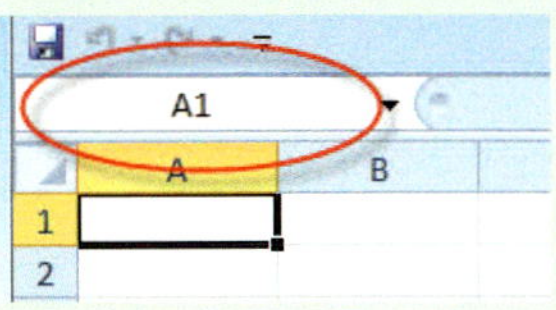	Das *Namensfeld* zeigt die Zelladresse an, auf der sich der Zellzeiger befindet (später auch Bereichsnamen). Mit einem Klick auf den Pfeil am rechten Rand sehen Sie eine Liste aller Bereichsnamen.
	Die *Bearbeitungsleiste* zeigt den Inhalt der aktiven Zelle an. Das Funktionssymbol dient zum Aufruf der Funktionsliste, über die eine Funktion eingefügt werden kann.
	Klicken Sie in die Bearbeitungsleiste, erscheinen die beiden Symbole *Abbrechen* und *Eingeben*. Mit *Abbrechen* werden die Änderungen am Zellinhalt verworfen, *Eingeben* entspricht der [Eingabe]-Taste, die Änderungen werden zurück in die Zelle geschrieben.
	Ziehen Sie die Bearbeitungsleiste mit gedrückter Maustaste nach rechts oder links, ändern Sie die Breite, gleichzeitig wird das Namensfeld größer bzw. kleiner.
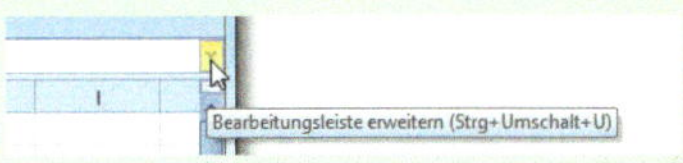	Mit diesem Symbol wird die Höhe der Bearbeitungsleiste verändert, um größere Formeln lesbar zu machen. Klicken Sie es an, wird die Leiste doppelzeilig.
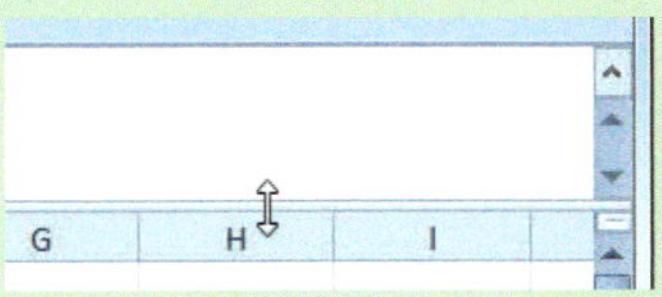	Ziehen Sie die Randlinie der Leiste mit gedrückter Maustaste, um die Leiste manuell zu vergrößern oder zu verkleinern. Die Leiste kann so weit vergrößert werden, dass die Tabelle selbst nur eine Zeile hoch ist.
	In der *Statusleiste* am unteren Bildschirmrand werden Meldungen des Systems gezeigt. Mit der rechten Maustaste konfigurieren Sie den Inhalt der Leiste.

Tabelle 2.1 Die Fensterelemente des Excel-Programmfensters

2.1.1 Das Fenster der Arbeitsmappe

Ein Klick auf das Symbol *Wiederherstellen* im inneren Fenster schaltet alle offenen Arbeitsmappen in den Fenstermodus. Dieser ermöglicht die Ansicht und Anordnung mehrerer Arbeitsmappen im Fensterbereich. Jedes Fenster, d.h. jede aktive Arbeitsmappe, erhält damit eine Titelleiste mit den drei Symbolen rechts oben zugewiesen.

Im Arbeitsbereich des Excel-Programmfensters stehen alle Arbeitsmappen, die mit Excel bearbeitet werden (die Anzahl ist nur vom verfügbaren Speicherplatz begrenzt). In der Praxis ist es sehr nützlich, mehrere Arbeitsmappen gleichzeitig zu bearbeiten, und häufig werden Sie diese auch nebeneinander sehen wollen:

1. Legen Sie mit [Strg] + [N] eine weitere Arbeitsmappe an (Mappe2).
2. Unter *Ansicht/Fenster/Fenster wechseln* schalten Sie zwischen den offenen Arbeitsmappen um.
3. Mit *Ansicht/Fenster/Alle anordnen/Unterteilt* stellen Sie die Fenster der beiden Mappen nebeneinander. Die inneren Fensterpfeile verschwinden.
4. Ziehen Sie die Fensterränder mit gedrückter Maustaste, um die Fenster neu anzuordnen.
5. Mit einem Doppelklick auf eine Titelleiste befördern Sie ein Fenster in das Vollbild. Klicken Sie auf *Fenster wiederherstellen*, erhalten Sie die Mappen wieder in der Fensteransicht.

2.1.2 Tabellenblätter in der Arbeitsmappe

Sehen wir uns eine Arbeitsmappe mit drei Tabellenblättern einmal genauer an. In der Praxis werden Sie meist im Vollbildmodus arbeiten, um möglichst viel Platz für die Tabellenblätter zu haben.

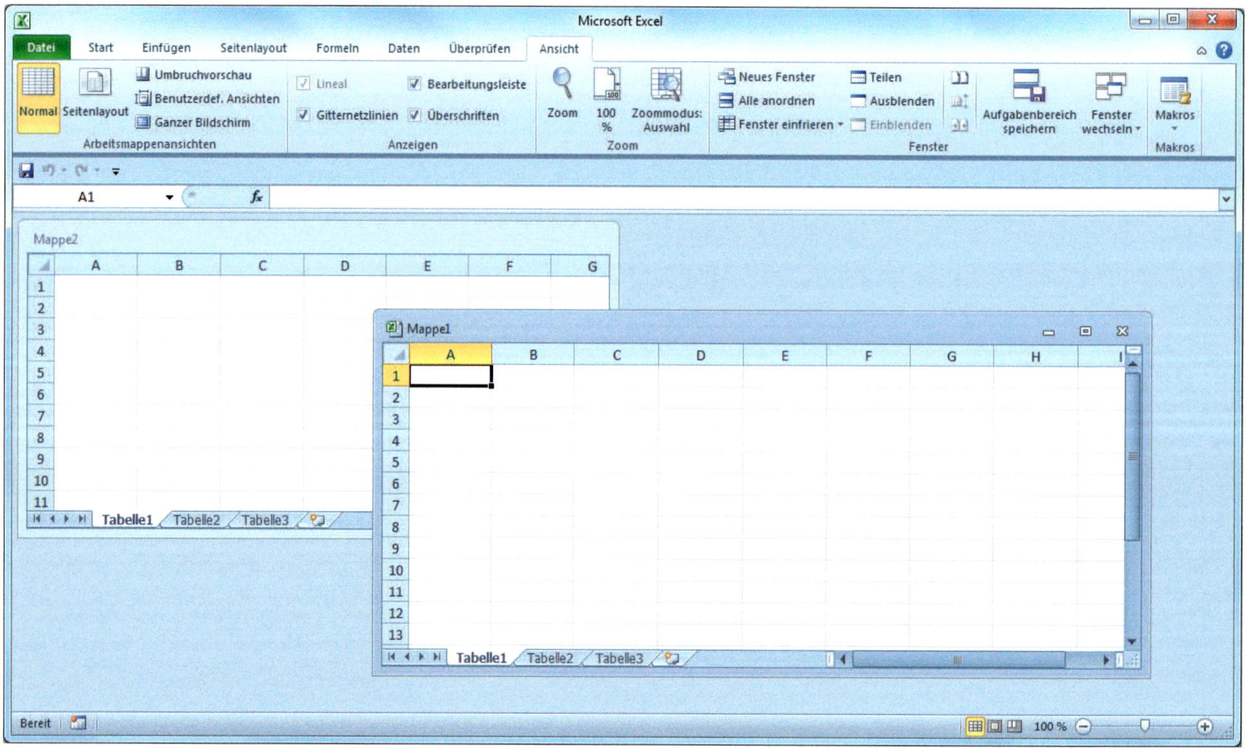

Abbildung 2.1 Zwei Arbeitsmappen in der Fensteransicht

Fensterelement	Erklärung
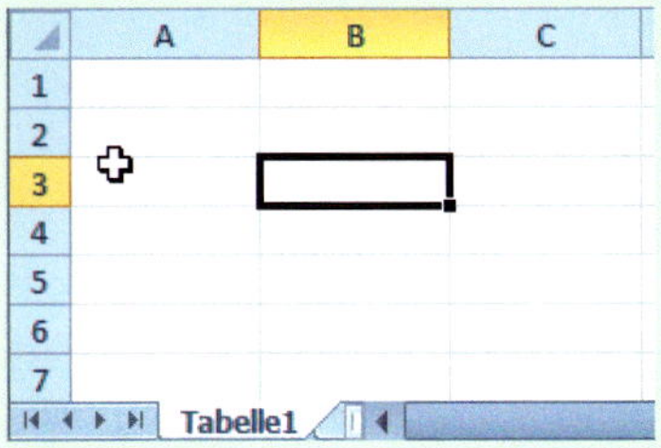	Eine Tabelle ist in Zeilen und Spalten unterteilt, am oberen Rand sind die Spalten mit Spaltenbuchstaben gekennzeichnet, am linken Rand sind die Zeilen durchnummeriert.
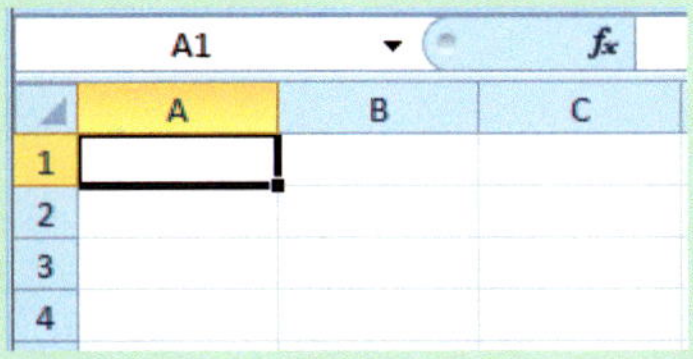	Jede *Zelle* hat eine Zelladresse, die sich aus Spaltenbuchstabe und Zeilennummer zusammensetzt. Der Zellzeiger steht zunächst in der Zelle A1.
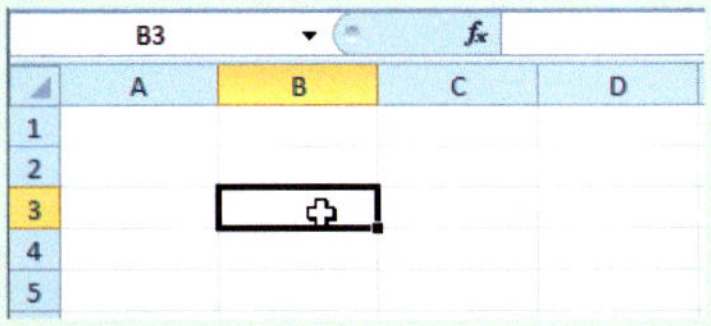	Per Klick mit dem Mauszeiger (Kreuz) auf eine andere Zelle setzen Sie den *Zellzeiger* um. Sie können auch die Pfeiltasten dazu benutzen.
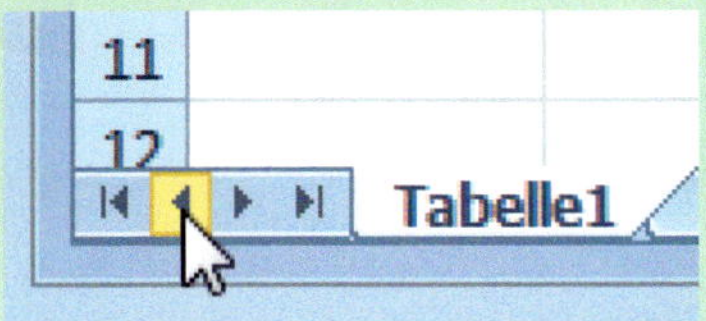	Links unten im Fenster der Arbeitsmappe befinden sich die *Navigationspfeile*. Klicken Sie diese an, um in den Tabellenregistern zu blättern.
	Die *Bildlaufleisten* bieten rechts und links bzw. oben und unten je einen Pfeil an. Klicken Sie diesen an, rollt der Bildschirm in die entsprechende Richtung. Sie können auch den Balken innerhalb der Leiste mit gedrückter Maustaste verschieben oder unter bzw. über dem Balken in die Leiste klicken, um die Tabelle eine Bildschirmfüllung weiter zu rollen.
	Zwischen den Tabellenregistern und dem vertikalen Rollbalken finden Sie einen *Teilungsstrich*. Ziehen Sie diesen mit gedrückter Maustaste nach rechts bzw. links, um einen der Bereiche zu vergrößern oder zu verkleinern.

Tabelle 2.2 Fensterelemente im Arbeitsbereich

2.1.3 Mit mehreren Fenstern arbeiten

Ihr Kalkulationsprogramm bietet die Möglichkeit, mehrere Mappen zu öffnen und gleichzeitig zu bearbeiten. Jede geöffnete Mappe übernimmt die Kontrolle über den Arbeitsbereich, die zuvor bearbeitete verschwindet im Hintergrund. Um mit mehreren Fenster beziehungsweise mehreren Mappen arbeiten zu können, müssen Sie die Fenstertechniken kennen. Schalten Sie auf das Register um, in dem die Befehle für Fenster angeboten werden:

1. Klicken Sie auf *Ansicht*.
2. In der Gruppe *Fenster* finden Sie alle Befehle rund um die Fenster.

Es gibt nur ein Limit für geöffnete Fenster oder Mappen, und das ist der Arbeitsspeicher. Sie können so lange Mappen öffnen, bis der Speicherplatz nicht mehr ausreicht.

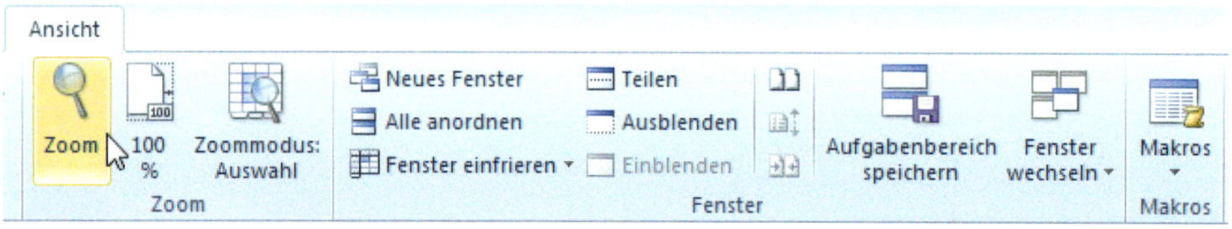

Abbildung 2.2
Fensterbefehle auf der Registerkarte Ansicht

2.1.4 Fenster wechseln

Klicken Sie auf das Symbol *Fenster wechseln*, und markieren Sie eine Arbeitsmappe oder ein Fenster einer Arbeitsmappe, um diese anzuzeigen. Die Liste zeigt alle Mappen an, die im aktiven Excel-Fenster aktiviert und nicht ausgeblendet wurden.

2.1.5 Aktive Mappe in mehrere Fenster unterteilen

Mit dem Befehl *Neues Fenster* legen Sie ein weiteres Fenster für die gleiche Arbeitsmappe an. (Zum Unterschied: Um eine neue Mappe anzulegen, wählen Sie im Datei-Menü *Neu* oder drücken [Strg] + [N].) Das neue Fenster zeigt zunächst wieder nichts anderes als die aktive Tabelle an.

Achten Sie auf die Anzeige in der Titelzeile: Die Mappenbezeichnung bekommt eine Nummer (*Mappe1:1*, *Mappe1:2*). Wird eines der Fenster geschlossen, bleibt die Datei in allen anderen offenen Fenstern aktiviert, nicht gespeicherte Änderungen werden nicht angemahnt. Erst wenn das letzte Fenster einer Datei geschlossen ist, wird die Datei – nach Rückfrage bei nicht gespeicherten Änderungen – aus dem Speicher entfernt.

2.1.6 Fenster anordnen

Mit *Fenster/Alle Anordnen* werden alle offenen Fenster im Arbeitsbereich angeordnet. Eine Dialogbox erscheint, in der die Anordnungsfolge bestimmt werden kann. Diese Anordnungsbox unterscheidet zwischen Fenstern, in denen sich jeweils eine Datei befindet, und Fenstern, die als Unterteilung einer einzigen Datei geöffnet wurden (*Fenster/Neues Fenster*). Damit alle Fenster angeordnet werden, muss die Option *Fenster der aktiven Arbeitsmappe* ausgeschaltet sein.

TIPP Fensteranordnungen sind nur sichtbar, wenn sich keines der Fenster im Vollbildmodus befindet. Sobald Sie ein Fenster per Doppelklick auf die Titelleiste oder mit dem Vollbild-Symbol in diesen Modus befördern, sind alle anderen Fenster nicht mehr sichtbar und nur noch über *Fenster/Fenster wechseln* abrufbar.

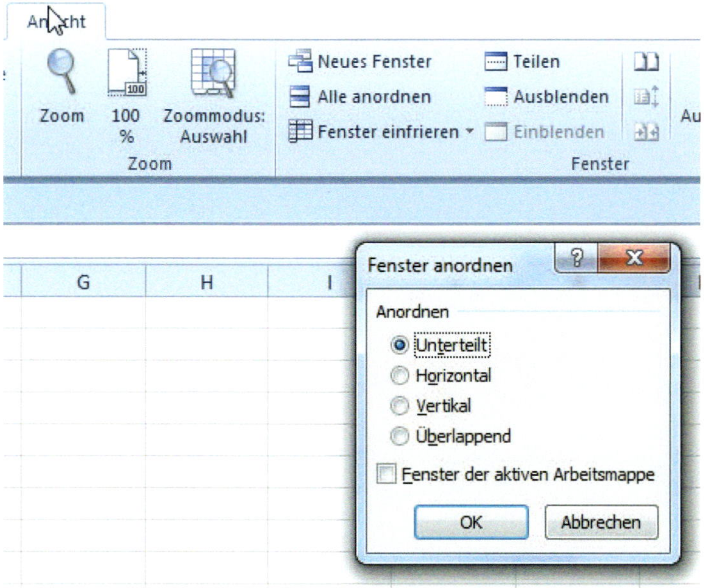

Abbildung 2.3
Fenster anordnen

Unterteilt	Alle offenen Fenster werden so angeordnet, dass sie komplett, d.h. mit Rahmen, sichtbar sind. Zwei Fenster erscheinen vertikal geordnet, bei drei Fenstern ist das aktive Fenster links das größere, und vier Fenster werden gleich groß.
Horizontal	Alle Fenster werden auf der vollen Breite des Arbeitsbereiches horizontal untereinander angeordnet, das aktive Fenster steht ganz oben.
Vertikal	Alle Fenster werden auf der vollen Länge des Arbeitsbereiches angeordnet, das aktive Fenster steht ganz links.
Überlappend	Die offenen Fenster werden in Form eines Kartenstapels übereinandergelegt. In dieser Anordnung lässt sich jedes Fenster direkt durch Anklicken der Titelleiste aktivieren und in den Vordergrund holen.
Fenster der aktiven Arbeitsmappe	Kreuzen Sie diese Option an, wenn Sie nur die Fenster einer einzelnen Mappe anordnen wollen.

Tabelle 2.3 Die verschiedenen Anordnungen

2.1.7 Fenster aus- und einblenden

In der Praxis werden Sie Fenster vor den Augen des Benutzers verbergen müssen, zum Beispiel um Berechnungsgrundlagen oder Basisdaten zu verstecken, damit diese nicht versehentlich bearbeitet werden.

Fenster/Ausblenden nimmt das aktive Fenster aus dem Arbeitsbereich und aus der Fensterliste im *Fenster*-Menü. Das Fenster ist aber weiterhin verfügbar und kann mit *Fenster/Einblenden* wieder hervorgeholt werden.

TIPP Häufig taucht die Mappe *Personl.xls* oder *Personal.xlsb* in der Liste der ausgeblendeten Fenster auf, eine spezielle Makro-Mappe, die für die VBA-Programmierung gebraucht wird. Blenden Sie diese Mappe besser nicht ein, falls sie angeboten wird. Sie wird nur in Verbindung mit Makros gebraucht.

2.1.8 Fenster nebeneinander vergleichen

Um zwei Tabellen vergleichen zu können, die weitgehend identisch aufgebaut sind, aber unterschiedliche Daten enthalten, stellen Sie diese am besten nebeneinander und sorgen für einen synchronen Bildlauf.

Markieren Sie das Fenster, das Sie mit einem anderen vergleichen wollen, und klicken Sie unter *Ansicht/Fenster* auf *Nebeneinander anzeigen*. Wenn neben dem aktiven Fenster nur noch ein weiteres Fenster verfügbar ist, wird dieses sofort angeboten, die beiden Fenster ordnen sich horizontal auf dem Arbeitsbereich an. Bei mehr als zwei Fenstern erscheint eine Liste, aus der das Vergleichsfenster gewählt werden kann.

Mit der Fensterteilung wird das Symbol *Synchroner Bildlauf* aktiviert. Damit können Sie den Synchronlauf des Zellzeigers ein- und ausschalten. Das dritte Symbol dieser Untergruppe setzt mit einem Klick die Fensterposition auf die zuvor gewählte zurück. Die Anordnung lässt sich während des Vergleichs jederzeit ändern, Sie können *Fenster/Alle Anordnen* aktivieren oder die Fenster manuell positionieren.

Rollen Sie mit dem Rad Ihrer Maus oder mit den Bildlaufleisten einer Tabelle, wird synchron dazu die zweite Tabelle gerollt. So lassen sich die beiden Tabellen bequem vergleichen. Schalten Sie das Symbol *Nebeneinander anzeigen* per Klick wieder aus, wenn Sie den Vergleich beenden wollen.

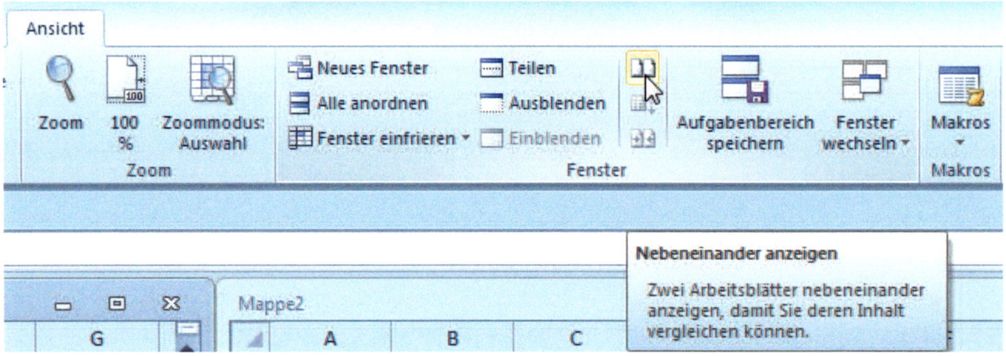

Abbildung 2.4
Zwei Fenster nebeneinander vergleichen

2.1.9 Fenster teilen und fixieren

Diese Technik ist besonders bei größeren Listen von Vorteil. Teilen Sie das aktive Fenster in zwei oder mehrere Bereiche auf:

1. Setzen Sie den Zellzeiger in die Zelle, an der geteilt wird.
2. Wählen Sie *Ansicht/Fenster/Teilen*.
3. Ziehen Sie die Teilungslinie an die gewünschte Position, um das Fenster zu unterteilen.

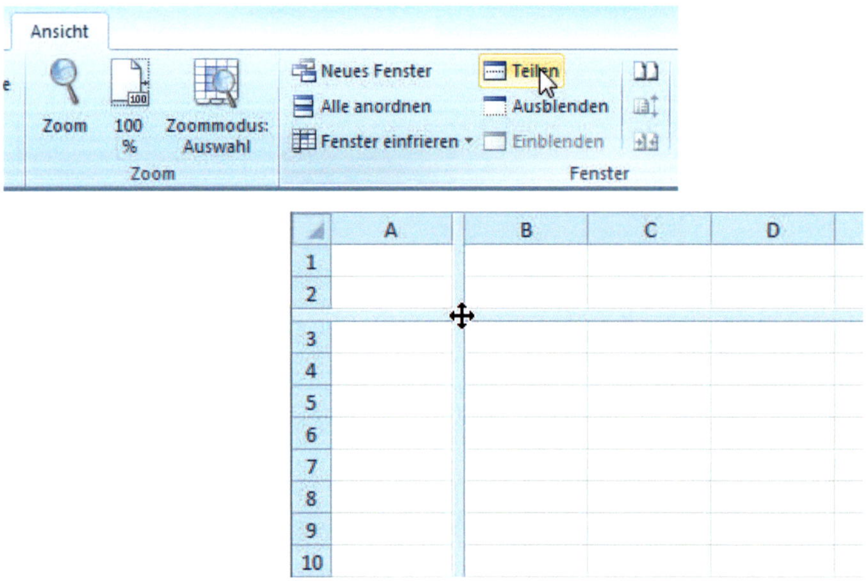

Abbildung 2.5
Teilstrich ziehen

Mit den Teilstrichen, die sich unter dem vertikalen und rechts neben dem horizontalen Rollbalken befinden, können Sie das Fenster ebenfalls teilen. Ziehen Sie den Teiler mit gedrückter Maustaste.

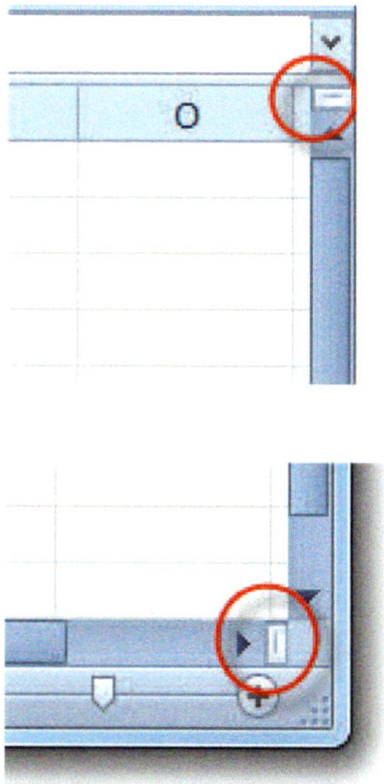

Abbildung 2.6
Horizontalen Teilstrich ziehen

Das Fenster wird mit einem Teilstrich in zwei Hälften geteilt. Rollen Sie die Tabelle mit Mausrad oder Bildlaufleisten, wird nur der Bereich mit dem Zellzeiger gerollt, die andere Fensterhälfte bleibt stehen.

Sie können die Teilstriche mit gedrückter Maustaste jederzeit neu positionieren. Um einen der Teilstriche zu entfernen, klicken Sie ihn doppelt an. Wollen Sie alle Teilstriche entfernen, klicken Sie auf das *Teilen*-Symbol, um es auszuschalten.

Fenster einfrieren

Mit *Fenster einfrieren* im *Fenster*-Menü teilen Sie ebenfalls das Fenster, allerdings mit einem Unterschied: Die Teilstriche sind fixiert, sie können nicht mehr mit dem Mauszeiger positioniert oder gelöscht werden. Setzen Sie deshalb für eine solche Fixierung den Zellzeiger gleich in die Zelle, in der die Fixierung beginnen soll.

1. Wählen Sie *Ansicht/Fenster/Fenster einfrieren,* und klicken Sie auf die erste Option, *Fenster einfrieren*, um das Fenster an der Zellzeigerposition zu fixieren.
2. Mit der zweiten Option fixieren Sie nur die erste Zeile. In Zeile 2 beginnt der Bereich, der nach unten gerollt werden kann.
3. Die dritte Option fixiert nur die erste Spalte. In Spalte B beginnt der Bereich, der nach rechts gerollt werden kann.
4. Lösen Sie die Fixierung mit Klick auf *Fenster fixieren* wieder, heißt die erste Option *Fixierung aufheben*, wenn ein Bereich fixiert ist.

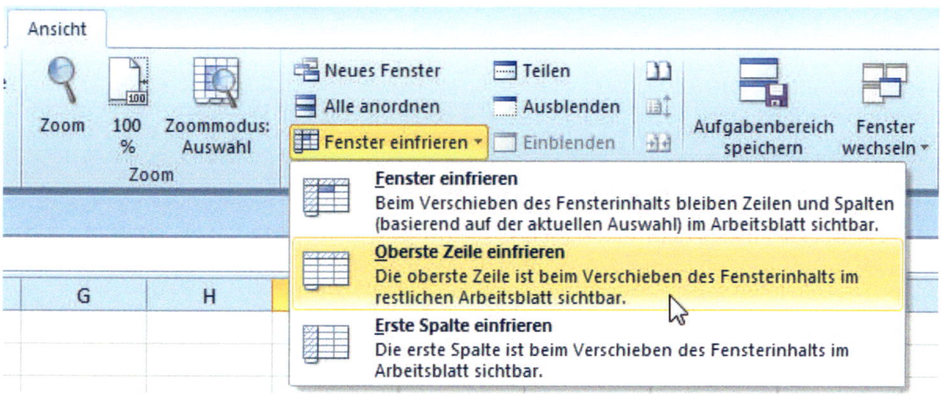

Abbildung 2.7
Fenster fixieren, hier nur die oberste Zeile

2.2 Das Menüband

Der auffälligste Unterschied zwischen Excel 2010 und den Vorgängerversionen bis Version 2003 sticht sofort nach dem Programmstart ins Auge: Im Kopfbereich des Programmfensters, wo früher zahlreiche Menüs angeboten wurden, präsentiert eine große Leiste eine Menge bunter Symbole. Tatsächlich hat mit der 2007/2010er-Generation das alte Menükonzept ausgedient, es wird durch pure Symbolik auf Registerkarten ersetzt.

Das Menüband besteht aus sieben Registerkarten. Die achte Registerkarte *Entwicklertools* ist zunächst nicht aktiv, sie kann über die Anpassung des Menübandes aktiviert werden.

Die Registerkarten sind unterteilt in Gruppen, und jede dieser Gruppen bietet eine Reihe von Befehlen an.

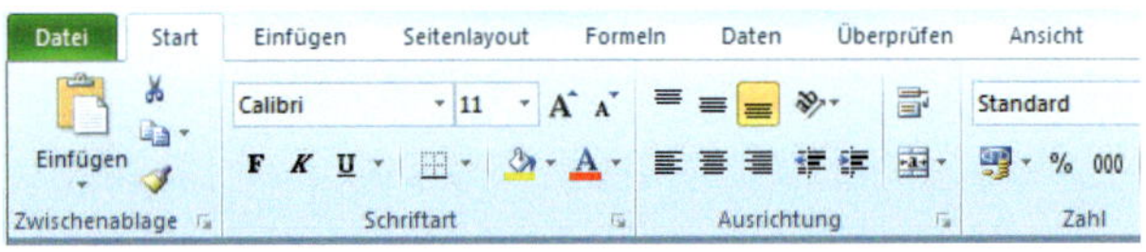

Registerkarte: Per Klick auf den Reiter oder mit dem Mausrad wird zwischen den einzelnen Registern umgeschaltet.

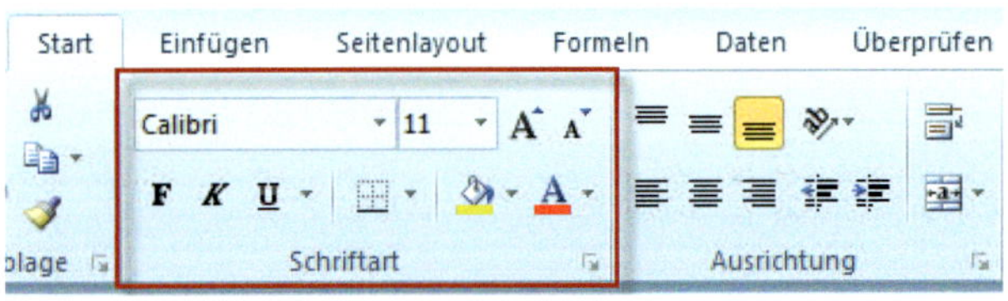

Gruppe: Zeigt der Mauszeiger darauf, wird der Hintergrund heller und die Gruppenzeile dunkler.

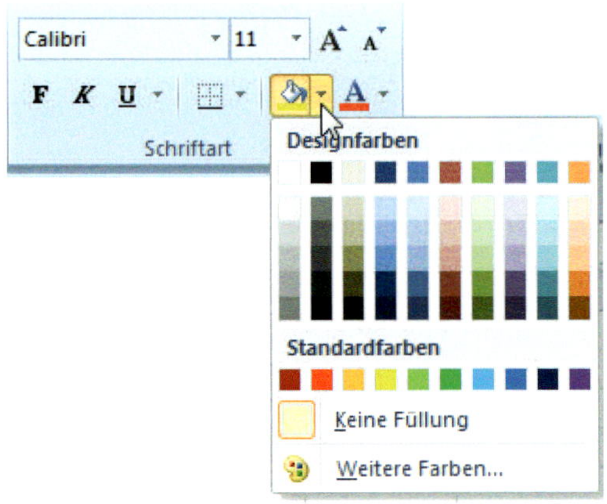

Befehle: Sind entweder direkt anzuklicken oder bieten, wenn ein Pfeil neben dem Symbol zu sehen ist, eine Liste von Optionen an.

TIPP Sie können auch mit der Maus durch diese Leiste rollen: Zeigen Sie auf ein Register, und ziehen Sie das Mausrad nach hinten, um Register für Register weiterzublättern.

2.2.1 Office Fluent – das flexible Menüband

Mit Office 2007 wurde die Office Fluent-Benutzeroberfläche eingeführt, sie löste die alte Technik der Menüs und Symbolleisten ab. Das Menüband ändert seine Form passend zur Bildschirmauflösung und passt seine Inhalte an, wenn sich die Fenstergröße ändert. Das ist besonders für Bildschirme mit geringerer Auflösung oder für Tablet-PCs von Vorteil.

Wenn Sie mit einer Auflösung von 800 x 600 arbeiten (800 Bildschirmpunkte in der Breite, 600 in der Höhe), wird Ihre Leiste teilweise nur die Gruppensymbole anzeigen und den Inhalt der Gruppen erst nach einem Klick auf das Pfeilsymbol freigeben. Auch die Anzeigeart beeinflusst die Anzahl und Darstellung der Register und Gruppen. Im Vollbild liefert das Menüband alles, was die Auflösung hergibt, im Teilbild- oder Fenstermodus muss es Kompromisse aufgrund der reduzierten Programmfensterfläche machen.

1. Klicken Sie doppelt auf die Titelzeile, um das Programmfenster vom Vollbild- in den Fenstermodus zu schalten.
2. Ziehen Sie den rechten Fensterrand nach innen, und achten Sie dabei auf die Gruppen und Symbole im Menüband.
3. Verkleinern Sie die Fensterbreite, bis das Menüband ganz verschwindet.

Je kleiner das Fenster wird, desto kompakter werden die Gruppen. Die Symbole verschwinden, die Gruppensymbole erhalten Pfeile, auch die Reiter werden kleiner. Schließlich, wenn gar nichts mehr Platz hat, wird die Leiste ganz aus dem Fenster genommen. Ziehen Sie das Fenster wieder breiter, erscheint auch das Menüband wieder in voller Pracht.

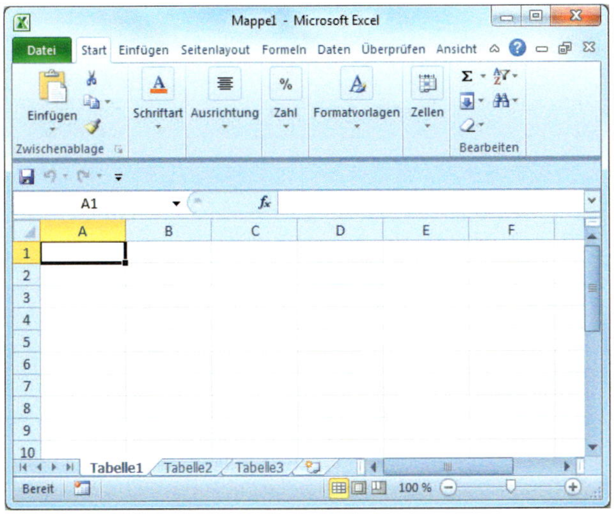

Abbildung 2.8
Office Fluent – das Menüband ist variabel.

2.2.2 Ein- und ausblenden

Wer sich gar nicht mit dieser Riesen-Symbolleiste anfreunden kann oder einfach mehr Platz für seine Tabelle braucht, kann das Menüband auch ausblenden.

1. Klicken Sie mit der rechten Maustaste in das Menüband und wählen Sie *Menüband minimieren*, oder ...
2. ... klicken Sie auf das Pfeilsymbol rechts oben (zweite Reihe links).

Wird das Menüband minimiert, verschwinden die Symbole, und nur die Reiter der Registerkarten sind noch zu sehen. Ein Klick auf einen Reiter öffnet die Leiste wieder, und nach dem Abholen eines Befehls wird sie wieder unsichtbar.

Um die Leiste wieder permanent einzublenden, klicken Sie noch einmal doppelt auf einen der Registernamen.

TIPP So geht´s schneller: Klicken Sie doppelt auf einen der Reiter, um das Menüband aus- oder wieder einzublenden. Die Tastenkombination für das sichtbare/unsichtbare Menüband: Drücken Sie [Strg] + [F1].

2.2.3 Bedienung über Tastenkombinationen

Sicher wird es kaum mehr Benutzer geben, die Excel ohne eine Maus bedienen, aber in allen Versionen ist Excel bemüht gewesen, alle Oberflächenelemente auch für reine Tastaturbenutzung zugänglich zu machen. Das hat seinen Grund, denn wenn das Zeigegerät ausfällt, sollte das Programm steuerbar bleiben. Der Hauptgrund ist aber die große Zahl der Anwender, die Excel komplett mit Tasten bedienen, sei es, weil sie das Notebook auf den Knien haben oder weil das einfach schneller geht als die Zeigerei und Klickerei mit der Maus.

Wer Register, Gruppen und Symbole lieber mit Tasten aktiviert, drückt einfach die [Alt]-Taste. Daraufhin erscheinen die Buchstaben, die für den Aufruf eines Bedienelements benötigt werden, auf diesem Element. Der Anwender kann sich nun mit diesen weiter durch die Gruppen oder Symbolmenüs hangeln, indem er (jetzt ohne [Alt]-Taste) die weiteren Buchstaben eingibt. Um beispielsweise eine Liste aufsteigend zu sortieren, muss die Kombination [Alt] + [R] + [S] + [S] gedrückt werden, und die Seitenlayout-Ansicht gibt die Buchstabenreihe [Alt] + [F] + [1] preis.

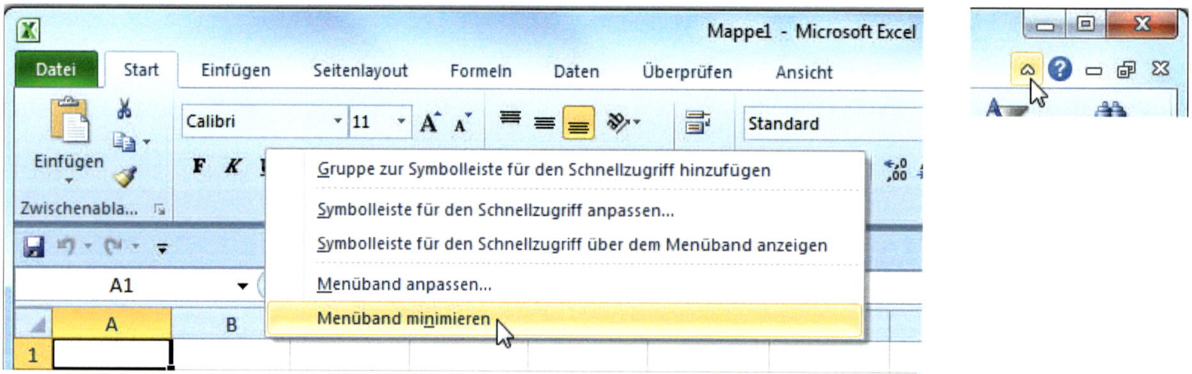

Abbildung 2.9 Menüband ausblenden

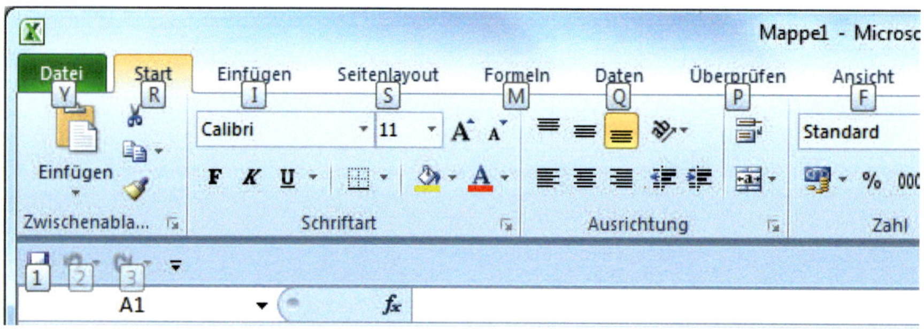

Abbildung 2.10 Tastaturcodes mit der [Alt]-Taste

Zugegeben, sehr sprechend und logisch sind die Buchstaben nicht, ein Zusammenhang ist nicht erkennbar. Das liegt hauptsächlich daran, dass sich die Kombinationen mehr an der US-Version orientieren (i = insert, p = proof ...). Aber mit etwas Übung werden die häufigsten `Alt`-Kombinationen schnell geläufig.

HINWEIS Alle Tastenkombinationen aus den Vorgängerversionen mit Funktionstasten, `Umschalt`- und `Strg`-Taste funktionieren natürlich weiterhin, und wer neu einsteigt in Excel, sollte sich diese so früh wie möglich ansehen, sie sind nämlich schneller und einprägsamer. Eine Übersicht finden Sie im Anhang.

2.2.4 Die Live-Vorschau

Einige Symbole formatieren den markierten Zellbereich schon mal im Voraus, bevor der Benutzer die Auswahl im Menü trifft. Dazu genügt es, wenn der Zellzeiger über einen Menüeintrag fährt, die Live-Vorschau zeigt die Auswirkung des anvisierten Befehls oder der Formatierung sofort im Hintergrund an. Die Formatierung wird natürlich erst dann aktiv, wenn die Auswahl mit einem endgültigen Klick getroffen wird. Typische Vertreter dieser Gattung: Schriftart und Schriftgröße und Zellformatvorlagen.

Bei Problemen ausschalten

Diese Live-Vorschau führt nicht bei allen Systemen zum gewünschten Effekt. Bei Rechnern älterer Bauart oder mit antiquierter Grafikausstattung kann es günstigstenfalls zu langen Verzögerungen kommen, manchmal wird der Rechner bei dieser intensiven Nutzung der GUI (Graphical User Interface = Bildschirmgrafik) auch einfach abstürzen. Schalten Sie die Funktion in diesem Fall aus:

1. Wählen Sie *Excel-Optionen* im Datei-Menü.
2. Klicken Sie in der Kategorie *Allgemein* in der ersten Optionsgruppe auf das Häkchen der Option *Livevorschau aktivieren*, um diese auszuschalten.

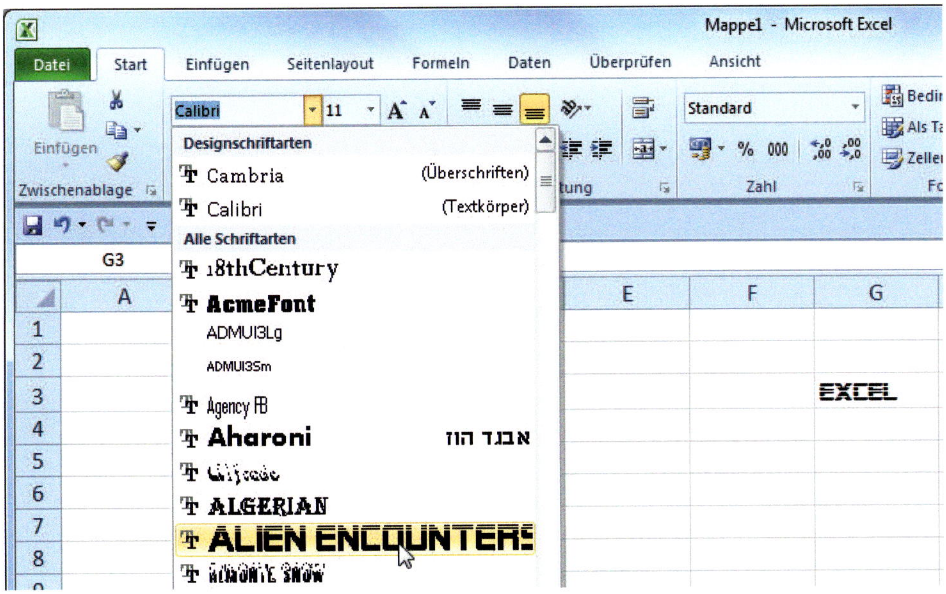

Abbildung 2.11
Die Live-Vorschau formatiert im Hintergrund

2.2.5 Dialogfelder

Die offizielle Bezeichnung ist *Startprogramm für das Dialogfeld*, und dieses unscheinbare Symbol hat mehr Bedeutung, als seine Größe vermuten lässt: Zeigen Sie in einer Symbolgruppe auf das kleine Symbol in der rechten unteren Ecke, das einen nach rechts unten zeigenden Pfeil darstellen soll, öffnet sich ein Dialogfenster. Es präsentiert in den meisten Fällen eines von mehreren Registern, das alle Befehle enthält, für die sonst mehrere Symbole anzuklicken wären. Dieses Dialogkästchen ist nur in einigen wenigen Gruppen verfügbar:

Register	Gruppe
Start	Zwischenablage, Schriftart, Ausrichtung, Zahl
Einfügen	Diagramme
Seitenlayout	An Format anpassen, Tabellenblattoptionen
Daten	Gliederung

Tabelle 2.4 Gruppen mit Dialogfeldern

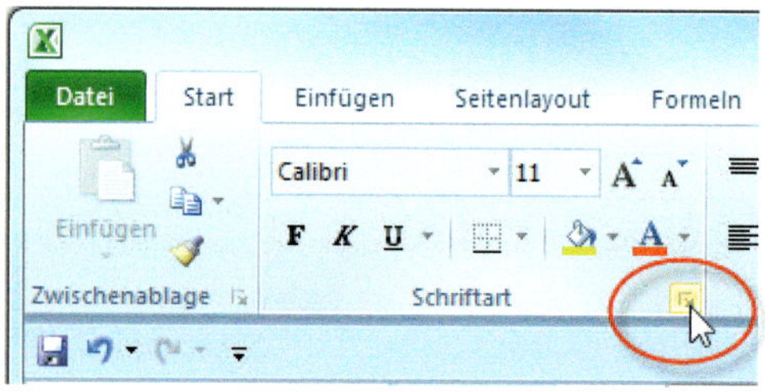

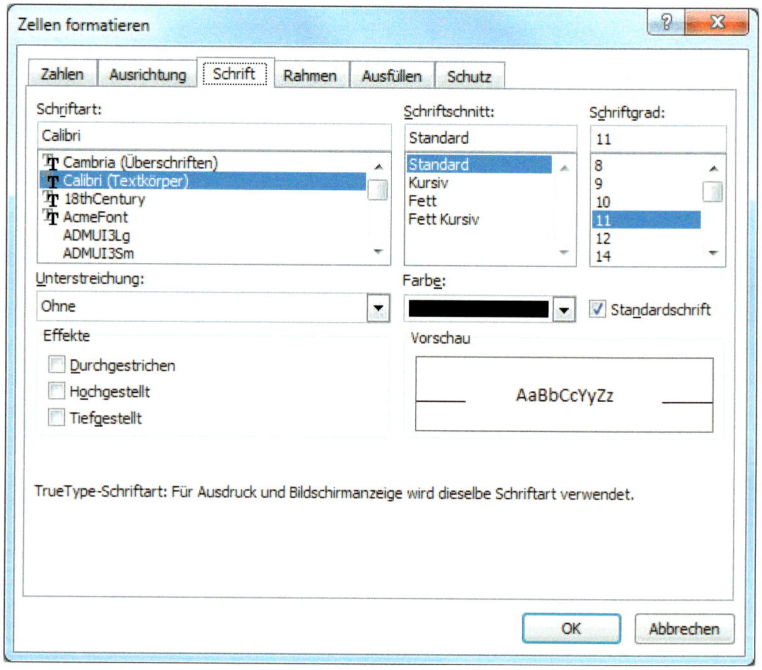

Abbildung 2.12
Das Dialogfeld (hier in der Gruppe Start/Schriftart)

Welchen Sinn haben diese Dialogfenster? Wer mit der Vorgängerversion Excel 2003/XP oder noch früheren Versionen gearbeitet hatte, kann die Frage sofort beantworten. Diese Dialoge waren in diesen Versionen das, was das Menüband mit seinen Registern und Gruppen in Excel 2010 sein möchte. Sie wurden nach dem Klick auf ein Symbol eingeblendet, falls das Symbol nicht schon eine direkte Zuweisung eines Formats auslöste, und der Benutzer konnte sich die gewünschte Aktion aussuchen. Die Titelzeilen der Dialogfenster zeigen sogar noch die alten Menübefehle.

Wenn diese Dialoge also als Zugeständnisse an Umsteiger von Vorversionen gedacht sind, dann erfüllen sie ihren Zweck, denn viele werden sie (zumindest anfangs) nutzen, um schnell zu Befehlen zu kommen, deren neue Position im Menüband sie noch nicht erschlossen haben. Aber das ist nicht die einzige Daseinsberechtigung dieser Dialoge.

Mehr Befehle und Einstellungen in Dialogfeldern

Die Dialogfenster, die sich per Klick auf das Kästchen rechts unten am Gruppenfeld öffnen, enthalten in einigen wenigen Fällen Einstellungen oder Befehle, die im Menüband nirgends zu finden sind. Beispiele:

- **Durchgestrichen:** Steht nicht in der Gruppe *Start/Schriftart* zur Auswahl, sondern nur im Dialog *Zellen formatieren/Schriftart*.
- **Textdrehung (freie Winkelauswahl):** Nur im Dialogfenster und unter *Start/Ausrichtung*.
- **Benutzerdefinierte Zahlenformate:** Mit Platzhaltern nur im Dialog der Gruppe *Start/Zahl*.
- **Diagrammtypen:** Die komplette Auswahl und zusätzliche Formatierungen sind nur im Dialog von *Einfügen/Diagramme* zu finden.
- **Kommentare drucken:** Nur über das Dialogfenster von *Seitenlayout/Tabellenblattoptionen* ist die Position im Ausdruck einstellbar.
- **Fehlerwerte anzeigen:** Kann nur über das Dialogfenster von *Seitenlayout/Tabellenblattoptionen* eingestellt werden.
- **Gliederung, Position der Gliederungszeilen:** Lässt sich nur im Dialogfenster unter *Daten/Gliederung* einstellen.

2.2.6 Datei – die Backstage-Ansicht

In Excel 2007 wurden die in die Jahre gekommenen Menüs abgeschafft, an ihre Stelle trat das Menüband (zunächst Multifunktionsleiste genannt). Alle Befehle, die mit der Verwaltung von Daten und Dateien zu tun haben, sind in der Backstage-Ansicht untergebracht. In Excel 2007 war das noch das Office-Menü, ein großer bunter Knopf links oben, der war aber scheinbar nicht groß genug, um ins Auge zu stechen, und so entschied sich Microsoft, die Backstage-Ansicht in Office 2010 wieder Datei-Menü zu nennen.

Das Register *Datei* ist zur besseren Unterscheidung der einzelnen Office-Programme farbig unterlegt, Excel bekam Grün, Word Blau, PowerPoint Orange und Access ein dunkles Rot.

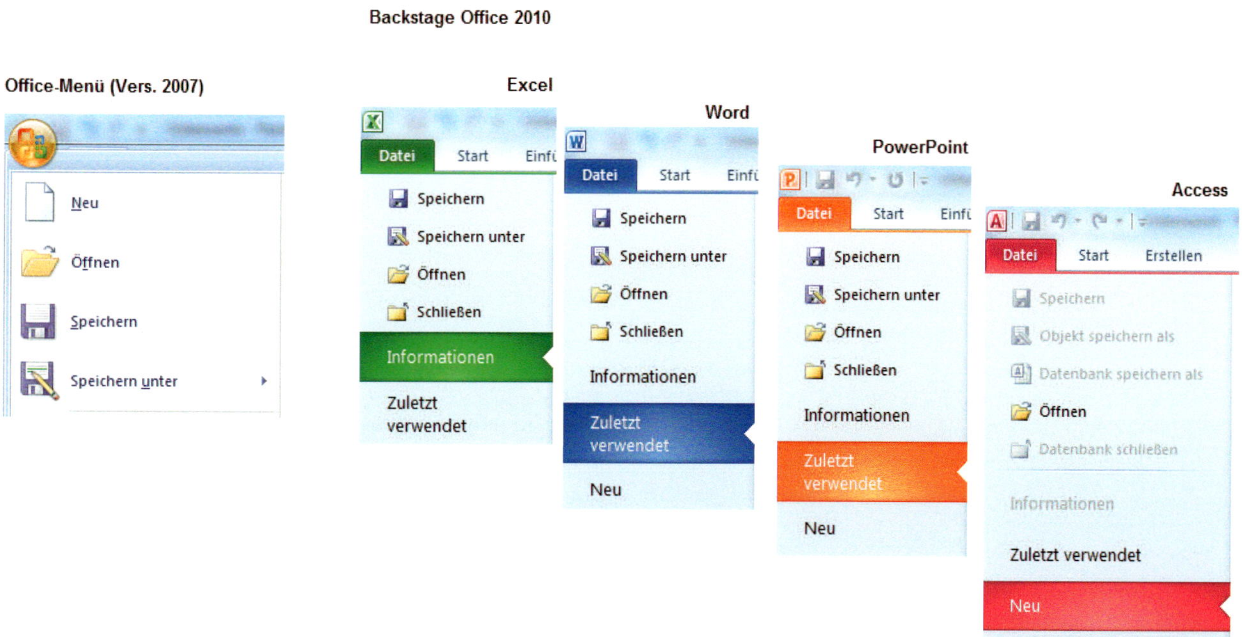

Abbildung 2.13 Vom Office-Menü zur Backstage-Ansicht

2.2.7 Registerkarte Start

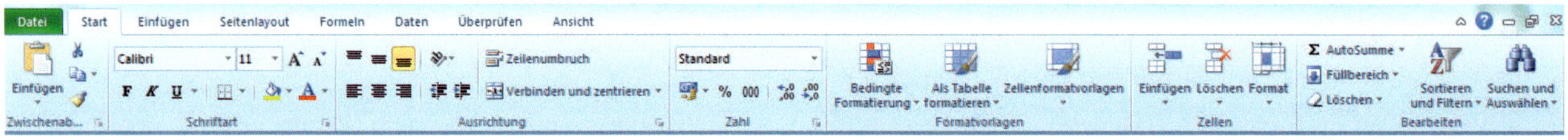

Abbildung 2.14 Registerkarte Start

Diese Karte bietet sieben Gruppen an:

- *Zwischenablage* enthält alle Befehle, die mit dem Kopieren und Einfügen von Daten oder Objekten zu tun haben.
- Unter *Schriftart* finden Sie Befehle für Schriftauszeichnungen in Tabellen, und *Ausrichtung* ist für die Positionierung von Text und Zahlen in den Zellen zuständig.
- *Zahl* bietet Zahlenformate und Befehle für die optische Anpassung von Dezimalstellen an.
- Unter *Formatvorlagen* stehen vordefinierte Formate für Zellbereiche zur Auswahl. Die Bedingungsformatierung formatiert nach logischen Regeln, und mit dem Umwandeln in eine Tabelle wird ein Tabellenbereich zur Liste (*siehe Kapitel 11*).
- Die Gruppe *Zellen* enthält Befehle zum Einfügen und Löschen von Zellen, Zeilen und Spalten und für die Formatierung von Zellen. Die Gruppe bietet auch Befehle zum Anordnen, Ein-/Ausblenden und Schützen von Tabellenblättern und Mappen.
- *Bearbeiten* bietet das *Summe*-Symbol für die meistbenutzten Funktionen, eine Ausfülloption für markierte Bereiche und einen Löschbefehl für Zellen, Formate, Inhalte oder Kommentare. Das Symbol *Sortieren und Filtern* ist für Listen wichtig, und *Suchen und Auswählen* bietet Such- und Auswahlbefehle für Zellinhalte, Formeln, Kommentare und Objekte.

2.2.8 Registerkarte Einfügen

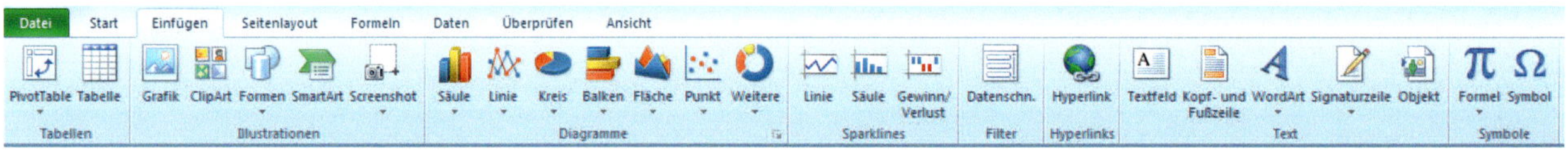

Abbildung 2.15 Registerkarte Einfügen

Auf dieser Karte finden Sie acht Gruppen:

- In der Gruppe *Tabellen* finden Sie den Befehl, um aus einer Auflistung eine PivotTable zu erzeugen (*siehe Kapitel 12*). Mit *Tabelle* wird kein Tabellenblatt eingefügt, dafür benutzen Sie *Start/Zellen/Einfügen/Blatt einfügen* oder einen Klick auf das Reitersymbol rechts neben dem letzten Tabellenreiter. Eine mit diesem Symbol erzeugte Tabelle ist eine Sonderform der Liste, die neu angefügte Zeilen automatisch integriert und auf Wunsch eine Ergebniszeile mit Spaltensummen u.a. anbietet (*siehe Kapitel 11*).
- **Illustrationen** bietet alles an, was Tabellen zusätzlich zu Zahlen, Text und Formeln enthalten können: Grafiken, ClipArts, gezeichnete Objekte (Formen) und SmartArts (*siehe Kapitel 14*).
- **Diagramme** ist für die optische Umsetzung von Zahlen in Charts zuständig, die wichtigsten Charttypen werden in der Gruppe angeboten (*siehe Kapitel 13*).
- **Sparklines** sind kleine Zellgrafiken, die Bereiche im Tabellenblatt als Balken- oder Liniengrafiken visualisieren (*siehe Kapitel 13*).
- Der **Datenschnitt** in der Gruppe **Filter** erstellt ein Filterfenster für PivotTables oder Daten aus externen Verbindungen.

» **Hyperlinks** enthält ein Symbol, mit dem Hyperlinks in die Tabelle geschrieben werden.

» In der Gruppe **Text** finden Sie Befehle zum Einfügen von Text aller Art, zum Beispiel in Form von Textkästchen, WordArt-Schmucktexten und Sonderzeichen. Auch die Kopf-/Fußzeilenbeschriftung des Seitenlayouts hat hier Einzug gefunden. Objekte sind zwar selten in Textform, können aber über diese Gruppe in die Tabelle geholt werden.

» Die Gruppe **Symbole** bietet ein Werkzeug zum Einfügen mathematischer Formeln und ein weiteres, um Symbole zu erstellen (*siehe Kapitel 14*).

2.2.9 Registerkarte Seitenlayout

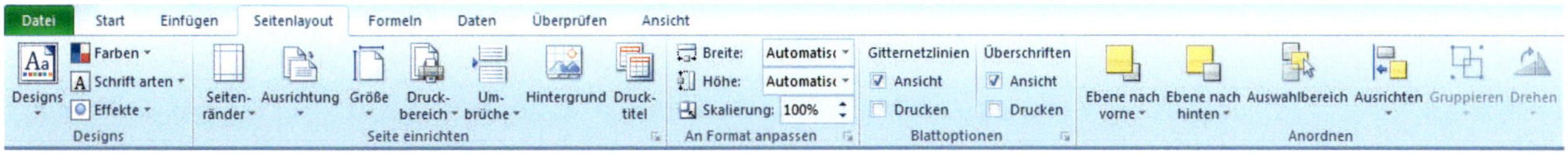

Abbildung 2.16 Registerkarte Seitenlayout

Auf dieser Registerkarte finden Sie fünf Gruppen:

» **Designs** sind vordefinierte Formate für das gesamte Erscheinungsbild einer Tabelle mit Farben, Mustern und Objektformaten. Die Gruppe gibt es auch in PowerPoint und Word, was dem Benutzer von Office 2007 die Möglichkeit bietet, ein einheitliches Erscheinungsbild über Tabellen, Textdokumente und Präsentationen zu pflegen (*siehe Kapitel 10*).

» **Seite einrichten** enthält alles, was zur Druckbildformatierung nötig ist, zum Beispiel Seitenränder, Hoch-/Querformat, Papiergröße, Hintergrund u.a. (*siehe Kapitel 10*).

» **An Format anpassen** bezieht sich auf die Skalierung der Druckseiten. Hier kann der gedruckte Bereich auf eine Seitenzahl oder einen bestimmten Zoomfaktor gebracht werden.

» In den **Blattoptionen** werden die Gitternetze und die Zeilennummern und Spaltenbeschriftungen für Tabellen oder die Druckausgabe ein-/ausgeschaltet.

» Die Befehle in der Gruppe **Anordnen** beziehen sich auf Objekte auf der Tabelle. Die Gruppe gibt es auch in den Zeichentools, einem Register, das nur bei markierten Objekten sichtbar wird.

2.2.10 Registerkarte Formeln

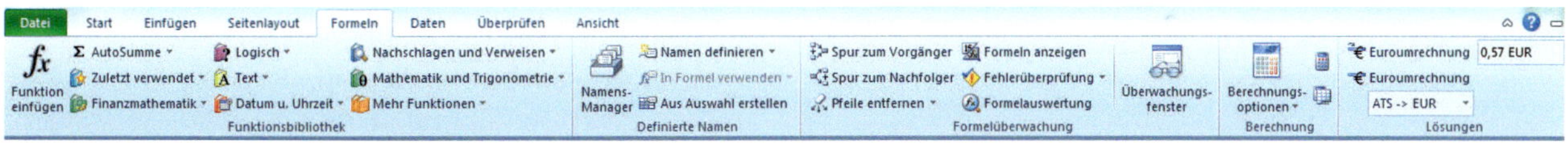

Abbildung 2.17 Registerkarte Formeln

Diese Registerkarte bietet fünf Gruppen an.

» Die Gruppe **Funktionsbibliothek** bietet alle Funktionen an. Das große Symbol links öffnet die Funktionsübersicht, die einzelnen Symbole repräsentieren die Funktionskategorien (*siehe Kapitel 6*).

» **Definierte Namen** enthält die Befehle, die für die Zuweisung und Verwaltung von Bereichsnamen benötigt werden (*siehe Kapitel 15*).

» Die Gruppe **Formelüberwachung** enthält die Werkzeuge, die für Fehler- und Verknüpfungsrecherchen benötigt werden.

» Unter **Berechnung** finden Sie Befehle zum Ein- und Ausschalten der automatischen Berechnung und für die manuelle Neuberechnung der Tabelle.

» Die Gruppe **Lösungen** wird nur angeboten, wenn mindestens eines dieser Excel-Add-Ins aktiv ist:

- Euro-Währungstools
- Nachschlage-Assistent
- Teilsummen-Assistent

Diese Add-Ins schalten Sie im Datei-Menü unter *Optionen* ein. Wechseln Sie zur Kategorie *Add-Ins*, und klicken Sie unten auf die Schaltfläche *Gehe zu*, um die Excel-Add-Ins anzuzeigen. Kreuzen Sie die Add-Ins an, die Sie in dieser Gruppe sehen wollen. Zeigen Sie auf einen Befehl in dieser Gruppe, meldet die QuickInfo den Namen des Add-Ins:

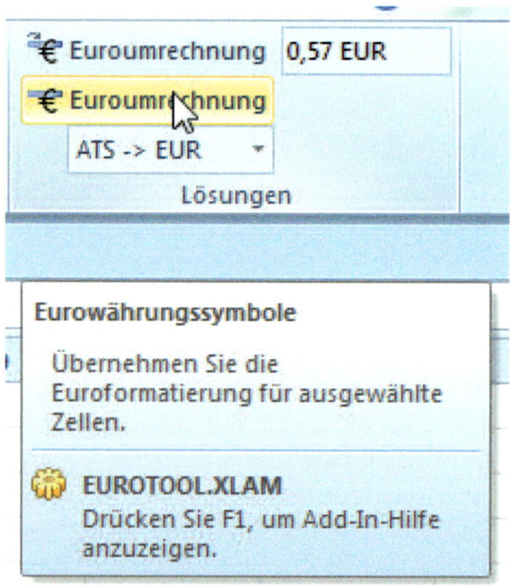

Abbildung 2.18 Die Excel-Add-Ins werden in der Gruppe Lösungen angeboten.

2.2.11 Registerkarte Daten

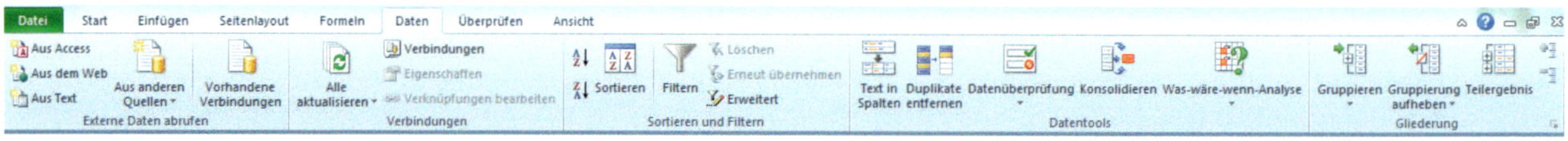

Abbildung 2.19 Registerkarte Daten

Diese Registerkarte enthält fünf Befehlsgruppen:

» Der Befehl **Externe Daten abrufen** links außen führt zu einer Gruppe von Verbindungen, die als Quelle für ODBC-Abfragen verwendet werden können (*siehe Kapitel 15*).

» In der Gruppe **Verbindungen** werden die Verknüpfungen und ODBC-Abfragen in der aktuellen Tabelle verwaltet.

» **Sortieren und Filtern** enthält noch einmal die Befehle, die schon im Register *Start* angeboten werden, allerdings etwas ausführlicher. Mit den kleinen Sortiersymbolen kann direkt die Spalte sortiert werden, in der sich der Zellzeiger befindet, und die zusätzlichen Filterbefehle bieten die Möglichkeit, den Filter aus- und wieder einzuschalten. Neu ist der Befehl *Erweitert*, er führt zum Spezialfilter (*siehe Kapitel 11*).

» Die **Datentools** sind Spezialwerkzeuge für die Datenverarbeitung, sie sind in *Kapitel 16* ausführlich beschrieben.

» **Gliederung** enthält die Befehle zum Einrichten von Ebenen und für die Berechnung von Zwischensummen (Teilergebnissen).

» Die Gruppe **Analyse** ist nur verfügbar, wenn mindestens eines dieser Add-Ins eingeschaltet ist:

  - Analyse-Funktionen
  - Solver

Schalten Sie diese Add-Ins im Datei-Menü unter *Optionen* ein. Wechseln Sie zur Kategorie *Add-Ins*, und klicken Sie auf die Schaltfläche *Gehe zu*, die Sie zu den Excel-Add-Ins führt. Kreuzen Sie das jeweilige Add-In an, und bestätigen Sie mit *OK*.

2.2.12 Registerkarte Überprüfen

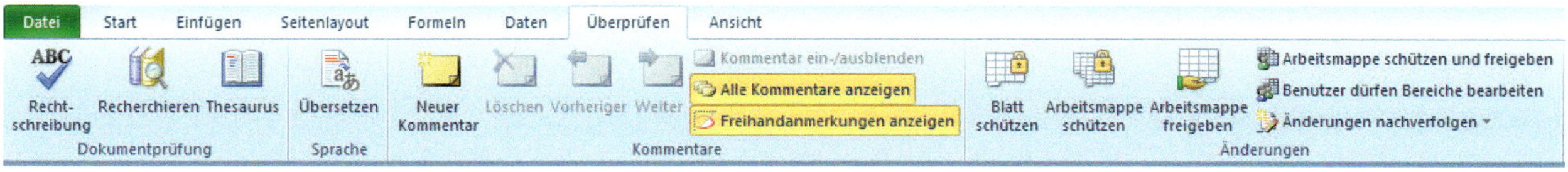

Abbildung 2.20 Registerkarte Überprüfen

Auf dieser Registerkarte finden Sie vier Gruppen:

» In der Gruppe **Dokumentüberprüfung** wird die Rechtschreibprüfung aktiviert. Mit *Recherchieren* schalten Sie ein Arbeitsbereich-Fenster am rechten Bildschirmrand ein, in dem ein Thesaurus (Synonymwörterbuch) und ein Übersetzer angeboten werden. Weitere Recherchedienste können online dazu geladen werden.

» In der Gruppe **Sprache** steht ein Symbol für Übersetzungsaufgaben bereit.

» Unter **Kommentare** erstellen und verwalten Sie die kleinen Anmerkungen, die in gelben Textkästen an Zellen angeklebt werden.

» **Änderungen** enthält die Schutzwerkzeuge *Blattschutz* und *Arbeitsmappenschutz*, die Freigabe von Arbeitsmappen und die Nachverfolgung von Änderungen.

2.2.13 Registerkarte Ansicht

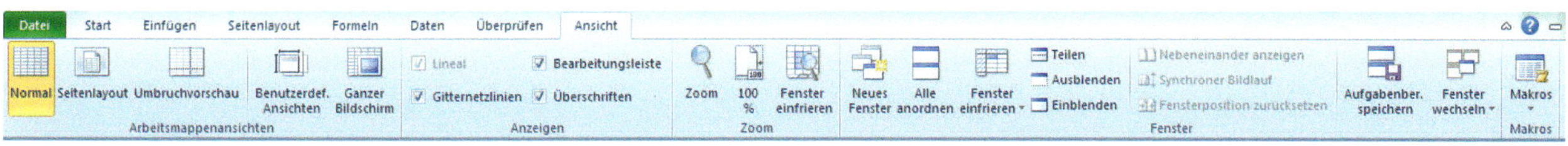

Abbildung 2.21 Registerkarte Ansicht

In dieser Registerkarte stehen fünf Gruppen zur Auswahl:

» **Arbeitsmappenansichten** enthält die Befehle zum Umschalten des Bildschirms auf Seitenlayout, Umbruchvorschau, Ganzer Bildschirm oder zur Definition eigener Ansichten (*siehe Kapitel 1*).

» Unter **Anzeigen** finden Sie Optionskästchen für alle Bildschirmelemente, die Sie per Klick aus- oder einblenden können.

» In der **Zoom**-Gruppe stehen zusätzlich zum Zoom-Schieberegler in der Statuszeile noch einmal Zoom-Werkzeuge für die Größenanpassung zur Auswahl.

» Die Gruppe **Fenster** enthält alle Befehle zur Einstellung und Verwaltung der Fensterdarstellungen im Arbeitsbereich (siehe Kapitel 1.6).

» Mit den Befehlen der Gruppe **Makros** können VBA-Makros aufgezeichnet, angezeigt und aktiviert werden (*siehe Kapitel 19*).

2.2.14 Registerkarten Tool

Eine wesentliche Neuerung im Office-Fluent-Konzept war die Einbindung »kontextbezogener« Registerkarten. Diese Registerkarten werden nur dann aktiv, wenn ein Objekt oder ein Bereich markiert ist, zu dem sie gehören. So werden die Diagrammtools nur angeboten, wenn ein Diagramm markiert ist, und die PivotTable-Tools sind nur aktiv, solange der Zellzeiger in einer PivotTable steht.

Damit bleibt die Oberfläche übersichtlich und überschaubar. Der Benutzer muss sich aber an die wechselnden Register gewöhnen, häufig werden diese schlicht übersehen.

TIPP In der Menübandanpassung unter *Datei/Optionen* können Sie unter *Befehle auswählen* auf *Registerkarten für Tools* schalten, damit sehen Sie alle Tools-Registerkarten.

Entwicklertools

Eine weitere Registerkarte, die zu den Standardregistern gehört und permanent sichtbar ist, heißt **Entwicklertools**. Diese Leiste ist, wie der Name schon sagt, nur für Entwickler interessant und muss nicht aktiv sein, solange Sie nicht mit Visual Basic oder mit XML programmieren. Excel blendet sie deshalb auch aus, mit wenigen Handgriffen ist sie aber bei Bedarf aktiviert:

1. Wählen Sie im *Datei*-Menü *Optionen*.
2. Klicken Sie auf die Kategorie *Menüband anpassen*, und kreuzen Sie in der rechten Liste die *Entwicklertools* an.

SmartArt-Tools

Mit den zusätzlichen Registerkarten *Entwurf* und *Format* schaltet sich diese Registergruppe hinzu, wenn ein SmartArt, eingefügt über *Einfügen/Illustrationen/SmartArt*, markiert ist (*siehe Kapitel 14*).

Diagrammtools

Die drei Gruppen *Entwurf*, *Layout* und *Format* bietet diese Registerkarte an, die nur aktiv ist, wenn ein Diagrammobjekt markiert oder ein Diagrammblatt aktiv ist (*siehe Kapitel 13*).

Zeichentools

Diese Gruppe bietet eine Registerkarte *Format* an, sie wird aktiv, wenn ein gezeichnetes Objekt (*Einfügen/Formen*) markiert ist. Mit den Befehlen in den einzelnen Gruppen kann die Form verändert oder formatiert werden (*siehe Kapitel 14*).

Bildtools

Mit der Markierung eines Bildobjektes oder eines ClipArt-Objektes auf der Tabelle wird automatisch diese zusätzliche Registerkartengruppe mit der Registerkarte *Format* am rechten Rand eingeblendet. Bilder und ClipArts werden über das Register *Einfügen* oder per Kopie aus der Zwischenablage in die Tabelle geholt.

PivotTable-Tools

Diese Registerkartengruppe mit den Karten *Optionen* und *Entwurf* wird sichtbar, wenn der Zellzeiger in einer PivotTable steht. Beide werden über *Einfügen/Tabellen* angelegt. Sobald der Zellzeiger außerhalb des Pivot-Bereiches platziert wird, verschwinden diese Registerkarten wieder.

PivotChart-Tools

Nach dem Zeichnen eines PivotCharts (über Einfügen/Tabellen) wird das Objekt mit den Symbolen in dieser Gruppe formatiert und analysiert. Dazu stehen die Register *Entwurf*, *Layout*, *Format* und *Analyse* zur Verfügung (*siehe Kapitel 12*).

Kopf- und Fußzeilentools

Unter dieser Registerkartengruppe finden Sie eine Registerkarte *Entwurf* mit vier Gruppen. Sie wird nur sichtbar, wenn Sie in der Ansicht *Seitenlayout* den Cursor (Schreibmarke) in einen der drei Bereiche einer Kopf- oder Fußzeile gesetzt hatten. Die Gruppen der Registerkarte bieten in diesem Fall neben einigen Optionen Symbole für die Codes an, die hier benötigt werden (Datum, Dateiname, Seitennummer etc.).

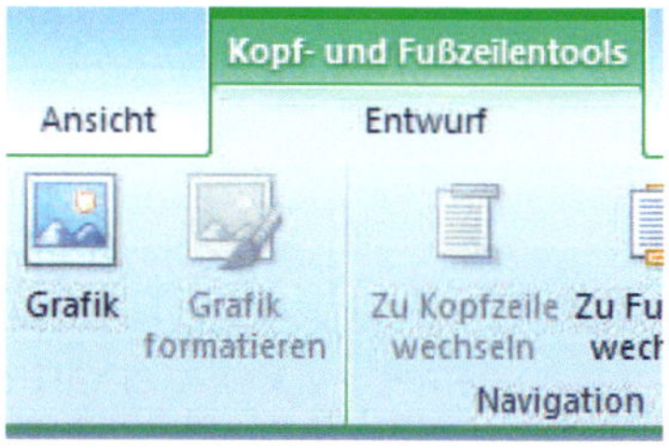

Abbildung 2.22 Die Kopf- und Fußzeilentools

Tabellentools

Wird ein Bereich über *Start/Formatvorlagen* oder mit *Einfügen/Tabellen/Tabelle* als Tabelle formatiert und befindet sich der Zellzeiger anschließend in dieser Tabelle, zeigt das Menüband eine Registerkarte *Entwurf* mit der Gruppenüberschrift *Tabellentools* an. Die einzelnen Gruppen bieten die Möglichkeit, diese Tabelle zu formatieren, zu verwalten oder wieder in einen Bereich zu konvertieren (*siehe Kapitel 11*).

Freihandtools

Diese Registerkarte wird nur sichtbar, wenn ein Freihandobjekt markiert ist, und ein solches lässt sich zum Beispiel in Office-Programmen wie Visio oder PowerPoint zeichnen. Dann stehen auch unterschiedliche Stiftformen, Radiergummi und Farbpaletten zur Auswahl. Für Freihandformen von Excel (*Einfügen/Illustrationen/Formen*) wird nur das Register *Zeichentools* angeboten.

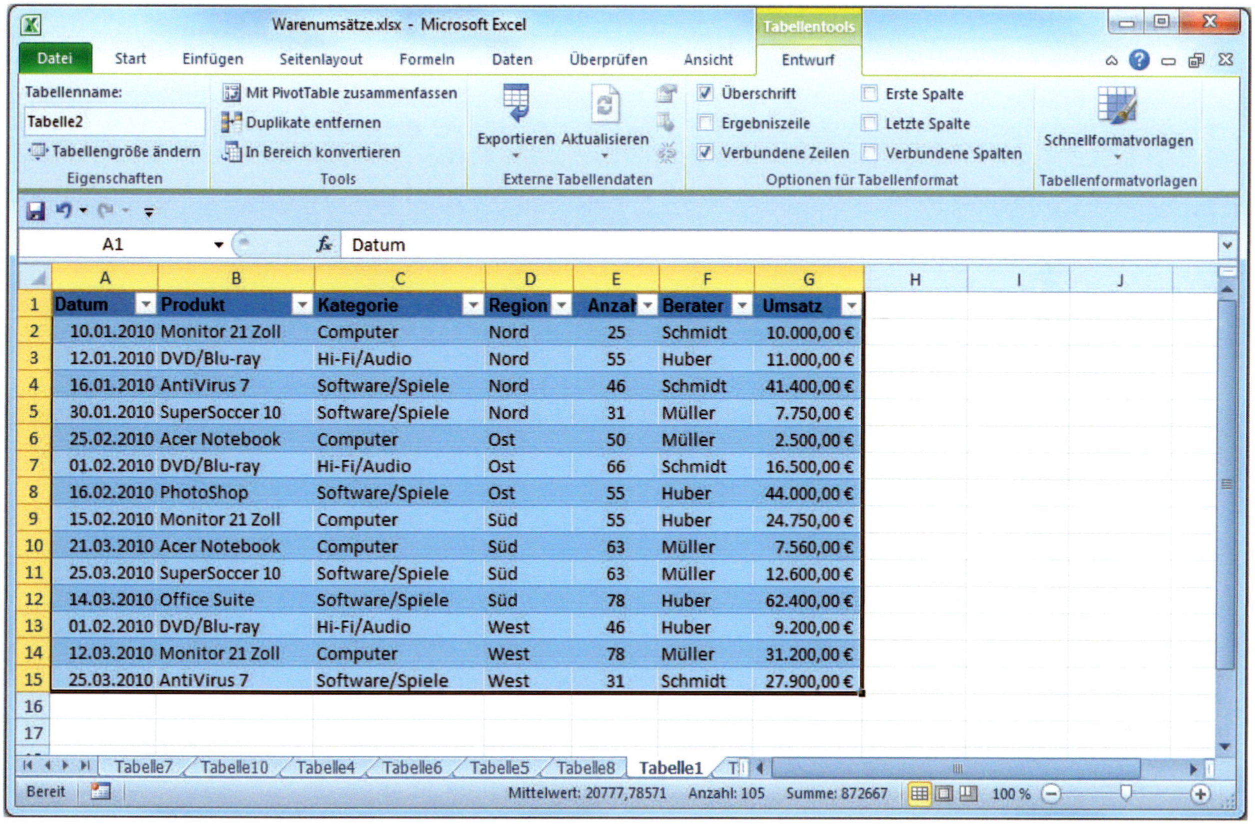

Abbildung 2.23 Die Tabellentools sind für Tabellen zuständig.

Sparklinetools

Für markierte Sparklines wird dieses Register mit dem Unterregister Entwurf angezeigt. Es bietet die Möglichkeit, Form und Farbe der Sparklines zu definieren und die Bereiche neu einzugrenzen.

Datenschnitttools

Wird über Einfügen/Filter ein Datenschnitt für eine externe Datenverbindung oder eine PivotTable erstellt, bieten diese Tools Optionen zur Formatierung und Anordnung des Filterelements an.

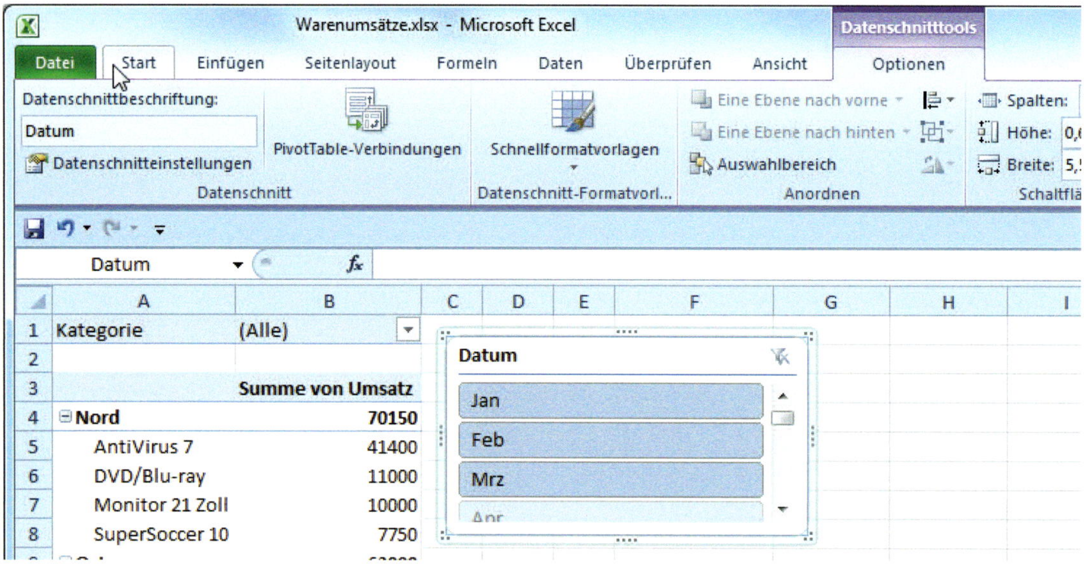

Abbildung 2.24 Datenschnitttools sind für Datenschnitte zuständig (hier in einer PivotTable).

Formeltools

Zeichnen Sie über *Einfügen/Symbol* eine mathematische Formel und markieren diese, schaltet sich diese Toolgruppe mit der Registerkarte *Entwurf* ein. Sie bietet Symbole, Formelstrukturen und vordefinierte Formeln an.

ACHTUNG Achten Sie auf die richtige Markierung: Ist die Formel selbst als Objekt am Rand markiert, sehen Sie nur die *Zeichentools*. Klicken Sie in die Formel, erhalten Sie die Formeltools.

2.3 Mit Symbolen arbeiten

Grundsätzlich lassen sich Befehlssymbole, die in einer Gruppe angeboten werden, in Kategorien einteilen. Das wichtigste Unterscheidungsmerkmal ist der Pfeil: Zeigt das Symbol eine Pfeilspitze, können Sie davon ausgehen, dass nach dem Klick ein Auswahlmenü erscheint. Ein weiterer Klick auf ein Symbol oder einen Befehl in diesem Menü schließt die Aktion dann ab oder öffnet ein weiteres Menü oder einen Dialog.

2.3.1 Formatauswahlsymbole

Diese Symbole bieten eine Formatierung an. Ein Beispiel:

Markieren Sie eine beliebige Zelle, und klicken Sie im Register *Start* unter *Schriftart* auf das Füllkannen-Symbol. Da hier standardmäßig die Füllfarbe Gelb eingestellt ist, wird die Zelle gelb gefärbt. Klicken Sie auf das Pfeilsymbol und wählen eine andere Farbe, bleibt diese als Standard für das Symbol stehen und kann anderen Zellen sofort per Klick zugewiesen werden.

2.3.2 Formatstatussymbole

Die meisten Symbole für die Formatierung zeigen im Unterschied zu Füllfarbe und Schriftfarbe den Status der markierten Zelle(n) an. Um beispielsweise einen Text fett zu drucken, klicken Sie auf das Fettdruck-Symbol. Es wird jetzt immer hell unterlegt sein, wenn eine fett gedruckte Zelle markiert ist (bei mehreren Zellen gilt immer die erste). Markieren Sie eine nicht fette Zelle, zeigt das Symbol den Status an, und wenn Sie in einer fett gedruckten Zelle das Symbol anklicken, wird diese wieder normal, ohne Fettdruck, formatiert. Dieses Symbol ist also im Unterschied zum Farbsymbol mehr ein Schalter mit Statusanzeige, und das ist die häufigste Symbolart auf der Registerkarte *Start*.

Abbildung 2.25 Auswahlsymbole behalten ihre Auswahl.

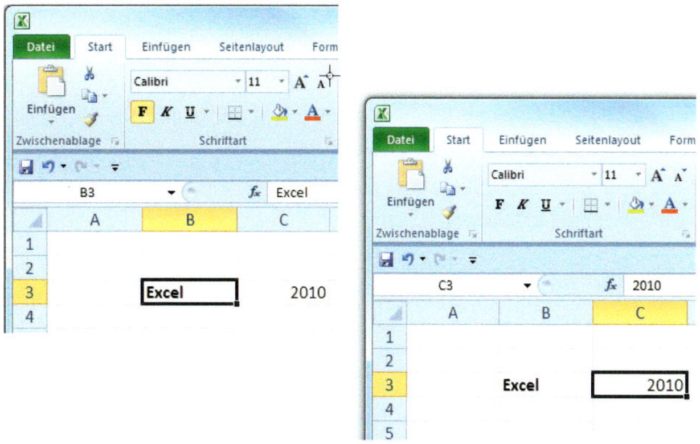

Abbildung 2.26 Statussymbole zeigen den Status der Zelle an.

2.3.3 Hoch-/Tief-Schaltersymbole

Einige wenige Symbole funktionieren als Schalter, die den Zellinhalt höher oder tiefer schrauben, so zum Beispiel die Schriftgradvergrößerung unter *Start/Schriftart* oder die Dezimalstellenzuweisung unter *Start/Zahl*.

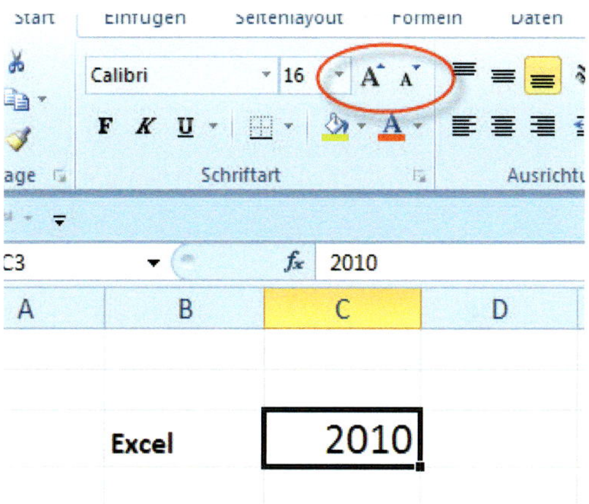

Abbildung 2.27 Schaltersymbole

2.3.4 Menüsymbole

Diese Symbole präsentieren ihr Angebot in Form von Menüs. Und hier bietet Excel ein Sammelsurium an Menütechniken aus allen grafischen Oberflächen, die bisher erfunden wurden. Hier einige Beispiele für verschiedene Menütechniken:

Menüsymbol	Erklärung
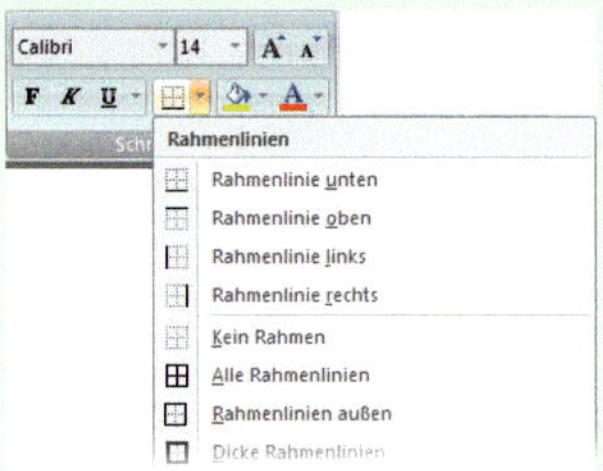	*Start/Schriftart/Rahmen.* Zuweisung an die Zelle, direktes Symbol. Klicken Sie auf das Symbol, wird eine untere Rahmenlinie eingefügt, mit dem Pfeil erhalten Sie die Auswahl. Die zuletzt gewählte Rahmenart bleibt im Symbol.
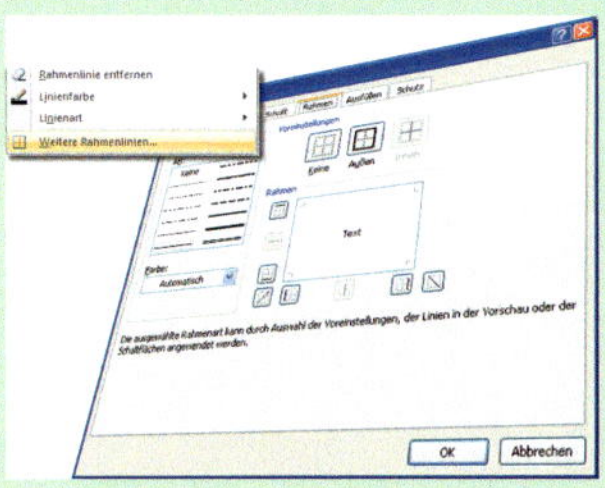	Aufruf einer Dialogbox mit allen Befehlen zu diesem Symbol.
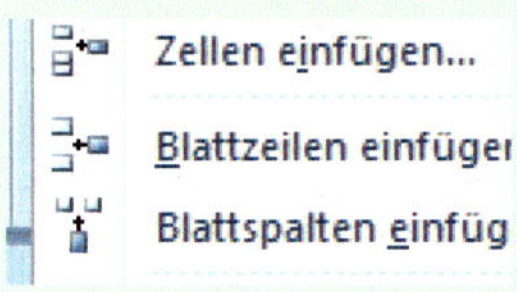	*Start/Zellen/Einfügen.* Ein Klick auf das Symbol fügt ein, was markiert ist (Zellen, Zeilen oder Spalten).
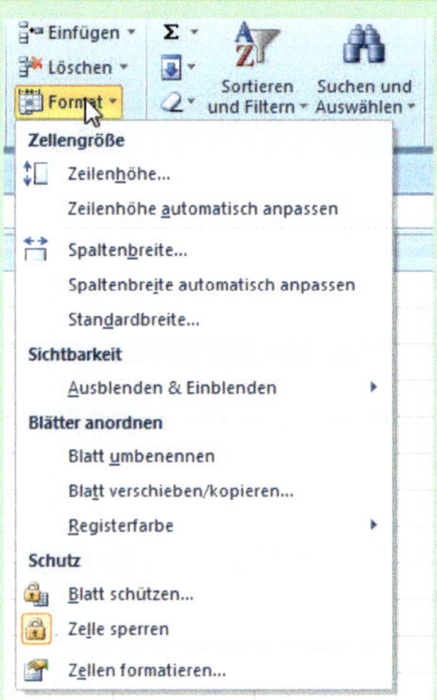	Das Format-Symbol bietet gleich eine Liste der möglichen Formatierbefehle an.

Tabelle 2.5 Menüsymbole und ihre Erläuterung

2.3.5 QuickInfos

Wenn der Mauszeiger auf einen Befehl, auf ein Element in der Tabelle oder auf ein Objekt zeigt, wird nach kurzer Zeit ein kleiner gelber Hilfetext sichtbar. Nach dem Klick auf eine Befehlsgruppe kann dieser Hilfetext sogar ziemlich ausführlich ausfallen und eine Beschreibung des gewählten Befehls enthalten. Das nennt sich unter Excel 2007 eine *Feature-Beschreibung*, und diese Anzeige steuern Sie mit Excel-Optionen:

1. Wählen Sie im Datei-Menü *Optionen*.
2. In der Kategorie *Allgemein* steht im ersten Abschnitt das *QuickInfo-Format*. Öffnen Sie die Liste, bietet diese drei Auswahloptionen:
   - *Featurebeschreibungen in QuickInfos anzeigen*: Das ist die Standardeinstellung. Für normale Elemente und Befehle wird eine QuickInfo angezeigt, Befehlsgruppen erhalten eine ausführliche Beschreibung.
   - *Featurebeschreibungen in QuickInfos nicht anzeigen*: Mit dieser Auswahl sehen Sie nur die einzeiligen Hilfstexte.
   - *QuickInfos nicht anzeigen*: Wählen Sie diese Einstellung, werden keine QuickInfos und keine Beschreibungen angezeigt.

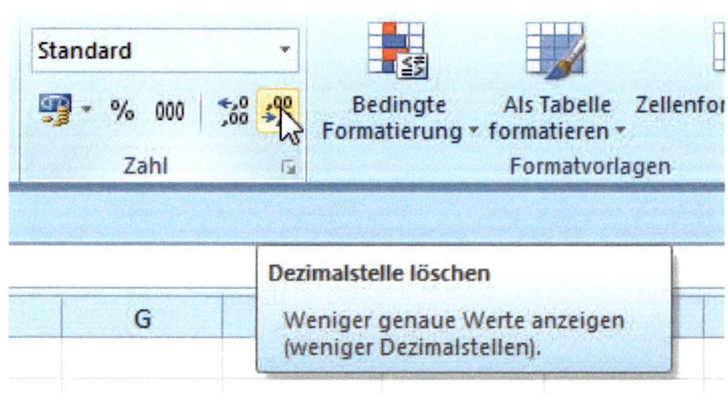

Abbildung 2.28 QuickInfos beschreiben, was Symbole tun

2.4 Kontextmenüs

Klicken Sie mit der rechten Maustaste auf den Teil des Bildschirms, zu dem Sie Aktionen starten oder Informationen abrufen wollen. Damit wird ein Kontextmenü am

Mauszeiger aktiviert, und Sie können (wahlweise mit der linken oder rechten Maustaste) einen Eintrag anklicken. Ein Beispiel: Klicken Sie mit der rechten Maustaste auf eine beliebige (leere) Zelle in der Tabelle, erscheint das Kontextmenü, das alles anbietet, was zu diesem Zeitpunkt möglich, machbar und sinnvoll ist – und umgekehrt nichts, was sowieso nicht geht.

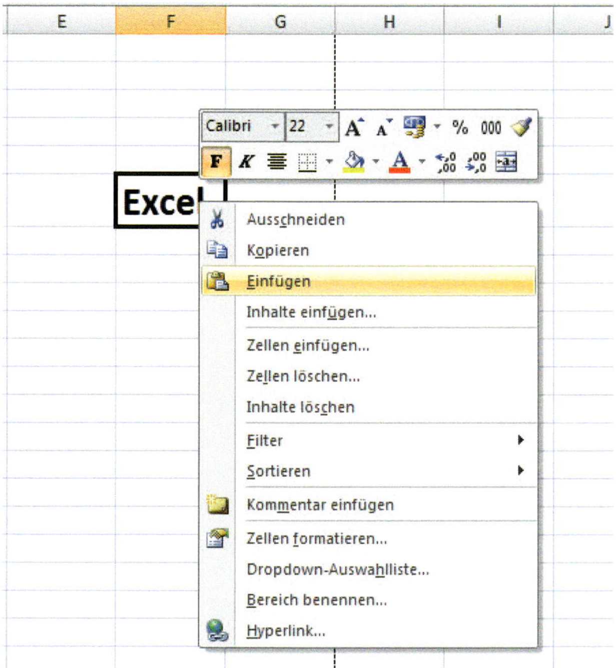

Abbildung 2.29 Das Kontextmenü wird mit der rechten Maustaste abgerufen.

Alle Elemente des Menübandes haben dasselbe Kontextmenü, es bietet nur die Befehle für die Anpassung der Symbolleiste für den Schnellzugriff an und einen Befehl zum Minimieren des Menübandes. Welches Kontextmenü Sie im restlichen Bereich des Programmfensters bekommen, entscheidet die Mauszeigerposition. Auf einem Spaltenbuchstaben finden Sie neben den Standardbefehlen *Ausschneiden*, *Kopieren* und *Einfügen* den Befehl für die Anpassung der Spaltenbreite. Das Kontextmenü auf einer Zeilennummer bietet natürlich die Zeilenhöhe an.

Ob PivotTable, Tabelle oder Diagrammobjekt, in jedem Fall bietet das Kontextmenü kontextbezogene Befehle an.

HINWEIS Wenn das Kontextmenü nicht erscheint oder wenn Befehle inaktiv sind, dann ist die Tabelle wahrscheinlich geschützt. Sehen Sie unter *Überprüfen/Änderungen* nach, ob der Blatt- oder Arbeitsmappenschutz aktiv ist.

2.5 Aufgabenbereiche

Ein Aufgabenbereich ist ein zusätzliches Fenster, das eine zur gewählten Aktion passende Aufgabe übernimmt. Die Vorgängerversionen bis Excel 2003 hatten noch einen permanenten Aufgabenbereich, der viele Menüaktionen und Befehle enthielt und aktiv wurde, wenn zum Beispiel eine neue Datei oder ein Objekt eingefügt wurde. Der Aufgabenbereich in Excel 2010 springt nur noch bei einzelnen Aktionen ein. Sie können ihn so aktiviert lassen, solange Sie ihn benötigen, mit einem Klick auf *Schliessen*-Symbol rechts oben schalten Sie ihn bei Bedarf wieder aus.

Zwischenablage

Die Gruppe *Zwischenablage* im Register *Start* bietet eine Schaltfläche an, die nicht wie die meisten anderen ein Dialogfenster öffnet, sondern den Aufgabenbereich am linken Fensterrand aktiviert. In diesem werden Inhalte der Zwischenablage aufgelistet (die Zwischenablage kann mehrere kopierte Bereiche oder Objekte beinhalten). Mit den Schaltflächen am oberen Rand können diese Inhalte in die Tabelle geholt oder gelöscht werden.

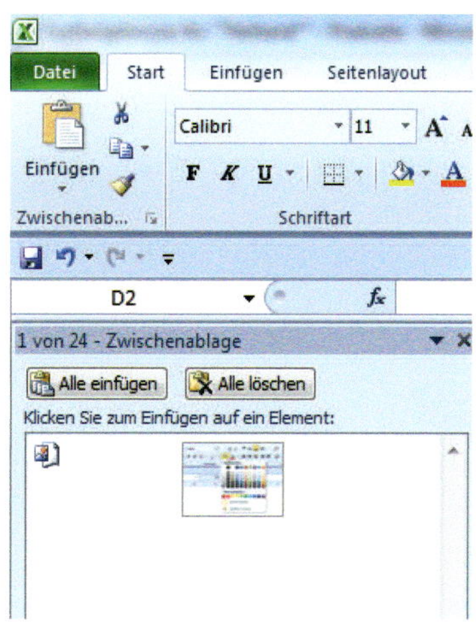

Abbildung 2.30 Der Aufgabenbereich der Zwischenablage zeigt, was kopiert wurde.

Kopieren Sie beispielsweise mehrere Zellbereiche nacheinander in die Zwischenablage, wird dieser Bereich die einzelnen Kopien (bis zu 24) zur Verfügung halten. Sie können so bequem auf eine frühere Kopie zurückgreifen und die Daten wieder einfügen.

HINWEIS Die Zwischenablage behält die Daten aus Office-Programmen nur so lange, bis diese ihre Programmfenster schließen. Danach ist auch die Zwischenablage leer.

ClipArts

Das Symbol *ClipArts* unter *Einfügen/Illustrationen* aktiviert einen Aufgabenbereich am rechten Fensterrand, in dem ClipArts angeboten werden. Um ein ClipArt-Objekt in die Tabelle zu holen, wird es einfach angeklickt (*siehe Kapitel 14*).

Dokumentprüfungen

Die Registerkarte *Überprüfen* bietet neben der Rechtschreibprüfung (die in einem Dialogfenster abläuft) auch *Recherchieren*, *Thesaurus* und *Übersetzen* an. Diese drei Werkzeuge sind in einem Aufgabenbereich untergebracht, der am rechten Fensterrand aktiv wird. Es ist der gleiche Aufgabenbereich für alle drei Werkzeuge, mit der Liste am oberen Rand kann umgeschaltet werden. Auch für die Übersetzung von Texten in eine andere schaltet Excel den Aufgabenbereich ein.

Signaturen

Enthält eine Arbeitsmappe Signaturen, die über *Einfügen/Text/Signaturzeile* eingefügt wurden, zeigt Excel diese sofort nach dem Start in einem Arbeitsbereich am rechten Fensterrand an.

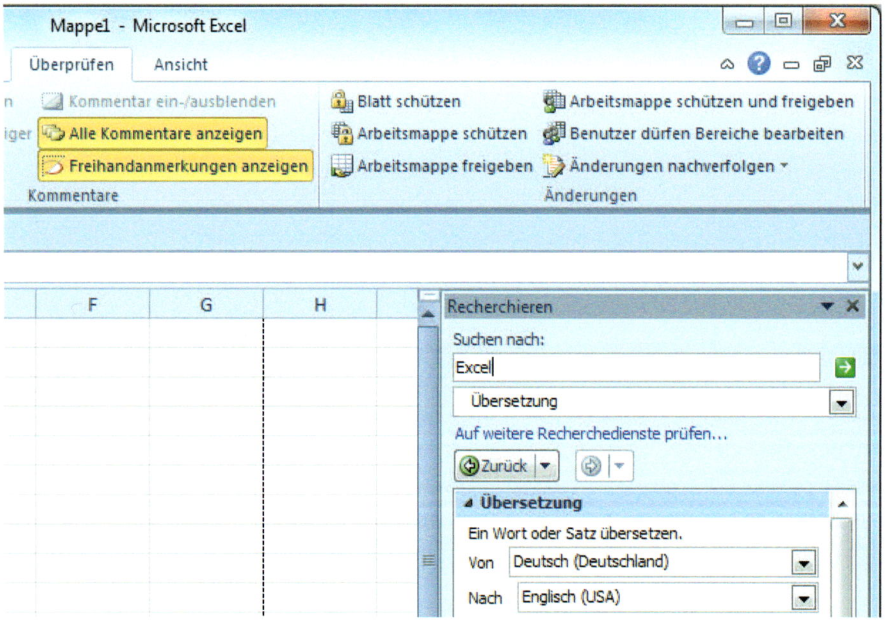

Abbildung 2.31
Aufgabenbereich für Überprüfungswerkzeuge

2.6 Der Zoom

Zoomen ist die Vergrößerung oder Verkleinerung der Ansicht bzw. der aktiven Tabelle oder des Diagramms. Benutzen Sie den Zoom-Schieberegler am rechten unteren Bildschirmrand:

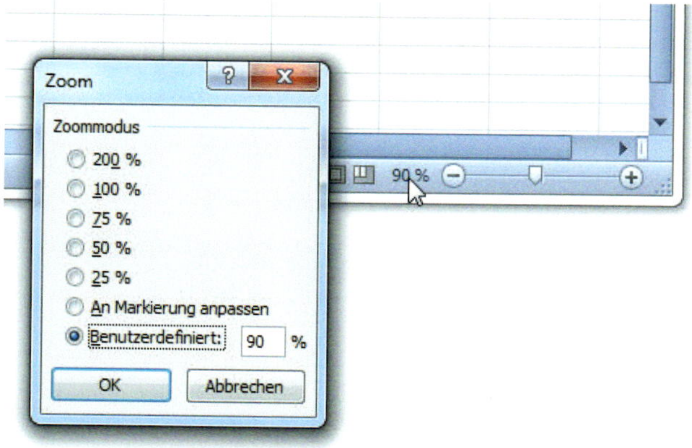

Abbildung 2.32 Der Zoom in der Statuszeile

Zoomen Sie mit diesem Regler die Ansicht von minimal 10 % bis maximal 400 %. Ziehen Sie dazu den Schieber mit gedrückter Maustaste, oder klicken Sie auf die Plus- und Minussymbole für einen Zoom in Zehner-Schritten. Sie können auch in den Regler klicken oder die Maustaste gedrückt halten. Mit den Zellen der aktiven Tabelle werden auch die Zeilennummern und die Spaltenbezeichnung am oberen Rand gezoomt.

Wenn Sie den Zoom-Faktor, der am linken Rand angezeigt wird, ganz exakt einstellen wollen, klicken Sie auf die angezeigte Prozentzahl. Daraufhin wird ein Fenster eingeblendet, in dem Sie den Zoom-Modus wählen oder direkt eingeben können. Klicken Sie auf *OK*, wird der Zoom eingestellt.

Zoom an Markierung anpassen

Interessant ist in diesem Fenster die Option *An Markierung anpassen*: Sie zoomt den Bildschirm so, dass der markierte Zellenbereich den gesamten Arbeitsbereich ausfüllt. Haben Sie beispielsweise die Zellen A1:F24 markiert und aktivieren diese Option, zoomt Excel die Ansicht auf 183 % der Ursprungsgröße, und Sie sehen nur den markierten Bereich.

Zoomen mit dem Mausrad

Mit dem Rad zwischen den Tasten Ihrer Maus rollen Sie die Tabelle im Normalfall nach unten bzw. nach oben. Sie können das Rad aber auch als Zoom-Werkzeug benutzen:

1. Wählen Sie *Optionen* im *Datei*-Menü, schalten Sie um auf die Kategorie *Erweitert*.
2. In der ersten Gruppe, *Bearbeitungsoptionen*, finden Sie die Option *Beim Rollen mit IntelliMouse zoomen*. Klicken Sie diese an, um das Mausrad auf die Zoom-Funktion umzustellen.

TIPP Mit der [Strg]-Taste geht´s auch: Drücken Sie [Strg], und zoomen Sie mit dem Mausrad nach oben oder unten. Wenn Sie die Zoom-Option eingeschaltet haben, können Sie mit gedrückter [Strg]-Taste wieder durch die Tabelle rollen.

2.7 Die Statusleiste

Die letzte Zeile des Programmfensters ist nicht nur dekorative Umrandung, sondern ein richtiges Informationscockpit. Sie liefert nämlich, wie der Name schon sagt, Statusinformationen, und zwar für alles, was in Excel einstell- und umschaltbar ist.

Ansichtssymbole

Neben dem Zoom-Schieberegler am rechten Rand finden Sie drei Symbole, die auf die Ansichten *Normal*, *Seitenlayout* und *Umbruchvorschau* umschalten. Der Status, d.h. die aktive Ansicht, wird sichtbar, das entsprechende Symbol ist heller. Diese Ansichten finden Sie auf der Registerkarte *Ansicht* in der Gruppe *Arbeitsmappenansichten*.

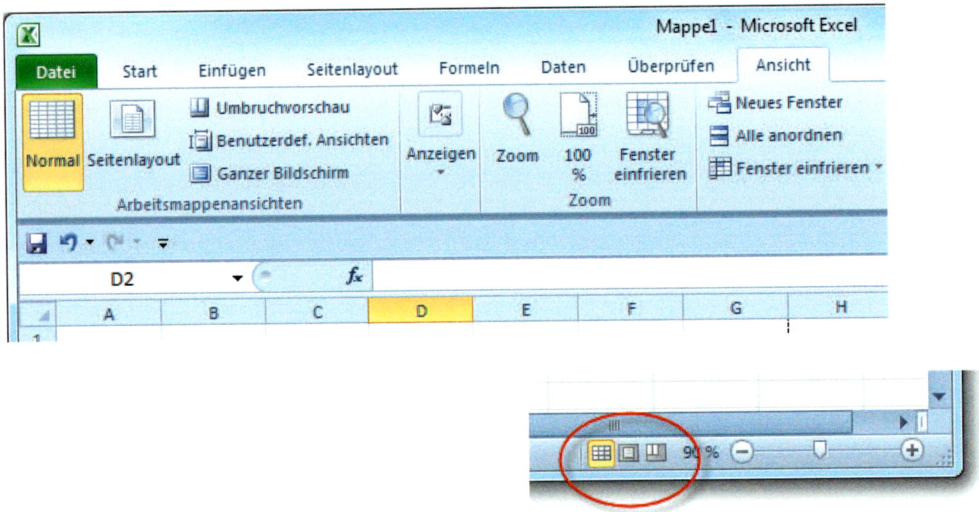

Abbildung 2.33 Ansichtssymbole in der Statusleiste

Statusleiste anpassen

Alle Informationen, die in der Statusleiste angezeigt werden, können Sie im Kontextmenü einschalten:

1. Klicken Sie mit der rechten Maustaste in die Statusleiste.
2. Klicken Sie die Informationen an, die Sie permanent sehen wollen.
3. Ein Klick auf eine aktive Information schaltet diese wieder aus.

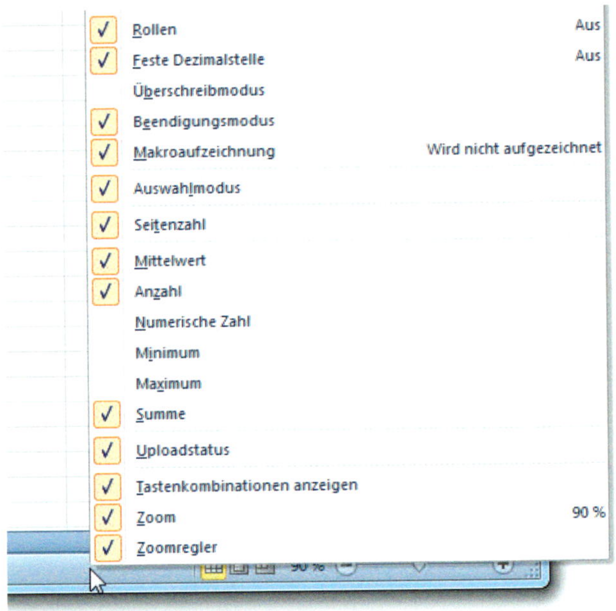

Abbildung 2.34 Die Optionen der Statusleiste

Hier eine Übersicht über die einzelnen Optionen im Kontextmenü der Statusleiste und darüber, was diese bedeuten:

Zellenmodus	Diese Option schaltet die Modusanzeige ganz links außen ein (oder aus). Standard ist die Anzeige *Bereit*. Ist eine Zelle zur Bearbeitung geöffnet, heißt es hier *Bearbeiten*, und für leere Zellen meldet das Kästchen *Eingeben*. Auch für das Füllkästchen hat es noch eine Hilfsmeldung parat.
Signaturen	Wenn die aktive Arbeitsmappe Signaturen enthält, wird ein rotes Signatursymbol angezeigt. Signaturen werden über *Einfügen/Text* zugewiesen.
Informationsverwaltungsrichtlinie	Wenn die aktive Tabelle für SharePoint Server aufbereitet ist und Informationsverwaltungsrichtlinien für Office SharePoint Server 2007-Webseiten enthält, wird hier ein Symbol angezeigt.
Berechtigungen	Wenn die aktive Tabelle Berechtigungen enthält, die im Rahmen des IRM (Information Right Management) im SharePoint-Server definiert sind, wird hier ein Symbol angezeigt.
Feststelltaste	Diese Taste, die sich über der linken [Umschalt]-Taste befindet, setzt alle Eingaben in Großschrift bzw. auf die zweite Tastenbelegung bei den Nummerntasten und Sonderzeichen. Ist sie aktiviert, meldet diese Option das mit *Feststelltaste*.
Num	Diese Option meldet in der Statusleiste *Num*, wenn die *Numeric*-Taste (Num) aktiv ist. Die [Num]-Taste befindet sich links oben im abgesetzten Block der Zehnertastatur. Ist sie aktiv, leuchtet ein Lämpchen rechts oben auf der Tastatur, und die Zehnertastatur ist auf die Zahlen geschaltet.
Rollen	Diese Taste steht zwischen [Druck]- und [Pause]-Taste rechts oben auf der Tastatur. Ist sie gedrückt, rollt der Bildschirm mit dem Zellzeiger bei Betätigung von Pfeiltasten. Die Statusleiste meldet in diesem Fall *Rollen*.
Feste Dezimalstelle	Diese Anzeige erscheint links außen in der Statuszeile, wenn in den Excel-Optionen unter *Erweitert/Optionen bearbeiten* die Option *Dezimalkomma automatisch einfügen* aktiviert wurde. Damit wird bei einer eingegebenen Zahl das Komma um die Anzahl der angegebenen Stellen nach links oder rechts verschoben.
Überschreibmodus	Wird eine Zelle bearbeitet, kann mit der Taste [Einfg] der Überschreibmodus eingeschaltet werden. Damit werden alle Ziffern rechts vom Cursor (Schreibmarke) überschrieben. Ist diese Option gesetzt, meldet die Statuszeile diesen Modus (nur während der Bearbeitung).
Beendigungsmodus	Das ist ein etwas seltsamer Ausdruck für die [Ende]-Taste. Wird diese Taste gedrückt, springt der Zellzeiger beim nächsten Betätigen einer Pfeiltaste bis zum Ende einer Tabelle, Liste oder des Tabellenblattbereiches. Die Statuszeile zeigt *Modus beenden*, sobald die Taste gedrückt wird und solange der Vorgang nicht abgeschlossen ist.
Makroaufzeichnung	Wird unter *Ansicht/Makros* der Befehl *Makro aufzeichnen* aufgerufen, erscheint ein blaues Symbol, solange der Makrorekorder läuft und alle Aktionen als Makrobefehle aufzeichnet. Die Makroaufzeichnung kann durch Klick auf dieses Symbol beendet werden.
Auswahlmodus	Dieser Modus wird mit der Funktionstaste [F8] aktiviert. Wird die Taste gedrückt, bleibt der Zellzeiger bei der aktiven Zelle stehen, und die Markierung kann mit Maus oder Pfeiltasten erweitert werden. Ein weiterer Tastendruck auf [F8] hebt diesen Modus wieder auf, der in der Statuszeile mit der Meldung *Auswahl erweitern* gemeldet wird.
Seitenzahl	Diese Option zeigt die aktuelle Seitenzahl und die Anzahl der Seiten an, die im aktiven Tabellenblatt gedruckt oder im Anzeigemodus *Seitenlayout* angezeigt werden. Die Anzeige *Seite x von y* erscheint auch nur in diesem Modus, nicht in der *Normal-* oder *Umbruchvorschau*.
Mittelwert, Anzahl, Numerische Zahl, Minimum, Maximum, Summe	Mit diesen Optionen werden die markierten Zellen berechnet oder analysiert. Die Ergebnisse werden angezeigt, wenn mehr als eine Zelle markiert ist. *Mittelwert* zeigt das arithmetische Mittel der markierten Menge. *Anzahl* zählt, wie viele Zellen Werte enthalten. *Numerische Zahl* gibt die Anzahl der Zellen mit Zahlen wieder, *Minimum* berechnet den kleinsten Wert, *Maximum* berechnet den größten Wert, und *Summe* gibt die Summe der markierten Zahlen wieder.
tastenkombinationen anzeigen	Diese Option schaltet die drei Ansichtssymbole am rechten Rand ein oder aus. Die Bezeichnung *Ansichten anzeigen* wäre logischer.
Zoom	Diese Option schaltet den Prozentwert der Zoom-Stufe ein oder aus.
Zoomregler	Diese Option schaltet den Zoomregler am rechten Rand der Statusleiste ein oder aus.

Tabelle 2.6 Optionen des Kontextmenüs der Statusleiste

2.7.1 Speicherort der Statusleiste

Wo merkt sich Excel die Einstellungen in der Statusleiste? Statusleistenbelegungen werden in der *Registry*, der Registrierdatenbank von Windows, gespeichert, und zwar unter diesem Schlüssel:

HKEY_CURRENT_USER\Software\Microsoft\Office\142.0\Excel\Statusbar

Mit *regedit*, dem Bearbeitungsprogramm für die *Registry*, können Sie diesen Schlüssel abholen und die DWORD-Werte auf 0 setzen, die nicht aktiv sein sollten, bzw. auf 1 für eine aktive Option.

2.8 Benutzerdefinierte Ansichten

Benutzerdefinierte Ansichten sind eine nützliche Methode, um aufwendig formatierte Tabellenzustände zu speichern und schnell wieder abzurufen:

1. Stellen Sie die Ansicht her, die Sie speichern wollen, tragen Sie beispielsweise einen bestimmten Zoom-Faktor ein, und schalten Sie auf die Seitenumbruchvorschau um.
2. Wählen Sie auf der Registerkarte *Ansicht Arbeitsmappenansichten/Benutzerdef. Ansichten*.
3. Klicken Sie auf *Hinzufügen*, und tragen Sie einen Namen Ihrer Wahl ein (z.B. *150% Zoom*). Bestätigen Sie mit Klick auf *OK*.
4. Mit der Ansicht *Normal* schalten Sie zurück auf die Voreinstellung. Um die gespeicherte Ansicht abzurufen, wählen Sie *Arbeitsmappenansichten/Benutzerdefinierte Ansichten*, markieren den Eintrag und klicken auf *Anzeigen*.

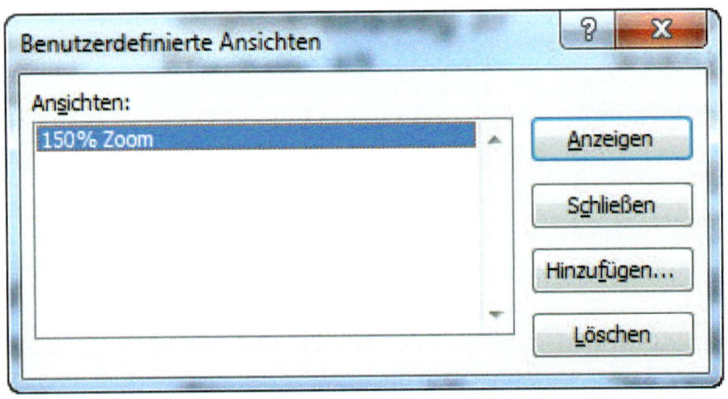

Abbildung 2.35 Eine benutzerdefinierte Ansicht

Praxisbeispiel: Dienstplan

Das Speichern von Ansichten macht sich besonders bezahlt, wenn Tabellen eine bestimmte Größe annehmen und der Aufwand für das Heranblättern der einzelnen Bereiche überhandnimmt. In diesem Praxisbeispiel lernen Sie eine Methode kennen, die das Arbeiten mit dieser Technik besonders einfach macht:

CD-ROM Das Übungsbeispiel finden Sie auf der Buch-CD unter *Dienstplan.xlsx*, die Lösung mit allen Ansichten steht in der Datei *Dienstplan mit Ansichten.xlsx*.

Die Arbeitsmappe zeigt einen Dienstplan mit Aufteilung in Früh- und Spätschicht und Untergliederung in einzelne Wochentage. Benutzen Sie die Liste aus der ersten Tabelle, wenn Sie die nachfolgend beschriebenen Techniken üben wollen, in der zweiten Tabelle finden Sie das Ergebnis.

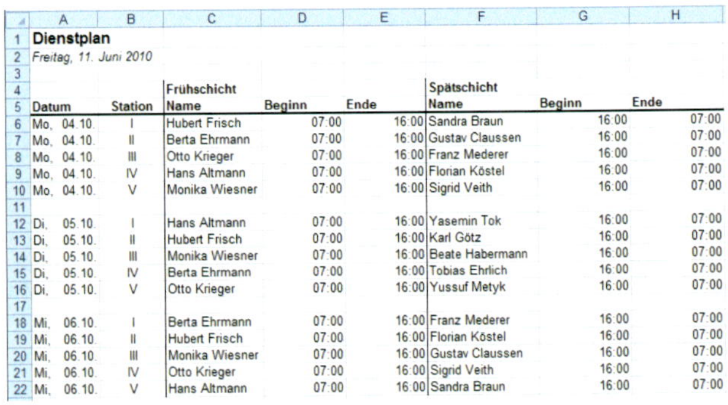

	A	B	C	D	E	F	G	H
1	**Dienstplan**							
2	*Freitag, 11. Juni 2010*							
3								
4			**Frühschicht**			**Spätschicht**		
5	**Datum**	**Station**	**Name**	**Beginn**	**Ende**	**Name**	**Beginn**	**Ende**
6	Mo, 04.10.	I	Hubert Frisch	07:00	16:00	Sandra Braun	16:00	07:00
7	Mo, 04.10.	II	Berta Ehrmann	07:00	16:00	Gustav Claussen	16:00	07:00
8	Mo, 04.10.	III	Otto Krieger	07:00	16:00	Franz Mederer	16:00	07:00
9	Mo, 04.10.	IV	Hans Altmann	07:00	16:00	Florian Köstel	16:00	07:00
10	Mo, 04.10.	V	Monika Wiesner	07:00	16:00	Sigrid Veith	16:00	07:00
11								
12	Di, 05.10.	I	Hans Altmann	07:00	16:00	Yasemin Tok	16:00	07:00
13	Di, 05.10.	II	Hubert Frisch	07:00	16:00	Karl Götz	16:00	07:00
14	Di, 05.10.	III	Monika Wiesner	07:00	16:00	Beate Habermann	16:00	07:00
15	Di, 05.10.	IV	Berta Ehrmann	07:00	16:00	Tobias Ehrlich	16:00	07:00
16	Di, 05.10.	V	Otto Krieger	07:00	16:00	Yussuf Metyk	16:00	07:00
17								
18	Mi, 06.10.	I	Berta Ehrmann	07:00	16:00	Franz Mederer	16:00	07:00
19	Mi, 06.10.	II	Hubert Frisch	07:00	16:00	Florian Köstel	16:00	07:00
20	Mi, 06.10.	III	Monika Wiesner	07:00	16:00	Gustav Claussen	16:00	07:00
21	Mi, 06.10.	IV	Otto Krieger	07:00	16:00	Sigrid Veith	16:00	07:00
22	Mi, 06.10.	V	Hans Altmann	07:00	16:00	Sandra Braun	16:00	07:00

Abbildung 2.36 Dienstplan für fünf Stationen mit Wochentageinteilung

Um den Dienstplan so einfach wie möglich auf einzelne Wochentage zu reduzieren, bestimmte Stationen zu filtern oder die Arbeitszeiten einzelner Personen anzuzeigen, erstellen Sie sich Ansichten und speichern diese in der Mappe.

TIPP Das Umschalten auf die Registerkarte sparen Sie sich, wenn Sie das Symbol für benutzerdefinierte Ansichten in die Symbolleiste für den Schnellzugriff ziehen.

Erstellen Sie jetzt Ihre Ansichten. Die erste Ansicht ist der komplette Dienstplan. Nennen Sie die Ansicht *Alles anzeigen*.

Die zweite Ansicht erhält die Bezeichnung *Spätschicht*. Markieren Sie die Spalten C bis E, und ziehen Sie die Spaltenlinien der Markierung auf Breite 0, bevor Sie die benutzerdefinierte Ansicht speichern.

Blenden Sie die Spalten wieder ein, und speichern Sie als Nächstes die Ansicht *Frühschicht*. Blenden Sie dazu die Spalten F bis H aus, tragen Sie den Ansichtsnamen ein, und bestätigen Sie zweimal mit [Eingabe].

Für die nächsten Ansichten kommt der AutoFilter ins Spiel: Filtern Sie mit diesem Werkzeug die Stationen, die Wochentage oder die Namen aus der Namensspalte, und speichern Sie die gefilterten Tabellen jeweils als Ansicht.

1. Markieren Sie den gesamten Dienstplan im Bereich A5:H22, und wählen Sie *Daten/Sortieren und Filtern/Filtern*.
2. Klicken Sie auf den Filterpfeil in der Spaltenüberschrift »Station«, und wählen Sie die Station I (römisch I) aus. Die Tabelle wird gefiltert, sie zeigt nur Einträge für diese Station an.

   Speichern Sie diese Ansicht unter der Bezeichnung *Station I*.

Jetzt können Sie gleich, ohne den AutoFilter auszuschalten, die nächste Station herausfiltern und wieder die Ansicht speichern.

Die nächsten Ansichten erstellen Sie für die einzelnen Mitarbeiter. Filtern Sie die Namen in der Spalte Name, und speichern Sie die Ansichten einzeln ab.

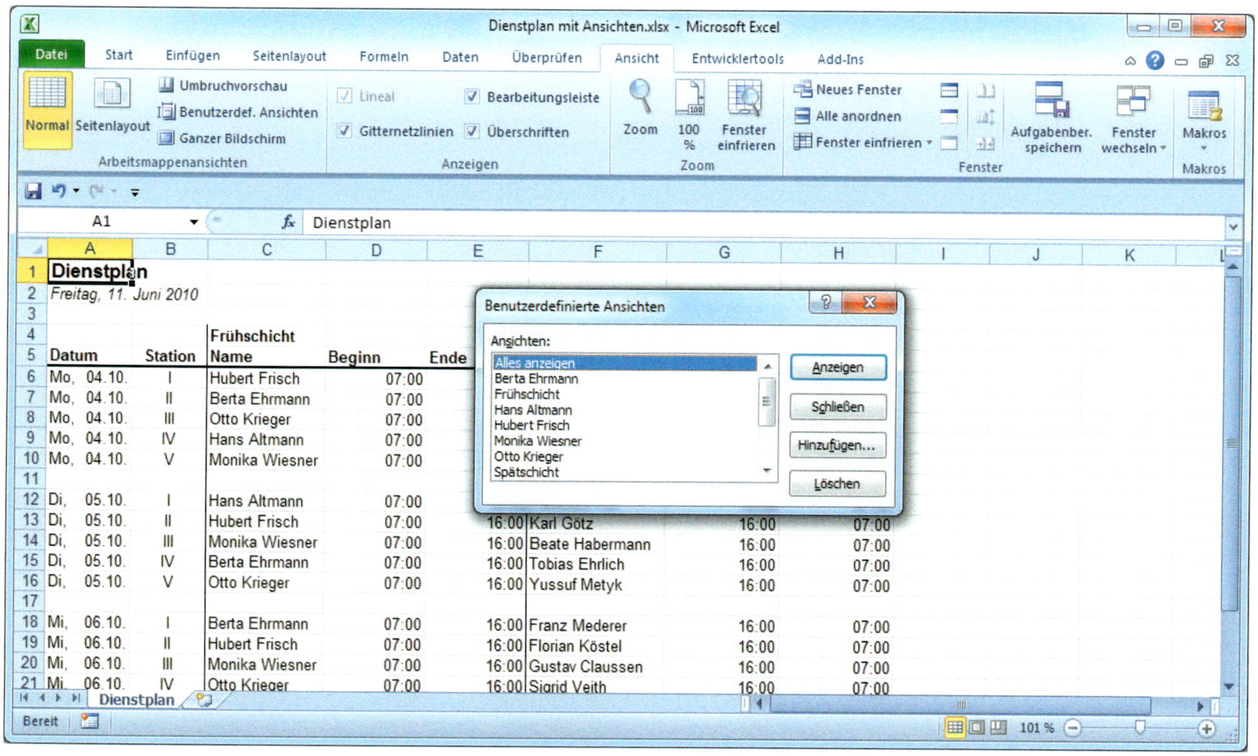

Abbildung 2.37 Dienstplansteuerung mit benutzerdefinierten Ansichten

Kapitel 3

Dateiverwaltung im Backstage

Wenn Sie sich mit Tabellenkalkulation beschäftigen müssen (oder dürfen), arbeiten Sie mit Tabellen. Die produzierten Datenmengen sind Dateien mit der Dateiendung *.xlsx* oder, wenn sie Makros enthalten, *xlsm*. Die Vorgängerversionen benutzten noch die Endung *.xls*. Zur Abgrenzung und zur Verdeutlichung, dass Excel mit einem völlig neuen Dateiformat arbeitet, wurde die Dateiendung bereits für Excel 2007 neu konzipiert – übrigens zum ersten Mal mit mehr als drei Buchstaben, womit sich Excel endgültig von älteren Betriebssystemen verabschiedet, die nur dreibuchstabige Endungen bei Dateien akzeptieren.

XLS steht für *Excel Spreadsheet*, und das stammt noch aus der Zeit, als jede Datei eine einzige Tabelle (Spreadsheet) war (bis Excel-Version 4.0, ca. 1994). Ebenfalls ein Relikt aus dieser Zeit ist der Arbeitsbereich, eine Datei mit der Endung *.xlw* (Excel Workspace). Damit wurden früher mehrere Tabellen in einer Datei zusammengefasst. Da dies aber schon seit Langem in Arbeitsmappen der Fall ist, nutzt diese Speichertechnik kein Mensch mehr.

Die Arbeitsmappe ist die normale Speicherform von Excel-Daten.

3.1 Die Backstage-Ansicht (Datei-Menü)

Die erste Registerkarte im Menüband trägt die Bezeichnung Datei, offiziell heißt dieses Register auch Backstage. In diesem »Rückraum« sind alle Befehle und Werkzeuge zur Verwaltung von Arbeitsmappen und anderen Dateien zusammengefasst. Klicken Sie auf *Datei*, und sehen Sie sich die Backstage-Ansicht an.

3.2 Eine neue Arbeitsmappe

Wird Excel gestartet, sollte in der Arbeitsfläche eine neue Mappe mit der Bezeichnung *Mappe1* geöffnet sein und drei Tabellenblätter anbieten. Wenn nicht, müssen Sie erst eine neue Mappe anlegen (*siehe Kapitel 2*). Und dafür haben Sie mehrere Möglichkeiten:

1. Klicken Sie im *Datei*-Menü auf *Neu*. Als Vorlage wird *Leere Arbeitsmappe* vorgeschlagen. Klicken Sie auf *Erstellen*, um eine neue Mappe ohne Vorlage anzulegen.
2. Sie können auch eine Tastenkombination verwenden. Für eine neue Arbeitsmappe ohne Vorlage drücken Sie `Strg` + `N`.

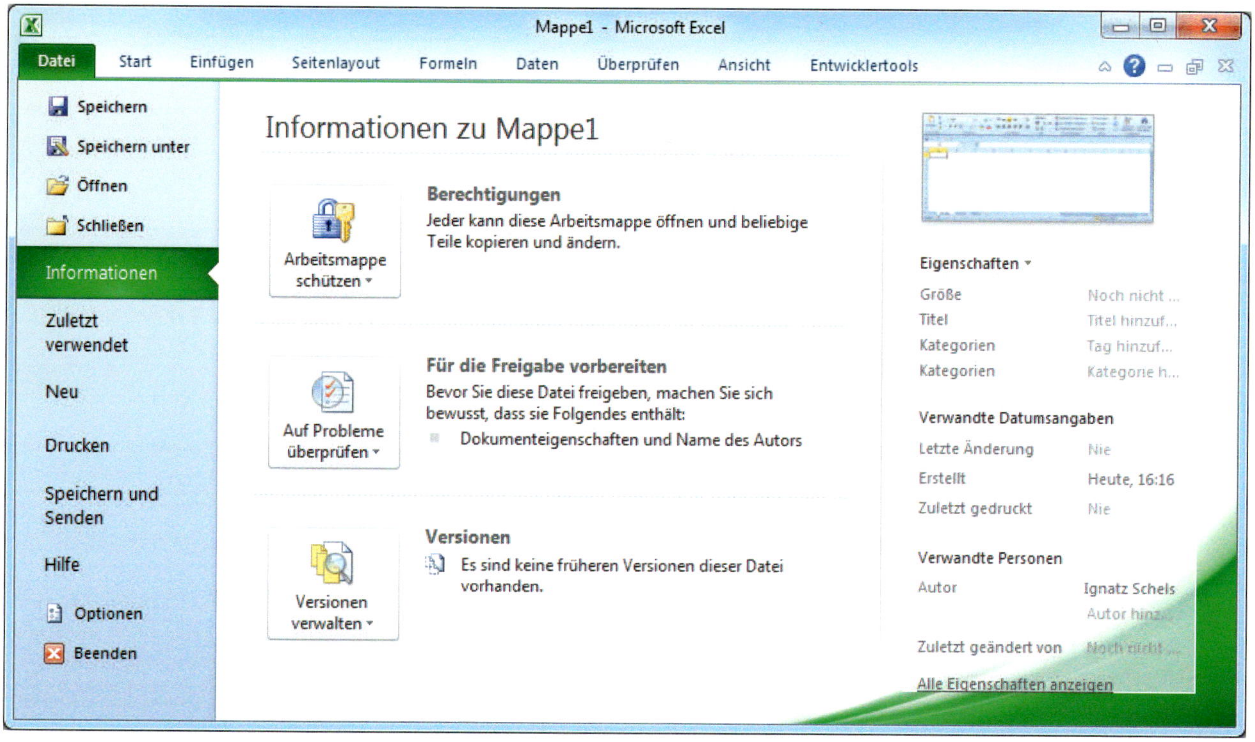

Abbildung 3.1 Die Backstage-Ansicht

3.2.1 Pseudonamen in der Titelzeile

Jede neue, leere Mappe wird mit einer Pseudobezeichnung (*Mappe1*, *Mappe2* ...) angelegt. In der Titelzeile zeigt Excel diesen Namen an. Sie können so viele neue Mappen anlegen, wie Sie wollen, nur der verfügbare Hauptspeicherplatz ist die natürliche Grenze. Die Mappen erhalten den Namen *Mappe* und die nächste Nummer, bis Sie Excel wieder neu starten.

3.3 Arbeitsmappen speichern

Wenn Sie mit Excel eine Arbeitsmappe öffnen oder neu anlegen, befindet sich diese zunächst im Arbeitsspeicher (RAM = Random Access Memory). Erst mit dem Speichern der Mappe wird aus den Daten im RAM eine Datei auf einem Datenträger. Speichern Sie am besten so bald wie möglich und so oft wie möglich, dann bleiben Sie vor unliebsamen Überraschungen (Stromausfall, Hund läuft übers Kabel, Rechner gibt den Geist auf ...) verschont. Um eine aktive Arbeitsmappe zu speichern, klicken Sie auf das Diskettensymbol in der Symbolleiste für den Schnellzugriff oder wählen im Datei-Menü einen Speicherbefehl:

» *Speichern*, wenn die Mappe bereits gespeichert ist und einen »echten« Dateinamen hat. Ist das nicht der Fall, erscheint automatisch der Datei-Dialog, und Sie müssen einen Dateinamen eingeben oder bestätigen.

  Um eine Kopie der Arbeitsmappe herzustellen, speichern Sie diese einfach ein zweites Mal unter einer neuen Bezeichnung.

» *Speichern unter*, wenn Sie die Datei zum ersten Mal speichern und Dateiname, Dateityp und noch weitere Einstellungen (Passwort etc.) zuweisen wollen. Wählen Sie einen passenden Dateityp, suchen Sie den Speicherpfad, und geben Sie den Dateinamen ein. Mit Klick auf *OK* wird die Arbeitsmappe in Dateiform gespeichert, und der neue Name steht anschließend in der Titelzeile des Programmfensters.

- *Speichern und Senden*, wenn Sie die Datei per Mail versenden oder in einem anderen Dateiformat ablegen wollen.

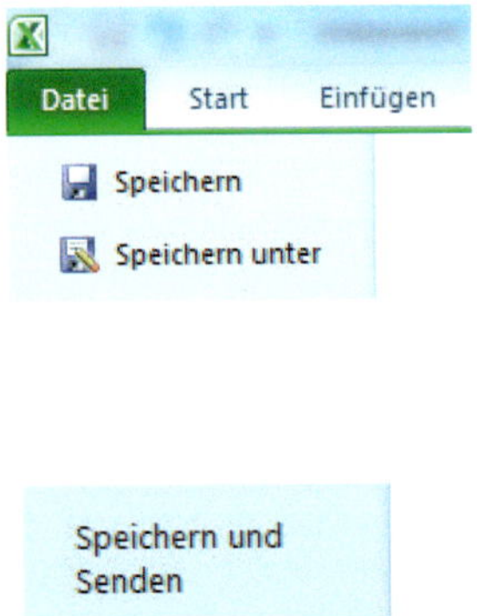

Abbildung 3.2 Die Speicheroptionen für die Arbeitsmappe

3.3.1 Dateinamen

Der Dateiname darf bis zu 255 Zeichen lang sein. Sie können groß- oder klein- oder gemischt groß- und kleinschreiben, die Schreibweise wird zwar von Windows übernommen, aber nicht unterschieden:

KostenÜbersicht ist dasselbe wie *kostenübersicht* und *KOSTENÜBERSICHT*.

Sie können Buchstaben, Zahlen und einige Sonderzeichen verwenden. Diese Zeichen sind nicht erlaubt:

- ? Fragezeichen
- » Anführungszeichen
- / Schrägstrich (Slash)
- \ Umgekehrter Schrägstrich (Backslash)
- < > Kleiner-als- und Größer-als-Zeichen
- * Stern
- | Senkrechter Strich
- : Doppelpunkt

Grundsätzlich sollten Sie mit anderen, erlaubten Sonderzeichen sparsam sein, wenn Sie Ihre Dateien per Mail versenden, an SharePoint- oder andere Server übergeben oder auf Intranet-/Internet-Seiten veröffentlichen wollen. Nicht alle Betriebssysteme kennen Umlaute, ß oder andere Spezialzeichen. Selbst Leerzeichen sollten Sie vermeiden, wenn es nicht unbedingt sein muss. Mit den 26 Buchstaben aus dem Standard-Alphabet und zehn Ziffern haben Sie fast unbegrenzt viele Varianten zur Verfügung.

Dateinamen haben auch in neuen Windows-Versionen eine dreistellige Endung, die dem Betriebssystem die Zugehörigkeit zu einer bestimmten Dateigattung signalisiert. Die drei Buchstaben am Ende sehen Sie nur, wenn in den Ordneroptionen von Windows die Option *Erweiterung bei bekannten Dateitypen ausblenden* deaktiviert wurde. Schalten Sie die Option aus, damit Sie Ihre Dateien besser unterscheiden können:

- In Windows XP:

  Extras/Ordneroptionen/Ansicht

- In Windows Vista/Windows 7:

  Organisieren/Ordner- und Suchoptionen/Ansicht

Geben Sie diese Endung aber niemals beim Speichern einer Arbeitsmappe ein – auch nicht beim Öffnen. Schreiben Sie niemals andere Endungen oder einen Punkt hinter den Dateinamen, sonst verliert die Datei die Zuordnung zu Excel. Mit dem Punkt alleine hat die Datei gar keine Endung, und Windows kann sie keinem Programm zuordnen.

3.3.2 Dateityp ändern

Wählen Sie *Datei/Speichern und Senden*, und klicken Sie auf *Dateityp ändern*, erhalten Sie eine Auswahl alternativer Dateitypen. Die Auswahl der Dateitypen finden Sie auch unter *Datei/Speichern unter*.

Arbeitsmappe

Das ist das Standardformat von Excel in Office 2007 und 2010. Es basiert auf der Skriptsprache XML (Extended Markup Language). Die Dateiendung ist *.xlsx*.

Die Datei wird im Unterschied zur Vorgängerversion nicht binär, d.h. in Maschinensprache, verschlüsselt, gespeichert, sondern als »Container«, in dem die XML-Skripte und die Objekte enthalten sind. Excel nutzt hier die ZIP-Technik, die Sie sicher von ZIP-Dateien unter Windows kennen: Alle Daten werden in ein Archiv gepackt und dabei komprimiert. Im Unterschied zu ZIP-Archiven müssen Excel-Dateien aber nicht vorher entpackt werden. Das geschieht automatisch, wenn Sie eine gespeicherte Mappe wieder öffnen. Sie können sich einen solchen Container mit folgendem Trick ansehen:

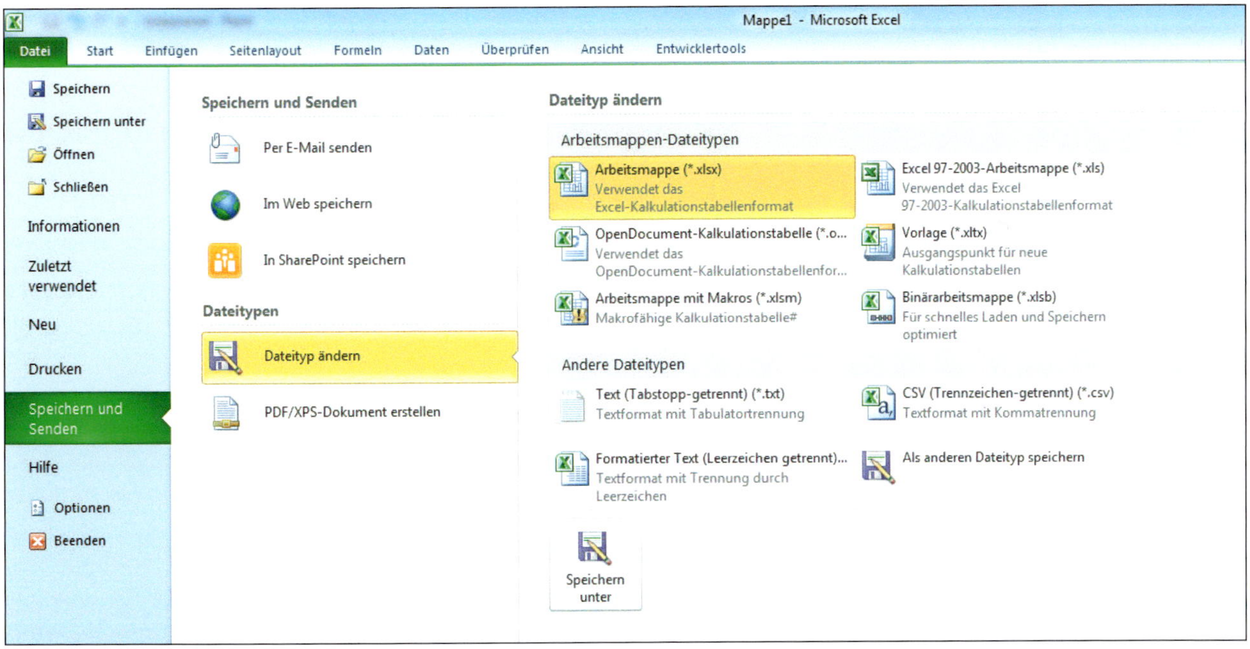

Abbildung 3.3 Auswahl Dateitypen

1. Suchen Sie eine XLSX-Datei im Explorer-Fenster von Windows und benennen sie um: Geben Sie ihr die Dateiendung *.zip*.
2. Klicken Sie doppelt auf die Datei. Sie erhalten damit ein Fenster mit allen Objekten und Skripten, die in dieser Datei abgelegt sind. Die Skripte können Sie per Doppelklick öffnen. Wenn der Container Bilder und Objekte enthält, finden Sie diese im Bildformat JPG in einem Bilderordner.

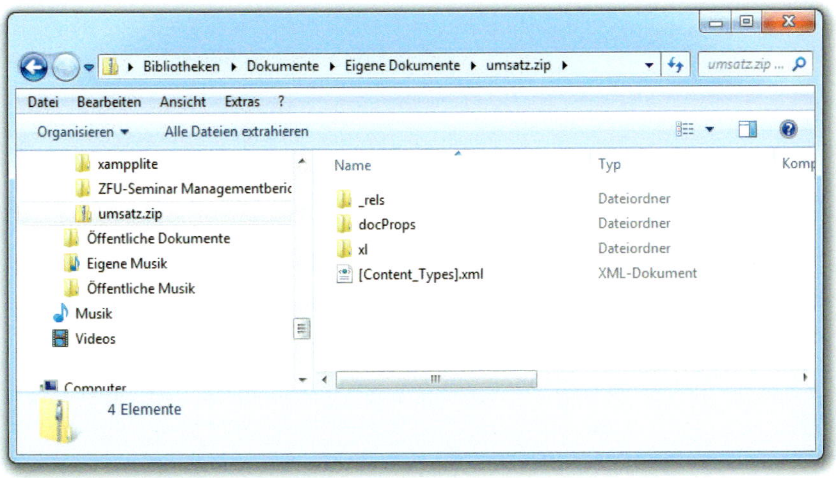

Abbildung 3.4 Die Arbeitsmappe ist ein ZIP-Archiv.

Vergessen Sie nicht, die Datei wieder auf die Dateiendung *.xlsx* zurückzusetzen, damit sie mit Excel weiter zu bearbeiten ist.

Im XLSX-Format können Sie keine Makros zusammen mit der Mappe speichern. Wenn Sie Makros in dieser Mappe aufgezeichnet oder erstellt haben und versuchen, die Mappe im Standardformat zu speichern, erscheint eine Meldung, die Sie darauf hinweist, dass Sie ein anderes Format verwenden müssen:

Die folgenden Features können in Arbeitsmappen ohne Makros nicht gespeichert werden:

VB Projekt

Speichern Sie die Mappe trotzdem im XLM-Standard, bleiben die Makros so lange im VBA-Projekt, bis die Mappe geschlossen wird. Erst beim nächsten Öffnen sind die Makros dann verschwunden.

Excel 97–Excel 2003-Arbeitsmappe

Speichern Sie Arbeitsmappen in diesem Format, wenn Sie diese ohne Konvertierung mit einer dieser Vorgängerversionen bearbeiten wollen:

- Excel 2003
- Excel XP (2002)
- Excel 2000
- Excel 97

Die Datei wird binär gespeichert (BIFF8) und kann sowohl mit Excel 2007 als auch mit früheren Versionen geöffnet werden. Dabei geht aber alles verloren, was die Vorgängerversionen nicht unterstützten:

- Neue Funktionen wie *WENNFEHLER()* liefern Fehlerwerte. Analyse-Funktionen werden richtig berechnet, wenn das gleichnamige Add-In eingeschaltet ist.
- Diagramme bleiben als Objekte oder Diagrammblätter in der Mappe, Formatierungen oder Auszeichnungen, die erst in Excel 2007 möglich sind (z.B. 3D-Optik), werden entfernt.
- SmartArt-Objekte und Formen, die Excel 2007 neu im Programm hat, werden als Grafik übernommen, können aber nicht editiert werden.

Um die Arbeitsmappe im neuen Format zu speichern, konvertieren Sie sie (*siehe Kapitel 3.7.2: Ältere Dateien konvertieren*).

OpenDocument-Kalkulationstabelle

In diesem Format speichert die Open-Source-Software *OpenOffice*, genauer das Kalkulationsmodul *Calc* von *OpenOffice* seine Daten. Es verwendet dazu die Endung ODS (Open Document Spreadsheet). Das *Open Document Format* kommt auch in diesen Programmen zum Einsatz:

- GNumeric
- Google Text & Tabellen
- Tables (Apple Macintosh)

Dieses Dateiformat basiert wie das Excel-Format auf XML, es gibt aber gravierende Unterschiede zwischen ODS- und XLSX-Dateien. Wenn Sie eine Arbeitsmappe in diesem Format speichern und anschließend wieder mit Excel öffnen, werden Sie einige Unterschiede feststellen. In der Excel-Hilfe finden Sie eine Liste mit allen Abweichungen:

`Excel 2010-Startseite>Hilfe und Anleitungen zu Excel 2010>Dateiverwaltung`

Vorlage und Vorlage mit Makros

Mit der Dateiendung *.xltx* speichert Excel eine Datei als Mustervorlage. Im Speichern-Dialog wird dieser Dateityp unter *Vorlage* geführt, die Anzeige schaltet automatisch auf den Vorlagenordner, in dem sich alle Vorlagen befinden. Das XLTX-Format kann keine VBA-Makrocodes oder Excel 4.0-Makrovorlagen (XLM) speichern, dazu muss die Excel-Vorlage mit Makros verwendet werden. Die Dateiendung ist in diesem Fall *.xltxm*.

Arbeitsmappe mit Makros

Dieses XML-Format verwenden Sie, wenn Sie eine Arbeitsmappe speichern wollen, die Makros enthält. Makros zeichnen Sie unter *Ansicht/Makros* auf oder schreiben und bearbeiten sie im VBA-Editor, den Sie mit `Alt`+`F11` aktivieren. Die Dateiendung für die Arbeitsmappen ist *.xlsm*.

Binärarbeitsmappe

Dieses Dateiformat (BIFF12) soll besonders für umfangreiche und komplexe Arbeitsmappen verwendet werden. Die Dateiendung ist *.xlsb*, die Daten werden aber auch in Archivform abgespeichert.

3.3.3 Andere Dateitypen

Klicken Sie auf *Als anderen Dateityp speichern*, um weitere Formate angeboten zu bekommen. Der Datei-Dialog bietet eine Liste mit allen Dateitypen an. Hier die Typen, die noch zusätzlich verfügbar sind:

Excel 97–Excel 2003-Mustervorlage

Mit diesem Dateiformat produziert Excel eine Mustervorlage im Format der Vorgängerversionen. Für diese Vorlage, die im Vorlagenverzeichnis hinterlegt wird, gelten die gleichen Regeln wie für XLS-Arbeitsmappen. Neue Formeln, Funktionen oder Objekte werden vor dem Speichern angemahnt.

Microsoft Excel 5.0-/95-Arbeitsmappe

Dieses Format ist noch älter, es ist mit dem Excel 97-/2003-Format nicht kompatibel. Excel mahnt sowohl Fehler bei der Konvertierung mit dem 2007-Format als auch Kollisionen zwischen dem 97-/2003-Format und dem 5.0-/95-Format an.

XML-Kalkulationstabelle 2003

Damit speichern Sie eine Mappe als XML-Skript ab. Die Dateiendung ist *.xml*. Im Unterschied zum Standardformat wird dabei keine Archivdatei benutzt, die Ausgabedatei ist eine reine Textdatei. Dabei gehen natürlich alle Objekte (ClipArts, Diagramme, Zeichnungen) verloren, Formeln und Funktionen bleiben aber erhalten.

XML-Daten

Das ist das ältere XML-Format, das auch schon unter Excel 97-2003 erzeugt werden konnte. Mit XML als Standardformat sollte es keinen Grund mehr geben, es zu benutzen.

Excel-Add-In

Diesen Dateityp verwenden Sie, wenn Sie Excel-Arbeitsmappen als Add-Ins abspeichern wollen. Die Dateiendung ist *.xlam*, VBA-Projekte (Makros) und Excel 4.0-Makros werden unterstützt.

Excel unterstützte von Anfang an die Dateiformate anderer Hersteller, sogar der direkten Konkurrenz, von der aber nicht mehr viel zu hören ist. Trotzdem sind nach wie vor Fremdformate aller Art im Umlauf, und Excel akzeptiert nach wie vor die meisten davon:

DIF (Data Interchange Format)

So hieß ein sehr verbreitetes Format, das unter dem Betriebssystem DOS von einem der ersten Kalkulationsprogramme, VisiCalc, propagiert wurde. Excel liest und schreibt DIF-Dateien.

SYLK (Multiplan)

Das Programm dürfte nicht mehr auf allzu vielen Computern im Einsatz sein: Multiplan war der Excel-Vorgänger in der nicht grafischen DOS-Betriebssystemwelt. Multiplan-Dateien mit der Endung *.slk* kann Excel noch problemlos und ohne Verluste öffnen und zurückspeichern.

Textformate

Daten in Textform akzeptiert Excel nicht ohne Weiteres, erst über den Textkonvertierungs-Assistenten werden Textzeilen in Tabellenzeilen umgewandelt. Die Daten müssen eine erkennbare tabellenähnliche Form mit Spalteneinteilung haben. Excel kann aber jede Tabelle als Text zurückspeichern.

REFERENZ Wie Sie Textdateien einlesen und konvertieren und was der Unterschied zwischen ASCII, ANSI und Unicode ist, lesen Sie in *Kapitel 15*.

» **Text (Tabstopp-getrennt)**

Mit dieser Auswahl speichern Sie das aktuelle Tabellenblatt als Textdatei im Windows ANSI-Format. Für die Spaltentrennung wird ein Tabstopp verwendet (ANSI-Zeichencode 12). Eine Warnmeldung weist darauf hin, dass dieser Dateityp nur das aktuelle Blatt speichert.

» **CSV (Trennzeichen-getrennt)**

Speichert das aktuelle Blatt der Arbeitsmappe als Textdatei, das Trennzeichen zwischen den Spalten ist das Semikolon. Die Dateiendung ist .csv, das heißt comma separated value. Im deutschen Sprachraum wird für Textdateien dieser Art aber nicht das Komma, sondern das Semikolon verwendet, weil das Komma als Dezimaltrennzeichen fungiert. Excel kann Textdateien mit der Endung .csv ohne Konvertierung öffnen.

» **Formatierter Text (Leerzeichen-getrennt)**

Das Leerzeichen ist das Spaltentrennzeichen, auch dieser Dateityp speichert nur das aktuelle Tabellenblatt. Die Dateiendung ist .prn, gespeichert wird im ANSI-Format.

» **Text (Macintosh)**

Das aktuelle Blatt wird für die Verwendung unter dem Macintosh-Betriebssystem von Apple als Text mit Tabulatoren gespeichert.

» **Text (MS-DOS)**

Die Daten im aktuellen Blatt werden im 7-Bit-ASCII-Format mit Tabulatoren als Trennzeichen gespeichert. Dieses Format wurde unter dem Betriebssystem MS-DOS, dem Vorgänger von Windows, verwendet.

» **Unicode-Text**

Damit wird das aktuelle Blatt der Arbeitsmappe als Unicode-Text gespeichert, dem aktuellen Zeichencodierungsstandard. Die Dateiendung ist *.txt*, Tabulatoren sind Trennzeichen.

» **CSV (Macintosh)**

Speichert ebenfalls eine CSV-Datei mit Trennzeichen, aber für das Macintosh-Betriebssystem von Apple.

» **CSV (MS-DOS)**

Das aktuelle Blatt wird als Textdatei mit Semikolons als Trennzeichen im 7-Bit-ASCII-Format gespeichert. Die Dateiendung ist *.csv*.

3.3.4 Standard-Speicherformat festlegen

In welchem Format die Arbeitsmappe gespeichert wird, wenn Sie den Speicherbefehl starten, entscheiden Sie über eine Option in den Excel-Optionen.

1. Wählen Sie *Datei/Optionen*.
2. Schalten Sie auf die Kategorie *Speichern*.
3. Unter *Arbeitsmappen speichern/Datei in diesem Format speichern* steht die Liste der Dateiformate zur Auswahl.

3.3.5 Kompatibilitätsprüfung

Zum Glück lässt Sie Excel nicht im Unklaren darüber, was beim Speichern in der Altversion verloren geht. Sie können einfach einen Versuch wagen und die Datei im neuen Format speichern. Wenn die Tabellen der Mappe etwas enthalten, was die Vorgängerversion nicht kennt, erscheint vor dem Speichervorgang eine Meldung, in der alle Fälle aufgeführt sind.

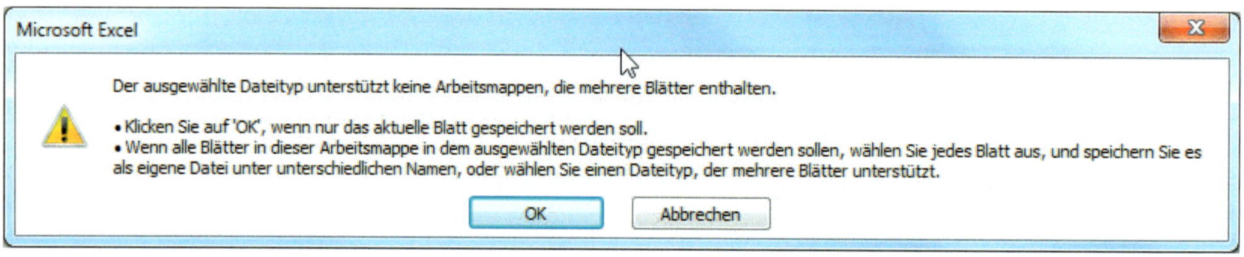

Abbildung 3.5 Nur das aktive Tabellenblatt wird als Text gespeichert.

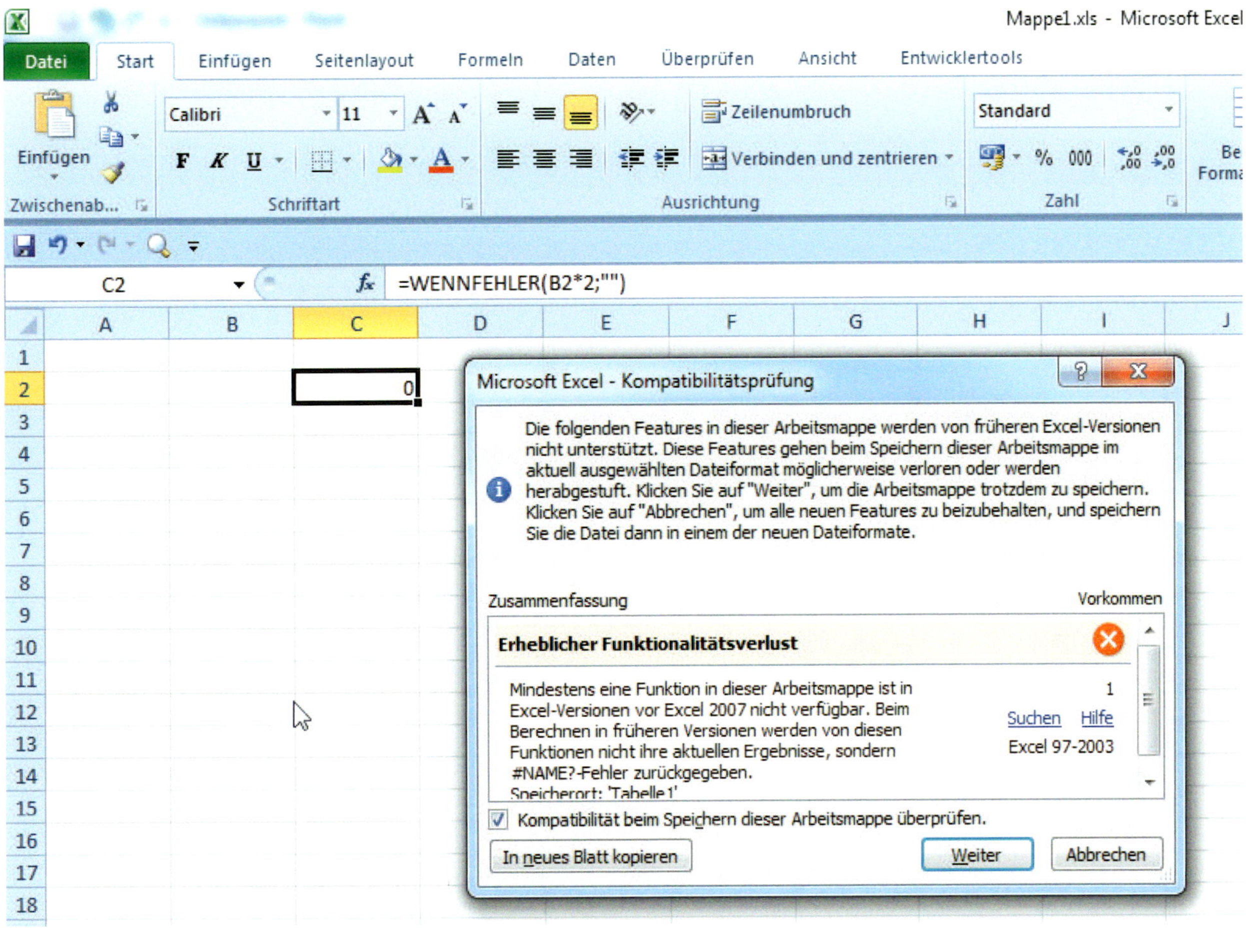

Abbildung 3.6 Was nicht gespeichert werden kann, wird gemeldet.

Die Kompatibilitätsprüfung lässt sich aber auch vor dem Speichern durchführen. Wählen Sie im Datei-Menü *Informationen/Auf Probleme prüfen/Kompatibilität prüfen*.

Die Kompatibilitätsprüfung unterscheidet zwischen Inkompatibilitäten mit *erheblichem Funktionalitätsverlust* und mit *geringem Genauigkeitsverlust*. Erstere bedeuten Datenverlust, weil eine neue Funktion nicht unterstützt wird, bei der zweiten Gruppe gehen meist nur Formatierungen verloren. Klicken Sie auf den Link *Hilfe*, wenn Sie mehr zu einem angezeigten Kompatibilitätsproblem erfahren möchten.

Sie können entscheiden, ob Sie die Datei trotzdem speichern oder den Vorgang abbrechen. Mit Klick auf *In neues Blatt kopieren* werden alle Fehlermeldungen in ein neues Tabellenblatt kopiert, der Speichervorgang wird zuvor abgebrochen.

3.3.6 Speichern im PDF oder XPS-Format

Excel 2007 war noch auf ein Zusatzprogramm angewiesen, das (kostenlos) bei Microsoft im Internet verfügbar war, um PDF-Dateien zu generieren. Mit Excel 2010 gehört PDF zu den Dateiformaten. Wählen Sie *Datei/Speichern und Senden*, und klicken Sie auf *PDF/XPS-Dokument erstellen*.

> *PDF (portable document format) ist ein Dateiformat für mehrere Systemumgebungen (Windows, Macintosh, Linux ...). Es wurde von*

Adobe Systems entwickelt und 1993 vorgestellt. PDF-Dateien können mit kostenpflichtigen Programmen von Adobe (Acrobat Distiller) oder mit Shareware/Freeware-Tools wie PDFCreator hergestellt werden. Es gibt auch Druckertreiber für PDF, einige Hersteller wie Lexmark liefern diese mit ihren Geräten. Für die Anzeige von PDF-Dateien muss der Acrobat Reader von Adobe installiert sein, die Basisversion ist kostenlos und kann bei Adobe gedownloadet werden (www.adobe.de).

XPS steht für XML paper specification und wurde von Microsoft als direktes Konkurrenzprodukt zu Adobes PDF entwickelt. XPS wurde mit Windows Vista veröffentlicht, XPS-Dateien können mit dem eingebauten XPS-Druckertreiber generiert und mit dem XPS-Viewer angezeigt werden.

Entscheiden Sie sich für das PDF-Format, erhalten Sie zusätzliche Optionen im Speichern-Dialog:

Datei nach dem Veröffentlichen öffnen: Ist diese Option aktiv, wird die PDF-Datei sofort nach dem Speichern im Adobe Acrobat Reader angezeigt. Dieser muss dazu natürlich installiert sein.

Optimieren für: Klicken Sie auf *Standard (Onlineveröffentlichung und Drucken)*, wenn Sie die Datei im Druckformat weitergeben möchten. Dieses Format erzeugt eine hohe Druckqualität, kann aber auch online weitergegeben werden.

Klicken Sie auf *Minimale Grösse (Onlineveröffentlichung)*, wenn Sie die Datei online weitergeben möchten. Die Datei weist damit eine möglichst geringe Größe auf.

Mit der Schaltfläche *Optionen* erhalten Sie einen weiteren Dialog, in dem Sie den Seitenbereich und die Tabellenblätter auswählen können. Nicht druckbare Informationen wie Dokumenteigenschaften können der PDF-Datei mitgegeben werden, und mit der Option unter *PDF-Optionen* wird die Datei im ISO-19005-kompatiblen Format gespeichert.

3.3.7 Speichern im XPS-Format

Wählen Sie das XPS-Format, wenn Sie Ihre Mappe oder einzelne Tabellen in diesem neuen Format speichern wollen. Unter Windows Vista/Windows 7 wird die Datei sofort erzeugt und, wenn die Option *Datei nach dem Veröffentlichen öffnen* aktiviert ist, gleich im Internet Browser angezeigt.

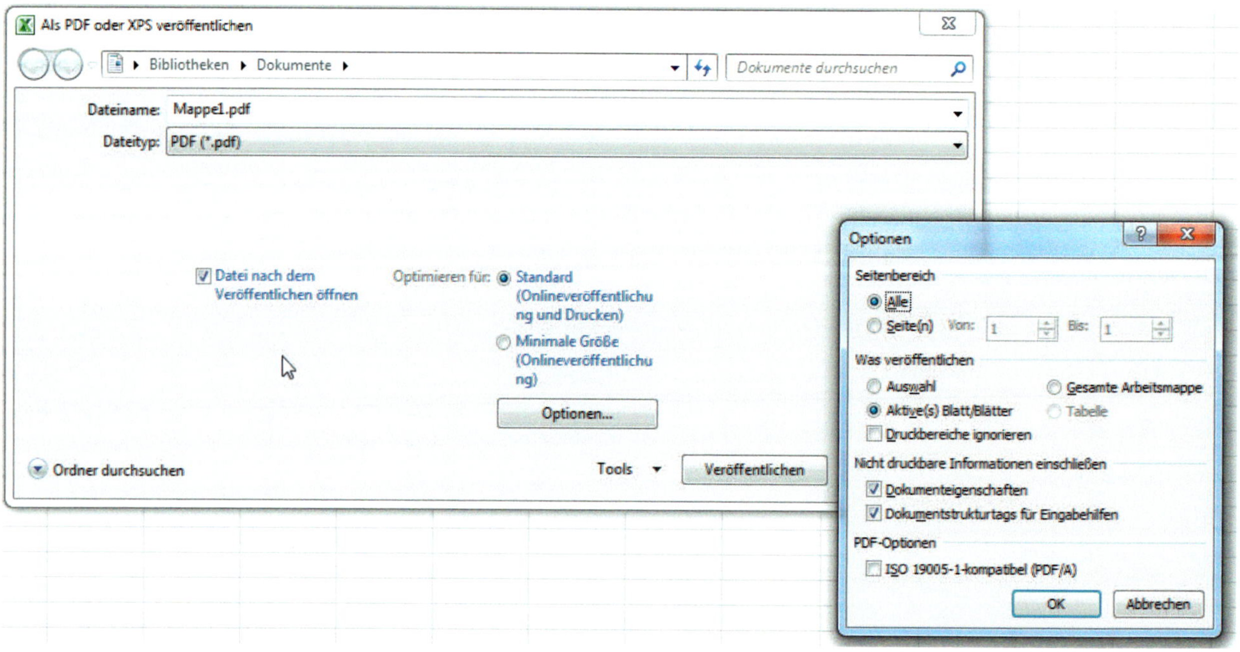

Abbildung 3.7 Druckoptionen für PDF-Dateien

Arbeiten Sie mit Windows XP, muss das .NET Framework installiert werden, damit XPS-Dateien verwaltet und angezeigt werden. Diese Installation erfolgt automatisch beim ersten Versuch, eine XPS-Datei zu speichern.

TIPP XPS-Dateien stehen standardmäßig nur mit eingeschränktem Zugriff zur Verfügung. Um alle Möglichkeiten zu nutzen, müssen Sie mit einem Passport-Konto, Berechtigungen und digitalen Signaturen arbeiten.

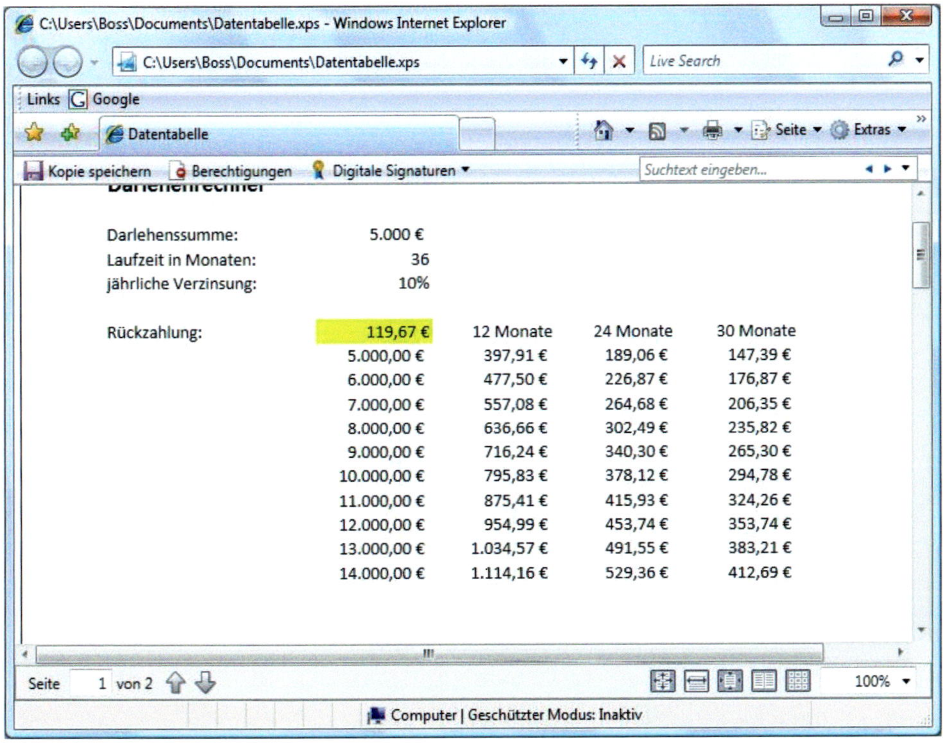

Darlehenssumme:	5.000 €
Laufzeit in Monaten:	36
jährliche Verzinsung:	10%

Rückzahlung:	119,67 €	12 Monate	24 Monate	30 Monate
	5.000,00 €	397,91 €	189,06 €	147,39 €
	6.000,00 €	477,50 €	226,87 €	176,87 €
	7.000,00 €	557,08 €	264,68 €	206,35 €
	8.000,00 €	636,66 €	302,49 €	235,82 €
	9.000,00 €	716,24 €	340,30 €	265,30 €
	10.000,00 €	795,83 €	378,12 €	294,78 €
	11.000,00 €	875,41 €	415,93 €	324,26 €
	12.000,00 €	954,99 €	453,74 €	353,74 €
	13.000,00 €	1.034,57 €	491,55 €	383,21 €
	14.000,00 €	1.114,16 €	529,36 €	412,69 €

Abbildung 3.8
Die XPS-Datei wird im Internet Explorer angezeigt.

3.4 Speichern und Senden

Mit dem Angebot unter *Datei/Senden und Speichern* bietet Excel die Möglichkeit, Dateien nicht nur auf Festplatten oder anderen Datenträgern zu speichern, sondern diese gleich anschließend als Anhang einer E-Mail zu definieren oder als Fax zu verschicken.

TIPP Speichern Sie Ihre Arbeitsmappe immer noch zusätzlich als Datei, denn mit der Produktion einer Anlage (XLSX, PDF etc.) wird nur eine temporäre Datei erzeugt, die nicht auf dem Standard-Speicherort zu finden ist.

3.4.1 Datei per E-Mail senden

Wählen Sie *Datei/Speichern und Senden*. Klicken Sie auf *Per E-Mail senden*, und wählen Sie die passende Option.

Als Anlage senden

Die Datei wird gespeichert, anschließend erhalten Sie eine neue Nachricht in Ihrem Standard-E-Mail-Programm (in Office Outlook). In der Zeile *Angefügt* sehen Sie den Dateinamen und die Größe der Datei, der Dateiname wurde gleich in die Betreffzeile geschrieben. Geben Sie noch eine Empfängeradresse ein, und versenden Sie die Mail inklusive Anhang.

Datei-Link senden

Wenn die Datei an einem freigegebenen Speicherort gespeichert wurde, können Sie mit dieser Option einen Link auf die Datei versenden. Die Option ist nur aktivierbar, wenn sich die Datei an einem freigegebenen Speicherort befindet.

Als PDF/XPS senden

Mit dieser Option wird die aktuelle Arbeitsmappe in eine (temporäre) PDF-Datei konvertiert und als Anhang in eine neue Outlook-Mail-Nachricht eingefügt. Sie können Empfänger und Betreff eingeben und die Mail gleich versenden.

Als Internet-Fax versenden

Wenn Ihr PC oder Notebook mit einem Internet-Faxdienst ausgerüstet ist, legen Sie mit dieser Option ein neues Fax an. Der Inhalt der Arbeitsmappe wird in das TIFF-Format konvertiert und kann sofort versendet werden, sobald Sie den Empfänger eingegeben haben. Findet die Option keinen Faxdienst, bietet Excel über die Webseite *office2010.microsoft.com* eine Liste mit Internet-Faxdienstanbietern an.

3.4.2 Im Web speichern – Skydrive

Videos speichert der moderne Mensch bei Youtube und die Urlaubsfotos bei Flicker, und bald schon sollte sich nach Wunsch der Webstrategen auch das Speichern der persönlichen Daten im weltweiten Netz als Standard etablieren. Microsoft bietet mit Skydrive eine externe Festplatte im Web, 25 GByte stehen zur Verfügung, in einem Upload können Sie bis zu 50 Mbyte hochladen.

Skydrive einrichten

Aktivieren Sie in Ihrem Internet-Browser die Webseite von Windows Live. Wenn Sie noch Passwort haben, melden Sie sich kostenlos an. Windows Live identifiziert die User über die E-Mail-Adresse und ein persönliches Kennwort.

`www.windowslive.de`

Klicken Sie im Windows-Live-Fenster auf den Menüpunkt *Skydrive*, und sehen Sie sich die Beschreibungen an. Legen Sie gleich einen neuen, nicht öffentlichen Ordner für Ihre Excel-Daten an.

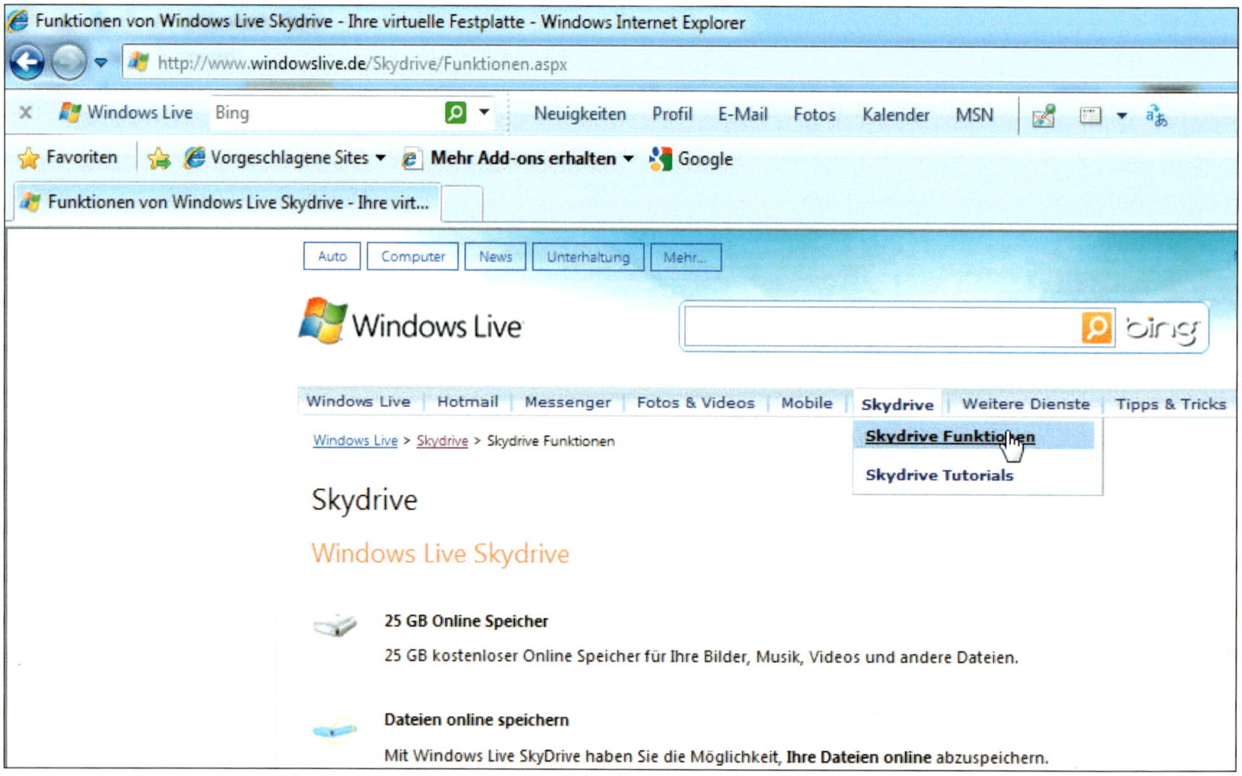

Abbildung 3.9 Skydrive, die Online-Festplatte

Arbeitsmappe auf Skydrive speichern

1. Wählen Sie im Datei-Menü *Speichern und Senden/Im Web speichern*.
2. Klicken Sie auf *Anmelden*, und geben Sie Ihre E-Mail-Adresse und das Kennwort ein. Kreuzen Sie die Option *Automatisch anmelden* an, wenn Sie diese Abfrage unterdrücken wollen.
3. Markieren Sie den Skydrive-Ordner, in dem Sie die Mappe speichern wollen. Rechts oben finden Sie das Symbol *Neu*, wenn Sie damit einen neuen Ordner auf Skydrive anlegen, müssen Sie diesen im Browser umbenennen und freigeben.
4. Klicken Sie auf *Speichern unter*, und speichern Sie die Mappe auf Ihrer Online-Festplatte.

3.4.3 In SharePoint speichern

Haben Sie Zugang zu einem SharePoint-Server, können Sie Ihre Arbeitsmappen direkt auf diesen hochladen.

1. Wählen Sie *Datei/Speichern und Senden/In SharePoint speichern*.
2. Klicken Sie auf *Speicherort suchen*, und geben Sie die Bibliothek an, in der Sie die Daten speichern wollen.
3. Mit Klick auf *Speichern unter* laden Sie die Mappe auf den SharePoint-Server.

SharePoint-Bibliotheken sind Speicherorte auf SharePoint-Webseiten, die Zugriffsrechte für Personen oder Teams vergeben. Die Arbeitsmappe kann auch in einem SharePoint-Arbeitsbereich gespeichert werden, das ist eine Offline-Version einer Bibliothek. Office 2010 Professional enthält ein Programm namens *Microsoft Office SharePoint Workspace 2010*, mit dem solche Arbeitsbereiche angelegt und mit dem SharePoint-Server synchronisiert werden.

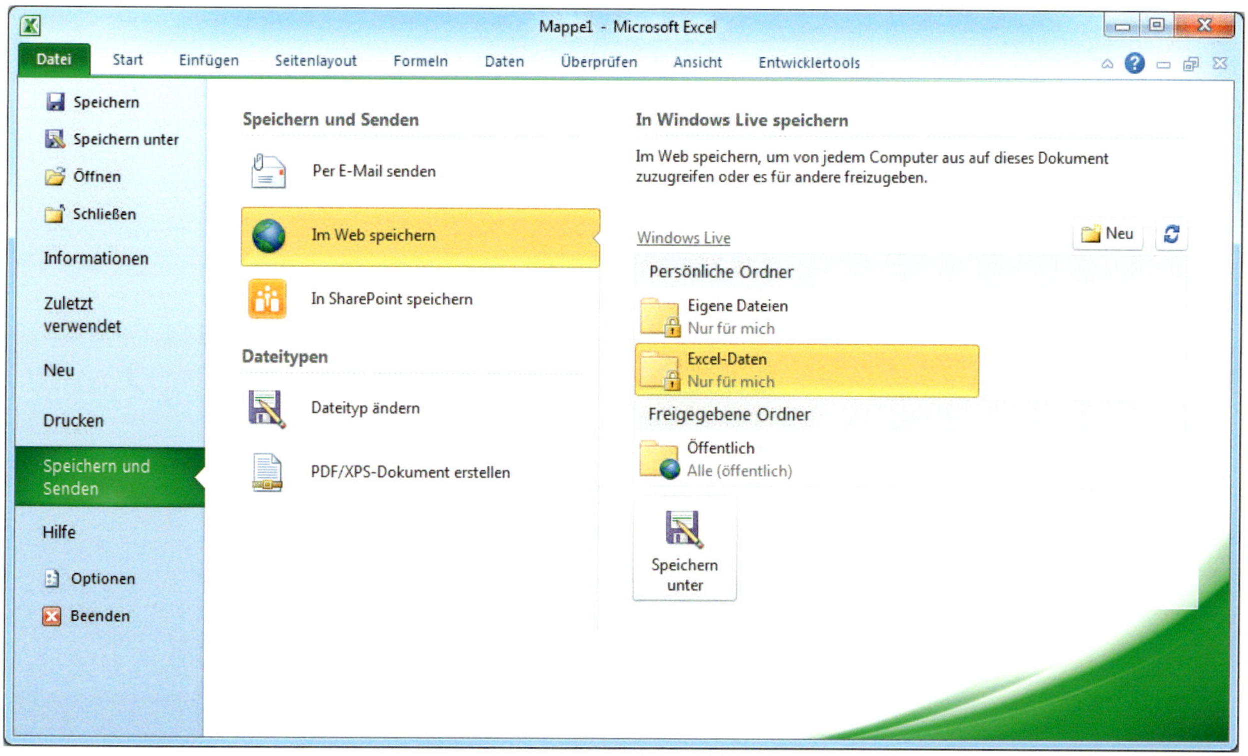

Abbildung 3.10 Arbeitsmappe speichern auf Skydrive

3.5 Versionen speichern

Neu ist in Excel 2010 die Möglichkeit, mehrere Versionen einer Datei anzulegen und diese bei Bedarf abzurufen. Voraussetzung dafür ist die AutoWiederherstellen-Funktion, sie muss in den Excel-Optionen aktiviert sein, damit der letzte Bearbeitungsstand der Datei automatisch zwischengespeichert wird. Zusätzlich muss diese Option aktiviert sein:

`Beim Schließen ohne Speichern die letzte automatisch gespeicherte Version beibehalten`

3.5.1 Nicht gespeicherte Versionen abrufen

Schließen Sie eine Arbeitsmappe, ohne die letzten Änderungen zu speichern, legt Excel automatisch eine Sicherungskopie der Mappe an. Um diese wieder abzurufen, wählen Sie *Datei/Zuletzt verwendet* und klicken rechts unten auf die Option:

`Nicht gespeicherte Arbeitsmappen wiederherstellen`

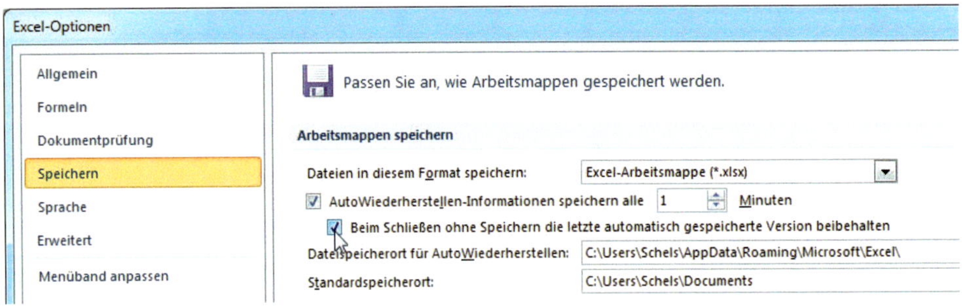

Abbildung 3.11 AutoWiederherstellen- und AutoSpeichern-Option

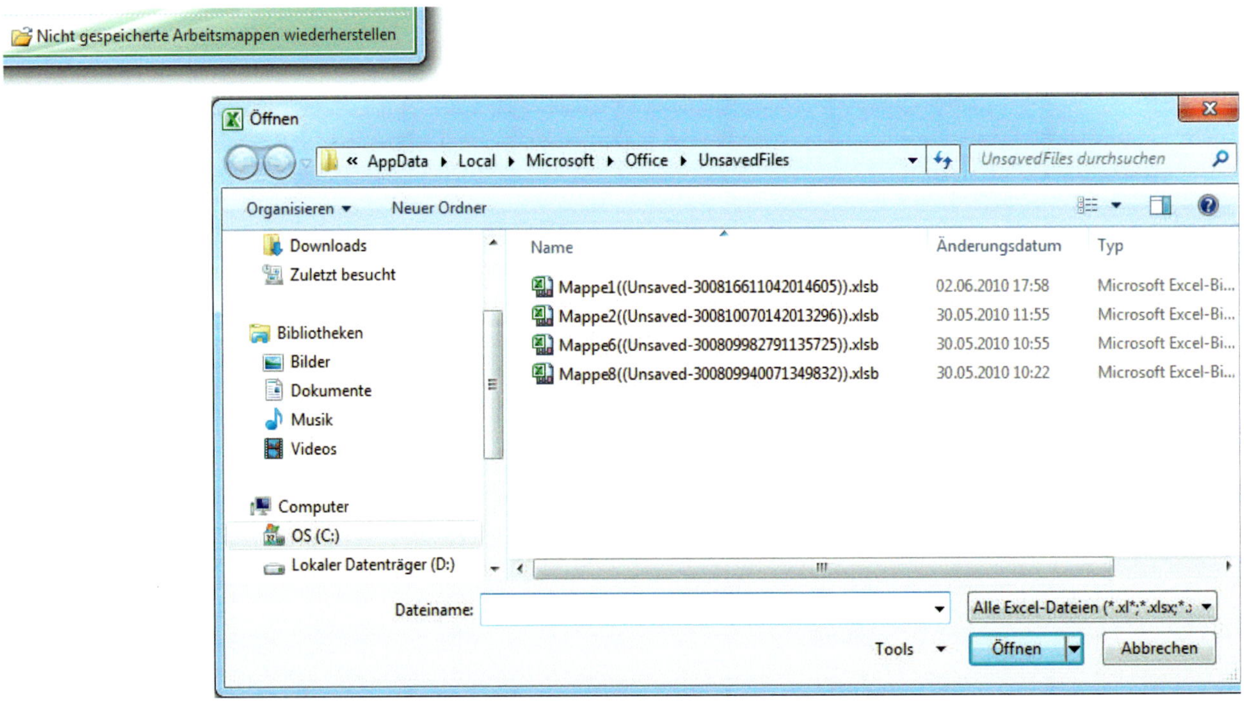

Abbildung 3.12 Nicht gespeicherte Mappen stehen zum Abruf bereit.

Für diese Mappen legt Excel einen neuen Ordner `UnsavedFiles` an, Sie finden diesen unter Windows in diesem Pfad:

Windows XP:

`C:\Dokumente und Einstellungen\Benutzername\Lokale Einstellungen\Anwendungsdaten\Microsoft Office\UnsavedFiles`

Windows Vista/Windows 7:

`C:\Users\Benutzername\AppData\Local\Microsoft\Office\UnsavedFiles`

3.5.2 Versionen verwalten

Sie können auch die Arbeitsmappe aktivieren und unter *Datei/Information/Versionen* überprüfen, ob frühere Versionen verfügbar sind. Klicken Sie auf das Symbol *Versionen verwalten*, erhalten Sie die Möglichkeit, nicht gespeicherte Mappen wiederherzustellen, das ist der Ordnerinhalt von `UnsavedFiles`.

Abbildung 3.13 Versionsverwaltung unter Datei/Information

3.5.3 Wiederhergestellte Datei speichern

Aktivieren Sie eine temporär gespeicherte Datei, blendet Excel unterhalb des Menübandes eine Sicherheitsmeldung ein, die darauf hinweist, dass die Datei nicht korrekt gespeichert ist. Klicken Sie auf *Speichern unter* rechts neben der Meldung, und speichern Sie die Arbeitsmappe unter einem Dateinamen mit der Endung XLSX oder XLSM ab.

3.6 Öffnen von Arbeitsmappen

Um eine gespeicherte Arbeitsmappe zu öffnen, klicken Sie auf das *Datei*-Menü und wählen *Öffnen*.

Die Dialogbox bietet alle Excel-Dateien im eingestellten Laufwerk und Ordner an; das Suchmuster unter *Dateityp* schließt alles ein, was unter Excel gespeichert werden kann (mit *xl** alle Excel-Formate, *.htm*, *.html*, *.odc* und *.uxdc*). Ändern Sie bei Bedarf den Pfad in der Liste am oberen Rand der Dialogbox, markieren Sie dann die gewünschte Datei, und wählen Sie *OK*, um sie zu öffnen. Wenn die Datei kennwortgeschützt ist, erscheint die Kennwortabfrage, und anschließend öffnet Excel die Arbeitsmappe so, wie sie zuletzt abgespeichert wurde.

Abbildung 3.15 Arbeitsmappe öffnen

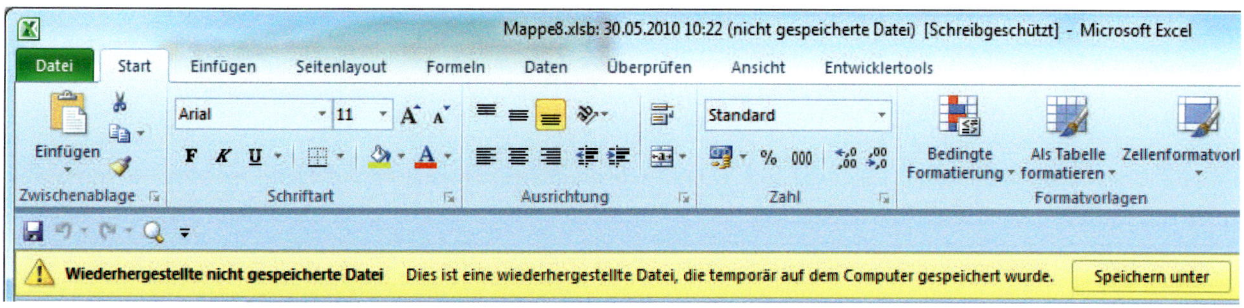

Abbildung 3.14 Sicherheitsmeldung bei wiederhergestellten Dateien

Schalten Sie auf die Detailansicht, und klicken Sie mit der linken Maustaste auf den Spaltentitel, den Sie sortieren wollen. Mit der rechten Maustaste können Sie die Spaltenauswahl verändern und zum Beispiel auch die Spalte *Autor(en)* dazuholen. Wenn Sie eine Datei vor dem Öffnen umbenennen, kopieren oder löschen wollen, klicken Sie diese mit der rechten Maustaste an.

TIPP In Windows Vista/Windows 7 reagiert das Suchfenster auf jede einzelne Eingabe. Wenn Sie wissen, wie die Datei heißt, tippen Sie die ersten Buchstaben ein, und der *Öffnen*-Dialog wechselt sofort in den richtigen Ordner.

3.6.1 Varianten zum Öffnen einer Mappe

Wenn Sie die Arbeitsmappe in der Liste gefunden und markiert haben, können Sie die Datei mit einigen Varianten öffnen. Klicken Sie dazu auf das Pfeilsymbol der *Öffnen*-Schaltfläche:

- *Schreibgeschützt öffnen:* Die Datei wird schreibgeschützt geöffnet, die Titelleiste weist auf den Status hin. Sie können die Mappe zwar ändern, aber nicht unter dem Original-Dateinamen abspeichern.
- *Als Kopie öffnen:* Die Datei wird als Kopie geöffnet, die Titelleiste enthält den Eintrag »Kopie (1) von Datei«. Sie können die Datei unter diesem oder – mit *Speichern unter* – unter einem anderen Namen speichern und so verhindern, dass das Original überschrieben wird.

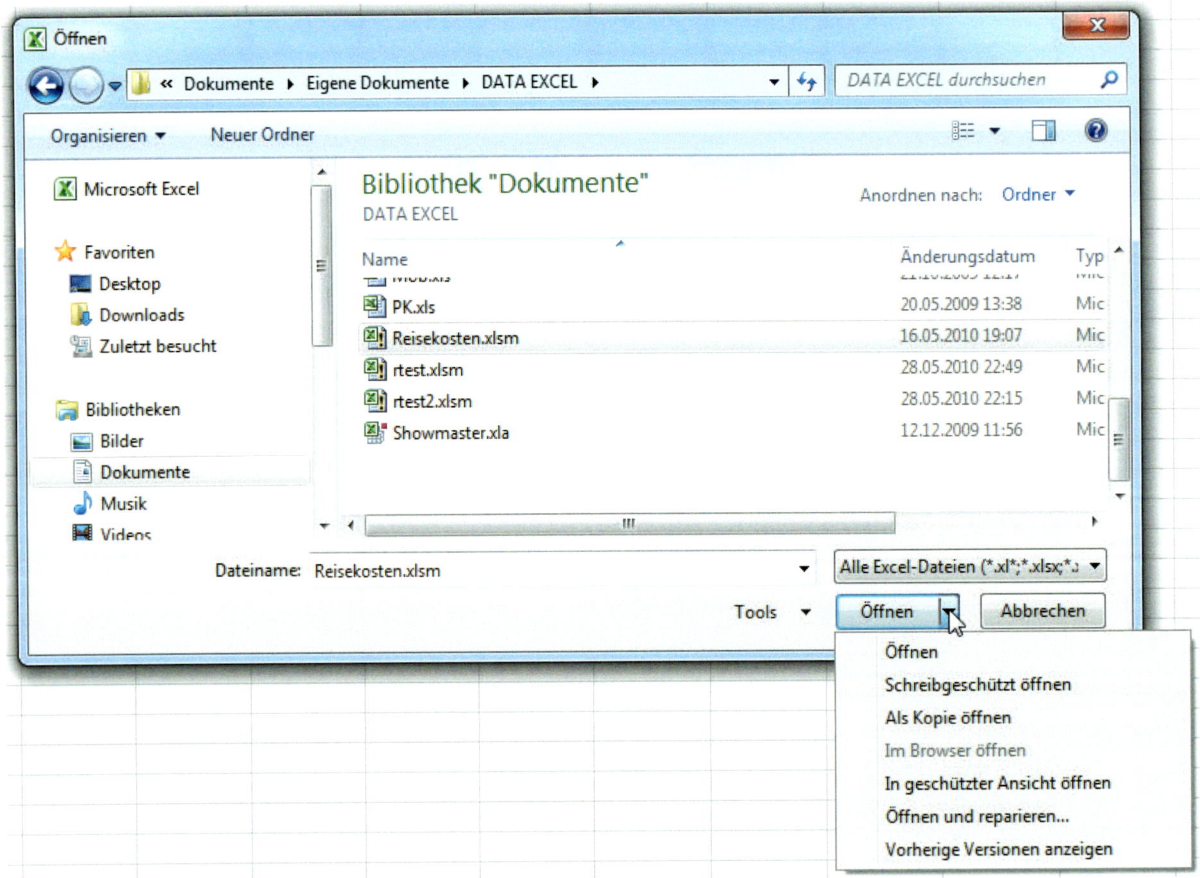

Abbildung 3.16 Die Liste der Öffnen-Schaltfläche

- *Im Browser öffnen:* Diese Option wird angeboten, wenn Sie eine HTML-Datei markiert haben. Sie wird in diesem Fall in dem Browser aktiviert, der in Ihrem System als Standard-Browser registriert ist (Internet Explorer, Firefox etc.).
- *Öffnen und reparieren:* Mit dieser Option, die Sie wählen sollten, wenn eine Datei augenscheinlich beschädigt ist, erhalten Sie ein Dialogfeld mit drei Angeboten. Sie können Excel versuchen lassen, die Datei zu reparieren, Sie können die Daten extrahieren und so bei schweren Dateischäden wenigstens die Daten retten, oder Sie brechen die Aktion wieder ab.
- *Vorherige Version anzeigen:* Damit sucht Excel nach früheren Versionen der markierten Datei.

3.6.2 Zuletzt verwendete Dateien

Unter der Rubrik *Zuletzt verwendet* bietet das Datei-Menü die Dateien an, die in den letzten Tagen und Wochen bearbeitet und gespeichert wurden. Klicken Sie die gewünschte Datei einfach an, um sie wieder zu aktivieren. Die Anzahl der hier angebotenen Dateien ist in den *Optionen* unter *Erweitert/Anzeige* festgelegt.

Die linke Hälfte der Backstage-Ansicht bietet die Excel-Dateien an, in der rechten Hälfte sehen Sie, welche Ordner zuletzt benutzt wurden. Um eine Datei wieder zu öffnen, genügt ein Klick auf den Dateinamen, Sie können aber auch mit der rechten Maustaste auf den Eintrag klicken und eine Kopie der Datei öffnen.

Klicken Sie auf einen der angebotenen Ordner, wird der Datei-öffnen-Dialog mit diesem Ordner aktiv. Klicken Sie auf eine Datei, und wählen Sie *Öffnen*, oder öffnen Sie die Datei gleich per Doppelklick.

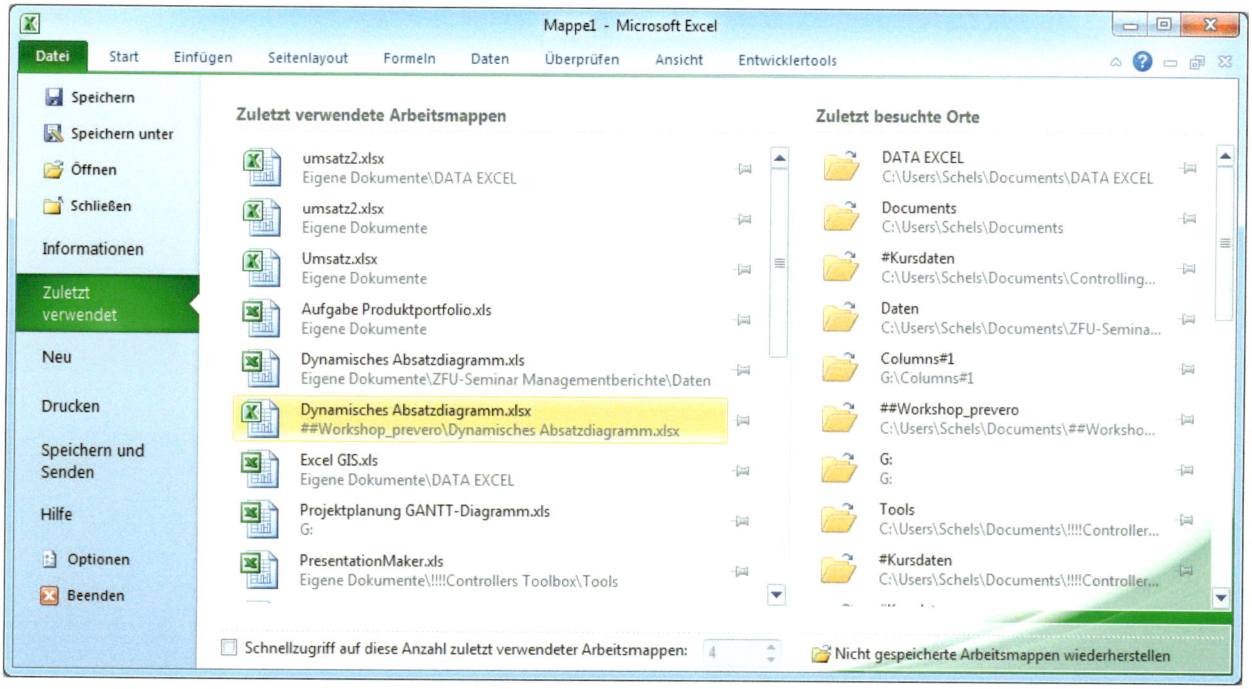

Abbildung 3.17 Zuletzt verwendete Dateien und Ordner

Schnellzugriff für einzelne Dateien

Wenn Sie für einige Dateien den Zugriff noch besser optimieren wollen, kreuzen Sie diese Option an:

`Schnellzugriff auf diese Anzahl zuletzt verwendeter Arbeitsmappen zulassen.`

Vorgabe sind vier Dateien, tragen Sie eine höhere Zahl ein, wenn Sie mehr Schnellzugriffdateien haben wollen. Jetzt können Sie auf das Pin-Symbol rechts am Dateinamen klicken, um eine Datei in den Schnellzugriff, d.h. direkt in das Datei-Menü, zu befördern. Die Dateien wandern automatisch in der Liste nach oben, der Pin nimmt eine andere Form an.

3.6.3 Mehrere Dateien öffnen

Wussten Sie, dass Sie im *Öffnen*-Dialog mehrere Dateien gleichzeitig öffnen können?

1. Wählen Sie *Datei/Öffnen*.
2. Markieren Sie die erste Datei, halten Sie die `Umschalt`-Taste gedrückt, und markieren Sie weitere Dateien in direkter Folge.
3. Wenn Sie die `Strg`-Taste drücken, können Sie in der angebotenen Dateiliste beliebig Dateien anklicken.
4. Mit Klick auf *OK* werden alle markierten Dateien geöffnet.

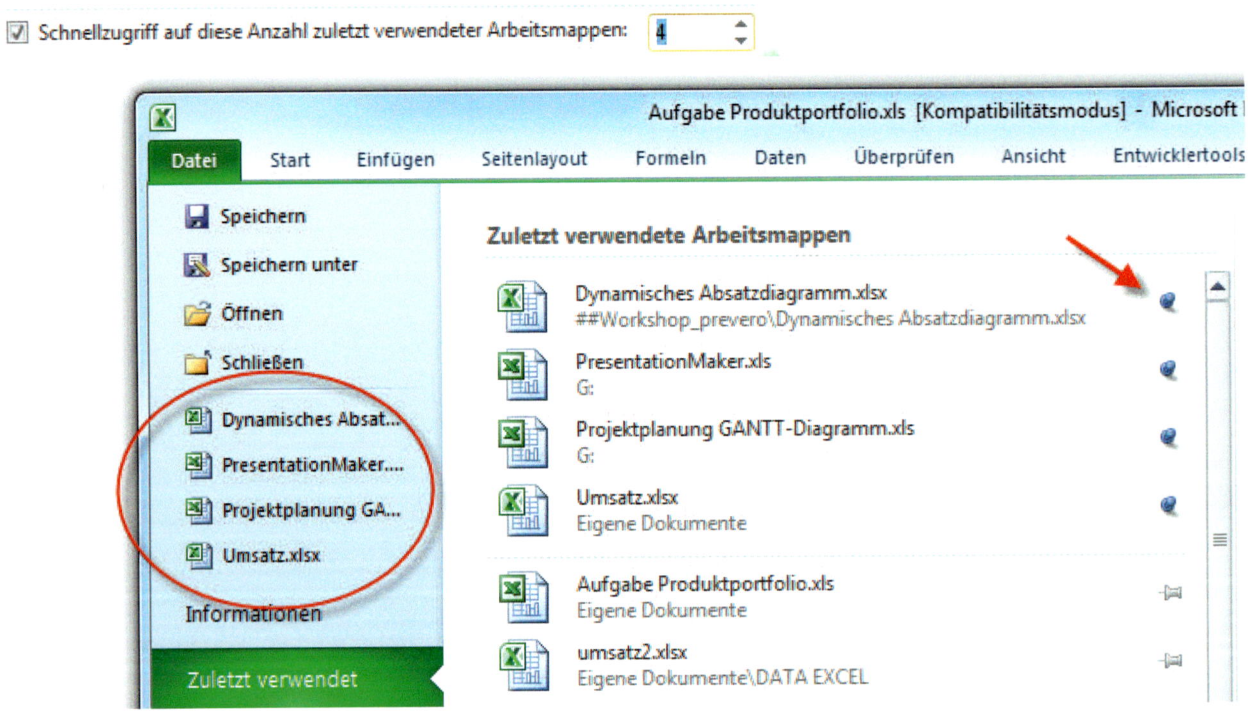

Abbildung 3.18 Schnellzugriff für vier Dateien

3.7 Excel 2003/XP/2000

Die Dateien der Version 2010 sind grundsätzlich nicht kompatibel mit dem Dateiformat der Vorgängerversionen Excel 2003, Excel XP oder Excel 2000. Sie können wie zuvor beschrieben beim Speichern das frühere Dateiformat einstellen, wobei eine Kompatibilitätsprüfung abläuft. Excel zeigt alle Probleme an und meldet, was alles nicht konvertiert werden kann.

Wenn Sie eine mit Excel 2010 erstellte Datei in Excel 2003/XP/2000 bearbeiten wollen, muss in der älteren Version ein Konverter installiert sein. Auf der Download-Seite von Microsoft finden Sie diese Software, laden und installieren Sie sie für die Vorgängerversion:

`http://www.microsoft.com/downloads/de-de/`

3.7.1 Kompatibilitätsmodus

Wenn Sie eine Arbeitsmappe öffnen, die mit einer älteren Version erstellt wurde, konvertiert Excel diese nicht automatisch in das neue Format. Das würde die Mappe nämlich für Anwender der Vorgängerversionen unbrauchbar machen, oder diese müssten die Daten ständig zurückkonvertieren. Excel öffnet die Mappe im Kompatibilitätsmodus, und in diesem sieht sie etwas anders aus:

- Die Titelzeile zeigt diesen Modus an, er steht neben dem Mappennamen in eckigen Klammern.
- Die Tabellen haben die Größe der Vorgängerversion mit 65.536 Zeilen und 255 Spalten.

Im Kompatibilitätsmodus sind die neuen Funktionen von Excel zwar anwendbar, die Prüfung beim Speichern in der Altversion wird diese aber wieder bemängeln. Die Datei wird weiterhin im Format für Excel 97-2003 gespeichert.

3.7.2 Ältere Dateien konvertieren

Es gibt zwei Möglichkeiten, eine Mappe aus dem älteren Dateiformat XLS zu konvertieren:

- Speichern Sie die Mappe als *Excel-Arbeitsmappe* im Dateiformat von Excel 2010. Damit wird eine neue Datei angelegt, die XLS-Datei bleibt erhalten. Der Hinweis in der Titelzeile bleibt zunächst erhalten, ebenso wie die Tabellengröße (65.536 Zeilen x 256 Spalten). Schließen Sie die Datei, und öffnen Sie sie erneut, ist der Hinweis verschwunden, und die Tabellen haben die Größe der neuen Version (1.048.576 Zeilen, 16.384 Spalten bis XFD).
- Konvertieren Sie die Mappe mit *Datei/Informationen/Konvertieren* (der Befehl ist nur verfügbar, wenn eine XLS-Datei aktiv ist). Bestätigen Sie das neue Dateiformat mit Klick auf *Speichern*. Eine Meldung weist darauf hin, dass das Original dabei verloren geht. Legen Sie also vorher eine Sicherungskopie an, falls Sie die Mappe noch im alten Format brauchen. Eine zweite Meldung muss nach dem Konvertieren und Speichern bestätigt werden, die Mappe wird geschlossen und im neuen Format wieder geöffnet.

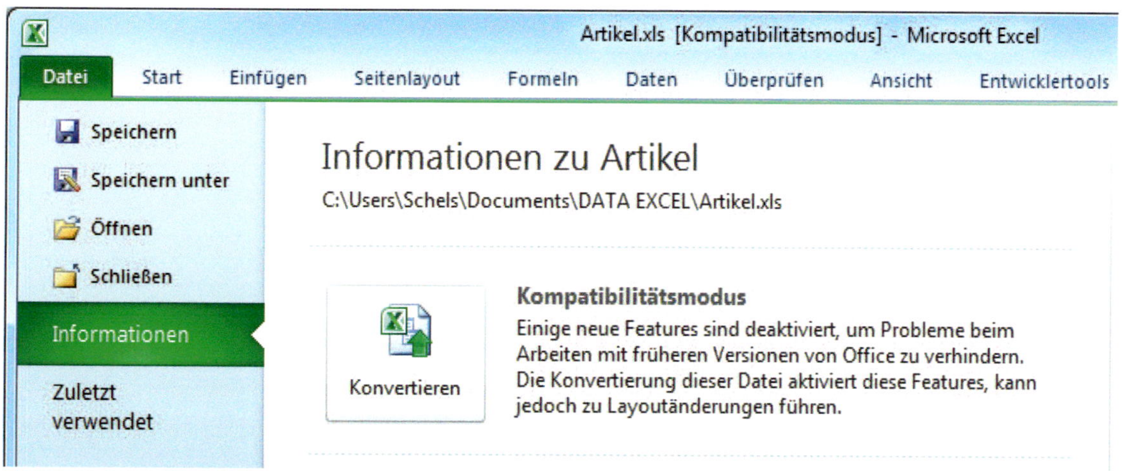

Abbildung 3.19 Die Datei wird im Kompatibilitätsmodus geöffnet.

3.8 Datei-Informationen

Jede Datei, die mit einem Programm der Microsoft Office-Reihe erstellt wurde, bekommt eine Reihe von Eigenschaften zugewiesen, über die sie identifizierbar ist. Diese Eigenschaften werden zwar in der Praxis nicht gerne gepflegt, können aber von großem Nutzen sein, wenn beispielsweise Dateien zu bestimmten Projekten, für Kundenkreise, zu Artikeln oder Prozessen gesucht werden.

Unter dem Menüpunkt *Datei/Informationen* finden Sie eine Übersicht über die Eigenschaften der aktuellen Arbeitsmappe. In der Leiste rechts außen sehen Sie ein Vorschaubild der aktiven Tabelle, darunter sind die Eigenschaften gelistet. Klicken Sie auf *Alle Eigenschaften anzeigen*. Titel und Kategorien können Sie direkt im Feld (Titel hinzufügen) erfassen, im Feld Autor ist Platz für weitere Personen, die Sie sogar aus dem Adressbuch holen können.

Öffnen Sie das Symbol unter dem Vorschaubild, finden Sie eine Option *Dokumentbereich anzeigen*. Damit schalten Sie um auf die aktive Tabelle, die Eigenschaften werden wie in den Vorgängerversionen im Kopfbereich angezeigt. *Erweiterte Eigenschaften* blendet ein Dialogfenster mit allen Eigenschaften ein.

Allgemein/Statistik

Auf der Registerkarte *Allgemein* erfahren Sie einiges über die Datei selbst, u.a. den Speicherort, die Dateigröße und Datumsangaben, die anzeigen, wann die Datei erstellt, bearbeitet und geöffnet wurde.

Auch die Dateiattribute werden so angezeigt, wie sie im Windows-Explorer abrufbar sind, und selbst der DOS-Name bleibt nicht verborgen (das ist der Name, den die Benutzer des Uralt-Betriebssystems DOS sehen, das nur acht Zeichen für den Dateinamen ermöglicht).

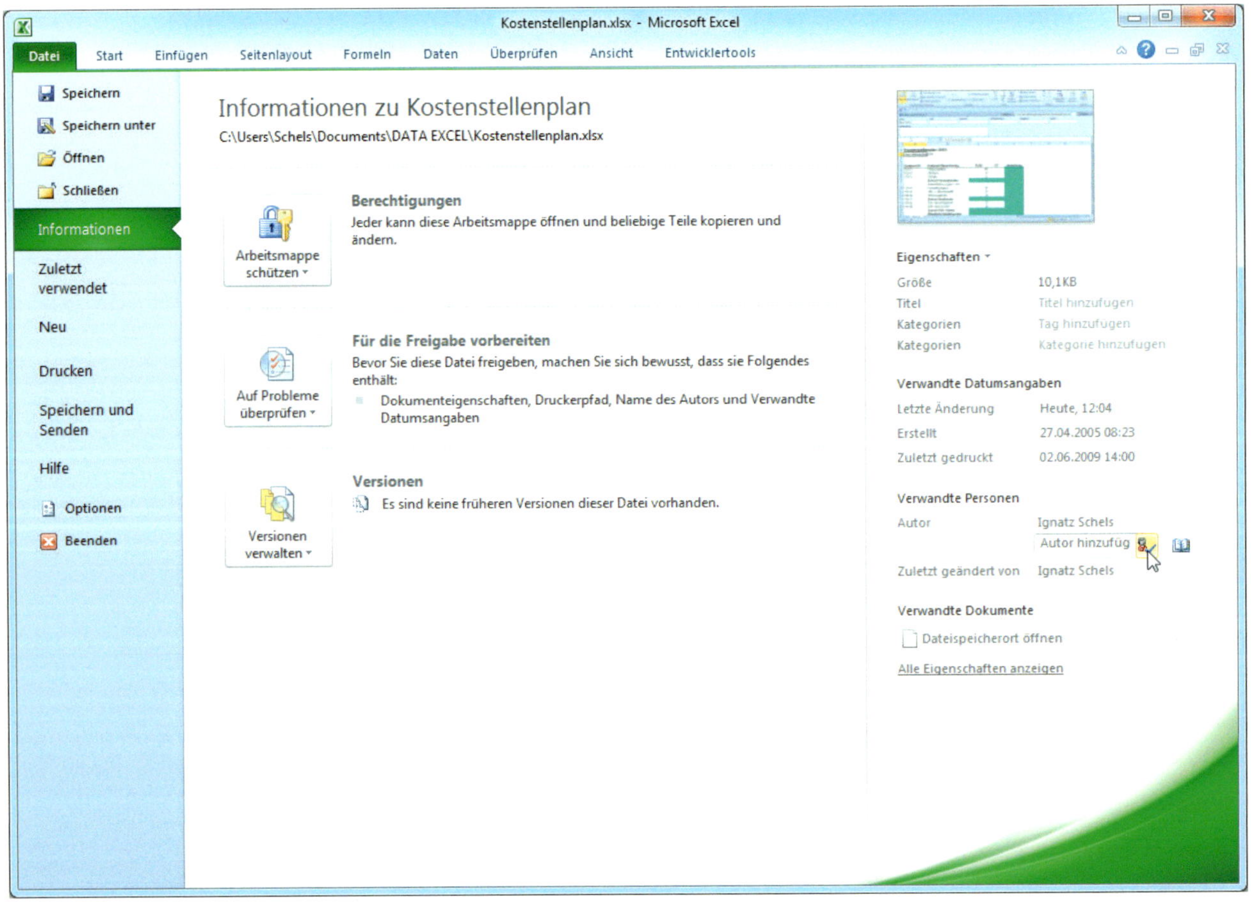

Abbildung 3.20 Die Datei-Eigenschaften im Menüpunkt Informationen

Die *Statistik*-Karte wiederholt einige Informationen (Speicherdatum) und liefert noch das Druckdatum und die Gesamtbearbeitungszeit in Minuten.

Zusammenfassung

Titel: Geben Sie hier einen Titel für die Arbeitsmappe ein, der die Datei exakter beschreibt.

Thema/Betreff: Hier passt eine kurze Beschreibung der Arbeitsmappe mit Inhaltsangabe.

Autor/Firma: Diese Felder zeigen Informationen über den Ersteller der Arbeitsmappe an. Sie verwenden dazu die Benutzerkennung, die während der Installation angegeben wurde. Den Autorennamen hält Excel auch in den Optionen fest. Ändern Sie den Eintrag auf dieser Registerkarte, erscheint der neue Autor mit der nächsten Neuspeicherung.

TIPP Autor und Firma werden in der *Registry*, der Benutzerdatenbank von Windows, gespeichert.

Manager: Geben Sie einen Namen Ihrer Wahl ein.

Schlüsselwörter: Tragen Sie hier einige Schlüsselwörter aus der Arbeitsmappe ein, nach denen sich später im Datei-Dialog suchen lässt.

Kategorie/Stichwörter/Kommentare: In diesen Feldern kommentieren Sie die Arbeitsmappe. Tragen Sie einen Text Ihrer Wahl ein.

Hyperlinkbasis: Wenn Sie in der Mappe mit Hyperlinks arbeiten, verweisen diese auf Dateien, Intranet- oder Internetseiten. Geben Sie hier eine Webadresse oder eine Serveradresse an, können alle Hyperlinks relativ, d.h. ohne die Angabe dieser Adresse, geschrieben werden. Ein Beispiel:

Dieser Hyperlink verweist auf eine Excel-Arbeitsmappe auf dem Server:

```
\\S0100M\Projektdaten\Kostenaufstellung.xlsx
```

Geben Sie in der Hyperlinkbasis den Pfad (Servername und Ordner) an, muss der Hyperlink später nur den Dateinamen enthalten:

```
Hyperlinkbasis: \\S0100M\Projektdaten\
Datei: Kostenaufstellung.xlsx
```

Inhalt

Auf dieser Registerkarte zeigt die *Eigenschaften*-Dialogbox inhaltliche Informationen über die Mappe, beispielsweise die Namen der Tabellenblätter, die benannten Bereiche und die Liste der Diagramme, die als eigenständige Blätter in der Mappe zu finden sind.

Anpassen

Auf dieser Registerkarte können Sie weitere Informationen über die Datei hinzufügen. Die Liste bietet Kategorien von *Ablage* bis *Zweck* an, markieren Sie einen Eintrag, wählen Sie einen Feldtyp (Text, Datum, Ja-/Nein-Feld), und tragen Sie einen passenden Wert ein. Mit Klick auf *Hinzufügen* wird die Information gespeichert. Ein Beispiel:

Die Arbeitsmappe enthält den aktuellen Kostenstellenplan. Geben Sie die Abteilung an, die diesen Plan erstellt hat, halten Sie den Namen des Bearbeiters fest, und fügen Sie weitere wichtige Informationen hinzu. Für Entscheidungsfelder steht der Typ *Ja oder Nein* bereit.

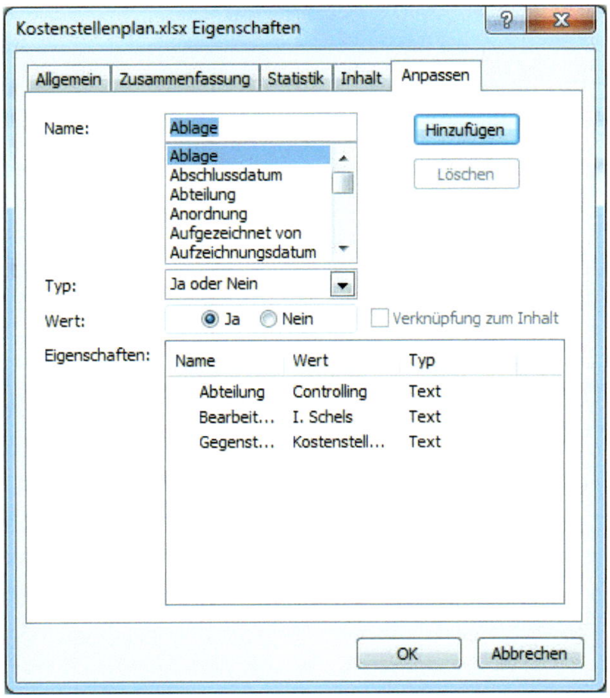

Abbildung 3.21 Eigenschaften auf der Anpassen-Registerkarte

Die Option *Verknüpfung zum Inhalt* bietet die Möglichkeit, Bereichsnamen innerhalb der Mappe in die Informationen zu integrieren. Ist diese Option markiert, schaltet das *Wert*-Feld auf die Bezeichnung *Quelle* um, und die Liste daneben bietet alle in der Mappe zu findenden Bereichsnamen an.

3.8.1 Berechtigungen

Excel-Arbeitsmappen sind standardmäßig ungeschützt und können von allen Benutzern, die auf die Datei Zugriff haben, verändert werden. Hier finden Sie alle Schutzmechanismen vom Dateikennwort bis zur digitalen Signatur.

Als abgeschlossen kennzeichnen

Schließen Sie Ihre Arbeitsmappe ab, wenn Sie anderen Benutzern signalisieren wollen, dass es sich um eine endgültige Fassung Ihrer Arbeit handelt. Der Status der Mappe wird auf *Endgültig* gesetzt, nach dem Öffnen erscheint ein Hinweis unterhalb des Menübands:

```
Als abgeschlossen gekennzeichnet. Ein Autor hat diese
Arbeitsmappe als abgeschlossen gekennzeichnet, um die
weitere Bearbeitung zu verhindern.
```

Gleichzeitig werden alle Bearbeitungssymbole im Menüband deaktiviert, auch der Speicherbefehl *Speichern* ist nicht mehr aktiv.

Die Schaltfläche *Trotzdem bearbeiten* schaltet diesen Status wieder aus, wenn Sie unter *Datei/Informationen/Berechtigungen* noch einmal auf *Als abgeschlossen kennzeichnen* klicken, wird der Status ebenfalls deaktiviert.

Mit Kennwort verschlüsseln

Eine sichere Methode, um Daten vor unerwünschten Zugriffen zu schützen, ist die Zuweisung eines Kennwortes. Klicken Sie auf die Option, und tragen Sie ein Kennwort ein. Das Kennwort wird erneut abgefragt, nach Bestätigung mit OK ist die Datei verschlüsselt und kann beim erneuten Aufruf nur aktiviert werden, wenn das Kennwort richtig eingegeben wird.

Um das Dateikennwort wieder zu entfernen, aktivieren Sie die Kennwortzuweisung noch einmal, löschen das Kennwort aus dem Feld und bestätigen mit *OK*.

TIPP Achten Sie darauf, dass Groß- und Kleinschreibung bei der Kennwortvergabe oder -eingabe berücksichtigt wird.

Aktuelle Tabelle schützen

Etwas harmloser als der Dateikennwortschutz, aber durchaus nützlich ist der Blattschutz, der mit dieser Option eingestellt wird. Diese Aktion finden Sie im Menüband auch unter *Überprüfen/Änderungen/Blatt schützen* (siehe Kapitel 17).

Arbeitsmappenstruktur schützen

Die Funktion *Arbeitsmappe schützen* finden Sie ebenfalls im Menüband unter dem Register *Überprüfen*, Gruppe *Änderungen*. Der Arbeitsmappenschutz stellt sicher, dass nur die Benutzer Tabellenblätter oder Fenster anlegen und löschen können, die das zugewiesene Kennwort kennen.

Digitale Signatur hinzufügen

Mit einer digitalen Signatur wird dem Dokument eine eindeutige Authentifizierung zugewiesen. Diese Option finden Sie auch unter *Einfügen/Text/Signaturzeile* (siehe Kapitel 14).

3.8.2 Für die Freigabe vorbereiten

Datei-Eigenschaften sind sicherheitsrelevante Informationen, und mit diesen sollte der Benutzer verantwortungsbewusst umgehen. Wer eine Excel-Arbeitsmappe ins Netz stellt oder anderen Benutzern auf Datenträgern zur Verfügung stellt, kann hier die Eigenschaften der Datei überprüfen und bei Bedarf Informationen entfernen, die auf den Autor oder die Firma hinweisen. Auch die Kopf- und Fußzeilen, Kommentare oder ausgeblendete Zellbereiche können Informationen enthalten, die nicht für andere bestimmt sind.

Klicken Sie auf die Schaltfläche *Auf Probleme prüfen*.

Dokument prüfen

Nach einer Sicherungsmeldung, die darauf hinweist, dass Sie die Mappe vorher speichern sollten, erhalten Sie eine Liste aller Elemente, die auf Sicherheitsrelevanz zu prüfen sind. Kreuzen Sie an, welche Elemente Sie überprüfen wollen, und starten Sie den Dokumentinspektor mit Klick auf *Prüfen*.

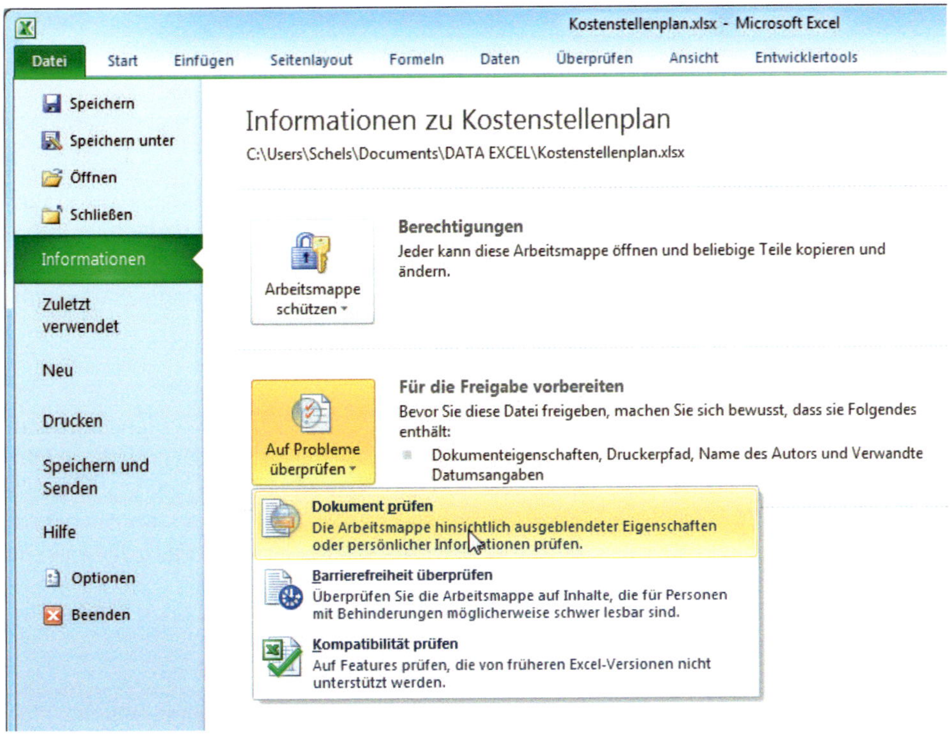

Abbildung 3.22 Eigenschaften des Dokuments überprüfen

Nach Abschluss der Prüfung meldet der Inspektor, ob Kommentare, Datei-Eigenschaften, benutzerdefinierte XML-Daten, Kopf- und Fußzeilen oder nicht sichtbare Inhalte gefunden wurden. Klicken Sie auf *Alle entfernen*, wenn Sie diese Informationen aus der Datei löschen wollen.

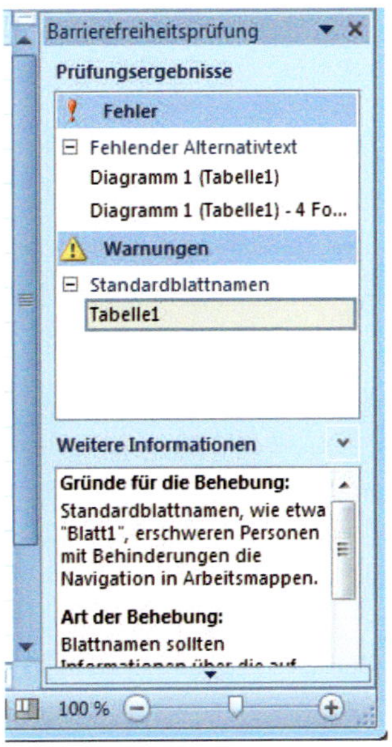

Abbildung 3.23 Meldungen zur Barrierefreiheit

Barrierefreiheit prüfen

Die Barrierefreiheitsprüfung stellt sicher, dass die Mappe keine Inhalte aufweist, die von Menschen mit Behinderungen schwer oder gar nicht lesbar sind. So sollten beispielsweise Tabellenblätter immer benannt werden, weil die Standardnamen (Tabelle1) die Navigation erschweren.

Klicken Sie auf *Barrierefreiheit prüfen*.

Nach Abschluss der Prüfung erscheint am rechten Rand ein Aufgabenbereich mit den Prüfungsergebnissen. Diese sind in Fehler, Warnungen und Informationen unterteilt, in der zweiten Hälfte sehen Sie die Erklärungen zu den Meldungen.

Kompatibilität prüfen

Wenn Sie beabsichtigen, die Arbeitsmappe im Format einer früheren Version (Excel 2003/XP/2000) zu speichern, stellen Sie mit dieser Kompatibilitätsprüfung sicher, dass keine Elemente verloren gehen, die in der Vorgängerversion nicht unterstützt werden. Das Prüfungsergebnis kennzeichnet die Ergebnisse:

`Erheblicher Funktionalitätsverlust`

`Geringfügiger Verlust der Genauigkeit`

Eine Prüfung mit allen Funktionen, die in früheren Excel-Versionen nicht unterstützt werden, finden Sie in der Hilfe.

3.9 Mustervorlagen

Mustervorlagen sind eine hilfreiche Einrichtung: Sie enthalten vorbereitete Tabellenblätter, die schon so formatiert sind, dass die neue Datei so wenig Arbeit wie möglich macht. Mit Mustervorlagen können Sie Tabellen mit Firmenkennzeichnung, Diagramme mit den gewünschten Diagrammtypen und natürlich Makros bereitstellen, die Sie sich sonst mühsam aus anderen Mappen zusammenkopieren müssten.

Mustervorlagen werden vom Anwender immer als Kopie geöffnet; er hat damit nicht die Möglichkeit, die Vordefinitionen versehentlich zu überschreiben.

3.9.1 Eine neue Mustervorlage

1. Öffnen Sie eine neue Arbeitsmappe. Fügen Sie in diese Tabellenblätter Ihrer Wahl ein, oder löschen Sie nicht benötigte Blätter. Gestalten Sie alle Tabellen so, wie sie der Anwender der neuen Mappe sehen soll.

2. Speichern Sie die Mappe mit *Datei/Speichern unter*. Klicken Sie auf *Dateityp*, und wählen Sie *Excel-Vorlage*. Weisen Sie der Datei einen Namen zu, und bestätigen Sie mit *OK*. Die Mustervorlage erhält automatisch die Erweiterung *.xltx* (Excel Template).

Die neue Vorlage wird übrigens automatisch in dem Verzeichnis gespeichert, in dem Excel beim Anlegen neuer Dateien nach seinen Vorlagen sucht. Dazu schaltet der Datei-Dialog sofort nach Auswahl des Dateityps *Mustervorlage* auf diesen Ordner um:

- In Windows XP:

  <laufwerkbuchstabe>:\Dokumente und Einstellungen\Benutzername\Anwendungsdaten\Microsoft\templates

- In Windows Vista/Windows 7:

  <laufwerkbuchstabe>:\:\Users\Benutzername\Appdata\Roaming\Microsoft\templates

3.9.2 Mustervorlage verwenden

Um eine Mustervorlage als Basis Ihrer nächsten neuen Arbeitsmappe zu verwenden, erstellen Sie einfach eine neue Arbeitsmappe. Der Aufgabenbereich bietet alle Vorlagen an, Sie können sich eine Mustervorlage aussuchen und die Datei erstellen:

1. Starten Sie Excel, und wählen Sie *Datei/Neu*.

2. Die Backstage bietet alle verfügbaren Vorlagen an, unterteilt in lokale Vorlagen und Vorlagen aus dem Internet-Angebot von Microsoft.

3. Unter *Zuletzt verwendete Vorlagen* werden nur Vorlagen angezeigt, wenn bereits welche verwendet wurden. Markieren Sie eine davon, und klicken Sie auf *Erstellen*, um diese erneut zu verwenden.

4. Schalten Sie auf *Meine Vorlagen*, und markieren Sie eine der Vorlagen, die Sie zuvor wie eben beschrieben erstellt und im Vorlagenordner abgelegt hatten.

Beispielvorlagen

Die Auswahl an Vorlagen, die unter dieser Rubrik angeboten wird, hat Excel bei der Installation zusammen mit den Vorlagen für die anderen Office-Produkte (Word, PowerPoint) in diesem Ordner deponiert:

C:\Programme\Microsoft Office\Templates\1031

- **Blutdruckmessgerät:** Risikopatienten tragen hier die Werte der Blutdruckmessung zweimal täglich in eine Tabelle ein. Diese werden mit einem Zielwert verglichen und in ein Liniendiagramm übertragen. Setzen Sie den Zellzeiger in die letzte Zelle, und drücken Sie die Tab-Taste, entsteht ein neuer Datensatz. Das Diagramm steht in einem separaten Diagrammblatt, es wird automatisch fortgeschrieben.

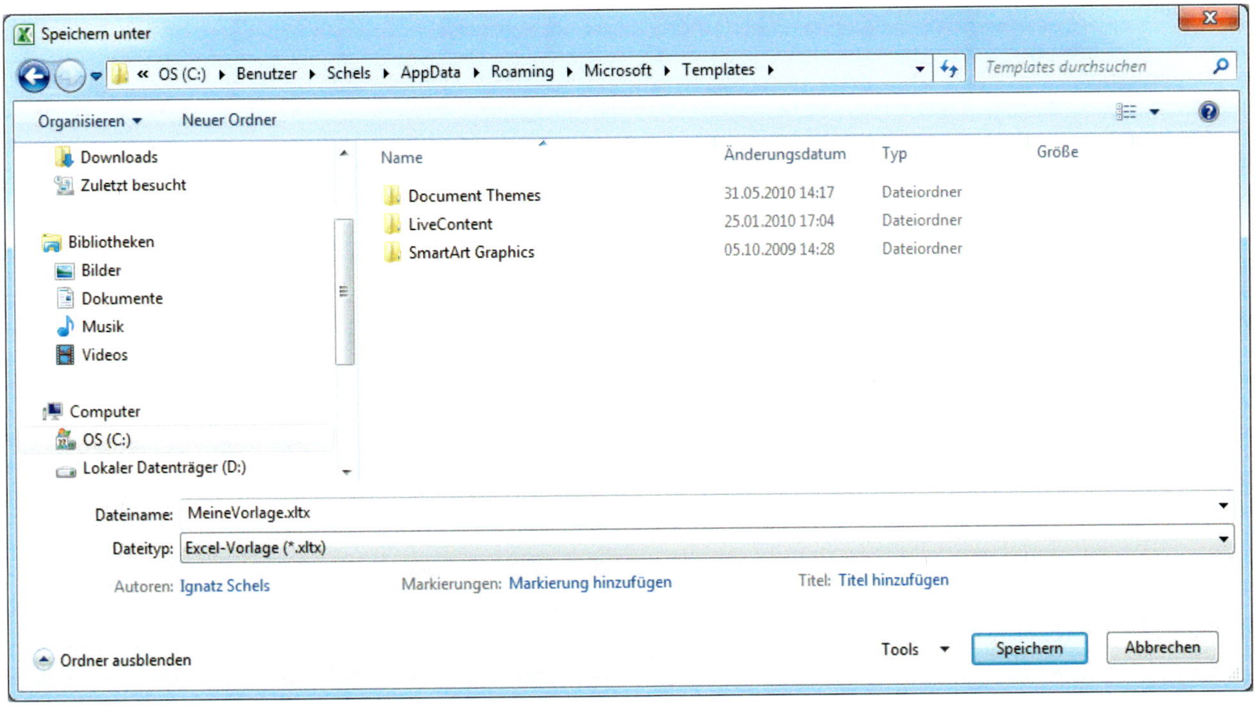

Abbildung 3.24 Eine Mustervorlage entsteht

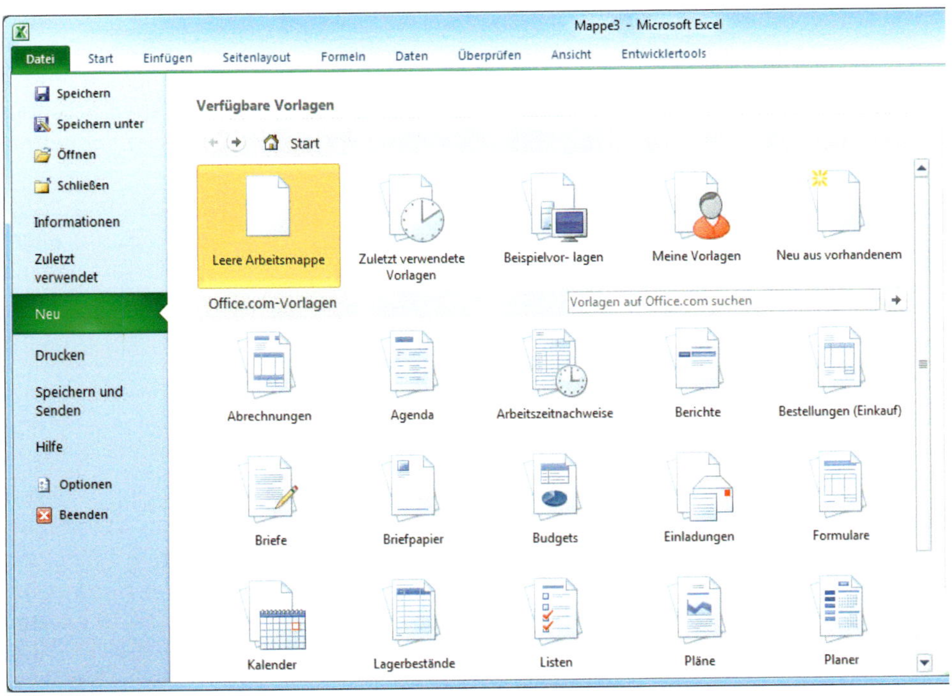

Abbildung 3.25 Mustervorlagen für alle Zwecke

» **Kreditberechnung:** Hier berechnet Ihnen ein Tabellenblatt automatisch Zahlungen, Zinsen und Salden für eine Kreditaufnahme. Sie geben nur Kreditbetrag, Zinssatz, Laufzeit (bis 40 Jahre), Anzahl Zahlungen, Startdatum und optionale Zusatzzahlungen ein, und die Tabelle berechnet alle Daten über den gesamten Zeitraum. In der Kreditzusammenfassung finden Sie die kumulierten Werte für die Zahlungen und die Zinsen.

Das Tabellenblatt ist geschützt, entfernen Sie den Blattschutz mit *Überprüfen/Änderungen/Blattschutz aufheben*, wenn Sie die Formeln in der Tabelle ab Zeile 18 einsehen wollen. Ab dieser Zeile ist das Fenster auch fixiert (*Ansicht/Fenster/Fenster fixieren*). Achten Sie auch auf die Technik der benannten Bereiche, die Formeln verwenden ausschließlich Bereichsnamen für die Berechnungen.

» **Persönliches Monatsbudget:** Mit dieser Vorlage können Sie Ihre private Budgetverwaltung aufbauen. Dem monatlichen Einkommen stehen zwölf Kostenblöcke von *Wohnen* bis *Rechtliches* gegenüber. Salden, Ist- und Plankosten werden über einfache Arithmetik und die Funktion *SUMME()* errechnet.

» **Rechnungsaufstellung:** Eine einfache Rechnungsvorlage, die sich leicht anpassen lässt. Das Tagesdatum wird über die Funktion *HEUTE()* automatisch erstellt, der Bereich mit den Rechnungsdaten ist als Tabelle mit automatischer Ergebniszeile eingerichtet. Die Summe im Rechnungsbetrag wird per Verknüpfung noch einmal im Überweisungsteil aufgeführt.

» **Spesenabrechnung:** Ein Abrechnungsblatt für Reisespesen mit einer Tabelle, die automatisch um eine Zeile erweitert wird, wenn der letzte Eintrag in Spalte L mit der [Tab]-Taste abgeschlossen wird. Das Teilergebnis berechnet sich aus der Ergebniszelle, und für den Zeitraum sind die Funktionen *MAX()* und *MIN()* im Einsatz, sie berechnen den kleinsten und größten Datumswert in der Datumsspalte.

» **Umsatzbericht:** Diese Vorlage zeigt, wie eine Umsatzaufstellung mit PivotTable-Berichten ausgewertet wird. Das erste Tabellenblatt enthält die Umsatzzahlen mit Produkt, Kunde und Quartalswerten. In drei weiteren Tabellenblättern ist jeweils eine PivotTable aufgebaut, die diese Umsatzliste auswertet. Die erste PivotTable führt den Produktnamen im Zeilenbereich, die zweite listet die Quartalsergebnisse für Produkt und Kunde. Im dritten PivotTable-Blatt ist diese Auswertung mit einem Top-Ten-Filter versehen, sodass die zehn Produkte mit den besten Werten im ersten Quartal angezeigt werden.

» **Zeitkarte:** Eine einfache Karte für die Erfassung von Wochenarbeitszeiten und die Berechnung des Wochenlohns. Das Enddatum der Woche wird für die Berechnung der Datumswerte verwendet, die Wochenstunden kalkuliert die *SUMME()*-Funktion, und die Wochenlöhne errechnen sich aus dem Produkt von Wochenstunden und Stundensatz.

Meine Vorlagen

Unter dieser Kategorie werden die Vorlagen angeboten, die Sie mit *Speichern unter* und dem Dateityp *Excel-Vorlage* oder *Excel-Vorlage mit Makros* abgespeichert hatten. Angeboten werden nur die Dateien aus dem Vorlagenordner, ein Wechsel auf einen anderen Ordner ist hier nicht vorgesehen.

Neu aus vorhandenem ...

Als Mustervorlagen für neue Arbeitsmappen können auch »normale« Arbeitsmappen dienen. Verwenden Sie diese Kategorie, und markieren Sie eine beliebige Datei, die an der Endung erkennbar als Excel-Datei gespeichert ist. Klicken Sie auf *Neu erstellen*, um eine Kopie dieser Datei anzulegen. Diese zeigt den Dateinamen mit einer Nummer versehen in der Titelzeile an, das Original bleibt unberührt.

Office.com-Vorlagen

Office Online ist der Internet-Dienst von Microsoft, der nützliche Hilfsmittel für Office-Anwender anbietet, unter anderem auch Vorlagen für Excel, Word und PowerPoint. Dieses Angebot wird kontinuierlich ausgebaut. In diesem *Office Marketplace* werden nicht nur Vorlagen von Microsoft, sondern auch Produkte anderer Firmen zum Download angebotenw.

Klicken Sie auf eine der Kategorien, und markieren Sie die Vorlage, die Sie interessiert. Rechts im Dialogfenster sehen Sie weitere Details zu dieser Online-Datei, zum Beispiel den Namen des Anbieters, die Größe der Download-

Datei und die Zeit, die ein Download bei einer Download-Geschwindigkeit von 56 KByte pro Sekunde braucht.

Klicken Sie auf *Download*, um die angezeigte Vorlage zu laden. Wenn Sie Besitzer einer rechtmäßig erworbenen Originalversion von Excel bzw. Office 2010 sind (was bei dieser Gelegenheit abgeprüft wird), lädt sich die Vorlage in Ihren Vorlagenordner, und eine Kopie davon präsentiert sich im Programmfenster. Online-Vorlagen müssen nur einmal geladen werden, sie stehen anschließend im Vorlagenordner des Benutzers und damit unter *Datei/Neu/Vorlagen/Meine Vorlagen* zur Verfügung.

ACHTUNG Die Links führen leider nicht immer auf die richtige Seite, häufig werden Sie zur US-amerikanischen Ausgabe der Microsoft-Webseite gelangen. Ändern Sie in diesem Fall einfach den Link, und holen Sie damit die deutschsprachige Vorlagenseite von Office Online in Ihren Webbrowser:

http://office.microsoft.com/de-de/templates

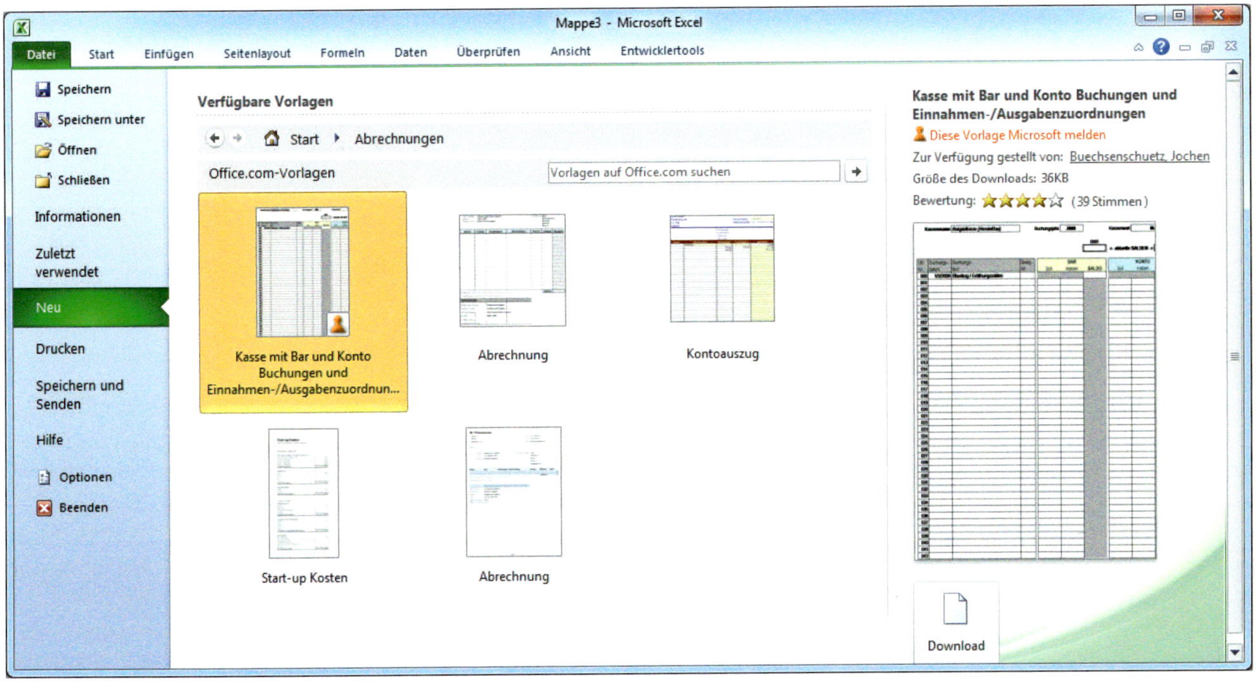

Abbildung 3.26 Mustervorlagen aus Office Online

3.9.3 Mustervorlage für neue Mappen, Tabellen und Diagrammblätter

Die neue Arbeitsmappe, die nach dem Start von Excel automatisch angeboten wird, hat selbst keine Vorlage, sie bietet die Standardschriftart *Calibri* in der Größe *11 Punkt* und stellt drei Tabellen bereit. Mit einem Trick erstellen Sie auch für neue Mappen eine Mustervorlage.

Die Standardmappenvorlage

1. Öffnen Sie eine leere Mappe, und formatieren Sie die Tabellen nach Ihren Wünschen.
2. Wählen Sie *Datei/Speichern unter*. Schalten Sie auf den Dateityp *Excel-Vorlage* um, und tragen Sie diesen Dateinamen ein:

   `Mappe`

3. Wechseln Sie zum Ordner *XLSTART*, den Sie unter diesem Pfad finden (C als Bezeichnung der Festplatte angenommen):

   C:\Dokumente und Einstellungen\Benutzername\Anwendungsdaten\Microsoft\Excel\XLSTART

Bei jedem Start von Excel erhalten Sie jetzt eine Kopie dieser Mappe, die sich im Startverzeichnis befindet.

Die Standardtabellenvorlage

Auch für neue Tabellenblätter, die mit *Start/Zellen/Einfügen/Blatt einfügen* generiert werden, kann eine Mustervorlage vorbereitet werden:

1. Legen Sie eine neue Mappe an. Formatieren Sie die erste Tabelle so, wie neue Tabellen immer aussehen sollten. Löschen Sie alle weiteren Tabellen der aktiven Arbeitsmappe.
2. Wählen Sie *Datei/Speichern unter*, und schalten Sie auf den Dateityp *Excel-Vorlage* um.
3. Geben Sie der neuen Datei die Bezeichnung *Tabelle*, und speichern Sie die Vorlage in diesem Ordner:

   C:\Dokumente und Einstellungen\Benutzername\Anwendungsdaten\Microsoft\Excel\XLSTART

Die Mustervorlage für neue Dateien ist erstellt, Sie können die Mappe schließen. Öffnen Sie eine neue oder gespeicherte Mappe, und klicken Sie auf den letzten Reiter rechts unten in den Tabellenregistern, oder wählen Sie *Start/Zellen/Einfügen/Blatt einfügen*, um die Standardtabellenvorlage zu testen.

Die Standarddiagrammblattvorlage

Was für Mappen und Tabellen gilt, funktioniert auch für Diagramme: Erstellen Sie ein Diagrammblatt, löschen Sie alle Tabellen aus der Mappe, und speichern Sie die Datei unter der Bezeichnung *Diagramm* im *XLSTART*-Verzeichnis.

3.9.4 Praxisbeispiel: Mustervorlage mit Firmenschrift und Dokumentenkennzeichnung

Sie sind beauftragt worden, für alle Excel-Anwender eine Vorlage zu erstellen, die den CI-(Corporate-Identity-)Bestimmungen des Unternehmens gerecht wird:

- Als Standardschrift ist Ihre firmeneigene CI-Schrift »Rotis« in der Größe 11 Punkt vorgegeben.
- Alle Excel-Tabellen müssen links unten den Dateinamen mit komplettem Pfad (alle Ordner und Unterordner) aufweisen.
- Rechts oben muss das Firmenlogo in CI-genormter Größe stehen.
- Links oben sollte automatisch der Name des Erstellers der Mappe (Benutzername) angezeigt werden.

Stellen Sie zunächst sicher, dass die CI-Schrift sauber installiert ist, verwenden Sie dazu das Schriftarten-Dienstprogramm in der Systemsteuerung.

Beginnen Sie mit den Grundformatierungen. Wenn Mustervorlagen Schriften und Zellformate enthalten, die vom Standard abweichen, sollten Sie grundsätzlich die Formatvorlagen ändern, nicht die einzelnen Zellformatierungen.

1. Öffnen Sie eine neue Arbeitsmappe.

2. Wählen Sie *Start/Formatvorlagen//Zellenformatvorlagen*. Zeigen Sie auf die Vorlage *Standard*, klicken Sie diese mit der rechten Maustaste an, und wählen Sie *Ändern*.
3. Schalten Sie auf die Registerkarte *Schrift* um, und definieren Sie Schriftart und Schriftgröße.

Im nächsten Schritt tragen Sie die Informationen in die Kopf- und Fußzeilen der Tabellen ein. Achten Sie darauf, dass eine Mappe mehrere Tabellen anbietet, von denen jede ihre eigene Formatierung hat:

1. Markieren Sie das erste Tabellenregister. Halten Sie die `Umschalt`-Taste gedrückt, und klicken Sie auf das dritte Register.
2. Wählen Sie *Einfügen/Text/Kopf- und Fusszeile*.
3. Mit dem Grafik-Symbol fügen Sie im rechten Kopfzeilenbereich eine Grafik ein. Geben Sie die Bilddatei für das Firmenlogo an. Dieser Link steht anschließend in der Kopfzeile:

   `&[Grafik]`

4. Schalten Sie unter *Navigation* auf *Zu Fusszeile wechseln*, und tragen Sie per Klick auf das Ordnersymbol den Pfad und den Dateinamen in den linken Bereich ein:

   `&[Pfad]&[Datei]`

Jetzt können Sie die Mustervorlagen speichern. Sichern Sie zuerst die Arbeitsmappenvorlage und dann die Tabellenvorlage:

1. Wählen Sie *Datei/Speichern unter*. Schalten Sie auf den Dateityp *Excel-Vorlage* um, und speichern Sie die Mappe ab:

   Dateiname: Mappe.xltx

   Ordner: *XLSTART*

2. Löschen Sie die Tabellen *Tabelle2* und *Tabelle3*, und speichern Sie die Mappe noch einmal mit *Datei/Speichern unter* als Vorlage für neue Tabellen ab:

   Dateiname: Tabelle.xltx

   Ordner: *XLSTART*

Teil 2
Grundlagen der Tabellenkalkulation

Lernen Sie in diesem Teil die grundlegenden Techniken des Tabellenkalkulationsprogramms kennen. Dazu sehen Sie sich zuerst das Tabellenblatt mit seinen Elementen an, anschließend üben Sie die Datenerfassung in Zellen, Zeilen und Spalten. Hier erhalten Sie bereits wichtige Informationen über das Zusammenspiel zwischen Zelle und Zahlenformat, tiefer gehende Informationen dazu liefert das erste Kapitel in Teil 3.

Formeln und Funktionen sind die wichtigsten Werkzeuge für die Tabellenkalkulation, sehen Sie sich diese in Kapitel 6 genau an. Hier sind vor allem die Bezugsarten und die Kombinationen mit arithmetischen Operatoren wichtig. Üben Sie auch gleich mit den Beschreibungen und Beispielen zum Namens-Manager, hier erfahren Sie, wie Sie Ihre Tabellenmodelle von Anfang mit benannten Bereichen optimieren. Ein großer Funktionsteil demonstriert den Einsatz wichtiger Funktionen von der einfachen Summe über Verweise bis hin zur Datums-/Zeitberechnung und zu den komplexen Matrixfunktionen. Die Fehlerbehandlung wird ausführlich behandelt, richtig eingesetzt spart sie Ihnen von Anfang Zeit und Arbeit.

Eine Liste mit allen Funktionen inklusive Argumentfolge und Kurzbeschreibung finden Sie übrigens im Anhang C.

Wer komplexe Tabellen erstellt, wird diese auch verknüpfen und zweckmäßig gliedern. Wie das geht, erfahren Sie im letzten Kapitel in diesem Teil.

Kapitel 4: Tabellenblatt und Zelle

Kern und Mittelpunkt der Tabellenkalkulation ist die Tabelle mit ihren Zellen, Zeilen und Spalten. Dieses Kapitel bietet alle wichtigen Einsteigerinformationen über Tabellen und lässt keine Fragen offen.

Kapitel 5: Grundlagen der Tabellenbearbeitung

Entscheidend für die Beherrschung der Tabellenkalkulation ist das Wissen darüber, wie das System auf Eingaben in markierte Zellen oder Zellbereiche reagiert. Lesen Sie alles über die Erfassung von Text, Zahlen und Datumswerten und die optimale Zellbearbeitung.

Kapitel 6: Formeln und Funktionen

Mit Excel arbeiten heißt Rechnen, Kalkulieren, Formeln schreiben und Funktionen anwenden. Dieses große Kapitel führt Sie in die Welt der Kalkulation ein, zeigt die Bedeutung von Bezügen und arithmetischen Operatoren und demonstriert den Aufbau professioneller Tabellenmodelle mit Formeln und Funktionen. Die wichtigsten Funktionen werden an praktischen Beispielen demonstriert.

Kapitel 7: Verknüpfung und Gliederung

Mit wachsender Komplexität wird die Verknüpfung von Daten zwischen Tabellen und Arbeitsmappen immer wichtiger. Der richtige Umgang mit Gliederungsebenen erleichtert die Bearbeitung von Tabellen enorm, und in Kombination mit Teilergebnissen lernen Sie gleich eine effektive Analysetechnik kennen.

Kapitel 4

Tabellenblatt und Zelle

Wussten Sie, dass die Tabellenkalkulation schon über 5.000 Jahre alt ist? Die ersten Zeilen- und Sxpaltenaufstellungen wurden von den alten Sumerern in Tontafeln geritzt, die elektronische Version ist dagegen noch relativ jung. VisiCalc war das erste Tabellenprogramm, geschrieben von Dan Bricklin und Bob Frankston für den Apple II. Seit dieser Ur-Version mit 255 Zeilen und ebenso vielen Spalten hat sich viel getan ...

4.1 Mit Tabellenblättern arbeiten

Eine Arbeitsmappe ist, wie Sie im Kapitel zuvor gelesen haben, eine Sammlung von Tabellenblättern. Mit dem Öffnen einer neuen Mappe stehen bereits drei dieser Blätter zur Auswahl. Diese Zahl ist nicht zufällig, sondern stammt aus einer Voreinstellung:

Auf der Registerkarte *Datei/Optionen/Allgemein* bestimmen Sie unter der Option *Beim Erstellen neuer Arbeitsmappen*, wie viele Blätter die nächste neue Mappe enthalten wird (bis zu 255 sind möglich).

Tontafel aus der Stadt Uruk, 5000 v. Chr.

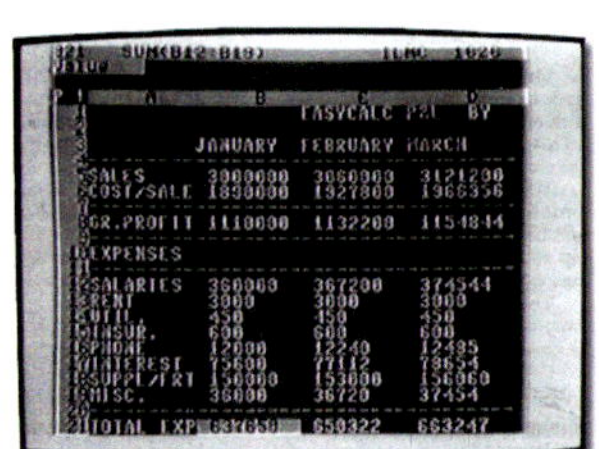

ViciCalc für Apple II, 1978

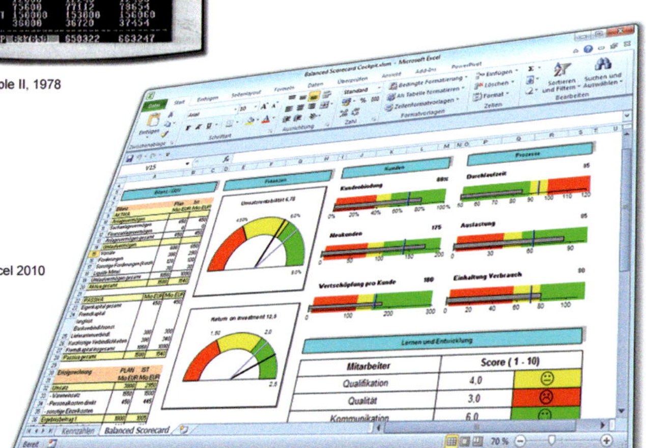

Excel 2010

Abbildung 4.1
Von der Tontafel zur Tabellenkalkulation

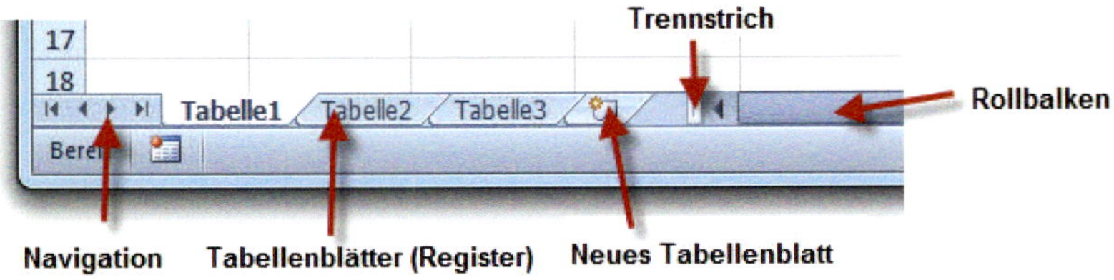

Abbildung 4.2
Die Tabellensteuerung

Die Einstellung gilt für die nächste neu erstellte Mappe. Sie können mit den angebotenen Tabellenblättern arbeiten, eine oder mehrere Tabellenblätter löschen (mindestens eines muss in der Mappe bleiben) und neue Blätter einfügen.

Die Tabellensteuerung

Für die Navigation zwischen Tabellen haben Sie die Registerleiste und die Navigationsleiste am unteren Rand zur Verfügung. Werden nicht alle Tabellen angezeigt, ziehen Sie den Trennstrich zwischen dem Rollbalken und dem letzten Register nach rechts. Die Navigationspfeile blättern die Register heran, die nicht sichtbar sind. Wenn Sie mit der rechten Maustaste darauf klicken, können Sie alle Register aus einer Liste wählen.

TIPP Mit der Tastenkombination Strg + Bild ↑ und Strg + Bild ↓ bewegen Sie sich schnell zwischen den Tabellenregistern.

Tabellenblatt einfügen

Zum Einfügen eines Tabellenblattes können Sie *Start/Zellen/Einfügen/Blatt einfügen* aktivieren oder im Kontextmenü eines beliebigen Registers den Befehl *Einfügen* wählen. Klicken Sie dazu das Register mit der rechten Maustaste an.

Letzteres bringt eine Dialogbox auf den Monitor, in der eine Blattvorlage gewählt werden kann. Hier sehen Sie gleich, dass es nicht nur Tabellen-, sondern auch Diagramm- und Makroblätter gibt. Wählen Sie eine passende Vorlage, und bestätigen Sie mit *OK*, um damit ein neues Blatt zu erzeugen.

Tabellenblatt verschieben oder kopieren

Öffnen Sie das Kontextmenü des Registers, das Sie kopieren wollen, mit der rechten Maustaste, und wählen Sie *Verschieben/Kopieren*. Eine Dialogbox erscheint, kreuzen Sie die Option *Kopie erstellen* an, wenn Sie das Blatt duplizieren wollen. Klicken Sie dann auf das Tabellenblatt, vor der das verschobene oder kopierte Blatt eingereiht werden soll. Wenn Sie das Blatt in eine andere Mappe kopieren wollen, wählen Sie diese (die dazu geöffnet sein muss) aus der Liste am oberen Rand. Der Eintrag *(neue Arbeitsmappe)* gibt Ihnen die Möglichkeit, für das Blatt eine neue Mappe anzulegen.

Wenn Sie das letzte Blatt einer Mappe in eine andere Mappe verschieben, wird die Quellmappe geschlossen. Wurde die letzte Änderung nicht gespeichert, erhalten Sie eine Speicheraufforderung.

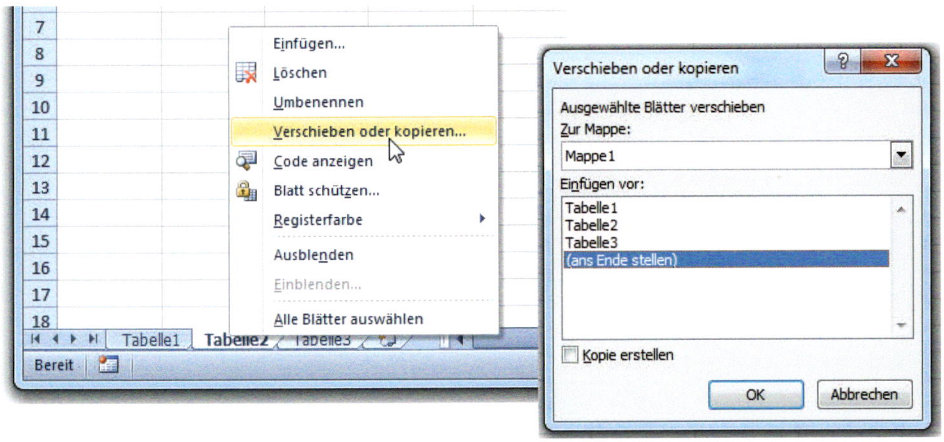

Abbildung 4.3
Blatt verschieben oder kopieren

TIPP Das Verschieben oder Kopieren von Blättern werden Sie öfter brauchen, deshalb hier gleich der ultimative Tipp dazu:

Zeigen Sie mit dem Mauszeiger auf das Register, und ziehen Sie es einfach mit gedrückter Maustaste rechts oder links neben ein anderes Register, um es zu verschieben. Wenn Sie dabei auch noch die Strg-Taste gedrückt halten, kopieren Sie das Blatt. Vergessen Sie aber nicht, zuerst die Maustaste und dann die Strg-Taste loszulassen. Der Mauszeiger zeigt Ihnen während der Prozedur, ob das Blatt verschoben oder kopiert wird.

Neues Tabellenblatt anlegen

Um ein neues Tabellenblatt in die aktive Mappe einzufügen, wählen Sie *Start/Zellen/Einfügen/Blatt einfügen* oder, und das geht wirklich schneller, klicken Sie einfach auf das letzte Registerblatt, das rechts neben dem letzten benannten Tabellenblatt angeboten wird. Das neue Tabellenblatt wird sofort eingefügt und erhält die Bezeichnung »Tabelle« und die nächste Nummer (*Tabelle4*, *Tabelle5* ...).

Die Anzahl der Tabellenblätter pro Arbeitsmappe ist unbegrenzt und nur vom verfügbaren Arbeitsspeicher abhängig.

Tabellenblatt löschen

Wählen Sie *Start/Zellen/Löschen/Blatt löschen*, oder klicken Sie mit der rechten Maustaste auf das Register, und wählen Sie im Kontextmenü *Löschen*. Bestätigen Sie die Sicherungsmeldung mit Klick auf *Ja*, und das Blatt ist gelöscht.

HINWEIS ... und zwar unwiderruflich, auch *Rückgängig* in der Symbolleiste für den Schnellzugriff oder Strg+Z helfen da nicht mehr.

Die Sicherungsmeldung erscheint nur, wenn mindestens eine Zelle im Tabellenblatt bearbeitet wurde. Völlig leere Blätter werden kommentarlos gelöscht. Wenn Sie mehrere Blätter gleichzeitig löschen wollen, markieren Sie deren Register vorher mit gedrückter Umschalt- oder Strg-Taste.

Tabellenblatt umbenennen

Das Tabellenregister zeigt den Namen des Tabellenblattes an. Neue Tabellenblätter erhalten die nächste freie Tabellennummer (z.B. *Tabelle4*). Die Nummer wird hochgezählt, auch wenn keine Tabellenblätter mit kleineren Nummern mehr geöffnet sind. Die Nummern von gelöschten Tabellenblättern werden nicht mehr von neu eröffneten Tabellenblättern besetzt, erst beim Neustart des Programms beginnt die Nummerierung neuer Tabellenblätter wieder von vorne. Tabellenblätter, die innerhalb der Arbeitsmappe oder aus anderen Mappen kopiert wurden, erhalten eine Folgeziffer. Die Kopie von *Tabelle1* heißt demnach *Tabelle1 (2)*.

Über das Register am unteren Ende des Tabellenblattes kann das Blatt umbenannt werden. Klicken Sie mit der rechten Maustaste auf das Register, und wählen Sie im Kontextmenü *Umbenennen*. Tragen Sie den neuen Namen direkt ein; der alte Name wird damit gelöscht. Drücken Sie die Eingabe-Taste, um den Namen zu übernehmen.

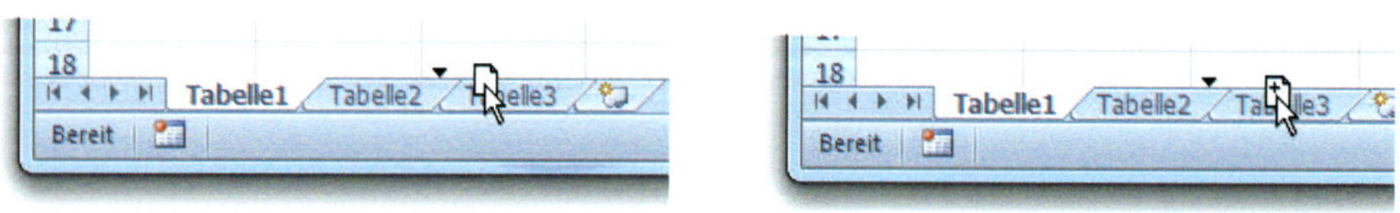

Abbildung 4.4
Der Mauszeiger zeigt, ob das Blatt verschoben oder kopiert wird.

Abbildung 4.5
Symbol für ein neues Tabellenblatt

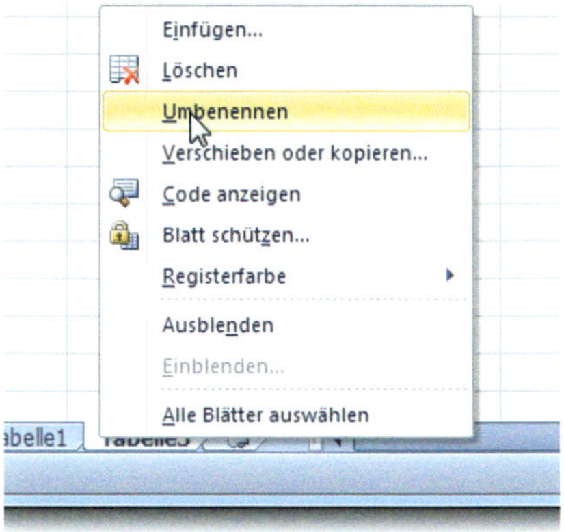

Abbildung 4.6 Tabelle wird umbenannt.

TIPP Schneller geht's mit einem Doppelklick auf das Register: Der Name wird markiert, überschreiben Sie ihn, und drücken Sie [Eingabe].

Der Tabellenname darf zwar sehr lang sein, genau 31 Zeichen, aber nicht alles enthalten, was auf der Tastatur erzeugbar ist. Welche Zeichen nicht erlaubt sind, ist leicht festzustellen – Excel nimmt sie einfach nicht an. Versuchen Sie also erst gar nicht eines dieser Zeichen:

`/ \ ? : * [ ]`

Register einfärben

Für das Register stehen zur besseren Unterscheidung Farben zur Auswahl. Weisen Sie eine davon mit *Start/Zellen/Format/Registerfarbe* oder über das Kontextmenü zu, das mit der rechten Maustaste auf dem Register aktiviert wird.

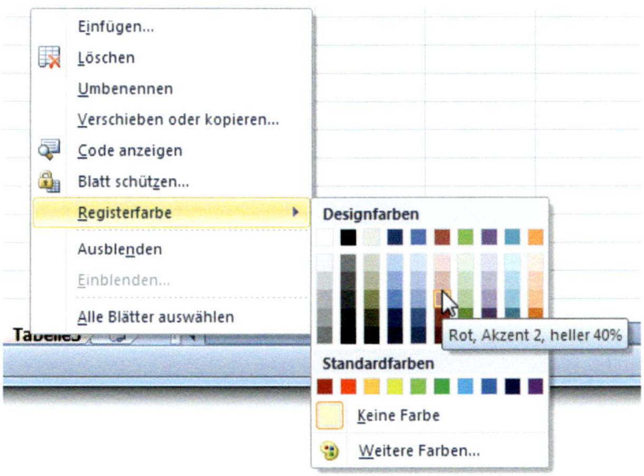

Abbildung 4.7 Registerfarbe zuweisen

Die Farbauswahl gliedert sich in Designfarben und Standardfarben. Das unter *Seitenlayout/Designs* gewählte Design entscheidet über die Farben der ersten Kategorie, in der zweiten finden Sie zehn einfache RGB-Farben. Mit *Weitere Farben* können Sie eine Farbpalette einblenden, in der die Farbe aus einem Hexagon mit 255 Farben und 16 Grautönen gewählt oder im Register *Benutzerdefiniert* selbst zusammengestellt werden kann. Hier stehen zwei Farbmodelle, RGB (Rot, Gelb, Blau) und HSL (Hue, Saturation, Luminance = Helligkeit, Sättigung, Intensität), zur Auswahl. Mit der Eingabe von 0 bis 255 für jeden Wert stehen über 65.000 RGB-Farben und 16,5 Millionen HSL-Farben zur Auswahl.

Um eine Registerfarbe zu löschen, klicken Sie das Register mit der rechten Maustaste an und wählen Sie *Registerfarbe/Keine Farbe*.

Tabellenblätter ein- und ausblenden

Diese Aktion finden Sie ebenfalls unter *Start/Zellen/Format* oder im Kontextmenü des Registers. Wählen Sie *Ausblenden*, und das Blatt ist unsichtbar. Es verbleibt damit zwar in der Mappe, lässt sich aber nicht mehr bearbeiten.

Wenn mindestens ein Blatt ausgeblendet ist, bietet *Start/Zellen/Format/Sichtbarkeit* oder das Kontextmenü eines Registers *Einblenden* an, und damit wird ein Dialogfenster mit allen ausgeblendeten Blättern angeboten. Klicken Sie einzelne Blätter an, und holen Sie sie mit *OK* wieder zurück ins Tabellenleben.

HINWEIS Ausgeblendete Blätter werden auch nicht gedruckt, wenn Sie die gesamte Mappe ausdrucken. Nur beim Zählen der Blätter über VBA-Makros werden sie berücksichtigt.

4.1.1 Gruppen bilden

In der Praxis werden Sie häufig weitgehend identisch aufgebaute Tabellen benutzen, die ihre Überschriften, Beschriftungen und Formeln an derselben Position haben. Monatsberichte, Produktdatenblätter oder Preislisten sind Beispiele für solche Tabellenmodelle. Um eine Gruppe von Tabellen gleichzeitig zu bearbeiten und beispielsweise in zwei oder mehr Tabellen eine Überschrift zu formatieren oder eine Formel einzutragen, benutzen Sie den Gruppenmodus:

1. Markieren Sie die erste Tabelle der gewünschten Gruppe per Klick auf das Tabellenregister.
2. Halten Sie die `Umschalt`-Taste gedrückt, und markieren Sie das letzte Register, das zur Gruppe gehört. Alle Register dazwischen werden automatisch mitmarkiert.
3. Um gezielt einzelne, auch nicht direkt aufeinanderfolgende Tabellenregister in die Gruppe aufzunehmen, halten Sie die `Strg`-Taste gedrückt. Jetzt können Sie beliebige Register markieren.

Ist eine Gruppe gebildet, zeigt die Titelleiste den Hinweis *Mappenname [Gruppe]* an. Um die Gruppe aufzulösen, klicken Sie auf ein nicht markiertes Register, ohne dabei eine Taste zu drücken. Sind alle Register zur Gruppe zusammengefasst, markieren Sie ein nicht aktives Tabellenblatt.

Achten Sie darauf, dass bei aktiven Gruppen nicht alle Menübefehle aktivierbar sind. So lässt sich beispielsweise kein Diagramm erzeugen, und im *Daten*-Menü sind viele Aktionen gesperrt, die sich auf einzelne Tabellen beziehen.

4.2 Zellen, Zeilen und Spalten

Eine Tabelle ist in Zellen, Zeilen und Spalten untergliedert. Tabellenkalkulationsprogramme entstanden nämlich aus der Idee, das Zeilen-/Spaltenjournal, das früher zu Buchungszwecken verwendet wurde, so zu automatisieren, dass die Zeilen- und Spaltensummen automatisch berechnet werden. Man teilte also das elektronische Buchungsblatt wie gehabt in Zeilen und Spalten; der Schnittpunkt zwischen beiden wurde Zelle genannt. In diese Zellen können nun Texte, Zahlen und Berechnungsformeln eingetragen werden. Daher also die Aufteilung einer Tabelle in Zeilen, Spalten und Zellen. Hier ein paar technische Daten:

Maximale Zeilenanzahl einer Tabelle:	1.048.576 (= 2^20)
Maximale Spaltenzahl einer Tabelle:	16.384 (= 2^14)
Anzahl Zeichen pro Formel maximal:	1.024 (= 2^10)
Anzahl Zeichen pro Zelle maximal:	32.767 (= 2^15 - 1)

Tabelle 4.1 Technische Daten

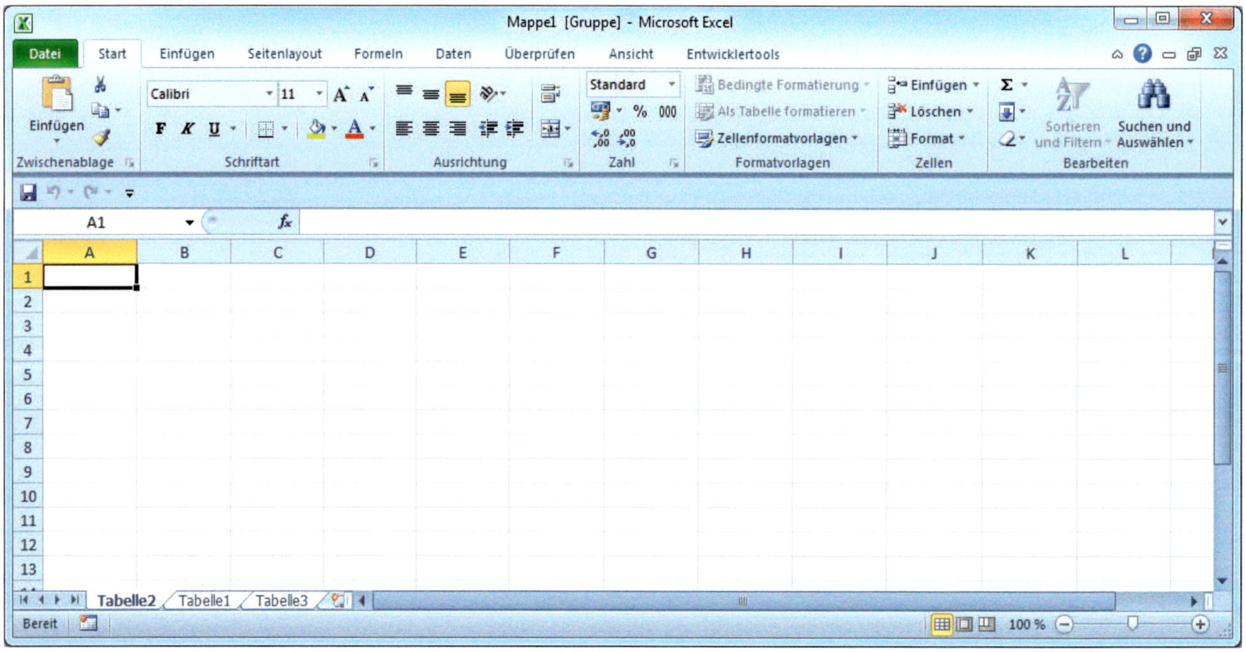

Abbildung 4.8 Die Gruppe mit drei Tabellen ist gebildet.

Die Zeilennummer wird links außen im Zeilenkopf angezeigt. Sollte dieser Zeilenkopf nicht sichtbar sein, ist er in der Kategorie *Erweitert* unter *Datei/Optionen* ausgeschaltet worden. Das Gleiche gilt für den Spaltenkopf, der die Spalten mit Buchstaben von A bis IV anzeigt. Die Anzeige kann auch so geschaltet werden, dass die Spalten von 1 bis 256 durchnummeriert werden, was gleichzeitig auch die Darstellung der Zellbezüge ändert:

Unter *Datei/Optionen/Formeln* und *Arbeiten mit Formeln* schalten Sie die Z1S1-Bezugsart aus oder ein, Standard ist die sogenannte A1-Bezugsart. Diese zweite Bezugsart stammt aus dem ersten Kalkulationsprogramm von Microsoft. Multiplan bot unter dem Betriebssystem MS-DOS seine Spalten auch mit durchnummerierten Zahlen an. Diese Bezugsart ändert nicht nur die Optik, sie hat auch Einfluss auf die Formelschreibung. Anstelle der A1-Bezüge werden die Z1S1-Bezüge gesetzt, und zwar mit relativer und absoluter Adressierung (*siehe dazu auch Kapitel* 5).

A1-Schreibweise	Z1S1-Schreibweise
$A$1	Z1S1
A1	Ausgehend von der Zelle B1:
	ZS(-1)
	Ausgehend von B1:
	Z(-1)S

Tabelle 4.2 A1- und Z1S1-Bezüge in Formeln

4.2.1 Der Zellzeiger

Der Zellzeiger ist das Hauptwerkzeug für die Tabellenbearbeitung, entsprechend oft werden Sie ihn bei der Arbeit mit Excel brauchen. Nach dem Programmstart steht der Zellzeiger in der ersten Zelle der ersten Tabelle, das Namensfeld zeigt die Zelladresse.

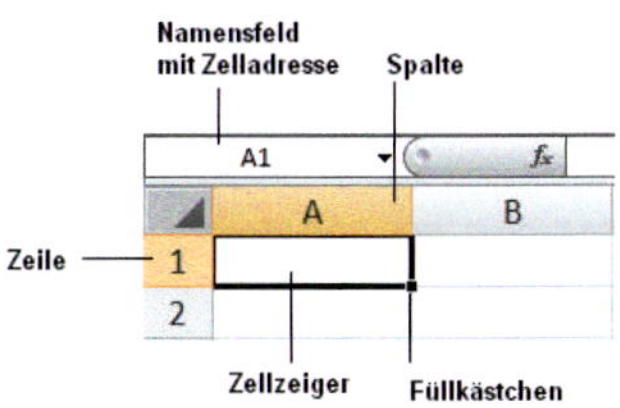

Abbildung 4.9 Der Zellzeiger in Zelle A1

Der Zellzeiger wird mit der Maus oder mit Tasten bewegt. Das Füllkästchen rechts unten am Zellzeiger wird mit gedrückter Maustaste gezogen, wenn der Inhalt der Zelle auf weitere Zellen verteilt werden soll.

Lernen Sie gleich die optimalen Zellzeigertechniken kennen, um Zeit und Arbeit im Umgang mit Zellen zu sparen.

TIPP Arbeiten Sie so wenig wie möglich mit den Rollbalken am rechten und unteren Rand. Das sind Relikte aus der Zeit, als es noch keine Mäuse mit Rad gab. Es gibt auch bei der radlosen Maus Kurzkommandos, um den Zellzeiger ohne Rollbalken gezielt in einen Bereich zu steuern.

Das Füllkästchen

Rechts unten in der Ecke des Zellzeigers sehen Sie einen kleinen, rechteckigen Punkt. Das ist das sogenannte Füllkästchen, und dieser unscheinbare Zusatz hat es in sich. Je mehr Sie mit Excel arbeiten, desto intensiver werden Sie dieses Werkzeug benutzen, denn es bietet einige Funktionen:

- Füllreihen aus Datumswerten (Januar bis Dezember, Montag bis Freitag ...)
- Zellen, Formate und Formeln kopieren
- Trendreihen erstellen

REFERENZ Eine detaillierte Beschreibung aller Techniken finden Sie in *Kapitel 4*.

4.2.2 Zellen und Zellbereiche markieren

In der Tabelle ist immer eine Zelle markiert, das ist die aktive Zelle. Die Markierung kann zwar erweitert werden, der Zellzeiger bleibt aber immer auf einer Zelle. Ob Sie den Zellzeiger mit den Cursortasten oder per Maus positionieren, ist reine Geschmackssache. Wenn Sie größere Wege in der Tabelle zurücklegen müssen, suchen Sie besser den kürzesten Weg.

Mit der Maus

Klicken Sie direkt in die Zelle, die Sie markieren wollen. Benutzen Sie das Rad zwischen den Maustasten, um nach unten zu rollen. Brauchen Sie mehr als eine Zelle in der Markierung, halten Sie die Maustaste gedrückt und ziehen den Zellzeiger und damit die Markierung in die gewünschte Richtung. Zeigen Sie zum Markieren aber in die Mitte des Zellzeigers, benutzen Sie nicht das Füllkästchen. Die Spaltenbuchstaben und Zeilennummern nehmen während der Markierung eine andere Farbe an, und das Namensfeld zeigt an, wie viele Zeilen und Spalten die Markierung umfasst. Lassen Sie die Maustaste erst los, wenn Sie den Endpunkt der Markierung erreicht haben.

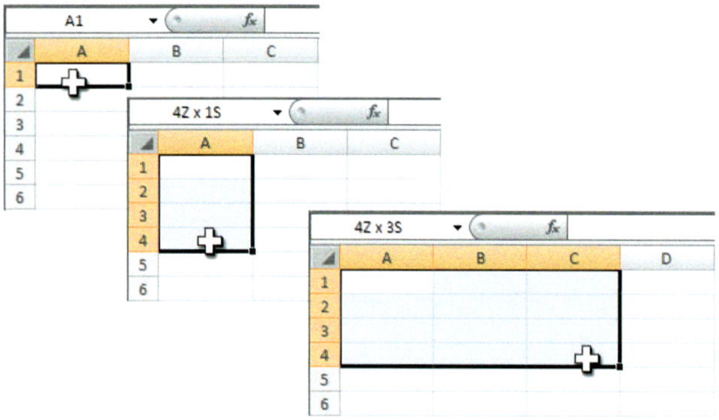

Abbildung 4.10 Zellen markieren, hier von A1 bis C4

Wenn die letzte Zelle, die Sie markieren wollen, nicht auf dem Bildschirm ist, ziehen Sie den Zellzeiger über den Rand hinaus, die Tabelle rollt dann automatisch weiter. Und damit das nicht zu schnell geht und Sie zu viel markieren, hier gleich der wichtigste Tipp:

Wie schnell die Tabelle rollt, hängt von der Position des Mauszeigers ab. Ziehen Sie die Markierung beispielsweise nach unten, haben Sie zwei Möglichkeiten, den Mauszeiger zu »parken«:

- Steht der Mauszeiger auf der Bildlaufleiste (Rollbalken) oder in den Registern, läuft die Markierung gemächlich Zeile für Zeile.
- Ziehen Sie den Mauszeiger in die Statusleiste oder in die Taskleiste, läuft die Markierung erheblich schneller.

Mit dem Mausrad markieren Sie besonders stressfrei:

- Klicken Sie auf die erste zu markierende Zelle.
- Rollen Sie mit dem Mausrad, bis die letzte zu markierende Zelle sichtbar ist. Halten Sie die [Umschalt]-Taste gedrückt, und klicken Sie auf diese Zelle.

Die [Umschalt]-Taste sollten Sie grundsätzlich bei größeren Markierungen drücken. Sie verhindert, dass die Markierung zu früh verloren geht.

HINWEIS Das Mausrad zoomt den Tabelleninhalt, wenn unter *Datei/Optionen/Erweitert* die Option *Beim Rollen mit IntelliMouse zoomen* angekreuzt ist.

Zellzeiger mit der Tastatur bewegen

Drücken Sie [Cursor rechts] und [Cursor links], um den Zellzeiger über einzelne Zellen zu bewegen. Wenn Sie auf der Cursortaste bleiben, rollt der Zeiger automatisch weiter. Drücken Sie gleichzeitig die [Umschalt]-Taste, wird der Bereich, den Sie ansteuern, markiert.

HINWEIS Eine Alternative zur [Umschalt]-Taste: Die Funktionstaste [F8] hält die Markierung so lange an der Ausgangsposition fest, bis sie erneut gedrückt wird.

Mit der [Tab]-Taste steuern Sie den Zellzeiger spaltenweise nach rechts, wenn Sie [Umschalt] + [Tab] drücken, wandert er wieder nach links.

Mit der [Eingabe]-Taste bewegt sich der Zellzeiger nach unten in die nächste Zelle, wobei dieser Sprung abhängig ist von einer Voreinstellung in den Optionen:

1. Wählen Sie *Datei/Optionen*.
2. Schalten Sie auf die Kategorie *Erweitert* um, und suchen Sie die Option *Markierung nach dem Drücken der Eingabetaste verschieben*.
3. Wenn die Option aktiviert ist, bestimmen Sie noch in der zugehörigen Liste, in welche Richtung der Zeiger nach dem Drücken der [Eingabe]-Taste wandert.

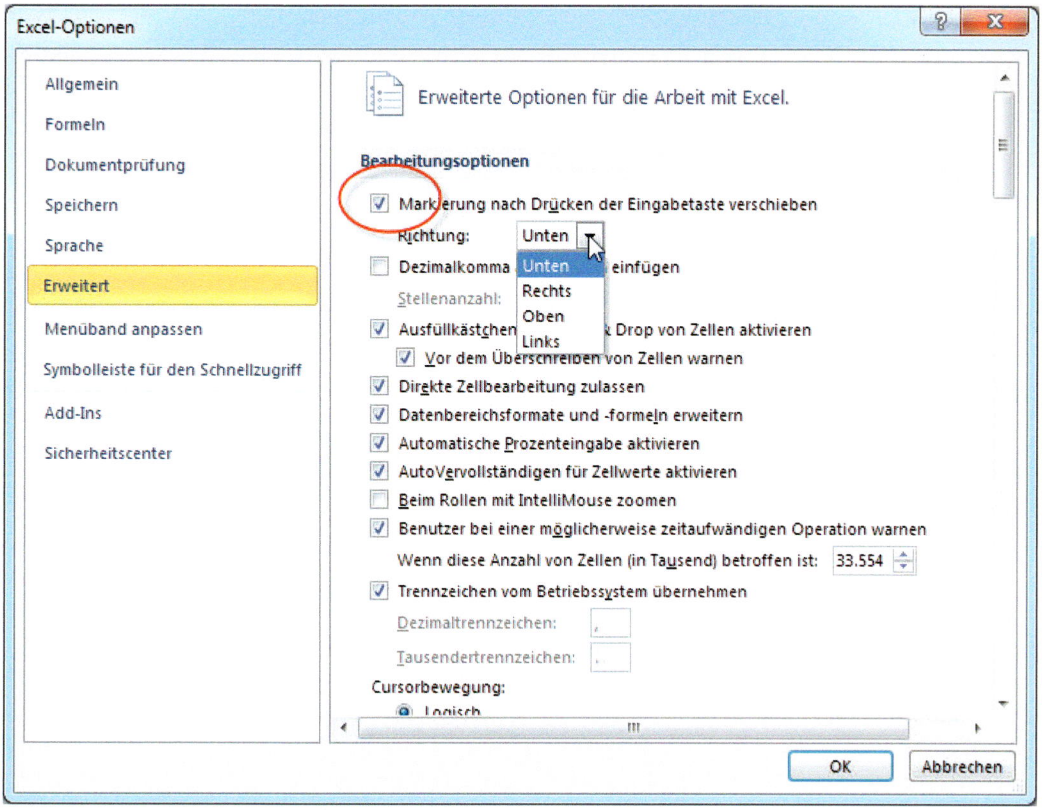

Abbildung 4.11 Hier wird die Zellzeigerrichtung bestimmt.

Optimale Zellzeigersprünge

Zusammen mit der gedrückten [Strg]-Taste machen Sie einen Riesensprung bis zur letzten beschrifteten Zelle in der eingeschlagenen Richtung oder bis zum Ende der Tabelle, wenn diese ab dem Zellzeiger leer ist. Probieren Sie's aus:

1. Markieren Sie den Bereich B3:D10. Schreiben Sie das Wort »Test«, und drücken Sie [Strg]+[Eingabe]. Damit wird der Bereich mit diesem Wert gefüllt.
2. Setzen Sie den Zellzeiger in die Zelle B3, und drücken Sie zweimal [Strg]+[↓].

Der Zellzeiger springt zunächst auf die letzte beschriftete Zelle und dann in die letzte Zeile der Tabelle mit der Adresse B1048576. Nach oben springen Sie wieder mit [Strg]+[↑]. Jetzt landet der Zellzeiger am Rand des beschrifteten Bereiches.

Zur ersten Zelle (A1) werden Sie sehr häufig springen, hier beginnen die meisten Tabellen. Drücken Sie dazu [Strg]+[Pos1].

Mehrfachbereiche markieren

Ob mit Maus oder mit Tastatur, in jedem Fall wird eine Markierung einen einzelnen Block auf die Tabelle setzen, und eine weitere Markierung wird diesen wieder aufheben. Es gibt natürlich auch die Möglichkeit, mehrere, nicht zusammenhängende Bereiche in der Tabelle zu markieren, dazu brauchen Sie aber die Maus:

1. Ziehen Sie den Zellzeiger bei gedrückter Maustaste über den ersten Bereich, um diesen zu markieren. Lassen Sie die Maustaste los.
2. Drücken Sie die [Strg]-Taste, und markieren Sie mit der Maus den nächsten Bereich.
3. Markieren Sie, nachdem die Markierung wieder abgeschlossen ist, den nächsten Bereich usw.

Achten Sie auf den Zellzeiger: Egal wie viele Zellen oder Bereiche Sie markieren, am Schluss wird der Zellzeiger wieder auf einer Zelle stehen, der aktiven Zelle. Das ist die erste Zelle des zuletzt markierten Bereiches.

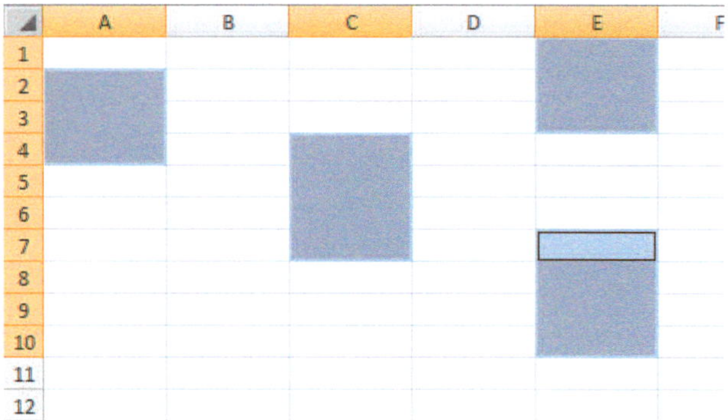

Abbildung 4.12 Die Mehrfachmarkierung

Zeilen, Spalten und ganze Tabellen markieren

Um eine Zeile zu markieren, ziehen Sie nicht den Zellzeiger von der ersten bis zur letzten Spalte, sondern klicken einfach auf die Zeilennummer. Auf der Tastatur drücken Sie für diese Aktion [Umschalt]+[Leertaste]. Für mehrere Zeilen ziehen Sie die Markierung über die Nummern, Mehrfachmarkierungen sind dabei natürlich auch möglich. Lassen Sie die Maustaste los, halten Sie [Strg] gedrückt, und markieren Sie weitere Zeilennummern.

Klicken Sie für eine Spaltenmarkierung einen Spaltenbuchstaben an, oder ziehen Sie die Markierung über die Spaltenbuchstaben, die zu markieren sind. Das Tastenkürzel dafür ist [Strg]+[Leertaste].

Die ganze Tabelle ist am schnellsten markiert: Klicken Sie in den Schnittpunkt der beiden Lineale, wo sich der Spaltenkopf mit den Zeilennummern trifft. Der Zellzeiger wandert automatisch in die Zelle A1, und alle Zeilen der Tabelle sind markiert (mit der Tastatur: [Strg]+[A]).

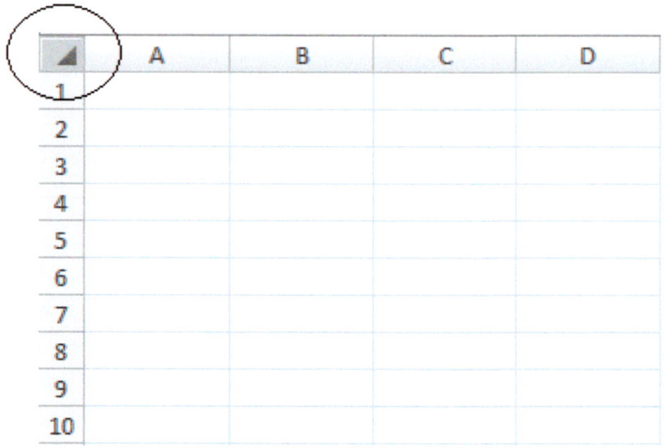

Abbildung 4.13 Ganze Tabelle markieren

Spezialmarkierungen

Wer mit der Maus schon zielsicher ist, kann den Zellzeiger auch schneller steuern oder zur Markierung von Zellblöcken verwenden. Der Mauszeiger nimmt, sobald er an den Rand des Zellzeigers bzw. eines markierten Bereiches gerät, die Form eines Doppelpfeils an. Klicken Sie mit diesem Pfeil doppelt auf den Rand, und der Zellzeiger springt:

- » zur letzten Zelle, die in dieser Richtung beschriftet ist.
- » zur Zelle vor, nach, unter oder über der nächsten beschrifteten, wenn dazwischen nur Leerzellen sind, und zwar in die Richtung, in die der jeweilige Zellrand zeigt.

Das funktioniert aber nur, wenn die angesteuerte Zelle nicht in der letzten Zeile oder Spalte des Tabellenblattes steht, also grundsätzlich nach oben oder links oder nach unten und rechts, wenn in dieser Richtung eine beschriftete Zelle zu finden ist.

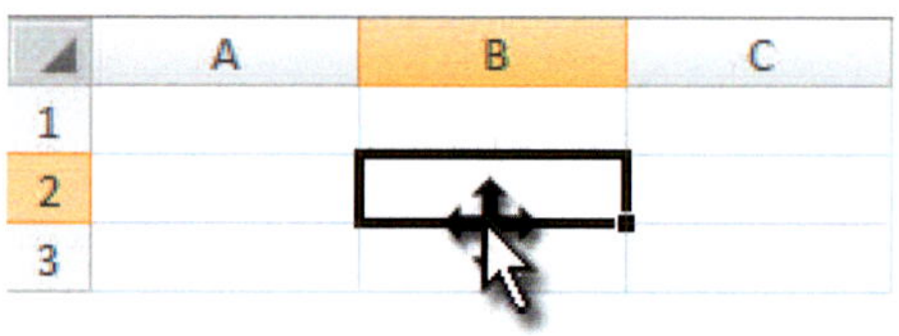

Abbildung 4.14 Der Mauszeiger am Zellzeigerrand

Halten Sie die Umschalt-Taste gedrückt, und klicken Sie doppelt auf einen Rand der Markierung, um diese bis zur letzten beschriebenen Zelle bzw. auf den nächsten Bereich zu erweitern. Auf diese Art wird die Auswahl schnell und zielsicher auf sämtliche Überschriftzeilen und Spaltenbeschriftungen usw. erweitert.

Übersicht: Markieren mit der Maus

Markierung	Mausaktion
Einzelne Zelle markieren	Klicken Sie auf die Zelle
Letzte Zelle in eine Richtung markieren	Doppelklick auf den Zellzeigerrand (nur wenn Zielzelle nicht in der letzten Zeile oder Spalte)
Nächste beschriebene Zelle markieren	Doppelklick auf den Zellzeigerrand (nur wenn Zielzelle nicht in der letzten Zeile oder Spalte), Zellzeiger bleibt eine Zelle vorher stehen
Zellbereich markieren	Ziehen Sie die Maus über den Bereich
Ganze Zeile markieren	Klicken Sie auf die Zeilennummer im Zeilenkopf
Ganze Spalte markieren	Klicken Sie auf die Spaltenbezeichnung im Spaltenkopf
Mehrere Zeilen oder Spalten markieren	Ziehen Sie die Maus über die Buchstaben bzw. Nummern im Zeilen-/Spaltenkopf
Die gesamte Tabelle markieren	Klicken Sie in das Kästchen links oben, in dem sich Zeilennummern und Spaltenbuchstaben treffen
Vom Zellzeiger bis zur letzten Zelle des Blocks markieren	Drücken Sie die Umschalt-Taste, und klicken Sie doppelt auf den Rand der Markierung
Mehrere Bereiche markieren	Ersten Bereich markieren, Strg gedrückt halten und weitere Bereiche markieren
Einzelne Blätter der Arbeitsmappe markieren	Das Register am unteren Rand der Tabelle anklicken
Mehrere Blätter der Arbeitsmappe markieren	Umschalt-Taste gedrückt halten und mehrere Register markieren

Tabelle 4.3 Markierungen mit der Maus

Übersicht: Markieren mit der Tastatur

Sondertasten	Aktion
Tab	Bewegt sich zwischen den nicht gesperrten Zellen in einem geschützten Tabellenblatt
Pos1	Sprung zum Anfang der Zeile
Umschalt + Pos1	Markierung bis zum Anfang der Zeile
Strg + Pos1	Sprung zum Anfang des Tabellenblattes (Zelle A1)
Strg + Umschalt + Pos1	Markierung bis zum Anfang des Tabellenblattes
Strg + Ende	Sprung zur letzten bearbeiteten Zelle
Strg + Umschalt + Ende	Markierung bis zur letzten Zelle im Tabellenblatt
Strg + Leertaste	Ganze Spalte markieren
Umschalt + Leertaste	Ganze Zeile markieren
Strg + A	Ganze Tabelle markieren
Umschalt + Rücktaste	Markierung zurück auf aktive Zelle
Strg + *	Markiert den aktuellen, beschriebenen Bereich
Rollen	Schaltet den Bildlauf-Feststellmodus ein oder aus

Tabelle 4.4 Markierungen mit Sondertasten

Bildtasten	Aktion
Bild ↑	Tabelle um eine Bildschirmgröße nach unten
Bild ↓	Tabelle um eine Bildschirmgröße nach oben
Alt + Bild ↓	Eine Bildschirmgröße nach rechts
Alt + Bild ↑	Eine Bildschirmgröße nach links
Strg + Bild ↓	Das nächste Blatt der Arbeitsmappe
Strg + Bild ↑	Das vorherige Blatt der Arbeitsmappe
Umschalt + Bild ↓	Markierung eine Bildschirmhöhe nach unten erweitern
Umschalt + Bild ↑	Markierung eine Bildschirmhöhe nach oben erweitern

Tabelle 4.5 Markierungen mit den Bildtasten

Die Ende-Taste schaltet den Ende-Modus ein oder aus. In der Statuszeile erscheint das Kürzel *END*, wenn dieser Modus aktiv und im Kontextmenü (rechte Maustaste) die Option *Beendigungsmodus* gesetzt ist.

Die Ende-Taste wird zur Zellzeigerbewegung innerhalb des benutzten Bereiches verwendet.

Ende-Taste	Aktion
Ende	Schaltet den Ende-Modus ein oder aus
Ende + Cursortaste	Zellzeiger um einen Datenblock in einer Zeile oder Spalte bewegen
Ende + Umschalt + Cursortaste	Zellzeiger in Pfeilrichtung zum Ende des Blockes
Ende + Pos1	Zellzeiger auf die Zelle am Schnittpunkt der am weitesten rechts liegenden Spalte mit der letzten verwendeten Zelle bewegen
Ende + Eingabe	Zellzeiger auf die letzte nicht leere Zelle nach rechts bewegen

Tabelle 4.6 Markierungen mit der Ende-Taste

Eine Sonderfunktion kommt der Rollen-Taste zu: Wenn diese Taste gedrückt ist (LED-Anzeige an), wird der Bildschirm beim Drücken der Pfeiltasten nur gerollt, die aktive Zelle bleibt markiert. Wenn die Bildlauf-Feststelltaste Rollen eingeschaltet ist, sind die Cursortasten und einige Sondertasten völlig anders belegt.

Die Statusleiste zeigt links außen *Rollen* an, wenn die Taste gedrückt wurde, vorausgesetzt, die Option *Rollen* wurde zuvor im Kontextmenü (rechte Maustaste) aktiviert.

Taste	Aktion mit Feststelltaste
↑/↓	Bildlauf um eine Zeile nach oben/unten
←/→	Bildlauf um eine Zeile nach links/rechts
Pos1	Zellzeiger auf die oberste linke Zelle im Fenster
Ende	Zellzeiger auf die unterste rechte Zelle im benutzten Bereich
Umschalt + Pos1	Markierung bis zur obersten linken Zelle im Fenster
Umschalt + Ende	Markierung bis zur untersten rechten Zelle im Fenster

Tabelle 4.7 Markieren mit der Rollen-Taste

4.2.3 Direkt markieren mit Gehe zu

Schwer zugängliche, nicht sichtbare Bereiche der Tabelle steuern Sie besser direkt an, bevor Sie den Zellzeiger mit Maus- oder Cursortasten über die Tabelle jagen. Das *Bearbeiten*-Menü hält dafür eine Option bereit:

1. Wählen Sie *Start/Bearbeiten/Suchen und Auswählen/Gehe zu*, oder drücken Sie die Funktionstaste F5.
2. Tragen Sie die gewünschte Zelladresse ein, klicken Sie auf *OK*, oder drücken Sie Eingabe.

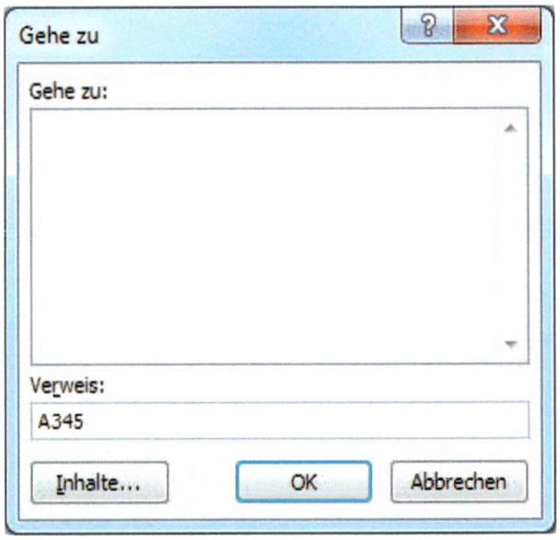

Abbildung 4.15 Direkter Sprung mit Gehe zu

Wenn Sie nun noch die Umschalt-Taste gedrückt halten, bevor Sie auf *OK* klicken, wird der gesamte Bereich von der aktiven Zelle bis zum eingegebenen Bezug markiert. Die Liste unter *Gehe zu* speichert die letzten angesprungenen Adressen und präsentiert diese am oberen Ende der Liste; der zuletzt angesteuerte Bezug steht ganz oben. So finden Sie schnell die zuvor bearbeiteten Bereiche wieder.

4.2.4 Inhalte auswählen mit Gehe zu

Mit der Zeit nimmt eine Tabelle naturgemäß größere Dimensionen an, und Änderungen sind ebenso zeitaufwendig wie risikobehaftet, da die einzelnen Zellen miteinander zahlreiche Verbindungen eingegangen sind. Wenn Änderungen erforderlich sind, beziehen sich diese dann oft auf eine Gruppe von Zellen: Sie möchten beispielsweise in allen Zellen, die Zahlenwerte enthalten, das Währungsformat ändern oder einfach mal sehen, in welchen Zellen etwas berechnet wird. Oder Sie wollen nach einer Änderung alle Zellen überprüfen, deren Formeln jetzt eine Fehlermeldung ausgeben. Für Selektionen dieser Art bietet Excel den Befehl *Inhalte auswählen*:

1. Markieren Sie einen bestimmten Bereich Ihrer Tabelle, wenn Sie die Suche auf diese Zellen beschränken wollen, oder setzen Sie den Zellzeiger in eine einzelne Zelle, um die ganze Tabelle mit einzuschließen.
2. Wählen Sie *Start/Bearbeiten/Suchen und Auswählen/Inhalte auswählen*, oder drücken Sie F5 und klicken Sie auf *Inhalte*.

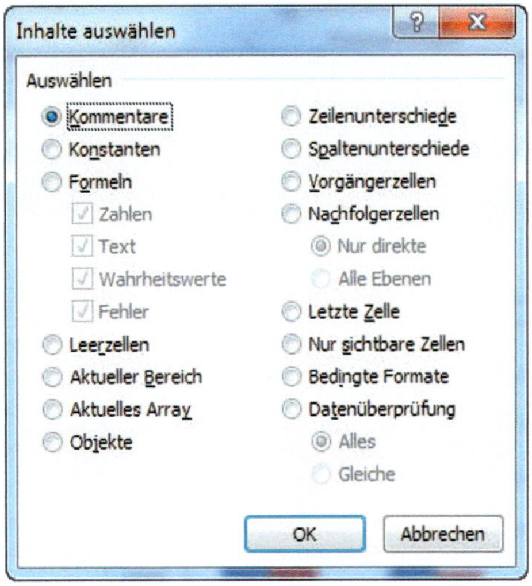

Abbildung 4.16 Inhalte auswählen

- *Kommentare:* Mit dieser Option werden alle Felder markiert, die Kommentare enthalten (mit *Einfügen/Kommentar* generiert).
- *Konstanten* und *Formeln:* Diese beiden Optionen schließen die nachfolgende Liste mit ein: Konstanten sind feste, nicht berechnete Zellinhalte. Wenn Sie nur *Text* ankreuzen, sind anschließend alle Felder markiert, die Text enthalten. Das Gleiche gilt für *Zahlen* (feste Zahlenwerte), *Wahrheitswerte* (nur WAHR oder FALSCH als Zellinhalt) und *Fehler* (eingegebene Fehlermeldungen). Die zweite Option *Formeln* sorgt dafür, dass Zellen markiert werden, deren Inhalt das Ergebnis einer Formel ist. Markiert wird wieder, was in der Liste angekreuzt ist: Zahlen oder Texte als Ergebnis einer Berechnung, Wahrheitswerte oder Fehlermeldungen als Ergebnis einer falschen oder nicht zulässigen Berechnung.
- *Leerzellen:* Alle leeren Zellen in der Tabelle oder im markierten Bereich werden markiert.
- *Aktueller Bereich:* Die Markierung umfasst den gesamten Bereich, der rund um die aktive Zelle bearbeitet (beschrieben) wurde.
- *Aktuelles Array:* Die Markierung umfasst die gesamte Matrix, zu der die aktive Zelle gehört. Dazu muss die Zelle eine Matrixformel enthalten.

» *Objekte:* Es werden nur Objekte auf dem Tabellenblatt (Zeichnungen, eingefügte Grafiken, Diagramme) markiert.

» *Zeilenunterschiede:* Markiert werden die Zellen, die einen anderen Inhalt als die Zelle haben, die in der gleichen Spalte wie die aktive Zelle steht.

» *Spaltenunterschiede:* Wie Zeilenunterschiede; ausgenommen sind Zellen, die in der gleichen Spalte stehen.

» *Vorgängerzellen:* Markiert werden alle Zellen, die von den markierten Formeln einbezogen werden. Die beiden Optionen der nächsten Option gehören dazu, sie differenzieren noch zwischen Zellen in der aktiven Tabelle oder Vorlage *(Nur direkte)* oder Zellen über *Alle Ebenen*, was bedeutet, dass auch die Zellen mitmarkiert werden, die mit den einbezogenen Zellen zusammenarbeiten.

» *Nachfolgerzellen:* Diese Option funktioniert umgekehrt zur Vorgängeroption: Markiert werden die Zellen, von denen die Zellen innerhalb der Markierung abhängig sind. Wenn also beispielsweise die abhängigen Zellen für Zelle A10 gesucht werden, markiert Excel alle Zellen mit Formeln, in denen der Bezug A10 vorkommt. *Nur direkte* bezeichnet dabei wieder die direkte Abhängigkeit, *Alle Ebenen* bezieht auch die mit ein, die von weiteren Zellen abhängig sind.

» *Letzte Zelle:* Mit dieser Option positionieren Sie den Cursor in der rechten unteren Ecke des Bereiches, der bearbeitet wurde. Die so markierte Zelle muss nicht unbedingt gefüllt sein; das kann auch eine Zelle sein, die wieder gelöscht wurde. Markiert werden auch Zellen, die keinen Inhalt, aber eine Formatierung enthalten (Zahlenformat, Rahmen, Zellmuster o.Ä.).

» *Nur sichtbare Zellen:* Damit markieren Sie alle Zellen innerhalb des markierten Bereiches, die sichtbar sind, d.h. nicht über Gliederungsfunktionen oder auf 0 reduzierte Zeilen- und Spaltenbreiten versteckt wurden, was z.B. für Diagramme nützlich ist, die nur Obermengen eines gegliederten Bereiches darstellen sollen.

» *Bedingte Formate:* Damit werden alle Zellen markiert, die mit *Format/Bedingte Formatierung* bearbeitet wurden. Da Bedingungsformate nicht direkt sichtbar sind, ist diese Funktion wichtig, um nachzuprüfen, wo solche Spezialformate eingebaut sind.

» *Datenüberprüfung:* Mit dieser Option werden alle Zellen markiert, die mit *Daten/Datentools/Datenüberprüfung* behandelt wurden und einer Gültigkeitsprüfung unterzogen werden. Die beiden Optionen regeln die Details, *Alles* markiert alle Zellen, die eine solche Formatierung haben, *Gleiche* nur die, in denen dieselbe Gültigkeitsprüfung vorkommt wie in der aktiven Zelle.

4.2.5 Zeilenhöhe und Spaltenbreite

Ändern Sie, wenn es die optische Gestaltung einer Tabelle erfordert, die Höhe und Breite von Zeilen und Spalten. Zellbreiten und -höhen können immer nur komplett für die gesamte Spalte bzw. Zeile zugeteilt werden; die Änderung in einer Zelle wird automatisch in die übrigen Zellen übernommen.

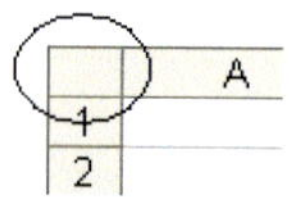

Als Zeilen- und Spaltenmarkierung wird bereits die Position des Zellzeigers anerkannt. Um mehrere Zeilen oder Spalten neu zu dimensionieren, markieren Sie diese vorher. Ziehen Sie dazu die Maus über eine beliebige Auswahl von Zellen, oder drücken Sie die [Umschalt]-Taste und markieren Sie mit den Cursortasten. Wollen Sie alle Spalten und Zeilen der Tabelle gleichzeitig bearbeiten, klicken Sie auf die Schaltfläche links oben in der Ecke, in der sich Zeilen- und Spaltenköpfe treffen, oder drücken [Strg]+[A].

Spaltenbreite mit der Maus bestimmen

Die Standardspaltenbreite in einer unveränderten Tabelle beträgt 10,71 Zeichen pro Zelle oder 80 Pixel. Dieses Maß ist von der Schriftart und Schriftgröße abhängig, die für die Zelle maßgeblich ist, und die wird von der Zellenformatvorlage geliefert oder vom Anwender festgelegt. Mit der Standardschrift *Calibri* in der Größe 11 Punkt passen ca. elf Zeichen mit unterschiedlicher Breite in eine Zelle. Excel zeigt bei der Änderung der Spaltenbreite in der QuickInfo die Breite in Zeichen und umgerechnet in Pixel an.

Setzen Sie den Mauszeiger auf die Zwischenlinie im Zeilen- oder Spaltenkopf, die zwei Zeilen oder Spalten voneinander trennt. Der Mauszeiger verwandelt sich dort in einen schwarzen Doppelpfeil. Ziehen Sie die Linie mit gedrückter Maustaste in die neue Position. Achten Sie auf die Anzeige der gewählten Breite bzw. Höhe im Namensfeld links oben.

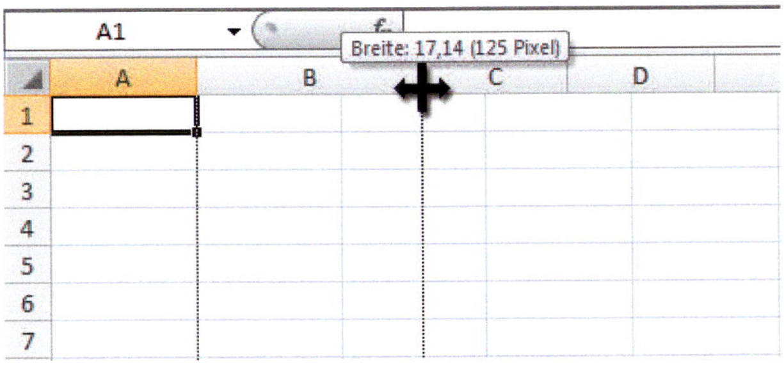

Abbildung 4.17 Spaltenbreite mit der Maus setzen

Gleiche Breite für mehrere Spalten

Markieren Sie alle Spalten, die Sie auf die gleiche Breite einstellen wollen, und ziehen Sie eine beliebige Spaltenlinie, die sich innerhalb der Markierung befindet, in die gewünschte Breite. Die markierten Spalten werden alle gleich breit.

Optimale Breite für eine Spalte

Um eine Zeile oder Spalte exakt so breit zu machen, dass der größte Zellinhalt gerade noch Platz findet, klicken Sie doppelt auf den rechten Rand der Spalte. Wenn mehrere Spalten markiert sind, werden alle markierten Spalten auf die optimale Breite gesetzt. Um die ganze Tabelle auf die optimale Spaltenbreite einzustellen, markieren Sie diese durch Klick auf die Schaltfläche links oben und doppelklicken auf eine beliebige markierte Spaltenlinie.

Befehle für diese Aktionen finden Sie auch auf der Registerkarte *Start* in der Gruppe *Zellen* unter *Format*.

Zurück zur Standardbreite

Den Standardwert für die Spaltenbreite (10,71 Zeichen bzw. 80 Pixel) können Sie in neuen Tabellen unter *Start/Zellen/Format/Standardbreite* überprüfen und der Tabelle ggf. wieder zuweisen:

1. Markieren Sie die Spalte, eine Zelle der Spalte oder mehrere Spalten, und wählen Sie *Start/Zellen/Format/Standardbreite*.
2. Bestätigen Sie die vorgeschlagene Breite mit *OK*, oder setzen Sie einen neuen Wert für die Standardbreite.

An die neue Standardbreite werden nur diejenigen Spalten angepasst, deren Breite noch nicht manuell verändert wurde. Wollen Sie alle Spalten auf diese neue Breite bringen, markieren Sie vorher mit einem Klick auf das Kästchen links oben die gesamte Tabelle.

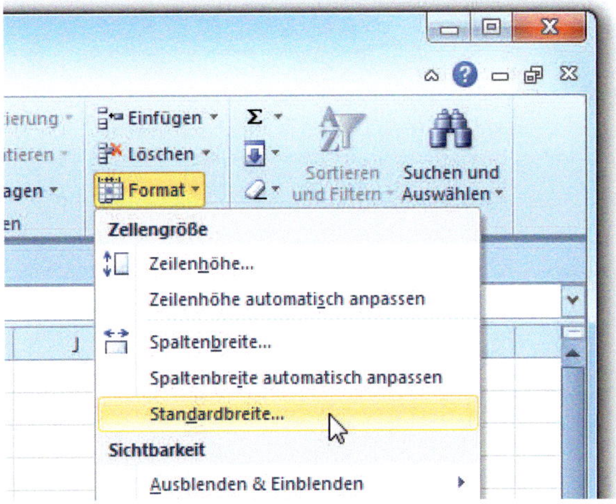

Abbildung 4.18 Standardbreite für die markierten Spalten

Nummernkreuzkette nach der Spaltengrößenänderung

Ein Text, der in der Länge über eine Spaltenlinie hinausragt, wird nur dann in der nächsten Spalte abgebildet, wenn diese leer ist. Zahlenwerte oder Ergebnisse aus Formeln und Funktionen werden als Nummernkreuzkette dargestellt, wenn die Spalte nicht breit genug für die Anzeige ist. Klicken Sie doppelt auf die rechte Spaltenkopflinie, um die Spalte zu verbreitern.

E	F
Bezeichnung	Betrag
Fuhrpark allgemein	##########
EDV	##########
Materiallager	##########
Kantine	##########
Grundstück und Gebäude	##########
Einkauf	##########
EDV	##########
Kantine	##########

Abbildung 4.19 Die Spalte ist nicht breit genug für die Anzeige der Zahlen.

4.2.6 Die Zeilenhöhe

Die Standardzeilenhöhe beträgt in Standardtabellen 15,00 Punkt oder 20 Pixel. Der erste Wert ist eine Maßangabe im typografischen Maß Punkt. In diesem Schriftmaß werden alle Elemente gemessen, die mit Schriftgrößen zu tun haben. Eine Zeile passt automatisch ihre Schrifthöhe an, wenn Sie ihr eine andere Schrift zuweisen.

HINWEIS Was ist ein Punkt? Das Online-Lexikon Wikipedia gibt Auskunft:

- Ein Didot-Punkt beträgt: 1 p = 0,376 mm.
- Ein Pica-Punkt (Point) beträgt: 1/72 Zoll = 0,353 mm. Dieses Maß wird für Schriftgrößen unter Windows verwendet.

Die Größe einer einzelnen Zeile legen Sie wie die Spaltenbreite auch wieder mit der Maus fest. Ziehen Sie dazu die untere Grenzlinie der Zeile im Zeilenkopf links außen nach unten, um die Zeile zu vergrößern, oder nach oben für eine kleinere Zeile. Um mehrere Zeilen gleichzeitig zu verändern, markieren Sie diese vorher. Die QuickInfo meldet während des Ziehens die aktuelle Höhe.

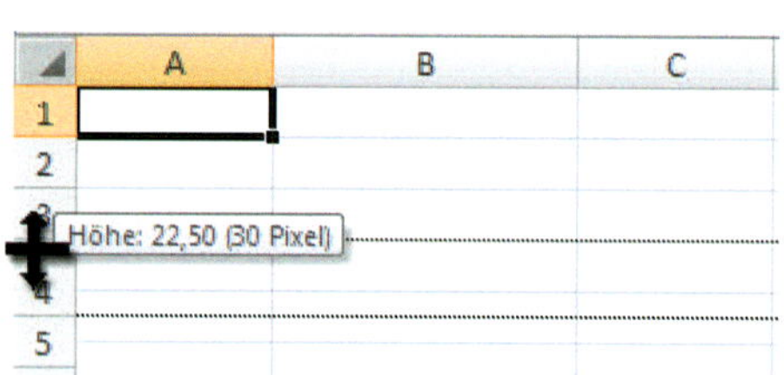

Abbildung 4.20 Die Zeilenhöhe wird durch Ziehen des Zeilenrands verändert.

Optimale Zeilenhöhe

Die optimale Höhe hat eine Zeile dann, wenn der Inhalt der Zelle, die mit der höchsten Schriftgröße formatiert ist, gerade noch Platz darin findet. Markieren Sie die Zeile(n), deren Höhe Sie optimieren wollen, und klicken Sie doppelt auf eine beliebige markierte Zwischenlinie im Zeilenkopf (auch unter *Start/Zellen/Format/Zeilenhöhe automatisch anpassen*).

Zeilen- und Spaltengröße aus Registerkarte oder Kontextmenü

Wenn Sie die Zeilen- oder Spaltengröße lieber per Werteingabe ändern wollen, wählen Sie für den markierten Bereich unter *Start/Zellen/Format Zeilenhöhe* bzw. *Spaltenbreite*. Geben Sie die gewünschte Größe ein (Anzahl Zeichen für Spaltenbreite, Schriftgrad für Zeilenhöhe), und bestätigen Sie mit Klick auf *OK*.

Auch das Kontextmenü der rechten Maustaste bietet die Optionen an, und zwar *Zeilenhöhe*, wenn eine oder mehrere Zeilen im Zeilenkopf markiert sind, und *Spaltenbreite*, wenn die Markierung eine oder mehrere Spalten umfasst.

4.2.7 Zeilen und Spalten aus-/einblenden

Nicht immer muss jede Information aus den Zeilen oder Spalten einer Tabelle sichtbar sein, und für bestimmte Druckausgaben oder Ansichten ist es oft nötig, diese auszublenden. Häufig passiert es auch unbeabsichtigt, dass eine Zeile oder Spalte verschwindet, wenn die Höhe oder Breite versehentlich auf null reduziert wurde. Um eine Zeile oder Spalte auszublenden, verwenden Sie wieder das Kontextmenü der rechten Maustaste:

1. Klicken Sie mit der rechten Maustaste in den Zeilen- oder Spaltenkopf der Zeilen/Spalten, die Sie ausblenden wollen. Mehrere Zeilen/Spalten müssen vorher markiert werden.
2. Wählen Sie im Kontextmenü *Ausblenden*. Der Eintrag im Zeilen-/Spaltenkopf erscheint dann nicht mehr, die Zeile/Spalte ist samt Inhalt unsichtbar.

Mit *Einblenden* wird eine markierte Zeile/Spalte wieder eingeblendet und auf ihre ursprüngliche Größe (nicht die Standardgröße) zurückgesetzt.

Die Registerkarte *Start* hält diese Befehle in der Gruppe *Zellen* unter *Format/Sichtbarkeit* bereit.

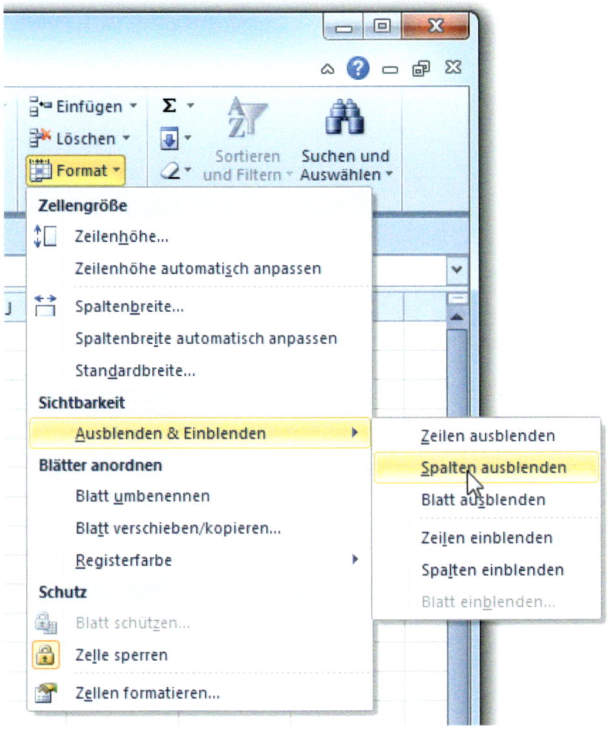

Abbildung 4.21 Zeilen, Spalten und Tabellenblätter ein- und ausblenden

Sie können eine Zeile oder Spalte auch ausblenden, indem Sie ihr die Größe 0 zuteilen oder mit der Maus die beiden Zellränder zur Deckung bringen.

Ausgeblendete Tabellenbereiche werden nicht gedruckt und sind auch in der Seitenansicht nicht sichtbar. Wird ein Bereich mit ausgeblendeten Zellen markiert und in einem Diagramm dargestellt, enthält dieses alle, auch die unsichtbaren Werte.

TIPP Unter *Start/Suchen und Auswählen/Gehe zu/Inhalte* finden Sie die Option *Nur sichtbare Zellen*. Damit markieren Sie nur das, was auf dem Bildschirm zu sehen ist, nicht die Zellinhalte ausgeblendeter Zeilen oder Spalten.

Wer nach den ersten Versuchen plötzlich einige Zeilen und Spalten nicht mehr findet, weil er die *Ausblenden*-Option ausprobiert hat, wird diese natürlich wieder zurückhaben wollen. Nun ist es aber gar nicht so einfach, eine nicht sichtbare Zeile oder Spalte zu markieren. Suchen Sie sich die Technik aus, die Ihnen gefällt:

- **Notbremse:** Solange die ausgeblendete Zeile oder Spalte markiert ist (was sie gleich nach dem Ausblenden auch bleibt), können Sie sie über *Einblenden* wieder zurückholen. Den gleichen Effekt hat auch die Notbremse *Widerrufen* im *Bearbeiten*-Menü oder [Strg]+[Z].
- **Geduldsspiel:** Wenn Sie mit dem Mauszeiger langsam über den Spalten- oder Zeilenkopf fahren, zeigt dieser einen Doppelpfeil, wenn er eine Nullzeile oder -spalte berührt. Halten Sie mit diesem die Maustaste gedrückt, und ziehen Sie die Grenzlinie nach unten oder nach rechts.

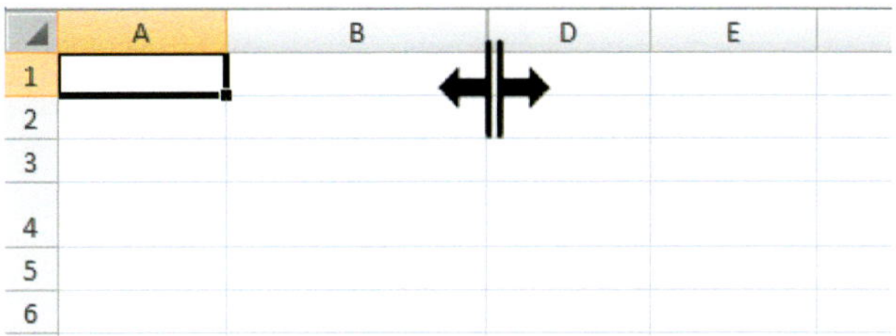

Abbildung 4.22 Der Mauszeiger verrät die ausgeblendete Spalte.

- **Direkter Sprung:** Wenn der Cursor nicht mehr auf die Zeile oder Spalte zeigt, steuern Sie diese mit *Start/Suchen und Auswählen/Gehe zu* an (oder mit [F5]). Tippen Sie einen Bezug mit der Zeile oder Spalte ein (z.B. G5 für die Spalte G), bestätigen Sie mit *OK*, und blenden Sie dann die unsichtbar markierte Zeile/Spalte über *Start/Zellen/Format/Einblenden* wieder ein.
- **Die schnellste Methode:** Markieren Sie die angrenzenden Zeilen oder Spalten (z.B. F und H, wenn G nicht sichtbar ist), und klicken Sie doppelt auf eine der Zwischenlinien im Zeilen-/Spaltenkopf. Der ausgeblendete Bereich nimmt wie die anderen (sichtbaren) Zeilen oder Spalten die optimale Größe an.

4.3 Profi-Tipps für Tabellen und Register

4.3.1 Zeilenhöhe und Spaltenbreite in Zentimetern

Das Excel-spezifische Maßsystem stellt Formulargestalter oft vor unlösbare Aufgaben: Die Höhe der Zeilen wird im typografischen Maß »Punkt« gemessen, die Breite dagegen in Anzahl Zeichen pro Zelle.

In einer Tabelle mit der Standardschriftgröße 10 misst eine Zelle 0,42 cm, denn zur Zeilenhöhe (0,353*10=3,53) wird noch der Abstand zur nächsten Zeile (Durchschuss) gerechnet, und der beträgt 20 % der Zeilenhöhe, folglich:

```
0,353 mm *12 = 4,2 mm
```

Um die Zeilenhöhe in Zentimeter umzurechnen, verwenden Sie diesen Faktor:

```
Zeilenhöhe in cm = Zeilenhöhe in punkt / 29,5
```

Die Standardspaltenbreite beträgt 10,71 Zeichen oder 80 Pixel pro Zelle. Dieses Maß ist von der Schriftart und Schriftgröße abhängig, die für die Zelle von der Formatvorlage geliefert oder vom Anwender gewählt wurde. Mit der Standardschrift *Calibri* in der Größe 11 *Punkt* passen ca. elf Zeichen mit unterschiedlicher Breite in eine Zelle.

Um die Spaltenbreite in cm umzurechnen, verwenden Sie diesen Faktor:

```
Spaltenhöhe in cm = (Spaltenhöhe in Anzahl Zeichen + 0.71) / 5,1425
```

Für die Umrechnung können Sie Makros verwenden, die den Zentimeterwert in einer Eingabemeldung anfordern und die Zeilen oder Spalten entsprechend umrechnen.

CD-ROM Die Makros finden Sie auf der Buch-CD unter *Zeilenhoehe.xlsm.*

```
Sub ZHöhe()
Dim zh As Single, zhjetzt As Single
Dim ipText As String, zhneu As String
zhjetzt = Selection.RowHeight / 29.5
ipText = "Aktuelle Zeilenhöhe: " _
& Format(zhjetzt, "###0.00 cm") _
& Chr(13) _
& "Zeilenhöhe in Zentimeter:"
zhneu = InputBox(ipText, "Neue Zeilenhöhe festle-
gen")
If zhneu = "" Then Exit Sub
zh = CSng(zhneu)
Selection.RowHeight = zh * 29.5
End Sub
```

Listing 4.1 Makro zur Ermittlung und Angabe der Zeilenhöhe

```
Sub SBreite()
Dim SB As Single, SBJetzt As Single
Dim ipText As String, SBNeu As String
SBJetzt = (Selection.ColumnWidth + 0.71) / 5.1425
ipText = "Aktuelle Spaltenbreite: " _
& Format(SBJetzt, "###0.00 cm") & Chr(13) _
& "Spaltenbreite in Zentimeter:"
SBNeu = InputBox(ipText, "Neue Spaltenbreite fest-
legen")
If SBNeu = "" Then Exit Sub
SB = CSng(SBNeu)
Selection.ColumnWidth = -0.71 + 5.1425 * SB
End Sub
```

Listing 4.2 Makro zur Ermittlung und Angabe der Spaltenbreite

4.3.2 Tabellenblätter sortieren

Excel wurde ja wirklich oft »runderneuert«, d.h., in neuen Versionen auf den Markt gebracht, aber eines haben die Entwickler noch nicht geschafft, nämlich eine Funktion zum Sortieren der Tabellenblätter einzubauen. Schreiben Sie sich ein Makro dafür, wenn Sie mit vielen Tabellenblättern zu tun haben.

CD-ROM Das Makro finden Sie auf der Buch-CD unter *Tabellensortieren.xlsm*.

```
Sub Blattsort()
' Variablen dimensionieren
 Dim blätter(100), blattzahl, i As Integer, aktname
As String
 blattzahl = Sheets.Count
' Erste Schleife liest alle Blattnamen ein
 For i = 1 To blattzahl
  blätter(i) = Sheets(i).Name
 Next i
' Neues Tabellenblatt einfügen
  Sheets.Add
  aktname = ActiveSheet.Name
  [a1].Select
' Zweite Schleife schreibt alle Blattnamen in die
Tabelle
  For i = 1 To blattzahl
   ActiveCell.Value = blätter(i)
   Selection.Offset(1, 0).Select
  Next i
' Bereich auswählen und absteigend sortieren
  Range([a1], Cells(i - 1, 1)).Select
  Selection.Sort Key1:=Range("A1"),
Order1:=xlDescending, Header:= _
  xlGuess, OrderCustom:=1, MatchCase:=False, Orien-
tation:= _
  xlTopToBottom
' Dritte Schleife sortiert alle Blattnamen nach der
Liste ein
  Dim counter As Variant
  For Each counter In Selection
    Sheets(counter.Value).Move Before:=Sheets(1)
 Next counter
' Eingefügtes Tabellenblatt löschen
  Application.DisplayAlerts = False
  Sheets(aktname).Delete
End Sub
```

Listing 4.3 Makro sortiert Tabellenblätter

Kapitel 5

Grundlagen der Tabellenbearbeitung

Der Kern der Tabelle ist die Zelle, und fast wie im richtigen Leben dreht sich auch im Tabellenblatt alles um diese. Dabei ist sie gar nicht so eindimensional, wie es auf den ersten Blick scheint, eine Zelle besteht aus vielen »Zwiebelschichten«. Zu sehen ist nur der Zellinhalt, aber wie dieser angezeigt wird, bestimmen viele Schichten, die darunter liegen. In diesem Kapitel beschäftigen wir uns zunächst nur mit der Erfassung von Daten in der Zelle, genauer in der ersten Schicht der Zelle.

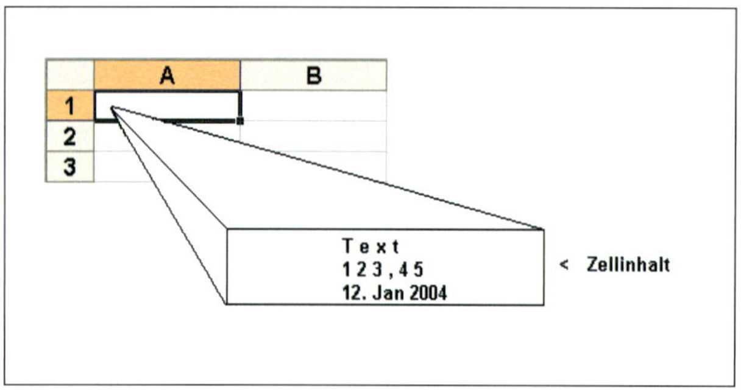

Abbildung 5.1 Die erste Schicht der Zelle: Text, Zahl oder Datum

5.1 Die Bearbeitungsleiste

Als Bearbeitungsleiste wird die Zeile zwischen Symbolleistenbereich und Spaltenkopf bezeichnet. Dieses Element ist aus früheren Versionen übrig geblieben, als es in Excel noch nicht möglich war, direkt in der Tabelle zu arbeiten. Aber auch wenn die direkte Zellbearbeitung aktiv ist, leistet die Bearbeitungsleiste oft nützliche Hilfe, besonders bei komplexen Formeln.

Wenn diese Leiste nicht sichtbar ist, schalten Sie unter *Datei/Optionen* unter *Erweitert/Anzeige* die Option *Bearbeitungsleiste anzeigen* ein.

Größe der Bearbeitungsleiste ändern

Zeigen Sie auf den runden Bogen zwischen Namensfeld und Bearbeitungsleiste, und ziehen Sie diesen mit gedrückter Maustaste nach links oder rechts, um dieses Element zu verkleinern oder zu vergrößern. Sie können die Bearbeitungsleiste auch vertikal vergrößern, um beispielsweise größere Formeln mehrzeilig anzuzeigen. Klicken Sie auf den Doppelpfeil am rechten Rand, wird die Leiste zweizeilig. Zeigen Sie auf die untere Randlinie der Leiste, und ziehen Sie diese nach unten, bis die Leiste die gewünschte Größe hat.

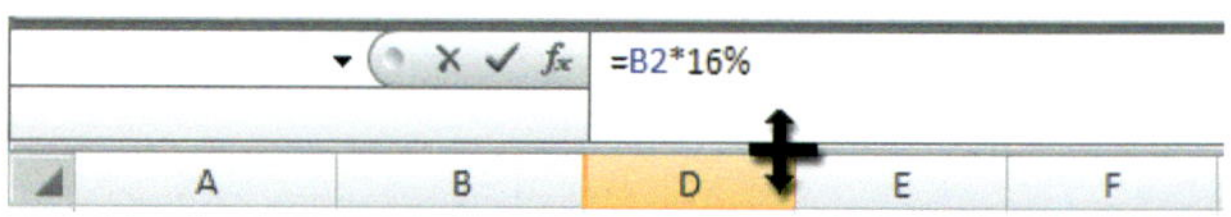

Abbildung 5.2 Die Bearbeitungsleiste wird vergrößert.

Um die Leiste wieder auf ihre ursprüngliche Größe zu reduzieren, klicken Sie auf das Doppelpfeilsymbol rechts oben oder doppelt auf die Randlinie.

Funktion einfügen

Dieses Symbol ist ständig sichtbar, es aktiviert die Funktionsliste und bietet alle Excel-Funktionen an. Wie Sie mit diesen rechnen und kalkulieren, lesen Sie in *Kapitel 6*.

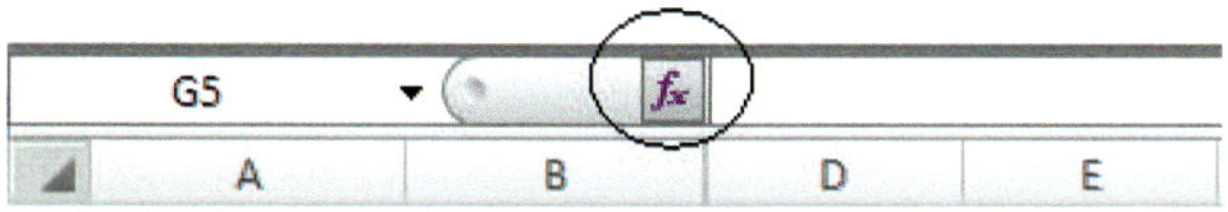

Abbildung 5.3 Symbol »Funktion einfügen«

Symbole für Eingabe und Abbrechen

Setzen Sie den Cursor per Mausklick oder mit [F2] in die Bearbeitungsleiste, schaltet diese zusätzlich zu *Funktion einfügen* zwei weitere Symbole dazu:

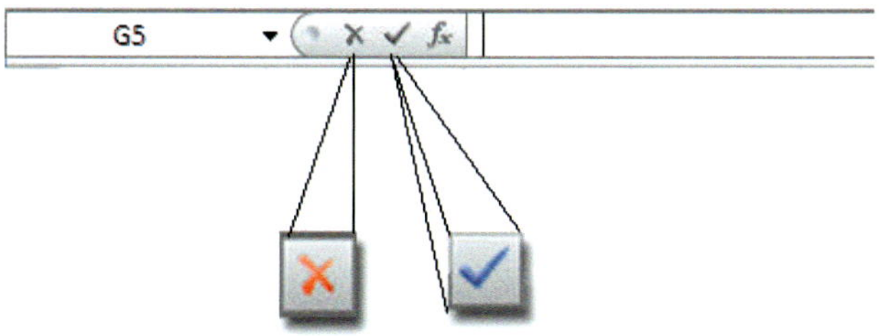

Abbildung 5.4 Symbole der Bearbeitungsleiste

» *Abbrechen:* Klicken Sie hier, um die Bearbeitung der Zelle abzubrechen. Alle Eingaben und Änderungen werden damit verworfen. Sie können alternativ dazu auch die [Esc]-Taste drücken.

» *Eingeben:* Klicken Sie dieses Symbol an, um die Eingabe oder Änderung in die Zelle zu schreiben. Mit der [Eingabe]-Taste geht es schneller.

Texte bearbeiten und editieren

Da mit zunehmender Gewöhnung an das Programm auch die Zahl der Aufgaben wächst, die es zu bewältigen gibt, werden auch die Eingaben in eine Zelle immer länger. Abgesehen von Text- und Zahlenbeiträgen werden Sie bald auch solche Formelungetüme konstruieren:

```
=WENN(UND(B7>=MIN(D:D);B7<=MAX(D:D));VERWEIS(B7;D:D;
WAHL(B6-1990;F:F;G:G;H:H;I:I;J:J));"Fehler")
```

Sie können mit der Bearbeitungsleiste oder – bei gesetzter Option *Direkte Zellbearbeitung* – direkt in der Zelle am Text arbeiten und dabei ähnlich vorgehen wie in Ihrem Textprogramm. Setzen Sie den Zellzeiger in die Zelle, deren Inhalt Sie editieren wollen, und starten Sie die Bearbeitung:

» Die Funktionstaste [F2] öffnet die Zelle und befördert den Cursor an das Ende des Zellinhaltes. Der Inhalt kann erweitert oder verändert werden.

» Drücken Sie [→] und [←], um den Cursor im Zellinhalt zu verschieben.

» Schreiben Sie einzufügenden Text an der Cursorposition. Drücken Sie die Taste [Einfg], um den Überschreibmodus zu aktivieren. Die Texteingaben überschreiben dann den Inhalt rechts vom Cursor.

Funktionen für die Bearbeitungsleiste oder direkte Zellbearbeitung	Anwendung/Tasten
Bearbeitungsleiste öffnen	Mauszeiger in die Zeile und klicken oder [F2]
Bearbeitungsleiste schließen, Inhalt übernehmen	[Eingabe] oder ✓
Bearbeitungsleiste schließen, Änderung verwerfen	Taste [Esc] oder ✗
Cursor zeichenweise bewegen	[→], [←]
Cursor zeilenweise bewegen	[↑], [↓] (nur wenn die Bearbeitungsleiste mehrere Zeilen zeigt)
Cursor wortweise bewegen	[Strg]-Taste und Cursortasten
Cursor zum Zeilenanfang bewegen	[Pos1]
Cursor zum Zeilenende bewegen	[Ende]
Cursor zum Textanfang bringen	[Strg] + [Pos1]
Cursor zum Textende bringen	[Strg] + [Ende]
Text markieren	Maustaste drücken, Textcursor ziehen oder [Umschalt] und Cursortasten
Wort markieren	Doppelklick auf das Wort oder [Strg] + [Umschalt] + Cursortasten

Funktionen für die Bearbeitungsleiste oder direkte Zellbearbeitung	Anwendung/Tasten
Ab Cursorposition markieren	Umschalt und Cursor neu positionieren
Markierte(s) Zeichen löschen	Rücktaste löscht links vom Cursor, Entf-Taste rechts davon. Mit Umschalt + Entf wird der markierte Text in die Zwischenablage ausgeschnitten.
Bis zum Zeilenende löschen	Strg + Entf
Inhalt der Zwischenablage einfügen	Umschalt + Einfg
Markierten Text in die Zwischenablage kopieren	Strg + Einfg

5.1.1 Eingabe in markierte Bereiche

Markieren Sie mehrere Zellen, und geben Sie Text und Zahlen oder Formeln ein. Der Zellzeiger springt innerhalb eines markierten Blockes von Zellen automatisch in die nächste Zelle innerhalb der Markierung. Er wandert dabei zuerst die Zeile ab und springt dann in der Spalte weiter. Wenn der Bereich abgearbeitet ist, beginnt der Zellzeiger wieder in der ersten markierten Zelle. Auf diese Art können Sie den Zellzeiger bei der Eingabe der Daten in eine bestimmte Richtung fortschalten. Drücken Sie eine Cursortaste, oder klicken Sie in die Tabelle, um die Markierung wieder aufzuheben.

Markierten Bereich füllen

Wenn die Aufgabenstellung einen identischen Text, eine Zahl oder Formeln und Funktionen in allen Zellen eines Bereiches erfordert, können Sie diese schon bei der Eingabe füllen und sich damit das Kopieren von Zellinhalten ersparen:

1. Markieren Sie alle Zellen, in denen die Eingabe stehen soll.
2. Schreiben Sie den gewünschten Inhalt wie gewohnt in die Bearbeitungsleiste.
3. Drücken Sie zum Abschluss Strg + Eingabe.

5.2 Zahlen, Texte und andere Zellinhalte

Die Zellen eines Tabellenblattes können wahlweise Texte, Zahlen, Datumswerte oder Berechnungen in Form von Funktionen oder Formeln beinhalten. Zur Eingabe der Zellinhalte wird die Bearbeitungsleiste oder die Zelle direkt benutzt.

Geben Sie in einer Excel-Zelle etwas ein, wird diese Eingabe nicht einfach im Arbeitsbereich untergebracht, so wie das z.B. in einem Word-Text der Fall ist. Machen Sie folgendes Experiment, das Ihnen eindrucksvoll zeigen wird, dass Zelleingaben durchaus tückisch sein können:

Der Zellzeiger steht in Zelle A1. Geben Sie den Zahlenwert 4,1 ein, und drücken Sie die Eingabe-Taste. Das Ergebnis: Die Zahl steht in der Zelle.	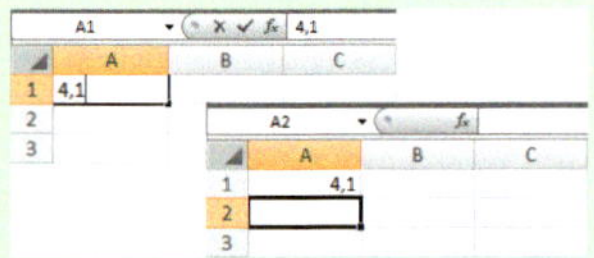
Schalten Sie jetzt zurück zur Zelle, und geben Sie die Zahl in US-Schreibweise mit Punkt ein (4.1). Das Ergebnis: Die Zelle zeigt ein Datum an.	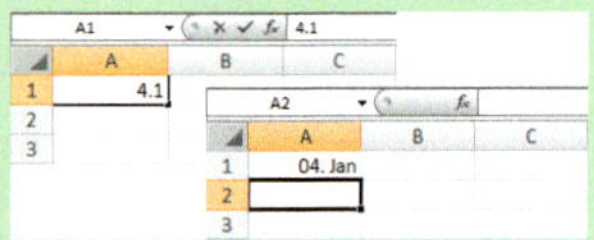
Ändern Sie Ihre Eingabe erneut, tragen Sie die Zahl 3,2 ein. Das Ergebnis: Die Zelle zeigt ein anderes Datum an.	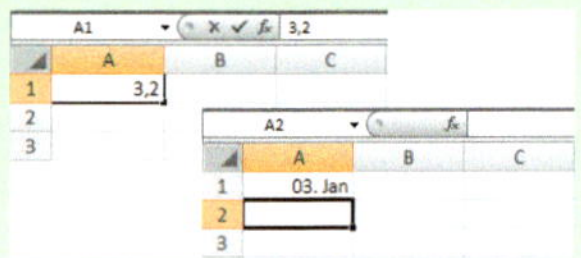

Tabelle 5.1 Eingabeverhalten

Verwirrend? Nicht, wenn Sie wissen, dass Excel die Eingabe in einer Zelle auf ihren Typ überprüft und die Zelle danach formatiert. Mit Eingabe der Zahl wurde die Zelle nicht formatiert, die Zahl blieb ohne Umwandlung. Die zweite Zahl (4.1) interpretiert Excel allerdings als Datum (4. Januar des aktuellen Jahres) und weist der Zelle das entsprechende Format zu. Geben Sie anschließend eine andere Zahl ein, wird diese immer als Datum interpretiert werden (3. Januar, die Nachkommastelle ist ein nicht angezeigter Zeitwert).

5.2.1 Das Prinzip des Zahlenformates

Jede Zelle der Tabelle ist mit einem Zahlenformat unterlegt. Dieses Format bestimmt, wie der Inhalt ausgegeben wird, und rechnet diesen in einigen Fällen (zum Beispiel bei Prozentzahlen) sogar um. Stellen Sie sich vor, die Zelle hätte eine zweite Schicht, und in dieser befindet sich das Zahlenformat. Einmal zugewiesen, bleibt es der Zelle erhalten, bis Sie es löschen oder ändern.

Das Modell zeigt den Unterschied:

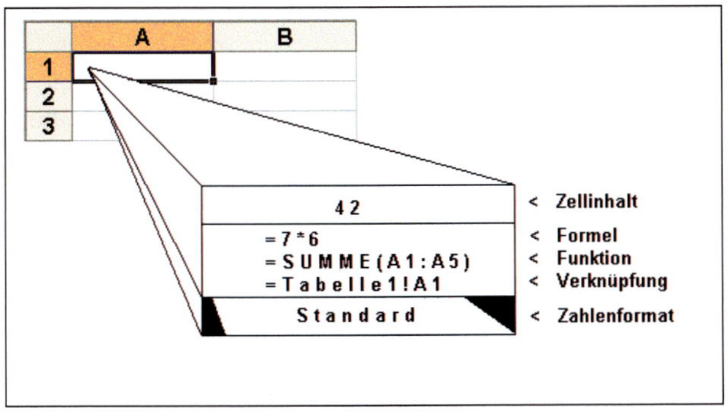

Abbildung 5.5 Eine Standardzahl mit Standardformat

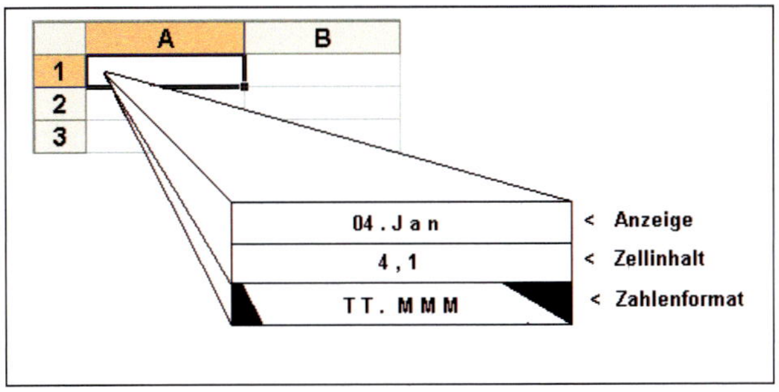

Abbildung 5.6 Die gleiche Zahl mit Datumsformat

Das Zahlenformat bezieht die Zelle zunächst aus der Standardformatierung, und für diese ist die Zellenformatvorlage zuständig. Jede neue Tabelle hat in jeder Zelle das Format *Standard*. Prüfen Sie das nach, indem Sie unter *Start/Formatvorlagen* den Pfeil am Symbol *Zellenformatvorlagen* anklicken und die Liste öffnen. Die Formatvorlage *Standard* ist markiert.

In dieser Formatvorlage ist für jede Zelle das Zahlenformat *Standard* vorgesehen. Um einer Zelle ein anderes Zahlenformat zuzuweisen, markieren Sie diese zuerst

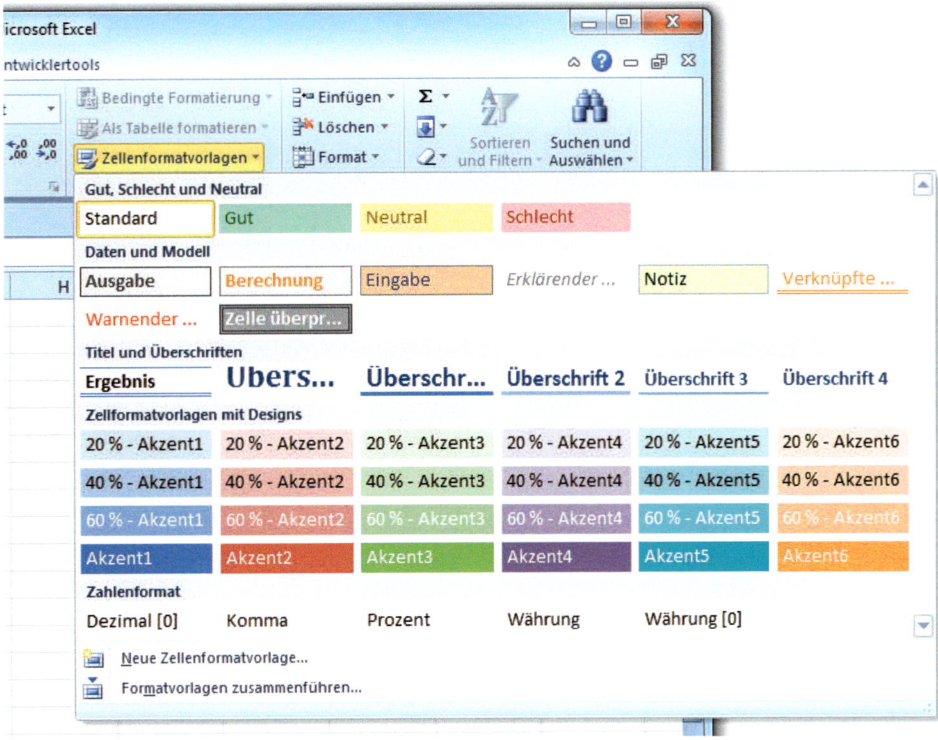

Abbildung 5.7
Zellenformatvorlagen – »Standard« ist Standard.

und wählen ein Format aus *Start/Zahl*. Die Zuweisung gilt immer für alle markierten Zellen. Wenn Sie einen Zellbereich markieren, sehen Sie auf der Registerkarte immer das Format der aktuellen Zelle, d.h. der Zelle, in der sich der Zellzeiger befindet.

Das Dialogfeld der *Zahl*-Gruppe auf der Registerkarte *Start* bietet alle Zahlenformate in einer Übersicht an. Aktivieren Sie es per Klick auf die Pfeilschaltfläche rechts unten an der Gruppe.

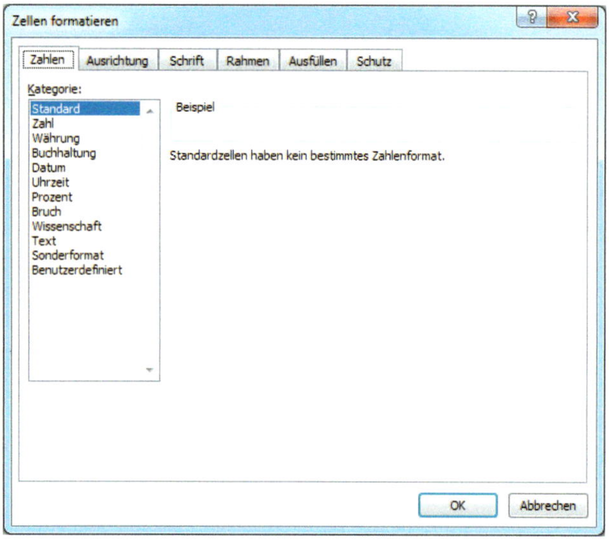

Abbildung 5.8 Das Zahlenformat der Zelle

Alle Zellen einer neuen, unformatierten Tabelle haben anfangs das Format *Standard*. Das ist ein sehr wandlungsfähiges Format, es prüft nämlich die Eingabe und weist der Zelle anschließend ein passendes Format zu. In unserem ersten Experiment passierte also Folgendes:

Die Zelle A1 hat das Zahlenformat *Standard*. Mit der ersten Eingabe einer Zahl passiert nichts weiter, das Zahlenformat wird nicht verändert.	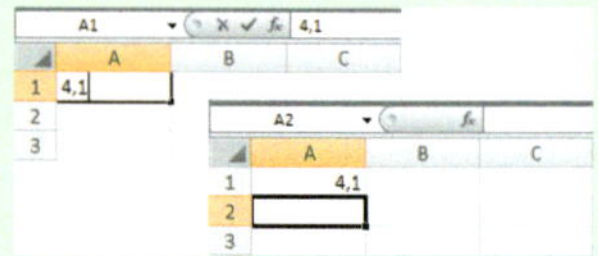
Wird in die Zelle aber ein Datum eingegeben, weist Excel ihr das Zahlenformat *TT. MMM* zu, und aus 4,1 wird der 4. Januar des aktuellen Jahres (die Nachkommastelle ist die Uhrzeit: 0,1 = 2:24).	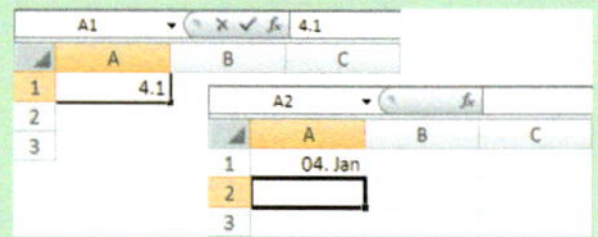
Geben Sie der Zelle anschließend eine neue Dezimalzahl, wird diese jetzt mit dem neuen Zahlenformat abgebildet, also wieder in ein Datum umgewandelt (3. Januar).	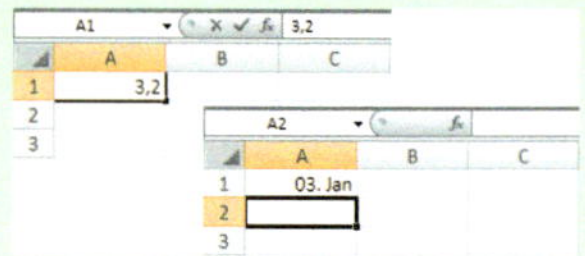

Tabelle 5.2 Eingabeverhalten und Zahlenformate

Jetzt wissen Sie, wie Zellinhalt und Zahlenformat zusammenspielen, und damit gibt es auch keine Überraschungen mehr: Weisen Sie der Zelle einfach wieder das *Standard*-Format oder ein anderes Format zu, wenn sie nicht anzeigt, was sie sollte.

Wenn Sie das Datum umwandeln, das Excel aus der Zahl mit dem Punkt gemacht hat, wird daraus aber eine etwas größere Zahl. Der Grund: Datumswerte sind eigentlich Dezimalzahlen, sie geben die Anzahl Tage ab dem Startdatum 1.1.1900 wieder. Ihre Zahl wird irgendwo im Bereich 7.000 liegen (*siehe Kapitel 6: Rechnen mit Datum und Zeit*).

5.2.2 Zahlen eingeben

Nicht alles, was wie eine Zahl aussieht, ist auch eine, zumindest eine, mit der Excel rechnen kann. Eine einfache Orientierungshilfe bietet Excel mit der Standardausrichtung der Zellinhalte:

- Zahlen werden grundsätzlich rechtsbündig ausgerichtet.
- Texte werden grundsätzlich linksbündig ausgerichtet.

Um mit einer Zahl in einer Zelle rechnen zu können, darf die Zelle nur eine Zahl enthalten, keine Texte, keine Text-Zahl-Kombinationen. Hier die Grundregeln für die Erfassung von Zahlen in unformatierten Tabellen (Standardformat) in alphabetischer Reihenfolge:

Nachkommastellen 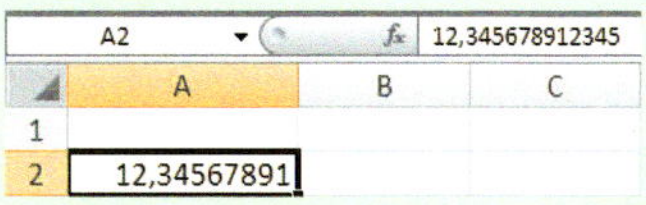	Im Standardformat werden nur bis zu neun Dezimalstellen angezeigt, die letzte Stelle wird kaufmännisch gerundet (nur optisch). Zahlen, die größer als die Zelle sind, zeigt Excel im Exponentialformat an (3,45E+03), und wenn die Zelle auch dafür zu klein ist, erscheint auf dem Bildschirm wie auf der Druckausgabe eine Kette von #-Zeichen. Vergrößern Sie in diesem Fall die Spalte durch Ziehen der rechten Spaltenlinie im Spaltenkopf.
Nullen 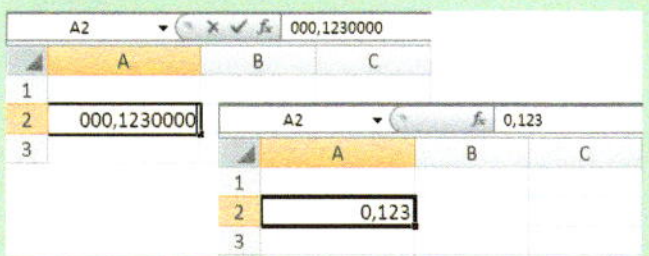	Führende oder folgende Nullen ignoriert Excel im Standardformat: Aus 12,300 wird 12,3 Aus 0123,45 wird 123,45 Aus 123,450 wird 123,45 Um die Nullen trotzdem anzuzeigen, wird das Zahlenformat der Zelle entsprechend präpariert: 000,00 (füllt bis zu drei Nullen vor dem Komma auf) 0,000 (füllt nach dem Komma mit bis zu drei Nullen auf)
Prozent 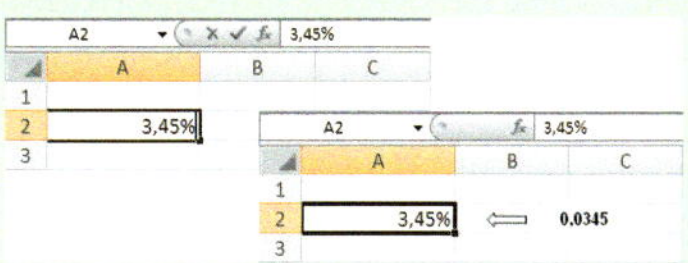	Die Eingabe einer Prozentzahl dividiert die Zahl durch 100: Aus 3 % wird 0,03 Aus 12,34 % wird 0,1234 Die Bearbeitungsleiste zeigt die Prozentzahl wie eingegeben an; wenn die Zelle schon als Prozentzahl ausgewiesen ist, wird die Zahl bereits bei der Eingabe mit einem Prozentzeichen versehen. Das Zahlenformat 0,00 % sorgt für diese Darstellung. Um die Dezimalzahl anzuzeigen, weisen Sie ihr das Zahlenformat *Standard* zu.
Tausenderpunkt 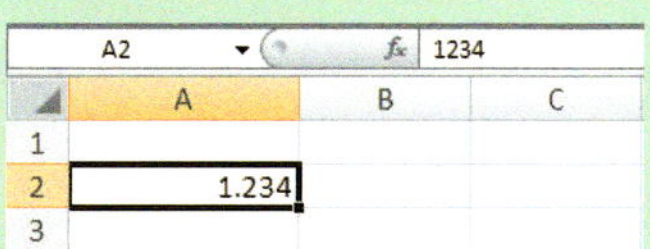	Damit Excel den Tausenderpunkt anerkennt, muss die Zahl größer als 999 sein, andernfalls wird die Eingabe als Datumszahl interpretiert. Wenn Sie eine Zahl mit Tausenderpunkt eingeben, wird automatisch ein Zellformat zugewiesen, das diese Zelle immer mit Tausenderpunkt formatiert, und der Punkt wird angezeigt. Zeigt eine Zelle keinen Tausenderpunkt bei Zahlen, kann dies mit einem passenden Zahlenformat nachgeholt werden.
Vorzeichen 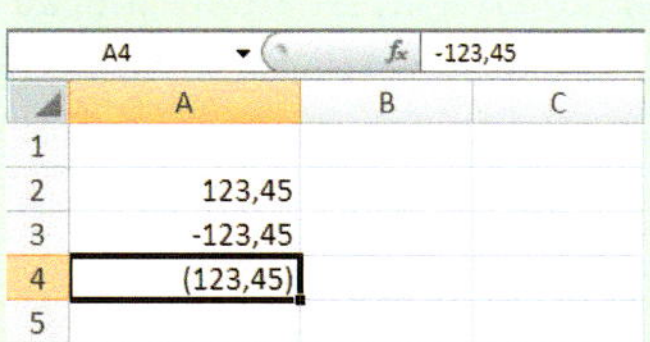	Pluszahlen schreiben Sie ohne Vorzeichen, Minuszahlen mit einem Minuszeichen vor der Zahl. Welche Vorzeichen angezeigt werden, entscheidet die Formatierung (im Normalfall werden nur die Minuszeichen angezeigt). Minuszahlen können Sie auch in Klammern eingeben, diese werden aber entfernt und durch ein Minuszeichen ersetzt. Wollen Sie die Klammern beibehalten, weisen Sie ein spezielles Zahlenformat zu.
Währung 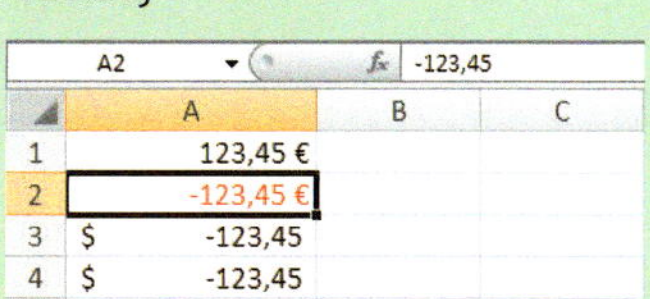	Wenn Sie die Zahl mit dem Währungszeichen (€) eintippen, wird automatisch das passende Zahlenformat zugewiesen, und das Währungszeichen wird angezeigt. Das Währungszeichen kann links oder rechts von der Zahl eingegeben werden (*siehe Kapitel 8*). Welches Währungszeichen akzeptiert wird, bestimmt die Ländereinstellung von Windows. Die Eingabe Euro oder EUR ist nicht erlaubt, die Zahl wird damit zum Text, vorausgesetzt, diese »Suffixe« sind nicht unter Windows als Standard-Währungszeichen definiert.

Tabelle 5.3 Erfassung von Zahlen

TIPP Geben Sie Zahlen am besten ohne irgendwelche Zusätze ein, und formatieren Sie die Zellen passend über die Zahlenformate. Geben Sie nie Fremdwährungszeichen oder andere Zusätze ein:

30 km
4,2 Liter
500 Gramm/m‡

Diese Eingaben erkennt Excel nicht als Zahl an, der Zellinhalt wird als Text behandelt und kann nicht in Rechenoperationen verwendet werden. In *Kapitel 8* lesen Sie, wie Sie für solche Fälle Spezialzahlenformate produzieren.

5.2.3 Text eingeben

Texte stehen, wie schon erwähnt, linksbündig in der Zelle. Beginnt die Eingabe mit einem Buchstaben (außer €), hat Excel keinen Grund, ein Zahlenformat zuzuweisen, und belässt die Zelle im Standardformat. Der Text wird linksbündig abgesetzt.

Im Unterschied zur Zahl muss sich der Text auch nicht an der Spaltenbreite orientieren. Wenn die Zelle daneben leer ist, schreibt Excel einfach weiter.

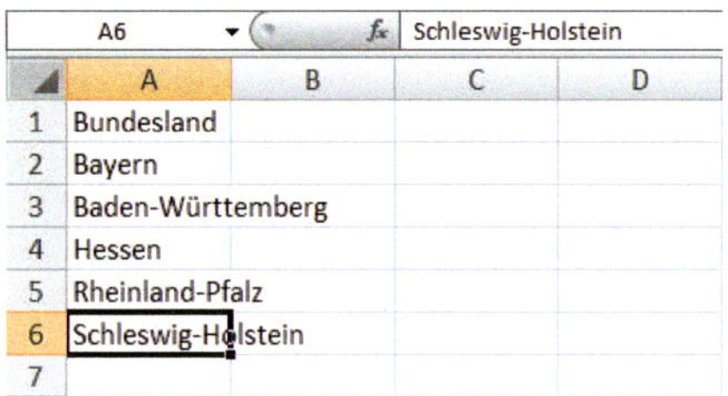

A6 | fx | Schleswig-Holstein

	A	B	C	D
1	Bundesland			
2	Bayern			
3	Baden-Württemberg			
4	Hessen			
5	Rheinland-Pfalz			
6	Schleswig-Holstein			
7				

Abbildung 5.9 Text in der Zelle

Wechseln Sie innerhalb einer Zelle von der Zahl zum Text, bleibt der Zelle das Zahlenformat erhalten, es wird nur nicht für den Text aktiviert. Schreiben Sie später wieder eine Zahl in die Zelle, übernimmt diese das zuvor eingestellte Zahlenformat.

Zahlen als Texte eingeben

Besonders Jahreszahlen führen in Excel-Tabellen immer wieder zu erstaunlichen und sicher nicht gewünschten Resultaten, wenn sie beispielsweise in Summen-Formeln integriert oder in Diagrammen als Datenreihen gewertet werden. In den Fällen, in denen eine Zahl nicht als solche, sondern als Text verstanden werden soll, greifen Sie zu einem alten Trick:

Geben Sie vor der Zahl einen Apostroph (') ein. Dieses Zeichen erzeugen Sie mit `Umschalt`+`#` (nicht verwechseln mit dem Akzent ´ rechts neben der `ß`-Taste).

Der Apostroph wird als einziges Vorzeichen für Texte nicht in der Zelle angezeigt und nicht gedruckt.

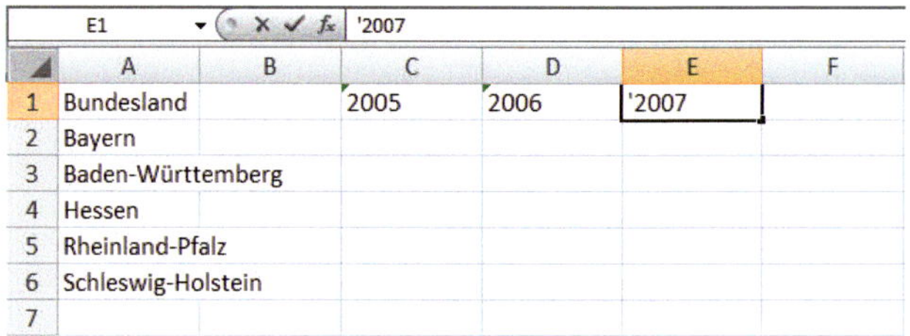

E1 | fx | '2007

	A	B	C	D	E	F
1	Bundesland		2005	2006	'2007	
2	Bayern					
3	Baden-Württemberg					
4	Hessen					
5	Rheinland-Pfalz					
6	Schleswig-Holstein					
7						

Abbildung 5.10 Zahlen als Text eingeben mit Apostroph

5.2.4 Datumswerte eingeben

Datumswerte haben eine große Bedeutung in Excel-Tabellen und unterliegen einer ganz bestimmten Systematik. Wie das Einführungsbeispiel zu Beginn des Kapitels schon gezeigt hat, interpretiert Excel manche Zahlenerfassung als Datumswerte, und umgekehrt wird nicht alles als Datum akzeptiert, was der Benutzer datumsähnlich in eine Zelle schreibt.

Datumsgrenzen

Der Excel-Kalender beginnt am 1. Januar 1900 und endet am 31. Dezember 9999. Alle Datumsangaben zwischen diesen beiden Grenzwerten werden als gültig gewertet, sofern Tag, Monat und Jahr auch stimmen. Alles andere wird als Zahl oder – falls das nicht möglich ist – als Text interpretiert. Natürlich werden auch die vergangenen und künftigen Schaltjahre berücksichtigt, und die Eingabe des 29.02.2013 wertet Excel ebenso als Text wie den 29. Februar 1905, weil beide Jahre keine Schaltjahre sind bzw. waren.

Datumseingaben

Diese Eingaben veranlassen Excel, die Zahl als Datum zu werten:

Zahlen mit Punkt 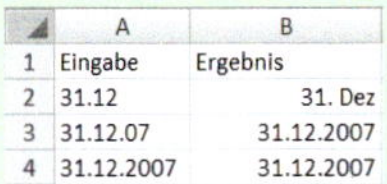 	Das ist die Standardform der Datumseingabe. Sie können Tag und Monat oder Tag, Monat und Jahr mit je einem Punkt als Trennzeichen eingeben, und Excel wird das Datum eintragen und der Zelle gleichzeitig ein Datumsformat zuweisen.
Zahlen mit Punkt, die kleiner als 999 sind 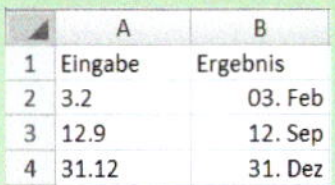 	Excel geht davon aus, dass Sie mit 3.2 den 3. Januar dieses Jahres meinen und mit 12.12 den 12. Dezember, und ergänzt das Datum entsprechend. Ungültige Datumswerte wie 30.2 (30. Februar) oder Datumswerte, die vor dem 1.1.1900 oder nach dem 31.12.9999 liegen, werden als Text gewertet.
Zahlen mit Bindestrich 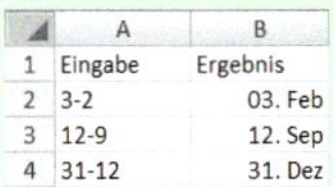 	Da im US-Sprachraum die Datumseingabe mit Bindestrich erlaubt oder sogar vorgeschrieben ist (2003-08-09), interpretiert Excel die Eingabe 31-12 als Datum (31. Dezember) und ergänzt sie durch das aktuelle Jahr. Nur ungültige Datumswerte (30-2) oder Datumswerte, die vor dem 1.1.1900 oder nach dem 31.12.9999 liegen, werden als Text gewertet.
Zahlen mit Schrägstrich (Brüche) 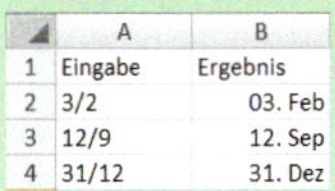 	Was eigentlich ein Bruch werden soll, interpretiert Excel als Datumswert, denn auch der Schrägstrich ist im US-Sprachraum als Trennzeichen für Datumswerte erlaubt (2003/12/31). Das Datum wird noch durch das aktuelle Jahr ergänzt, und die Zelle wird mit einem Datumsformat versehen. Nur ungültige Datumswerte (30/2) oder Datumswerte, die vor dem 1.1.1900 oder nach dem 31.12.9999 liegen, werden als Text gewertet.

Tabelle 5.4 Zahlen, die als Datum gewertet werden

Die zweistellige Jahreszahl

Was macht Excel denn mit einem Datum, in dem die Jahreszahl zweistellig eingegeben wird? Der 1. Januar 05 könnte ja ebenso gut im Jahr 1905 wie auch im Jahr 2005 liegen. Die Antwort liefert die Systemsteuerung von Windows:

1. Schalten Sie im *Start*-Menü von Windows in die Systemsteuerung (im klassischen Menü unter *Einstellungen*).
2. Wählen Sie unter *Zeit, Sprache, Region* die Kategorie *Region und Sprache* (*Ländereinstellungen* in früheren Windows-Versionen).
3. Klicken Sie unter *Formate* auf *Weitere Einstellungen*. Auf der Registerkarte *Datum* finden Sie die Antwort auf die Frage, hier steht ein Listenfeld zur Auswahl, in dem das Jahr 2029 angeboten wird. Jahresangaben von 00 bis 29 wertet Excel also als Zukunftswerte, außer Sie ändern den Wert in diesem Listenelement.

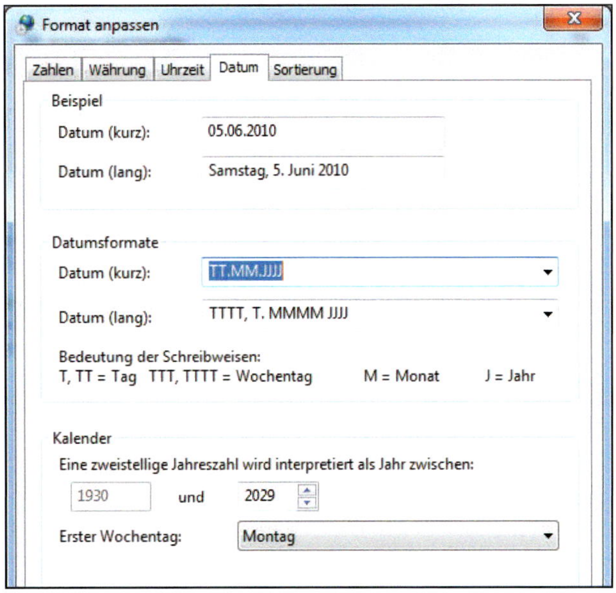

Abbildung 5.11 Kalendereinstellung für zweistellige Jahreszahlen

5.2.5 Brüche

Damit Excel eine Eingabe als Bruch werten kann, geben Sie eine Null ein, gefolgt von einem Leerzeichen und dem Bruch in der Form Zähler/Nenner.

`0 3/4`

Nach der ersten Eingabe ist die Zelle mit einem entsprechenden Zahlenformat versehen und akzeptiert nur noch Brüche. Schreiben Sie beispielsweise gleich anschließend eine Dezimalzahl in die Zelle, wird sie wieder als Bruch ausgegeben:

Eingabe: `3,4`

Ergebnis: `3 2/5`

Wie viele Stellen des Bruches angezeigt werden, entscheidet die erste Eingabe. Haben Sie einen zweistelligen Zähler oder Nenner verwendet, wird auch das Ergebnis zwei Stellen anzeigen, bei drei Stellen drei usw.

Sie können dieses Format natürlich frei bestimmen, aktivieren Sie dazu das Dialogfeld unter *Start/Zahl*. Ist die Zahl bereits als Bruch formatiert, wird die Kategorie *Bruch* markiert. Schalten Sie auf die Kategorie *Benutzerdefiniert* um, sehen Sie das Zahlenformat. Das #-Zeichen steht für die Ganzzahl, für jede anzuzeigende Stelle im Bruch geben Sie ein Fragezeichen ein (hier je drei Stellen):

```
# ???/???
```

Sie können mit dem Zahlenformat auch die Brüche umrechnen. Geben Sie dazu den Umrechnungsfaktor als Nenner ein (hier z.B. Achtel):

```
# ??/8
```

5.2.6 Sonderzeichen und Symbole

Wenn Sie Sonderzeichen, Zeichen aus anderen Sprachen oder Symbole brauchen, schalten Sie auf die Registerkarte *Einfügen* um. Alle Zeichen, die nicht direkt auf der Tastatur erzeugbar sind, holen Sie mit *Symbol* aus der Gruppe *Text*:

1. Wählen Sie *Einfügen/Symbole/Symbol*.
2. Die Liste mit den verfügbaren Symbolen wird angezeigt, markieren Sie ein Symbol, und klicken Sie auf *Einfügen*, um es in die Zelle einzufügen.
3. Sie können weitere Symbole in die Zelle einfügen oder die Symbolauswahl mit Klick auf *OK* wieder vom Bildschirm nehmen.

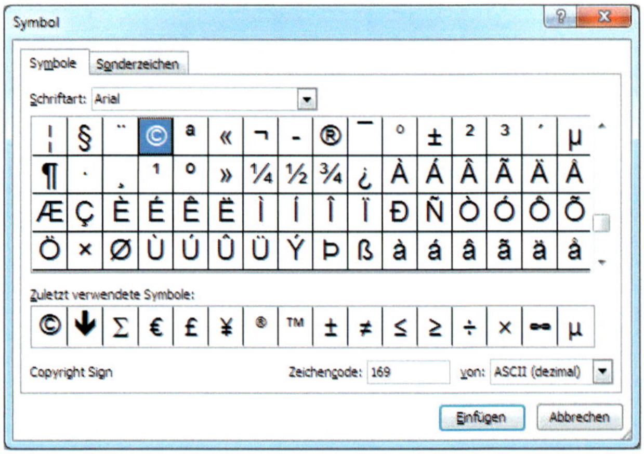

Abbildung 5.12 Diese Symbole stehen zur Auswahl.

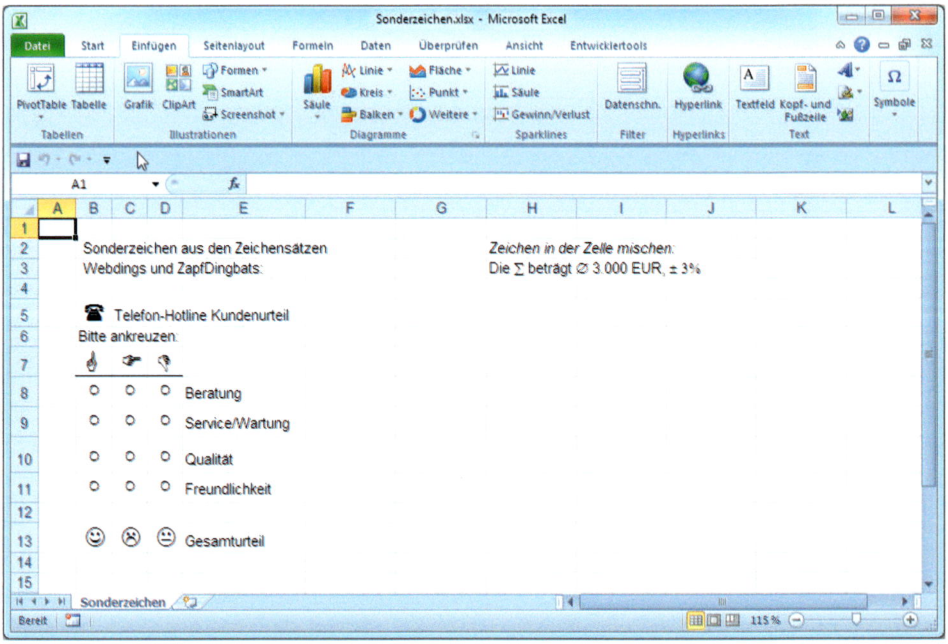

Abbildung 5.13
Sonderzeichen für das Formulardesign

Stellen Sie unter *Schriftart* eine andere Schrift oder einen Zeichensatz ein, und nutzen Sie auch die Zeichen aus diesem Angebot. Jede Schrift hat ihre eigenen Zeichen, die Zeichensätze *Wingdings* und *Webdings* bieten besonders viele Zeichen, die als kleine Schaubilder in Formularen verwendet werden können.

CD-ROM Das Beispiel finden Sie auf der Buch-CD unter *Sonderzeichen.xlsx*.

Symbolschrift und Symbole

Die gezeigten Symbole sind Zeichen aus der Schriftart *Symbol*, die auch zuvor eingestellt ist. Wenn Sie diese Symbole einfügen, wird auch Ihre Zelle mit der Schrift *Symbol* formatiert, was bedeutet, dass alle anderen Zeichen auch Symbole sind, und das muss nicht immer sinnvoll sein. Sie können die Aufgabe lösen, indem Sie in der Zelle unterschiedliche Schriftarten benutzen:

1. Fügen Sie alle Zeichen ein, die Sie in der Zelle brauchen.
2. Stellen Sie dann das Schriftformat der Zelle auf die Schriftart um, in der die meisten Zeichen gesetzt sind.
3. Öffnen Sie die Bearbeitungsleiste (F2), markieren Sie einzelne Zeichen in dieser Leiste, und weisen Sie diesen die Schriftart *Symbol* zu.

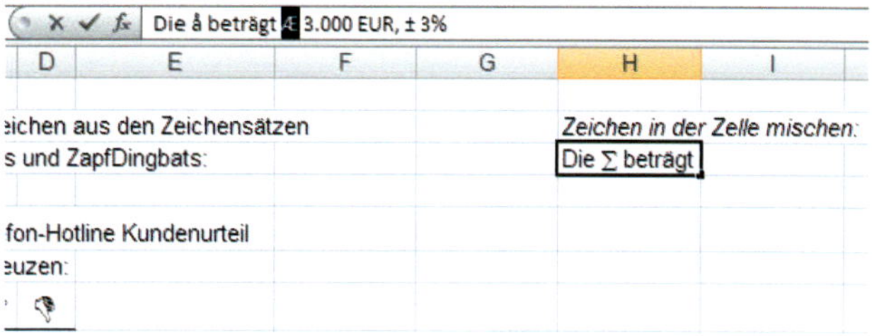

Abbildung 5.14 Symbole und normale Zeichen mischen

Sonderzeichen

Auf der zweiten Registerkarte finden Sie Sonderzeichen, die ebenfalls nicht alle auf der Tastatur zu finden sind. Einige davon werden in längeren Texten verwendet, um ungewollte Umbrüche zu vermeiden:

- *Geschützter Trennstrich* (wird für Ausdrücke gebraucht, in denen der Trennstrich nicht zur Trennung verwendet werden sollte)
- *Bedingter Trennstrich* (ein Trennstrich, der nur gedruckt wird, wenn an der Position tatsächlich getrennt wird)
- *Geschütztes Leerzeichen* (wird für Ausdrücke benötigt, die nicht durch automatische Zeilenumbrüche getrennt werden dürfen)

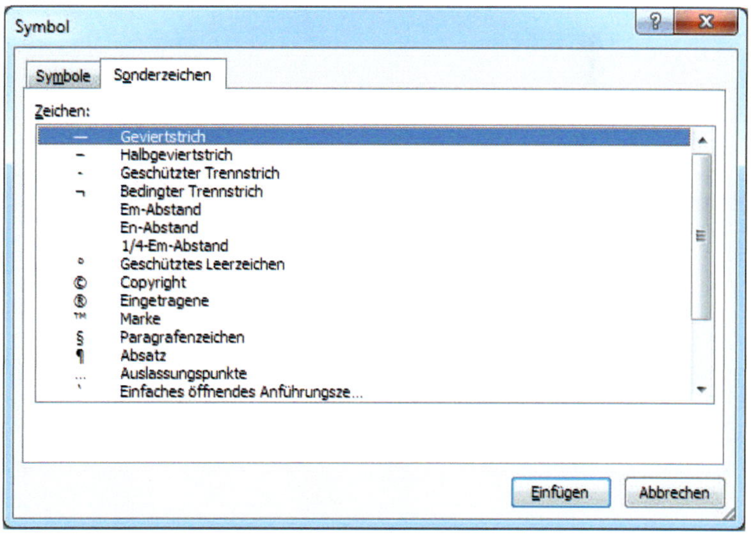

Abbildung 5.15
Sonderzeichen unter den Symbolen

REFERENZ Wie Sie Sonderzeichen in Zahlenformate einbinden, lesen Sie in *Kapitel 8*.

5.2.7 Die Drop-down-Auswahlliste

Gut versteckt im Kontextmenü verbirgt sich eine kleine, aber witzige und nützliche Funktion, mit der die Datenerfassung in Tabellen wieder ein kleines Stückchen leichter wird. Die Drop-down-Auswahlliste finden Sie im Kontextmenü, wenn Sie auf eine Zelle zeigen und die rechte Maustaste drücken.

Die Zelle erhält damit eine Auswahlliste, und die ist gefüllt mit den Einträgen, die bereits in den Zellen über und unter ihr in der Spalte stehen. Das hat seinen Vorteil: Erfassen Sie viele Daten, werden Sie häufig die gleichen Begriffe, Zahlen oder Nummern mehrfach eintippen müssen. Diese Liste liefert die Daten zum Anklicken, und Sie vertippen sich nicht so oft und vermeiden Falscheingaben.

Die Liste verschwindet wieder, wenn Sie einen Eintrag gewählt haben. Sie können [Esc] drücken, um sie vorher auszublenden, ohne einen Eintrag zu übernehmen.

5.3 Zellen verschieben und kopieren

Texte und Zahlen werden im Tabellenmodell häufig in mehreren Zellen gebraucht und müssen umkopiert, dupliziert oder verschoben werden. Excel bietet aber zum Leidwesen der Anwender nicht nur eine Funktion zum Kopieren oder Verschieben von Zellen und Zellbereichen, sondern gleich mehrere, und aus diesen die richtige oder besser die optimale Technik herauszufinden, ist nicht einfach. Probieren Sie es trotzdem, und denken Sie daran:

Der schnellste und kürzeste Weg zum gewünschten Ergebnis ist der beste.

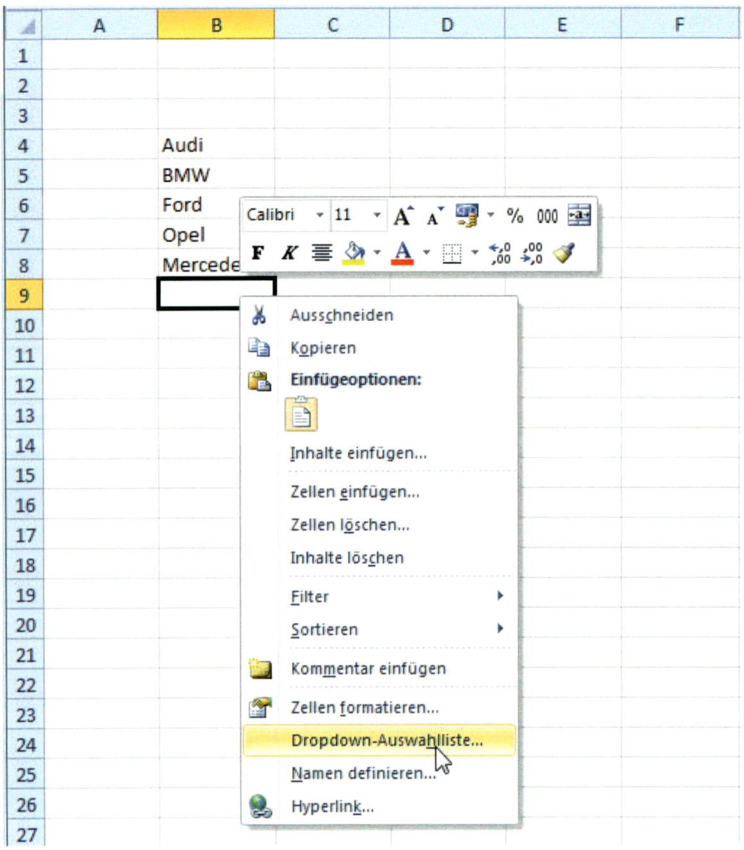

Abbildung 5.16
Die Einträge aus der Spalte

5.3.1 Ganze Zellen verschieben oder kopieren

Verschieben oder kopieren Sie eine Zelle oder mehrere markierte Zellen, wird in der Regel alles mitverschoben/kopiert: Formeln, Texte, Zahlen, Formatierungen und Kommentare.

1. Markieren Sie eine Zelle oder einen Zellbereich.
2. Klicken Sie unter *Start* auf *Ausschneiden* oder *Kopieren*.
3. Setzen Sie den Zellzeiger in die linke obere Ecke des Einfügebereiches.
4. Klicken Sie auf *Einfügen*.

Enthält der kopierte Bereich Zellbezüge, werden diese automatisch auf die Kopierstrecke angepasst. Ein Beispiel: Die Formel in C6 enthält einen relativen Bezug zu B6 und einen absoluten Bezug zu E2. Kopieren Sie C6 nach C7, wird der relative Bezug um eine Zeile erhöht, der absolute bleibt erhalten.

Ausgeblendete Zellen werden mitkopiert bzw. mitverschoben und dabei sichtbar gemacht.

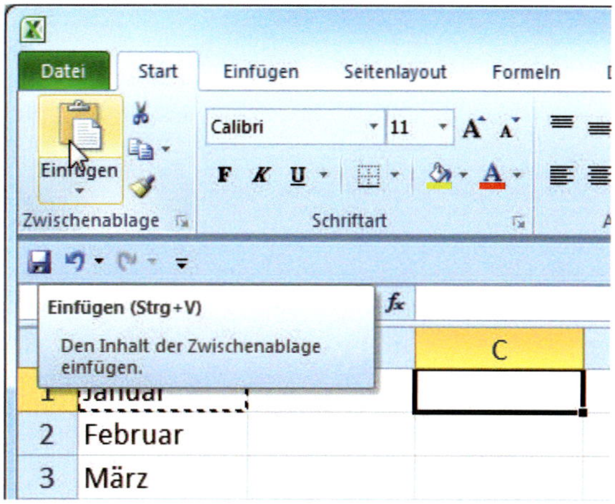

Abbildung 5.17 Ausschneiden, Kopieren und Einfügen

ACHTUNG Im Unterschied zu früheren Versionen warnt Excel nicht mehr davor, dass beim Kopieren oder Verschieben von Zellen bereits beschriebene Zellen überschrieben werden. Achten Sie darauf, retten Sie Ihre Daten im Einfügebereich vorher.

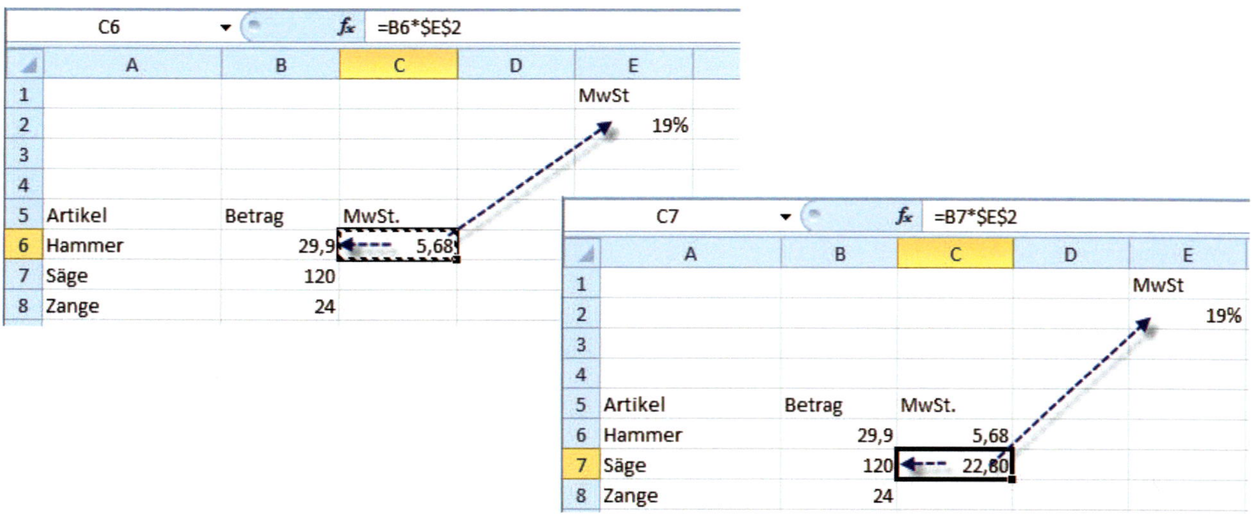

Abbildung 5.18 Relative und absolute Bezüge

5.3.2 Kopieren oder Einfügen abschließen

Wenn Sie Zellen wie oben beschrieben kopieren oder verschieben, bleibt der Kopierrahmen sichtbar. Sie könnten weitere Kopien anfertigen oder den Bereich gleich noch einmal verschieben. Den Kopierrahmen entfernen Sie durch Drücken der `Esc`-Taste.

Wollen Sie den Vorgang abschließen, verwenden Sie nicht Einfügen, sondern drücken einfach die `Enter`-Taste.

1. Markieren Sie die Zelle(n), die Sie kopieren oder verschieben wollen.
2. Wählen Sie *Start/Zwischenablage/Ausschneiden* oder *Kopieren*.
3. Ein Auswahlrahmen erscheint rund um den markierten Bereich, in der Statusleiste unten sehen Sie die Aufforderung:

   Markieren Sie den Zielbereich, und drücken Sie die Eingabetaste.
4. Setzen Sie den Zellzeiger in die linke obere Ecke des Zielbereiches, und drücken Sie die `Eingabe`-Taste.

Der markierte Bereich wird verschoben, der Auswahlrahmen rund um den Quellbereich verschwindet.

Das Verschieben von Zellen ist also ein dreistufiger Vorgang: Quelle markieren, Befehl auswählen, Ziel markieren und mit der `Eingabe`-Taste abschließen. Diese Technik stammt noch aus Urzeiten der Kalkulation, als die Maus noch nicht so populär war und das Ziel hauptsächlich mit den Pfeiltasten auf der Tastatur anvisiert wurde.

Der Zielbereich: eine Zelle

Im Unterschied zu früheren Versionen stört sich Excel nicht mehr daran, wenn der Zielbereich größer oder kleiner ist als der Quellbereich. Verschieben Sie beispielsweise 3 x 2 Zellen und wählen als Zielbereich nur zwei Zellen aus, vergrößert Excel nach Drücken der `Eingabe`-Taste automatisch den Bereich.

TIPP Bleiben Sie trotzdem auf der sicheren Seite, und wählen Sie als Zielbereich nur eine einzige Zelle, und zwar die linke obere Ecke des gewünschten neuen Zellbereiches.

Der schnellste Weg: Tastenkürzel

Wissen Sie schon, wie Sie in Zukunft Zellen verschieben oder kopieren werden? Sie haben das Kopfzeilen-Menü, das Kontextmenü und die Mauszeiger-Aktion kennengelernt. Es gibt noch einen schnelleren Weg, aber der ist nur für Liebhaber von Tastenkürzeln, auch *Shortcuts* genannt. Aber - diese Methode ist mit Abstand die schnellste:

1. Setzen Sie den Zellzeiger in den zu kopierenden Bereich.
2. Drücken Sie `Strg`+`Umschalt`+`*`. Damit wird der Bereich komplett markiert.
3. Drücken Sie `Strg`+`x` zum Ausschneiden oder `Strg`+`c` zum Kopieren. Jetzt erscheint der Kopierrahmen um den markierten Bereich.
4. Setzen Sie den Zellzeiger in die Zielzelle, und drücken Sie die `Eingabe`-Taste.

5.3.3 Verschieben und Kopieren mit dem Kontextmenü

Die schnellere Methode, eine Zelle oder einen markierten Bereich zu verschieben oder zu kopieren, führt über das Kontextmenü der rechten Maustaste. Dieses Menü ist schneller aktiviert als das Kopfzeilen-Menü und enthält alles, was Sie zur Zellbearbeitung brauchen:

1. Markieren Sie die gewünschte Zelle oder den Bereich aus mehreren Zellen. Klicken Sie mit der rechten Maustaste, um das Kontextmenü einzublenden.
2. Wählen Sie *Ausschneiden* oder *Kopieren*.
3. Klicken Sie mit der rechten Maustaste in die Zielzelle, und wählen Sie die gewünschte Aktion.

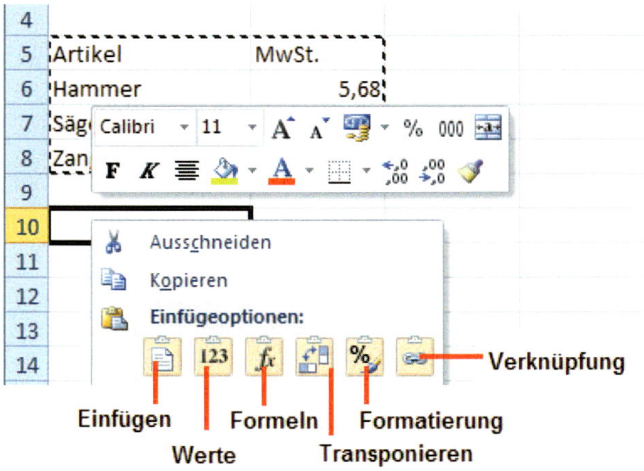

Abbildung 5.19 Verschieben und Kopieren über das Kontextmenü

Zeigen Sie mit dem Mauszeiger auf eine Einfügeoption, sehen Sie im Hintergrund bereits das Resultat. Ein Klick auf das Symbol, und der Vorgang wird abgeschlossen.

5.3.4 Inhalte einfügen

Eine weitere Option verfeinert das Angebot noch: Wählen Sie nach dem Verschiebe- oder Kopierbefehl *Inhalte einfügen*, können Sie unter 14 Symbolen wählen, wie das Ergebnis auszusehen hat. Auch hier zeigen Sie zunächst nur auf das Symbol, um das gewünschte Ergebnis vorab zu sehen. Erst mit dem Klick wird die Aktion abgeschlossen. *Inhalte einfügen* finden Sie unter *Start/Zwischenablage* unter dem *Einfügen*-Symbol oder im Kontextmenü der rechten Maustaste.

Klicken Sie auf die letzte Option *Inhalte einfügen*, erhalten Sie ein Dialogfenster, in dem noch mehr Optionen aufgelistet sind. So können beispielsweise nur die Kommentare kopiert werden oder die Gültigkeitsregeln, die Sie mit *Daten/Datentools/Datenüberprüfung* definiert hatten. Unter *Vorgang* finden Sie sogar mathematische Berechnungen. Kopieren Sie einen Zahlenbereich und wählen im Zielbereich unter Inhalte einfügen Addieren,

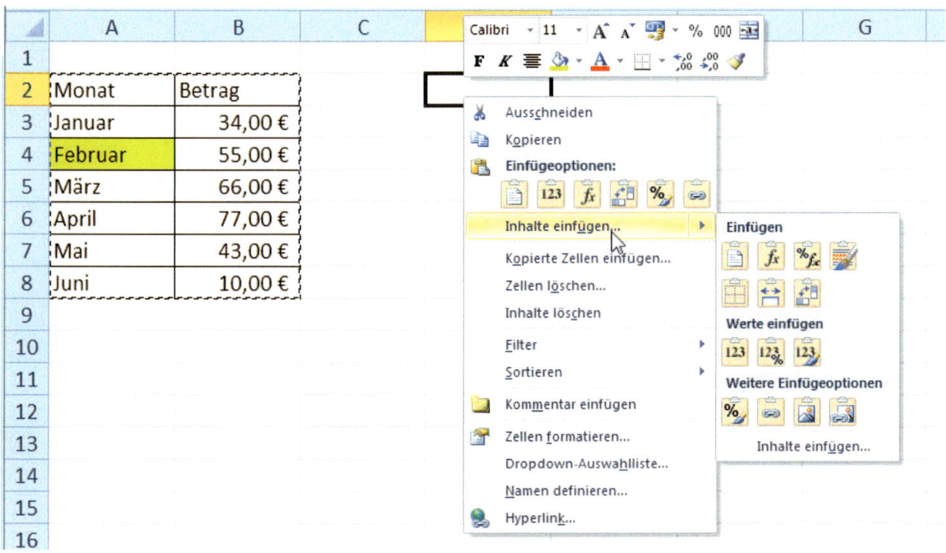

Abbildung 5.20 Inhalte einfügen bietet 14 Aktionen an.

Subtrahieren, Multiplizieren oder Dividieren, wird die Aktion auf die Zahlen im Zielbereich angewandt.

Hier im Beispiel erhöhen Sie die Beträge in Spalte B um 20%. Dazu kopieren Sie den Faktor in Zelle E1, markieren den Zielbereich und wählen *Inhalte einfügen*. Klicken Sie auf *Multiplizieren*, und bestätigen Sie mit *OK*, um die Operation abzuschließen.

Option	Aktion
Alles	Fügt alles aus dem Kopierbereich ein: Zellinhalte, Formeln und Formate.
Formeln	Fügt nur die Formeln aus dem Kopierbereich ein.
Werte	Fügt nur die in den Zellen enthaltenen Werte ein. Sind diese Werte Ergebnisse von Formeln, werden diese nicht mitkopiert.
Formate	Fügt nur Zellformate ein. Die Zellinhalte des Zielbereiches bleiben erhalten.
Kommentare	Fügt nur die Kommentare aus den kopierten Zellen ein.
Gültigkeit	Fügt die Gültigkeitsprüfungen aus dem Quellbereich ein, die über *Daten/Datenüberprüfung* zugewiesen wurden.
Alles ausser Rahmen	Kopiert alle Zellinhalte und Formate außer den Rahmenzuweisungen (*Start/Schriftart/Rahmen*).
Spaltenbreite	Überträgt die Spaltenbreite des Quellbereiches in den Zielbereich.
Formeln und Zahlenformate	Überträgt die Formeln des Quellbereiches und die Zahlenformate.
Werte und Zahlenformate	Überträgt die Werte aus den kopierten Zellen und löscht damit die Formeln im Zielbereich. Die Zahlenformate werden ebenfalls übertragen.

Tabelle 5.5 Die Optionen für »Inhalte einfügen«

Aus der Liste der Rechenoperationen lässt sich eine Option markieren, die aber nur mit Zahlen oder Formeln zum Ergebnis führt. Kopierte Texte werden von dieser Operation nicht beeinflusst:

Operation	Aktion
Keine	Es findet keine mathematische Operation statt.
Addieren	Der Inhalt der kopierten Zellen wird auf die Zellen im Zielbereich addiert.
Subtrahieren	Der Inhalt der kopierten Zellen wird von den Zellen im Zielbereich subtrahiert.
Multiplizieren	Der Inhalt der kopierten Zellen wird mit den Zellen des Zielbereichs multipliziert.
Dividieren	Der Inhalt der Zellen im Zielbereich wird durch die kopierten Zellen dividiert.

Tabelle 5.6 Rechenoperationen

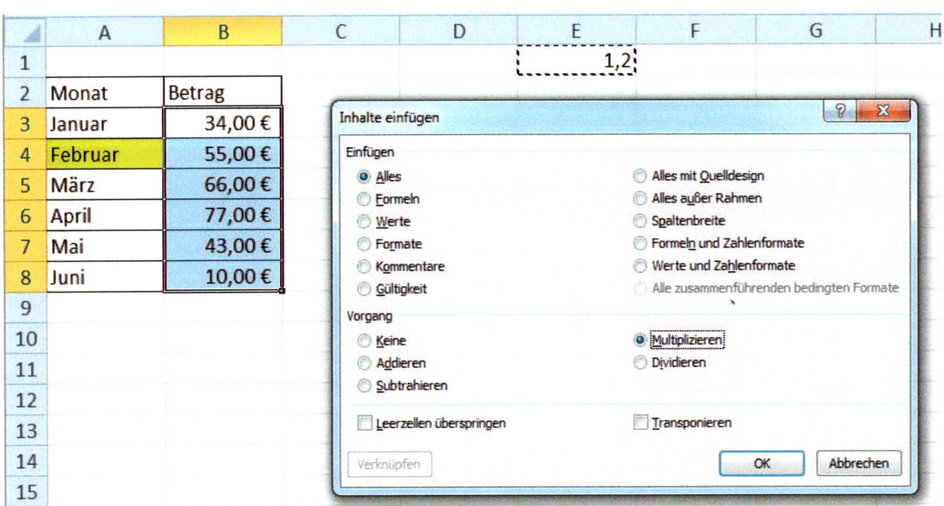

Abbildung 5.21 Inhalte einfügen mit mathematischer Operation

Diese Optionen stehen zusätzlich zur Verfügung:

Operation	Aktion
Leerzeilen überspringen	Diese Option fügt keine leeren Zellen aus dem Ursprungsbereich in den Einfügebereich ein, damit das Kopieren einer leeren Zelle bestehende Daten in der entsprechenden Zelle des Einfügebereichs nicht zerstört.
Transponieren	Diese Option dreht beim Einfügevorgang Zeilen in Spalten und umgekehrt. Dabei erscheinen die Daten aus der obersten Zeile des kopierten Bereichs in der linken Spalte und die Daten aus der linken Spalte des kopierten Bereichs in der obersten Zeile des Einfügebereichs.

Tabelle 5.7 Zusätzliche Optionen

Einfügeoption nachträglich ändern

Haben Sie die falsche Option erwischt? Kein Problem, Excel stellt Ihnen die Optionen von Inhalte einfügen noch einmal zur Auswahl. Klicken Sie auf das Kästchen rechts unten am Einfügebereich, oder drücken Sie einfach die Strg-Taste. Die Optionen werden noch einmal angeboten, Sie können wieder ein Symbol anklicken oder den Dialog öffnen.

Abbildung 5.22 Einfügeaktion nachträglich ändern

5.3.5 Ausgeschnittene oder kopierte Zellen einfügen

Mit dieser Option bleibt der Zellinhalt im Zielbereich einer Verschiebe- oder Kopieraktion erhalten, Sie können sogar entscheiden, in welche Richtung die Zellen im Zielbereich verschoben werden.

1. Markieren und kopieren Sie einen Zellbereich.
2. Klicken Sie auf die linke obere Zelle des Zielbereiches.
3. Wählen Sie unter *Start/Zellen/Einfügen* oder im Kontextmenü der rechten Maustaste *Ausgeschnittene/Kopierte Zellen einfügen*.
4. Bestimmen Sie, was mit den Zellen am Zellzeiger passiert:

Zellen nach rechts verschieben: Die neuen Zellen werden links vom Zellzeiger eingefügt, die Zellen wandern nach rechts.

Zellen nach unten verschieben: Die neuen Zellen werden über dem Zellzeiger eingefügt, die Zellen wandern nach unten.

ACHTUNG Das geht natürlich nur, wenn rechts oder unten genügend Platz ist. Sollten Sie die restliche Tabelle mit Daten gefüllt haben, erhalten Sie einen Hinweis, dass die Zellen nicht über das Arbeitsblatt hinaus verschoben werden können. Das gilt auch für PivotTable- oder PivotChart-Berichte, die sich nicht zellenweise verschieben lassen. Fügen Sie vorher genügend Leerzeilen oder Leerspalten ein.

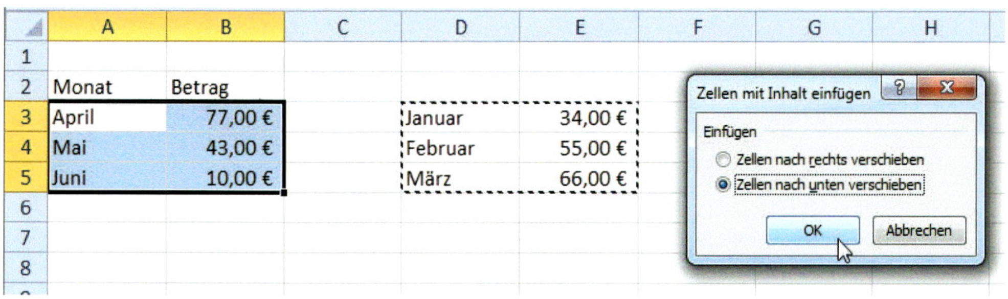

Abbildung 5.23 Ausgeschnittene oder kopierte Zellen einfügen

5.3.6 Drag&Drop: die Turbo-Verschiebung mit dem Mauszeiger

Es geht tatsächlich noch schneller und einfacher, aber nur, wenn Sie mit der Maus vertraut sind und mit dem Mauszeiger gut zielen können. Drag&Drop hieß die Technik einmal, das Verschieben oder Kopieren mit dem Mauszeiger ist damit gemeint. Sie müssen keine Menüs öffnen und keine Befehle auswählen, ziehen Sie einfach mit dem Mauszeiger die Zellen von einer Position zur anderen.

Direkte Zellbearbeitung muss aktiv sein

Für diese Aktion muss eine Option gesetzt sein: Öffnen Sie unter *Datei/Optionen* die Kategorie *Erweitert*, und aktivieren Sie die Option *Ausfüllkästchen und Drag&Drop von Zellen aktivieren*. Ist diese Option nicht gesetzt, können Sie keine Zellen mit dem Mauszeiger verschieben oder kopieren.

Diese Option gilt für Excel allgemein, also für alle aktiven Arbeitsmappen. Sie bleibt Ihrer Oberfläche auch erhalten, wenn Sie die aktiven Mappen schließen.

Draggen und droppen – so geht's

1. Markieren Sie den Bereich, den Sie verschieben wollen.
2. Zeigen Sie mit dem Mauszeiger auf den Rand der Markierung. Der Mauszeiger wird zum Vierfachpfeil.

ACHTUNG Zeigen Sie nicht auf das Füllkästchen rechts unten, das ist eine ganz andere Technik. Damit verschieben Sie nicht den Bereich!

3. Ziehen Sie die Markierung mit gedrückter Maustaste nach unten, oben, rechts oder links.
4. Lassen Sie die Maustaste los, wenn die Markierung ihr Ziel erreicht hat.

Excel unterstützt Sie bei dieser zugegeben anfangs etwas schwierigen Aktion durch eine QuickInfo, die den Zellbezug des Zielbereiches anzeigt, solange die Maustaste gedrückt ist.

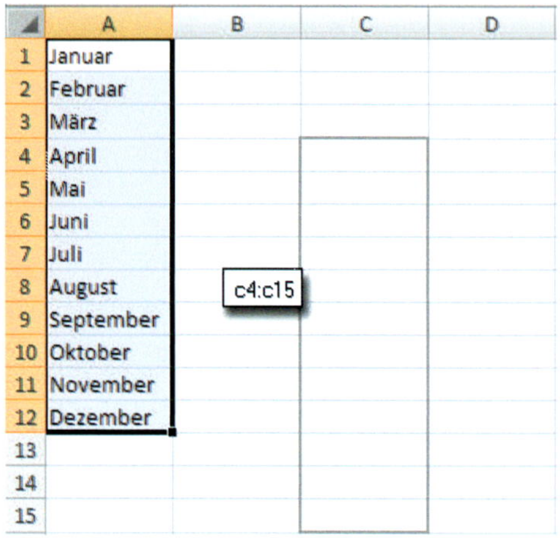

Abbildung 5.24 Zum Verschieben einfach mit dem Zellzeiger am Rand ziehen

HINWEIS Welcher Rand wird bei dieser Verschiebeaktion am besten anvisiert? Immer derjenige, der in Verschieberichtung liegt.

Bei diesen Kopier- oder Verschiebeaktionen mit dem Mauszeiger erhalten Sie eine Sicherungsmeldung, wenn ein Zellbereich überschrieben werden würde:

`Sollen die Inhalte des Zellbereichs überschrieben werden?`

Bestätigen Sie mit OK, wird der Bereich an der Einfügeposition durch die kopierten oder ausgeschnittenen Daten ersetzt. Falls Sie das nicht wollen, stoppen Sie mit *Abbrechen* und fügen genügend Leerzeilen/Spalten ein, bevor Sie die Zellen kopieren oder verschieben.

Kein Ausschneiden bei Mehrfachbereichen

Sie können keine Zellen ausschneiden, wenn der Quellbereich aus einer Mehrfachmarkierung stammt. Hatten Sie beispielsweise den Bereich A1:B5 und – mit gleichzeitig gedrückter [Strg]-Taste – den Bereich C2:C5 markiert, führt der Versuch, die Zellen auszuschneiden, zur Fehlermeldung:

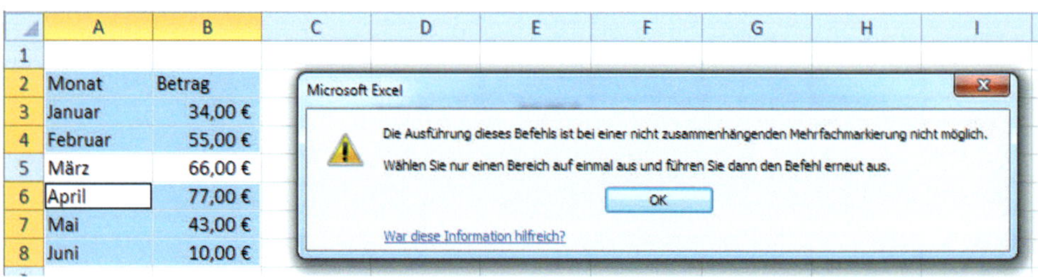

Abbildung 5.25 Mehrfachbereiche werden nicht akzeptiert.

5.3.7 Verschieben/Kopieren zwischen Tabellen und Mappen

Der Kopier- oder Verschiebevorgang funktioniert natürlich auch zwischen zwei Tabellen oder Arbeitsmappen:

1. Markieren Sie den Quellbereich.
2. Wählen Sie Strg + X zum Ausschneiden oder Strg + C zum Kopieren.
3. Wechseln Sie, solange der Auswahlrahmen sichtbar ist, per Klick auf das Register in eine andere Tabelle oder mit Auswahl des Mappennamens unter *Ansicht/Fenster/Fenster wechseln* in eine andere Arbeitsmappe.
4. Markieren Sie dort den Zielbereich, und drücken Sie die Eingabe-Taste. Wollen Sie weitere Kopien anfertigen, schließen Sie mit Strg + V oder mit Umschalt + Eingabe ab (Sie dürfen natürlich auch die traditionellen Wege über die Zwischenablage oder das Kontextmenü gehen).

TIPP Wenn Sie zwei Fenster mit *Ansicht/Fenster/Alle anordnen* nebeneinander stellen, können Sie tatsächlich per Drag&Drop die Zellen von einem Fenster in das andere ziehen, vorausgesetzt, die Option *Direkte Zellbearbeitung aktivieren* ist eingeschaltet (*Optionen* im *Datei*-Menü).

5.3.8 Zellen vertauschen

Für die Fälle, in denen die Bereiche nicht nur verschoben, sondern gleichzeitig vertauscht werden müssen, bietet Excel eine besondere Technik: Wenn Sie beim Drag&Drop von Zellbereichen die Umschalt-Taste drücken, wird Ihnen eine Einfügeposition für die zu verschiebenden Daten angezeigt. Lassen Sie die Maustaste los, werden die Daten an dieser Position zwischen den Zellen eingefügt, die angrenzenden Bereiche verschieben sich. Testen Sie die Technik gleich an einem Beispiel:

Jahresreihen vertauschen

Ihre Jahresumsatztabelle soll ein anderes Aussehen bekommen: Die Jahresreihen beginnen mit der ältesten Erhebung, die neuen Zahlen stehen rechts außen. Das soll sich ändern: Verschieben Sie die Reihen so, dass die Reihe mit der höchsten Jahreszahl vorne steht.

CD-ROM Die Übungsdaten finden Sie auf der Buch-CD unter *Umsatz.xls* (Tabelle *Umsätze*).

1. Markieren Sie die Spalte F per Klick auf den Spaltenkopf.
2. Zeigen Sie auf den linken Rand der Markierung, und halten Sie die Umschalt-Taste gedrückt.
3. Ziehen Sie die Markierung zwischen die Spalten A und B. Wenn die Einfügeposition zu sehen ist, lassen Sie zuerst die Maustaste und dann die Umschalt-Taste los.

Die Spalte wird zwischen die beiden Spalten gesetzt, die Spalten B bis E werden nach rechts verschoben. Verschieben Sie so auch die anderen Spalten, bis die Tabelle im neuen »Look« fertig ist.

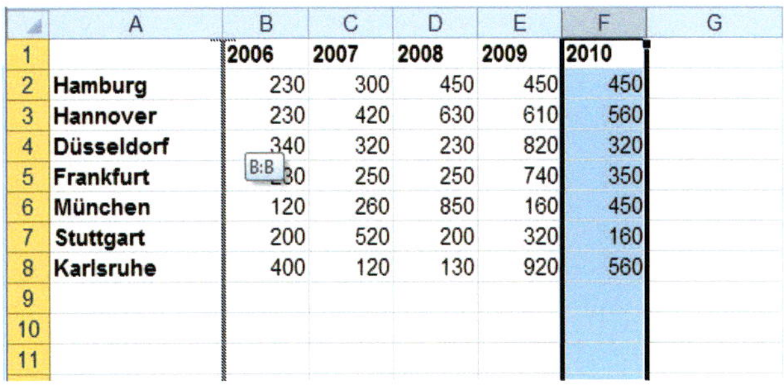

	A	B	C	D	E	F	G
1		2006	2007	2008	2009	2010	
2	Hamburg	230	300	450	450	450	
3	Hannover	230	420	630	610	560	
4	Düsseldorf	340	320	230	820	320	
5	Frankfurt	[illegible]	250	250	740	350	
6	München	120	260	850	160	450	
7	Stuttgart	200	520	200	320	160	
8	Karlsruhe	400	120	130	920	560	
9							
10							
11							

Abbildung 5.26 Spalten per Drag&Drop verschieben

Sie können mit dieser Technik auch Zellbereiche verschieben, was aber ungleich schwieriger ist, als ganze Spalten zu vertauschen. Markieren Sie dazu eine Reihe von Zellen, halten Sie die Umschalt-Taste gedrückt, und suchen Sie die Einfügeposition, die je nach Stellung des Mauszeigers horizontal oder vertikal ausfällt. Lassen Sie die Maustaste los, werden die markierten Zellen eingefügt, der Rest verschiebt sich je nach Lage des grauen Einfügebalkens:

» *Horizontal:* Die Zellen unter dem Balken werden nach unten verschoben.

» *Vertikal:* Die Zellen rechts vom Balken werden nach rechts verschoben.

5.3.9 Drag&Drop mit der rechten Maustaste

Alle Drag-&-Drop-Techniken und zusätzlich noch die Formatkopie lassen sich in einem einzigen Vorgang zusammenfassen. Wenn Sie zur Verschiebung der markierten Zellen die rechte Maustaste anstelle der linken Maustaste benutzen, entscheiden Sie sich erst am Zielort, was mit den Quelldaten passieren soll. So gehen Sie vor:

1. Markieren Sie wie gehabt eine Zelle oder einen Zellbereich.
2. Ziehen Sie diesen jetzt mit gedrückter **rechter** Maustaste an die Zielposition. Sobald Sie die Taste loslassen, erscheint ein Kontextmenü, das alle Verschiebe- und Kopiertechniken zur Auswahl stellt und auf Wunsch sogar die Zellen in eine bestimmte Richtung verschiebt.

5.4 Zellen ausfüllen

Kopieren und Einfügen ist nicht immer der optimale Weg, um Tabellen zeitsparend mit Daten zu füllen. Wenn Sie fortlaufende Füllreihen brauchen (Januar-Dezember, Montag-Sonntag etc.), ist eine Technik angebracht, die Texte, Zahlen oder Datumswerte schnellstmöglich auf mehrere Zellen verteilt. Excel bietet dafür wieder »alte« Menübefehle, die kaum noch jemand nutzt, und eine relativ neue Technik, das Füllkästchen. Sehen wir uns beide Funktionen an, und entscheiden Sie selbst, welches Werkzeug Sie in Zukunft nutzen werden.

5.4.1 Ausfüllen per Menü

Um den Inhalt einer Zelle auf mehrere Zellen zu verteilen, können Sie einen Menübefehl anwenden:

1. Schreiben Sie eine Zahl in die erste Zelle der Tabelle.

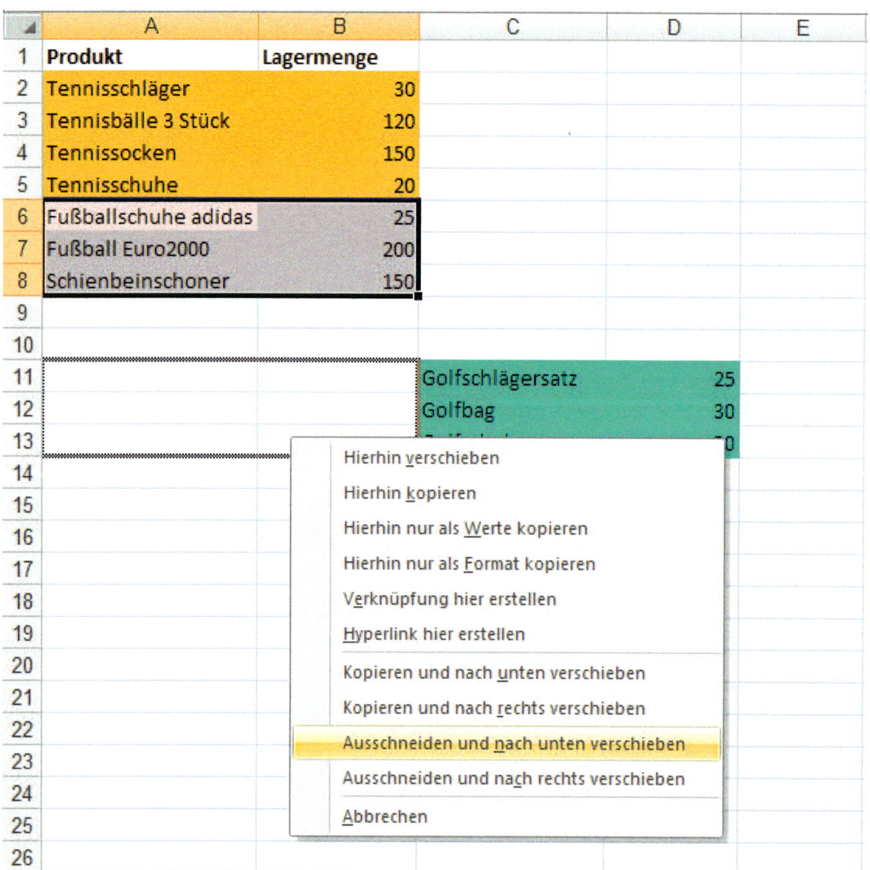

Abbildung 5.27
Das Drag-&-Drop-Kontextmenü

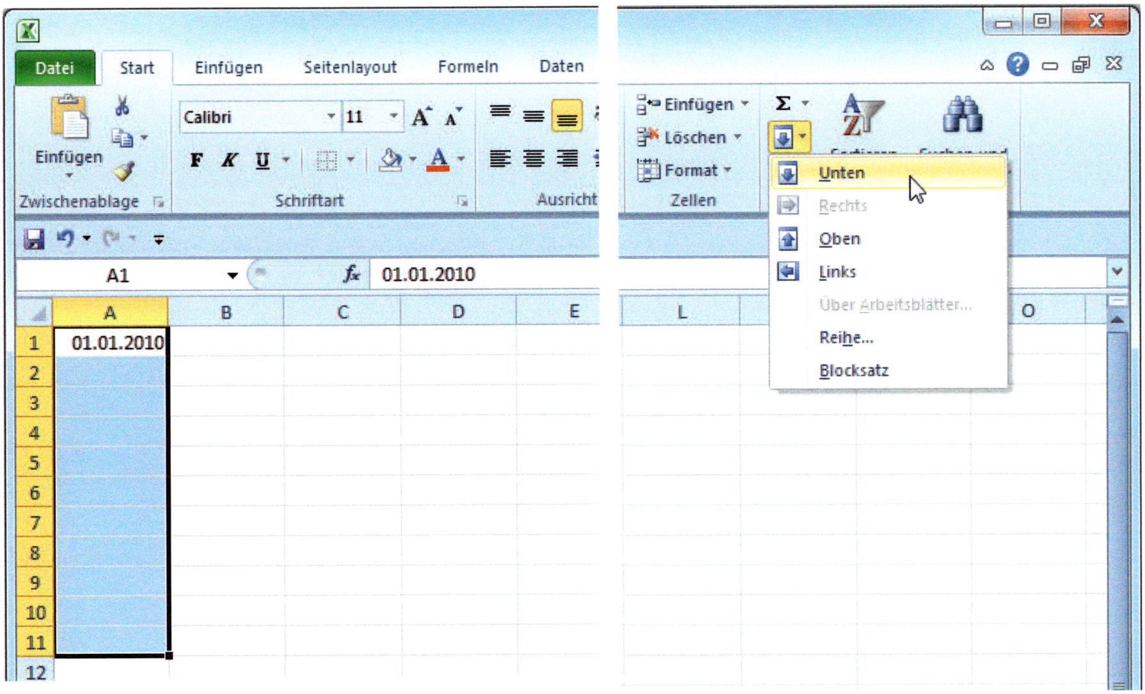

Abbildung 5.28 Zellen per Menübefehl füllen

2. Markieren Sie eine Zelle, und ziehen Sie den Mauszeiger (nicht das Füllkästchen) über alle weiteren Zellen, in die Sie den Inhalt der ersten Zelle kopieren wollen.
3. Wählen Sie *Start/Bearbeiten/Füllbereich* und die gewünschte Füllrichtung (*Unten, Oben, Rechts, Links*), um den Inhalt der Zelle auf die übrigen Zeilen der Spalte zu verteilen.

Die gewählte Füllrichtung muss natürlich der Richtung der zusätzlich markierten Zellen entsprechen. Findet die Ausfüllaktion einen rechteckigen Block vor, so gilt der Zellinhalt der gewählten Füllrichtung:

- » *Unten* kopiert die erste Zellreihe nach unten
- » *Oben* kopiert die letzte Zellreihe nach oben
- » *Links* kopiert die ganz rechts stehende Reihe auf die Zellen links
- » *Rechts* zieht den Inhalt der Reihe am linken Markierungsrand auf die übrigen Zellen rechts davon

Die Option *Reihe* führt zu einer Dialogbox, in der Sie sich für eine Fülloperation entscheiden können (siehe späteren Abschnitt *Fülltechniken*).

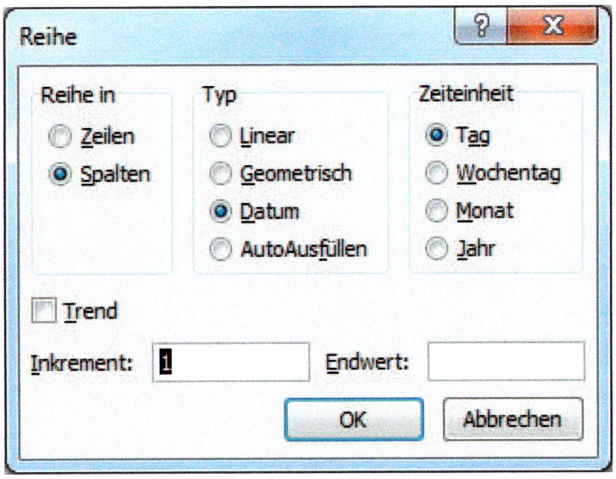

Abbildung 5.29 Die Reihe-Option bietet Füllvarianten an.

Blocksatz ist eine an sich nützliche Funktion, die aber selten genutzt wird. Dabei kann sie besonders beim Importieren von Daten sehr gute Dienste leisten, fasst sie doch mehrere Textstellen in einer Zelle zusammen. Testen Sie die Funktion an einer kurzen Textpassage:

Diese Zeilen haben Sie aus einem Textdokument kopiert, Excel packt dabei aber jede Zeile in eine Zelle, und das sieht nicht sehr schön aus:

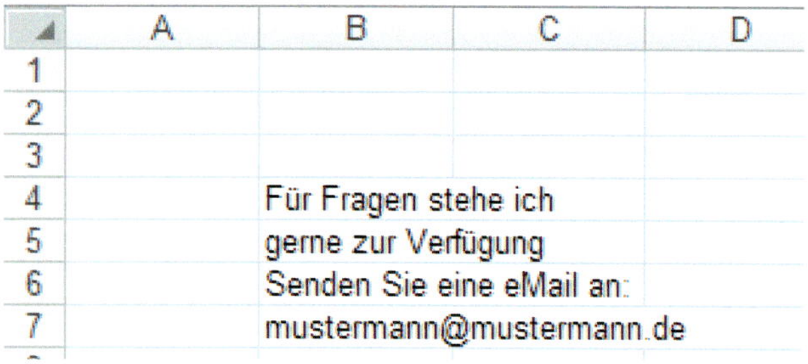

Abbildung 5.30 Aus vier Textzeilen ...

Markieren Sie diese vier Zellen und einen möglichst großen zusätzlichen Zellbereich, hier zum Beispiel B4:H6. Diesen wird Excel brauchen, um den Text zusammenzufügen. Wählen Sie *Start/Bearbeiten/Füllbereich/Blocksatz*. Das Ergebnis: Alle vier Textzeilen sind in einer einzigen Zeile zusammengefasst.

5.4.2 Ausfüllen mehrerer Blätter

Die automatisch gefüllte Reihe lässt sich auch über mehrere Blätter einer Arbeitsmappe verteilen. So gehen Sie vor:

1. Markieren Sie in der Registerleiste unten das erste Tabellenblatt. Halten Sie die `Umschalt`-Taste gedrückt, und klicken Sie auf weitere Blätter, um diese in die Markierung mit einzubeziehen (mit `Strg` markieren Sie nicht zusammenhängende Blätter).
2. Setzen Sie den Zellzeiger in eines der markierten Blätter, und füllen Sie wie zuvor beschrieben einen Zellbereich mit dem ersten Wert aus der Markierung.
3. Durch die Mehrfachmarkierung wird die erzeugte Datenreihe automatisch auch auf die übrigen Blätter projiziert. Heben Sie die Gruppierung per Klick auf eines der Register wieder auf.

5.4.3 Ausfüllen mit dem Füllkästchen

Der Zellzeiger zeigt in der rechten unteren Ecke einen kleinen schwarzen Markierungspunkt, der eine nicht unwesentliche Aufgabe hat: Ziehen Sie diesen Punkt mit gedrückter Maustaste, wird der Inhalt der Zelle auf die anvisierten Zellen verteilt.

1. Markieren Sie eine beschriebene Zelle im Arbeitsblatt. Die Zelle kann einen Text, eine Zahl, eine Formel oder eine Funktion enthalten.
2. Zeigen Sie auf das Ausfüllkästchen am unteren rechten Rand des Zellzeigers. Der Mauszeiger verwandelt sich in ein Koordinatenkreuz.
3. Ziehen Sie das Kästchen mit gedrückter Maustaste in eine beliebige Richtung, und erweitern Sie so die Auswahl. Wenn Sie die Maustaste loslassen, werden alle markierten Zellen mit dem Inhalt der aktiven Zelle gefüllt.

Eine Optionen-Schaltfläche am unteren Ende der letzten Zelle bietet noch ein Menü an, in dem Sie die Füllung noch detaillierter bestimmen können.

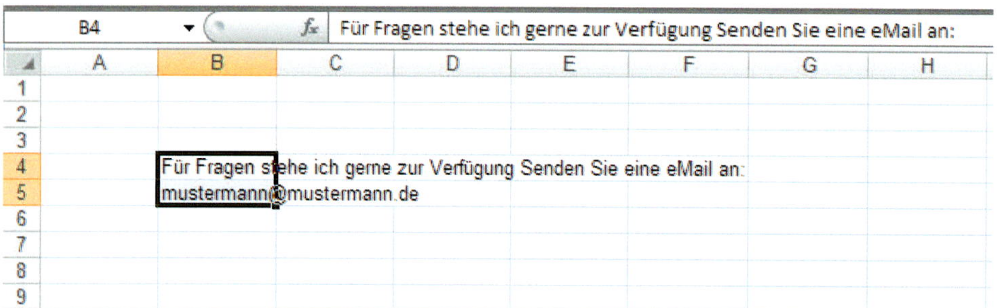

Abbildung 5.31
... werden zwei Textzeilen.

TIPP Kehren Sie diese Ausfüllaktion dagegen um und ziehen das Kästchen vom unteren Rand mehrerer markierter Zellen nach oben, dann löschen Sie alle Zellen, die damit zurückgenommen werden.

Probieren Sie die Technik gleich mit einer der häufigsten Füllreihen, der Monatsreihe. Schreiben Sie das Wort »Januar« in die erste Zelle einer leeren Tabelle. Ziehen Sie das Füllkästchen des Zellzeigers von dieser Zelle bis zur Zeile 12. Die QuickInfo am Mauszeiger meldet den Monat, der als Letzter eingetragen wird, und nach Abschluss der Füllung bietet eine Optionen-Schaltfläche Variationen an.

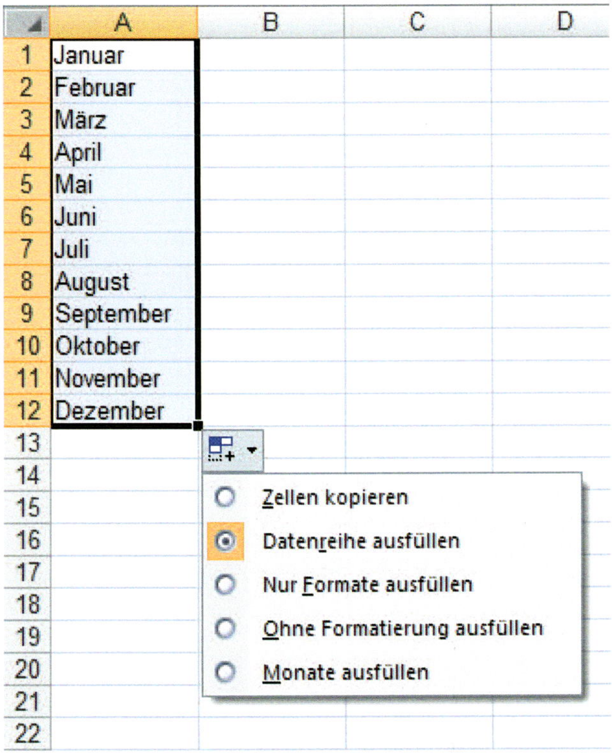

Abbildung 5.32 Monatsreihe mit Optionen-Schaltfläche füllen

Fülltechniken

Bei den ersten Versuchen mit dem Ausfüllkästchen werden Sie feststellen, dass Excel einzelne Zahlenwerte nicht hochzählt, Datumswerte, Monate oder Wochentage dagegen fortlaufend schreibt. Der Grund dafür liegt in der *AutoAusfüllen*-Funktion, eine besonders nützliche Einrichtung der Tabellenkalkulation:

Enthält die erste Zelle z.B. den Wert 1, werden alle übrigen Zellen mit 1 gefüllt. Findet die Option aber einen Texteintrag wie z.B. Quartal 1, wird dieser in den übrigen Zellen hochgezählt (Quartal 2, Quartal 3 usw.). *AutoAusfüllen* erkennt also am Inhalt der Zelle, welche Reihe berechenbar ist, und berücksichtigt entsprechende Einschränkungen bezüglich Datum und Zeit.

Wenn Sie jetzt aber eine Füllreihe mit Zahlenwerten brauchen, können Sie die *AutoAusfüllen*-Funktion »überlisten«:

1. Tragen Sie die ersten beiden Werte der gewünschten Reihe ein, und markieren Sie diese beiden Zellen.
2. Ziehen Sie das Füllkästchen am unteren Markierungsrand in die gewünschte Füllrichtung, um die *AutoAusfüllen*-Funktion zu aktivieren. Der zweite Wert fungiert damit als Inkrement (Hochzählwert) für den Wert in der ersten Zelle.

Hier einige Beispiele für Füllreihen, die von *AutoAusfüllen* erzeugt werden:

Anfangswert(e)	***AutoAusfüllen*-Reihe**
120	120, 120, 120
120 125	130, 135, 140, 145 ...
08:30	09:30, 10:30, 11:30, 12:30 ...
08:30 08:45	09:00, 09:15, 09:30, 09:45 ...
12:00	13:00, 14:00, 15:00 ...
12:00 14:00	16:00, 18:00, 20:00 ...
Montag	Dienstag, Mittwoch, Donnerstag, Freitag, Samstag, Sonntag, Montag ...
Januar	Februar, März, April, ... Dezember, Januar ...
Januar 04	Februar 04, März 04, April 04, ... Dezember 04
27. Feb 04	28. Feb 04, 1. Mär 04, 2. Mär 04 ...
1. Januar 04 15. Januar 04	29. Januar 04, 12. Februar 04, 26. Februar 04 ...
1. Quartal	2. Quartal, 3. Quartal, 4. Quartal, 1. Quartal

Tabelle 5.8 Füllreihen

AutoAusfüllen zählt auch in die andere Richtung: Aus 10, 9 wird 8, 7, 6 ..., aus 100, 85 wird 70, 55, 40 usw. Probieren Sie die Funktion auch an Zahlen-/Textreihen, die nichts mit Datums- oder Zeitwerten zu tun haben:

Anwendung	Startwert	Reihe
Kundennummern	AB-100-01	AB-100-02, AB-100-03 ...
Artikel	Schraube 3,5	Schraube 3,6, Schraube 3,7 ...
Telefonnummern	Durchwahl -347	Durchwahl -348, Durchwahl -349 ...
Aufzählungen	1. Sortiment	2. Sortiment, 3. Sortiment ...

Tabelle 5.9 Alternative Füllreihen

5.4.4 Füllreihen, Trend- und Prognosereihen

AutoAusfüllen erzeugt auf einfachste Weise linear oder exponentiell steigende Trendreihen. Sie können wahlweise das Ausfüllkästchen oder die Menüoption dafür verwenden.

In der arithmetischen Reihe, die nur mit echten Zahlenwerten funktioniert, bildet der Inkrement-Wert die Spanne; der Wert wird auf das jeweils nächste Feld aufaddiert. In der geometrischen Reihe ist dieser Wert als Zählfaktor zu sehen, jedes Feld enthält dabei das Ergebnis aus der Multiplikation des Vorgängerwertes mit dem unter *Inkrement* festgelegten Faktor. Um eine Datumsreihe bilden zu können, muss Excel ein Datum in der ersten Zelle vorfinden. Geben Sie für diesen Reihentyp unter *Zeiteinheit* die gewünschte Inkrementspanne an. Für alle anderen Reihentypen ist diese Sektion nicht aktivierbar.

Mit dem Ausfüllkästchen

1. Geben Sie die ersten drei Werte der gewünschten Trendreihe ein, und markieren Sie die drei Zellen.
2. Um eine normale Trendreihe zu erstellen, genügt es, das Ausfüllkästchen auf weitere Zellen zu ziehen.
3. Für eine linear oder progressiv steigende Trendreihe ziehen Sie das Füllkästchen statt mit der linken mit der rechten Maustaste nach unten. Sobald Sie die Taste an der letzten auszufüllenden Zelle loslassen, erscheint ein Kontextmenü, und Sie können die Trendart bestimmen. Wählen Sie *Linearer Trend* oder *Exponentieller Trend*.

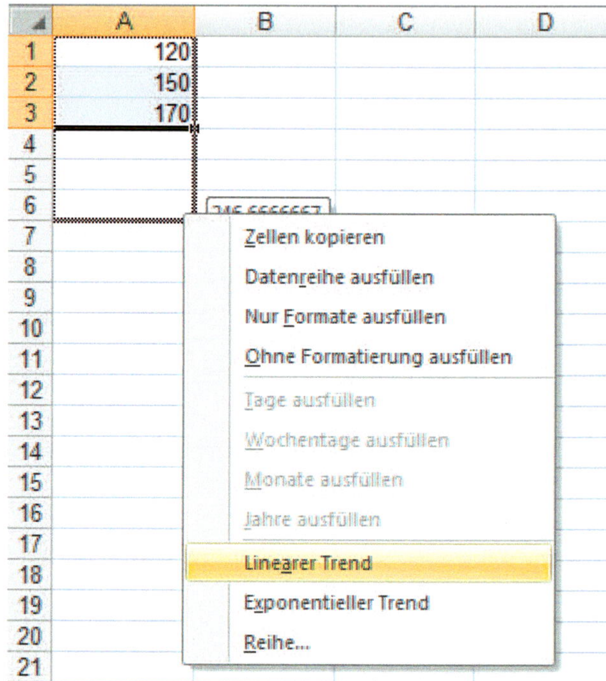

Abbildung 5.33 Die Füllung für Trendreihen stellt das Kontextmenü bereit.

Über das Menü

Kreuzen Sie unter *Start/Bearbeiten/Füllbereich/Reihe* das Kästchen *Trend* an, um das Inkrement für die Reihe so einzustellen, dass die Markierung mit einer Trendreihe gefüllt wird, die eine gradlinige (bei linearen Reihen) oder exponentielle Kurve (bei Wachstumsdatenreihen) ergibt.

» Wählen Sie die lineare Reihe, wenn Sie einen linearen Trend ermitteln wollen.

» Wählen Sie die geometrische Reihe, um einen exponentiellen Wachstumstrend zu ermitteln.

Die Werte innerhalb der Markierung werden durch die von Excel berechneten Trendwerte ersetzt. Die Funktion entspricht im Aufbau der Handhabung der *Trend*-Funktion, die ein Array mit den aufzufüllenden Werten bildet.

5.4.5 Benutzerdefinierte Listen für AutoAusfüllen

Woher weiß Excel, dass nach dem Januar der Februar folgt, und wieso wird aus dem Montag eine Reihe bis zum Sonntag gebildet? Das Geheimnis ist schnell gelüftet: Diese Spezialreihen sind als benutzerdefinierte Listen abgelegt:

1. Wählen Sie im *Datei*-Menü *Optionen*, und klicken Sie unter *Erweitert/Allgemein* auf die Schaltfläche *Benutzerdefinierte Listen bearbeiten*.
2. Hier stehen bereits die Listen zur Auswahl, die *AutoAusfüllen* bekannt sind. Um weitere Listen einzutragen, schreiben Sie die Begriffe direkt in das Feld *Listeneinträge*. Drücken Sie nach jedem Eintrag die Eingabe-Taste. Klicken Sie auf *Einfügen*, wenn die neue Liste fertig ist.

Die Liste kann durch Einsetzen des Cursors jederzeit ergänzt werden, einzelne Einträge lassen sich markieren und mit den Löschtasten entfernen, nur Leerzeilen werden nicht akzeptiert. Um eine Liste wieder zu löschen, markieren Sie den Eintrag, und klicken Sie auf *Löschen*. Hier noch einige Beispiele für benutzerdefinierte Listen:

Anfangswert	Reihe
Hamburg	Altona, Blankenese, Fuhlsbüttel, Pöseldorf ...
New York	Paris, Rom, Sydney, Tokio, Berlin ...
Kosten	Personalkosten, Materialkosten, Sonstige Kosten ...
Abteilung	Einkauf, Sales, Marketing, Forschung, Produktion ...
Artikelgruppen	Food, Non-Food, Spielwaren, Bekleidung ...

Tabelle 5.10 Beispiele für benutzerdefinierte Listen

Benutzerdefinierte Liste anwenden

Sobald die neue Liste auf der Registerkarte geführt ist, lässt sie sich wie jede andere automatisch ermittelte Wertereihe auch in der Tabelle anwenden:

1. Geben Sie den ersten Wert der Liste oder einen beliebigen Wert aus der Liste ein, und markieren Sie diesen.

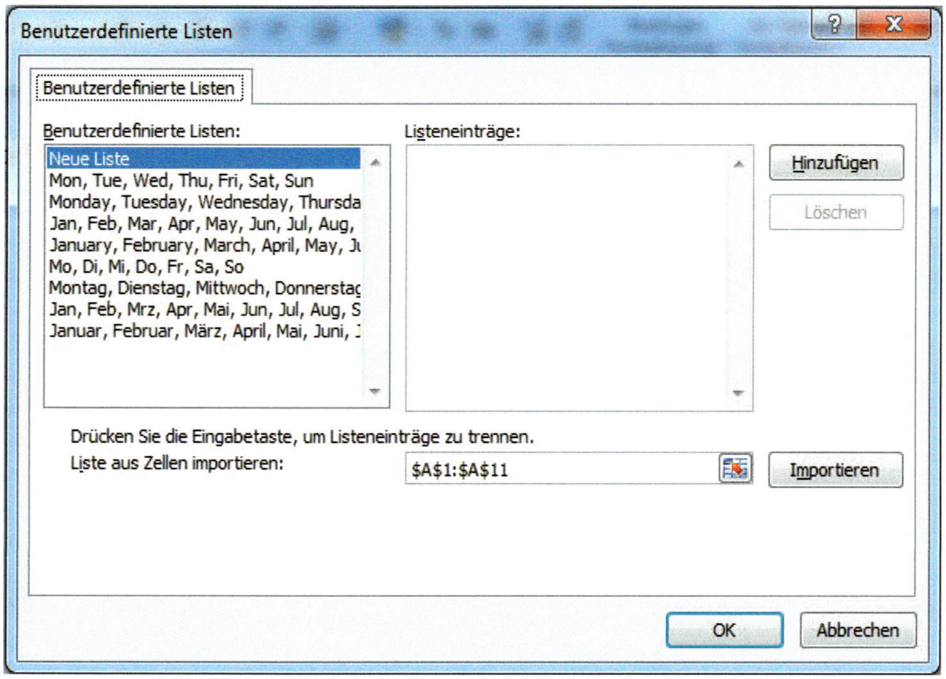

Abbildung 5.34 Eine neue benutzerdefinierte Liste entsteht.

2. Ziehen Sie das Ausfüllkästchen in die gewünschte Richtung, um die restlichen Listeneinträge in die markierten Zellen einzubringen.

Gefüllt wird immer in der Reihenfolge der Einträge in der Liste. Ist der letzte Wert erreicht, beginnt *AutoAusfüllen* wieder mit dem ersten Listenwert.

5.5 Zellinhalte und Zellen löschen

Achten Sie auf das richtige »Löschmittel«: Ist die Bearbeitungsleiste oder die Zelle selbst offen, wird nur das Zeichen gelöscht, das unmittelbar neben dem Cursor steht oder das in der Zeile markiert ist. Bei geschlossener Bearbeitungsleiste löschen Sie den Inhalt aller markierten Zellen.

1. Markieren Sie eine Zelle oder einen Bereich mit mehreren Zellen, und drücken Sie die [Entf]-Taste, um den Inhalt sofort zu löschen.
2. Der längere Weg: Klicken Sie mit der rechten Maustaste in den markierten Bereich, und wählen Sie im Kontextmenü *Inhalte löschen*.
3. Wählen Sie alternativ dazu *Start/Bearbeiten/Löschen*, und klicken Sie auf die gewünschte Option:
   - *Alle löschen:* Gelöscht werden Texte, Zahlen, Formeln und Formate.
   - *Formate löschen:* Gelöscht werden nur Zellmuster, Farben, Rahmen und Schriftformate. Der Inhalt wird auf die Standardschrift der Tabelle zurückgesetzt.
   - *Inhalte löschen:* Löscht Zellinhalte, Formeln, Zahlen oder Texte, die Formate bleiben erhalten.
   - *Kommentare löschen:* Löscht nur die Kommentare in der Zelle.
   - *Hyperlinks löschen:* Löscht Hyperlinks aus den markierten Zellen. Die Formatierungen bleiben erhalten.

TIPP Die *Rückgängig-Funktion* in der Symbolleiste für den Schnellzugriff holt versehentlich gelöschte Zellinhalte wieder zurück. Mit *Wiederholen* können Sie weitere, neu markierte Zellen oder Zellteile löschen.

5.5.1 Ein flexibles Löschsymbol

Das Symbol mit der Aufschrift *Löschen* unter *Start/Zellen* ist besonders flexibel, wenn es um das Löschen von Zellen oder Zellinhalten geht, es prüft nämlich vorher die Markierung ab:

» Haben Sie einzelne Zellen markiert, löscht ein Klick auf das Symbol die Zellen ohne Rückfrage. Die restlichen Zellen rutschen gemäß der Voreinstellung nach oben oder nach links.

» Markieren Sie einzelne Zeilen oder Spalten, werden diese gelöscht, der restliche Tabelleninhalt rutscht nach oben oder nach links.

» Mit Klick auf das Pfeilsymbol können Sie die Löschoperation selbst bestimmen.

Abbildung 5.35 Flexibles Löschsymbol

5.5.2 Alle Zellen der Tabelle löschen

Markieren Sie alle Zellen mit Klick auf das Kästchen links oben, in dem sich Zeilennummern und Spaltenbuchstaben treffen, und löschen Sie die Zellen mit der [Entf]-Taste.

5.5.3 Tabellenblatt löschen

Um das Blatt selbst zu löschen, zeigen Sie auf den Registereintrag unten am Mappenrand, öffnen mit der rechten Maustaste das Kontextmenü und wählen *Löschen*. Bestätigen Sie die Sicherungsmeldung mit *Ja*, ist das Tabellenblatt gelöscht.

5.5.4 Zellen löschen

Einzelne Zellen können inhaltlich problemlos aus der Tabelle gelöscht werden, Sie müssen aber entscheiden, was mit den angrenzenden Zellen passiert. Das Löschen einer Zelle hat nämlich Auswirkungen auf den Rest der Tabelle, da dieser entsprechend verschoben werden muss.

1. Markieren Sie eine einzelne Zelle oder mehrere Zellen, die Sie löschen wollen.
2. Wählen Sie *Zellen löschen* im Kontextmenü der rechten Maustaste oder unter *Start/Zellen/Löschen*. Bestätigen Sie die Abfrage nach der Verschiebung der übrigen Zellen, oder entscheiden Sie sich dafür, dass die gesamte Zeile bzw. Spalte gelöscht wird, in der sich die aktive Markierung befindet.

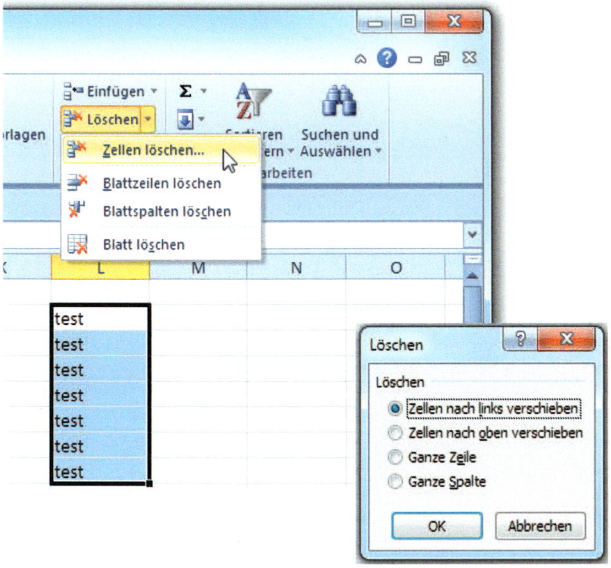

Abbildung 5.36 Wohin wird der angrenzende Bereich verschoben?

5.5.5 Zeilen/Spalten löschen

Wie eben gesehen, kann eine Zeile oder Spalte auch über den Dialog gelöscht werden, der bei der Löschung einer Zelle eingeblendet wird. Das dauert aber in der Praxis viel zu lange. Sie sollten diese Methode vorziehen, um eine Zeile oder Spalte zu entfernen:

1. Markieren Sie die Zeile oder Spalte, die Sie samt Inhalt löschen wollen, gleich mit der rechten Maustaste auf dem Zeilen-/Spaltenkopf. Wenn Sie mehr als eine Zeile oder Spalte löschen wollen, markieren Sie diese mit der linken Maustaste und klicken dann mit der rechten Maustaste auf die Markierung.
2. Wählen Sie im Kontextmenü *Zellen löschen*. Eine Abfrage über die Verschiebung der restlichen Zellen erscheint nicht mehr, da diese bei Zeilen- oder Spaltenmarkierungen automatisch so verschoben werden:

   - *Zeilen löschen:* Der Rest der Tabelle wird nach oben geschoben.
   - *Spalten löschen:* Der Rest der Tabelle wird nach links verschoben.

5.6 Zellen, Zeilen und Spalten einfügen

Für das Einfügen von Zellbereichen gilt dasselbe Prinzip wie beim Löschen. Der kürzeste Weg ist der beste. Einfügesymbole und -optionen gibt es reichlich, sehen Sie sich alle an, und entscheiden Sie sich für den optimalen Weg.

5.6.1 Ein flexibles Einfügesymbol

Das Symbol mit der Aufschrift *Einfügen* unter *Start/Zellen* ist besonders flexibel, wenn es um das Einfügen von Zellen oder Zellinhalten geht, es prüft nämlich vorher die Markierung ab:

» Haben Sie einzelne Zellen markiert, fügt ein Klick auf das Symbol ohne Rückfrage Zellen ein. Die restlichen Zellen rutschen gemäß der Voreinstellung nach unten oder nach rechts.

» Markieren Sie einzelne Zeilen oder Spalten, werden ebenso viele Zeilen oder Spalten eingefügt, der restliche Tabelleninhalt rutscht nach unten oder nach rechts.

» Mit Klick auf das Pfeilsymbol können Sie die Einfügeoperation selbst bestimmen.

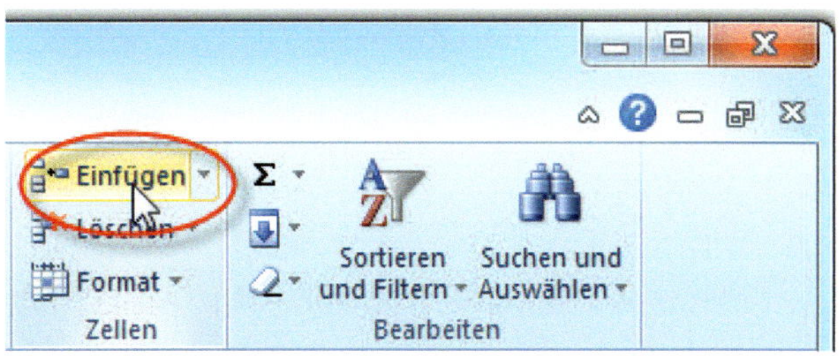

Abbildung 5.37 Flexibles Einfügesymbol

5.6.2 Einfügen über das Kontextmenü

1. Markieren Sie eine Zeile oder Spalte, vor der eine neue Spalte eingefügt werden soll, mit der rechten Maustaste. Wenn Sie mehr als eine Zeile oder Spalte

einfügen wollen, markieren Sie diese mit der linken Maustaste und klicken mit der rechten Maustaste auf die Markierung.

2. Wählen Sie im Kontextmenü *Zellen einfügen*.

Die Anzahl markierter Zeilen oder Spalten wird eingefügt. Hatten Sie beispielsweise die Spalten C, D und E markiert, erhalten Sie drei neue Spalten F, G und H.

Formeln werden angepasst

Von den Zellverschiebungen in der Tabelle sind in der Regel auch Formeln betroffen. Wenn Sie beispielsweise in der Zelle A über die Formel

```
=C1*0,15
```

berechnen und anschließend eine neue Spalte C einfügen, heißt die Formel in A1 automatisch:

```
=D1*0,15
```

Das Gleiche gilt für Zellbereiche (z.B. A1:C1) und zugeteilte Bereichsnamen, deren Bezüge ebenfalls neu zugewiesen werden.

5.7 Suchen und Auswählen

Die Suchen- und Ersetzen-Funktion gehört mittlerweile zur Standardausrüstung aller Office-Programme: Suchen Sie nach Textstellen oder Werten in Ihrer Tabelle, und ersetzen Sie bei Bedarf größere Textmengen.

5.7.1 Suchen

Stellen Sie sicher, dass alles durchsucht wird, was Ihr Programmfenster gerade anbietet:

- » Wenn nur eine Zelle markiert ist, durchsucht Excel die gesamte Tabelle.
- » Um eine Gruppe von Blättern zu durchsuchen, markieren Sie diese vorher mit gedrückter [Umschalt]- oder [Strg]-Taste und Klick auf die Tabellenregister.
- » Wollen Sie die Suche auf einen bestimmten Bereich einschränken, markieren Sie diesen zuvor.

Starten Sie die Suche über das Symbol *Suchen und Auswählen* unter *Start/Bearbeiten*. Klicken Sie auf *Suchen ...*

Suchen: Geben Sie einen Suchbegriff ein. Das kann ein Wort, ein Wortteil, ein bis zu 255 Zeichen langer Text oder eine Mischung aus Text, Zahl und Steuerzeichen sein. Benutzen Sie »Wildcards« (Ersatzzeichen), um mehr zu suchen als die direkten Begriffe. Diese Wildcards gibt es:

Steuerzeichen	Aufgabe	Beispiel	Gefunden wird
*	Beliebiger Text	Jan*	Januar Jan 10 Janosch
?	Einzelnes Zeichen	Nr. ?000	Nr. 1000 Nr. 9000

Tabelle 5.11 Wildcards

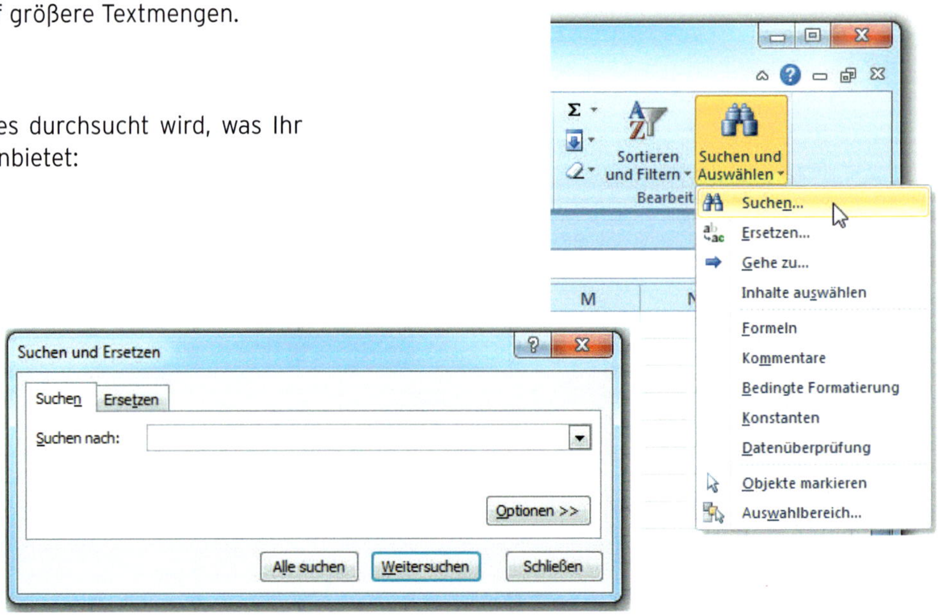

Abbildung 5.38
Die Suchen-Funktion

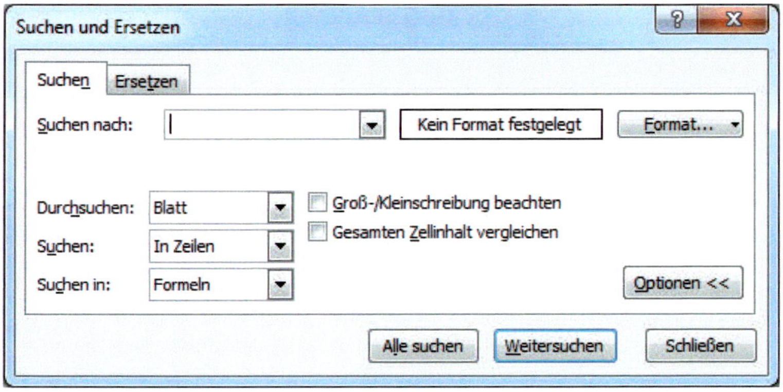

Abbildung 5.39
Suchen mit Optionen

Der Stern als Suchersatz kommt dann zum Einsatz, wenn eine genaue Übereinstimmung der übrigen Suchdaten erforderlich ist. Um nach dem Stern oder dem Fragezeichen selbst zu suchen, stellen Sie diesem im Suchbegriff eine Tilde (~) voran (generiert mit `AltGr`+`+`).

Klicken Sie auf die Schaltfläche *Optionen*, wenn Sie die Suchoperation genauer bestimmen wollen:

Suchoptionen

» *Suchen Blatt/Arbeitsmappe:* Bestimmen Sie, ob das aktive Tabellenblatt oder die gesamte Mappe durchsucht werden soll.

» *Suchen: In Zeilen/In Spalten:* Bestimmt die Suchrichtung (Zeile oder Spalte). Klicken Sie auf *In Zeilen*, wenn die Suchfunktion zuerst von links und rechts aktiv werden soll, andernfalls werden zuerst die einzelnen Spalten durchforscht.

» *Suchen in:* Beschränkt den Suchbereich auf *Formeln*, *Werte* oder *Kommentare*. So würde der Begriff »Summe« im ersten Fall Zellen ansteuern, die eine Formel mit diesem Ausdruck enthalten, und im zweiten Fall nur Zellen, die dieses Wort als Texteintrag enthalten.

» *Gross-/Kleinschreibung beachten:* Ein Kreuz vor dieser Option bewirkt, dass Zellinhalte nur dann angesteuert werden, wenn sie auch in der Groß-/Kleinschreibung mit dem Suchbegriff übereinstimmen.

» *Gesamten Zellinhalt vergleichen:* Diese Option sorgt dafür, dass der Suchbegriff nur entdeckt wird, wenn er vollständig mit dem Zellinhalt identisch ist.

» *Format:* Mit Klick auf diese Schaltfläche öffnen Sie eine weitere Dialogbox, in der Sie das zu suchende Format bestimmen können. Die Box bietet alle Formatierungen an, übersehen Sie nicht links unten die Schaltfläche *Format von Zelle übernehmen*, denn die ist besonders nützlich, wenn Sie nach identischen Formatierungen suchen wollen. Natürlich können Sie auch Formate kombinieren.

Haben Sie das Format bestimmt, schließen Sie die Dialogbox wieder, und das Feld *Vorschau* im Suchfenster zeigt, wie die Zelle formatiert sein muss, damit sie mit dieser Einstellung gefunden wird.

Suche starten

Starten Sie die Suche mit Klick auf *Weitersuchen*. Wird ein Begriff entdeckt, setzt die Suchfunktion den Zellzeiger in die Zelle und bleibt am Bildschirm, damit die nächste Fundstelle gleich angesteuert werden kann. Wollen Sie die gefundene Zelle durch einen anderen Wert ersetzen, schalten Sie zur Registerkarte *Ersetzen* um. Mit Klick auf *Schliessen* beenden Sie die Suche.

TIPP Drücken Sie nach Abschluss der Suchfunktion `Umschalt`+`F4`, um die nächste Fundstelle anzusteuern, ohne den Dialog erneut starten zu müssen.

Suchen und Ersetzen

Zellinhalte suchen und gleich durch einen anderen Zellinhalt ersetzen – das macht die nächste Option unter dem Symbol *Suchen und Auswählen* in der Gruppe *Start/Bearbeiten* möglich. Markieren Sie wieder eine einzelne Zelle für die gesamte Tabelle, oder ziehen Sie die Markierung über einen bestimmten Bereich, um nur diesen zu durchsuchen.

Wählen Sie *Ersetzen* ... Aktivieren Sie über die Schaltfläche *Optionen* die Suchoptionen:

- *Suchen nach:* Geben Sie den Suchbegriff ein, oder übernehmen Sie den, der aus der *Suchen*-Option übermittelt wurde.
- *Ersetzen durch:* Geben Sie hier die Zeichen ein, die den gefundenen Begriff ersetzen sollen. Hier sind keine Stellvertreterzeichen erlaubt. Wenn diese Bearbeitungszeile leer bleibt, wird der gefundene Inhalt durch nichts ersetzt, also gelöscht.
- *Suchen Blatt/Arbeitsmappe:* Das aktive Tabellenblatt oder die gesamte Mappe (wie unter *Suchen*).
- *Suchen: In Zeilen/In Spalten:* Die Suchrichtung (wie unter *Suchen*).
- *Suche in:* Beschränkt den Suchbereich auf *Formeln*, *Werte* oder *Kommentare* (wie unter *Suchen*).
- *Gross-/Kleinschreibung beachten:* Groß-/Kleinschreibung in der Fundstelle muss mit dem Suchbegriff übereinstimmen (wie unter *Suchen*).
- *Gesamten Zellinhalt vergleichen:* Der Suchbegriff muss mit dem Zellinhalt identisch sein (wie unter *Suchen*).
- *Format:* Holen Sie per Klick auf die erste Schaltfläche das zu suchende Format in den Dialog und mit der zweiten Schaltfläche das Ersatzformat. Um beispielsweise alle kursiv gesetzten Zellen in Normalschrift umzuwandeln, wählen Sie *Kursiv* als Suchformat und *Standard* als Ersatzformat.

ACHTUNG Die Ersatzzelle darf nicht leer sein, wenn Sie nur das Format austauschen wollen. Damit ersetzen Sie nämlich den Inhalt der Zelle durch nichts, löschen diese also.

Excel markiert die erste Zelle mit dem Suchbegriff und bietet Ihnen an, diese mit Klick auf *Ersetzen* gegen den Ersatzbegriff auszutauschen oder mit *Weitersuchen* die nächste Fundstelle anzusteuern. Um alle Fundstellen ohne Rückfragen zu ersetzen, klicken Sie auf *Alle ersetzen*. Mit *Schliessen* beenden Sie die Operation.

HINWEIS Ein vorzeitiger Abbruch über *Schliessen* macht die bis dahin vorgenommenen Ersetzungen nicht rückgängig. Klicken Sie auf das *Rückgängig*-Symbol in der Symbolleiste für den Schnellzugriff.

Kombinieren Sie Such- und Ersatzoperationen mit Bereichsmarkierungen über *Suchen und Auswählen/Inhalte auswählen*. So lässt sich eine bestimmte Formel oder Notiz schneller aufspüren, wenn Sie vor der Suche alle Formeln bzw. Notizen markieren, und die Beschränkung der Anzeige auf Konstanten oder Formeln erleichtert die Recherche oft wesentlich.

5.8 Kommentare

Mit der Zeit werden Ihre Tabellen an Volumen zunehmen, was die Arbeit mit und an den Zellbereichen nicht einfacher macht.

Wenn Sie Informationen in der Tabelle ablegen wollen, die der Benutzer gezielt in einzelnen Zellen oder Zell-

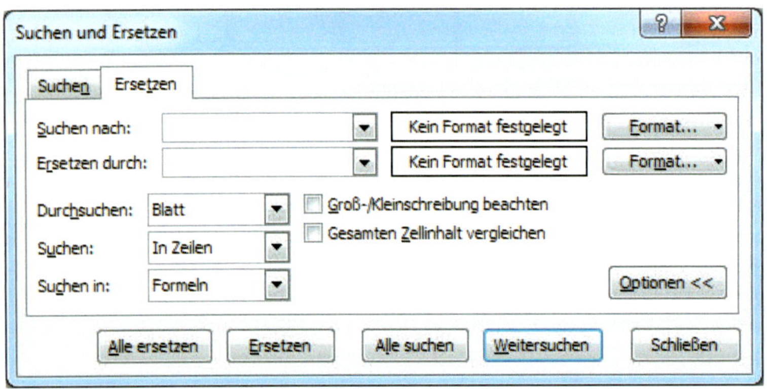

Abbildung 5.40
Suchen und Ersetzen

bereichen bekommen soll, füllen Sie dafür keine Zellen aus, sondern schreiben diese Infos in Kommentare. Das sind kleine gelbe Textzettel, die erst erscheinen, wenn der Mauszeiger auf die mit dem Kommentar versehene Zelle zeigt. Der Kommentar verschwindet mit dem Mauszeiger wieder.

5.8.1 Kommentar einfügen

1. Setzen Sie den Zellzeiger in eine Zelle.
2. Wählen Sie *Überprüfen/Kommentare/Neuer Kommentar*.
3. Tragen Sie den Kommentartext in das Textfeld ein. Drücken Sie die [Eingabe]-Taste für Zeilenumbrüche, und schließen Sie den Kommentar ab, indem Sie in eine Zelle klicken oder die Taste [Esc] drücken.

Der Kommentar wird eingefügt, ein Pfeil zeigt auf die rechte obere Ecke, in der ein kleines rotes Dreieck sichtbar wird.

Im Kommentar steht zunächst der Name des aktiven Benutzers, der unter *Datei/Optionen* in der ersten Kategorie *Allgemein* eingetragen wurde. Sie können diesen natürlich löschen, wenn Sie dem Kommentarleser nicht mitteilen wollen, wer den Kommentar verfasst hat. Er wird benötigt, wenn Tabellen über *Änderungen nachverfolgen* bearbeitet werden, in diesem Fall ist die namentliche Kennzeichnung des Verfassers wichtig.

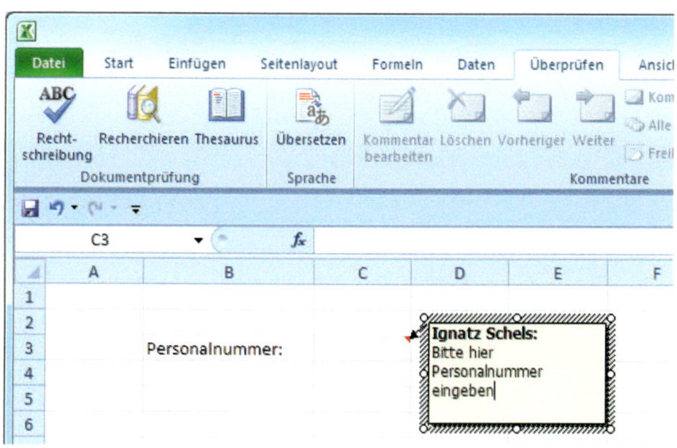

Abbildung 5.41 Kommentar in der Zelle

5.8.2 Kommentare anzeigen

In der Standardeinstellung werden Kommentare nur angezeigt, wenn der Mauszeiger auf der jeweiligen Zelle steht. Mit *Überprüfen/Kommentare/Alle Kommentare anzeigen* schalten Sie die Kommentaranzeige für das gesamte Blatt ein, die Kommentare sind damit immer sichtbar.

Schalten Sie die Ansicht mit einem weiteren Klick auf *Überprüfen/Kommentare/Alle Kommentare anzeigen* wieder aus.

Kommentaranzeige in den Optionen

Ob die Kommentare, die kleinen roten Dreiecke (Indikatoren) oder gar nichts angezeigt wird, entscheidet eine Einstellung in den Optionen:

1. Wählen Sie im *Datei*-Menü *Optionen*, schalten Sie auf die Kategorie *Erweitert*, und suchen Sie die Gruppe *Anzeige*.
2. Stellen Sie unter *Für Zellen mit Kommentaren folgendes anzeigen* die gewünschte Ansicht ein:
   - *Keine Kommentare und Indikatoren*: Es werden keine Kommentare und keine roten Dreiecke angezeigt.
   - *Nur Indikatoren, und Kommentare nur beim Hovern:* Die roten Dreiecke in der Zellecke erscheinen. Ein Kommentar wird angezeigt, wenn der Zellzeiger auf die Zelle zeigt (Hovern bedeutet: mit dem Zellzeiger darüberfahren).
   - *Kommentare und Indikatoren:* Beide, Dreiecke und Kommentare, werden permanent angezeigt.

Probleme mit der Kommentaranzeige

Wenn Sie einen Teilbereich der Tabelle über *Ansicht/Fenster/Fenster fixieren* fixiert hatten, wird ein Kommentar, dessen Randbereich über die Fixierung ragt, nicht ganz angezeigt. Ändern Sie in diesem Fall die Fixierung oder die Größe des Kommentarfeldes.

In Pivot-Berichten wird der Kommentar mit der Zelle und nicht mit den Pivot-Daten verankert. Achten Sie darauf, denn wenn das Layout neu definiert wird, steht der Kommentar in der falschen Zelle.

Ein neuer Kommentar zeigt immer einen Benutzernamen in der ersten Zeile. Wenn Sie den Benutzernamen aus der *Optionen*-Dialogbox löschen, wird der Anmeldename des Computers verwendet.

5.8.3 Kommentar bearbeiten

Um einen Kommentar zu bearbeiten, markieren Sie zunächst die Zelle, in der er sich befindet. Auf der Registerkarte *Überprüfen* finden Sie in der Gruppe *Kommentare* Symbole zum Ansteuern der Kommentare.

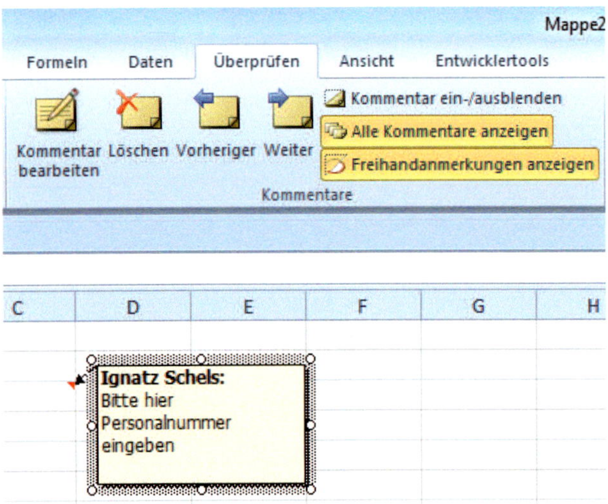

Abbildung 5.42 Kommentare bearbeiten

Sie können den Kommentar nur bearbeiten, wenn das Kommentarfeld geöffnet ist:

1. Klicken Sie mit der rechten Maustaste in die Zelle, und wählen Sie aus dem Kontextmenü *Kommentar bearbeiten* (Alternative: *Start/Überprüfen/Kommentare/Kommentar bearbeiten*).
2. Der Kommentar wird zur Bearbeitung geöffnet. Ändern oder löschen Sie den Text, und schließen Sie die Bearbeitung wieder per Klick auf eine Zelle ab.
3. Die Position des Kommentarfeldes verändern Sie, indem Sie auf den Rand klicken und diesen mit gedrückter Maustaste verschieben.
4. Wollen Sie das Kommentarfeld vergrößern oder verkleinern, ziehen Sie mit gedrückter Maustaste einen der weißen Markierungspunkte am Rand.

TIPP Halten Sie die [Alt]-Taste beim Positionieren oder bei der Größenänderung des Kommentarfeldes gedrückt, dann sitzt dieses immer am nächstgelegenen Zellrand.

Kommentare können auch kopiert oder verschoben werden:

1. Wählen Sie *Start/Zwischenablage/Ausschneiden* ([Strg]+[X]) oder *Start/Zwischenablage/Kopieren* ([Strg]+[C]).
2. Wechseln Sie den Zellbereich, und holen Sie die Kommentare mit *Start/Zwischenablage/Einfügen/Inhalte einfügen/Kommentare* in den Zielbereich.

5.8.4 Kommentare drucken

Kommentare werden standardmäßig nicht gedruckt, wenn eine Tabelle zu Papier gebracht oder in eine PDF-Datei »gedruckt« wird.

1. Wählen Sie *Seite einrichten* auf der Registerkarte *Seitenlayout*. Klicken Sie auf das Symbol für das Dialogfeld.
2. Klicken Sie auf die Registerkarte *Blatt*. Hier finden Sie unter *Drucken* das Listenfeld *Kommentare*.

Mit den Standardeinstellungen sollte der Eintrag *Keine* ausgewählt sein. Wenn Sie die Kommentare in Ihrem Tabellenblatt ausdrucken wollen, können Sie auswählen, ob die Kommentare am Ende des Blattes oder wie auf dem Tabellenblatt selbst ausgedruckt werden sollen. Wählen Sie die entsprechende Option, und schließen Sie das Dialogfenster mit *OK*.

5.8.5 Kommentar löschen

Klicken Sie mit der rechten Maustaste in die Zelle, und wählen Sie *Überprüfen/Kommentare/Löschen* oder aus dem Kontextmenü *Kommentar löschen*.

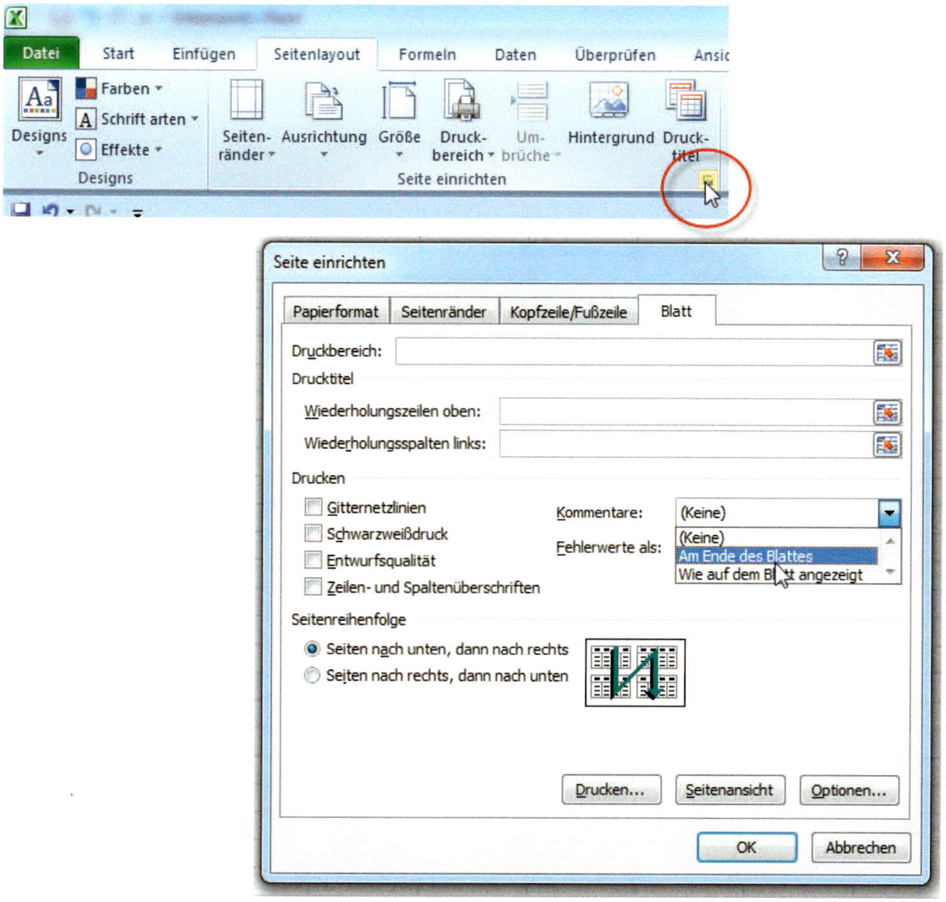

Abbildung 5.43
Kommentare drucken

5.9 Die Rechtschreibprüfung

So wichtig wie z.B. im Textverarbeitungsprogramm Word, mit dem auch dieses Buch (hoffentlich weitgehend fehlerfrei) geschrieben wurde, ist dieses Werkzeug in Excel nicht. Es gibt aber wie für jedes Office-Programm auch eine Rechtschreibprüfung für Excel, und die durchforstet alle Zellen zuverlässig nach Schreibfehlern.

5.9.1 Optionen setzen

Prüfen Sie, ob die Optionen für die Rechtschreibprüfung korrekt gesetzt sind, und korrigieren Sie diese bei Bedarf:

Wählen Sie im *Datei*-Menü *Optionen*, und schalten Sie auf die Kategorie *Dokumentprüfung*.

Eine ausführliche Beschreibung der Optionen finden Sie in Kapitel 1.

5.9.2 Rechtschreibprüfung starten

Ziel definieren

Entscheiden Sie sich, ob Sie die gesamte Tabelle oder nur einen Teil prüfen wollen. Wenn Ihre Texte in einem geschlossenen Bereich stehen, markieren Sie diesen vor dem Aufruf der Rechtschreibprüfung, dann wird auch nur dieser Bereich geprüft. Ist nur eine Zelle markiert, durchsucht die Rechtschreibprüfung das gesamte Tabellenblatt.

Um mehr als eine Tabelle gleichzeitig zu prüfen, markieren Sie die Blätter als Gruppe. Klicken Sie dazu mit gedrückter `Strg`- oder `Umschalt`-Taste auf die einzelnen Blattregister.

Zellen prüfen

Starten Sie die Prüfung für das gesamte Dokument mit *Überprüfen/Rechtschreibung* oder der Funktionstaste `F7`.

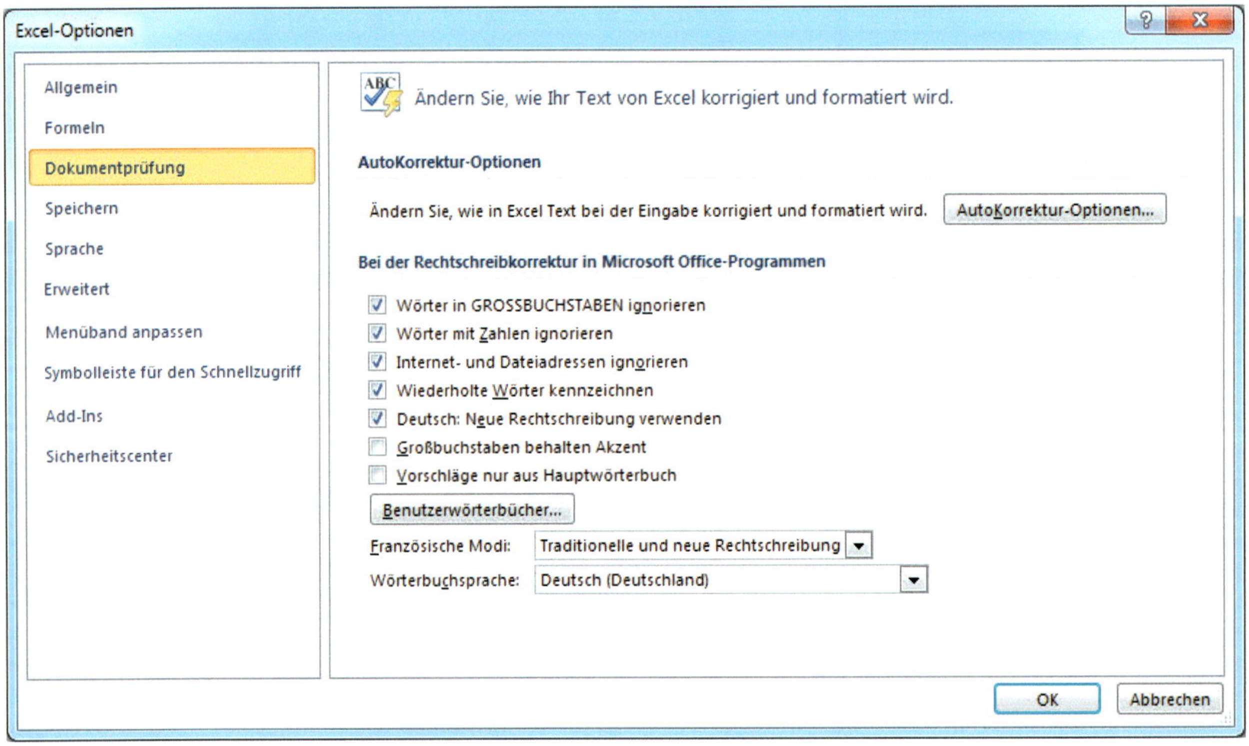

Abbildung 5.44 Optionen für die Rechtschreibprüfung

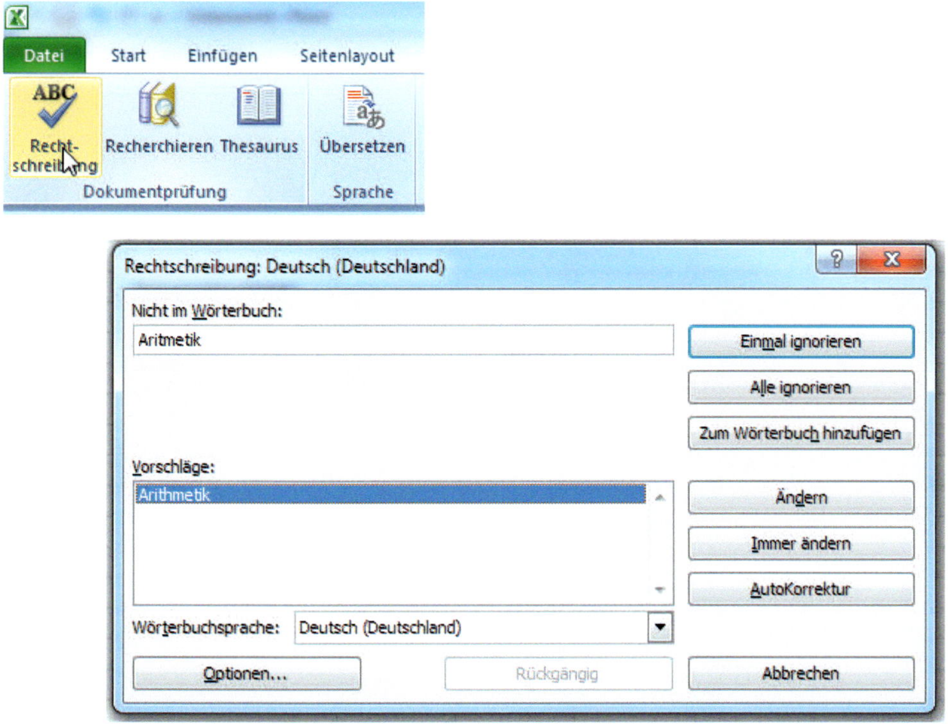

Abbildung 5.45
Die Rechtschreibprüfung ist gestartet.

Wählen Sie *Ändern*, wenn Sie den markierten Vorschlag übernehmen wollen. Mit *Immer ändern* wird der Begriff in der gesamten Tabelle ersetzt. Mit *Einmal ignorieren* wird die Suche fortgesetzt, und *Alle ignorieren* übergeht den Begriff ab sofort immer. Mit *Zum Wörterbuch hinzufügen* wird das Wort in das vorgeschlagene Benutzerwörterbuch aufgenommen.

Markieren Sie unter *Vorschläge* bei Bedarf einen der Vorschläge. Wenn keine Vorschläge vorhanden sind, wird das falsch geschriebene Wort präsentiert.

5.10 Profi-Tipps für die Zellbearbeitung

5.10.1 Mehrzeilig eingeben

Die Bearbeitungsleiste bietet zwar mehr als eine Zeile an, Texteingaben bleiben aber immer einzeilig, auch wenn sie ab einer bestimmten Länge in mehreren Zeilen angezeigt werden. So können Sie Texte mehrzeilig erfassen:

1. Öffnen Sie die Bearbeitungsleiste durch Neueingabe, `F2` oder Anklicken mit der Maus. Schreiben Sie den Text für die erste Zeile.
2. Drücken Sie `Alt`+`Eingabe` für den Zeilenumbruch, und schreiben Sie die nächste Zeile.

Wenn die Zelle einen mehrzeiligen Text erhält, wird ihr automatisch die Formatierung *Zeilenumbruch* zugewiesen, was unter *Start/Ausrichtung* nachzuprüfen ist. Die Zeile wird damit auf die benötigte Zeilengröße gebracht, sodass der Text mehrzeilig abgebildet werden kann. Wenn Zeilenumbrüche im Text gelöscht werden, muss die Zeilenhöhe manuell verringert werden (Doppelklick auf die untere Zeilenlinie im Zeilenkopf). Mit der `Rück`-Taste löschen Sie den Zeilenumbruch im Text.

5.10.2 Tipps und Tricks für Füllreihen

AutoAusfüllen umkehren

Es gibt eine Kombination, die aus der Kopierfunktion des Füllkästchens eine Füllreihe macht, d.h. Werte auch dann hochrechnet, wenn sie sich normalerweise nicht selbstständig erhöhen, und umgekehrt *AutoAusfüllen* bei Datums- und Zeitwerten und anderen AutoAusfüllen-Werten verhindert:

1. Markieren Sie eine Zelle oder mehrere Zellen mit Werten.
2. Halten Sie die `Strg`-Taste gedrückt, und ziehen Sie das Füllkästchen in die gewünschte Richtung.

Würde diese Aktion eine Füllreihe bilden, so wird dies durch die `Strg`-Taste verhindert. Umgekehrt wird ein Wert, der mit normaler Ausfüllung nur kopiert würde, automatisch hochgezählt.

Leerzellen mit Füllkästchen erzeugen

Diese Technik gehört zu den undokumentierten Funktionen von Excel: Nehmen wir an, Sie brauchen eine bestimmte Anzahl Leerzellen in einer Tabelle, wollen aber nicht ganze Zeilen oder Spalten einfügen. Bisher hatten Sie die angrenzenden Zellen vielleicht nach unten wegkopiert, um Platz zu schaffen, aber mit dem Füllkästchen gibt es eine ganz einfache Ersatztechnik:

Markieren Sie die Zelle, unter der Sie Platz schaffen wollen. Halten Sie die `Umschalt`-Taste gedrückt, und ziehen Sie das Ausfüllkästchen dieser Zelle nach unten. Lassen Sie die Maus in der Zelle los, in der die letzte Leerzelle stehen soll, und Excel schiebt alles, was unter der Ausgangszelle stand, nach unten weg.

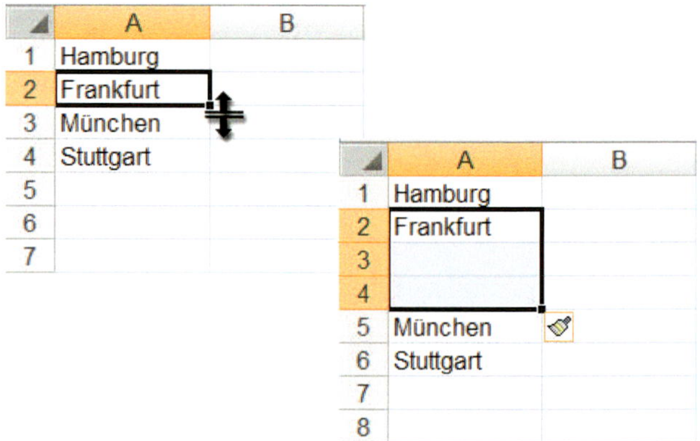

Abbildung 5.46 Leerzellen mit Füllkästchen erzeugen

5.11 VBA-Ecke

CD-ROM Das Beispiel finden Sie auf der Buch-CD in der Arbeitsmappe *VBA-Makros für Kommentare.xlsm*.

5.11.1 Kommentare

In der VBA-Bibliothek finden Sie das Objekt `Comment` für Kommentare. Es ist etwas unhandlich, u.a. lässt sich nicht prüfen, ob die aktive Zelle schon einen Kommentar hat, wenn ein neuer gesetzt wird. Eine Konstante gibt immerhin Auskunft über die Spezialformatierung. Hier ein Makro, das alle Zellen mit Kommentaren in der Tabelle markiert:

```
Sub AlleKommentareMarkieren()
 Selection.SpecialCells(xlCellTypeComments).Select
End Sub
```

Listing 5.1 Makro zur Markierung von Kommentaren

Mit dem nächsten Makro bestimmen Sie selbst das Format (Größe, Schrift) des Kommentars:

```
Sub KommentarFormatiert()
 Dim Cmt As Comment, sAlt$, sNeu$, text$
 ActiveCell.Select
 ' Kommentar neu
 Set Cmt = ActiveCell.AddComment
 text = InputBox("Ihr Kommentar?")
 If text = "" then Exit Sub
 Cmt.text text
 ' Kommentar formatieren
 With Cmt.Shape.TextFrame.Characters.Font
    .Name = "Arial"
    .Size = 10
    .ColorIndex = 3
 End With
 ' AutoSize für Größe nach Text
 ' Cmt.Shape.TextFrame.AutoSize = True
 ' oder Größe hier bestimmen
 With Cmt.Shape
   .Height = 30
   .Width = 50
 End With
End Sub
```

Listing 5.2 Makro zur Formatierung von Kommentaren

Kommentare werden nur angezeigt, wenn der Mauszeiger auf die Zelle fährt. Steuern Sie diese mit den Cursortasten an, wird der Kommentar nicht aktiviert. Dieses Makro muss im Tabellenobjekt stehen, damit der Fehler behoben ist:

```
Private Sub Worksheet_SelectionChange(ByVal Target
As Range)
  On Error Resume Next
  oldtarget.Comment.Visible = False
  Target.Comment.Visible = True
  Set oldtarget = Target
End Sub
```

Listing 5.3 Makro zur Aktivierung von Kommentaren mit der Cursortaste

Kapitel 6

Formeln und Funktionen

Wie würde wohl die berühmteste Formel der Welt, Einsteins Relativitätstheorie, in einer Excel-Tabelle aussehen?

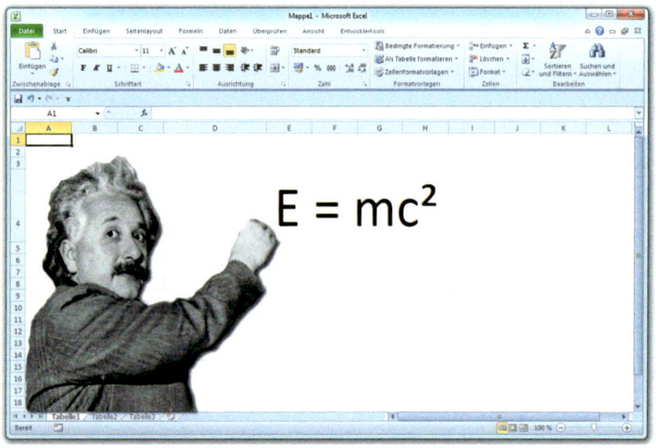

Abbildung 6.1 Einstein und Excel

Die Zielzelle würde das Ergebnis E (Energie) erhalten, die Zellen daneben müssten mit den Faktoren m (Masse) und c (Geschwindigkeit des Lichtes) bestückt werden.

	A	B	C
1	Energie	Masse	Geschwindigkeit des Lichts
2	=$B$2*$C$2^2	10-3 kg	9 x 1016 m²/sec²

Abbildung 6.2 Die Relativitätstheorie

Das Prinzip der Formel ist so alt wie die Tabellenkalkulation selbst und zentraler Mittelpunkt der Programmtechnik: Nach dem Vorbild des Zeilen-/Spaltenjournals der Buchhaltung werden im elektronischen Rechenblatt die Zeilen und Spalten über Formeln addiert, summiert oder statistisch ausgewertet.

Nachdem Sie das Prinzip der Datenerfassung mit Texten, Zahlen und Datumswerten kennen, führt der nächste Schritt zur Formel in der Tabelle.

6.1 Das Formel-Prinzip

Eine Formel wird immer mit einem =-Zeichen eingeleitet, damit unterscheidet Excel die Eingabe von Texten oder Zahlen. An die Stelle des Zellinhalts tritt in unserem Schichtenmodell für die Zelle also eine Formel, hier z.B. eine einfache Multiplikation:

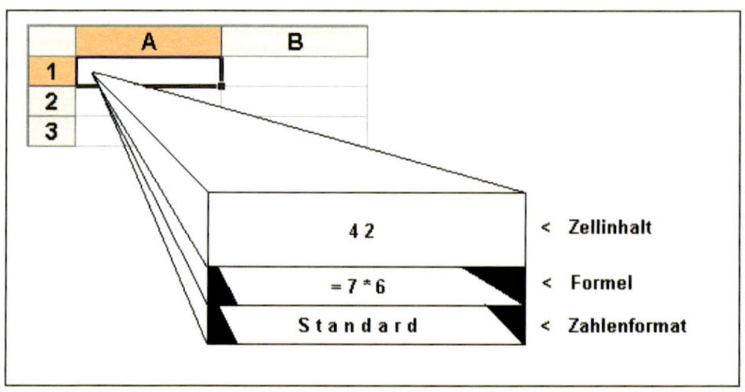

Abbildung 6.3 Die Formel ist der Zellinhalt, ausgegeben wird das Ergebnis.

Wie die linke Seite einer Gleichung enthält die Formel eine Berechnung, deren Ergebnis, die rechte Seite der Gleichung, in der Zelle sichtbar wird.

Schreiben Sie Ihre ersten Formeln in eine leere Tabelle:

Zelladresse	Inhalt der Zelle	Angezeigtes Ergebnis
A1	Addition: =36+12	48
A2	Subtraktion: =36-12	24
A3	Multiplikation: =36*12	432
A4	Division: =36/12	3
A5	Potenz: =36^12	4738381338321620000
A6	Alles zusammen: =12^10*(31-10)/3	4,33422E+11

Tabelle 6.1 Formelbeispiele

Achten Sie auf die Bearbeitungsleiste, sie zeigt die Formel der aktuellen Zelle an. Das Ergebnis ist in der Zelle selbst abgebildet.

	A
1	48
2	24
3	432
4	3
5	4,73838E+18
6	4,33422E+11

	A
1	=36+12
2	=36-12
3	=36*12
4	=36/12
5	=36^12
6	=12^10*(31-10)/3

Abbildung 6.4 Die ersten Formeln

6.1.1 Zelladressen (Bezüge) in Formeln verwenden

Diese Form der Formeleingabe kommt natürlich selten vor, in der Praxis werden Sie immer mit Zelladressen anstelle der Zahlenwerte rechnen. Die Zelladresse ist der Platzhalter für den Faktor in der Formel, anstelle der Zahl schreiben Sie die Adresse, die diese Zahl enthält.

Der Begriff Bezug

Der Begriff *Bezug* oder *Zellbezug* ist nichts anderes als die Zelladresse oder genauer ein Verweis auf die Zelladresse. Verwenden wir ab sofort für die weiteren Beschreibungen diesen Begriff, später (in Kapitel 6.2) erklären wir ihn über die beiden Bezugsarten ganz genau.

Die erste Formel mit Bezügen

Schreiben Sie die Faktoren der zuvor erstellten Formeln in die Spalten A und B, und verwenden Sie die Spalte C, um mit den Faktoren (Bezügen) zu rechnen.

HINWEIS Verwenden Sie in Formeln keine Leerzeichen. Excel ist zwar sehr kulant, akzeptiert Leerzeichen neben Operatoren und gibt sogar Korrekturvorschläge, wenn überflüssige Leerzeichen entdeckt werden. Schreiben Sie Ihre Formeln aber von Anfang an korrekt, sie werden mit der Zeit komplexer ...

	A	B	C
1	36	12	48
2	36	12	24
3	36	12	432
4	36	12	3
5	36	12	4,73838E+18

C
=A1+B1
=A2-B2
=A3*B3
=A4/B4
=A5^B5

Abbildung 6.5 Die ersten Formeln mit Zellbezügen

Die letzte Formel ist schon etwas komplexer, Sie brauchen immerhin schon vier Zelladressen für den Ausdruck:

	A	B	C
7			
8	12	10	
9	31	3	4,33422E+11

C
=A8^B8*(A9-B8)/B9

Abbildung 6.6 Vier Zellbezüge in einer Formel

Die Bestandteile einer Formel

Formeln bzw. Funktionen enthalten folgende Elemente:

Zahlen

Konstanten in beliebiger Größe, auch in Exponentialschreibweise (z.B. 2E15)

Arithmetische Operatoren

Zeichen	Funktion
+	Addition
-	Subtraktion; Minuszeichen, wenn es mit einer Zahl verwendet wird
/	Division
*	Multiplikation
%	Umrechnung in Prozent (Division durch 100)
^	Potenzierung

Tabelle 6.2 Arithmetische Operatoren

In Berechnungen gilt die Punkt-vor-Strich-Regelung. Um Rechenoperationen vorzuziehen, umgeben Sie diese mit runden Klammern. Beispiel:

Formel	Ergebnis
=3*2+1	7
3*(2+1)	9

Andere Operatoren

Zeichen	Funktion
&	Textoperator; verbindet zwei Formelteile
=	Vergleichsoperator (Ist gleich) in Bedingungen
>	Vergleichsoperator Größer als
<	Vergleichsoperator Kleiner als
>=	Vergleichsoperator Größer oder gleich
<=	Vergleichsoperator Kleiner oder gleich
<>	Vergleichsoperator Ungleich

Tabelle 6.3 Andere Operatoren

Vergleichsoperatoren ermitteln einen Wahrheitswert und bringen als Ergebnis WAHR oder FALSCH. Sie werden hauptsächlich zusammen mit der Funktion *WENN* eingesetzt (`WENN A1>B1` …).

Zellbezüge konstruieren

Bezüge sollten Sie grundsätzlich konstruieren, anstatt sie über die Tastatur einzugeben. Damit vermeiden Sie so manchen Tippfehler und Zahlendreher. Gewöhnen

Bezüge

Bezug	Funktion
A1	Zelladresse; der Inhalt der Zelle wird als Operand verwendet.
A1:C1	Zellbereich; die Zellen, die im angegebenen Bereich liegen, werden für die Berechnung verwendet. Beispiel: `=SUMME(A1:C1)` berechnet die Summe aus den Zellinhalten von A1, B1 und C1.
A1 [Leer] C1	Die Schnittmenge aus den Zellen zwischen dem ersten und dem letzten Bezug. Ausgegeben wird der Inhalt der Zellen, die sowohl im ersten als auch im zweiten Bezug vorkommen. Beispiel: `=A1:C1` [Leer] `B1:B10` liefert den Zellinhalt von B1, weil diese Zelle in beiden Bezügen enthalten ist.
;	Vereinigung mehrerer Bezüge; die Zellen werden so behandelt wie ein zusammenhängender Bezug. Beispiel: `=SUMME(A1;C2;D3)` liefert die Summe aus den drei Zellinhalten.
Tabelle1!A1	Externer Bezug auf eine Tabelle. Für *Tabelle1* steht der Registername einer Tabelle; der Bezug bezeichnet den Inhalt der Zelle in dieser Tabelle.
[Mappe1.xls]Tabelle1!$A$1	Externer Bezug auf eine andere Mappe. Der Bezug liefert den Inhalt der Zelle A1 des Blattes *Tabelle1* aus der Mappe *Mappe1.xls*.

Tabelle 6.4 Bezüge in Formeln

Sie sich an, Bezüge in Formeln nur mit der Maus oder den Cursortasten zu konstruieren:

Für die Formel

`=A1+A10`

schreiben Sie ein =-Zeichen, klicken mit der Maus auf die Zelle A1, schreiben ein Pluszeichen und klicken abschließend auf A10.

Für die Formel

`=Tabelle2!$A$1`

schreiben Sie ein =-Zeichen, klicken auf das Register von *Tabelle2*, markieren dort die Zelle A1 und drücken [Eingabe].

Beispiel: Preiskalkulation

Damit Ihr Unternehmen auch weiterhin Gewinn abwirft, werden Sie regelmäßig Ihre Preisgestaltung überprüfen und die direkten und indirekten Kosten der Herstellung mit einbeziehen. Die Keramikwerkstatt benutzt dazu ein Tabellenblatt, in dem die Zellen für die Erfassung und Berechnung der Daten schon vorbereitet sind.

CD-ROM Übungsdaten und Lösung finden Sie auf der Buch-CD unter *Preiskalkulation.xlsx*. Die gelben Felder sind Eingabefelder für Werte, die blauen Felder sind für Formeln reserviert.

Tragen Sie diese Werte in die erste Produktspalte ein:

Zelle	Beschreibung	Wert
B4	Stück produziert	4000
B5	Preis pro Stück	60 €
B6	Durchschn. Ausschuss	120
B8	Bruch bei Transport	50
B12	Materialkosten	60.000 €
B13	Lohnkosten	120.000 €
B14	Betriebskosten	9.000 €

Tabelle 6.5 Beispieldaten für die Preiskalkulation

Tragen Sie die Formel in die blauen Zellen ein. Die Bezüge sollten Sie immer konstruieren, damit Sie auch die richtigen Zelladressen erhalten.

Berechnen Sie zunächst den Prozentwert in B7:

`B7: =B6/B4%`

Berechnen Sie dann den Umsatz als Produkt aus produzierter Stückzahl und Preis. Ziehen Sie aber von der Produktionsmenge zuvor den Ausschuss und die Transportschäden ab. Achten Sie bei der Formel auf die Punkt-vor-Strich-Regelung:

`B9: =(B4-B6-B8)*B5`

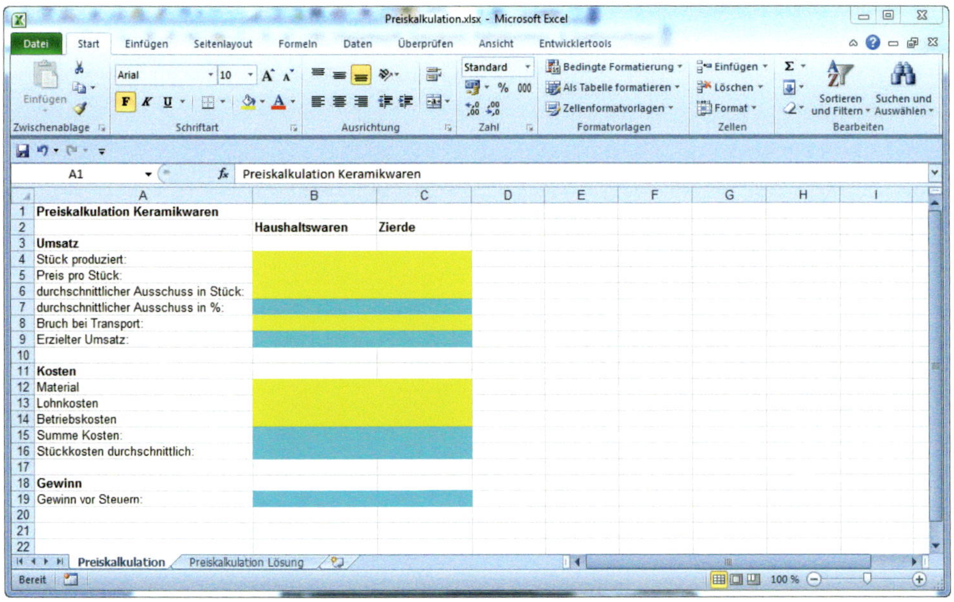

Abbildung 6.7 Tabellenblatt für die Preiskalkulation

Die drei Kostenarten werden für die Gewinnermittlung zu einer Kostensumme zusammengefasst. Schreiben Sie diese Formel:

```
B15: =B14+B13+B12
```

Jetzt können Sie die durchschnittlichen Stückkosten ermitteln. Verwenden Sie für die Division die reine Produktionsmenge, denn auch Ausschussware und Transportschäden müssen mit Einsatz von Kosten produziert werden:

```
B16: =B15/B4
```

Zum Schluss wird der Gewinn errechnet, dazu subtrahieren Sie die Kostensumme vom Umsatz:

```
B19: =B9-B15
```

Damit ist die Formelmenge der Kalkulation für das erste Produkt fertig. Überprüfen Sie die Ergebnisse:

	A	B	C
1	**Preiskalkulation Keramikwaren**		
2		**Haushaltswaren**	**Zierde**
3	**Umsatz**		
4	Stück produziert:	4000	2500
5	Preis pro Stück:	60,00 €	150
6	durchschnittlicher Ausschuss in Stück:	120	50
7	durchschnittlicher Ausschuss in %:	3	2
8	Bruch bei Transport:	50	
9	Erzielter Umsatz:	229.800,00 €	
10			
11	**Kosten**		
12	Material	60.000,00 €	
13	Lohnkosten	120.000,00 €	
14	Betriebskosten	9.000,00 €	
15	Summe Kosten:	189.000,00 €	
16	Stückkosten durchschnittlich:	47,25 €	
17			
18	**Gewinn**		
19	Gewinn vor Steuern:	40.800,00 €	

Abbildung 6.8 Tabellenblatt für die Preiskalkulation

Öffnen Sie eine Formelzelle per Doppelklick, zeigt diese ihre Beziehungen zu den anderen Zellen über farbige Markierungen an.

	A	B	
1	**Preiskalkulation Keramikwaren**		
2		**Haushaltswaren**	**Zi**
3	**Umsatz**		
4	Stück produziert:	4000	
5	Preis pro Stück:	60,00 €	
6	durchschnittlicher Ausschuss in Stück:	120	
7	durchschnittlicher Ausschuss in %:	3	
8	Bruch bei Transport:	50	
9	Erzielter Umsatz:	229.800,00 €	
10			
11	**Kosten**		
12	Material	60.000,00 €	
13	Lohnkosten	120.000,00 €	
14	Betriebskosten	9.000,00 €	
15	Summe Kosten:	189.000,00 €	
16	Stückkosten durchschnittlich:	47,25 €	
17			
18	**Gewinn**		
19	Gewinn vor Steuern:	=B9-B15	

Abbildung 6.9 Farbige Markierungen zeigen auf die Faktoren der Formel.

6.2 Relative und absolute Bezüge

Greifen wir noch einmal den Begriff *Bezug* auf: Wenn in einer Formel die Zeichenfolge »A1« steht, ist damit nicht die Zelle A1 gemeint, sondern der Weg zu dieser Zelle. Wenn Sie die Bezugsart umschalten, wird das Prinzip deutlich:

Öffnen Sie eine leere Tabelle, und geben Sie in die Zelle B1 diese Formel ein:

```
=A1
```

Unter *Datei/Optionen* finden Sie in der Kategorie *Formeln* die *Z1S1-Bezugsart*. In dieser Darstellung wechselt nicht nur der Spaltenkopf sein Aussehen (aus A-XFD wird 1 bis 65.536), sondern die Formeln sehen auch ganz anders aus:

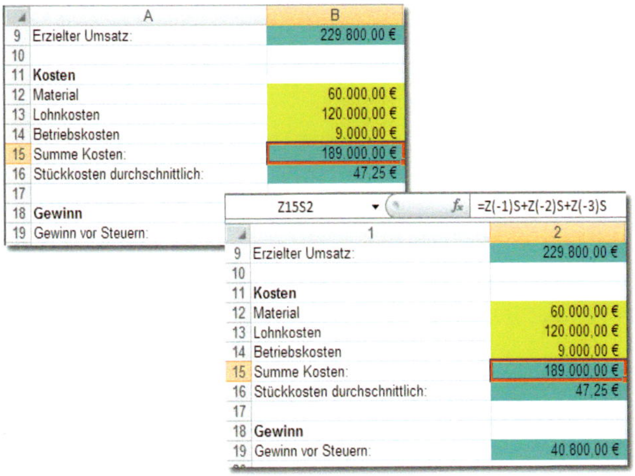

Abbildung 6.10 Die beiden Bezugsarten

6.2.1 A1 und Z1S1

In der Z1S1-Bezugsart wird der Begriff Bezug deutlich: Z bedeutet Zeile, S bedeutet Spalte. Die Formel bezieht sich auf die Zelle, die eine Spalte links von der Formelzelle steht. Da die Zeilennummer dieselbe ist, bleibt das Z stehen, die Spalte erhält einen Zusatz (-1), der die Richtung des Bezugs angibt. Dieser Bezug bezeichnet also die Zelle, die in der gleichen Zeile, aber eine Spalte links von der Ergebniszelle steht.

Relative Bezüge werden in der A1-Schreibweise als normale Zelladressen eingegeben (A1, C20, F105 usw.), absolute Bezüge bekommen ein $-Zeichen vor die Zeile und/oder Spalte, die absolut bezeichnet wird ($A$1, $C20, F$105 usw.). Sie können die Schreibweisen variieren und absolute Zeilen mit relativen Spalten kombinieren und umgekehrt. Wozu das gut ist, werden Sie in der Praxis sehen, wenn Sie Tabellenmodelle mit größeren Formeln bilden und diese Formeln auf weitere Zeilen oder Spalten verteilen müssen.

6.2.2 Der Schachbrett-Test

Um diese schwierige, aber für das Konstruieren von Formeln sehr wichtige Technik besser zu verstehen, testen Sie die beiden Bezugsarten am besten in einer Tabelle, die einem Schachbrett nachempfunden ist. Auf diesem befindet sich ein Springer, und wie Sie sicher wissen, ist dieser mit seinem »Rösselsprung« in der Bewegung eingeschränkt. Er darf sich von seiner Position aus zwei Spalten und eine Zeile oder zwei Zeilen und eine Spalte bewegen. Das ist doch ein ideales Beispiel für das Testen der Bezugsarten:

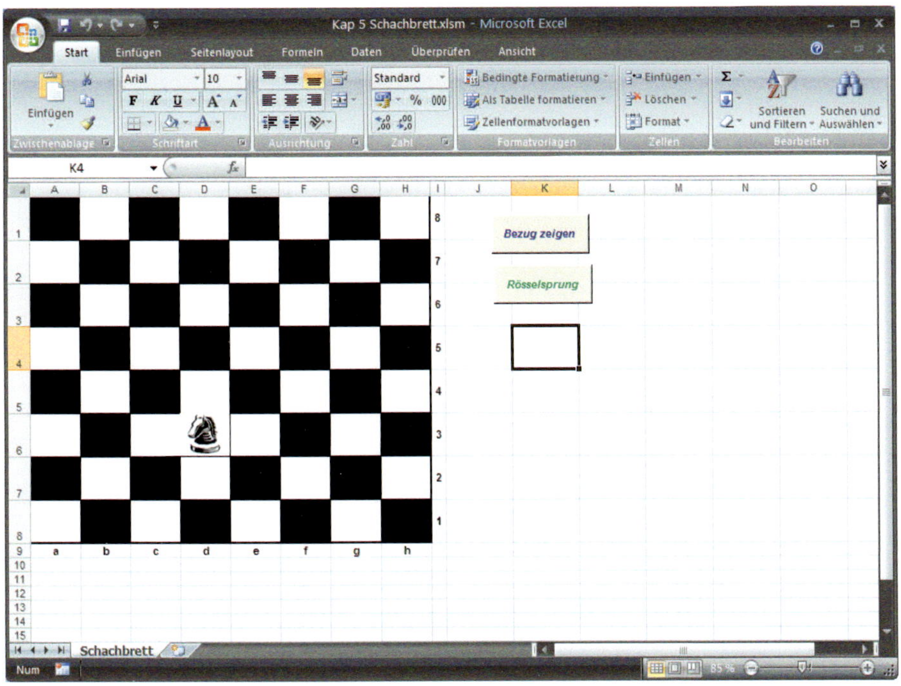

Abbildung 6.11
Schachbrett mit Springer

CD-ROM Das Beispiel finden Sie auf der Buch-CD unter *Schachbrett.xlsm.*

1. Öffnen Sie die Arbeitsmappe *Schachbrett.xlsm*.
2. Bestätigen Sie die Sicherheitswarnung.

Die Tabelle *Schachbrett* mit dem Springer als Grafikobjekt wird angezeigt. So setzen Sie diesen Springer auf eine beliebige Zelle: Halten Sie die `Alt`-Taste gedrückt, klicken Sie auf den Springer, und ziehen Sie das Objekt an eine neue Position. Lassen Sie zuerst die Maustaste und dann die `Alt`-Taste los, sitzt der Springer exakt auf einer Zelle des Schachbretts.

Setzen Sie den Zellzeiger in eine beliebige (andere) Zelle des Schachbrettes. Mit der ersten Schaltfläche starten Sie ein Makro, das beide Bezüge überprüft. Klicken Sie auf *Bezug zeigen*.

Abbildung 6.12 Die Bezüge des Springers und der aktiven Zelle

Sie sehen den Unterschied: Mit der Bezugsart *A1* lässt sich nur die Zelladresse ermitteln, hier für das Grafikobjekt und die aktive Zelle. Die Aussage darüber, wie viele Zeilen und Spalten die aktive Zelle vom Springer entfernt ist, kann die Bezugsart *A1* nicht treffen, diese Information erhalten Sie nur über die *Z1S1*-Bezugsart. Für die im Bild gezeigte Meldung stand der Zellzeiger eine Spalten links und zwei Zeilen über dem Grafikobjekt.

Hätten Sie jetzt die Aufgabe, ein Schachspiel in Excel zu programmieren (was sicher etwas aufwendig wäre), würde eine Teilaufgabe davon lauten: Überprüfen Sie, ob der Rösselsprung von der Springerposition bis zur Zellzeigerposition möglich ist. Dazu müssten Sie zuerst nachsehen, ob Springer und Zellzeiger zwei Zeilen und eine Spalte bzw. zwei Spalten und eine Zeile voneinander entfernt sind, und das in alle vier Richtungen. Das Makro, das auf dem Schachbrettbeispiel über die zweite Schaltfläche aufrufbar ist, erledigt diese Aufgabe für Sie:

1. Positionieren Sie den Zellzeiger irgendwo auf dem Schachbrett.
2. Klicken Sie auf die Schaltfläche *Rösselsprung*.
3. Ist der Zellzeiger korrekt positioniert, verschiebt das Makro den Springer an die Position des Zellzeigers.
4. Ist der Bezug für einen Rösselsprung nicht gültig, erhalten Sie eine Meldung.

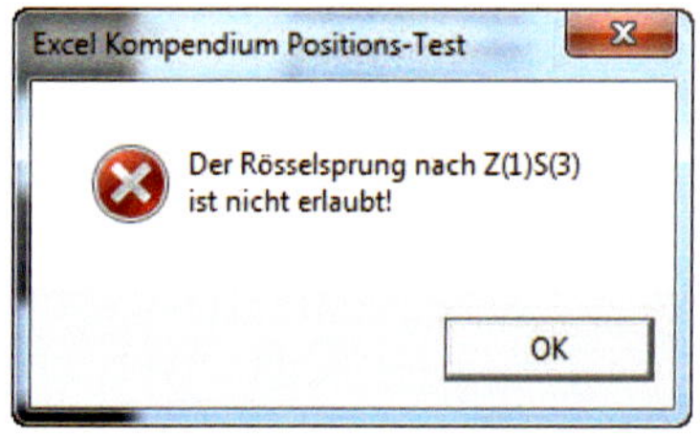

Abbildung 6.13 Dieser relative Bezug ist nicht erlaubt.

6.3 Formeln kopieren

Die vorgestellten Adressierungsarten spielen keine große Rolle, wenn Sie wie im Beispiel »Preiskalkulation« Formeln mit jeweils wechselnden Faktoren eingeben. Wichtig wird die Unterscheidung zwischen absolut und relativ beim Kopieren von Formeln, und das werden Sie in der Praxis sehr oft machen müssen.

Formeln werden grundsätzlich wie Texte oder Zahlen in der Tabelle kopiert. Der Quellbereich wird markiert, wird mit *Kopieren* aus dem Kontextmenü oder in der Gruppe *Zwischenablage* des Registers *Start* oder besser mit `Strg`+`C` kopiert, dann wird der Zellzeiger auf die erste Zelle des Zielbereiches gesetzt, und die `Eingabe`-Taste schließt die Aktion ab.

Praxis: Eine Einkaufsliste

HINWEIS Da Sie in der Regel mit dem A1-Bezug arbeiten werden, stellen Sie diesen unter *Datei/Optionen/Formeln* wieder zurück, falls der Spaltenkopf noch durchnummeriert ist (Option *Z1S1-Bezugsart* deaktivieren).

Erstellen Sie eine Einkaufsliste mit Artikelbezeichnung, Preis und eingekaufter Menge in je einer Spalte. Die vierte Spalte soll eine Formel erhalten, in der die Kaufsumme berechnet wird (Menge x Preis).

CD-ROM Sie finden das Beispiel auf der Buch-CD unter *Einkauf.xlsx*.

	A	B	C	D
1	**Artikel**	**Preis**	**Menge**	**Gesamt**
2	Gartenlampe	34,99	3	
3	Leuchtmittel	3,99	3	

Abbildung 6.14 Einkaufsliste

1. Schreiben Sie die Formel zur Gesamtpreisberechnung des ersten Artikels in die Zelle D2:

   `D2: =B2*C2`

   `Ergebnis: 104,97`

2. Markieren Sie die Formelzelle D2, und kopieren Sie diese mit `Strg` + `C`.
3. Wechseln Sie in die nächste Zelle, D3, und drücken Sie `Eingabe`, um die Kopie abzusetzen.

	A	B	C	D
1	**Artikel**	**Preis**	**Menge**	**Gesamt**
2	Gartenlampe	34,99	3	104,97
3	Leuchtmittel	3,99	5	19,95

Abbildung 6.15 Die Formel ist kopiert.

So weit, so gut, der wichtigste Unterschied bei der Formelkopie wird in der Bearbeitungsleiste deutlich: Die Formel hat ihre Bezüge angepasst. Der Quellbereich verwendete B2 und C2 als Faktoren, im Zielbereich stehen jetzt B3 und C3.

Wenn Sie den Abschnitt über die relative und absolute Adressierung aufmerksam gelesen (und verstanden) haben, überrascht Sie das nicht. B2 und C2 sind ja keine Adressen, sondern Bezüge auf die Spalten links von der Formelzelle. Sie kopieren diese Formel, und sie wird sich dabei nicht ändern. In der Bezugsart Z1S1 würden Sie die gleiche Formel in beiden Zellen sehen. Schalten Sie ruhig noch einmal um:

» *Datei/Optionen/Formeln/Z1S1-Bezugsart* für die Bezugsart

Die Bezugsart *A1* muss die Zelle aber in ihrer Schreibweise darstellen und macht aus der Formel `=B2*C2` die Formel `=B3*C3`. In beiden Fällen wird also relativ adressiert.

Erweitern Sie Ihre Einkaufsliste: Ihr Lieferant gewährt Ihnen auf alle Artikel 3 %, und Sie wollen natürlich genau wissen, wie viel Abschlag Sie pro Artikel bekommen.

Tragen Sie den Rabattsatz in einen freien Bereich der Tabelle ein:

```
G1: Rabattsatz
G2: 3%
```

Berechnen Sie unter Berücksichtigung dieses Rabattsatzes die erste Formel neu. Schreiben Sie:

```
E1: abzügl. Rabatt
E2: =D2*G2
Ergebnis: 3,1491
```

Kopieren Sie die Formel wieder wie zuvor nach unten auf die Zelle E3, erhalten Sie als Ergebnis eine Null. Die Bearbeitungsleiste zeigt den Grund dafür: Aus der Formel

`D2: =D2*G2`

wurde beim Kopieren

`D3: =D3*G3`

E3 | fx | =D3*G3

	A	B	C	D	E
1	**Artikel**	**Preis**	**Menge**	**Gesamt**	**abzügl. Rabatt**
2	Gartenlampe	34,99	3	104,97	3,15
3	Leuchtmittel	3,99	5	19,95	0

Abbildung 6.16 Hier führt die relative Adressierung zum Fehler.

Die relative Adressierung der Zelle G2 führt also hier zum Fehler, denn beim Kopieren der Formel wird diese Adresse angepasst, aus G2 wird G3. Und da diese Zelle einen Nullwert liefert, wird auch das gesamte Formelprodukt eine Null liefern (in der Praxis werden Sie öfter Fehlermeldungen als Nullwerte sehen).

Abhilfe schaffen Sie, indem Sie den Bezug in der Formel absolut adressieren, und dazu setzen Sie ein Dollar-Zeichen ($) vor die Zeilen- oder Spaltenangabe. In unserem Fall würde es genügen, die Zeile zu fixieren, da sich der Spaltenbezug beim Kopieren nicht verändert. Aber setzen Sie in solchen Formelkonstrukten ruhig Zeile und Spalte absolut, denn der Rabattsatz wird als Konstante wahrscheinlich nicht in relative Bezüge verwickelt werden.

TIPP Lernen Sie gleich einen nützlichen Trick für die absolute Adressierung kennen: Wenn Sie einen relativen Zellbezug markiert oder eingetippt haben, drücken Sie die Taste [F4], und er wird absolut gesetzt:

Aus G2 wird $G$2.

Sie können [F4] mehrmals drücken und so alle Bezugsarten durchspielen:

- $G$2 Zeile und Spalte absolut
- $G2 Zeile relativ, Spalte absolut
- G$2 Zeile absolut, Spalte relativ
- G2 Zeile und Spalte relativ

Berechnen Sie in der Spalte F den Nettobetrag (Gesamtbetrag abzüglich Rabatt). Sie können den Rabattbetrag vom Gesamtbetrag abziehen oder mit dieser Formel den Gesamtbetrag mit dem Rabattsatz multiplizieren. Geben Sie ein (Bezüge immer anklicken):

```
F1: Netto
F2: ==D2-(D2*G2
```

Drücken Sie die Taste [F4], um den letzten Bezug absolut zu setzen:

```
F2: ==D2-(D2*$G$2
```

Jetzt können Sie die letzte Klammer setzen, die Formel mit der [Eingabe]-Taste abschließen und gleich kopieren. Der relative Bezug sorgt dafür, dass auch der nächste Artikel korrekt berechnet wird:

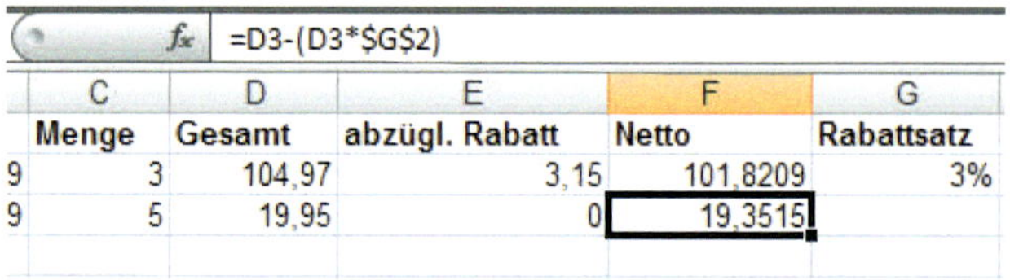

	C	D	E	F	G
	Menge	Gesamt	abzügl. Rabatt	Netto	Rabattsatz
9	3	104,97	3,15	101,8209	3%
9	5	19,95	0	19,3515	

Abbildung 6.17 Die Formel rechnet korrekt.

6.3.1 Formeln mit dem Füllkästchen kopieren

Das Füllkästchen am rechten unteren Rand des Zellzeigers eignet sich hervorragend zum Kopieren von Formeln. In den meisten Fällen werden Sie Formelkopien in Auflistungen brauchen, und mit diesem Werkzeug haben Sie schnell auch die komplexeste Formel auf die übrigen Zeilen verteilt.

Praxis: Kosten des Betriebsausflugs berechnen

CD-ROM Die Datei finden Sie auf der Buch-CD unter *Betriebsausflug.xls*.

Sie haben die verantwortungsvolle Aufgabe, die Kosten des alljährlichen Betriebsausflugs zu kalkulieren, damit der Chef weiß, wie viel Geld er mitzunehmen hat. Die Agenda ist bereits erstellt, da die Anzahl der Anmeldungen noch nicht vorliegt, haben Sie die Zahl ausgelagert (Zelle F2) und rechnen sie über einen absoluten Bezug in die Formel ein.

Geben Sie die Formel in die Zelle C5 ein:

```
C5: =B5*$F$2
```

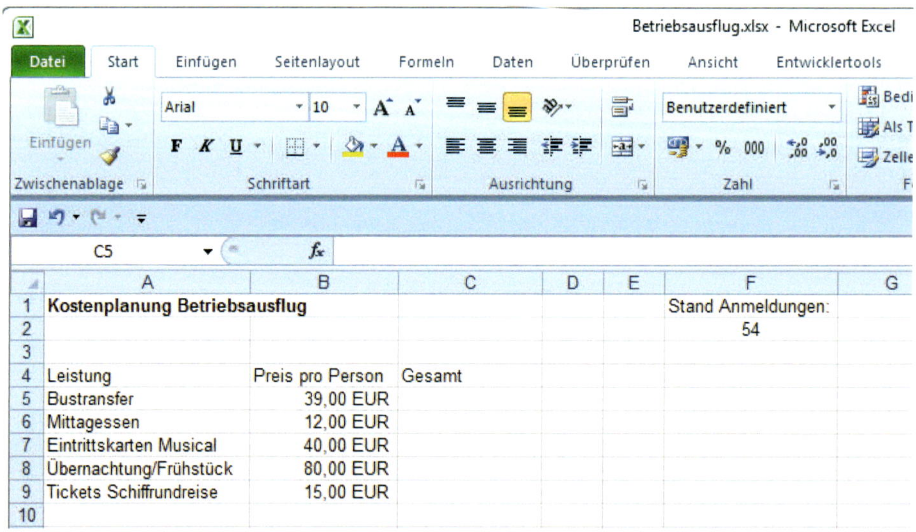

	A	B	C	D	E	F	G
1	Kostenplanung Betriebsausflug					Stand Anmeldungen:	
2						54	
3							
4	Leistung	Preis pro Person	Gesamt				
5	Bustransfer	39,00 EUR					
6	Mittagessen	12,00 EUR					
7	Eintrittskarten Musical	40,00 EUR					
8	Übernachtung/Frühstück	80,00 EUR					
9	Tickets Schiffrundreise	15,00 EUR					
10							

Abbildung 6.18 Kostenplanung mit variabler Personenzahl

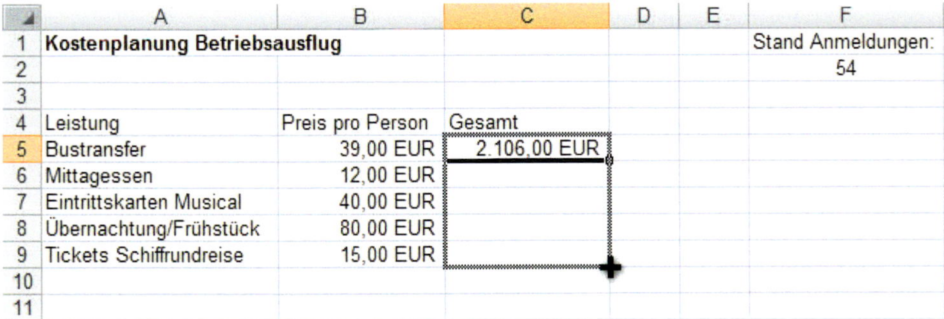

Abbildung 6.19 Formel kopieren mit dem Füllkästchen

Zeigen Sie mit dem Mauszeiger auf das Füllkästchen am rechten unteren Rand des Zellzeigers. Ziehen Sie dieses Kästchen mit gedrückter Maustaste bis zur Zeile 9. Lassen Sie die Maustaste los, und die Formel wird über diesen Bereich kopiert.

Der Bereich C5:C9 bleibt nach der Aktion markiert, Sie können diese Aktion zurücknehmen, indem Sie das Füllkästchen an der Zelle C9 abnehmen und wieder auf C5 zurückziehen.

TIPP Dazu gleich ein super Trick: Da die Liste geschlossen ist und keine Leerzeilen enthält, können Sie die Formel per Doppelklick auf das Füllkästchen kopieren. Excel sucht automatisch die letzte Zelle des Bereiches und kopiert die Formel nach unten. Voraussetzung dafür ist aber, dass der Bereich unter dem Zellzeiger leer ist.

Optionen-Schaltfläche wird angeboten

Nach jeder Füllkästchen-Aktion erscheint an der letzten Zelle des Zielbereiches eine Optionen-Schaltfläche. Diese kleinen Hilfsmenüs bieten passend zur Aktion mehrere Optionen an. Klicken Sie auf den Pfeil rechts an diesem Symbol, und sehen Sie sich das Menü an.

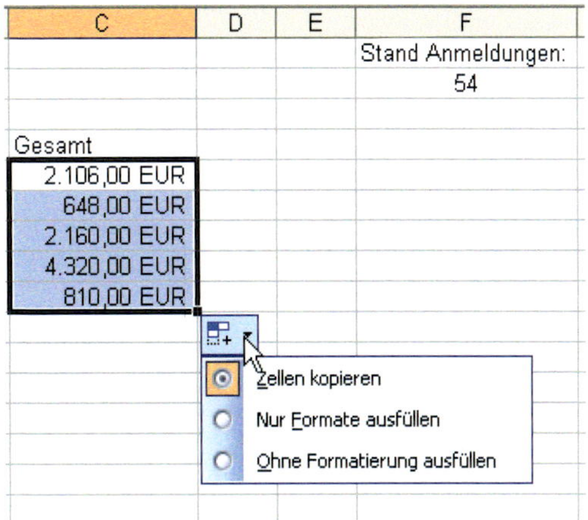

Abbildung 6.20 Optionen am Ende der Kopierstrecke

- *Zellen kopieren:* Die Zellen und damit die Formeln werden kopiert, relative Bezüge werden angepasst.
- *Nur Formate ausfüllen:* Es werden nur die Formate der ersten Zelle kopiert, die Inhalte des Zielbereiches bleiben erhalten.
- *Ohne Formatierung ausfüllen:* Es werden nur die Zellinhalte kopiert, nicht die Formate (Euro-Währung, Fettdruck etc.).

6.3.2 Schnittmenge berechnen

Um die Schnittmenge zwischen zwei Bezügen zu berechnen, können Sie ein Leerzeichen als Schnittmengenoperator angeben. Die Ermittlung der Schnittmenge aus zwei Tabellenbereichen ist aber nur bei Verwendung von Bereichsnamen praktikabel. In diesem Fall errechnet der Schnittmengenoperator nämlich eine bestimmte Zelle aus dem Bezug heraus.

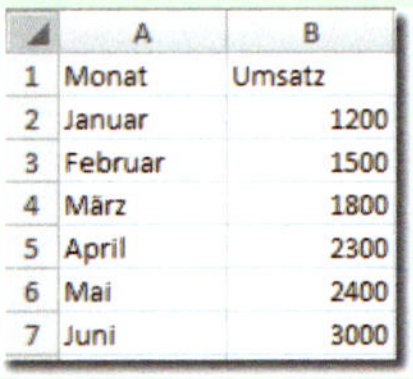

Markieren Sie den Bereich A1:B7, und wählen Sie *Formeln/Definierte Namen/Aus Auswahl erstellen*.

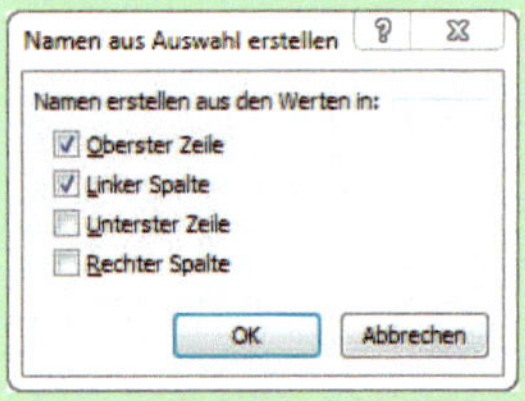

Bestätigen Sie die Dialogbox, in der die beiden Beschriftungsbereiche schon vorgeschlagen sind.

Schreiben Sie Schnittmengenformeln zur Berechnung der Monatsumsätze.

Schnittmengen sind natürlich auch als Faktoren von Funktionen erlaubt, und hier bieten sich interessante Kombinationen an:

Formel	Ergebnis
`=SUMME(Umsatz Januar:März)`	Das Quartalsergebnis, hier 4500
`=SUMME(Umsatz Januar;Umsatz Juni)`	Zwei Monate zusammen (4200)
`=MITTELWERT(Januar:Juni Umsatz)`	Durchschnittswert 6 Monate (2033,33)

Tabelle 6.6 Schnittmengen in Funktionen

6.4 Funktionen

Wenn Sie dieses Kapitel Ihres Kompendiums erreicht haben, wissen Sie bereits, was Formeln und Bezüge sind, können einfache Berechnungen durchführen und Formeln kopieren, und der Unterschied zwischen relativen und absoluten Bezügen ist Ihnen geläufig. Das alles ist nämlich Voraussetzung für die Handhabung von Funktionen. Sollten Sie also noch Lücken in den beschriebenen Themen haben, scheuen Sie sich nicht, in diesem Kapitel zurückzublättern ...

In unserem Schichtenmodell für die Zelle übernimmt jetzt die Funktion die Aufgabe, den Zellinhalt zu ermitteln.

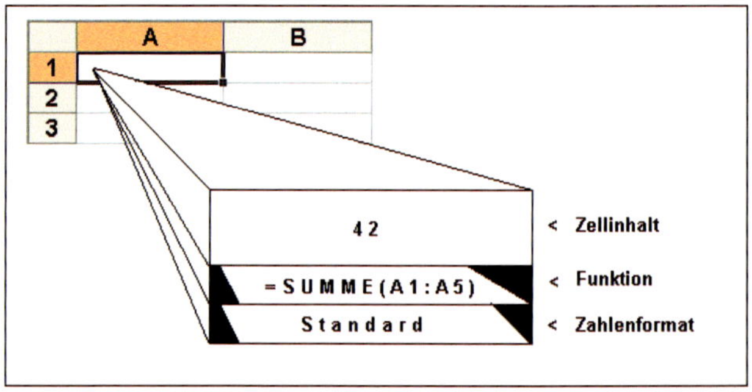

Abbildung 6.21 Die Funktion in der zweiten Schicht der Zelle

6.4.1 Was sind Funktionen?

Das Prinzip

Wenn Sie Excel etwas despektierlich als guten Taschenrechner bezeichnen, haben Sie zwar mächtig untertrieben, im Prinzip aber recht. Wie ein Taschenrechner registriert Excel die Eingaben des Benutzers und berechnet daraus die Ergebnisse. Und jeder Taschenrechner hat Funktionen, selbst das 90-Cent-Modell, das neben den Grundrechenarten mindestens einen Knopf für die Berechnung der Quadratwurzel hat.

Excel glänzt mit über 400 integrierten Funktionen, die (fast) alles abdecken, was es auf Personalcomputern zu berechnen gibt. Diese Funktionen sind einfach ausgedrückt Formeln im Textformat, sie stellen die mathematischen Berechnungen zur Verfügung und fordern vom Benutzer nur die Eingabe der Faktoren an (genauso wie die Wurzel-Funktion auf dem Taschenrechner).

Schreiben Sie in ein leeres Tabellenblatt fünf Zahlen in den Bereich A1:A5. Die Summe aus diesen Zellen würde in der nächsten Zelle als Formel so aussehen:

```
=A1+A2+A3+A4+A5
```

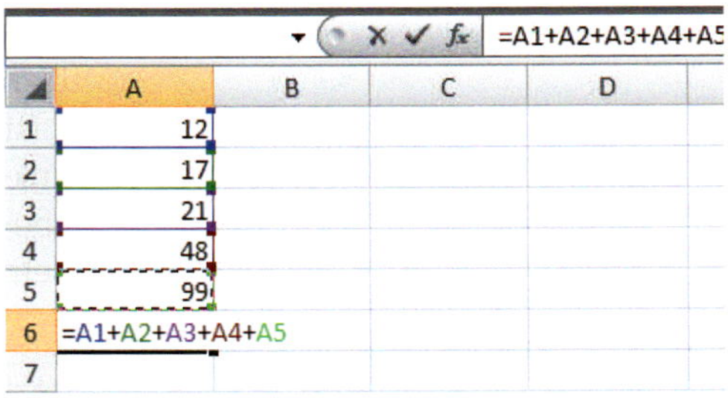

Abbildung 6.22 Ziemlich umständlich, die Formel mit so vielen Bezügen

Sie wissen natürlich längst, dass es dafür eine Funktion *SUMME()* gibt, die diese nicht besonders praktische Schreibweise abkürzt.

HINWEIS Die Schreibweise für Funktionen ist einheitlich *NAME_DER_FUNKTION()* mit Klammern am Ende. Diese Klammern gehören zur Funktionsbezeichnung, der Inhalt variiert je nach Funktion.

Tragen Sie diese Formel anstelle der Formel in A6 ein, und schreiben Sie alle Buchstaben klein:

```
=summe(a1:a5)
```

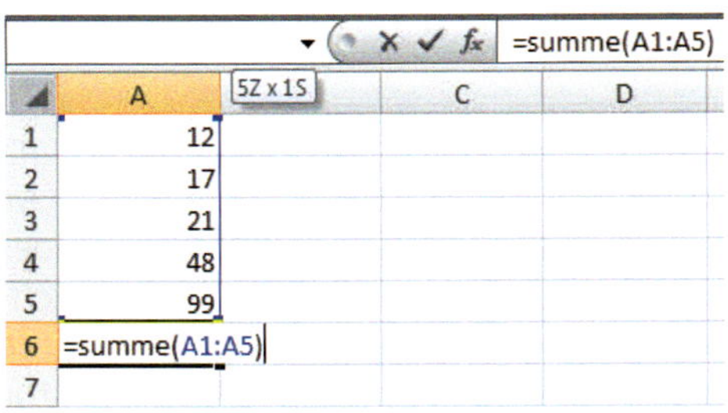

Abbildung 6.23 Die erste Summe mit der SUMME()-Formel

Die Funktion wird wie die Formel über das =-Zeichen eingeleitet und durch eine Funktionsklammer abgeschlossen. In dieser Klammer stehen je nach Funktion unterschiedlich viele Faktoren, wir nennen sie *Argumente*.

Damit haben Sie auch eine neue Bezugsschreibweise kennengelernt, die Eingabe eines Bereiches mit dem Doppelpunkt. Diese Schreibweise wird nur in Funktionen verwendet, sie vereinfacht die Angabe mehrerer zusammenhängender Zellbezüge:

Statt	Besser
=SUMME(A1;A2;A3;A4;A5)	=SUMME(A1:A5)

6.4.2 Die Funktion SUMME()

Die einfachste und in der Tabelle am häufigsten gebrauchte Funktion ist sicher die *Summe*-Funktion (die Zahl der Excel-Anwender, die nur diese Funktion kennen, ist erschreckend hoch ...). Um die einfachste Funktion noch einfacher zu machen, bietet Excel mehrere Verfahren für die Herstellung dieser Funktion an:

Das Symbol AutoSumme

Auf der Registerkarte *Start* in der Gruppe *Bearbeiten* finden Sie ein Symbol, das diese Funktion in die aktive Zelle oder in den markierten Bereich einträgt. *AutoSumme* orientiert sich an der Markierung: Ist der zu summierende Bereich markiert, landet die Summe eine Zeile tiefer. Sitzt der Zellzeiger unterhalb des Zahlenbereiches, wird dieser per Auswahlrahmen vorgeschlagen, und ein weiterer Klick auf das Symbol trägt die Summe ein.

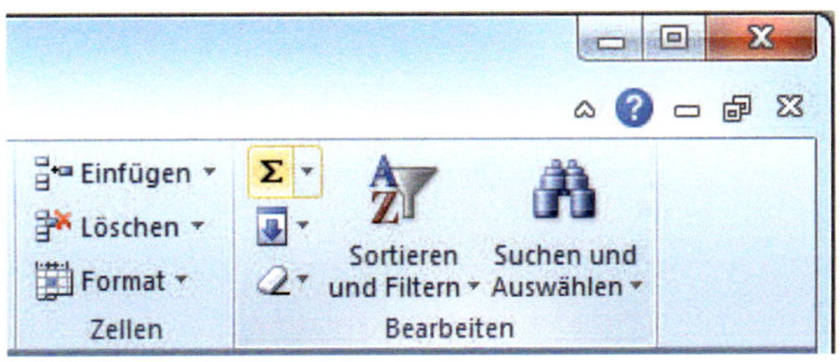

Abbildung 6.24 Das Symbol AutoSumme in der Gruppe *Start/Bearbeiten*

Excel sucht sich den zu summierenden Bereich selbstständig und zeigt über einen Auswahlrahmen an, welcher Bereich summiert werden soll.

Markieren Sie den Bereich ggf. neu, indem Sie den Mauszeiger an der ersten Zelle des Bereiches ansetzen und ihn bei gedrückter Taste bis zur letzten Zelle ziehen.

Der Bereich wird automatisch in die offene Funktion in der Bearbeitungsleiste übertragen. Klicken Sie zum Abschluss noch einmal auf das *Summe*-Symbol oder auf das Symbol für die Eingabe in der Bearbeitungsleiste, oder drücken Sie die [Eingabe]-Taste.

Mithilfe des *Summe*-Symbols lässt sich die Summenformel auch sofort über einen Bereich bilden. Markieren Sie die Zelle mit der ersten Summe, und erweitern Sie die Markierung auf alle anderen Zellen der Spalte oder Zeile, die die gleiche Summe beinhalten sollen. Klicken Sie auf das *Summe*-Symbol, korrigieren oder konstruieren Sie ggf. den Bereich, der summiert wird, in der Bearbeitungszeile, und klicken Sie noch einmal auf den Summenknopf. Die Summe wird in der ersten Zelle gebildet und sofort auf die restlichen Zellen, die die Markierung einschließt, kopiert.

Mehrfachsummen

Wollen Sie in einer Tabelle mehrere Zahlenreihen aufsummieren, markieren Sie diese gleichzeitig. Die *AutoSumme* wird damit den zu summierenden Bereich automatisch ermitteln können, und ein Klick auf das *Summe*-Symbol genügt, um alle Summen einzutragen.

Die Summe in der Statusleiste

Dieser Hinweis wird so manche (temporäre) Summenformel überflüssig machen: Wenn Sie nur schnell mal die Summe über einen Bereich überprüfen wollen, markieren Sie diesen und sehen einfach in der Statuszeile nach, welche Summe die Funktion daraus ziehen würde. Klicken Sie mit der rechten Maus in die Statusleiste, bietet diese im Kontextmenü weitere Funktionen wie *Maximum* (größter Wert), *Minimum* (kleinster Wert) oder *Mittelwert* (Durchschnittswert) an.

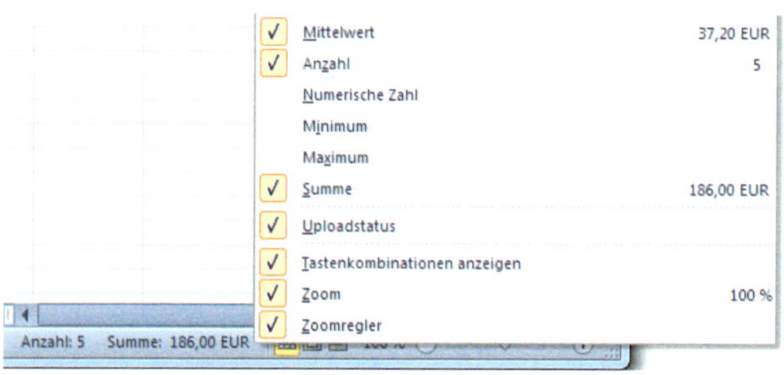

Abbildung 6.25 Die Summe steht auch in der Statusleiste.

Praxis: Kosten summieren

Das Praxisbeispiel stammt aus einer Controlling-Lösung. Für die monatliche Kostenplanung wird eine Tabelle gepflegt, in der die Plankosten bereits eingetragen sind. Es fehlen noch die Summe-Funktionen, und die fügen Sie mit dem *AutoSumme*-Symbol möglichst elegant ein:

CD-ROM Das Beispiel finden Sie auf der Buch-CD unter *Kostenplanung.xlsx*.

1. Testen Sie die einfache *AutoSumme*: Setzen Sie den Zellzeiger in die Zelle C7, und klicken Sie auf das *AutoSumme*-Symbol. Der Bereich C4:C6 wird per Auswahlrahmen vorgeschlagen, ein weiterer Klick auf das Symbol schließt die Funktion ab.

	A	B	C	D	E
1	**Monatliche Kostenplanung Kostenstelle 10-230**				
2					
3		**Kostenart**	**PLAN**	**IST**	**Abweichung**
4	Personalkosten	Fertigungslöhne	120.000		
5		Hilfslöhne	50.000		
6		Gehälter	150.000		
7		Summe Personalkosten			
8	Sachkosten	Instandhaltung	250.000		
9		Hilfs- u. Betriebsstoffe	410.000		
10		Werkzeugkosten	190.000		
11		Summe Sachkosten			
12	Kalk. Kosten	Kalk. Abschreibungen	120.000		
13		Kalk. Raumkosten	20.000		
14		Summe Kalk. Kosten			
15		Monatliche Kostensumme			

Abbildung 6.26 Der Kostenplan wird mit Summenformeln bestückt.

2. Löschen Sie die Formel wieder. Markieren Sie jetzt den Bereich C7:E7, und klicken Sie wieder auf das *AutoSumme*-Symbol. Jetzt wird die Summe sofort eingetragen, da Excel erkennen kann, um welchen Bereich in welcher Richtung es sich handelt.
3. Löschen Sie auch diese Formeln wieder, und markieren Sie erneut C7:E7. Halten Sie die [Strg]-Taste gedrückt, und markieren Sie außerdem die Bereiche C11:E11 und C14:E14. Klicken Sie auf das *AutoSumme*-Symbol, und die Formeln werden für alle Summenzellen richtig eingetragen.

4. Und jetzt der Härtetest: Markieren Sie C15:E15. Hier soll die *AutoSumme* die Summe der drei Zwischensummen eintragen. Klicken Sie auf das *AutoSumme*-Symbol, und kontrollieren Sie die Formeln, die sofort ohne weitere Nachfrage eingetragen werden.

Die *AutoSumme* ist, wie das Beispiel zeigt, sehr komfortabel und erkennt auch Zwischensummen in zu summierenden Bereichen.

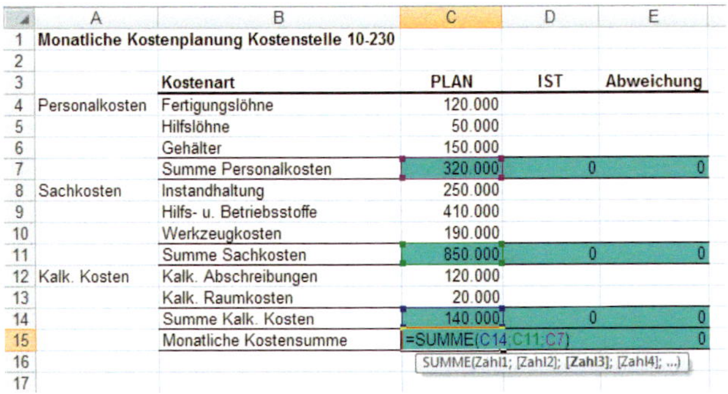

	A	B	C	D	E
1	Monatliche Kostenplanung Kostenstelle 10-230				
2					
3		Kostenart	PLAN	IST	Abweichung
4	Personalkosten	Fertigungslöhne	120.000		
5		Hilfslöhne	50.000		
6		Gehälter	150.000		
7		Summe Personalkosten	320.000	0	0
8	Sachkosten	Instandhaltung	250.000		
9		Hilfs- u. Betriebsstoffe	410.000		
10		Werkzeugkosten	190.000		
11		Summe Sachkosten	850.000	0	0
12	Kalk. Kosten	Kalk. Abschreibungen	120.000		
13		Kalk. Raumkosten	20.000		
14		Summe Kalk. Kosten	140.000	0	0
15		Monatliche Kostensumme	=SUMME(C14;C11;C7)		0
16			SUMME(Zahl1; [Zahl2]; [Zahl3]; [Zahl4]; ...)		
17					

Abbildung 6.27 Komfortable Summenkonstruktionen mit der AutoSumme

Weitere AutoFunktionen

Das *AutoSumme*-Symbol bietet noch einige zusätzliche Funktionen an, die vermutlich als die zweit- und dritthäufigsten gelten. Öffnen Sie dazu die *AutoSumme* per Klick auf die Pfeilspitze rechts am Symbol, und markieren Sie die gewünschte Funktion:

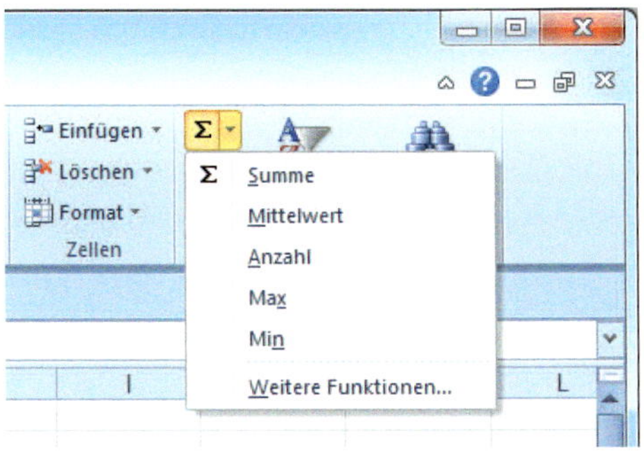

Abbildung 6.28 Weitere Funktionen in der AutoSumme

- *Mittelwert* liefert das arithmetische Mittel aus dem berechneten Bereich. Die Funktion heißt *MITTELWERT()*.
- *Anzahl* zählt, wie viele Zahlen im Bereich vorkommen, und gibt das Ergebnis aus.
- *Max* berechnet den Maximalwert (größten Wert) aus dem angegebenen Bereich.
- *Min* berechnet den Minimalwert (kleinsten Wert) aus dem angegebenen Bereich.
- *Weitere Funktionen* startet den Funktions-Assistenten (siehe nächster Abschnitt).

6.5 Die Funktionsbibliothek

Mit der *Summe*-Funktion allein wird natürlich keine Kalkulation aufgebaut, zumindest keine größere. Excel bietet eine Vielzahl weiterer Tabellenfunktionen an. Eine Übersicht über alle Funktionen bietet die Registerkarte *Formeln* in der Gruppe *Funktionsbibliothek*.

Hier sind die Funktionen nach Kategorien geordnet. Klicken Sie auf ein Kategoriensymbol, sehen Sie eine Liste mit Funktionen. Ein Klick auf einen Eintrag öffnet die Funktionsargumente.

Eine Liste mit allen Funktionen aus allen Kategorien erhalten Sie, wenn Sie das Funktionen-Symbol aktivieren. Die Funktionen werden in einem Dialogfenster angeboten, nach Auswahl einer Funktion fordert der Dialog noch die Argumente an, und wenn Sie während dieser Prozedur Hilfe brauchen, steht Ihnen genau zu dieser Funktion ein Hilfetext zur Verfügung.

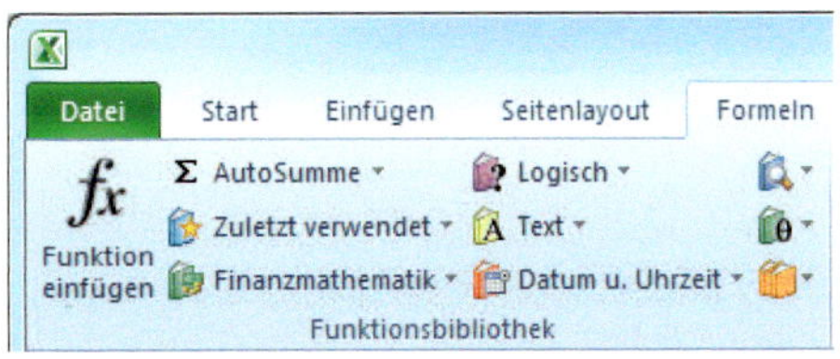

Abbildung 6.29 Die Funktionsbibliothek der Registerkarte Formeln

1. Setzen Sie den Zellzeiger in die Zelle, in die Sie eine Funktion einfügen wollen.
2. Klicken Sie auf das Symbol *Funktion einfügen*. Sie finden das Symbol am linken Rand der Bearbeitungsleiste, am linken Rand der Gruppe *Formeln/Funktionen* oder unter *Start/Bearbeiten/AutoSumme/Weitere Funktionen*.

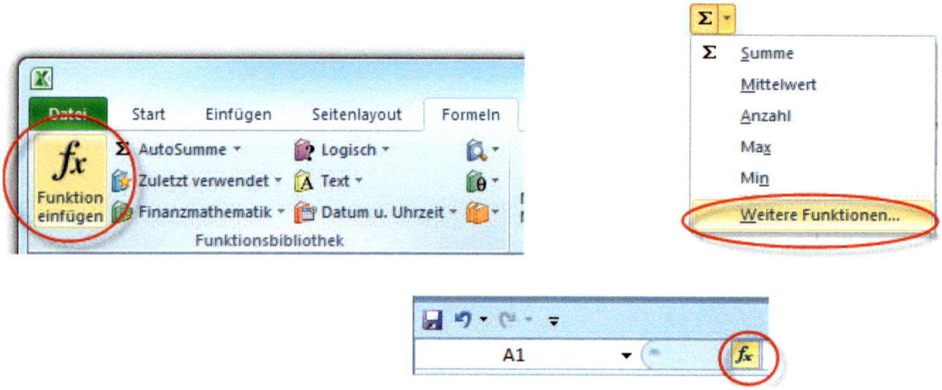

Abbildung 6.30
Drei Wege zur neuen Funktion

Der Funktions-Assistent startet und präsentiert eine Dialogbox mit allen verfügbaren Funktionen.

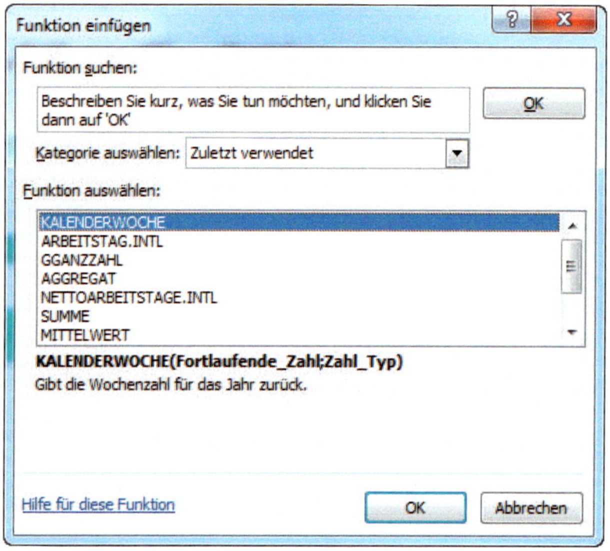

Abbildung 6.31 Der Funktions-Assistent

Die Markierung steht auf dem Suchfeld für Funktionen. Geben Sie hier eine Frage ein und klicken auf *OK*, wird der Assistent nach der passenden Funktion suchen und diese in der Liste präsentieren.

Das Listenfeld neben *Kategorie auswählen* bietet die Kategorien an, in die alle Excel-Funktionen aufgeteilt sind. In der Liste unter *Funktion auswählen* sind die Funktionen der ausgewählten Kategorie gelistet.

Wenn die erste Kategorie *Zuletzt verwendet* angeboten wird (und diese noch nicht durch Funktionsaufrufe geändert wurde), zeigt die Liste eine Auswahl von *ABRUNDEN()* bis *SUMMEWENN()*.

Blättern Sie über die Bildlaufleiste bis zur gewünschten Funktion, und markieren Sie diese. Unterhalb der Liste werden die Funktion und die Funktionsklammer mit den benötigten Argumenten angezeigt.

Markieren Sie die gewünschte Funktion, und klicken Sie auf *OK*, um diese in den zweiten Schritt zu übernehmen. Hier z.B. die Funktion *WENN()*, eine logische Funktion:

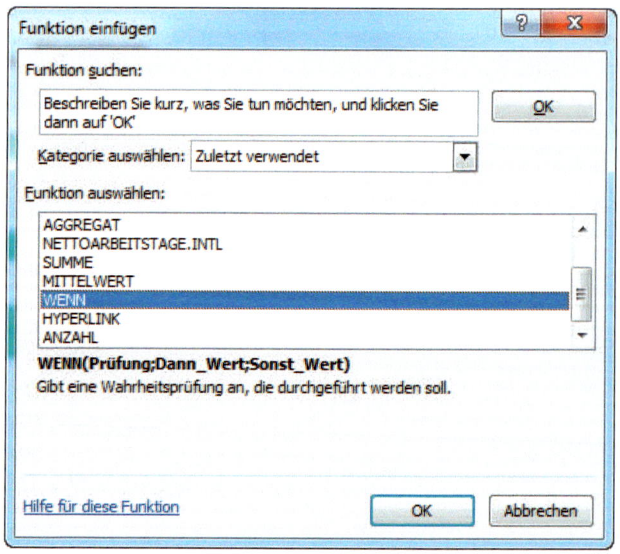

Abbildung 6.32 Funktion einfügen

Die nächste Dialogbox heißt *Funktionsargumente* und fordert die für die Funktion benötigten Argumente an. Für jedes Argument, das besetzt werden kann, steht

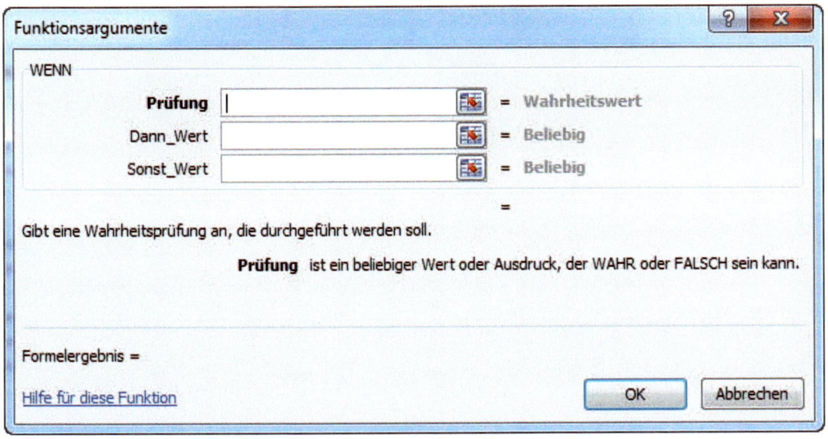

Abbildung 6.33
Die Funktionsargumente

ein Eingabefeld zur Wahl, das wieder ein Symbol für den Funktions-Assistenten enthält. Funktionen können nämlich auch ineinander geschachtelt werden. Sollten Sie als Argument einer Funktion eine weitere Funktion benötigen, setzen Sie den Cursor in die entsprechende Eingabezeile des Arguments und aktivieren den Funktions-Assistenten über das nebenstehende Symbol. Bis zu sieben Verschachtelungen einer Funktion sind so möglich.

Sie können jetzt direkt Werte (Texte, Zahlen, Datumswerte) in die Felder eintragen oder im Hintergrund auf die Zellbezüge klicken, die diese Einträge liefern. Wenn die Dialogbox dabei im Weg steht, klicken Sie auf das Kästchen neben dem Eingabefeld. Das reduziert die Anzeige auf das Feld alleine, Sie können den Bezug markieren und mit einem weiteren Klick auf das Symbol die große Box wieder aktivieren.

Sehen Sie sich die Hilfetexte zu jedem einzelnen Argument an, die in der Mitte des Dialogs eingeblendet werden, sobald der Cursor im betreffenden Feld blinkt.

Rechts neben den Eingabefeldern sehen Sie, was der Bezug enthält bzw. welches Ergebnis aus der Eingabe (die ja auch eine Formel sein kann) berechnet wird. Das Formelergebnis am unteren Rand des Dialogs zeigt das Ergebnis der Funktion, sobald gültige Argumente eingetragen sind.

HINWEIS Sie müssen nicht alle Argumente besetzen, die meisten Funktionen verlangen aber mindestens ein gültiges Argument (meistens einen Zellbereich).

Mit Klick auf *OK* beenden Sie den Assistenten und übergeben die fertig konstruierte Funktion an die Zelle. Schließen Sie diese noch mit `Eingabe` ab.

6.5.1 Funktionen eingeben

Funktionen können natürlich auch eingetippt werden, sofern die Syntax bekannt ist. Markieren Sie die Zielzelle, leiten Sie die Funktion mit = ein, und schreiben Sie die Funktion direkt in die Bearbeitungszeile bzw. in die mit Doppelklick geöffnete Zelle. Fällt Ihnen dann die korrekte Form doch nicht mehr ein, können Sie den Funktions-Assistenten auch bei offener Bearbeitungsleiste per Klick auf das Symbol in der Bearbeitungsleiste oder aus der Symbolleiste starten.

Verschachtelte Funktionen brauchen das =-Zeichen nur einmal. So konstruieren Sie auch Funktionsketten wie:

`=SUMME(MAX(A1:A10);B20)-ABS(C20)` oder

```
=WENN(ODER(B6>12;B7>15;B8>20);MAX(C1:C20);
VERWEIS(B5;X1:X20;Y1:Y20))
```

TIPP Sie finden eine Funktion schneller, wenn Sie bei geöffneter Funktionenliste den ersten Buchstaben der gesuchten Funktion eintippen. Klicken Sie dazu aber vorher in die Liste.

Praxis: WENN-Funktion zur Rabattberechnung

Der Umsatz floriert, Ihre Kunden kaufen gerne die Produkte und Dienstleistungen Ihrer Firma. Zeigen Sie sich erkenntlich, und räumen Sie den besseren Umsatzträgern einen Rabatt ein. Kunden mit mehr als 50.000 Euro

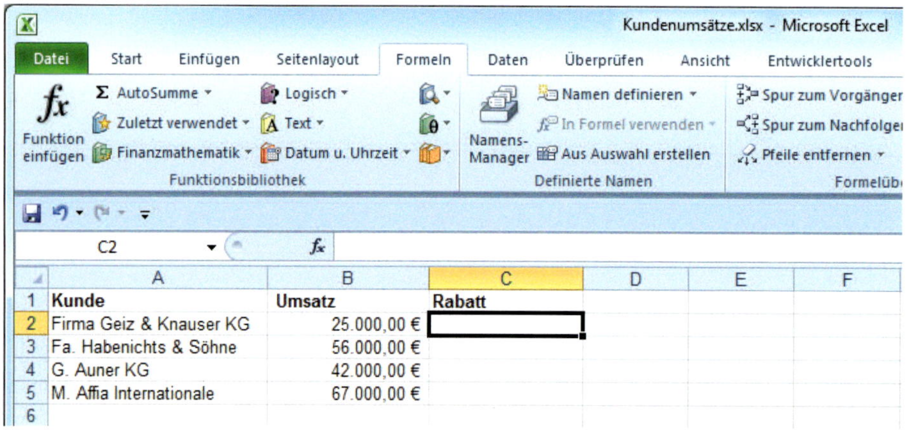

Abbildung 6.34
Kundenumsätze

Umsatz sollen 3,5 % Rabatt bekommen, für alle anderen gibt es 2 %. Die *WENN()*-Funktion löst diese Aufgabe zuverlässig:

CD-ROM Die Datei finden Sie auf der Buch-CD unter *Kundenumsätze.xlsx*.

1. Starten Sie mit dem Zellzeiger auf der ersten Ergebniszelle (C2) *Funktion einfügen*.
2. Suchen Sie die Funktion *WENN()* in der Kategorie *Zuletzt verwendet* oder *Logik*.
3. Geben Sie die Argumente ein, berechnen Sie die Rabatte nur für die Zeile, in der das Ergebnis steht.

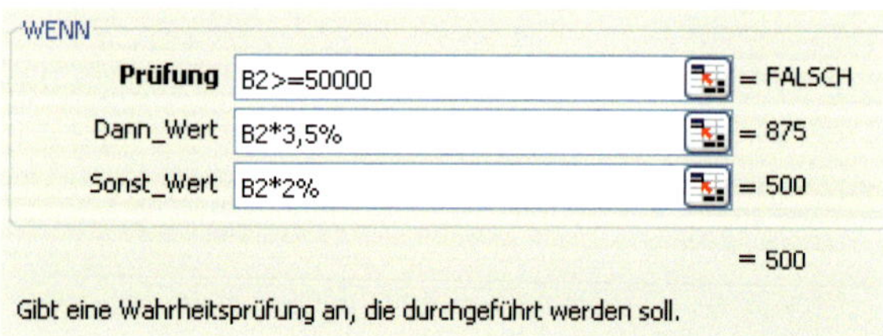

Abbildung 6.35 Die Argumente für die WENN()-Funktion

Nach Abschluss des Assistenten mit Klick auf *OK* steht die Formel in der Zelle, kopieren Sie diese per Doppelklick auf das Füllkästchen auf die restlichen Zeilen der Kundenumsatzliste.

C2 =WENN(B2>50000;B2*3,5%;B2*2%)

	A	B	C	D
1	**Kunde**	**Umsatz**	**Rabatt**	
2	Firma Geiz & Knauser KG	25.000,00 €	500,00 €	
3	Fa. Habenichts & Söhne	56.000,00 €		
4	G. Auner KG	42.000,00 €		
5	M. Affia Internationale	67.000,00 €		

Abbildung 6.36 Die WENN()-Funktion ist eingetragen und berechnet den Rabatt.

Starten Sie den Funktions-Assistenten mit dem Zellzeiger auf der Ergebniszelle erneut, wird er gleich zu den Argumenten wechseln und nicht die Funktionsauswahl liefern.

Testen Sie weitere Funktionen wahlweise über das Symbol *AutoSumme* oder mit dem Funktions-Assistenten. Im Bild sehen Sie die Funktionen *MITTELWERT()*, *MAX()* und *MIN()* in der Formelansicht (mit [Strg] + [#]).

	A	B	C
1	**Kunde**	**Umsatz**	**Rabatt**
2	Firma Geiz & Knauser KG	25000	=WENN(B2>50000;B2*3,5%;B2*2%)
3	Fa. Habenichts & Söhne	56000	=WENN(B3>50000;B3*3,5%;B3*2%)
4	G. Auner KG	42000	=WENN(B4>50000;B4*3,5%;B4*2%)
5	M. Affia Internationale	67000	=WENN(B5>50000;B5*3,5%;B5*2%)
6			
7	Summe:	=SUMME(B2:B4)	
8	Mittelwert:	=MITTELWERT(B2:B5)	
9	Größter Umsatz:	=MAX(B2:B5)	
10	Kleinster Umsatz:	=MIN(B2:B5)	
11			

Abbildung 6.37
Weitere Funktionen für die Umsatztabelle

6.6 Eingabehilfen für Formeln und Funktionen

Excel bietet auch dem unerfahrenen Anwender viele Hilfestellungen, die das Eingeben, Austesten und Korrigieren der Formeln erleichtern. Achten Sie während der Formelerstellung auf die Eingabehilfen in der Bearbeitungsleiste oder auf die Markierungen und Infos in der Tabelle.

6.6.1 Klammerübereinstimmung

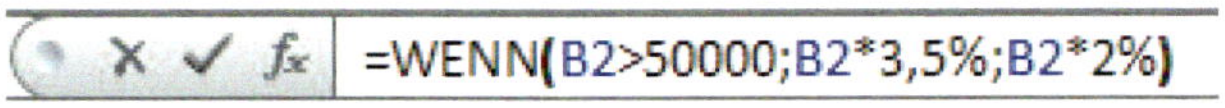

Abbildung 6.38 Klammern, die zusammengehören

Achten Sie bei der Konstruktion einer Formel auf die richtige Anzahl Klammernpaare. Für jede offene Klammer muss auch eine schließende zu finden sein. Wenn der Cursor über eine Klammer fährt, werden diese und die dazugehörige zweite Klammer kurz fett markiert. Die Klammernpaare sind farbig, zu jeder schwarzen, grünen, blauen und roten offenen Klammer muss eine entsprechende farbige geschlossene in der Formel zu finden sein.

Bei einfachen Formeln schließt Excel die letzte Klammer automatisch, wenn sie vergessen wurde. Verlassen Sie sich aber nicht darauf, denn wenn eine Klammer fehlt, erscheint sofort nach Abschluss der Formel die Fehlermeldung:

Klammersetzung stimmt nicht ...

6.6.2 QuickInfo mit Funktionsargumenten

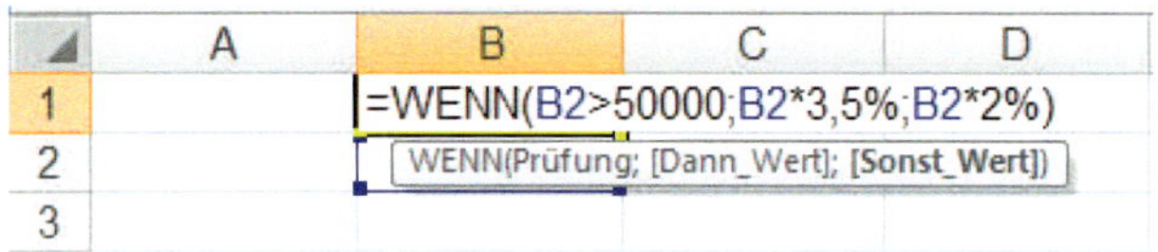

Abbildung 6.39 QuickInfo an der Cursorposition

Erstellen oder bearbeiten Sie die Formel, zeigt eine QuickInfo die Argumentfolge an. Das fett gedruckte Argument ist das, vor dem der Cursor steht, das also als Nächstes kommt. Wenn ein Argument in eckige Klammern gesetzt ist, wird es nicht unbedingt benötigt, es ist optional.

Voraussetzung für die Anzeige dieser QuickInfos ist, dass im Datei-Menü unter *Optionen* in der Kategorie *Häufig verwendet* das QuickInfo-Format *Featurebeschreibungen in QuickInfos anzeigen* gesetzt ist.

6.6.3 Doppelklick markiert abhängige Bereiche

Mit einem Doppelklick auf die Zelle, die eine Formel enthält, zieht Excel sofort einen Farbrahmen um den Bereich, der mit dieser Formel bearbeitet wird. Enthält die Zelle z.B. die Formel `=SUMME(A1:A10)`, wird der Bereich A1:A10 nach dem Doppelklick auf die Zelle sofort markiert. So können Sie zielsicher feststellen, ob Sie auch die richtigen Bereiche und Bezüge (auch externe!) innerhalb der Formel verwenden. Wenn Sie mit direkter Zellbearbeitung arbeiten, wird mit dem Doppelklick die Zelle selbst zur Bearbeitung geöffnet. Verwenden Sie in diesem Fall die Detektive (siehe folgende Abschnitte).

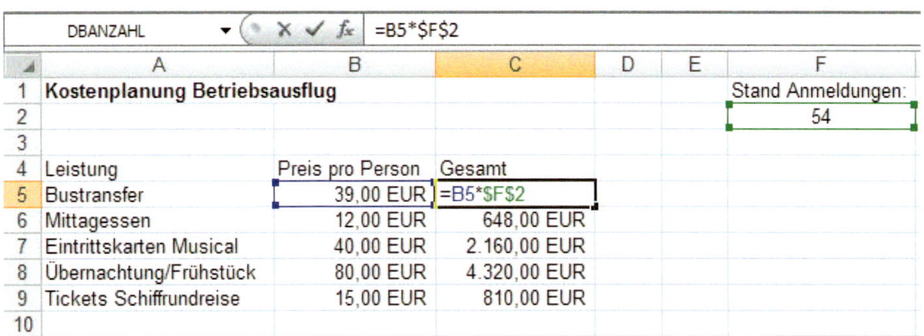

Abbildung 6.40 Abhängige Bereiche werden markiert.

Der farbige Rahmen um den Bereich lässt sich verschieben, vergrößern und verkleinern. Klicken Sie auf den Rahmen, und ziehen Sie die Markierungspunkte in den Ecken, um die Größe zu verändern, oder verschieben Sie ihn, indem Sie auf eine Randlinie zeigen. Der neu definierte Bereich wird sofort, nachdem Sie die Maustaste losgelassen haben, in der Formel angezeigt. Hier ein Beispiel:

Die Formel addiert drei Werte, verwendet aber für den zweiten und dritten einen falschen Bezug. Öffnen Sie die Formel per Doppelklick, ziehen Sie den rechten unteren Markierungspunkt des blauen Rahmens eine Zeile tiefer, und verschieben Sie den grünen Rahmen eine Zeile nach oben. Schließen Sie mit der [Eingabe]-Taste ab.

Diese Eingabehilfe funktioniert nur, wenn die Option *Direkte Zellbearbeitung zulassen* (*Datei*-Menü, *Optionen*, Kategorie *Erweitert*) ausgeschaltet ist:

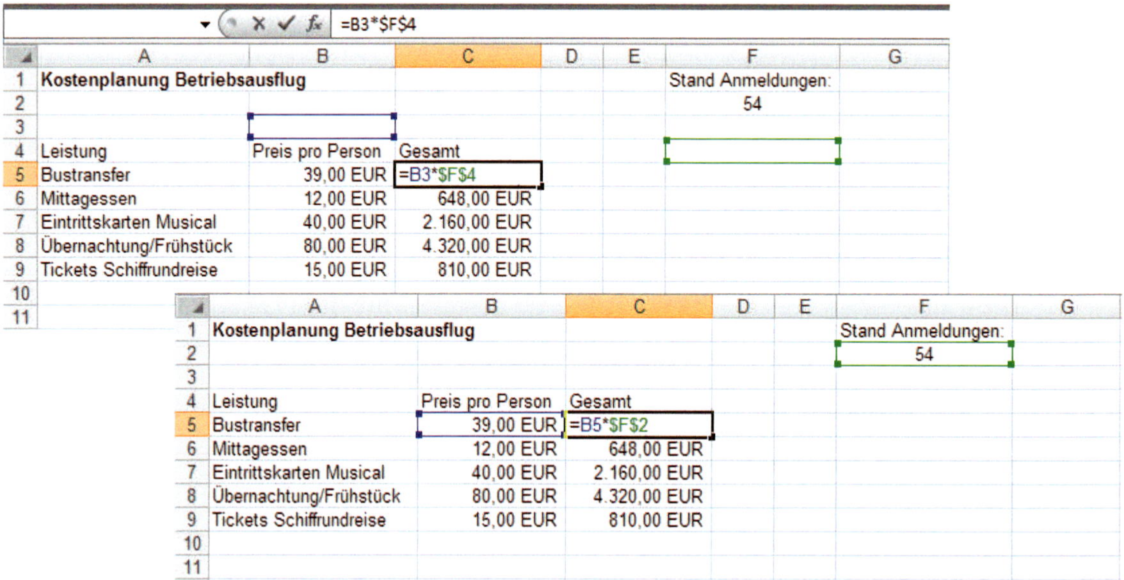

Abbildung 6.41 Falsche Bezüge mit dem Farbrahmen korrigieren

6.6.4 Fehler lokalisieren

Fehler allgemeiner Art werden sofort markiert, nachdem Sie eine Fehlermeldung mit *OK* bestätigt haben, so z.B. störende Texteinträge (Leerzeichen) oder falsche Sonderzeichen (\). Die Markierung steht anschließend meist, außer in sehr komplexen Formeln, auf dem fehlerhaften Teil der Formel.

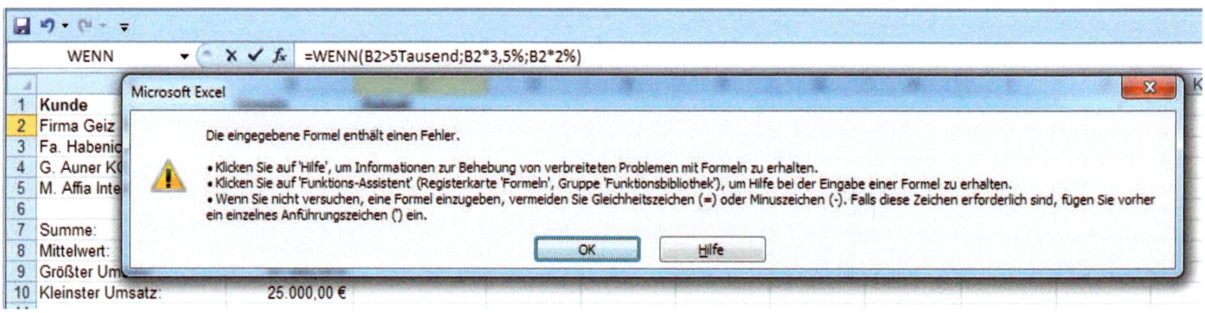

Abbildung 6.42 Eine Fehlermeldung

6.6.5 Teilberechnung

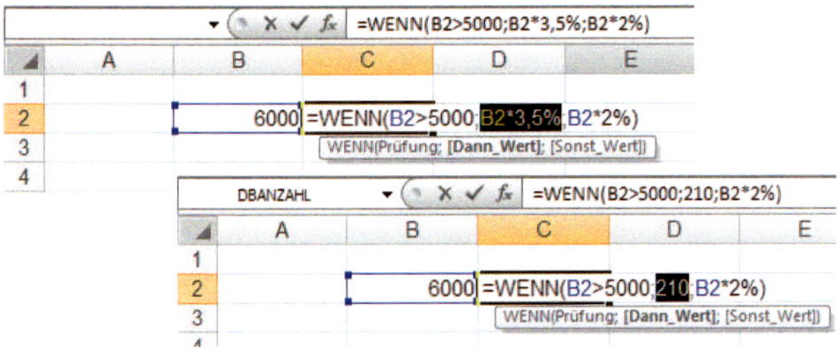

Abbildung 6.43 Excel markiert die Formel mit dem Fehler.

Excel markiert die gesamte Formel in der Bearbeitungsleiste, wenn der Fehler nicht eindeutig lokalisierbar und die Fehlerquelle nicht auszumachen ist. Eine Teilberechnung von Funktionen hilft hier weiter. Berechnen Sie einzelne Funktionen, Bezüge oder Rechenoperationen temporär, um den Fehler einzugrenzen. So gehen Sie vor:

1. Bestätigen Sie die Fehlermeldung mit *OK*.
2. Markieren Sie den Formelteil, in dem Sie den Fehler vermuten, und drücken Sie F9.

Excel setzt anstelle der Teilformel das Ergebnis dieser Formel ein, und ein dabei ermittelter Fehler wird sofort per Fehlermeldung angezeigt. Enthält die Formel oder der markierte Teil der Formel einen nicht für Berechnungen tauglichen Text, wird dieser in Anführungszeichen eingefügt.

Drücken Sie die Esc-Taste, um die Formel ohne Änderungen abzuschließen.

6.6.6 Funktionshilfe

Schreiben Sie Funktionen ohne Unterstützung der Befehlssymbole auf der Registerkarte *Formeln* direkt in das Tabellenblatt, hilft Ihnen die Funktionshilfe mit der Anzeige aller Funktionen, die zur Auswahl stehen. Sie startet, sobald Sie den ersten Buchstaben eingeben, und liefert mit jedem weiteren Buchstaben die Auswahl der passenden Funktionen.

Drücken Sie die Tab-Taste, wenn die Funktionshilfe die richtige Funktion markiert hat, und schreiben Sie die Argumente, oder markieren Sie die Bezüge für die Funktion.

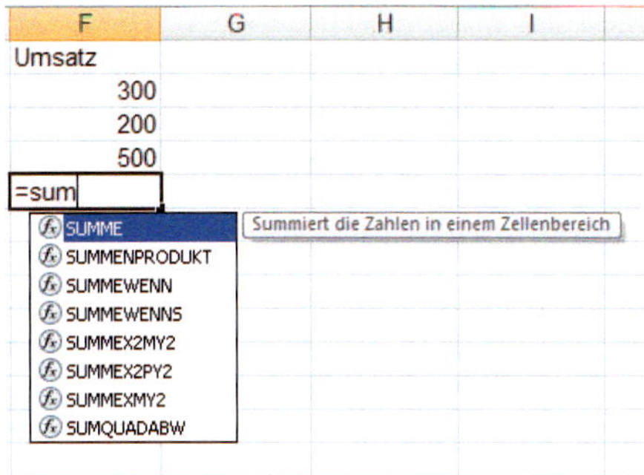

Abbildung 6.44 Die Funktionshilfe startet mit dem ersten Buchstaben.

6.6.7 Großschreibung bei korrekter Eingabe

Wenn eine Formel als richtig erkannt wird, setzt Excel alle kleingeschriebenen Buchstaben in Großbuchstaben um. Geben Sie deshalb Formeln und Funktionen grundsätzlich in Kleinbuchstaben ein. Besonders bei Funktionen ist diese Arbeitsweise sehr zu empfehlen, weil Excel diese – gezwungenermaßen – auch falsch geschrieben akzeptiert. Die übermittelte Funktion könnte nämlich auch ein Bereichsname oder ein Funktionsmakro sein, das derzeit nicht verfügbar ist. Tippfehler (=sume, =dbmitelwert etc.) werden, da als solche nicht erkannt, anstandslos akzeptiert, aber nicht in Großbuchstaben umgesetzt, woran Sie diese eindeutig identifizieren können.

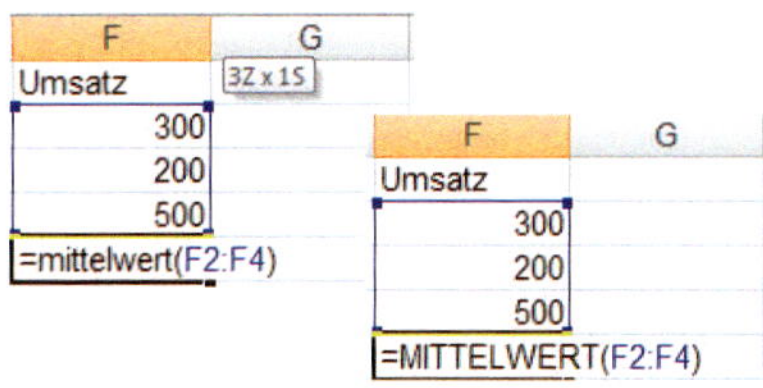

Abbildung 6.45 Die Formel wird in Großbuchstaben umgesetzt.

6.6.8 Formel statt Ergebnisse anzeigen

Schalten Sie, um die Bildschirmanzeige von Zellergebnissen auf Zellformeln umzustellen, im *Datei*-Menü unter *Optionen* diese Option ein: *Anstelle der berechneten Werte Formeln anzeigen*.

Sie finden diese Option in der Kategorie *Erweitert* unter *Optionen für dieses Arbeitsblatt anzeigen*. Die Multifunktionsleiste hält dafür einen Befehl auf der Registerkarte *Formeln* bereit, klicken Sie in der Gruppe *Formelüberwachung* auf *Formeln anzeigen*.

Die Spaltenbreite jeder Spalte wird mit dieser Ansicht verdoppelt; die Zellen zeigen die Formeln anstelle der Ergebnisse. Verknüpfungen und Zellbezüge werden ebenfalls transparent und anstelle ihrer Ergebnisse präsentiert. Ein weiterer Klick auf das Symbol hebt diese Ansicht wieder auf und präsentiert die Tabelle mit allen berechneten Ergebnissen.

TIPP Schneller geht's über das Tastaturkürzel: Drücken Sie [Strg]+[#] (auch, um zurückzuschalten).

	A	B	C
1	**Kostenplanung Betriebsausflug**		
2			
3			
4	Leistung	Preis pro Person	Gesamt
5	Bustransfer	39	=B5*$F$2
6	Mittagessen	12	=B6*$F$2
7	Eintrittskarten Musical	40	=B7*$F$2
8	Übernachtung/Frühstück	80	=B8*$F$2
9	Tickets Schiffrundreise	15	=B9*$F$2
10			
11			

Abbildung 6.46 Formelanzeige

6.7 Fehlermeldungen und Fehlerüberprüfung

Trotz zahlreicher Absicherungen bleibt Ihnen so manche hartnäckige Fehlermeldung nicht erspart, wenn die Formel nach zahlreichen Versuchen immer noch falsch ist. Es gibt drei Arten von Fehlermeldungen:

6.7.1 Allgemeine Fehlermeldung

Hier hat Excel den Fehler nicht lokalisieren können, die Fehlermeldung fällt allgemein aus. Sie können die Hilfe aktivieren, was mit etwas Glück direkt zur Funktionsbeschreibung führt, oder die Meldung mit *OK* bestätigen und den Fehler suchen.

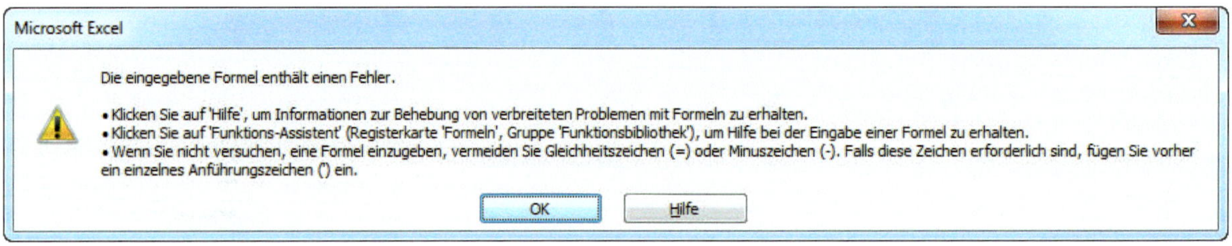

Abbildung 6.47 Allgemeine Fehlermeldung

6.7.2 Reparierbare Fehler

Diesen Fehler kann Excel lokalisieren und reparieren. Überprüfen Sie, ob die vorgeschlagene Formel korrekt ist, und klicken Sie auf *Ja*, um sie zu übernehmen. Wenn Sie mit *Nein* bestätigen, erhalten Sie noch einmal eine allgemeine Fehlermeldung, die Sie mit *OK* bestätigen müssen, damit Sie den Fehler manuell korrigieren können.

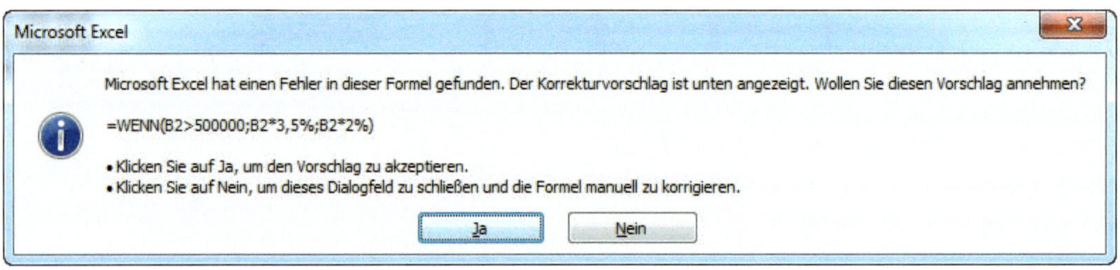

Abbildung 6.48 Fehlermeldung bei reparierbaren Fehlern

6.7.3 Zirkelbezüge

Die häufigste Fehlerursache für diesen Fehler ist die Verwendung eines Zellbezugs, in dem die Formel selbst steht. Wenn Sie z.B. versuchen, `=SUMME(A1:A10)` in die Zelle A10 zu schreiben, erhalten Sie einen Zirkelbezug. Lösen Sie diesen nicht auf, bleibt eine Meldung in der Statusleiste zurück, und Sie können mit der Tabelle weiterarbeiten (siehe Abschnitt 5.8: *Formelüberwachung*).

6.7.4 Fehlermeldungen in der Zelle

Fehlermeldungen in der Zelle sind unübersehbar. Sie entstehen mit falschen Formeln, fehlenden oder falsch geschriebenen Funktionen und in Fällen, in denen die Argumente den Funktionen nicht die richtigen Werte liefern. Hier eine Übersicht:

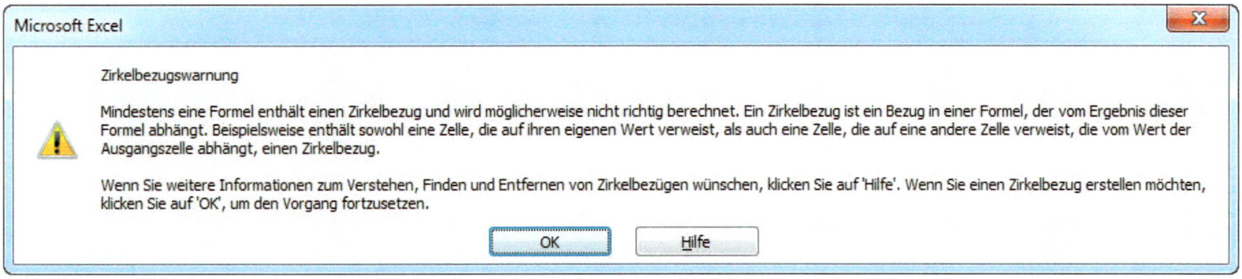

Abbildung 6.49 Fehlermeldung bei Zirkelbezügen

Fehlermeldung	Erklärung
`#DIV/0!`	**Division durch 0.** Die Formel enthält einen Bezug auf eine leere Zelle, eine Zelle mit 0 als Zellinhalt oder eine direkte Division durch 0.
`#NV`	**Wert nicht verfügbar.** Der Fehler tritt oft auf, wenn ein Argument einer Funktion (z.B. *VERWEIS*) auf eine Zelle verweist, die keinen gültigen Inhalt hat (meist wird eine leere Zelle einbezogen). Der Fehler erscheint auch, wenn ein Funktionsmakro nicht den gewünschten Wert liefert.
`#NAME?`	**Name nicht verfügbar.** Sie haben in der Formel oder Funktion einen Namen verwendet, der weder als Bereichsname noch als Funktion verfügbar ist, oder einen Textteil nicht in Anführungszeichen gesetzt. Die Fehlermeldung erscheint auch, wenn der Doppelpunkt in einem Bereichsbezug (A1:C20) fehlt.
`#NULL!`	**Falsche Schnittmenge.** Sie haben in der Bereichsangabe einen ungültigen Operator verwendet oder diesen weggelassen. Die Meldung weist auf eine Schnittmenge hin, die sich nicht schneidet.
`#ZAHL!`	**Falsche Zahl.** Weist auf ein Argument hin, dass eine für die Funktion nicht gültige Zahl verwendet (z.B. `WURZEL(-1)`) oder der für Excel gültige Zahlenbereich überschritten wurde. Einige Funktionen melden damit auch falsche Iterationsergebnisse (*IKV*, *ZINS*).
`#BEZUG!`	**Ungültige Zelle.** Die in der Formel angegebene Zelladresse bezieht sich auf Zellen, die gelöscht oder verschoben wurden, oder die Formel enthält Bezüge auf nicht verfügbare externe Anwendungen.
`#WERT!`	**Ungültiger Wert.** Die Formel enthält einen für die Berechnung ungültigen Wert, evtl. Text, wo eine Zahl erforderlich ist. Häufig wurde auch ein Bereich angegeben, wo eine Zahl erforderlich ist oder umgekehrt (z.B. `=ABS(A1:A2)`). Die Fehlermeldung weist häufig auch darauf hin, dass die Formel als Array (mit `Strg`+`Umschalt`+`Eingabe`) abgeschlossen werden muss.

Tabelle 6.7 Fehlermeldungen in Zellen

6.8 Formelüberwachung

Formelfehler können ganz schön hartnäckig sein, und die Übersicht über die Formel und ihre Argumente schwindet proportional zu ihrer Größe. Wenn alle Eingabehilfen nichts helfen und die Fehlermeldung nicht zu beseitigen ist, sollten Sie mit Formelüberwachung, Fehlerüberprüfung und Formelauswertung arbeiten.

1. Schalten Sie auf die Registerkarte *Formeln* um.
2. Nutzen Sie die Werkzeuge in der Gruppe *Formelüberwachung*.

6.8.1 Spur zum Vorgänger/Nachfolger

Diese Befehle zeichnen Pfeile in die Tabelle:

» *Spur zum Vorgänger* zieht Pfeile von der markierten Zelle zu den Zellen, aus denen die aktive Zelle über Verknüpfungen oder Zellbezüge Werte bezieht.

» *Spur zum Nachfolger* zeichnet Pfeile zu Zellen, die eine Verknüpfung zur aktiven Zelle enthalten und diese in Formeln verwenden.

» *Pfeile entfernen* bietet drei Möglichkeiten: Klicken Sie das Befehlssymbol direkt an, entfernt es alle Pfeile, sowohl Vorgänger- als auch Nachfolgerpfeile von der Tabelle. Öffnen Sie das Symbol mit der Pfeilspitze, können Sie zwischen den Pfeilarten wählen und nur eine davon entfernen.

6.8.2 Formeln anzeigen

Dieses Symbol schaltet die gesamte Tabelle in die Formelansicht um. In dieser Ansicht werden alle Spalten der Tabelle doppelt so breit, und neben den Funktionen werden auch die Bezüge sichtbar. In den *Optionen* (*Datei*-Menü) ist dafür eine Option vorgesehen (*Erweitert/Optionen für dieses Arbeitsblatt anzeigen/Anstelle der berechneten Werte Formeln anzeigen.*). Schalten Sie die Formelanzeige mit einem erneuten Klick auf das Befehlssymbol wieder aus.

6.8.3 Fehlerüberprüfung

Diese Funktion überprüft Ihre Formelkonstrukte auch nach Eingabefehlern, die nicht optisch durch Fehlermeldungen in der Zelle sichtbar sind. So wird beispielswei-

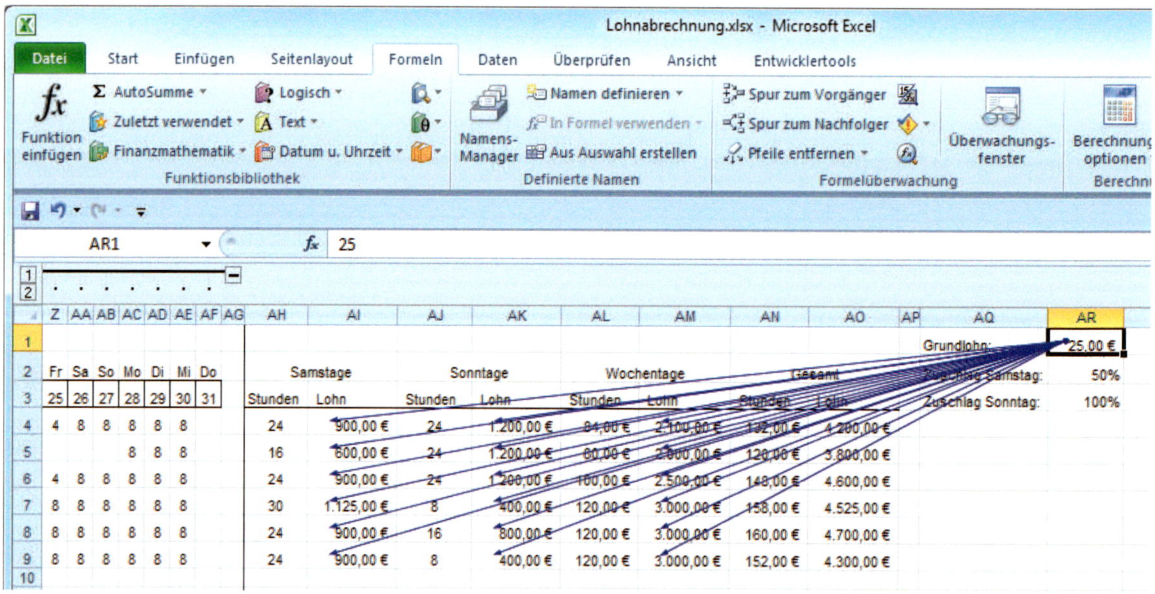

Abbildung 6.50 Die Pfeile zeigen zum Vorgänger.

se überprüft, ob die in Funktionen verwendeten Bezüge alle Daten einschließen, die über oder neben der Formel stehen, und die gefährlichen Text-/Zahlenverwechslungen (zum Beispiel bei Verwendung von Jahreszahlen) werden ebenfalls erkannt.

Hier im Beispiel soll ein falscher Bezug aufgespürt werden. Die Summe in B6 umfasst den Bereich B2:B4, eine Zeile fehlt. Starten Sie die Fehlerüberprüfung unter *Formel/Formelüberwachung*.

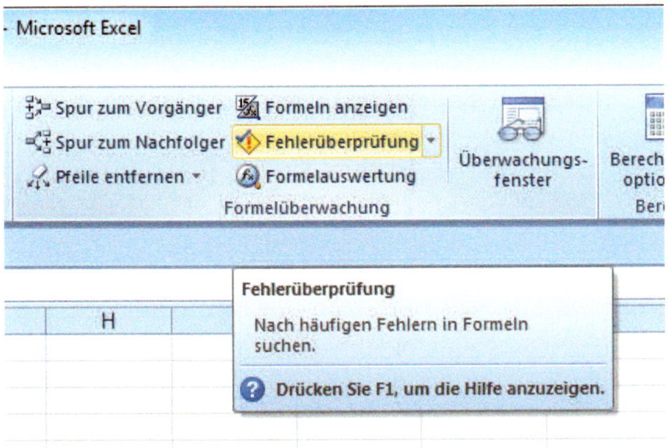

Abbildung 6.51 Start der Fehlerüberprüfung

Entdeckt die Prüfung einen Fehler, wird sie auch gleich einen Reparaturvorschlag anbieten. Bestätigen Sie diesen, und die Prüfung wird für die restlichen Formeln fortgesetzt. Sind keine Fehler mehr zu finden, erscheint die Meldung *Die Fehlerprüfung für das gesamte Tabellenblatt ist abgeschlossen*.

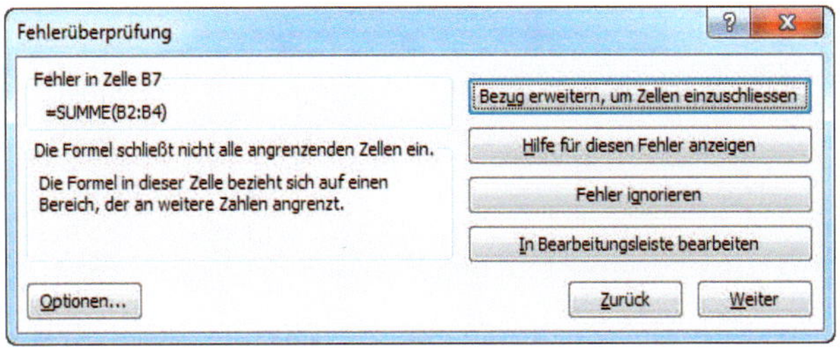

Abbildung 6.52 Die Fehlerüberprüfung hat einen Fehler entdeckt und repariert ihn gleich.

Optionen für die Fehlerüberprüfung

Was die *Fehlerüberprüfung* als Fehler erkennt, muss kein Fehler sein. Damit Sie das Werkzeug so flexibel wie möglich einsetzen können, finden Sie in den Optionen Einstellungen, die Sie an- oder abkreuzen können. Klicken Sie auf *Optionen*.

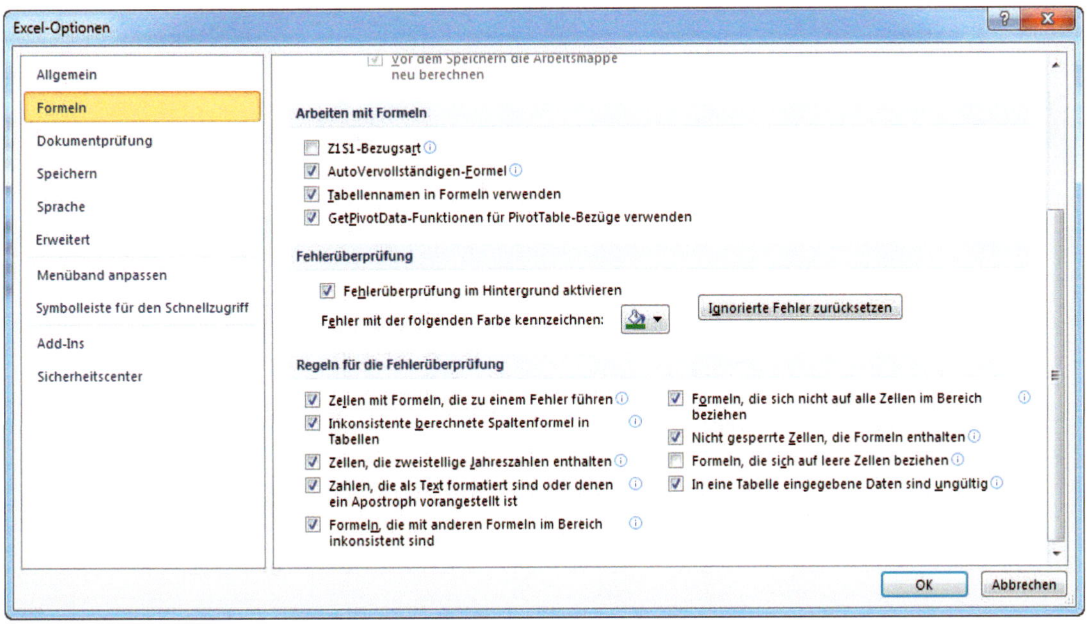

Abbildung 6.53 Optionen für die Fehlerüberprüfung

Spur zum Fehler

Klicken Sie auf das Pfeilsymbol des Symbols *Fehlerüberprüfung*, und wählen Sie *Spur zum Fehler*, um einen Pfeil von allen beteiligten Zellen zur aktiven Zelle zu ziehen. Die markierte Zelle muss dazu einen Fehlerwert enthalten (z.B. `#WERT!` oder `#NAME!`).

Zirkelverweise (Zirkelbezüge) anzeigen

Enthält eine Formel einen Bezug auf ihre eigene Zelle, entsteht ein Zirkelbezug, und dieser verhindert eine korrekte Berechnung der Arbeitsmappe. Öffnen Sie das Symbol *Fehlerüberprüfung*, und klicken Sie auf *Zirkelverweise*, um die Bezüge zu sehen, die solche Bezüge enthalten.

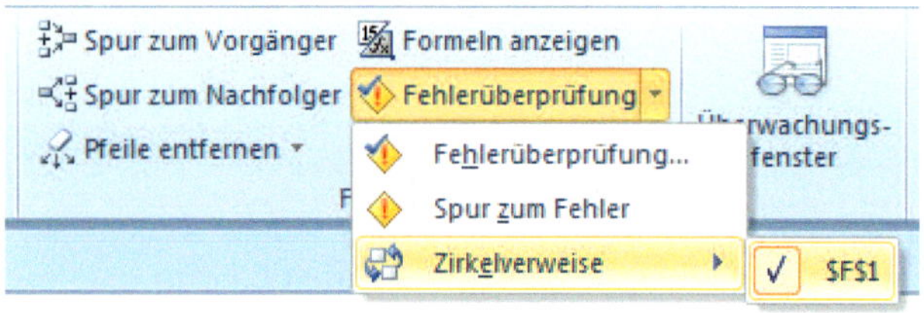

Abbildung 6.54 Fehlerspur und Zirkelverweise

6.8.4 Formelauswertung

Diese Testfunktion ist für absolute Härtefälle: Um den Fehler in einer Formel zu lokalisieren, wird diese Argument für Argument durchgerechnet. So können Sie alle Fehler lokalisieren und bereinigen.

1. Setzen Sie den Zellzeiger in eine Formelzelle, und klicken Sie in der Registerkarte *Formeln* auf *Formelüberwachung/Formelauswertung*.
2. Die Formel wird im Auswertungsfenster angezeigt. Der erste Formelteil ist markiert, starten Sie mit Klick auf *Auswerten*. Um die Argumente einzeln zu berechnen, klicken Sie auf *Einzelschritt*.
3. Das unterstrichene Argument wird berechnet, Verknüpfungen werden aufgelöst, und das Ergebnis wird in die Formel eingetragen. Sie können mit Klick auf *Prozedurschritt* die nächsten Argumente berechnen.
4. Klicken Sie auf *Neu starten*, wenn Sie die Auswertung noch einmal durchführen wollen, oder klicken Sie auf *Schliessen*, um die Aktion abzuschließen.

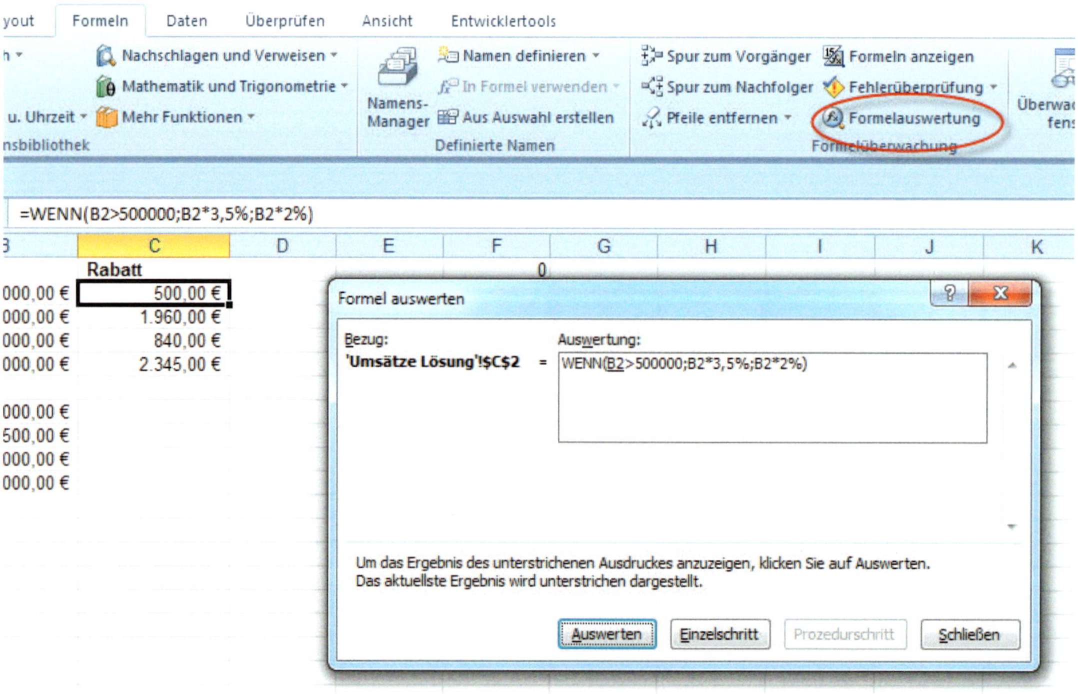

Abbildung 6.55 Die Formelauswertung berechnet die Formel Argument für Argument.

6.8.5 Überwachungsfenster

Was passiert, wenn sich der Wert in Zelle XY ändert? Welchen Einfluss hat ein neu eingefügter Summenwert auf die Gesamtsumme? Solche Fragen beantworten Sie einfacher, wenn Sie die Formelüberwachung einschalten, ein Dialogfenster, in dem Bezüge geparkt werden:

1. Schalten Sie auf der Registerkarte *Formeln* unter *Formelüberwachung* das *Überwachungsfenster* ein.
2. Klicken Sie auf die Zelle, deren Wert Sie überwachen wollen, oder markieren Sie einen Zellbereich.
3. Klicken Sie auf *Überwachung hinzufügen*. Der Inhalt der markierten Zelle wird vorgeschlagen, bestätigen Sie mit *OK*, oder markieren Sie einen anderen Zellbereich.
4. Um eine Überwachung aus dem Fenster zu entfernen, markieren Sie sie im Fenster und wählen *Überwachung löschen*.

Die Überwachungen bleiben übrigens im Fenster, auch wenn dieses per Klick auf das Symbol auf der *Formeln*-Registerkarte ausgeblendet wird. Sie werden mit der Arbeitsmappe gespeichert und stehen beim nächsten Aufruf wieder zur Verfügung.

6.8.6 Berechnungsoptionen

Eine Tabelle berechnet ihre Formeln beim Start, vor dem Drucken und nach jeder Eingabe, die in einer beliebigen Zelle getätigt wird. In komplexen Tabellenmodellen kann diese Berechnung zu Problemen führen, wenn sie sehr zeitaufwendig ist oder wenn externe Verknüpfungen beteiligt sind, die zum Zeitpunkt der Berechnung nicht verfügbar sind. Schalten Sie in diesen Fällen die Berechnung ab, und berechnen Sie die Tabelle bei Bedarf manuell:

1. Wählen Sie *Berechnungsoptionen* auf der Registerkarte *Formeln*.
2. Die Voreinstellung ist *Automatisch*, die Tabelle wird bei jeder Eingabe neu berechnet.
3. Mit *Automatisch ausser bei Datentabellen* wird alles außer der Matrix berechnet, die über die Funktion *Datentabelle* erstellt wurde. Diese Funktion finden Sie auf der Registerkarte *Daten* unter *Datentools/Was-wäre-wenn-Analyse (siehe Kapitel 15)*.
4. Klicken Sie auf *Manuell*, um die automatische Berechnung auszuschalten. Mit den Symbolen *Neu berechnen* oder *Blatt neu berechnen* können Sie eine Neuberechnung durchführen.

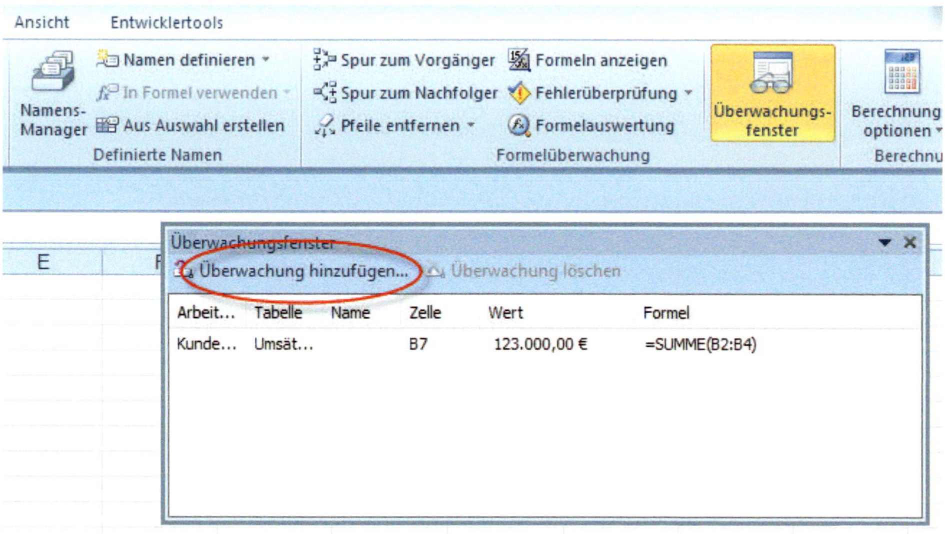

Abbildung 6.56
Das Überwachungsfenster

TIPP Die Funktionstaste [F9] berechnet Ihre Arbeitsmappe neu, die Tabelle wird mit [Umschalt]+[F9] neu berechnet.

6.9 Matrixformeln

Matrixformeln verkürzen die Arbeit bei der Konstruktion von Tabellenmodellen erheblich, sind aber in der Handhabung schwieriger als die einfachen Formeln. Matrizenberechnungen werden hauptsächlich für große, nicht veränderbare Bereiche eingesetzt, vor allem aber, um diese Bereiche zu konsolidieren und auf einzelne Ergebniswerte zu verdichten.

Excel bezeichnet Zellbereiche in vielen Fällen als Matrix, z.B. in der Funktionsübersicht, wenn ein Bereich als Argument einzugeben ist.

6.9.1 Beispiel: Zielmatrix mit Produkt aus zwei Bereichen

Im ersten Beispiel wird die Matrix eine Multiplikation über zwei Bereiche durchführen.

CD-ROM Die Datei finden Sie auf der Buch-CD unter *Matrixformeln Absatzkalkulation.xlsx*.

Die Tabelle enthält eine Absatzkalkulation für den Reifenhandel. Die Produktpreise stehen in Zeile 5 und die Absatzmengen in Zeile 6. Für die Berechnung der Umsätze aus dem Produkt von Preis und Menge könnten Sie jetzt die einfache Formel verwenden:

```
B7: =B5*B6
```

Mit einer Matrixformel fassen Sie diese Berechnung gleich für alle Elemente der Liste zusammen:

1. Markieren Sie den Bereich B7:F7.
2. Schreiben Sie die Formel, konstruieren Sie die Bereiche mit dem Mauszeiger:

   ```
   =B5:F5*B6:F6
   ```

3. Drücken Sie, um die Matrixformel abzuschließen, [Strg]+[Umschalt]+[Eingabe]. Die [Eingabe]-Taste allein würde entweder, wenn die Rechnung eindimensional nicht zulässig ist, den Fehlerwert `#WERT!` ausgeben oder eine falsche Berechnung liefern. An den geschweiften Klammern in der Bearbeitungsleiste erkennen Sie, dass es sich um eine Arrayformel handelt.

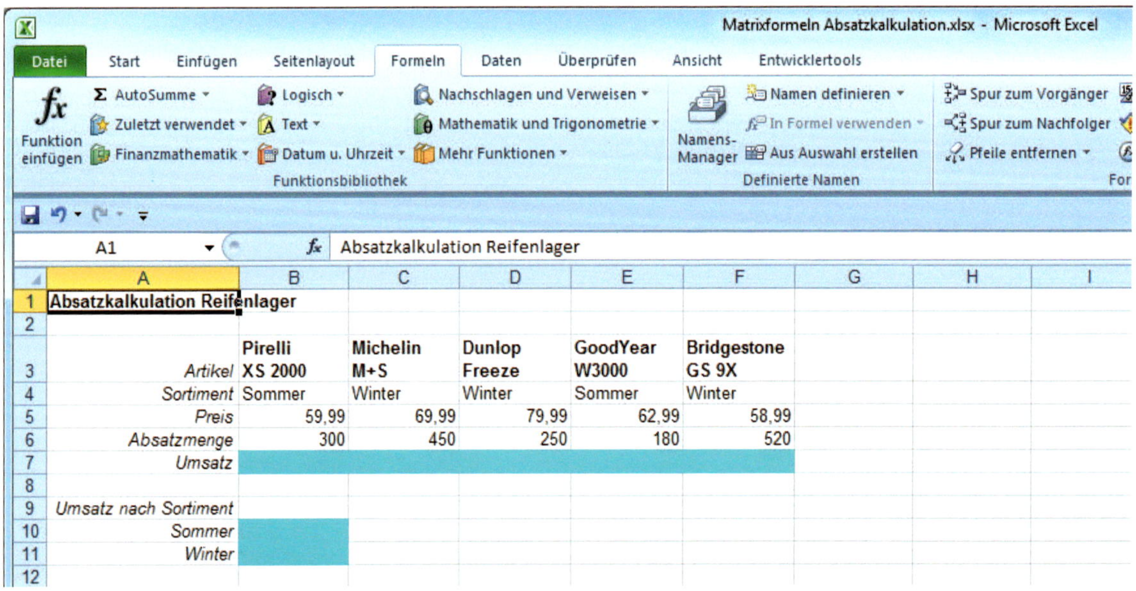

Abbildung 6.57 Beispieltabelle für eine Matrixfunktion

Matrixformeln bearbeiten

Sie können diese Matrix jetzt nur als Ganzes bearbeiten. Der Versuch, eine einzelne Zelle daraus zu ändern oder zu löschen, führt zur Fehlermeldung:

Teile eines Arrays können nicht geändert werden.

Markieren Sie für Änderungen immer den gesamten Bereich, löschen Sie den Inhalt, und geben Sie die Formel neu ein. Auch der Versuch, die Matrix zu erweitern, bringt keine brauchbaren Resultate, die Kopie der Matrix würde wieder eine neue Matrix produzieren.

Jede Bearbeitung der Formel schließen Sie wieder mit `Strg`+`Umschalt`+`Eingabe` ab, die Matrixklammern rund um die Formel dürfen nie fehlen.

Matrixformeln mit Funktionen

Bis zu diesem Punkt ist die Matrixformel in unserem Beispiel noch nicht besonders nützlich, denn das Ergebnis ließe sich auch mit einer einfachen Multiplikation erzielen. Interessant wird es erst, wenn komplexere Auswertungen anstehen wie diese:

Erstellen Sie eine Formel, die aus der Absatzkalkulation die Umsatzmengen der Produktkategorien berechnet. Für diese Berechnung brauchen Sie eine Kombination aus den Funktionen *SUMME()* und *WENN()*. Es gibt zwar eine Funktion *SUMMEWENN()*, die diese Aufgabe lösen könnte, die Matrixvariante ist aber wesentlich besser, weil sie mehr Varianten integrieren kann. Schreiben Sie diese Formel in die Zelle B10:

```
=SUMME(WENN($B$4:$F$4=A10;$B$7:$F$7))
```

Die *WENN()*-Funktion stellt eine Bedingung auf (WENN der Bereich mit den Sortimentsangaben mit dem Text in Zelle A10 übereinstimmt) und die davor geschaltete Summe summiert alle Zellen aus dem Umsatzbereich B7:F7, die infrage kommen. Drücken Sie zum Abschluss der Formel wieder `Strg`+`Umschalt`+`Eingabe`. Mit der absoluten Adressierung der beiden Matrizen haben Sie dafür gesorgt, dass die Formel für weitere Auswertungszeilen kopierbar ist. Ziehen Sie das Füllkästchen am Zellzeiger von B10 nach unten, um auch die Auswertung für die zweite Kategorie zu erhalten:

B7 | {=B5:F5*B6:F6}

	A	B	C	D	E	F
1	**Absatzkalkulation Reifenlager**					
2						
3	*Artikel*	**Pirelli XS 2000**	**Michelin M+S**	**Dunlop Freeze**	**GoodYear W3000**	**Bridgestone GS 9X**
4	*Sortiment*	Sommer	Winter	Winter	Sommer	Winter
5	*Preis*	59,99	69,99	79,99	62,99	58,99
6	*Absatzmenge*	300	450	250	180	520
7	*Umsatz*	17997	31495,5	19997,5	11338,2	30674,8
8						

Abbildung 6.58
Die Matrixformel berechnet ganze Bereiche.

B10 | {=SUMME(WENN(B4:F4=A10;B7:F7))}

	A	B	C	D	E	F
1	**Absatzkalkulation Reifenlager**					
2						
3	*Artikel*	**Pirelli XS 2000**	**Michelin M+S**	**Dunlop Freeze**	**GoodYear W3000**	**Bridgestone GS 9X**
4	*Sortiment*	Sommer	Winter	Winter	Sommer	Winter
5	*Preis*	59,99	69,99	79,99	62,99	58,99
6	*Absatzmenge*	300	450	250	180	520
7	*Umsatz*	17997	31495,5	19997,5	11338,2	30674,8
8						
9						
10	*Sommer*	29335,2				
11	*Winter*	82167,8				
12						

Abbildung 6.59
Matrixfunktion mit SUMME() und WENN()

6.10 Bereichsnamen

Zellbezüge sind für das Verständnis von Formeln, Funktionen und Verknüpfungen wichtig. Wer etwas Erfahrung gesammelt hat, sollte die Technik der Bereichsnamen kennenlernen und auch konsequent anwenden. Benannte Bereiche können nämlich jederzeit in Formeln und Funktionen anstelle der Zellbezüge geführt werden und erleichtern die Übersicht in komplexen Tabellenmodellen wesentlich.

Ein Beispiel: Übersichtlicher und besser zu verstehen als die Eingabe

```
=SUMME(B1:B10;C1:C10)-SUMME(B12;C12)
```

ist sicher die Formel:

```
=SUMME(Umsatz02;Umsatz03)-SUMME(Kosten02;Kosten03)
```

Der benannte Bereich kann eine einzige Zelle groß sein oder sich theoretisch über alle Zeilen und Spalten erstrecken. In der Praxis werden Sie hauptsächlich Namen für Listen oder für einzelne Zellen mit Auswertungsformeln erstellen.

6.10.1 Namen definieren

1. Markieren Sie den gewünschten Bereich, und wählen Sie *Formeln/Definierte Namen/Namen definieren*.
2. Geben Sie im Feld *Name* einen Bereichsnamen an.
3. Wählen Sie als Bereich die gesamte Arbeitsmappe oder eine einzelne Tabelle.
4. Tragen Sie einen Kommentar zu diesem Namen ein.
5. Überprüfen Sie den Bereich unter *Bezieht sich auf*. Um ihn neu zu bestimmen, markieren Sie den Inhalt des Feldes und ziehen im Hintergrund die Markierung über die Zellen. Klicken Sie auf das Kästchen rechts neben dem Feld, um den Dialog zu reduzieren. Mit einem weiteren Klick oder mit [Eingabe] öffnen Sie den Dialog wieder.
6. Bestätigen Sie mit *OK*, um den Bereichsnamen anzulegen.

Der Bereichsname ist festgelegt, Sie sehen ihn im Namensfeld, solange der benannte Bereich markiert ist.

Schnelle Variante: Das Namensfeld

Das Feld links oben am Rand der Bearbeitungsleiste heißt nicht ohne Grund *Namensfeld*, es zeigt nämlich Bereichsnamen an, falls es welche gibt. Steht der Zellzeiger auf einer benannten Zelle, ist dessen Name sichtbar, der Bereich muss aber vollständig markiert sein. Klicken Sie auf das Pfeilsymbol am Feld, öffnet sich eine Liste mit allen Bereichsnamen aus der aktuellen Mappe (ausgenommen diejenigen, die nur für einzelne, nicht

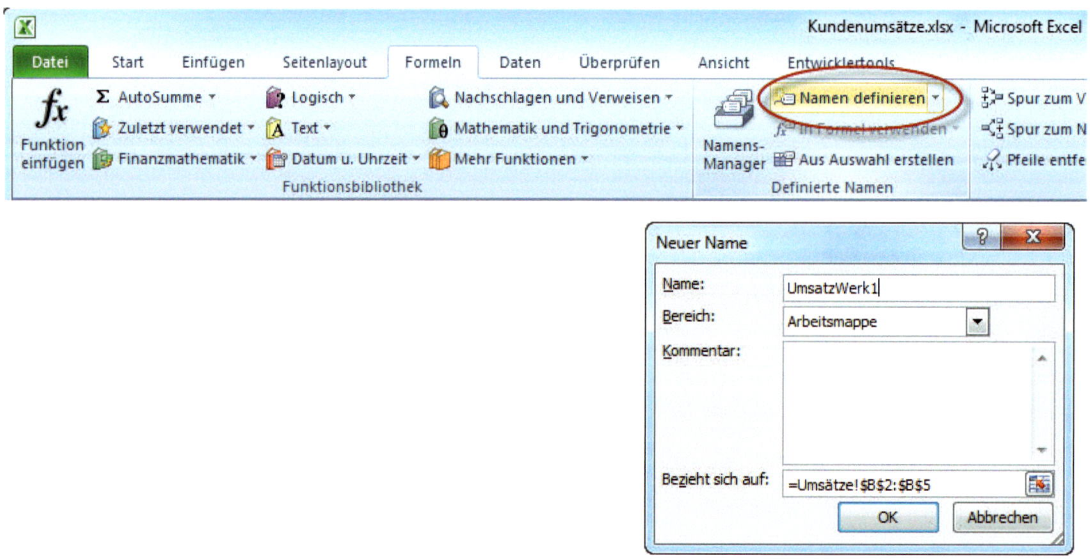

Abbildung 6.60 Der Bereichsname wird definiert.

aktive Tabellen gelten), und wenn Sie einen Eintrag anklicken, wird die Markierung prompt auf den damit verknüpften Zellbereich gesetzt. Das gilt auch für Namen, die in anderen Tabellen stehen.

HINWEIS Bereichsnamen, die für eine Mappe definiert werden, gelten grundsätzlich für sämtliche Tabellen in dieser Mappe, d.h., ein definierter Bereichsname kann aus allen Tabellenblättern der Mappe abgerufen oder in Formeln benutzt werden.

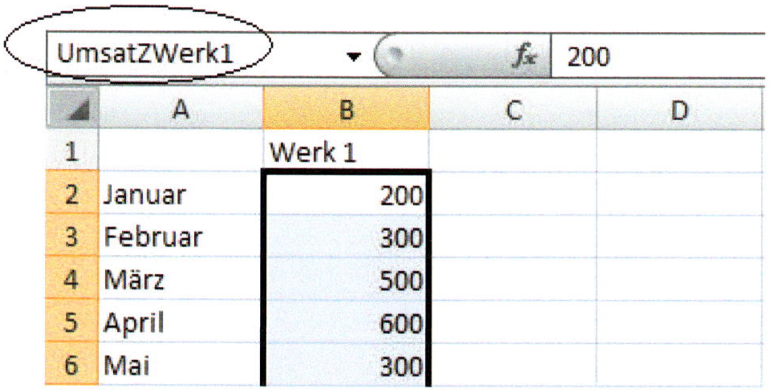

Abbildung 6.61 Namensfeld mit Namensliste

Sie können mit diesem Feld ganz schnell und einfach Bereiche benennen. Markieren Sie eine Zelle oder einen Zellbereich, klicken Sie in das Namensfeld, und schreiben Sie den Bereichsnamen. Drücken Sie [Eingabe], um die Zuweisung abzuschließen.

ACHTUNG Einen Haken hat das Ganze: Diese Namensvergabe funktioniert nur einmal pro Name. Wenn Sie einen Bereich wieder mit einem bereits angelegten Bereichsnamen versehen wollen und tragen diesen ins Namensfeld ein, wird Excel den alten benannten Bereich ansteuern. Der Neueintrag ist also ein Ansteuern des Bereiches, keine Neubenennung. Ändern Sie den Bereichsnamen in diesem Fall über den Namens-Manager.

6.10.2 Regeln für Bereichsnamen

Erlaubt	Nicht erlaubt
Länge bis zu 255 Zeichen, das erste Zeichen muss ein Buchstabe, ein Unterstrich (_) oder ein umgekehrter Schrägstrich (\) sein.	Leerzeichen
Buchstaben A - Z (Groß-/Kleinschreibung wird nicht unterschieden)	Bindestriche
Punkte und Unterstriche	Der Name darf nicht mit einem Bezug zu verwechseln sein (z.B. Z20 oder $AZ).

Tabelle 6.8 Regeln für Bereichsnamen

6.10.3 Der Namens-Manager

Eine Übersicht über alle zugewiesenen Namen und die Möglichkeit, diese umzudefinieren oder bei Bedarf zu löschen, liefert der *Namens-Manager*. Aktivieren Sie ihn mit dem großen Symbol unter *Formeln/Definierte Namen*.

Mit *Neu* erstellen Sie einen neuen Bereichsnamen (entspricht *Namen definieren*).

Klicken Sie auf einen Namen, und wählen Sie *Bearbeiten*, wenn Sie den Namen neu benennen, einen Kommentar einfügen oder ändern oder den Bezug zum Namen neu definieren wollen.

Markieren Sie einen Namen in der Liste, und wählen Sie *Löschen*, um ihn aus der Arbeitsmappe zu entfernen. Achten Sie darauf, dass damit alle Formeln ungültig werden, in denen dieser Bereichsname verwendet wurde. Die Fehlermeldung

```
#NAME?
```

zeigt an, dass die entsprechende Formel einen unbekannten Text, nämlich den vorher existierenden Bereichsnamen, enthält.

Mit dem *Filter* reduzieren Sie die Namensliste auf bestimmte Namen, zum Beispiel auf solche, die nur zum aktiven Arbeitsblatt gehören, oder auf Namen mit Fehlern im Bezug. Der Filter wird durch Anklicken der einzelnen Optionen aktiviert und bleibt so lange aktiv, bis Sie ihn mit *Filter löschen* wieder entfernen.

6.10.4 Namen übernehmen

Diese Option ist weitgehend überflüssig, da Excel in den meisten Fällen automatisch einen Bezug durch seinen Bereichsnamen ersetzt, falls ein solcher vorliegt. Sie können das testen, indem Sie ein =-Zeichen (Gleichheitszeichen) schreiben und mit dem Mauszeiger einen benannten Bereich markieren. Sobald der Bereich in der Auswahl ist, schaltet die Anzeige in der Formel auf den Namen um.

Mit *Formeln/Definierte Namen/Namen definieren/Namen übernehmen* ersetzen Sie im markierten Bereich alle Bezüge durch ihre Bereichsnamen, sofern solche definiert sind; eine Operation, die Sie regelmäßig durchführen sollten, um überflüssige Zellbezüge durch ihre Bereichsnamen zu ersetzen.

1. Markieren Sie in der Liste die gewünschten Bereichsnamen.
2. Drücken Sie die `Umschalt`-Taste, um mehrere, auch nicht zusammenhängende Einträge zu markieren.
3. Klicken Sie auf *OK*, um die Namen anzuwenden.

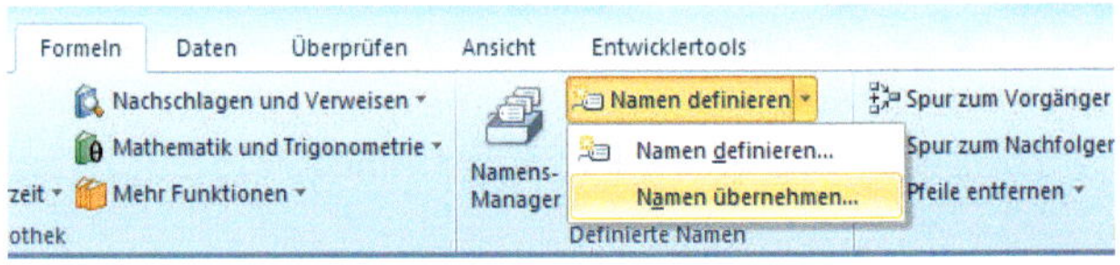

Abbildung 6.63 Gespeicherte Bereichsnamen anstelle von Bezügen übernehmen

» *Relative/Absolute Bezugsart ignorieren:* Ersetzt Bezüge mit Namen, unabhängig davon, ob diese relativ oder absolut sind. Wird diese Option ausgeschaltet, ersetzt Excel Bezüge nur dann durch ihre Namen, wenn der Bezugstyp identisch ist. Da in den meisten Fällen relative Namen auf absolute Bezüge angewendet werden, sollten Sie diese Option nicht ausschalten.

» *Zeilen- und Spaltennamen verwenden*: Wenn eine direkte Übereinstimmung von Bezug und Bereichsname nicht zu finden ist, benutzt Excel den Bereichsnamen, der die Zelle enthält, auf die in der Formel Bezug genommen wird. In den Optionen, die darunter stehen, grenzen Sie noch ein, welcher Name ver-

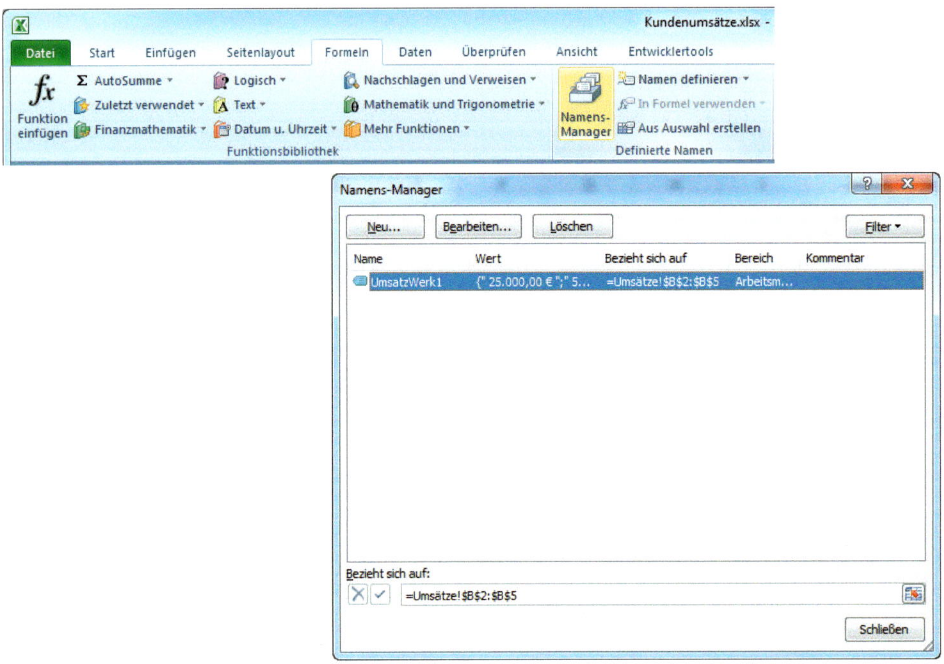

Abbildung 6.62 Der Namens-Manager

wendet wird. Klicken Sie dazu auf die Schaltfläche *Optionen*.

Die Schaltfläche *Optionen* führt zu einer Reihe von Optionen, die eine Übernahme noch genauer spezifizieren:

» *Bei gleicher Spalte entfällt Spaltenname:* Wenn die umzusetzende Zelle in der gleichen Spalte wie die Formel steht, wird der Zeilenname verwendet; der Spaltenname entfällt.

» *Bei gleicher Zeile entfällt Zeilenname:* Befindet sich die Bezugszelle in der gleichen Zeile wie die Formel, wird der Spaltenname verwendet; der Zeilenname entfällt.

» *Reihenfolge der Namen:* Legen Sie hier fest, welcher Name zuerst aufgeführt wird: der Zeilenname vor dem Spaltennamen (Standard) oder umgekehrt.

6.10.5 Namen aus Auswahl erstellen

Diese Option bietet sich an, wenn die gewünschten Bereichsnamen für mehrere Zellen bereits neben oder über dem Zahlenbereich stehen.

Markieren Sie die Zahlen und deren Beschriftungen, und wählen Sie *Formel/Definierte Namen/Aus Auswahl erstellen*. In der daraufhin eingeblendeten Dialogbox wird angekreuzt, aus welcher Zeile oder Spalte die Namen übernommen werden sollen.

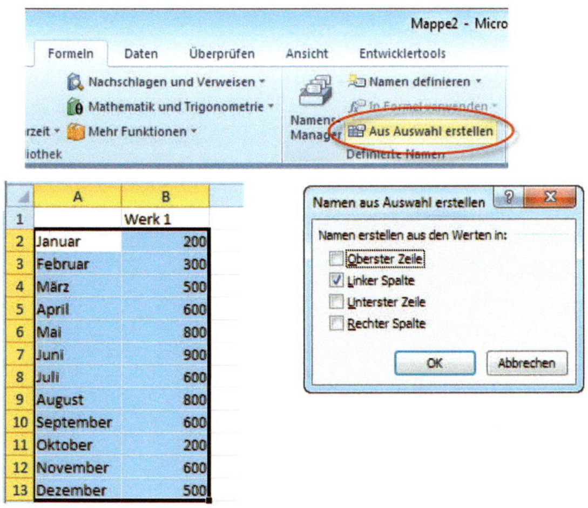

Abbildung 6.64 Namen aus Auswahl erstellen

Doppelpunkte werden bei der Umsetzung in Bereichsnamen entfernt. Enthalten die Zellen ungültige Zeichen für Bereichsnamen (z.B. Leerzeichen), werden diese durch Unterstriche ersetzt:

Aus: `Umsatz 03`

wird: `Umsatz_03`

Haben Sie eine größere Liste mit Zeilen- und Spaltentiteln versehen, so markieren Sie die Liste inklusive der Texte und erstellen die Namen mit den Optionen *Oberster Zeile* und *Linker Spalte*. Im Namensfeld finden Sie anschließend für jede Zeile und Spalte einen Bereichsnamen.

Diesen Namen könnten Sie beispielsweise für Berechnungen mit der *SUMME()*-Funktion verwenden. Schreiben Sie anstelle des Bezugs einfach den Namen. Wenn Sie zwei Namen mit einer `Leertaste` verbinden, können Sie sogar die Schnittmenge aus den beiden bilden.

F	G
Gesamtsumme:	=SUMME(Hamburg;München;Stuttgart)
Januarumsatz München:	=Januar München
Märzumsatz Stuttgart:	=März Stuttgart

Abbildung 6.65 Auswertungsformeln mit Namen

6.10.6 Namen in Formeln verwenden

Benutzen Sie diese Menüoption, wenn Sie einen Bereichsnamen zur Konstruktion einer Formel oder als Ersatz für einen Zellbezug brauchen. Holen Sie den Namen damit ab:

1. Setzen Sie den Zellzeiger in die Zelle, in der Sie den Namen sehen wollen, oder schreiben Sie die Formel bis zu der Stelle, an der Sie den Namen brauchen.
2. Wählen Sie *Formeln/Definierte Namen/In Formeln verwenden*.
3. Markieren Sie den Namen in der Liste und holen Sie ihn so in die aktive Zelle, oder wählen Sie *Namen einfügen* und suchen Sie den Namen in der Liste im Dialogfeld.

Liste einfügen

Diese Option überträgt sämtliche Bereichsnamen mit ihren Bezügen an der aktuellen Zellzeigerposition in die Tabelle. Die Liste ist zwei Spalten breit, wobei die linke Spalte die Bereichsnamen und die rechte Spalte die zugeordneten Bezüge enthält.

6.10.7 Namen als Konstanten

Die Namenszuteilung auf der Registerkarte *Formeln* bietet auch die Möglichkeit, Konstanten zu definieren, deren Inhalt nicht aus einer Zelle stammt, sondern direkt in der Dialogbox angegeben wird. So könnte beispielsweise ein Rabatt- oder Steuersatz als Konstante fixiert und über den Bereichsnamen in Formeln verwendet werden.

Wählen Sie *Formeln/Definierte Namen/Namen definieren*. Geben Sie die Bezeichnung der Konstante (z.B. *MwSt*) in das Feld *Name* ein. Tragen Sie im Feld *Bezieht sich auf* den Wert ein (19 %). Das =-Zeichen wird automatisch vorangestellt. Klicken Sie auf *OK*. Verwenden Sie die Konstante in Formeln und Verknüpfungen wie jeden anderen Bereichsnamen:

```
=SUMME(Betrag*MwSt;Betrag)
```

6.10.8 Bereichsnamen anwenden

Bereichsnamen haben nicht nur die schöne Eigenschaft, als Ersatz für abstrakte Zellbezüge zu dienen, sie sind auch Ansprungstellen für direkte Sprünge zu Zellen oder zwischen Arbeitsmappenblättern (ähnlich den Textmarken in der Textverarbeitung). Um einen Bereich direkt anzusteuern, können Sie *Start/Bearbeiten/Suchen und Auswählen/Gehe zu* anklicken, nehmen Sie aber gleich den schnelleren Weg über [F5] oder über das Namensfeld:

1. Drücken Sie [F5] für *Gehe zu* mit der Liste aller Bereichsnamen.
2. Markieren Sie den gewünschten Namen, falls er in der Liste steht, und steuern Sie ihn mit *OK* an. Ein Doppelklick auf den Bereichsnamen verkürzt die Prozedur etwas.
3. Öffnen Sie alternativ dazu das Namensfeld, und markieren Sie einen Bereichsnamen.
4. Um von der aktiven Zelle bis zu einem bestimmten Bereichsnamen zu markieren, halten Sie die [Umschalt]-Taste gedrückt, während Sie auf den Bereichsnamen klicken.

6.10.9 Profi-Tipps für Formelkonstruktion und Matrizenberechnungen

Praxisbeispiel: Angebotskalkulation

CD-ROM Beispiel und Lösung finden Sie auf der Buch-CD unter *Angebotskalkulation.xlsx*.

Angebote schreiben ist umständlich und zeitraubend. Für die Kalkulation stehen die Produkte und Preise in Referenztabellen, oft müssen die Positionen oder Gewerke Zelle für Zelle einzeln berechnet werden. Mit Matrixfunktionen geht's einfacher.

	A	B	C	D
1	Angebotskalkulation Aluminium-Tribüne			
2				
3		Gestänge		
4		Blech 2 mm	Rohr Ø 3 cm	Flansch DN 50
5	Stückzahl/Menge	200 Stück	150 Meter	600 Stück
6	Preis	12,99 €	8,99 €	4,99 €
7				
8		Elektrik		
9		Ventilatoren	E-Motor	Kabelstrang
10	Stückzahl/Menge	5 Stück	3 Stück	600 Meter
11	Preis	150,00 €	360,00 €	0,99 €

Abbildung 6.66 Angebotskalkulation

G1 | {=SUMME(B5:D5*B6:D6)}

	A	B	C	D	E	F	G
1	Angebotskalkulation Aluminium-Tribüne					Gestänge:	6.940,50 EUR
2						Elektrik:	2.424,00 EUR
3			Gestänge			Gesamt:	9.364,50 EUR
4		Blech 2 mm	Rohr Ø 3 cm	Flansch DN 50			
5	Stückzahl/Menge	200 Stück	150 Meter	600 Stück			
6	Preis	12,99 EUR	8,99 EUR	4,99 EUR			

Abbildung 6.67 Saldierte Summen

Die Zellen mit den Stück- bzw. Meterangaben müssen Zahlenwerte enthalten, weisen Sie entsprechende Zahlenformate zu, damit Maß oder Gebinde auch zu sehen sind (*Start/Zahl/Zahlenformat/Benutzerdefiniert*):

```
0" Stück"
0" Meter"
```

Schreiben Sie die erste Formel in einen neuen Bereich der Tabelle:

```
F1: Gestänge:
G1: =SUMME(B5:D5*B6:D6)
```

Drücken Sie zum Abschluss der Formel `Strg`+`Umschalt`+`Eingabe`-Taste. Damit wird die Formel zur Matrixformel, die zunächst die Zellen aus dem Bereich B5:D5 mit den Zellen aus B6:D6 multipliziert und dann die Summe aus den Produkten zieht.

Schreiben Sie die nächste Matrixfunktion für das zweite Modul und die Gesamtsumme:

```
F2: Elektrik:
G2: =SUMME(B10:D10*B11:D11)
F3: Gesamt:
G3: =SUMME(G1:G2)
```

Praxisbeispiel: Lohnabrechnung

CD-ROM Beispiel und Lösung finden Sie auf der Buch-CD unter *Lohnabrechnung.xlsx*.

Im Beispiel Lohnabrechnung wird eine Stundenabrechnungstabelle erstellt. Die Zeilen 2 und 3 erhalten die Tageseinträge eines Monats (Wochentag und Zahl), in den Zeilen darunter trägt der Bearbeiter die Namen und die Stundenzahlen der Mitarbeiter ein.

Im Auswertungsbereich ab Spalte AH wird die Gesamtzahl der Stunden berechnet, wobei unterschieden wird zwischen Wochen- und Samstags-/Sonntagsarbeit.

Die globale Abfrage der Arbeitsstunden unter Berücksichtigung der Wochen- und Wochenendtage ist eine schöne Aufgabe für eine Matrixfunktion (hier die Stundensumme). Setzen Sie den ersten Bezug absolut, damit die Formel für alle Arbeitnehmer kopiert werden kann:

```
AH4: {=SUMME(WENN(WOCHENTAG($B$2:$AF$2)=7;B4:AF4))}
```

Kopieren Sie die Formel per Doppelklick auf das Füllkästchen nach unten.

Die Grundlöhne sowie die Zuschläge für Samstags- und Sonntagsarbeit befinden sich im Bereich AR1 bis AR3.

```
AR1: 25,00 € (Grundlohn)
AR2: 50% (Zuschlag Samstag)
AR3: 100% (Zuschlag Sonntag)
```

Mit dieser Formel berechnen Sie den Gesamtlohn mit Zuschlägen für Samstagsarbeit des ersten Arbeiters:

```
AI4: =AH4*$AR$1*(1+$AR$2)
```

Kopieren Sie die Formel nach unten, und erstellen Sie die Berechnungen für die Sonntagsarbeit und die entsprechenden Löhne:

```
AJ4: =SUMME(WENN(WOCHENTAG($B$2:$AF$2)=1;D4:AH4))
AK4: =AJ4*$AR$1*(1+$AR$3)
```

	A	B	C	D	E	F	G	H	I	J	K	L	M	N	O	P	Q	R	S	T	U	V	W	X	Y	Z	AA	AB	AC	AD	AE	AF
1	2010																															
2	Januar	Fr	Sa	So	Mo	Di	Mi	Do	Fr	Sa	So	Mo	Di	Mi	Do	Fr	Sa	So	Mo	Di	Mi	Do	Fr	Sa	So	Mo	Di	Mi	Do	Fr	Sa	So
3		01	02	03	04	05	06	07	08	09	10	11	12	13	14	15	16	17	18	19	20	21	22	23	24	25	26	27	28	29	30	31
4	Bernd Hoffmann					8	8	8	8	8			8	8	8	8	8		4						4	4	8	8	8	8	8	
5	Ali Yürks										8	8	8	8	8	8	8			8	8	8	8	8					8	8	8	
6	Senta Braun			8	8	8	8	8	8	8			8	8	8	8	8		4						4	4	8	8	8	8	8	
7	Hugo Habicht				8	8	8	8		6	6	6	6	6				8	8	8	8	8			8	8	8	8	8	8	8	
8	Tom Braun		8	8	8	8			8	8	8	8						8	8	8	8	8			8	8	8	8	8	8	8	
9	Dieter Schück	8	8	8	8	8	8	8										8	8	8	8	8			8	8	8	8	8	8	8	
10																																

Abbildung 6.68 Übersicht über die Arbeitsstunden

AH4 | f_x {=SUMME(WENN(WOCHENTAG($B$2:$AF$2)=7;B4:AF4))}

	A	AG	AH	AI	AJ	AK	AL	AM	AN	AO	AP	AQ	AR
1	2010											Grundlohn:	25,00 €
2	Januar		Samstage		Sonntage		Wochentage		Gesamt			Zuschlag Samstag:	50%
3			Stunden	Lohn	Stunden	Lohn	Stunden	Lohn	Stunden	Lohn		Zuschlag Sonntag:	100%
4	Bernd Hoffmann		24	900,00 €	48	2.400,00 €	60,00 €	1.500,00 €	132,00 €	4.800,00 €			
5	Ali Yürks		24	900,00 €	40	2.000,00 €	56,00 €	1.400,00 €	120,00 €	4.300,00 €			
6	Senta Braun		24	900,00 €	48	2.400,00 €	76,00 €	1.900,00 €	148,00 €	5.200,00 €			
7	Hugo Habicht		14	525,00 €	44	2.200,00 €	100,00 €	2.500,00 €	158,00 €	5.225,00 €			
8	Tom Braun		24	900,00 €	48	2.400,00 €	88,00 €	2.200,00 €	160,00 €	5.500,00 €			
9	Dieter Schück		16	600,00 €	40	2.000,00 €	96,00 €	2.400,00 €	152,00 €	5.000,00 €			
10													

Abbildung 6.69 Auswertung der Löhne per Matrixfunktion

Für die Wochentagslöhne berechnen Sie einfach die Gesamtsumme und ziehen die beiden Wochenendlöhne ab:

```
AL4: =SUMME(B4:AF4)-AH4-AJ4
AM4: =AL4*$AR$1
```

Die gesamte Lohnzahlung pro Monat erhalten Sie, indem Sie alle drei Lohnarten addieren:

```
AN4: =AH4+AJ4+AL4
AO4: =AI4+AK4+AM4
```

6.11 Mit Funktionen zaubern

Die Funktionsbibliothek, die über die Registerkarte *Formeln* oder das Funktionssymbol aktiviert wird, enthält fast 400 Funktionen. Die müssen Sie natürlich nicht alle kennen und schon gar nicht können. Viele davon erklären sich selbst wie zum Beispiel die Sinusfunktion:

```
=SIN(Winkel)
```

Andere sind sehr komplex und wollen genau studiert werden wie zum Beispiel die Matrixfunktion *BEREICH.VERSCHIEBEN()*:

```
=BEREICH.VERSCHIEBEN(Umsatz;1;0;ANZAHL(ZEILEN(Umsatz)
;5)
```

Um mit Funktionen zaubern zu können, ist es wichtiger zu wissen, welche es gibt, als jede einzelne Funktion im Detail zu lernen. Arbeiten Sie sich durch die Funktionsbibliothek durch, und testen Sie alle Funktionen, am besten mit sinnvollen Beispielen und Aufgaben aus der Praxis.

HINWEIS Der Bestseller, der wirklich alle Funktionen mit tollen Beispielen und praktischen Tipps beschreibt: *Excel Formeln und Funktionen, Verlag Markt+Technik*.

Den Autor kennen Sie ...

Abbildung 6.70 Formeln und Funktionen – alle Funktionen, viele Beispiele

6.11.1 Der SVERWEIS

Zu den wichtigsten Funktionen aus dem Angebot des Funktions-Assistenten gehört der SVERWEIS, eine Verknüpfungsfunktion, die über einen gemeinsamen Schlüssel Informationen aus anderen Tabellenbereichen, Tabellenblättern oder Arbeitsmappen holt. Der Zielbereich muss den Suchbegriff in der ersten Spalte enthalten, dann kann der SVERWEIS diesen Begriff suchen und das Ergebnis aus einer weiteren Spalte der gefundenen Zeile abliefern. Die Funktion hat diese Argumente:

```
=SVERWEIS(suchbegriff;suchmatrix;spaltenindex;
bereichsverweis)
```

Das letzte Argument ist besonders wichtig, es bestimmt, ob das Suchergebnis eindeutig sein muss. Ein Beispiel:

Das Tabellenblatt enthält im ersten Bereich Umsatzwerte einzelner Vertriebs-Manager. Im zweiten Bereich sind die Umsatzstaffeln und die dazugehörenden Provisionen aufgelistet. Ziel der Funktion ist es, anhand der Umsatzzahl die passende Provision zu ermitteln.

CD-ROM Das Beispiel finden Sie auf der CD zum Buch unter *Funktion SVERWEIS.XLSX*.

	A	B	C	D	E	F	G
1	Name	Umsatz	Provision	Zahlung		Umsatz	Provisionssatz
2	Meier	34.000 €				30.000,00 €	3%
3	Huber	42.000 €				40.000,00 €	4%
4	Dimpflmoser	60.000 €				50.000,00 €	5%
5						60.000,00 €	10%
6							
7							
8							
9							

Abbildung 6.71
Zwei Bereiche für den SVERWEIS

Setzen Sie den Zellzeiger in die erste Zielzelle C2.

Aktivieren Sie den Funktions-Assistenten, und suchen Sie in der Kategorie Matrix die Funktion SVERWEIS.

Tragen Sie die Argumente ein:

`Suchkriterium: B2`

`Matrix: $F$1:$G$5`

`Spaltenindex: 2`

Der Bereichsverweis bleibt leer oder erhält den Wert WAHR, damit der SVERWEIS auch den nächstkleineren Umsatzwert finden kann. Das Ergebnis ist für Zelle C2 der Wert 3%. Kopieren Sie die Formel mit dem Füllkästchen nach unten, und berechnen Sie die Zahlungen:

`D2: =B2*C2`

Diese Form des SVERWEIS setzt voraus, dass die Suchspalte aufsteigend sortiert ist.

C2 fx =SVERWEIS(B2;$F$1:$G$5;2)

	A	B	C	D	E	F	G
1	Name	Umsatz	Provision	Zahlung		Umsatz	Provisionssatz
2	Meier	34.000 €	3,0%	1.020,00 €		30.000,00 €	3%
3	Huber	42.000 €	4,0%	1.680,00 €		40.000,00 €	4%
4	Dimpflmoser	60.000 €	10,0%	6.000,00 €		50.000,00 €	5%
5						60.000,00 €	10%

Abbildung 6.72
Der SVERWEIS findet den Wert oder den nächstkleineren Wert.

SVERWEIS mit direktem Bereichsverweis

In der Praxis häufiger ist der direkte SVERWEIS, der eine Schlüsselnummer in der ersten Spalte des Bereiches sucht. Ist die Nummer nicht zu finden, muss ein Fehlerwert ausgegeben werden. Das zweite Beispiel zeigt eine Kostenaufstellung mit Kostenartennummern. Die Bezeichnung der Kostenart sollte aus dem zweiten Tabellenblatt abgerufen werden, im nächsten Schritt muss auch die Kostengruppe ermittelt werden.

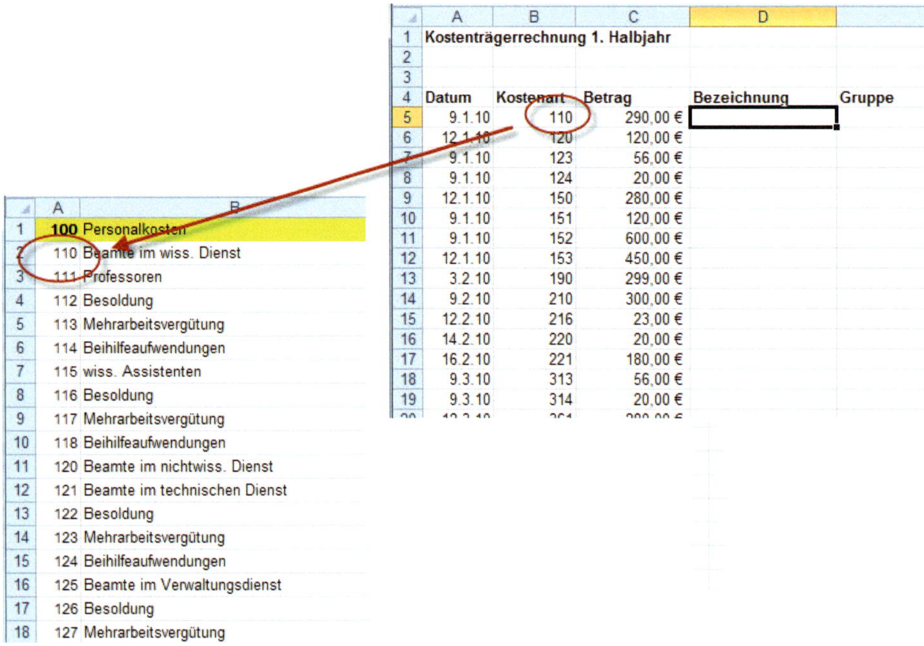

	A	B	C	D	
1	Kostenträgerrechnung 1. Halbjahr				
2					
3					
4	Datum	Kostenart	Betrag	Bezeichnung	Gruppe
5	9.1.10	110	290,00 €		
6	12.1.10	120	120,00 €		
7	9.1.10	123	56,00 €		
8	9.1.10	124	20,00 €		
9	12.1.10	150	280,00 €		
10	9.1.10	151	120,00 €		
11	9.1.10	152	600,00 €		
12	12.1.10	153	450,00 €		
13	3.2.10	190	299,00 €		
14	9.2.10	210	300,00 €		
15	12.2.10	216	23,00 €		
16	14.2.10	220	20,00 €		
17	16.2.10	221	180,00 €		
18	9.3.10	313	56,00 €		
19	9.3.10	314	20,00 €		

	A	B
1	100	Personalkosten
2	110	Beamte im wiss. Dienst
3	111	Professoren
4	112	Besoldung
5	113	Mehrarbeitsvergütung
6	114	Beihilfeaufwendungen
7	115	wiss. Assistenten
8	116	Besoldung
9	117	Mehrarbeitsvergütung
10	118	Beihilfeaufwendungen
11	120	Beamte im nichtwiss. Dienst
12	121	Beamte im technischen Dienst
13	122	Besoldung
14	123	Mehrarbeitsvergütung
15	124	Beihilfeaufwendungen
16	125	Beamte im Verwaltungsdienst
17	126	Besoldung
18	127	Mehrarbeitsvergütung

Abbildung 6.73
SVERWEIS-Aufgabe mit direktem Bereichsverweis

1. Markieren Sie die Liste der Kostenarten mit Strg + Umschalt + *, und weisen Sie dem Bereich über den Namens-Manager den Bereichsnamen KLISTE zu.

Schreiben Sie in Zelle D5 der Kostenträgerrechnung eine Formel, die die Bezeichnung der Kostenart in Zelle B5 findet. Die erste Spalte der Matrix muss dazu nicht sortiert sein:

```
D5: =SVERWEIS(B5;KLISTE;2;FALSCH)
```

Dieser Verweis sucht nach der Kostenart und gibt das Ergebnis aus Spalte 2 wieder. Ist die Nummer nicht in der ersten Spalte zu finden, ist das Ergebnis der Funktion ein Fehlerwert (#NV!).

Kopieren Sie die Formel nach unten, und berechnen Sie gleich die Gruppe. Dazu runden Sie die Kostenartennummer auf den nächsten Hunderterwert ab:

```
E5: =SVERWEIS(ABRUNDEN(B5;-2);KLISTE;2;FALSCH)
```

TIPP Anstelle von FALSCH für das Argument *Bereich_Verweis* können Sie auch eine 0 eintragen.

Bereichsnamen für SVERWEIS-Matrizen

Arbeiten Sie bei Verweisen mit größeren Listen immer mit Bereichsnamen oder Tabellen. Wenn sich der Referenzbereich ändert, haben Sie schneller einen Bereichsnamen angepasst als Dutzende von Formeln repariert. Mit einem dynamischen Bereichsnamen passt sich der Name automatisch an die Anzahl der Einträge in Zeile 1 und Spalte A an:

```
=BEREICH.VERSCHIEBEN(Kostenträger!$A$1;0;0;ANZAHL
2(Kostenträger!$A:$A);ANZAHL2(Kostenträger!$1:$1))
```

Fehler mit WENNFEHLER abfangen

Mit der Funktion WENNFEHLER stellen Sie sicher, dass der SVERWEIS keine Fehlermeldung ausgibt, damit können Sie die Formel auch entsprechend weit nach unten kopieren. Geben Sie im zweiten Argument von WENNFEHLER zwei Anführungszeichen ein, bleibt die Zelle leer, Sie können aber auch einen Ersatztext angeben.

```
=WENNFEHLER(SVERWEIS(B5;KLISTE;2;
FALSCH);"")
```

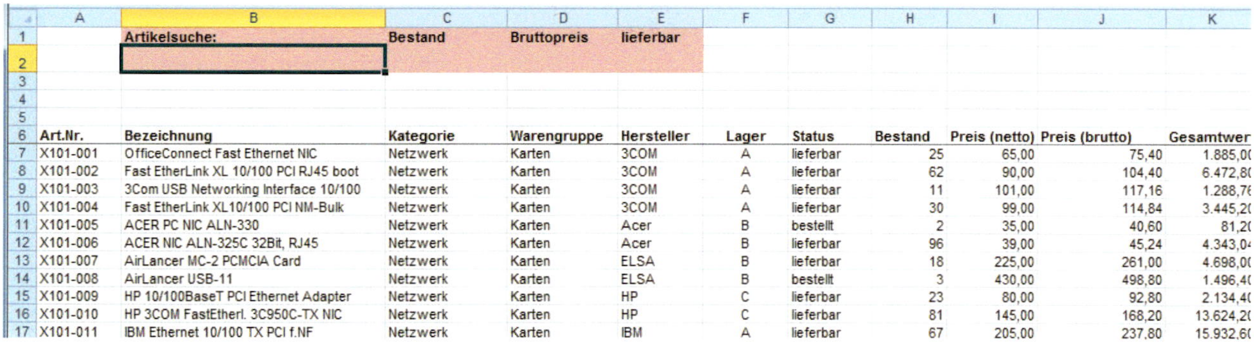

	A	B	C	D	E	F	G	H	I	J	K
1		Artikelsuche:	Bestand	Bruttopreis	lieferbar						
2											
3											
4											
5											
6	Art.Nr.	Bezeichnung	Kategorie	Warengruppe	Hersteller	Lager	Status	Bestand	Preis (netto)	Preis (brutto)	Gesamtwer
7	X101-001	OfficeConnect Fast Ethernet NIC	Netzwerk	Karten	3COM	A	lieferbar	25	65,00	75,40	1.885,0
8	X101-002	Fast EtherLink XL 10/100 PCI RJ45 boot	Netzwerk	Karten	3COM	A	lieferbar	62	90,00	104,40	6.472,8
9	X101-003	3Com USB Networking Interface 10/100	Netzwerk	Karten	3COM	A	lieferbar	11	101,00	117,16	1.288,7
10	X101-004	Fast EtherLink XL10/100 PCI NM-Bulk	Netzwerk	Karten	3COM	A	lieferbar	30	99,00	114,84	3.445,2
11	X101-005	ACER PC NIC ALN-330	Netzwerk	Karten	Acer	B	bestellt	2	35,00	40,60	81,2
12	X101-006	ACER NIC ALN-325C 32Bit, RJ45	Netzwerk	Karten	Acer	B	lieferbar	96	39,00	45,24	4.343,0
13	X101-007	AirLancer MC-2 PCMCIA Card	Netzwerk	Karten	ELSA	B	lieferbar	18	225,00	261,00	4.698,0
14	X101-008	AirLancer USB-11	Netzwerk	Karten	ELSA	B	bestellt	3	430,00	498,80	1.496,4
15	X101-009	HP 10/100BaseT PCI Ethernet Adapter	Netzwerk	Karten	HP	C	lieferbar	23	80,00	92,80	2.134,4
16	X101-010	HP 3COM FastEtherl. 3C950C-TX NIC	Netzwerk	Karten	HP	C	lieferbar	81	145,00	168,20	13.624,2
17	X101-011	IBM Ethernet 10/100 TX PCI f.NF	Netzwerk	Karten	IBM	A	lieferbar	67	205,00	237,80	15.932,6

Abbildung 6.74 Lagerliste mit Artikelsuche

6.11.2 Alternative zum SVERWEIS: INDEX und VERGLEICH

In der Praxis eignet sich nicht jede Liste für einen Verweis mit SVERWEIS. Importierte Listen aus ERP-Systemen (SAP) können oft nicht sicherstellen, dass die erste Spalte die Suchbegriffe enthält. Greifen Sie in diesem Fall zur Kombination aus INDEX und VERGLEICH:

Praxisbeispiel: Artikelsuche im Lagerbestand

Das Tabellenblatt enthält eine Auflistung der Lagerbestände mit Feldern von Artikelnummer bis Gesamtwert. Die Artikelsuche soll eine schnelle Suche nach einem bestimmten Artikel ermöglichen, mit gezielten Verweisen werden Bestand, Lieferstatus und Preis ermittelt.

1. Markieren Sie die gesamte Liste ab A4 mit `Strg`+`Umschalt`+`*`.
2. Wählen Sie *Formeln/Definierte Namen/Aus Auswahl erstellen*.
3. Kreuzen Sie die Option *Aus oberster Zeile* an.

Damit sind die einzelnen Spalten der Liste mit Bereichsnamen aus der Kopfzeile versehen, was das Arbeiten mit Indizes sehr vereinfacht. Damit die Artikelsuche erfolgreich ist, stellen Sie gleich die Artikelnamen über eine Datenüberprüfungsliste bereit:

1. Markieren Sie Zelle B2, und wählen Sie *Daten/Datentools/Datenüberprüfung*.
2. Schalten Sie unter Gültigkeitskriterien auf `Liste` um, und geben Sie unter `Quelle` den Namen der Artikelbezeichnungsspalte ein:

```
Zulassen: Liste.
Quelle: =Bezeichnung
```

Diese Funktion vergleicht den in der Zelle B2 eingestellten Artikelnamen mit der ganzen Spalte. Das letzte Argument sorgt wieder für eine genaue Übereinstimmung:

```
=VERGLEICH(B2;Bezeichnung;0)
```

Kombinieren Sie diese Funktion mit dem Index auf die Spalte Bestand, erhalten Sie den passenden Wert für die Zelle C2. Für die übrigen Verweise ändern Sie nur noch die Matrix im ersten Argument von INDEX:

```
C2: =INDEX(Bestand;VERGLEICH(B2;
Bezeichnung;0);1)

D2: =INDEX(Preis__brutto;VERGLEICH(B2;
Bezeichnung;0);1)

E2: =INDEX(Status;VERGLEICH(B2;
Bezeichnung;0);1)
```

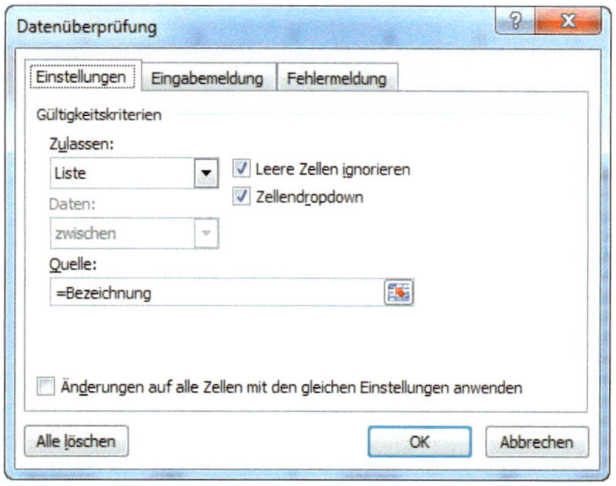

Abbildung 6.75 Gültigkeitsprüfungsliste für die Artikelnamen

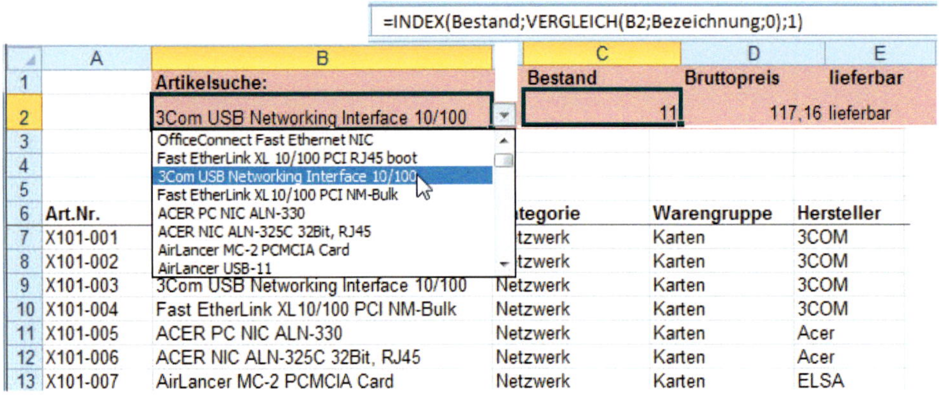

Abbildung 6.76
Artikelsuche mit Datenüberprüfungsliste und Index-Vergleich-Kombination

6.11.3 Mit IST-Funktionen Fehlermeldungen beseitigen

Je größer die Tabelle ist, desto schwieriger wird es, versehentlich auftretende Fehler aufzuspüren. Übertragen Sie diese Aufgabe einer Formel, die mit logischen Funktionen arbeitet:

```
=WENN(ISTLEER(B5);"";B5-C5)
=WENN(B5>0;B5-C5;"")
=WENN(B5-C5>0,B5-C5;"")
```

Schlimmer wird es, wenn die Formel mit falschen Rechenfaktoren einen Fehlerwert ergibt. Hier hilft nur eine der Funktionen *ISTFEHL()* oder *ISTFEHLER()*. Erstere prüft ab, ob das Formelergebnis einen anderen Fehler als `#NV` ergibt, *ISTFEHLER()* lässt sich für jede Fehlerart verwenden.

```
=WENN(ISTFEHLER(B5-C5);"";B5-C5)
```

6.11.4 Mit der Zeilen-/Spaltennummer arbeiten

Auf den ersten Blick scheinen diese beiden Funktionen wenig nutzbringend zu sein:

`=ZEILE()`	berechnet die Zeilennummer, in der die Formel mit dieser Funktion steht.
`=SPALTE()`	berechnet die Spaltennummer, in der die Formel mit dieser Funktion steht.

Überlegen Sie aber, wie oft Sie schon in Tabellen mit laufenden Zahlenreihen zu tun hatten, dann werden auch diese Funktionen interessant für das Tabellenlayout. So nummerieren Sie beispielsweise eine Startliste für eine Sportveranstaltung durch (Zeilennummer minus 3, wenn die Nummerierung in Zeile 4 beginnt). Die Einträge können sortiert oder verschoben werden, die Funktion berechnet immer eine sequenzielle Nummernreihe.

```
=ZEILE()-3
```

WENN-Funktion

Mit einer WENN-Funktion prüfen Sie noch ab, ob in der Spalte daneben ein Name eingetragen ist, dann können Sie die Formel viele Zellen nach unten kopieren:

```
=WENN(B4<>"";ZEILE()-3;"")
```

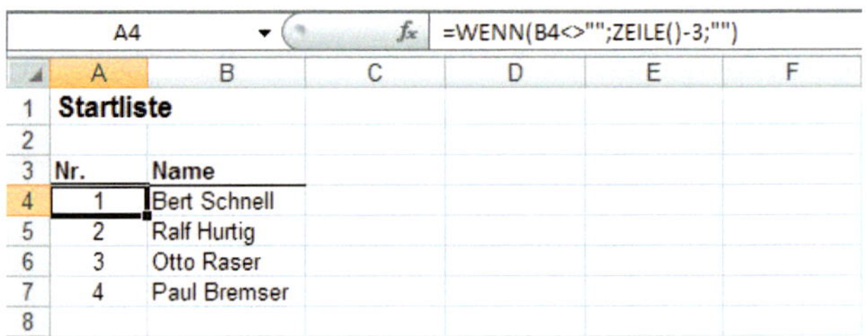

Abbildung 6.77 Laufende Nummerierung mit ZEILE()

Verwenden Sie die beiden Funktionen, um Füllreihen zu produzieren, die sich manuell nicht oder nur mit Aufwand erstellen lassen. Hier einige Beispiele:

Eine Reihe mit geraden Nummern	=ZEILE()*2 =SPALTE()*2
Eine Reihe mit ungeraden Nummern	=ZEILE()*2-1 =SPALTE()*2-1
Intervalle mit 1 bis n Nummern (hier 0 und 1). Das zweite Argument von *REST()* bestimmt die Anzahl der sich wiederholenden Zahlen	=REST(ZEILE();2) =REST(SPALTE();2)
Damit werden nur die ungeraden Zeilen/Spalten nummeriert	=WENN(REST(ZEILE();2);ZEILE();"") =WENN(REST(SPALTE();2);ZEILE();"")

Tabelle 6.9 Beispiele für Füllreihen-Funktionen

6.11.5 Tabellenname in der Formel

Dateiname und Tabellenbezeichnung lassen sich in die Kopf- oder Fußzeile integrieren. Wie sieht es aber mit der Information in der Tabelle aus? Gibt es eine Möglichkeit, den Namen des aktuellen Blattes auch auf der Tabelle abzubilden? Die Funktion, die Sie dafür verwenden können, heißt *ZELLE()*. Diese Formel gibt den Namen der Tabelle aus dem Register wieder:

```
=ZELLE("Dateiname")
```

Der Tabellenname wird immer mit dem kompletten Pfad der Mappe abgebildet. Wenn Sie diesen entfernen wollen, greifen Sie zu den Textfunktionen *RECHTS()* und *LÄNGE()*. Außerdem brauchen Sie die Funktion *FINDEN()*, mit der Sie die rechte eckige Klammer der Mappenbezeichnung ausfindig machen können.

Der Tabellenname ohne Pfad:

```
=RECHTS(ZELLE("Dateiname");LÄNGE(ZELLE("Dateiname"))-FINDEN("]";ZELLE("Dateiname")))
```

Der Pfad ohne Tabellenname:

```
=LINKS(ZELLE("Dateiname");FINDEN("[";ZELLE("Dateiname"))-2)
```

Das zweite Argument von `ZELLE("Dateiname")` brauchen Sie, wenn sich die Informationen auf mehreren Tabellenblättern befinden. Ohne das Argument A1 wird sie nicht berechnet, solange keine Neuberechnung stattfindet.

6.11.6 Textkosmetik

Texte aus Dateien fremder Programme, über die Zwischenablage einkopierte Daten oder HTML-Daten landen oft nicht in der gewünschten Qualität in der Tabelle. Überflüssige Leerzeichen und Sonderzeichen, falsche Groß-/Kleinschreibung und andere Fehler sind bei großen Datenmengen nur mit viel Zeitaufwand zu eliminieren. Für diese Aufgabe sind diese Techniken der Textkosmetik eine große Hilfe.

CD-ROM Das Beispiel finden Sie auf der Buch-CD unter *Textkosmetik.xlsx*.

Überflüssige Leerzeichen entfernen

Die Funktion *GLÄTTEN()* löscht alle überflüssigen Leerzeichen aus dem Text. Befinden sich diese am Beginn oder Ende eines Texteintrages, werden sie vollständig entfernt. Geben Sie diesen Text in die Zelle A1 ein (ohne Anführungszeichen):

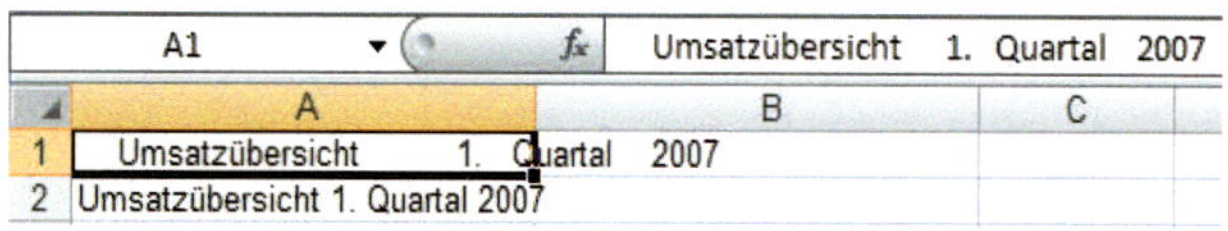

Abbildung 6.78 Überflüssige Leerzeichen werden gelöscht.

Schreiben Sie in die Zelle A2 diese Formel:

```
=GLÄTTEN(A1)
```

Das Ergebnis: Der Text enthält nur noch Leerzeichen zwischen den Wörtern.

Groß-/Kleinschreibung

Diese Funktionen wandeln Texte in Groß- und Kleinschrift um:

=GROSS()	Wandelt einen Text in Großbuchstaben um
=GROSS2()	Wandelt die ersten Buchstaben aller Wörter eines Textes in Großbuchstaben um
=KLEIN()	Wandelt einen Text in Kleinbuchstaben um

Tabelle 6.10 Funktionen Groß-/Kleinschreibung

Texte von Sonderzeichen säubern

Besonders Daten aus ERP-Systemen (SAP u.a.) haben die unangenehme Eigenschaft, allerlei Datenmüll mit sich herumzuschleppen. Oft werden bei der Umwandlung in brauchbare Excel-Tabellen auch Kopfinformationen, Druckersteuerungsbefehle und Sonderzeichen umgewandelt, und die machen nicht nur auf dem Bildschirm, sondern häufig auch (unbemerkt) auf dem Drucker Probleme. Je nach Druckermodell kann ein harmloses Zeichen in einer Zelle Seitenvorschübe, Tabulatorsprünge und Schriftwechsel verursachen. Verwenden Sie die Funktion *SÄUBERN()*, um Tabellen von überflüssigen Zeichen zu befreien:

Die Funktion *ZEICHEN()* produziert nicht druckbare Sonderzeichen und Druckersteuerungszeichen:

```
=ZEICHEN(7)&"Text"&ZEICHEN(7)
```

Mit dieser Formel entfernen Sie diese Zeichen aus der Zelle:

```
=SÄUBERN(A1)
```

Einzelne Zeichen ersetzen

Wenn der eingelesene, erfasste oder importierte Text Zeichen enthält, die gegen andere auszutauschen sind, greifen Sie in den meisten Fällen zur *Ersetzen*-Funktion (*Start/Bearbeiten/Suchen und Auswählen*). Wollen oder können Sie diesen manuellen Datenaustausch dem Anwender Ihrer Tabelle nicht zumuten, dann benutzen Sie Funktionen, die diese Aufgabe dynamisch abwickeln:

=FINDEN()	Sucht eine Textstelle, unterscheidet zwischen Groß- und Kleinschreibung
=SUCHEN()	Sucht eine Textstelle, unterscheidet nicht zwischen Groß- und Kleinschreibung
=WECHSELN()	Tauscht einen alten gegen einen neuen Text aus
=ERSETZEN()	Ersetzt eine bestimmte Anzahl Zeichen in einem Text durch andere Zeichen

Tabelle 6.11 Ersetzen-Funktionen

Der Unterschied zwischen den beiden Funktionen:

» Mit *WECHSELN()* bestimmen Sie nicht nur Alttext und Ersatztext, Sie können auch angeben, bei welchem Auftreten der Austausch stattfinden soll. Enthält eine Zelle z.B. zweimal die gleiche Textstelle, können Sie durch Angabe des letzten Arguments bestimmen, ab welcher Zeichenposition der Text ersetzt wird.

» Mit *ERSETZEN()* tauschen Sie Zeichen innerhalb von Texten aus, hier können Sie aber bestimmen, wie viele Zeichen vom Ersatztext eliminiert werden. Wollen Sie beispielsweise in einer Zelle die fünfte bis siebte Ziffer durch ein einzelnes Zeichen ersetzen, verwenden Sie die Funktion:

```
=ERSETZEN(A1;5;3;"*")
```

Textstellen zusammenfügen

Mit Textfunktionen lassen sich Zellinhalte also aufsplitten oder Textteile wahlweise von links, rechts oder aus der Mitte herausschneiden. Wollen Sie Texte dagegen zusammenfügen, arbeiten Sie mit der Funktion *VERKETTEN()* oder einfacher mit dem &-Zeichen. Ein Beispiel: Fügen Sie Vor- und Nachname zusammen, drehen Sie die Textstellen in der Verknüpfung um:

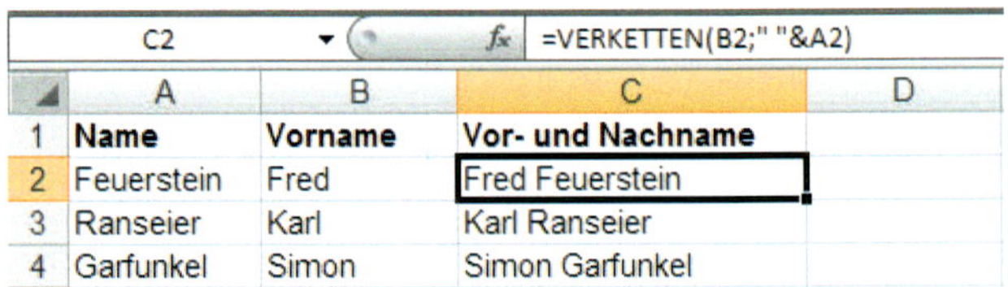

Abbildung 6.79 Texte verketten

TIPP So geht´s einfacher: =B2&" "&C2

Minuszeichen rechts von der Zahl

Diese Aufgabe stellt sich häufig bei der Übernahme von Daten aus Großrechnerdateien oder aus Online-Daten. Manche Systeme bereiten Zahlen so auf, dass die Minuszeichen rechts neben der Zahl stehen und nicht links. Excel interpretiert solche Zahlen dann als Text, und bei größeren Tabellen beginnt dann die mühsame manuelle Nachbearbeitung.

Diese Formel prüft, ob die Zelle eine Zahl enthält (was bei Minuszeichen rechts nicht der Fall ist), nimmt von allen Nichtzahlen das letzte Zeichen weg und multipliziert diese mit -1:

```
=WENN(ISTZAHL(A2);A2;LINKS(A2;LÄNGE(A2)-1)*-1)
```

6.11.7 Teilenummern in Teilzeichenketten aufteilen

CD-ROM Das Beispiel finden Sie auf der Buch-CD unter *Teilenummern.xlsx*.

Artikel- und Teilenummern, Personalkennzeichen und andere Nummerierungen werden oft von Host-Systemen in Berichten abgeliefert, die der Anwender nach Teilen der Nummer (z.B. nach der Artikelgruppe oder der Abteilungsziffer) auswerten muss. SAP-Berichte liefern Tabellen mit PSP-Codes ab, die in Einzelteile zerlegt Aufschluss über Detaildaten geben. Für die Bearbeitung dieser Textdaten stehen in der Kategorie *Text* einige nützliche Funktionen zur Auswahl:

Textfunktion	Erklärung
`=LINKS(Zelle;Anzahl)`	Liefert die äußersten linken Zeichen einer Textkette. Die Anzahl der Zeichen wird als zweites Argument angegeben.
`=RECHTS(Zelle; Anzahl)`	Liefert die äußersten rechten Zeichen einer Textkette. Die Anzahl der Zeichen wird als zweites Argument angegeben.
`=TEIL(Zelle;Anfang; Länge)`	Liefert eine Anzahl Zeichen innerhalb einer Zeichenkette. Das zweite Argument legt fest, wo diese Teilzeichenkette beginnt, das dritte steht für die Länge dieser Kette.
`=FINDEN(Suchtext;Zeichen;Erstes Zeichen)`	Sucht die erste Position in der Zelle, in der das angegebene Zeichen vorkommt, und gibt diese als Zahl aus.

Tabelle 6.12 Textfunktionen

Ein Beispiel aus der Praxis: Ihr Unternehmen benutzt ein Nummernsystem für Artikel, das sich wie folgt zusammensetzt (siehe Abbildung):

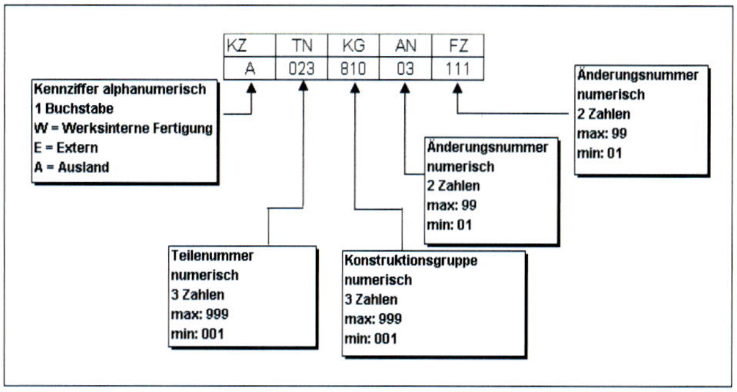

Abbildung 6.80 Nummernsystem für Artikel ...

Die Warenbestandsliste enthält die Nummer, die Bezeichnung, den Preis und die Lagermenge des Artikels. Sie haben die Aufgabe, die Bestände nach Konstruktionsgruppen zu sortieren und auszuwerten.

Verwenden Sie die Textfunktionen, um die Teilstrings aus der Nummer in neuen Spalten zu berechnen. Berechnen Sie die Ergebnisse für die erste Zeile, und kopieren Sie die Formeln mit dem Füllkästchen nach unten:

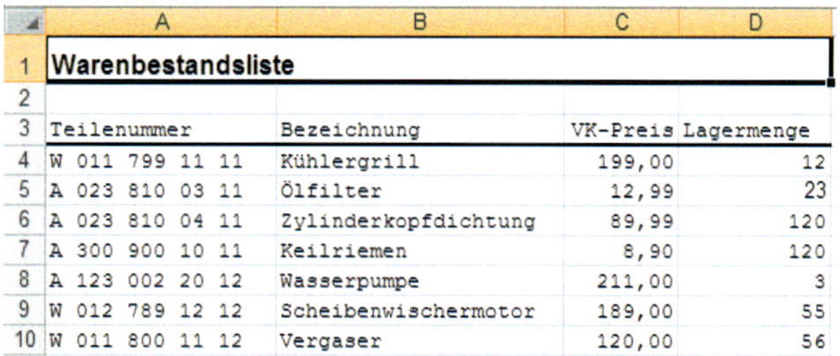

	A	B	C	D
1	**Warenbestandsliste**			
2				
3	Teilenummer	Bezeichnung	VK-Preis	Lagermenge
4	W 011 799 11 11	Kühlergrill	199,00	12
5	A 023 810 03 11	Ölfilter	12,99	23
6	A 023 810 04 11	Zylinderkopfdichtung	89,99	120
7	A 300 900 10 11	Keilriemen	8,90	120
8	A 123 002 20 12	Wasserpumpe	211,00	3
9	W 012 789 12 12	Scheibenwischermotor	189,00	55
10	W 011 800 11 12	Vergaser	120,00	56

Abbildung 6.81 ... und die Warenbestandsliste

Kennziffer	`=LINKS(A4;1)`
Teilenummer	`=TEIL(A4;3;3)`
Konstruktionsgruppe	`=TEIL(A4;7;3)`
Änderungsnummer AN	`=TEIL(A4;11;2)`
Änderungsnummer FN	`=TEIL(A4;14;3)`

Tabelle 6.13 Die Funktionen für die Aufsplittung der Teilenummer

Jetzt können Sie die Liste nach der KZ-Spalte sortieren und auswerten. Über die Gliederungsfunktion aus dem *Daten*-Menü blenden Sie die Hilfsspalten oder die Beschriftungen bei Bedarf aus.

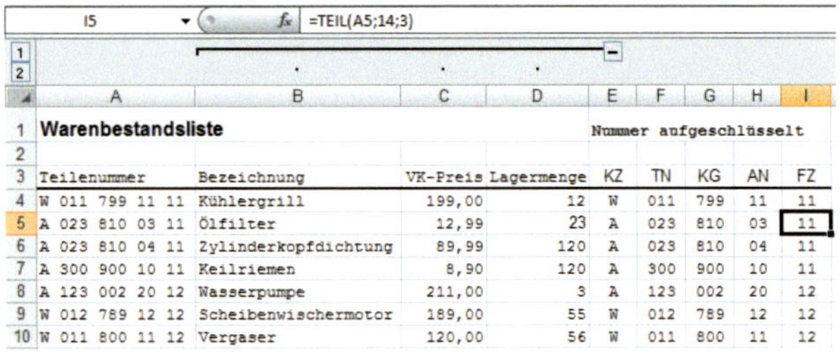

I5 =TEIL(A5;14;3)

	A	B	C	D	E	F	G	H	I
1	**Warenbestandsliste**				Nummer aufgeschlüsselt				
2									
3	Teilenummer	Bezeichnung	VK-Preis	Lagermenge	KZ	TN	KG	AN	FZ
4	W 011 799 11 11	Kühlergrill	199,00	12	W	011	799	11	11
5	A 023 810 03 11	Ölfilter	12,99	23	A	023	810	03	11
6	A 023 810 04 11	Zylinderkopfdichtung	89,99	120	A	023	810	04	11
7	A 300 900 10 11	Keilriemen	8,90	120	A	300	900	10	11
8	A 123 002 20 12	Wasserpumpe	211,00	3	A	123	002	20	12
9	W 012 789 12 12	Scheibenwischermotor	189,00	55	W	012	789	12	12
10	W 011 800 11 12	Vergaser	120,00	56	W	011	800	11	12

Abbildung 6.82 Teilenummern aufgeschlüsselt

6.11.8 Texte in Spalten aufteilen

Für den Fall, dass sich die Daten eindeutig in Spalten untergliedern lassen, brauchen Sie keine Funktionen, dazu gibt es eine Menüoption.

Hier ein Beispiel aus der Praxis: Der SAP-Bericht für den Plan-Ist-Vergleich liefert die Kostenartennummern zusammen mit den Bezeichnungen. Um die Nummern nach der Gruppe (die ersten drei Ziffern) auswerten zu können, trennen Sie diese mit dem Text-Assistenten.

CD-ROM Das Beispiel finden Sie auf der Buch-CD unter *PlanIst-Vergleich.xlsx*.

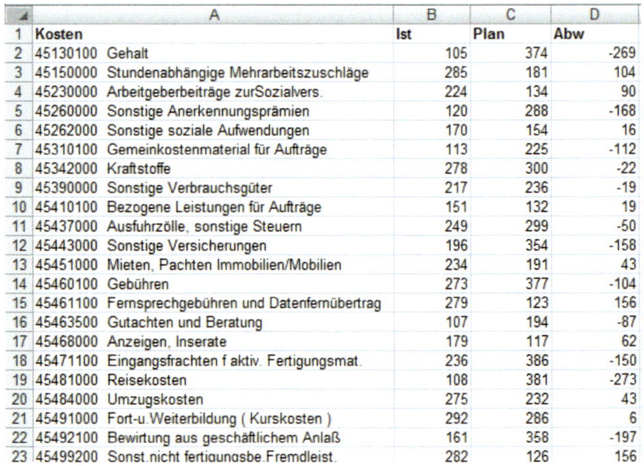

	A	B	C	D
1	**Kosten**	**Ist**	**Plan**	**Abw**
2	45130100 Gehalt	105	374	-269
3	45150000 Stundenabhängige Mehrarbeitszuschläge	285	181	104
4	45230000 Arbeitgeberbeiträge zurSozialvers.	224	134	90
5	45260000 Sonstige Anerkennungsprämien	120	288	-168
6	45262000 Sonstige soziale Aufwendungen	170	154	16
7	45310100 Gemeinkostenmaterial für Aufträge	113	225	-112
8	45342000 Kraftstoffe	278	300	-22
9	45390000 Sonstige Verbrauchsgüter	217	236	-19
10	45410100 Bezogene Leistungen für Aufträge	151	132	19
11	45437000 Ausfuhrzölle, sonstige Steuern	249	299	-50
12	45443000 Sonstige Versicherungen	196	354	-158
13	45451000 Mieten, Pachten Immobilien/Mobilien	234	191	43
14	45460100 Gebühren	273	377	-104
15	45461100 Fernsprechgebühren und Datenfernübertrag	279	123	156
16	45463500 Gutachten und Beratung	107	194	-87
17	45468000 Anzeigen, Inserate	179	117	62
18	45471100 Eingangsfrachten f.aktiv. Fertigungsmat.	236	386	-150
19	45481000 Reisekosten	108	381	-273
20	45484000 Umzugskosten	275	232	43
21	45491000 Fort-u.Weiterbildung (Kurskosten)	292	286	6
22	45492100 Bewirtung aus geschäftlichem Anlaß	161	358	-197
23	45499200 Sonst.nicht fertigungsbe.Fremdleist.	282	126	156

Abbildung 6.83 Kostenarten auftrennen

1. Markieren Sie die Spalte B, und fügen Sie zwei Leerspalten ein.
2. Markieren Sie die Spalte A, und wählen Sie *Daten/Datentools/Text in Spalten*.
3. Der Text-Assistent wird aktiv, wählen Sie den Datentyp *Feste Breite*.
4. Auf der nächsten Registerkarte setzen Sie mit dem Mauszeiger Spaltenlinien an den Stellen der Liste, an denen diese getrennt werden soll. Um eine Linie zu verschieben, ziehen Sie sie mit gedrückter Maustaste, um sie zu löschen, ziehen Sie die Linie nach unten weg.
5. Bestätigen Sie die restlichen Abfragen, und die Nummern werden in Spalten aufgeteilt.

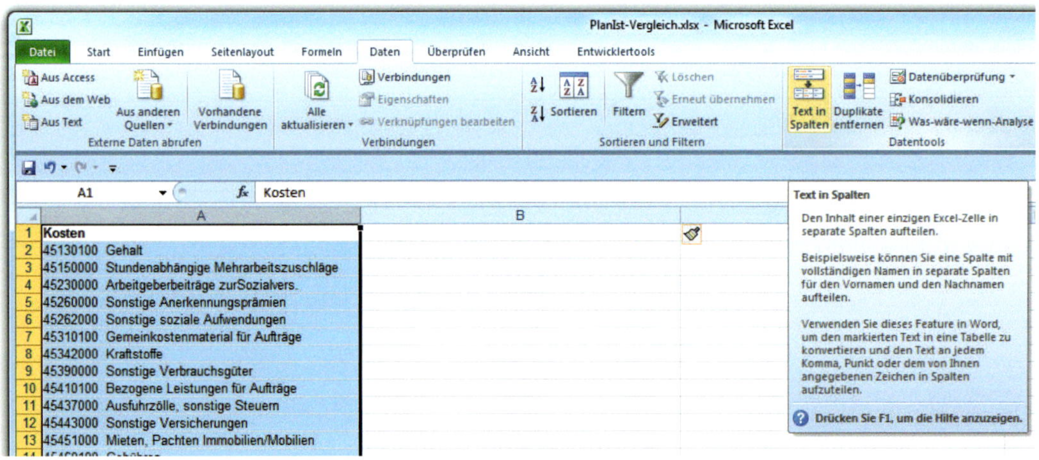

Abbildung 6.84 Spaltentrennlinien einfügen

6.11.9 Der Korrelationskoeffizient

Lieben Sie Statistik? Dann werden Sie Excel als unverzichtbares Werkzeug für statistische Berechnungen aller Art nicht mehr missen wollen. Excel bietet zahlreiche Statistik-Funktionen, die Berechnungsschritte stark vereinfachen. In unserem Praxisbeispiel erstellen wir eine Formel, für die keine eigene Funktion angeboten wird. Das Beispiel ist natürlich stark vereinfacht und berücksichtigt weder Grenz- noch Sonderfälle; es geht ausschließlich darum, eine komplexe mathematische Formel in die Excel-Syntax umzusetzen:

Hier eine Auswahl an Statistik-Funktionen:

- `RGP(y;x;konstante;status)`
  liefert die Parameter der Linearkurve `y=m*x+b`
- `RKP(y;x;konstante;status)`
  liefert die Parameter der Exponentialkurve `y=b*m^x`
- `TREND(y;x;xneu;konstante)`
  liefert die Werte der Linearkurve `y=mx+b`
- `VARIATION(y;x;xneu;konstante)`
  liefert die Werte der Exponentialkurve `y=b*x^m`

Der Korrelationskoeffizient trifft eine Aussage darüber, ob zwischen zwei Wertereihen aus beobachteten Werten ein ursächlicher Zusammenhang besteht. Das Ergebnis ist immer eine Zahl zwischen -1 und +1 (einschließlich). Je näher der Wert an 1 heranrückt, desto stärker korrelieren die Werte; bei 1 besteht eine absolute Korrelation. Wenn das Ergebnis 0 ist, besteht keine Korrelation.

	A	B	C	D
1				
2		Düngemittelzusatz in g pro Pflanzenkübel	Wachstum der behandelten Pflanzen in cm	B x C
3	Jan 07	5	15	
4	Feb 07	10	25	
5	Mrz 07	15	41	
6	Apr 07	15	36	
7	Mai 07	15	37	
8	Jun 07	20	40	
9	Jul 07	20	41	
10	Aug 07	25	35	
11	Sep 07	30	23	
12	Okt 07	30	28	
13	Durchschnitt			
14				
15				
16		Korrelationskoeffizient		
17				
18				
19				
20				

Abbildung 6.85 Auswertungstabelle für Korrelation

Stellen wir in einer Tabelle fest, ob der Einsatz von Pflanzendünger direkte Auswirkungen auf das Wachstum von Pflanzen hat. Das erste Tabellenblatt enthält zwei Wertereihen mit empirischen Daten (beobachtet).

CD-ROM Sie finden das Beispiel auf der Buch-CD unter *Korrelation.xlsx*.

Damit die Formel nicht zu komplex wird, setzen Sie einige Zwischenrechnungen in die Tabelle ein. Berechnen Sie:

Zelle	Berechnung	Formel
B13	Mittelwert aus der ersten Wertereihe	`=MITTELWERT (B3:B12)`
C13	Mittelwert aus der zweiten Wertereihe	`=MITTELWERT (C3:C12)`
D3:D12	Produkt aus den beiden Reihen	`=B3*C3, B4*C4 ... B12*C12`
D13	Gesamtsumme	`=SUMME (D3:D12)`

Tabelle 6.14 Formeln für die Zwischenrechnung

Für die Formel verwenden Sie die Funktion *KORREL()*. Tragen Sie diese in die Zelle B18 ein:

```
=KORREL(B3:B12;C3:C12)
```

B18 =KORREL(B3:B12;C3:C12)

	A	B	C	D	E
1					
2		Düngemittelzusatz in g pro Planzenkübel	Wachstum der behandelten Pflanzen in cm	B x C	
3	Jan 07	5	15	75	
4	Feb 07	10	25	250	
5	Mrz 07	15	41	615	
6	Apr 07	15	36	540	
7	Mai 07	15	37	555	
8	Jun 07	20	40	800	
9	Jul 07	20	41	820	
10	Aug 07	25	35	875	
11	Sep 07	30	23	690	
12	Okt 07	30	28	840	
13	Durchschnitt	18,5	32,1	6060	
14					
15					
16		*Korrelationskoeffizient*			
17					
18		0,185649377			
19					
20		Der Düngemittelzusatz steht in Zusammenhang mit dem Wachstum der Pflanzen			
21					

Abbildung 6.86 Berechnung der Korrelation

Setzen Sie das Ergebnis noch verbal um, indem Sie eine Textverknüpfung verwenden. Schreiben Sie in der Zelle B20 die Formel, die hier nur die Fälle 0 und 1 berücksichtigt und unabhängig von der Näherung des Wertes an 1 oder -1 nur angibt, dass ein Zusammenhang besteht:

```
="Der Düngemittelzusatz steht in
"&WENN(B18=0;"keinem ";WENN(B18=1;"direktem
";""))&"Zusammenhang mit dem Wachstum der Pflanzen"
```

6.12 Dynamische Bereiche mit BEREICH.VERSCHIEBEN()

Diese Matrixfunktion gehört zum Besten, was Excel zu bieten hat. Sie bietet die Möglichkeit, ausgehend von einer Zelle einen Bereich zu bestimmen, der eine bestimmte Verschiebung oder eine berechnete Größe hat. Mit diesen Fähigkeiten ausgestattet, wird die Funktion hauptsächlich für die Berechnung dynamischer oder variabler Zellbereiche (Matrizen) eingesetzt.

HINWEIS Excel bietet mit der Tabelle ein nützliches Werkzeug, das häufig das Berechnen dynamischer Bereiche überflüssig macht. *BEREICH.VERSCHIEBEN* kann aber auch in Verbindung mit Tabellen von großem Nutzen sein. Sehen Sie sich die Tabellen unbedingt an. Im Buch finden Sie zahlreiche Beispiele, wie Tabellen erstellt und verwaltet werden.

Ein monatlich wachsender Umsatz

CD-ROM Sie finden das Beispiel auf der Buch-CD in der Mappe *Dynamische Bereiche.xlsx*.

Erstellen Sie eine Tabelle mit Monatsnamen in der ersten Spalte und Umsätzen in der zweiten. Die Umsatzsumme ermitteln Sie über eine Formel mit der Funktion *BEREICH.VERSCHIEBEN()*, die als Bereichsgröße die Anzahl der Monate in Spalte A berechnet. Kommt ein neuer Datensatz hinzu, wird die Summe automatisch neu berechnet.

```
D2: =SUMME(BEREICH.VERSCHIEBEN($B$1;;;ANZAHL2($A:$A)
-1;1))
```

Ein dynamisches Diagramm

Erstellen Sie ein Diagramm, das die monatlich neu hinzukommenden Zahlen automatisch berücksichtigt. Der erste Schritt besteht darin, eine Reihe von Bereichsnamen anzulegen, die später anstelle der echten Bezüge im Diagramm verwendet werden.

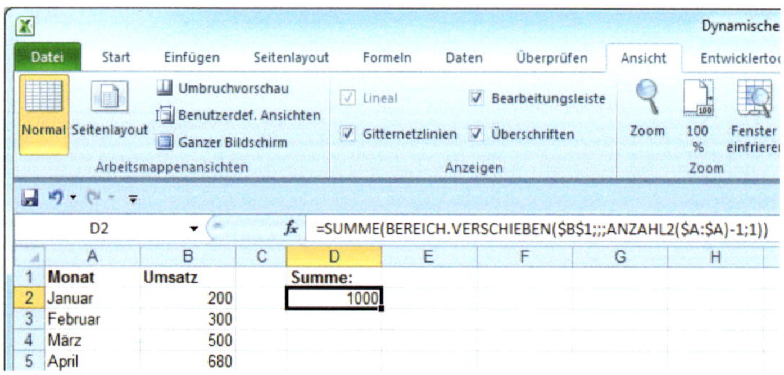

Abbildung 6.87
Eine dynamische Umsatzsumme

1. Wählen Sie *Formeln//Definierte Namen/Namen definieren*.
2. Der erste Name lautet *Rubrik* und bezieht sich auf diese Formel:

```
=BEREICH.VERSCHIEBEN(Umsatz!$A$2;;;ANZAHL2(Umsatz!$A:$A)-1;1)
```

3. Der zweite Name lautete *Umsatzreihe* und bezieht sich auf diese Formel:

```
=BEREICH.VERSCHIEBEN(Umsatz!$B$2;;;ANZAHL2(Umsatz!$A:$A)-1;1)
```

Damit sind alle Bereichsnamen erstellt, die Sie für das dynamische Diagramm brauchen. *Rubrik* wird automatisch den Bezug erhalten, der sich aus der Anzahl der Monatsnamen in Spalte A ergibt, und *Umsatzreihe* repräsentiert die Zellreihe mit allen Umsätzen, die sich ebenfalls an der Anzahl der Monatsnamen in Spalte A orientiert.

Das Diagramm ist jetzt schnell erstellt, muss aber zunächst mit festen Bezügen produziert werden, da die Bereichsnamen mit Formeln nicht vom Diagramm-Assistenten erkannt werden:

1. Nennen Sie die Tabelle per Doppelklick auf das Tabellenregister `Umsatz`, und speichern Sie die Mappe unter der Bezeichnung *Ddia.xlsx* ab.
2. Markieren Sie den Bereich A1:B4.
3. Klicken Sie auf das Symbol des Diagramm-Assistenten, und erstellen Sie ein Säulendiagramm. Geben Sie Titel, Beschriftungen und Legendenposition an, und zeichnen Sie das Diagramm in ein Objekt auf der Tabelle (oder in ein Diagrammblatt).
4. Markieren Sie die Datenreihe, und setzen Sie den Cursor in die Bearbeitungsleiste. Tauschen Sie den absoluten Bezug zur Rubrikenachse (zweites Argument) gegen den dynamischen Bereichsnamen *Rubrik* aus, und ändern Sie den Bezug, der die Datenreihenzahlen aus der Spalte B holt, in den Bereichsnamen *Umsatzreihe* um.

Der Name der Arbeitsmappe oder der Tabelle muss dabei unbedingt angegeben werden. Wenn Sie den Tabellennamen angeben, wandelt Excel diesen in der Formel in den Mappennamen um.

» Alte Formel:

```
=DATENREIHE(;Umsatz!$A$1;$A$4;Umsatz!$B$1;$B$4;1)
```

» Neue Formel:

```
=DATENREIHE(;DDIA.xlsx!Rubrik;DDIA.xlsx!Umsatzreihe;1)
```

Fertig ist das dynamische Diagramm. Tragen Sie weitere Monatsnamen in Spalte A und Umsatzzahlen in Spalte B ein, und das Diagramm übernimmt diese sofort. Die dynamischen Bereichsnamen *Rubrik* und *Umsatzreihe* zählen die Monatsnamen in Spalte A und produzieren die Datenreihe entsprechend dieser Anzahl Einträge.

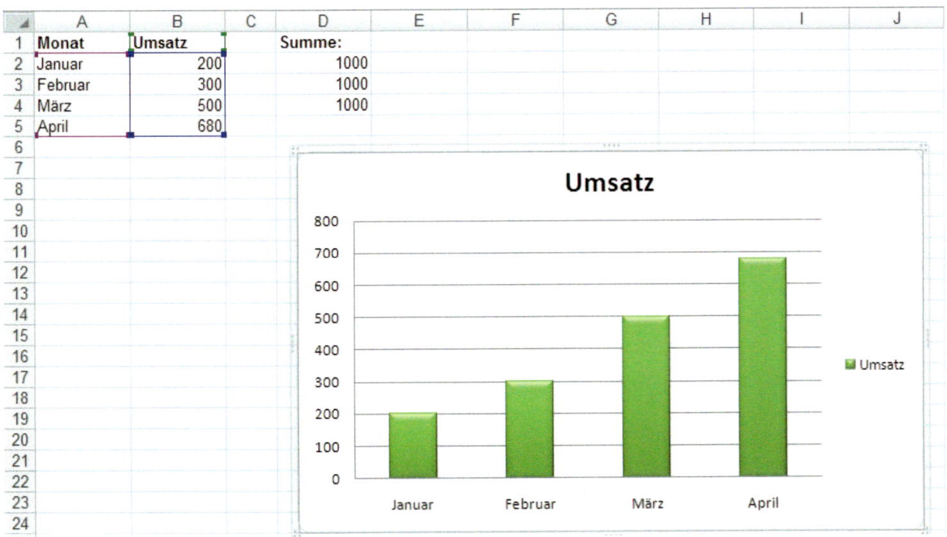

Abbildung 6.88
Das Diagramm passt sich dynamisch an.

6.13 Rechnen mit Datum und Zeit

CD-ROM Alle Beispiele finden Sie auf der CD zum Buch unter *Datum und Zeit.xlsx*.

6.13.1 Datum und Zeit eingeben

Drücken Sie [Strg]+[.] (Punkt), um das Tagesdatum in die aktuelle Zelle einzutragen. Mit [Strg]+[Umschalt]+[.] fügen Sie die aktuelle Uhrzeit ein. Beide, Datum und Uhrzeit, sind feste Einträge, wenn Sie ein berechnetes Datum brauchen, verwenden Sie die Funktionen `=HEUTE()` (nur Datum) oder `=JETZT()` (Datum und Zeit).

6.13.2 Ein ausführliches Datum

Wenn die Datumsfunktionen *HEUTE()* oder *JETZT()* so formatiert werden, dass auch der Wochentag angezeigt wird, hat das zur Folge, dass die entsprechende Spalte extrem breit wird. So sieht das Zahlenformat aus, das neben dem ausführlichen Datum auch den Wochentag anzeigt:

```
TTTT, TT. MMMM JJJJ
```

Um dieses Datum anzuzeigen, muss die Spalte extrem verbreitert werden. Sie können das normale Spaltenmaß aber beibehalten, wenn Sie das Datum gleich als Text zusammen mit dem Zahlenformat eingeben:

```
=TEXT(HEUTE();"TTTT, TT. MMMM JJJJ")
```

6.13.3 Rechnen mit dem Excel-Kalender

Berechnungen mit Datum und Zeit sind nicht schwierig, vorausgesetzt, das Prinzip des Excel-Kalenders ist Ihnen bekannt. Der Kalender kennt natürlich alle Schaltjahre und weiß auch, welcher Wochentag auf die einzelnen Tage fiel oder noch fällt.

Der Excel-Kalender beginnt am 1. Januar 1900 (serielle Zahl 0) und endet am 31. Dezember 9999 (2.968.465). Alternativ dazu existiert noch ein zweiter Kalender, der am 1. Januar 1904 beginnt (serielle Zahl 0), er wird aus Kompatibilitätsgründen zur Excel-Version im Office-Paket für den Apple Macintosh angeboten:

In den *Optionen* (*Datei*-Menü) unter *Erweitert/Beim Berechnen der Arbeitsmappe* finden Sie die Option *1904 Datumswerte*. Schalten Sie diese Option ein, beginnt die Excel-Zeitrechnung am 1. Januar 1904.

Ein Datum ist also nichts anderes als eine serielle Zahl, das Zahlenformat bestimmt die Position im Kalender.

Sonntagskinder und andere ...

An welchem Wochentag sind Sie geboren? Das herauszufinden, ist kein Problem für Excel. Geben Sie Ihr Geburtsdatum in eine Zelle ein, und formatieren Sie diese mit dem Zahlenformat *TTTT*, das vom Datum nur den Wochentag ausgibt. Oder wandeln Sie die Zahl mit `=TEXT()` in einen Text um, weisen Sie das Zahlenformat *TTTT* als zweites Argument zu.

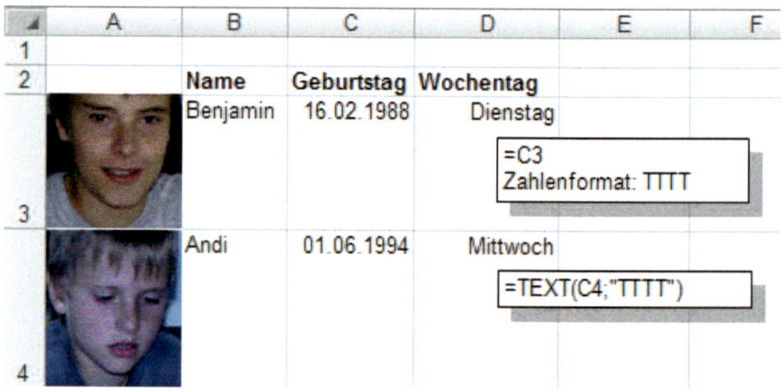

Abbildung 6.89 Geburtstage

Tage aufaddieren, Beispiel Lieferzeit

Um das Datum zu ermitteln, das eine Anzahl Tage nach einem Datum liegt, addieren Sie einfach die Zahl. Hier am Beispiel *Liefertermin*:

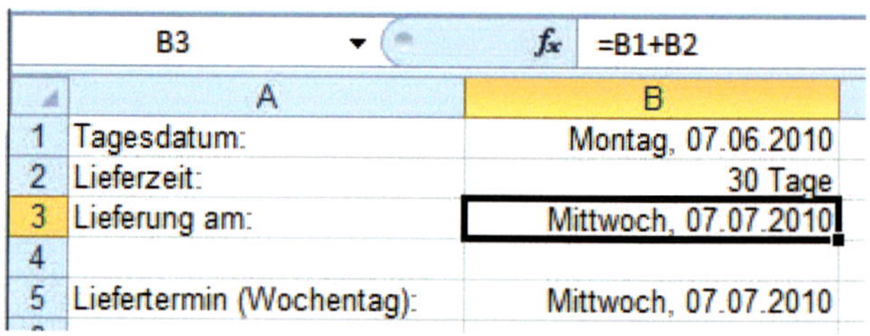

Abbildung 6.90 Liefertermin berechnen

Fällt der Liefertermin auf einen Samstag oder Sonntag, sollte die Formel natürlich den nächsten Arbeitstag ermitteln. Die Funktion *WOCHENTAG()* muss ins Spiel gebracht werden, dann bleibt der Liefertermin realistisch. Schachteln Sie zwei *WENN*-Funktionen ineinander:

```
=WENN(WOCHENTAG(B1+B2)=7;B1+B2+2;WENN(WOCHENTAG(B1+B
2)=1;B1+B2+1;B1+B2))
```

Datumsdifferenzen mit DATEDIF()

Excel enthält seit der Version 5.0 schon eine undokumentierte Funktion, die auch in der neuesten Version keinen Einzug in die Liste des Funktions-Assistenten fand, aber für Datumsberechnungen sehr interessant ist. Mit *DATEDIF* berechnen Sie Datumsdifferenzen:

=DATEDIF(Startdatum; Enddatum; "y")	Anzahl der Jahre
=DATEDIF(Startdatum; Enddatum; "m")	Anzahl der Monate
=DATEDIF(Startdatum; Enddatum; "d")	Anzahl der Tage
=DATEDIF(Startdatum; Enddatum; "ym")	Zahl der Monate auf der Basis MOD 12
=DATEDIF(Startdatum; Enddatum; "yd")	Zahl der Tage auf der Basis MOD 365

Tabelle 6.15 Undokumentierte Funktion DATEDIF()

ACHTUNG *DATEDIF* rechnet nur bei solchen einfachen Formeln richtig: Wenn es komplex wird, schleichen sich Fehler ein. Aus diesem Grund ist *DATEDIF* wahrscheinlich auch keine offizielle Funktion. Microsoft führt sie trotzdem in der Knowledge Base auf:

http://support.microsoft.com/kb/509575/de

Datumsdifferenz in Wochen

```
A1: 1.1.2004
A2: 31.3.2004
=KÜRZEN((B2-B1)/7)&" Woche(n) "&REST(B2-B1;7)&" Tag(e)"
```

Alter berechnen

Um das Alter einer Person zu berechnen, können Sie das Jahr des Geburtsdatums vom Jahr des Tagesdatums abziehen, aber das Ergebnis ist nicht präzise genug. Diese aufwendige *WENN*-Funktion berechnet vorher das Geburtstagsdatum im aktuellen Jahr und vergleicht es mit dem Tagesdatum:

```
=WENN(DATUM(JAHR(HEUTE());MONAT(A2);TAG(A2))<HEUTE()
;JAHR(HEUTE())-JAHR(A2);JAHR(HEUTE())-JAHR(A2)-1)
```

Die Berechnung über *DATEDIF* funktioniert ebenfalls:

```
Jahre: =DATEDIF(A2;A1;"y")
Monate: =DATEDIF(A2;A1;"ym")
Tage: =DATEDIF(A2;A1;"md")
```

Kalenderwochen nach DIN 1355

Die Funktion *KALENDERWOCHE()* rechnet nach amerikanischer Norm. Sie berücksichtigt nicht die DIN-Norm 1355, nach der die erste Kalenderwoche diejenige ist, in die mindestens vier Tage des neuen Jahres fallen. Mit dieser Funktion berechnen Sie die Kalenderwoche eines Datums in A1 korrekt nach DIN-Norm:

```
=KÜRZEN((A1-WOCHENTAG(A1;2)-DATUM(JAHR(A1+4-
WOCHENTAG(A1;2));1;-10))/7)
```

Feiertage berechnen

Alle kirchlichen Feiertage leiten sich vom Datum des Ostersonntags ab, das ist der einzige bewegliche Feiertag, viele andere leiten sich von ihm ab. Er lässt sich mit dem Algorithmus des Mathematikers Gauss berechnen, in eine möglichst kurze Excel-Formel umgewandelt sieht dieser so aus:

```
A1: 2010
B1: =RUNDEN((TAG(MINUTE(A1/38)/2+55)&".4."
&A1)/7;)*7-6
```

HINWEIS Viele Seiten und detaillierte Infos zur Gauss'schen Osterformel finden Sie im Internet mit dem Suchbegriff »Osterformel«, hier z.B. *http://www.nabkal.de/gauss.html*.

Die kurze Feiertagsformel funktionierte nicht für die Jahre 1954, 1961, 1981 und 2005. Die längere, bessere Fassung sieht so aus:

```
=DATUM(A1;3;28)+REST(24-REST(A1;19)*10,63;29)-
REST(KÜRZEN(A1*5/4)+REST(24-
REST(A1;19)*10,63;29)+1;7)
```

Hier eine Übersicht über die Berechnung der Feiertage in der Bundesrepublik Deutschland. Die festen Feiertage werden über die Funktion *DATUM()* aus der Jahreszahl berechnet:

A2 | fx =DATUM(A1;3;28)+REST(24-REST(A1;19)*10,63;29)-REST(KÜRZEN(A1*5/4)+REST(24-REST(A1;19)*10,63;29)+1;7)

	A	B	C	D
1	2010			
2	=DATUM(A1;3;28)+REST(24-REST(A1;19)*10,63;29)-REST(	Ostersonntag		
3	=A2-2	Karfreitag		
4	=DATUM($A$1;1;1)	Neujahrstag		
5	=DATUM($A$1;1;6)	Dreikönigstag		
6	=A2-48	Rosenmontag		
7	=A2+1	Ostermontag		
8	=DATUM(A1;5;(7-WOCHENTAG("1.5."&A1))+9)	Muttertag		
9	=A2+39	Chr. Himmelfahrt		
10	=A2+49	Pfingstsonntag		
11	=A10+1	Pfingstmontag		
12	=A2+60	Fronleichnam		
13	=DATUM($A$1;8;8)	Friedensfest		
14	=DATUM($A$1;8;15)	Mariä Himmelfahrt		
15	=DATUM($A$1;11;1)	Allerheiligen		
16	=DATUM($A$1;10;3)	Tag der d. Einheit		
17	=DATUM($A$1;10;31)	Reformationsfest		
18	=DATUM($A$1;12;25)-WOCHENTAG("24.12." & $A$1)-32	Buß- und Bettag		
19	=DATUM($A$1;12;25)	1. Weihnachtsfeiertag		
20	=DATUM($A$1;12;26)	2. Weihnachtsfeiertag		

Abbildung 6.91 Alle Standard-Feiertage in der Bundesrepublik

Die unterschiedlichen Feiertagsregelungen in den einzelnen Bundesländern erschweren diese Berechnungen natürlich, aber wenn Sie wissen, welche Feiertage für welches Bundesland gelten, sollte auch diese Aufgabe lösbar sein.

HINWEIS Das Internet ist wieder eine große Hilfe: Unter *www.feiertage.net* finden Sie eine Übersicht über die Feiertagsregelungen für die einzelnen Bundesländer.

CD-ROM Auf der Buch-CD finden Sie unter *FeiertageDeutschland.xlsx* eine makrofreie Lösung für die Berechnung der Feiertage nach Bundesländern. Die Datei *FeiertageOesterreich.xlsx* enthält die Feiertagsberechnung für Österreich.

Netto-Arbeitstage

Die Differenz zwischen zwei Datumswerten in Arbeitstagen (ohne Samstage und Sonntage) ermittelt die Funktion *NETTOARBEITSTAGE()*. Geben Sie für eine einfache Berechnung das Start- und das Enddatum an:

```
=NETTOARBEITSTAGE(B1;B2)
```

Wenn Sie zusätzliche Datumswerte als freie Tage berücksichtigen wollen (Feiertage, Betriebsferien etc.), tragen Sie diese im dritten Argument ein (in diesem Beispiel die Liste der Feiertage als Bereichsname):

	A	B	C	D
1	Startdatum:	01.01.2010		
2	Enddatum:	31.12.2010		
3	Netto-Arbeitstage:	=NETTOARBEITSTAGE(B1;B2)		
4	Netto-Arbeitstage abzügl. Feiertage:	=NETTOARBEITSTAGE(B1;B2;Feiertage)		
5				

Abbildung 6.92 Berechnung der Netto-Arbeitstage

6.13.4 Wer nicht mit der Zeit geht ...

Zeitwerte sind Dezimalzahlen zwischen 0 und 1, also Bruchteile von Tagen. Der Wert 0,5 steht für einen halben Tag, mit der Zahl 24,5 und dem passenden Zahlenformat (TT.MM.JJ hh:mm) weist die Zelle den 24. Januar 1900 um 12:00 Uhr aus.

Industrieminuten berechnen

Um einen Zeitwert in eine Dezimalzahl umzuwandeln, multiplizieren Sie ihn mit 24. Das ist die Basis für die Ermittlung von Industrieminuten aus einem Zeitwert. Achten Sie nur darauf, dass die Ergebniszelle kein Zeitformat, sondern ein Dezimalzahlenformat (`0,00`) erhalten muss:

```
A2: 1:45
B2: = A2*24 (Zahlenformat: 0,00)
```

Umgekehrt geht's natürlich auch, dividieren Sie eine Dezimalzahl durch 24, und weisen Sie der Ergebniszelle das Zeitformat `hh:mm` zu.

	A	B	C	D
1	Industrie-minuten	Stunden =GANZZAHL(A2)	Minuten =(A2-GANZZAHL(A2))*60	Zeitwert =A2/24
2	1,75	1,00	45,00	01:45
3	2,23	2,00	13,80	02:13
4	5,00	5,00	0,00	05:00
5	11,66	11,00	39,60	11:39

Abbildung 6.93 Industrieminuten berechnen

Minuten in Stunden/Minuten umwandeln

So wandeln Sie eine Anzahl Minuten (in Zelle A1) in Stunden und Minuten um. Die Funktion *REST* gibt den Restwert einer Division zurück:

```
A1: 120
A2: =TEXT(A1/60;0)&" Stunden,
"&TEXT(REST(A1;60);0)&" Minuten"
```

Zeitwerte über 24 Stunden berechnen

Um die Anzahl der Stunden eines Datumswertes anzuzeigen und zu berechnen, wenn diese 24 übersteigt, formatieren Sie die Zelle mit dem Zahlenformat `[hh]`.

Minuszeiten berechnen

Wenn Sie versuchen, einen Zeitwert von einem größeren Zeitwert zu subtrahieren, erhalten Sie eine unendliche ####-Kette als Ergebnis. Der Grund dafür: Excel kann nicht in Zeiträumen rechnen, die vor dem Anfangsdatum (0.0.1900) liegen, das Ergebnis von 03:00 Uhr minus 21:00 Uhr würde aber in diesen Raum fallen. Die Notlösung, in den Optionen auf die *1904-Datumswerte* umzuschalten, ist nicht sinnvoll, da die gesamte Datumsberechnung umgestellt wird. Berechnen Sie Minuszeiten mithilfe einer *WENN()*-Funktion.

10	Mitarbeiter	Arbeitsbeginn	Arbeitsende	Arbeitszeit	
11	Bertelmann	9:15	18:00	8:45	=WENN(C11>B11;C11-B11;1-B11+C11)
12	Huber	20:00	1:30	5:30	=WENN(C12>B12;C12-B12;1-B12+C12)
13	Frisch	12:00	19:30	7:30	=WENN(C13>B13;C13-B13;1-B13+C13)
14	Zimmermann	21:30	05:50	8:20	=WENN(C14>B14;C14-B14;1-B14+C14)
15			Summe:	30:05	

Abbildung 6.94 Berechnung von Minuszeiten

Kapitel 7

Verknüpfung und Gliederung

Von der Formel zur Verknüpfung ist es ein kleiner Schritt. Zellbezüge sind bereits Verknüpfungen zwischen Bezügen im Tabellenblatt, und die nächste Stufe ist die Verbindung zwischen Zellen in unterschiedlichen Tabellen oder Mappen. Verknüpfungen sind sehr aufwendig und umfangreich, deshalb finden Sie einige praktische Beispiele für die Umsetzung in diesem Kapitel. Mit dem *3D-Bezug*, einer optimalen Technik für umfangreiche Tabellenmodelle, werden Sie zum Verknüpfungsprofi!

Hyperlinks enthalten nicht nur Internet-Adressen, sie eignen sich hervorragend als Steuerinstrumente für Tabellen, Mappen und Objekte. Sehen Sie sich interessante Tricks mit Hyperlink-Formeln an.

Gliederung und *Konsolidierung* sind Gebrauchswerkzeuge, die man einfach kennen muss. Sie erleichtern die Arbeit und ersparen so manchen Handgriff.

7.1 Die Verknüpfung

Die Verknüpfung liefert den Zellinhalt und löst damit in unserem Schichtmodell die Formel in der Zelle ab. Natürlich sind Verknüpfungen auch als Argumente von Formeln oder Funktionen im Einsatz.

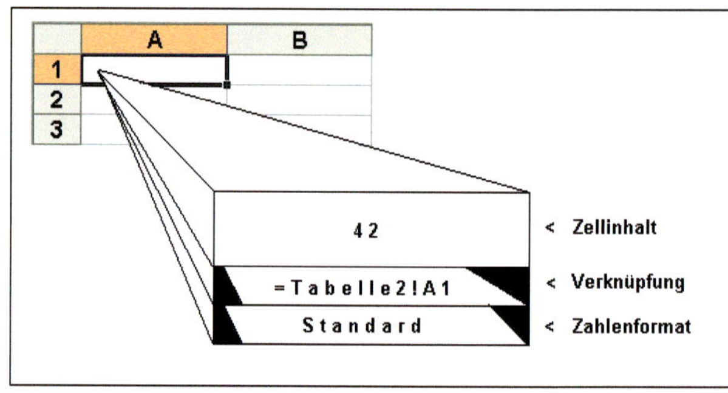

Abbildung 7.1 Das Schichtmodell der Zelle: Den Zellinhalt liefert eine Verknüpfung.

Eine Verknüpfung ist eigentlich nichts anderes als eine Formel ohne mathematische Operation. Das =-Zeichen, gefolgt von einer Zelladresse, genügt bereits, um eine Verknüpfung herzustellen:

```
=A1
```

Befindet sich die Zieladresse für die Verknüpfung nicht in der Tabelle, in der die Verknüpfungsformel erstellt wird, muss die Formel den Namen des Tabellenblattes mitführen. Als Trennzeichen zwischen Registername und Bezug wird ein Ausrufezeichen (!) eingeführt:

```
=Tabellenblatt!Bezug
```

Die nächste Stufe ist die Verknüpfung zwischen zwei Tabellen in unterschiedlichen Arbeitsmappen, und auch in diesem Fall muss die Verknüpfungsformel alle Informationen beinhalten. Der Name der Mappe wird in eckige

Klammern gesetzt, dann folgt – mit einem Ausrufezeichen als Trennzeichen – der Tabellenname und zuletzt nach einem weiteren Trennzeichen der Bezug:

```
=[Mappe.xlsx]!Tabelle!Bezug
```

7.1.1 Verknüpfungen aktualisieren und speichern

Entscheiden Sie in den Optionen, ob Verknüpfungen auf externe Werte aus anderen Arbeitsmappen immer automatisch berechnet und gespeichert werden.

Wählen Sie im *Datei*-Menü *Optionen,* und schalten Sie auf die Kategorie *Erweitert*.

Unter *Beim Berechnen dieser Arbeitsmappe* kreuzen Sie für die angezeigte Mappe *Verknüpfungen mit anderen Dokumenten aktualisieren* an, wenn Sie externe Verknüpfungen ständig berechnen lassen wollen.

Kreuzen Sie die Option *Externe Verknüpfungswerte speichern* an, wenn Sie die verknüpften Daten mitspeichern wollen.

Diese Option sorgt natürlich dafür, dass das Speichervolumen der Mappe um die Anzahl Bytes größer wird, die von den Verknüpfungen geliefert wird, und das kann in der Praxis ziemlich viel sein. Wenn Sie sicher sind, dass Ihre Verknüpfungen funktionieren, sollten Sie diese Option aktiviert lassen.

7.1.2 Praxisbeispiel: Online-Shop

Im Internet-Shop »Alles fürs Kind« bestellen Kunden online praktische und robuste Kindermode. Die Tabelle mit der Übersicht über Stückzahlen und Bestellwert pro Warengruppe wird von der Online-Shop-Software im Excel-Format erstellt und monatlich an den Betreiber verschickt.

CD-ROM Die Beispiele zum Üben finden Sie auf der Buch-CD unter *AFKOktober.xlsx, AFKNovember.xlsx* und *AFKGesamt.xlsx.*

1. Laden Sie die drei Arbeitsmappen *AKFOktober.xls, AKFNovember.xls* und *AKFGesamt.xls*.
2. Ordnen Sie die Mappen wie im Bild gezeigt an, sodass die Gesamtmappe links steht und die beiden anderen Mappen in kleineren Fenstern rechts. Wählen Sie dazu *Start/Fenster/Alles anordnen* (mit der Gesamtmappe als aktuelle Mappe).

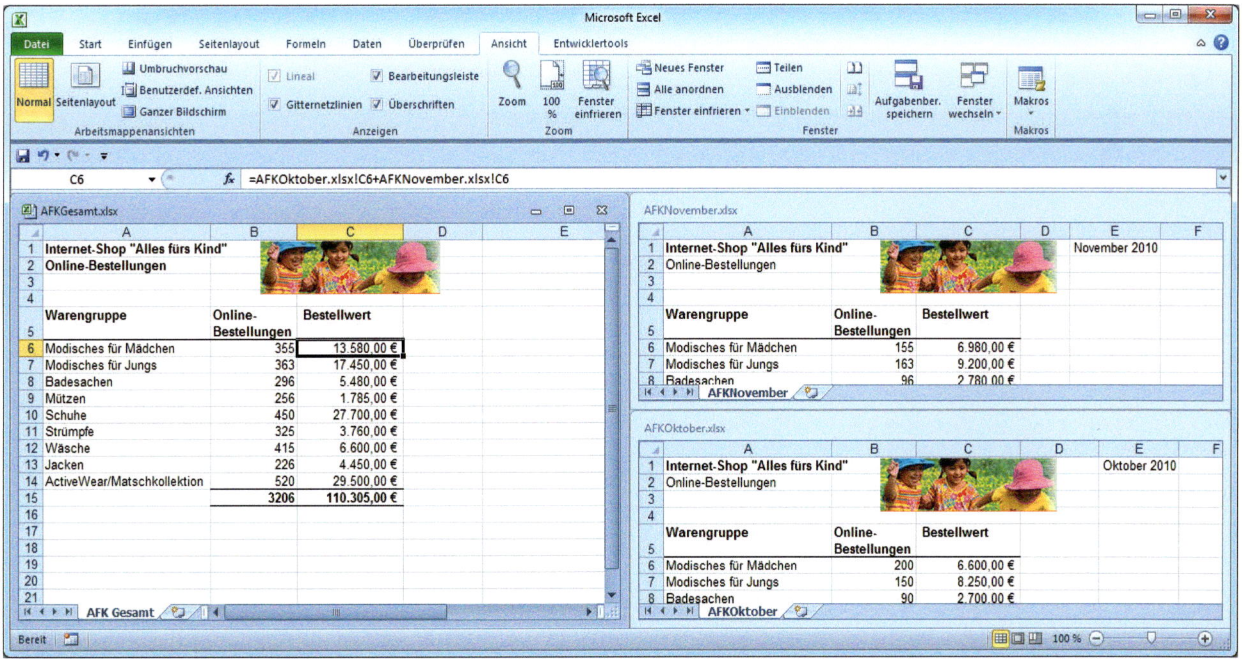

Abbildung 7.2 Beispieltabellen für Verknüpfungen

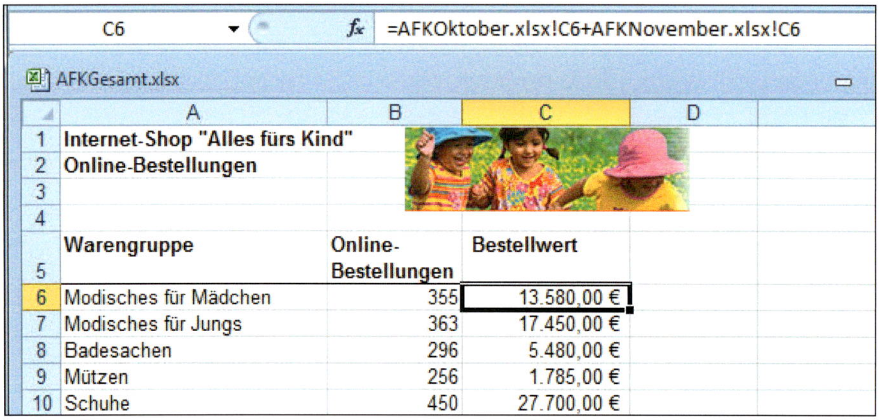

Abbildung 7.3
Verknüpfung über zwei Mappen

3. Setzen Sie für die Gesamtauswertung den Zellzeiger in der Tabelle in die Zelle B6, die erste Zielzelle für eine Verknüpfung.
4. Schreiben Sie ein =-Zeichen.
5. Klicken Sie in die Mappe mit den Oktober-Zahlen und mit dem zweiten Klick auf die Zelle B6 dieser Mappe.
6. Die Verknüpfung wird eingetragen, drücken Sie `F4`, damit der Bezug auf die Zelle B6 relativ wird:

   `=[AFKOktober.xlsx]AFKOktober!B6`

7. Schreiben Sie ein Pluszeichen (+), und klicken Sie auf die Zelle B6 in der Mappe mit den November-Zahlen. Setzen Sie auch diesen Bezug relativ, und schließen Sie mit `Eingabe` ab.
8. Damit ist die Verknüpfung über zwei Mappen erstellt. Sie können die Formel mit dem Füllkästchen bis zur letzten Warengruppe nach unten kopieren.

7.1.3 Pfadnamen in Verknüpfungen

Achten Sie auf folgende Besonderheit bei Verknüpfungen zwischen Arbeitsmappen: Ist die Mappe, zu der eine Verknüpfung existiert, geöffnet und damit im *Fenster*-Menü aufgeführt, zeigt die Verknüpfungsformel nur den Namen der Mappe und die Verknüpfung an. Schließen Sie diese Mappe aber, so fügt Excel automatisch den Pfad in die Formel ein.

HINWEIS Als Pfad wird der gesamte Weg zur Datei mit Laufwerkbezeichnung sowie allen Ordnern und Unterordnern bezeichnet.

Mappe geöffnet:

`=[AFKOktober.xlsx]AFKOktober!B6`

Mappe geschlossen:

`='C:\Daten\[AFKOktober.xlsx]AFKOktober'!B6`

Der Apostroph am Anfang und Ende des Pfades ist nötig, weil Datei- und Ordnernamen Leerzeichen enthalten könnten, was in der Formel falsch interpretiert werden würde.

Der Pfad wird hinzugefügt, wenn die verknüpfte Mappe geschlossen oder wenn die Mappe mit der Formel aktiviert wird und Excel die verknüpften Daten nicht vorfindet.

Im Netzwerk fügt Excel den Namen des Servers ein und nicht die Bezeichnung des Laufwerkes, wenn dieses als Netzwerklaufwerk verbunden wurde.

7.1.4 Sicherheitseinstellungen für Verknüpfungen

Damit Sie sichergehen können, dass die Verknüpfung immer die aktuellsten Daten enthält, gibt Excel beim Öffnen einer Mappe, die Verknüpfungen zu anderen Mappen enthält, eine Sicherheitswarnung für externe Verknüpfungen:

Bestätigen Sie diese Meldung mit Klick auf *Optionen* und *Diesen Inhalt aktivieren*, holt Excel die aktuellen Daten aus allen verknüpften Mappen, aber ohne diese zu öffnen. Mit Klick auf *Vor unbekanntem Inhalt schützen* behalten Sie die Resultate der Formel, die diese beim letzten Speichervorgang errechnet hatte. Öffnen Sie eine Verknüpfungsformel, und schließen Sie diese wieder ab, zeigt sie das aktuelle Ergebnis, das aus der ungeöffneten Datei geholt wird.

Voreinstellung im Sicherheitscenter

Aktivieren Sie im *Datei*-Menü die *Optionen*, und schalten Sie auf das *Sicherheitscenter* um. In den Einstellungen wählen Sie *Externer Inhalt*, hier finden Sie die Sicherheitseinstellungen für Arbeitsmappenverknüpfungen.

Mit *Automatische Aktualisierung aller Arbeitsmappenverknüpfungen aktivieren* schalten Sie alle Sicherungsmeldungen aus. Externe Verknüpfungen werden damit sofort aus anderen Arbeitsmappen geholt.

Benutzer zu Arbeitsmappenverknüpfungen auffordern ist die Standardeinstellung, sie sorgt dafür, dass die Sicherheitsmeldung erscheint, wenn Excel beim Öffnen einer Mappe externe Verknüpfungen erkennt.

Alle Arbeitsmappenverknüpfungen deaktivieren schaltet alle externen Verknüpfungen aus.

Verknüpfung bearbeiten

Ob und wie die aktuelle Mappe mit anderen Arbeitsmappen verknüpft ist, behält das Programm nicht für sich. Die Verknüpfungen werden offengelegt und können jederzeit aktualisiert und verändert werden, was auch nötig wird, wenn die an der Verknüpfung beteiligten Dateien kopiert oder verschoben wurden. Eine Liste mit

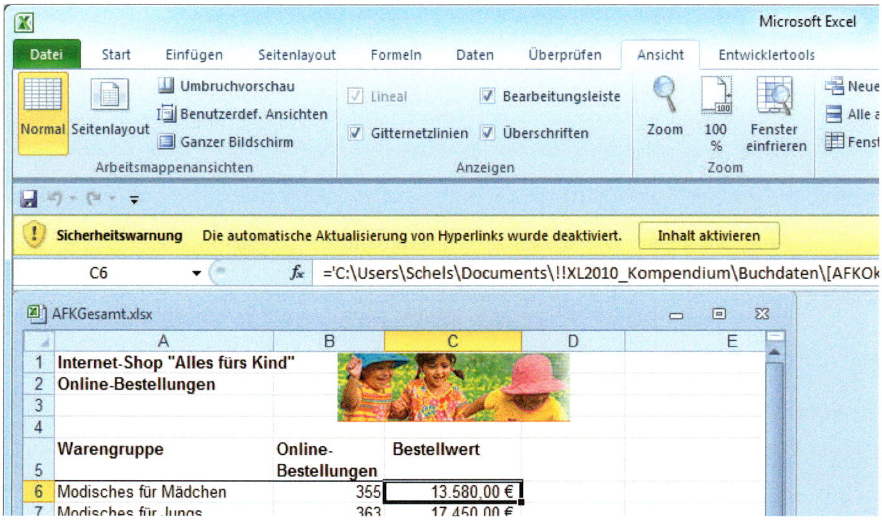

Abbildung 7.4
Die Verknüpfung muss bestätigt werden.

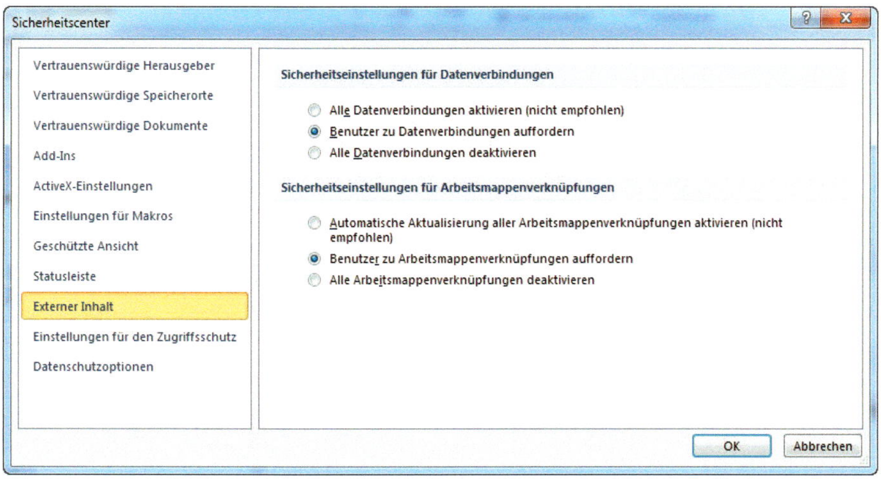

Abbildung 7.5
Die Verknüpfungen werden abgesichert.

allen Verknüpfungen finden Sie unter *Daten/Verbindungen/Verknüpfungen bearbeiten*.

Werte aktualisieren

Markieren Sie eine Verknüpfung in der Liste, und klicken Sie auf diese Schaltfläche, um die Werte aus dieser Verknüpfung neu zu berechnen. Der Status zeigt *Unbekannt* an, wenn die Verknüpfung noch keine Werte geliefert hat, und wechselt auf *OK*, wenn die Berechnung erfolgreich war.

Quelle öffnen

Mit dieser Schaltfläche können Sie die Quelldatei einer angezeigten Verknüpfung aktivieren. Markieren Sie einen Eintrag in der Liste, und klicken Sie auf *Quelle öffnen*. Die neue Mappe wird aktiv, die Verknüpfungsliste schließt sich.

Quelle ändern

In unserem Beispiel könnte es passieren, dass eine der Monatstabellen in einen anderen Ordner auf dem Netzwerk verschoben wird. Damit die Verknüpfung wieder richtige Zahlen liefert, ändern Sie die Quelle ab:

1. Markieren Sie in der Liste die Verknüpfung, die nicht mehr gültig ist, und wählen Sie *Quelle ändern*.
2. Ein Dateidialog erscheint, Sie können die Position der Datei in einem Laufwerk oder im Netzwerk bestimmen. Klicken Sie die Datei an, und bestätigen Sie mit *OK*.

Damit ist die Quelle geändert, die neue Verknüpfung wird wieder in der Liste angezeigt.

Status prüfen

Mit dieser Schaltfläche überprüfen Sie den Status aller Verknüpfungen in der Arbeitsmappe. In der Spalte *Status* wird der Eintrag *OK* angezeigt, wenn die Verknüpfung Daten liefert, ansonsten bleibt der Status auf *Unbekannt*.

7.1.5 Verknüpfungen löschen

Das passiert häufig bei der Arbeit mit Verknüpfungen: Irgendwann war einmal eine Tabelle aus einer anderen Mappe mit verknüpft, später aber wieder gelöscht, weil die Daten nicht mehr gebraucht wurden. In welcher Zelle sich die Verknüpfung befand, lässt sich oft nicht mehr feststellen, und hartnäckig erscheint die Meldung mit der Abfrage nach verknüpften Daten.

Versuchen Sie die Quelle auf die eigene Datei umzulenken und so die Verknüpfung zu entfernen:

1. Wählen Sie *Daten/Verbindungen/Verknüpfungen bearbeiten*.
2. Markieren Sie die angezeigte Verknüpfung, und klicken Sie auf *Quelle ändern*.
3. Wenn Sie jetzt in der Dateianzeige auf den Dateinamen der Mappe klicken, in der Sie sich gerade befinden, wird die Verknüpfung aufgelöst.

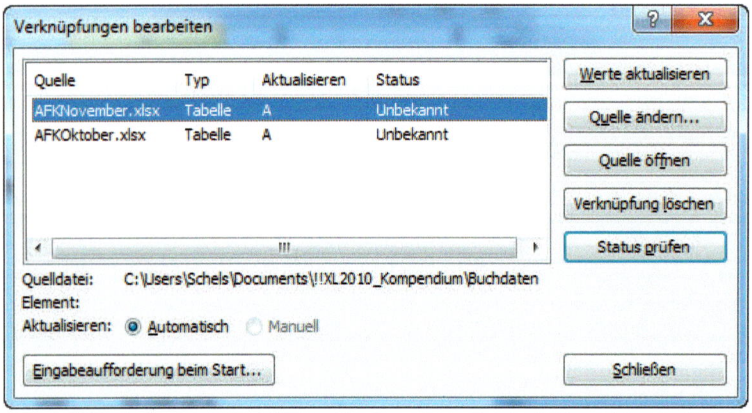

Abbildung 7.6
Alle Verknüpfungen in der Mappe

Excel verknüpft die für den Anwender nicht mehr sichtbaren Daten praktisch mit sich selber, und die Verknüpfung wird damit automatisch gelöscht.

TIPP In Kapitel 7.5 finden Sie ein VBA-Makro, mit dem Sie alle versteckten Verknüpfungen aufspüren und löschen können.

7.1.6 Bestätigung beim Start

Ob die Bestätigung aller Verknüpfungen auch beim Start erforderlich ist, bestimmen Sie über diese Option:

1. Wählen Sie *Daten/Verbindungen/Verknüpfungen bearbeiten*.
2. Klicken Sie auf die Schaltfläche *Eingabeaufforderung beim Start*.
3. Wählen Sie die erste Option, wenn in der Mappe weiterhin die Verknüpfungsart einstellbar bleiben soll.
4. Mit der zweiten Option schalten Sie die automatische Meldung aus und aktualisieren automatisch die Daten.
5. Mit der dritten Option wird keine Meldung angezeigt und keine Datenmenge aktualisiert.

7.1.7 Der 3D-Bezug

Wenn viele Tabellen in einer Mappe zusammengefasst sind, die eine einheitliche Struktur aufweisen, bietet sich zur Konsolidierung der Daten ein dreidimensionaler Bereichsname an. Dieser 3D-Bezug fasst mehrere Tabellennamen in der Verknüpfungsformel zusammen:

2D-Bezug:	3D-Bezug:
`=Tabelle1!C20`	`=Tabelle1:Tabelle3 !C20`
oder	
`=Tabelle1!Umsatz`	

Tabelle 7.1 2D- und 3D-Bezug

Praxis: Persönliche Finanzplanung

Der dreidimensionale Bezug bildet eine Matrix und lässt sich aus diesem Grund nur in Verbindung mit einem Bereichsnamen oder einer Auswertungsfunktion verwenden. Hier ein Beispiel aus der Praxis:

Die Liquidität eines Unternehmens ist nur gesichert, wenn die monatlichen Kosten nicht höher sind als die

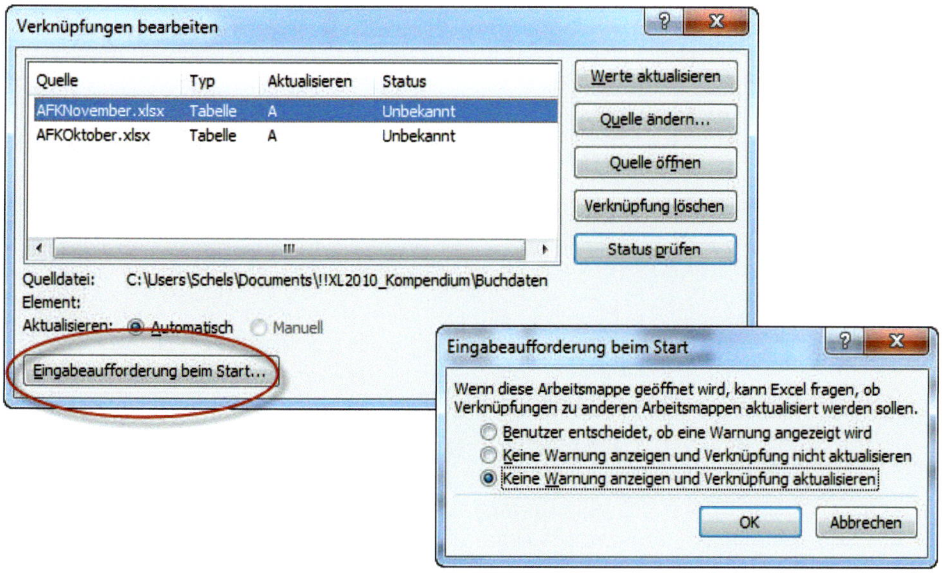

Abbildung 7.7 Eingabeaufforderung beim Start

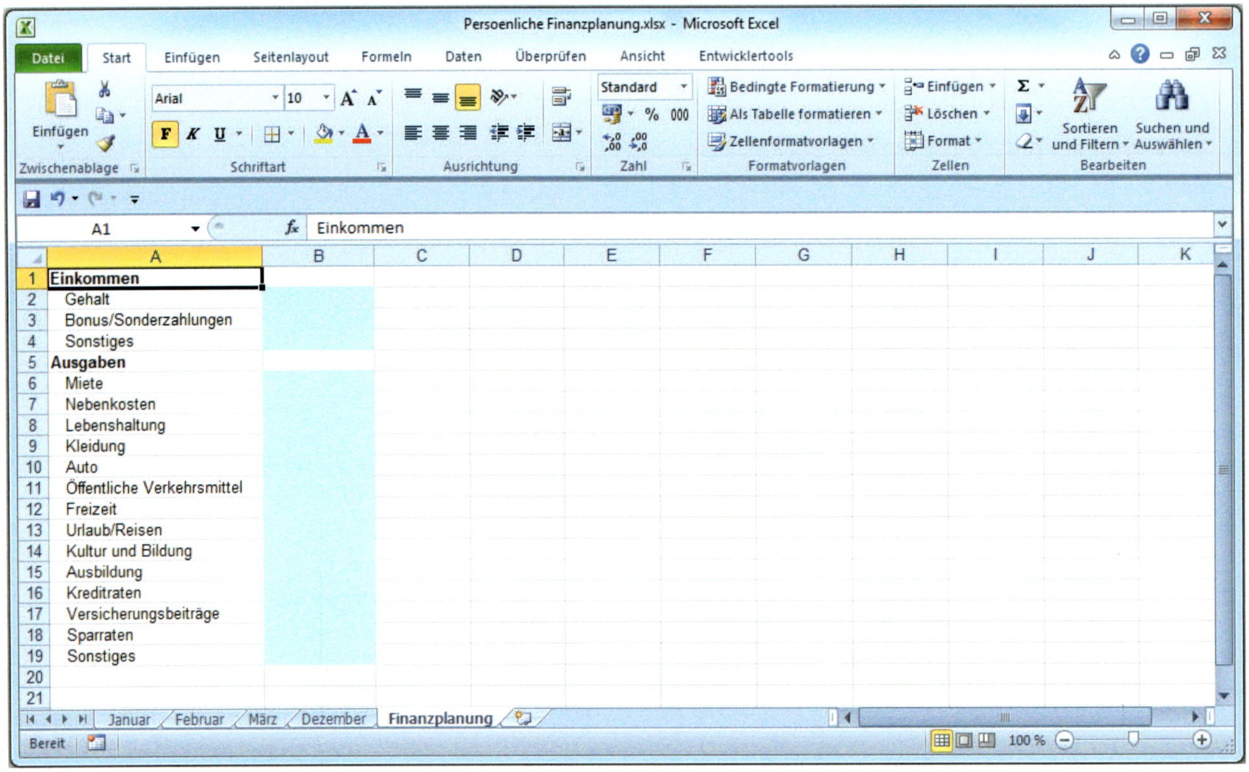

Abbildung 7.8 Drei Monatsblätter, ein Dezember-Blatt und eine Tabelle für die Auswertung

zu erwartenden Einnahmen. Das gilt auch für Privatpersonen. Eine vorausschauende Planung hilft, den Überblick über die Finanzen zu bewahren. In einem persönlichen Finanzplan werden die monatlichen Einnahmen und die Ausgaben gegenübergestellt, und mithilfe des 3D-Bezugs lässt sich eine komfortable Auswertung erstellen.

CD-ROM Übungsdaten finden Sie auf der Buch-CD unter *Persoenliche Finanzplanung.xlsx*. Die Lösung steht in der Mappe *Persoenliche Finanzplanung Loesung.xlsx*.

1. Kopieren Sie das Januar-Blatt, indem Sie das Register mit gedrückter Maustaste nach rechts ziehen. Geben Sie dem neuen Blatt den Monatsnamen *Februar*.
2. Kopieren Sie noch ein Blatt für den März und für den Dezember. Für jeden Monat des Jahres brauchen Sie ein Blatt.
3. Eine weitere Kopie des Blattes nennen Sie *Finanzplanung*.
4. Jetzt können Sie in die ersten drei Blätter einige Daten eintragen.

TIPP Markieren Sie mehrere Blätter als Gruppe, wenn diese identische Daten erhalten sollen. Klicken Sie auf das *Januar*-Blatt, drücken Sie die `Umschalt`-Taste, und markieren Sie das *März*-Blatt.

3D-Bezug konstruieren

Das letzte Tabellenblatt, *Finanzplanung*, sollte jetzt so präpariert sein, dass es die Summen der einzelnen Einnahmen- oder Ausgabenpositionen aufzeigt. Eine Addition der einzelnen Zellen aus allen Monatsblättern wäre etwas mühsam, und anfangs sind auch nicht alle Blätter verfügbar. Hier hilft der 3D-Bezug, er summiert die Daten aus einem Bereich, von dem Sie nur den Anfang und das Ende angeben müssen:

1. Wechseln Sie in das Tabellenblatt *Finanzplanung*, eine Kopie des ersten Blattes ohne Daten.
2. Markieren Sie die erste Auswertungszelle (Gehalt, B2).
3. Klicken Sie auf das Summe-Symbol in der Symbolleiste *Standard*.

   Die Funktion *SUMME()* wird in die Zelle eingetragen:

   ```
   =SUMME()
   ```

4. Schalten Sie per Klick auf das Register in das *Januar*-Blatt, und setzen Sie die Markierung auf die Zelle B2. Die Formel im Auswertungsblatt sieht dann so aus:

   ```
   =SUMME(Januar!B2)
   ```

5. Klicken Sie noch auf das *Dezember*-Blatt, und schließen Sie die Formel mit der [Eingabe]-Taste ab.

   ```
   =SUMME(Januar:Dezember!B2)
   ```

Damit ist die Formel erstellt, sie summiert die Werte aus der Zelle B2 über die Tabellenblätter von Januar bis Dezember hinweg. Löschen Sie den Betrag aus der *Dezember*-Tabelle, erhalten Sie die Summe aus den Tabellen *Januar* bis *März*.

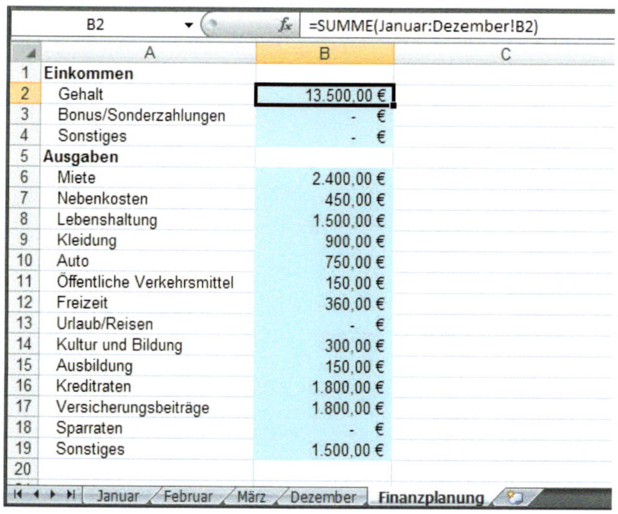
B2 | =SUMME(Januar:Dezember!B2)

	A	B	C
1	**Einkommen**		
2	Gehalt	13.500,00 €	
3	Bonus/Sonderzahlungen	- €	
4	Sonstiges	- €	
5	**Ausgaben**		
6	Miete	2.400,00 €	
7	Nebenkosten	450,00 €	
8	Lebenshaltung	1.500,00 €	
9	Kleidung	900,00 €	
10	Auto	750,00 €	
11	Öffentliche Verkehrsmittel	150,00 €	
12	Freizeit	360,00 €	
13	Urlaub/Reisen	- €	
14	Kultur und Bildung	300,00 €	
15	Ausbildung	150,00 €	
16	Kreditraten	1.800,00 €	
17	Versicherungsbeiträge	1.800,00 €	
18	Sparraten	- €	
19	Sonstiges	1.500,00 €	
20			

Abbildung 7.9 Der 3D-Bezug ist erstellt, die Formel gilt für alle Einnahmen und Ausgaben.

Zum Monatswechsel kopieren Sie einfach die Werte aus der Vormonats-Tabelle und ändern sie entsprechend ab, wenn sich Einnahmen oder Ausgaben geändert haben. Der 3D-Bezug wird diese Änderung mitberechnen, da er automatisch von der ersten bis zur letzten Tabelle rechnet.

TIPP Sie können einzelne Tabellenblätter auch von der Berechnung ausschließen, um z.B. Istzustände zu simulieren. Ziehen Sie das Blattregister dazu einfach links vor das *Januar*-Blatt oder rechts neben das *Dezember*-Blatt.

Praxis: Liquiditätsplanung

Für die Liquiditätsplanung des Unternehmens verwendet der Finanzplaner im Prinzip den gleichen Aufbau. Wenn die Planung auf Tagesbasis erfolgt, wird je ein Monatsblatt für den Januar und den Dezember erstellt, in dem für jeden Tag des Monats eine Spalte reserviert ist. Der Anfangsbestand des Vormonats wird übernommen, und in den einzelnen Zeilen stehen sich Einnahmen und Ausgaben gegenüber.

CD-ROM Auf der Buch-CD finden Sie die Vorlage *Liquiditaet.xls*. Januar und Dezember sind schon angelegt, kopieren Sie einfach das *Januar*-Blatt für weitere Monate, und ändern Sie im Kopfbereich den Monatsnamen.

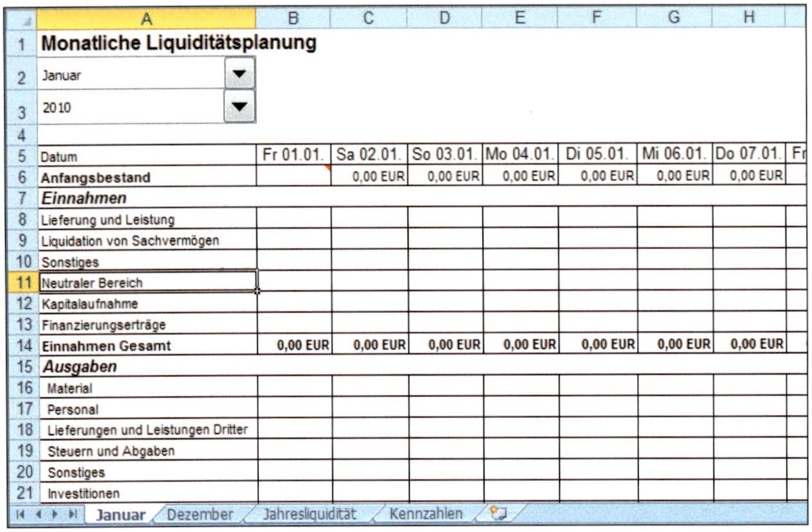

	A	B	C	D	E	F	G	H
1	**Monatliche Liquiditätsplanung**							
2	Januar							
3	2010							
4								
5	Datum	Fr 01.01.	Sa 02.01.	So 03.01.	Mo 04.01.	Di 05.01.	Mi 06.01.	Do 07.01.
6	**Anfangsbestand**		0,00 EUR	0,00 EUR	0,00 EUR	0,00 EUR	0,00 EUR	0,00 EUR
7	***Einnahmen***							
8	Lieferung und Leistung							
9	Liquidation von Sachvermögen							
10	Sonstiges							
11	Neutraler Bereich							
12	Kapitalaufnahme							
13	Finanzierungserträge							
14	**Einnahmen Gesamt**	**0,00 EUR**	**0,00 EUR**	**0,00 EUR**	**0,00 EUR**	**0,00 EUR**	**0,00 EUR**	**0,00 EUR**
15	***Ausgaben***							
16	Material							
17	Personal							
18	Lieferungen und Leistungen Dritter							
19	Steuern und Abgaben							
20	Sonstiges							
21	Investitionen							

Abbildung 7.10
Liquiditätsplanung im Controlling

Die Jahresplanung fasst die Monate von Januar bis Dezember in einer Summe zusammen und verwendet einen 3D-Bezug über die Tabellenblätter von Januar bis Dezember.

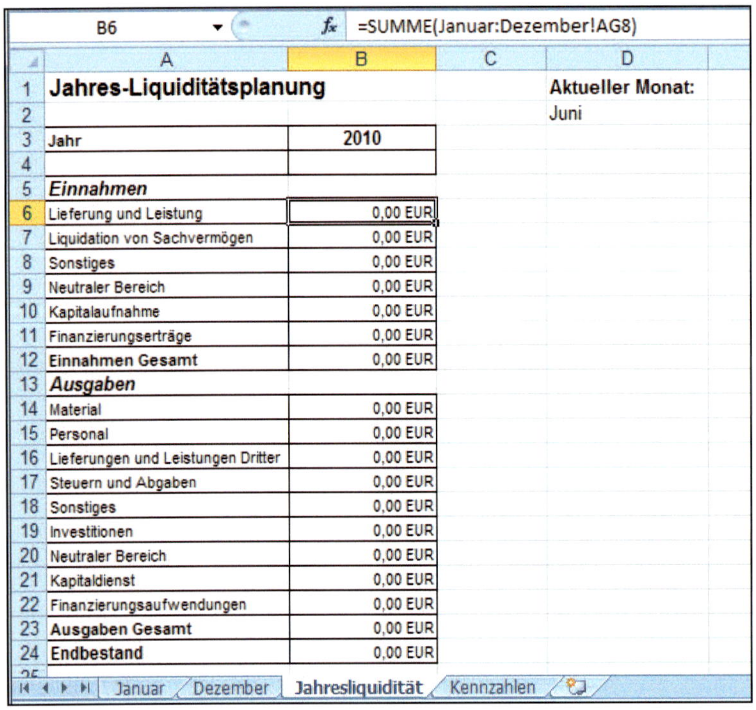

	A	B	C	D
1	**Jahres-Liquiditätsplanung**			**Aktueller Monat:**
2				Juni
3	**Jahr**	**2010**		
4				
5	***Einnahmen***			
6	Lieferung und Leistung	0,00 EUR		
7	Liquidation von Sachvermögen	0,00 EUR		
8	Sonstiges	0,00 EUR		
9	Neutraler Bereich	0,00 EUR		
10	Kapitalaufnahme	0,00 EUR		
11	Finanzierungserträge	0,00 EUR		
12	**Einnahmen Gesamt**	0,00 EUR		
13	***Ausgaben***			
14	Material	0,00 EUR		
15	Personal	0,00 EUR		
16	Lieferungen und Leistungen Dritter	0,00 EUR		
17	Steuern und Abgaben	0,00 EUR		
18	Sonstiges	0,00 EUR		
19	Investitionen	0,00 EUR		
20	Neutraler Bereich	0,00 EUR		
21	Kapitaldienst	0,00 EUR		
22	Finanzierungsaufwendungen	0,00 EUR		
23	**Ausgaben Gesamt**	0,00 EUR		
24	**Endbestand**	0,00 EUR		

Abbildung 7.11
3D-Bezug für die Jahres-Liquiditätsplanung

7.2 Hyperlinks

Hyperlink ist ein uralter Begriff, kein Mensch benutzt ihn noch. Jeder kennt aber den Begriff Link, tausendmal pro Tag werden uns Links auf Internet-Seiten angeboten, und auch in der Windows-Software verdrängt die Link-Technik die klassische Menüsteuerung.

Hyperlinks sind Verknüpfungen der besonders schnellen Art: Einmal auf einer Tabelle untergebracht, schicken Sie den Anwender per Klick in eine andere Tabelle, Arbeitsmappe oder natürlich ins Intranet oder Internet. Hyperlinks sind in vielen Arbeitsumgebungen dabei, die traditionellen Verknüpfungstechniken von Excel abzulösen.

7.2.1 Hyperlink einfügen

CD-ROM Ein Übungsbeispiel mit Hyperlinks finden Sie auf der Buch-CD unter *Hyperlinks.xls*.

Um einen Hyperlink einzufügen, suchen Sie zunächst die Zielzelle und markieren diese. Starten Sie anschließend einen Hyperlink:

1. Schalten Sie auf die Registerkarte *Einfügen* um, und klicken Sie auf das Symbol in der Gruppe *Hyperlinks*.
2. Die Dialogbox wird angezeigt, in der linken Spalte ist unter *Link zu* das Symbol für *Datei oder Webseite* aktiv. Suchen und markieren Sie eine Datei auf Ihren Datenträgern, oder geben Sie die Adresse einer Intranet-/Internet-Seite ein.
3. Mit dem Symbol *Web durchsuchen* starten Sie den Internet-Browser. Navigieren Sie auf die gewünschte Webseite, und schließen Sie den Browser wieder. Die zuletzt angezeigte Adresse wird damit automatisch in die Adresszeile eingefügt.
4. Klicken Sie auf *OK*, um den Hyperlink einzufügen.

Der Hyperlink steht anschließend in der Zelle, Sie können in diese einen beliebigen Text eintragen, ohne den Link zu überschreiben. Ein Klick auf den Hyperlink startet die damit verknüpfte Datei.

Mit der Schaltfläche *QuickInfo* rechts oben bestimmen Sie, was in dem kleinen gelben Kästchen angezeigt wird, das am Mauszeiger erscheint, wenn dieser den Hyperlink ansteuert.

Hyperlink auf Dateien

Sie dürfen beliebige Dateiformate angeben (Word-Dokumente, PowerPoint-Präsentationen, PDF-Dateien), die Datei wird automatisch im Erzeugerprogramm gestartet. Da Dateien ein potenzielles Sicherheitsrisiko

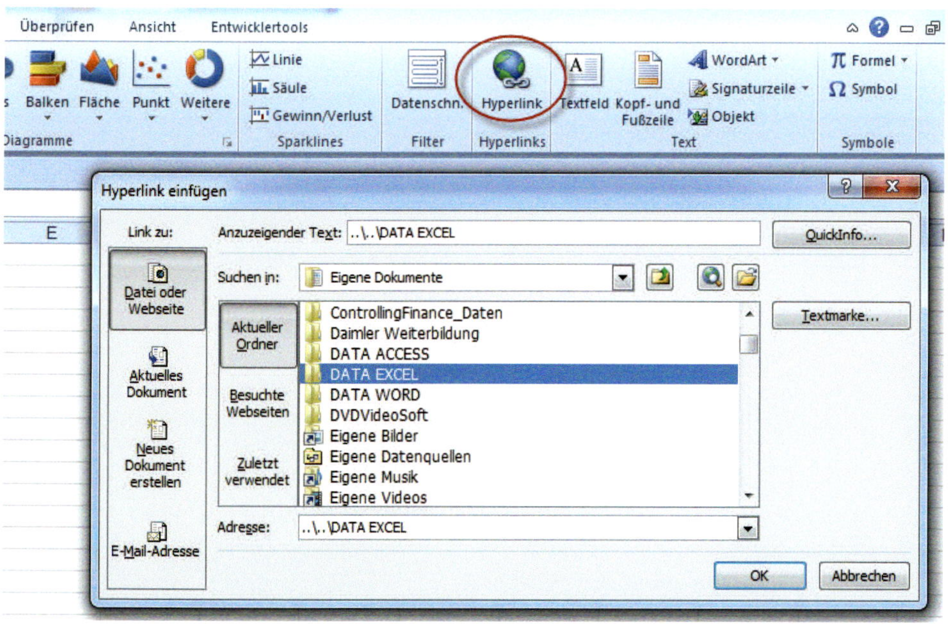

Abbildung 7.12
Ein Hyperlink wird erstellt.

bergen, erscheint eine Warnmeldung von Excel, die Sie bestätigen müssen, bevor die Datei aktiviert wird.

Wenn Sie auf ein Bild verweisen (JPG, GIF), wird dieses nach einem Klick auf den Hyperlink in dem Programm geöffnet, das mit der Dateiendung »assoziiert« ist.

TIPP Diese Verbindung zwischen Programm und Datei können Sie im Windows-Explorer nachschlagen und ggf. umdefinieren. Markieren Sie eine Datei mit der entsprechenden Endung mit der rechten Maustaste, und wählen Sie aus dem Kontextmenü *Öffnen mit/Programm auswählen*. Suchen Sie in der Liste das passende Programm, und vergessen Sie nicht, diese Option anzukreuzen: *Dateityp immer mit dem ausgewählten Programm öffnen*.

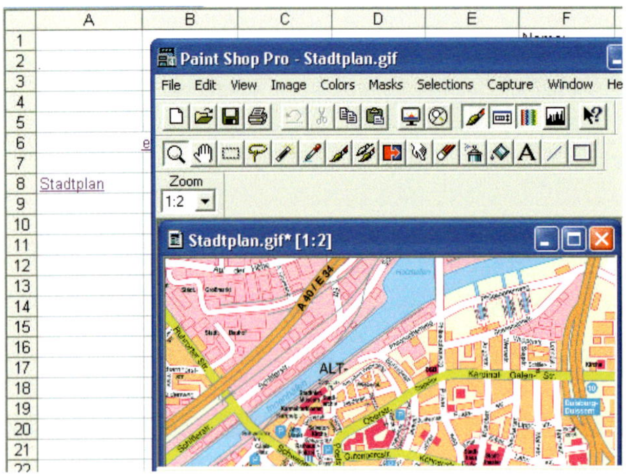

Abbildung 7.13 Die Datei wird im assoziierten Programm aktiviert.

TIPP Die Liste der bereits besuchten Hyperlinks finden Sie auch in der Symbolleiste *Web*. Klicken Sie rechts außen auf den Pfeil, und holen Sie den gewünschten Hyperlink wieder aus der Liste.

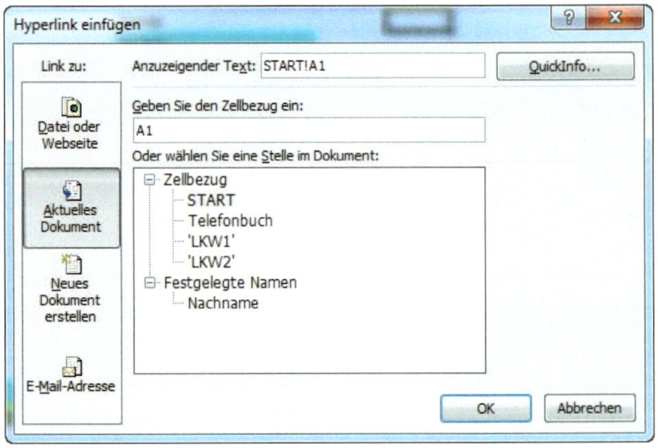

Abbildung 7.14 Der Hyperlink verweist auf einen Bezug in der Tabelle.

Link auf Tabellen

Um einen Hyperlink innerhalb der Arbeitsmappe zu setzen, schalten Sie unter *Link zu* auf *Aktuelles Dokument*. Das Eingabefeld für den Zellbezug ist bereits markiert, geben Sie einen Bezug ein, auf den der Hyperlink verweisen soll. Leider funktioniert hier die Verbindung in den Hintergrund nicht, den Bezug müssen Sie in Textform eingeben (z.B. A1, B5, C20). Auch mit Bereichsnamen kann das Bezugsfeld wenig anfangen.

Die zweite Variante, der Sprung auf andere Tabellen und dort direkt zu einem bestimmten Bezug, ist eine schöne Alternative zu den Tabellenregistern, die bei zunehmender Tabellenzahl nicht besonders elegant zu bedienen sind. Fügen Sie einen Hyperlink ein, der auf eine Zelle in einer anderen Tabelle schaltet. Markieren Sie unter ... *Stelle im Dokument* den Namen des Registers.

TIPP Vergessen Sie nicht, im Zieldokument einen Hyperlink zurück zum aufrufenden Dokument anzubringen

Neue Mappen

Klicken Sie auf *Neues Dokument erstellen*, wenn Sie zusammen mit dem Hyperlink eine neue Mappe anlegen wollen. Wenn Sie den Hyperlink bestätigen, startet ein neues Excel-Fenster, die neue Mappe wird angelegt und gleich gespeichert. Schließen Sie das neue Fenster anschließend wieder.

E-Mail-Adresse

Wenn Sie in der Leiste am linken Rand auf dieses Symbol klicken und im Eingabefeld eine Mailadresse eingeben (der Vorsatz »mailto« wird automatisch angefügt), erhalten Sie eine Mail-Automatik: Ein Klick auf diesen Hyperlink startet ein neues Mailformular, vorausgesetzt, Sie haben ein Mailsystem (Outlook, Outlook Express, Lotus Notes ...) installiert.

Die Nachricht wird natürlich noch nicht versendet, sondern beim Klick auf den Hyperlink als Leerformular auf den Bildschirm gebracht. Sie können die Mail fertig machen oder das Formular wieder schließen.

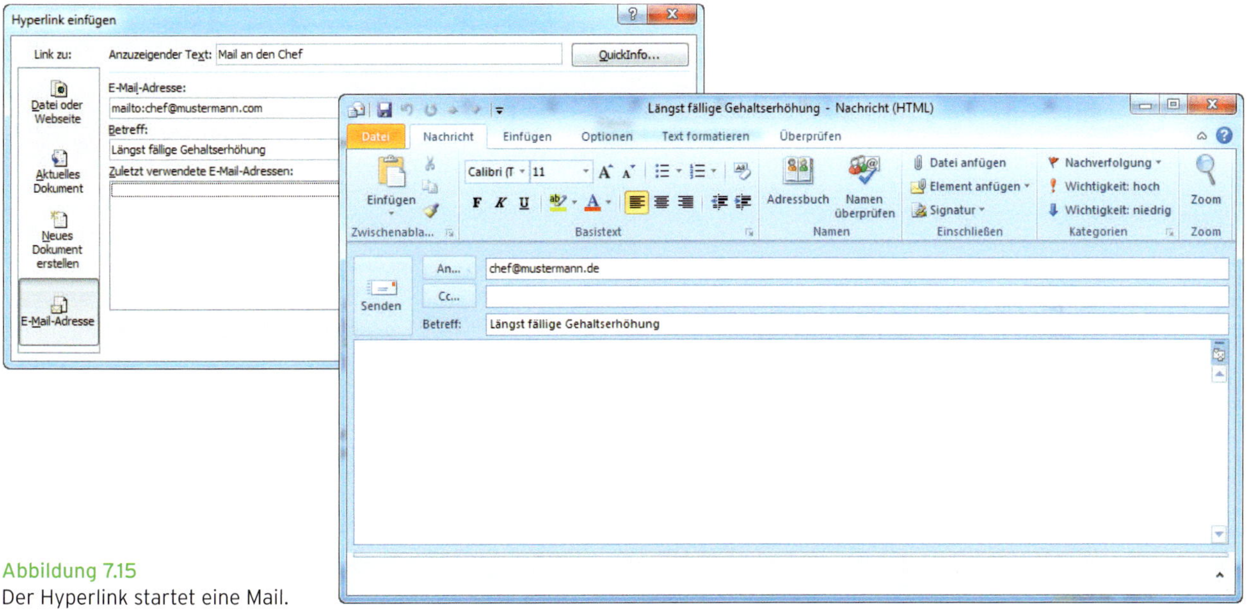

Abbildung 7.15
Der Hyperlink startet eine Mail.

7.2.2 Hyperlink bearbeiten

Bearbeitet wird ein Hyperlink über das Kontextmenü. Klicken Sie ihn mit der rechten Maustaste an, um das Menü zu öffnen. *Hyperlink bearbeiten* öffnet die Verknüpfungsbox, und Sie können die Beschriftung und die Verknüpfung neu definieren.

7.2.3 Hyperlinks mit Formeln erstellen

Mit der Funktion *HYPERLINK()* lassen sich Hyperlinks auch in der Tabelle berechnen und mit WENN-Bedingungen und vielen weiteren Funktionen von Excel verknüpfen. Geben Sie die Formel in dieser Form ein:

```
=HYPERLINK(Hyperlink_Adresse;BenutzerdefName)
```

Für das Argument `Hyperlink-Adresse` muss ein vollständiger Pfad zu der Datei oder die URL-Adresse angegeben werden. Das zweite Argument erhält einen beliebigen Text, der in der Zelle als Sprungmarke angezeigt wird. Wenn Sie das Argument nicht besetzen, wird die Adresse im Argument `Hyperlink-Adresse` angezeigt. Hier einige Beispiele für Hyperlink-Formeln:

```
=HYPERLINK(http://www.excellent-controlling.
de;"ExcellentControlling")
=HYPERLINK(" http://www.microsoft.de";C11)
=HYPERLINK(B47;A15)
```

Hyperlink-Formeln lassen sich mit Bedingungen verknüpfen:

```
=WENN(F12<=7500;HYPERLINK("[Hyperlinks.xls]
LKW1!A1";"Leichte LKW");HYPERLINK("[Hyperlinks.xls]
LKW2!A1";"Schwere LKW"))
```

Dieser Hyperlink entsteht aus der Verknüpfung mit einem Zellinhalt:

```
D16: Amazon
D17: =HYPERLINK("www."&D16&".de")
```

Und natürlich funktionieren Hyperlinks auch auf Objekten, ClipArts und Fotos. Markieren Sie das Objekt, und wählen Sie *Einfügen/Hyperlink*. Weisen Sie die Verknüpfung zu, und bestätigen Sie mit *OK*. Um den Hyperlink vom Objekt zu entfernen, markieren Sie es mit der rechten Maustaste und wählen *Einfügen/Hyperlink entfernen*.

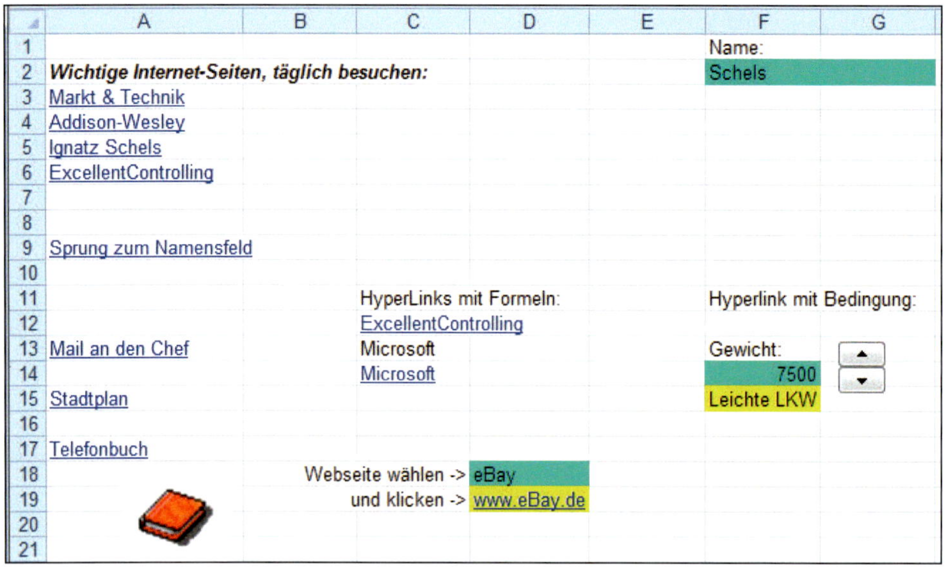

Abbildung 7.16
Hyperlinks in allen Variationen

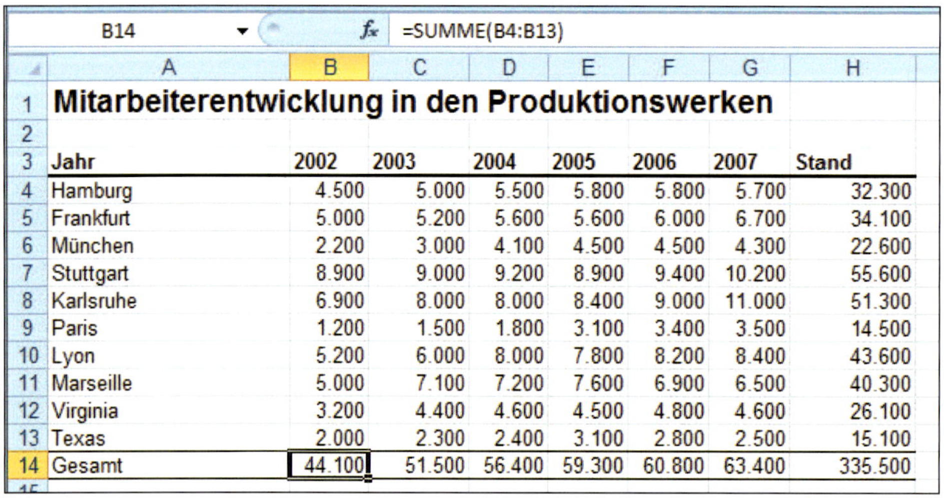

B14 =SUMME(B4:B13)

Mitarbeiterentwicklung in den Produktionswerken

Jahr	2002	2003	2004	2005	2006	2007	Stand
Hamburg	4.500	5.000	5.500	5.800	5.800	5.700	32.300
Frankfurt	5.000	5.200	5.600	5.600	6.000	6.700	34.100
München	2.200	3.000	4.100	4.500	4.500	4.300	22.600
Stuttgart	8.900	9.000	9.200	8.900	9.400	10.200	55.600
Karlsruhe	6.900	8.000	8.000	8.400	9.000	11.000	51.300
Paris	1.200	1.500	1.800	3.100	3.400	3.500	14.500
Lyon	5.200	6.000	8.000	7.800	8.200	8.400	43.600
Marseille	5.000	7.100	7.200	7.600	6.900	6.500	40.300
Virginia	3.200	4.400	4.600	4.500	4.800	4.600	26.100
Texas	2.000	2.300	2.400	3.100	2.800	2.500	15.100
Gesamt	44.100	51.500	56.400	59.300	60.800	63.400	335.500

Abbildung 7.17
Einheitliche Summen, für AutoGliederung geeignet

7.3 Die Gliederung

Die Gliederung gehört zu den ältesten, aber auch wichtigsten Instrumenten des Kalkulationsprogramms. Das Zusammenfassen von Zeilen und Spalten in Gruppen verleiht den Tabellen mehr Transparenz, sie können wahlweise Einzelwerte oder Gruppensummen abbilden.

Die Gliederung bietet die Möglichkeit, Tabellen waagerecht oder senkrecht in bis zu acht Ebenen zu unterteilen, die auf Wunsch ein- bzw. ausgeblendet werden. Dazu versieht die Gliederungsfunktion die Tabelle mit Steuersymbolen, die mit der Maus bedient werden.

7.3.1 Gliederungsformen

Eine Tabelle wird gegliedert, wenn die Informationen einer gewissen Hierarchie folgen: Einer Hauptüberschrift ist eine Gruppe von Untertiteln zugeordnet, diese wiederum teilen sich in weitere Gruppen auf. Unterscheiden Sie zwischen Zeilen- und Spaltengliederung:

- **Zeilengliederung:** Die Gliederungsebenen stehen in Zeilen untereinander; die zu einer Ebene gehörenden Informationen bilden eine Gruppe von Zeilen. In der Regel schließt eine Berechnung (Summe- oder Statistik-Funktion) eine Gruppe ab.
- **Spaltengliederung:** Die Gliederungsebenen stehen in Spalten, die zu einer Ebene gehörenden Informationen bilden eine Spaltengruppe. Auch hier schließt meist eine Summe-Funktion oder eine andere Berechnung an.
- **Kombinierte Gliederung:** Eine kombinierte Gliederung enthält eine Zeilen- und eine Spaltengliederung.

Es gibt zwei Möglichkeiten, eine Gliederung für eine bereits bestehende Tabelle zu erstellen: Sie können Excel die Wahl überlassen, welche Zeilen und/oder Spalten zu Ebenen und Unterebenen gemacht werden, oder die Gliederung manuell einziehen. Im ersten Fall ist eine Struktur Voraussetzung, anhand der Excel erkennen kann, was inwieweit einer Ebene zuzuordnen ist, im zweiten Fall können Sie jeden beliebigen Bereich strukturieren.

7.3.2 Automatisch gliedern

Wenn Sie Excel die Entscheidung über die Struktur und Ebenenhierarchie Ihrer Tabelle überlassen möchten, sorgen Sie dafür, dass diese einheitlich aufgebaut ist. Das Programm orientiert sich an Zwischensummen und bildet je eine Ebene aus allen Zeilen oder Spalten bis zur nächsten Summe, die Summenformeln müssen dabei in eine einheitliche Richtung zeigen. Eine automa-

	A	B	C	D	E	F	G	H
1	**Mitarbeiterentwicklung in den Produktionswerken**							
2								
3	**Jahr**	**2005**	**2006**	**2007**	**2008**	**2009**	**2010**	Stand
4	**Deutschland**							
5	Hamburg	4.500	5.000	5.500	5.800	5.800	5.700	32.300
6	Frankfurt	5.000	5.200	5.600	5.600	6.000	6.700	34.100
7	München	2.200	3.000	4.100	4.500	4.500	4.300	22.600
8	Stuttgart	8.900	9.000	9.200	8.900	9.400	10.200	55.600
9	Karlsruhe	6.900	8.000	8.000	8.400	9.000	11.000	51.300
10	Gesamt Deutschland	27.500	30.200	32.400	33.200	34.700	37.900	195.900
11	**Frankreich**							
12	Paris	1.200	1.500	1.800	3.100	3.400	3.500	14.500
13	Lyon	5.200	6.000	8.000	7.800	8.200	8.400	43.600
14	Marseille	5.000	7.100	7.200	7.600	6.900	6.500	40.300
15	Gesamt Frankreich	11.400	14.600	17.000	18.500	18.500	18.400	98.400
16	**USA**							
17	Virginia	3.200	4.400	4.600	4.500	4.800	4.600	26.100
18	Texas	2.000	2.300	2.400	3.100	2.800	2.500	15.100
19	Gesamt USA	5.200	6.700	7.000	7.600	7.600	7.100	41.200
20	Gesamt	44.100	51.500	56.400	59.300	60.800	63.400	335.500
21								
22								
23								

Mitarbeiterentwicklung | Mitarbeiterentwicklung Detail | **Mitarbeiterentwicklung Lösung**

Abbildung 7.18
Die Tabelle nach der AutoGliederung

tische Gliederung wäre beispielsweise in einer Tabelle möglich, in der sich die Spaltensummen einheitlich auf Zellen oberhalb der Formel und die Zeilensummen auf die Zellen links von der Formel beziehen.

CD-ROM Das Beispiel finden Sie auf der Buch-CD unter *Mitarbeiter Produktion.xlsx*.

1. Setzen Sie den Zellzeiger in die Tabelle.
2. Wählen Sie *Daten/Gliederung/Gruppieren/AutoGliederung*.

Excel gliedert den Bereich automatisch, die Zeilen oberhalb der Summenzeile werden eine Ebene tiefer gesetzt, ebenso die Spalten links von der Summenspalte. Über dem Spaltenkopf und links vom Zeilenkopf sind die Gliederungssymbole sichtbar.

7.3.3 Gliederungseinstellungen

Sollte die Tabelle nicht zu untergliedern sein, weil sie keine Summenformeln enthält oder keine einheitliche Struktur aufweist, erhalten Sie die Fehlermeldung:

Gliederung kann nicht erstellt werden.

Kontrollieren Sie in diesem Fall, ob die Einstellungen für die Gliederung passend sind, und ändern Sie diese bei Bedarf. Die Voreinstellungen für die Gliederung finden Sie im Dialogfeld der Gruppe *Gliederung*. Klicken Sie auf das Pfeilsymbol rechts unten:

Richtung

Kreuzen Sie für die Unterordnung der Daten die entsprechende Option an. *Hauptzeilen unter Detaildaten* bekommt ein Häkchen, wenn die Tabelle Zeilensummen enthält; die Hauptzeile ist in diesem Fall die Summe, und mit Detaildaten sind die Zeilen gemeint, die oberhalb der Summe stehen und in die nächste Ebene befördert werden.

Hauptspalten rechts von Detaildaten sollte angekreuzt sein, wenn in der Tabelle Spaltensummen zu finden sind. Die Spalte mit der Summe bildet dann die Hauptspalte, und mit Detaildaten sind die Spalten gemeint, die die aufsummierten Werte enthalten.

Erstellen

Klicken Sie auf diese Schaltfläche, um die Gliederung zu erstellen und, falls die erste Option angekreuzt ist, die entsprechenden Druckformate zuzuweisen. Die Bestätigung mit *OK* alleine erstellt keine Gliederung, übernimmt aber die manuellen Gliederungsaktionen und weist den Ebenen Druckformate zu, die noch nicht enthalten sind.

Automatische Formatierung

Kreuzen Sie diese Option an, wenn Excel die Gliederungsebenen zur optischen Unterscheidung mit unterschiedlichen Zellenformaten versehen soll. Zeilenebenen erhalten mit dem Herauf- oder Herunterstufen automatisch eine Formatvorlage mit der Bezeichnung *Zeilenebene_1, Zeilenebene_2* usw., Spaltenebenen entsprechend

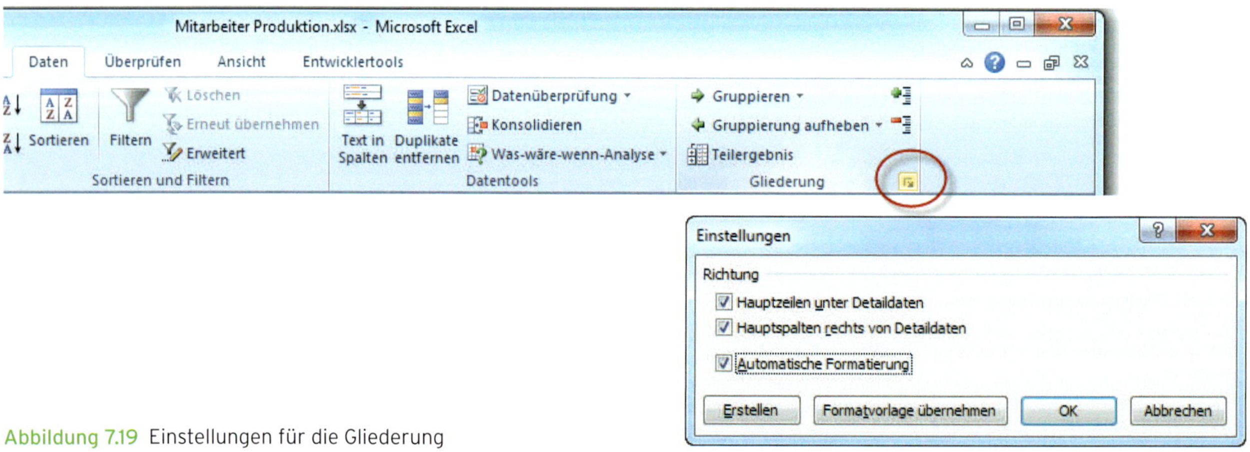

Abbildung 7.19 Einstellungen für die Gliederung

Spaltenebene_1, *Spaltenebene_2* etc. Die ersten beiden Druckformate für Zeilen- und Spaltenebenen sind bereits mit unterschiedlichen Formaten versehen (Ebene 1: *Fett*, Ebene 2: *Kursiv*); durch Anpassung der weiteren Ebenen können einheitliche Formate für maximal neun Ebenen formatiert werden (siehe Kapitel 7.3.8: *Gliederungsebenen formatieren*).

Formatvorlage zuweisen

Klicken Sie auf diese Option, um den markierten Daten ihre Formatvorlagen zuzuweisen. Da dies bei automatischer Gliederung meist schon mit dem Ankreuzen der ersten Option erledigt wird, verwenden Sie diesen Befehl in der Regel nur, um einem markierten, bereits gegliederten Bereich zusätzlich noch seine Formatvorlagen zuzuweisen.

Die automatische Gliederung empfiehlt sich immer dann, wenn eine große Tabelle strukturiert werden muss. Sie ist unentbehrlich, wenn es darum geht, eine bereits bestehende Gliederung abzuändern, wenn beispielsweise Daten hinzugekommen sind oder eine ganze Ebene entfernt wurde.

7.3.4 Gliederung entfernen

Jede Gliederung kann automatisch gelöscht oder manuell aus der Tabelle entfernt werden. Wählen Sie *Daten/Gliederung/Gruppierung aufheben/Gliederung entfernen*, um die Gliederung zu löschen.

Um eine Gliederung zeilen- oder spaltenweise zu entfernen, müssen alle abgestuften Zeilen und/oder Spalten wieder auf die oberste Ebene befördert werden. Der Menübefehl dafür ist *Gruppierung aufheben*, schneller geht es mit den nachfolgend beschriebenen Gliederungssymbolen.

7.3.5 Manuell gliedern

Die automatische Gliederung kommt relativ selten zum Einsatz, da die meisten Tabellen in der Praxis nicht so kompakt vorliegen. Meist sind noch Zwischenüberschriften, zusätzliche Berechnungen oder Leerzeilen/-spalten eingezogen, und da versagt die Automatik schnell. Um in einer relativ kleinen, überschaubaren Tabelle einige Zeilen oder Spalten in Ebenen zu unterteilen, müssen Sie auch keine Gliederungsautomatik bemühen. Markieren Sie einfach die Bereiche und gliedern sie mithilfe der Gliederungssymbole.

Gruppieren und Gruppierung aufheben

Für die manuelle Gruppierung benutzen Sie die Symbole aus der Gruppe *Gliederung* auf der Registerkarte *Daten*. Klicken Sie auf *Gruppieren*, um die markierten Zeilen oder Spalten tiefer zu stellen, oder auf *Gruppierung aufheben*, um die Markierung eine Ebene nach oben zu befördern.

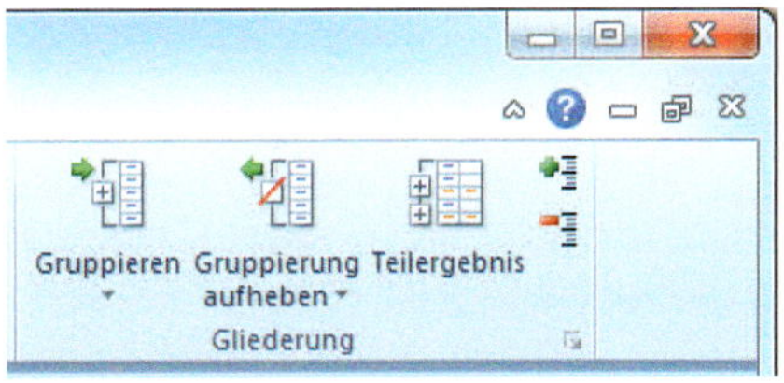

Abbildung 7.20 Gruppierungssymbole in der Gruppe Gliederung

Praxis: Mitarbeiterdaten nach Ländern gruppiert

Die Tabelle aus dem ersten Beispiel finden Sie in einer weiteren Ansicht mit Zwischensummen für die einzelnen Länder in der gleichen Mappe. Die *AutoGliederung* würde hier zwar auch funktionieren, testen Sie aber an diesem Beispiel die manuelle Gliederung.

1. Markieren Sie die ersten Zeilen, die Sie herunterstufen wollen. Ziehen Sie die Markierung dazu über die Zeilennummern 5 bis 9 im Zeilennummernbereich.
2. Klicken Sie auf den Gliederungspfeil nach rechts. Um die Zeilen wieder heraufzustufen, markieren Sie diese erneut und klicken unter *Daten/Gliederung* auf *Gruppierung aufheben*.
3. Verfahren Sie so auch mit den Zeilen 12–14 und 17–18.
4. Markieren Sie anschließend die Spaltenbuchstaben B–G, und klicken Sie auf *Gruppieren*. Um die Spalten wieder heraufzustufen, markieren Sie diese und klicken auf *Gruppierung aufheben*.

HINWEIS Ziehen Sie die Markierung immer über die Zeile oder Spalte (Zeilen-/Spaltenkopf), die eine Ebene tiefer oder höher gestellt werden soll. Wenn Sie Excel nur eine Zell- oder Bereichsmarkierung geben, wird per Dialogbox abgefragt, was zu gliedern ist.

7.3.6 Gliederung anzeigen, ein- und ausblenden

Für jede gegliederte Zeilen- oder Spaltengruppe wird über dem Spaltenkopf oder links vom Zeilenkopf ein Symbol eingefügt. Die Linie an diesem Symbol erstreckt sich über alle in einer Gliederungsebene integrierten Zeilen oder Spalten. Das Symbol selbst steht in der ersten Zeile oder Spalte, die nicht mehr in der Ebene enthalten ist.

Ein Minuszeichen zeigt an, dass der Inhalt dieser Ebene komplett sichtbar ist, ein Pluszeichen weist darauf hin, dass Zeilen oder Spalten ausgeblendet sind; der Inhalt ist nicht sichtbar. Achten Sie auf die verschwundenen Zeilen- oder Spaltennummern.

Klicken Sie auf das Symbol, um vom Plus- zum Minuszeichen oder umgekehrt zu wechseln und damit die Zeilen bzw. Spalten aus- bzw. einzublenden.

Auf der Registerkarte *Daten* finden Sie in der Gruppe *Gliederung* zwei Symbole, die für das Einblenden oder Ausblenden der markierten Detailebene vorgesehen sind.

	A	B	C	D	E	F	G	H
1	**Mitarbeiterentwicklung in den Produktionswerken**							
2								
3	**Jahr**	**2005**	**2006**	**2007**	**2008**	**2009**	**2010**	Stand
4	**Deutschland**							
5	Hamburg	4.500	5.000	5.500	5.800	5.800	5.700	32.300
6	Frankfurt	5.000	5.200	5.600	5.600	6.000	6.700	34.100
7	München	2.200	3.000	4.100	4.500	4.500	4.300	22.600
8	Stuttgart	8.900	9.000	9.200	8.900	9.400	10.200	55.600
9	Karlsruhe	6.900	8.000	8.000	8.400	9.000	11.000	51.300
10	Gesamt Deutschland	27.500	30.200	32.400	33.200	34.700	37.900	195.900
11	**Frankreich**							
12	Paris	1.200	1.500	1.800	3.100	3.400	3.500	14.500
13	Lyon	5.200	6.000	8.000	7.800	8.200	8.400	43.600
14	Marseille	5.000	7.100	7.200	7.600	6.900	6.500	40.300
15	Gesamt Frankreich	11.400	14.600	17.000	18.500	18.500	18.400	98.400
16	**USA**							
17	Virginia	3.200	4.400	4.600	4.500	4.800	4.600	26.100
18	Texas	2.000	2.300	2.400	3.100	2.800	2.500	15.100
19	Gesamt USA	5.200	6.700	7.000	7.600	7.600	7.100	41.200
20	Gesamt	44.100	51.500	56.400	59.300	60.800	63.400	335.500

Abbildung 7.21
Liste mit Zwischensummen

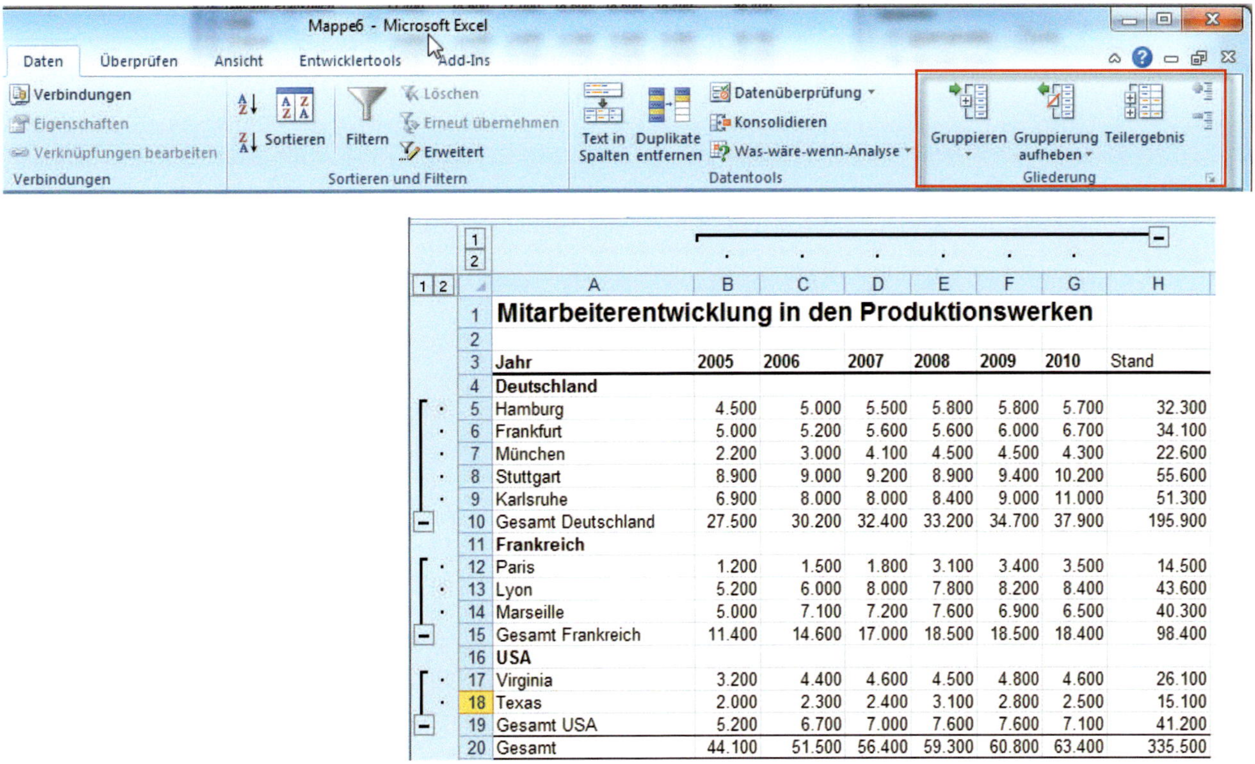

	A	B	C	D	E	F	G	H
1	**Mitarbeiterentwicklung in den Produktionswerken**							
2								
3	**Jahr**	**2005**	**2006**	**2007**	**2008**	**2009**	**2010**	Stand
4	**Deutschland**							
5	Hamburg	4.500	5.000	5.500	5.800	5.800	5.700	32.300
6	Frankfurt	5.000	5.200	5.600	5.600	6.000	6.700	34.100
7	München	2.200	3.000	4.100	4.500	4.500	4.300	22.600
8	Stuttgart	8.900	9.000	9.200	8.900	9.400	10.200	55.600
9	Karlsruhe	6.900	8.000	8.000	8.400	9.000	11.000	51.300
10	Gesamt Deutschland	27.500	30.200	32.400	33.200	34.700	37.900	195.900
11	**Frankreich**							
12	Paris	1.200	1.500	1.800	3.100	3.400	3.500	14.500
13	Lyon	5.200	6.000	8.000	7.800	8.200	8.400	43.600
14	Marseille	5.000	7.100	7.200	7.600	6.900	6.500	40.300
15	Gesamt Frankreich	11.400	14.600	17.000	18.500	18.500	18.400	98.400
16	**USA**							
17	Virginia	3.200	4.400	4.600	4.500	4.800	4.600	26.100
18	Texas	2.000	2.300	2.400	3.100	2.800	2.500	15.100
19	Gesamt USA	5.200	6.700	7.000	7.600	7.600	7.100	41.200
20	Gesamt	44.100	51.500	56.400	59.300	60.800	63.400	335.500

Abbildung 7.22 Zeilen manuell gliedern

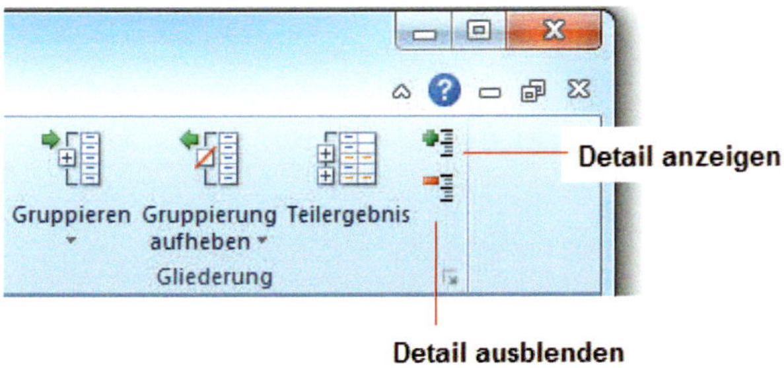

Abbildung 7.23 Gliederungssymbole – Registerkarte Daten

Ebenennummern

Für jede neu eingezogene Gliederungsebene wird links oben in der Ecke, wo sich Zeilen und Spalten treffen, eine Ebenennummer oben (für Spalten) bzw. links (für Zeilen) eingetragen. Eine 1 erscheint, wenn in der Zeile oder Spalte eine Unterebene existiert, bei zwei Ebenen wird 1 und 2 angezeigt usw. (bis zu acht Ebenen sind möglich). Klicken Sie direkt auf die Nummer der Ebene, die Sie noch sehen möchten, um alle Inhalte nach dieser Ebene auszublenden. Die Nummern selbst bleiben immer stehen und können nur durch Ausblenden der Gliederungsansicht aus dem Blickfeld genommen werden.

Eine Ebenennummer verschwindet erst wieder, wenn alle Zeilen oder Spalten aus ihrer Stufe zurückgestuft wurden (Gliederungspfeil nach links).

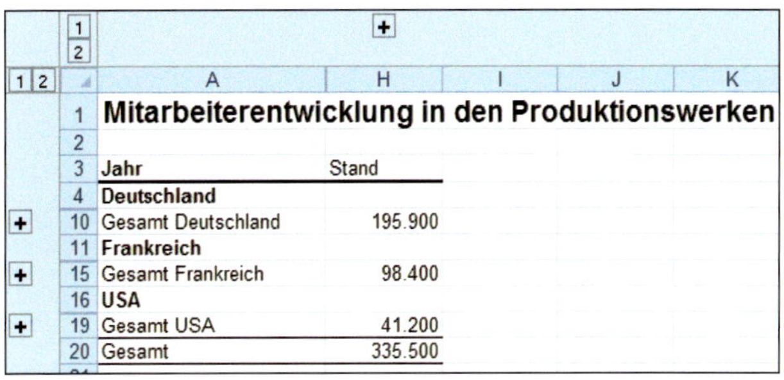

	A	H
1	**Mitarbeiterentwicklung in den Produktionswerken**	
2		
3	**Jahr**	Stand
4	**Deutschland**	
10	Gesamt Deutschland	195.900
11	**Frankreich**	
15	Gesamt Frankreich	98.400
16	**USA**	
19	Gesamt USA	41.200
20	Gesamt	335.500

Abbildung 7.24 ... und jetzt nur die Zeilen-/Spaltensummen der ersten Gliederungsebene.

7.3.7 Gliederungssymbole ausblenden

Um alle Gliederungssymbole (Ebenen, Plus- und Minuszeichen) aus einer gegliederten Tabelle zu entfernen, brauchen Sie den Befehl *Gliederungssymbole anzeigen*. Für diesen Befehl gibt es kein Symbol auf einer Registerkarte, fügen Sie es bei Bedarf in die Symbolleiste für den Schnellzugriff ein:

1. Klicken Sie mit der rechten Maustaste in die Symbolleiste für den Schnellzugriff.
2. Wählen Sie *Anpassen*, und schalten Sie unter *Befehle auswählen* auf *Alle Befehle*.
3. Fügen Sie den Befehl *Gliederungssymbole anzeigen* per *Hinzufügen* in die Symbolleiste ein.

Klicken Sie auf das Symbol, um die Gliederungssymbole aus- und wieder einzuschalten. Die Ebenennummern erscheinen wieder, ebenso die Plus- und Minussymbole für die einzeln ausgeblendeten Zeilen und Spalten.

7.3.8 Gliederungsebenen formatieren

Zur Formatierung von Gliederungsebenen stehen Ihnen maximal sieben Gliederungsstufen und damit auch sieben Formatvorlagen zur Verfügung. Erstellen Sie mithilfe der *AutoGliederung* eine Gliederung, und kreuzen Sie in den Gliederungseinstellungen die Option *Automatische Formatierung* an, so wird jeder Gliederungsstufe eine eigene Formatvorlage zugewiesen. Diese Vorlagen haben keine abweichenden Formate, andere Schriftarten etc., können aber bequem nach eigenen Vorstellungen angepasst werden. Der Vorteil dieser Technik: Sie gliedern Ihre Daten in bis zu sieben Ebenen und passen einmal die Vorlage der jeweiligen Ebene an. Mit jedem Gliederungsvorgang nehmen die Daten die Formatierung der passenden Formatvorlage an, und Ihre Tabelle ist einheitlich formatiert.

Stufe	Formatvorlage
Stufe 1	*Zeilenebene_1*
	Spaltenebene_1
Stufe 2	*Zeilenebene_2*
	Spaltenebene_2

Tabelle 7.2 Stufen und Formatvorlagen

Mit jeder neuen Gliederungsstufe, die Sie automatisch erstellen, fügt Excel die benötigte Formatvorlage in die Liste der Formatvorlagen ein. Einmal aufgenommene Formate werden nicht selbstständig entfernt, auch wenn die Gliederung nicht bis zur entsprechenden Stufe reicht.

Zellenformatvorlagen für Gliederungen bearbeiten

Die Formatvorlagen, die automatisch zugewiesen werden, wenn Sie eine Ebene mit automatischer Formatierung gliedern, finden Sie in der Liste der Zellenformatvorlagen. Ändern Sie nur diese, um die gesamte Gliederung einheitlich zu formatieren:

1. Wählen Sie *Zellenformatvorlagen* auf der Registerkarte *Start*.

Unter *Titel und Überschriften* finden Sie je eine Formatvorlage für alle Zeilen- und Spaltenebenen, die Sie in der Gliederung verwendet hatten. Klicken Sie mit der rechten Maustaste in eine dieser Vorlagen, und wählen Sie *Ändern*.

Passen Sie die einzelnen Teile der Vorlage an, kreuzen Sie zusätzlich zur Schriftart weitere Teile wie das Zahlenformat an, und ändern Sie mit *Formatieren* das Format.

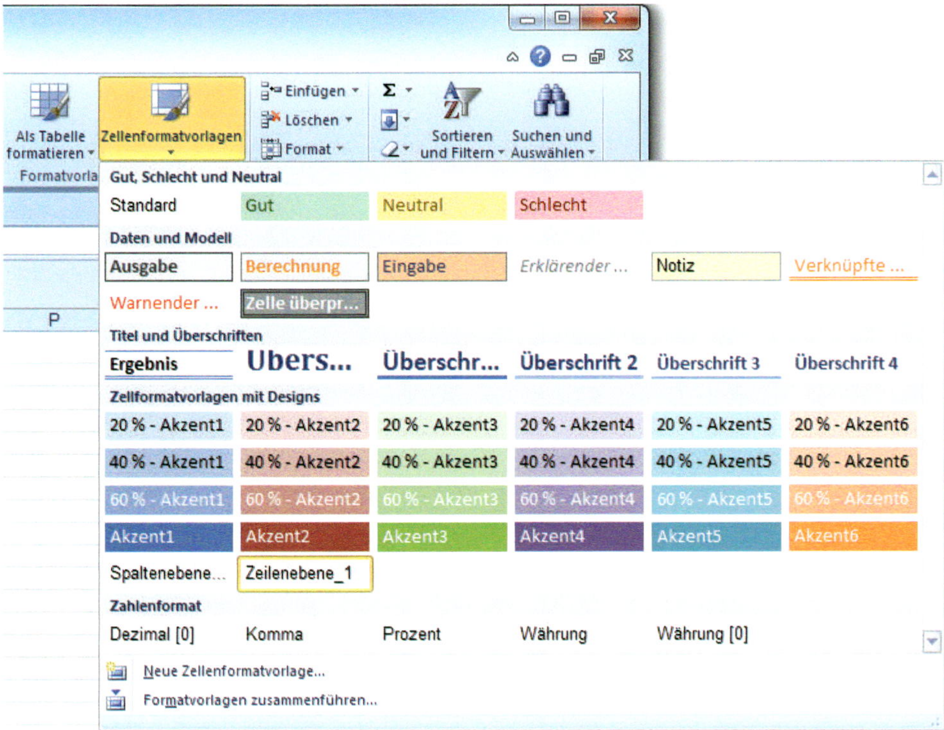

Abbildung 7.25 Zellenformatvorlagen

Praxis: Weinliste mit Formatvorlagen für alle Ebenen

Dieses Beispiel bietet Raum genug für die Anwendung von sechs Gliederungsebenen: Eine Weinliste wird wie folgt untergliedert (hier mit Einzügen, über die Einzugssymbole aus *Start/Ausrichtung*):

Herkunftsland

    Weinsorte

        Region

            Jahrgang

                Weingut

                    Weinsorte

CD-ROM Das Beispiel finden Sie auf der Buch-CD unter *Weinliste.xlsx*.

Abbildung 7.26 Die Weinliste mit mehreren Gliederungsebenen

Mit jeder neuen Gliederungsstufe wird auch die Zellenformatvorlage aktiv, und die lässt sich einfach abändern. Klicken Sie unter *Start/Zellenformatvorlage* auf die Gliederungsformatvorlagen, und ändern Sie die darin gespeicherten Formate ab.

Mit der Kombination aus Gliederungsebenen und Formatvorlagen lässt sich die Weinliste leicht organisieren.

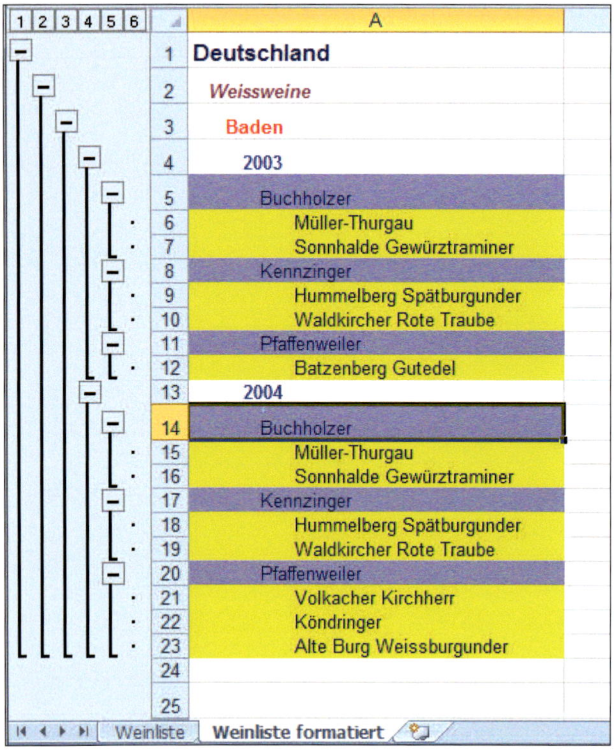

Abbildung 7.27 Die Formatvorlage wird neu festgelegt.

7.4 Teilergebnisse

Tabellen nehmen in der Praxis ungeahnte Ausmaße an, und mit zunehmender Größe werden auch die Auswertungen komplexer und aufwendiger. Zu den wichtigsten Aufgaben der Datenauswertung gehört immer schon der Gruppenwechsel. Dieser Fachbegriff steht für die Erstellung von Zwischensummen in Tabellen. Excel bietet für diese Spezialaufgabe einen Befehl namens *Teilergebnis* an.

Teilergebnisse werden in geschlossene Tabellen einberechnet, die Tabelle erscheint anschließend mit Zwischensummen in den Feldern, die Sie zuvor bestimmt hatten. Sie können diese Zwischensummen jederzeit wieder entfernen und die Tabelle in den Originalzustand zurückversetzen.

CD-ROM Die Beispiel-Mappe zum Üben finden Sie auf der Buch-CD unter *Produktionskosten.xlsx*.

HINWEIS Teilergebnisse können nicht in Tabellen zugewiesen werden. Tabellen sind besonders ausgewiesene Zellenbereiche mit Tabellenvorlagen. Sie werden über *Start/Formatvorlagen/Als Tabelle formatieren* produziert und mit *Tabellentools/Entwurf/Tools/In Bereich konvertieren* wieder in normale Bereiche verwandelt, in denen auch Teilergebnisse möglich sind.

	A	B	C	D	E	F	G
1	**Produktionskosten**						
2							
3	Artikel	Produktsparte	Material	Lohn	Gemein	Werkzeug	Summe
4	California Duschgel	W	60	120	18	19	217
5	Freezer After Shave	M	70	130	25	15	240
6	Freezer Deo for Men	M	55	90	40	25	210
7	Freezer Parfum	M	30	99	23	10	162
8	Fresh Deo for Men	M	90	79	12	12	193
9	Fresh Duschgel	W	55	90	11	27	183
10	LadyLove Deo	W	55	66	15	8	144
11	LadyLove ShowerGel	W	34	110	13	20	177

Abbildung 7.28 Eine Kostenübersicht mit Artikel und Produktsparte

7.4.1 Zuerst sortieren

Wichtigste Voraussetzung für Teilergebnisse ist die richtige Sortierung. Die Sortierung der Tabelle ist nötig, damit Excel die Teilergebnisse gruppenbezogen erstellen kann. Sortiert wird in der Regel die Spalte, die für den Gruppenwechsel bzw. für die Zwischensummen vorgesehen ist.

1. Markieren Sie den Datenbereich der Liste.
2. Wählen Sie *Daten/Sortieren und Filtern/Sortieren*.
3. Bestimmen Sie den ersten Sortierschlüssel, und starten Sie die Sortierung.

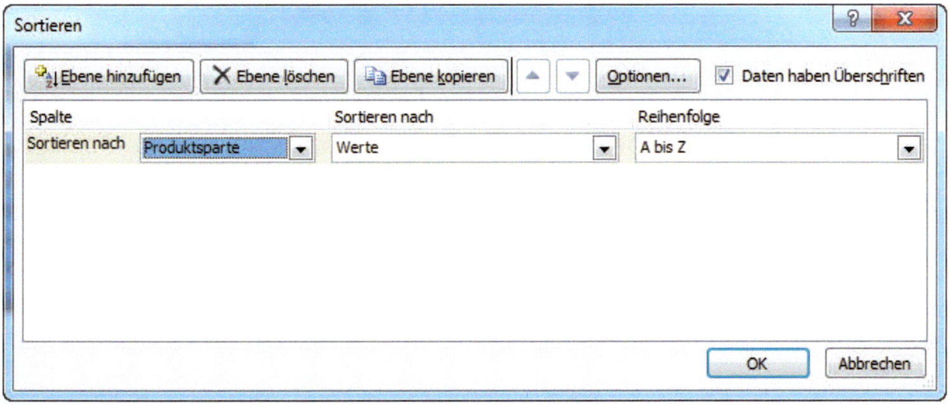

Abbildung 7.29
Die Sortierung für die Liste

7.4.2 Teilergebnisse berechnen

Starten Sie die Berechnung der Teilergebnisse wieder mit dem Zellzeiger in der Liste. Ist diese nicht markiert, erhalten Sie eine Mitteilung, dass keine gültige Liste zu finden ist. Wählen Sie *Daten/Gliederung/Teilergebnis*.

» *Gruppieren nach:* Geben Sie hier die sortierte Spalte an, für die Teilergebnisse zu ermitteln sind.

» *Unter Verwendung von:* Hier finden Sie eine Tabelle von Funktionen für die Teilergebnisse. Die gängigste davon ist die *Summe* für Gruppensummen. Sie können aber auch ermitteln, wie oft der Wert pro Gruppe in nicht leeren Zellen vorkommt (*Anzahl*), wie das arithmetische Mittel der Werte (*Mittelwert*) oder das Produkt (*Produkt*) der Werte aussieht. Die Funktionen *Minimum* und *Maximum* geben den kleinsten bzw. größten Wert der Gruppe aus, und mit *Anzahl* (nur Zahlen) ermitteln Sie, wie oft Zahlen vorkommen. Die übrigen Funktionen sind für die statistischen Berechnungen von Standardabweichungen und Varianzen.

» *Teilergebnis addieren zu:* Bestimmen Sie hier die Spalten, in denen und für die das Teilergebnis erscheinen soll. Kreuzen Sie alle Spalten an, für die Sie ein Ergebnis wünschen.

» *Vorhandene Teilergebnisse ersetzen:* Falls die Operation bereits einmal gelaufen ist, können Sie das alte Ergebnis durch das neue ersetzen lassen.

» *Seitenumbrüche zwischen Gruppen einfügen:* Damit wird automatisch für jede neue Datengruppe, für die es ein Teilergebnis gibt, eine neue Seite begonnen.

» *Ergebnisse unterhalb der Daten anzeigen:* Diese Option ist standardmäßig angekreuzt, damit die Gruppensummen unter den Werten eingefügt werden. Entfernen Sie die Markierung, wenn Sie die Summen über den Zellen mit den Daten sehen wollen.

» *Alle entfernen:* Entfernt sämtliche Teilergebnisse aus der Tabelle oder Datenbank.

Starten Sie die Teilergebnisberechnung mit *OK*. Die Tabelle wird nach Abschluss der Aktion nach jeder Gruppe eine Zwischensumme anzeigen und am Ende der Tabelle das Gesamtergebnis ausgeben.

Gliederung inbegriffen

Am linken Bildschirmrand erkennen Sie Gliederungssymbole. Die Teilergebnisberechnung gliedert die Tabelle automatisch in drei Ebenen:

» *1. Ebene:* Das Gesamtergebnis. Klicken Sie auf die 1 links oben, um nur diese Ebene sichtbar zu machen.

» *2. Ebene:* Die Zwischensummen, sichtbar, wenn die Ebenennummer 2 markiert wird.

» *3. Ebene:* Alle Daten der Tabelle inklusive Teilergebnisse werden mit der Ebenennummer 3 sichtbar gemacht.

Benutzen Sie die Gruppierungssymbole in der Gruppe *Daten/Gliederung*, um die einzelnen Ebenen aufzuheben oder auszublenden. Mit *Alles löschen* nach einem erneuten Aufruf von *Daten/Teilergebnisse* lässt sich die Gliederung zusammen mit allen Zwischensummen ebenfalls wieder entfernen.

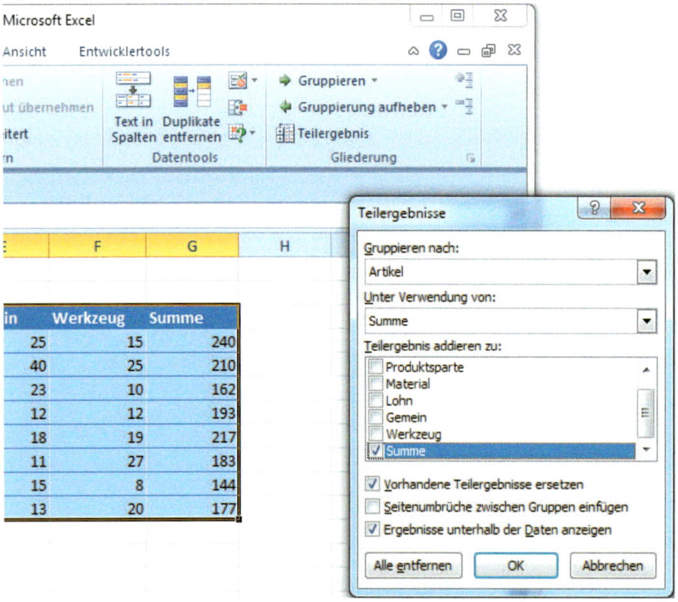

Abbildung 7.30
Die Teilergebnisse werden berechnet.

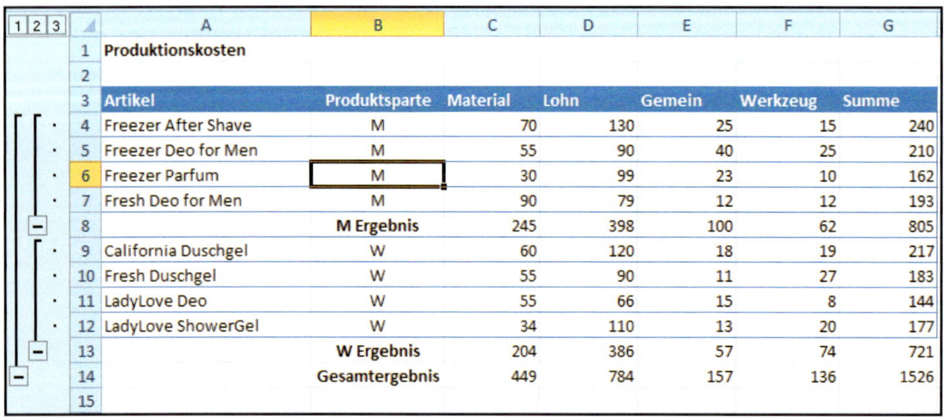

	A	B	C	D	E	F	G
1	**Produktionskosten**						
2							
3	Artikel	Produktsparte	Material	Lohn	Gemein	Werkzeug	Summe
4	Freezer After Shave	M	70	130	25	15	240
5	Freezer Deo for Men	M	55	90	40	25	210
6	Freezer Parfum	M	30	99	23	10	162
7	Fresh Deo for Men	M	90	79	12	12	193
8		**M Ergebnis**	245	398	100	62	805
9	California Duschgel	W	60	120	18	19	217
10	Fresh Duschgel	W	55	90	11	27	183
11	LadyLove Deo	W	55	66	15	8	144
12	LadyLove ShowerGel	W	34	110	13	20	177
13		**W Ergebnis**	204	386	57	74	721
14		**Gesamtergebnis**	449	784	157	136	1526
15							

Abbildung 7.31
Die Kostentabelle hat ihre Gruppenwechsel.

7.5 Die VBA-Ecke

7.5.1 Verknüpfungen suchen und löschen

Die Suche nach externen Verknüpfungen ist oft sehr mühsam, Excel markiert zwar bei Bedarf über *Start/Bearbeiten/Suchen und Auswählen/Inhalte auswählen/Formeln* alle Formelzellen, aber ob diese auch Verknüpfungen enthalten, lässt sich auf den ersten Blick nicht erkennen.

Für ein VBA-Makro, das eine komplette Tabelle nach Verknüpfungen durchsucht, brauchen Sie eine Schleife. Eine kleine Konstante sorgt dafür, dass nur Zellen bearbeitet werden, in denen Formeln enthalten sind, und nichts anderes sind ja Verknüpfungen:

```
xlCellTypeFormulas
```

Um die Formel auch noch als Verknüpfung zu identifizieren, lassen Sie mit `Instr` den Inhalt nach einem Verknüpfungsteil, z.B. nach der Dateiendung, gefolgt von einer Klammer, durchsuchen:

```
InStr(1, UCase(zelle.Formula), "XLS]")
```

CD-ROM Die Arbeitsmappe finden Sie auf der Buch-CD unter *VBA Verknüpfungen.xlsm*. Achten Sie auf die Sicherheitsmeldung nach dem Öffnen, bestätigen Sie diese mit Klick auf *Aktivieren*.

Das Makro durchsucht die aktuelle Tabelle Zelle für Zelle. Wird eine Verknüpfung entdeckt, fragt eine erste Meldung, ob diese in den gespeicherten Wert umzuwandeln ist. Bestätigen Sie das mit *Ja*, wird die nächste Verknüpfung gesucht. Mit Klick auf *Nein* erscheint noch eine Meldung, die wissen möchte, ob Sie die Verknüpfung löschen wollen. Auch dabei haben Sie die Wahl zwischen *Ja* und *Nein*.

```
Sub VerknüpfungenLöschen()
Dim zelle  As Range
Dim okMSg
For Each zelle In _
 ActiveSheet.Cells.SpecialCells(xlCellTypeFormulas)
 If InStr(1, UCase(zelle.Formula), "XLS]") <> 0 Then
  okMSg = MsgBox("Verknüpfung in Wert umwandeln?" _
  & vbCr & zelle.Address & ": " & zelle.FormulaLo-
cal, _
  vbYesNo, "Verknüpfung umwandeln")
  If okMSg = vbYes Then
    zelle.Value = zelle.Text
  Else
    okMSg = MsgBox("Verknüpfung löschen?" & vbCr _
    & zelle.Address & ": " & zelle.FormulaLocal, _
    vbYesNo, "Verknüpfung löschen")
    If okMSg = vbYes Then zelle.Value = ""
  End If
 End If
Next
End Sub
```

Listing 7.1 Makro zur Verwaltung von Verknüpfungen

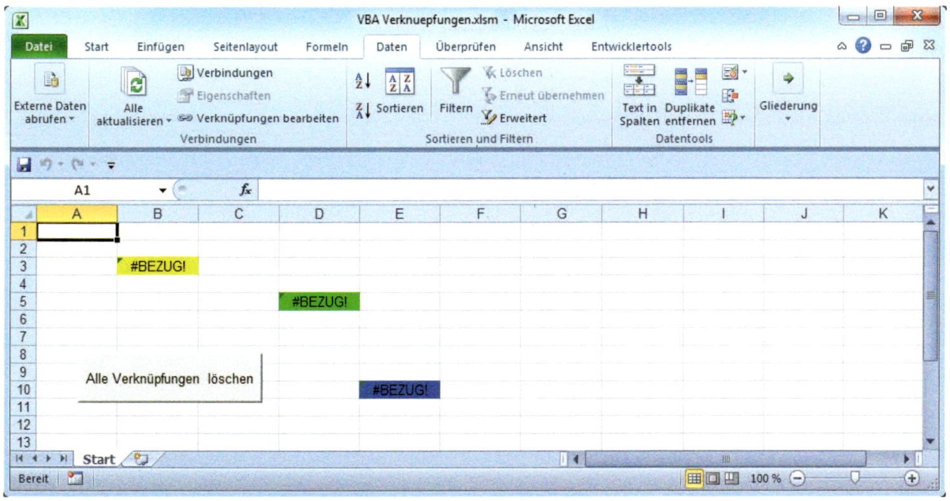

Abbildung 7.32 Verknüpfungen per Makro suchen und entfernen

Teil 3
Richtig formatieren und drucken

Perfekt kalkulieren heißt auch perfekt präsentieren, und deshalb sollten Sie Ihre Tabellen immer mit den richtigen Formaten für Zellen, Zeilen und Spalten versehen. Bleiben Sie sparsam mit Formaten, verwenden Sie Farben, Muster und Schriftformate nur zweckgebunden. Im ersten Kapitel dieses Teils lernen Sie das Zahlenformat kennen, das bereits Grundlagenthema in Teil 2 war. Besonders wichtig sind die Platzhalter der benutzerdefinierten Zahlenformate.

Wie Sie Schrift, Farben und Muster zuweisen und Ihre Tabellen damit in Form bringen, zeigt das nächste Kapitel in diesem Teil, und damit die Ergebnisse auch auf Papier gut aussehen, sollten Sie auf ein korrektes Seitenlayout achten. Lernen Sie, wie Sie in Excel Kopf- und Fußzeilen mit dynamischen Informationen (z. B. Dateiname oder Firmenlogo) versehen, und passen Sie die Druckereinstellungen an Ihr Layout an.

Kapitel 8: Zahlenformate

Die Zuweisung des korrekten Zahlenformats ist so wichtig, dass wir dem Thema ein eigenes Kapitel widmen. Lesen Sie, welche Möglichkeiten das Zahlenformat einer Zelle zu bieten hat, und lernen Sie Spezialtechniken der Zahlenformatierung kennen.

Kapitel 9: Schrift, Rahmen, Farben, Hintergründe

Richtig Formatieren ist eine Voraussetzung für optimales Arbeiten mit Tabellen und Zellen. Schriftformate und Schriftgrößen, Rahmen, Farben und Hintergründe sollten das Tabellenblatt stützen und Wichtiges hervorheben. Hier zeigen wir Ihnen den richtigen Umgang mit den Werkzeugen zur Optikverbesserung.

Kapitel 10: Seitenlayout und Druck

Von der Tabelle auf dem Bildschirm zum richtigen Druck auf Papier oder in die PDF-Datei ist ein langer Weg. Seitenlayout, Ränder, Kopf- und Fußzeilen gilt es ebenso zu beachten wie die richtigen Druckereinstellungen.

Kapitel 8

Zahlenformate

Mit dem Zahlenformat als wichtigstem Baustein der Zellenformatierung hatten Sie schon in Kapitel 5 bei den Grundlagen der Tabellenbearbeitung Bekanntschaft gemacht – Datenerfassung und Zahlenformat sind untrennbar. Dieses Kapitel nimmt dieses wichtige Thema noch einmal auf und zeigt Ihnen alles über Zahlenformate, stellt die Palette der Zahlenformatcodes vor und präsentiert einige besonders knifflige, aber nützliche Spezialformatierungen.

8.1 Zahlenformatierung – das Prinzip

Das Grundwissen um Zahlenformate und deren Einfluss auf den Zellinhalt ist bereits bei der Erfassung der ersten Zahlen wichtig und erspart so manche Überraschung. Aus diesem Grund finden Sie schon in *Kapitel 5* Informationen über Zahlenformate. In diesem Kapitel greifen wird das Thema noch einmal auf und vertiefen es. Lernen Sie hier vor allem die Platzhalterzeichen der Zahlenformate kennen, und erstellen Sie sich Ihre eigenen Formate.

Im Schichtenmodell übernimmt das Zahlenformat die Rolle, den Zellinhalt zu formatieren, ganz gleich, ob dieser direkt eingegeben wird, über eine Formel oder Funktion berechnet wird oder aus einer Verknüpfung stammt.

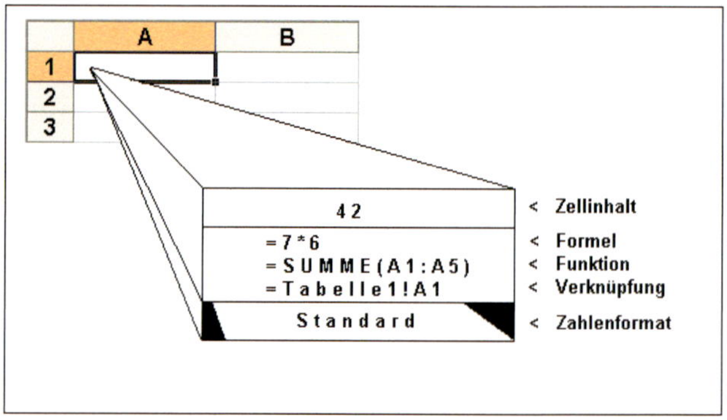

Abbildung 8.1 Das Zahlenformat liefert die Formatierung.

Nicht die Zahl wird formatiert, sondern die Zelle, in der sich die Zahl befindet. Wie die Zahl nach der Eingabe in die Zelle aussieht, hängt vom Zahlenformat der Zelle ab. Prüfen Sie es gleich nach:

1. Schreiben Sie eine Dezimalzahl in die erste Zelle einer neuen Tabelle:

   ```
   123,45
   ```

2. Markieren Sie die Zelle wieder, und wählen Sie *Zahl/Zahlenformat/Mehr* ... auf der Registerkarte *Start* (Sie können auch das Dialogfeld der Gruppe *Zahl* öffnen, am schnellsten geht's mit [Strg]+[1]).

Das Zahlenformat der Zelle wird angezeigt. Passt das Format in eine Kategorie, wird diese in der Liste markiert. Schalten Sie gleich auf die Kategorie *Benutzerdefiniert* um, und sehen Sie sich den Code des Zahlenformats an:

Besitzt die Zelle das Zahlenformat *Standard*, prüft Excel bei der Eingabe die Wertigkeit der Zahl und weist ihr ein passendes Format zu. Sie können ein anderes Zahlenformat aus der Liste wählen oder unter *Benutzerdefiniert* ein eigenes Zahlenformat definieren.

8.1.1 Gültigkeitsbereich der Zahlenformate

Die Zahlenformate gelten grundsätzlich für die Arbeitsmappe, in der sie erstellt und geändert werden. Wenn Sie eine andere Mappe öffnen oder aktivieren, sind Ihre neuen, benutzerdefinierten Formate nicht verfügbar. Es gibt mehrere Möglichkeiten, Zahlenformate von einer Mappe zur anderen zu übertragen:

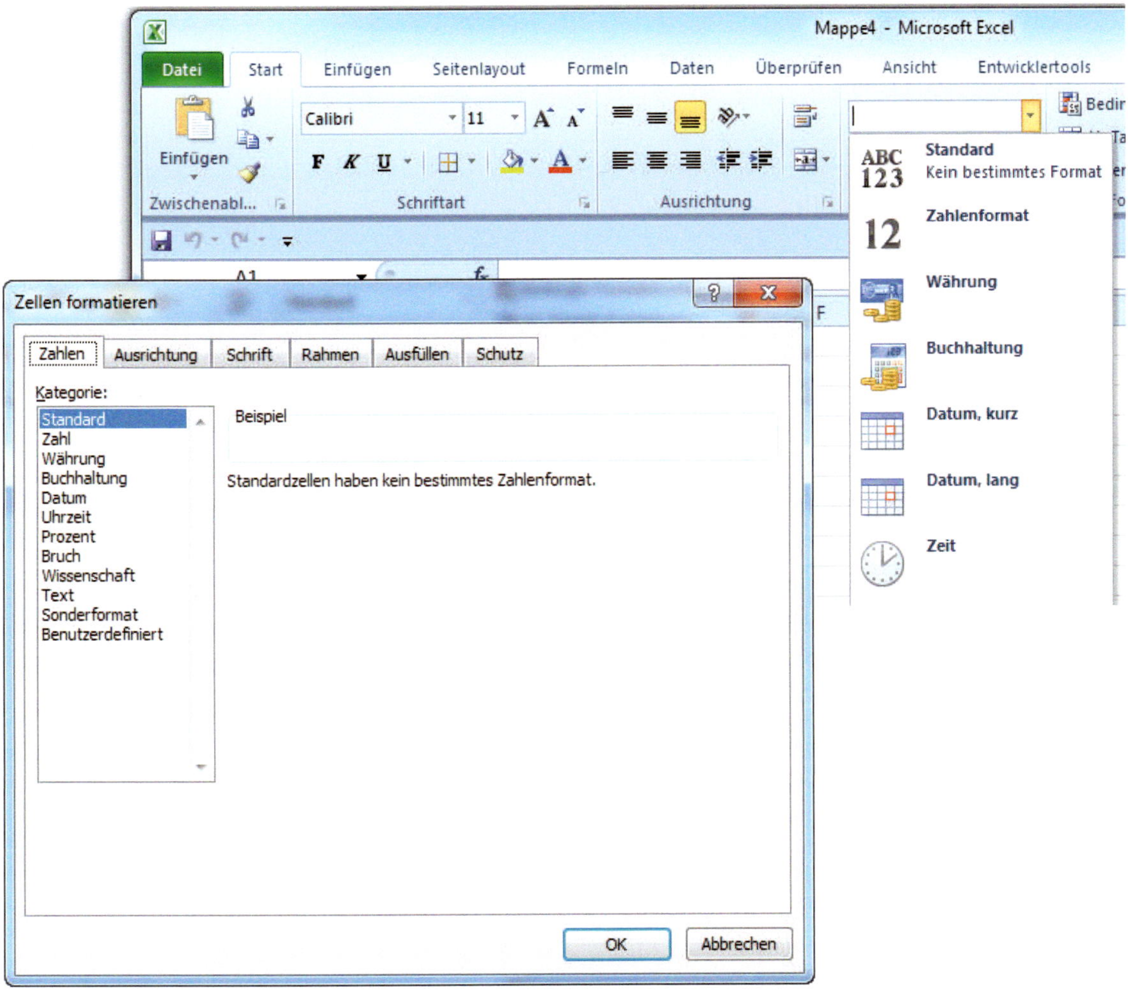

Abbildung 8.2 Das Zahlenformat in Registerkarte und Dialogfeld

Copy&Paste

Der einfachste Weg: Kopieren Sie die Zelle(n) mit den selbst gemachten Zahlenformaten, wechseln Sie zur zweiten Mappe, und fügen Sie die Kopie mit der [Eingabe]-Taste ein. Mit dem Zellinhalt werden auch die Zahlenformate kopiert, selbst wenn Sie die kopierten Zahlen wieder löschen, bleiben die neuen Formate erhalten.

Aus der Vorlage

Wenn Sie sichergehen wollen, dass immer alle Zahlenformate, also auch private oder firmenspezifische, zur Verfügung stehen, packen Sie diese in eine Vorlage:

1. Legen Sie Ihre Zahlenformate in einer Mappe an.
2. Wählen Sie *Datei/Speichern unter*. Schalten Sie auf den Datentyp *Excel-Vorlage* um, und speichern Sie Ihre Mappe mit der Dateiendung *.xltx* ab.

Um eine Kopie der Mappe mit den speziellen Zahlenformaten zu benutzen, wählen Sie *Datei/Neu*, klicken unter *Vorlagen* auf *meine Vorlagen* und wählen die Vorlage mit den Zahlenformaten aus.

Für neue Arbeitsmappen

Wollen Sie Ihre eigenen Zahlenformate auch in der neuen Mappe zur Verfügung haben, die gleich nach dem Start bereitsteht, speichern Sie diese als Mustervorlage mit der Bezeichnung *Mappe.xltx* im Startordner von Excel (XLSTART) ab. Damit die Zahlenformate auch für neue Tabellen zur Verfügung stehen, brauchen Sie eine weitere Mustervorlage, *Tabelle.xltx*, ebenfalls im Excel-Startordner.

Eine detaillierte Beschreibung dieser Technik finden Sie in *Kapitel 3: Arbeitsmappen und Vorlagen*.

8.1.2 Rundung mit dem Zahlenformat

Beachten Sie, dass Zahlenformate die Zahlenwerte immer optisch – niemals tatsächlich – runden. Die Zahl 123,456 wird mit dem Zahlenformat »0,00« zwar als 123,46 wiedergegeben, in der Zelle bleibt aber weiterhin der Wert mit drei Nachkommastellen erhalten. Das Zahlenformat rundet kaufmännisch bis zur angegebenen Nachkommastelle oder – wenn im Zahlenformat keine Dezimalstelle vorgesehen ist – auf den nächsten Zähler des Wertes:

Wert	Zahlenformat	Ergebnis
123,456	0,00	123,46
123,456	#.##0	123

Tabelle 8.1 Formatierungen mit Zahlenformaten

Daraus ergeben sich natürlich Rundungsdifferenzen, die Sie mithilfe der Rundungsfunktion ausschließen können. Fügen Sie neben der zu rundenden Zahlenreihe eine leere Spalte ein, und schreiben Sie die Formel für die erste Zahl. Die Ziffer im zweiten Argument bestimmt den Rundungsgrad (2 = zwei Dezimalstellen).

```
A2: 123,456
B2: =RUNDEN(A2;2)
```

TIPP Wenn Sie nur die gerundeten Zahlen behalten wollen, kopieren Sie die neue Zahlenreihe ([Strg]+[C]), wählen *Bearbeiten/Inhalte einfügen* und klicken auf *Werte*. Bestätigen Sie mit *OK*, und löschen Sie die alte Zahlenreihe.

8.1.3 Windows liefert die Vorgaben

Einige der Zahlenformate orientieren sich an den Einstellungen des Betriebssystems: Windows bietet schon bei der Installation und später in der Systemsteuerung die Möglichkeit, länderspezifische Formatierungen einzustellen, zum Beispiel das Währungszeichen (EUR oder €), die Schreibweise von Datums- und Zeitangaben:

1. Wählen Sie aus dem Startmenü von Windows die Systemsteuerung (im klassischen Menü unter *Einstellungen*).
2. Aktivieren Sie die *Sprach- und Regionaleinstellungen* (in Windows Vista: *Zeit, Sprache und Region*).
3. Unter *Regions- und Sprachoptionen* klicken Sie neben dem angezeigten Land (Deutschland) auf die Schaltfläche *Anpassen* und öffnen damit eine Dialogbox, in der die fünf Registerkarten *Zahlen*, *Währung*, *Uhrzeit*, *Datum* und *Sortierung* zur Auswahl stehen.

Einstellungen für Zahlen

Hier werden die Voreinstellungen aus dem Gebietsschema angeboten und können abgeändert werden. Für Excel sind diese Einstellungen relevant:

- *Dezimaltrennzeichen:* Geben Sie hier einen Punkt anstelle des Kommas ein, um die Schreibweise beispielsweise auf schweizerisches Format zu ändern, müssen Sie in allen Excel-Tabellen mit dem Punkt als Dezimalzeichen arbeiten. Auch die Zahlenformate passen sich automatisch an.
- *Symbol für Zifferngruppierung:* Dieses Symbol (Voreinstellung Punkt) übernimmt Excel als 1000er-Trennzeichen. Wechseln Sie es (z.B. zum Komma wie in der Schweiz üblich), müssen Sie das neue Zeichen bei der Eingabe verwenden, und Excel übernimmt es als 1000er-Trennzeichen in das Zahlenformat.

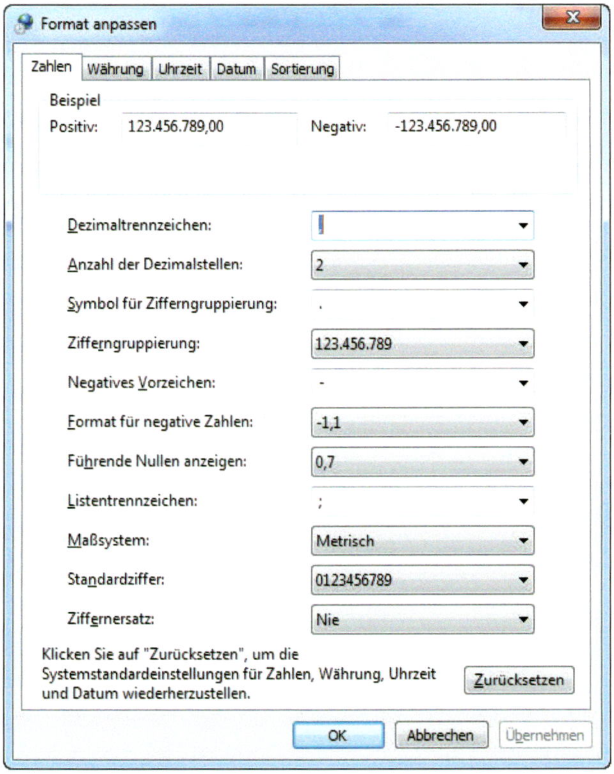

Abbildung 8.3 Zahleneinstellungen in der Systemsteuerung

Einstellung für die Währung

Das Symbol, das auf dieser Registerkarte voreingestellt ist, hat gleich zweimal eine wichtige Bedeutung für Excel:

- *Währungssymbol:* Alle Währungsformate übernehmen dieses Symbol, alle Zellen, die mit diesem Format versehen sind, erhalten das neue Symbol und seine Position (links oder rechts von der Zahl) zugewiesen. Das gilt aber nur für neue und noch nicht gespeicherte Tabellen. Bereits gespeicherte Arbeitsmappen behalten ihr Währungsformat aus der Formatvorlage.
- *Formatvorlage für Währung:* In neuen und nicht gespeicherten Arbeitsmappen übernimmt diese Formatvorlage das Währungszeichen aus der Systemsteuerung.

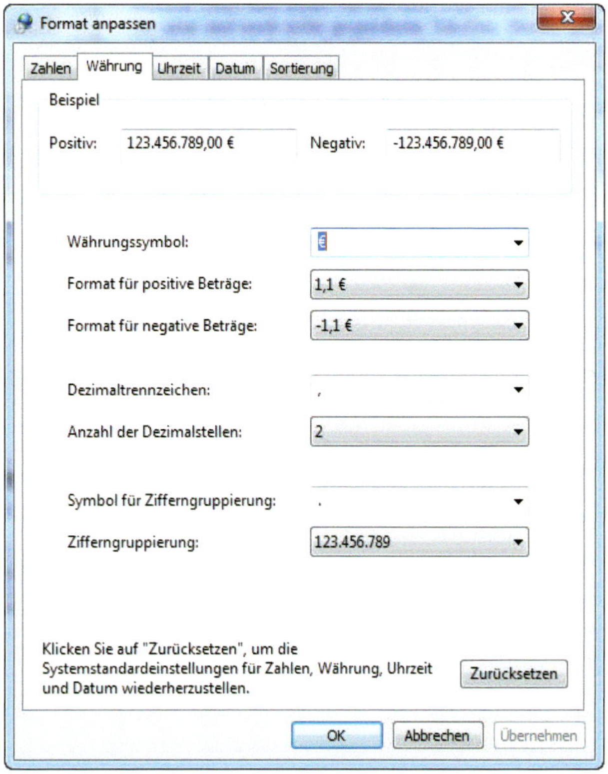

Abbildung 8.4 Das Währungssymbol in der Systemsteuerung

HINWEIS Der Bundesverband der deutschen Banken (*www.bdb.de*) empfiehlt für Tabellen generell die Schreibweise EUR, das ISO-Zeichen für den Euro. Das Eurozeichen € sollte nur für plakative Auszeichnungen, z.B. auf Preisschildern, in Anzeigen oder im Schaufenster verwendet werden. Nicht festlegen will sich der Duden als Sprachhüter der Nation. Zur Schreibweise des Euro und der Position des Währungssymbols hier ein Auszug aus dem Newsletter der Duden-Redaktion vom Januar 2002:

Auch wenn Sie ein großer Freund eindeutiger Entscheidungen sind, das »Entweder-oder« lieben und in der Antwort »Es geht hier beides« stets den Vorboten ausufernden Liberalismus und sprachlicher Schlampigkeit sehen: Sie können sowohl die Währungsbezeichnung dem Betrag voranstellen (EUR 250) als auch dem Betrag folgen lassen (250 EUR). In Fließtexten ist zwar die letztgenannte Variante zu empfehlen (250 EUR), da diese Schreibweise dem Lesefluss entspricht, ansonsten bleibt die Entscheidung Ihnen überlassen.

Nicht besser ergeht es Ihnen im Hinblick auf die Frage, ob Sie die Abkürzung »EUR« oder das Eurozeichen (€) verwenden sollen. Erlaubt ist, was gefällt, nur sollten Sie innerhalb eines Dokuments nicht unbedingt wechseln. Ansonsten gibt es jedoch keine Vorgaben: Egal ob Rechnung, Tabelle oder Geschäftsbericht - Sie haben die Wahl!

8.1.4 Wie schreibt man den Euro?

Für den Euro gibt es folgende Darstellungsformen:

Schreibweise	Erklärung
Euro	*Euro* ist der Name der gemeinsamen Währung der an der Wirtschafts- und Währungsunion teilnehmenden EU-Mitgliedsstaaten.
EUR	*EUR* ist die offizielle Abkürzung für den Euro, die auch als ISO-Norm eingetragen wurde und für wirtschaftliche, finanzielle und gewerbliche Zwecke verwendet wird, z.B. mit Beträgen (EUR 100,-).
€	Das Logo ist vom Wesen her ein Symbol und sollte nicht in Texten oder im Zusammenhang mit Beträgen verwendet werden.
Cent	ist die rechtlich festgelegte Bezeichnung für die Untereinheit des Euro. (»Euro-Cent« ist keine formal richtige Bezeichnung und nur als Ausnahmeregelung auf der Münzserie zu sehen.) Für Cent ist derzeit keine genormte Abkürzung festgelegt. Es wird jedoch häufig *c* oder *ct* verwendet. 1 Euro entspricht 100 Cent.

Tabelle 8.2 Schreibweisen für den Euro

Einstellungen für Zeit und Datum

Auf den Registerkarten *Uhrzeit* und *Datum* finden Sie die Voreinstellungen zu Zeitangaben und Datumswerten, die für neue und nicht gespeicherte Excel-Tabellen relevant sind. Diese Einstellungen werden für die Datums- und Zeitformate verwendet, die Excel in der Liste der Zahlenformate mit einem * kennzeichnet. Stellen Sie beispielsweise das Trennzeichen von Punkt auf Schrägstrich um, werden alle Datumswerte in Zukunft mit diesem Trennzeichen versehen. Auch das Format des kurzen und langen Datums wird in das Zahlenformat übernommen.

8.2 Zahlenformate zuweisen

8.2.1 Die Zahlenformatliste

Die Registerkarte *Start* stellt in der Gruppe *Zahl* die wichtigsten und häufigsten Zahlenformate zur Verfügung. Markieren Sie die zu formatierenden Zellen, und klicken Sie auf den Eintrag.

- *Standard*: Kein bestimmtes Format, der Zellinhalt wird nach seinem Datentyp formatiert (Zahl, Text oder Datum).
- *Zahl:* Dezimalzahl mit zwei Nachkommastellen ohne Tausendertrennzeichen.
- *Währung:* Mit diesem Symbol erhält der markierte Bereich das Zahlenformat *Währung* (zwei Nachkommastellen, Währungszeichen €).
- *Buchhaltung:* Damit weisen Sie den Zahlen das Buchhaltungsformat mit zwei Nachkommastellen und € als Währungssymbol zu.
- *Datum kurz:* Das einfache Datumsformat TT.MM.JJJJ mit ausgeschriebener Jahreszahl.
- *Datum lang:* Das ausführliche Datumsformat mit Wochentag, Monat in Textform und ausgeschriebener Jahreszahl.
- *Zeit:* Zeitformat mit Stunde, Minute und Sekunde (führende Nullen).
- *Prozent:* Multipliziert die Zelle(n) mit 100 und fügt ein Prozentzeichen an.
- *Bruch:* Wandelt eine Dezimalzahl in einen Bruch um (z.B. 0,125 = 1/8).
- *Exponentialzahl (Wissenschaft):* Wandelt eine Zahl in Exponentialschreibweise um
- *Text:* Stellt eine Zahl im Textformat dar.

8.2.2 Das Währungssymbol

Das Währungssymbol in der Gruppe *Zahl* bietet keine Währungs-, sondern Buchhaltungsformate an, und zwar wahlweise mit dem Währungssymbol € oder $. Mit *Weitere Buchhaltungsformate* schalten Sie das Zahlenformat-Dialogfeld mit der Kategorie *Buchhaltung* ein, hier können Sie auch andere Währungszeichen auswählen.

Abbildung 8.5 Das Währungssymbol

8.2.3 Das Prozentsymbol

Klicken Sie auf dieses Symbol, wenn die markierte Zahl als Prozentzahl dargestellt werden soll. Die Zahl muss dazu kleiner als 100 sein, das Symbol multipliziert sie (optisch) mit 100 und weist das Prozentzeichen zu.

Abbildung 8.6 Das Prozentsymbol in der Zahlenformat-Gruppe Zahl

8.2.4 Das Symbol 1.000er-Trennzeichen

Mit diesem Symbol weisen Sie die markierte(n) Zahl(en) im Buchhaltungsformat ohne Währungssymbol aus. Zahlen über 999 werden automatisch mit einem Punkt bzw. mit dem in Windows definierten Tausendertrennzeichen versehen.

Abbildung 8.7 Das Tausendersymbol in der Zahlenformat-Gruppe Zahl

8.2.5 Zahlenformate im Dialogfeld

Die Liste in der Gruppe *Zahl* enthält nur eine Auswahl der wichtigsten Zahlenformate. Eine Komplettübersicht bietet das Dialogfenster, das mit dem Listeneintrag *Mehr* … oder per Klick auf das Symbol für den Dialogfeldaufruf rechts unten an der Gruppe aktiviert wird.

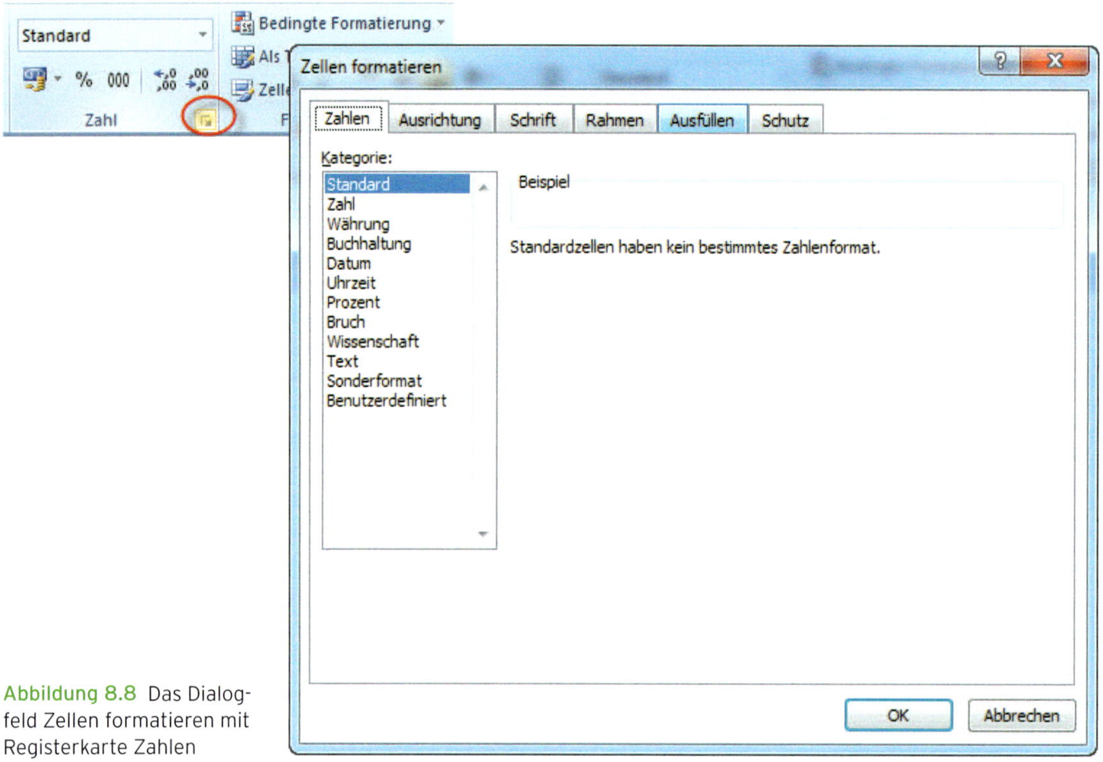

Abbildung 8.8 Das Dialogfeld Zellen formatieren mit Registerkarte Zahlen

Die Dialogbox zeigt die Kategorie des Zahlenformats an, das der Zelle bereits zugewiesen ist. Enthält die Markierung unterschiedliche Formatierungen, ist beispielsweise die erste markierte Zelle eine Zahl und die zweite Zelle ein Datum, wird beim Aufruf der Dialogbox keine Kategorie markiert – eine neue Auswahl würde aber wieder alle Zellen mit dem gewählten Format belegen.

Wer sich besser mit Excel und dem Thema Zahlenformate auskennen will, sollte sich nicht mit den Kategorien beschäftigen, sondern sofort zu den Formaten selbst umschalten, die in der letzten Kategorie *Benutzerdefiniert* abrufbar sind. Diese Kategorie ist eigentlich keine, sie zeigt nur die Codierung der Zahlenformate an, während die Kategorien das Zahlenformat umschreiben und nur die Änderung der Nachkommastellen und der Minusformate zulassen.

8.3 Zahlenformate codieren

8.3.1 Vier Sektionen für eine Zahl

Das Zahlenformat übernimmt die Formatierung für positive und negative Zahlen, für Nullwerte und für Texteinträge in der Zelle, wobei ein einzelnes Format für alle drei Eventualitäten gerüstet sein kann. Die vordefinierten Formate unter *Format/Zellen/Zahlen* sehen teilweise positive und negative Zahlen vor, das Semikolon trennt das Positiv-Format vom Negativ-Format:

```
#.##0,00 €;-#.##0,00 €
```

Zahlenformate können bis zu vier solcher Abschnitte (Sektionen) enthalten, wobei mindestens eine Sektion, die erste, besetzt sein muss. Ist eine Sektion nicht besetzt, greift die Standardformatierung.

Sektion	1	2	3	4
	Positive Zahlen (größer als 0)	Negative Zahlen (kleiner als 0)	null (0, nicht leere Zellen)	Text

8.3.2 Platzhalterzeichen für Zahlen- und Währungsformate

0	Die 0 steht links vom Komma für 1 bis n Zahlen. Ist die Zahl kleiner als null, wird die Null angezeigt.
#	Unsichtbarer Platzhalter, wird zur Positionierung des 100er-Trennzeichens verwendet.
?	Ein weiterer Ziffernplatzhalter, der die Ziffer nur dann darstellt, wenn sie erscheint. Im Unterschied zu # wird anstelle der Zahl aber eine Leerstelle eingefügt (»?,00« zeigt die Zahl 0,23 als `Leertaste`,23 an).
, (Komma)	Das Dezimalkomma. Stellen Sie mindestens eine Null vor das Komma, wenn Zahlen kleiner als null mit führender Null angezeigt werden sollen.
%	Führt eine Prozentformatierung durch. Dabei wird die Zahl in der Zelle mit 100 multipliziert und ein Prozentzeichen angehängt. Wird das Prozentzeichen hinter einer Zahl oder einem Bezug eingegeben, teilt Excel der Zelle automatisch das Format 0,00% zu.
. (Punkt)	Zwischen #-Zeichen einzugeben, wenn der Punkt nur bei entsprechend großen Werten erscheinen soll, oder im Format 0.000, wenn die Zahl immer als Tausenderzahl auszuweisen ist. Ein Punkt für alle Tausendertrennpunkte genügt. 0. oder #. würde die Zahl durch 1.000 geteilt anzeigen, 0.. durch 1 Mio. Mit 0,0.. erscheint die Zahl 1.500.000 als 1,5.
E	Exponentialformat. Die Zahl wird in die wissenschaftliche Exponentenschreibweise umgewandelt. Das E kann auch kleingeschrieben werden; ein folgendes Plus- oder Minuszeichen wird im betreffenden Abschnitt angehängt, und die nachfolgenden 0- oder #-Platzhalter bestimmen die Anzahl der angezeigten Ziffern (3,46 wird mit 0,00E+00 zu 3,46E+01).
\	Zeigt das nachfolgende Zeichen an. Der Backslash sorgt dafür, dass das Zahlenformat Texteinträge akzeptiert. Einige Sonderzeichen werden automatisch mit \ versehen: ! ^ & ´ ` ~ { } = < >
*	Wiederholzeichen. Das nächste Zeichen wird so lange wiederholt, bis die Zelle ausgefüllt ist. Ein Beispiel: `"EUR"* 0,00` füllt den Zwischenraum zwischen dem Text EUR und der Zahl mit Sternchen auf. Das Zeichen darf pro Sektion nur einmal verwendet werden.
_ (Unterstrich)	Freistellungszeichen. Unterdrückt das nachfolgende Zeichen und lässt den Platz frei, den dieses einnehmen würde.
»Text«	Beliebiger Text wird an die Zahl angehängt oder davor eingefügt, wenn er in Anführungszeichen steht.
@»Text«	Textverbindung. Das Zeichen @ wird in der vierten Sektion eingesetzt, um den Text in der Zelle zusätzlich zum Text in Anführungszeichen abzubilden.

Tabelle 8.3 Platzhalter für Zahlen- und Währungsformate

8.3.3 Platzhalterzeichen für Datums- und Zeitformate

M	Die Monatszahl im Datumsformat ohne führende Null (1-12)
MM	Die Monatszahl mit führender Null (01-12)
MMM	Der Monatsname in Kurzform (Jan, Feb, Mar ... Dez)
MMMM	Der Monatsname in voller Länge
T	Der Tag im Datum ohne führende Null (1-31)
TT	Der Tag im Datum mit führender Null (01-31)
TTT	Der Wochentag in Kurzform (Mo, Di, Mi, Do, Fr, Sa)
TTTT	Der Wochentag in voller Länge (Montag-Samstag)
J JJ	Das Jahr im Datum in Kurzform mit führender Null (00-99)
JJJ JJJJ	Das Jahr in voller Länge. Die Eingabe »JJJ« wird von Excel automatisch in »JJJJ« umgewandelt.
h	Die Stunde im Zeitformat ohne führende Null (0-23)
hh	Die Stunde im Zeitformat mit führender Null (00-23)
A/P a/p AM/PM	Mit dem in englischsprachigen Ländern gebräuchlichen Kürzel AM (ante meridiem) bzw. PM (post meridiem) versehen, zeigt das Zahlenformat nur zwölf Stunden an. Das Vor- oder Nachmittagskürzel kann auch in der Form am, A, a, pm oder p angehängt werden. AM, am oder a zeigt die Zeit von Mitternacht bis Mittag, PM, pm oder p zeigt die Zeit von Mittag bis Mitternacht
m	Die Minuten im Zeitformat ohne führende Null (0-59). Achtung: Kleinschreibung beachten, M steht für Monat!
mm	Die Minuten im Zeitformat mit führenden Nullen (00-59)
s	Die Sekunden im Zeitformat ohne führende Nullen (0-59)
ss	Die Sekunden im Zeitformat mit führenden Nullen (00-59)
[h] [hh]	Die Anzeige der Uhrzeit in Stunden

Tabelle 8.4 Platzhalter für Datums- und Zeitformate

8.3.4 Farbcodes im Zahlenformat

Jede der vier Sektionen des Zahlenformates kann je einen Farbcode enthalten, der in eckigen Klammern eingegeben wird (Großbuchstaben werden bis auf den ersten in Kleinbuchstaben umgewandelt):

[Schwarz]	[Blau]	[Cyan]	[Grün]
[Magenta]	[Rot]	[Weiß]	[Gelb]

Tabelle 8.5 Farbcodes

Alternativ zu diesen festen Farbnamen können Sie auch den allgemeinen Farbcode mit der Farbnummer benutzen:

```
[FARBE n]
```

Der Farbcode [Farbe n] bezeichnet die Farbe mit der Nummer n, wie sie in der Farbpalette unter *Extras/Optionen* angezeigt wird. Geben Sie den Farbcode zusammen mit der Farbnummer an einer beliebigen Position innerhalb eines Abschnittes im Zahlenformat an. Hier z.B. ein EUR-Format, in dem positive Zahlen blau und negative Zahlen in der vierten Farbe der Farbpalette angezeigt werden:

```
"EUR"* #.##0,00[Blau];-"EUR"* #.##0,00[Farbe4]
```

HINWEIS Es gibt nur diese Farbcodes für Schriftfarben, weitere Formatierungen kennt das Zahlenformat nicht. Sie können aber die *Bedingte Formatierung* anwenden, um Zellen in Abhängigkeit von ihrem Zellinhalt in vielen Varianten zu formatieren.

8.4 Übersicht über die Zahlenformate

Hier eine Übersicht über die Zahlenformate nach Kategorien. Zu jeder Kategorie wird auch das Zahlenformat vorgestellt, wie es unter *Benutzerdefiniert* angezeigt wird:

Zahlenformat-Kategorie Standard

Dieses Format hat keine Codierungen, die Zahl wird so kurz wie möglich abgebildet. Führende und folgende Nullen werden abgeschnitten, die Zahl wird optisch auf neun Nachkommastellen kaufmännisch gerundet. Die Kategorie *Benutzerdefiniert* meldet keine Platzhalterzeichen, sondern nur den Eintrag *Standard*. Sie können diesen auch für jede einzelne Sektion des Zahlenformates benutzen und mit Platzhaltern mischen:

```
Standard;-[Rot]Standard
```

Hier ein Beispiel, in dem die positiven Zahlen im *Standard*-Format und die negativen Zahlen rot eingefärbt und mit Klammern anstelle von Minuszeichen formatiert werden:

```
Standard;[Rot](Standard)
```

Zahlenformat-Kategorie Zahl

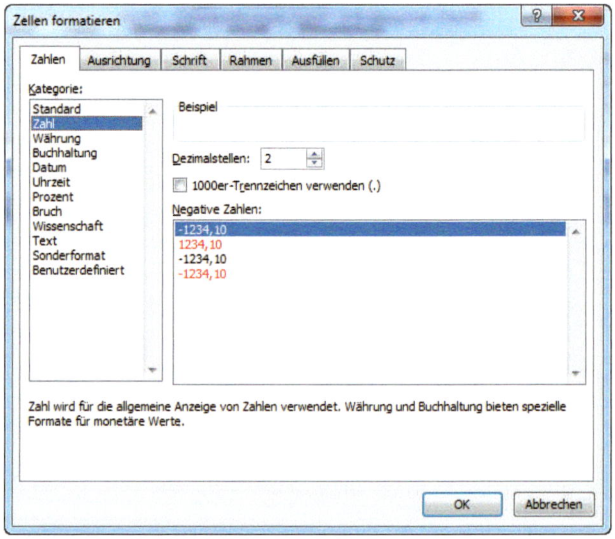

Abbildung 8.9 Zahlenformate Kategorie Zahl

Mit dieser Kategorie wird die Zahl als Dezimalzahl ausgewiesen. Legen Sie die Anzahl der Dezimalstellen fest, und kreuzen Sie die Option *1000er-Trennzeichen verwenden (.)* an, wenn Sie diese sehen wollen. Die Liste unter *Negative Zahlen* bietet Minuszahlenformate mit und ohne rote Schrift an. Die Zahlenformate:

0	Mit 0 wird keine Nachkommastelle angezeigt, auch wenn eine vorhanden ist. Die Zahl wird dann (optisch) kaufmännisch gerundet.
0,00	Mindestens eine Null vor dem Komma wird angezeigt, die Anzahl Nullen nach dem Komma entspricht den angezeigten Nachkommastellen. Minuszahlen erhalten gleich viele Nachkommas, und das Minuszeichen steht automatisch vor der Zahl.
0,00;[Rot]0,00	Positive Zahlen mit Nachkommastelle für jede Null, Minuszahlen werden nur rot eingefärbt, kein Minuszeichen.
0,00_ ;-0,00	Positive Zahlen und negative Zeichen mit einem Leerzeichen am rechten Rand (siehe folgenden Hinweis).
0,00_ ;[Rot]-0,00	Positive und negative Zahlen mit einem Leerzeichen am rechten Rand. Minuszahlen werden in der Schriftfarbe Rot gesetzt.
#.##0,00	Positive und negative Zahlen mit 1000er-Trennzeichen.
#.##0,00; [Rot]#.##0,00	Positive und negative Zahlen mit 1000er-Trennzeichen, negative Zahlen werden rot eingefärbt.
#.##0,00_ ;[Rot]-#.##0,00	Positive und negative Zahlen mit 1000er-Trennzeichen und Leerzeichen am rechten Rand, negative Zahlen werden rot eingefärbt.

Tabelle 8.6 Zahlenformate der Kategorie Zahl

Die Anzahl der Nachkommastellen legen Sie mit der betreffenden Anzahl Nullen rechts vom Komma fest. Zwei Symbole in der Symbolleiste fügen je eine Null hinzu oder nehmen eine weg und erzeugen damit – falls nötig – ein neues benutzerdefiniertes Zahlenformat.

HINWEIS Achten Sie auf diese Spezialformate:

0,00_;-0,00
#.##0,00_;[Rot]-#.##0,00

Der Unterstrich rechts beim positiven Format sorgt dafür, dass die Zahl nicht direkt am Zellenrand »klebt«. Er hält so viel Platz frei, wie ein Leerzeichen in der eingestellten Schriftart braucht. Rechts neben der Minuszahl steht noch ein Leerzeichen. Damit steht bei Zahlenreihen mit positiven und negativen Dezimalzahlen das Komma immer an der gleichen Stelle.

Zahlenformat-Kategorie Währung

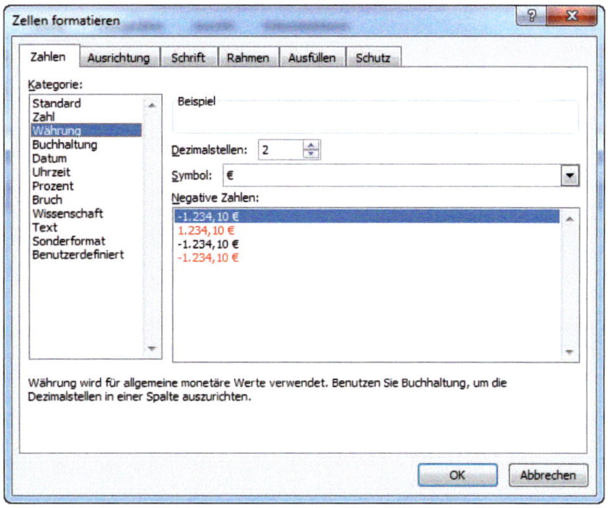

Abbildung 8.10 Zahlenformat-Kategorie Währung

In diesem Format wird der Zahl ein Währungssymbol vorangestellt. Als Währungssymbol ist EUR oder € vordefiniert, öffnen Sie die Liste, und sehen Sie sich die übrigen Währungssymbole an. Hier können Sie je nach Ausmaß der Installation aus allen Währungszeichen der Welt wählen, die Voreinstellung stammt aber aus der Ländereinstellung von Windows. Die Zahlenformate:

`#.##0 €`
`#.##0,00 €`
`#.##0 €;`
`[Rot]-#.##0 €`
	Alle Codes wie Kategorie *Zahl* und zusätzlich rechts von positiven und negativen Zahlen ein Währungszeichen, das aus der Systemsteuerung von Windows geliefert wird

Zahlenformat-Kategorie Buchhaltung

Dieses Format verwendet das unter Windows eingestellte Währungssymbol und richtet alle Zellen so aus, dass die Dezimalkommas immer untereinander stehen, auch wenn die Zellen abwechselnd Dezimalzahlen ohne Währungssymbol und Währungsbeträge enthalten. Sie können das Währungssymbol ausschalten und die Anzahl der Nachkommastellen festlegen. Das Zahlenformat:

```
_-* #.##0 €_-;-* #.##0 €_-;_-* "-" €_-;_-@_-
```

Das Zahlenformat der positiven Sektion beginnt mit »_-«, damit wird der Platz freigemacht, den ein Minuszeichen einnehmen würde. Mit »* Leertaste « wird der Zwischenraum bis zur Zahl mit Leerzeichen gefüllt, sodass die Zahl rechtsbündig wird. Dann folgt das Währungsformat mit 1000er-Trennzeichen, und den Abschluss bildet wieder ein »_-«, sodass auch rechts von der positiven Zahl so viel Platz bleibt, wie ein Minuszeichen einnehmen würde.

Die Sektion für negative Zahlen beginnt mit einem Minuszeichen. Die Kombination »* Leertaste « sorgt dafür, dass das Minuszeichen links am Zellenrand steht und der Rest der Zahl rechtsbündig angeordnet wird. Der Rest (Währungssymbol, abschließendes Leerzeichen in der Größe eines Minuszeichens) ist mit dem positiven Format identisch.

Das Format für Nullwerte beginnt wieder wie das Positiv-Format mit einem Leerzeichen in der Größe eines Minuszeichens. Dann folgt ein Bindestrich in Anführungszeichen, was bewirkt, dass anstelle der Null ein Minuszeichen angezeigt wird. Zum Schluss folgen wieder das Währungssymbol und ein abschließendes Leerzeichen in der Größe eines Minuszeichens.

Die vierte Sektion, die für Texte zuständig ist, beginnt wieder mit der Leerstelle in der Größe eines Minuszeichens. Das @-Zeichen sorgt dafür, dass jeder Text angezeigt wird, und die Sektion schließt mit einem Leerzeichen in der Größe eines Minuszeichens.

Wählen Sie bei der Auswahl des Buchhaltungsformats kein Währungssymbol, schaltet Excel auf dieses Zahlenformat um:

```
_-* #.##0 €_-;-* #.##0,00 €_-;_-* "-"?? €_-;_-@_-
```

	A
1	1,23 EUR
2	123,45 EUR
3	1.234,56 EUR
4	- 1,23 EUR
5	- 123,45 EUR
6	- 1.234,56 EUR
7	Text in der Zelle

Abbildung 8.11 Im Buchhaltungsformat sind positive und negative Zahlen sauber formatiert.

In diesem Zahlenformat werden rechts neben der Zahl Leerstellen in der Breite eingefügt, die vom Währungssymbol eingenommen würde. Ist EUR das Währungssymbol, sehen Sie den Code »_E_U_R«, mit dem €-Zeichen werden die Zeichen »_€« in die einzelnen Sektionen eingebaut. Damit stellt das Buchhaltungsformat sicher, dass auch Zahlen mit und ohne Währungszeichen nach dem Komma sauber ausgerichtet werden.

Zahlenformat-Kategorie Datum

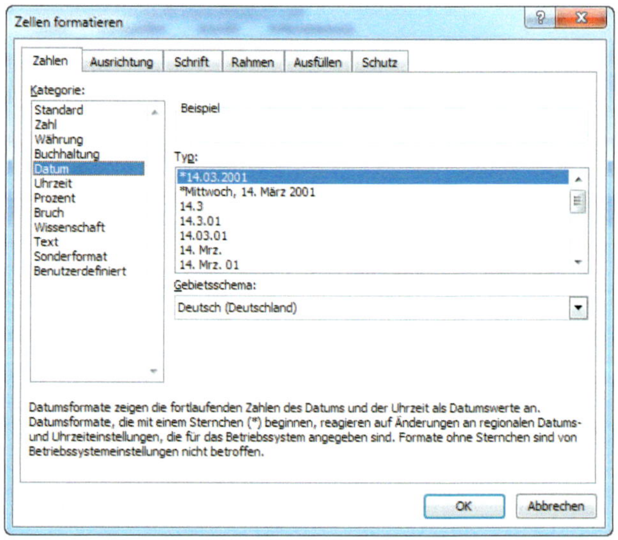

Abbildung 8.12 Zahlenformat-Kategorie Datum

Mit dem Datumsformat werden Zellen belegt, die ein erkennbares und gültiges Datum enthalten. Die in der Typenliste mit Stern (*) ausgewiesenen Formate orientieren sich an der Regions- und Spracheinstellung von Windows (Systemsteuerung). Die Zahlenformate:

TT.MM JJJJ	Standarddatum in Langform aus der Ländereinstellung. Tag und Monat mit führender Null, Jahr ausgeschrieben.
TTTT, TT MMMM JJJJ	Datum mit Wochentag, Tag mit führender Null, Monat und Jahr voll ausgeschrieben. Der Zifferncode vor dem Format (z.B. [$-F800]) formatiert das Datum nach dem eingestellten Gebietsschema.
T.M;@ T.M.JJ;@ TT.MM. JJJJ;@	Das Kurzdatum in verschiedenen Schreibweisen. Das @-Zeichen nach dem Semikolon verhindert, dass Zahlenwerte, die kein Datum ergeben, in der Zelle angezeigt werden.
MMM. JJ	Monat in Kurzform und Jahr zweistellig
MMMM JJ	Monat ausgeschrieben und Jahr in Kurzform
T.M.JJ h:mm AM/PM;@	Kurzdatum und Uhrzeit, Stunde ohne führende Null, Minute mit führender Null. Mit dem Zusatz AM/PM werden Uhrzeiten im Zwölf-Stunden-Format ausgegeben. Zeiten vor Mittag werden mit AM versehen, nach Mittag mit PM.
T.M.JJ h:mm;@	Kurzdatum und Uhrzeit, Stunde ohne führende Null, Minute mit führender Null
MMMM;@	Nur der Monatsname des Datums wird angezeigt.

Tabelle 8.7 Zahlenformate für Datumswerte

Zahlenformat-Kategorie Uhrzeit

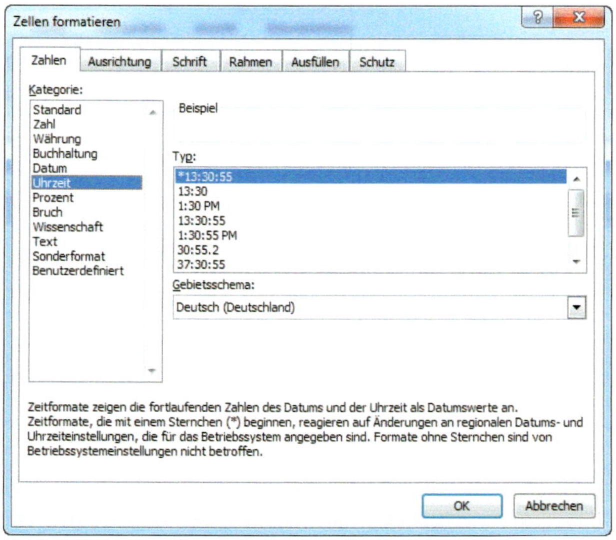

Abbildung 8.13 Zahlenformat-Kategorie Uhrzeit

Das Uhrzeit-Format gilt für Zellinhalte, die erkennbare und gültige Uhrzeit-Angaben enthalten (Beispiel: 0:30, 12:45, 9:00 AM). Der erste Eintrag der Typenliste orientiert sich an der Windows-Einstellung.

Ein Zeitwert in der Excel-Tabelle wird als Dezimalbruch eingegeben und kann dementsprechend nicht größer als 1 sein (1 ist der 1. Januar 1900). 0,00 ist also Mitternacht 00:00:00 Uhr, und die Uhrzeit 11:59:59 entspricht der Zahl 0,99. Um eine Uhrzeit abzubilden, geben Sie den Bruchteil von 24 Stunden an und formatieren die Zahl mit dem Zahlenformat hh:mm:ss:

» 12 Uhr 0,5
» 18 Uhr 0,75
» 00:50 Uhr 0,035 usw.

Die Zahlenformate:

h:mm:ss AM/PM	Stunde ohne führende Null, Minuten und Sekunden mit Zusatz AM (vormittags) oder PM (nachmittags). Uhrzeitanzeige im Zwölf-Stunden-Format.
h:mm	Stunde ohne führende Null und Minuten
[h]:mm:ss;@	Die Gesamtzahl der Stunden des angezeigten Datums ohne führende Null, Minuten und Sekunden. Enthält die Zelle eine Zeit, bleibt die Stundenanzeige (0-23). Enthält die Zelle ein Datum, werden die Tage in Stunden umgerechnet.

Tabelle 8.8 Zahlenformate für Uhrzeit

Zahlenformat-Kategorie Prozent

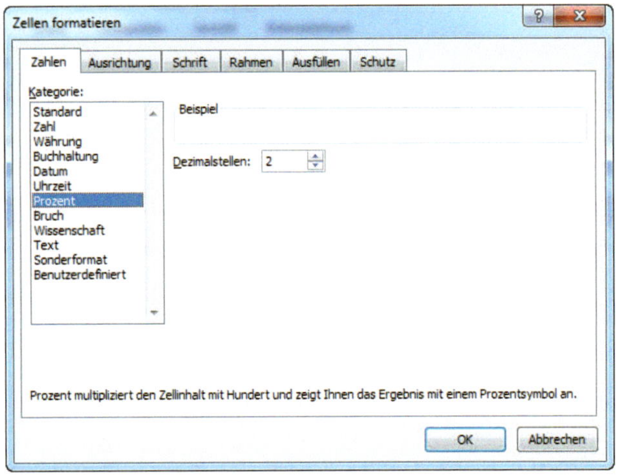

Abbildung 8.14 Zahlenformat-Kategorie Prozent

Dieses Format multipliziert den Zellinhalt mit 100 und fügt ein Prozentsymbol an. Ein Symbol dafür finden Sie auf der Registerkarte *Start*, Gruppe *Zahl*.

Das Zahlenformat:

```
0%
0,00%
```

TIPP Wenn Sie die Multiplikation ausschalten und trotzdem das Prozentzeichen sehen wollen, geben Sie das Zeichen % in Anführungszeichen ein:

0,00"%"

Zahlenformat-Kategorie Bruch

Verwenden Sie dieses Format, um Brüche zu formatieren. Wird der Bruch in der Form

`Ganzzahl` [Leertaste] `Zähler/Nenner`

eingegeben, schaltet Excel das *Bruch*-Zahlenformat ein. Wird der Nenner durch eine Zahl ersetzt, rechnet das Zahlenformat die Zahl in der Zelle entsprechend um. Die Zahlenformate:

# ?/? # ??/?? # ???/???	Die Ganzzahl wird angezeigt, wenn sie größer als null ist, für Zähler und Nenner werden so viele Stellen angezeigt, wie Fragezeichen eingetragen sind.
# ?/2 # ?/4 # ?/8 # ?/16 # ?/10 # ?/100	Die Ganzzahl wird angezeigt, wenn sie größer als null ist, der Zähler wird durch die Zahl im Nenner dividiert, die Umrechnung wird angezeigt. Zur Auswahl stehen Halbe, Viertel, Achtel, Sechzehntel, Zehntel und Hundertstel.

Tabelle 8.9 Zahlenformate für Brüche

Zahlenformat-Kategorie Wissenschaft

In diesem Format werden die Dezimalzahlen in der Zelle in Exponentialschreibweise dargestellt. Minuszahlen werden automatisch in dieser Schreibweise gesetzt, ein spezielles Zahlenformat im zweiten Sektor des Zahlenformates ist nicht nötig. Die Zahlenformate:

0,E+00	Exponentialzahl ohne Nachkommastellen, Exponent mit führender Null
0,00E+00	Exponentialzahl mit zwei Nachkommastellen, Exponent mit führenden Nullen

Tabelle 8.10 Zahlenformate für die Wissenschaft

Zahlenformat-Kategorie Text

Das *Text*-Format wandelt Zahlen in Texte um. Die Zellen, die mit diesem Zahlenformat belegt werden, können nicht an arithmetischen Operationen teilnehmen. Der Zellinhalt wird damit automatisch linksbündig gesetzt.

TIPP Wandeln Sie Texte mit der Funktion *WERT()* wieder in Zahlen um.

Zahlenformat-Kategorie Sonderformat

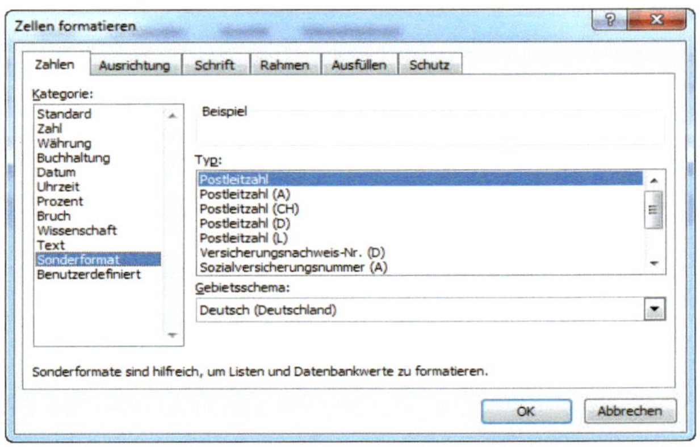

Abbildung 8.15 Zahlenformat-Kategorie Sonderformat

Hier finden Sie einige Sonderformate, in denen die Platzhalter mit Buchstaben gemischt werden, um eine bestimmte Anzeigeform zu erzeugen. Die Zahlenformate:

0000	*Postleitzahl* – immer fünfstellig, fehlende Ziffern werden mit Nullen aufgefüllt.
\A-00000	*Postleitzahl (A)* - österreichische Postleitzahl mit Länderkennzeichen und Bindestrich vor der fünfstelligen Zahl mit führenden Nullen. Der Schrägstrich ist nicht unbedingt erforderlich.
C\H-00000	*Postleitzahl (CH)* - schweizerische Postleitzahl mit Länderkennzeichen und Bindestrich vor der fünfstelligen Zahl mit führenden Nullen. Der Schrägstrich ist erst ab dem zweiten Buchstaben erforderlich.
D-00000	*Postleitzahl (D)* - deutsche Postleitzahl mit Länderkennzeichen und Bindestrich vor der fünfstelligen Zahl mit führenden Nullen.
L-00000	*Postleitzahl (L)* - luxemburgische Postleitzahl mit Länderkennzeichen und Bindestrich vor der fünfstelligen Zahl mit führenden Nullen.
\[@\]	*Versicherungsnachweis-Nr. (D)* - die Zahl wird über das @-Zeichen in Text umgewandelt, damit ist sichergestellt, dass auch eingegebene Buchstaben mit angezeigt werden. Die beiden Klammern werden mit \ vor und nach dem Zellinhalt gestellt.
0000-00 00 00	*Sozialversicherungsnummer (A)* - jede Zahl wird in diese vorgeschriebene Form gebracht, fehlende Stellen werden mit Nullen aufgefüllt.
I\S\B\N #-###-#####-#	*ISBN-Nummer* - die Zahl wird in die Form für ISBN-Nummern gebracht (*International Standard Book Number*)

Tabelle 8.11 Sonderformate

Zahlenformat-Kategorie Benutzerdefiniert

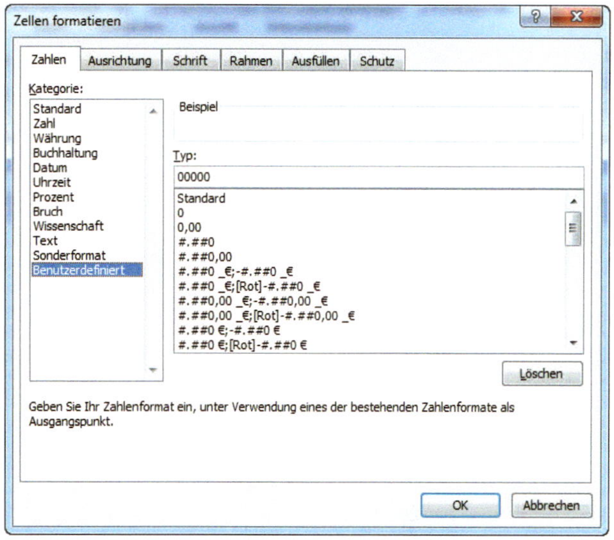

Abbildung 8.16 Zahlenformat-Kategorie Benutzerdefiniert

Diese Kategorie zeigt die Codes und Platzhalter des eingestellten Zahlenformates an. In der Liste stehen alle Zahlenformate aller Kategorien nach ihrer Reihenfolge zur Auswahl. Alle Zahlenformate, die vom Benutzer abgewandelt oder neu erfasst wurden, sind unten am Ende der Liste aufgeführt.

8.5 Zahlenformate löschen

So löschen Sie nicht mehr benötigte Zahlenformate, die Sie selbst definiert hatten:

1. Positionieren Sie den Zellzeiger in der Zelle, der das Format zugewiesen wurde, und öffnen Sie das Dialogfeld für Zahlenformate.
2. Schalten Sie auf die Kategorie *Benutzerdefiniert* um, und klicken Sie auf die Option *Löschen*.

Das Zahlenformat wird gelöscht, der Inhalt der markierten Zelle(n) wird in das Standardformat zurückgeführt.

HINWEIS Gelöscht werden können nur die benutzerdefinierten Formate - die Excel-Zahlenformate verbleiben immer in der Liste. Die Option *Löschen* ist nicht aktivierbar, sobald Sie ein Excel-eigenes Zahlenformat markieren.

8.6 Spezialtechniken für Zahlenformate

8.6.1 Bedingungen

Diese Technik ist etwas überholt, sie stammt aus der Zeit, als Excel noch keine bedingte Formatierung hatte. Sie ist aber nach wie vor gültig und bietet die Möglichkeit, Zellen in Abhängigkeit von ihrem Inhalt mit Schriftfarben zu versehen.

Das Bedingungsformat ist eine Alternative zur Vier-Sektionen-Aufteilung (positive, negative, null und Text), die damit aufgehoben wird. Es gibt nur drei Sektionen, geben Sie die Bedingung in eckige Klammern ein:

Sektion	1	2	3
	Erste Bedingung	Zweite Bedingung	Alternative, wenn 1 und 2 nicht zutreffen

Ein Beispiel: Dieses Zahlenformat setzt alle Zahlen, die größer als 1.000 sind, in der Schriftfarbe Blau. Ist die Zahl kleiner oder gleich 1.000, wird sie rot eingefärbt, und wenn beides nicht zutrifft (was nur noch bedeuten kann, dass die Zelle Text enthält), wird der Inhalt grün gefärbt und in Text umgewandelt.

```
[>1000][Blau]#.##0,00;[<=1000][Rot]#.##0,00;[Grün]@
```

ACHTUNG Achten Sie darauf, dass sich die beiden Bedingungen nicht gegenseitig ausschließen. So würden die Zahlen niemals rot werden:

```
[>10][Blau]#.##0,00;[>100][Rot]#.##0,00
```

Geben Sie auch der dritten Sektion ein Zahlenformat, wenn sie eine Alternative darstellt. Sie können auch das *Standard*-Format eintragen:

```
[>100][Blau]#.##0,00;[>0][Rot]-#.##0,00;[Grün]Standard
```

8.6.2 Text und Sonderzeichen im Zahlenformat

Zahlenformate können neben den oben beschriebenen Platzhaltern für die Zahl jeden beliebigen Text enthalten. Dieser Text kann vor der Zahl bzw. deren Platzhaltern stehen oder nach diesen. Voraussetzung ist, dass alles, was Text ist, also auch die Leerzeichen vorher und nachher, in Anführungszeichen (»«) eingeschlossen wird. Nur das Währungszeichen € wird ohne Anführungszeichen akzeptiert, das Währungszeichen nach ISO-Norm EUR wird ohne Anführungszeichen akzeptiert, wenn es in den Ländereinstellungen der Systemsteuerung eingestellt wurde. Beispiele:

```
"Überschuss: "#.##0;"Fehlbetrag: "#.##0;"Konto ausgeglichen"
"Liefertermin: "TT.MM.JJ
0,00" Grad Celsius"
#.##0,00" mg/cm³"
hh" Stunden, "mm" Minuten"
```

Wie bekommt man Zeichen, die nicht auf der Tastatur zu finden sind, in das Zahlenformat? Excel bietet auf der Registerkarte *Einfügen* eine Symbolübersicht an, mit deren Hilfe Symbole und Sonderzeichen in die Zelle geholt werden. Wählen Sie *Einfügen/Symbole/Symbol*.

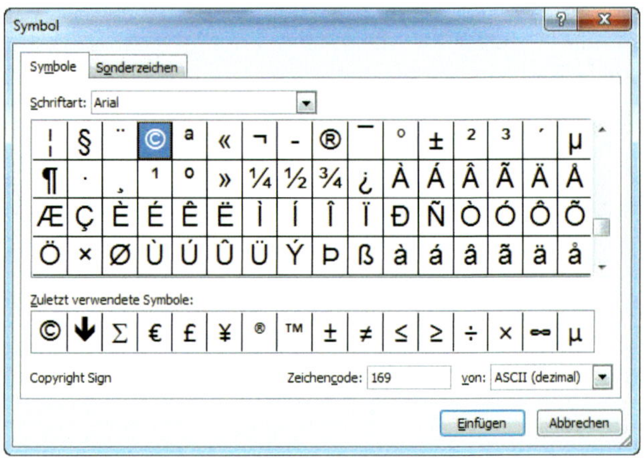

Abbildung 8.17 Symbole und Sonderzeichen

Das Ganze hat einen Haken: In der Bearbeitungsleiste der Zahlenformate lässt sich das Fenster nicht öffnen. Sie müssten die Zeichen über die Zwischenablage kopieren (mit Strg+V).

Sehen Sie sich das markierte Zeichen in der *Symbol*-Dialogbox an: Unten steht der Zeichencode, den Sie an der Cursorposition einfügen können:

Öffnen Sie das Dialogfeld für Zahlenformate, schalten Sie auf die Kategorie *Benutzerdefiniert*, und geben Sie mit gedrückter Alt-Taste den Code des Zeichens auf der Zahlentastatur rechts ein. Beispiele:

Zeichen	Alt-Code	Zeichen	Alt-Code
‰	0137	‡	0188
£	0163	‡	0189
¥	0165	‡	0190
©	0169	ø	0248

Tabelle 8.12 Zeichencodes für Sonderzeichen

8.7 Profi-Tipps für Zahlenformate

8.7.1 Ein ausführliches Tagesdatum

Um das aktuelle Tagesdatum in einer Tabelle auszugeben, verwenden Sie die Funktionen *JETZT()* oder *HEUTE()*, die das Systemdatum Ihres Computers an die Formelzelle liefern. Der Unterschied zwischen den beiden liegt in der Zeitrechnung, *JETZT()* berechnet auch sekundengenau die Uhrzeit, mit jeder Neuberechnung der Tabelle wird diese aktualisiert. Das Zahlenformat sollte so ausführlich wie möglich sein, um alle Informationen der Systemzeit abzudecken:

```
TTTT, TT. MMMM JJJJ hh:mm
```

Dieses lange Format wirft ein Problem auf: Die Zelle muss entsprechend vergrößert werden, weil der Zellinhalt bei Verwendung von Funktionen nicht in die nächste freie Zelle weitergeschrieben wird. Lösen Sie die Aufgabe mit folgender Formel, die den Datumswert in Textform setzt und damit das Tagesdatum über die freien Zellen schreibt:

```
=TEXT(JETZT();"TTTT, TT. MMMM JJJJ hh:mm")
```

Geben Sie der Zelle noch eine rechtsbündige Ausrichtung, und das ausführliche Tagesdatum kann in der kleinsten Spalte ausgegeben werden.

8.8 Die VBA-Ecke

CD-ROM Die Makrobeispiele finden Sie auf der CD zum Buch unter *VBA Zahlenformate.xlsm*. Stellen Sie sicher, dass im Sicherheitscenter (*Optionen* im *Datei*-Menü) für Makros die Sicherheitsstufe *Mittel* eingestellt ist, damit Sie die Makros testen können.

VBA-Makros übernehmen im Zusammenhang mit Zahlenformaten hauptsächlich die Aufgabe, Spezialformate für Anwender zu erzeugen, die sich nicht mit Vorlagen oder kopierten Mappen abmühen möchten. Dreh- und Angelpunkt ist die Eigenschaft `NumberFormat` des *Range*-Objektes:

```
ActiveCell.NumberFormat = "#,##0.00;-#,##0.00"
```

Achten Sie darauf, dass in der US-Schreibweise 1000er-Trennzeichen und Dezimaltrennzeichen verlangt werden, die Ausgabe erfolgt wieder mit Tausenderpunkt und Komma. Mit dieser Eigenschaft lassen sich schon ein paar schöne Makros schreiben:

8.8.1 Spezialzahlenformat

Dieses Makro formatiert alle markierten Zellen mit einem Zahlenformat, das nur bei Dezimalzahlen zwei Stellen ausweist. Markieren Sie in der Testtabelle den Bereich B4:B9.

```
Sub ZFormat1()
Dim sel As Range
Dim Zelle As Range
  Set sel = Application.Selection
  For Each Zelle In sel
     If Zelle.Value = Int(Zelle.Value) Then
        Zelle.NumberFormat = "#,##0;-#,##0"
     Else
        Zelle.NumberFormat = "#,##0.00;-#,##0.00"
     End If
  Next Zelle
End Sub
```

Listing 8.1 Makro für Spezialzahlenformat

8.8.2 Zahlenformat übertragen

Das Makro überträgt nur das Zahlenformat der Zelle (B13) in die Zielzelle (E13).

```
Sub ZformatÜbertragen()
  [B13].Copy
  [E13].Select
  Selection.PasteSpecial _
  Paste:=xlPasteValuesAndNumberFormats, _
  Operation:=xlNone, SkipBlanks:=False, _
  Transpose:=False
   Application.CutCopyMode = False
End Sub
```

Listing 8.2 Makro zur Übertragung des Zahlenformates

Kapitel 9

Schrift, Rahmen, Farben, Hintergründe

Eine gelungene Kalkulation besticht nicht nur durch ausgefeilte Formelkonstrukte und raffinierte Verknüpfungen, sie will auch ansprechend formatiert sein. Eine größere Schrift für Überschriften, Hervorhebung wichtiger Elemente durch Fettdruck oder Unterstreichungen oder farbige Zellhintergründe gehören ebenso dazu wie das Einrahmen von Zellbereichen. Excel unterstützt den Anwender hier mit einer Fülle von Formatierwerkzeugen und schönen Farben aus den Office-Designs. Unser Schichtenmodell der Zelle wächst mit der Zellformatierung um einige Ebenen:

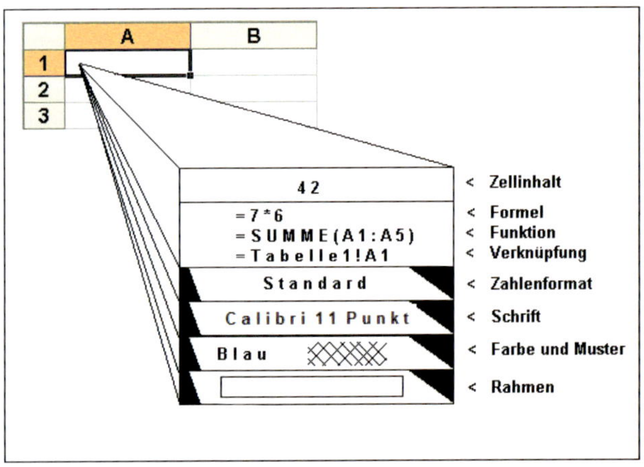

Abbildung 9.1 Viele neue Schichten für die Zelle

Jede einzelne Zelle kann mit einer bestimmten Schriftart formatiert werden, eine Hintergrundfarbe oder ein Muster annehmen und mit Rahmenlinien versehen werden. Auch die Ausrichtung der Schrift (Schrägschrift, vertikaler Text etc.) gehört zur Zellformatierung.

Bevor Sie sich jetzt in die Zellformatierung stürzen und alles nutzen, was der Malkasten Excel anzubieten hat, ein paar wohlgemeinte Ratschläge:

» Zellformatierungen sollen in erster Linie nützlich sein. Fettdruck und Kursivschrift, knallbunte Hintergründe und schrille Schriftschnitte machen den Inhalt nicht besser, wenn sie nicht zweckgebunden sind. Machen Sie aus Ihrer professionellen Kalkulation kein »Zirkusplakat«.

» Handeln Sie nach der alten Designermaxime: Wenn Sie nicht sicher sind, ob es gut aussieht, lassen Sie es weg.

» Geizen Sie mit Rahmen und Farben: Was schnell per Mausklick zugewiesen ist, macht umso mehr Arbeit, wenn Sie Zellen, Zeilen und Spalten einfügen oder löschen.

9.1 Schriftarten, Schriftgröße, Schriftschnitte

Die Frage nach der richtigen Schrift für die Excel-Tabelle ist schnell beantwortet: CI muss sie sein und einheitlich sollte sie sein. Die CI (Corporate Identity) bestimmt das Aussehen aller Schriftstücke im Unternehmen, sowohl interner als auch externer, und mit der Installation der richtigen Schrift unter Windows ist das Thema für Excel eigentlich erledigt. Excel hat keine eigenen Schriften, die unter Windows installierten Schriftarten stehen auch für Excel zur Verfügung, und Windows liefert ebenfalls die Vorgabe, welche Schrift generell für neu installierte Office-Programme verwendet wird.

9.1.1 Calibri ist Standard

Mit Office 2007/2010 hat Excel nicht nur eine neue Oberfläche bekommen, sondern auch eine neue Standardschrift. *Calibri* heißt die Nachfolgerschrift der *Arial*, die viele Jahre das Standardformat von Tabellen gestaltete.

Die Calibri ist wie die Arial serifenlos, d.h. ohne die kleinen Striche, die Buchstaben quer zur Grundrichtung abschließen. Sie eignet sich damit gut für die Zahlendarstellung. Serifenschriften wie die Times New Roman oder die Cambria, die Standard in Office Word 2010 ist, eignen sich mehr für längere Lesetexte.

HINWEIS Diese Schrift gehört zu den neuen Schriften, die mit Windows Vista und Office 2007 eingeführt wurden. Sie wurde von *Lucas de Groot* entworfen, Leiter der Fontfabrik (*www.fontfabrik.com*) und Professor für Schriftentwurf an der Fachhochschule Potsdam.

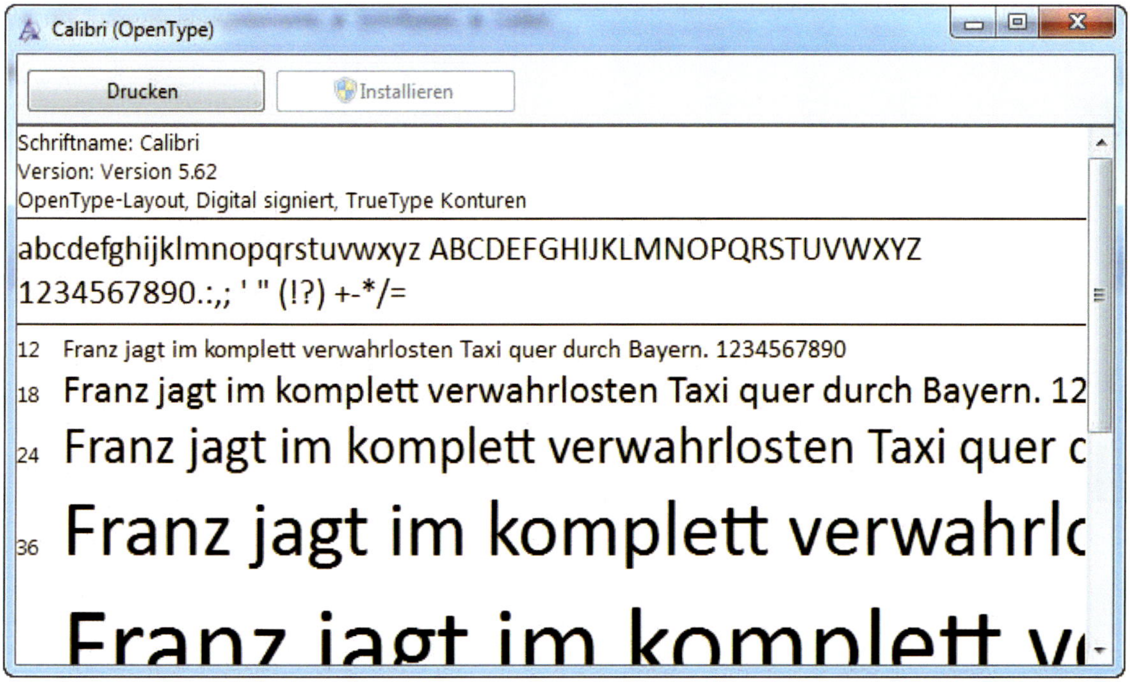

Abbildung 9.2 Standardschrift Calibri

9.1.2 Die Standardschrift

Als Standardschrift werden die Schriftart und Schriftgröße bezeichnet, die für die Formatierung der gesamten Mappe gilt. Diese Schrift kann für die gesamte Oberfläche neu definiert werden, was sich besonders anbietet, wenn die Calibri in der Schriftgröße 11 auf hochauflösenden Bildschirmen mit großer Bilddiagonale schlecht lesbar ist.

Wählen Sie im *Datei*-Menü *Optionen*. In der ersten Kategorie *Allgemein* finden Sie in der Gruppe *Beim Erstellen neuer Arbeitsmappen* die Standardschrift und den Standardschriftgrad. Als Schrift wird die Schriftart für den Textkörper vorgeschlagen, das ist bei Excel die Calibri. Der Standardschriftgrad ist 11 Punkt (Punkt ist ein typografisches Maß).

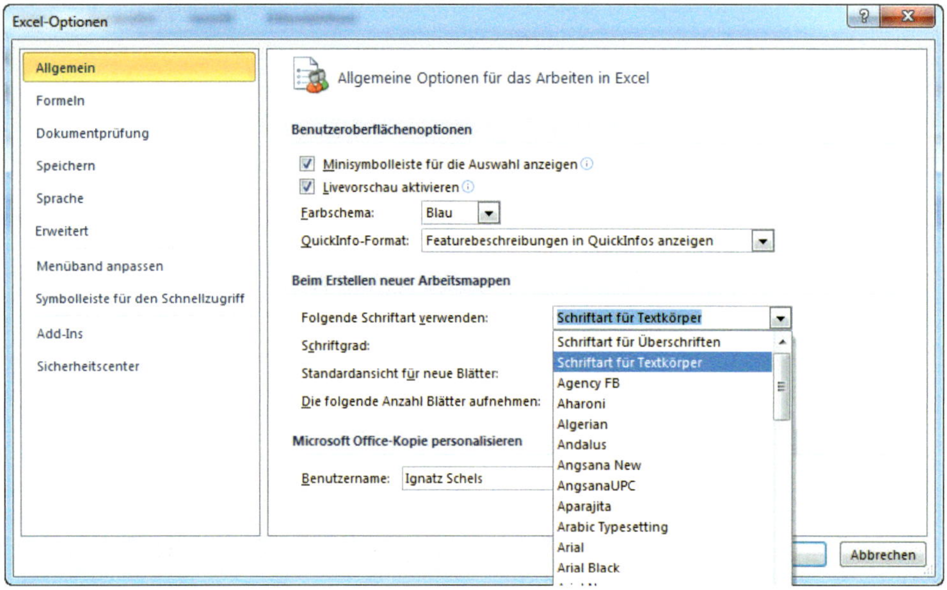

Abbildung 9.3
Standardschrift ändern

HINWEIS Was bedeutet in diesem Zusammenhang *Schriftart für Textkörper*, warum wird hier nicht gleich *Calibri* vorgeschlagen? Die Gestaltung der Tabellen regelt das für alle Office-Programme gültige Design (Registerkarte *Seitenlayout*), und für das aktuelle Design *Larissa* ist *Calibri* als Schrift für den Textkörper und *Cambria* als Überschriften-Schrift definiert. Ändern Sie das Design, ändert sich auch die Standardschrift.

Stellen Sie die neue Standardschriftart und/oder Schriftgröße für Excel ein, bestätigen Sie mit *OK*.

Eine Meldung wird Sie darauf hinweisen, dass Excel neu gestartet werden muss. Schließen Sie das Programmfenster, und starten Sie Excel erneut, jetzt mit Anzeige der geänderten Standardschrift.

Die Standardschrift übernimmt nicht nur die Anzeige aller unformatierten Zellen, sondern auch die der Zeilen- und Spaltenköpfe. Stellen Sie die Schriftgröße beispielsweise auf 12, werden Sie deutlich größere Zeilennummern und Spaltenbuchstaben erhalten.

HINWEIS Technischer Hintergrund: Die Änderung wird in der Registry, der Registrierdatenbank von Windows, unter der Zeichenfolge *Font* in diesem Schlüssel eingetragen:

HKEY_CURRENT_USER\Software\Microsoft\Office\14.0\Excel\Options

Standardschrift in der Zellenformatvorlage ändern

Alternativ zu dieser Methode lässt sich die Standardschrift auch als Teil der Zellenformatvorlage *Standard* ändern:

1. Wählen Sie *Start/Formatvorlagen/Zellenformatvorlagen*.
2. Klicken Sie mit der rechten Maustaste auf die Vorlage *Standard*.
3. Wählen Sie *Ändern*, und geben Sie unter *Format/Schriftart* eine andere Schrift an.

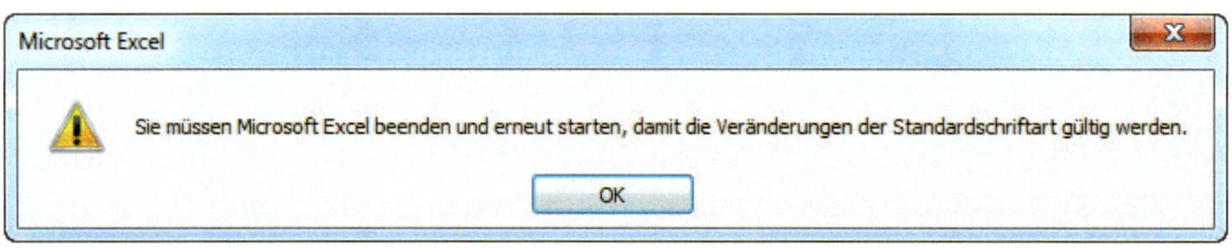

Abbildung 9.4
Meldung nach Änderung der Standardschrift

Die Schrifteinstellung in der Formatvorlage gilt nur für die aktuelle Arbeitsmappe. Um sie einer anderen Mappe zuzuweisen, öffnen Sie diese zusätzlich (die Originalmappe bleibt ebenfalls offen), aktivieren *Start/Formatvorlagen/Zellenformatvorlagen* und klicken auf *Formatvorlagen zusammenführen*. Suchen Sie in der Liste, die alle offenen Arbeitsmappen enthält, die Mappe, deren Formate Sie übernehmen wollen, und markieren Sie diese. Bestätigen Sie die Abfrage, dass gleiche Formatvorlagen zusammengeführt werden, mit Klick auf *Ja*. Die Mappe wechselt sofort auf die Standardschrift der anderen Mappe.

9.1.3 Das Schriftenangebot

Die Schriftarten, die für die Formatierung von Excel-Tabellen zur Verfügung stehen, werden zum größten Teil von Windows geliefert, nur wenige Schriften stammen noch von der Druckerinstallation. Es gibt drei Schrifttypen – die TrueType-Schriften, die Systemschriften und die Druckerschriften. Wenn Sie auf der Registerkarte *Start* die Schriftenliste in der Gruppe *Schriftart* öffnen, erkennen Sie an einem kleinen Symbol vor dem Schriftnamen die Zugehörigkeit zur jeweiligen Gruppe:

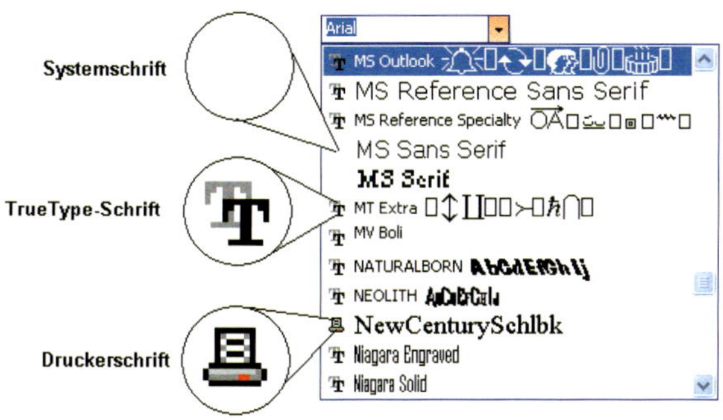

Abbildung 9.5 Symbole in der Schriftenliste

Systemschriften

... verwendet Windows zur Darstellung von Texten in Dialogfenstern und Programmen. Sie haben vordefinierte Größen. Bildschirmschriften sind z.B. Courier, Modern, Script und Roman. Windows bietet diese Schriften zwar mit an, sie eignen sich aber nicht für Tabellenformatierungen, da sie in Pixelform auf Bildschirm und Drucker ausgegeben werden und besonders bei höheren Schriftgraden oder im Zoom stark »gepixelt« aussehen.

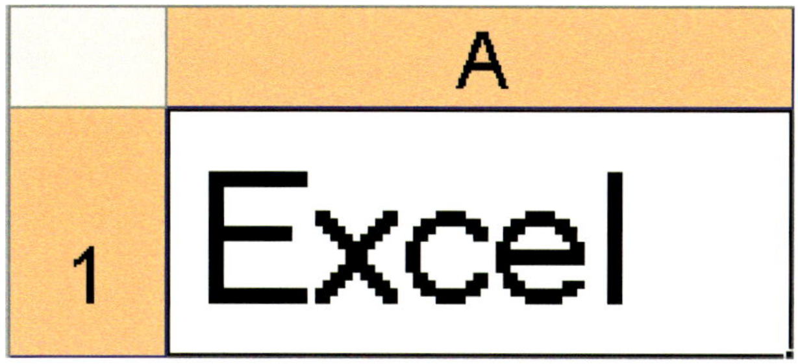

Abbildung 9.6 Schlechte Auflösung bei Systemschriften

TrueType-Schriftarten

Das sind skalierbare Bildschirm- und Druckerschriften, die auf dem Bildschirm genauso aussehen wie auf dem Ausdruck. Die Seitenbeschreibungssprache TrueType macht´s möglich, die Schrift wird nicht aus Punkten zusammengesetzt, sondern über Vektoren berechnet, was eine gestochen scharfe Ausgabe in allen Zoom- und Skalierungsgrößen ermöglicht. TrueType-Schriften kennt mittlerweile jeder Drucker auf dem Markt, ob Laser oder Tintenstrahl.

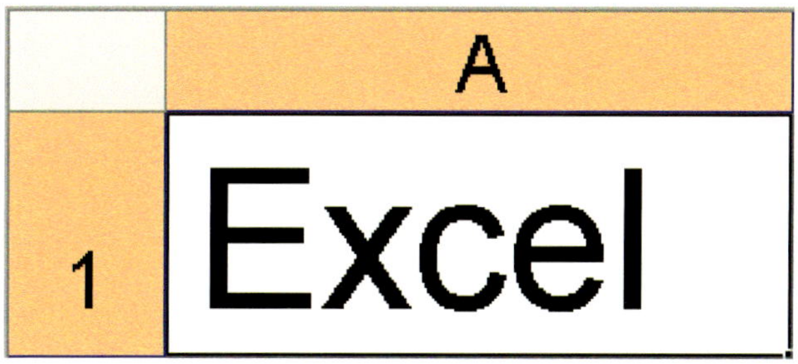

Abbildung 9.7 Optimale Auflösung bei TrueType

Druckerschriften

Druckerschriften findet man in Software, die Schriften im Paket mitliefert, als Download auf verschiedenen Internet-Seiten oder als Zugabe auf den CD-ROMs, die zur Installation eines Druckers eingelegt werden. In der Regel wird mit der Einrichtung einer Druckerschrift auch die äquivalente Bildschirmschrift installiert; falls nicht, verwendet Windows eine ähnliche Schrift aus seinem Angebot an Bildschirmschriftarten.

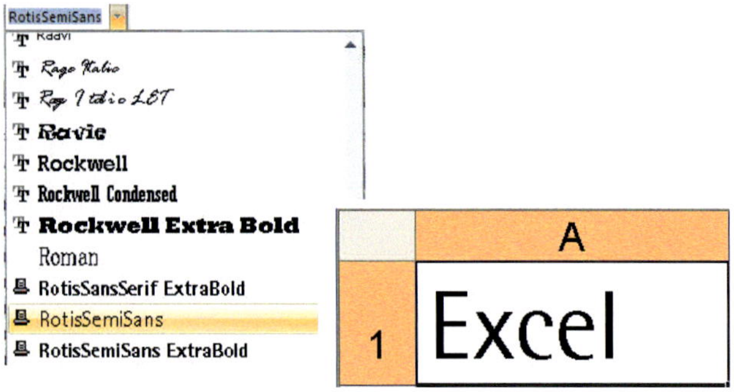

Abbildung 9.8 Nur auf dem Ausdruck gut: Druckerschriften

Das hat zur Folge, dass Druckerschriften auf dem Bildschirm nie so aussehen wie auf dem Ausdruck. Die Lauflänge der Schrift weicht oft erheblich von der Darstellung auf dem Bildschirm ab, was bei Excel besonders gravierend ist, weil die Breite einer Zelle der Länge des Inhalts entsprechen muss.

TIPP Wenn Sie noch Druckerschriften als Standardschrift oder in Formatvorlagen verwenden, suchen Sie im Internet, ob es nicht mittlerweile ein TrueType-Paket für Ihre Schrift gibt:

» *www.fonts.com* - verkauft TrueType- und PostScript-Schriften

» *www.itcfonts.com* - die International TypeFace Corporation bietet Schriften zum Download an

» *www.fontz.de* - das Schriftenarchiv mit mehreren Tausend Schriften

» *www.fontasy.de* - Fonts von A-Z zum Download

9.1.4 Schriftart und Schriftformate zuordnen

Um einer Zelle oder einem Bereich eine bestimmte Schrift zuzuordnen, markieren Sie den Zellbereich und holen die Schrift aus der Liste in der Gruppe *Schriftart* der Registerkarte *Start*.

Die Gruppe bietet noch weitere Symbole für Schriftformatierungen an. Klicken Sie auf das Symbol für Fettdruck, um den Schriftschnitt *Fett* zuzuweisen. Mit *Kursiv* wird die Zelle kursiv gesetzt, und *Unterstrichen* unterstreicht den Zellinhalt. Die Farbpalette rechts außen bietet die Möglichkeit, die Farbe der Schrift zu bestimmen (*Automatisch* = Schwarz).

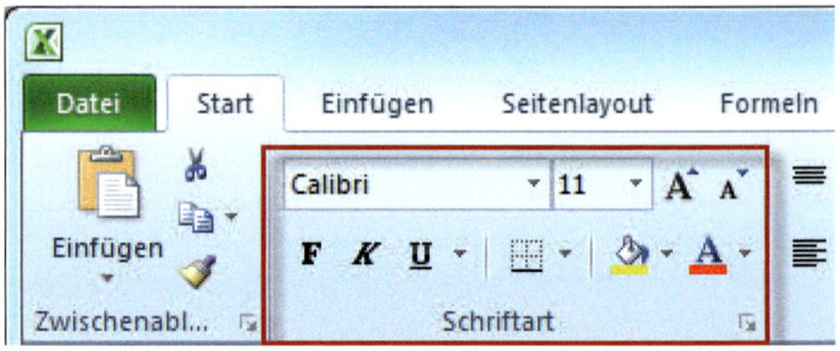

Abbildung 9.9 Schriftformatierungen in der Registerkarte Start

Der längere Weg führt über das Dialogfeld der Gruppe. Auf der Registerkarte *Schrift* finden Sie alle Schriftformatierungen. Aktivieren Sie das Dialogfeld mit dem Pfeilsymbol rechts unten an der Gruppe.

» *Schriftart:* Wählen Sie hier die Schrift für die Zellinhalte des markierten Bereiches. Die Liste zeigt alle unter Windows verfügbaren Schriften an.

» *Schriftschnitt:* Kreuzen Sie die gewünschte Auszeichnung an. Die angebotenen Stile (*Fett*, *Kursiv*) sind von der gewählten Schrift abhängig, nicht jede Schrift bietet alle Stile an. Unabhängig davon kann Excel jede Schrift unterstreichen oder durchstreichen.

» *Schriftgrad:* Wählen Sie hier eine Schriftgröße. Das Größeneingabefeld sollte nur dann für eine freie Größeneingabe benutzt werden, wenn der Drucker skalierbare, d.h., in der Größe frei zu variierende Schriften zulässt. TrueType- und PostScript-Schriften sind generell frei skalierbar. Sollte die Liste nur einige wenige Größen anbieten, so beschränken Sie sich auf die Auswahl dieser Größen, weil der Drucker dann nur diese wirklich gut wiedergeben kann.

» *Unterstreichung:* Wählen Sie die gewünschte Unterstreichungsart: *Ohne* unterstreicht nicht, *Einfach* und *Doppelt* fügen dem Inhalt der Zelle Unterstreichungen zu, während *Einfach (Buchhaltung)* und *Doppelt (Buchhaltung)* die gesamte Zelle unterstreichen.

» *Farbe:* Wählen Sie eine der angebotenen Schriftfarben oder Mischfarben aus 16 Farben. Klicken Sie dazu auf den Listenpfeil und dann auf die gewünschte Farbe. *Automatisch* setzt die Schrift auf die in der Windows-Systemsteuerung definierte Schriftfarbe zurück (in der Regel Schwarz).

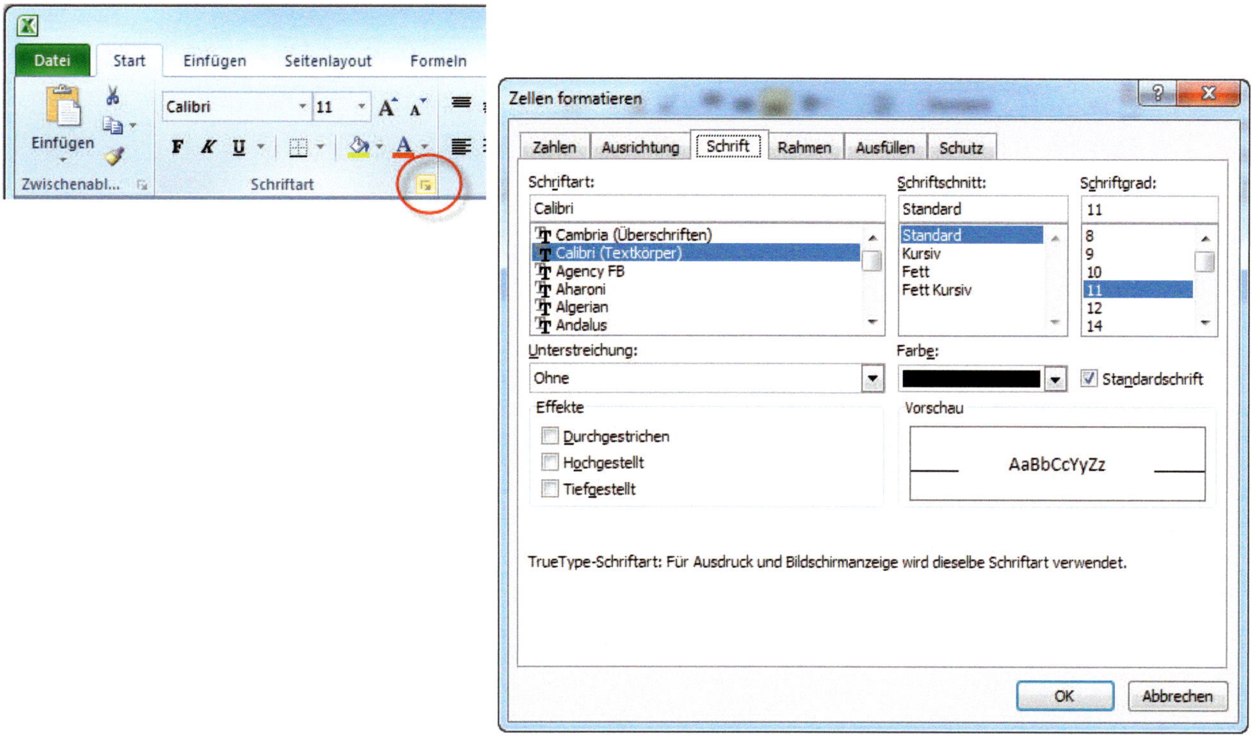

Abbildung 9.10 Das Dialogfeld mit allen Schriftformaten

- *Vorschau:* Hier wird eine Schriftprobe mit allen aktuellen Formatierungen eingeblendet.
- *Standardschrift:* Kreuzen Sie diese Option an, um alle Einstellungen in der Dialogbox auf die Standardwerte zurückzusetzen. Das Häkchen verschwindet, sobald Sie die Voreinstellungen ändern.
- *Effekte:* Diese Optionen streichen die Zellinhalte durch und stellen sie hoch oder tief. Bei Letzteren wird die Schrift optisch und im Ausdruck stark verkleinert; die Schriftgröße bleibt gleich.

9.2 Die Schriftausrichtung

Unter Ausrichtung versteht man die Position des Zellinhaltes zwischen den beiden Spaltenlinien. Ähnlich wie im Textverarbeitungsprogramm kann diese links-, rechtsbündig oder zentriert sein. Excel kennt aber noch einige Spezialausrichtungen.

Die Standardausrichtungen kennen Sie bereits aus den ersten Kapiteln, in denen die Erfassung von Zahlen, Texten und Datumswerten behandelt wird:

- Zahlen und Datumswerte stehen rechtsbündig
- Texte stehen linksbündig
- In der Vertikalen sind alle Zellinhalte am unteren Rand ausgerichtet

Die Formatierung der Ausrichtung ändert diese Systematik, eine einmal zugewiesene Formatierung hebt die Standardausrichtung auf.

9.2.1 Ausrichten über Symbole

Die Registerkarte *Start* hält in der Gruppe *Schriftart* alle Symbole für die wichtigsten Ausrichtungen parat. Markieren Sie die Zellen, die Sie ausrichten wollen, und aktivieren Sie die Ausrichtung über das Symbol:

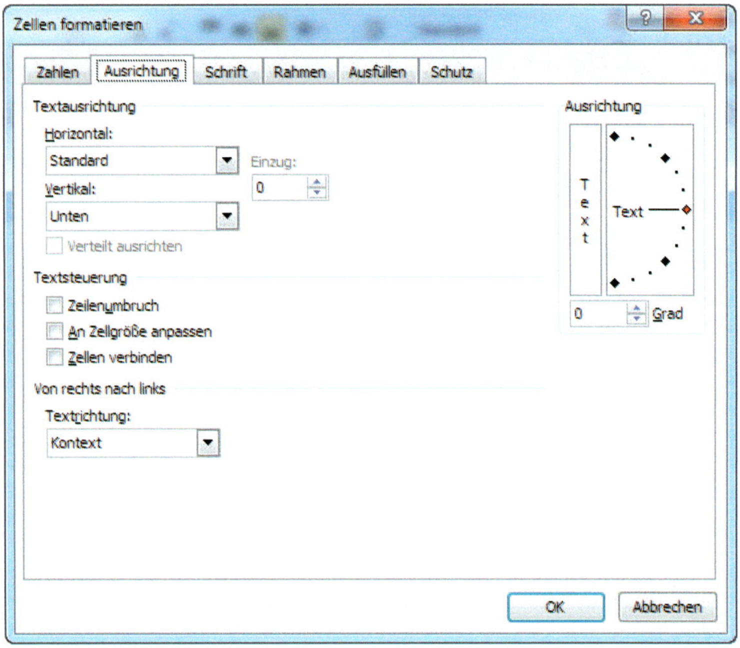

Abbildung 9.11
Alle Ausrichtungen auf einen Blick

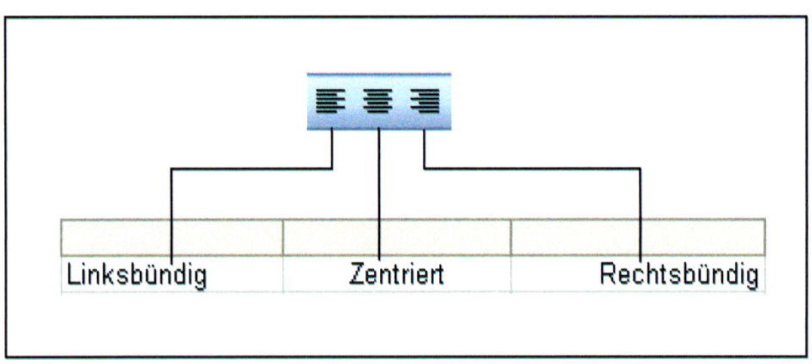

Abbildung 9.12 Symbole für Ausrichtungen in der Symbolleiste Format

Das der Ausrichtung entsprechende Symbol rastet durch Anklicken ein und zeigt diesen Status auch an, wenn der Zellzeiger auf die Zelle gesetzt wird. Auch wenn mehrere Zellen, Zeilen oder Spalten markiert sind, zeigen die Ausrichtungssymbole nur den Status der jeweils aktiven Zelle an. Klicken Sie auf ein eingerastetes Symbol, so wird die entsprechende Ausrichtung entfernt, und die markierten Zellen werden auf die Standardausrichtung zurückgesetzt.

9.2.2 Ausrichten per Menü

Über die Registerkarte *Ausrichtung* im Dialogfeld *Zellen formatieren* kann die Standardausrichtung von Zellen und Zellbereichen geändert (und auch wiederhergestellt) werden.

Horizontal

» *Standard:* Die Zelle oder der Bereich erhält die Ausrichtung, die standardmäßig für den jeweiligen Zelltyp vorgesehen ist: Texte links-, Zahlen rechtsbündig. Fehlermeldungen wie `=#BEZUG!` und Wahrheitswerte (WAHR, FALSCH) werden automatisch zentriert.

» *Links (Einzug):* Der Inhalt der Zelle oder des Bereichs wird am linken Zellrand ausgerichtet.

» *Zentriert:* Der Inhalt wird zwischen den beiden Spaltenlinien zentriert.

» *Rechts (Einzug):* Der Zellinhalt wird am rechten Spaltenrand ausgerichtet.

» *Ausfüllen:* Der Zellinhalt wird auf die gesamte Zelle oder den Bereich ausgedehnt. Diese Option empfiehlt sich vor allem für Schmuck- und Grenzlinien, die aus einem einzigen Zeichen generiert werden.

Ein Beispiel: Geben Sie ein Zeichen (z.B. »Q«) einmal in die erste Zelle des markierten Bereiches ein. Das Zeichen wird in allen Zellen wiederholt; auch in angrenzenden, vorausgesetzt, für diese wurde ebenfalls die Ausrichtung *Ausfüllen* gewählt. In Verbindung mit Zeichensätzen wie *Webdings* lassen sich damit interessante Effekte erzielen.

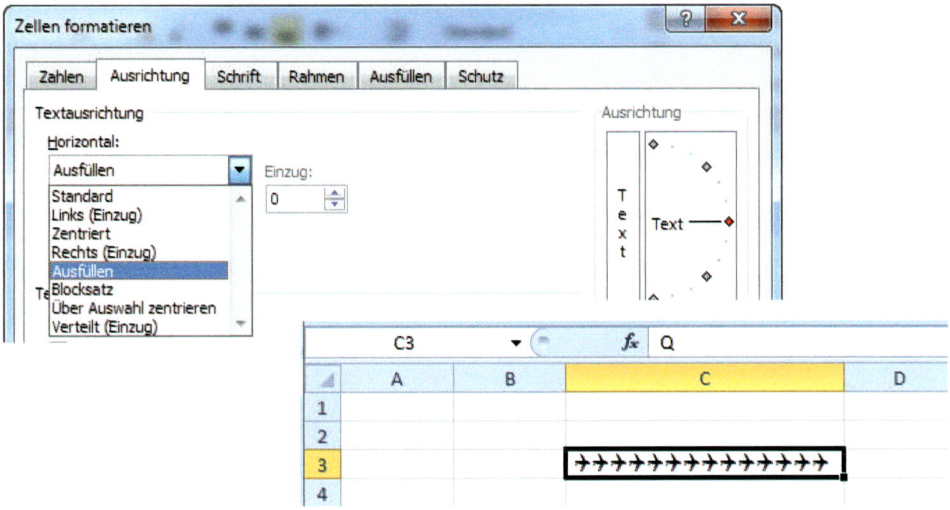

Abbildung 9.13
Schriftausrichtung Ausfüllen

- » *Blocksatz:* Der Zellinhalt wird im Blocksatz angeordnet. Die Ausrichtung wird nur dann sichtbar, wenn der Text über die Spaltenbreite hinausragt. In diesem Fall wird die Zeile automatisch vergrößert.
- » *Über Auswahl zentrieren:* Der Inhalt der aktiven Zelle wird zentriert über alle markierten Zellen verteilt und bleibt das so lange, bis eine dieser Zellen wieder beschrieben wird. In diesem Fall wird der Text über die übrigen Zellen zentriert. Die Option gilt nur für Text; Zahlen werden nicht über mehrere Zellen zentriert.
- » *Verteilt (Einzug):* Damit wird der Text in der Zelle unter Verwendung des Einzugs zentriert. Der Einzugswert gilt als linker und rechter Einzug für den Zellinhalt.
- » *Einzug:* Tragen Sie hier eine Zahl für die Zeichenanzahl ein, um die der Text vom Zellenrand (je nach gewählter Ausrichtung) eingerückt wird. Diese Maßzahl wird auch über die Symbole *Einzug verkleinern/Einzug vergrössern* in der Multifunktionsleiste unter *Start/Schriftart* eingestellt.

Vertikal

Vertikale Zellausrichtungen sind nur wirksam, wenn die Zeile größer ist als die Standardzeilenhöhe, und das gilt vor allem für Zellen mit mehr als einer Zeile oder verbundene Zellen.

- » *Oben:* Der Zellinhalt wird am oberen Zellrand abgesetzt.
- » *Zentrieren:* Der Zellinhalt wird in der Mitte zwischen dem oberen und unteren Zellrand abgesetzt.
- » *Unten:* Der Zellinhalt wird am unteren Zellrand abgesetzt (Standard).
- » *Blocksatz:* Der Zellinhalt wird über die markierten Zellen verteilt, dazu fügt die Formatfunktion bei Bedarf Leerzeichen zwischen den Wörtern und Zeilenumbrüche ein.
- » *Verteilt:* Der Zellinhalt wird vertikal über die Zelle verteilt. Der obere und untere Rand sind bei dieser Ausrichtung gleichmäßig mit Text bestückt. Wenn der Text größer ist, wird er gleichmäßig über den vertikalen Raum verteilt.
- » *Orientierung:* Stellen Sie hier die Rotation des Textes in der Zelle ein. Die Zeilenhöhe wird automatisch angepasst; wenn der Text nachträglich verkürzt wird, muss die Zeile manuell angepasst werden.
- » *Zeilenumbruch:* Diese Funktion erfüllt eine wichtige Aufgabe und leistet wertvolle Hilfe bei der Formatierung von Tabelleninhalten: Markieren Sie eine Zelle oder einen Zellbereich, wählen Sie eine beliebige Ausrichtung, und kreuzen Sie zusätzlich diese Option an, um den Text in jeder Zelle mehrzeilig zu gestalten:

TIPP Schreiben Sie in einer Zelle gezielt mehrzeilig, indem Sie mit Alt+Eingabe an der Cursorposition einen Zeilenumbruch einfügen.

Füllen Sie die Zelle(n) mit Text oder Zahlen. Wenn dabei die Spaltenbreite überschritten wird, bricht Excel den Text automatisch in die nächste Zeile um. Wird für die Zeilenhöhe vorher oder nachher ein bestimmter Wert festgelegt, zeigt Excel nur so viele Zeilen an, wie in der definierten Höhe Platz haben. Die Spaltenbreite bestimmt den Zeilenumbruch; die gesamte Zeile wird entsprechend der Zeilenzahl nach unten vergrößert.

TIPP Für die (kontrollierte) Füllung einer Zelle mit einem bestimmten Zeichen sorgt die Funktion *WIEDERHOLEN*. Geben Sie das Zeichen und die Anzahl der gewünschten Wiederholungen an (hier 20 =-Zeichen):

=WIEDERHOLEN(„=“;20)

9.3 Rahmen zuweisen und zeichnen

Eine unterlegte Schraffur, ein markierender Rahmen um einen Bereich oder eine Abschlusslinie zwischen Tabellenkopf und Tabelle – das sind gestalterische Elemente, die eine Tabelle optisch beleben und strukturieren. Verwenden Sie diese Formatierungen aber sparsam, die Nachbesserung von Rahmen und Mustern kostet oft mehr Zeit als die Konzeption eines Tabellenmodells. Auch optisch sind den Rahmen und Mustern Grenzen gesetzt: »Trauerränder« rund um wichtige Zahlen machen diese nicht wichtiger, zu viele Linien, Muster und Farben schaden der Präsentation (Zirkusplakat!).

Excel bietet Zellmuster und Rahmen an, die – den Zahlenformaten ähnlich – der Zelle zugeteilt werden, ohne den Zellinhalt zu beeinflussen. Damit bleibt die Zahl in der Zelle frei für Berechnungen aller Art. Wer sich die Arbeit sparen möchte, kann auf *AutoFormat* zugreifen und die darin vordefinierten Muster und Rahmen verwenden.

9.3.1 Das Rahmensymbol

Die Palette mit Rahmenarten in der Symbolleiste *Format* deckt zwar nicht alle, aber die wichtigsten Rahmenformatierungen ab.

1. Markieren Sie den Zellbereich, dem Sie die Rahmen zuweisen wollen.
2. Öffnen Sie die Liste mit den Rahmen, und markieren Sie die gewünschte Rahmenart. *Kein Rahmen* löscht alle Rahmenzuweisungen.

Die gewählte Rahmenart bleibt angezeigt und kann beim nächsten Mal einfach durch Anklicken des Symbols zugewiesen werden.

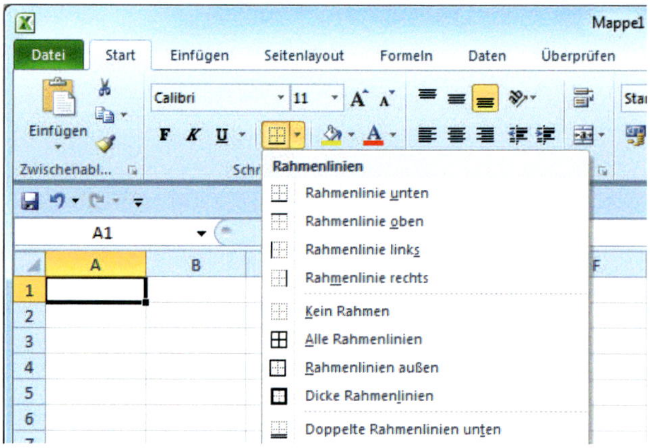

Abbildung 9.14 Das Rahmenangebot des Rahmensymbols

9.3.2 Rahmenlinien und Rahmenraster zeichnen

Die Funktion *Rahmenlinien zeichnen* finden Sie als Eintrag im unteren Bereich der Rahmenliste. Zeichnen Sie mit dem Mauszeiger (Bleistift!) freie Rahmen in die Tabelle, setzen Sie den Bleistift an, drücken Sie die Maustaste, und ziehen Sie einfach Linien mit dem Mauszeiger.

Mit *Rahmenraster zeichnen* werden auch die innen liegenden Zellen des überzeichneten Bereiches mit Rahmenlinien versehen.

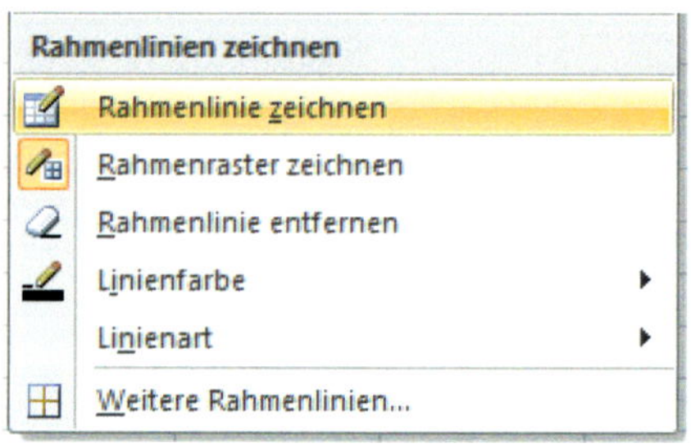

Abbildung 9.15 Freie Rahmen mit dem Bleistift zeichnen

Mit dem Befehl *Rahmenlinien zeichnen* zeichnen Sie einzelne Rahmenlinien. Stellen Sie zuerst die gewünschte Zeichenfunktion ein. Klicken Sie wieder auf den Befehl, oder drücken Sie [Esc], um die Funktion ein- und wieder auszuschalten.

Wählen Sie *Rahmenraster zeichnen*, um den Bereich, der mit dem Bleistift abgegrenzt wird, automatisch mit Linien (auch Zwischenlinien) zu füllen.

Das Radiergummisymbol *Rahmenlinien entfernen* entfernt gezeichnete Linien. Ziehen Sie es mit gedrückter Maustaste über die Zellränder.

Unter *Linienfarbe* und *Linienart* finden Sie die Farben und Stricharten für die Rahmenlinien. Stellen Sie eine Linienart ein, die zum Zeichnen der nächsten Linien verwendet wird.

9.3.3 Rahmen aus dem Dialogfeld zuweisen

Alle Rahmeneinstellungen aus dem umfangreichen Rahmenmenü und noch viele mehr finden Sie im Dialogfeld der Gruppe *Schriftart*. Aktivieren Sie dieses im Rahmenmenü mit *Weitere Rahmenlinien* oder per Klick auf die Pfeilschaltfläche rechts unten, und schalten Sie auf das Register *Rahmen* um. Hier finden Sie alle Rahmenformatierungen.

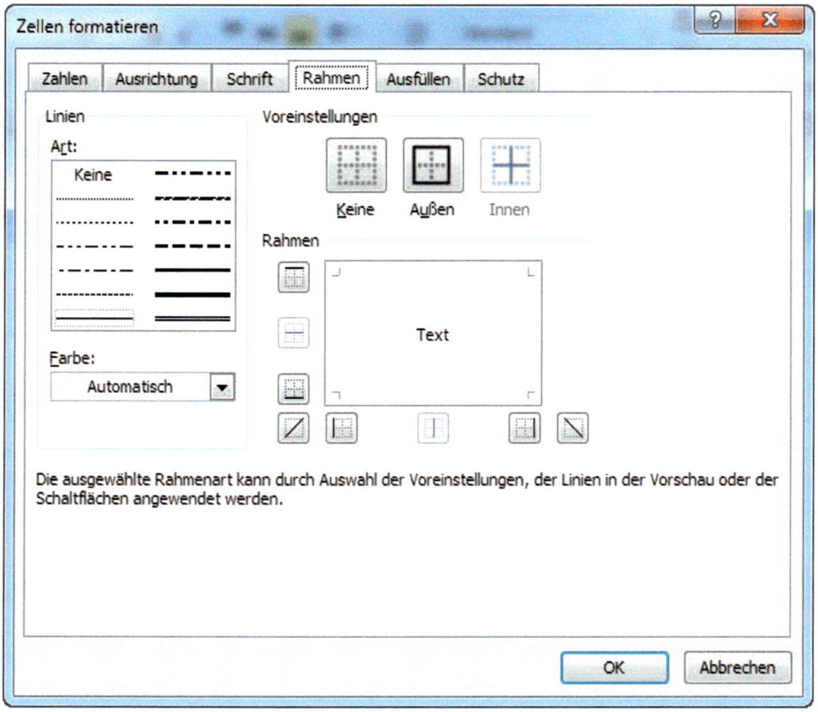

Abbildung 9.16
Rahmen aus dem Menü zeichnen

- *Voreinstellungen:* Weisen Sie der Markierung einen Gesamtrahmen oder einen Rahmen mit Gitterlinien auch im Innenbereich zu, oder löschen Sie mit dem Symbol links außen alle Zellrahmen.
- *Rahmen:* Hier wird jede einzelne Rahmenlinie der Markierung zugewiesen. Sie können wahlweise die kleinen Symbole rund um das Vorschaufenster anklicken oder direkt in dieses Fenster klicken, um die Rahmen zu setzen. Ein weiterer Klick auf die bereits mit einem Rahmen versehene Linie entfernt diesen wieder.
- *Linien/Art:* Hier stehen 13 Linientypen in verschiedenen Strichstärken zur Auswahl. Klicken Sie zuerst auf die Linienart, und weisen Sie dann der Markierung die Linien zu.

- *Farbe:* Klicken Sie auf den Listenpfeil, um die Farbliste einzublenden, und markieren Sie die gewünschte Farbe für die unter *Rahmen* markierte Linie.

Das Vorschaufenster *Rahmen* zeigt jede einzelne Linie in drei Varianten an:

- Ist ein Rahmen durchgängig in allen Zellen der Markierung vorhanden, zeigt das Fenster diesen in der gewählten Linienart an.
- Wenn kein Rahmen gesetzt ist, bleibt auch die Linie in der Vorschau leer.
- Zeigt das Feld für eine Linie eine dunkle Rasterfläche, weist Excel darauf hin, dass der Rahmen oder die Schraffur nur Teilbereichen der Markierung, nicht allen Zellen, zugewiesen wurde. Sie können dann durch Anklicken bestimmen, dass alle Zellen formatiert werden (Kreuz), die Formatierung entfernen (Leer) oder durch einen dritten Klick die Teilformatierung wiederherstellen.

HINWEIS Achten Sie darauf, dass die Auswahl und die Farbgebung einer Linienart immer nur für den vorher bezeichneten Bereich (*Gesamt*, *Oben*, *Unten* ...) gilt. Auf diese Art lässt sich praktisch jede einzelne Randlinie einer Zelle unterschiedlich formatieren.

9.4 Die Füllfarbe

Der Hintergrund einer Zelle wird als Zellmuster bezeichnet, nicht zu verwechseln mit dem Hintergrund der ganzen Tabelle, dem über *Seitenlayout/Seite einrichten/Hintergrund* ein Bild zugewiesen werden kann. Ein Zellmuster kann eine Füllfarbe, ein Füllmuster oder beides enthalten.

9.4.1 Das Symbol Füllfarbe

Formatieren Sie Zellen Ihrer Wahl über ein Zellmuster des Symbols *Füllfarbe*. Sie finden es auf der Registerkarte *Start* in der Gruppe *Schriftart*.

1. Markieren Sie alle Zellen, die ein Muster enthalten sollen.
2. Klicken Sie auf den Pfeil rechts am Füllsymbol.
3. Wählen Sie die passende Füllung per Klick aus, die markierten Zellen werden sofort damit eingefärbt.

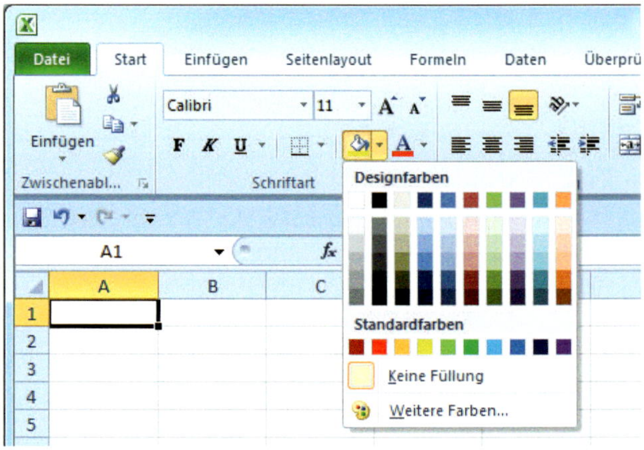

Abbildung 9.17 Farbe zuweisen über das Symbol Füllfarbe

Zur Auswahl stehen die Farben aus dem aktuellen Design (Registerkarte *Seitenlayout*) und zehn Standardfarben. Das gewählte Farbmuster bleibt angezeigt und kann beim nächsten Mal einfach durch Anklicken des Symbols zugewiesen werden. Die Farbauswahl gliedert sich in Designfarben und Standardfarben. Das unter *Seitenlayout/Designs* gewählte Design entscheidet über die Farben der ersten Kategorie, in der zweiten finden Sie zehn einfache RGB-Farben.

Die Schaltfläche *Keine Füllung* löscht alle Farbzuweisungen in den markierten Zellen.

Weitere Farben

Mit dem Befehl *Weitere Farben* können Sie eine Farbpalette einblenden, in der die Farbe aus einem Hexagon mit 255 Farben und 16 Grautönen gewählt oder im Register *Benutzerdefiniert* selbst zusammengestellt werden kann. Hier stehen die beiden Farbmodelle RGB (Rot, Gelb, Blau) und HSL (Hue, Saturation, Luminance = Helligkeit, Sättigung, Intensität) zur Auswahl. Geben Sie einen Wert zwischen 0 und 255 für jeden Farbmischungsteil ein. Mit 255 x 255 x 255 Möglichkeiten stehen für beide Farbmodelle über 16,5 Millionen Farben zur Auswahl.

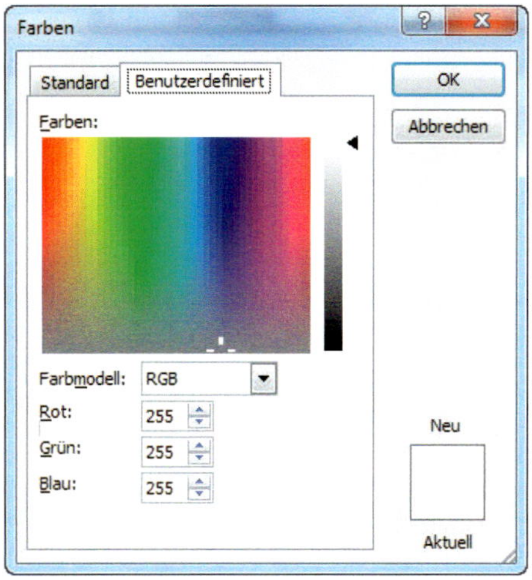

Abbildung 9.18 Farben mit RGB oder HSL selbst gemischt

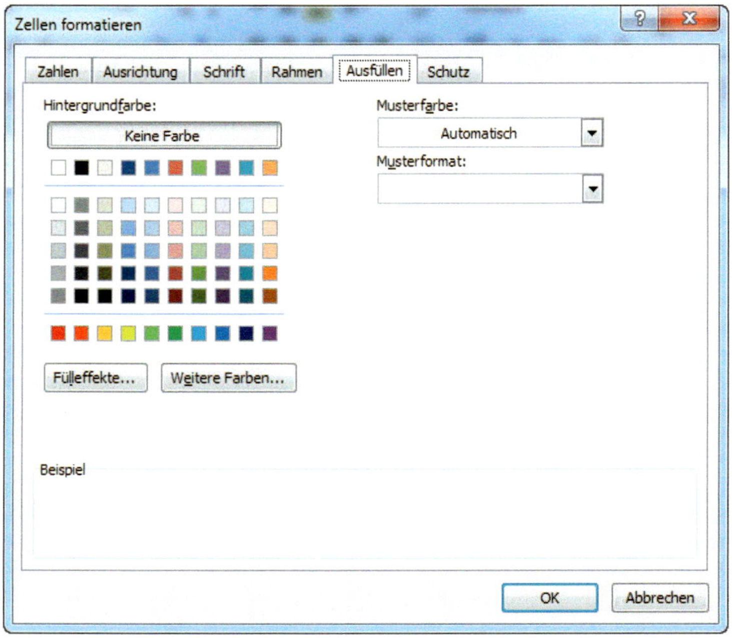

Abbildung 9.19
Farben und Zellmuster zuweisen

9.4.2 Farben und Muster aus dem Dialogfeld zuweisen

Auch in diesem Fall bietet das Symbol nur die wichtigsten Funktionen für die Formatierung, das gesamte Angebot an Zellfarben und Mustern lässt sich über das Dialogfeld abrufen. Markieren Sie die zu formatierenden Zellen, und aktivieren Sie das Dialogfeld der Gruppe *Schriftart* mit dem Register *Ausfüllen*.

» *Hintergrundfarbe:* Die Option zeigt alle vom Design gelieferten Farbvarianten an. Markieren Sie die gewünschte Farbe durch Anklicken des Farbkästchens. *Keine Farbe* entfernt die Farbzuweisung (und damit auch das Muster).

» *Musterformat:* Das Vollmuster, das dafür sorgt, dass die darüber eingestellte Farbe zugewiesen wird, ist standardmäßig eingestellt. Um eine andere Schraffur zu verwenden, öffnen Sie diese Palette und markieren eine Schraffur.

- *Musterfarbe:* Die hier angebotenen Farben beziehen sich auf die Schraffur, nicht auf das Zellmuster. Das kann zusätzlich eingestellt werden.
- *Fülleffekte:* Klicken Sie hier, um dem markierten Bereich einen Farbverlauf zuzuweisen. Der Verlauf wird aus zwei Farben gemischt, zur Auswahl stehen sechs Schattierungsarten mit unterschiedlichen Varianten. Klicken Sie auf ein Variantenfeld, um die Variante zuzuweisen.
- *Beispiel:* Dieses Feld zeigt die gewählte Zellformatierung und den Farbverlauf zur Kontrolle an.

Wählen Sie, um einer Zelle eine einzelne Farbe zuzuteilen, nur die Farbe; die Volltonschraffur ist damit bereits aktiv. Die zweite Farbe wird benötigt, wenn Sie ein anderes als das Vollmuster anwählen. In diesem Fall bekommen die Musterelemente (z.B. Punkte oder Linien) die Schraffurfarbe, während die Zelle selbst in der eingestellten Farbe glänzt.

TIPP Probieren Sie doch mal ein Negativ-Format: Stellen Sie die Musterfarbe Schwarz ein, und weisen Sie der Schrift die Schriftfarbe Weiß zu (Kombinationsalternative: Blau und Gelb).

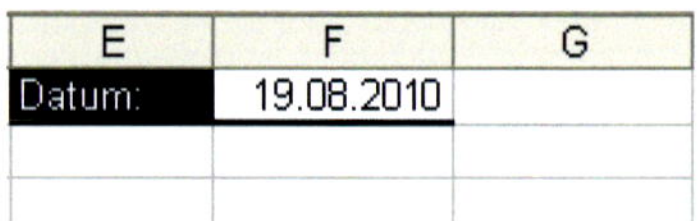

Abbildung 9.20 Negativ-Formatierung

9.5 Zellenformatvorlagen

In der Textverarbeitung Office Word ist die Formatvorlage ein unverzichtbares Werkzeug. Jedes Dokument wird auf der Basis einer Vorlage erstellt, die für alle Textteile vom Standardtext über die einzelnen Überschriftenebenen bis zur Kopfzeile die Formatierungen vordefiniert. Das Prinzip gilt auch für Excel, nur die Zahl der Formatvorlagen ist geringer als bei Word.

Die oft umfangreichen, zeitaufwendigen Formatierungen können auf Knopfdruck im Paket zugewiesen werden, Zahlen- und andere Zellformate bleiben im gesamten Tabellen- oder Mappenbereich einheitlich, und wenn ein Format abgeändert wird, übernimmt jede Zelle, der dieses Format zugeteilt ist, automatisch die neue Formatierung.

Eine Formatvorlage kann alles enthalten, was das *Format*-Menü an Formatierungen zu bieten hat:

Zahlenformate	Vordefinierte Formate aus dem Excel-Angebot oder benutzerdefinierte
Schrift	Schriftart, Schriftgrad, Farbe, Ausrichtung und Schnitt
Rahmen	Alle Rahmenzuweisungen
Muster	Zellmuster, Schraffierungen und Zellfarben
Zellschutz	Automatischer Schutz für Zellen, der mit dem Einschalten des Blatt- oder Mappenschutzes aktiv wird

Tabelle 9.1 Bestandteile von Formatvorlagen

Um aber bei aller Automatik flexibel zu bleiben, hat der Anwender freie Auswahl bei der Zuteilung der sechs Formatoptionen – was nicht in der Vorlage festgehalten ist, bleibt frei formatierbar, und eine per Vorlage formatierte Zelle kann weiterhin ohne Einschränkungen über alle passenden Menüoptionen formatiert werden.

9.5.1 Zellenformatvorlagen zuweisen

Die Zellenformatvorlagen finden Sie auf der Registerkarte *Start*:

1. Markieren Sie den Bereich, den Sie formatieren wollen. Ziehen Sie die Markierung für größere Bereiche über Spaltenbuchstaben und/oder Zeilennummern, oder klicken Sie in die Schnittstelle von Zeilen und Spalten links oben, um das ganze Tabellenblatt zu markieren.
2. Wählen Sie *Start/Formatvorlagen/Zellenformatvorlagen*.
3. Zeigen Sie mit dem Mauszeiger auf eine Formatvorlage. Der Effekt wird im Hintergrund zugewiesen, und Sie können die Formatierungen überprüfen.
4. Klicken Sie die Zellenformatvorlage an, um sie der Markierung zuzuweisen.

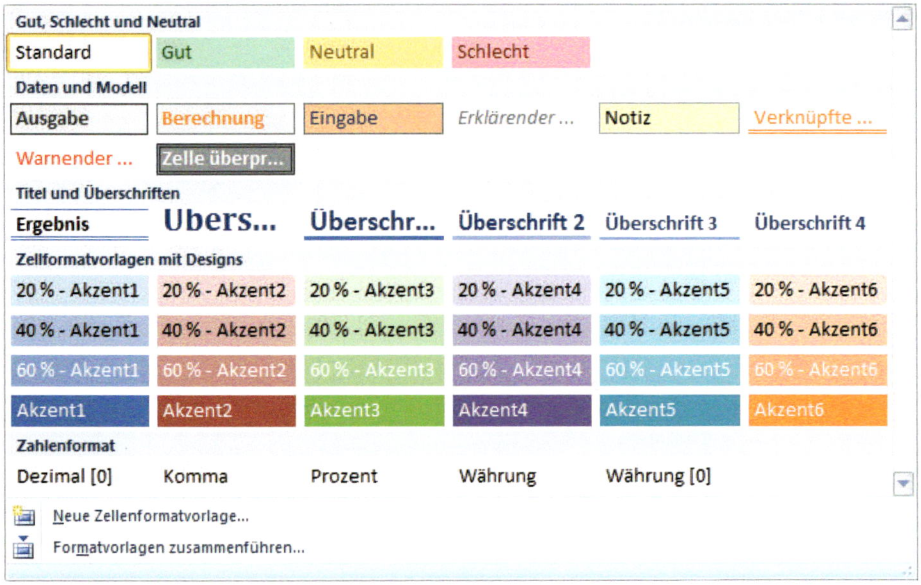

Abbildung 9.21
Zellenformatvorlagen

9.5.2 Zellenformatvorlagen ändern

Wenn Sie eine Zellenformatvorlage entdeckt haben, die nur teilweise Ihren Wünschen entspricht, ändern Sie sie einfach ab. Sie können beispielsweise die Vorlage *Notiz* so weit abändern, dass sie zusätzlich zur gelben Füllfarbe auch noch die Schrift rot einfärbt:

1. Öffnen Sie die Liste der Zellenformatvorlagen, und klicken Sie mit der rechten Maustaste in die Vorlage.
2. Wählen Sie *Ändern* im Kontextmenü.
3. Der Name kann nicht geändert werden. Kreuzen Sie die gewünschten Formatierungen an (Zahlenformat, Rahmen, Schriftart, Muster, Ausrichtung, Zellschutz), und klicken Sie auf *Formatieren*, um den Dialog *Zellen formatieren* für diese Vorlage zu aktivieren. Hier können Sie alle Formate einstellen, klicken Sie zweimal auf *OK*, um das Zellenformat zurückzuschreiben.

Unter *Formatvorlage enthält* sind nur die Formatierungen angekreuzt, die dem gerade angezeigten Format zugeteilt wurden. Kreuzen Sie die viereckigen Optionsfelder nur an, wenn die jeweilige Formatgruppe auch von der Vorlage geregelt werden soll. Für Vorlagen, die Zahlen formatieren, reicht meistens die Definition der Gruppe *Zahlenformate* aus; alle anderen Formatierungen werden aus dem Standardformat übernommen.

9.5.3 Zellenformatvorlage neu erstellen

Eine neue Zellenformatvorlage erstellen Sie über das Symbol aus der Gruppe *Formatvorlagen* der Registerkarte *Start*.

1. Wählen Sie *Neue Zellenformatvorlage*.
2. Geben Sie einen Namen ein, und kreuzen Sie die Elemente an, die Sie mit der Vorlage formatieren wollen.
3. Klicken Sie auf *Formatieren*, und weisen Sie der Vorlage aus dem Dialogfeld *Zellen formatieren* alle gewünschten Formate zu.

Die neue Zellenformatvorlage taucht anschließend im Menü des Symbols ganz oben unter der Kategorie *Benutzerdefiniert* auf.

TIPP Wenn Ihre neue Vorlage Formatierungen aus einer der angebotenen Vorlagen enthalten soll, klicken Sie die Vorlage mit der rechten Maustaste an und wählen im Kontextmenü *Duplizieren*.

9.5.4 Zellenformatvorlagen löschen

Jede der angebotenen Zellenformatvorlagen lässt sich aus der Liste löschen mit Ausnahme von *Standard*. Diese Vorlage ist für unformatierte Zellen zuständig, sie kann nicht gelöscht werden.

1. Klicken Sie mit der rechten Maustaste auf die Zellenformatvorlage, die Sie löschen wollen.
2. Wählen Sie im Kontextmenü *Zellen löschen*.

Die Vorlage wird gelöscht, und alle Zellen, die mit dieser Vorlage formatiert waren, werden auf das Standardformat zurückgesetzt. Frei zugeteilte Formatierungen bleiben erhalten.

9.5.5 Formatvorlagen zusammenführen

Wenn eine Formatvorlagenliste viele nützliche Formate enthält, ist es natürlich sinnvoll, diese auch in anderen Tabellen zu verwenden. Über eine Option wird eine Vorlagensammlung mit der einer anderen Arbeitsmappe verbunden; Voraussetzung ist, dass alle beteiligten Mappen geöffnet sind:

1. Aktivieren Sie die Mappe, die alle Formatvorlagen enthalten soll.
2. Wählen Sie *Start/Formatvorlagen/Zellenformatvorlagen*.
3. Klicken Sie auf *Formatvorlagen zusammenführen*.

Eine Liste mit allen weiteren aktiven Mappen erscheint, klicken Sie auf einen Eintrag, und bestätigen Sie mit *OK*.

Die Vorlagen aus der Mappe werden in die Zieltabelle aufgenommen, und wenn dabei eine Vorlage gleichen Namens entdeckt wird, erscheint die Meldung:

Formatvorlagen mit gleichen Namen zusammenführen?

Bestätigen Sie hier mit *Ja*, werden die Vorlagen in der aktiven Tabelle überschrieben. Mit *Nein* bleiben die Vorlagen unverändert; gleichnamige Einträge werden nicht übernommen.

9.6 Zellen schützen

Im Prinzip hat der Schutz von Zellen oder Zellbereichen eigentlich nichts mit der Zellformatierung zu tun. Die Basis dieser Technik ist aber eine Formatierung, die bei der Zuweisung von Formaten oder in der Anpassung von Zellenformatvorlagen angeboten wird.

Alle Zellen eines Tabellenblattes sind über eine Formatierung geschützt. Im Dialogfeld *Zellen formatieren*, das über die Gruppe *Schriftart* der Registerkarte *Start* aufgerufen wird, finden Sie ein Register *Schutz*. Es zeigt für alle Zellen den Status *Gesperrt*.

Unter *Start/Zellen/Format* finden Sie in der Kategorie *Schutz* Befehle zum Sperren oder Entsperren einzelner Zellen und zum Schutz des Tabellenblattes. Der Zellschutz tritt nur in Kraft, wenn die Tabelle oder die Mappe geschützt ist.

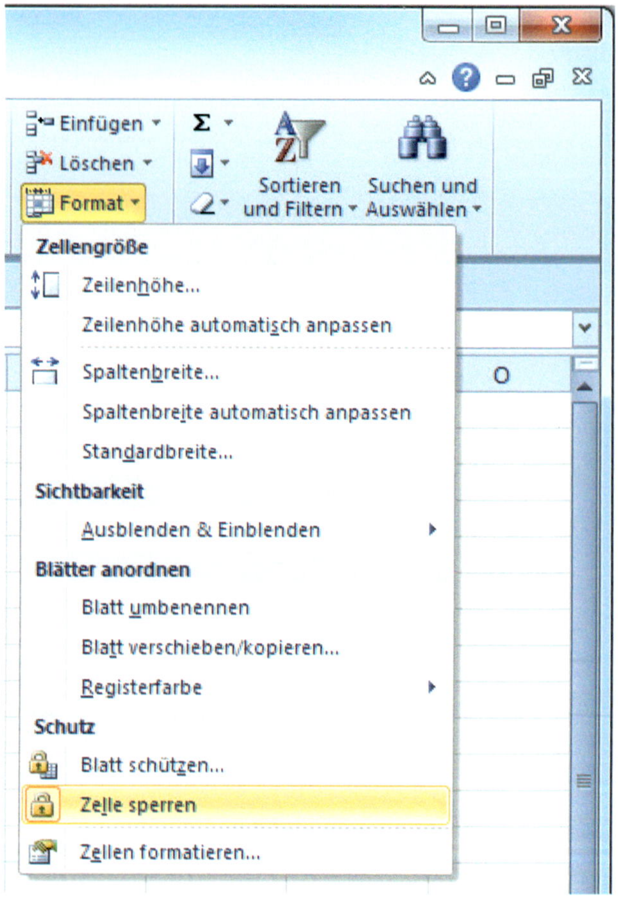

Abbildung 9.22 Der Zellschutz ist eine Zellenformatierung.

REFERENZ Auf der Registerkarte *Überprüfen* finden Sie auch Schutzbefehle für Arbeitsmappen. Eine ausführliche Beschreibung zu Zellschutz, Blattschutz und Arbeitsmappenschutz finden Sie in *Kapitel 17: Sicherheit und Schutz*.

9.7 Bedingte Formatierung

Für Bedingungen in Excel-Tabellenblättern ist in der Regel die Funktion *WENN()* zuständig, auch Matrixfunktionen wie *SUMMEWENN()* oder *ZÄHLENWENN()* liefern Ergebnisse in Abhängigkeit vom Wahrheitsgehalt einer Bedingung ab. Die Aufgabe, bestimmte Zustände von Zellen und Zellbereichen zu visualisieren, Höchst- oder Tiefstwerte, Abweichungen und Differenzen mit Schrift, Farbe und Muster zu kennzeichnen, übernimmt die bedingte Formatierung. Sie wird der Zelle zugewiesen und aktiviert die eingestellten Formate, wenn eine bestimmte, vom Anwender für jede Zelle einzeln definierbare Bedingung erfüllt ist.

Im Schichtenmodell der Zelle löst die Bedingungsformatierung damit die »normalen« Formatierungen ab, es hat Vorrang vor Schrift- und Zellformatierungen (falls gesetzt). In der Vorgängerversion konnten bis zu drei Bedingungen formuliert werden, in Excel 2010 können beliebig viele Bedingungsregeln definiert werden.

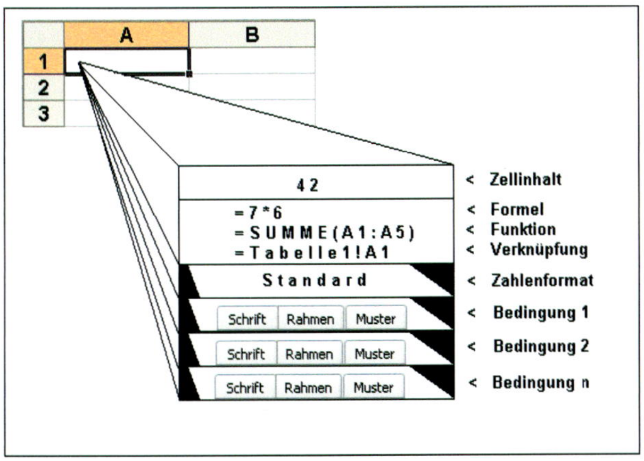

Abbildung 9.23 Bedingungsformate

CD-ROM Beispiele und Übungsdaten für Bedingungsformate finden Sie auf der Buch-CD in der Datei *Bedingungsformate.xlsx*.

9.7.1 Bedingte Formatierung zuweisen

1. Markieren Sie alle Zellen, die Sie mit einem Bedingungsformat versehen wollen.
2. Wählen Sie *Start/Formatvorlagen/Bedingte Formatierung*.
3. Wählen Sie *Datenbalken*, *Farbskalen* oder *Symbolsätze*, wenn Sie dem Bereich eine automatische Formatierung zuweisen wollen, die alle Werte ins Verhältnis zum größten Wert in der Markierung setzt.

Definieren Sie Regeln, wenn Sie die Bedingungen genauer bestimmen wollen.

Datenbalken

Verwenden Sie dieses Bedingungsformat, um das Verhältnis der einzelnen Werte zu visualisieren. Die Länge des Balkens entspricht seinem Wert, der größte Wert hat den längsten Balken. Hier sehen Sie ein Beispiel, eine Umsatztabelle mit Monatsumsätzen.

Die Zellen im Bereich B5:B30 werden mit dem Bedingungsformat versehen. Das Angebot an Datenbalken unterscheidet sich nur in der Farbe. Wichtig ist nur, dass bei Änderungen oder Neuzuweisung immer alle Zellen markiert sind, damit die Regel, die mit der Zuweisung aufgestellt wird, sich auf alle Zellen beziehen kann.

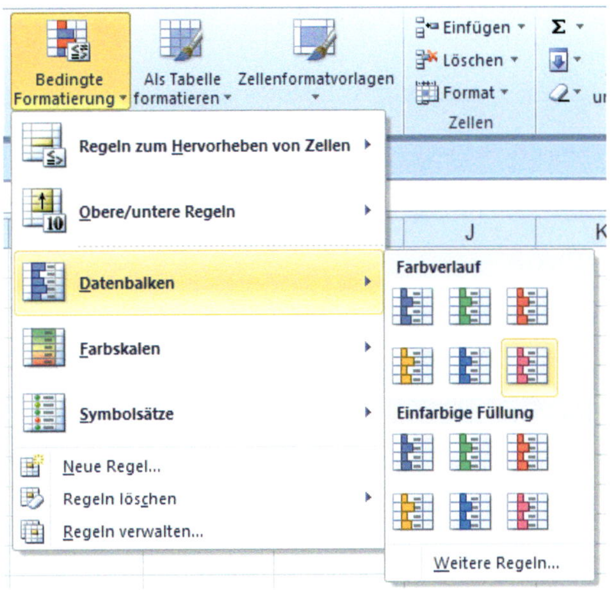

Abbildung 9.24 Die Zellen werden formatiert, wenn die Bedingung erfüllt ist.

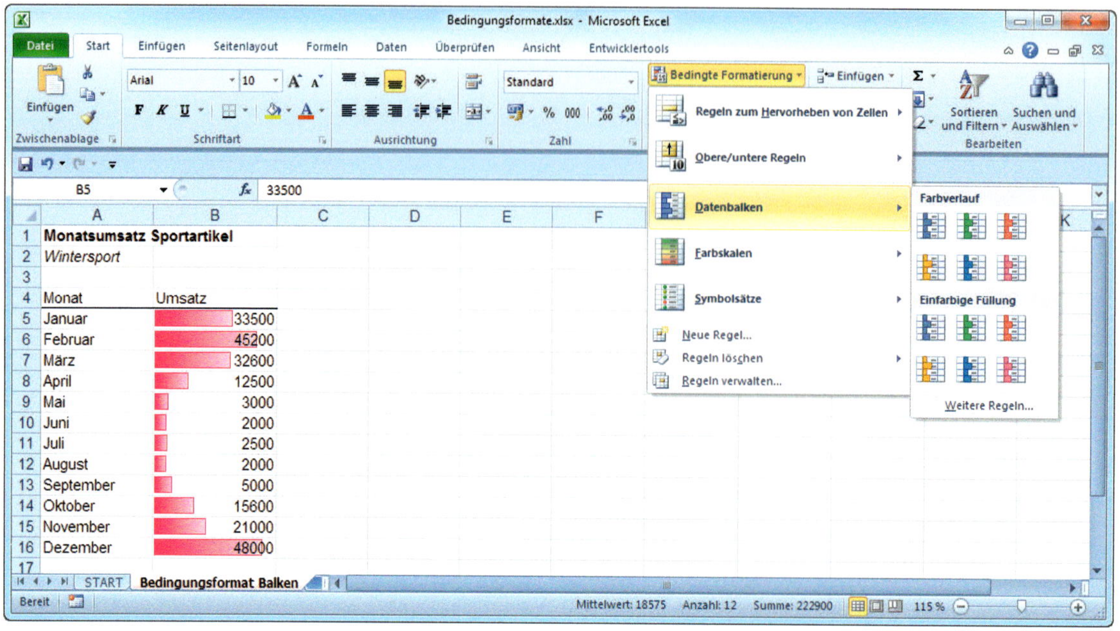

Abbildung 9.25 Bedingungsformat Datenbalken

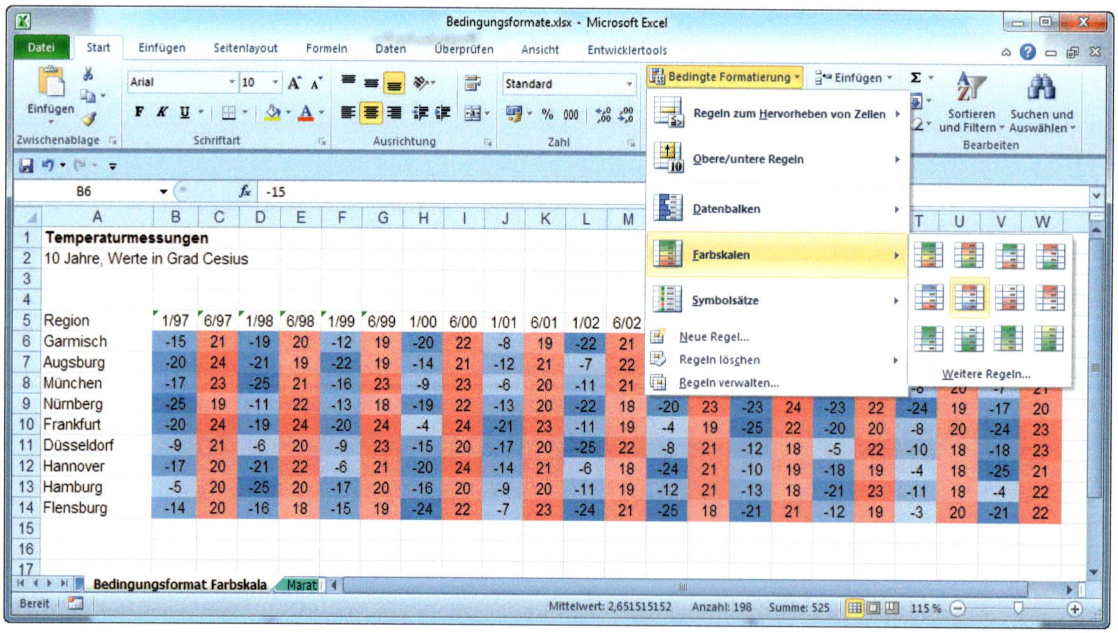

Abbildung 9.26 Bedingungsformat Farbskala

Farbskalen

Die Farbskala formatiert die Werte mit abgestuften Farben. Die Auswahl der Skala bestimmt, welcher Wert die höheren Zahlen formatiert. Hier im Beispiel wurde die Rot-Gelb-Blau-Skala angewandt, um die hohen Temperaturwerte blau, die mittleren gelb und die niedrigen rot einzufärben.

Symbolsätze

Mit Symbolsätzen weisen Sie den Zellen nach ihrer Wertigkeit Symbole zu. Auch hier gilt der größte Wert als Maßstab, das Angebot umfasst Symbolsätze mit Pfeilen, Punkten, Säulen u.a.

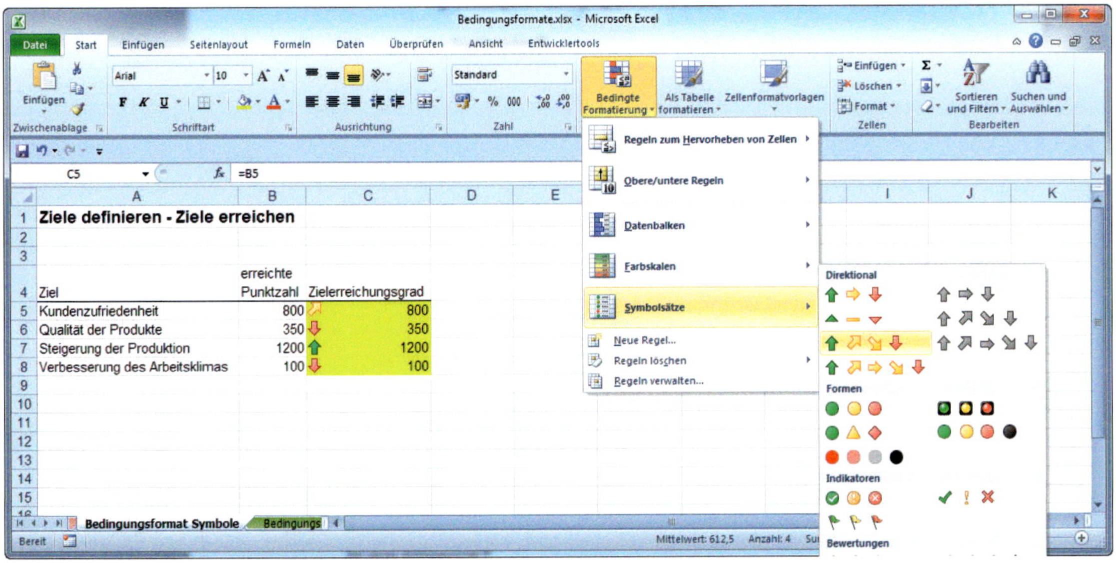

Abbildung 9.27 Bedingungsformat Symbolsätze

9.7.2 Regeln aufstellen für Bedingungsformate

Die vordefinierten Bedingungsformate basieren auf einfachen Regeln. Der größte Wert aus der Markierung wird ermittelt, der Vergleich der markierten Zahlen mit diesem Wert liefert das passende Format.

Definieren Sie diese Regeln selbst, geben Sie die Bedingung an, und wählen Sie einen Referenzwert:

1. Markieren Sie die Zellen, die Sie formatieren wollen.
2. Wählen Sie *Start/Formatvorlagen/Bedingte Formatierung/Regeln zum Hervorheben von Zellen*.
3. Suchen Sie die passende Operation (Größer als, Kleiner als ...).
4. Geben Sie einen Zellbezug, einen Wert oder Text ein, oder wählen Sie ein Datum aus der Liste (Regel Datum).
5. Wählen Sie die Farbe, die den Werten zugewiesen wird, wenn die Regel erfüllt ist.
6. Bestätigen Sie mit *OK*, und das Format ist zugewiesen.

Wählen Sie *Obere/Untere Regeln*, und formatieren Sie die höchsten oder niedrigsten Werte, die über bzw. unter einem Grenzwert liegen. Dieser Wert kann aus einer Zelle stammen oder direkt eingegeben werden. Anstelle der Anzahl kann auch der prozentuale Anteil eingetragen werden.

Wählen Sie *Über/Unter dem Durchschnitt*, um die Zellen zu formatieren, die über oder unter dem arithmetischen Mittelwert aller markierten Zellen liegen.

Neue Regel

Mit der Option *Neue Regel* unter *Start/Formatvorlagen/Bedingte Formatierung* definieren Sie eigene Regeln. Wählen Sie einen *Regeltyp*, und bearbeiten Sie die *Regelbeschreibung* des jeweiligen Typs. Die ersten fünf Regeltypen entsprechen dem Angebot aus dem Befehlsmenü, im letzten Regeltyp, *Formel zur Ermittlung der zu formatierenden Zellen verwenden*, geben Sie eine Formel ein, deren Wahrheitswert erfüllt sein muss, damit die Formatierung zugewiesen wird (siehe folgende Beispiele).

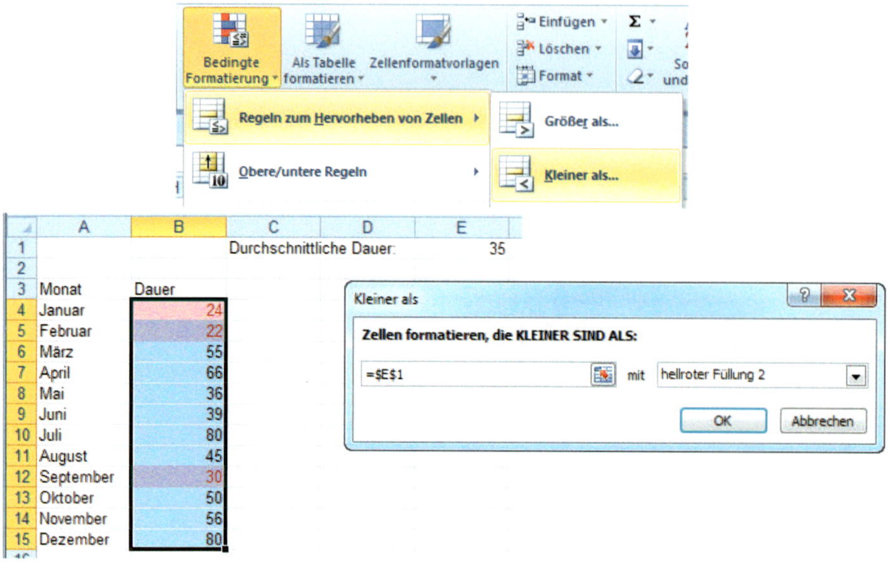

Abbildung 9.28
Regeln für die Bedingungsformatierung selbst erstellt

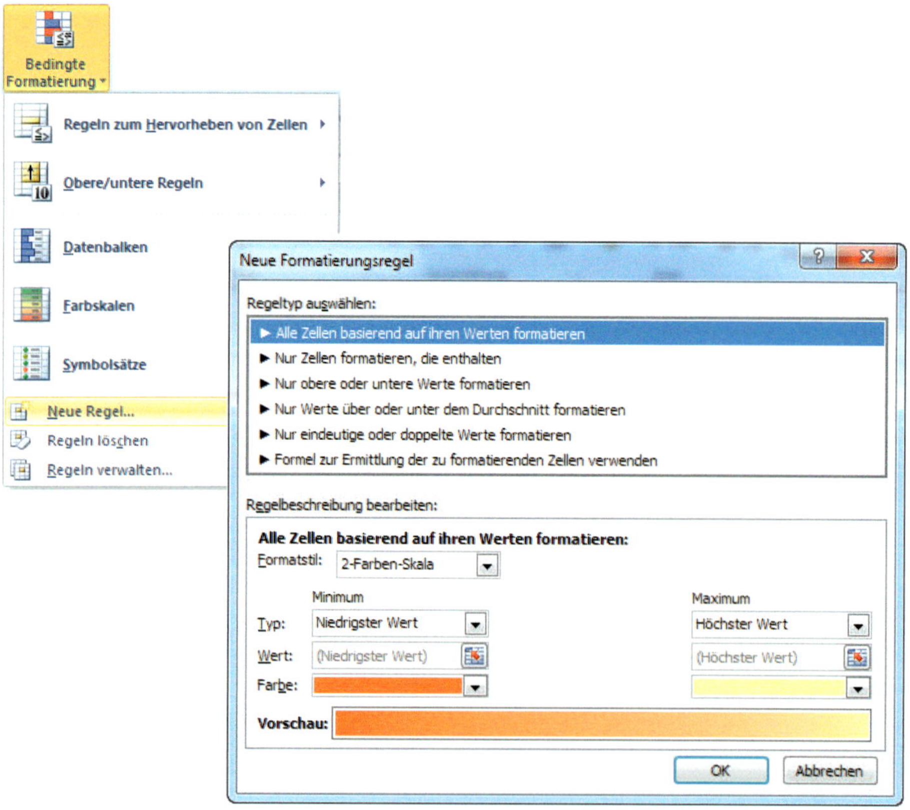

Abbildung 9.29
Hier werden neue Regeln aufgestellt.

Regeln verwalten – der Regel-Manager

Die Übersicht über alle Bedingungsformate im aktuellen Tabellenblatt oder in einem der Blätter der aktuellen Mappe erhalten Sie, wenn Sie den Regel-Manager aktivieren. Wählen Sie *Start/Formatvorlagen/Bedingte Formatierung/Regeln verwalten.*

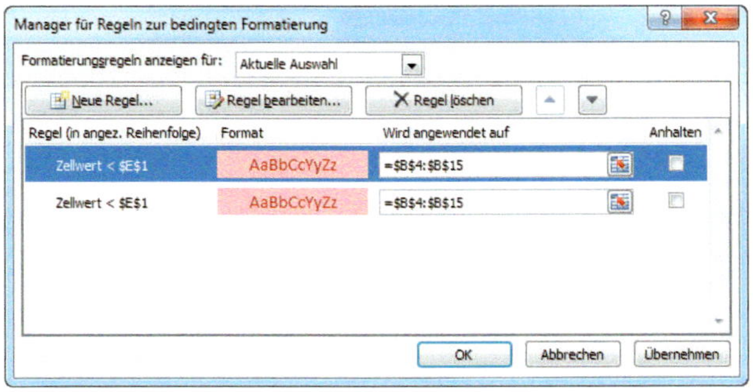

Abbildung 9.30 Der Regel-Manager listet alle aufgestellten Regeln.

- Geben Sie an, ob Sie die aktuelle Markierung (Auswahl), das Tabellenblatt oder ein anderes Tabellenblatt der aktiven Mappe nach Regeln durchsuchen wollen.
- Mit *Neue Regel* können Sie eine neue Regel aufstellen und der Liste hinzufügen.
- *Regel bearbeiten* stellt die markierte Regel zur Bearbeitung zur Verfügung.
- Mit *Regel löschen* entfernen Sie das markierte Bedingungsformat.

Klicken Sie auf die Pfeilsymbole, um die Rangfolge der Regeln zu ändern. Die markierte Regel wird damit nach oben bzw. unten verschoben.

Kreuzen Sie das Kontrollkästchen *Anhalten* an, wenn Sie die Regelauswertung aussetzen wollen. Damit wird nicht die Formatierung, sondern nur die Auswertung der Regel in Bezug auf andere Regeln außer Kraft gesetzt.

Regelkonflikte und manuelle Formatierung

Eine Regel, die an höherer Stelle steht, hat Vorrang vor Regeln, die weiter unten stehen. Regeln lösen keinen Konflikt aus, wenn sie sich nicht widersprechen. Weisen Sie mit *Regel 1* die Schriftfarbe Rot zu und mit *Regel 2* ein Währungsformat, so werden beide Regeln angewendet.

Lösen Regeln einen Konflikt aus, wird die oberste Regel angewendet. Wenn *Regel 1* mit der Farbe Rot arbeitet und *Regel 2* mit der Farbe Grün, entsteht ein Konflikt, den die oberste Regel für sich entscheidet (kann mit *Anhalten* umdefiniert werden).

Bedingungsformate haben Vorrang vor »manuellen« Formatzuweisungen. Formatieren Sie eine Zelle über *Start/Schriftart* mit der Farbe Rot und hat eine Regel Gültigkeit, die der Zelle die Farbe Grün zuweist, so wird die Zelle grün.

9.7.3 Bedingte Formatierung löschen

Sie können jedes Bedingungsformat wieder entfernen. Achten Sie darauf, dass wieder alle Zellen markiert sind, die das Format enthalten.

1. Wählen Sie *Start/Formatvorlagen/Bedingte Formatierung.*
2. Klicken Sie auf *Regeln löschen,* und entscheiden Sie, ob Sie die Regeln aus der Markierung, aus dem gesamten Arbeitsblatt oder aus der PivotTable entfernen.
3. *Regeln in dieser Tabelle löschen* wird angeboten, wenn die Mappe mehrere Tabellenblätter mit Regeln enthält.

Löschen Sie Regeln und damit die Bedingungsformate aus aktiven Tabellenblättern oder in der Mappe mit dem Regel-Manager.

9.7.4 Zellen mit bedingter Formatierung markieren

Ob die Schrift, das Muster oder der Zellrahmen aus der »normalen« Formatierung oder aus einem Bedingungsformat stammen, lässt sich nicht so einfach feststellen. Sie können aber auf Knopfdruck alle Zellen markieren, die mit bedingter Formatierung versehen sind:

1. Wählen Sie *Start/Bearbeiten/Suchen und Auswählen* oder drücken Sie [F5], und wählen Sie *Inhalte.*
2. Klicken Sie auf die Option *Bedingte Formate.*

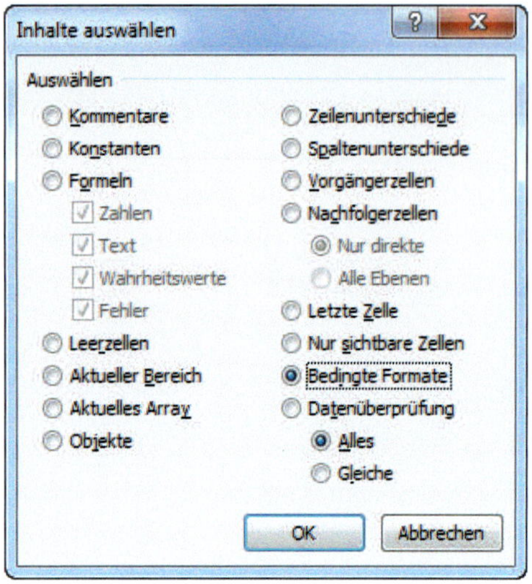

Abbildung 9.31 Bedingungsformate suchen und markieren

3. Um Zellen mit beliebigen bedingten Formatierungen zu finden, wählen Sie *Start/Bearbeiten/Suchen und Auswählen/Inhalte auswählen*, und klicken Sie unter *Gültigkeitsprüfung* auf *Alles*. Klicken Sie unter *Gültigkeitsprüfung* auf *Gleiche*, um Zellen zu markieren, deren bedingtes Format nur mit dem der aktiven Zelle übereinstimmt.
4. Bestätigen Sie mit Klick auf *OK*, werden die Zellen markiert. Mit der Tab-Taste oder Eingabe-Taste bewegen Sie den Zellzeiger innerhalb der Markierung und steuern so einzelne Zellen an.

Praxis: Auswertung Marathonlauf

Die Ergebnisliste des Marathonlaufs liegt vor, Sie können die Zeiten der einzelnen Läufer berechnen und mithilfe der bedingten Formatierung in drei Gruppen einteilen. Markieren Sie die gesamte Spalte, klicken Sie dazu auf den Spaltenbuchstaben im Spaltenkopf.

Gruppe	Bedingung	Formatierung
I	Zeit zwischen 2:00 und 3:00 Stunden	Zellmuster grün
II	Zeit zwischen 3:01 Stunden und 4:00 Stunden	Zellmuster gelb
III	Zeit zwischen 4:01 Stunden und 6:00 Stunden	Zellmuster rot

Tabelle 9.2 Auswertungen im Beispiel »Marathonlauf«

HINWEIS Wenn Sie die Dialogbox erneut öffnen, werden Sie feststellen, dass Excel Dezimalzahlen anstelle der Zeitangaben eingetragen hat. Das ist normal, eine Zeit ist nichts anderes als ein Dezimalwert zwischen 0 und 1.

Praxis: Plan-Ist-Vergleich

Nicht nur im Controlling, sondern auch im Projektmanagement und in vielen anderen Unternehmensbereichen ist der Plan-Ist-Vergleich eines der wichtigsten Kontrollwerkzeuge. Die bedingte Formatierung hilft, den Überblick herzustellen und zu bewahren.

Die Absatzzahlen Ihres Sportartikel-Unternehmens liegen vor, vergleichen Sie die monatlichen Verkäufe mit den Planzahlen, die für das ganze Jahr einheitlich, aber pro Absatzsparte separat festgelegt wurden.

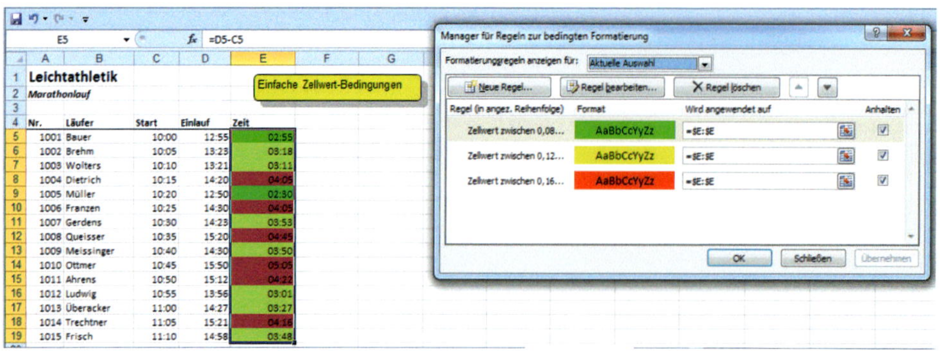

Abbildung 9.32 Laufzeiten-Tabelle mit drei Bedingungsformaten

	A	B	C	D	E	F	G	H	I	J	K	L	M	N
1	**SportsUnlimited GmbH**													
2	***Absatzstatistik***													
3														
4		Jan	Feb	Mrz	Apr	Mai	Jun	Jul	Aug	Sep	Okt	Nov	Dez	Plan/Monat
5	Sportbekleidung allg.	19,5	17,9	26,7	26,5	31,3	29	10,1	41,1	43,1	20,8	18,6	29,8	30
6	Sportgeräte allg.	11,9	39,6	29,4	14,3	31,3	22,6	49,7	20,1	39,7	19,1	35,8	10,4	30
7	Fitness/Wellness	22	36,6	49,6	43,9	27,4	11,4	49,3	19,9	44,1	27,6	48,1	22,9	25
8	Golf - Driver/Hölzer	38	26,3	46,1	12,1	12,5	34,8	35	41	42,2	15,2	48,1	12	30
9	Golfschläger Set	28,5	46,8	37,9	30,9	33,2	19,3	44,8	10	18,2	29	32,5	44,7	25
10	Golftaschen	41,3	21,1	46,2	10,9	46,3	46,1	34,9	11,1	18	20,8	41,5	15,3	30
11	Golfzubehör	41,4	38,2	30,7	11,2	30,3	49,5	13,9	39,8	34,8	25,4	33,8	22,5	35
12	Tennisschläger	44,3	10,3	10,3	47,8	46,6	32,2	14,6	48,2	48,2	48,7	19,7	12,7	35
13	Tennis Zubehör	28,4	16,2	26,3	17,6	30,5	31,7	10,5	26,8	21,5	12,1	24,3	29,8	20
14	Outdoor/Trecking	47,1	31,2	20,5	46,6	31	44,1	31,7	34,3	20	36,2	23,2	47	30
15	Wandern/Walking	35,2	29,8	21,1	35,5	38,7	17,5	28,6	45,3	48,4	46,7	40,1	33,9	30
16	Fussball Schuhe	31,4	43,2	23,1	43,5	44,5	23,6	29,9	39,3	14,9	18	33,8	39	30
17	Fussball Vereinstrikots	22,7	36,6	17,1	14,3	46,3	33	47,8	28,8	45,5	43,9	16,1	11,1	25
18	Campingzelte	18,5	31,5	41,6	15,3	47,8	17	46,8	43,7	15,1	38,4	49	20,5	35
19	Campingartikel	23	13,2	34,9	29,2	30,4	49,3	28,3	20,7	11,3	41	40,8	20,7	30
20	Sonstiges	21,1	40,1	46,5	34,7	23,5	34,8	28,8	28,8	19	12,6	11,5	36,8	25

Abbildung 9.33 Statistik mit Plan-Ist-Vergleich

ACHTUNG Achten Sie auf die richtige Bezugsart, setzen Sie nur den Spaltenbuchstaben absolut, damit die Bedingung in allen Zeilen den Planwert mit dem Istwert vergleicht.

1. Markieren Sie den Bereich B5:M20, und wählen Sie *Start/Formatvorlagen/Bedingte Formatierung/Neue Regel*.
2. Geben Sie unter *Nur Zellen formatieren, die enthalten* die erste Bedingung an. Sie soll alle Werte mit der Schriftfarbe Rot versehen, die 10 % unter dem Planwert liegen.

   ```
   Zellwert kleiner als =$N5*0,9
   ```

3. In der zweiten Bedingung weisen Sie allen Werten, die 10 % unter oder über dem Planwert liegen, die Schriftfarbe Grün zu:

   ```
   Zellwert ist zwischen =$N5*0,91 und =$N5*1,1
   ```

4. Die dritte Bedingung weist alle Werte mit der Schriftfarbe Blau aus, die mehr als 10 % über dem Planwert liegen:

   ```
   Zellwert ist größer als =$N5*1,11
   ```

9.7.5 Formeln im Bedingungsformat

Die Technik der Formelbedingung ist der Zellwertbedingung gegenüber zwar weitaus schwieriger, bietet aber sehr viel mehr Möglichkeiten, um Tabellen gezielt nach Bedingungen zu formatieren. Schalten Sie im Bedingungsfeld unter *Start/Formatvorlagen/Bedingte Formatierung/Neue Regel* auf *Formel ist* um, erhalten Sie ein Eingabefeld, in dem Sie Formeln eintragen oder mit Bezügen aus der Tabelle kombinieren.

Das Prinzip dieser Formatierungsart: Die Formel bezieht sich auf die aktive Zelle. Wenn Sie die Bedingungsformel mit relativen Bezügen versehen, werden alle markierten Zellen entsprechend angepasst.

Ein Beispiel:

1. In der ersten Spalte der Tabelle steht eine Zahlenreihe von 1 bis 10.
2. Markieren Sie diesen Bereich, und legen Sie eine neue Regel an.
3. Schalten Sie auf den Regeltyp *Formel zur Ermittlung ...* um, und tragen Sie die Formel ein, die alle Zahlen über 5 formatiert:

   ```
   =A1>5
   ```

4. Wählen Sie unter *Formatieren* ein Hintergrundmuster, und bestätigen Sie mit *OK*.

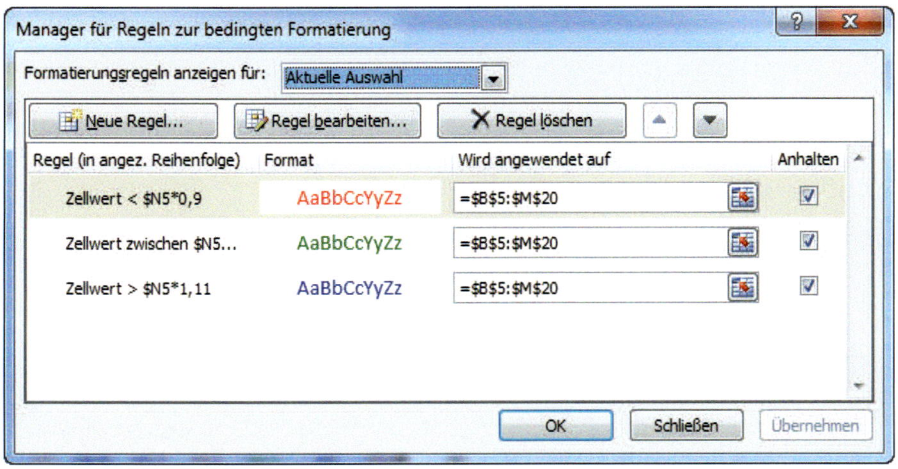

Abbildung 9.34
Drei Bedingungsformate für den Plan-Ist-Vergleich

Damit werden alle Zahlen über 5 formatiert, ein Blick auf die Bedingungsformate der einzelnen Zellen zeigt, dass diese entsprechend angepasst wurden:

```
A2: =A2>5
A3: =A3>5
```

usw.

Diese Formeln können jetzt mit allen Funktionen aus dem Excel-Angebot bestückt und nach den Regeln der Formelerstellung kombiniert werden. Entscheidend ist, dass immer zwei Operatoren vorkommen. Der Erste (=-Zeichen) leitet die Formel ein, und der Zweite (=-Zeichen, < für kleiner, > für größer, <> für ungleich) bestimmt die Logik der Bedingung.

Abbildung 9.35 Die Formel mit relativem Bezug

Abweichung vom Mittelwert

Ob die Messwerte der einzelnen Versuchsauswertungen vom Mittelwert aller Ergebnisse abweichen, zeigt die Bedingungsformatierung. Achten Sie auf den relativen Bezug für die Zelle und den absoluten Bezug für den Bereich, dessen Mittelwert bestimmt wird.

Markieren Sie für die Bedingungsformel den Bereich B2:E11.

	A	B	C	D	E
1	Versuchsreihe	Druck 1	Druck 2	Druck 3	Druck 4
2	I	1,3	2,9	4,5	3,5
3	II	1,4	2,6	4,8	3,6
4	II	1,6	2,5	4,2	3,7
5	IV	1,2	3,0	4,6	2,9
6	V	1,5	2,7	4,5	2,9
7	VI	1,6	3,5	4,3	2,5
8	VII	1,8	3,0	4,2	3,6
9	VII	1,5	2,9	3,8	3,4
10	IX	2,0	2,8	3,9	3,9
11	X	2,3	2,5	3,5	4,5

Abbildung 9.36 Messwerte

Bedingung	Formel	Format
1	=B2>MITTELWERT ($B$2:$E$11)	Schriftfarbe Rot
2	=B2<MITTELWERT ($B$2:$E$11)	Schriftfarbe Grün
3	=B2=MITTELWERT ($B$2:$E$11)	Muster Gelb

Tabelle 9.3 Drei Bedingungen

TIPP Da der Mittelwert mehrere Nachkommastellen enthält, wird die dritte Bedingung diesen wahrscheinlich nicht finden. Arbeiten Sie mit den Funktionen *RUNDEN()* oder *KÜRZEN()*. Erstellen Sie über *Formeln/Definierte Namen/Namen definieren* einen Bereichsnamen, der den gerundeten Mittelwert berechnet, und verwenden Sie diesen im Bedingungsformat:

Name:

```
mw
```

Bezieht sich auf:

```
=RUNDEN(MITTELWERT(Tabelle3!$B$2:$E$11);1)
```

Bedingung 1:

```
=B2>mw
```

Gerade und ungerade Zeilen

Formatieren Sie eine große Liste ähnlich den früher in der Programmierung üblichen Endlosformularen mit hellgrünem Hintergrund in geraden Zeilen, um die Tabelle besser lesbar zu machen. Sie können die gesamte Tabelle per Klick auf das Kästchen am linken Rand der Bearbeitungsleiste markieren oder nur einen bestimmten Zellbereich auswählen.

Legen Sie unter *Start/Formatvorlagen/Bedingte Formatierung* eine neue Regel an, und tragen Sie diese Formel ein, die über die Funktion *REST()* abprüft, ob die Zeilennummer (Funktion *ZEILE()*) durch 2 teilbar ist:

```
=REST(ZEILE();2)=0
```

Weisen Sie über *Formatierung* ein hellgrünes Hintergrundmuster zu.

	A	B	C	D
1	Artikelnr	Lieferant	Bezeichnung	Lagermenge
2	32014	1012	Nahtroller	56
3	32012	1013	Gummiwalze	45
4	32006	1022	Tapetenkleister	49
5	32010	1011	Pinsel, Maler 5x5	23
6	32030	1018	Gips 5 kg	30
7	32031	1022	Moltofill 1kg	12
8	32007	1021	Tapetenkleister Dual	49
9	32029	1026	Bohrer HSS 5-tlg	20
10	32011	1010	Pinsel. Maler, 10x5	23
11	32013	1018	Tapezierschere	12
12	32003	1014	Alpinweiß Wandfarbe	56
13	32008	1021	Kleisterbürste	40
14	32004	1012	Farbspachtel	15

Abbildung 9.37 Muster für gerade Zeilen

Ein Schachbrettmuster

Mit dieser Bedingungsformel erzeugen Sie ein Schachbrettmuster auf dem markierten Bereich:

```
=(REST(ZEILE();2)+REST(SPALTE();2))=1
```

Wochenendtage im Kalender formatieren

Ob ein Datum auf einen Samstag oder Sonntag fällt, kann aus dem internen Excel-Kalender ermittelt werden. Die Funktion *WOCHENTAG()* liefert eine Zahl zwischen 1 und 7, wenn in der Klammer ein Datum angegeben wird:

```
=WOCHENTAG("1.1.2007")
Ergebnis: 2 (Montag)
```

Geben Sie das zweite Argument *Typ* der Funktion nicht an, erhalten Sie diese Zahlen:

```
1 = Sonntag, 2 = Montag,
… 7 = Samstag
```

Im Terminkalender erstellen Sie zweimal das Datum, das die vorgegebene Jahreszahl und den Monat berücksichtigt (Zeilen 5 und 6). Mit dem passenden Zahlenformat (*Start/Zahl*) erhalten Sie einmal den Tag angezeigt (TTT) und darunter die Zahl für den Wochentag (TT).

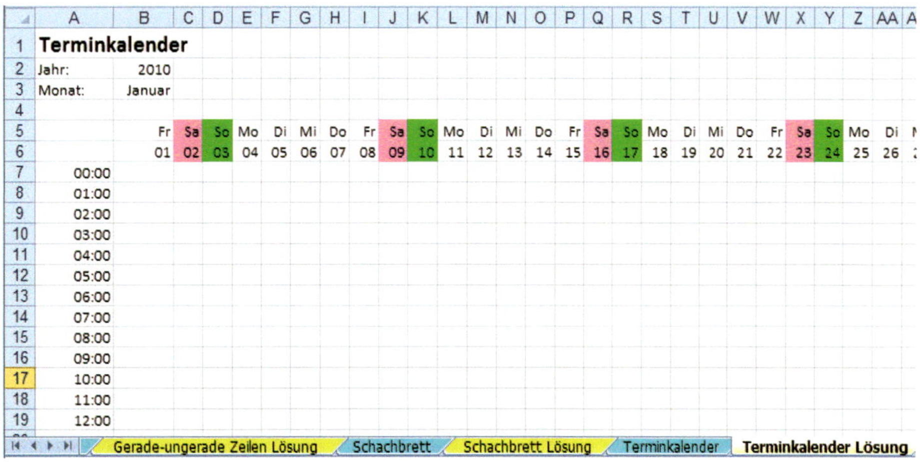

Abbildung 9.38 Wochenendtage im Terminkalender formatiert

Das Bedingungsformat für die beiden Zeilen weist allen Samstagen und Sonntagen ein Muster zu. Sie können ein Muster für beide Tage vergeben, dazu reicht eine Bedingung:

```
=ODER(WOCHENTAG(B5)=7;WOCHENTAG(B5)=1)
```

Wenn Sie zwei verschiedene Muster zuweisen wollen, erstellen Sie zwei Bedingungen:

» Bedingung 1: Formel ist: `=WOCHENTAG(B5)=7`

» Bedingung 2: Formel ist: `=WOCHENTAG(B5)=1`

TIPP Wenn Sie das Bedingungsformat auf alle Zeilen des Kalenders erweitern wollen, formulieren Sie die Bedingung mit einem absoluten Bezug für die Zeilennummer des Datums. Markieren Sie aber vorher den Bereich (im Beispiel B5:AF31):

» Bedingung 1: Formel ist: `=WOCHENTAG(B$5)=7`

» Bedingung 2: Formel ist: `=WOCHENTAG(B$5)=1`

Größte und kleinste Zahl suchen

Mit dieser Formelbedingung formatieren Sie die kleinste bzw. größte Zahl in der Spalte A mit dem angegebenen Muster. Weisen Sie das Format allen Zellen der Spalte A zu:

```
=A1=MIN(A:A)
```

Kapitel 10

Seitenlayout und Druck

Was ist ein Layout, und hat Excel überhaupt so etwas? Der Begriff Layout kommt aus dem Englischen von »to lay« und bedeutet Entwurf, Planung, Anordnung der Seitenelemente oder Seitengestaltung. Layouter sprechen vom Satzspiegel, wenn sie die Aufteilung und Positionierung von Texten, Bildern und Symbolen auf der Seite meinen.

Das Layout der Excel-Tabelle ist nicht unwichtig, es erfüllt mehrere Zwecke:

- Gut gestaltete Tabellen sind einfach in der Handhabung, können leicht gepflegt und verändert werden und reduzieren den Arbeitsaufwand.
- Die Gestaltung ist maßgeblich für eine erfolgreiche Präsentation der Daten, sei es im internen Kreis oder auf großer Leinwand vor zahlreichem Publikum.

10.1 Drucker einrichten

Im *Datei*-Menü finden sich die Auswahl des Druckers und die *Drucken*-Dialogbox mit zahlreichen Optionen, um die vom Ausgabegerät unterstützten Varianten einzustellen. Voraussetzung für eine korrekte Drucker- oder Plotter-Ansteuerung ist nämlich, dass das Wiedergabegerät ordnungsgemäß eingerichtet ist.

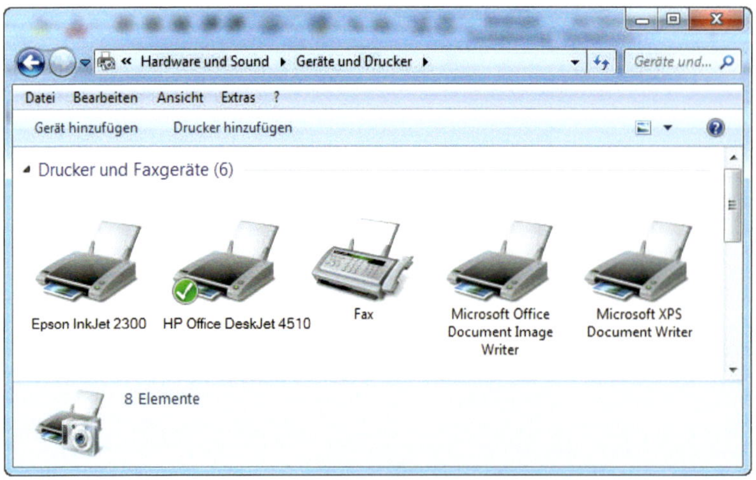

Abbildung 10.1
Druckereinrichtung unter Windows

10.1.1 Der Windows-Drucker ist maßgeblich

Alle gerätespezifischen Einstellungen sind von dem unter Windows installierten Standarddrucker abhängig. Wenn Sie keinen Drucker installiert haben, lässt sich der Dialog nicht aktivieren. In der Systemsteuerung überprüfen Sie, ob der richtige Drucker bereitsteht:

Bei mehreren installierten Druckern wird einer zum Standarddrucker erklärt. Das Kontextmenü des Symbols liefert dafür die Option *Als Standard definieren*.

10.1.2 Drucker bestimmen und einrichten

Die Backstage-Ansicht bietet die Auswahl des Druckers an, falls das Gerät noch nicht installiert ist, können Sie es sogar unter Excel einrichten.

1. Wählen Sie *Datei/Drucken*.
2. Unter *Drucker* wird eine Liste mit allen installierten Druckern angeboten, der Standarddrucker wird vorgeschlagen. Klicken Sie auf das Pfeilsymbol neben der Liste, und wählen Sie einen Drucker aus.
3. Wählen Sie *Drucker hinzufügen*, wenn Sie einen neuen Drucker installieren wollen.

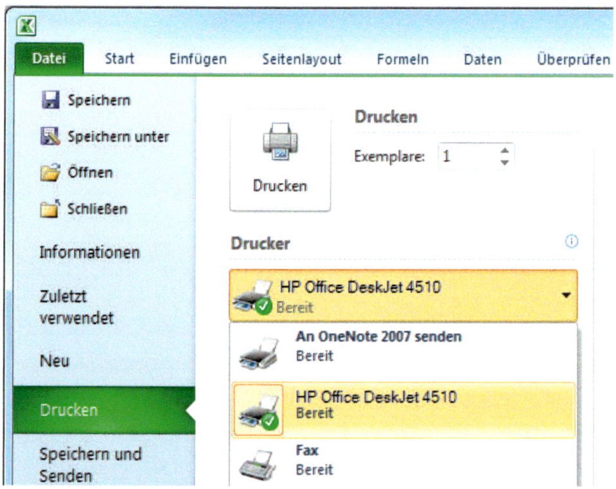

Abbildung 10.2 Druckereinrichtung unter Excel

Wenn Sie auf einen anderen Drucker umschalten, hat das diese sichtbaren Auswirkungen auf die aktiven Arbeitsmappen und Tabellen:

- Die Schriftartenliste enthält neben den (immer verfügbaren) TrueType-Schriften von Windows ab sofort auch die Schriften, die der neue Drucker zur Verfügung stellt.
- Wenn einzelne Bereiche der Tabelle bereits mit Schriften des vorher eingestellten Druckers formatiert waren, die der neue Drucker nicht hat, bleibt diese Zuweisung zwar erhalten, für den Ausdruck wird Excel aber eine ähnliche Schrift benutzen, da die Originalschrift nicht verfügbar ist.

Liefert der Drucker andere Layout-Einstellungen, zum Beispiel ein anderes Standard-Papierformat, wird die Tabelle ein anderes Aussehen haben. Auch die Laufweiten der Schrift können nach dem Druckerwechsel unterschiedlich ausfallen, was sich auf die Spaltenbreiten und Zeilenhöhen auswirkt.

Drucker einrichten

Klicken Sie in der Backstage-Ansicht unter *Datei/Drucken* auf *Druckereigenschaften*, um die Eigenschaften des markierten Druckers anzuzeigen. Hier finden Sie alles, was der Drucker oder genauer der Druckertreiber dieses Gerätes zu bieten hat: Papierformate, Schriftarten und -größen, intern, auf Kassetteneinschüben oder Typenrädern, Ausgabeschächte und vieles mehr.

Das Angebot dieser Druckereinrichtung ist abhängig vom Druckermodell und dessen Ausstattung. PostScript-Laserdrucker bieten z.B. Scaling-Optionen an, große Bürodrucker stellen mehrere Einschübe oder Kassetten mit unterschiedlichen Papierformaten zur Verfügung. Hier die wichtigsten Druckeroptionen, die für jeden Drucker gelten:

- *Drucken auf:* PostScript-Drucker bieten die Möglichkeit, den Ausdruck statt auf Papier in eine PostScript-Datei zu lenken. Die Datei kann dann z.B. als PostScript-Grafik in andere Programme übernommen (nicht am Bildschirm sichtbar zu machen) oder direkt an eine Ausgabeschnittstelle geschickt werden (z.B. Laserbelichter). Drucken Sie für die Verwendung als Grafik nur Einzelseiten, und achten Sie darauf, dass PostScript-Dateien dazu neigen, immense Volumina anzunehmen (nur auf Festplatte drucken!).
- *Papierformat:* Stellen Sie Hoch- oder Querformat für den Ausdruck ein. Im Hochformat ist ein DIN-A4-Blatt 210 mm breit und 297 mm hoch; im Querformat 297 mm breit und 210 mm hoch.

» *Papierzufuhr/Quelle:* Stellen Sie hier den automatischen Einzug für Papier aus der Papierkassette oder den manuellen Einzug ein, wenn Sie dem Drucker jedes Blatt einzeln zufüttern wollen. Viele Druckertreiber ermöglichen hier auch die Einstellung eines Einzugsschachts. Um den Schacht zu wechseln, empfiehlt sich oft auch, den gleichen Drucker mehrfach mit jeweils anderem Schacht zu installieren.

» *Grafikauflösung/Qualität:* Laserdrucker bieten fast immer mehrere Grafikauflösungen an. Nutzen Sie diese Optionen, um Entwürfe in geringerer Qualität zu drucken und so Zeit und Druckfarbe (Toner) zu sparen oder einen Ausdruck doch noch zu Papier zu bringen, wenn der Drucker mangels Speicherkapazität nicht bereit ist, eine große, mit vielen Grafiken bestückte Tabelle auszudrucken.

» *Schriftarten:* Die meisten Drucker können die TrueType-Schriftarten von Windows problemlos wiedergeben, bei älteren Modellen müssen Sie auf die Schriften des Druckers ausweichen.

» *Kopien:* Stellen Sie den Kopienzähler auf 1, auch wenn Sie die Möglichkeit haben, die Anzahl Kopien im Druckertreiber festzuhalten. Bei der Druckausgabe über *Datei/Drucken* können Sie immer noch bestimmen, wie viele Exemplare des Ausdrucks Sie haben möchten, und diese Einstellung wird leicht vergessen.

10.2 Seite einrichten

Im Unterschied zu Textverarbeitungsprogrammen (Word) oder Publishing-Software (Publisher) bildet Excel nicht standardmäßig die Druckversion der Tabelle auf dem Bild schirm ab. Das hat seinen guten Grund, die ständige Aufbereitung von Layout, Schriftmuster und Bildern für den Druck würde dem Kalkulationsblatt die Zeit zum Rechnen nehmen, und das ist schließlich seine wichtigste Aufgabe.

Excel bietet die Möglichkeit, das Layout in der Größe und Ausrichtung zu bestimmen, mit Kopf- und Fußzeilen zu versehen und die Gitternetze sowie die Zeilen- und Spaltenköpfe auf Wunsch auszublenden. Sämtliche

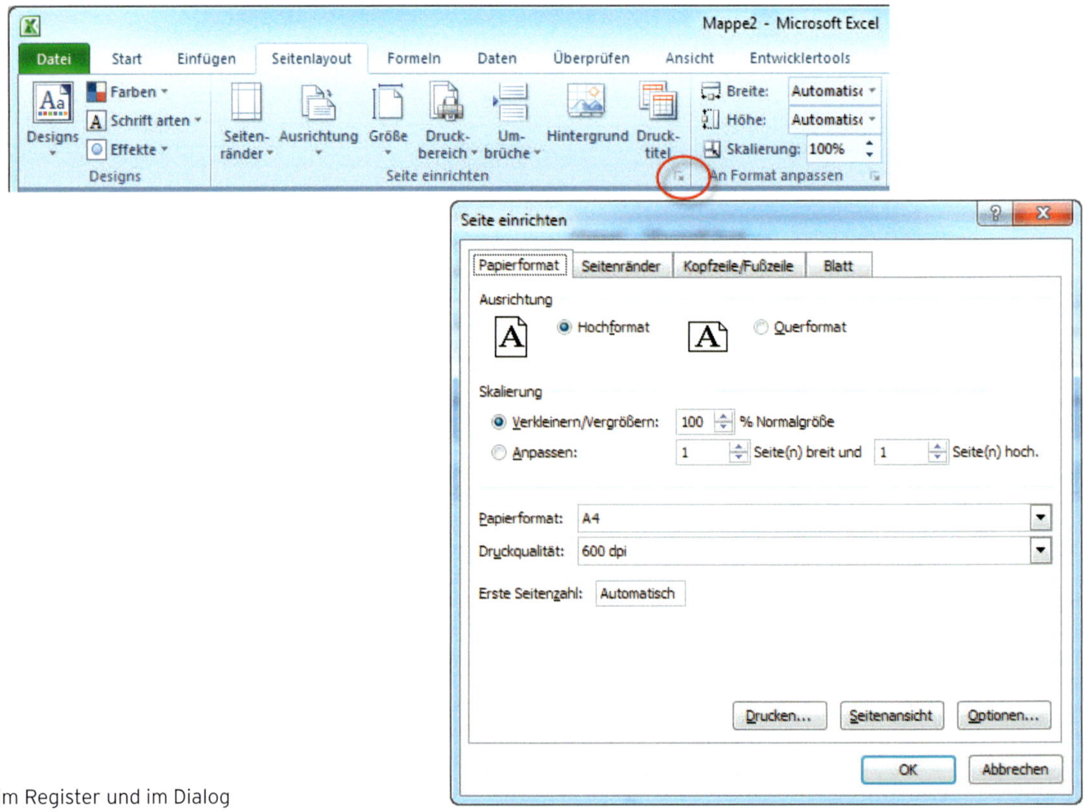

Abbildung 10.3
Seite einrichten im Register und im Dialog

Einstellungen finden Sie in der Layoutbox, die auf zwei verschiedene Arten eingeblendet werden kann:

1. Aktivieren Sie das gewünschte Tabellenblatt oder Diagrammblatt.
2. Schalten Sie auf die Registerkarte *Seitenlayout* um.
3. In der Gruppe *Seite einrichten* finden Sie alle Layoutbefehle, klicken Sie auf die Pfeilschaltfläche rechts unten, wenn Sie diese in einem Dialogfeld sehen wollen.

Sie können die Layout-Einrichtung für das aktive Blatt starten oder für mehrere Blätter der Mappe gleichzeitig. Markieren Sie diese per Klick auf das Register am unteren Blattrand, halten Sie Umschalt oder Strg gedrückt, um mehrere Tabellen zu markieren.

10.2.1 Seitenränder setzen

Klicken Sie auf das erste Symbol *Seitenränder*, um die Randeinstellungen zu setzen für das aktive Tabellenblatt oder die Gruppe der Blätter, die Sie vorher markiert hatten. Das Symbol bietet die zuletzt gewählten Einstellungen und drei Standardeinstellungen (*Normal*, *Breit* und *Schmal*). *Benutzerdefinierte Seitenränder* führt Sie zu einem Dialogfeld, hier können Sie die Randmaße einzeln bestimmen.

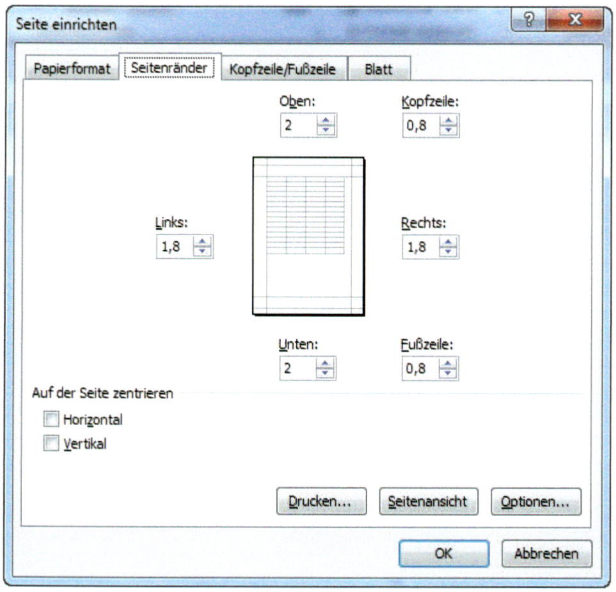

Abbildung 10.4 Seitenränder setzen

» *Oben/Unten/Links/Rechts:* Die Zahl, die hier mithilfe eines Drehfeldes gesetzt wird, ist der Rand in Zentimetern, der von der jeweiligen Blattseite eingerückt wird und damit der Tabelle oder dem Diagramm nicht mehr zur Verfügung steht. Alle Druckertypen brauchen in der Regel etwa einen Zentimeter Rand rund um das Blatt, um das Papier transportieren zu können.

TIPP In der Seitenansicht im Backstage können Sie die Druckränder auch mit dem Mauszeiger setzen.

» *Kopfzeile/Fusszeile:* Damit fixieren Sie den Abstand der Kopf- und Fußzeile zum Papierrand. Diese Abstände müssen natürlich erheblich kleiner als die oberen und unteren Ränder sein, da sonst die Kopf-/Fußzeilen im Datenbereich gedruckt werden. Rechnen Sie auch die Kopf-/Fußzeile selbst mit, im Standardschriftgrad 10 Punkt ist sie einzeilig ca. 4 mm groß.

» *Auf der Seite zentrieren*: Damit wird die Druckausgabe automatisch auf dem Blatt zentriert, und zwar zwischen den beiden Papierrändern (links und rechts für horizontal, oben und unten für vertikal).

Das Vorschaufenster in der Mitte zeigt Ihnen, wie sich die Änderungen auf die Gesamtoptik auswirken. Sobald der Cursor in einem Maßzahlenfeld steht, wird die dazugehörende Randlinie markiert.

10.2.2 Das Papierformat (Orientierung)

Schalten Sie mit dem zweiten Symbol aus der Gruppe *Seite einrichten* die passende Orientierung für den Ausdruck ein. Bestimmen Sie hier Hochformat oder Querformat für die Ausgabe des aktiven Blattes oder der markierten Gruppe.

Im *Hochformat* ist die gedruckte Seite ca. 30 cm hoch und 21 cm breit, was allgemein für Tabellen nützlich ist, die mehr hoch als breit sind.

Das *Querformat* eignet sich durch die umgekehrten Maße 30 cm Breite und 21 cm Höhe für breite Tabellen mit vielen Spalten und für Diagrammblätter.

10.2.3 Größe

Hier ist die Standard-Druckausgabegröße des Druckers eingestellt, in der Regel *A4* mit 20,99 cm Höhe und 29,7 cm Breite. Die Änderung auf Querformat hat darauf keine Auswirkung und muss hier auch nicht berücksichtigt werden. Wenn Sie auf anderen Papierformaten drucken wollen, holen Sie diese aus der Liste, und falls das gewünschte Ausgabeformat nicht enthalten ist, wählen Sie *Weitere Papierformate*.

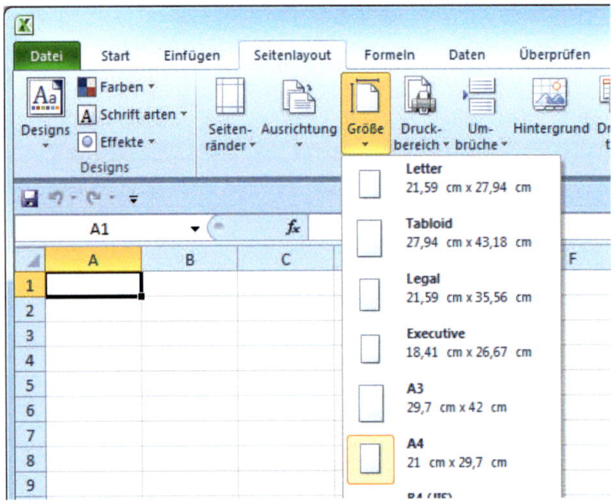

Abbildung 10.5 Hier wird die Ausgabegröße eingestellt.

HINWEIS Achten Sie darauf, dass Papierformat und Druckausgabe übereinstimmen. Viele Geräte nehmen es übel, wenn Sie versuchen, auf Letter (US-Standard-Briefformat) zu drucken, der Drucker aber nur eine A4-Kassette zu bieten hat. Bei älteren Druckermodellen wartet der Drucker so lange, bis Sie abbrechen oder die richtige Papierkassette einschieben.

10.2.4 Druckbereich

Der Druckbereich ist der Teil der Tabelle, der zum Drucker geschickt wird. Gibt es keinen Druckbereich, druckt Excel alles aus, was auf dem aktiven Blatt zu finden ist. Einen Druckbereich einzurichten, macht immer dann Sinn, wenn ein ganz bestimmter Teil der Tabelle ständig ausgedruckt werden muss. Der Druckbereich kann ein Zellbezug sein (z.B. `A1:E20`) oder ein definierter Bereichsname (z.B. *Datenbank* oder *Umsatzergebnisse*).

1. Markieren Sie den Bereich der Tabelle, den Sie zum Druckbereich erklären wollen.
2. Wählen Sie *Seitenlayout/Druckbereich/Druckbereich festlegen*.
3. Wenn bereits ein Druckbereich existiert, können Sie mit *Zum Druckbereich hinzufügen* die markierten Zellen in den Druckbereich einbinden.
4. Mit *Druckbereich aufheben* im gleichen Symbol wird der Druckbereich wieder aus der Tabelle entfernt.

Der Druckbereich wird in den beiden Ansichten *Normal* und *Seitenlayout* durch gestrichelte Linien gekennzeichnet.

Bereichsname Druckbereich

Wie merkt sich Excel den Druckbereich, der in jeder Tabelle individuell gesetzt werden kann? Der Druckbereich wird als Bereichsname festgehalten, und das lässt sich schnell über das Namensfeld kontrollieren: Klicken Sie auf den Pfeil am Namensfeld, und holen Sie den Bereichsnamen ab.

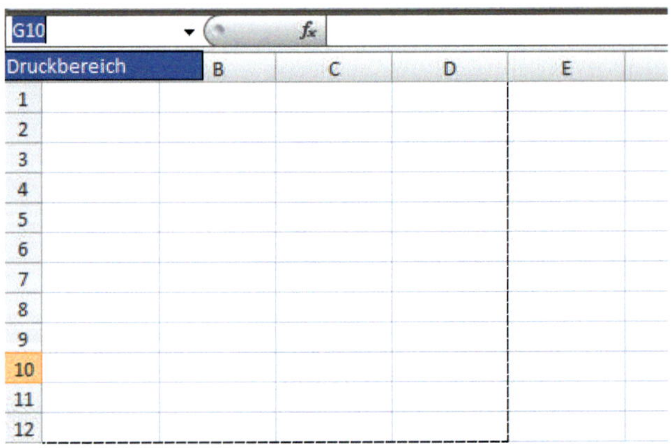

Abbildung 10.6 Der Druckbereich im Namensfeld

Der Namens-Manager, den Sie auf der Registerkarte *Formeln* in der Gruppe *Definierte Namen* einschalten können, liefert eine Übersicht über alle Druckbereiche in allen Tabellen. Hier können Sie für die benannten Bereiche auch die Bezüge ändern oder die Druckbereiche löschen (entspricht *Druckbereich aufheben*).

Mehrfachdruckbereich

Der Druckbereich muss nicht unbedingt aus zusammenhängenden Zellen bestehen. Um beispielsweise die Bereiche A1:B5 und D1:F5 zu drucken, geben Sie ein:

```
A1:B5;D1:F5
```

Sie können diese Bereiche auch per Maus bestimmen: Markieren Sie für einen Mehrfachbereich den ersten Bereich, halten Sie die [Strg]-Taste gedrückt, und ziehen Sie den Mauszeiger über den zweiten Bereich. Lassen Sie die Maustaste los, und ziehen Sie bei gedrückter [Strg]-Taste die Markierung über einen weiteren Bereich.

Mehrfachdruckbereiche werden beim Ausdruck auf einzelne Seiten verteilt: Der erste Bereich wird auf Seite 1 gedruckt, der zweite auf Seite 2 usw.

10.2.5 Seitenumbrüche

Unterscheiden Sie in der Excel-Tabelle zwischen dem natürlichen und dem manuellen Seitenumbruch: Die Tabelle erhält einen natürlichen Seitenumbruch, wenn mindestens eine Zeile oder Spalte nicht mehr auf die erste Seite passt. Ist die zweite Seite voll, wird ein weiterer Seitenumbruch eingefügt usw.

Im Tabellenblatt erkennen Sie diesen Seitenumbruch an einer gestrichelten Linie, die erst nach dem ersten Ausdruck oder nach dem ersten Aufruf der Seitenansicht eingefügt wird. Die Anzahl der Zeilen und Spalten, die auf eine Seite passen, ist vom gewählten Papierformat, von der Ausrichtung (Hoch- oder Querformat) und von der Größe der Schrift abhängig.

Seitenumbruch einfügen

Im Gegensatz zum einmalig definierbaren Druckbereich können diese Umbrüche an beliebigen Stellen der Tabelle eingefügt werden. Der Seitenumbruch wird je nach Markierung für die gesamte Zeile, eine Spalte oder direkt in einer Zelle (Zeile und Spalte) eingetragen.

1. Setzen Sie den Zellzeiger in die Zelle, mit der die Seite neu beginnen soll.
2. Wählen Sie *Seitenlayout/Seite einrichten/Umbrüche/Seitenumbruch einfügen*.

Die aktive Zelle ist damit die erste gedruckte Zelle nach dem Seitenumbruch. Dieser Umbruch hat Priorität vor einem von Excel berechneten automatischen Seitenumbruch, vorausgesetzt, er trennt die Tabelle noch vor dem Ende des Ausdrucks, das durch Blattgröße und Druckbereich festgelegt ist.

Der selbst definierte Seitenumbruch wird wie der Druckbereich auch durch eine gestrichelte Linie gekennzeichnet. Achten Sie auf die richtige Markierung vor der Aktion:

» Wenn eine einzelne Zelle markiert ist, wird die Seite in Zeile und Spalte umbrochen (außer die Zelle steht am Tabellenrand).

» Wenn eine Zeile oder Spalte markiert ist, wird die Seite vor der Zeile bzw. Spalte umbrochen (außer die erste Zeile oder Spalte ist markiert).

Seitenumbrüche löschen

Wer bei mehreren Umbrüchen und evtl. definiertem Druckbereich noch weiß, wo der Zeiger beim Seitenumbruch stand, platziert diesen wieder genau in der Zelle,

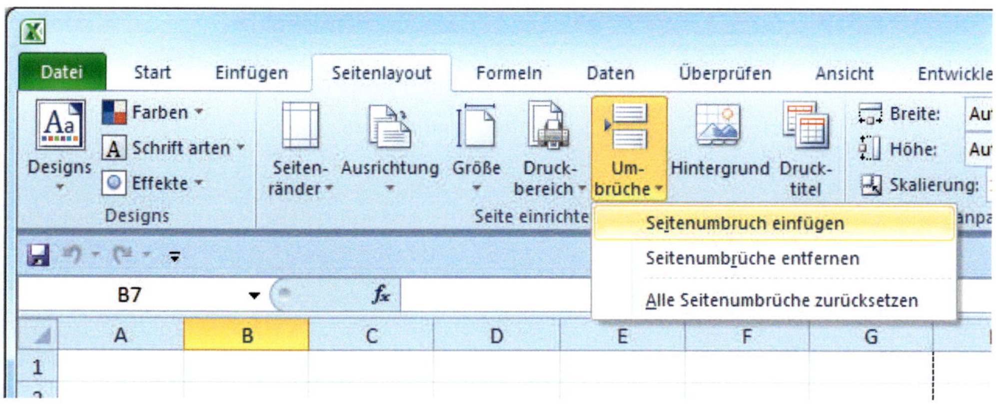

Abbildung 10.7
Manuellen Seitenumbruch setzen

in der ein Umbruch eingetragen wurde, und wählt *Seitenlayout/Seite einrichten/Umbrüche//Seitenumbruch aufheben*. So heißt die Option nämlich, wenn der Zellzeiger genau unter einem Zeilen- bzw. rechts von einem Spaltenumbruch steht. Im Unterschied zum Druckbereich wird für Seitenumbrüche kein Bereichsname definiert, sie sind in der Tabellenansicht also nur über die gestrichelten Linien aufzuspüren.

Wählen Sie *Alle Seitenumbrüche zurücksetzen*, um alle Seitenumbrüche mit einem Klick aufzuheben. Die Option wird bei komplett markierter Tabelle immer angeboten, auch wenn gar kein Seitenumbruch in der Tabelle zu finden ist.

10.2.6 Hintergrund

Tabellen sind einheitlich und eintönig weiß mit grauen Gitternetzlinien. Sie können diese Monotonie aufheben und Ihre Tabelle mit einem Hintergrundbild verschönern. Dieses Bild wird nur auf dem Bildschirm gezeigt, nicht ausgedruckt und auch nicht exportiert, wenn Sie die Tabelle als HTML-Seite fürs Internet speichern.

Stellen Sie ein Hintergrundbild in einem platzsparenden Grafikformat bereit. Erlaubt sind alle gängigen Formate von EMF, WMF, JPG, TIFF, BMP, GIF bis PNG. Am besten ist JPG, ein Verfahren für die Komprimierung von Fotos, das auch größere digitale Grafiken in akzeptabler Qualität mit geringer Datenkapazität speichert.

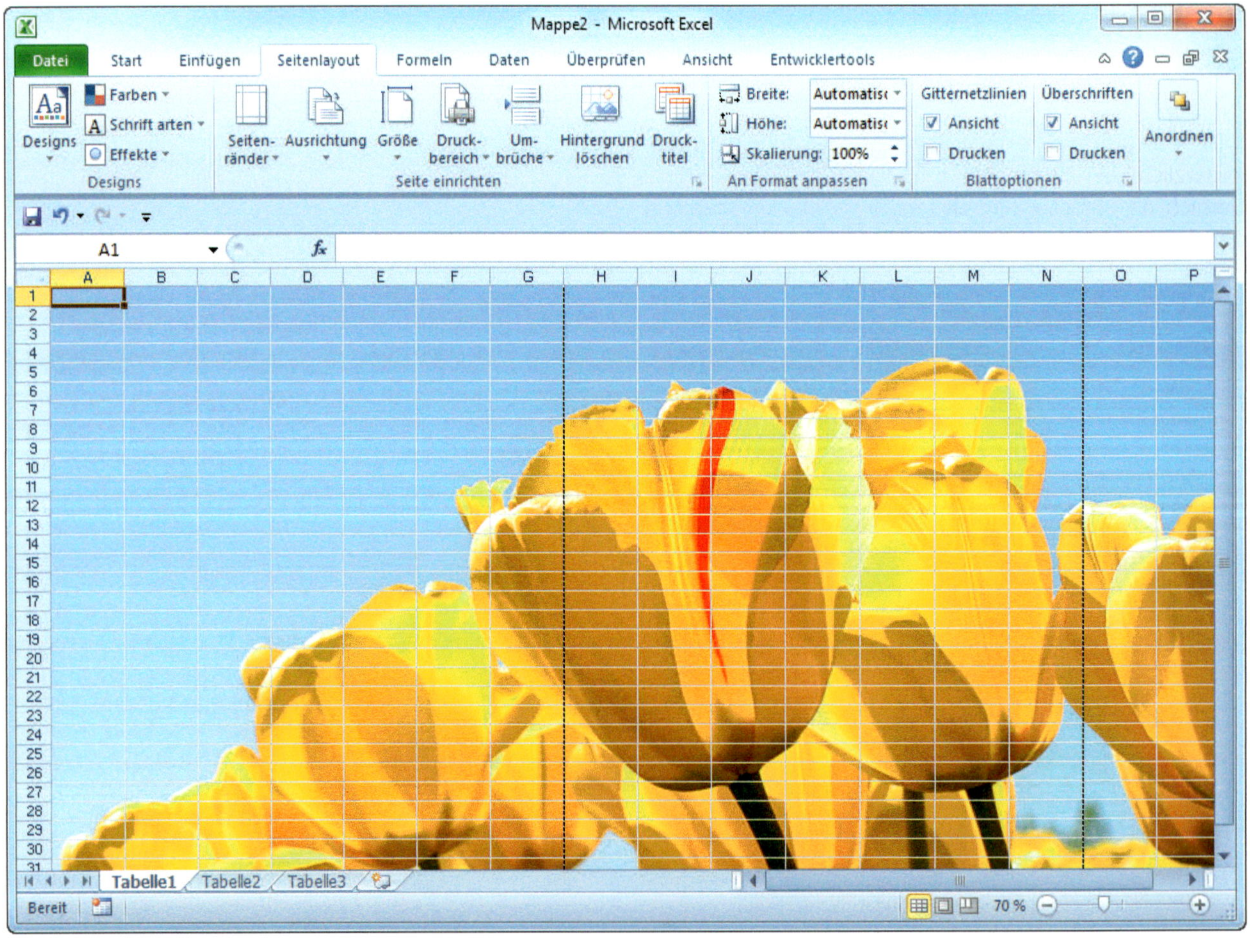

Abbildung 10.8 Das Hintergrundbild ist eingefügt.

Hintergrundbild einfügen

1. Wählen Sie *Hintergrund* auf der Registerkarte *Seitenlayout* unter *Seite einrichten*.
2. Suchen und markieren Sie die gespeicherte Bilddatei, und klicken Sie auf *Einfügen*.

Die Grafik wird im Hintergrund eingefügt und »gekachelt«. Wenn Bildgröße und Auflösung übereinstimmen, sehen Sie ein Bild pro Bildschirmseite.

Hintergrund löschen

Mit einem Klick auf die Schaltfläche *Hintergrund* löschen Sie einen eingefügten Hintergrund. Dabei wird nur die Optik verändert, das Bild selbst wird nicht gelöscht.

TIPP Die Hintergrundtechnik eignet sich nicht für Wasserzeichen, weil das Hintergrundbild nicht gedruckt wird. Fügen Sie dafür eine Grafik in die Kopfzeile ein (siehe Kapitel *10.3: Kopf- und Fußzeilen*).

10.2.7 Drucktitel

Zusätzlich oder alternativ zur Kopf- und Fußzeile kann ein Bereich der Tabelle zum Drucktitel erklärt werden. Wie der Name schon ausdrückt, wird der Bereich auf allen gedruckten Seiten wiederholt. Besonders in Listen, Datenbanken und anderen (längeren) Tabellen mit Feldbeschreibungen im Spaltenkopf ist ein solcher Titelbereich wichtig.

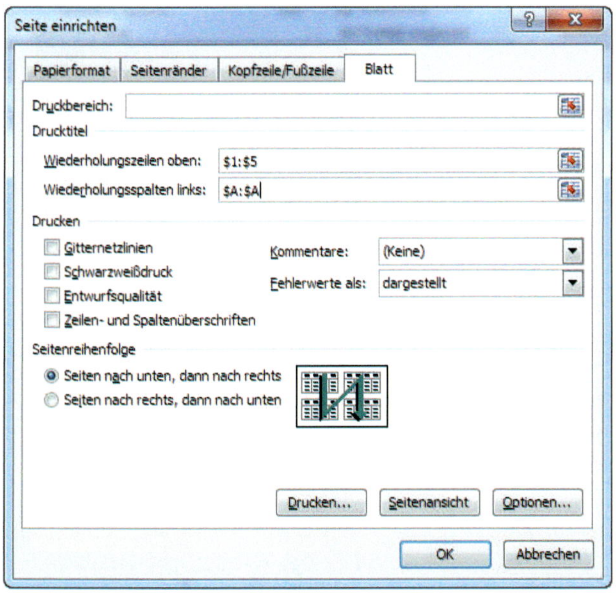

Abbildung 10.9 Fünf Zeilen und eine Spalte werden auf jeder Druckseite wiederholt.

1. Klicken Sie auf der Registerkarte *Seitenlayout* unter *Seite einrichten* auf *Drucktitel*.
2. Setzen Sie den Cursor in das Eingabefeld *Wiederholungszeilen oben*.
3. Markieren Sie im Hintergrund die Zeilennummern derjenigen Zeilen, die auf allen Seiten wiederholt werden sollen (in der Praxis meist die erste oder die ersten Zeilen).
4. Klicken Sie in das Eingabefeld für *Wiederholungsspalten links*, und markieren Sie die Spaltenköpfe der Spalten, die auf jeder Seite wiederholt werden sollen (Spaltentitel).

HINWEIS Beachten Sie, dass nur ganze Zeilen und/oder Spalten zum Drucktitel erklärt werden können. Das Eingabefeld akzeptiert nur Zeilennummern ($1:$1 = Zeile 1, $1:$4 = Zeile 1 bis 4), auch dann, wenn Zellen markiert werden. Im Eingabefeld für Wiederholungsspalten links werden nur Spaltenbezeichnungen angenommen, auch wenn einzelne Zellen markiert wurden ($A:$A = Spalte 1, $A:$C = Spalte 1 bis 3).

Wenn Sie einen Zeilen- oder Spaltenbereich auf der zweiten Tabellenseite für die Wiederholung wählen, wird dieser Bereich auch erst ab Seite 2 gedruckt.

In der Tabelle selbst wird kein Wiederholungsbereich angezeigt, nur in der Seitenansicht und natürlich auf dem Papierausdruck. Der Drucktitel wird übrigens wie der Druckbereich auch als Bereichsname festgehalten und kann mit dem *Namens-Manager* auf der Registerkarte *Formeln*, Gruppe *Definierte Namen* überprüft werden.

10.2.8 An Format anpassen

Eine Tabelle genau auf eine Seite Papier zu drucken, ist nicht so einfach, wie es auf den ersten Blick aussieht. Im Unterschied zum Textverarbeitungsprogramm (Word) arbeitet der Excel-Anwender nicht auf einem DIN-A4-Blatt, sondern in einer ziemlich großen Tabelle. Mit der Formatanpassung (Skalierung) lässt sich aber auch diese Aufgabe lösen.

Wählen Sie *An Format anpassen* auf der Registerkarte *Seitenlayout*. Hier finden Sie Skalierungen für das Layout.

Abbildung 10.10 An Format anpassen bietet Skalierungen an.

» *Breite:* Mit *Automatisch* wird das Tabellenblatt bzw. der Druckbereich in der Originalbreite gedruckt. Ist der zu druckende Bereich breiter als eine Seite, wird der Rest auf weiteren Seiten gedruckt. Schalten Sie auf *1 Seite*, verkleinert Excel den Ausdruck so weit, bis er in der Horizontalen auf einer Druckseite Platz hat.

» *Höhe:* Mit *Automatisch* wird das Tabellenblatt bzw. der Druckbereich in der Originalhöhe gedruckt. Wenn der zu druckende Bereich höher ist als eine Seite, wird der Rest auf weiteren Seiten gedruckt. Schalten Sie auf *1 Seite*, verkleinert Excel den Ausdruck so weit, bis er vertikal auf einer Druckseite Platz hat.

Das Listenfeld bietet bis zu neun Seiten an, mit *Weitere Seiten* können Sie den Wert im Dialogfeld einstellen.

» *Skalierung:* Geben Sie hier die Prozentzahl ein, auf die Excel die Größe des gesamten Ausdrucks reduzieren oder erweitern soll. Mit 100 % wird die Tabelle in der Originalgröße ausgegeben. Wenn der Drucker nicht in der Lage ist, die Ausdrucksgröße mittels skalierbarer Schriften entsprechend zu variieren, übernimmt Excel diese Größenanpassung (nicht in Diagrammblättern).

Mehr Skalierung im Dialogfeld

Schalten Sie das Dialogfeld der Gruppe *An Format anpassen* ein, um weitere Optionen zur Skalierung zu erhalten.

» *Druckqualität:* Dieser Wert sorgt für die Druckqualität. In der Regel werden hier 300 dpi oder 600 dpi vorgeschlagen, das ist die Anzahl Punkte pro Zoll (dpi = dots per inch), die der Drucker produzieren kann. Je höher die Auflösung ist, desto besser ist die Ausdruckqualität, je höher der Drucker auflösen muss, umso länger dauern natürlich auch die Ausdrucke. Wenn diese Liste leer oder die Option nicht verfügbar ist, dann bietet der angeschlossene Druckertyp keine Auflösungsvarianten an. Die meisten handelsüblichen Drucker geben ihre Drucke mit 300 dpi (dots per inch = Punkte pro Zoll) aus.

ACHTUNG Setzen Sie diesen Wert hoch, wenn Ihre Grafiken nicht korrekt gedruckt werden. Umgekehrt sollten Sie ihn zurücksetzen, wenn der Drucker aufwendige Tabellen oder Grafiken fehlerhaft druckt oder zu lange dafür braucht. Anzeichen dafür, dass die Druckqualität zu hoch ist, sind z.B. Diagramme, die auf verschiedene Seiten verteilt sind.

» *Erste Seitenzahl:* Die hier angezeigte oder eingegebene Zahl ist die erste angezeigte Seitennummer des Ausdrucks. Mit *Automatisch* beginnt der Druck auf Seite 1, um eine andere Nummer anzeigen zu lassen, geben Sie diese hier ein. Die Seitenzahl wird nur sichtbar, wenn sie in der Kopf- oder Fußzeile gesetzt ist.

10.2.9 Blattoptionen

Diese Gruppe zeigt eine kleine Auswahl zusätzlicher Optionen, die Einfluss auf die Layoutoptik einer Tabelle haben. Schalten Sie das Dialogfeld der Gruppe ein, hier finden Sie noch weitere Optionen.

» *Gitternetzlinien:* Die Ansicht der Gitternetze bestimmt eigentlich eine Excel-Option im *Datei*-Menü. In der Kategorie *Erweitert* finden Sie unter *Optionen für dieses Arbeitsblatt anzeigen* den Schalter und die Farbgebung für die Gitternetze am Bildschirm. Die Option wird hier in der Gruppe wiederholt, weil sie thematisch dazu passt.

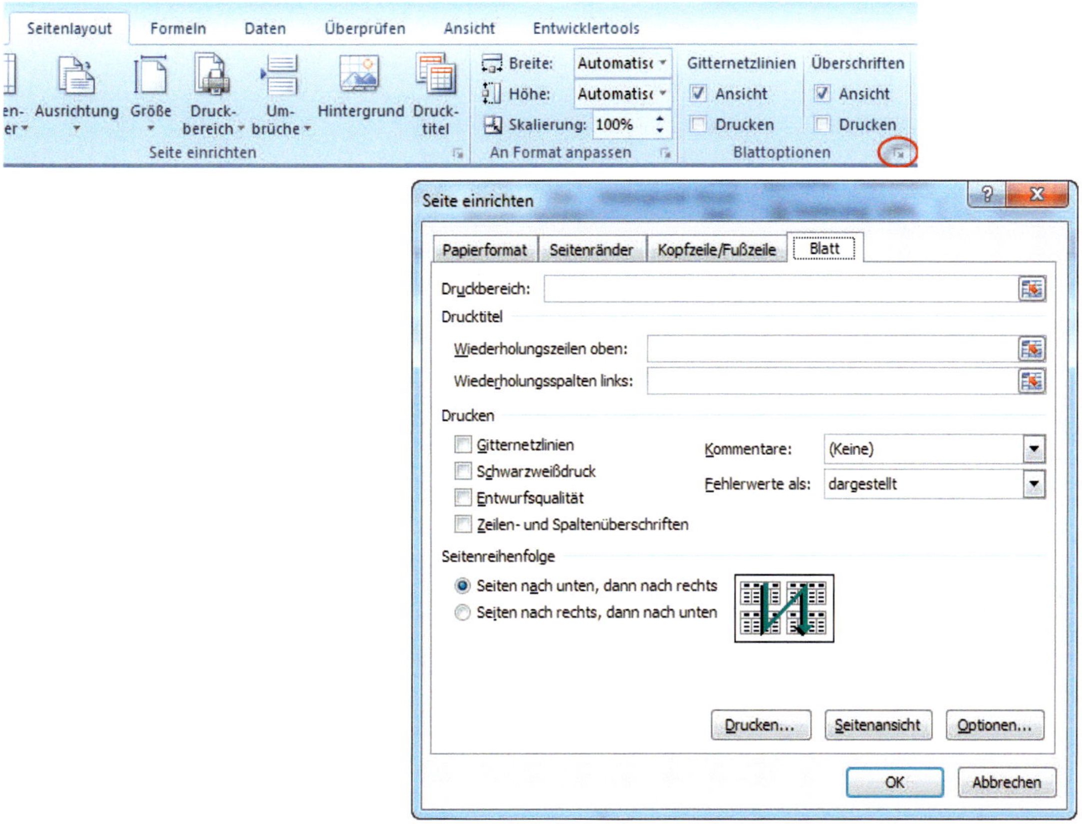

Abbildung 10.11 Weitere Tabellenblattoptionen

Die optischen Gitternetze werden mit ausgedruckt, wenn die *Drucken*-Option *Gitternetzlinien* angekreuzt ist.

» *Schwarzweissdruck:* Schalten Sie diese Option ein, wenn Sie farbige Zellen oder Zellinhalte auf einem Schwarz-Weiß-Drucker ausgeben wollen. Alles, was im Vordergrund nicht ganz weiß ist, wird damit schwarz gedruckt, und alles, was im Hintergrund nicht ganz schwarz ist, wird weiß gedruckt. Benutzen Sie diese Option auch, um auf dem Farbdrucker einen (wesentlich schnelleren) Andruck ohne Farben zu starten.

» *Entwurfsqualität:* Diese Option druckt die Tabelle in der schnellstmöglichen und qualitativ schlechtesten Ausgabeart. Sie ist nur verfügbar, wenn der Drucker auf eine entsprechende Druckausgabe umschalten kann, ansonsten werden Sie keinen Unterschied feststellen. Besonders beim Druck von Grafiken und Fotos macht sich dieser Unterschied bemerkbar.

» *Kommentare:* Die Kommentare des aktiven Blattes werden auf einer gesonderten Seite gedruckt, wenn diese Option angekreuzt ist. Wollen Sie zu den Kommentaren auch die Zelladressen ausgeben, schalten Sie zusätzlich die Zeilen- und Spaltenüberschriften ein.

» *Zeilen- und Spaltenüberschriften:* Kreuzen Sie diese Option an, wenn im Ausdruck oder in der Seitenansicht die Zeilen- und Spaltenköpfe erscheinen sollen. Die Schriftgröße dieser Randinformation wird von der Formatvorlage *Standard* festgelegt.

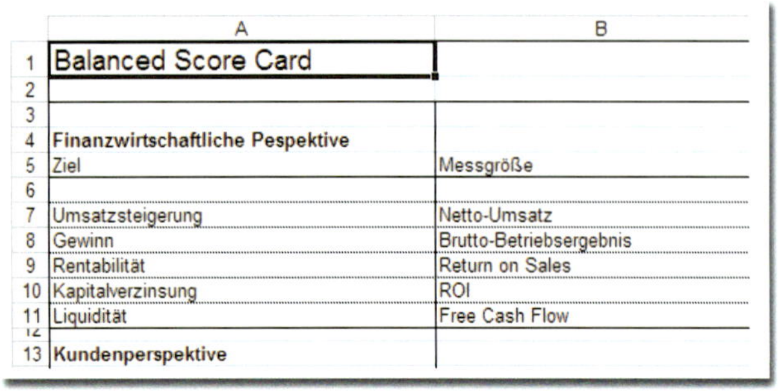

	A	B
1	Balanced Score Card	
2		
3		
4	**Finanzwirtschaftliche Pespektive**	
5	Ziel	Messgröße
6		
7	Umsatzsteigerung	Netto-Umsatz
8	Gewinn	Brutto-Betriebsergebnis
9	Rentabilität	Return on Sales
10	Kapitalverzinsung	ROI
11	Liquidität	Free Cash Flow
13	**Kundenperspektive**	

Abbildung 10.12 Zeilen- und Spaltenköpfe werden mitgedruckt (hier in der Seitenansicht).

» *Fehlerwerte als:* Blenden Sie mit dieser Option alle Fehlerwerte auf der Tabelle aus, die durch falsche oder unvollständige Formeln entstehen. Die Voreinstellung ist *dargestellt*, damit werden alle Fehler angezeigt. Schalten Sie um auf *<leer>*, werden alle Fehler unterdrückt. Mit der Einstellung -- erhalten Sie zwei Minuszeichen in jeder Fehlermeldungszelle, und *#NV (nicht verfügbar)* ist ein allgemeiner Fehlercode für alle Fehler.

» *Seitenreihenfolge:* Mit *Seiten nach unten, dann nach rechts* wird ein Mehrseitenausdruck so gedruckt, dass zuerst alle Seiten nach unten gedruckt werden und anschließend diejenigen, die nach rechts noch übrig sind. Bei *Seiten nach rechts, dann nach unten* ist es genau umgekehrt, nach der ersten Seite wird die nächste nach rechts gedruckt, dann die nächste nach unten und weitere nach rechts usw.

10.3 Kopf- und Fußzeilen

Die Gruppen *Seite einrichten*, *An Format anpassen* und *Tabellenblattoptionen* bieten in ihren Dialogfeldern auch ein Register für Kopf- und Fußzeilen an, in der Multifunktionsleiste wurden die Befehle aber nicht unter *Seitenlayout*, sondern auf der Registerkarte *Einfügen* platziert (siehe folgende Abschnitte).

Mit diesen Befehlen hat sich zwar die Optik, aber nicht das Prinzip der Kopf-/Fußzeilengestaltung verändert. Sehen Sie sich deshalb zuerst die ältere Technik mit den Codes an, und probieren Sie dann die einfachere Arbeit mit der neuen Registerkarte.

10.3.1 Gestaltung mit Registerkarte und Codes

Öffnen Sie das Dialogfeld der Gruppe *Seite einrichten*.

Diese Karte bietet je eine Texteingabefläche und eine Schaltfläche für die benutzerdefinierte Kopf- und Fußzeile der aktiven Mappe an. Die Kopfzeile wird im Bereich

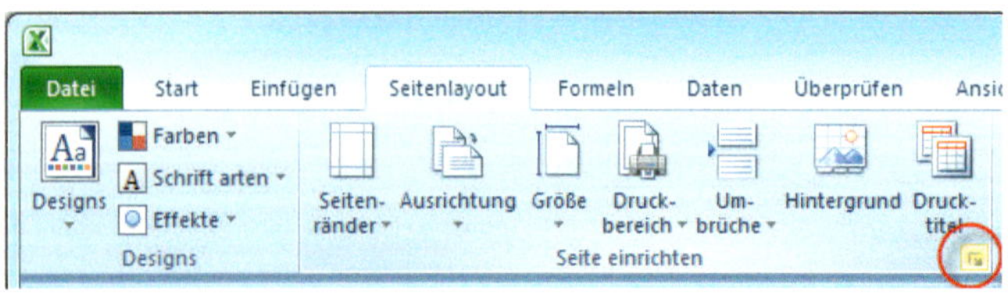

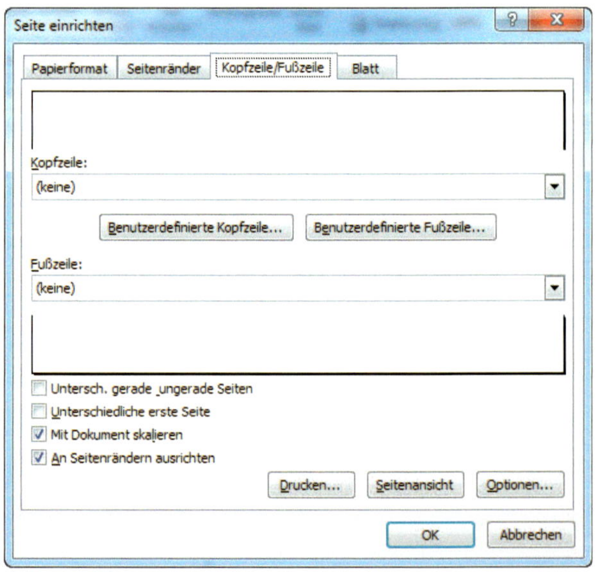

Abbildung 10.13 Kopf- und Fußzeile definieren im Dialogfeld

zwischen der oberen Papierkante (mit ca. 1 cm Abstand) und dem für oben definierten Seitenrand abgebildet, die Fußzeile entsprechend zwischen unterer Papierkante und Rand unten. Beide, Kopf- und Fußzeile, sind nur in der Seitenansicht und im Ausdruck zu sehen, im Tabellenblatt erscheinen sie nicht. Sie haben zwei Möglichkeiten, um hier eine Kopfzeile oder eine Fußzeile einzurichten: Verwenden Sie einen der bereits eingebauten Einträge, oder gestalten Sie sich Ihre Kopf-/Fußzeile selbst.

Vordefinierte Einträge

Sehen wir uns die Prozedur bei der Kopfzeile an; für die Fußzeile, die mit der unteren Liste und der *Fusszeilen*-Schaltfläche definiert wird, gelten dieselben Regeln:

Der Kopfzeilenbereich besteht aus drei Abschnitten, einem linken, einem mittleren und einem rechten Abschnitt. Enthält einer der vorgegebenen Einträge mehrere Abschnitte der Kopfzeile, sind diese per Strichpunkt voneinander getrennt.

Klicken Sie auf den Pfeil, der die Liste über der Schaltfläche *Benutzerdefinierte Kopfzeile* öffnet, um die bereits vordefinierten Einträge aufzulisten.

(keine)	Damit bleibt die gesamte Kopfzeile leer.
Seite 1	Dieser Eintrag erzeugt eine automatische Seitennummer in der Mitte.
Seite 1 von ?	Damit wird ein Eintrag erzeugt, der die Seitennummer und die Anzahl der Seiten ausgibt.
Tabelle1	Dieser Eintrag fügt den Namen des markierten Tabellenblattes in die Kopfzeile ein. Wenn das Blatt bereits benannt ist, steht der echte Name anstelle von Tabelle1.
[Firma] vertraulich; 01.01.04;Seite 1	Mit diesem Eintrag wird im linken Teil der Firmenname des registrierten Benutzers eingetragen, in der Mitte das Tagesdatum und im rechten Teil die automatische Seitennummer mit dem Text *Seite*.
Mappe1	Damit schreiben Sie den Dateinamen der aktuellen Arbeitsmappe in den mittleren Teil der Kopfzeile. Wenn die Mappe bereits benannt ist, wird der aktuelle Dateiname angeboten.

Tabelle 10.1 Einträge für benutzerdefinierte Kopf-/Fußzeilen

HINWEIS Den Namen des Benutzers bezieht Excel von der Registerkarte aus den *Optionen* im *Datei*-Menü. Auch die Firma, die mit dem Eintrag *Vertraulich* vorgeschlagen wird, ist nichts anderes als der bei der Installation von Excel registrierte Firmenname. Sie finden ihn unter *Info* im Fragezeichen-Menü, geändert wird er in der Windows-Registry (suchen Sie nach dem Schlüssel *RegCompany*).

Neben diesen Standardeinträgen variiert die Liste für die Kopfzeilen-Einträge jetzt verschiedene Einträge mit den verfügbaren Codes. Sehen Sie sich diese aber vorher an, denn einige nehmen ein ziemliches Volumen an, und der zur Verfügung stehende Platz in den drei Bereichen ist nicht unbegrenzt.

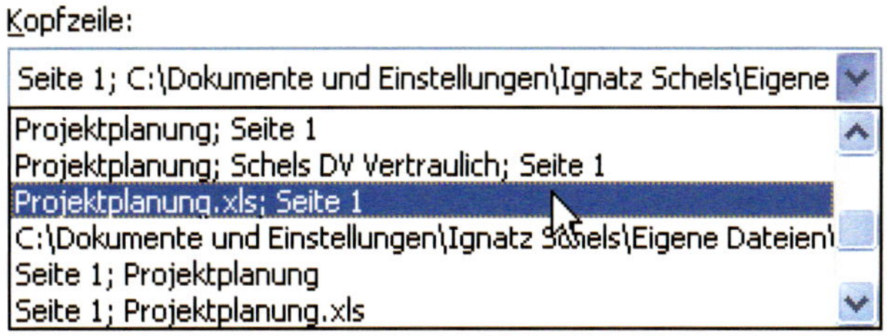

Abbildung 10.14 Weitere Kopf- oder Fußzeileneinträge

Kopf-/Fußzeilencodes

Um die aus der Liste übernommenen Einträge zu korrigieren und die Kopf- oder Fußzeile nach eigenen Wünschen zu gestalten, klicken Sie auf die entsprechende Schaltfläche *Benutzerdefinierte Kopfzeile* oder *Benutzerdefinierte Fusszeile*. Eine große Dialogbox wird angezeigt, sie enthält bereits Codes, wenn Sie schon Einträge aus der Liste gewählt hatten.

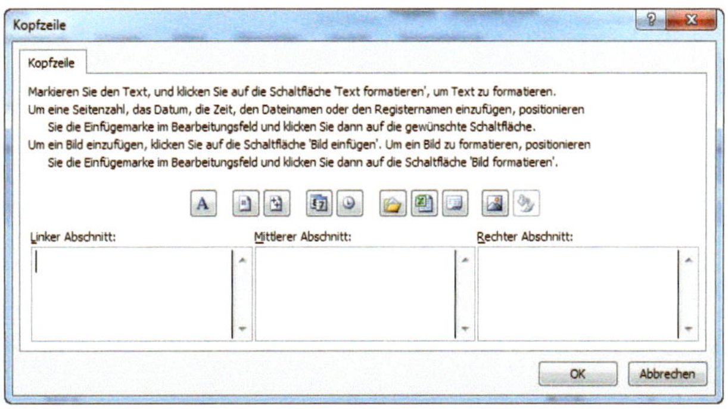

Abbildung 10.15 Drei Abschnitte für die Kopf- oder Fußzeile

Setzen Sie den Cursor in das linke, mittlere oder rechte Eingabefeld, und ändern Sie den Eintrag:

1. Markieren Sie ggf. den bereits angezeigten Text, und löschen Sie ihn mit der [Entf]-Taste.
2. Geben Sie neuen Text ein, und klicken Sie auf die Symbole, um die Codes für Seitennummer, Blattname etc. mit einzubauen (siehe unten).
3. Drücken Sie [Eingabe] für einen Zeilenumbruch in einem der Bereiche. Mit [Tab] und [Umschalt]+[Tab] wird der Cursor zwischen den Eingabebereichen bewegt.
4. Um die Schrift in einem Abschnitt zu ändern, setzen Sie den Cursor in den Abschnitt und klicken auf das Schriftsymbol. Stellen Sie die Schriftart und -größe auf der Registerkarte ein, und bestätigen Sie mit *OK*.

Die Symbole in der Mitte produzieren an der Cursorposition einen Code, und dieser berechnet erst beim Ausdruck des Tabellenblattes oder in der Anzeige der Seitenansicht den Inhalt. Nur das linke und das rechte Symbol sind für Formatierungen zuständig, sie erstellen keinen Texteintrag.

Pfad für den Pfadcode

Der Pfad, der mit dem Code `&[Pfad]` erstellt wird, ist die Position des Ordners, in dem die Datei gespeichert wurde. Bei ungespeicherten Arbeitsmappen wird der aktive Pfad (wie unter *Datei/Öffnen* oder *Datei/Speichern unter*) angeboten.

Symbol	Code	Bedeutung
	keiner	Blendet die Registerkarte *Schrift* ein. Markieren Sie den Eintrag im Abschnitt vorher, wählen Sie Schriftart, Schriftgröße, Schriftschnitt und Auszeichnung. Die Formatierung wird im Code angezeigt.
	`&[Seite]`	Druckt die fortlaufende Seitennummer. Die erste Seitenzahl wird auf der Registerkarte *Papierformat* im Dialogfeld der Gruppe *Seite einrichten* gesetzt.
	`&[Seiten]`	Gibt die Anzahl aller Seiten des Blattes oder Druckbereiches wieder.
	`&[Datum]`	Trägt das Systemdatum ein. Das Datum wird von Windows geliefert und kann über die Systemsteuerung gesetzt werden.
	`&[Zeit]`	Trägt die Systemzeit ein. Die Zeit wird von Windows geliefert und kann über die Systemsteuerung gesetzt werden.
	`&[Pfad]` `&[Datei]`	Gibt den aktuellen Pfad (siehe folgende Abschnitte) und den Dateinamen der Arbeitsmappe wieder. Der Dateiname ist *Mappe1* (*Mappe2* ...), wenn die Mappe noch nicht gespeichert wurde.
	`&[Datei]`	Trägt den Namen der Mappe ein. Ist diese noch nicht gespeichert, wird *Mappe1*, *Mappe2* ... eingetragen.
	`&[Register]`	Trägt die Bezeichnung des Tabellenblattes ein, die im Register angezeigt wird.
	`&[Grafik]`	Öffnet die Dialogbox für die Dateiauswahl mit dem Pfad *Eigene Bilder* (Unterordner von *Eigene Dateien*). Mit Klick auf einen Dateinamen kann eine Bilddatei in die Kopf-/Fußzeile eingefügt werden.
	Keiner	Öffnet die Dialogbox *Grafik bearbeiten* mit den Registern *Grösse* und *Bild* zur Bearbeitung des mit dem `&[Grafik]`-Code eingefügten Bildes. Das Symbol ist nicht aktivierbar, wenn keine Grafik im Abschnitt steht (Code: `&[Grafik]`).

Tabelle 10.2 Symbole und Codes für Kopf-/Fußzeileneinträge

Seitennummern berechnen

Wenn Sie mit einer anderen Seitennummer beginnen wollen, tragen Sie diese im Dialogfeld auf der Registerkarte *Papierformat* ein oder addieren sie einfach auf den Seitennummerncode. Mit diesem Eintrag startet der Ausdruck z.B. mit Seite 5:

```
&[Seite]+4
```

Durch Kombination der einzelnen Sonderzeichen können Kopf- und Fußzeilen Informationen wie *Seite 1 von 3* (*Seite &[Seite] von &[Seiten]*) wiedergeben. Alle neuen oder geänderten Einträge werden automatisch unten an die Liste der vordefinierten Einträge angefügt.

Kopf-/Fußzeilen für mehrere Blätter definieren

Die Einträge in den Kopf-/Fußzeilenbereichen gelten nur für das jeweils markierte Blatt. Um sie anderen Blättern zur Verfügung zu stellen, gehen Sie so vor:

1. Markieren Sie die Registereinträge der Tabellen, die eine einheitliche Kopf-/Fußzeile bekommen sollen. Wenn eine der Tabellen bereits Kopf-/Fußzeileneinträge aufweist, sorgen Sie dafür, dass dieses Blatt als Erstes markiert wird.
2. Aktivieren Sie die Registerkarte *Kopfzeile/Fusszeile* im Dialogfeld von *Seite einrichten*.
3. Definieren Sie Codes für die einzelnen Abschnitte, und bestätigen Sie mit *OK*.

Damit erhalten alle markierten Blätter dieselben Kopf-/Fußzeileneinträge.

Kopf-/Fußzeilen löschen

Um eine Kopf- oder Fußzeile zu löschen, wählen Sie den Eintrag *(keine)* in der Liste der verfügbaren Einträge. Sie können auch die benutzerdefinierte Kopf-/Fußzeile öffnen und alle Codes, Texteinträge und Grafiken löschen. Mit den Einträgen werden auch die Schriftformatierungen und die Grafikformatierungen aus dem Abschnitt entfernt.

10.3.2 Kopf- und Fußzeilentools

Etwas einfacher und optisch übersichtlicher gestaltet sich die Ausarbeitung von Kopf- und Fußzeilen über die Multifunktionsleiste. Hier finden Sie für alle Befehle und für einzelne Codes jeweils Symbole, und für Kopf-/Fußzeilen hält die Multifunktionsleiste sogar eine eigene Registerkarte bereit.

1. Schalten Sie um auf die Registerkarte *Einfügen*.
2. Wählen Sie *Text/Kopf- und Fusszeile*.

Die Registerkarte *Kopf- und Fußzeilentools* wird aktiviert. Damit die beiden Randbereiche direkt bearbeitet werden können, schaltet Excel auf die Ansicht *Seitenlayout* um. Der Cursor blinkt im mittleren Abschnitt der Kopfzeile, und Sie können über die Kopf-/Fußzeilenelemente gleich mit der Gestaltung beginnen. Wenn die drei Abschnitte nicht angezeigt werden, ziehen Sie im Lineal links außen die Randlinien des weißen Bereiches nach unten, um den Platz für die Kopfzeile zu vergrößern.

Diese neue Registerkarte bleibt so lange am Bildschirm, bis Sie die Abschnitte der Kopf- oder Fußzeile verlassen. Klicken Sie in einen (anderen) Abschnitt, wird die Registerkarte sofort wieder angeboten.

Abbildung 10.16
Hier werden Kopf- und Fußzeilen gestaltet.

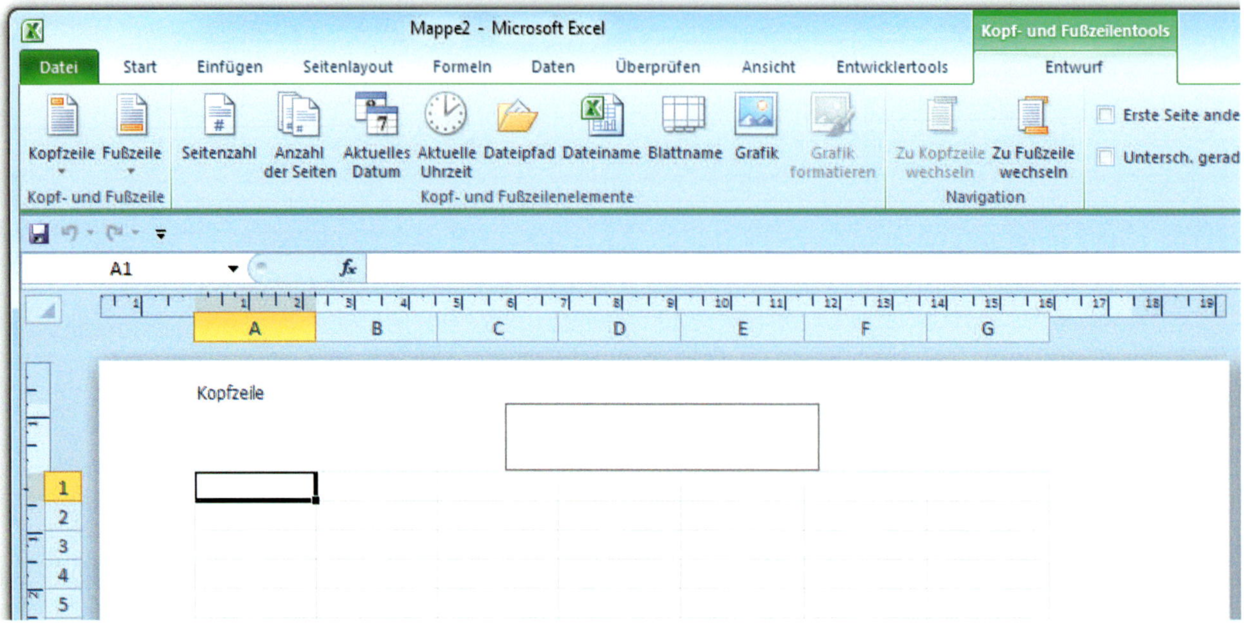

Abbildung 10.17 Die Kopf- und Fußzeilentools werden aktiviert.

Größe des Bereichs für Kopf-/Fußzeilen ändern

Um den Bereich für die Kopf- oder Fußzeile zu verkleinern oder zu vergrößern, ziehen Sie die untere Randlinie im Lineal mit gedrückter Maustaste. Der Cursor muss in einem Abschnitt blinken, damit dieser Bereich im Lineal angezeigt wird. Die QuickInfo am Mauszeiger gibt Auskunft über die Größe des Bereiches.

Kopf- und Fußzeile

In dieser Gruppe links außen auf der Registerkarte *Kopf- und Fusszeilentools* finden Sie zwei große Symbole mit vorbereiteten Einträgen (Seitennummer, Ersteller, siehe Tabelle 9.1). Holen Sie die Einträge ab, und fügen Sie sie an der Cursorposition in den Abschnitt ein.

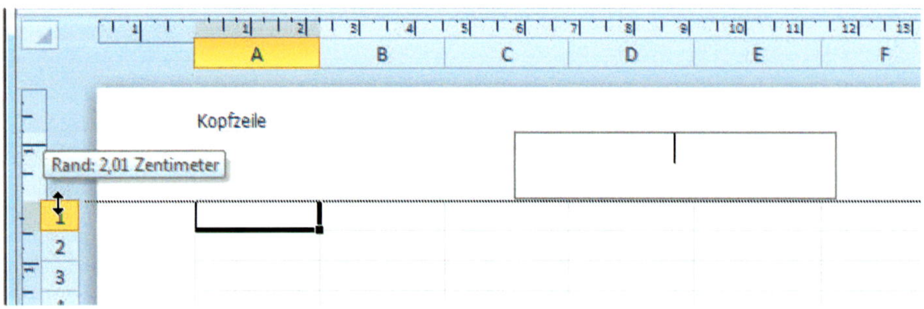

Abbildung 10.18 Der Bereich wird direkt im Lineal verkleinert oder vergrößert.

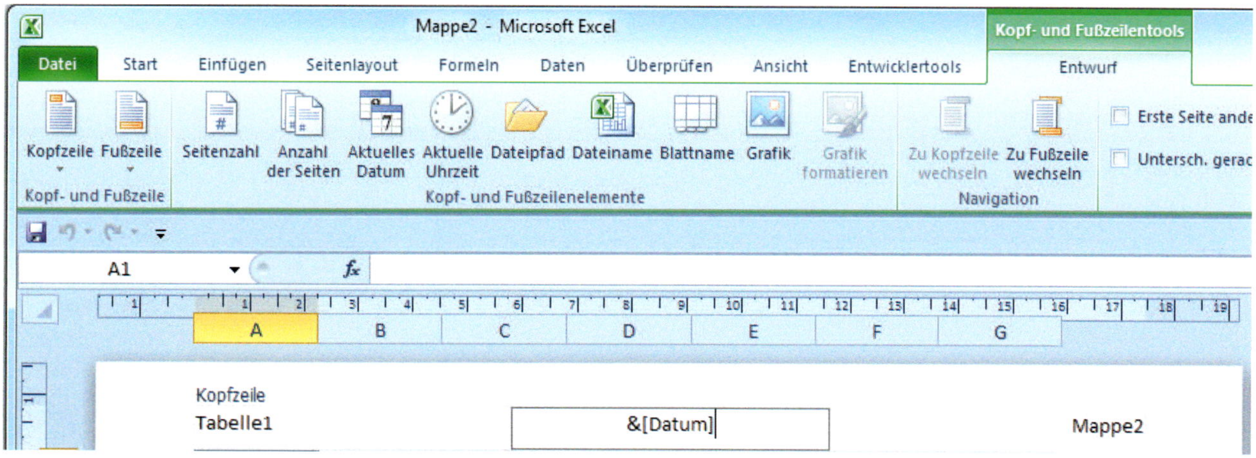

Abbildung 10.19 Die Elemente werden direkt an der Cursorposition eingefügt.

Kopf- und Fußzeilenelemente

In dieser Gruppe stehen die einzelnen Elemente zur Auswahl, die zunächst einen Code in die Kopf- oder Fußzeile einfügen. Sobald der Cursor den Abschnitt verlässt, wird das berechnete Ergebnis angezeigt.

Navigation

Klicken Sie in dieser Gruppe auf das erste Symbol, um den Cursor in die Kopfzeile zu setzen, oder auf das zweite für die Fußzeile. Der Cursor wechselt in den parallelen Abschnitt des zweiten Bereiches.

Optionen

Hier finden Sie weitere Optionen für die Kopf-/Fußzeilengestaltung des aktuellen Tabellenblattes.

» *Erste Seite anders:* Aktivieren Sie diese Option, wenn Sie für die erste Seite des Dokuments eine andere Kopf-/Fußzeile gestalten wollen. Das bietet sich bei mehrseitigen Ausdrucken an, wenn die erste Seite als Deckblatt oder Titelblatt genutzt wird. Bereits eingefügte Elemente werden übernommen.

» *Untersch. gerade ungerade Seiten:* Mit dieser Option können Sie unterschiedliche Gestaltungen für gerade und ungerade Seitennummern zuweisen. Das ist besonders nützlich bei doppelseitig gedruckten Tabellenlayouts, hier setzen Sie die Seitennummer auf ungeraden Seiten nach rechts unten und auf geraden Seiten links in die Fußzeile.

  Ob die jeweilige Seite gerade oder ungerade ist, sehen Sie, wenn Sie den Cursor in einen Abschnitt setzen.

» *Mit Dokument skalieren:* Diese Option ändert auch die Schriftgröße und die Größe von Objekten, wenn das Seitenlayout skaliert wird.

» *An Seitenrändern ausrichten:* Klicken Sie hier, wenn Sie die Kopf- und Fußzeilen an den Seitenrändern des Layouts ausrichten und mit diesen ändern wollen. Ist diese Option nicht markiert, bleiben die Abschnitte unverändert, wenn die Seitenränder neu eingestellt werden.

10.4 Ansichten

Zum Arbeiten in der Tabelle werden Sie wie die meisten Anwender die normale Ansicht bevorzugen, wie sie beim Start des Programms oder beim Öffnen einer Arbeitsmappe angeboten wird. Die Registerkarte *Ansicht* bietet Alternativen an, die ideal sind, wenn es um die Anpassung von Seitenrändern, Kopf-/Fußzeilenbereichen, Umbrüchen oder Spaltenbreiten geht.

10.4.1 Arbeitsmappenansichten

Schalten Sie auf die Registerkarte *Ansicht* um. Die erste Gruppe *Arbeitsmappenansichten* bietet alle Variationen für die Anzeige Ihrer Tabellen und Mappen.

Die Statusleiste bietet am rechten Rand für drei der wichtigsten oder häufigsten Ansichten Symbole an. Klicken Sie auf das erste Symbol für die Normalansicht, wechseln Sie mit Symbol Nr. 2 in das Seitenlayout, oder schalten Sie mit dem dritten Symbol in die Seitenumbruchvorschau.

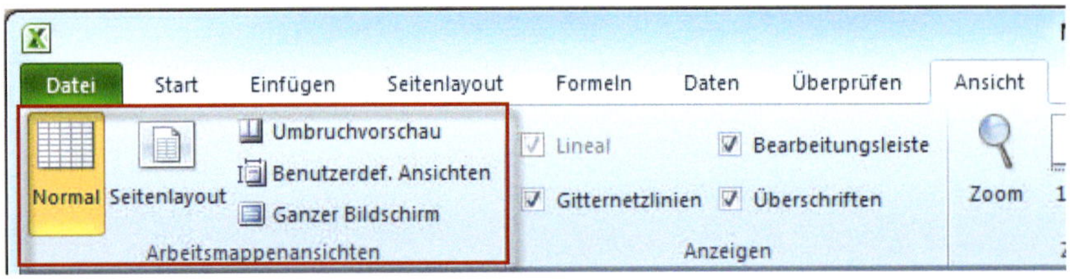

Abbildung 10.20 Arbeitsmappenansichten auf der Registerkarte Ansicht

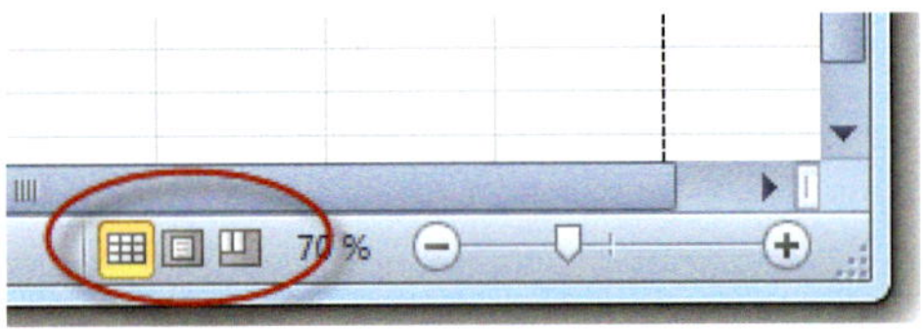

Abbildung 10.21 Symbole für Ansichten in der Statusleiste

HINWEIS Wenn die Symbole nicht sichtbar sind, öffnen Sie mit der rechten Maustaste das Kontextmenü der Statusleiste und wählen die Option *Tastenkombinationen anzeigen*.

10.4.2 Die Ansicht Seitenlayout

Mit dem *Seitenlayout*-Symbol in der Gruppe *Arbeitsmappenansichten* schalten Sie die aktive Mappe in eine editierbare Druckvorschau. Je nach gewählter Zoom-Stufe sehen Sie eine oder mehrere Seiten des Druckbereiches. Gedruckte Seiten sind weiß unterlegt, in den übrigen Seiten, die nicht zum Druck anstehen, steht die Aufforderung *Klicken Sie hier, um Daten einzufügen.*

In der Gruppe *Einblenden/Ausblenden* finden Sie Optionen für die gewählten Ansichten:

» *Lineal* blendet ein horizontales und vertikales Lineal ein.

» Die *Gitternetzlinien* gelten nur für die Ansicht, um sie auszudrucken, schalten Sie in das Seitenlayout.

» Die *Bearbeitungsleiste* brauchen Sie, um Formeln und Zellinhalte zu editieren.

» Mit *Überschriften* sind die Spaltenköpfe und Zeilennummern gemeint, die hier ein- und ausgeblendet werden können.

Die in den Linealen verwendete Maßeinheit ist *Zentimeter*. Sie können diese Einstellung in den *Optionen* (*Datei*-Menü) ändern. Schalten Sie um auf *Erweitert*, und stellen Sie unter *Anzeige* die Linealeinheit auf *Zoll*, *Zentimeter* oder *Millimeter*.

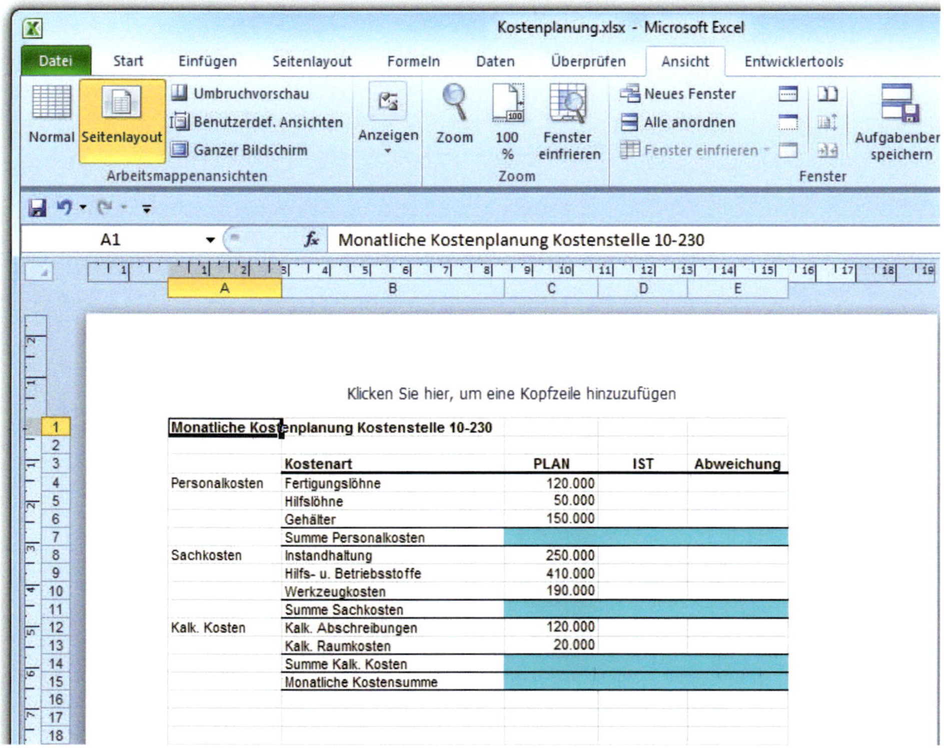

Abbildung 10.22
Die Ansicht Seitenlayout präsentiert das Druckbild mit Linealen.

10.4.3 Die Umbruchvorschau

Wenn Tabellenblätter größere Dimensionen annehmen und sich ihr Inhalt auf viele Druckseiten verteilt, wird es immer schwieriger, die Übersicht zu bewahren. Manuelle und automatische Seitenumbrüche, Randlinien, Kopf- und Fußzeilenbereiche wollen überwacht sein, damit das Layout weiterhin perfekt bleibt.

Mit der Seitenumbruchvorschau schalten Sie die Druckaufteilung des Layouts ein und können diese bequem anpassen:

» Wählen Sie *Ansicht/Arbeitsmappenansichten/Seitenumbruchvorschau* oder

» schalten Sie im *Datei*-Menü unter *Drucken* in die *Seitenansicht*, und klicken Sie auf die Schaltfläche *Seitenumbruchvorschau*.

HINWEIS Der Menübefehl steht nur für Tabellenblätter, nicht für Diagrammblätter zur Verfügung.

Beim ersten Aufruf dieser Ansicht erscheint noch der Hinweis *Willkommen zur Seitenumbruchvorschau*. Klicken Sie die Option *Dieses Dialogfeld nicht mehr anzeigen* an, wenn Sie zur Kenntnis genommen haben, dass sich die Linien mit der Maus verschieben lassen.

Der Druckbereich wird angezeigt, die Seitenränder sind mit dicken blauen Linien gekennzeichnet. Alles, was gedruckt wird, hat einen weißen Hintergrund, der Rest der Tabelle ist grau unterlegt. Wenn die Tabelle mit einem Druckbereich versehen ist, wird dieser den weißen Hintergrund haben, ansonsten berechnet die Vorschau den zu druckenden Tabellenbereich selbst. Im Hintergrund sehen Sie einem Wasserzeichen ähnlich die jeweiligen Seitennummern groß eingeprägt.

Druckbereich definieren

Um den Druckbereich neu zu definieren, ziehen Sie einfach eine der dicken Randlinien an eine neue Position. Sie können mehr Zeilen und Spalten wählen, als Inhalt in der Tabelle zu finden ist, oder den Druckbereich verkleinern. In diesem Fall werden die nicht gedruckten Zellen im grauen Bereich landen.

Mit der manuellen Änderung des Druckbereichs setzen Sie automatisch den gleichnamigen Bereichsnamen fest oder definieren dessen Bezug neu.

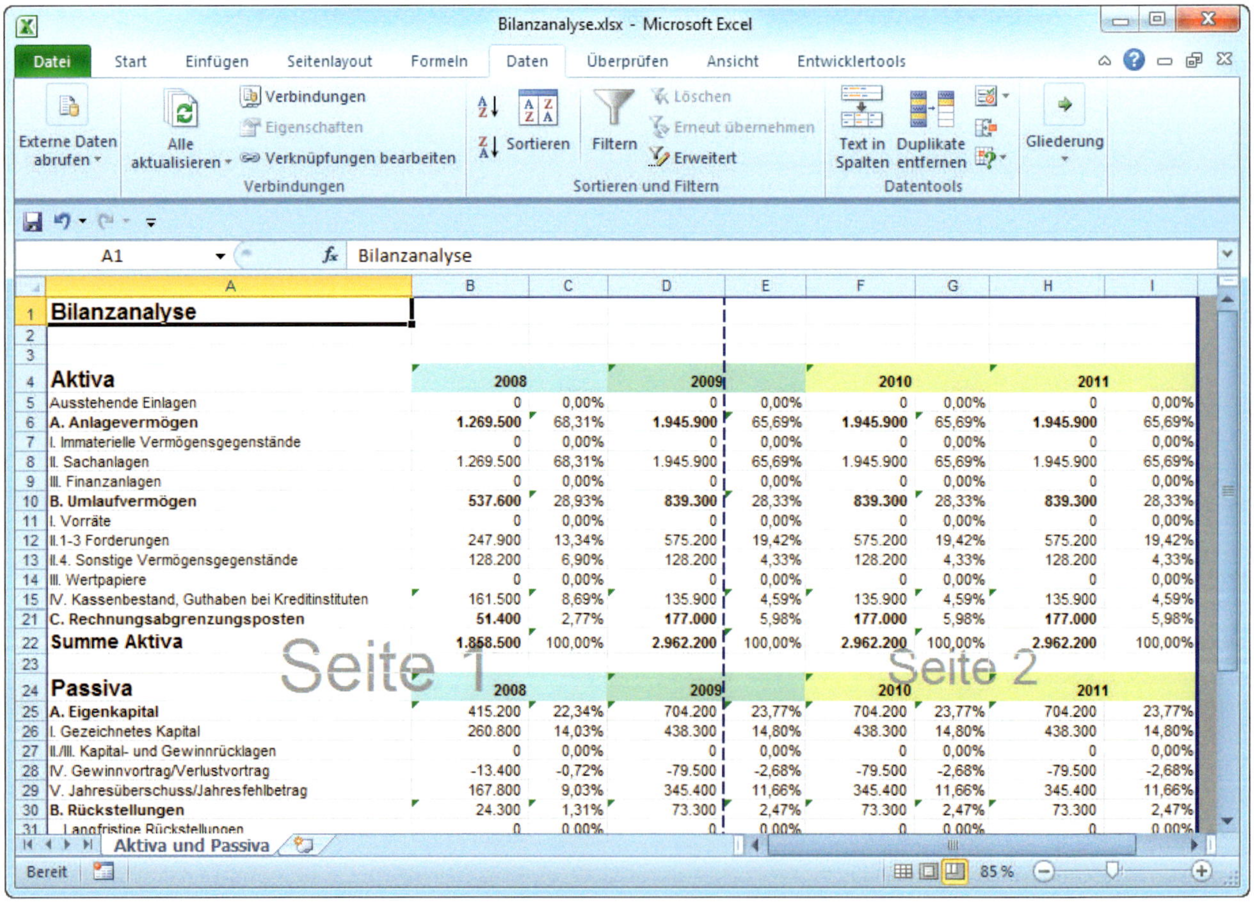

Abbildung 10.23 Eine Tabelle in der Seitenumbruchvorschau

Seitenumbrüche setzen

Automatische Seitenumbrüche erkennen Sie an gestrichelten Linien, selbst definierte haben eine ebenso dicke Linie wie die Seitenränder. Sie können in dieser Vorschau beide Seitenumbrucharten manuell setzen:

Ziehen Sie einen selbst definierten Seitenumbruch mit gedrückter Maustaste in eine neue Position. Ändern Sie damit (in einem mehrseitigen Layout) die automatische Seiteneinteilung, wird Excel die Seite so weit herunterzoomen, bis der Seitenumbruch passt. Dazu wird im Seitenlayout ein Skalierungsfaktor gesetzt. Je weiter Sie die Strichlinie für den automatischen Seitenumbruch nach rechts oder unten verschieben, desto größer wird dieser Faktor, denn umso mehr muss die Tabelle verkleinert werden.

ACHTUNG Achten Sie darauf, dass das Zoomen nicht zurückgenommen wird, wenn Sie mit dem Umbruch wieder mehr Platz auf der Druckseite schaffen. Ziehen Sie die Linie wieder zurück, bleibt die Seite in der Verkleinerung. Überprüfen Sie immer gleichzeitig Zoom-Faktor und Seitenumbrüche!

Seitenumbruchvorschau beenden

Mit der Ansicht *Normal* oder *Seitenlayout* schalten Sie diese Vorschau wieder aus.

10.4.4 Ganzer Bildschirm

Nutzen Sie diese Ansicht, um die gesamte Fläche Ihres Bildschirms für die Bearbeitung oder Gestaltung der Tabelle zu nutzen. Die zuvor gewählte Ansicht (*Normal*, *Seitenlayout* oder *Umbruchvorschau*) bleibt erhalten, mit *Ganzer Bildschirm* schalten Sie nur alles weg, was nicht zur Tabelle gehört:

- Titelzeile
- Multifunktionsleiste
- Symbolleiste für den Schnellzugriff
- Statusleiste

Drücken Sie die Taste Esc, um aus dieser Vollansicht wieder zurückzuschalten.

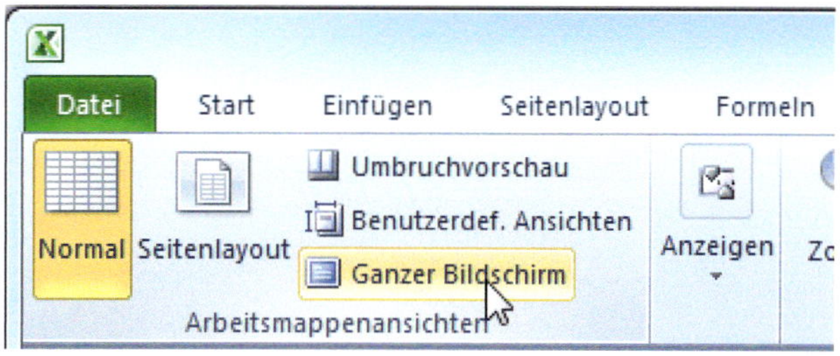

Abbildung 10.24 Ganzer Bildschirm schaltet alles weg, was nicht zur Tabelle gehört.

10.5 Die Seitenansicht

Die Seitenansicht ist eine auf den Bildschirm umdirigierte Druckausgabe. Dementsprechend zeigt sie die Tabelle oder das Diagramm so an, wie es auf dem Papierausdruck erscheinen würde. Alle Schriftarten und -größen werden dabei so weit wie möglich entsprechend der Druckerkonfiguration simuliert, und die Layoutaufteilung entspricht ebenfalls dem gedruckten Original.

1. Markieren Sie das Tabellenblatt, das Sie in der Seitenansicht sehen wollen. Um mehrere Blätter der Mappe anzuzeigen, halten Sie die Shift-Taste gedrückt und markieren vom ersten bis zum letzten Register.
2. Wollen Sie Tabellenblätter drucken, die nicht nebeneinander stehen, markieren Sie die Register mit gedrückter Strg-Taste.
3. Aktivieren Sie die Backstage-Ansicht (Datei-Menü), und klicken Sie auf *Drucken*. Die Seitenansicht zeigt eine Vorschau des aktiven Tabellenblattes.

CD-ROM Laden Sie als Übungsdatei *Personaldatenbank.xlsx* von der CD zum Buch, eine große, dreiseitige Liste. Die erste Zeile wurde als Wiederholungszeile für alle Druckseiten eingerichtet, das Layout ist auf eine Seitenbreite verkleinert (65%), damit alle Spalten auf die Seite passen.

Am unteren Fensterrand sehen Sie, wie viele Druckseiten anstehen. Klicken Sie auf die Pfeilsymbole, um seitenweise zu blättern.

10.5.1 Seitenansicht zoomen

Mit dem Zoom-Symbol rechts unten vergrößern Sie die Seitenansicht. Ziehen Sie die Rollbalken rechts und unten, um einen anderen Ausschnitt zu sehen. Ein weiterer Klick auf das Zoom-Symbol verkleinert die Ansicht wieder auf eine ganze Seite.

10.5.2 Ränder und Spaltentrennlinien einblenden

Ein Klick auf das Symbol *Seitenränder* blendet schwarze Markierungspunkte und Linien für die Seitenränder und die Spaltenlinien ein. Auch der Kopf- und Fußzeilenbereich wird gekennzeichnet. Nutzen Sie diese Randsymbole, um die Druckränder oder die Spalten direkt in der Seitenansicht abzuändern. Ziehen Sie einen einzelnen Punkt mit gedrückter Maustaste, um den Rand oder die Breite einer Spalte zu verkleinern oder zu vergrößern. Ein weiterer Klick auf das Symbol schaltet die Randmarkierungen wieder aus.

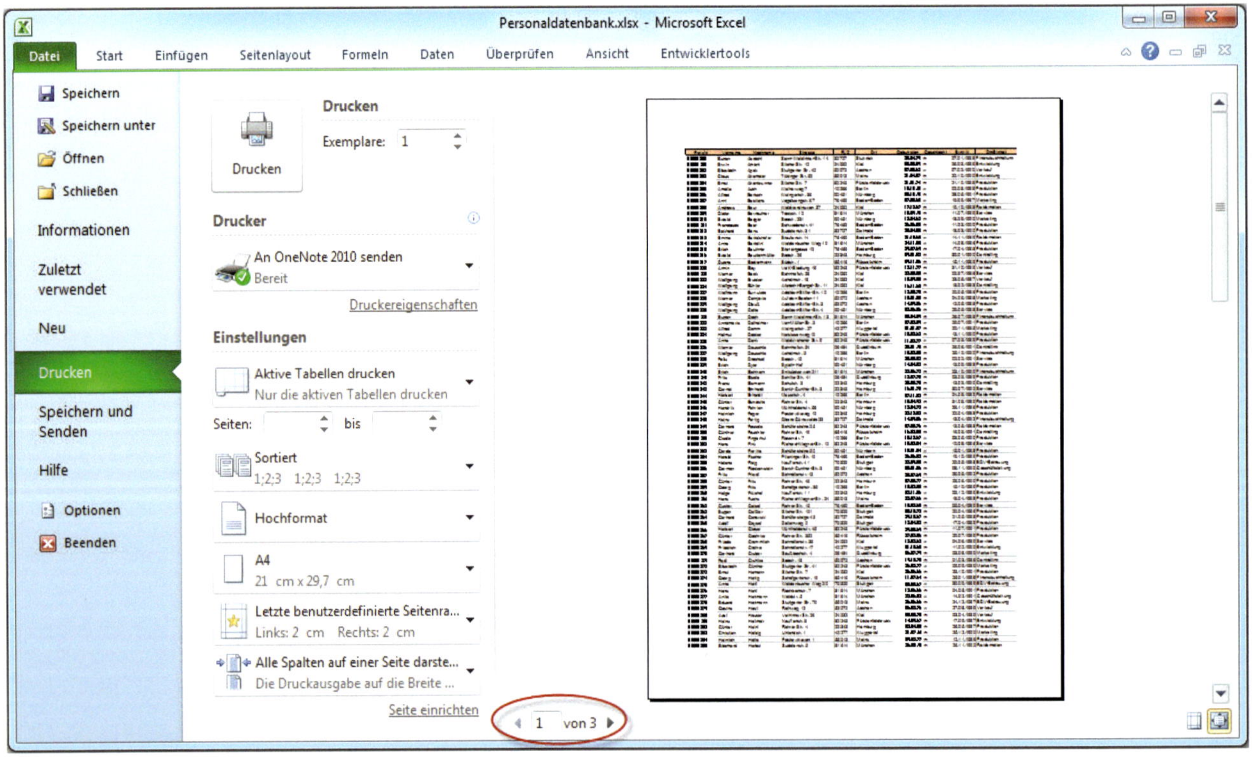

Abbildung 10.25 Die Seitenansicht zeigt eine Druckvorschau der markierten Tabellenblätter.

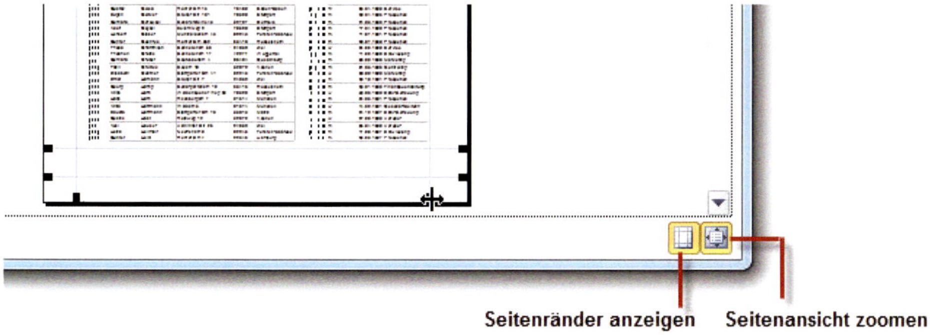

Abbildung 10.26 Rand- und Spaltenlinien einfach mit dem Mauszeiger verschieben

10.6 Drucken

Wenn Sie alle Mittel, die für die Layoutanpassung zur Verfügung stehen, ausgeschöpft haben und die Seitenansicht ein erfreuliches Bild des zukünftigen Ausdrucks liefert, können Sie den Druck auf Papier starten. Wählen Sie dazu *Datei/Drucken*.

Stellen Sie unter *Drucken* die gewünschte Anzahl Ausdrucke ein. Ein Klick auf *Drucken* startet den Ausdruck.

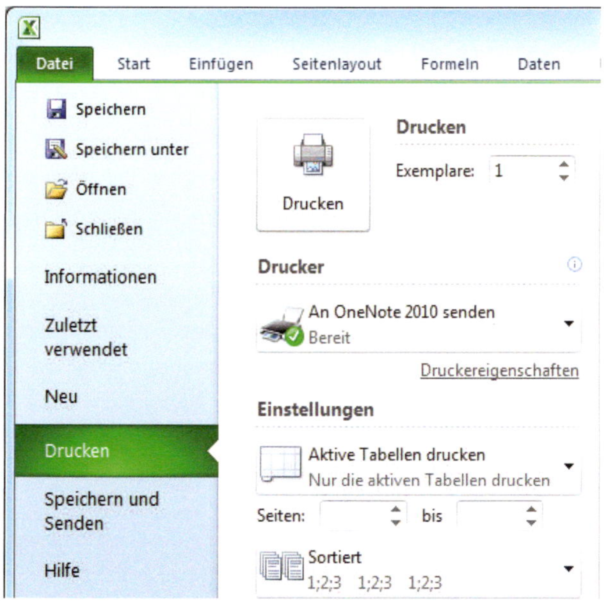

Abbildung 10.27 Drucken über das Datei-Menü

10.6.1 Druckeinstellungen

Unter *Einstellungen* finden Sie eine Reihe von Druckoptionen. Bestimmen Sie, was gedruckt wird:

Aktive Tabelle druckt die Tabelle, die in der Seitenansicht zu sehen ist. Haben Sie wie oben beschrieben mehrere Register markiert, werden diese trotzdem mitgedruckt.

Gesamte Arbeitsmappe drucken schalten Sie ein, wenn Sie alle Register der aktiven Mappe zu Papier bringen wollen.

Auswahl drucken druckt nur die Zellen, die derzeit aktuell markiert sind. Wenn Sie eine Mehrfachmarkierung gesetzt haben, wird jeder Bereich auf einer eigenen Seite gedruckt.

TIPP Das Drucken von Mehrfachbereichen kann sehr nützlich sein. Probieren Sie es: Markieren Sie in der Personaldatenbank die ersten fünf Datensätze. Halten Sie die Strg-Taste gedrückt, und markieren Sie weitere fünf Sätze. Drucken Sie die Auswahl, erhalten Sie zwei Druckseiten mit je fünf Sätzen. Vergessen Sie nicht, die Kopfzeile der Liste vorher zum Drucktitel zu erklären.

Unter *Seiten* geben Sie an, wie viele Seiten Sie drucken wollen. Die Anzahl der Druckseiten sehen Sie unten im Seitenzähler.

Sortiert definiert die Druckausgabe für mehrseitige Ausdrucke und mindestens zwei Druckexemplare. Schicken Sie beispielsweise ein dreiseitiges Dokument zehn Mal zum Drucker und schalten auf die zweite Sortierart *Getrennt* um, druckt Excel die erste Seite zehn Mal, dann die zweite usw.

Das Ausgabeformat *Hochformat* oder *Querformat* können Sie hier noch kurz vor dem Druck umstellen. Auch das Papierformat und die Seitenränder können Sie hier alternativ zur Seitenlayouteinrichtung einstellen, und die letzte Option *Alle Seiten auf einer Spalte darstellen* ... entspricht der Formatanpassung im Seitenlayout.

Seite einrichten in der Seitenansicht

Klicken Sie unter *Datei/Drucken* auf *Seite einrichten*, erhalten Sie die Dialogbox des Seitenlayouts. Hier finden Sie wieder die Einstellungen für Papierformat, Seitenränder und Kopf- und Fußzeilen. Das Register *Blatt* bietet weitere Optionen (Gittenetzlinien, Kommentare etc.) an, einen Druckbereich oder Zeilen/Spalten für den Drucktitel können Sie hier nicht einrichten, weil Sie sich in der Seitenansicht befinden. Schalten Sie dazu zurück auf *Datei*, und öffnen Sie das Dialogfeld der Gruppe *Seite einrichten*.

10.6.2 Der Windows-Druck-Manager

Wenn Excel einen Druck in Auftrag gibt, wird dieser nicht sofort gedruckt, sondern zunächst einmal dem Druck-Manager von Windows übergeben. Dieser schaltet sich dazwischen, nicht, um den Druck zu verzögern, sondern um ihn als Druckauftrag (Job) in seine Liste mit aufzunehmen. Der Druck-Manager, auch Druck-Spooler genannt, hat die Aufgabe, die zahlreichen von allen Windows-Programmen gestarteten Drucke zu koordinieren und zwischenzuspeichern, damit die Applikationen in Ruhe weiterarbeiten können. Er bereitet den Druck im Hintergrund auf, fängt Störungen auf und meldet sich, wenn der Ausdruck aus irgendwelchen Gründen nicht klappt.

Sie finden ein Symbol des Druck-Managers im Systembereich in der Taskleiste rechts unten. Das Symbol taucht erst auf, nachdem ein Druck losgeschickt wurde. Zeigen Sie mit der Maus auf das Symbol, meldet eine QuickInfo, ob und wie viele Drucke noch anstehen. Ein Klick auf das Symbol öffnet die Jobliste mit allen Drucken, die noch in der Warteschlange stehen.

Abbildung 10.28 Der Druck-Manager in der Taskleiste

HINWEIS Der Druck-Manager wird in der Systemsteuerung von Windows unter dem Dienstprogramm *Drucker* aktiviert, das auch für die Neuaufnahme und Konfiguration der Drucker verantwortlich ist. Klicken Sie auf das Drucker-Symbol, und kreuzen Sie, falls noch nicht geschehen, die Option *Druck-Manager verwenden* an.

10.6.3 Ausdruck an OneNote senden

OneNote ist ein elektronisches Notizbuch, das zum Lieferumfang von Office Professional gehört. Sie können Ihre Excel-Tabellen als Grafiken in OneNote einfügen.

1. Wählen Sie *Datei/Drucken*.
2. Schalten Sie in der Druckerauswahl um auf *An OneNote 2010 senden*.
3. Bestimmen Sie unter *Einstellungen*, ob Sie das Tabellenblatt oder den markierten Bereich senden wollen.
4. Klicken Sie auf *Drucken*, um den Ausdruck an OneNote zu senden.

OneNote wird sofort nach Abschluss des Ausdruckes geöffnet, die Excel-Tabelle steht als nicht abgelegte Notiz im Arbeitsbereich.

10.6.4 Fehler beim Druck

Diese oder eine ähnliche Fehlermeldung erscheint, wenn der ansonsten unsichtbar in einem Fenster agierende Druck-Manager eine Störung registriert hat, die Ihre Druckausgabe verhindert:

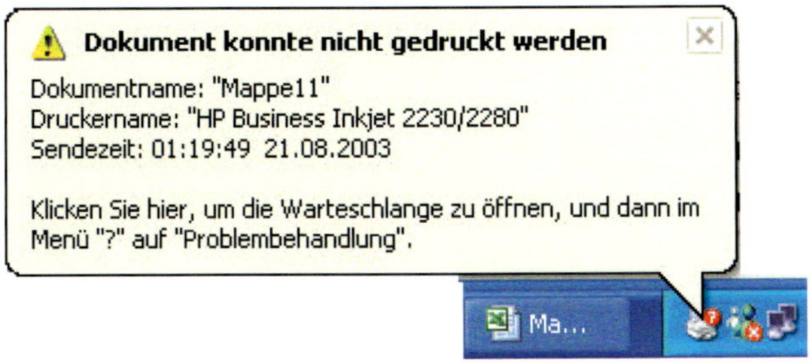

Abbildung 10.29 Fehler: Der Druck kann nicht ausgegeben werden.

Wenn Sie das Symbol anklicken, erhalten Sie die Jobliste, und Sie können den Job anhalten oder löschen. Meist hat der Fehler aber ganz profane Ursachen: Der Drucker ist nicht eingeschaltet, hat kein Papier oder ist am falschen Rechner angeschlossen. Beheben Sie den Fehler, wird der Druck-Manager die Meldung automatisch ausblenden und den Druck fortsetzen.

Haben Sie aber zwischenzeitlich den Druck-Manager abgebrochen, um wenigstens weiterarbeiten zu können, dann müssen Sie ihn nach Behebung der Störung wieder reaktivieren. Klicken Sie dazu doppelt auf das Symbol, markieren Sie den Druckauftrag in der Liste, der über den Eintrag *Angehalten* seinen derzeitigen Zustand signalisiert, und klicken Sie auf *Fortsetzen*, um die abgebrochene Druckausgabe wieder zu starten. Sollten in der Liste nicht mehr benötigte (Fehl-)Versuche dabei sein, markieren Sie diese vorher durch Anklicken, und löschen Sie die Einträge.

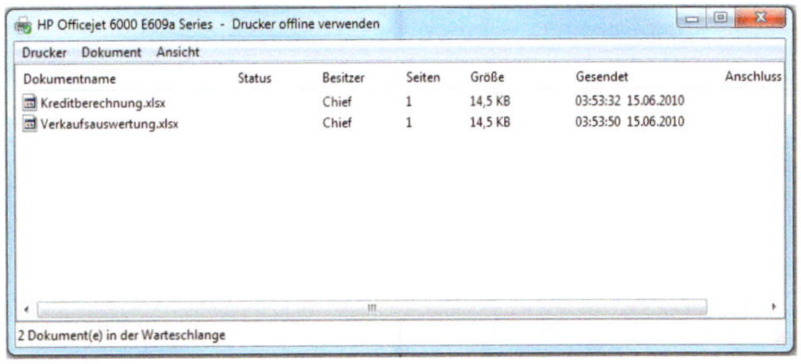

Abbildung 10.30 Die Jobliste zeigt an, was noch zu drucken ist.

Druckstatus wird angezeigt

In der Jobliste sehen Sie auch, wie weit die Ausgabe fortgeschritten ist, wer den Druck geschickt hat und wie viele Seiten und Kilobyte der Drucker mit jedem Druck zu bewältigen hat. Wenn der Drucker ein weiteres Blatt Papier oder das Umschalten auf einen anderen Papierschacht anfordert, blinkt das Symbol in der Taskleiste. Klicken Sie es an, lesen Sie die Meldung, und bereinigen Sie das Problem.

Teil 4 Datenmengen aufbereiten und präsentieren

Große Datenmengen organisiert Excel meist in Listen oder Datenbanken. Es gibt auch eine Sonderform der Liste, die Tabelle. Im ersten Kapitel in diesem Teil lernen Sie alles über die Aufbereitung von Daten in Listenform, zum Beispiel Filtern, Sortieren und Spezialfilter, und im nächsten Kapitel dreht sich alles um die Auswertung der Listen mit PivotTable-Berichten.

Wie aus großen Listen aussagekräftige Diagramme entstehen, zeigt Ihnen das dritte Kapitel. Vom einfachen Business-Chart bis zum komplexen Diagrammlayout werden Sie alles finden, was es über Excel-Diagramme zu wissen gibt.

Excel zählt zwar nicht zur Softwarekategorie der Grafikprogramme, aber was das Kalkulationsprogramm im Bezug auf Bildverarbeitung, Einbindung von Grafiken und nicht zuletzt an professionellen Zeichenwerkzeugen zu bieten hat, wird Sie überraschen. Ein besonderes »Highlight« sind die SmartArts, mit denen Organigramme in zahlreichen Varianten gezeichnet werden können.

Kapitel 11: Listen, Tabellen, Datenbanken

Beim Umgang mit großen Datenmengen sollten Sie zwischen Listen und Tabellen unterscheiden und Datenbanken aufbereiten können. Lernen Sie die Filter- und Sortiertechniken kennen, und testen Sie den nützlichen Spezialfilter.

Kapitel 12: PivotTable- und PivotChart-Berichte

Das beste und wichtigste Analysewerkzeug für große Datenmengen ist die PivotTable. Starten Sie mit einfachen Pivot-Layouts und steigern Sie sich bis zu berechneten Feldern und Elementen. Für die Präsentation der analysierten Daten lernen Sie die Umsetzung in PivotCharts.

Kapitel 13: Diagramme

Business-Charts sind die Standardform der Zahlenpräsentation, kein Bericht, kein Vortrag kommt ohne Diagrammelemente aus. Wir zeigen Ihnen, wie Charts entstehen, wie Diagramme formatiert und optimiert werden, und geben Tipps und Ratschläge für ein gutes Diagrammlayout.

Kapitel 14: Grafische Objekte

Fügen Sie doch mal ein Organigramm, eine Grafik oder ein YouTube-Video in Ihre Tabelle ein. Vom einfachen Zeichenobjekt bis zu komplexen schematischen Darstellungen bietet Excel alles, was zur Illustration von Informationen benötigt wird. Das Kapitel zeigt Ihnen, wie Sie mit Zeichenwerkzeugen, ClipArts und SmartArts die Optik nüchterner Zahlentabellen aufbessern.

Kapitel 11

Listen, Tabellen, Datenbanken

Zu den Hauptaufgaben der Tabellenkalkulation zählt die Bearbeitung von Listen. Ob Kundenkartei oder Umsatzliste, Rechnungspositionen oder Artikelpreise – Listen sind in der Praxis allgegenwärtig. Eigentlich ist Excel das falsche Programm für die Bearbeitung von Listen, ein Datenbanksystem wie Access oder der SQL-Server eignet sich wesentlich besser für die Verwaltung großer Datenmengen. Aber der Aufwand, eine Datenbank zu erstellen, ist vergleichsweise hoch, und wenn Sie dieses Kapitel durchgearbeitet haben, werden Sie einige Techniken kennengelernt haben, die Excel für die Listenbearbeitung qualifizieren.

Wird Excel als »Client« für ERP-Systeme wie SAP eingesetzt, ist die Bearbeitung von Listen die Hauptaufgabe des Anwenders, denn nichts anderes liefern diese über Dateiexporte oder dynamische Verknüpfungen (Queries).

Lernen Sie vor allem den Unterschied zwischen Listen und Tabellen kennen. Die *Tabelle* ist eine Sonderform der Liste, in der Vorgängerversion 2003 hieß sie noch *Liste*. Microsoft tut sich schwer mit der Übersetzung dieser Excel-Funktion, die im Englischen *Table* heißt und dort nicht mit dem Tabellenblatt (*Sheet*) zu verwechseln ist. In unserem Sprachgebrauch ist eine Tabelle ein Tabellenblatt, aber Excel sieht das anders.

11.1 Mit Tabellen arbeiten

Die wichtigste Unterscheidung noch einmal vorweg: Eine Tabelle ist nicht zu verwechseln mit einem Tabellenblatt.

» Das Tabellenblatt ist ein Element der Arbeitsmappe, jede Mappe kann beliebig viele Tabellenblätter haben (so lange, wie Speicherplatz da ist).

» Die Tabelle ist ein Bereich in einem Tabellenblatt, der als solcher ausgewiesen ist.

» Wird eine externe Verbindung über ODBC hergestellt, legt Excel automatisch eine Tabelle für das Ergebnis an.

Für die Übungen mit der Tabellenfunktion können Sie eine klassische Tabelle benutzen, eine Preistabelle mit Weinen aus aller Welt.

CD-ROM Das Übungsbeispiel finden Sie auf der Buch-CD unter *Weinkeller.xlsx*.

11.1.1 Listen für Tabellen vorbereiten

Wenn Sie Tabellen nutzen wollen, müssen Sie ein wenig Disziplin halten. Erkennt Excel Ihre Listendaten nämlich nicht als Tabelle, kann es diese auch nicht gesondert behandeln. Hier einige Tipps zum Tabellenaufbau:

» Die Liste muss nicht am Anfang des Tabellenblattes beginnen, sollte aber geschlossen sein (ohne Leerzeilen).

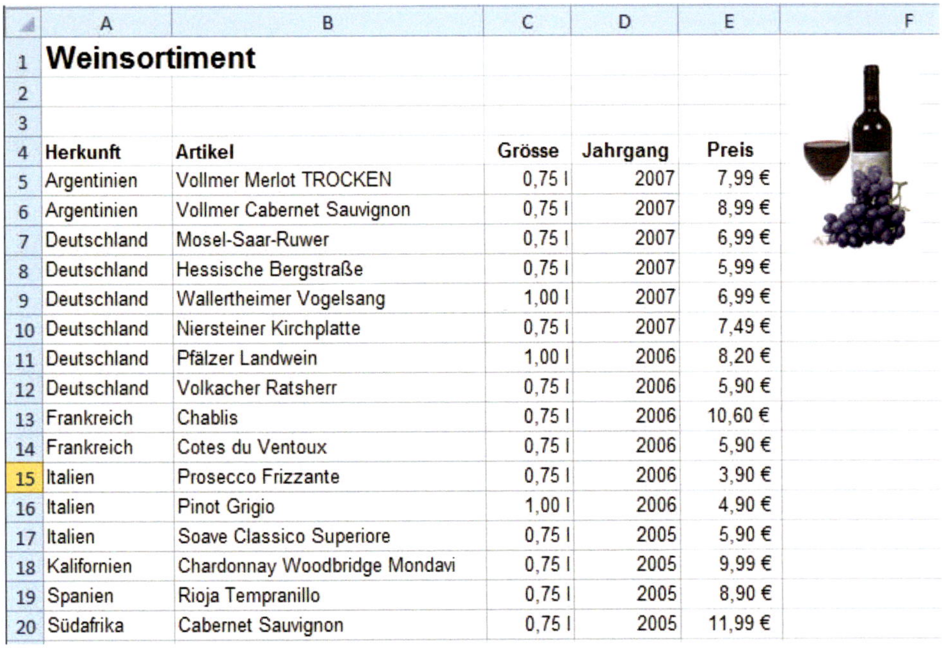

	A	B	C	D	E
1	**Weinsortiment**				
2					
3					
4	**Herkunft**	**Artikel**	**Grösse**	**Jahrgang**	**Preis**
5	Argentinien	Vollmer Merlot TROCKEN	0,75 l	2007	7,99 €
6	Argentinien	Vollmer Cabernet Sauvignon	0,75 l	2007	8,99 €
7	Deutschland	Mosel-Saar-Ruwer	0,75 l	2007	6,99 €
8	Deutschland	Hessische Bergstraße	0,75 l	2007	5,99 €
9	Deutschland	Wallertheimer Vogelsang	1,00 l	2007	6,99 €
10	Deutschland	Niersteiner Kirchplatte	0,75 l	2007	7,49 €
11	Deutschland	Pfälzer Landwein	1,00 l	2006	8,20 €
12	Deutschland	Volkacher Ratsherr	0,75 l	2006	5,90 €
13	Frankreich	Chablis	0,75 l	2006	10,60 €
14	Frankreich	Cotes du Ventoux	0,75 l	2006	5,90 €
15	Italien	Prosecco Frizzante	0,75 l	2006	3,90 €
16	Italien	Pinot Grigio	1,00 l	2006	4,90 €
17	Italien	Soave Classico Superiore	0,75 l	2005	5,90 €
18	Kalifornien	Chardonnay Woodbridge Mondavi	0,75 l	2005	9,99 €
19	Spanien	Rioja Tempranillo	0,75 l	2005	8,90 €
20	Südafrika	Cabernet Sauvignon	0,75 l	2005	11,99 €

Abbildung 11.1
Eine Liste mit Kopfzeile

» Beginnen Sie die Liste immer mit einer Kopfzeile. Beschreiben Sie jede Spalte, lassen Sie keine Spalte leer, und schreiben Sie nicht mehr in den Kopfzeilentitel als nötig.

» Vermeiden Sie Leerzeilen und Leerspalten in der Liste. Die Schmuckzeile gleich nach der Kopfzeile sollten Sie weglassen, ebenso die Leerzeilen vor Summenzeilen und -spalten.

TIPP Anstelle einer Leerzeile benutzen Sie einen einfachen Design-Trick: Ziehen Sie die Zeilenlinie der oberen Zeile zwischen den beiden Zeilennummern nach unten, schaffen Sie genügend Platz, und die Tabelle ist nicht unterbrochen. Markieren Sie anschließend die Kopfzeile, und weisen Sie ihr unter *Start/Ausrichtung* die vertikale Ausrichtung *Oben* zu.

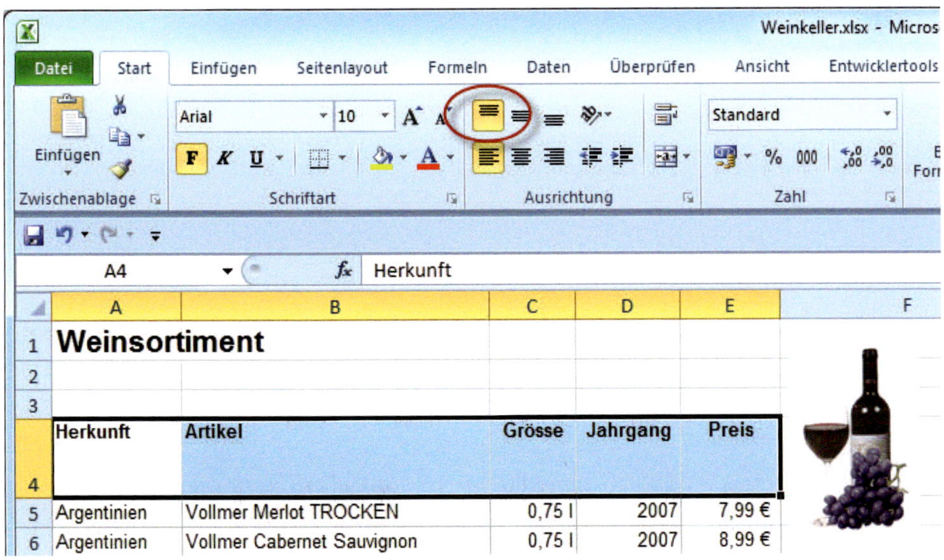

Abbildung 11.2
Platz unter der Kopfzeile schaffen

11.1.2 Kopfzeile teilen

Tabellen haben die Eigenschaft, immer länger zu werden, und mit zunehmender Geschäftstätigkeit wird Ihre Preistabelle bald nicht mehr auf den Bildschirm passen. Rollen Sie diesen dann mit dem Rad zwischen den Maustasten oder mit den Rollbalken nach unten, verschwindet die Kopfzeile oben. Dagegen können Sie etwas tun:

1. Markieren Sie die erste Zeile der Preistabelle unter der Kopfzeile.
2. Wählen Sie *Ansicht/Fenster/Teilen* für einen variablen Teilstrich oder *Fenster fixieren* für einen festen Teilstrich.
3. Den variablen Strich heben Sie per Doppelklick auf, die Fixierung über *Fixierung aufheben*.

11.2 Tabellen erstellen und formatieren

Um eine Liste wie die vorliegende als Tabelle behandeln zu können, muss sie in eine solche umgewandelt werden.

Ein Tabellenblatt kann mehrere Tabellen enthalten, diese müssen aber durch eine Leerzeile und Leerspalte räumlich voneinander getrennt sein. Eine Kopfzeile ist nicht zwingend vorgeschrieben, im Idealfall hat der Bereich zwar eine Kopfzeile, wenn diese fehlt, stellt die Tabellenautomatik eine zur Verfügung.

Die Tabelle bietet am unteren Rand eine Datenerfassungszeile an. Neue Datensätze werden in diese Zeile geschrieben oder ab dieser Zeile kopiert. Die Tabellenautomatik erkennt die neue Dimension wieder.

Steht der Zellzeiger in einer Tabelle, zeigt die Multifunktionsleiste eine weitere Registerkarte, *Tabellentools*, an. Über die Gruppen und die Befehle in dieser Leiste wird die Tabelle formatiert und verwaltet.

Die *Ergebniszeile*, die als Option für die Tabelle eingeschaltet wird, bietet automatische Auswertungsfunktionen wie *Summe* oder *Mittelwert*.

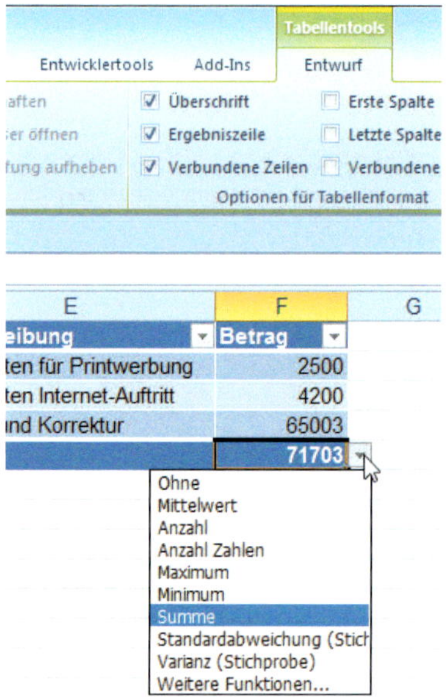

Abbildung 11.4
Tabellentools und Ergebniszeile am unteren Rand der Tabelle

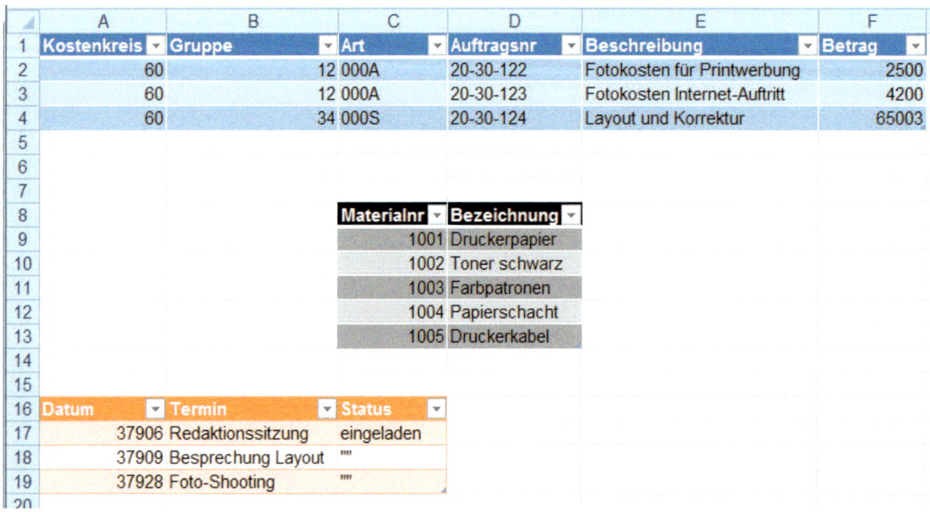

Abbildung 11.3
Drei Tabellen in einem Tabellenblatt

ACHTUNG Achten Sie darauf, dass Tabellen nicht mit früheren Versionen von Excel ab 2003 bearbeitet werden können. Excel 2003 kannte zwar die Tabelle schon (unter der Bezeichnung Liste), aber die Tabellenformate, die Excel 2007 verwendet, sind mit dem Vorgänger nicht kompatibel. In Excel XP/2000 gab es noch keine Listen bzw. Tabellen. Wird eine Tabelle mit einer dieser früheren Versionen geöffnet, bleiben die *TEILERGEBNIS*-Formeln der Ergebniszeile erhalten. Löschen Sie die Formeln, und öffnen Sie die Mappe mit Excel 2003, erhalten Sie eine Fehlermeldung. Alle anderen Änderungen an der Tabelle werden übernommen.

11.2.1 Eine Tabelle mit Kopfzeile erstellen

Diese Artikelliste ist eine klassische Tabelle, die von der Tabellenautomatik ohne Mühe erkannt werden wird. Die Kopfzeile ist durchgehend mit Text versehen, die Datensätze unterscheiden sich von den Kopfdaten und folgen ohne Unterbrechung.

CD-ROM Die Beispieltabelle zum Üben finden Sie auf der Buch-CD unter *Artikel.xlsx*.

1. Positionieren Sie den Zellzeiger irgendwo im Bereich. Sie müssen den Bereich nicht markieren, es reicht, wenn der Zellzeiger im Bereich steht.
2. Wählen Sie *Einfügen/Tabellen/Tabelle*, wenn Sie mit der Standard-Tabellenformatvorlage arbeiten wollen, oder ...
3. ... wählen Sie *Start/Formatvorlagen/Als Tabelle formatieren*, wenn Sie gleich eine passende Vorlage auswählen wollen.
4. Klicken Sie auf eine der angebotenen Tabellenformatvorlagen.
5. Der Bereich rund um den Zellzeiger wird markiert, eine Dialogbox erscheint und schlägt den erkannten Bereich vor. Auch die Kopfzeile wird erkannt.

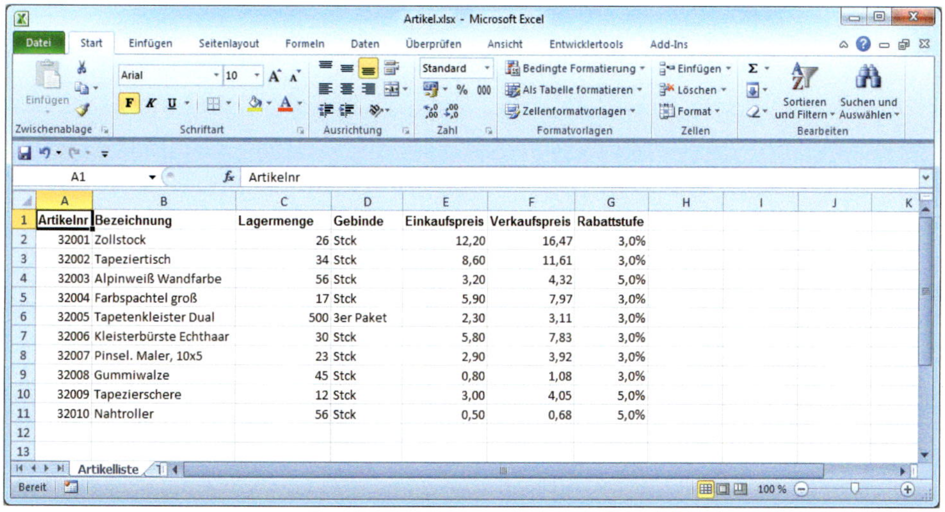

Artikelnr	Bezeichnung	Lagermenge	Gebinde	Einkaufspreis	Verkaufspreis	Rabattstufe
32001	Zollstock	26	Stck	12,20	16,47	3,0%
32002	Tapeziertisch	34	Stck	8,60	11,61	3,0%
32003	Alpinweiß Wandfarbe	56	Stck	3,20	4,32	5,0%
32004	Farbspachtel groß	17	Stck	5,90	7,97	3,0%
32005	Tapetenkleister Dual	500	3er Paket	2,30	3,11	3,0%
32006	Kleisterbürste Echthaar	30	Stck	5,80	7,83	3,0%
32007	Pinsel. Maler, 10x5	23	Stck	2,90	3,92	3,0%
32008	Gummiwalze	45	Stck	0,80	1,08	3,0%
32009	Tapezierschere	12	Stck	3,00	4,05	5,0%
32010	Nahtroller	56	Stck	0,50	0,68	5,0%

Abbildung 11.5
Liste mit Kopfzeile

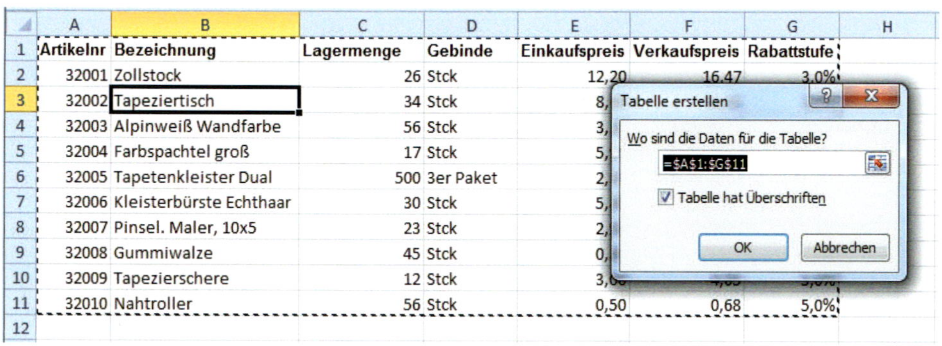

Abbildung 11.6
Der Bereich für die Tabelle wird vorgeschlagen.

6. Sie können jetzt den Bereich korrigieren. Ziehen Sie dazu mit dem Mauszeiger eine neue Auswahl auf. Bestätigen Sie mit Klick auf *OK*, wenn der Bereich komplett markiert ist.
7. Die Tabelle wird erstellt, die Kopfzeile wird mit Filtersymbolen bestückt, und eine neue Registerkarte *Tabellentools* präsentiert sich in der Multifunktionsleiste.

TIPP Die Filterpfeile in der Kopfzeile schalten Sie unter *Start/Bearbeiten* oder unter *Daten/Sortieren und Filtern* aus und wieder ein.

Mit der Zuweisung einer Tabellenformatvorlage ist die Tabelle eindeutig gekennzeichnet und kann jetzt zur Erfassung weiterer Daten verwendet werden.

» Die Tabelle schließt mit einer Leerzeile ab, die Sie zur Erfassung neuer Datensätze benutzen können (Datenerfassungszeile). Neue Zeilen werden damit automatisch in die Tabelle aufgenommen.

» Die Tabelle bietet eine Ergebniszeile mit Funktionen zur Berechnung der Spalteninhalte.

» Der Datenbereich der Tabelle (alle Zeilen ab der ersten Zeile nach der Kopfzeile) wird mit einem Bereichsnamen versehen. Die erste Tabelle heißt *Tabelle1*, die nächste *Tabelle2* usw.

Diese Bereichsnamen sind sehr wichtig für die Berechnung der Tabelle, sie können in Auswertungs- und Analysefunktionen anstelle des Bezugs eingesetzt werden. Besonders nützlich sind in diesem Zusammenhang die Datenbankfunktionen (siehe Kapitel *11.6: Rechnen mit Tabellen*).

11.2.2 Tabellenformatvorlagen

Formatvorlagen für Tabellen stehen in der Registerkarte *Start*, Gruppe *Formatvorlagen* zur Auswahl. Zeigen Sie mit dem Mauszeiger auf eine Vorlage, wird die Tabelle im Hintergrund schon formatiert, vorausgesetzt, die *Live-Vorschau* ist in den *Optionen* (*Datei*-Menü) aktiviert.

Klicken Sie eine Vorlage mit der rechten Maustaste an, und wählen Sie *Übernehmen und Formate löschen* oder *Übernehmen (und Formatierung beibehalten)*.

Neue Formatvorlagen

Neue Vorlagen für Tabellen werden über den Befehl am unteren Rand erstellt.

1. Wählen Sie *Neue Tabellenformatvorlage* nach dem Klick auf *Als Tabelle formatieren*.
2. Geben Sie einen Namen für die neue Vorlage ein.

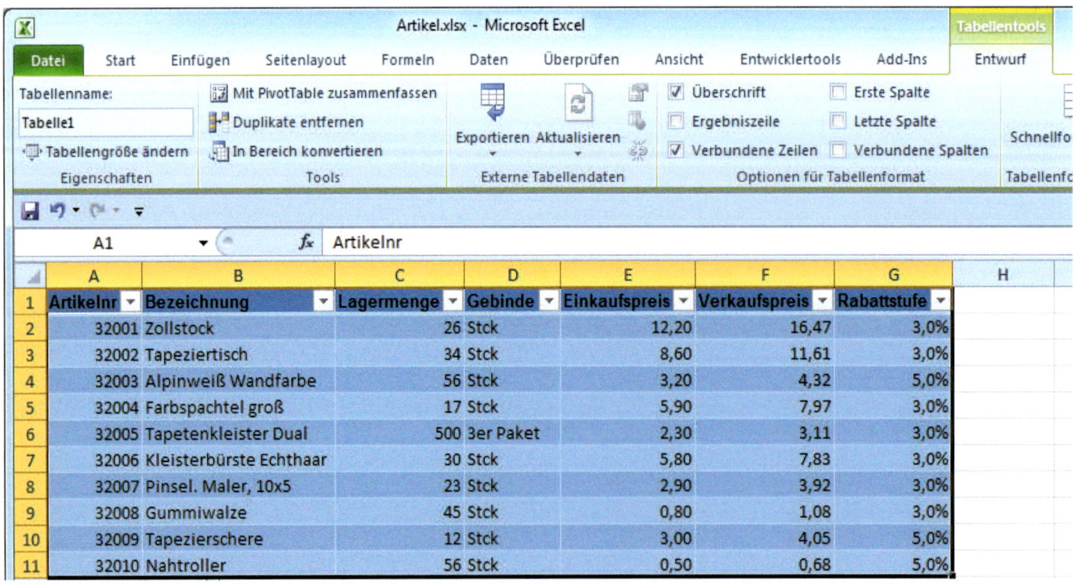

Artikelnr	Bezeichnung	Lagermenge	Gebinde	Einkaufspreis	Verkaufspreis	Rabattstufe
32001	Zollstock	26	Stck	12,20	16,47	3,0%
32002	Tapeziertisch	34	Stck	8,60	11,61	3,0%
32003	Alpinweiß Wandfarbe	56	Stck	3,20	4,32	5,0%
32004	Farbspachtel groß	17	Stck	5,90	7,97	3,0%
32005	Tapetenkleister Dual	500	3er Paket	2,30	3,11	3,0%
32006	Kleisterbürste Echthaar	30	Stck	5,80	7,83	3,0%
32007	Pinsel. Maler, 10x5	23	Stck	2,90	3,92	3,0%
32008	Gummiwalze	45	Stck	0,80	1,08	3,0%
32009	Tapezierschere	12	Stck	3,00	4,05	5,0%
32010	Nahtroller	56	Stck	0,50	0,68	5,0%

Abbildung 11.7 Die neue Tabelle ist komplett.

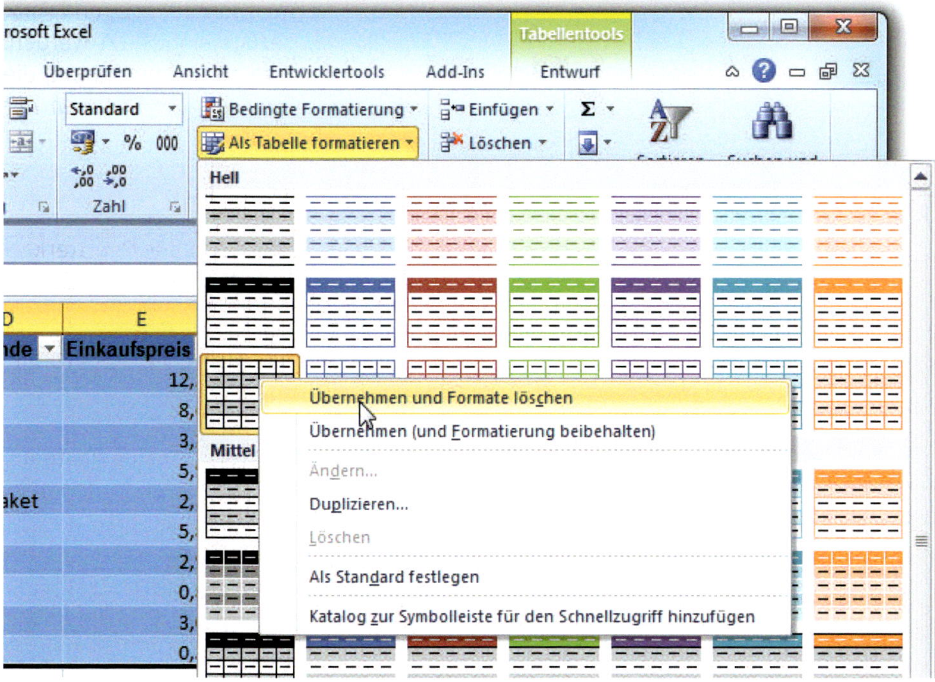

Abbildung 11.8
Tabellenformatvorlagen

3. Formatieren Sie die einzelnen Tabellenelemente, klicken Sie auf den ersten Eintrag, *Ganze Tabelle*, und wählen Sie *Formatieren*.
4. Weisen Sie Schrift, Rahmen und Zellmuster zu.
5. Formatieren Sie weitere Elemente wie Stripesets, Ergebniszeilen und Überschriften.

HINWEIS In den Stripesets legen Sie die Formate für die wechselnde Spaltenformatierung fest, die sichtbar wird, wenn in den Tabellentools die Option *Verbundene Spalten* gesetzt ist. Zeilenstripesets heben die Formatierung von Spalten auf.

Die neue Vorlage steht anschließend in der Kategorie *Benutzerdefiniert* zur Auswahl. Im Kontextmenü finden Sie (nur für neu definierte Tabellenformatvorlagen) die Befehle *Ändern* und *Zellen löschen* (löscht die Vorlage, nicht die Zellen), mit *Duplizieren* können Sie eine Kopie der Vorlage produzieren. *Als Standard festlegen* definiert die Vorlage als erste in den Schnellformatvorlagen.

Optionen für den Tabellenentwurf

In dieser Gruppe der Registerkarte *Entwurf* in den *Tabellentools* finden Sie Optionen für die Formatierung und Anzeige einzelner Elemente. Kreuzen Sie *Erste Spalte*, *Letzte Spalte* oder *Verbundene Zeilen/Spalten* an, wenn Sie die für diese Elemente vorgesehenen Formatierungen in der Tabellenformatvorlage anwenden wollen.

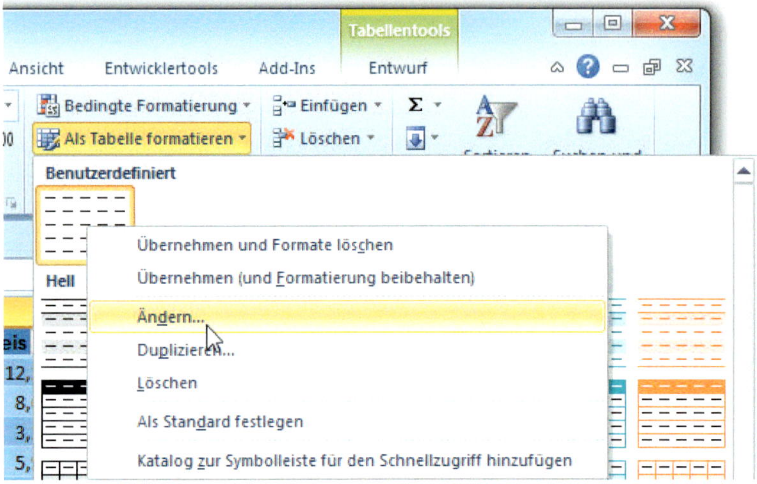

Abbildung 11.9
Im Kontextmenü wird die Vorlage für Tabellen geändert oder wieder gelöscht.

11.2.3 Schnellformatvorlagen

Unter diese Bezeichnung fallen die Tabellenformatvorlagen, die in der gleichnamigen Gruppe der Registerkarte *Tabellentools/Entwurf* angeboten werden. Sie sorgen für eine schnelle Formatierung, da sie per Klick zugewiesen werden können.

11.2.4 Tabelle ohne Kopfzeile erstellen

Enthält der Bereich, den Sie zur Tabelle umwandeln, keine erkennbare Kopfzeile, wird die Tabellenautomatik trotzdem aktiv und produziert eine eigene Kopfzeile. Hier sehen Sie eine Tabelle mit Warengruppen aus der gleichen Arbeitsmappe, in der auch die Artikeltabelle zu finden ist:

Abbildung 11.10 Liste ohne Kopfzeile

1. Setzen Sie den Zellzeiger in den Bereich, und wählen Sie *Start/Formatvorlagen/Als Tabelle formatieren*.
2. Entscheiden Sie sich für eine Tabellenformatvorlage, und weisen Sie den Bereich A1:A11 als Tabelle aus.
3. Die Tabellenautomatik fügt jetzt eine eigene Kopfzeile ein und verwendet dafür die Überschrift *Spalte1* (*Spalte2*, *Spalte3* ... für weitere Spalten).
4. Klicken Sie in den *Tabellentools* unter *Entwurf* auf *Optionen für Tabellenformat/Überschrift*.

Die Kopfzeile bleibt der Tabelle erhalten, auch nach der Rückwandlung in einen Bereich.

11.2.5 Tabellenbereich ändern

Um den Tabellenbereich zu erweitern, neue Spalten und Zeilen hinzuzufügen oder den Bereich zu reduzieren, verwenden Sie die Befehle, die Sie auch für »normale« Zellbereiche anwenden. Klicken Sie mit der rechten Maustaste auf einen Spaltenbuchstaben, und wählen Sie im Kontextmenü *Spalte einfügen*. Fügen Sie Zeilen oder einzelne Zellen ein, oder löschen Sie Bereiche aus der Tabelle. Im Unterschied zu anderen Zellbereichen wird die Tabellenformatvorlage automatisch wieder die Formatierung korrigieren.

Neue Spalten erhalten automatisch eine Spaltenüberschrift (*Spalte1*), damit die Tabelle wieder eine gültige Kopfzeile vorweisen kann. Ändern Sie diese Überschrift gleich, und geben Sie einen passenden Spaltentitel für die neue Spalte ein.

Tabellenbereich manuell anpassen

Für eine manuelle Anpassung des Tabellenbereiches verwenden Sie die Positionierungsmarke rechts unten am Tabellenrahmen.

1. Setzen Sie den Zellzeiger in die Tabelle. Der Markierungsrahmen wird angezeigt, in der rechten unteren Ecke finden Sie eine Positionierungsmarke.
2. Ziehen Sie diese Marke mit gedrückter Maustaste für neue Spalten nach rechts oder für neue Zeilen nach unten.
3. Wenn Sie die Tabelle verkürzen wollen, ziehen Sie die Marke nach links (Spalten) oder nach oben (Zeilen). Achten Sie darauf, dass damit nur die Tabelle verändert wird, nicht der Datenbestand im Bereich.

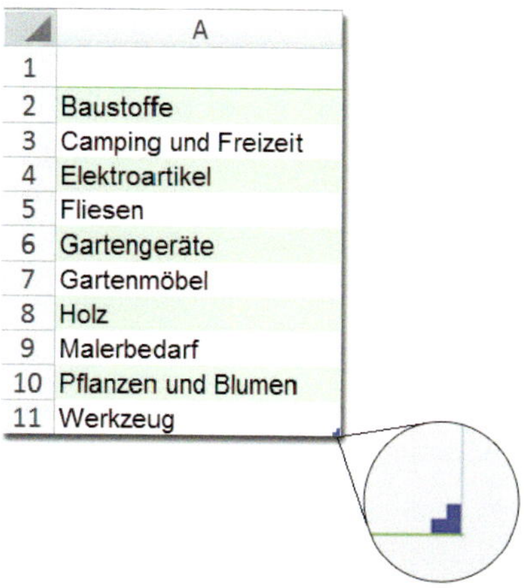

Abbildung 11.11 Tabelle neu dimensionieren

Den Befehl für diese Aktion finden Sie unter *Tabellentools/Entwurf/Eigenschaften*. Klicken Sie den Befehl an, und ziehen Sie den neuen Bereich im Hintergrund mit dem Mauszeiger auf.

11.2.6 Die Ergebniszeile

Die Tabellenautomatik stellt für die Tabelle eine Ergebniszeile mit Formeln zur Spaltenauswertung zur Verfügung. Für diese Zeile erweitert sich die Tabelle automatisch nach unten. Sie ist nach Erzeugung der Tabelle erst einmal inaktiv und wird über einen Schalter ein- und ausgeblendet:

1. Wählen Sie *Tabellentools/Entwurf/Optionen für Tabellenformat/Ergebniszeile*.
2. Die Ergebniszeile wird eingeblendet, klicken Sie auf ein Pfeilsymbol, und wählen Sie die geeignete Funktion.

Funktion	Berechnung
Ohne	Die Spalte wird nicht berechnet
Mittelwert	Berechnet das arithmetische Mittel aus allen Zahlen der Spalten
Anzahl	Berechnet die Anzahl der Einträge (Text, Zahl, Datum) in der Spalte
Anzahl Zahlen	Berechnet die Anzahl der Zellen, in denen Zahlen oder Datumswerte eingetragen sind
Maximum	Gibt den größten Wert der Spalte aus
Minimum	Gibt den kleinsten Wert der Spalte aus
Summe	Berechnet die Summe der Zahlenwerte in der Spalte
Standardabweichung	Berechnet den statistischen Wert der Standardabweichung
Varianz (Stichprobe)	Berechnet die Varianz aus den Werten der Spalte

Tabelle 11.1 Funktionen für Tabellenergebnisse

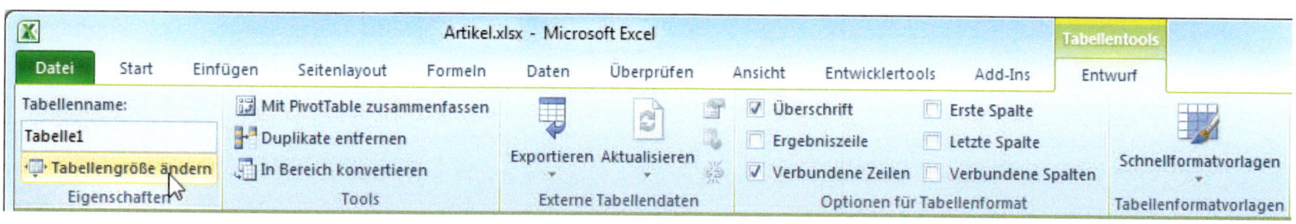

Abbildung 11.12 Tabelle über die Tabellentools dimensionieren

HINWEIS Enthält die Tabelle eine Spalte mit Währungsbeträgen, wird in der Ergebniszeile automatisch die Funktion *SUMME* eingetragen.

11.2.7 Rechnen mit Tabellen

Die Ergebniszeile ist nicht das einzige Rechenwerkzeug, das Tabellen anbieten. Sie können mit allen Funktionen und Analysewerkzeugen auf Tabellen zugreifen und arbeiten immer mit dem variablen Bereich. Ändert sich die Bereichsgröße, bleiben die Berechnungen richtig, wenn sich die Formeln auf den Bereichsnamen beziehen.

Tabellenanalyse mit Formeln

Am Beispiel der Wein-Preisliste lernen Sie, wie der Bereichsname der Tabelle in Formeln verwendet wird. Öffnen Sie die Arbeitsmappe mit dem Beispiel.

CD-ROM Sie finden das Beispiel auf der Buch-CD unter *Weinkeller.xlsx*.

1. Setzen Sie den Zellzeiger ab Zelle A4 in die Preisliste, und wählen Sie *Start/Formatvorlagen/Als Tabelle formatieren*.
2. Weisen Sie dem Bereich A4:E20 eine Tabellenformatvorlage zu.
3. Kontrollieren Sie im Namensfeld den Bereichsnamen. Der Bereich A5:E20 heißt *Tabelle1*.
4. Schreiben Sie für die Auswertung des Bereiches:

```
G6: Anzahl Weine gesamt
G7: Deutschland
G8: Frankreich
G9: Italien
...
```

5. Geben Sie die Formeln zur Berechnung der Gesamtanzahl und der Anzahl der Weine der einzelnen Regionen ein:

```
H6: =ZEILEN(Tabelle1)
H7: =ZÄHLENWENN(Tabelle1;G7)
```

6. Kopieren Sie die Formel in H7 mit dem Füllkästchen nach unten bis zur letzten Region.

Sie können in den Formeln auch den Bereich der Tabelle angeben, indem Sie ihn mit dem Mauszeiger markieren. Excel wird automatisch den Namen der Tabelle in die Formel eintragen.

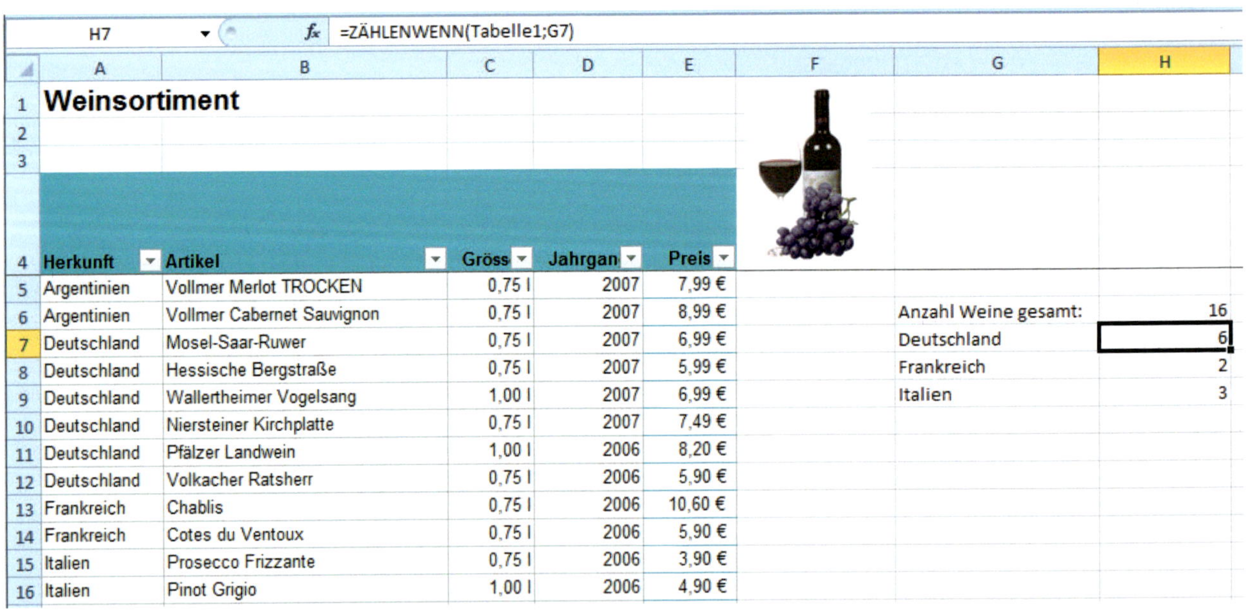

H7 =ZÄHLENWENN(Tabelle1;G7)

	A	B	C	D	E	F	G	H
1	Weinsortiment							
2								
3								
4	Herkunft	Artikel	Gröss	Jahrgan	Preis			
5	Argentinien	Vollmer Merlot TROCKEN	0,75 l	2007	7,99 €			
6	Argentinien	Vollmer Cabernet Sauvignon	0,75 l	2007	8,99 €		Anzahl Weine gesamt:	16
7	Deutschland	Mosel-Saar-Ruwer	0,75 l	2007	6,99 €		Deutschland	6
8	Deutschland	Hessische Bergstraße	0,75 l	2007	5,99 €		Frankreich	2
9	Deutschland	Wallertheimer Vogelsang	1,00 l	2007	6,99 €		Italien	3
10	Deutschland	Niersteiner Kirchplatte	0,75 l	2007	7,49 €			
11	Deutschland	Pfälzer Landwein	1,00 l	2006	8,20 €			
12	Deutschland	Volkacher Ratsherr	0,75 l	2006	5,90 €			
13	Frankreich	Chablis	0,75 l	2006	10,60 €			
14	Frankreich	Cotes du Ventoux	0,75 l	2006	5,90 €			
15	Italien	Prosecco Frizzante	0,75 l	2006	3,90 €			
16	Italien	Pinot Grigio	1,00 l	2006	4,90 €			

Abbildung 11.13 Die Auswertungsformeln arbeiten mit dem Bereichsnamen der Tabelle.

Rechnen mit TEILERGEBNIS()

Wenn Sie einen Blick auf die Formel in der Ergebniszeile werfen, werden Sie feststellen, dass alle Berechnungen über eine einzige Funktion abgewickelt werden. *TEILERGEBNIS()* bietet die Möglichkeit, anstelle anderer Funktionen aufzutreten. Diese beiden Formeln liefern das gleiche Ergebnis:

```
=SUMME(C2:C11)
=TEILERGEBNIS(109;[Lagermenge])
```

Im Unterschied zur *SUMME*-Funktion, die immer den in den Klammern angegebenen Bereich summiert, liefert *TEILERGEBNIS* die Summe des gefilterten Bereiches. Wenn Sie auf ein Pfeilsymbol in der Kopfzeile klicken und ein Filterkriterium wählen, zeigt die *TEILERGEBNIS*-Funktion die Berechnung für die sichtbaren Daten an, die dem Kriterium entsprechen.

Welche Berechnung *TEILERGEBNIS* ausführt, ist vom Zahlencode im ersten Argument abhängig. Dieser Code ist im Unterschied zu früheren Versionen dreistellig, damit werden ausgeblendete (gefilterte oder in unsichtbaren Gliederungsebenen untergebrachte) Werte ignoriert.

Funktion	Code
MITTELWERT	101
ANZAHL	103
ANZAHL (Zahlen)	102
MAXIMUM	104
MINIMUM	105
SUMME	109
STANDARDABWEICHUNG	107
VARIANZ	110

Tabelle 11.2 Die Funktionscodes für TEILERGEBNIS

Im zweiten Argument benutzt die Funktion TEILERGEBNIS() die Spaltenbezeichnung aus der Tabelle, was die Voraussetzung für eine dynamische Anpassung des Ergebnisses ist. Wird die Tabelle um eine Zeile erweitert oder reduziert, passt sich das Ergebnis automatisch an. Ein absoluter Zellbezug würde hier nicht passen:

```
=TEILERGEBNIS(109;[Lagermenge])
```

REFERENZ Sehen Sie sich die Erklärung zum Teilergebnis in der Hilfe an. In *Kapitel 7* ist die Funktion noch einmal im Zusammenhang mit dem gleichnamigen Befehl in der Gruppe *Gliederung* (Registerkarte *Daten*) beschrieben.

11.2.8 Strukturierte Verweise

Arbeiten Sie in Formeln mit Tabellen, sollten Sie nicht mit direkten Zellbezügen, sondern mit strukturierten Verweisen arbeiten. Ein strukturierter Verweis ist ein Bezug auf Tabellenelemente, er passt sich automatisch an, wenn sich die Tabelle ändert. Ein Beispiel aus der Praxis:

Die Tabelle enthält Umsätze pro Verkaufsberater und Provisionssätze. Die Formel in Spalte E berechnet automatisch die Provision, sie erweitert sich selbstständig, wenn neue Zeilen hinzukommen. Über die Tabellentools wurde der Tabelle eine Ergebniszeile und der Name *Umsatzprovision* zugewiesen.

E2 fx =[@Betrag]*[@Provision]

	A	B	C	D	E
1	Name	Region	Betrag	Provision	ProvisionBetrag
2	Sandmann	Nord	230	10%	23
3	Helfrich	Süd	420	10%	42
4	Gerhard	Ost	520	12%	62,4
5	Braunberger	West	150	15%	22,5
6	Lichtenfeld	Nord	620	15%	93
7	Jürgens	West	890	15%	133,5
8	**Ergebnis**		**2830**		**376,4**

Abbildung 11.14
Tabelle mit Umsätzen und Provisionen

CD-ROM Das Beispiel finden Sie auf der CD zum Buch unter *Tabellen strukturierte Verweise.xlsx*.

Neben dem Tabellennamen stellt die Tabelle noch weitere Elemente für die Formelschreibung zur Verfügung, die sich einfach ermitteln lassen. Starten Sie die Funktion, schreiben Sie die öffnende Klammer, und ziehen Sie die Markierung über den Bereich. Die Formel zeigt die strukturierten Verweise auf die Tabellenelemente an:

Summe Beträge:

`=SUMME(Umsatzprovision[Betrag])`

Summe Provisionsbeträge:

`=SUMME(Umsatzprovision[ProvisionBetrag])`

Anzahl Berater:

`=ANZAHL2(Umsatzprovision[Name])`

Summe Beträge Region Nord:

```
=SUMMEWENN(Umsatzprovision[Region];
"Nord";Umsatzprovision[Betrag])
```

11.2.9 Tabelle in Bereich konvertieren

Um die Tabelle wieder zurückzusetzen, wird sie in einen Bereich konvertiert.

1. Setzen Sie den Zellzeiger in die Tabelle, und wählen Sie *Tabellentools/Entwurf/Tools/In Bereich konvertieren*.

Eine Abfrage erscheint:

Möchten Sie die Tabelle in einen normalen Bereich konvertieren?

2. Bestätigen Sie mit Klick auf *Ja*, und die Tabelle wird konvertiert.

Damit wird die Tabelle entfernt, der Bereich steht ohne Tabellenelemente zur Verfügung, die Formatierung aus der Tabellenformatvorlage behält er bei. Kopfzeilen, die zuvor von der Tabellenautomatik erstellt wurden, bleiben im Bereich. Auch die Ergebnisse, die mittels *TEILERGEBNIS*-Funktion in der Ergebniszeile der Tabelle standen, werden übernommen. Die Funktion bleibt erhalten.

ACHTUNG Problematisch wird es, wenn Sie den mit Ergebnissen versehenen Bereich wieder in eine Tabelle umwandeln, die Ergebnisse dürfen nicht mehr in die Tabelle übernommen werden. Löschen Sie in diesem Fall die Formeln mit den *TEILERGEBNIS*-Funktionen, und berechnen Sie die Ergebnisse der Tabelle neu.

11.3 Sortieren von Listen

Tabellen und Listen werden sortiert, damit Daten besser analysierbar und auswertbar sind. Ob Artikelnummer oder Postleitzahl, Telefonvorwahl oder Bestellkennzeichen, in jeder Liste gibt es eindeutige Sortierkriterien. Excel bietet die Möglichkeit, mehrere Sortierebenen anzugeben, und kann neben Text, Zahl, Datum und Uhrzeit auch nach Zellmustern (Farbe) und Zellensymbolen sortieren.

Die Sortierfunktion gilt in erster Linie für Tabellen, kann aber auch auf Bereiche angewendet werden, die nicht als Tabelle ausgewiesen sind. Sie analysiert den Datenbereich rund um den Zellzeiger und wertet Texteinträge in der ersten Zeile, die sich von den folgenden Daten unterscheiden, als Kopfzeile.

11.3.1 Richtig markieren

Sortiert werden können Daten mit und ohne Kopfzeile, Text- und Zahlenwerte, Datums- und Zeiteinträge. In Tabellen oder in geschlossenen Bereichen genügt es, wenn der Zellzeiger im Bereich steht, ansonsten sollten Sie den Bereich komplett markieren, bevor Sie die Sortierung starten.

Wenn Sie mit Sortiersymbolen arbeiten, ist die Position des Zellzeigers entscheidend, er bestimmt, welche Spalte sortiert wird. Markieren Sie einen Bereich, steht der Zellzeiger immer links oben in der ersten Zelle. Mit einem kleinen Trick können Sie auch in markierten Bereichen gezielt eine Spalte zur Sortierspalte erklären:

1. Markieren Sie den Bereich mit [Strg]+[Umschalt]+[*].
2. Drücken Sie die [Tab]-Taste, um den Zellzeiger in die gewünschte Spalte zu setzen.

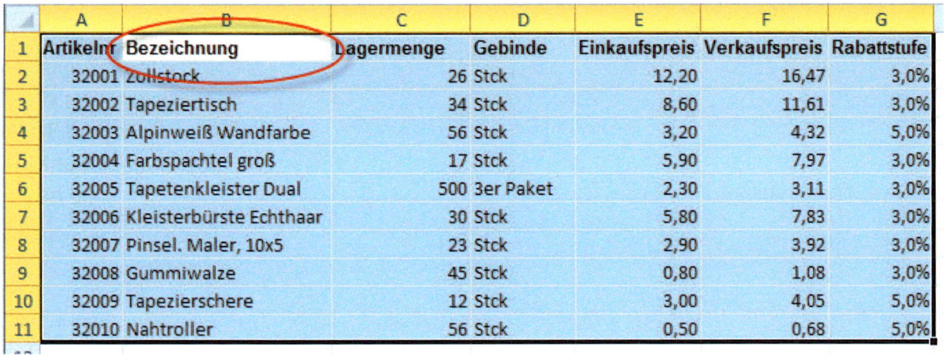

	A	B	C	D	E	F	G
1	Artikelnr	Bezeichnung	Lagermenge	Gebinde	Einkaufspreis	Verkaufspreis	Rabattstufe
2	32001	Zollstock	26	Stck	12,20	16,47	3,0%
3	32002	Tapeziertisch	34	Stck	8,60	11,61	3,0%
4	32003	Alpinweiß Wandfarbe	56	Stck	3,20	4,32	5,0%
5	32004	Farbspachtel groß	17	Stck	5,90	7,97	3,0%
6	32005	Tapetenkleister Dual	500	3er Paket	2,30	3,11	3,0%
7	32006	Kleisterbürste Echthaar	30	Stck	5,80	7,83	3,0%
8	32007	Pinsel. Maler, 10x5	23	Stck	2,90	3,92	3,0%
9	32008	Gummiwalze	45	Stck	0,80	1,08	3,0%
10	32009	Tapezierschere	12	Stck	3,00	4,05	5,0%
11	32010	Nahtroller	56	Stck	0,50	0,68	5,0%

Abbildung 11.15 Im markierten Bereich einfach den Zellzeiger verschieben

Markierte Spalten sortieren

Markieren Sie eine einzelne Spalte, wird diese ohne Rückfrage sortiert, wenn sie nicht Bestandteil einer Liste ist. Gehört die Spalte zu einer Tabelle, sind die Sortierfunktionen nicht anwählbar. Sie müssten die Tabelle in einen Bereich konvertieren (Tabellentools).

Beim Versuch, eine einzelne markierte Spalte eines Bereiches zu sortieren, erscheint eine Warnmeldung. Bestätigen Sie diese mit der ersten Option *Markierung erweitern*, wird die Markierung über den gesamten Bereich gezogen. Falls der Bereich eine erkennbare Kopfzeile hat, wird diese nicht mit markiert.

Schalten Sie auf *Mit bestehender Markierung fortfahren*, bevor Sie die Meldung mit *Sortieren* abschließen, wird nur die markierte Spalte sortiert. Und das ist in den meisten Fällen wie in der Abbildung falsch, denn damit wären anschließend alle Daten (hier Artikel) falsch.

11.3.2 Die Sortierreihenfolge

Nehmen wir an, eine Tabelle mit *Name*, *Vorname*, *PLZ*, *Wohnort* und *Telefon* als Feldnamen in der Kopfzeile wird sortiert. Um diese Datenbank nach Postleitzahlen zu ordnen, innerhalb der gleichen PLZ die Namen zu sortieren und, wenn gleiche Namen auftauchen, auch noch die Vornamen zu ordnen, wählen Sie als erstes Sortierfeld die PLZ-Spalte, als zweites die Namens- und als drittes die Vornamenspalte.

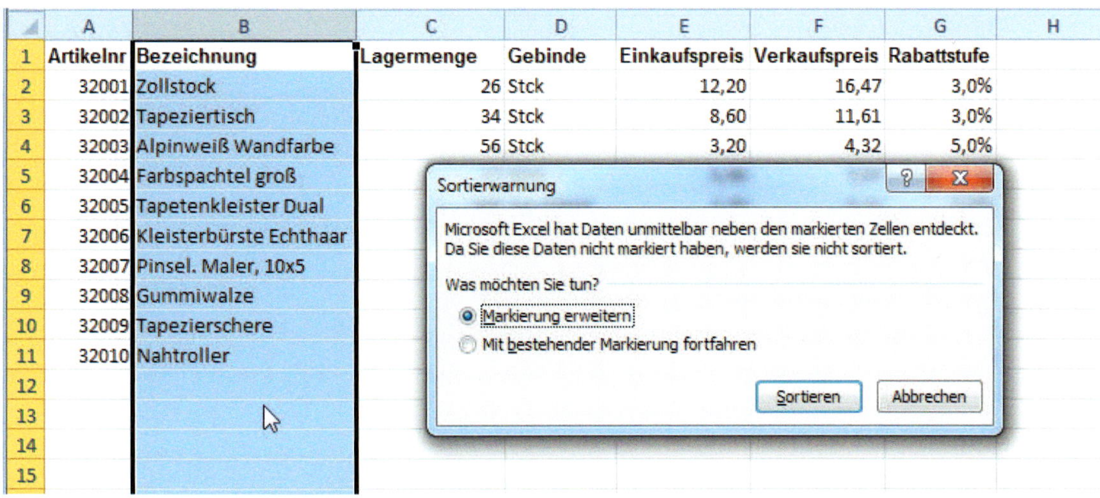

Abbildung 11.16 Vorsicht beim Markieren einzelner Spalten: Die Daten werden falsch sortiert.

Die Sortierreihenfolge der Daten, die Anordnung der Sonderzeichen und Buchstaben des Alphabets ist in der Windows-Ländereinstellung festgehalten und wird durch diese bestimmt, ist aber in den Grundzügen für alle Versionen bindend. Hier die Richtlinien für die aufsteigende Sortierung:

Sortierte Daten	Reihenfolge
Zahlen	Von der größten negativen zur größten positiven Zahl
Text	Wenn Zahlen in Textform stehen, gilt die Reihenfolge für Texte. Leerzeichen, !, » $ # % & ´( ) * + , - . / : ; < = > ? ^ _ ` | ~ § Gradzeichen 0 1 2 3 4 5 6 7 8 9 a ä b c d e f g h i j k l m n o ö p q r s ß t u v w x y z Groß- und Kleinschreibung werden gleich behandelt
Wahrheitswerte	WAHR vor FALSCH
Fehlerwerte	Gleich
Leerzellen	Immer an letzter Stelle

Tabelle 11.3 Richtlinien für die Sortierung

11.3.3 Sortieren über das Filtermenü

Ist der Bereich der Tabelle als Tabelle ausgewiesen oder mit einem *AutoFilter* belegt, finden Sie eine schnelle Sortierung in den Pfeilsymbolen in der Kopfzeile. Klicken Sie auf das Symbol der Spalte, die Sie sortieren wollen, und wählen Sie die Sortierart (aufsteigend oder absteigend). Mit *Nach Farbe sortieren* schalten Sie in den *Sortieren*-Dialog, hier können Sie auch die Zellfarbe als Basis für die Sortierung bestimmen (siehe *Kapitel 11.3.5*).

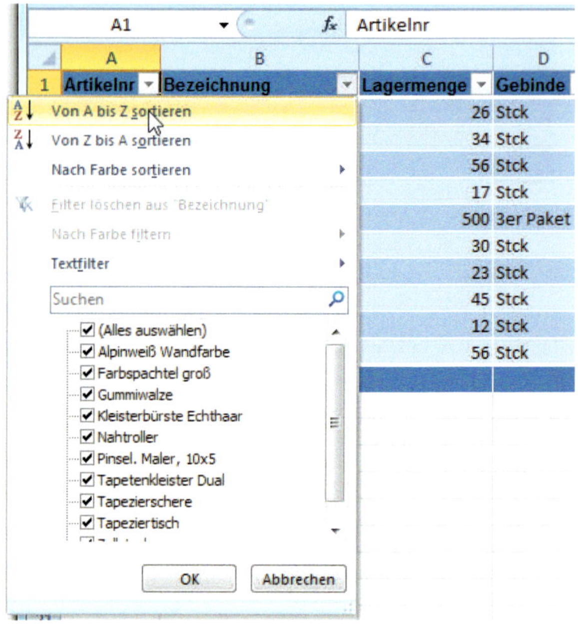

Abbildung 11.17 Die erste Spalte der Tabelle wird sortiert.

11.3.4 Sortieren mit Sortierbefehlen

Sortierbefehle und -symbole finden Sie in der Multifunktionsleiste auf zwei verschiedenen Registerkarten:

1. Setzen Sie den Zellzeiger in die zu sortierende Spalte.
2. Wählen Sie *Start/Bearbeiten/Sortieren und Filtern*.
3. Klicken Sie auf *Nach Grösse sortieren (aufsteigend)* für eine A-bis-Z-Sortierung.
4. Klicken Sie auf *Nach Grösse sortieren (absteigend)* für eine Z-bis-A-Sortierung.
5. Mit *Benutzerdefiniertes Sortieren* aktivieren Sie den Sortieren-Dialog, hier können Sie mit mehreren Sortierschlüsseln arbeiten.

Alternativ dazu können Sie auch *Daten/Sortieren und Filtern* aufrufen, hier finden Sie zusätzlich zum *Sortieren*-Symbol je ein Symbol für die beiden Sortierrichtungen.

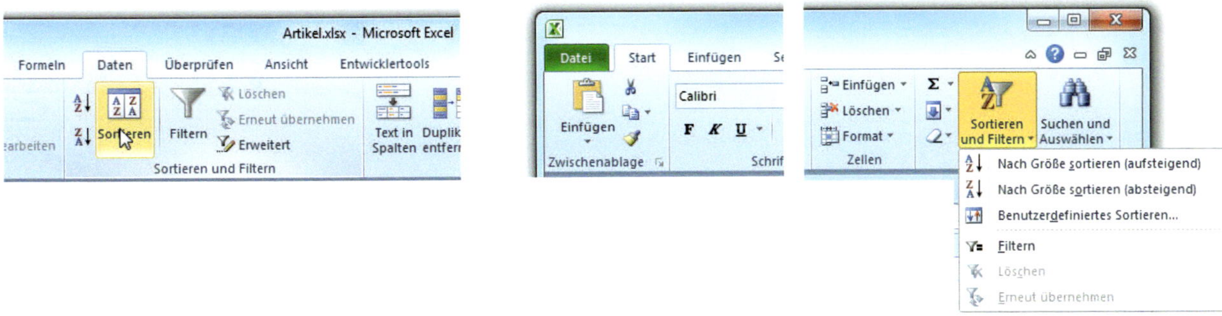

Abbildung 11.18 Sortieren über die Registerkarten Start und Daten

11.3.5 Sortieren mit Sortieren-Dialog

Der Nachteil der Schnellsortierung über ein Symbol ist, dass sie nur mit einem einzelnen Sortierschlüssel funktioniert. Die Mauszeigerposition entscheidet, welche Spalte sortiert wird. Sicherer und umfassender sortieren Sie über den *Sortieren*-Dialog, der für Tabellen und Bereiche gleichermaßen gilt:

1. Markieren Sie den zu sortierenden Bereich, oder setzen Sie den Zellzeiger in die Tabelle.
2. Wählen Sie *Daten/Sortieren und Filtern/Sortieren*.
3. Geben Sie die Spalte an, die den ersten Sortierschlüssel liefert, und bestimmen Sie die Richtung (*Aufsteigend* oder *Absteigend*). Unter *Sortieren nach* bestimmen Sie, ob nach Werten, Farben oder Symbolen sortiert wird (Symbole werden über die bedingte Formatierung zugewiesen).
4. Klicken Sie auf *Ebene hinzufügen*, und geben Sie einen weiteren Sortierschlüssel an, wenn Sie alle Zeilen, die nach dem ersten Schlüssel sortiert wurden, noch einmal sortieren wollen.
5. Eine dritte Ebene würde die nach dem zweiten Schlüssel sortierten identischen Zeilen noch einmal sortieren.
6. Klicken Sie auf *OK*, um die Tabelle oder den Bereich zu sortieren.

HINWEIS Achten Sie auf die Option *Daten haben Überschriften*. Erkennt die Sortierfunktion eine Kopfzeile, ist hier ein Häkchen gesetzt, und die erste Zeile wird nicht mitsortiert. Falls nicht, wird die erste Zeile einsortiert. Ändern Sie die Option, wenn die automatische Erkennung nicht funktioniert hat.

Wenn Sie eine Tabelle sortieren, gibt es keine Möglichkeit, die Überschrift mit in die Sortierung einzubeziehen, die Option ist in diesem Fall nicht aktiv.

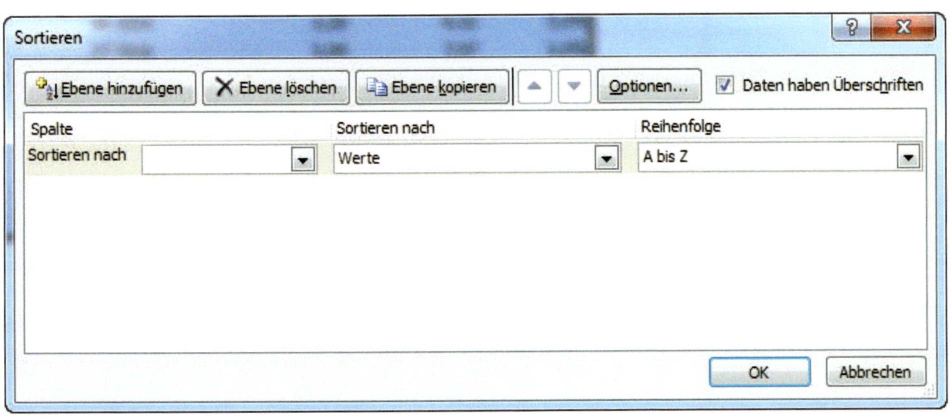

Abbildung 11.19 Der Sortieren-Dialog unter Daten/Sortieren

Mit den blauen Pfeilsymbolen verschieben Sie markierte Ebenen nach oben und nach unten, um die Reihenfolge der Sortierung zu ändern.

Optionen

Klicken Sie auf die Schaltfläche *Optionen* im *Sortieren*-Dialog, um weitere Optionen für die Sortierung abzurufen.

» *Gross-/Kleinschreibung beachten:* Diese Option wird angekreuzt, wenn bei gleichen Daten die Groß-/Kleinschreibung entscheiden soll. Mit angekreuzter Option werden bei aufsteigender Sortierung kleingeschriebene Wörter vor großgeschriebene sortiert.

» *Orientierung:* Schalten Sie auf *Spalten sortieren* um, wenn Sie den markierten Bereich nach Spalten sortieren wollen. Der *Sortieren*-Dialog schaltet auf *Zeilen* um, und Sie können die Zeileninhalte der ersten (oder mit Überschrift) einzelnen Spalten als Sortierschlüssel angeben.

11.4 Filtern

Teilmengen großer Auflistungen herzustellen und nach bestimmten Kriterien zu filtern, gehört zu den Standardaufgaben der Tabellenkalkulation. Bei den Dimensionen, die Excel-Tabellen annehmen können, ist eine gezielte Filterung besonders wichtig, um den Überblick zu behalten. Mit dem relativ einfachen AutoFilter und dem komplexeren Spezialfilter gelingt Ihnen auch in dieser Kategorie jedes Vorhaben.

Damit die Ergebnisse auch optimal ausfallen, sollten die zu filternden Bereiche den Kriterien für Tabellen entsprechen:

» Eine Kopfzeile mit Text, nicht mehrzeilig.

» In allen Spalten durchgehende Datentypen (entweder nur Text oder nur Zahl/Datum/Zeit).

11.4.1 Richtig markieren

Wie bei der Sortierung gilt auch für die Filterung von Daten: Die richtige Markierung ist Voraussetzung für eine korrekte Filterung. Auch der Fiiter unterscheidet zwischen Tabellen und einfachen Bereichen:

» Steht der Zellzeiger in einer Tabelle, wird der AutoFilter automatisch für alle Spalten aktiv, auch wenn nur eine oder einzelne Spalten markiert sind.

» Steht der Zellzeiger in einem Bereich, wird der AutoFilter für alle Spalten aktiv. Die erste Zeile wird als Kopfzeile genommen. Die Daten in der ersten Zeile benutzt der AutoFilter für die Filterbedingungen.

» Findet der AutoFilter eine Markierung vor, setzt er die Filterpfeile in die erste Zeile der Markierung. Das können auch einzelne Spalten sein, und der Bereich darf auch Leerzeilen enthalten.

11.4.2 AutoFilter setzen

Den AutoFilter finden Sie in zwei Registerkarten der Multifunktionsleiste.

1. Markieren Sie den Bereich, den Sie filtern wollen.
2. Wählen Sie *Start/Bearbeiten/Sortieren und Filtern/Filtern*, oder schalten Sie auf die Registerkarte *Daten* um, und klicken Sie auf *Filtern* in der Gruppe *Sortieren und Filtern*.
3. Klicken Sie auf einen der Pfeile in der Kopfzeile des Bereiches, und wählen Sie den Filter, den das Filtermenü anbietet. Im Filtermenü werden alle Einträge in der Spalte einmal angezeigt. Einzelne Einträge können Sie per Klick auf das Häkchen deaktivieren. Mit *Alle auswählen* sind wieder alle markiert.

HINWEIS Der AutoFilter steht automatisch zur Verfügung, wenn Sie einen Bereich in eine Tabelle verwandelt hatten. Die Filterpfeile werden sofort in der Kopfzeile sichtbar, wenn die Tabelle fertig ist, und Sie können gleich nach bestimmten Kriterien filtern.

Zusätzlich zu den Einzelfiltern wird noch ein benutzerdefinierter Filter angeboten. Der AutoFilter erkennt automatisch den Datentyp der jeweiligen Spalte und bietet entsprechend einen Textfilter, Zahlenfilter oder Datumsfilter an. Enthalten die Daten gemischte Datentypen, entscheidet die Häufigkeit über die Filterart. Enthält die Spalte mehr Texteinträge als Zahlen, wird ein Textfilter aktiv, bei mehr Zahlen ist es der Zahlenfilter. Kommen genauso viele Zahlen, Datums- oder Zeitwerte vor wie Textwerte, fällt die Entscheidung für den Textfilter.

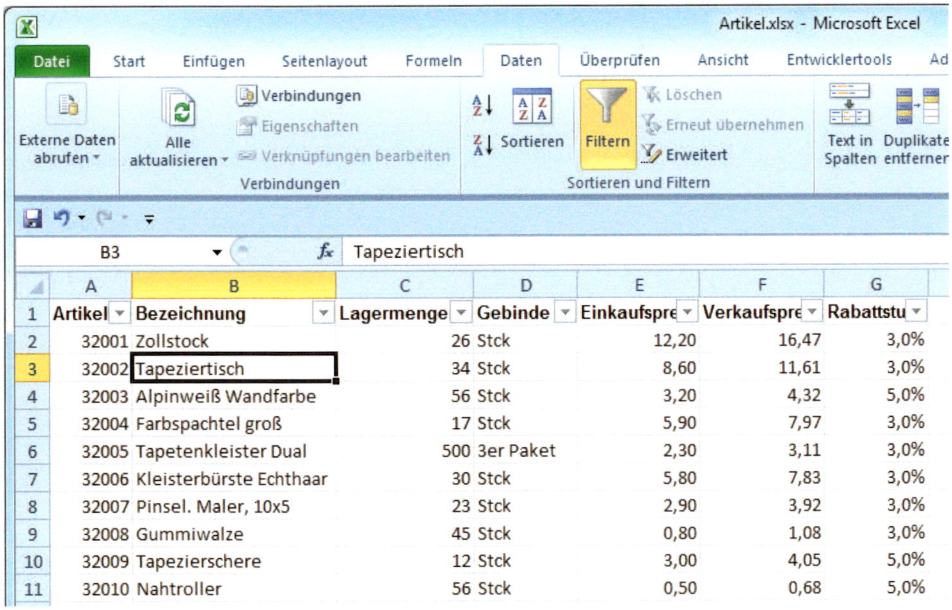

Abbildung 11.20 Der AutoFilter wird auf eine Liste oder eine Tabelle gesetzt.

Textfilter

In Spalten mit überwiegend Texteinträgen wird der Textfilter mit Bedingungen angeboten, die für Texte passen.

Ist gleich	*Ende mit*
Ist nicht gleich	*Enthält*
Beginnt mit	*Enthält nicht*

Tabelle 11.4 Bedingungen für Textfilter

Um einzelne Zeichen oder eine beliebige Zeichenkette im Textfilter als Bedingungswert zu definieren, verwenden Sie die Ersatzsymbole ? (Fragezeichen) und * (Stern):

- `Wald*` findet *Wald*, *Waldi* und *Waldhausen*, aber nicht *Ewald*.
- `W?ld` findet *Wald* und *Wild*, aber nicht *Waldemar*.

Zahlenfilter

Enthält eine Spalte mehr Zahlen als Text, bietet das Filtermenü einen Zahlenfilter mit diesen für Zahlen nützlichen Bedingungen an:

Ist gleich	*Kleiner oder gleich*
Ist nicht gleich	*Zwischen*
Grösser als	*Top 10*
Grösser oder gleich	*Über dem Durchschnitt*
Kleiner als	*Unter dem Durchschnitt*

Tabelle 11.5 Bedingungen für Zahlenfilter

Datumsfilter

Für Spalten, die ausschließlich oder überwiegend mit Datumswerten gefüllt sind, bietet der Datumsfilter nützliche Bedingungen an:

Ist gleich	*Gestern*
Vor	*Nächste Woche/Monat/Quartal/Jahr*
Nach	*Diese Woche/Monat/Quartal/Jahr*
Zwischen	*Letzte Woche/Monat/Quartal/Jahr*
Morgen	*Jahr bis zum aktuellen Datum*
Heute	*Alle Datumswerte im Zeitraum ...*

Tabelle 11.6 Bedingungen für Datumsfilter

Benutzerdefinierte Filter

Klicken Sie statt auf eine Bedingung auf *Benutzerdefinierter Filter*, erhalten Sie eine Dialogbox mit Bedingungsfeldern. Tragen Sie hier die Bedingungen und die Werte ein. Klicken Sie auf die Verknüpfungsart (*Und* oder *Oder*), und tragen Sie weitere Bedingungen ein. Achten Sie auf die Logik:

» Sind Bedingungen mit *Und* verknüpft, müssen alle richtig sein, damit der Filter die Daten findet.

» Sind Bedingungen mit *Oder* verknüpft, reicht es, wenn eine davon richtig ist, um die Datensätze zu finden.

Filter löschen

Klicken Sie im Filtermenü auf die Option *Filter löschen* oder unter *Daten/Sortieren und Filtern* auf *Löschen*, um das Filterkriterium zu entfernen. Die Datensätze werden wieder vollständig angezeigt, der AutoFilter bleibt eingeschaltet.

Filter erneut übernehmen

Dieser Befehl in der Gruppe *Sortieren und Filtern* der Registerkarte *Daten* bietet die Möglichkeit, einen Filter neu anzuwenden, wenn sich die Daten geändert haben. Haben Sie nämlich Datensätze gelöscht oder hinzugefügt oder wurden die Daten automatisch per ODBC-Abfrage aktualisiert, muss der Filter neu initialisiert werden.

11.4.3 Arbeiten mit Filtern

Der Filterpfeil wechselt sein Aussehen, wenn die Tabelle oder der Bereich entweder durch Ankreuzen einzelner Spaltenelemente oder durch Setzen eines benutzerdefinierten Filters gefiltert wurde. Die Zeilennummern der Zeilen, die vom AutoFilter selektiert wurden, sind blau gekennzeichnet. Die Zeilennummern der ausgefilterten Datensätze fehlen, denn der AutoFilter blendet diese Zeilen einfach aus.

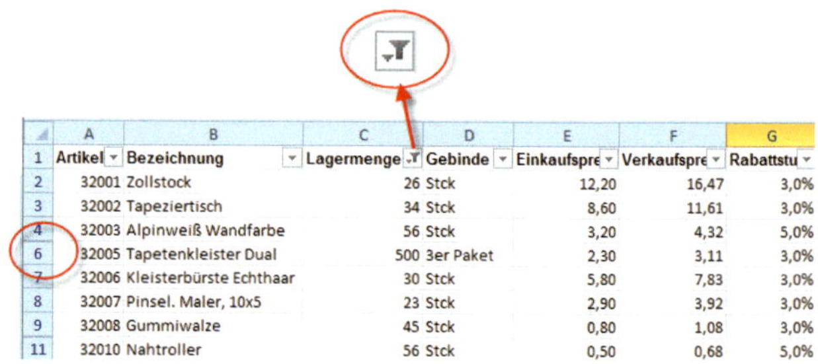

Abbildung 11.22 Filtersymbol und Zeilennummern zeigen, wo gefiltert wurde.

Leerzeilen filtern

Der AutoFilter bietet die Möglichkeit, alle leeren Zeilen aus der Tabelle herauszufiltern oder umgekehrt alle Zellen anzuzeigen, die nicht leer sind. Schalten Sie den AutoFilter ein, und klicken Sie auf den Pfeil neben dem Feldnamen:

1. Wählen Sie den Eintrag *(Leere)*, um alle Datensätze zu filtern, die in der jeweiligen Spalte keine Einträge haben.

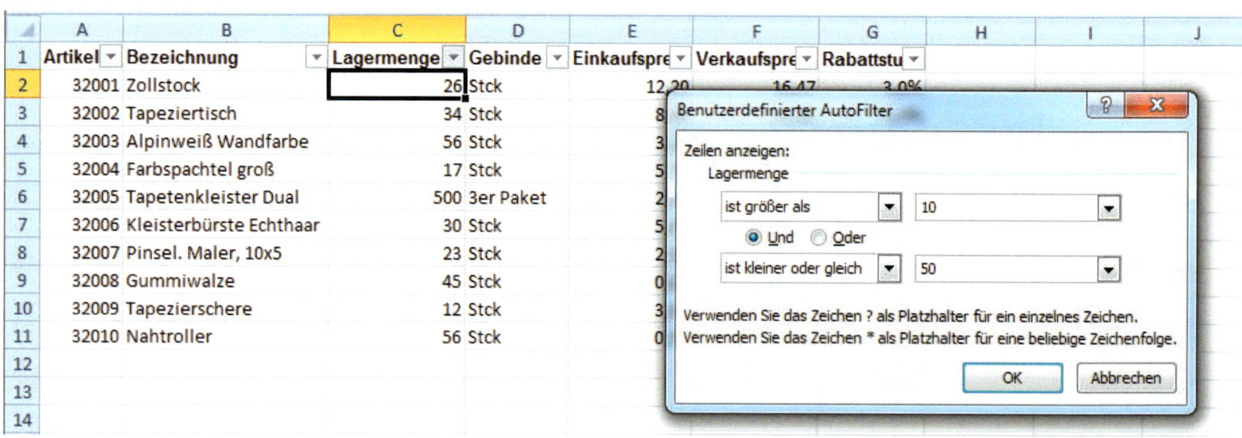

Abbildung 11.21 Der benutzerdefinierte Filter mit zwei Kriterien

2. Klicken Sie auf *(Nicht leere)*, um nur die Datensätze zu filtern, deren Felder in der Spalte, in der gefiltert wird, Daten enthalten.

AutoFilter für mehrere Felder

Der AutoFilter kann auch Kriterien aus mehreren Feldern bearbeiten. Um beispielsweise nur die Datensätze zu filtern, die im ersten Feld nicht leer sind und im zweiten Feld dem Eintrag des ersten Datensatzes entsprechen, markieren Sie zuerst die Filterliste des ersten Feldes und setzen den Filter *(Nicht leer)*. Öffnen Sie anschließend die Filterliste des zweiten Feldes, und markieren Sie den ersten Eintrag. Beide Felder signalisieren mit dem Filtersymbol, dass ihre Filter aktiv sind, und die Filter wirken additiv.

Um die Filteraktion wieder aufzuheben, müssen Sie jetzt natürlich auch wieder beide Filter ausschalten. Setzen Sie in beiden Filterlisten die Markierung auf *(Alle)*.

11.4.4 AutoFilter ausschalten

Der AutoFilter wird über die gleiche Menüaktion, mit der er eingeschaltet wird, auch wieder deaktiviert:

Wählen Sie *Daten/Sortieren und Filtern/Filtern*. Der Filter wird ausgeschaltet, alle zuvor gefilterten Zeilen werden wieder angezeigt.

11.5 Spezialfilter

Um Daten aus großen Tabellenbereichen herauszufiltern und in andere Bereiche oder Tabellenblätter zu kopieren, können Sie den AutoFilter und die Kopierfunktion benutzen. Mit einem Spezialwerkzeug automatisieren Sie diese Aufgabe: Der Spezialfilter kombiniert das Filtern und Kopieren, und mit etwas Vorbereitung schaffen Sie damit eine automatische Filter-Kopier-Station, in der Sie nur die Kriterien auswechseln müssen.

Tabelle oder Bereich

Voraussetzung ist, wie für alle Filteroperationen, auch für den Spezialfilter eine Tabelle oder ein Bereich, der in eine Tabelle umzuwandeln wäre. Im Unterschied zu einfacheren Operationen braucht der Spezialfilter aber in jedem Fall eine Kopfzeile, und in dieser darf kein Eintrag fehlen.

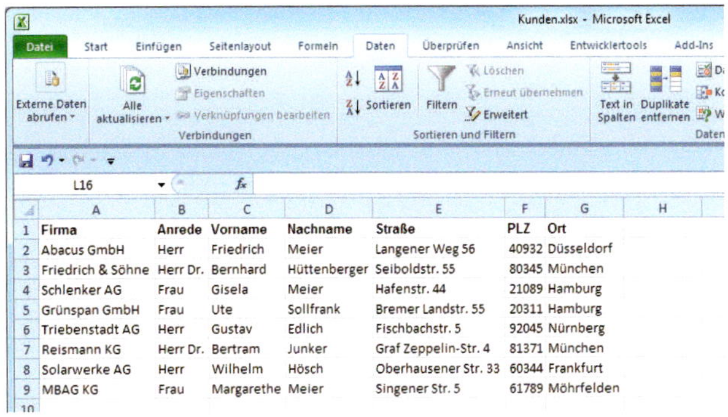

	A	B	C	D	E	F	G	H
1	Firma	Anrede	Vorname	Nachname	Straße	PLZ	Ort	
2	Abacus GmbH	Herr	Friedrich	Meier	Langener Weg 56	40932	Düsseldorf	
3	Friedrich & Söhne	Herr Dr.	Bernhard	Hüttenberger	Seiboldstr. 55	80345	München	
4	Schlenker AG	Frau	Gisela	Meier	Hafenstr. 44	21089	Hamburg	
5	Grünspan GmbH	Frau	Ute	Sollfrank	Bremer Landstr. 55	20311	Hamburg	
6	Triebenstadt AG	Herr	Gustav	Edlich	Fischbachstr. 5	92045	Nürnberg	
7	Reismann KG	Herr Dr.	Bertram	Junker	Graf Zeppelin-Str. 4	81371	München	
8	Solarwerke AG	Herr	Wilhelm	Hösch	Oberhausener Str. 33	60344	Frankfurt	
9	MBAG KG	Frau	Margarethe	Meier	Singener Str. 5	61789	Möhrfelden	
10								

Abbildung 11.23 Eine Kundentabelle mit Kopfzeile ist gut geeignet für den Spezialfilter.

Kriterienbereich gestalten

Für den Spezialfilter brauchen Sie zunächst einen Kriterienbereich, der sich aus mindestens zwei Zellen zusammensetzt. In der ersten Zelle steht ein Feldname aus der Tabelle, und die zweite Zelle erhält das Kriterium. Um aus der Kundendatenbank alle Kunden zu filtern, die in München wohnen, müsste der Kriterienbereich demnach so aussehen:

Ort	**< Feldname aus der Kopfzeile**
München	**< Filterkriterium**

Abbildung 11.24 Der Kriterienbereich

Achten Sie darauf, dass die erste Zeile dieses Bereiches identisch ist mit einem Eintrag der Kopfzeile Ihrer Tabelle. Kopieren Sie dazu am besten die Zelle in einen freien Bereich (hier J1:J2):

```
J1: Ort
J2: München
```

Zielbereich vorbereiten

Der Zielbereich ist der Bereich, in dem die gefilterten Daten vom Spezialfilter abgesetzt werden. Auch für ihn gelten strenge Regeln: Er darf ausschließlich Feldnamen aus der Kopfzeile der Tabelle enthalten – keine Leerzellen und keine anderen Text- oder Zahleneinträge.

Sie können die gesamte Kopfzeile oder nur Teile davon in diesen Zielbereich kopieren. Nach der Filterung wird der Zielbereich nur die Daten aus den Spalten enthalten, für die Sie die Kopfzeilenbeschriftung vorsehen. Auch die Reihenfolge der Spalten im Zielbereich ist frei wählbar.

Kopieren Sie die Kopfzeile aus der Kundentabelle, und setzen Sie die Kopie in diesem Bereich ab:

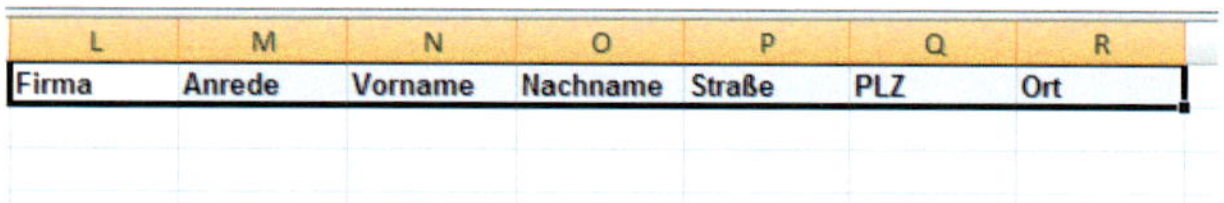

L	M	N	O	P	Q	R
Firma	Anrede	Vorname	Nachname	Straße	PLZ	Ort

Abbildung 11.25 Der Zielbereich für den Spezialfilter

Spezialfilter starten

1. Setzen Sie den Zellzeiger in die Tabelle oder in den Bereich, den Sie auswerten wollen.
2. Aktivieren Sie *Daten/Datentools/Sortieren und Filtern/Erweitert*.
3. Eine Dialogbox erscheint, entscheiden Sie, ob Sie die Daten in der Tabelle selbst filtern oder in den Zielbereich kopieren wollen.

» *Aktion:* Wählen Sie *Liste an gleicher Stelle filtern,* wenn Sie die Tabelle nur filtern, nicht kopieren wollen. Mit *An eine andere Stelle kopieren* wird die gefilterte Tabelle in den Ausgabebereich kopiert.

» *Listenbereich:* Hier wird der von Excel als Tabelle erkannte oder als Datenbank festgelegte Bereich angezeigt. Sollte der Bezug nicht stimmen, markieren Sie den Inhalt des Eingabefeldes und ziehen in der Tabelle im Hintergrund die Markierung über die Tabelle, die Sie filtern wollen.

ACHTUNG Die erste Zeile (Kopfzeile) nicht vergessen, ohne diese funktioniert der *Spezialfilter* nicht!

» *Kriterienbereich:* Markieren Sie den Inhalt dieses Feldes, und ziehen Sie die Markierung in der Tabelle im Hintergrund über die Zellen, die das Suchkriterium definieren. Der Bezug dieser Zellen wird damit automatisch in das Eingabefeld eingefügt.

» *Kopieren nach:* Dieses Feld lässt sich nur aktivieren, wenn die Option *An eine andere Stelle kopieren* aktiv ist. Setzen Sie den Cursor in das Feld, und klicken Sie im Hintergrund auf eine einzelne Zelle. Diese Zelle wird die linke obere Ecke des kopierten Bereiches sein. Besser ist ein Zielbereich, der eine Kopie der Feldnamen aus der Tabelle enthält, dieser muss hier angegeben werden.

Die Fehlermeldung *Zielbereich ist ungültig* erscheint, wenn der Zielbereich etwas anderes als Kopfzeileninhalt der Tabelle enthält.

» *Keine Duplikate:* Kreuzen Sie diese Option an, wenn Sie doppelte oder mehrfache Datensätze aus der Tabelle nur einmal im Zielbereich sehen wollen.

In unserer Kundentabelle enthalten die Felder für den Spezialfilter diese Bezüge:

» *Listenbereich:* `$A$1:$G$9`

» *Kriterienbereich:* `$J$1:$J$2`

» *Kopieren nach:* `$L$1:$R$1`

Wenn alle Eingabefelder korrekt ausgefüllt sind, wird der Filter mit Klick auf *OK* gestartet. Ist die erste Option *Liste an gleicher Stelle filtern* gesetzt, blendet der Filter die Datensätze aus, die nicht dem angegebenen Kriterium entsprechen, und wenn die zweite Option aktiv ist, werden die gefilterten Daten in den Zielbereich kopiert.

Tipps zum Spezialfilter

Die mit dem Spezialfilter ermittelten Datensätze lassen sich natürlich auch zwischen den Tabellenblättern einer Mappe verschieben und kopieren. So könnte beispielsweise der Kriterienbereich aus einem anderen Blatt stammen als die Tabelle, und der Ausgabebereich darf auch in der nächsten Tabelle stehen. Starten Sie den Spezialfilter aber immer vom Zielbereich aus.

Um beispielsweise die Daten von *Tabelle1* nach *Tabelle2* zu filtern, aktivieren Sie das Tabellenblatt 2 und wählen *Daten/Datentools/Sortieren und Filtern/Erweitert*. Klicken Sie in das Eingabefeld für die Tabelle, und wechseln Sie über das Register zu Blatt 1, wo die Tabelle markiert wird. Legen Sie das Kriterium fest, definieren Sie den Ausgabebereich auf Blatt 2, und starten Sie den Filter.

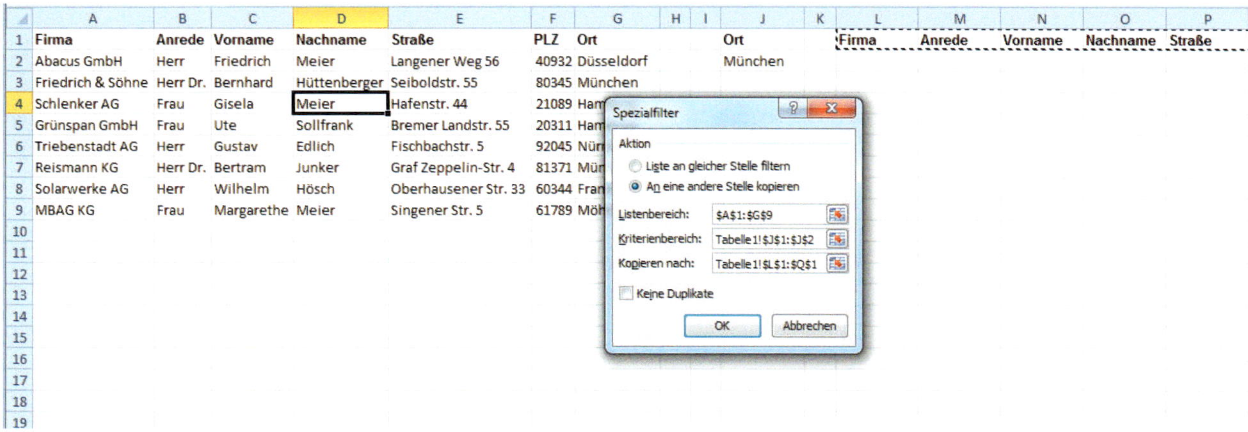

Abbildung 11.26 Der Spezialfilter kopiert die Datensätze in den Zielbereich.

Der Spezialfilter verwendet zur Zwischensicherung der beiden Bereiche (Kriterienbereich und Ausgabebereich) Namen, die unter *Formeln/Definierte Namen* mit dem *Namens-Manager* (oder einfach im Namensfeld links oben) kontrolliert werden können:

» *Suchkriterien*

» *Zielbereich*

Diese Namen werden u.a. benötigt, um die Kompatibilität mit Vorgängerversionen zu gewährleisten, bieten aber gleichzeitig die Möglichkeit, die beiden Bereiche flexibel anzulegen und für verschiedene Filtervorgänge zu wechseln.

11.5.1 Datenbankfunktionen

Mithilfe spezieller Funktionen für große Listen lassen sich Informationen aus und über einen Datenbestand in einer Tabelle noch gezielter ermitteln. Excel stellt insgesamt zwölf Auswertungsfunktionen speziell für Tabellen zur Verfügung, die Datenbankfunktionen. Der Name ist historisch begründet, er stammt aus der Zeit, als Excel noch keine Tabellenautomatik kannte und jeder auszuwertende Bereich mithilfe eines Bereichsnamens als Datenbank deklariert sein musste.

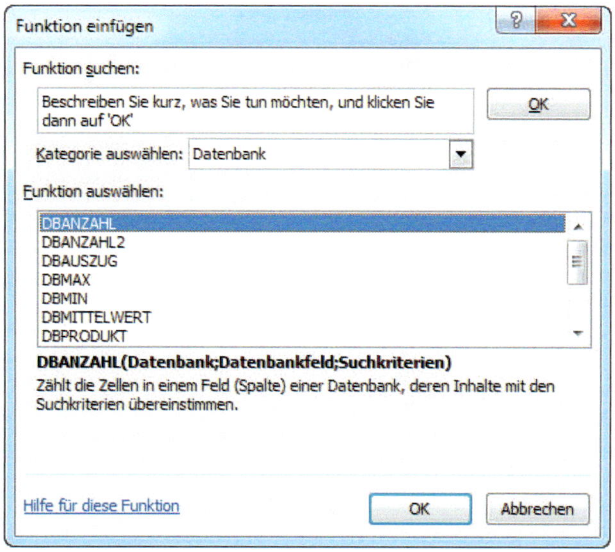

Abbildung 11.27 Datenbankfunktionen

Der Begriff Datenbank ist mit Tabelle gleichzusetzen. Eine Tabelle ist ein spezieller Bereich, der mit Tabellenformatvorlagen als solcher deklariert wird. Sehen Sie sich die Datenbankfunktionen von Excel an:

1. Wählen Sie *Formeln/Funktionsbibliothek/Funktion einfügen*, oder klicken Sie auf das Symbol links an der Bearbeitungsleiste.
2. Wechseln Sie zur Kategorie *Datenbank*. Hier sind alle Funktionen gelistet.

11.5.2 Der Funktionsaufbau

Alle Datenbankfunktionen sind nach folgendem Muster aufgebaut und benötigen drei Argumente:

```
DBFunktion(Datenbank;Datenbankfeld;Suchkriterien)
```

» *Datenbank:* Der Bereich der Tabelle, der auszuwerten ist. Das Argument kann einen Bezug oder einen Bereichsnamen erhalten, in der Praxis wird der Bereichsname *Datenbank* verwendet. Der Bereich muss eine Überschrift haben.

» *Datenbankfeld:* Das mit der Funktion berechnete Feld der Datenbank. Berechnet bzw. ermittelt werden alle Zeilen in der Spalte mit dem Feldnamen. Wenn das Feld nicht angegeben wird, bezieht sich das Ergebnis in den meisten Funktionen auf die gesamte Datenbank. Der Feldname muss als Textbezug immer in Anführungszeichen (»Feldname«) eingegeben werden, alternativ dazu ist auch die Feldnummer erlaubt (1, 2 ... n).

» *Suchkriterien:* Der Suchkriterienbereich, ebenfalls ein Bezug oder Bereichsname. Die Funktion schränkt die Auswahl der Datensätze auf die Zeilen ein, die den hier angegebenen Kriterien entsprechen.

In der Datenbankfunktion dürfen Namen, Felder und Bezüge verwendet werden. Achten Sie darauf, dass Bereichsnamen (Datenbank, Suchkriterien) grundsätzlich ohne Feldnamen, aber immer mit Anführungszeichen (»Name«, »Umsatz« etc.) anzugeben sind. Hier eine Übersicht über die Datenbankfunktionen:

Funktion	Beschreibung
DBANZAHL()	Gibt die Anzahl der Datensätze aus, die den Bedingungen aus dem Suchkriterienbereich entsprechen.
DBANZAHL2()	Ermittelt die nicht leeren Felder, die alle Bedingungen aus dem Suchkriterienbereich erfüllen. Ohne Feldangabe wird die Anzahl der Felder der Datenbank ausgegeben.
DBAUSZUG()	Wählt die Datensätze aus, die mit den Suchkriterien übereinstimmen.
DBMAX()	Ermittelt die größte Zahl in einem angegebenen Feld.
DBMIN()	Ermittelt die kleinste Zahl in einem angegebenen Feld.
DBMITTELWERT()	Bildet den Mittelwert aller Zahlen in einem Feld.
DBPRODUKT()	Multipliziert alle Werte in einem angegebenen Feld.
DBSTDABW()	Ermittelt die Standardabweichung (durch Schätzung) mit Werten aus einem angegebenen Feld.
DBSTDABWN()	Ermittelt die Standardabweichung (normal) mit Werten aus einem angegebenen Feld.
DBSUMME()	Summiert alle Werte in einem angegebenen Feld.
DBVARIANZ()	Ermittelt durch Schätzung einer Stichprobe die Varianz einer Grundgesamteinheit mit Werten aus einem angegebenen Feld.
DBVARIANZEN()	Ermittelt die Varianz einer Grundgesamteinheit mit Werten aus einem angegebenen Feld.

Tabelle 11.7 Übersicht Datenbankfunktionen

11.5.3 DB-Funktionen für statistische Auswertungen

Datenbankfunktionen kommen dann zum Einsatz, wenn die Auswertung der Datenbank nicht manuell, sondern automatisch, mit Neuberechnung bei jeder Änderung, erfolgen sollen.

Auswertung eines Fragebogens

Sie haben die Aufgabe, für Ihre Firma ein Potenzialprofil zu erstellen. Eine Teilaufgabe besteht darin, eine bereits durchgeführte Kundenumfrage auszuwerten. Die Kunden konnten darin den Service Ihres Unternehmens und die Preisgestaltung mit Noten von 1 bis 10 bewerten:

» 1 = Sehr schlecht

» 10 = Sehr gut

Um die Signifikanz der Bewertung prüfen zu können, wurde auch die Anzahl der Käufe im Auswertungszeitraum abgefragt. Das Ergebnis liegt in einer Tabelle vor, es wurden 90 Fragebogen ausgewertet.

CD-ROM Das Beispiel finden Sie auf der Buch-CD unter *Fragebogenauswertung.xls*.

1. Setzen Sie den Zellzeiger in den Bereich ab A5, und weisen Sie dem Bereich A5:C95 mit *Start/Formatvorlagen/Tabellenformatvorlage* eine Formatvorlage zu, um ihn als Tabelle auszuweisen.
2. Kontrollieren Sie im Namensfeld den Bereichsnamen, der damit angelegt wird. Der Bereich A6:C95 (die Tabelle ohne Überschrift) heißt *Tabelle1*.

Für einige Datenbankfunktionen können Sie zwar diesen Bereichsnamen verwenden, die meisten brauchen aber die Tabelle inklusive Überschrift, weil die Spaltenüberschriften (Feldnamen) in Suchkriterienbereichen wie Filter benutzt werden. Legen Sie einen zweiten Bereichsnamen *Datenbank* an, der die Überschrift der Tabelle mit einbezieht:

1. Markieren Sie den Bereich A5:C95 (die Tabelle1 mit der Überschrift).
2. Tragen Sie in das Namensfeld den Bereichsnamen *Datenbank* ein, und bestätigen Sie mit [Eingabe].

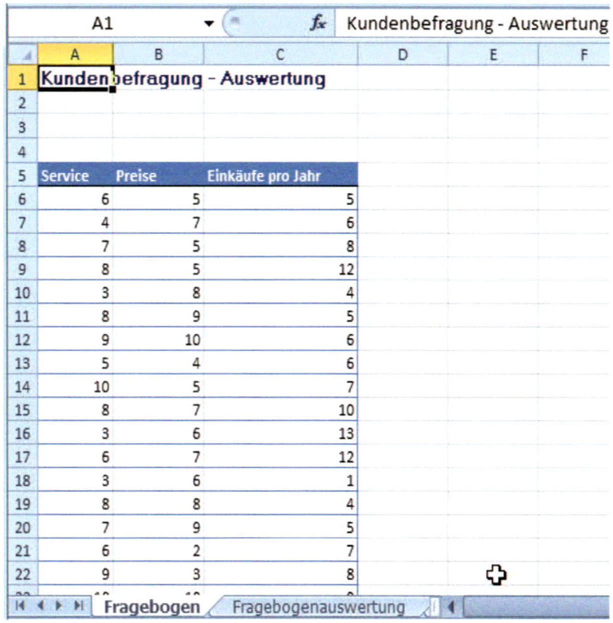

A1 | Kundenbefragung - Auswertung

Kundenbefragung - Auswertung

	Service	Preise	Einkäufe pro Jahr
6	6	5	5
7	4	7	6
8	7	5	8
9	8	5	12
10	3	8	4
11	8	9	5
12	9	10	6
13	5	4	6
14	10	5	7
15	8	7	10
16	3	6	13
17	6	7	12
18	3	6	1
19	8	8	4
20	7	9	5
21	6	2	7
22	9	3	8

Abbildung 11.28 Eine Auswertungstabelle für Datenbankfunktionen

Legen Sie jetzt neben der Tabelle einen Bereich für Auswertungen an. Beginnen Sie mit der Ermittlung der Maximal- und Minimalnoten, ermitteln Sie, welche höchsten und kleinsten Noten verteilt wurden:

```
F5: Service
G5: Preise
F6: =DBMAX(Datenbank;1;$G$1:$G$2)
G6: =DBMAX(Datenbank;2;$G$1:$G$2)
F7: Service
G7: Preise
F8: =DBMIN(Datenbank;1;$G$1:$G$2)
G8: =DBMIN(Datenbank;2;$G$1:$G$2)
```

Die Funktionen *DBMAX()* und *DBMIN* ermitteln die größten bzw. kleinsten Werte aus den jeweiligen Spalten. Das dritte Argument bezeichnet einen Suchkriterienbereich, da dieser aber keine Filterung enthalten muss, wird ein beliebiger (leerer) Bereich aus zwei Zellen angegeben (G1:G2).

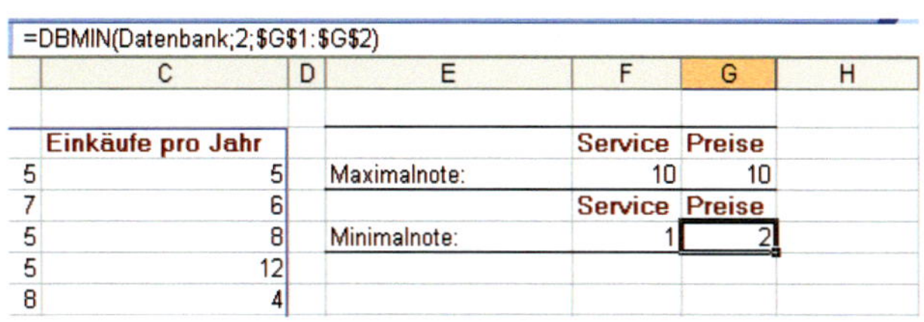

=DBMIN(Datenbank;2;$G$1:$G$2)

	C	E	F	G
	Einkäufe pro Jahr		Service	Preise
5	5	Maximalnote:	10	10
7	6		Service	Preise
5	8	Minimalnote:	1	2
5	12			
8	4			

Abbildung 11.29 Die ersten DB-Funktionen

Die beiden Bereiche können jetzt mit dem Feldnamen in der ersten Zeile und einem Kriterium in der zweiten Zeile als Suchkriterienbereich für die nächsten Formeln dienen. Ermitteln Sie, wie oft die höchste und niedrigste Note vergeben wurde:

```
E9: Die höchste Note gaben:
F9: =DBANZAHL(Datenbank;1;F5:F6)
G9: =DBANZAHL(Datenbank;1;G5:G6)
E10: Die niedrigste Note gaben:
F10: =DBANZAHL(Datenbank;1;F7:F8)
G10: =DBANZAHL(Datenbank;1;G7:G8)
```

TIPP Überprüfen Sie die Ergebnisse mithilfe der AutoFilter-Funktion.

Die Preissignifikanz wird aus der Summe der Sätze gebildet, in denen die Preise mit Note 7 oder höher und der Service mit weniger als 7 bewertet wurde. Sie gibt Antwort auf die Frage, ob die Preise einen signifikanten Einfluss auf die Einkäufe haben. Für die Ermittlung der Summe bilden Sie einen Suchkriterienbereich:

```
F12: Service
G12: Preise
F13: <=7
G13: >7
E14: Summe Einkäufe:
F14: =DBSUMME(Datenbank;2;F12:G13)
E15: Preissignifikanz:
F15: =F14/DBSUMME(Datenbank;3;$G$1:$G$2)
```

Das gleiche Verfahren folgt jetzt für die Servicesignifikanz, die logischen Operatoren im Suchbereich werden dazu umgedreht:

```
F17: Service
G17: Preise
F18: >7
G18: <=7
E19: Summe Einkäufe:
F19: =DBSUMME(Datenbank;3;F17:G18)
E20: Servicesignifikanz:
F20: =F19/DBSUMME(Datenbank;3;$G$1:$G$2)
```

Für die nächsten Auswertungen brauchen Sie wieder andere Suchkriterien, nämlich einmal die Abfrage nach Werten, die größer als 7 (zufriedene Kunden) und die kleiner als 7 sind (unzufriedene Kunden). Erstellen Sie je eine *DBSUMME*, und ermitteln Sie, wie oft zufriedene und unzufriedene Kunden einkaufen:

E	F	G	H
	Service	Preise	
	10	10	
	Service	Preise	
	1	2	
Die höchste Note gaben:	12	9	
Die niedrigste Note gaben:	6	3	
	Service	Preise	
	<=7	>7	
Summe Einkäufe:	66		
Preissignifikanz:	10,84%		
	Service	Preise	
	>7	<=7	
Summe Einkäufe:	129		
Servicesignifikanz:	21,18%		
	Service	Preise	
	>7	>7	
Summe Einkäufe:	99		
∅ Einkäufe zufriedener Kunden:	5,50		
	Service	Preise	
	<7	<7	
Summe Einkäufe:	150		
∅ Einkäufe unzufriedener Kunden:	5,56		

Abbildung 11.30 Summe und Durchschnitt

```
F22: Service
G22: Preise
F23: >7
G23: >7
F24: =DBSUMME(Datenbank;3;F22:G23)
F25: =DBMITTELWERT(Datenbank;3;F22:G23)
F27: Service
G27: Preise
F28: <7
G28: <7
F29: =DBSUMME(Datenbank;3;F27:G28)
F30: =DBMITTELWERT(Datenbank;3;F27:G28)
```

Bei der Standardabweichung werden die Abweichungen der einzelnen Merkmalswerte vom arithmetischen Mittelwert berechnet, wobei die Streuung der Ergebnisse um diesen Mittelwert aufgezeigt wird. Der prozentuale Wert der Standardabweichung in Bezug auf den Mittelwert wird Variationskoeffizient genannt. Er gibt ein von der Größe unabhängiges relatives Streumaß wieder. Das Management kann an der Standardabweichung und dem Variationskoeffizienten ablesen, ob verkaufstechnische Maßnahmen getroffen werden müssen.

Ermitteln Sie die Standardabweichungen für die beiden Käufergruppen:

```
F32: =DBSTDABW(Datenbank;3;F22:G23)
F33: =DBSTDABW(Datenbank;3;F27:G28)
```

11.6 Die VBA-Ecke

Tabellen, Masken, Datenbanken - entscheidend ist die richtige Markierung. Das Schlüsselobjekt ist `Selection`, eigentlich eine Eigenschaft. Bringen Sie `Selection` auf den Teil der Tabelle, den Sie zur Tabelle oder Datenbank erklären wollen, der Rest ist Routine.

CD-ROM Beispiele finden Sie auf der Buch-CD unter *Adressen.xlsm* und *Benzinkosten.xlsm*.

11.6.1 Tabellen erstellen und markieren

Für die Programmierung mit Tabellen hat die VBA-Bibliothek ein eigenes Objekt. `ListObjects` ist eine Auflistung, die alle Tabellen im aktiven Objekt enthält:

`ActiveSheet.ListObjects.count`	Zählt die Tabellen im aktiven Tabellenblatt
`ActiveSheet.ListObjects(1).Name`	Der Name der ersten Tabelle (*Tabelle1*)
`ActiveSheet.ListObjects(1).add`	Tabelle hinzufügen

Tabelle 11.8 Das Objekt ListObjects

Das erste Makro markiert bis zur letzten beschrifteten Zelle in Bereichen, in denen auch Leerzeilen vorkommen können, und erstellt eine Tabelle. Das zweite Makro löscht alle Bereiche.

```
Sub ListeNeu()
 Dim lastR, LastC
 ' Zuerst werden alle Tabellen gelöscht
 Call ListKiller
 ' Dann wird der Datenbereich ab A6 markiert
 [a6].CurrentRegion.Select
 ' Jetzt wird die Tabelle aus der Markierung er-
stellt
 ActiveSheet.ListObjects.Add(xlSrcRange, Selection,
, xlYes).Name = _
       "Liste1"
 ' Zuletzt wird der Zellzeiger in die Zelle A6 ge-
setzt
 [a6].Select

End Sub
```

Listing 11.1 Das Makro erstellt eine neue Tabelle.

```
Sub ListKiller()
 Dim xliste As ListObject
 For Each xliste In ActiveSheet.ListObjects
   ' Tabellenformat wird gelöscht
   xliste.TableStyle = ""
   ' Tabelle wird in einen Bereich konvertiert
   xliste.Unlist
 Next xliste
End Sub
```

Listing 11.2 Das Makro löscht alle Tabellen in der aktiven Tabelle.

Kapitel 12

PivotTable-Berichte

Den PivotTable-Bericht als Krönung der Auswertungstechniken für Tabellen und Datenbanken zu bezeichnen, ist nicht übertrieben. PivotTable-Berichte, Nachfolger der früheren Kreuztabellen, sind die schnellsten und flexibelsten Werkzeuge für die Auswertung großer Datenmengen. Der PivotTable-Bericht komprimiert lange Listen, errechnet aus diesen Eckdaten (Summe, Anzahl, statistische Werte) und bietet ein einfaches Analysetool, in dem Zeilen und Spalten mit dem Mauszeiger vertauscht werden. Damit ist er das ideale Werkzeug für die Auswertung von Umsatztabellen, Verkaufszahlen, Personendaten, Bestelltabellen, Controlling-Kennzahlen und viele andere Anwendungsgebiete.

12.1 Der Begriff

Woher kommt der Ausdruck »Pivot«? Im Gegensatz zu den meisten Fachbegriffen der IT-Welt stammt das Fremdwort nicht aus dem US-amerikanischen Sprachraum, sondern aus dem Französischen: *Pivoter* heißt *drehen*.

- Der *Pivot* ist der Dreh- und Angelpunkt auf Geschützlafetten.
- Der Duden führt als Erklärung: *Schwenkzapfen an Drehkränen*.
- In der Sprache der Börsianer sind *Pivot-Points* Anhaltspunkte für die Schwankungsbreite des Marktes.

Das alles hat zwar wenig mit der Pivot-Tabelle von Excel zu tun, deutet aber auf die grundlegende Technik hin: Ein Objekt wird um einen Punkt gedreht und erfährt damit eine andere Position oder Ansicht.

Was ist ein PivotTable-Bericht?

Analysieren wir die Programmfunktionen von Excel, so lassen sich zwei grundlegende Kategorien bilden:

- **Erfassung und Formatierung**
  Dazu gehören alle Aktionen, die Texte, Zahlen, Formeln und Funktionen in Tabellenblättern produzieren, sowie die Layout- und Druckfunktionen. Das Umwandeln eines Bereiches in eine Tabelle ist eine Formatierungsfunktion, mit der Ergebniszeile liefert diese aber bereits eine erste Auswertung.
- **Auswertung**
  Unter diese Kategorie fallen die Techniken, die aus einer Basistabelle eine neue Ansicht erstellen. Die mit einer Auswertung gewonnenen Ansichten verändern oder formatieren keine Daten, sondern fassen diese zusammen und werten sie aus.

Das Schaubild verdeutlicht die Funktionen, die zur Kategorie Auswertung gehören. Der PivotTable-Bericht ist ähnlich wie das Werkzeug *Teilergebnis* ein Auswertungstool, das Zeilen- und Spaltenberechnungen einfügt.

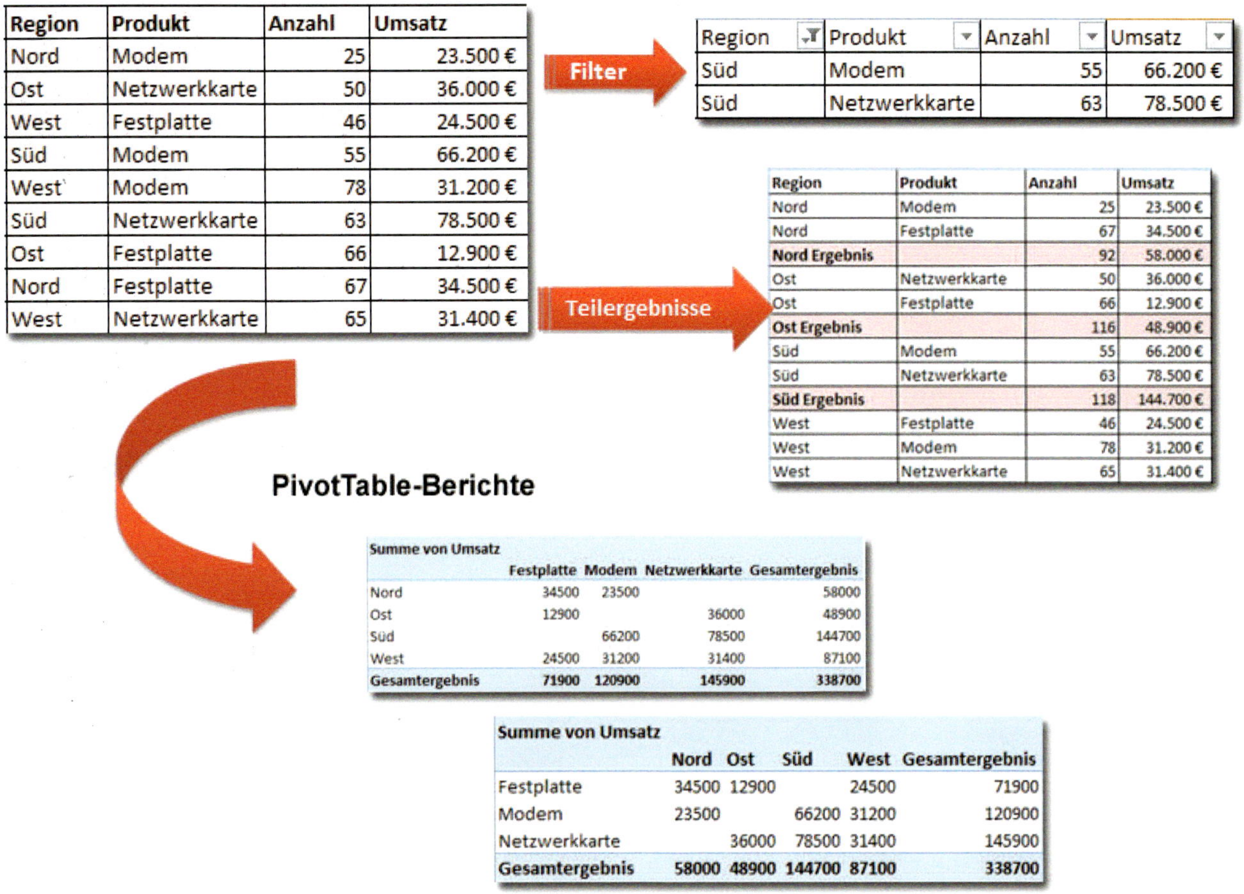

Region	Produkt	Anzahl	Umsatz
Nord	Modem	25	23.500 €
Ost	Netzwerkkarte	50	36.000 €
West	Festplatte	46	24.500 €
Süd	Modem	55	66.200 €
West	Modem	78	31.200 €
Süd	Netzwerkkarte	63	78.500 €
Ost	Festplatte	66	12.900 €
Nord	Festplatte	67	34.500 €
West	Netzwerkkarte	65	31.400 €

Region	Produkt	Anzahl	Umsatz
Süd	Modem	55	66.200 €
Süd	Netzwerkkarte	63	78.500 €

Region	Produkt	Anzahl	Umsatz
Nord	Modem	25	23.500 €
Nord	Festplatte	67	34.500 €
Nord Ergebnis		**92**	**58.000 €**
Ost	Netzwerkkarte	50	36.000 €
Ost	Festplatte	66	12.900 €
Ost Ergebnis		**116**	**48.900 €**
Süd	Modem	55	66.200 €
Süd	Netzwerkkarte	63	78.500 €
Süd Ergebnis		**118**	**144.700 €**
West	Festplatte	46	24.500 €
West	Modem	78	31.200 €
West	Netzwerkkarte	65	31.400 €

Summe von Umsatz	Festplatte	Modem	Netzwerkkarte	Gesamtergebnis
Nord	34500	23500		58000
Ost	12900		36000	48900
Süd		66200	78500	144700
West	24500	31200	31400	87100
Gesamtergebnis	**71900**	**120900**	**145900**	**338700**

Summe von Umsatz	Nord	Ost	Süd	West	Gesamtergebnis
Festplatte	34500	12900		24500	71900
Modem	23500		66200	31200	120900
Netzwerkkarte		36000	78500	31400	145900
Gesamtergebnis	**58000**	**48900**	**144700**	**87100**	**338700**

Abbildung 12.1 Das Pivot-Prinzip im Zusammenhang mit anderen Auswertungstechniken für Tabellen

12.1.1 Voraussetzungen für PivotTable-Berichte

Erste Voraussetzung für einen Pivot-Bericht ist eine Liste oder eine Tabelle. Diese sollte keine Zusammenfassungen, Zwischenergebnisse oder Gesamtsummen enthalten. Diese Voraussetzungen müssen erfüllt sein, damit ein Tabellenbereich Basisdaten für einen PivotTable-Bericht liefern kann:

- Listen und Tabellen beginnen mit einer Kopfzeile. Diese enthält die Beschreibung der einzelnen Felder (Spalten). Diese Feldnamen sind einzeilig und enthalten keine Leerzeichen oder spezielle Sonderzeichen.
- Der Bereich ist als Tabelle deklariert (*siehe Kapitel 11: Listen, Tabellen, Datenbanken*) oder als Tabelle angelegt. Am unteren Ende der Tabelle schließt eine Leerzeile an, die Tabelle grenzt links und rechts nicht an weitere Daten an. Nach der Kopfzeile darf keine Leerzeile folgen.
- Die Daten sind in den einzelnen Spalten eindeutig, d.h. vom gleichen Datentyp. Eine Datumsspalte enthält nur Datumswerte, eine Spalte mit Zahlen darf bis zum Tabellenende weder Texte noch andere Inhalte aufweisen.

Diese Grundsätze gelten auch für Sortierung und Filterung der Daten, sind hier aber nicht zwingend. Teilergebnisse und PivotTable-Berichte funktionieren nicht, wenn eine dieser Regeln verletzt wird (besonders die der einheitlichen Daten pro Spalte).

Nicht auswertbare Tabellen

Selbst wenn alle Voraussetzungen erfüllt sind, ist noch immer nicht sichergestellt, dass sich die Tabelle für einen PivotTable-Bericht eignet. Tabellen, die eindeutige Datensätze enthalten, bieten wenige Kriterien zur Zusammenfassung. Hier ein Beispiel: Die Umsatztabelle listet monatliche Zahlen, kein Datensatz bietet in einem der Felder identische Inhalte. Aus dieser Tabelle lässt sich nichts zusammenfassen:

	A	B	C	D	E
1	Monat	Kostenstelle 1	Kostenstelle 2	Kostenstelle 3	Summe
2	Januar	179	196	159	534
3	Februar	149	153	158	460
4	März	169	196	134	499
5	April	106	118	107	331
6	Mai	111	193	131	435
7	Juni	106	143	116	365
8	Juli	152	131	171	454
9	August	173	181	115	469
10	September	164	184	136	484
11	Oktober	128	175	102	405
12	November	148	179	148	475
13	Dezember	118	190	144	452

Abbildung 12.2 Diese Tabelle ist für Pivot-Berichte nicht geeignet.

Auswertbare Tabellen

Wenn Sie eine Tabelle auf ihre Pivot-Tauglichkeit überprüfen, versuchen Sie, diese einfach einmal zu filtern. Finden Sie Filterkriterien, d.h. Zellinhalte, die mehrfach in einer Spalte vorkommen (idealerweise in mehreren Spalten), dann kann die Tabelle auch als Pivot-Bericht ausgegeben werden. Hier die Kostenstellenauswertung in einer Form, die für PivotTable-Berichte geeignet ist:

	A	B	C
1	Monat	Kostenstelle	Betrag
2	Januar	KS-10	230
3	Februar	KS-20	520
4	März	KS-30	620
5	Januar	KS-10	520
6	Februar	KS-20	850
7	März	KS-30	620
8	Januar	KS-10	420
9	Februar	KS-20	150
10	März	KS-30	630
11	Januar	KS-10	850
12	Februar	KS-20	640
13	März	KS-30	500

Abbildung 12.3 So ist die Tabelle für Pivot-Berichte geeignet.

Ideale Datenquellen enthalten keine Vorauswertungen wie Summen oder statistische Größen (z.B. Mittelwerte). Je mehr Spalten die Tabelle bietet, desto aufschlussreicher lassen sich die PivotTable-Berichte gestalten, die immer parallel zu den Originaldaten entstehen: Aus diesem Grund sollten Sie die Tabelle mit allen Informationen versehen, die verfügbar sind.

TIPP Importieren Sie die Daten am besten aus Datenbanken (Access, SQL-Server, Oracle, SAP). Stellen Sie die verknüpften Felder über Abfragen zusammen, und binden Sie die Tabellen über dynamische Abfragen ein (*siehe Kapitel 15*).

Filter und Teilergebnisse

Listen oder Tabellen dürfen keine Zwischensummen enthalten, die mit *Daten/Gliederung/Teilergebnis* eingefügt wurden. Aktivieren Sie diesen Befehl, und klicken Sie auf *Alle löschen*, um alle Teilergebnisse zu entfernen.

Entfernen Sie auch den AutoFilter aus der Liste, bevor Sie für diese eine PivotTable oder ein PivotChart anlegen. Tabellen enthalten automatisch Filterpfeile, diese müssen Sie nicht ausschalten.

12.1.2 Der PivotTable-Assistent

Wo ist der Assistent geblieben, der in den Vorgängerversion bis 2003 noch den Anwender sicher durch den Prozess der PivotTable-Erstellung geführt hatte? Ab Excel 2007 gibt es keinen Assistenten mehr, der PivotTable-Bereich wird sofort im angegebenen Bereich oder in einem neuen Arbeitsblatt erstellt.

Der Assistent existiert aber noch, wenn auch in einer »abgespeckten« Version ohne Layout. Der kürzeste Weg zum Aufruf ist die Tastenkombination:

Drücken Sie [Alt]+[n]+[p].

Wenn Sie den Assistenten häufiger brauchen, fügen Sie ein Symbol in das Menüband oder in die Symbolleiste für den Schnellzugriff ein:

1. Klicken Sie mit der rechten Maustaste in die Symbolleiste für den Schnellzugriff, und wählen Sie *Symbolleiste für den Schnellzugriff anpassen*.

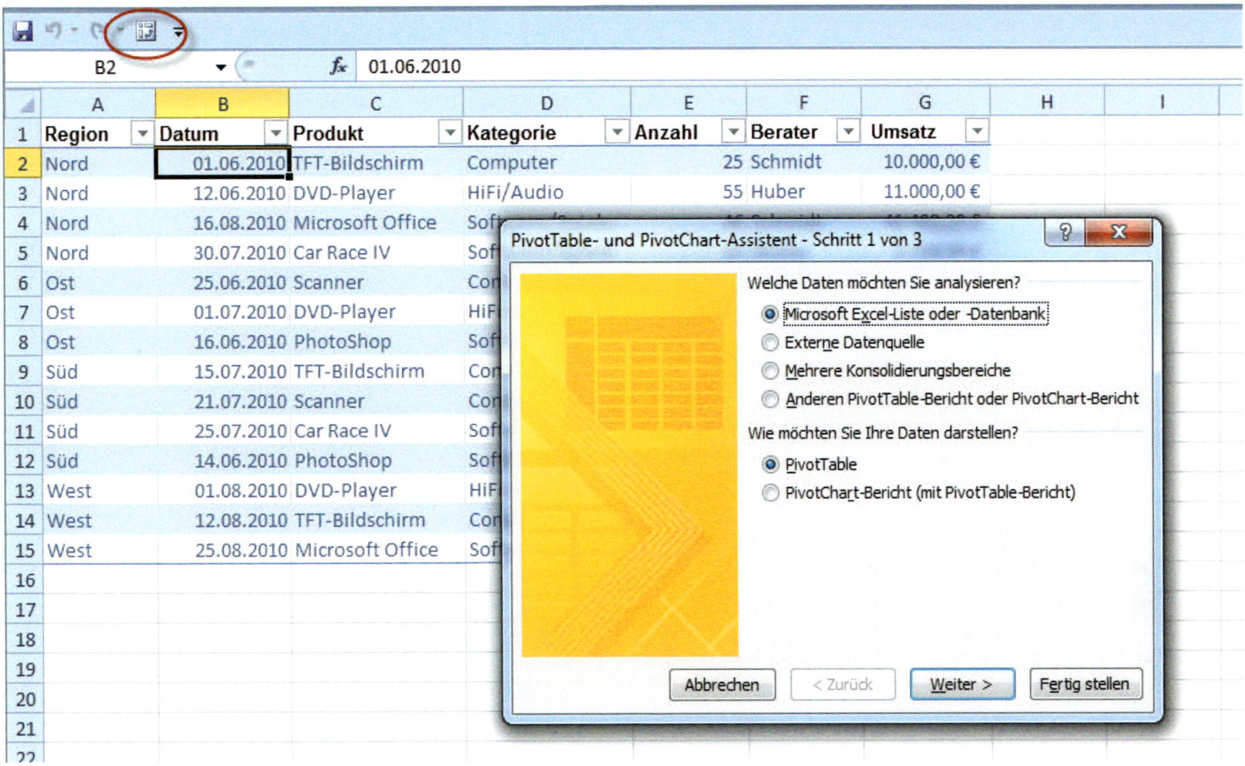

Abbildung 12.4 Der Pivot-Assistent steht als Symbol zur Verfügung.

2. Schalten Sie in der Befehlsauswahl auf die Kategorie *Befehle nicht im Menüband*.
3. Suchen Sie den Eintrag *PivotTable- und PivotChart-Assistent*. Klicken Sie auf *Hinzufügen*, um ihn in die Symbolleiste einzufügen. Schließen Sie die Anpassung wieder.
4. Ein Klick auf das Symbol aktiviert den Assistenten. Wählen Sie die Art der Analyse, und entscheiden Sie, ob Sie eine PivotTable oder ein PivotChart erstellen wollen.
5. Im nächsten Schritt bestimmen Sie den Bereich. Steht der Zellzeiger in einer Liste oder in einer Tabelle, wird diese im Hintergrund markiert und vorgeschlagen. Tabellen erkennt der Pivot-Assistent allerdings nicht, Sie können aber den Namen der Tabelle eintragen.
6. Entscheiden Sie im nächsten Schritt, wo die PivotTable oder das PivotChart erstellt werden soll. Klicken Sie auf *Fertig stellen*.

Die PivotTable oder das PivotChart wird produziert. Wenn Sie mit dem Zellzeiger im Pivot-Layout den Assistenten erneut aktivieren, können Sie alle Schritte wiederholen.

HINWEIS Den Zwischenschritt mit dem nützlichen Pivot-Layout, in dem die Feldnamen per Maus angeordnet wurden, gibt es leider nicht mehr.

Der »alte« PivotTable-Assistent bietet übrigens eine Funktion, die Excel ab Version 2007 nicht mehr unterstützt: Mit *Mehrere Konsolidierungsbereiche* werden unterschiedliche Tabellenbereiche zu einer PivotTable zusammengefasst (siehe Kapitel 12.10).

12.1.3 Klassisches PivotLayout

Auch das werden Umsteiger vermissen: Bis Version 2003 konnten Felder einfach mit gedrückter Maustaste aus der Feldliste in das Pivot-Layout gezogen werden, auch das geht nicht mehr ab Version 2007. Außer - Sie schalten das klassische PivotLayout ein:

1. Klicken Sie mit der rechten Maustaste in das PivotTable-Layout, und wählen Sie *PivotTable-Optionen*.
2. Schalten Sie im Register *Anzeige* das *Klassische PivotTable-Layout* ein.

Wie die Option verrät, ermöglicht diese Option das Ziehen der Feldnamen in das Raster des PivotTable-Layouts. Das Layout erhält dazu blaue Randlinien und Beschriftungen der einzelnen Felder.

Leider gibt es keine Möglichkeit, dieses Layout permanent einzurichten, sodass es für alle neuen PivotTables automatisch erscheint, zumindest keine optimale.

Stellen Sie unter *Datei/Optionen/Speichern* den Standard-Dateityp für Arbeitsmappen auf *Excel 97-2003 Arbeitsmappen (*.xls)*. Schließen Sie Excel, und starten Sie das Programm wieder. Neue Mappen werden jetzt automatisch im Kompatibilitätsmodus geöffnet, das PivotTable-Layout ist automatisch klassisch. Aber - die Tabellenblätter haben nur 65.536 Zeilen und 256 Spalten und müssen, um alle neuen Funktionen zu unterstützen, vor dem Speichern konvertiert werden.

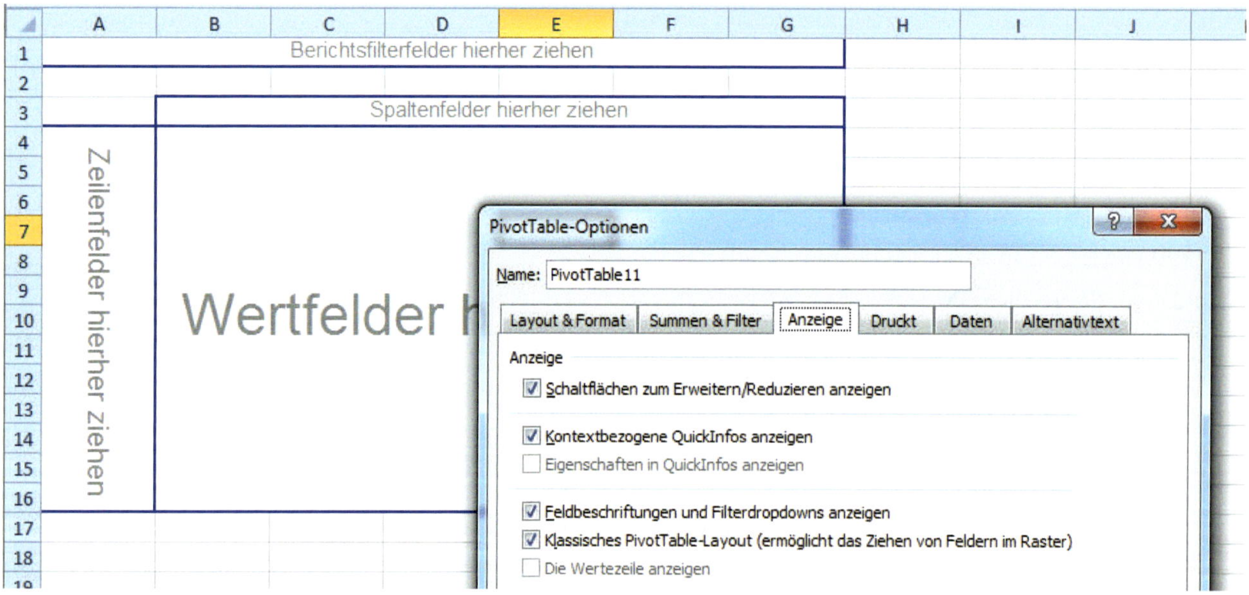

Abbildung 12.5 Das klassische PivotTable-Layout

12.2 Ein neuer PivotTable-Bericht

Nehmen wir als Datenbasis eine Tabelle, die alle oben beschriebenen Voraussetzungen erfüllt. Die erste Zeile der Tabelle enthält die Spaltenbeschreibungen (Feldnamen), die keine Sonderzeichen oder Leerzeichen enthalten sollten. In den einzelnen Spalten sind die Zellinhalte vom gleichen Typ, und die Tabelle grenzt nicht an andere Daten in der Tabelle an.

CD-ROM Sie finden das Beispiel auf der Buch-CD unter *PivotTable-Beispiele.xlsx*.

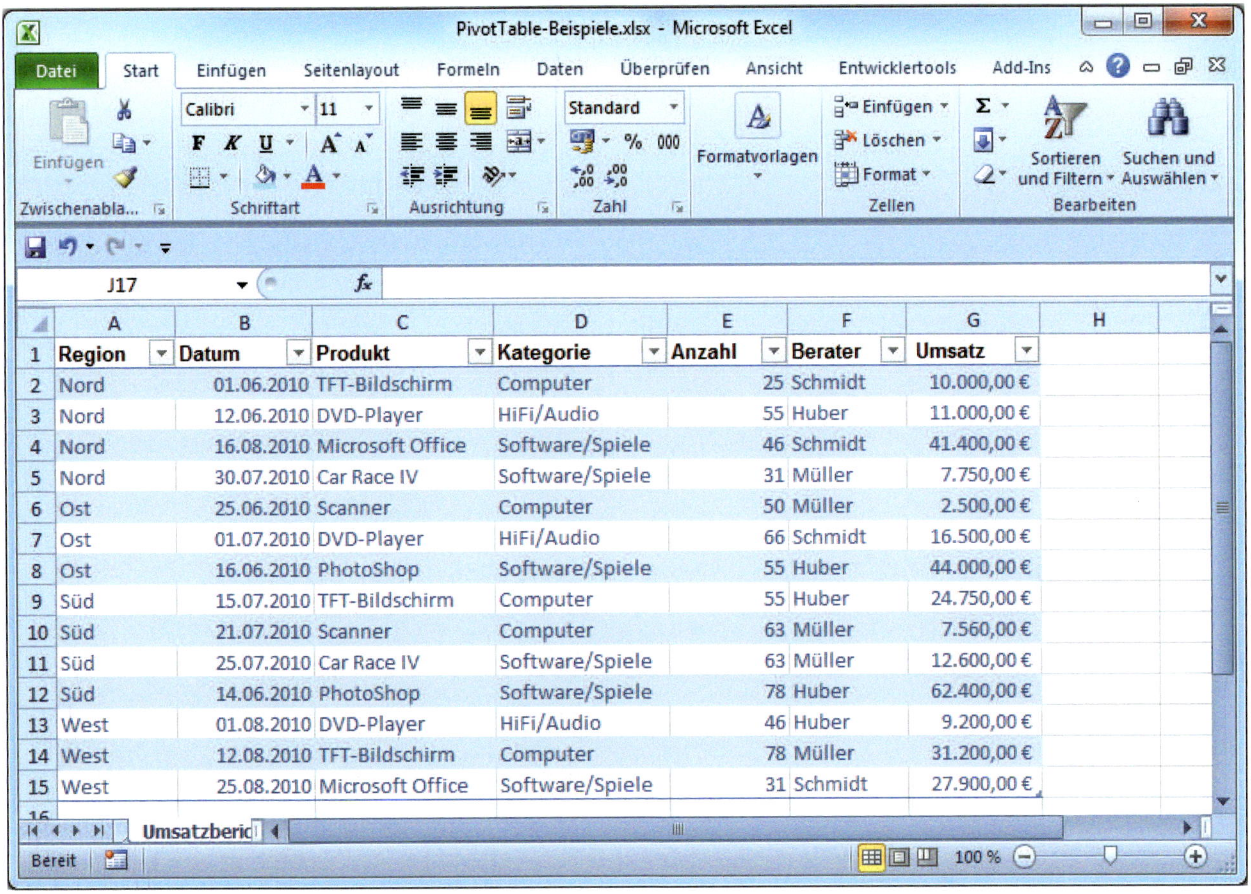

Region	Datum	Produkt	Kategorie	Anzahl	Berater	Umsatz
Nord	01.06.2010	TFT-Bildschirm	Computer	25	Schmidt	10.000,00 €
Nord	12.06.2010	DVD-Player	HiFi/Audio	55	Huber	11.000,00 €
Nord	16.08.2010	Microsoft Office	Software/Spiele	46	Schmidt	41.400,00 €
Nord	30.07.2010	Car Race IV	Software/Spiele	31	Müller	7.750,00 €
Ost	25.06.2010	Scanner	Computer	50	Müller	2.500,00 €
Ost	01.07.2010	DVD-Player	HiFi/Audio	66	Schmidt	16.500,00 €
Ost	16.06.2010	PhotoShop	Software/Spiele	55	Huber	44.000,00 €
Süd	15.07.2010	TFT-Bildschirm	Computer	55	Huber	24.750,00 €
Süd	21.07.2010	Scanner	Computer	63	Müller	7.560,00 €
Süd	25.07.2010	Car Race IV	Software/Spiele	63	Müller	12.600,00 €
Süd	14.06.2010	PhotoShop	Software/Spiele	78	Huber	62.400,00 €
West	01.08.2010	DVD-Player	HiFi/Audio	46	Huber	9.200,00 €
West	12.08.2010	TFT-Bildschirm	Computer	78	Müller	31.200,00 €
West	25.08.2010	Microsoft Office	Software/Spiele	31	Schmidt	27.900,00 €

Abbildung 12.6 Umsatzliste für die PivotTable-Auswertung

12.2.1 Tabelle oder Datenbank als Basis

Bevor Sie einen ersten Bericht anlegen, sollten Sie sicherstellen, dass die Datenbasis dynamisch ist. Ändert sich die Zeilen- oder Spaltenzahl des Bereiches, müssen alle Pivot-Berichte und -Diagramme automatisch ihre Auswertungen auf den neuen Bereich anpassen. Es gibt zwei Möglichkeiten, die Basis zu dynamisieren:

» Wandeln Sie den Bereich in eine Tabelle um. Ändert sich die Tabelle in der Dimension, werden alle PivotTable-Berichte nach Neuberechnung automatisch angepasst.

» Weisen Sie dem Bereich den Namen *Datenbank* zu. Ändert sich der Bereich, sorgen Sie nur dafür, dass der Name wieder alle Zeilen und Spalten umfasst. Die Pivot-Berichte orientieren sich am Bereichsnamen und nicht an den Zellbezügen.

ACHTUNG Tabellen sollten Sie nur benutzen, wenn Sie sicherstellen können, dass alle Anwender Ihrer Daten mit Excel 2010, 2007 oder 2003 arbeiten. In früheren Versionen ist diese Funktion nicht verfügbar.

1. Setzen Sie den Zellzeiger in den Bereich, und wählen Sie *Start/Formatvorlagen/Als tabelle formatieren*.
2. Weisen Sie eine Tabellenformatvorlage zu, und übernehmen Sie den vorgeschlagenen Bereich A1:G15.
3. Schalten Sie die Ergebniszeile ein, und setzen Sie folgende Spaltenformeln. Mit diesen können Sie die im Pivot-Bericht ermittelten Werte überprüfen:

Spalte	Formel
Produkt	*Anzahl*
Kategorie	*Anzahl*
Anzahl	*Summe*
Umsatz	*Summe*

Tabelle 12.1 Spaltenformeln für die Pivot-Tabelle

12.2.2 Dynamische Datenbank als Pivot-Basis

Nutzen Sie eine dynamische Datenbank, wenn Sie nicht sicherstellen können, dass der Bereichsname immer alle Zeilen und Spalten der Liste einschließt. Aktivieren Sie dazu den Namens-Manager unter *Formeln/Definierte Namen*, und klicken Sie auf *Neu*. Geben Sie den Namen *Datenbank* ein, und schreiben Sie unter *Bezieht sich auf* diese Formel:

```
=BEREICH.VERSCHIEBEN($A$1;0;0;ANZAHL2($A:$A);
ANZAHL2($1$1))
```

Klicken Sie auf OK, um den Namen anzulegen. Die Datenbank wird damit automatisch aus de Anzahl der Einträge in Spalte A und Zeile 1 berechnet. Drücken Sie [F5], und geben Sie *Datenbank* ein, um das zu überprüfen (berechnete Namen werden nicht im Namensfeld links oben angeboten).

Stellen Sie sicher, dass in Spalte A und Zeile 1 keine weiteren Einträge stehen, sonst funktioniert der Trick nicht. Die Liste darf auch keine Leerzeilen enthalten. Wenn Sie anschließend eine PivotTable produzieren, wird die Datenbank zwar nicht als Bereich angeboten, Sie können aber [F3] drücken und den dynamischen Bereichsnamen abholen.

12.2.3 PivotTable-Bericht anlegen

Starten Sie den neuen Pivot-Bericht direkt aus dieser Tabelle heraus, das Ergebnis wird in einem neuen Tabellenblatt oder - wenn Platz auf der Tabelle ist - in einem anderen Bereich positioniert.

1. Wählen Sie *Einfügen/Tabellen/PivotTable*.
2. Bestätigen Sie Tabelle1 als auszuwertenden Bereich.
3. Bestimmen Sie, wo der neue PivotTable-Bericht positioniert wird. Sie sollten die Option *In neuem Arbeitsblatt* übernehmen, damit der Bericht unabhängig von den Quelldaten ist und keine Überschneidungen vorkommen. Mit *Vorhandenes Arbeitsblatt* geben Sie unter *Quelldatei* einen Bereich an, der abseits vom auszuwertenden Bereich liegt (z.B. ab Spalte J).

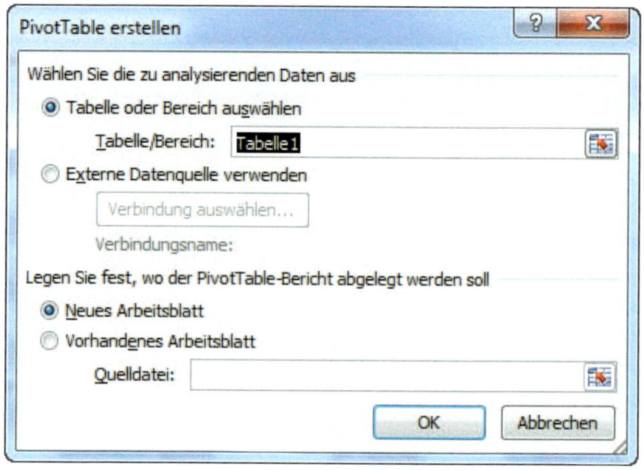

Abbildung 12.7 Der Bereich wird vorgeschlagen, die Tabelle wird erkannt.

Der PivotTable-Bericht wird produziert, das neue Tabellenblatt enthält einen reservierten Bereich, in dem der Name des neuen PivotTable-Berichtes angezeigt wird. Am rechten Rand taucht die PivotTable-Feldliste auf, in diesem Zusatzfenster wird das Pivot-Layout gestaltet.

Die Multifunktionsleiste zeigt eine neue Rubrik *PivotTable-Tools* mit zwei Registerkarten, *Optionen* und *Entwurf*. Hier stehen alle Befehle zur Auswahl, die Sie für die Ausgestaltung der PivotTable benötigen.

HINWEIS Feldliste und PivotTable-Tools sind so lange aktiv, wie der Zellzeiger in der PivotTable steht.

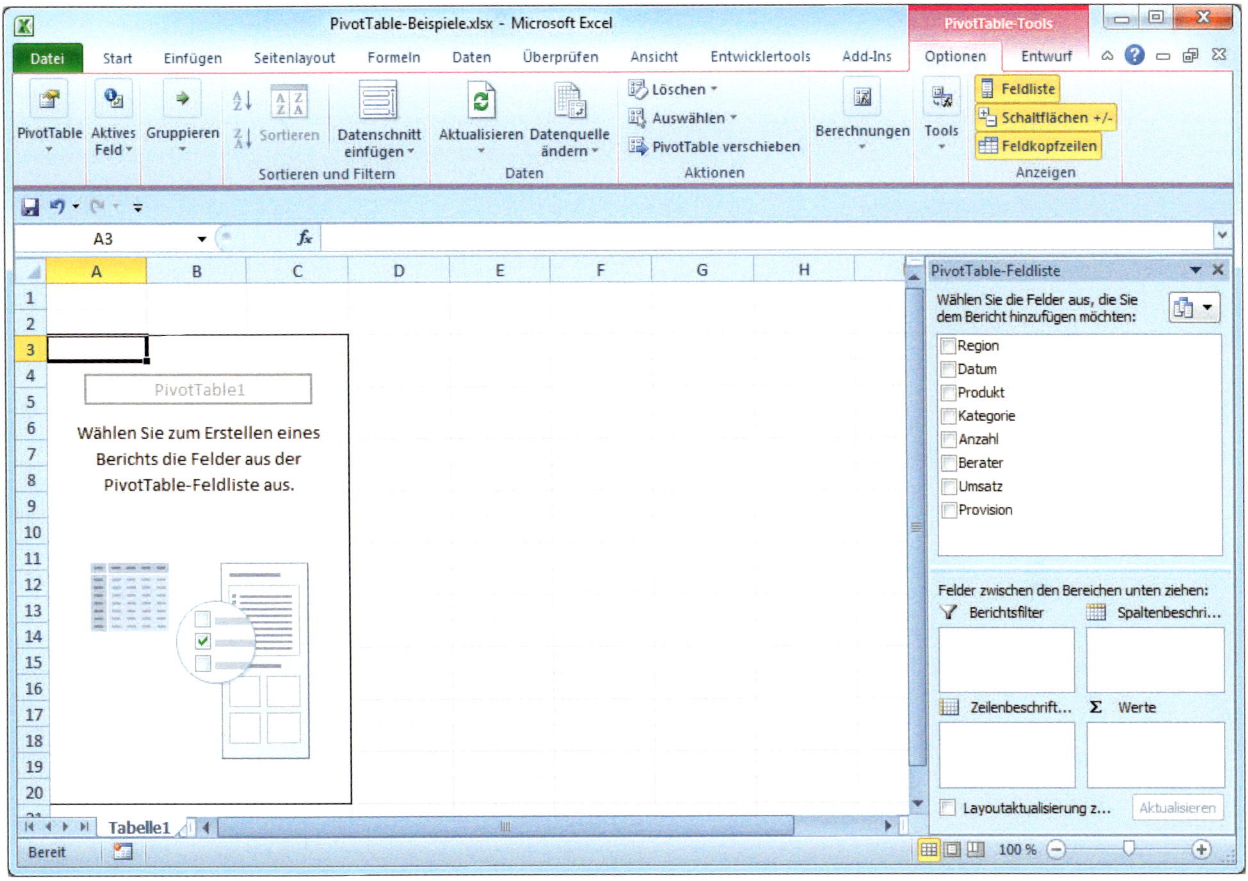

Abbildung 12.8 Die leere PivotTable mit Feldliste und PivotTable-Tools

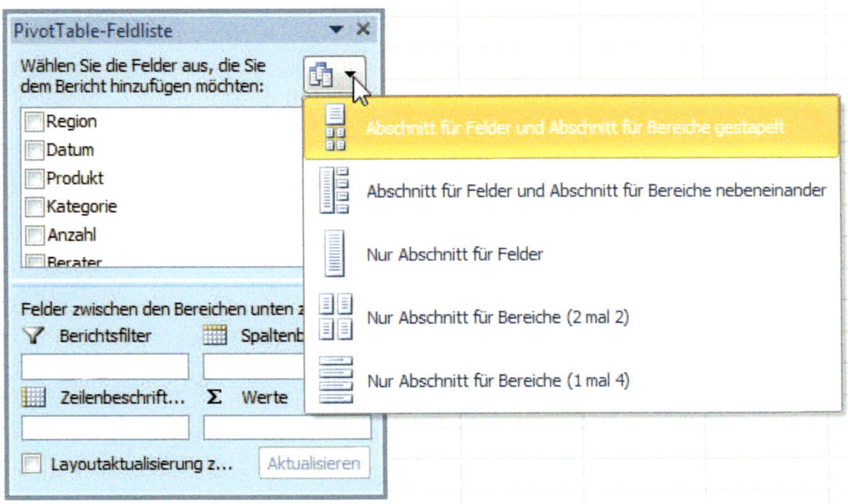

Abbildung 12.9
Die Feldliste, hier im Tabellenblatt mit Anzeigevarianten

12.2.4 Die Feldliste

Das Fenster am rechten Rand ist aufgeteilt in Feldliste und Bereiche. Die Feldliste bietet die Spaltenüberschriften der Tabelle als Feldnamen an, die Bereiche enthalten später die Felder oder Auswertungen für den PivotTable-Bericht.

Ziehen Sie das Fenster mit gedrückter Maustaste und dem Zellzeiger in der Titelzeile nach innen, wenn Sie es näher am PivotTable-Bereich haben wollen. Mit dem Mauszeiger in der Titelzeile können Sie das Fenster auch neu platzieren. Um die Feldliste wieder an den rechten Rand zurückzuführen, klicken Sie doppelt auf die Titelzeile.

Das Symbol rechts oben bietet fünf Anzeigevarianten für Felder und Bereiche. Bei komplexen PivotTable-Layouts, die sehr viele Felder in einzelnen Bereichen enthalten, lässt sich ein passenderes Format einstellen.

12.3 PivotTable-Berichtslayout gestalten

Das PivotTable-Layout wird durch Positionierung der Felder in den passenden Bereichen gestaltet:

1. Zeigen Sie auf das Feld *Region* in der Feldliste.
2. Ziehen Sie das Feld mit gedrückter Maustaste in den Bereich *Zeilenbeschriftung*.
3. Ziehen Sie das Feld *Kategorie* in den Bereich *Spaltenbeschriftung*.
4. Das Feld *Berater* findet Platz im Bereich *Berichtsfilter*.
5. Fehlt nur noch das Auswertungsfeld mit den Beträgen – ziehen Sie das Feld *Umsatz* in den Bereich *Werte*.

Der PivotTable-Bericht ist fertig, alle Bereiche sind ausgefüllt, was nicht unbedingt nötig ist. Sie können auch nur den Zeilen- oder Spaltenbereich füllen oder den Bereichsfilter, wichtig ist, dass der Wertebereich die Spalte zugewiesen bekommt, in der die auszuwertenden Daten stehen.

Es reicht auch, wenn Sie einfach die Schaltflächen an den Feldern in der Feldliste anklicken. Beschriftungsfelder werden damit automatisch in den Zeilenbereich gesetzt, Zahlenfelder landen im Wertebereich und werden summiert.

HINWEIS Es macht natürlich keinen Sinn, ein Textfeld in den Wertebereich zu setzen, außer Sie wollen die Anzahl der Texteinträge zählen. Der PivotTable-Bericht reagiert sofort auf den Datentyp und schaltet die Funktion *Summe* ein, wenn eine Spalte Zahlen enthält, und *Anzahl*, wenn der Wertebereich Texte zugewiesen bekommt.

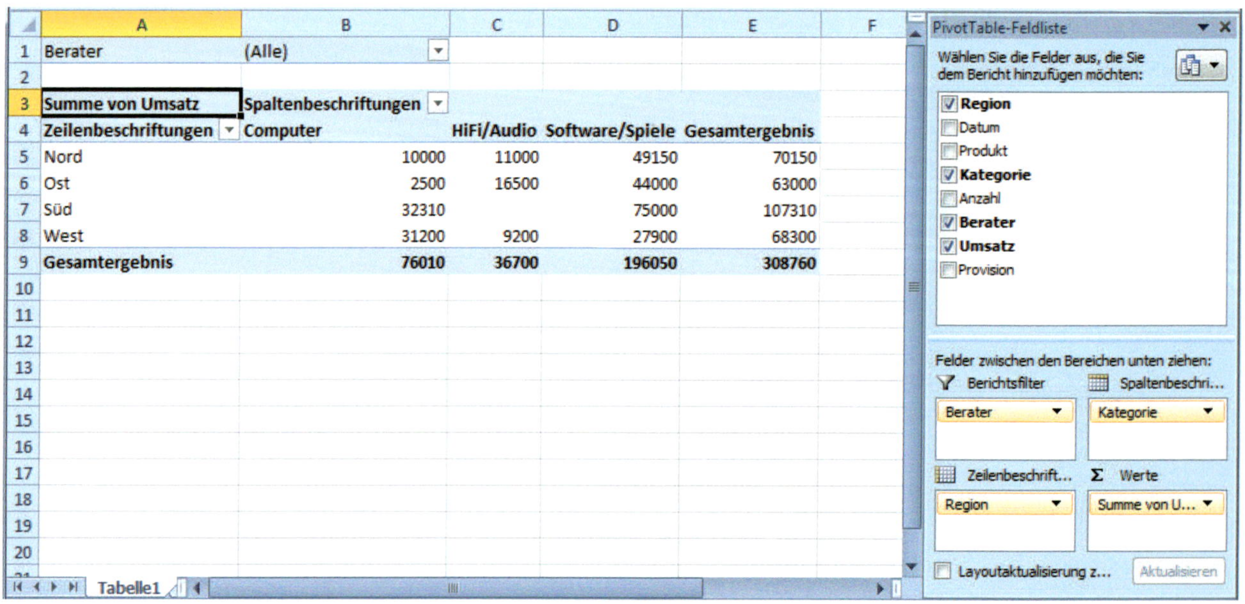

Abbildung 12.10 Der PivotTable-Bericht ist fertig.

12.3.1 Wertfeld: Summe oder Anzahl automatisch?

Welche Formel Excel im Wertfeldbereich für die Zusammenfassung der Werte anwendet, ist nirgends festgelegt, das definiert sich ausschließlich aus den Daten, die in der analysierten Spalte zu finden sind. Enthält die Spalte (im Beispiel Umsatz) ausschließlich numerische Werte, schaltet die PivotTable auf *Summe*. Findet sich aber nur ein einziger Text, eine Überschrift oder eine Leerzeile in der Spalte, wird das Ergebnis zunächst gezählt, das PivotTable-Layout wählt *Anzahl* als Formel. Sie können natürlich diese Einstellung ändern, auch wenn Ihre Spalte gemischt Text und Zahl enthält.

1. Klicken Sie mit der rechten Maustaste auf den Eintrag im Wertebereich, und wählen Sie *Wertfeldeinstellungen*.
2. Schalten Sie um auf die Funktion *Summe* und bestätigen Sie mit OK.

Die PivotTable wird die Daten summieren, auch wenn die Spalte Texte enthält. Eine Möglichkeit, die Wertfeldeinstellung automatisch auf Summe zu stellen, gibt es nicht.

TIPP Datumswerte werden übrigens auch nicht automatisch summiert, obwohl sie numerisch sind.

12.3.2 Werte zusammenfassen

Ein Feld mit numerischen Einträgen summiert die PivotTable automatisch, wenn es im Wertebereich untergebracht wird. Unter PivotTable-Tools finden Sie in der Gruppe *Berechnungen* Alternativen dazu. Setzen Sie aber den Zellzeiger vorher in das Wertfeld im Pivot-Layout, sonst sind die Berechnungsoptionen deaktiviert.

Klicken Sie auf *Werte zusammenfassen nach*.

Wählen Sie eine der Standard-Zusammenfassungsoptionen, oder klicken Sie auf *Weitere Optionen*.

Funktion	Berechnung
Summe	Summiert alle Einträge der Spalte
Anzahl	Zählt, wie viele Einträge in der Spalte vorhanden sind
Mittelwert	Errechnet das arithmetische Mittel aus allen Einträgen der Spalte
Maximum/Minimum	Gibt den größten/kleinsten Wert aus, der in der Spalte vorhanden ist
Produkt	Das Produkt der Werte in der Spalte
Anzahl Zahlen	Ermittelt die Anzahl der Felder, die Zahlenwerte enthalten
Standardabweichung	Schätzung der Standardabweichung einer Population, wahlweise mit den Daten als Stichprobe oder als Grundgesamtheit
Varianz	Schätzung der Varianz einer Population, wahlweise mit den Daten als Stichprobe oder als Grundgesamtheit

Tabelle 12.2 Zusammenfassungsoptionen für Wertfelder

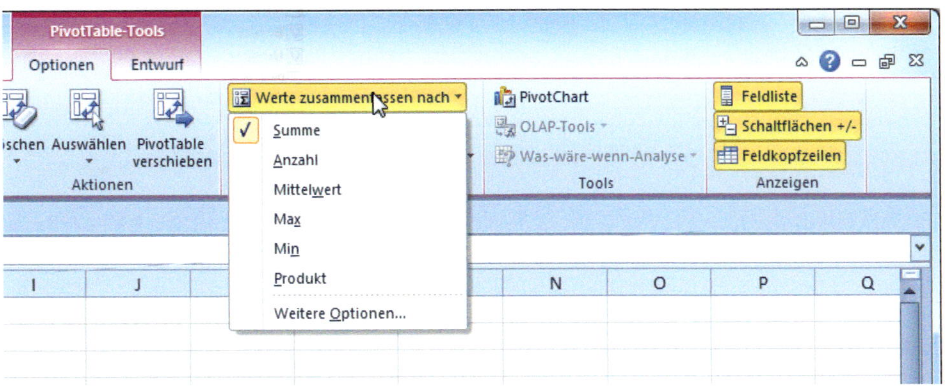

Abbildung 12.11 Die Berechnungsoptionen für Felder im Wertebereich

Funktion	Ergebnis
Keine Berechnung	Die Werte werden nicht weiter berechnet, Funktionen wie Summe oder Mittelwert bleiben erhalten.
% der Gesamtsumme	Zeigt den prozentualen Anteil an der Gesamtsumme des Wertfeldes.
% des Spaltengesamtergebnisses	Zeigt den Wert als Prozentsatz der Summe der gesamten Spalte.
% des Zeilengesamtergebnisses	Zeigt den Wert als Prozentsatz der Summe der gesamten Zeile.
% von ...	Zeigt den prozentualen Anteil des Wertes an einem anderen Wert. Für diesen werden das Basisfeld und das Basiselement abgefragt.
% des Vorgängerzeilen-Gesamtergebnisses	Zeigt den Anteil des Zeilenwertes an der Gesamtsumme der Zeile in der Vorgängerspalte.
% des Vorgängerspalten-Gesamtergebnisses	Zeigt den prozentualen Anteil des Wertes in der Vorgängerspalte am Gesamtergebnis.
% des Vorgänger-Gesamtergebnisses	Zeigt den Prozentanteil des Feldwertes am Gesamtergebnis der Vorgängerspalte.
Differenz von	Zeigt alle Daten als Differenz zwischen einem angegebenen Feld und einem Feldelement an.
% Differenz von	Zeigt alle Daten mit derselben Methode wie *Differenz von* an, mit dem Unterschied, dass die Differenz als Prozentsatz der Basisdaten dargestellt wird.
Ergebnis in ...	Stellt die Daten des Feldes für aufeinanderfolgende Elemente als gleitendes Ergebnis dar.
% ergebnis in ...	Stellt die Daten des Feldes für aufeinanderfolgende Elemente als Prozentsatz des gleitenden Ergebnisses dar.
Rangfolge nach Grösse (aufsteigend/absteigend)	Zeigt die Rangfolge des Wertes in Bezug auf alle Werte eines Feldes an. Das Feld wird per Dialog abgefragt.
Index	Zeigt die Daten nach diesem Algorithmus an: `((Wert in Zelle) x (Gesamtergebnis)) / ((Zeilengesamtergebnis) x (Spaltengesamtergebnis))`

Tabelle 12.3 Anzeigeformen für Datenfelder

Werte anzeigen als

Auch diese Option in der Gruppe *Berechnungen* der PivotTable-Tools bietet Varianten für die Zusammenfassung von Wertfeldern. Sie können die Daten mit anderen Datenmengen vergleichen und beispielsweise die Umsatzzahlen als prozentuale Anteile am Gesamtumsatz anzeigen oder die Differenz zwischen Zeilen- und Spaltendaten ziehen.

12.3.3 Felder verschieben und löschen

Ziehen Sie, um das Layout zu ändern, die Felder einfach in der Feldliste an die gewünschte Position. Jedes Feld kann nur einmal in einem der Bereiche positioniert werden.

Um ein Feld aus einem der Bereiche zu entfernen, ziehen Sie es einfach mit gedrückter Maustaste aus dem Bereich, in dem es positioniert war, oder klicken auf das Kontrollkästchen in der Feldliste. Die PivotTable wird sofort neu gestaltet und berechnet.

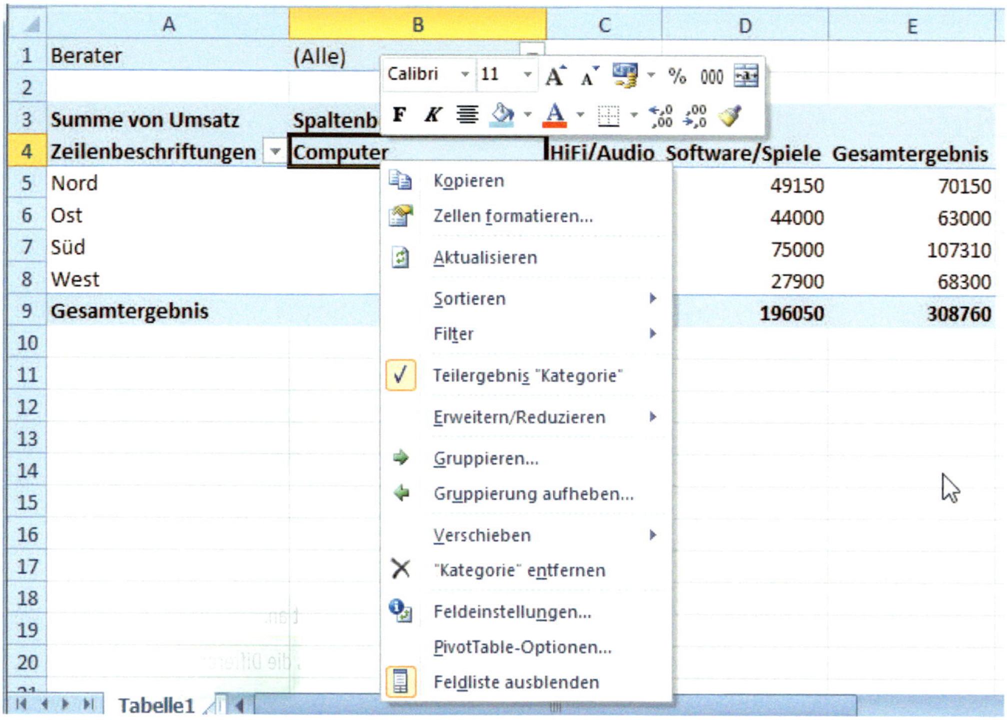

Abbildung 12.12 Felder und Elemente werden über das Kontextmenü verschoben.

Felder und Elemente verschieben

Das Kontextmenü geht noch etwas mehr ins Detail und gibt neben den Feldnamen auch die einzelnen Elemente zur Verschiebung frei. Klicken Sie ein Feld oder ein Element innerhalb eines Feldes mit der rechten Maustaste an, und wählen Sie *Verschieben*. Das Menü zeigt alle Varianten für das gewählte Element.

Zeigen Sie beispielsweise auf die erste Spalte des Feldes in der Spaltenbeschriftung (*Kategorie*, Spalte *Computer*), bietet das Kontextmenü sowohl die Verschiebung des Feldes als auch der einzelnen Spalte an.

12.3.4 Layout nicht aktualisieren

Mit jeder Feldpositionierung wird der PivotTable-Bericht auf dem Tabellenblatt neu berechnet, und das kann in umfangreichen Berichten sehr lästig werden. Schalten Sie die Berechnung kurzzeitig aus, und positionieren Sie, ohne dass die Zusammenstellung im Hintergrund verändert wird:

1. Schalten Sie in der Feldliste die Option *Layoutaktualisierung zurückstellen* ein.
2. Ziehen Sie die Felder aus der Feldliste oder zwischen den Bereichen.
3. Klicken Sie auf *Aktualisieren*, wenn Sie die neue Zusammenstellung berechnen wollen.
4. Schalten Sie die Option wieder aus, bleibt das Layout so stehen, wie es nach der letzten Aktualisierung ausgesehen hatte.

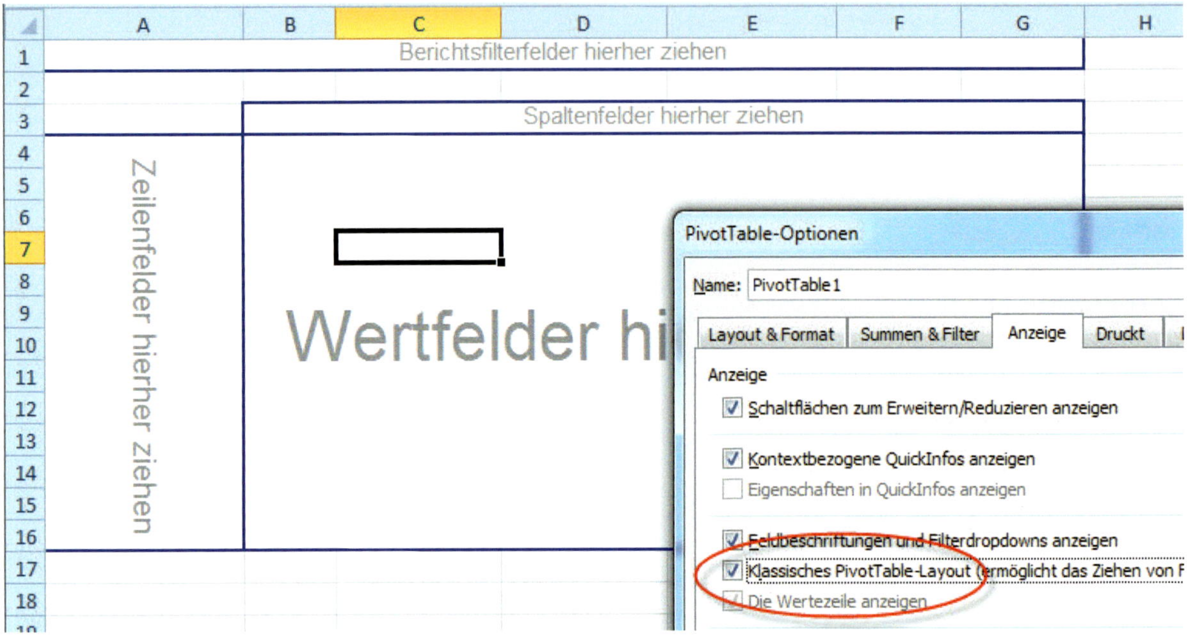

Abbildung 12.13 Das klassische Layout, hier verschieben Sie die Feldnamen direkt auf oder zwischen den Bereichen.

12.3.5 Klassisches Pivot-Layout einstellen

Wie am Anfang des Kapitels beschrieben, können Sie die klassische Version einstellen, die das Ziehen der Elemente mit der Maus ermöglicht:

1. Klicken Sie in der Registerkarte *PivotTable-Tools/Optionen* in der Gruppe *PivotTable* auf *Optionen*.
2. Im Register *Anzeige* des Dialogfeldes finden Sie die Option *Klassisches PivotTable-Layout*. Kreuzen Sie diese Option an, wenn Sie die Felder direkt im Layout verschieben und anordnen wollen.

Jetzt können Sie die Felder sowohl aus der Feldliste in das Layout als auch im Layout von einem Bereich in den anderen ziehen. Die Bereiche sind mit blauen Rahmen gekennzeichnet.

12.3.6 Feldkopfzeilen umbenennen

Die Beschriftung des Zeilen- und Spaltenbereiches übernimmt die PivotTable nicht aus der Feldliste, hier steht neutral *Zeilenbeschriftung* und *Spaltenbeschriftung*. Schreiben Sie anstelle dieser Texte eine Bezeichnung Ihrer Wahl, markieren Sie die Zellen, und geben Sie einfach neuen Text ein. Sie können natürlich auch die Feldnamen benutzen.

12.3.7 Elemente ein-/ausblenden

In der Gruppe *Einblenden/Ausblenden* der Registerkarte *PivotTable-Tools/Optionen* finden Sie drei Symbole zum Ein- und Ausblenden einzelner Elemente.

Schalten Sie die Feldliste aus, wenn das PivotTable-Layout steht und nicht mehr verändert werden darf.

Klicken Sie auf *Schaltflächen +/-*, wenn Sie Plus- und Minus-Schaltflächen unsichtbar machen wollen. Diese Schaltflächen werden angeboten, wenn der Zeilen- oder Spaltenbereich mehr als ein Feld enthält, und dienen dazu, die jeweils untergeordnete Ebene ein- und auszublenden.

Mit *Feldkopfzeilen* schalten Sie die Beschriftungen der Zeilen und Spalten aus oder wieder ein. Standardmäßig sind sie eingeschaltet.

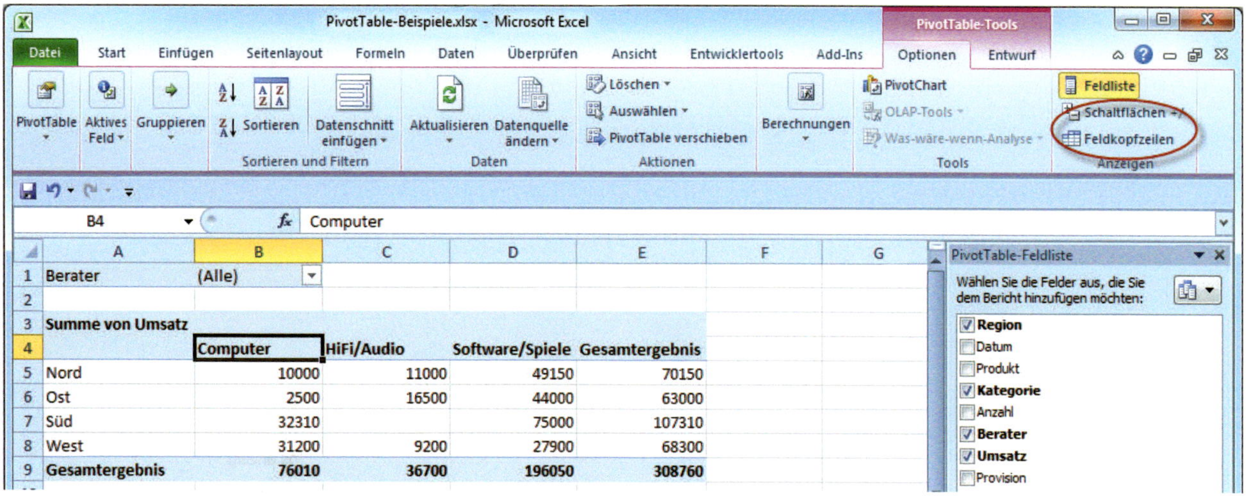

Abbildung 12.14 Hier sind die Schaltflächen und Feldkopfzeilen des PivotTable-Berichtes ausgeblendet.

12.3.8 PivotTable aktualisieren

Die PivotTable ist zwar mit der Datenquelle verbunden, sie aktualisiert sich aber nicht automatisch. Das wäre auch in der Praxis nicht sinnvoll, wenn große Datenmengen verarbeitet werden, da mit jeder Aktion eine Neuberechnung erforderlich wäre.

1. Aktualisieren Sie Ihre PivotTable manuell über die Registerkarte *Optionen*.
2. Setzen Sie den Zellzeiger in den Bereich der PivotTable.
3. Wählen Sie unter *PivotTable-Tools/Optionen/Daten* den Befehl *Aktualisieren*. Ein Klick auf das Symbol aktualisiert die aktuelle PivotTable.
4. Klicken Sie auf den Pfeil am Symbol, können Sie mit *Alle aktualisieren* alle PivotTables in der aktiven Mappe aktualisieren.
5. *Status aktualisieren* zeigt den Status bei laufenden Verbindungen zu externen Datenquellen neu an.
6. Wählen Sie *Aktualisierung abbrechen*, wenn Sie die laufende Aktualisierung beenden wollen. Das ist zum Beispiel nötig, wenn die PivotTable versucht, Daten von einem Server zu holen, der nicht bereit ist oder keine Daten liefert.

Die beiden letzten Option sind nicht aktivierbar, wenn die Aktualisierung abgeschlossen ist oder wenn keine Verbindung zu externen Daten besteht.

12.3.9 Datenquelle ändern

Haben Sie sich entschieden, eine Tabelle als Basis für die PivotTable zu verwenden, sollte eine Änderung der Datenquelle nicht erforderlich sein, denn neue Datensätze werden automatisch in die Tabelle eingefügt, auch wenn sie in die letzte Zeile geschrieben werden. Auch neue Spalten werden mit der Aktualisierung der PivotTable automatisch erkannt und in die Feldliste mit aufgenommen. Basiert die PivotTable aber auf einem »normalen« Bereich, muss die Datenquelle häufig angepasst werden.

1. Klicken Sie in den *PivotTable-Tools* unter *Optionen* auf *Daten/Datenquelle ändern*.
2. Geben Sie die neue Tabelle an, oder wählen Sie mit dem Mauszeiger den Bereich für die PivotTable aus.
3. Bestätigen Sie mit Klick auf *OK*, und die PivotTable wird auf den neuen Bereich gebildet.

HINWEIS Der neue Bereich muss natürlich den Konventionen entsprechen und eine Kopfzeile haben. Ideal ist immer eine Tabelle.

12.3.10 PivotTable-Element auswählen

Ebenfalls für große Tabellen gedacht ist das Auswahlwerkzeug, das die Möglichkeit bietet, gezielt Beschriftungen oder Werte der aktiven PivotTable anzusteuern.

1. Wählen Sie *PivotTable-Tools/Optionen*.
2. Klicken Sie unter *Aktionen* auf *auswählen*.
3. Wählen Sie *Gesamte PivotTable* oder *Beschriftungen und Werte* für alle Daten und Beschriftungen.
4. Wählen Sie *Beschriftungen* für die Zeilen- und Spaltenbeschriftung sowie den Berichtsfilter.
5. Mit *Werte* markieren Sie nur den Wertebereich.
6. *Auswahl aktivieren* markiert die ganze Zeile, wenn der Zellzeiger auf einem Element in der Zeilenbeschriftung sitzt. Wenn Sie dann einen der Markierungsbefehle wählen, gilt dieser nur für das markierte Element.

12.3.11 PivotTable verschieben

PivotTable-Berichte lassen sich mit den Standardwerkzeugen wie *Ausschneiden*, *Kopieren* oder *Einfügen* durchaus verschieben und duplizieren. Voraussetzung ist aber eine exakte Markierung aller Elemente, und das ist bei großen Tabellen nicht so einfach. Mit diesem Befehl geht´s leichter: Verschieben Sie eine PivotTable einfach über die PivotTable-Tools:

1. Klicken Sie in den *PivotTable-Tools* unter *Optionen* auf *Aktionen/PivotTable verschieben*.
2. Geben Sie *Neues Arbeitsblatt* an, um ein neues Tabellenblatt zu erzeugen und die PivotTable in dieses Blatt zu verschieben. Die Tabelle wird ab der Zelle A3 eingefügt.
3. Unter *Vorhandenes Arbeitsblatt* können Sie eine Zielzelle für die PivotTable angeben. Klicken Sie in das Eingabefeld, und markieren Sie die Zelle (die auch in einem anderen Tabellenblatt stehen kann).

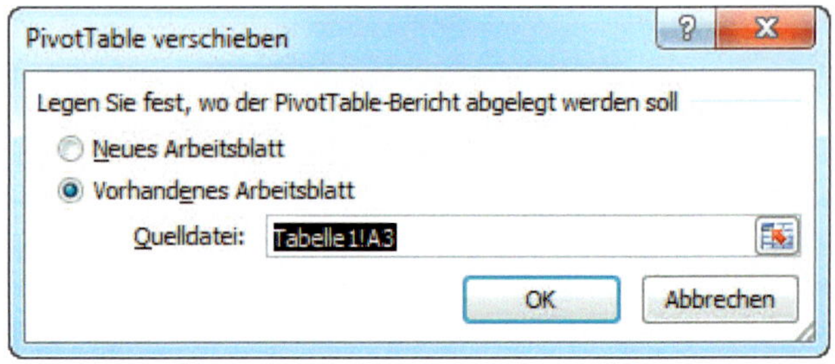

Abbildung 12.15 Die PivotTable wird verschoben.

12.3.12 PivotTable löschen

Zum Löschen einer PivotTable dürfen Sie auch wieder zu den Standardwerkzeugen greifen. Markieren Sie die Tabelle, und wählen Sie *Start/Zellen/Löschen*, oder drücken Sie einfach die `Entf`-Taste. Sicherer und bei großen PivotTables komfortabler ist der Befehl aus den PivotTable-Tools:

1. Klicken Sie in den *PivotTable-Tools* unter *Optionen* auf *Aktionen/Löschen*.
2. Wählen Sie *Alles löschen*, um die ganze PivotTable zu löschen, oder *Filter löschen*, um nur die Filter zu löschen.

12.3.13 Drilldown (Details anzeigen)

Wie setzt sich eine Zahl im Datenbereich zusammen, welche Datensätze liefern die Einzelwerte für die Summe? Bevor Sie diese Frage durch Zurückblättern auf die Datenbasis beantworten, lernen Sie den Drilldown kennen:

1. Klicken Sie doppelt auf einen summierten oder anderweitig zusammengefassten Wert im Datenbereich.

Ein neues Tabellenblatt mit einer Tabelle wird erstellt, sie enthält die Kopfzeile der Tabelle, aus der die Daten stammen, und darunter alle Datensätze, die für die Zahl aus dem Datenbereich ihre Werte geliefert hatten.

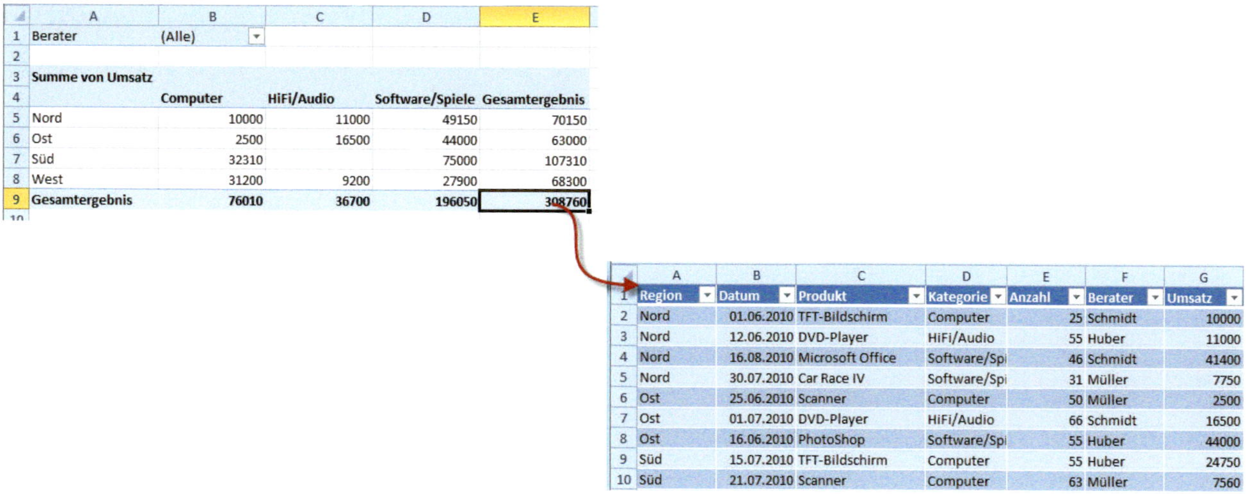

	A	B	C	D	E
1	Berater	(Alle)			
2					
3	Summe von Umsatz				
4		Computer	HiFi/Audio	Software/Spiele	Gesamtergebnis
5	Nord	10000	11000	49150	70150
6	Ost	2500	16500	44000	63000
7	Süd	32310		75000	107310
8	West	31200	9200	27900	68300
9	Gesamtergebnis	76010	36700	196050	308760

	A	B	C	D	E	F	G
1	Region	Datum	Produkt	Kategorie	Anzahl	Berater	Umsatz
2	Nord	01.06.2010	TFT-Bildschirm	Computer	25	Schmidt	10000
3	Nord	12.06.2010	DVD-Player	HiFi/Audio	55	Huber	11000
4	Nord	16.08.2010	Microsoft Office	Software/Spi	46	Schmidt	41400
5	Nord	30.07.2010	Car Race IV	Software/Spi	31	Müller	7750
6	Ost	25.06.2010	Scanner	Computer	50	Müller	2500
7	Ost	01.07.2010	DVD-Player	HiFi/Audio	66	Schmidt	16500
8	Ost	16.06.2010	PhotoShop	Software/Spi	55	Huber	44000
9	Süd	15.07.2010	TFT-Bildschirm	Computer	55	Huber	24750
10	Süd	21.07.2010	Scanner	Computer	63	Müller	7560

Abbildung 12.16 Der Drilldown liefert die Detaildaten für die Gesamtsumme im Wertebereich.

ACHTUNG Der Drilldown funktioniert nur, wenn in den *PivotTable-Tools* unter *PivotTable/ Optionen* auf der Registerkarte *Daten* die Option *‚Details anzeigen' zulassen* aktiviert ist.

12.4 Filtern und Sortieren

Wenn das Berichtslayout feststeht und alle Feldnamen in den richtigen Bereichen stehen, können Sie die PivotTable inhaltlich gestalten. Große Datenmengen werden Sie in der Regel sinnvoll filtern, damit die Zusammenfassung optisch greifbar ist.

12.4.1 Einzelne Elemente verwenden oder ausblenden

Ziehen Sie ein Feld in den Gruppenfilter, werden zunächst alle Elemente aus diesem Feld in der PivotTable angezeigt. Sie können den Filterpfeil am Feldnamen anklicken und einzelne Elemente anwählen, um diese als Filterkriterium einzustellen. Das Feld *Berater* würde im Berichtsfilter beispielsweise so aussehen:

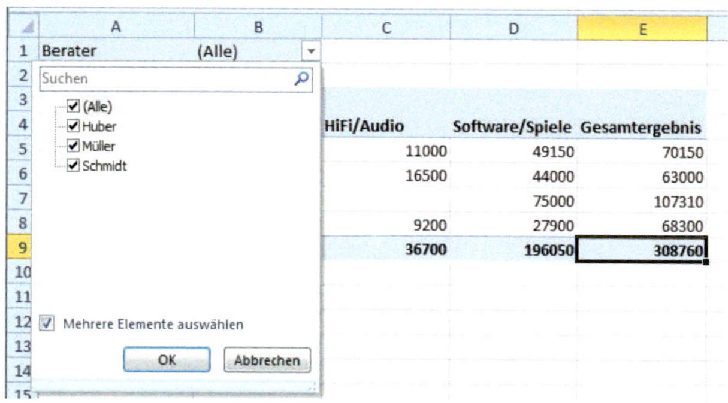

Abbildung 12.17 Das Berater-Feld im Berichtsfilter

Kreuzen Sie *Mehrere Elemente auswählen* an, bietet die Liste alle Elemente für eine Mehrfachauswahl an. Wählen Sie jetzt nur diejenigen Elemente, deren Daten Sie in der PivotTable sehen wollen. Mit Klick auf *Alle* schalten Sie wieder alle Elemente zur Anzeige ein.

Der Filterpfeil am Feldnamen zeigt durch ein Filtersymbol, dass die Auswahl gefiltert ist.

12.4.2 Zeilen und Spalten sortieren

Schalten Sie unter *PivotTable-Tools/Optionen/Einblenden/Ausblenden* die Feldkopfzeilen wieder ein, damit die Sortier-/Filterpfeile für Zeilen und Spalten angeboten werden. Diese Pfeile bieten ein Menü mit Sortierfunktionen.

1. Öffnen Sie das Menü per Klick auf den Pfeil an der Zeilen- oder Spaltenbeschriftung.
2. Wählen Sie ein Feld aus der Liste (nur wenn mehr als ein Feld im Bereich steht).
3. Wählen Sie *Von A bis Z sortieren* für eine aufsteigende Sortierung oder *Von Z bis A sortieren* für eine alphabetisch absteigende Sortierung.
4. Klicken Sie auf *Weitere Sortieroptionen*. Hier können Sie auch die manuelle Sortierung einschalten, die ein Verschieben der Elemente über das Kontextmenü ermöglicht (siehe oben).
5. Mit Klick auf *Weitere Optionen* und *Weitere Sortieroptionen* erhalten Sie die *AutoSortierung* und die *Benutzerdefinierte Sortierreihenfolge*. Ist die Option *Bei jeder Berichtsaktualisierung automatisch sortieren* aktiv, wird die PivotTable automatisch sortiert, wenn sie neu berechnet wird. Wählen Sie, wenn Sie diese Option nicht setzen wollen, eine benutzerdefinierte Liste, die für die Sortierung maßgeblich ist. Diese Listen werden in den Optionen verwaltet (*Datei*-Menü, *Optionen*, *Erweitert/Benutzerdefinierte Listen verwalten*).

Die Sortierbefehle finden Sie übrigens auch auf der Registerkarte *Optionen* in den PivotTable-Tools. Klicken Sie auf die kleinen Symbole, um den markierten Bereich auf- oder absteigend zu sortieren, oder wählen Sie das große Sortiersymbol für das Dialogfeld mit Sortierauswahl.

HINWEIS Die Symbole sind nur aktiv, wenn der Zellzeiger im Datenbereich der Zeilen- oder Spaltenbeschriftungen steht.

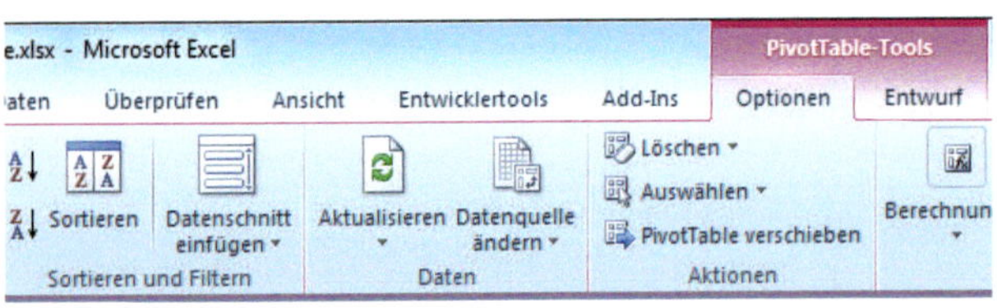

Abbildung 12.18 Sortiersymbole finden Sie auch in den Optionen.

12.4.3 Elemente filtern

Wenn Sie eine PivotTable vertikal auf eine bestimmte Datenmenge reduzieren wollen, setzen Sie einen Zeilenfilter. Entsprechend wird ein Spaltenfilter gesetzt, um die Anzahl der Spalten nach rechts zu reduzieren.

1. Klicken Sie auf den Filterpfeil an der Zeilen- oder Spaltenbeschriftung.
2. Kreuzen Sie nur einzelne Elemente an, die Sie anzeigen lassen wollen. Mit *Alle* werden wieder alle Elemente angekreuzt und angezeigt.
3. Schalten Sie auf den *Beschriftungsfilter* oder *Wertefilter*, und stellen Sie einen benutzerdefinierten Filter ein.

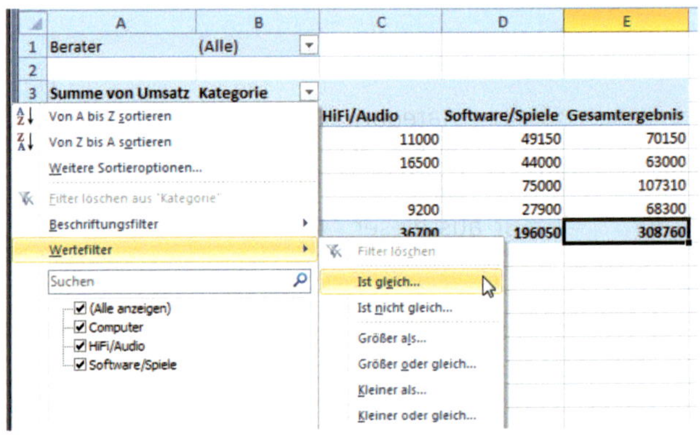

Abbildung 12.19 Für die Zeilen- und Spaltenelemente stehen Filter bereit.

Die benutzerdefinierten Filter bieten die Möglichkeit, mit Bedingungen zu arbeiten. Ist die aufgestellte Bedingung erfüllt, wird der Datensatz angezeigt. Beschriftungsfilter arbeiten dabei mit Bedingungen für Texteinträge (*Enthält*, *Beginnt mit* ...), Wertefilter verwenden logische Ausdrücke für Zahlen (*Grösser als*, *Kleiner oder gleich* ...).

Verwenden Sie ein Datumsfeld im Zeilen- oder Spaltenbereich, bietet der benutzerdefinierte Filter eine große Auswahl an datumsspezifischen Filterkriterien. So können Sie beispielsweise nach Quartalen, Monaten oder Zeiträumen zwischen zwei Datumswerten suchen.

Der Filterpfeil weist mit einem kleinen Filtersymbol darauf hin, dass die Datensätze in diesem Bereich gefiltert sind. Mit der Option *Filter löschen* entfernen Sie den gesetzten Filter wieder aus dem Feld.

12.5 Datenschnitte

Eine der besten Neuerungen in Excel 2010 ist die Bereitstellung von Datenschnitten für PivotTables. Das Problem, das damit beseitigt wird: Filtern Sie eine PivotTable nach mehreren Elementen, sehen Sie zwar das Ergebnis, im Tabellenblatt lässt sich aber nirgends ablesen, nach welchen Elementen gefiltert wurde. In der Praxis führt das zu Missverständnissen und erschwert das Reporting und die Präsentation der Auswertung zum Beispiel auf PowerPoint-Folien.

12.5.1 Ein neuer Datenschnitt

1. Legen Sie eine neue PivotTable an, ziehen Sie das Feld *Kategorie* in den Berichtsfilter, *Produkt* in den Zeilenbereich, und berechnen Sie die Summe der Umsätze im Wertebereich.
2. Filtern Sie das *Kategorie*-Feld nach mehreren Elementen, kreuzen Sie zum Beispiel nur *Computer* und *Software/Spiele* an, zeigt das Resultat richtig Produkte nur aus diesen Kategorien, im gefilterten Bereich steht aber nur *Mehrere Elemente*.
3. Lösen Sie den Filter wieder auf, und erstellen Sie stattdessen einen Datenschnitt auf die Kategorien:
4. Wählen Sie unter *PivotTable-Tools/Optionen/Sortieren und Filtern* das Symbol *Datenschnitt einfügen*.
5. Kreuzen Sie *Kategorie* an, und klicken Sie auf OK. Der Datenschnitt wird als zusätzliches Objekt eingefügt, positionieren Sie es mit gedrückter Maustaste, und ändern Sie die Größe, indem Sie das Objekt an den Kanten oder Eckpunkten ziehen.
6. Markieren Sie einzelne Kategorien per Klick auf den Eintrag. Mit gedrückter Umschalt-Taste können Sie mehrere zusammenhängende Elemente markieren. Drücken Sie die Strg-Taste, und markieren Sie einzelne, nicht zusammenhängende Elemente im Datenschnitt.
7. Um den Filter wieder aufzulösen, klicken Sie die einzelnen Elemente erneut an. Um alle Elemente gleichzeitig aus dem Filter zu entfernen, klicken Sie auf das Symbol *Filter löschen*.

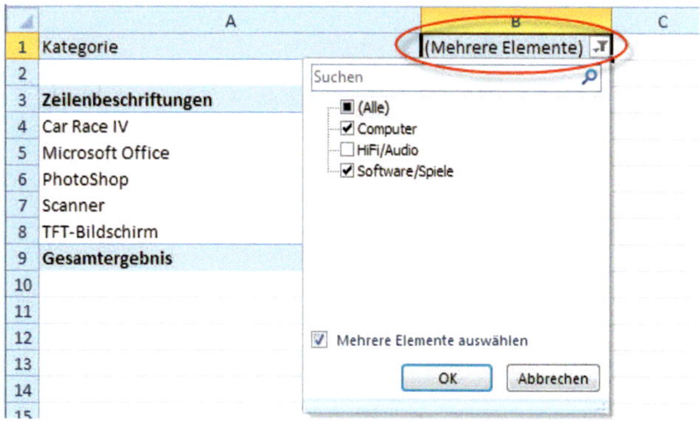

Abbildung 12.20 Mehrere Elemente für gefilterte Kategorien

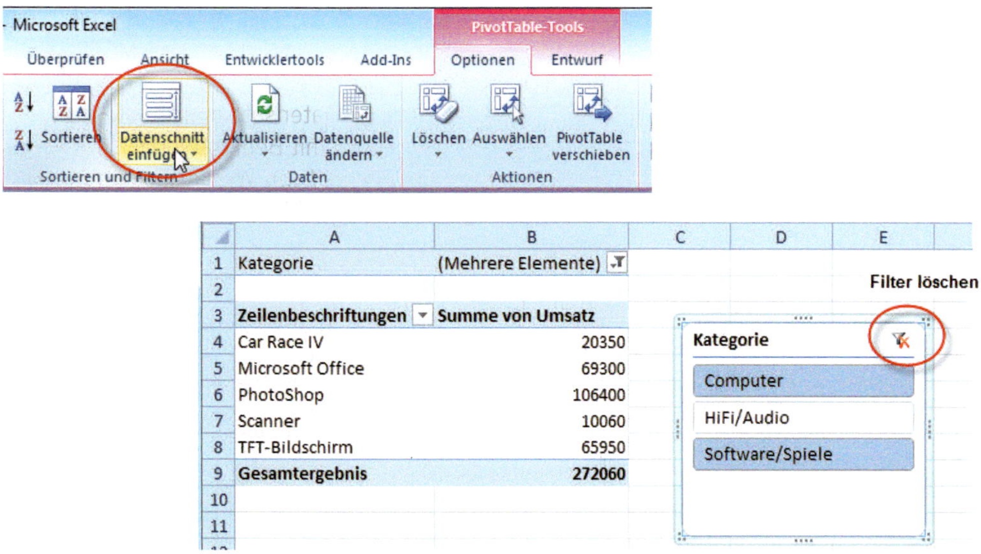

Abbildung 12.21 Datenschnitt für das Kategorienfeld

12.5.2 Datenschnitt-Tools

Mit dem Einfügen eines Datenschnittes erhalten Sie ein weiteres Register im Menüband. Die Datenschnitttools mit fünf Gruppen werden angeboten, wenn ein Datenschnitt markiert ist.

12.5.3 Mehrere Datenschnitte

Klicken Sie wieder in die PivotTable, und fügen Sie weitere Datenschnitte ein. Im Prinzip lässt sich für jedes Feld, das in der Feldliste zu sehen ist, ein eigener Datenschnitt erstellen, nur berechnete Felder tauchen nicht im Angebot auf.

TIPP Sie können einen Datenschnitt auch kopieren, um zum Beispiel bei großen PivotTables den Filter auf mehreren Seiten anzubieten. Markieren Sie den Schnitt, drücken Sie Strg+c und Strg+v. Der Datenschnitt funktioniert auch, wenn Sie ihn in ein anderes Tabellenblatt kopieren.

12.5.4 Datenschnitte formatieren

Die Datenschnitttools bieten einige nützliche Optionen zur Ausrichtung der Datenschnitte auf dem Tabellenblatt und zur Formatierung dieser Filterwerkzeuge.

Die Größe eines Datenschnitts bestimmen Sie am besten durch Ziehen der Randmarkierungen. In der Gruppe *Grösse* finden Sie Schalt- und Eingabeflächen für die Größe des Datenschnitts selbst und die Größe der Schaltflächen. Unter *Schaltflächen* tragen Sie zunächst die passende Spaltenzahl ein, bei sehr vielen Elementen im Pivot-Feld empfiehlt es sich, Datenschnitte mehrspaltig zu gestalten. Ändern Sie anschließend Höhe und Breite der Schaltflächen, sodass diese noch gut lesbar sind.

Wählen Sie unter *Datenschnitt-Formatvorlagen* eine der angebotenen Vorlagen, oder klicken Sie auf *Neue Datenschnitt-Formatvorlage*, und erstellen Sie eine eigene Vorlage.

1. Tragen Sie den Namen für die neue Vorlage ein, und klicken Sie die Elemente einzeln an, um sie zu formatieren. Ändern Sie die Schriftart und -größe der Überschrift, oder weisen Sie Schrift, Rahmen und Farben für ausgewählte oder nicht ausgewählte Elemente zu.
2. Kreuzen Sie die Option *Als Datenschnitt-Standardschnellformatvorlage für dieses Dokument festlegen* in der neuen Vorlage an, um diese für die nächsten Datenschnitte als Vorlage zu bestimmen.
3. Um eine selbst definierte Datenschnitt-Schnellformatvorlage zu ändern, öffnen Sie die Liste und klicken mit der rechten Maustaste in die eigene Vorlage. Wählen Sie im Kontextmenü *Ändern*. Um die Vorlage zu löschen, wählen Sie *Löschen*.

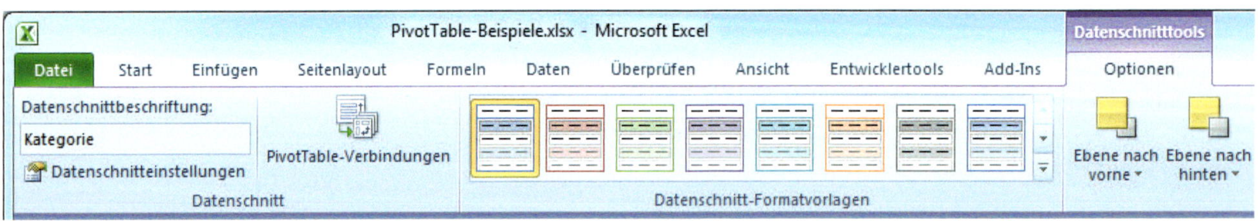

Abbildung 12.22 Neues Register Datenschnitttools

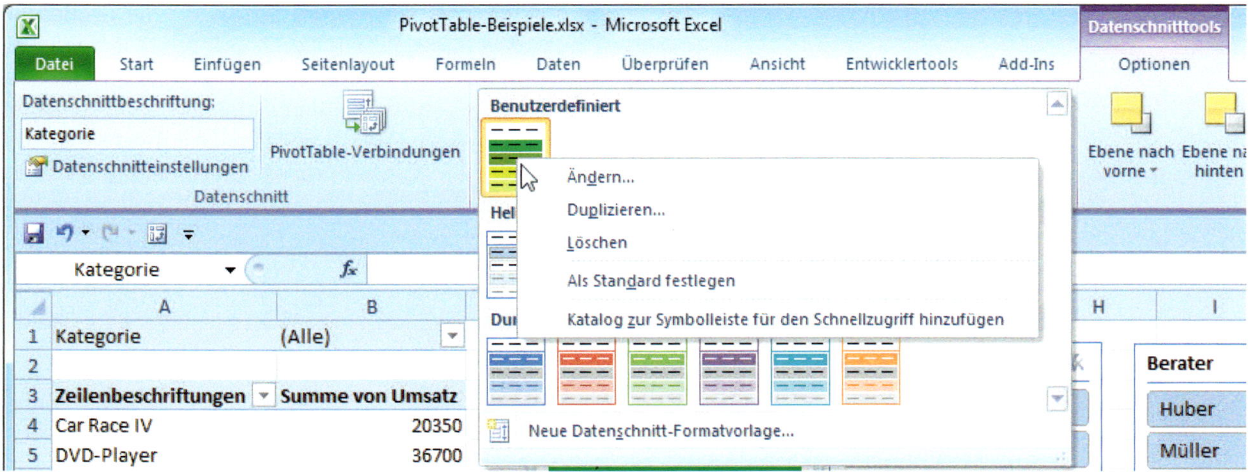

Abbildung 12.23 Datenschnitt-Formatvorlagen selbst erstellt

12.5.5 Datenschnitt beschriften

Alternativ zum Feldnamen kann der Datenschnitt auch eine beliebige, frei wählbare Überschrift haben. Wenn der Feldname nicht aussagekräftig genug ist, tragen Sie einfach einen Text Ihrer Wahl ein. Wählen Sie *Datenschnitttools/Datenschnitt/Datenschnittbeschriftung*. Geben Sie den Text ein, und drücken Sie die Enter-Taste.

12.5.6 Datenschnitte anordnen

Legen Sie mehr als einen Datenschnitt an, werden die neuen Schnitte in Stapelform übereinander angeordnet. Mit *Datenschnitttools/Anordnen* können Sie einen markierten Datenschnitt eine Ebene nach vorne oder eine Ebene nach hinten holen oder – nach dem Klick auf das Pfeilsymbol – *in den Vordergrund* bzw. *Hintergrund* befördern. Mit *Drehen* lässt sich ein Objekt drehen (nicht aktiv bei Datenschnitten).

Wenn Sie die Übersicht über alle Datenschnitte verloren haben, schalten Sie den *Auswahlbereich* ein. Am rechten Rand finden Sie damit eine Liste aller grafischen Objekte im Tabellenblatt, zu denen auch die Datenschnitte zählen. Diese können hier umbenannt oder per Klick auf das Auge-Symbol am rechten Rand einzeln aus- oder eingeblendet werden.

Unter *Ausrichten* finden Sie Optionen zur Anordnung der Datenschnitte, diese sind nur aktiv, wenn Sie (mit Umschalt oder Strg) mehrere Datenschnitte markiert hatten.

Datenschnitte können auch gruppiert werden und sind damit als einzelnes Objekt auf dem Tabellenblatt zu behandeln. Markieren Sie wieder mindestens zwei Datenschnitte, und wählen Sie *Datenschnitttools/Optionen/Gruppieren*. Das gruppierte Objekt bietet als Tool-Register *Zeichentools* an. Um die Gruppierung zu ändern oder aufzuheben, klicken Sie auf einen Datenschnitt in der Gruppe. Aufgehoben wird die Gruppierung mit *Datenschnitttools/Optionen/Gruppieren/Gruppierung aufheben*.

12.5.7 Datenschnitteinstellungen

Unter *Datenschnitttools/Optionen/Datenschnitt* finden Sie die Datenschnitteinstellungen.

Der *Quellname* ist die Bezeichnung des PivotTable-Feldes. Wenn Sie diesen in Formeln verwenden wollen, nutzen Sie den angezeigten Namen.

Unter *Name* wird der Name des Datenschnitts zur Änderung angeboten.

Schalten Sie mit *Kopfzeile anzeigen* die Überschrift ein oder aus, und bestimmen Sie unter *Beschriftung* den Inhalt der Überschrift.

In der *Elementsortierung und -filterung* wird der Datenschnitt auf- oder absteigend sortiert. Wenn Sie benutzerdefinierte Listen verwenden, werden die unter *Datei/Optionen* eingerichteten Listen zur Sortierung herangezogen.

Elemente ohne Daten visuell kennzeichnen: Damit bekommt ein Element, für das die PivotTable keine Auswertungsdaten finden konnte, eine eigene, von den anderen gewählten oder nicht gewählten Elementen abweichende Formatierung. In der Datenschnitt-Formatvorlage sind für Elemente ohne Daten Formatvorlagen vorgesehen. Entfernen Sie die Option, lässt sich nicht unterscheiden, ob für ein Element Daten vorhanden sind oder nicht.

Elemente ohne Daten anzeigen: Mit der Auswahl der übergeordneten Optionen können Sie bestimmen, dass Elemente, für die keine Daten in der PivotTable stehen, am unteren Rand des Datenschnittes angeboten werden.

Aus der Datenquelle gelöschte Elemente anzeigen: Die PivotTable merkt sich die in der Datenquelle gelöschten Einträge, und auch der Datenschnitt bietet weiterhin Inhalte an, die längst aus den Daten entfernt wurden. Deaktivieren Sie diese Option, sehen Sie nur Einträge im Datenschnitt, für die es auch Daten in der Datenquelle gibt.

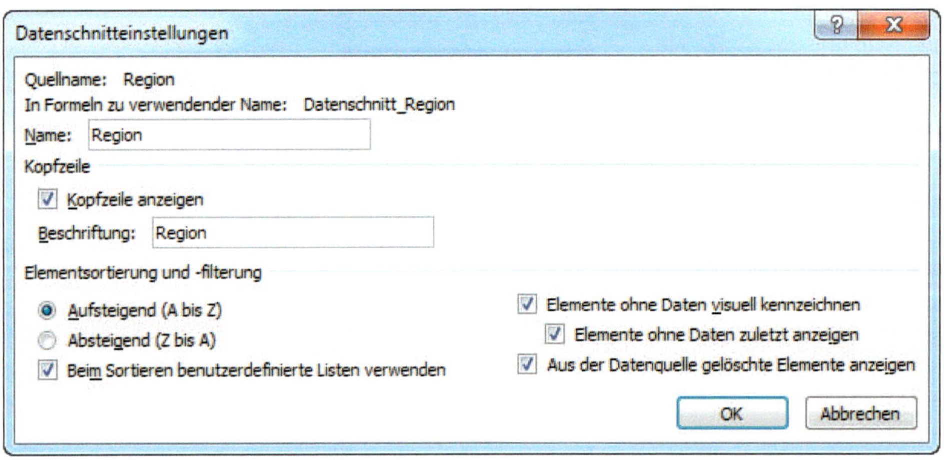

Abbildung 12.24 Datenschnitteinstellungen

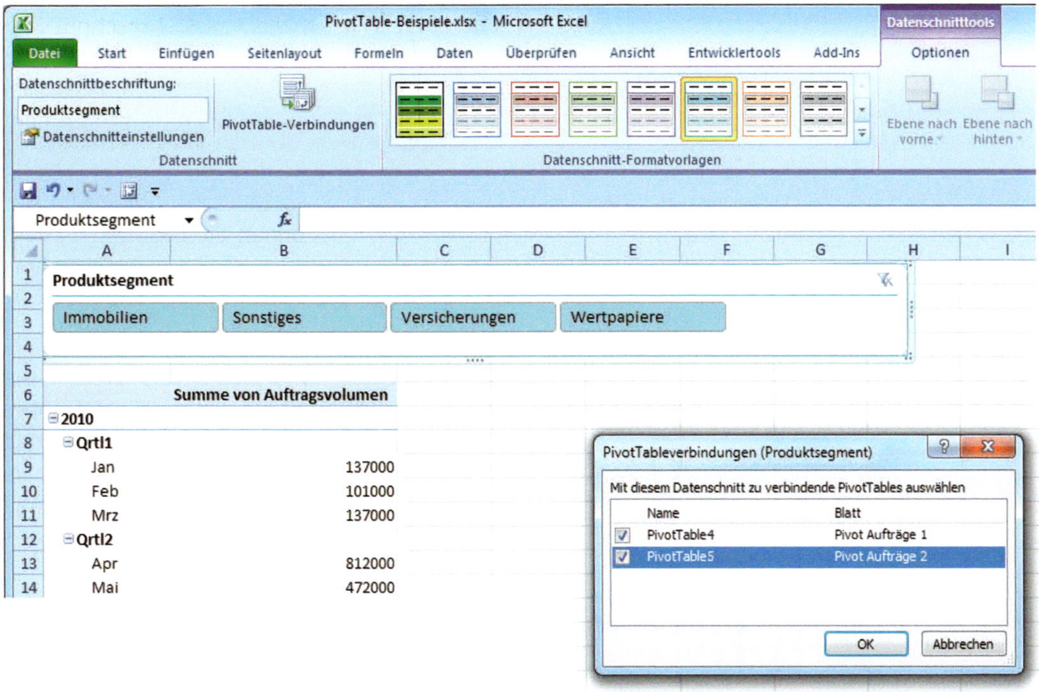

Abbildung 12.25 PivotTables mit Datenschnitten verbinden

12.5.8 PivotTable-Verbindungen

Jeder Datenschnitt hat zunächst Verbindung zu einer PivotTable. Um einen Datenschnitt zur Filterung mehrerer PivotTables nutzen zu können, verbinden Sie ihn mit diesen:

1. Markieren Sie den Datenschnitt, und wählen Sie *Datenschnitttools/Optionen/PivotTable-Verbindungen*.
2. Kreuzen Sie die PivotTables an, die von den Aktionen in diesem Datenschnitt betroffen sind.

Datenschnitt auf externe Verbindung erstellen

Daten aus externen Datenquellen wie Access- oder SQL-Server-Datenbanken, OLAP-Cubes oder vom SharePoint-Server integriert Excel über eine externe Datenverbindung. ODBC (Open Database Connectivity) ist der Schlüssel zu diesen Verbindungen, in der Windows-Systemsteuerung stehen die ODBC-Treiber zur Auswahl. Wenn Sie einen Datenschnitt auf eine externe Verbindung erstellen wollen, gehen Sie so vor:

1. Wählen Sie *Einfügen/Filter/Datensch.* (Datenschnitt).
2. Markieren Sie die eingerichtete Verbindung zum Server, oder erstellen Sie eine neue Verbindung.
3. Klicken Sie unter *Felder auswählen* auf die Felder der Verbindung, für die Sie einen Datenschnitt erstellen wollen.

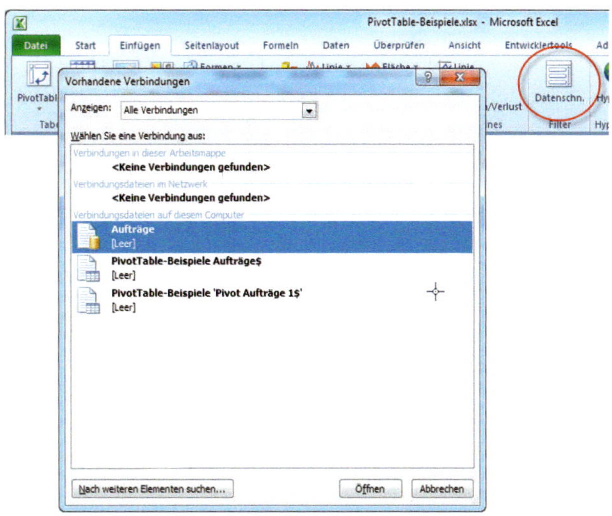

Abbildung 12.26 Datenschnitt auf externe Verbindung einrichten

12.6 Pivot-Bericht formatieren

Pivot-Berichte sind in der Regel nicht besonders schön formatiert, was bei den großen Zahlen, die aus den Zusammenfassungen entstehen, auch nicht besonders sinnvoll ist. Wenn Sie aber trotzdem etwas Farbe und Muster ins Spiel bringen wollen, formatieren Sie Ihre Berichte mit Tabellenformatvorlagen.

HINWEIS Die Formatvorlagen für PivotTables haben nur Formatierungen für Schrift, Rahmen und Muster im Angebot. Zahlenformate müssen Sie den Zellen über die Befehle in der Registerkarte *Start* oder über das Kontextmenü zuweisen (siehe folgende Abschnitte).

12.6.1 PivotTable-Formate

Sie können vorbereitete Vorlagen verwenden oder neue Vorlagen gestalten und mit der aktuellen Arbeitsmappe abspeichern. Die Liste der Formate ist ähnlich wie bei den Tabellenformatvorlagen in die Kategorien *Hell*, *Mittel* und *Dunkel* aufgeteilt.

1. Setzen Sie den Zellzeiger in die PivotTable, und schalten Sie auf die Registerkarte *PivotTable-Tools/ Entwurf*.
2. Klicken Sie in der Gruppe *PivotTable-Formate* auf eines der angebotenen Schnellformate, oder öffnen Sie die Formatliste und weisen ein Format zu.

Zeigen Sie mit dem Mauszeiger auf ein Format, wird dieses im Hintergrund schon (vorläufig) zugewiesen, sodass Sie den Effekt gleich »live« sehen können. Die Option heißt auch *Livevorschau*, in den *Optionen* (*Datei*-Menü) muss dazu auf der ersten Registerkarte *Allgemein* die Option *Livevorschau aktivieren* markiert sein.

Wenn Sie die bereits zugewiesenen Formate nicht ändern wollen, klicken Sie eine Vorlage mit der rechten Maustaste an und wählen *Übernehmen und Formatierung beibehalten*. Mit *Übernehmen und Formate löschen* werden die alten Formate entfernt.

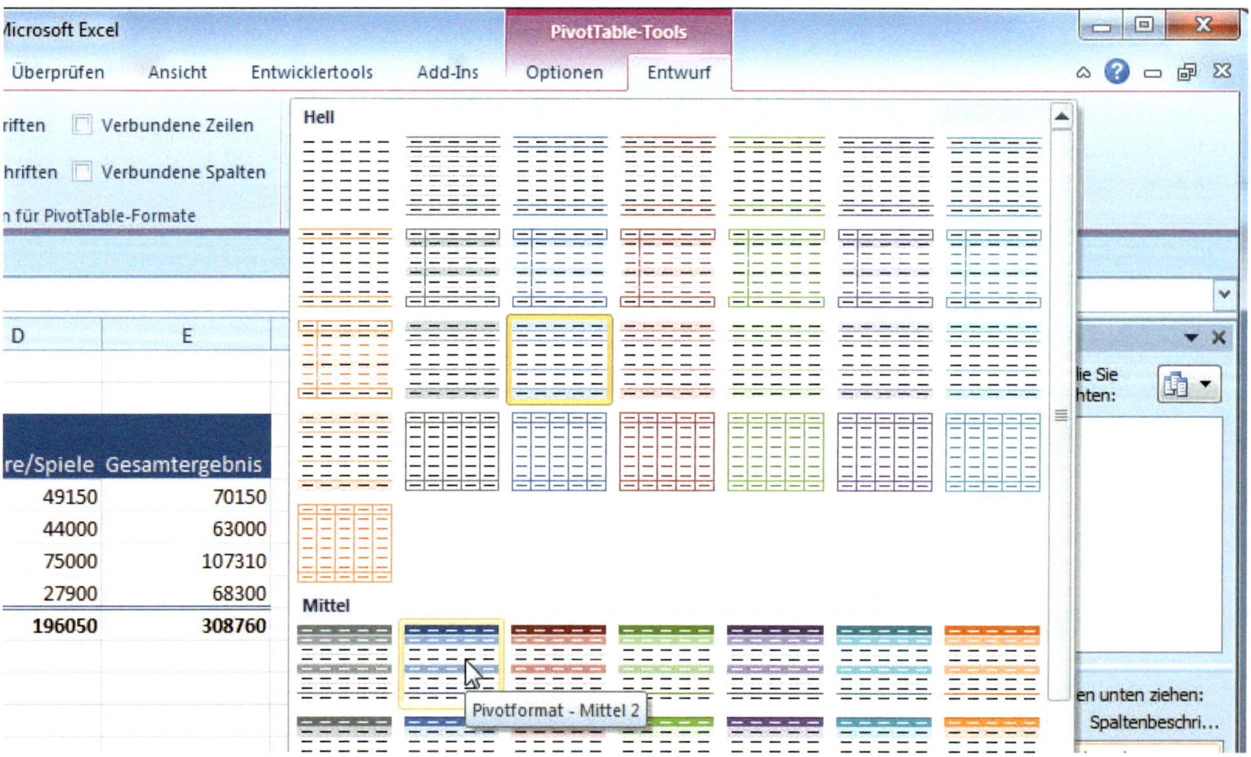

Abbildung 12.27 Hier weisen Sie Formatvorlagen für PivotTable-Berichte zu.

12.6.2 Neue PivotTable-Formatvorlagen

Neue Vorlagen für PivotTables werden über den Befehl am unteren Rand erstellt.

1. Wählen Sie in der Formatliste *Neue PivotTable-Formatvorlage*.
2. Geben Sie einen Namen für die neue Vorlage ein.
3. Formatieren Sie die einzelnen Tabellenelemente, klicken Sie auf den ersten Eintrag, *Ganze Tabelle*, und wählen Sie *Formatieren*.
4. Weisen Sie Schrift, Rahmen und Zellmuster zu.
5. Formatieren Sie weitere Elemente wie Stripesets, Ergebniszeilen und Überschriften.

HINWEIS Als Stripesets werden die wechselnden Spaltenformatierungen bezeichnet, die sichtbar werden, wenn in den Optionen *Verbundene Spalten* oder *Verbundene Zeilen* gesetzt ist. Zeilen-Stripesets heben die Formatierung von Spalten auf.

Die neue Vorlage steht anschließend in der Kategorie *Benutzerdefiniert* zur Auswahl. Das Kontextmenü (rechte Maustaste) neu definierter Formatvorlagen hält die Befehle *Ändern* und *Zellen löschen* (löscht die Vorlage, nicht die Zellen) bereit, und mit *Duplizieren* können Sie eine Kopie der Vorlage produzieren. *Als Standard festlegen* definiert die Vorlage als erste in den Schnellformatvorlagen.

Schnellformatvorlagen

Unter diese Bezeichnung fallen die PivotTable-Formatvorlagen, die in der gleichnamigen Gruppe der Registerkarte *Tabellentools/Entwurf* angeboten werden. Sie sorgen für eine schnelle Formatierung, da sie per Klick zugewiesen werden können.

12.6.3 Zahlenformate

Um Zahlenfelder einer PivotTable in anderen Formaten, zum Beispiel mit Nachkommastellen oder Währungszeichen, auszustatten, schalten Sie das Kontextmenü ein:

1. Klicken Sie mit der rechten Maustaste auf die erste Zahl eines Wertfeldes (im Beispiel *Summe von Umsatz*).

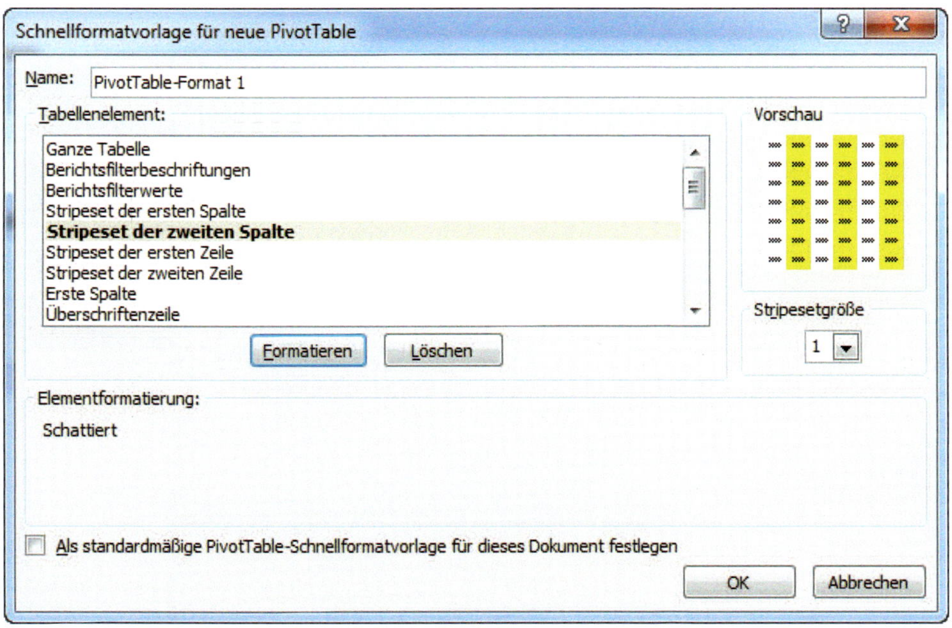

Abbildung 12.28 Die neue PivotTable-Formatvorlage wird angepasst.

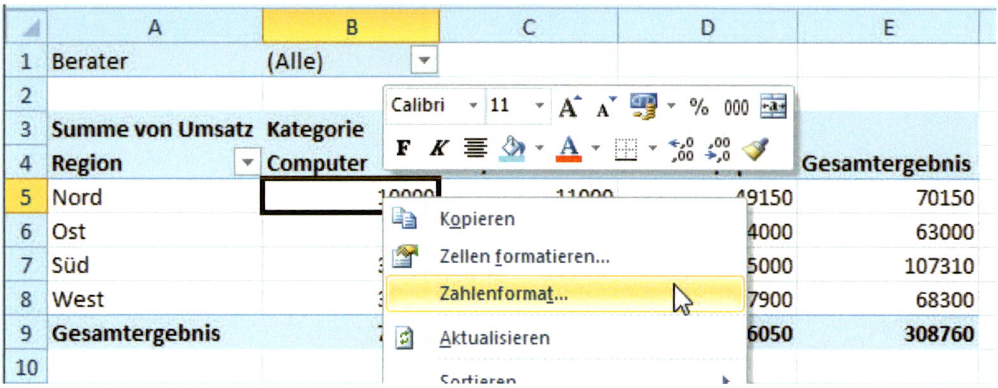

Abbildung 12.29 Das Zahlenformat der Wertfelder stellen Sie am besten im Kontextmenü ein.

2. Wählen Sie *Wertfeldeinstellungen/Zahlenformat*, oder klicken Sie direkt auf *Zahlenformat*.
3. Stellen Sie das gewünschte Zahlenformat mit Nachkommastellen, Währungszeichen und Tausenderpunkten ein.

12.6.4 Bedingte Formatierung

Die Möglichkeit, mit bedingten Formaten Zellfarben, Schrifteffekte oder Muster anzulegen, gibt es auch für PivotTables. Markieren Sie den gesamten Bereich in der PivotTable, und wählen Sie *Start/Formatvorlagen/Bedingte Formatierung*. Holen Sie eines der vordefinierten Formate, oder erstellen Sie Regeln für die Bedingungsformatierung.

Nach dem Einfügen eines Bedingungsformates erhalten Sie eine Optionsschaltfläche am rechten unteren Rand, wählen Sie hier gezielt den Bereich für das Format.

12.6.5 Optionen für PivotTable-Formate

In dieser Gruppe der Registerkarte *Entwurf* in den *PivotTable-Tools* finden Sie Optionen für die Formatierung und Anzeige einzelner Elemente. Kreuzen Sie *Zeilen-*

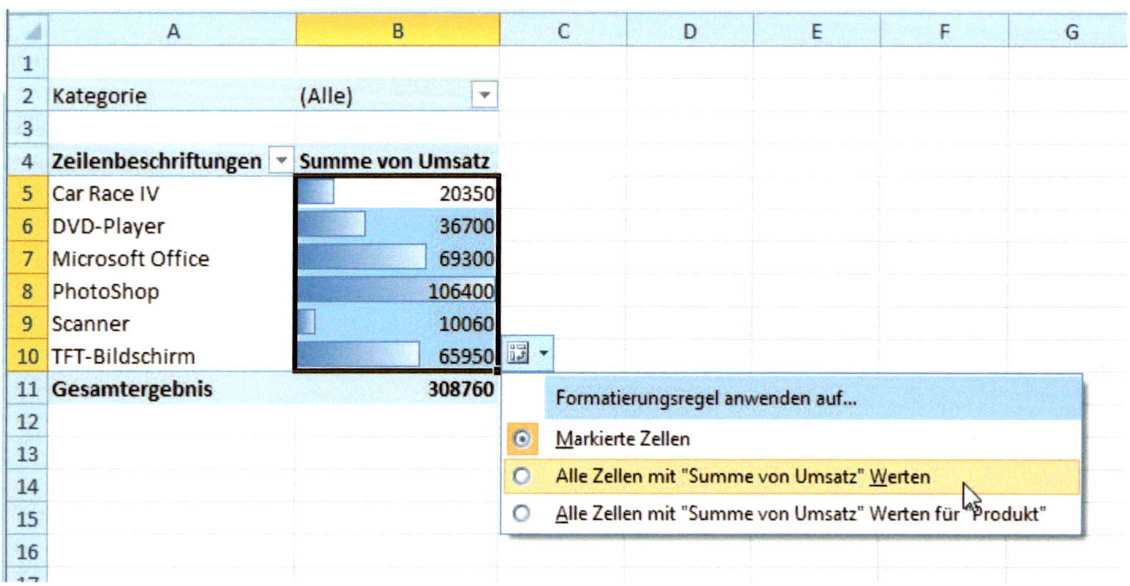

Abbildung 12.30 Bedingungsformat mit Optionsschaltfläche

überschrift, *Spaltenüberschrift* oder *Verbundene Zeilen/Spalten* an, wenn Sie die für diese Elemente vorgesehenen Formatierungen in der Tabellenformatvorlage anwenden wollen.

12.6.6 Layout

In der Gruppe *Layout* der Registerkarte *PivotTable-Tools/Entwurf* stellen Sie die Anzeige der Zwischensummen (*Teilergebnisse*) ein und bestimmen, ob die Tabelle Gesamtergebnisse anzeigt. Außerdem lässt sich die Optik des Layouts ein wenig verbessern.

Teilergebnisse werden berechnet, wenn der Zeilen- oder Spaltenbereich mehr als ein Feld enthält. Ziehen Sie zum Beispiel die Felder *Region* und *Produkt* in den Zeilenbereich, wird für jede Region eine Zwischensumme gezogen. Mit *Teilergebnisse nicht anzeigen* schalten Sie diese Berechnung aus. *Alle Teilergebnisse unten in der Gruppe anzeigen* stellt die Zwischensummen unter die Datenzeilen, *Alle Teilergebnisse oben in der Gruppe anzeigen* hebt sie in die Zeile, in der die Feldüberschrift steht (*Region*).

Die *Gesamtergebnisse* sind für Zeilen und Spalten aktiviert. Stellen Sie *Nur für Zeilen aktiviert* ein, werden die Spaltensummen unten an der Tabelle nicht berechnet, stellen Sie *Nur für Spalten aktiviert* ein, fehlen die Gesamtsummen rechts außen. Mit *Für Zeilen und Spalten deaktiviert* erhalten Sie gar keine Gesamtsummen.

Berichtslayout

Wählen Sie *In Kurzform anzeigen*, um die Daten im Zeilenbereich über alle Ebenen in einer Spalte anzuordnen. Diese Kurzform ist dann besonders nützlich, wenn diese Ebene sehr viele Felder enthält, weil die PivotTable nicht ständig horizontal geblättert werden muss.

Mit *Im Gliederungsformat anzeigen* werden alle Felder in einzelne Spalten gesetzt, die PivotTable wird in die Breite gezogen.

Die Option *Im Tabellenformat anzeigen* bietet sich an, wenn die Daten in Tabellenform benötigt werden, zum Beispiel für eine Kopie in ein anderes Tabellenblatt. Diese Anzeigeform verwendet auch wieder alle Formatierungen aus der PivotTable-Formatvorlage.

Leere Zeilen werden, wenn die PivotTable sie aus den Daten übernehmen muss, als Datensätze behandelt. Mit *Leerzeile nach jedem Element einfügen* können Sie das PivotTable-Layout optisch etwas »entzerren«. *Leerzeilen nach jedem Element entfernen* löscht diese Leerzeilen wieder aus dem Layout.

HINWEIS Diese Leerzeilen dürfen Sie zwar mit Schriftformaten und Zellmustern formatieren, Sie können aber keine Daten eingeben.

12.7 PivotTable-Optionen

Sie können eine PivotTable anlegen, das Layout gestalten und passende Formatvorlagen zuweisen. Wenn Sie sicher sind und etwas mit diesen Standardwerkzeugen geübt haben, sollten Sie sich mit den Optionen vertraut machen. Hier spielt die PivotTable ihre Stärken aus, denn die Wertfelder können weit mehr als nur Summen ziehen.

12.7.1 Optionen für die PivotTable allgemein

Auf der Registerkarte *PivotTable-Tools/Optionen* finden Sie in der Gruppe *PivotTable* den Namen der aktuellen PivotTable. Jede neue PivotTable bekommt einen Namen zugewiesen, *PivotTable1* heißt die erste, *PivotTable2*, *PivotTable3* usw. folgen. In dieser Gruppe wird der Name angeboten, schreiben Sie falls nötig eine neue Bezeichnung in das Feld. Der Name wird eigentlich nur für die Makroprogrammierung oder für den Datentransfer mit externen Daten benötigt.

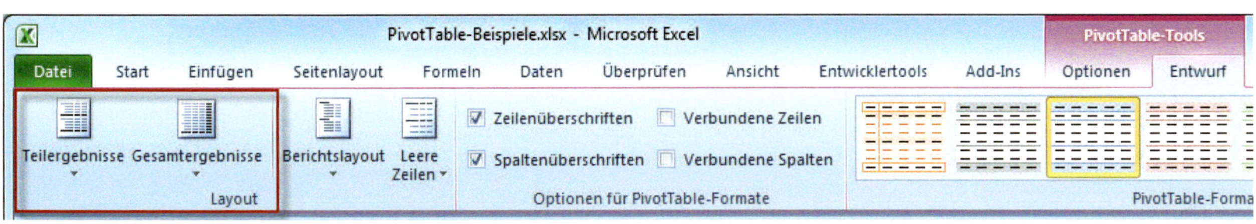

Abbildung 12.31 Diese Gruppe definiert das PivotTable-Layout.

Optionen bietet alle Optionen in einem Dialogfeld an. Klicken Sie auf das Befehlssymbol, und sehen Sie sich an, was dieses Dialogfeld zu bieten hat.

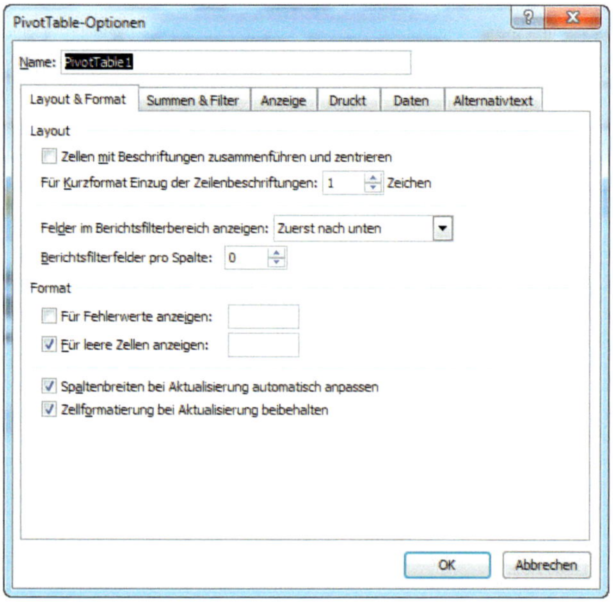

Abbildung 12.32 Die PivotTable-Optionen mit sechs Registern

Layout & Format

» *Zellen mit Beschriftungen zusammenführen und zentrieren:* Wenn Sie mehr als ein Feld im Zeilen- oder Spaltenbereich haben, können mit dieser Option alle Zeilen der äußeren Zeilen (ganz links) und Spalten (ganz rechts) zusammengefasst und zentriert werden.

» *Für Kurzformat Einzug der Zeilenbeschriftungen:* Damit rücken die Zeilen im Kurzformat (*Entwurf/Layout/Berichtsformat/In Kurzformat anzeigen*) um die angegebene Zeichenanzahl (0 bis 127) ein.

» *Felder im Berichtsfilterbereich anzeigen:* Diese Option bezieht sich auf die Anordnung der Felder im Berichtsfilter. Wenn dieser Bereich mehr als ein Feld enthält, können Sie diese Felder untereinander oder nebeneinander (mit je einer Leerspalte dazwischen) anordnen. *Mit Berichtsfilterfelder pro Spalte* geben Sie an, wie viele Felder zeilen- oder spaltenweise angeordnet werden. Ein Beispiel:

  Sie haben vier Felder im Berichtsfilter, die Einstellung steht auf *Zuerst nach unten*.

  – Mit 1 Berichtsfeld pro Spalte stehen alle Felder in einer Spalte.

  – Mit 2 Berichtsfeldern pro Spalte stehen zwei Felder in der ersten Spalte und zwei in der zweiten.

» *Format/Für Fehlerwerte anzeigen*: Hier können Sie Ersatztexte oder andere Zeichen für Fehlerwerte oder Leereinträge in der PivotTable eintragen. Wenn Sie keine Fehlertexte sehen wollen, kreuzen Sie die Option an und lassen das Feld leer.

» *Format/Für leere Zeilen anzeigen*: Wenn Sie keine leeren Zellen oder eine Null (bei Wertfeldern) sehen wollen, geben Sie nichts in das Feld ein. Geben Sie zum Beispiel »Leer« oder »kein Umsatz« ein, wenn Sie einen Ersatztext sehen wollen.

» *Spaltenbreiten bei Aktualisierung automatisch anpassen:* Aktivieren Sie diese Option, um alle Spalten automatisch an die Größe des breitesten Eintrags anzupassen. Deaktivieren Sie die Option, bleibt die aktuelle Breite der Spalten erhalten.

» *Zellformatierung bei Aktualisierung beibehalten:* Aktivieren Sie diese Option, um das Berichtslayout und das Format der PivotTable mit der Arbeitsmappe zu speichern. Ist die Option nicht gesetzt, wird das Standardlayout und -format verwendet.

Summen und Filter

» *Gesamtsummen für Zeilen-/Spalten anzeigen*: Diese beiden Optionen blenden die automatisch berechneten Summen am rechten Rand (Zeilensumme) und am unteren Rand (Spaltensumme) ein oder aus (auch unter *PivotTable-Tools/Entwurf/Layout/Gesamtergebnisse*).

» *Gesamtsummen mit * markieren*: Diese Option sehen Sie nur bei OLAP-Datenquellen, wenn *subselect* bei MDX nicht unterstützt wird.

» *Filter/Nach Teilergebnissen gefilterte Seitenelemente:* Diese Option ist nur bei OLAP-Datenquellen aktiv, die die untergeordnete SELECT-Syntax des MDX-Ausdrucks unterstützen. Sie schließt Berichtsfilterelemente ein bzw. aus.

» *Filter/Mehrere Filter pro Feld zulassen:* Aktivieren Sie diese Option, wenn Excel bei der Berechnung von Gesamtsummen und Teilergebnissen auch die gefilterten Werte mit einbeziehen soll.

» *Sortieren/Beim Sortieren benutzerdefinierte Listen verwenden:* Schalten Sie diese Option aus, wenn Sie keine benutzerdefinierten Listen zum Sortieren brauchen.

Anzeige

» *Schaltflächen zum Erweitern/Reduzieren anzeigen:* Zeigt die Plus- und Minuszeichen im Zeilen- oder Spaltenbereich an, wenn diese mehrere Felder enthalten.

» *Kontextbezogene QuickInfos anzeigen:* Schaltet die QuickInfos am Zellzeiger ein, die Detailinfos zu den einzelnen Zellen enthalten.

» *Eigenschaften in QuickInfo anzeigen:* Nur für OLAP-Datenquellen, zeigt Eigenschaftsinformationen für Elemente an.

» *Feldbeschriftungen und Filterdropdowns anzeigen:* Mit dieser Option werden die Feldbeschriftungen über dem Zeilen- und Spaltenbereich und die Filterpfeile sichtbar gemacht.

» *Klassisches PivotTable-Layout:* Schalten Sie diese Option ein, wenn Sie wie in der Vorgängerversion die PivotTable-Felder aus der Feldliste in das Tabellenblatt ziehen und dort mit dem Mauszeiger anordnen wollen. Die einzelnen Bereiche sind dann mit blauen Rahmen gekennzeichnet.

» *Elementnamen anzeigen, wenn im Wertebereich keine Felder vorhanden sind*: Diese Option gilt nur für PivotTables, die mit den Vorgängerversionen Excel 2003/XP/2000 oder Excel 97 erstellt wurden. Sie schaltet die Elementbeschriftungen aus, wenn das Feld keine Werte hat.

» *Feldliste/Von A bis Z sortieren:* Mit dieser Option sortieren Sie die Felder in der Feldliste alphabetisch aufsteigend. Mit *Nach der Reihenfolge der Datenquellen sortieren* werden sie so angezeigt, wie sie in der Datenquelle vorzufinden sind.

» Diese Optionen sind nur für OLAP-Datenquellen verfügbar und in normalen Tabellen deaktiviert:

- *Elemente ohne Daten in den Zeilen anzeigen*
- *Elemente ohne Daten in den Zeilen/Spalten anzeigen*
- *Berechnete Elemente von OLAP-Servern anzeigen*

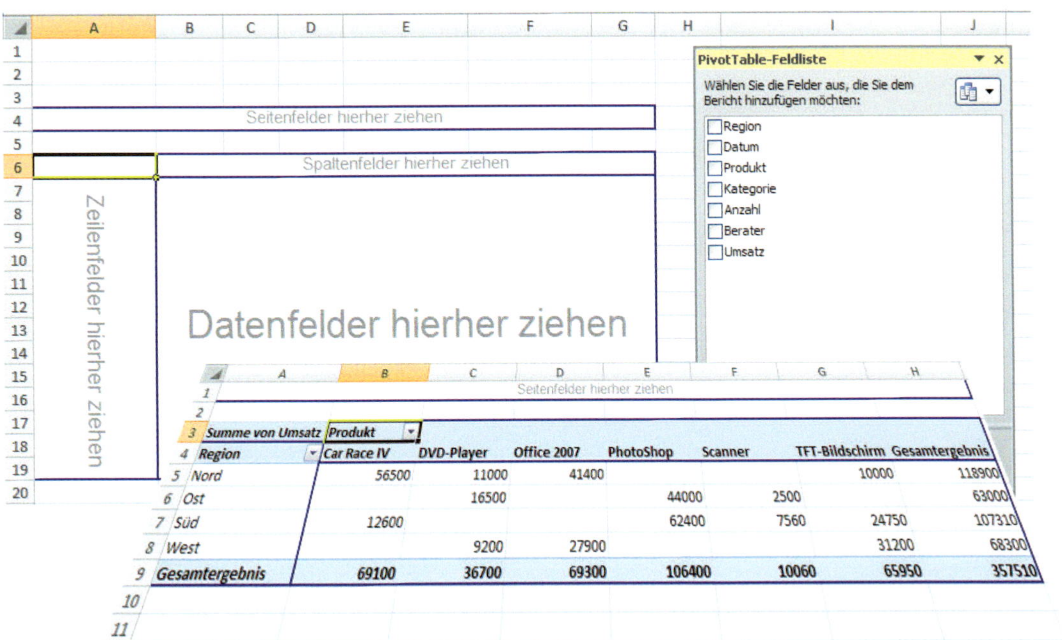

Abbildung 12.33 Im klassischen Layout werden die Felder mit dem Mauszeiger im Tabellenblatt positioniert.

Druckt

Auf dieser Registerkarte regeln Sie die Optionen für den Ausdruck von PivotTables:

» *Schaltflächen zum Erweitern/Reduzieren in einer PivotTable anzeigen* sollte nicht angekreuzt sein, wenn Sie die Plus-/Minuszeichen der Ebenen nicht drucken wollen. Die Option sollte nicht verfügbar sein, wenn die Schaltflächen auf der *Anzeige*-Registerkarte nicht eingeschaltet sind.

» *Zeilenbeschriftungen für jede gedruckte Seite wiederholen:* Bei mehrseitigen Ausdrucken wird die Zeilenbeschriftung auf allen Seiten als erste Zeile gedruckt.

» *Drucktitel festlegen:* Damit legen Sie fest, dass alle Zeilen- und Spaltenbeschriftungen auf allen Seiten gedruckt werden.

Schalten Sie diese Option ein, wird automatisch ein Drucktitel für das Tabellenblatt eingetragen. Auf der Registerkarte *Seitenlayout* unter *Seite einrichten* können Sie Seitenumbrüche setzen und den Drucktitel kontrollieren.

Daten

» *Quelldaten mit Datei speichern:* Wenn die PivotTable ihre Daten aus einer externen Datenquelle bezieht, müssen Sie die Daten nicht in der Arbeitsmappe speichern. Deaktivieren Sie diese Option, um nur die Definition der PivotTable zu speichern, die Daten werden automatisch beim Öffnen der Mappe aktualisiert, wenn Sie die Option *Aktualisieren beim Öffnen der Datei* ankreuzen.

» *›Details anzeigen‹ aktivieren*: Damit schalten Sie den »Drilldown« ein. Mit dieser Option kann ein Wert aus der Wertespalte per Doppelklick in einer neuen Tabelle in seine Detaildatensätze aufgesplittet werden (siehe Kapitel *11.2.9: Der Drilldown (Details anzeigen)*).

» *Aktualisieren beim Öffnen der Datei:* Mit dieser Option wird die PivotTable beim Öffnen der Arbeitsmappe aktualisiert.

» *Elemente beibehalten, die aus der Datenquelle gelöscht wurden:* Hier bestimmen Sie, wie viele Daten die PivotTable behalten soll, wenn die Datenmenge in der Datenquelle reduziert wurde. Die Option *Anzahl der pro Feld beizubehaltenden Elemente* bietet drei Einträge zur Auswahl an: Mit *Automatisch* bestimmen Sie die Standardanzahl der eindeutigen Elemente für die einzelnen Felder. *Keine* behält keine eindeutigen Elemente, und *Maximum* stellt sicher, dass die maximale Anzahl eindeutiger Elemente für die einzelnen Felder behalten wird (bis zu 1.048.576 Elemente).

» *Was-wäre-wenn-Analyse/Zellbearbeitung im Wertebereich aktivieren*: Diese Option ist nur für OLAP-Datenquellen verfügbar.

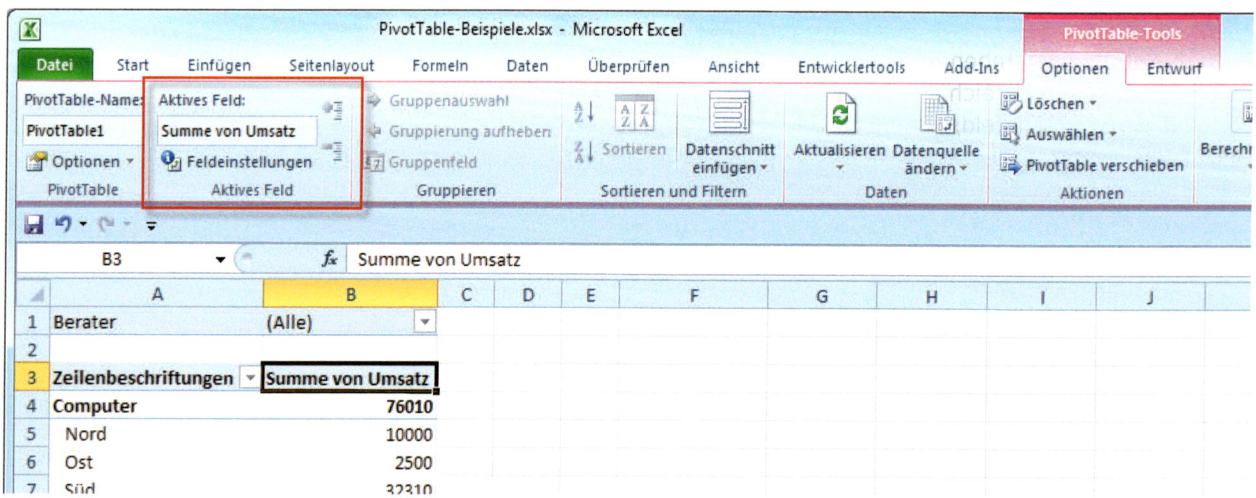

Abbildung 12.34 Hier wird der Feldname des aktiven Feldes angezeigt.

Alternativtext

» Unter diesem Register stehen die Eingabefelder *Titel* und *Beschreibung* zum Vorlesen für behinderte Personen zur Verfügung.

12.7.2 Optionen für Zeilen-/Spaltenfelder

Viele der Optionen, die auf der *Entwurf*-Registerkarte für das gesamte Layout einzustellen sind, lassen sich auch für einzelne Felder definieren. Gestalten Sie Ihre PivotTable mit variablen Teilergebnissen, Filtern und Druckoptionen mit den Befehlen der Gruppe *Aktives Feld*.

Feldname

Die Gruppe *Aktives Feld* zeigt den Feldnamen des Elements, in dessen Zeile oder Spalte sich der Zellzeiger gerade befindet. Sie können diesen Feldnamen hier umbenennen. Löschen Sie den Namen aus dem Eingabefeld, und schreiben Sie eine neue Bezeichnung in das Feld. Der neue Name wird auch in die Feldliste aufgenommen. Der Quellenname wird damit nicht verändert.

Feld erweitern/reduzieren

Diese Symbole sind für gegliederte Zeilen- oder Spaltenelemente gedacht. Sitzt der Zellzeiger zum Beispiel auf einem Zeilenfeld, dem ein weiteres Feld untergeordnet ist, können Sie mit Klick auf *Feld erweitern* alle Ebenen einblenden und mit *Feld reduzieren* alle Ebenen ausblenden. Beim Versuch, Zellen zu erweitern, die keine Unterebenen enthalten, erscheint ein Dialogfeld mit der Auswahl aller Felder, die hinzugefügt werden können. Ein Beispiel:

Produkt und Region stehen im Zeilenbereich, der Umsatz wird im Wertebereich summiert. Der Zellzeiger sitzt auf dem Produktfeld, mit den beiden Symbolen können die Umsätze der Regionen zusammengefasst oder erweitert werden.

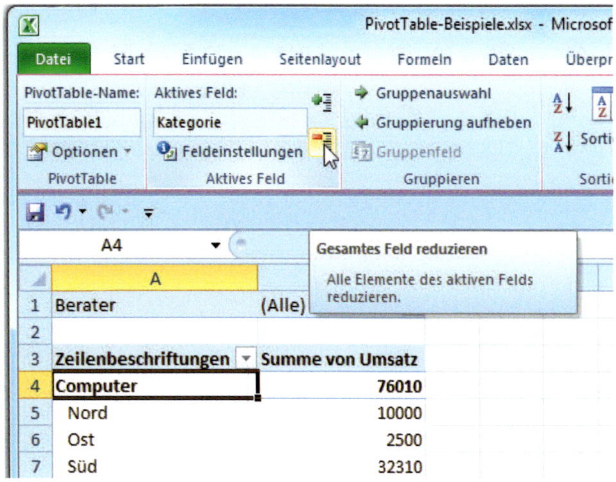

Abbildung 12.35 Mit Symbolen Ebenen erweitern und reduzieren

Zwischensummen (Teilergebnisse) für Felder

Enthält der Zeilen- oder Spaltenbereich mehr als einen Feldnamen, werden für die übergeordneten Ebenen Zwischensummen berechnet. Stellen Sie diese Berechnung in den Feldoptionen ein:

1. Wählen Sie *Feldeinstellungen* in der Gruppe *Aktives Feld*.
2. Geben Sie unter *Teilergebnisse & Filter* an, welche Teilergebnisse Sie für das aktive Feld sehen möchten. *Automatisch* zieht eine Zwischensumme, *Keine* zeigt keine Ergebniszeile für das Feld. Mit *Benutzerdefiniert* können Sie die Berechnungsfunktion wählen, die auch unter *PivotTable-Tools/Berechnungen/Werte zusammenfassen nach* für Wertfelder angeboten werden.

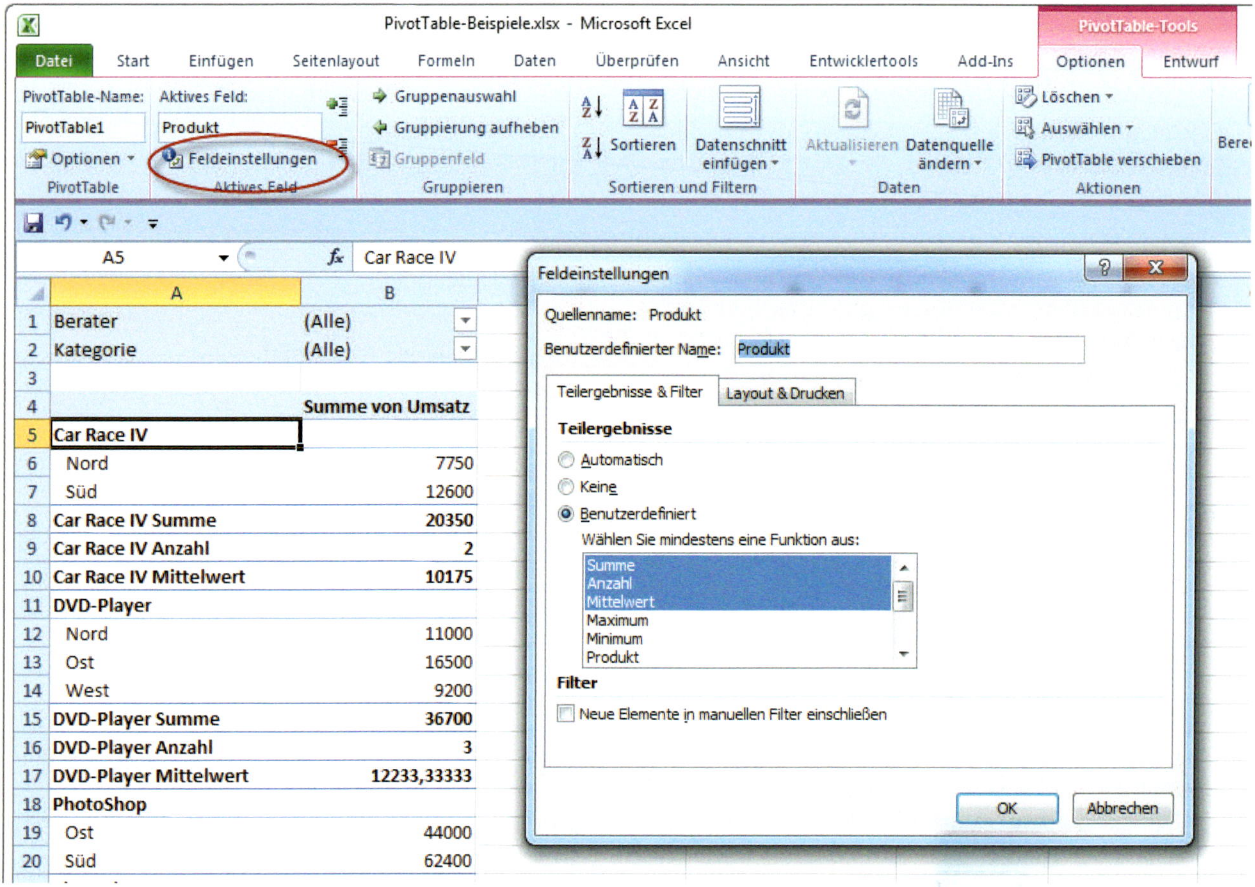

Abbildung 12.36 Drei Teilergebnisse für das Feld Region

HINWEIS Die Einstellung gilt nur für Felder mit Gruppierungen. Wenn Sie nur ein Feld in Wertebereich haben, ziehen Sie ein Zahlenfeld mehrfach in den Wertebereich und ändern die Auswertungsformel.

Neue Elemente in manuellen Filter einschließen

Setzen Sie bei dieser Option in den *Feldeinstellungen* ein Häkchen, werden alle neuen Elemente über einen manuell gesetzten Filter automatisch mit in die PivotTable aufgenommen.

Layout & Druckeinstellungen für Felder

Auf der zweiten Registerkarte unter *PivotTable-Tools/Optionen/Aktives Feld/Feldeinstellungen* finden Sie die für einzelne Felder verfügbaren Optionen für Layout und Ausdruck. Auch einige Optionen für alle Felder finden Sie unter *PivotTable-Tools/Entwurf/Layout.*

» *Elementnamen in Gliederungsansicht anzeigen*: Damit werden die Namen der Felder in der Gliederungsansicht angezeigt.

» *Beschriftungen aus dem nächsten Feld in der gleichen Spalte anzeigen*: Das ist die Ansicht *Kurzformat*. Damit werden alle Elemente des Feldes in einer Spalte angezeigt.

» *Teilergebnisse oberhalb jeder Gruppe anzeigen:* Schalten Sie diese Option ein, um die Teilergebnisse über den Gruppen in der gleichen Zeile wie den Elementnamen anzuzeigen.

» *Elementnamen im Tabellenformat anzeigen:* Damit schalten Sie das Tabellenformat ein (nur für Felder im Bereich *Zeilenbeschriftungen*).

- *Leerzeile nach jedem Element einfügen:* Mit dieser Option fügen Sie nach jedem Teilergebnis (nicht nach jedem Datensatz!) eine Leerzeile ein.
- *Elemente ohne Daten anzeigen:* Aktivieren Sie diese Option, um Elemente anzuzeigen, die bei der Zusammenfassung keine Daten erhalten haben (siehe Abbildung).
- *Drucken/Seitenumbruch nach jedem Element einfügen:* Setzen Sie ein Häkchen bei dieser Option, um nach jedem Element einen Seitenumbruch einzufügen, wenn der PivotTable-Bericht gedruckt wird.

12.7.3 Optionen für Wertfelder

Für Wertfelder gibt es andere Feldeinstellungen als für Felder im Berichtsfilter, Zeilen- oder Spaltenbereich. Sie können alternative Funktionen zur Summe wählen oder mit Zusammenfassungen arbeiten. Wenn Sie diese Alternativen zusätzlich zur Summe der Werte berechnen wollen, ziehen Sie einfach das Auswertungsfeld (im Beispiel Umsatz) in der Feldliste noch einmal in den Wertebereich. Im Gegensatz zu den übrigen Bereichen kann der Wertebereich dieselben Felder mehrfach enthalten.

1. Markieren Sie einen Wert aus dem Wertebereich oder das Feld in der Feldliste.
2. Klicken Sie unter *PivotTable-Tools/Optionen* auf *Feldeinstellungen*, und stellen Sie die passende Auswertungsfunktion ein.
3. Tragen Sie unter *Benutzerdefinierter Name* eine andere Bezeichnung ein, wenn Sie das Feld im Wertebereich umbenennen wollen.

Werte anzeigen als

Auf dieser Registerkarte finden Sie die alternativen Berechnungsoptionen für die Daten im Wertebereich, die auch unter *PivotTable-Tools/Berechnungen* angeboten werden.

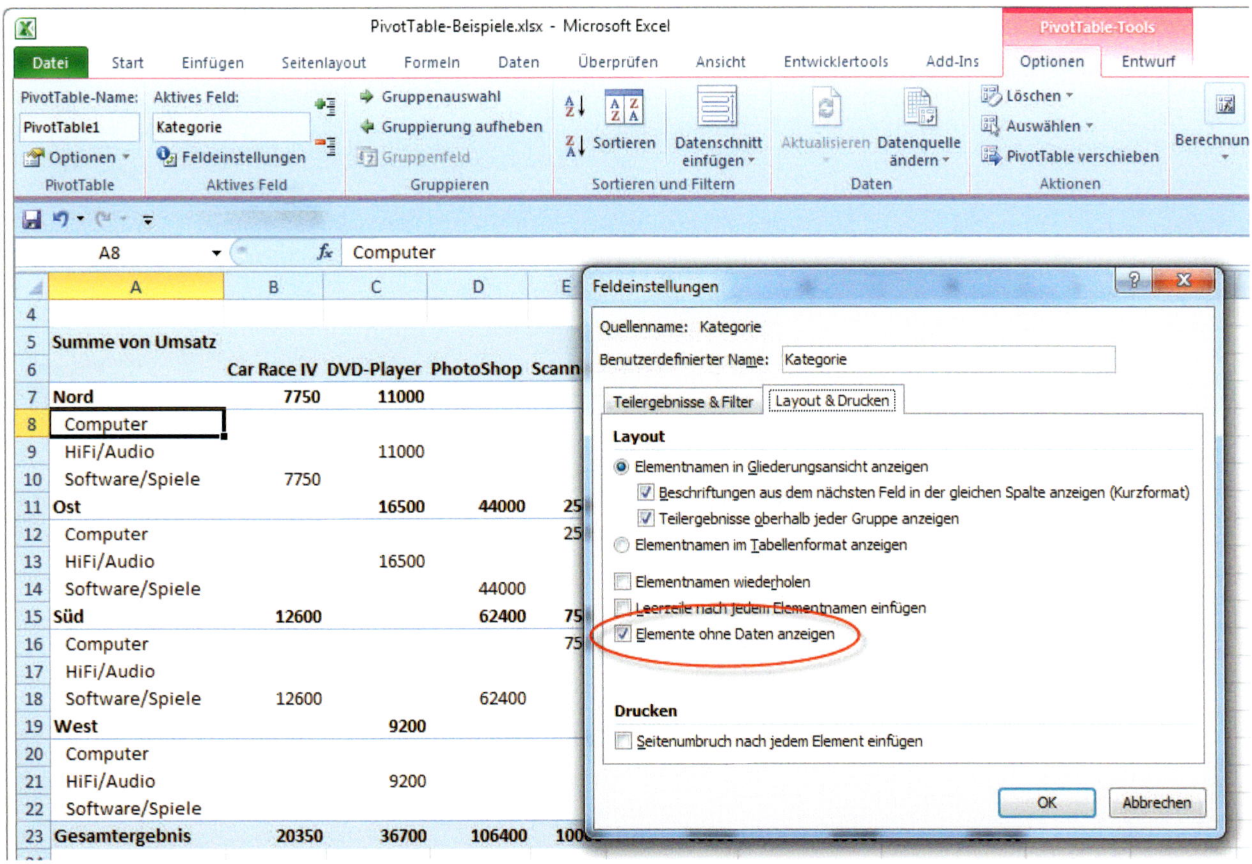

Abbildung 12.37 Mit dieser Option werden auch Kategorien angezeigt, für die keine Umsätze getätigt wurden.

12.8 Feldelemente gruppieren

Enthält die Basistabelle zahlreiche Datensätze mit vielen Einzelelementen oder mit einzelnen Datumswerten wie z.B. bei Bestellungen, Verkäufen oder Messwerten, dann ist eine Zusammenfassung unerlässlich. Datumswerte können wahlweise nach Jahren, Quartalen oder Monaten gruppiert werden, für Zeitwerte stehen Sekunden, Minuten und Stunden als Gruppierungsebenen zur Auswahl.

Wenn Sie ein Textfeld gruppieren, haben Sie die Möglichkeit, einen neuen Gruppenbegriff einzuführen (z. B. Verkaufsgebiete für die einzelnen Regionen). Gruppieren Sie dagegen ein Zahlenfeld, wird die PivotTable Intervalle anbieten. Datumsfelder lassen sich nach Tag, Monat, Quartal und Jahr gruppieren, Zeitfelder nach Sekunde, Minute und Stunde.

12.8.1 Gruppe für ein Textfeld einfügen

Stellen Sie für dieses Beispiel einen Pivot-Bericht mit dem *Region*-Feld im Zeilenbereich her, der Umsatz wird wieder im Wertebereich summiert.

1. Markieren Sie aus dem *Region*-Feld im Zeilenbereich die beiden ersten Regionen.
2. Wählen Sie im Register *PivotTable-Tools/Optionen/Gruppieren/Gruppenauswahl.*
3. Die neue Gruppe wird eingefügt, überschreiben Sie den Vorschlag *Gruppe1* mit *Verkaufsgebiet 1.*
4. Markieren Sie die restlichen Regionen, und wählen Sie wieder die Gruppenauswahl. Nennen Sie die neue Gruppe *Verkaufsgebiet 2.*

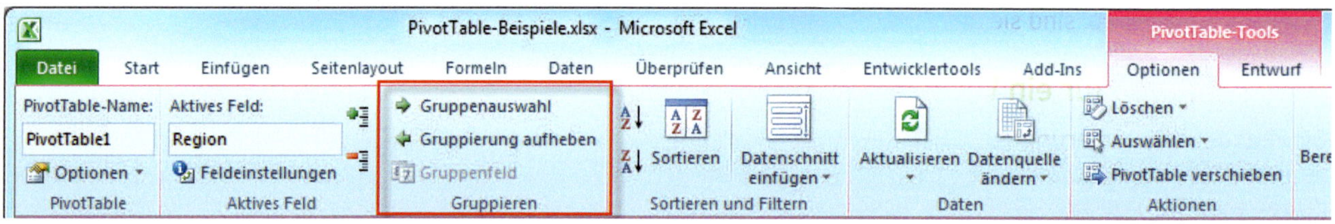

Abbildung 12.38 Gruppierung in den PivotTable-Tools

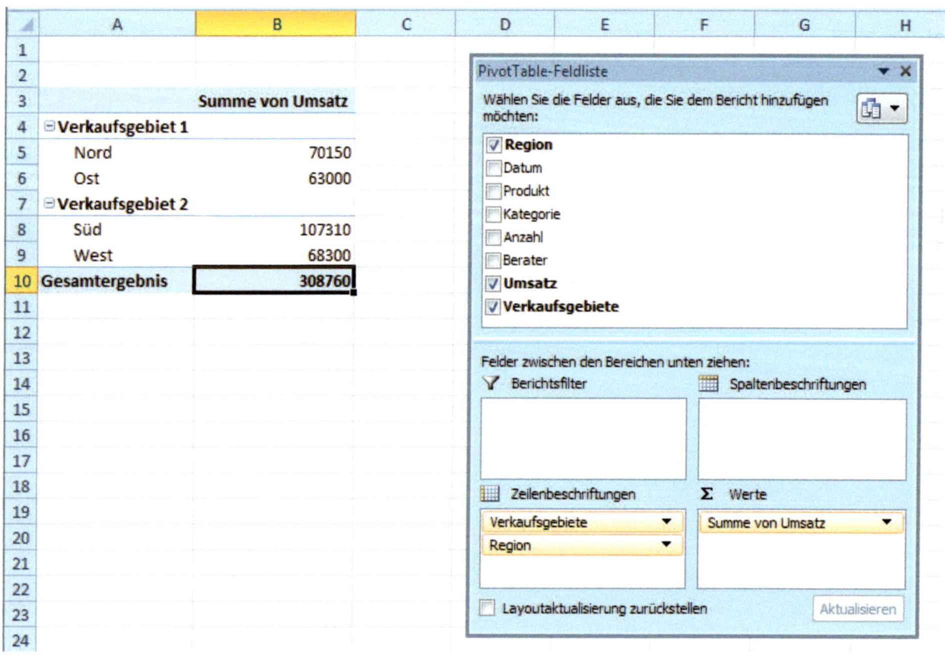

Abbildung 12.39
Das Region-Feld ist gruppiert.

5. Die Feldliste zeigt im Bereich *Zeilenbeschriftungen* jetzt ein neues Feld *Region2*, klicken Sie es an, und schalten Sie auf die Feldeinstellungen.
6. Nennen Sie das neue Feld *Verkaufsgebiete*.

12.8.2 Gruppe ein-/ausblenden

Ein Doppelklick auf einen Gruppennamen blendet alle Mitglieder aus, mit einem weiteren Doppelklick werden diese wieder sichtbar gemacht.

12.8.3 Gruppe aufheben

Um eine Gruppierung aufzuheben, markieren Sie das gruppierte Element und wählen unter *PivotTable-Tools/ Optionen/Gruppieren/Gruppierung aufheben*.

Die Gruppierung wird damit entfernt, die gruppierten Elemente bleiben der PivotTable aber erhalten. Weisen Sie die Gruppe erneut zu, sind sie automatisch wieder da.

12.8.4 Gruppe für ein Wertfeld bilden

Die manuelle Gruppierung mit Erstellung von Gruppennamen funktioniert zwar auch für Zahlenwerte, ist bei diesen aber nicht immer sinnvoll. Eine bessere Auswertung erzielen Sie mit Zahlengruppen.

In unserem Beispiel sollen die verkauften Stückzahlen für die einzelnen Kategorien in Zehnergruppen ausgewertet werden. Die Information ist für den Verkaufsleiter wichtig, er sieht so den Zusammenhang zwischen den Stückzahlen und Umsätzen.

1. Erstellen Sie einen Pivot-Bericht mit dem Umsatz-Feld im Zeilenbereich.
2. Klicken Sie in das erste Umsatzfeld (Zelle A4).
3. Gruppieren Sie das Feld mit *PivotTable-Tools/Optionen/Gruppieren/Gruppenauswahl.*
4. Ein Dialogfenster wird aktiviert, es bietet die beiden Grenzwerte des Zahlenfeldes und einen Sprungwert an. Übernehmen Sie die Vorschläge mit Klick auf *OK*.

Die Umsatzzahlen werden damit gruppiert. Wenn Sie für den automatisch ermittelten Start- oder Endwert einen eigenen Wert eintragen, wird die Gruppe entsprechend erweitert oder verkleinert, die Häkchen an den Optionen verschwinden. Unter *Nach* definieren Sie das Intervall für die Gruppierung (Standard: 10).

Ziehen Sie das Feld *Anzahl* in den Wertebereich, können Sie ablesen, welche Stückzahlen in den einzelnen Umsatzgruppen erzielt wurden.

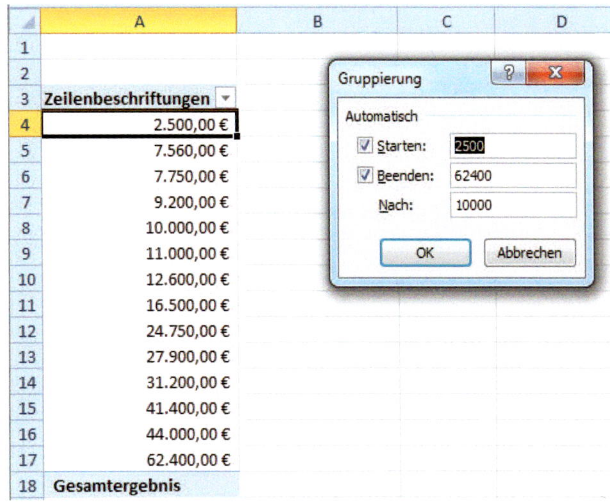

Abbildung 12.40 Gruppiertes Feld Umsatz

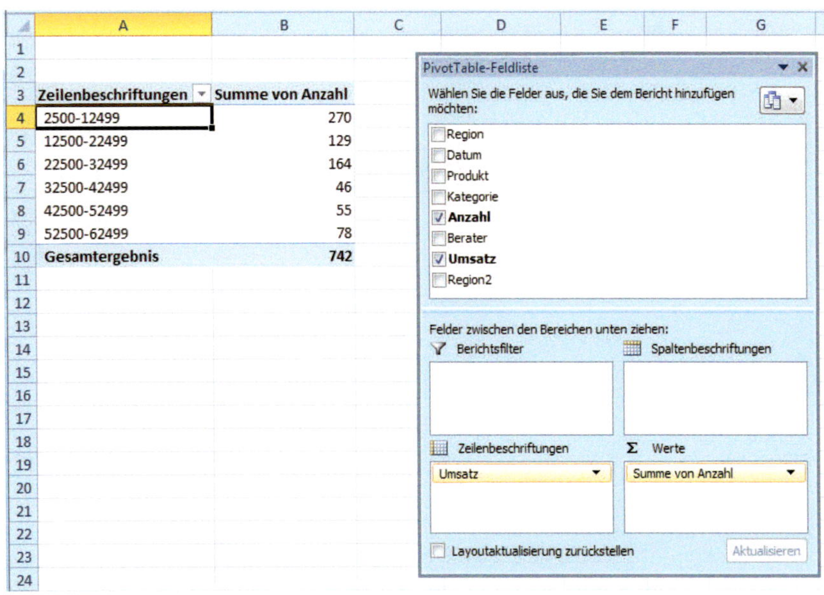

Abbildung 12.41 Gruppierte Zahlenwerte

12.8.5 Datumsfelder gruppieren

Für Datumswerte steht eine Auswahl von Gruppierungsebenen zur Auswahl. Wenn die Gruppierungsfunktion einen Datentyp *Datum/Zeit* in der zu gruppierenden Zeile oder Spalte entdeckt, wird die Auswahl aktiviert.

Stellen Sie in unserer Beispielmappe einen neuen PivotTable-Bericht her, ziehen Sie das Datumsfeld in den Bereich *Zeilenbeschriftung*, die Beraternamen in den Bereich *Spaltenbeschriftung* und das Umsatzfeld in den *Wertebereich*. Mithilfe der Datumsgruppierung errechnen wir die Umsätze der Verkaufsprofis in Monaten, Quartalen und Jahren.

1. Setzen Sie den Zellzeiger in das erste Datumsfeld im Zeilenbereich.
2. Wählen Sie *PivotTable-Tools/Optionen/Gruppieren/Gruppenauswahl*.
3. Eine Dialogbox mit Gruppierungsebenen für Datums- und Zeitwerte wird eingeblendet, *Monate* ist bereits vormarkiert. Klicken Sie auf die Ebene, die Sie hinzufügen wollen (Quartale; Jahr). Um eine Ebene aufzuheben, klicken Sie den betreffenden Eintrag noch einmal an.
4. Bestätigen Sie mit Klick auf *OK*, werden die Gruppenebenen eingefügt.

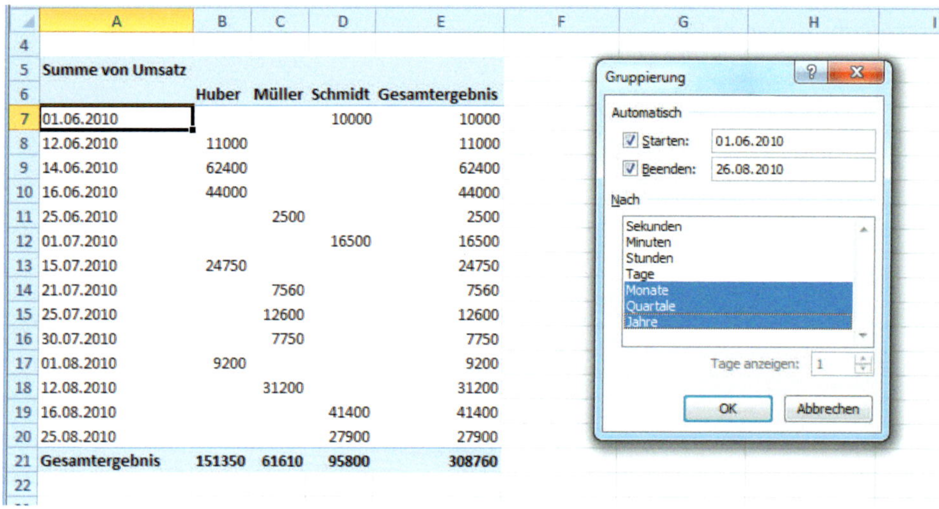

	A	B	C	D	E
4					
5	Summe von Umsatz				
6		Huber	Müller	Schmidt	Gesamtergebnis
7	01.06.2010			10000	10000
8	12.06.2010	11000			11000
9	14.06.2010	62400			62400
10	16.06.2010	44000			44000
11	25.06.2010		2500		2500
12	01.07.2010			16500	16500
13	15.07.2010	24750			24750
14	21.07.2010		7560		7560
15	25.07.2010		12600		12600
16	30.07.2010		7750		7750
17	01.08.2010	9200			9200
18	12.08.2010		31200		31200
19	16.08.2010			41400	41400
20	25.08.2010			27900	27900
21	Gesamtergebnis	151350	61610	95800	308760
22					

Abbildung 12.42 Das Feld Datum wird nach Monaten gruppiert.

Diese Gruppen werden wie alle anderen Gruppen behandelt, Sie können neue Bezeichnungen zuweisen (z.B. Quartalsergebnisse statt Quartale), per Doppelklick Gruppeninhalte ein- und ausblenden und die Gruppen mit *Gruppierung aufheben* wieder zurücknehmen.

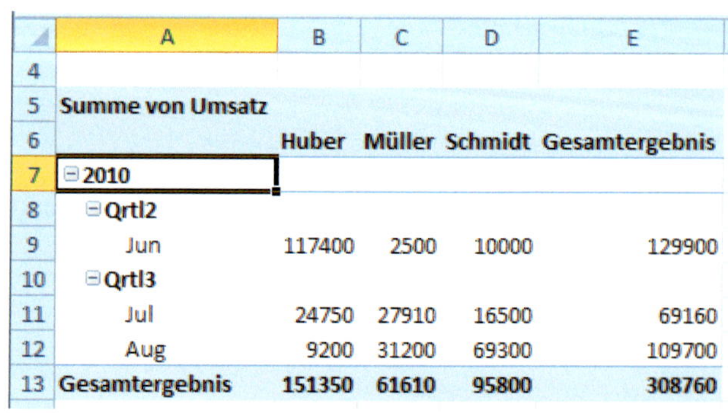

	A	B	C	D	E
4					
5	Summe von Umsatz				
6		Huber	Müller	Schmidt	Gesamtergebnis
7	⊟2010				
8	⊟Qrtl2				
9	Jun	117400	2500	10000	129900
10	⊟Qrtl3				
11	Jul	24750	27910	16500	69160
12	Aug	9200	31200	69300	109700
13	Gesamtergebnis	151350	61610	95800	308760

Abbildung 12.43 Datumswerte gruppiert, hier nach Jahr, Quartal und Monat

12.9 Berechnete Felder und Elemente

PivotTable-Berichte können nicht nur Daten aus Tabellen und Listen zusammenfassen und analysieren, sie können diese auch berechnen und so zusätzliche Spalten schaffen. Wenn in der Basistabelle eine Berechnung fehlt, weil diese technisch nicht durchführbar ist, holen Sie diese einfach im Pivot-Layout nach.

1. Setzen Sie den Zellzeiger in den PivotTable-Bericht auf dem Tabellenblatt.
2. Schalten Sie auf die *PivotTable-Tools/Optionen*, und wählen Sie *Berechnungen*.
3. Klicken Sie unter *Felder, Elemente und Gruppen* auf *Berechnetes Feld*.
4. Tragen Sie unter *Name* den gewünschten Feldnamen ein und unter *Formel* die Berechnung. Wollen Sie ein Feld des Pivot-Berichtes an der Berechnung teilhaben lassen, markieren Sie dieses unten in der Tabelle und klicken auf *Feld einfügen*, um es in den Berechnungsausdruck zu holen.
5. Mit Klick auf *Hinzufügen* wird das Feld in die Feldliste eingefügt und steht sofort im Pivot-Layout zur Auswahl. Schließen Sie die Aktion mit *OK* ab.

Praxis: Provision für Verkaufsberater

Berechnen Sie gleich die Provisionen der Verkaufsberater, nachdem die aktuellen Umsatzzahlen vorliegen. Hier geben Sie generös 25 % vom Umsatz:

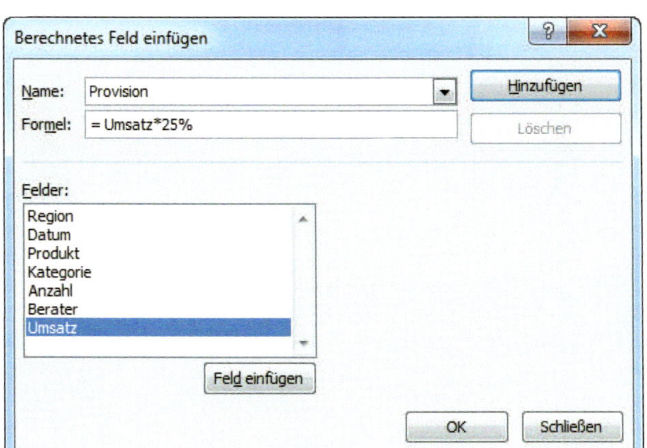

Abbildung 12.44 Ein neues, berechnetes Feld

Das neue Feld wird sofort im Datenbereich untergebracht, als Berechnungsfunktion wird *SUMME* zugewiesen. Andere Funktionen sind in den *Feldeinstellungen* zwar anwählbar, werden aber nicht unterstützt.

Berechnete Felder können Feldnamen, mathematische Operatoren und Funktionen aus dem Excel-Angebot enthalten. Das Angebot ist aber sehr beschränkt, erlaubt sind nur Funktionen, die keine wechselnden Argumente haben. Auch Matrixfunktionen, Zellbezüge oder Bereichsnamen funktionieren nicht.

Erlaubt	Nicht erlaubt
=JAHR(Feld)	=HEUTE()
=MONAT(Feld)	=JETZT()
=TAG(Feld)	
=WERT()	=DBSUMME()
=LINKS()	

Tabelle 12.4 Funktionen für berechnete Felder

Berechnete Felder löschen

Um ein berechnetes Feld zu löschen, öffnen Sie die Dialogbox für berechnete Felder und markieren das neue Feld in der Liste. Das aktiviert die Schaltfläche *Löschen*, ein Klick auf diese entfernt das Feld aus der Tabelle und natürlich auch aus dem PivotTable-Bericht.

12.9.1 Berechnete Elemente

Ein berechnetes Element bietet die Möglichkeit, gezielt Daten aus der Tabelle zu holen, diese mit Berechnungen zu versehen und als Auswertungselemente im Pivot-Bericht zur Verfügung zu stellen.

ACHTUNG Berechnete Elemente können nicht in gruppierten Feldern erstellt werden. Entfernen Sie vorher alle Gruppierungen aus dem Feld. Die Gruppierung kann anschließend wieder zugewiesen werden.

CD-ROM Das Übungsbeispiel finden Sie in der Datei *PivotTable-Beispiele.xlsx* auf der CD zum Buch.

Im Tabellenblatt *Ausgaben* finden Sie eine Kostenaufstellung für drei Kostenarten im ersten Quartal. Die PivotTable bekommt die Kostenart im Zeilebereich, die Monate in der Spalte und die Summe der Ausgaben im Wertebereich.

Ermitteln Sie mit einem berechneten Element die Differenz zwischen den Ausgaben im Januar und Februar:

1. Setzen Sie den Zellzeiger in eine Spaltenbeschriftung (Mrz).
2. Wählen Sie *Berechnungen/Felder, Elemente und Gruppen* unter *PivotTable-Tools/Optionen*.
3. Klicken Sie auf *Berechnetes Element*.
4. Tragen Sie den Namen des Elements ein, und erstellen Sie eine Formel aus einem der angebotenen Elemente. Um einen Feldinhalt in die Formel zu holen, markieren Sie diesen in der Liste und klicken auf *Einfügen*.

`Name: Differenz Feb-Jan`

`Formel: =Feb-Jan`

5. Mit Klick auf *Hinzufügen* wird das Element erstellt und im Datenbereich unter dem Feld eingeordnet, aus dem das Element stammt.

Erstellen Sie weitere berechnete Elemente:

`Name: Differenz Mrz-Feb`

`Formel: =Mrz-Feb`

`Name: Quartal 1`

`Formel: =Jan+Feb+Mrz`

Das Gesamtergebnis für die Zeile darf jetzt nicht mehr angezeigt werden, es würde die berechneten Differenzen mitsummieren. Entfernen Sie es über die PivotTable-Optionen.

TIPP Anstelle der Monatsnamen können Sie auch den indizierten Feldnamen verwenden. Diese Formel berechnet die Differenz zwischen dem ersten und dem zweiten Monat:

`=Monat[-2]-Monat[-1]`

Die Ausgabensumme für das gesamte Jahr lässt sich auch so berechnen:

`=Monat[1]+Monat[2] … + Monat[12]`

Achten Sie aber auf die Position der Monatsspalten, berechnete Differenzen werden mitberechnet, die Formel macht keinen Unterschied zwischen Monatsnamen und berechneten Elementen. Verschieben Sie die Spalten entsprechend im Pivot-Layout.

	A	B	C	D
1	**Ausgaben 1. Quartal**			
2				
3				
4	Monat	Kostenart	Kosten in TEUR	Kosten geplant
5	Jan	Personal	250	300
6	Jan	Fertigung	430	400
7	Jan	Sonstige	120	100
8	Feb	Personal	290	300
9	Feb	Fertigung	460	400
10	Feb	Sonstige	150	100
11	Mrz	Personal	310	300
12	Mrz	Fertigung	580	400
13	Mrz	Sonstige	90	100

	A	B	C	D	E
1					
2					
3	**Summe von Kosten in TEUR**				
4		**Jan**	**Feb**	**Mrz**	**Gesamtergebnis**
5	Fertigung	430	460	580	1470
6	Personal	250	290	310	850
7	Sonstige	120	150	90	360
8	**Gesamtergebnis**	**800**	**900**	**980**	**2680**
9					
10					
11					
12					

Abbildung 12.45 PivotTable mit Ausgaben pro Monat

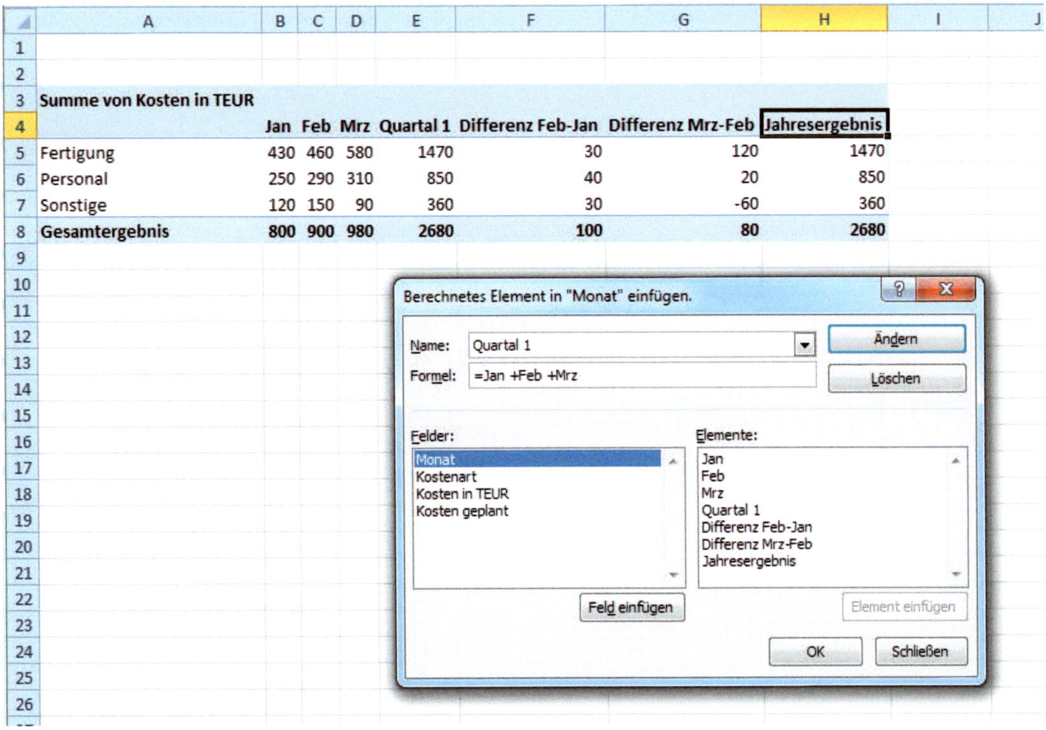

Abbildung 12.46 Berechnete Elemente für das Feld Monat

Formel ändern

Um eine Formel zu ändern, aktivieren Sie mit dem Zellzeiger in einer Spaltenüberschrift *Berechnungen/Felder, Elemente und Gruppen* unter *PivotTable-Tools/Optionen*. Klicken Sie auf den Pfeil am Eingabefeld *Name*, und markieren Sie den Elementnamen in der Liste. Ändern Sie die Formel, und klicken Sie auf *Ändern*, um die Änderung zurückzuschreiben.

Berechnete Elemente löschen

Um ein berechnetes Element zu löschen, setzen Sie den Zellzeiger in das Feld, in dem dieses Element gelistet ist, und aktivieren den Befehl *PivotTable-Tools/Optionen/Berechnungen/Felder, Elemente und Gruppen/Berechnetes Element*. Holen Sie den Namen des Elements aus der Liste, und klicken Sie auf die Schaltfläche *Löschen*.

Lösungsreihenfolge

Der Befehl *PivotTable-Tools/Optionen/Berechnungen/Felder, Elemente und Gruppen/Lösungsreihenfolge* regelt bei mehreren berechneten Elementen die Reihenfolge der Berechnungen. Ermitteln Sie beispielsweise in einem weiteren berechneten Element die Summe der Differenzen, muss diese Summe in der Lösungsreihenfolge unter den Differenzberechnungen stehen. Die Dialogbox zeigt die Reihenfolge an, markieren Sie einen Eintrag, und klicken Sie auf *Nach oben* oder *Nach unten*, um die Reihenfolge zu ändern.

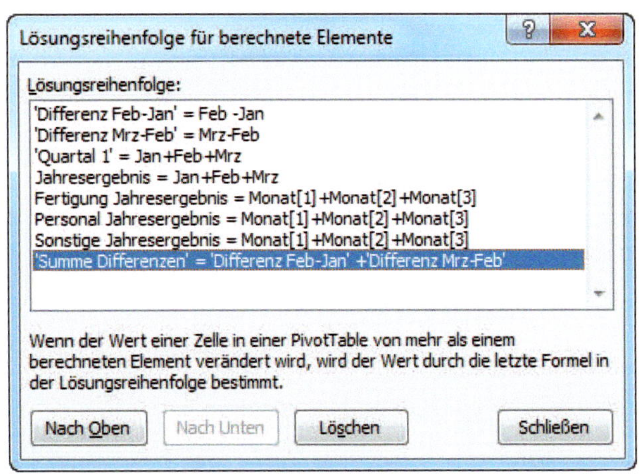

Abbildung 12.47 Lösungsreihenfolge für berechnete Elemente

Formeln auflisten

PivotTable-Tools/Optionen/Berechnungen/Felder, Elemente und Gruppen/Formeln auflisten erstellt einen Bericht über alle berechneten Felder und die Lösungsreihenfolge im aktuellen Pivot-Layout. Dazu wird ein neues Tabellenblatt eingefügt.

12.9.2 Externe Daten im Pivot-Bericht

Die Krönung der PivotTable-Technik ist die Verbindung mit externen Daten. Holen Sie die für die Auswertung benötigten Daten gleich aus einer Datenbank, aus einem Host-System oder direkt aus dem Berichtsmodul von SAP, Navision, Oracle oder der SQL-Server-Datenbank.

1. Setzen Sie den Zellzeiger in eine leere Tabelle, und wählen Sie *Einfügen/Tabellen/PivotTable*.
2. Schalten Sie im Dialogfeld auf die zweite Option, *Externe Datenquelle verwenden*, und klicken Sie auf *Verbindung auswählen*, um die Daten abzurufen.

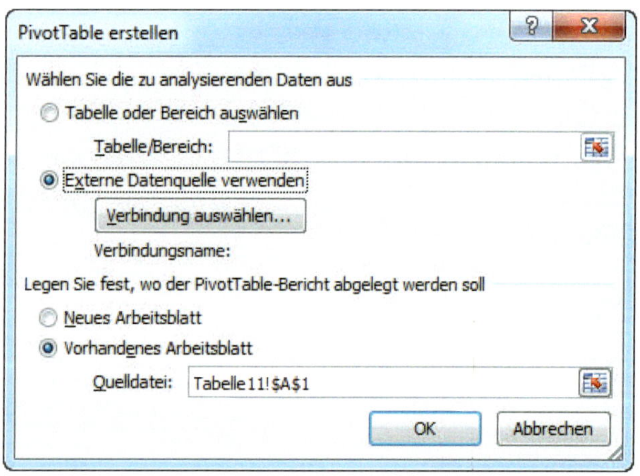

Abbildung 12.48 Externe Daten werden in den Pivot-Bericht integriert.

Für die externen Daten erstellen Sie eine Abfrage mithilfe des ODBC-Treibers, der für das Datenbankprogramm installiert sein muss. Über diese Abfrage können Sie auf einzelne Tabellen der Datenbank zugreifen.

REFERENZ Eine genaue Beschreibung zur Verknüpfung mit externen Datenquellen finden Sie in *Kapitel 15*.

3. Holen Sie die Felder aus der Feldliste in das Pivot-Layout, und gestalten Sie den Bericht.

Die externe Datenquelle ist damit mit dem Pivot-Bericht dynamisch verbunden, bei jeder Neuberechnung werden die aktuellsten Daten aus der Datenbank abgeholt. Sehen Sie sich die Tabellen-Optionen für externe Daten an, hier definieren Sie, wann und in welchen Intervallen die Daten abgerufen werden. Auch die Kennwortverwaltung und die Speicherung der externen Daten ist exakt geregelt. Die PivotTable lässt sich auch im letzten Schritt einer Datenabfrage an eine externe Datenquelle erzeugen. Binden Sie die Daten einfach als PivotTable ein, und sparen Sie sich einen Zwischenschritt.

Abbildung 12.49 Externe Daten werden gleich in das Pivot-Layout geschrieben.

1. Holen Sie mit *Daten/Externe Daten abrufen/Aus anderen Quellen* ein Abfrageergebnis.
2. Suchen Sie Treiber, Verbindung und Datenbank.
3. Klicken Sie in der letzten Abfrage auf das Format *PivotTable-Bericht*.

Die Daten werden nicht eingefügt, stattdessen erscheint das PivotTable-Layout mit der Feldliste, und die enthält alle Feldnamen aus der externen Quelle.

12.10 Mehrere Konsolidierungsbereiche

Diese Funktion bietet Excel ab der Version 2007 eigentlich nicht mehr an, aber mithilfe des PivotTable-Assistenten aus der Vorgängerversion 2003 können Sie mehrere Bereiche in einem PivotTable-Bericht zusammenfassen. Wie bereits am Anfang beschrieben lässt sich dieser Assistent mit der Tastenkombination [Alt]+[n]+[p] aktivieren oder als Symbol in das Menüband oder die Symbolleiste für den Schnellzugriff einbinden.

Stellen Sie sicher, dass die Listen, die Sie auswerten wollen, den Vorgaben für PivotTables entsprechen, d.h., keine Zwischensummen und eine Kopfzeile mit Spaltenbeschriftung enthalten. Leerzeilen sind zwar kein Hindernis, sollten aber vermieden werden. Für die Konsolidierung sollten die Bereiche möglichst identisch sein. Hier ein Beispiel:

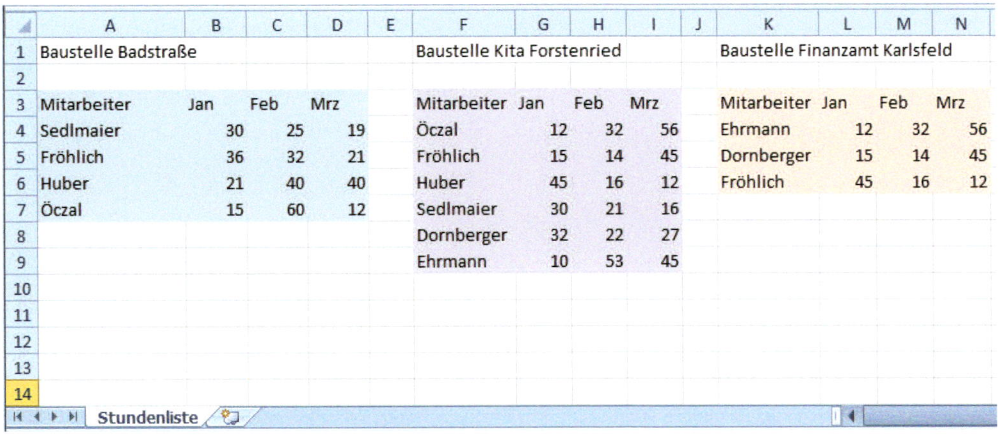

	A	B	C	D	E	F	G	H	I	J	K	L	M	N
1	Baustelle Badstraße					Baustelle Kita Forstenried					Baustelle Finanzamt Karlsfeld			
2														
3	Mitarbeiter	Jan	Feb	Mrz		Mitarbeiter	Jan	Feb	Mrz		Mitarbeiter	Jan	Feb	Mrz
4	Sedlmaier	30	25	19		Öczal	12	32	56		Ehrmann	12	32	56
5	Fröhlich	36	32	21		Fröhlich	15	14	45		Dornberger	15	14	45
6	Huber	21	40	40		Huber	45	16	12		Fröhlich	45	16	12
7	Öczal	15	60	12		Sedlmaier	30	21	16					
8						Dornberger	32	22	27					
9						Ehrmann	10	53	45					
10														
11														
12														
13														
14														

Abbildung 12.50 Drei Listen für die Konsolidierung

12.10.1 Praxisbeispiel: Stundenliste

Die Stundenliste enthält die monatliche Stundenaufstellung für Mitarbeiter, aufgeteilt in je eine Liste pro Baustelle.

CD-ROM Das Beispiel finden Sie auf der CD zum Buch unter *Pivot Konsolidierungsbereiche.xlsx*.

Abbildung 12.51 Die Konsolidierungsbereiche werden gesammelt.

Setzen Sie den Zellzeiger in die erste Liste, und drücken Sie Alt + n + p. Der Assistent führt in vier Schritten zum Ergebnis, klicken Sie jeweils auf *Weiter* zum nächsten Schritt:

Schritt 1: Wählen Sie *Mehrere Konsolidierungsbereiche*.

Schritt 2a: Bestätigen Sie die *Einfache Seitenfelderstellung*.

Schritt 2b: Markieren Sie den ersten Bereich $A$3:$D$7, und klicken Sie auf *Hinzufügen*. Fügen Sie die beiden anderen Listen ebenfalls in die Liste *Vorhandene Bereiche* ein:

```
Stundenliste!$F$3:$I$9
```

```
Stundenliste!$K$3:$N$6
```

Schritt 3: Wählen Sie die Ausgabeposition für die PivotTable, geben Sie eine Zelle im Tabellenblatt an, oder wählen Sie *Neues Arbeitsblatt*.

Klicken Sie auf *Fertig stellen*, um die PivotTable anzulegen.

Die neue PivotTable enthält diese Elemente:

Berichtsfilter: Unter Seite1 werden alle drei Listen zusammengefasst. Der Name ist nicht besonders aussagekräftig, Sie können die Elementnamen auch nicht ändern. Schreiben Sie wenigstens Baustellen anstelle von Seite 1 als Berichtsfilterbeschreibung.

Zeile: In diesem Teil sind alle Zeilenelemente (Mitarbeiter) zusammengefasst, für die Einträge, die in mehreren Listen vorkommen, sind die Werte aufsummiert.

Spalte: Hier werden die Spaltenelemente (Monate) zusammengefasst.

Werte: Im Wertfeldbereiche werden die Werte (Stunden) für die Zeilenelemente aufsummiert. Sie können mit den Wertfeldeinstellungen die Auswertungsformel ändern oder das Wertfeld noch einmal einfügen und über *PivotTable-Tools/Berechnen* eine andere Anzeigeart wählen (z. B. % von Gesamt).

TIPP Fügen Sie Datenschnitte für die Bereiche Zeile, Spalte und Seite ein, und passen Sie die Überschriften an, damit haben Sie effektive Filterwerkzeuge für die PivotTable.

12.10.2 Konsolidierungsbereiche ändern

Die konsolidierten Bereiche dürfen jederzeit verändert, erweitert oder reduziert werden, die Änderung muss aber dem Assistenten wieder mitgeteilt werden. Wenn Sie anstelle der absoluten Bezüge Bereichsnamen verwenden, müssen Sie nur diese anpassen, wenn sich die Daten ändern. Starten Sie den Assistenten aber noch einmal, löschen Sie die alten Bereiche, und geben Sie die Bereichsnamen anstelle der Bezüge an.

Setzen Sie den Zellzeiger in die PivotTable, und drücken Sie wieder `Alt`+`n`+`p` für den Assistenten.

Schalten Sie einen Schritt zurück, und überprüfen bzw. ändern Sie die Bereiche. Schließen Sie den Assistenten ab.

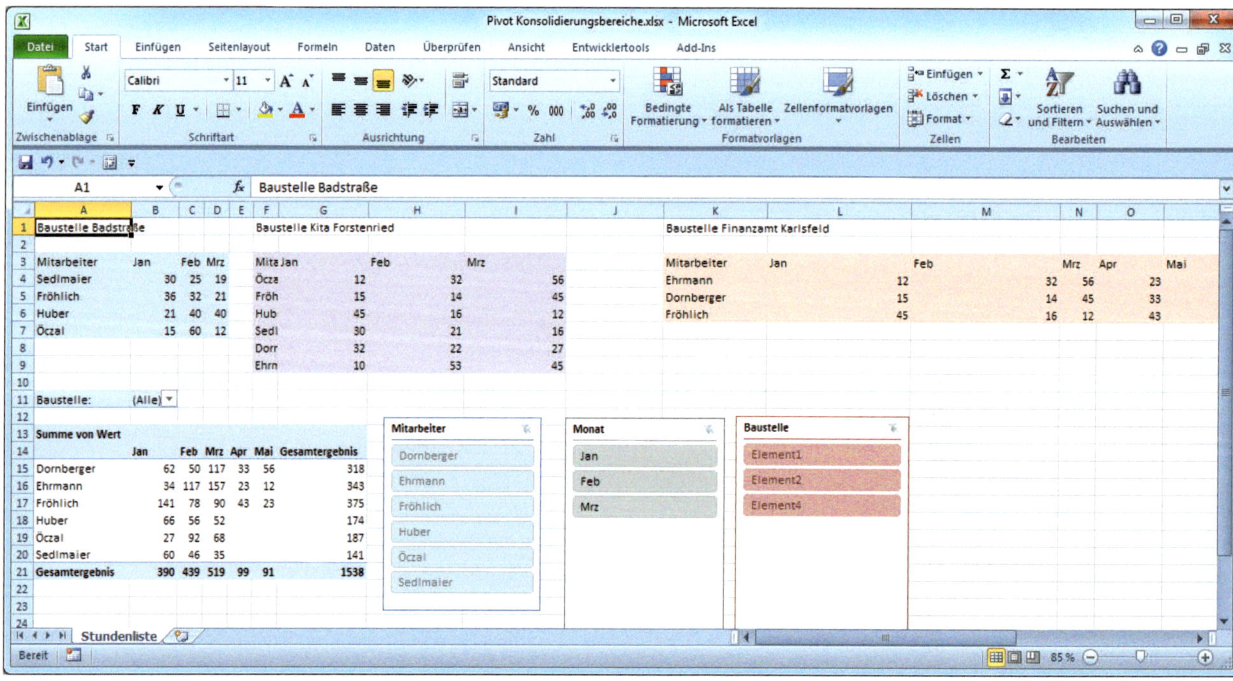

Abbildung 12.52 Konsolidierte Bereiche in der PivotTable

12.11 PivotCharts

Aussagekräftiger als Zahlen sind Diagramme, und das gilt auch für konsolidierte Werte in PivotTable-Berichten. Erstellen Sie für die Präsentation der Daten PivotCharts, damit sich der Nutzer Ihrer Information sprichwörtlich »ein Bild machen« kann.

PivotCharts sind PivotTable-Berichte mit angeschlossener grafischer Darstellung. Sie sind automatisch mit Pivot-Berichten verbunden und erstellen sich diese auch selbst.

12.11.1 Das Prinzip

Ein PivotChart wird wahlweise wie ein PivotTable-Bericht direkt über *Einfügen/Tabellen* erstellt oder auf einen bereits erstellten Pivot-Bericht aufgesetzt. Im ersten Fall wird automatisch ein PivotTable-Bericht angelegt, im zweiten Fall ist das Chart mit dem Bericht verbunden und ändert seine Darstellung synchron mit diesem.

Sehen wir uns das Prinzip an einem Beispiel an:

CD-ROM Sie finden das Beispiel auf der Buch-CD unter *PivotCharts.xlsx*.

	A	B	C	D	E
1	**Werbespots pro TV-Sender**				
2	*1. Halbjahr 2010*				
3					
4	**Medium**	**Datum**	**Produkt**	**Betrag**	
5	ARD	5.5.10	Bio-Müsli	20.000	
6	ZDF	13.5.10	Happy Corny	15.000	
7	RTL	18.2.10	Baby Griesbrei	12.000	
8	SAT1	22.1.10	Joghurella	25.000	
9	Pro7	22.1.10	Diät-Nektar	13.000	
10	Kabel1	27.6.10	Bio-Müsli	20.000	
11	ARD	17.5.10	Happy Corny	15.000	
12	ZDF	28.7.10	Baby Griesbrei	12.000	
13	RTL	2.5.10	Joghurella	25.000	
14	SAT1	7.6.10	Diät-Nektar	13.000	
15	Pro7	7.7.10	Baby Griesbrei	16.000	
16	Kabel1	26.4.10	Joghurella	21.000	
17	ARD	26.2.10	Diät-Nektar	15.000	
18	SAT1	31.5.10	Bio-Müsli	20.000	
19	Pro7	22.2.10	Happy Corny	15.000	
20	Kabel1	19.2.10	Baby Griesbrei	12.000	

Abbildung 12.53 Datenbasis für das PivotChart

Quelldaten vorbereiten

Auch für PivotCharts gilt: Die Datenbasis muss so aufgebaut sein, dass Änderungen im Pivot-Bericht wieder registriert werden. Dazu erstellen Sie am besten eine Tabelle (*Einfügen/Tabellen/Tabelle*) oder weisen dem Quellbereich den Bereichsnamen *Datenbank* zu (*Formeln/Definierte Namen/Namen definieren*).

12.11.2 Ein neues PivotChart

1. Setzen Sie den Zellzeiger in die Tabelle, und wählen Sie *Einfügen/Tabellen/PivotTable/PivotChart* (klicken Sie auf das Pfeilsymbol von *PivotTable*).
2. Bestätigen Sie den Bereich, der als Quelle des Berichtes angeboten und im Hintergrund markiert wird, oder markieren Sie ihn neu mit dem Mauszeiger.
3. Die Option *Neues Arbeitsblatt* ist aktiv, bestätigen Sie mit *OK*.

Für das Chart wird in einem neuen Tabellenblatt eine PivotTable mit leerem Layout erstellt, zusätzlich zur Feldliste erscheint noch ein weiteres Fenster, der PivotChart-Filterbereich. Die Multifunktionsleiste präsentiert eine neue Registergruppe *PivotChart-Tools* mit den Registern *Entwurf*, *Layout*, *Format* und *Analyse*.

4. Ziehen Sie das Feld *Medium* in den Bereich *Achsenfelder/Rubriken* und das Feld *Betrag* in den *Werte*-Bereich. Der Betrag wird automatisch summiert, Sie erhalten ein Säulendiagramm.
5. Fügen Sie ein weiteres Feld (*Produkt*) in den Achsenbereich ein, wird die Beschriftung aufgesplittet, die Elemente des ersten Feldes stehen direkt an der Achse, das zweite Element wird als Gruppe in der zweiten Reihe angezeigt.

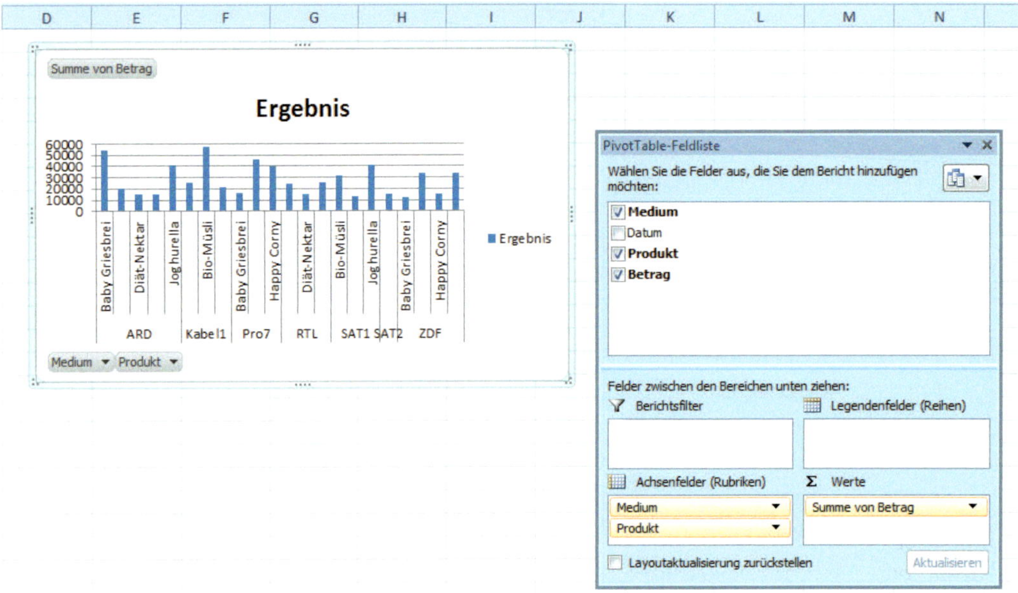

Abbildung 12.54 Das PivotChart mit zwei Rubrikenfeldern und einem Wertfeld

Das Legendenfeld am rechten Rand zeigt an, dass es für die Aufnahme der Reihenfelder zuständig ist. Ziehen Sie eines der Felder in diesen Bereich, schaltet das Diagramm seinen Anzeigetyp um, und aus dem Säulendiagramm wird ein gestapeltes Säulendiagramm.

Ziehen Sie eines der Felder in den Berichtsfilter am oberen Rand, bildet dieser wie beim Pivot-Bericht auch eine Auswahlliste, die alle Elemente oder einzelne Elemente als Filterkriterien anbietet.

12.11.3 PivotChart-Tools

Für die Gestaltung und Ausarbeitung eines PivotCharts bietet das Menüband eine neue Registergruppe mit vier Registern an. Markieren Sie das PivotChart, und klicken Sie auf PivotChart-Tools.

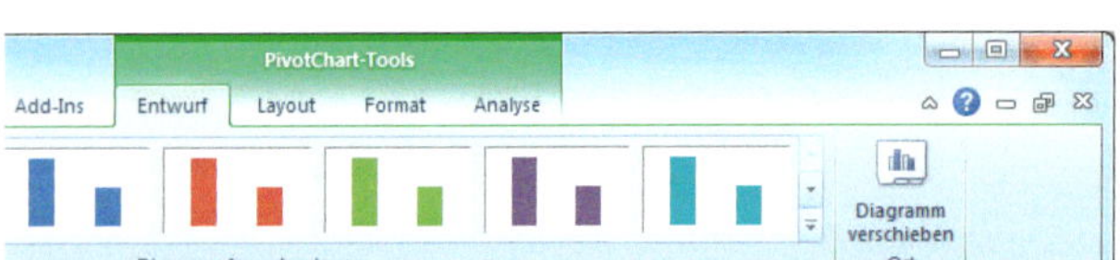

Abbildung 12.55 Neue Register in der Registergruppe Pivot-Chart-Tools

12.11.4 Feldliste und Filter

Die Feldliste bleibt auch im PivotChart am rechten Rand stehen, sie lässt sich mit dem Symbol links oben individuell gestalten. Für jedes Feld stellt das PivotChart eine Feldschaltfläche mit Pfeilsymbol bereit, klicken Sie diese an, erhalten Sie ein Menü mit Filter- und Sortieroptionen. Brauchen Sie Feldliste und Schaltflächen nicht, blenden Sie diese einfach aus:

1. Wählen Sie *PivotChart-Tools/Analyse*.
2. Klicken Sie in der Gruppe *Ein-/Ausblenden* auf *Feldliste*.
3. Klicken Sie auf die obere Hälfte des Symbols *Feldschaltflächen*, um diese aus- oder wieder einzuschalten.
4. Klicken Sie auf das Pfeilsymbol, können Sie die Schaltflächen einzeln selektieren.

Zum Filtern der Datenbereiche benutzen Sie am besten Datenschnitte. Klicken Sie unter *PivotChart-Tools-Analyse/Daten* auf *Datenschnitt einfügen*, und kreuzen Sie die Feldnamen an, für die Sie einen Datenschnitt sehen wollen.

12.11.5 PivotChart anpassen und formatieren

Die Registergruppe *PivotChart-Tools* bietet weitere Gruppen für die Gestaltung von PivotCharts. Sie können eine Formatvorlage zuweisen, den Diagrammtyp ändern oder ein fertiges Layout benutzen.

HINWEIS Eine ausführliche Beschreibung der Diagrammgestaltung finden Sie in *Kapitel 13*. Die Gestaltung der PivotCharts ist weitgehend identisch mit der »normaler« Diagramme.

Formatvorlage und Diagrammtyp

Klicken Sie unter *PivotChart-Tools* auf *Entwurf*, und ändern Sie die Darstellung des Diagramms.

Unter *Typ/Diagrammtyp ändern* finden Sie das Angebot an Diagrammtypen. *Als Vorlage speichern* bietet die Möglichkeit, ein fertig formatiertes PivotChart als Vorlage für weitere Diagramme abzulegen.

Unter *Daten* können Sie die Datenquelle bestimmen oder die *Zeilen-/Spalten-Ausrichtung des Diagramms wechseln*.

In der Gruppe *Diagrammlayouts* finden Sie fertige Layouts, die Sie einfach per Klick zuweisen.

Wählen Sie eine Diagrammformatvorlage aus der gleichnamigen Gruppe, klicken Sie dazu auf eine der Schnellformatvorlagen, oder öffnen Sie die Liste mit weiteren Angeboten.

Layout und Formate

Die beiden Registerkarten *Layout* und *Format* in den *PivotChart-Tools* bieten alle Befehle an, die für die Gestaltung und Formatierung von PivotCharts benötigt werden. Sehen Sie sich die einzelnen Gruppen an, und nutzen Sie die vielen Varianten für aussagekräftige PivotCharts (*siehe Kapitel 12.11*).

Um die Elemente eines PivotCharts einzeln zu formatieren, markieren Sie diese in der Liste unter *Format/Aktuelle Auswahl*.

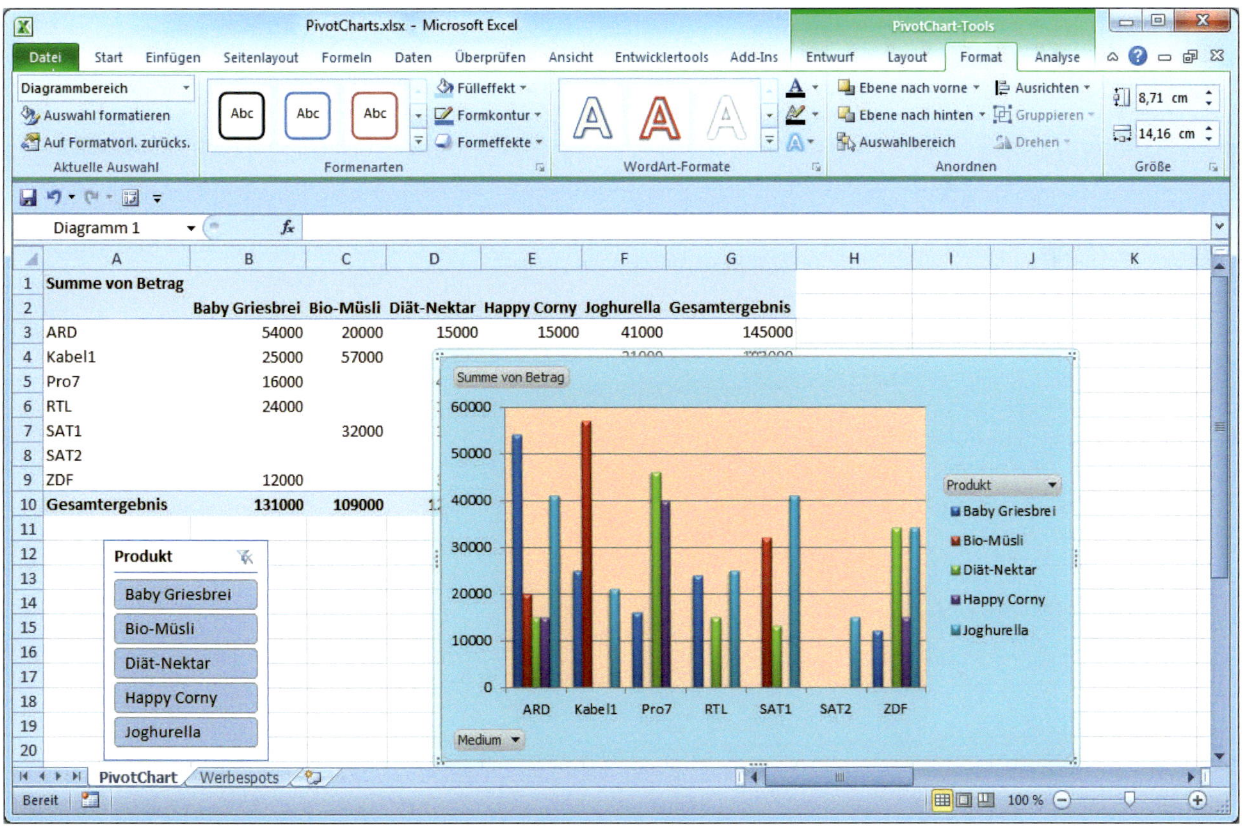

Abbildung 12.56 PivotChart mit Datenschnitt

12.12 Praxisbeispiel: Auftragsreichweite ermitteln

Kennzahlen sind die wichtigsten Steuergrößen eines Unternehmens, und zu den vorherrschenden Aufgaben des Controllers gehört die Ermittlung dieser Zahlen aus dem vorliegenden Datenmaterial. Die wichtigsten Kennzahlen liefert in der Regel das Data Warehouse, SAP oder die externe Auswertung (DATEV). Was nicht in den Monatsberichten erscheint, berechnen Sie mit Excel, und hier ist der Pivot-Bericht ein zentrales Werkzeug.

12.12.1 Auftragsreichweite berechnen

Das Beispiel behandelt eine Kennzahl von vielen, aber der Einsatz der Mittel sollte für alle im Prinzip derselbe sein. Ermitteln Sie die Kennzahl für die Auftragsreichweite, die der Unternehmer für eine monatliche Abschätzung der Liquidität und des Finanzbedarfs braucht. Diese Formel berechnet die Auftragsreichweite:

$$\text{Auftragsreichweite} = \frac{\text{Auftragsbestand}}{\text{Umsatz der letzten 12 Monate}} \times 360$$

Abbildung 12.57 Kennzahl für Auftragsreichweite

CD-ROM Die Übungsdaten und die Lösung finden Sie auf der Buch-CD unter *Kennzahl Auftragsreichweite.xlsx*.

Auftragsliste und Auftragsvolumen

Die Tabelle mit Aufträgen finden Sie in der gleichnamigen Tabelle, hier sind alle Daten mit Datum, Abteilung, Auftragswert und Status festgehalten. Erklären Sie den Bereich über *Einfügen/Tabellen/Tabelle* zur Tabelle, damit neue Aufträge automatisch mitberechnet werden.

Fertigen Sie einen Pivot-Bericht aus dieser Tabelle an, stellen Sie das Produktsegment in den Zeilenbereich, den Status in den Seitenbereich, und berechnen Sie die Summe der Aufträge pro Produktsegment im Wertebereich. Damit nur Aufträge in die Kennzahl kommen, die bereits sicher sind, filtern Sie den Status nach dem Wort »erteilt«.

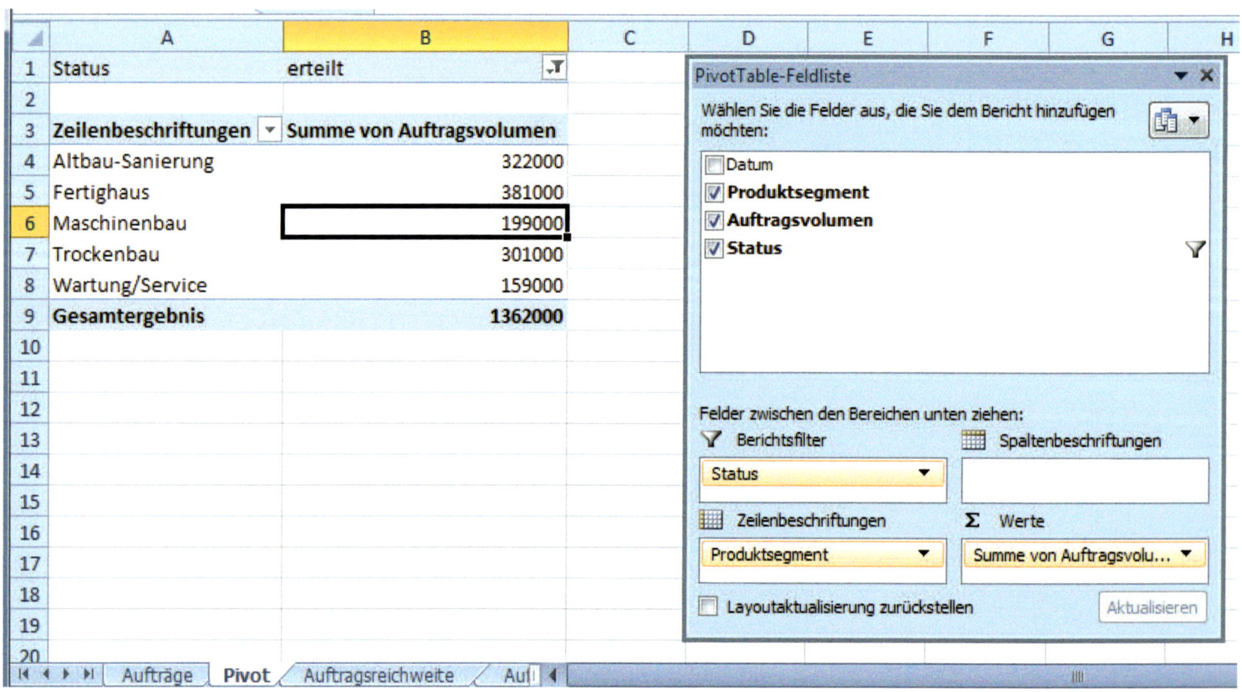

Abbildung 12.58 Der Pivot-Bericht über das (erteilte) Auftragsvolumen

Auftragsreichweite berechnen

Die Auftragsreichweite berechnen Sie im gleichnamigen Tabellenblatt. Schreiben Sie die Produktsegmente in eine Spalte, und tragen Sie die Umsätze daneben ein. Diese werden von Auswertungssystemen geliefert, idealerweise als Verknüpfung, damit die Zahlen stets aktuell sind.

	A	B	C	D	E
1	**Kennzahlen-Cockpit**				
2	Abteilung:	*Vertrieb*			
3	Stellenziel:	*A11-2*			
4	Kontrollzeitraum:	*monatlich*			
5					
6					
7	Produktsegment	12-Monats-Umsatz	Auftragsvolumen	Auftragsreichweite	
8	Altbau-Sanierung	5.709.000			
9	Fertighaus	3.806.000			
10	Maschinenbau	2.854.500			
11	Trockenbau	3.425.400			
12	Wartung/Service	1.141.800			
13					
14					
15					
16					
17					
18					
19					
20					

$$\text{Auftragsreichweite} = \frac{\text{Auftragsbestand}}{\text{Umsatz der letzten 12 Monate}} \times 360$$

Aufträge | Pivot | **Auftragsreichweite** | Auf

Abbildung 12.59 Hier wird die Auftragsreichweite berechnet. Die Zwölf-Monats-Umsätze sind bereits eingetragen.

Die Matrixfunktion PIVOTDATENZUORDNEN

Die Auftragsvolumina für die Spalte C beziehen Sie aus der zuvor erstellten PivotTable. Sie können eine einfache Verknüpfung erstellen oder – professioneller – mit der Funktion *PIVOTDATENZUORDNEN()* arbeiten. Diese Funktion aus der Kategorie *Matrix* verknüpft automatisch die Bezeichnung aus dem Cockpit mit dem Wert aus der PivotTable, was von Vorteil ist, wenn sich diese ändert.

1. Benennen Sie das Tabellenblatt mit der PivotTable, nennen Sie es im Register *Pivot*.
2. Setzen Sie den Zellzeiger in die Zelle C8 für das erste Auftragsvolumen.
3. Wählen Sie *Formeln/Funktion einfügen*.
4. Schalten Sie auf die Kategorie *Matrix*, und suchen Sie die Funktion *PIVOTDATENZUORDNEN()*.
5. Geben Sie diese Argumente ein:

   ```
   Datenfeld: Pivot!A3
   PivotTable: A8
   ```

6. Schließen Sie die Formel ab, und kopieren Sie das Ergebnis nach unten bis zum letzten Produktsegment.
7. Berechnen Sie die Kennzahl in Spalte D, geben Sie diese Formel ein:

   ```
   D8: =C8/B8*360
   ```

8. Kopieren Sie auch diese Formel bis zum letzten Produktsegment.

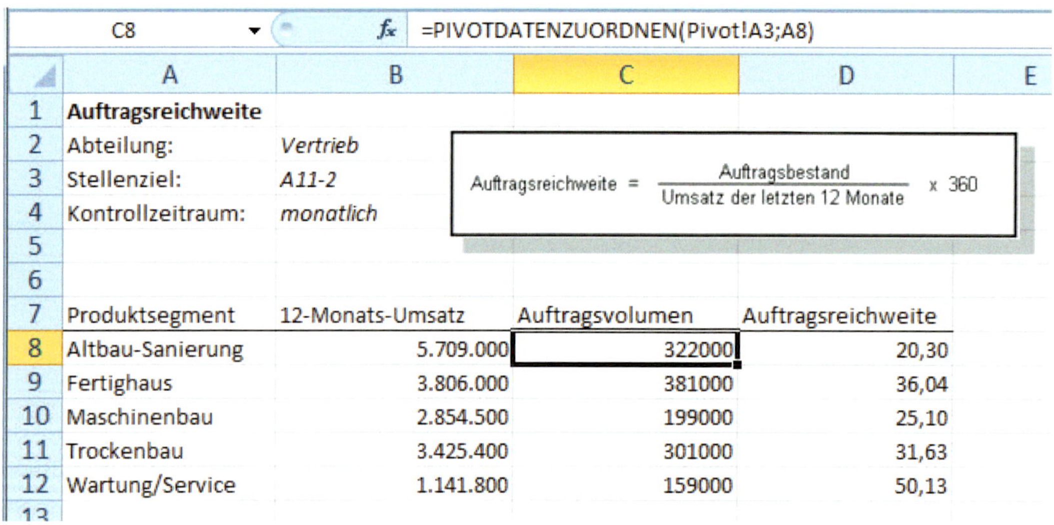

C8 =PIVOTDATENZUORDNEN(Pivot!A3;A8)

	A	B	C	D
1	**Auftragsreichweite**			
2	Abteilung:	*Vertrieb*		
3	Stellenziel:	*A11-2*		
4	Kontrollzeitraum:	*monatlich*		
5				
6				
7	Produktsegment	12-Monats-Umsatz	Auftragsvolumen	Auftragsreichweite
8	Altbau-Sanierung	5.709.000	322000	20,30
9	Fertighaus	3.806.000	381000	36,04
10	Maschinenbau	2.854.500	199000	25,10
11	Trockenbau	3.425.400	301000	31,63
12	Wartung/Service	1.141.800	159000	50,13

$$\text{Auftragsreichweite} = \frac{\text{Auftragsbestand}}{\text{Umsatz der letzten 12 Monate}} \times 360$$

Abbildung 12.60 Die Kennzahl ist berechnet.

12.13 Die VBA-Ecke

Viele Handgriffe führen zu Pivot-Berichten, der Makrorekorder nimmt Ihnen einige Arbeit ab. Zeichnen Sie die Aktionen auf, legen Sie Schaltflächenobjekte in der Tabelle an, und verknüpfen Sie diese mit den Makros.

Aber Vorsicht! Der Makrorekorder kennt keine Tabellen, er zeichnet absolute Bezüge auf ($A$1:$D$32). Hier müssen Sie eingreifen.

CD-ROM Das Makro finden Sie auf der Buch-CD in der Mappe *VBA Pivot.xlsm*.

Makro Tabelle2Pivot

Das Makro sucht die Tabelle und merkt sich den Bereich in einer Variablen. Damit erstellt es den Monatskostenbericht.

```
Sub Tabelle2Pivot()
 Dim aktTabelle As ListObject, pbereich
 ' Objektvariable für die Datenbank
 Set aktTabelle = ActiveSheet.ListObjects(1)
 ' Adresse der ersten Tabelle festhalten
 pbereich = aktTabelle.DataBodyRange.Address
 ' Bereich markieren und Kopfzeile mitnehmen
 Range(pbereich).Select
 pbereich = Selection.CurrentRegion.Address
 ' Pivot-Bericht wird aus der Tabelle erstellt
 ' (Recorder-Aufzeichnung)
  ActiveWorkbook.PivotCaches _
  .Add(SourceType:=xlDatabase, _
  SourceData:=pbereich).CreatePivotTable _
  TableDestination:="", TableName:="PivotTable3", _
  DefaultVersion:=xlPivotTableVersion10
  ActiveSheet.PivotTableWizard _
  TableDestination:=ActiveSheet.Cells(3, 1)
  ActiveSheet.Cells(3, 1).Select
  ActiveSheet.PivotTables("PivotTable3").AddFields _
  RowFields:="Datum", PageFields:="Medium"
  With ActiveSheet.PivotTables("PivotTable3") _
  .PivotFields("Betrag")
     .Orientation = xlDataField
     .Caption = "Kosten"
  End With
  Range("A5").Select
  Selection.Group Start:=True, End:=True,
Periods:=Array(False, False, False, _
     False, True, False, False)
End Sub
```

Listing 12.1 Makro für automatischen Pivot-Bericht aus einer Tabelle

Kapitel 13

Diagramme

13.1 Visualize it ...

Wir leben im medialen Informationszeitalter, und ein fester Bestandteil der Bilderflut, die per Computer, TV und Papiermedien täglich auf uns niederprasselt, sind Diagramme. Auf der zweiten Seite der Tageszeitung wird uns schon beim Frühstück visualisiert, wie die Nation im europäischen Vergleich dasteht. Focus, Spiegel und andere Gazetten bombardieren uns mit Info-Grafiken, die mehr oder weniger wichtige Fakten auf eine Säulenreihe oder eine Torte mit bunten Teilstücken komprimieren, und wir – wir sehen immer hin. Warum ziehen Diagramme den Blick des Betrachters magisch an?

Visualisierung spricht einen zusätzlichen Wahrnehmungskanal an, der beim Menschen stärker ausgeprägt ist als das rationelle Verstehen und Begreifen. Unser visuelles Gedächtnis erinnert sich länger an etwas Gesehenes als der rechnende Teil des Denkapparates.

Rein rationell betrachtet sind Diagramme natürlich die besseren Argumente als Zahlenfriedhöfe: Wesentliches wird in kompakte Form gebracht, komplexe Zusammenhänge werden auf einen Blick fassbar. Diagramme können den Betrachter gezielt auf die Aussage lenken (Verhältnis oder Entwicklung, Größenverhältnis, Ausprägungen ...).

Genau das macht Diagramme aber auch anfällig für Manipulationen. Der moderne Mensch, der Bilderflut hilflos ausgeliefert, konsumiert das Bild als Tatsache, die sein Weltbild formt. Nicht nur in der Werbung (die sich zwar einen Kodex zugelegt hat, den sie aber subtil untergräbt), sondern auch im Business-Diagrammbereich halten die Versuche an, mit Diagrammen zu lügen ...

Lernen Sie in diesem Kapitel die Diagrammerstellung mit Excel kennen, und nehmen Sie wichtige Tipps aus der Praxis für die Praxis der Visualisierung mit Businessgrafiken mit.

13.1.1 Excel-Diagramme – ein Standard

Excel hat seit der Vorstellung der ersten Version nicht nur im Bereich der Tabellenkalkulation Maßstäbe gesetzt. Auch die Diagrammtechnik, die von Anfang an Bestandteil der Software ist, gehört zum Besten, was es in diesem Segment gibt. Das Diagrammprinzip hat sich zwar seit den ersten Excel-Torten, -Säulen und -Linien nicht wesentlich geändert, Diagramme werden immer noch nach dem gleichen Prinzip produziert. Mit der Zeit hat sich aber das »Handling« verbessert, die einzelnen Elemente können einfacher nachbearbeitet werden, und es sind neue Diagrammvariationen hinzugekommen, wie beispielsweise das Portfolio, in Excel etwas profan *Blasendiagramm* genannt.

Mit Excel 2007 wurde endlich auch das etwas »altbackene« Design aufgepeppt, 3D-Look, visuelle Effekte und schicke Farben im abgestimmten Design machen

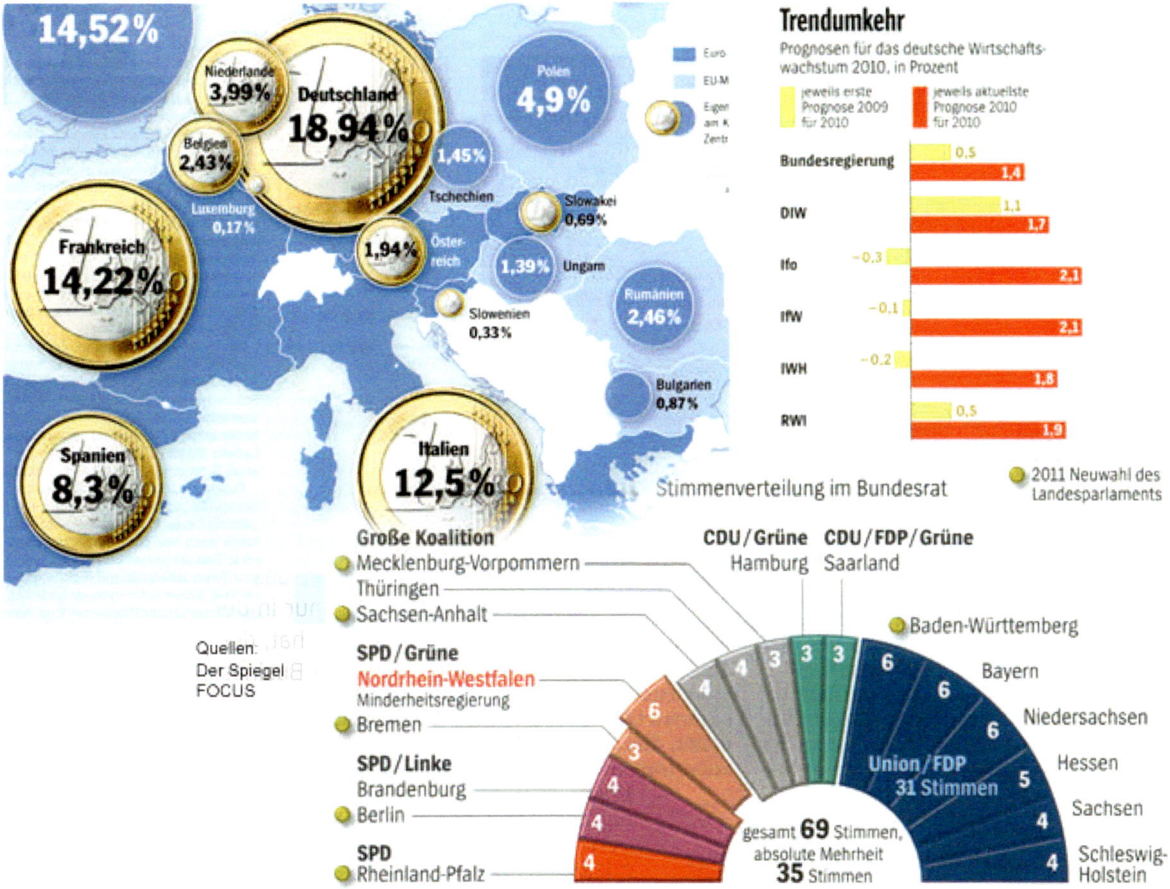

Abbildung 13.1 Info-Grafiken an jeder Ecke (Quelle: *www.afp.com*)

die Diagramme wieder lebendiger. In Excel 2010 hat sich kaum etwas Neues getan, außer den *Sparklines* sind keine besonderen Neuerungen hinzugekommen.

So manche bunte Info-Grafik auf Webseiten oder in Zeitschriften ist, wenn man genauer hinschaut, auch in der Rohversion mit Excel erstellt und dann erst mit grafischen Spielereien, Clips und Fotografie aufgepeppt worden. Diagramme sind exportierbar, lassen sich einfach in andere Applikationen kopieren und weiterbearbeiten, und das gehört auch zu den Stärken der Excel-Diagrammfunktion.

13.2 Sparklines

Die einfachste Möglichkeit, Zahlen im Tabellenblatt zu visualisieren, stellen die sogenannten Sparklines. Der Begriff wurde von Edward Tufte geprägt, einem Professor der Universität Yale. Auf seiner Webseite findet sich ein ausführlicher Artikel über Bedeutung und Einsatz dieser »small, intense, simple datawords« (kleine, intensive und einfache Wortgrafiken).

`www.edwardtufte.com`

Excel-Anwender mussten bis zur Version 2010 warten, um in den Genuss von Sparklines zu kommen. Sparklines sind einfach zu erstellen, bieten weit weniger Gestaltungsvielfalt als Diagramme und lassen sich auch kaum mit Kalkulationstechniken (Funktionen, Verknüpfungen) verkoppeln. Aber – sie sind informativ, bringen Aussagen schnell auf den Punkt und sind eine Bereicherung für trockene Zahlenwüsten.

13.2.1 Das Prinzip

CD-ROM Die Beispiele finden Sie auf der CD zum Buch in der Datei *Sparklines.xlsx*.

Daten werden grundsätzlich mit Bezug zu einem Ordnungsbegriff präsentiert. Monatliche Umsätze werden neben den Monatsnamen geschrieben, Produktkosten sind einem Produkt zugeordnet, und die Durchschnittstemperatur steht neben dem Ortsnamen oder der Wetterstation. Das ist die Momentaufnahme einer Information.

Liefert eine Tabelle weitere Informationen über die Entstehung einer Zahl, bekommt diese eine neue Aussage: Wie hat sich ein Umsatz entwickelt, welche Faktoren führen zu den Kosten, wie ist die Durchschnittstemperatur im Jahresvergleich zu werten? Hier kommen bereits die Sparklines zum Einsatz, sie zeigen die Entwicklung oder liefern Informationen über die Zusammensetzung eines Wertes.

Mit gezielten Formatierungen lässt sich der Informationswert von Sparklines noch erhöhen. So können beispielsweise Höchst- und Tiefstpunkte markiert und Negativwerte farbig gegen positive abgesetzt werden. Die Formatierung unterstützt also die Aussage der Grafik. Wichtige Einzelpunkte werden hervorgehoben, im Gesamtbild können Abweichungen oder saisonale Schwankungen verfolgt werden.

13.2.2 Sparklines erstellen

CD-ROM Übungsbeispiele und Lösungen finden Sie auf der CD zum Buch unter *Sparklines.xlsx*.

Lernen Sie die Sparklines-Technik an einem einfachen Beispiel kennen: Das Tabellenblatt *Umsatz* zeigt die Aufstellung der Halbjahresumsätze, die Liste wurde in eine Tabelle umgewandelt. Das Format der Daten hat keine Auswirkung auf die Sparklines, die Zellgrafiken werden nicht automatisch erweitert, wenn die Tabelle ihre Größe ändert, das Gleiche gilt auch für Listen.

1. Setzen Sie in der nächsten freien Spalte die Spaltenbreite auf 250 Pixel. Markieren Sie den Bereich für die Sparklines ($I$5:$I$14).
2. Wählen Sie *Einfügen/Sparklines/Linie*.

Umsätze	
Filiale 1	296
Filiale 2	244
Filiale 3	291

Produktkosten	
AirStar Turbo	3.600 €
SaniComfort	2.100 €
TurboCoooler	5.600 €

Ø-Temperatur	
Zugspitze	-12 °C
München	4 °C
Frankfurt	6 °C
Berlin	8 °C

Abbildung 13.2
Ordnungsbegriff und Zahlen

Umsätze	Jan	Feb	Mrz	Apr	Mai	Jun	Jul	Aug	Sep	Okt	Nov	Dez	Summe
Filiale 1	12	21	30	25	29	45	30	18	25	16	19	26	296
Filiale 2	15	22	30	25	18	12	15	19	23	19	21	25	244
Filiale 3	16	26	32	26	19	16	13	20	45	23	25	30	291

Produktkosten	Design	Konstruktion	Fertigung	Material	Summe
AirStar Turbo	500	800	1700	600	3600
SaniComfort	500	400	1000	200	2100
TurboCoooler	400	1000	2000	2200	5600

Abbildung 13.3
Sparklines zeigen die Entwicklung oder Zusammensetzung der Werte.

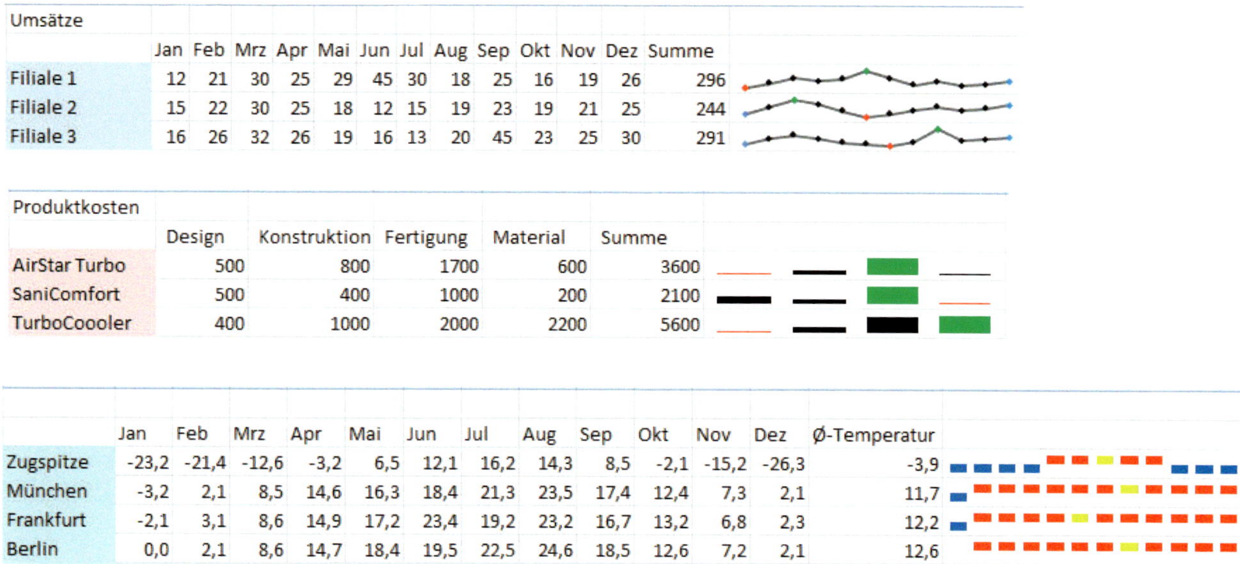

Umsätze													
	Jan	Feb	Mrz	Apr	Mai	Jun	Jul	Aug	Sep	Okt	Nov	Dez	Summe
Filiale 1	12	21	30	25	29	45	30	18	25	16	19	26	296
Filiale 2	15	22	30	25	18	12	15	19	23	19	21	25	244
Filiale 3	16	26	32	26	19	16	13	20	45	23	25	30	291

Produktkosten					
	Design	Konstruktion	Fertigung	Material	Summe
AirStar Turbo	500	800	1700	600	3600
SaniComfort	500	400	1000	200	2100
TurboCoooler	400	1000	2000	2200	5600

	Jan	Feb	Mrz	Apr	Mai	Jun	Jul	Aug	Sep	Okt	Nov	Dez	Ø-Temperatur
Zugspitze	-23,2	-21,4	-12,6	-3,2	6,5	12,1	16,2	14,3	8,5	-2,1	-15,2	-26,3	-3,9
München	-3,2	2,1	8,5	14,6	16,3	18,4	21,3	23,5	17,4	12,4	7,3	2,1	11,7
Frankfurt	-2,1	3,1	8,6	14,9	17,2	23,4	19,2	23,2	16,7	13,2	6,8	2,3	12,2
Berlin	0,0	2,1	8,6	14,7	18,4	19,5	22,5	24,6	18,5	12,6	7,2	2,1	12,6

Abbildung 13.4 Sparklines formatiert

3. Geben Sie den Datenbereich für die erste Sparkline an, ziehen Sie dazu den Mauszeiger über den Bereich $B$5:$G$14.
4. Der Positionsbereich ist bereits eingetragen, um ihn zu ändern, markieren Sie den Eintrag und ziehen die Markierung über einen anderen Bereich.
5. Klicken Sie auf OK, um die Grafik zu erstellen.

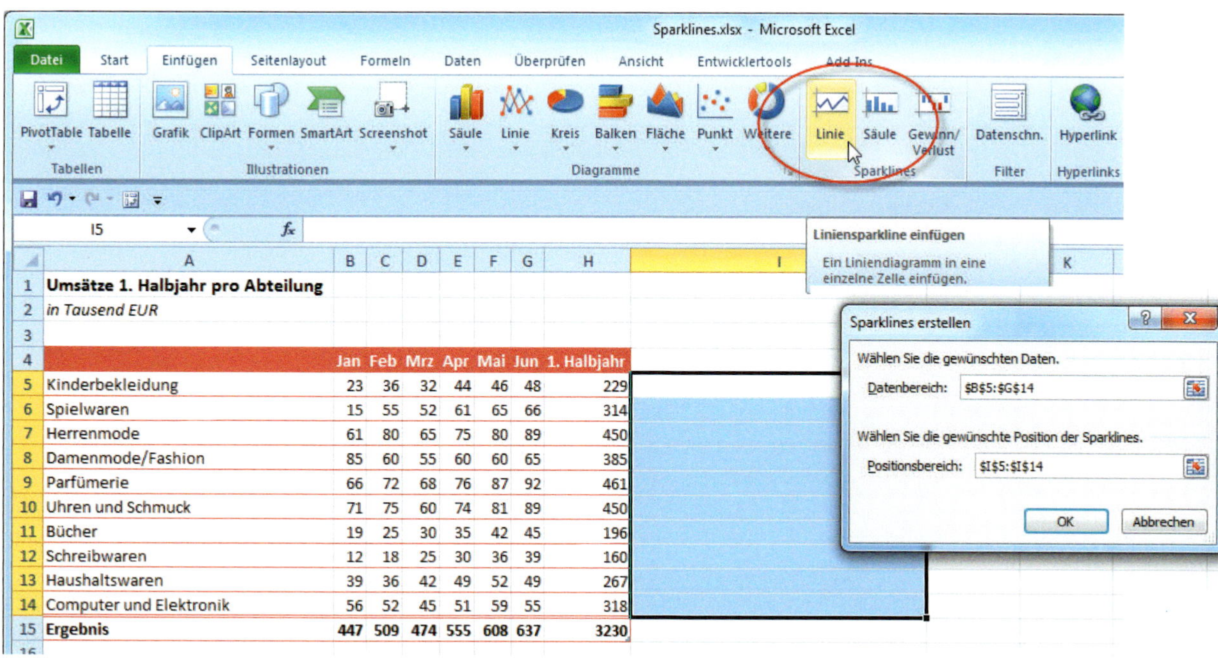

	A	B	C	D	E	F	G	H
1	**Umsätze 1. Halbjahr pro Abteilung**							
2	*in Tausend EUR*							
3								
4		Jan	Feb	Mrz	Apr	Mai	Jun	1. Halbjahr
5	Kinderbekleidung	23	36	32	44	46	48	229
6	Spielwaren	15	55	52	61	65	66	314
7	Herrenmode	61	80	65	75	80	89	450
8	Damenmode/Fashion	85	60	55	60	60	65	385
9	Parfümerie	66	72	68	76	87	92	461
10	Uhren und Schmuck	71	75	60	74	81	89	450
11	Bücher	19	25	30	35	42	45	196
12	Schreibwaren	12	18	25	30	36	39	160
13	Haushaltswaren	39	36	42	49	52	49	267
14	Computer und Elektronik	56	52	45	51	59	55	318
15	**Ergebnis**	**447**	**509**	**474**	**555**	**608**	**637**	**3230**

Abbildung 13.5 Neue Sparklines für die Umsatzentwicklung

Alternativ zur Erstellung einer Sparkline-Gruppe können Sie auch die erste Zelle markieren, eine Sparkline erstellen und diese mit dem Füllkästchen nach unten bis zum Ende der Liste kopieren. Excel erstellt auch damit eine Sparkline-Gruppe, erkennbar an dem blauen Rahmen, der alle Zeilen umfasst, wenn eine davon (oder die Gruppe selbst) markiert ist.

13.2.3 Neues Register Sparkline-Tools

Steht der Zellzeiger auf einer Sparkline oder in einer Sparkline-Gruppe, bietet das Menüband eine neue Registergruppe Sparkline-Tools an. Nutzen Sie die Werkzeuge in den vier Gruppen des Registers *Entwurf*, um die Sparklines zu verwalten und zu formatieren.

13.2.4 Daten bearbeiten

Die erste Gruppe *Sparkline* bietet die Möglichkeit, die Daten einzelner Sparklines oder der gesamten Gruppe nachzubearbeiten.

Gruppenspeicherort und -daten bearbeiten: Bestimmen Sie den Datenbereich und den Positionsbereich neu in der Dialogbox.

Daten einer einzelnen Sparkline bearbeiten: Markieren Sie eine Zeile innerhalb der Gruppe, und ändern Sie für diese den Datenbereich. Die Zeile bleibt weiterhin in der Gruppe

Ausgeblendete und leere Zellen: Bestimmen Sie, wie Sparklines mit leeren Zellen und Zellen mit Nullen umgehen. Sie können diese als Lücken oder auf der Nulllinie anzeigen lassen oder die benachbarten Datenpunkte mit einer Linie verbinden. Mit der Option *Daten in ausgeblendeten Zeilen anzeigen* bleiben die Sparklines auch sichtbar, wenn Sie die Daten gruppieren und ausblenden oder die Spaltenbreiten der Datenspalten auf 0 setzen.

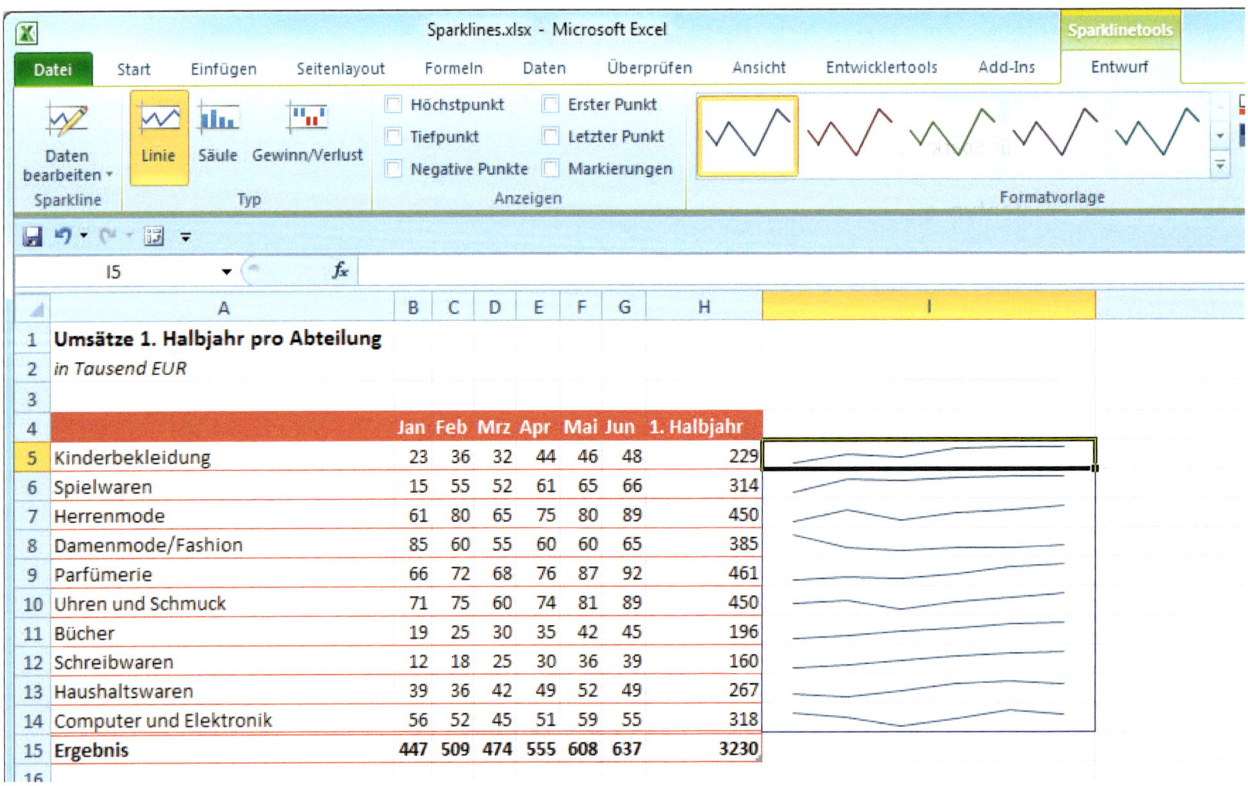

	A	B	C	D	E	F	G	H
1	**Umsätze 1. Halbjahr pro Abteilung**							
2	*in Tausend EUR*							
3								
4		Jan	Feb	Mrz	Apr	Mai	Jun	1. Halbjahr
5	Kinderbekleidung	23	36	32	44	46	48	229
6	Spielwaren	15	55	52	61	65	66	314
7	Herrenmode	61	80	65	75	80	89	450
8	Damenmode/Fashion	85	60	55	60	60	65	385
9	Parfümerie	66	72	68	76	87	92	461
10	Uhren und Schmuck	71	75	60	74	81	89	450
11	Bücher	19	25	30	35	42	45	196
12	Schreibwaren	12	18	25	30	36	39	160
13	Haushaltswaren	39	36	42	49	52	49	267
14	Computer und Elektronik	56	52	45	51	59	55	318
15	**Ergebnis**	**447**	**509**	**474**	**555**	**608**	**637**	**3230**

Abbildung 13.6 Sparkline-Gruppe und Sparklines

13.2.5 Datentyp

Für Sparklines stehen drei Datentypen zur Auswahl. Setzen Sie den Zellzeiger in die Gruppe, und klicken Sie auf das Symbol, um den Datentyp zu bestimmen.

Datentyp	Sparkline	Notiz
Linie	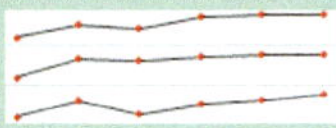	Linien-Sparklinis zeigen meist Trends, Entwicklungen oder zeitliche Verläufe an.
Säule		Säulen-Sparklines werden zur Visualisierung von Mengenunterschieden verwendet.
Gewinn/Verlust		Gewinn-/Verlust-Sparklines stellen positive Werte über die Nulllinie und negative Werte unter die Nulllinie.

Tabelle 13.1 Datentypen für Sparklines

Ändern Sie den Datentyp einer Gruppe, werden alle Sparklines der Gruppe diesen Typ annehmen. Heben Sie mit *Sparkline-Tools/Entwurf/Gruppieren/Gruppierung aufheben* die Gruppe auf, können Sie einzelne Zeilen mit unterschiedlichen Datentypen formatieren.

13.2.6 Anzeigen von Linienpunkten oder farbigen Säulen

In der Gruppe *Anzeigen* finden Sie sechs Ankreuzoptionen für die Unterscheidung der einzelnen Datenpunkte in den Sparklines. Die Option *Markierung* ist nur bei Linien-Sparklines aktivierbar. Für die Formatierung der einzelnen Punkte ist die Formatvorlage bzw. die individuelle Formatierung unter Sparkline-Tools/Formatvorlage/Datenpunktfarbe zuständig.

Höchstpunkt: Der höchste Punkt der Linie wird mit einem andersfarbigen Punkt gekennzeichnet. In Säulen- und Gewinn-/Verlust-Sparklines wird die Säule für den höchsten Wert andersfarbig gekennzeichnet.

Tiefpunkt: Der tiefste Punkt der Linie wird mit einem andersfarbigen Punkt gekennzeichnet. In Säulen- und Gewinn-/Verlust-Sparklines wird die Säule für den kleinsten Wert andersfarbig gekennzeichnet.

Negative Punkte: Minuswerte werden andersfarbig gekennzeichnet.

Erster Punkt: Der erste Punkt bzw. die erste Säule wird andersfarbig gekennzeichnet.

Letzter Punkt: Der letzte Punkt bzw. die letzte Säule wird andersfarbig gekennzeichnet.

Markierungen: Mit dieser Option werden alle Punkte einer Linie mit farbigen Punkten markiert. Die Formatvorlagen passen sich automatisch dieser Option an.

13.2.7 Sparklines formatieren

Für die Formatierung der Sparklines steht eine Liste mit Formatvorlagen zur Auswahl. Klicken Sie eine Formatvorlage an, um diese der gesamten Gruppe oder einer einzelnen Sparkline zuzuweisen.

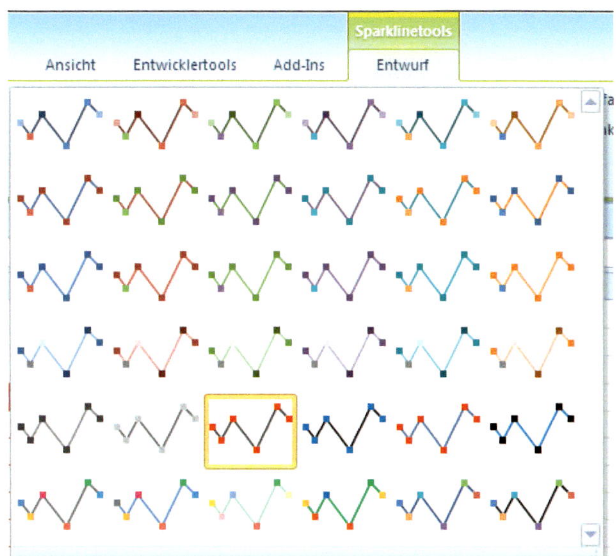

Abbildung 13.7 Formatvorlagen für Sparklines

Sparklinefarbe: Wählen Sie hier eine von der Formatvorlage abweichende Farbe für die Linie oder die Säulen. Unter *Stärke* finden Sie verschiedene Linienstärken.

Datenpunktfarbe: Hier können Sie die einzelnen Datenpunkte abweichend von der Formatvorlage mit individuellen Farben gestalten. Die Farbe für *Markierung* gilt für alle Datenpunkte, die in keine Kategorie fallen.

HINWEIS Die Formatierungen heben sich in der Reihenfolge auf, in der sie unter *Anzeigen* angeboten werden. Ist der erste Punkt beispielsweise der Höchstwert, gilt dessen Farbe anstelle der Farbe für den ersten Punkt.

13.2.8 Achsen

Sparklines haben standardmäßig keine horizontalen Rubrikenachsen und auch keine vertikalen Größenachsen. Unter diesem Symbol können Sie die positiven und negativen Werte mit einer Achsenlinie trennen und eine individuelle Skalierung der vertikalen Achse festlegen.

Horizontale Achsenoptionen: Neben *Allgemeiner Achsentyp* steht hier auch der *Datumsachsentyp* zur Auswahl. Nutzen Sie diesen, um eine Datumsreihe für die Achsenskalierung zu benutzen.

Achse anzeigen zieht eine horizontale Linie zwischen den positiven und den negativen Punkten oder Säulen ein. Enthält die Datenreihe nur positive oder negative Werte, wird die Achse nicht angezeigt.

Daten von rechts nach links anzeigen dreht die Anordnung um, der Datenpunkt aus der ersten Zelle des Datenbereichs gilt für den letzten Punkt oder Balken.

Optionen für den Minimalwert/Höchstwert der vertikalen Achse

Wählen Sie *Automatisch* für alle Sparklines, um den Minimalwert automatisch aus dem kleinsten Eintrag der Datenreihe und den Maximalwert automatisch aus dem größten Wert der Datenreihe zu ermitteln. *Identisch für alle Sparklines* legt den definierten Mindestwert/Höchstwert für alle Sparklines fest.

Geben Sie unter *Benutzerdefinierter Wert* einen eigenen Achsenwert an. Das empfiehlt sich, um die Sparkline-Punkte auf eine bestimmte Wertemenge zu begrenzen (z. B. maximaler Mindestwert: -10, maximaler Höchstwert +50).

Beispiel: Besucherzahlen

Analysieren Sie die Besucherzahlen in der Bibliothek, die nur an Wochentagen geöffnet hat. Ändern Sie die Achsenzuordnung, sehen Sie wahlweise alle Wochentage oder den gesamten Monat mit Lücken für die freien Tage.

1. Schreiben Sie das erste Datum in die Zelle E3, formatieren Sie es mit dem abgekürzten Wochentag, und stellen Sie die Zelle linksbündig:

   `E3: 1.6.2010`

   `Zahlenformat (benutzerdefiniert): TTT`

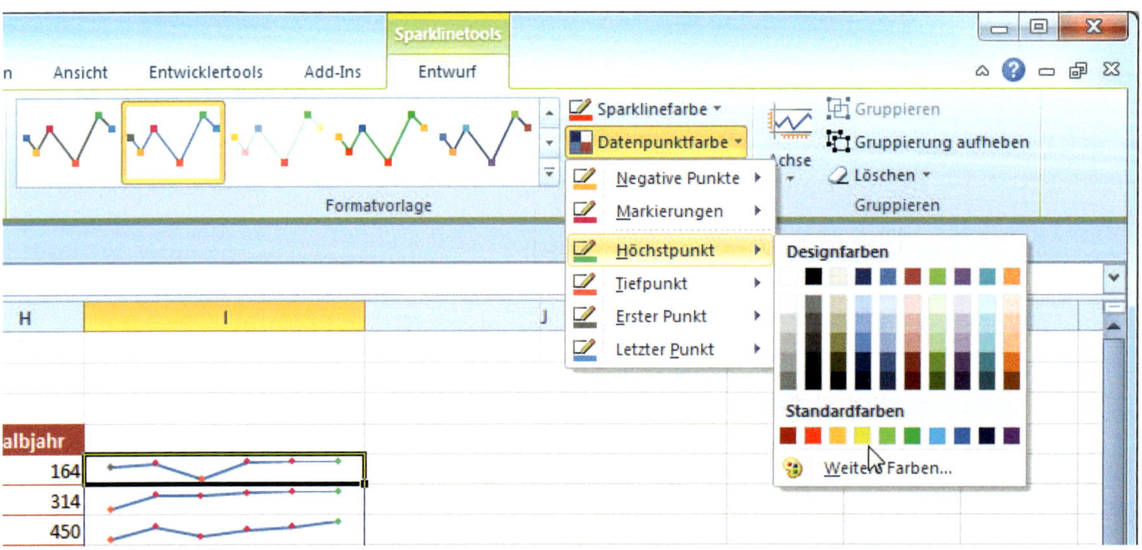

Abbildung 13.8 Datenpunkte individuell gestalten

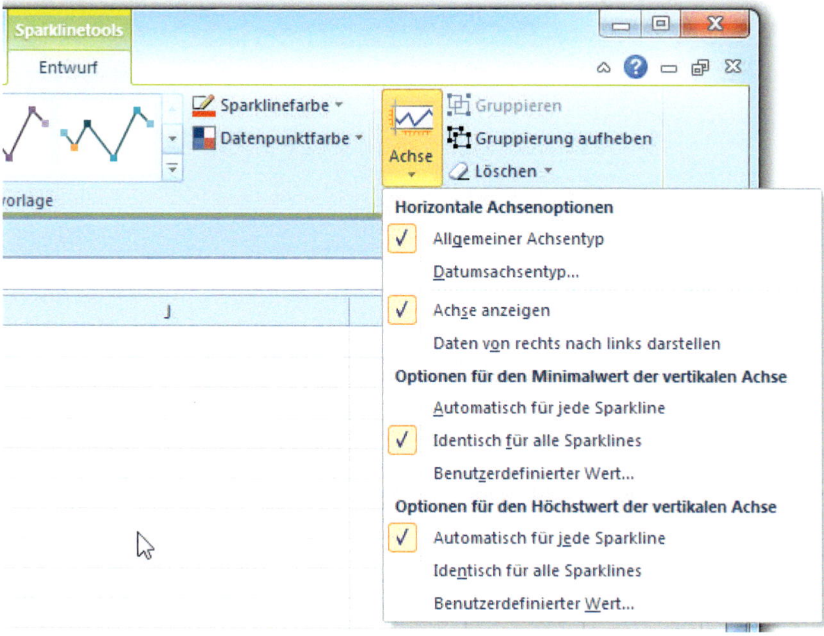

Abbildung 13.9
Hier werden die Achsenwerte festgelegt.

2. Ziehen Sie das Datum mit gedrückter rechter Maustaste nach rechts bis Spalte AH, und wählen Sie im Kontextmenü *Wochentage ausfüllen*.
3. Legen Sie in der Zeile darunter eine Tagesreihe für die Wochentage an. Dazu berechnen Sie den Tag des Datums in Zeile 3. Kopieren Sie die Formel nach rechts bis zum letzten Datum.

```
E4: =TAG(E3)
```

4. Tragen Sie dann die Besucherzahlen der einzelnen Wochentage ein. Die Auswertungsformeln erstellen Sie in Spalte B und C:

```
B5: =SUMME(E5:AH5)
C5: =MITTELWERT(E5:AH5)
```

5. Fügen Sie in Zelle D5 eine Säulen-Sparkline für den Bereich E5:AH5 ein, weisen Sie eine Formatvorlage zu, und formatieren Sie den Höchstwert und Tiefstwert. Als Achse für diese Sparkline wird automatisch die Tagesreihe in Zeile 4 verwendet, die Sparkline zeigt dementsprechend eine geschlossene Balkenreihe an.
6. Wählen Sie *Sparkline-Tools/Entwurf/Achse/Datumsachsentyp*.
7. Markieren Sie den Bereich mit den Datumswerten (E2:Z3) für die Achse.

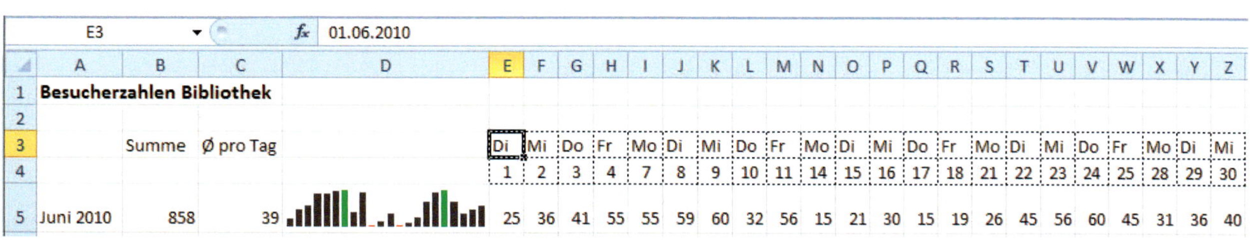

Abbildung 13.10 Sparkline für Wochentage

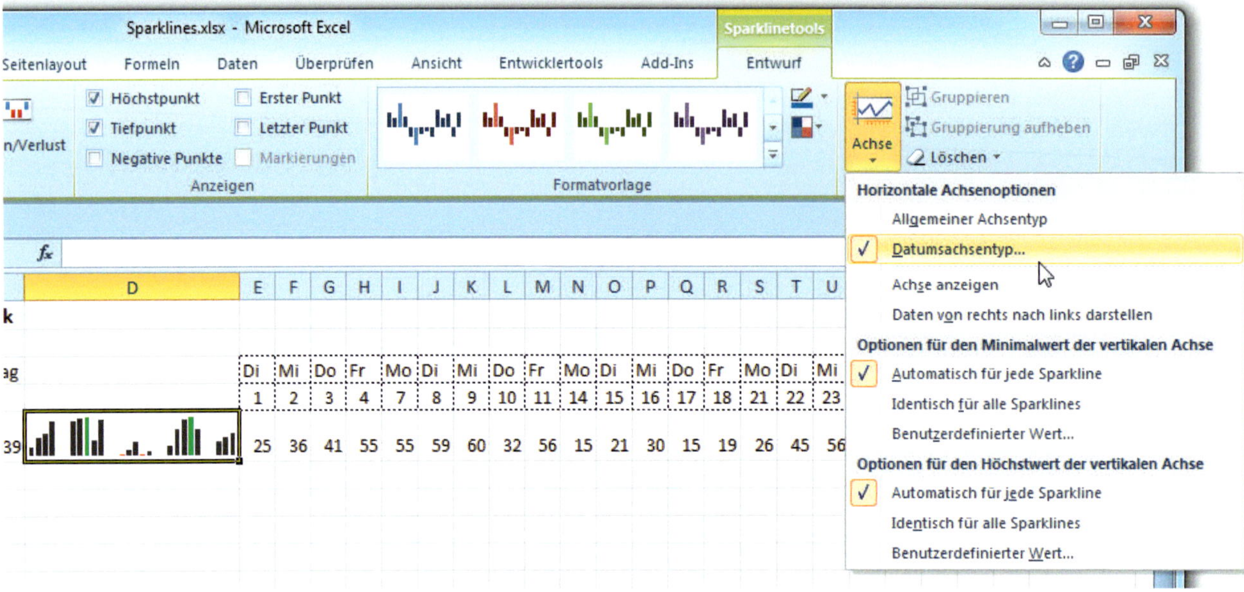

Abbildung 13.11 Sparkline für den gesamten Monat

Jetzt zeigt die Sparkline die Besucherzahlen für den Monat an mit Lücken an den Wochenendtagen.

13.2.9 Sparklines gruppieren

Eine neue Sparkline gehört wie oben gezeigt automatisch zu einer Gruppe, wenn bei der Erzeugung mehr als eine Zeile markiert war. Auch das Kopieren einer Sparkline erzeugt automatisch eine Gruppe, erkennbar an einer blauen Randlinie, wenn der Zellzeiger darin steht. Sie können diese Gruppe jederzeit auflösen oder Gruppen aus unterschiedlichen Zellen bilden.

1. Markieren Sie die Sparkline-Gruppe, und wählen Sie *Sparkline-Tools/Entwurf/Gruppieren/Gruppierung aufheben*. Jetzt können die einzelnen Sparklines unabhängig formatiert werden.
2. Markieren Sie einen Zellbereich oder mit gedrückter Strg-Taste mehrere, auch nicht zusammenhängende Sparkline-Zellen.
3. Wählen Sie *Sparkline-Tools/Entwurf/Gruppieren/Gruppieren.*

Die neue Gruppe wird gebildet, jede Änderung auf eine Sparkline der Gruppe wird automatisch auf die übrigen Gruppenmitglieder angewandt.

Beispiel Projektmanagement

In diesem Beispiel sind die Projektkosten mehrerer Projekte aufgeführt. Das Restbudget wird berechnet, und zu jedem Projekt wird der Fertigstellungsgrad eingetragen. Die Sparklines in Spalte C werden allgemein über den Bereich C4:I12 erstellt.

Um die Zellen mit Beträgen über Säulen-Sparklines und die restlichen mit Linien-Sparklines zu visualisieren, wurde die Gruppe zunächst aufgehoben. Für die neue Gruppe werden die einzelnen Blöcke mit der Strg-Taste markiert und wieder gruppiert. Jetzt können die Sparklines neu formatiert werden.

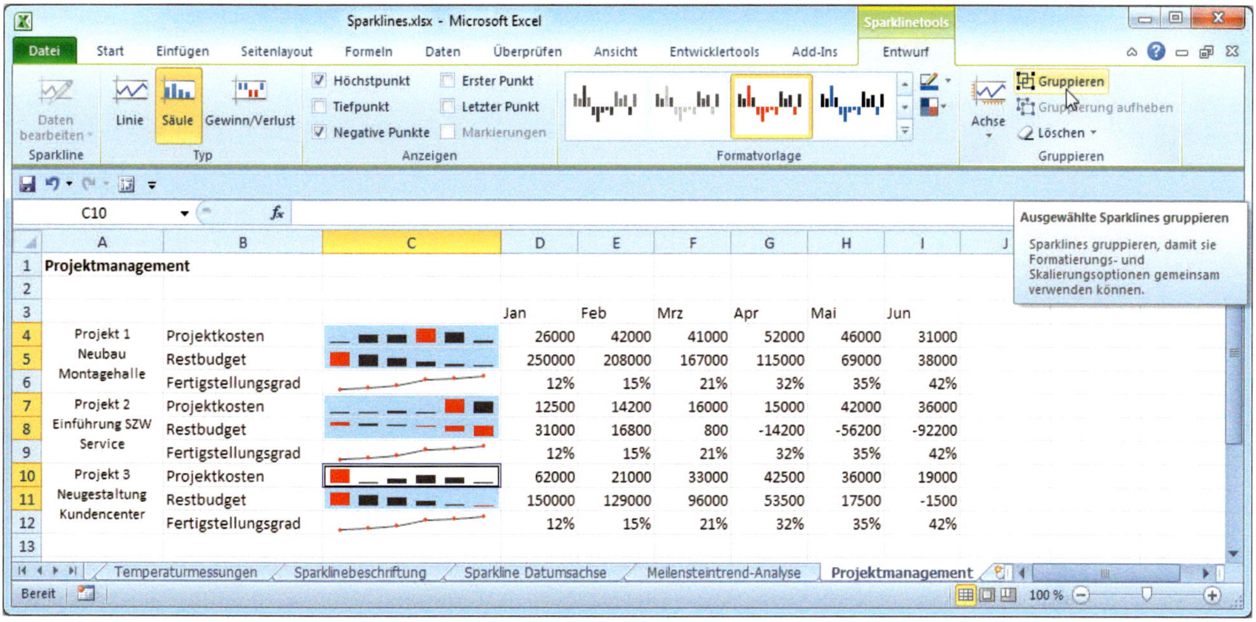

Abbildung 13.12 Sparklines über mehrere Gruppen

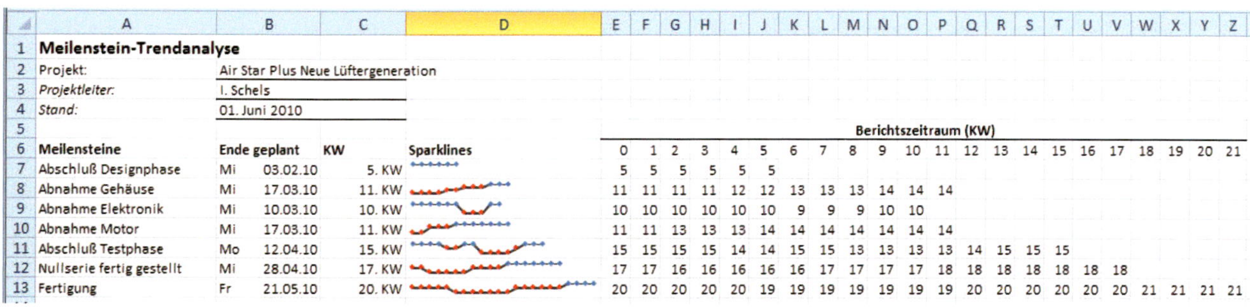

Abbildung 13.13 Meilensteintrends mit Sparklines

Beispiel Meilensteintrendanalyse

Ein weiteres Beispiel aus dem Bereich Projektmanagement: Die Meilensteintrendanalyse zeigt den Projektfortschritt in den einzelnen Kalenderwochen. In jeder KW wird berichtet, wann der Projektvorgang abgeschlossen sein wird. Die Sparklines zeigen den Verlauf der Berichte und verdeutlichen, an welchen Stellen das Projekt geradlinig oder »unruhig« verläuft.

13.2.10 Sparklines beschriften

Die Zellen, in denen Sparklines eingezeichnet wurden, können beliebig beschriftet werden. Leider bietet die Sparkline-Technik keine Möglichkeit, per Formel oder Funktion auf die kleinen Grafiken zuzugreifen. Mit etwas Geduld lässt sich die Beschriftung auf die einzelnen Datenpunkte anbringen. Nutzen Sie die Möglichkeit, einen Zelltext mit unterschiedlichen Schriftgrößen zu formatieren.

13.3 Diagramme

Excel stellt die wichtigsten Diagrammtypen für Businessgrafiken zur Auswahl, zu jedem Typ gibt es zahlreiche 2D- und 3D-Varianten. Diese Diagramme werden auf der Basis eines Zahlenmaterials aus einem Tabellenblatt angefertigt und als Objekte oder eigene Datenblätter in Arbeitsmappen gespeichert. Das Diagramm ist die optische Umsetzung eines Zahlenbereiches, jedes Element des Diagramms entsteht aus der Verknüpfung zu diesem Bereich oder ist von diesem abhängig.

Der Weg zum Diagramm führt also über diesen Pfad:

- Stellen Sie das Zahlenmaterial bereit, das Sie mit dem Diagramm visualisieren wollen.
- Bereiten Sie das Zahlenmaterial so auf, dass es in eine Diagrammform umsetzbar ist.
- Markieren Sie die Zellen mit den Daten, und erstellen Sie ein Diagrammobjekt oder ein Diagrammblatt.

Ist das Diagramm erstellt, können Sie alle Elemente nachformatieren, Zahlenkolonnen anders zuordnen oder fehlende Teile nachrüsten. Für die bequeme Formatierung stehen Formatvorlagen zur Verfügung.

13.3.1 Für Könner: DATENREIHE()

Wollen Sie tiefer in das Diagrammdesign einsteigen, sollten Sie sich mit den einzelnen Diagrammelementen beschäftigen und herausfinden, wie die Verknüpfungen zustande kommen und welche Logik hinter diesen steckt. Eine Schlüsselrolle hat hier die Funktion *DATENREIHE*, über die eigentlich die gesamte Verbindung zwischen Zahlen und Grafik läuft. Analysieren Sie diese Funktion, und arbeiten Sie Ihre Änderungen direkt in die Argumente von *DATENREIHE* ein, das ist der schnellste und sicherste Weg, um Diagramme nach eigenen Wünschen zu gestalten.

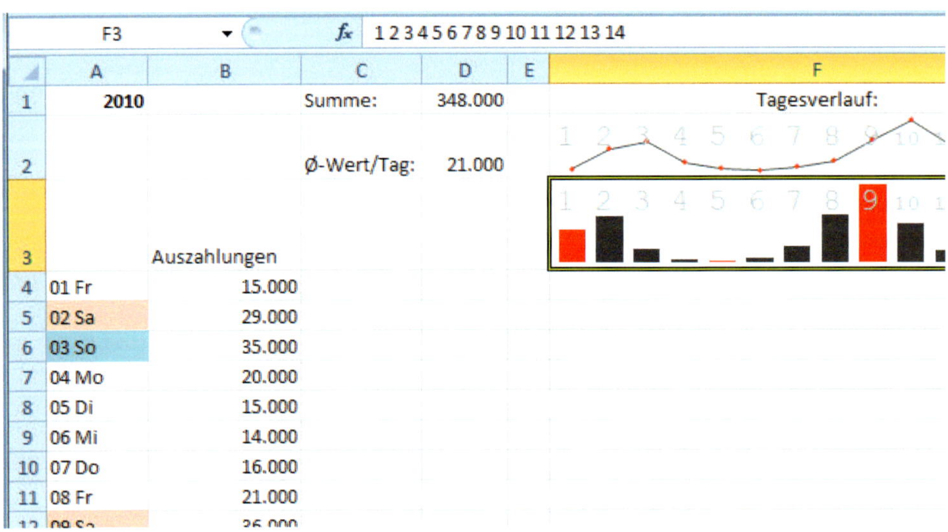

Abbildung 13.14
Sparklines beschriften

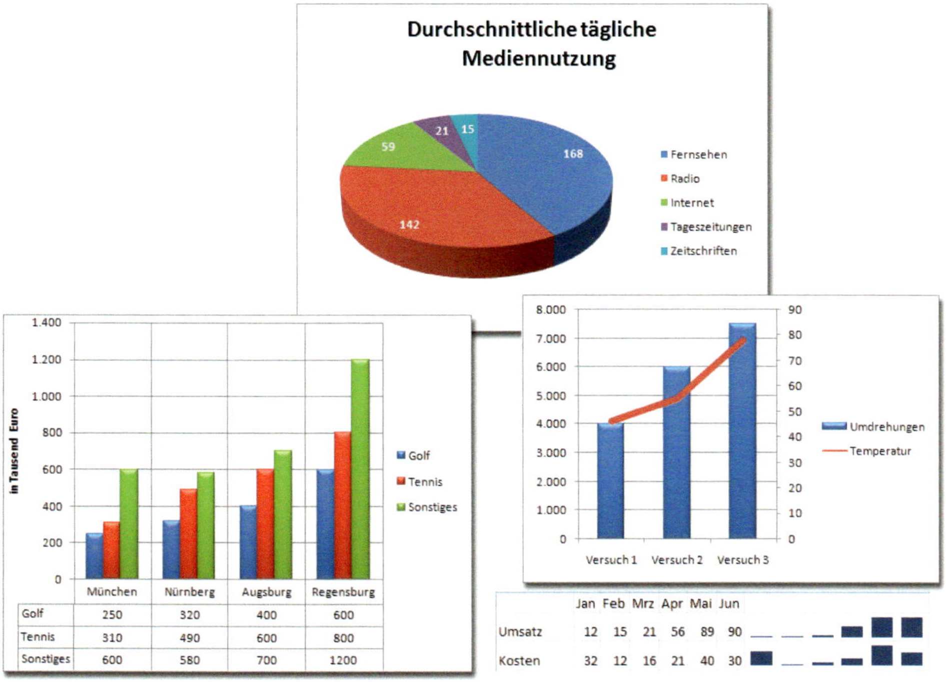

Abbildung 13.15 Diagramme mit Excel – neue Optik, neue Techniken

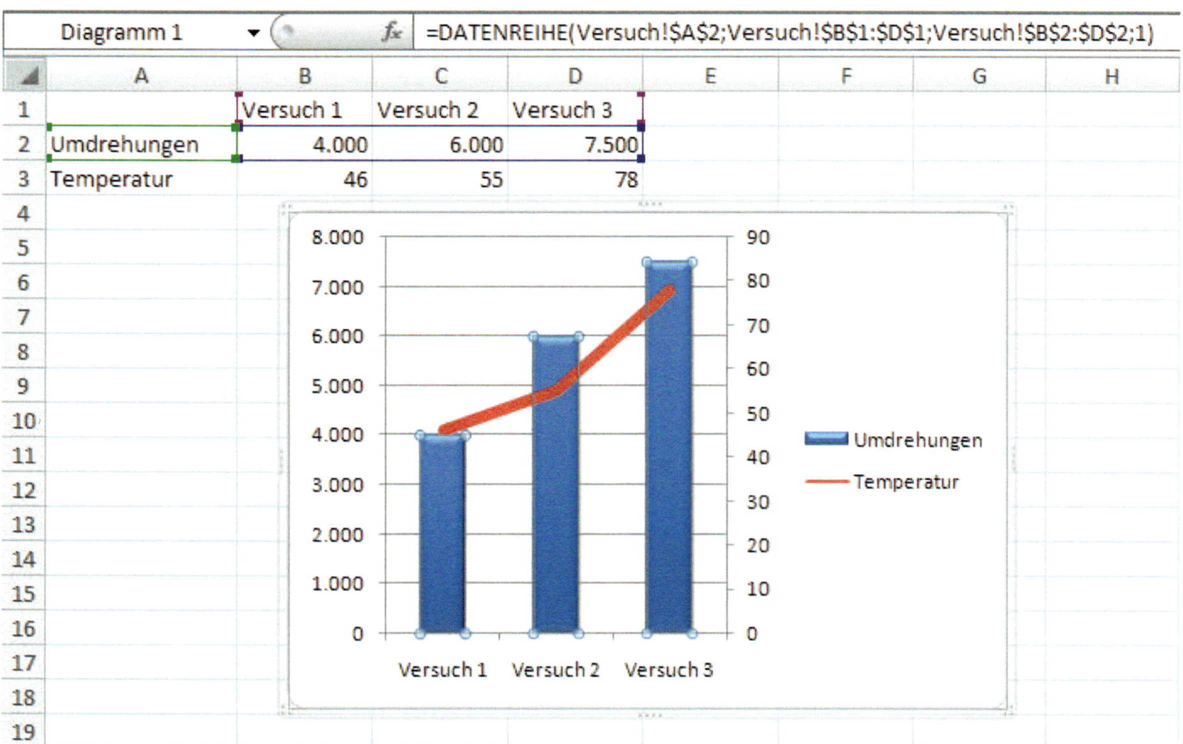

Abbildung 13.16 Für Könner: die Funktion DATENREIHE()

13.3.2 Die Zahlenmatrix

In der Praxis werden Sie den Zellbereich so präparieren, dass bei der Umsetzung in ein Diagramm automatisch alle benötigten Elemente gleich zugeordnet werden können. Dazu ordnen Sie Beschriftungen und Zahlen in einer Matrixstruktur an. Eine Matrixstruktur ist vereinfacht gesagt ein rechteckiger Bereich. Die einfachste und sicherste Zahlenmatrix enthält die Texte für die Rubriken in der ersten Spalte und die Legendenbeschriftung in der ersten Zeile. Der Rest wird mit den Werten gefüllt, und daraus entsteht eine Matrix für Diagramme.

» In der ersten Spalte stehen die Texte für die Rubrikenachse (x-Achse).

» In der zweiten Spalte stehen die Zahlen, die später die erste Datenreihe (Säulen, Linien ...) bilden.

» Für jede weitere Datenreihe kommt eine neue Zahlenspalte hinzu.

» Die Spaltenbeschriftung liefert den Eintrag für die Legende.

» Der Schnittpunkt aus Zeile und Spalte enthält den Wert des Datenpunktes, der auf der Größenachse aufgetragen wird.

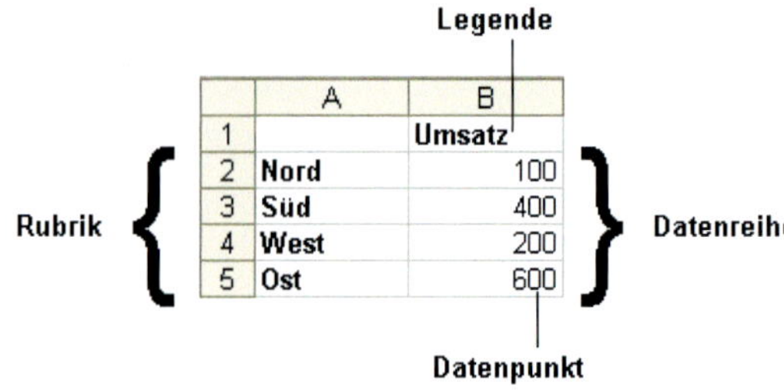

	A	B
1		Umsatz
2	Nord	100
3	Süd	400
4	West	200
5	Ost	600

Abbildung 13.17 Die Zahlenmatrix

Jede weitere Zeile in dieser Matrix wird eine zusätzliche Datenreihe ergeben, jede neue Spalte wird zum nächsten Datenpunkt. Die Matrix lässt sich auch invertieren, sodass die Rubriken aus den Zeilen und die Datenpunkte aus den Spalten gebildet werden. Die Anzahl der Zeilen und Spalten ist nicht limitiert, Diagramme können Hunderte von Datenreihen und -punkten enthalten (z.B. Punktdiagramme oder logarithmische Kurven).

13.3.3 Die Grundelemente eines Diagramms

Setzen Sie die Zahlenmatrix wie gleich beschrieben in ein Diagramm um, erhalten Sie diese Grundelemente:

Ein *Diagramm* wird wahlweise als Objekt auf der Tabelle oder als neues Blatt angelegt.

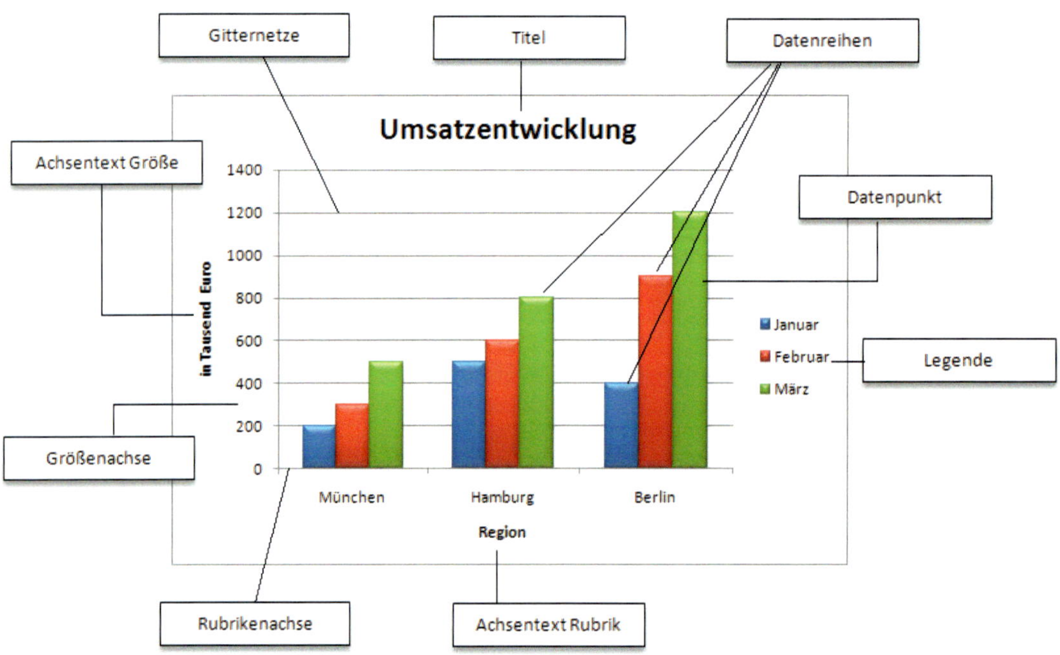

Abbildung 13.18 Aus den Zahlen entsteht ein Diagramm.

Der Innenbereich ist die *Zeichnungsfläche*, sie bildet den Kern des Diagramms.

Die Texte aus der *Rubrik* werden als Beschriftung der Rubrikenachse verwendet. Die Rubrikenachse wird in so viele Abschnitte unterteilt, wie Datenpunkte in der Reihe enthalten sind.

Die *Größenachse* wird aus der Analyse der vorliegenden Zahlen gebildet, die kleinste Zahl in allen Datenreihen bestimmt, wo sie beginnt, die größte Zahl in allen Datenreihen bestimmt den höchsten Wert der Achse (der meist um eine Einheit höher liegt, im Beispiel um 100).

Die *Datenreihe* wird auf der Rubrikenachse aufgetragen, die einzelnen *Datenpunkte* werden auf die Abschnitte verteilt.

Die *Legende* wird rechts angeordnet, sie enthält die Beschriftungen der einzelnen Datenspalten.

Das sind das Grundprinzip und der Grundaufbau eines Diagramms, der natürlich je nach gewähltem Diagrammtyp variiert. Die Grundelemente Zeichnungsfläche, Rubriken- und Größenachse, Datenreihe und Datenpunkt lassen sich nicht voneinander trennen, die Legende und die Überschrift sind frei verschiebbar. Balkenhöhe und Größenachsenskala sowie die Einteilung der Achsen stammen zwar aus der Matrix, lassen sich aber anpassen.

13.4 Diagramm erstellen

Erstellen Sie ein erstes Diagramm über die Registerkarte *Einfügen*. Mit dem neuen Diagramm steht Ihnen eine weitere Registerkartengruppe zur Verfügung, mit der das Diagramm formatiert und erweitert wird.

13.4.1 Zahlen bereitstellen

Ohne Zahlen kein Diagramm! Produzieren Sie in einer neuen, leeren Tabelle eine Zahlenmatrix für das Beispieldiagramm:

	A	B	C
1		Umsatz	
2	Nord	100	
3	Süd	400	
4	West	200	
5	Ost	600	
6			

Abbildung 13.19 Zahlenbasis für das neue Diagramm

Achten Sie von Anfang an darauf, dass die Matrix keine überflüssigen Leerzeilen und Leerspalten enthält. Die Rubrikenbeschriftungen müssen in der ersten, linken Spalte stehen, die Zahlenspalte sollte wenn möglich auch eine Beschriftung haben, sonst erhalten Sie keine Legende. Formatieren Sie die Zahlenspalte nicht, weisen Sie keine Zahlenformate zu.

13.4.2 Neues Diagramm einfügen

1. Markieren Sie die Zahlen in Ihrer Tabelle, setzen Sie dazu den Zellzeiger in eine beschriftete Zelle, und drücken Sie `Strg`+`Umschalt`+`*`. Damit wird die gesamte Matrix inklusive der Beschriftungen markiert.
2. Wählen Sie *Einfügen/Diagramme/Säule*.
3. Klicken Sie auf den ersten Untertyp der Gruppe, *2D-Säule*.

Das Diagramm wird eingefügt, es steht als Diagrammobjekt auf dem Tabellenblatt, in dem auch die Daten abgelegt sind (*siehe Kapitel 13.5.1: Diagrammobjekt bearbeiten*).

Mit dem Diagrammobjekt wird eine Registerkartengruppe sichtbar. Die *Diagrammtools* bieten drei Register an, *Entwurf*, *Layout* und *Format*.

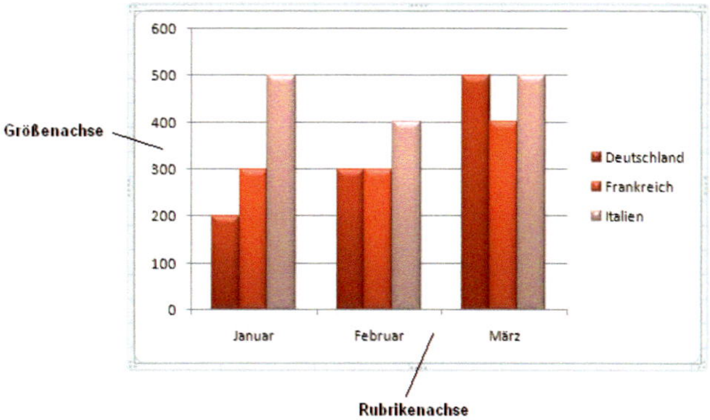

Abbildung 13.20 Das erste Diagrammobjekt ist erstellt.

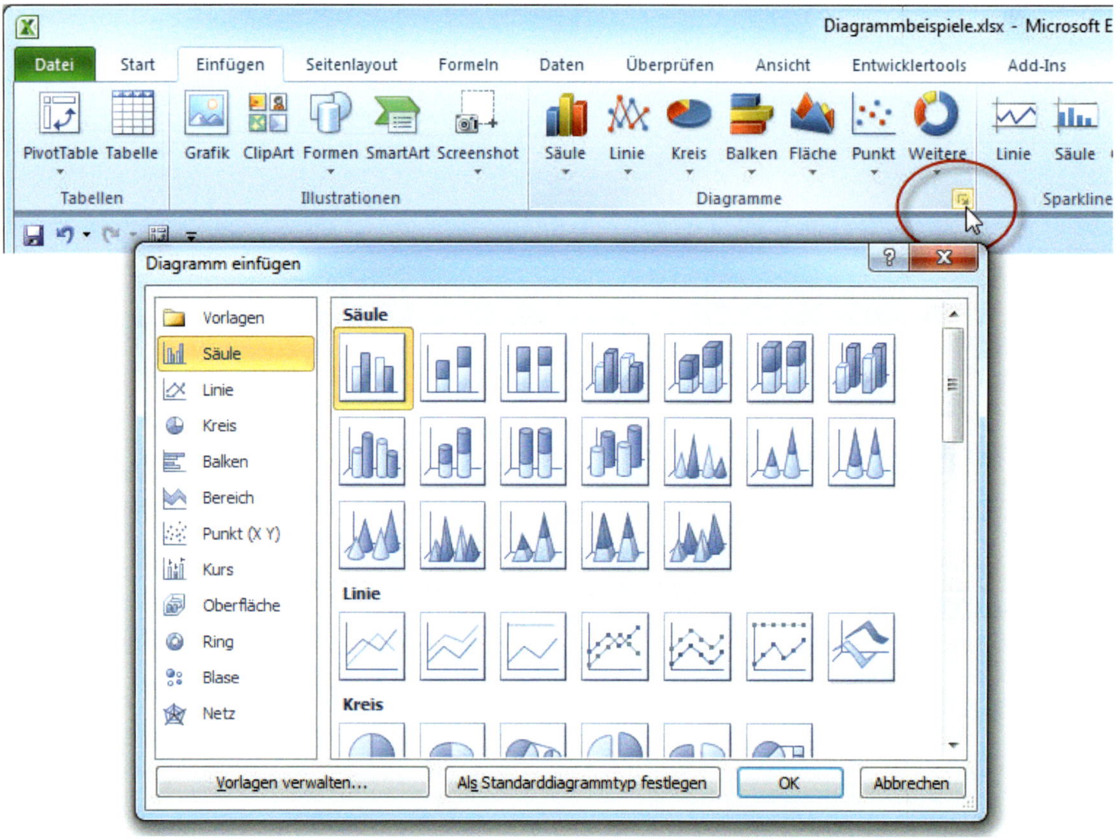

Abbildung 13.21 Das Dialogfeld bietet alle Diagrammtypen an.

13.4.3 Diagrammtypen im Dialogfeld

Wenn Sie ein neues Diagramm einfügen, stehen die häufigsten oder wichtigsten Diagrammtypen in der Gruppe *Diagramme* zur Auswahl. Sehen Sie sich auch das Dialogfeld an, das alle Diagrammtypen in einer Übersicht anbietet. Klicken Sie in der Gruppe *Einfügen/Diagramme* auf das Pfeilsymbol rechts unten.

In Kapitel 13.8 erfahren Sie alles über die verschiedenen Diagrammtypen, und Kapitel 13.13 zeigt Ihnen, wie Sie damit moderne, aussagekräftige Diagramme erstellen.

13.4.4 Der Standarddiagrammtyp

Mit der Schaltfläche *Als Standarddiagrammtyp festlegen* bestimmen Sie den Diagrammtyp des markierten Diagramms als denjenigen, der beim Aufruf der Diagrammübersicht vorab markiert ist (nicht zu verwechseln mit der Diagrammvorlage).

13.5 Der Diagramm-Entwurf

Das Diagrammobjekt, das mit *Einfügen/Diagramme* erzeugt wurde, ist natürlich absichtlich schlicht gehalten, es zeigt gerade die Grundelemente des Diagramms, Datenreihe, Achsen, Legende und Überschrift. Entscheiden Sie sich zuerst für ein passendes Layout, dann können Sie einzelne Elemente einfügen oder nachformatieren.

13.5.1 Diagrammtyp ändern

Probieren Sie, wie das Diagramm mit einem anderen Diagrammtyp aussieht. Holen Sie den neuen Typ aus den *Diagrammtools*, Register *Entwurf*, Gruppe *Typ*. Klicken Sie auf *Diagrammtyp ändern*, und suchen Sie den passenden Typ im Dialogfeld.

HINWEIS Eine Übersicht über alle Diagrammtypen erhalten Sie in Kapitel 13.8.

Abbildung 13.22 Die Liste der Diagrammformatvorlagen in den Diagrammtools, hier für Säulendiagramme

13.5.2 Formatvorlage zuweisen

1. Klicken Sie mit der Markierung auf dem Diagrammobjekt auf eine der angebotenen Schnellformatvorlagen unter *Diagrammtools/Entwurf/Diagrammformatvorlagen*, um das Grundmuster zuzuweisen.
2. Öffnen Sie die Liste der Diagrammformatvorlagen, und klicken Sie auf eine Vorlage aus der Liste, um diese dem Diagrammobjekt zuzuweisen.

13.5.3 Diagrammlayouts

Bevor Sie sich jetzt auf die Suche nach einzelnen Formatierungen und Zusatzelementen wie Achsenbeschriftungen etc. machen, probieren Sie die Diagrammlayouts. Das sind vordefinierte Vorlagen, die bereits einige zusätzliche Elemente wie Datenbeschriftungen, Gitternetze, Datentabellen u.a. beinhalten.

Klicken Sie in den *Diagrammtools* unter *Entwurf* auf ein Symbol im Bereich *Diagrammlayouts*, um das darin gespeicherte Layout zuzuweisen.

Öffnen Sie das Listenmenü, und holen Sie weitere Layouts aus der Liste.

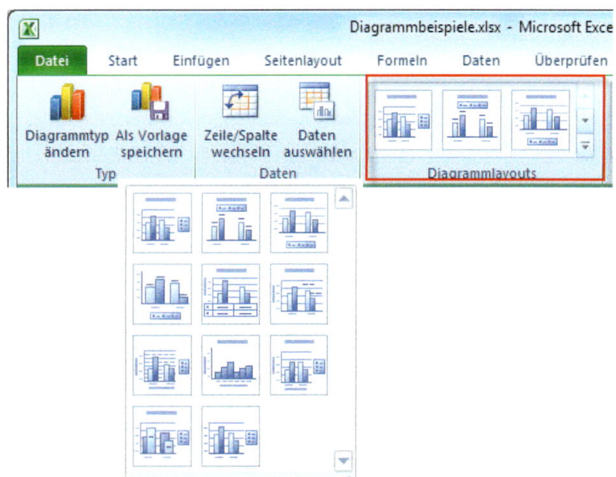

Abbildung 13.23 Diagrammlayouts enthalten weitere Elemente.

13.5.4 Daten auswählen

Welche Daten das Diagramm darstellt, lässt sich einfach feststellen. Markieren Sie das Diagrammobjekt, zeigt eine Farbmarkierung im Tabellenblatt auf den Datenbereich. Der blaue Rahmen umfasst die Daten (Zahlen), der magentafarbene Rahmen markiert die Datenbeschriftung oder Legende, und der grüne Rahmen zeigt auf die Überschrift. Sie können den Datenbezug auf zwei Arten ändern:

Manuell

Ziehen Sie die farbigen Ränder mit gedrückter Maustaste an eine neue Position. Um die Bereiche zu vergrößern oder zu verkleinern, ziehen Sie die Markierungspunkte an den Farbrändern.

Per Dialog

Wählen Sie *Daten auswählen* unter *Diagrammtools/Entwurf* in der Gruppe *Daten*.

- Unter *Diagrammdatenbereich* wird der Bereich angezeigt, geben Sie den neuen Datenbereich an, ziehen Sie dazu einfach die Markierung im Hintergrund über die Daten.
- Mit Klick auf *Zeile/Spalte wechseln* drehen Sie die Bereiche um. Reihen werden zur Beschriftung, und Achsenbeschriftungen werden zu Reihen erklärt (auch als eigener Befehl in der Datengruppe).
- Das Feld *Legendeneinträge (Reihen)* zeigt die einzelnen Reihen an. Sie können Reihen hinzufügen, markierte Reihen bearbeiten oder Reihen aus dem Layout entfernen.
- Im Feld *Horizontale Achsenbeschriftungen* sehen Sie die Daten für die Rubrikenachse. Mit *Bearbeiten* erhalten Sie den Bezug angeboten, wechseln Sie bei Bedarf den Bereich, wenn Sie eine andere Beschriftung für die Rubrikenachse haben wollen.
- Unter *Ausgeblendete und leere Zellen* bestimmen Sie, wie das Diagramm mit Leereinträgen und gefilterten oder ausgeblendeten Zeilen und Spalten umgeht. Sie können leere Zellen mit Nullen füllen oder als Lücken behandeln und eine Option einschalten, die ausgeblendete Daten mit anzeigt.

13.5.5 Zeile/Spalte wechseln

Warum wird ein Diagramm so aufgebaut, dass die Monate in der Rubrikenachse stehen und die Filialumsätze die Balken auf dem Balkendiagramm bilden, während das andere genau umgekehrt die Filialen in die Rubrik

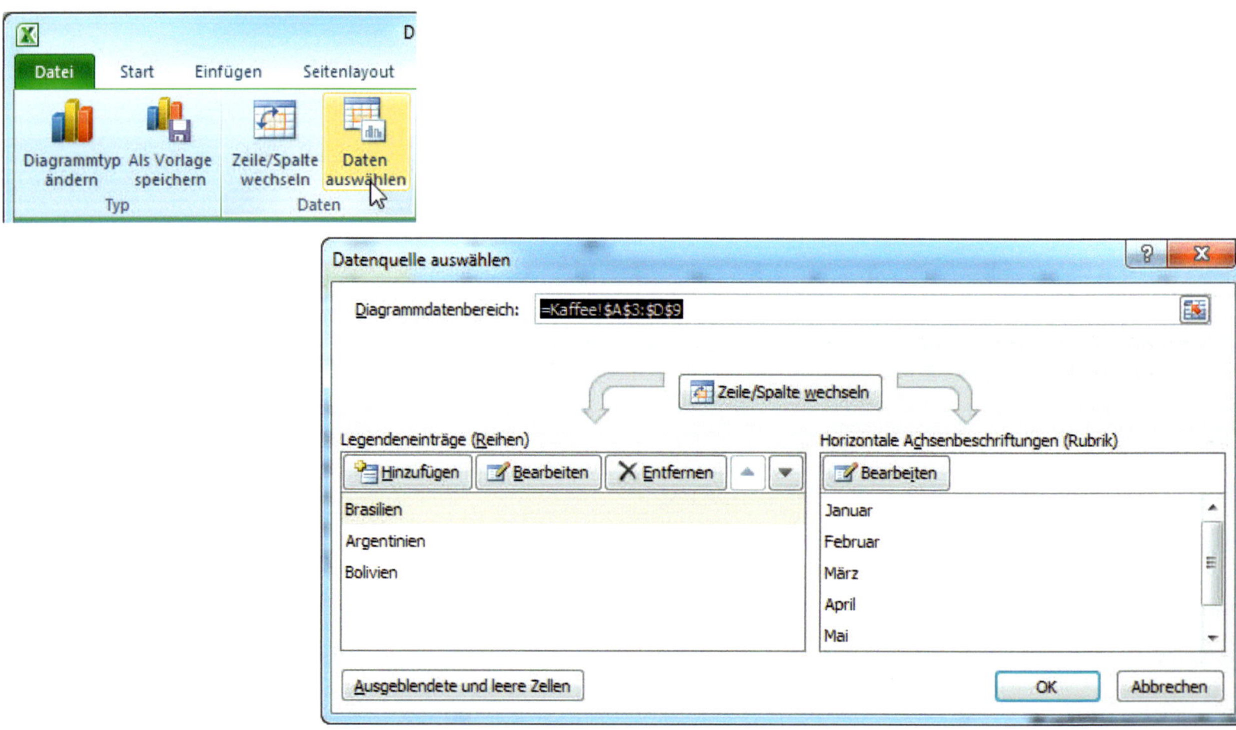

Abbildung 13.24 Daten auswählen zeigt, woher die Daten kommen.

stellt und die Monate in die Legende? Das ist kein Zufall und auch kein Geheimnis:

Wenn die für ein Diagramm vorgesehene Markierung mehr Zeilen als Spalten enthält oder gleich viele Zeilen und Spalten, baut Excel die Spaltenwerte als Datenreihen auf und nimmt die erste Spalte als Rubrikenbeschriftung. Sind sechs Filialen über drei Monate darzustellen, wird Excel die Filialen in der x-Achse auftragen und die Monatswerte in die Legende packen. Bei drei Filialen über sechs Monate ist es umgekehrt.

Unabhängig von dieser Automatik können Sie die Anordnung ganz einfach umdrehen, indem Sie in den *Diagrammtools* die Registerkarte *Entwurf* öffnen und in der Gruppe *Daten* auf *Zeile/Spalte wechseln* klicken.

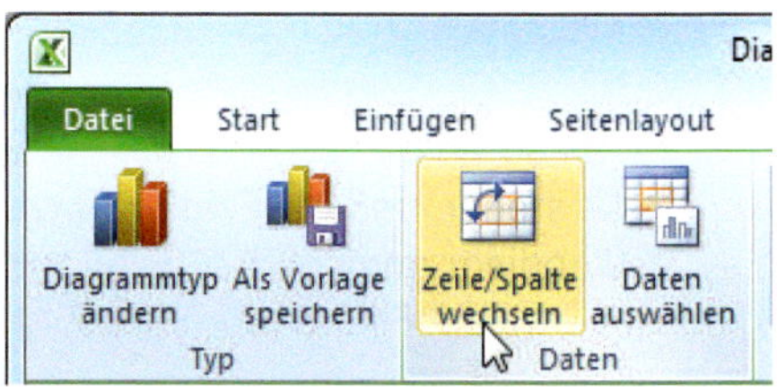

Abbildung 13.25 Zeile/Spalte wechseln

13.5.6 Diagramm als Vorlage speichern

Ein gut gestaltetes Diagramm kostet Zeit und Arbeit. Speichern Sie Ihr Diagrammlayout als Vorlage, können Sie es bequem an neue Diagramme übergeben.

1. Markieren Sie das Diagramm, und wählen Sie *Diagrammtools/Entwurf/Typ/Als Vorlage speichern*.
2. Der Speichern-Dialog wird aktiv, der Ordner *Charts* wird angeboten. Geben Sie einen Namen für die Vorlage ein, und bestätigen Sie mit *Speichern*.
3. Die Vorlage wird als Datei mit der Endung *.crtx* gespeichert.

Um die gespeicherte Vorlage für ein neues Diagramm zu verwenden, gehen Sie so vor:

1. Markieren Sie die Daten, und wählen Sie *Einfügen/Diagramm*.
2. Klicken Sie auf *Andere Diagramme/Alle Diagrammtypen/Vorlagen*.
3. Übernehmen Sie die gespeicherte Vorlage, und klicken Sie auf *OK*.

Für die Anzeige der Vorlagen können Sie auch das Dialogfeld der Gruppe *Diagramme* öffnen (Pfeilsymbol rechts unten) und auf *Vorlagen* klicken.

HINWEIS Der Ordner *Charts*, der die Diagrammvorlagen enthalten muss, befindet sich hier:

» In Windows XP:

Laufwerk:\Dokumente und Einstellungen\Benutzername\Anwendungsdaten\Microsoft\Templates

» In Windows Vista/Windows 7:

Laufwerk:\Benutzer\Benutzername\Anwendungsdaten\Roaming\Microsoft\Templates

13.6 Diagrammobjekt und Diagrammblatt

Standard-Anzeigeform für Diagramme ist das Diagrammobjekt. Es wird im Tabellenblatt angelegt, in der Regel zusammen mit den verbundenen Daten. Das ist nicht immer die beste Form für ein Diagramm, besonders wenn dieses sehr umfangreich ist und sehr viele Datenreihen und Datenpunkte enthält.

Verschieben Sie ein Diagrammobjekt in ein Diagrammblatt, wenn Sie mehr Platz brauchen oder wenn das Diagramm seitenfüllend gedruckt werden soll.

13.6.1 Diagrammobjekt bearbeiten

Zeigen Sie in die Mitte oder auf einen Rand des Objekts, halten Sie die Maustaste gedrückt, und ziehen Sie es an eine neue Position. Zur Positionierung vor oder hinter anderen Objekten wählen Sie *In den Vordergrund* bzw. *In den Hintergrund* unter *Diagrammtools/Format/Anordnen*.

Verkleinern/Vergrößern

Ziehen Sie das Objekt an den Kanten- oder Eckpunkten, um es zu vergrößern oder zu verkleinern. Halten Sie, bevor Sie die Maustaste drücken, die `Umschalt`-Taste fest, um die Objektgröße proportional, d.h. nach zwei Seiten gleichzeitig, zu ändern. Voraussetzung dafür ist,

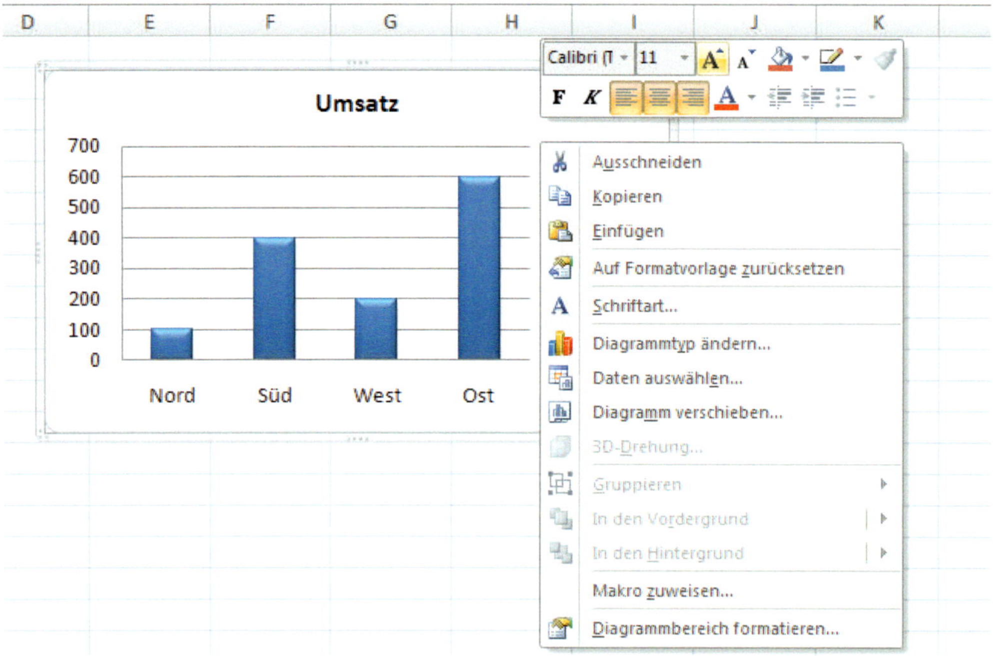

Abbildung 13.26 Schrift und Formate weisen Sie dem Objekt am besten über das Kontextmenü zu.

dass Sie einen Eckpunkt ansteuern. Die Kantenpunkte erlauben mit der [Umschalt]-Taste nur ein Zerren oder Stauchen in eine Bewegungsrichtung.

Mit der Größenänderung des Objektes passen sich die Texte im Diagrammobjekt nicht an. Wenn Sie größere Schriftgrade brauchen, klicken Sie einzelne Elemente wie Achsen oder Überschrift mit der rechten Maustaste an und ändern die Schriftgröße.

Klicken Sie mit der rechten Maustaste auf den Rand des Objektes, kann der Schriftgrad für alle Texte im Objekt gleichzeitig geändert werden.

Diagrammobjekt kopieren und duplizieren

Mit dem Befehl *Ausschneiden* (*Start/Zwischenablage* oder Kontextmenü) wird das Objekt in die Zwischenablage ausgeschnitten und kann aus dieser mit *Einfügen* wieder in ein Tabellenblatt oder in ein anderes Fenster eingefügt werden. Eine Besonderheit bietet *Kopieren*: Nicht das Diagrammobjekt, sondern das Diagramm wird in den Zwischenspeicher kopiert. Wählen Sie gleich anschließend *Einfügen*, erhalten Sie eine Kopie des Diagramms, die Datenreihen werden damit dupliziert. Wollen Sie ein Diagramm in ein anderes Objekt kopieren, wechseln Sie vor dem Einfügen auf dieses und markieren es. Wollen Sie aber das Objekt selbst kopieren, wählen Sie *Start/Zwischenablage/Kopieren*, wechseln per Klick auf eine Tabelle und holen das Objekt mit *Einfügen* aus der Zwischenablage.

Diagrammobjekt löschen

Entfernen Sie das Objekt, indem Sie es markieren und [Entf] drücken. Um ein einzelnes Element, z.B. eine Datenreihe oder die Legende, zu löschen, markieren Sie dieses und drücken die [Entf]-Taste.

Mit anderen Objekten kombinieren

Das Diagrammobjekt kann wie alle anderen Objekte über die *Zeichentools* mit anderen Objekten verbunden werden; eine Bearbeitung der Elemente ist allerdings nicht möglich, bevor die Gruppierung aufgehoben wird.

Grafikkopie

Wenn Sie eine Grafikkopie des Objektes haben wollen, wählen Sie *Start/Zwischenablage/Kopieren/Als Bild kopieren*. Wählen Sie *Wie angezeigt*, wenn Sie die Bildschirmformatierung verwenden wollen, oder *Wie ausgedruckt* für die Druckerformatierungen. Die Grafikkopie liegt damit in der Zwischenablage und kann als reine, von den Zahlen unabhängige (aber auch nicht mehr aktualisierbare) Grafik in eine Tabelle oder in ein anderes Programm übernommen werden.

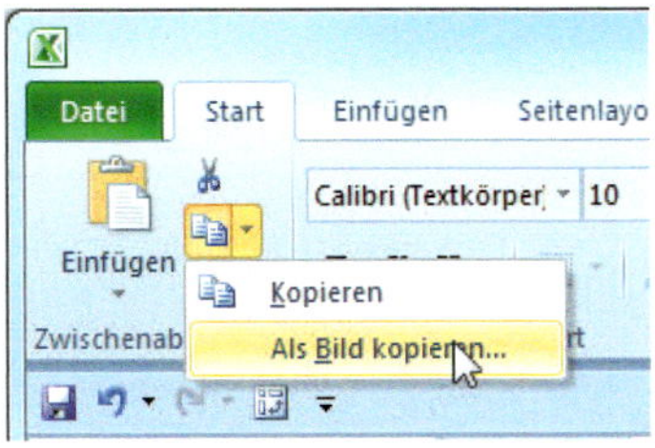

Abbildung 13.27 Das Diagrammobjekt wird als Grafik kopiert.

Objekt drucken

Das Diagrammobjekt wird wie alle Objekte mit der Tabelle gedruckt, wenn es sich im Druckbereich befindet. Wollen Sie nur das Objekt drucken, markieren Sie es und starten den Druckbefehl im *Datei*-Menü. Der Drucker-Dialog zeigt zwar an, dass Seiten gedruckt werden, die Option *Markiertes Diagramm* ist aber ebenfalls markiert.

13.6.2 Diagrammobjekt in ein Blatt verschieben

1. Markieren Sie das Diagrammobjekt auf dem Tabellenblatt, und wählen Sie *Diagrammtools/Entwurf/Ort/Diagramm verschieben*.
2. Klicken Sie auf die Option *Neues Blatt*, und geben Sie einen Namen für das neue Diagrammblatt ein.
3. Bestätigen Sie mit *OK*, und das Diagramm wird im DIN-A4-Querformat auf einem Blatt angezeigt.

Abbildung 13.28 Blattfüllend im DIN-A4-Querformat: das Diagrammblatt

Die Diagrammtools stehen natürlich auch für Diagrammblätter zur Verfügung. Die Optionen für Diagrammblätter finden Sie wie bei Tabellen auch unter *Start/Zellen/Format*. Schneller arbeiten Sie mit diesen Techniken:

» Verschieben Sie ein Diagrammblatt, indem Sie das Register mit der Maustaste nach links oder rechts ziehen. Halten Sie dabei die Strg-Taste gedrückt, wenn Sie es kopieren wollen.

» Ein Doppelklick auf das Register markiert den Namen, Sie können das Blatt umbenennen und Eingabe drücken.

» Das Kontextmenü der rechten Maustaste auf dem Register zeigt weitere Befehle wie *Registerfarbe* an.

Sie können das Diagramm im Blatt verkleinern und vergrößern, der Objektrahmen ist noch erhalten. Das Diagramm passt sich aber der Fenstergröße an. Die Größe des angezeigten Diagramms ändern Sie über die Zoom-Stufe. Ziehen Sie dazu das Rad zwischen den Maustasten mit gedrückter Strg-Taste nach unten oder oben, oder verwenden Sie die *Zoom*-Funktionen auf der Registerkarte *Ansicht*.

13.7 Das Diagrammlayout

Die wichtigsten Elemente eines Diagramms werden mit der Neuanlage erzeugt, zusätzliche Elemente fügen Sie wie zuvor gezeigt durch Zuweisung eines Diagrammlayouts hinzu. Hinter die Geheimnisse der Diagrammformatierung kommen Sie aber nur, wenn Sie alle Elemente kennen und diese vor allem ansteuern können. Mit der Zuweisung von Farben und Mustern oder einer Überschrift ist es in der Praxis nicht getan, gute Diagramme müssen im Detail stimmen.

13.7.1 Die Elementauswahl

Auf der Registerkarte *Layout* finden Sie Werkzeuge zur Bearbeitung einzelner Elemente im Diagramm. Schalten Sie in den *Diagrammtools* bei markiertem Diagrammobjekt auf diese um.

1. Klicken Sie in der Gruppe *Aktuelle Auswahl* auf die Liste, und markieren Sie ein Element des Diagramms, zum Beispiel die *Legende*.
2. Mit *Auswahl formatieren* erhalten Sie die Formatierwerkzeuge für dieses Element.
3. Wählen Sie *Auf Formatvorlage zurücksetzen*, wenn Sie die manuellen Formatierungen wieder entfernen wollen.

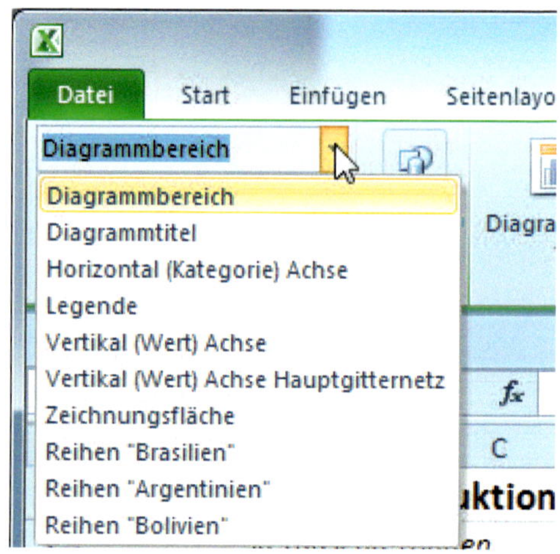

Abbildung 13.30 Markieren Sie das gewünschte Element in der Auswahlliste.

Element mit der Maus markieren

Schneller geht´s mit der Maus, wenn Sie die Elemente schon kennen. Klicken Sie das Element einfach an,

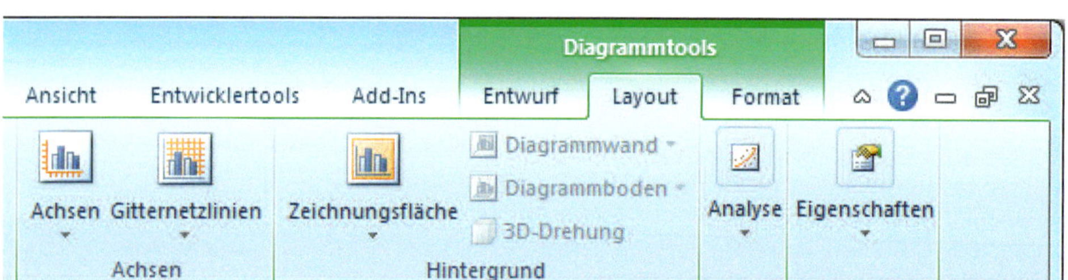

Abbildung 13.29 Die Registerkarte Layout ist für die einzelnen Elemente zuständig.

kontrollieren Sie in der Auswahlliste, ob Sie das richtige getroffen haben.

Die Elemente sind in Gruppen zusammengefasst, sodass Sie wahlweise mit dem Cursor oder mit der Maus eine bestimmte Gruppe und dann das Gruppenelement ansteuern können. So gehören z.B. die Rubriken- und die Größenachse zur Gruppe *Achsen* und die erste Balkenreihe zur Gruppe *Datenreihen*.

Klicken Sie auf die gewünschte Gruppe, wenn die nächste Aktion wie z.B. eine Formatierung für die gesamte Gruppe gelten soll. Klicken Sie nach dem Markieren der Gruppe auf ein einzelnes Gruppenelement, wenn Sie dieses bearbeiten wollen.

TIPP Wenn Sie das Element nicht sehen, weil beispielsweise die Säule eines Datenpunktes zu klein ist, steuern Sie es einfach mit der Cursortaste an (→ = nächstes Element, ← = vorheriges Element).

QuickInfos für Diagrammelemente

Die QuickInfo zeigt den Namen des Elements an und meldet auch die Werte einzelner Datenpunkte, wenn der Mauszeiger eine Weile auf das Element zeigt. Diese QuickInfo muss aber über zwei *Optionen* (*Datei*-Menü) in der Kategorie *Erweitert/Anzeige* aktiviert sein:

- *Diagrammelementnamen beim Hovern anzeigen*
- *Datenpunktwerte beim Hovern anzeigen*

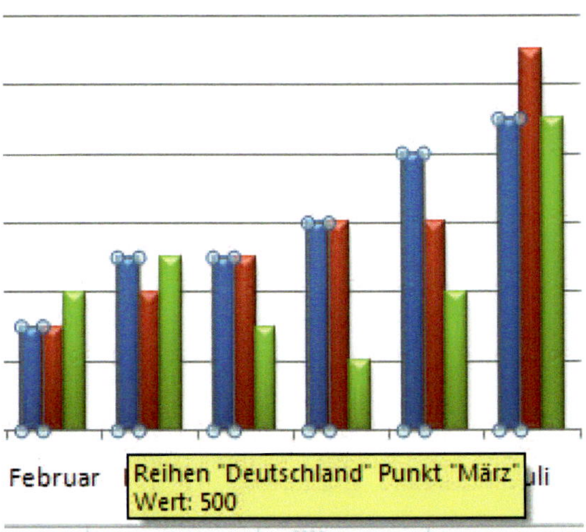

Abbildung 13.31 Die QuickInfo meldet Reihe und Datenpunkt.

13.7.2 Übersicht über die Diagrammelemente

Die Diagrammelemente haben eindeutige Bezeichnungen und sind Gruppen untergeordnet.

Gruppe	Elemente
Datenreihe	Die Sammlung der einzelnen Datenpunkte einer Reihe, z.B. die Säulen einer einzelnen Farbe in einem Säulendiagramm, die Ringe in einem Ringdiagramm oder die Segmente eines Tortendiagramms
Datenbeschriftungen	Die mit einer Datenreihe verknüpften Beschriftungen, Werte der Datenpunkte etc.
Legende	Die Legende selbst in einem Rahmen sowie die einzelnen Legendentexte und die Legendensymbole
Überschrift	Der Diagrammtitel am oberen Rand
Zeichnungsfläche	Der Hintergrund, auf dem die Datenreihen untergebracht sind. Um ihn zu markieren, klicken Sie zwischen den Säulen, Balken etc.
Diagramm	Die gesamte Diagrammfläche, auf der Zeichnungsbereich, Legende und Beschriftungen untergebracht sind
Achsen	Die Größenachse (Achse 1) und die Rubrikenachse (Achse 2) sowie die dritte Achse in 3D-Diagrammen
Ecken	Alle Ecken eines 3D-Diagramms
Wände	Die Wände eines 3D-Diagramms, nicht die Gitternetzlinien
Bodenfläche	Die Bodenfläche eines 3D-Diagramms
Pfeile	Alle eingefügten Pfeile (Pfeil 1, Pfeil 2 ... Pfeil n)
Gitternetzlinien	Alle Gitternetzlinien

Tabelle 13.2 Gruppen und Elemente im Diagramm

Diagramm

Das Diagramm selbst mit allen Elementen und der Legende. Klicken Sie zur Markierung nahe an einem der Bildränder in die freie Fläche. Diese Fläche kann mit Rahmen, Mustern und Farben formatiert werden. In einem Diagrammblatt ist die angezeigte Größe nur über die Zoom-Funktion veränderbar, das Diagramm nimmt immer die gesamte Blattgröße ein und wird auch so gedruckt.

Zeichnungsfläche

Der aus Zahlen in Säulen umgesetzte Bereich, in dem die Wertereihen in Diagramminformationen umgesetzt werden. Die Achsen bilden die äußeren Grenzen dieser Fläche. Um diese Fläche zu vergrößern oder zu verkleinern, ziehen Sie mit gedrückter Maustaste einen Eckpunkt nach innen oder außen. Verschieben Sie diese Fläche, indem Sie die Maus in der Mitte ansetzen und den Zeiger mit gedrückter Maustaste bewegen.

Horizontalachse/Vertikalachse

Die Horizontalachse zeigt die Rubrikenbezeichnungen zu den Datenreihen an. Ist für die Zahlen keine Bezeichnung lokalisierbar, fügt Excel Zahlen in aufsteigender Reihenfolge als Rubrikenbezeichnung ein. Ändern Sie in diesem Fall die Zuweisung unter *Diagrammtools/Entwurf/Daten/Daten auswählen* oder in der Funktion *DATENREIHE()*.

Die Vertikalachse zeigt die Skalierung für die dargestellten Werte an, die sich automatisch aus den Werten errechnet, die im Diagramm dargestellt werden. Die Zahlen werden grundsätzlich in der Standardschrift angezeigt. Die Skalierung der Achse errechnet sich aus dem Maximalwert in der Tabelle (*siehe Kapitel 13.6.3: Achsen im Diagramm*).

Datenreihen

Die Verknüpfung mit den Zahlen aus den markierten Zellen der Tabelle, realisiert über die Funktion *DATENREIHE* (wird in der Bearbeitungszeile angezeigt, sobald die Reihe markiert ist). Die Verknüpfungen enthalten absolute Bezüge auf die Zellen. Excel ordnet jeder neuen Reihe ein neues Muster oder neue Farben zu.

Datenpunkte

So wird ein einzelner Teil (Säule, Balken, Kreissegment, Punkt) einer Datenreihe bezeichnet. Datenpunkte können einzeln markiert, formatiert und beschriftet werden. Klicken Sie nach Markierung der Datenreihe auf einen einzelnen Punkt, um diesen zu markieren. Ziehen

Abbildung 13.32
Zeichnungsflächen im Säulen- und Tortendiagramm

Sie den oberen Markierungspunkt des Balkens, der Säule oder des Linienpunkts, um die Position neu zu setzen.

Gitternetze

Das sind die Gitternetzlinien, die je nach Mustertyp horizontal und/oder vertikal eingezogen werden. Die Linien werden standardmäßig auf den Achsenmarkierungen aufgetragen. Um eine ganze Gruppe (z.B. Gitternetzlinie 1 = horizontale Linien) zu formatieren, genügt es, wenn Sie eine Linie daraus markieren. Die Gitternetze lassen sich unter *Diagrammtools/Layout/Achsen* aus- und einschalten (*siehe Kapitel 13.6.4: Gitternetze im Diagramm*).

13.7.3 Achsen im Diagramm

Jedes 2D- und 3D-Diagramm, außer dem Kreis- und dem Ringdiagramm, wird an Achsen ausgerichtet. 2D-Diagramme haben zwei Achsen, eine Rubrikenachse und eine Größenachse. Die Werte der Datenreihen werden entlang der Größenachse gezeichnet, deren Höhe durch den größten Wert aus allen Datenreihen bestimmt wird; auf der Rubrikenachse werden die einzelnen Datenreihen aufgetragen.

Diagrammtypen und Achsen

Diagrammtyp	Achsen
Balkendiagramm	Vertikale x-Achse mit Text- oder Zahlenskala, horizontale y-Achse mit Zahlenskala
Säulendiagramme, Liniendiagramme und Blasendiagramme	Horizontale x-Achse mit Text- oder Zahlenskala, vertikale y-Achse mit Zahlenskala
Punktdiagramm	Horizontale x-Achse mit Zahlenskala, vertikale y-Achse mit Zahlenskala
XY-Diagramm	Horizontale x-Achse mit Zahlenskala, die gleichzeitig als Koordinate für die Punkte gilt, vertikale y-Achse mit Zahlenskala
Netzdiagramme	Drei Achsen zum Mittelpunkt
3D-Diagramme	Drei Achsen: Rubrikenachse, Datenreihenachse, Größenachse Die Größenachse enthält die Größenskala, an der die Werte aufgetragen werden, und die dritte Achse, in diesem Fall die y-Achse, zeigt die Reihenbezeichnungen an.

Tabelle 13.3 Diagrammtypen und Achsen

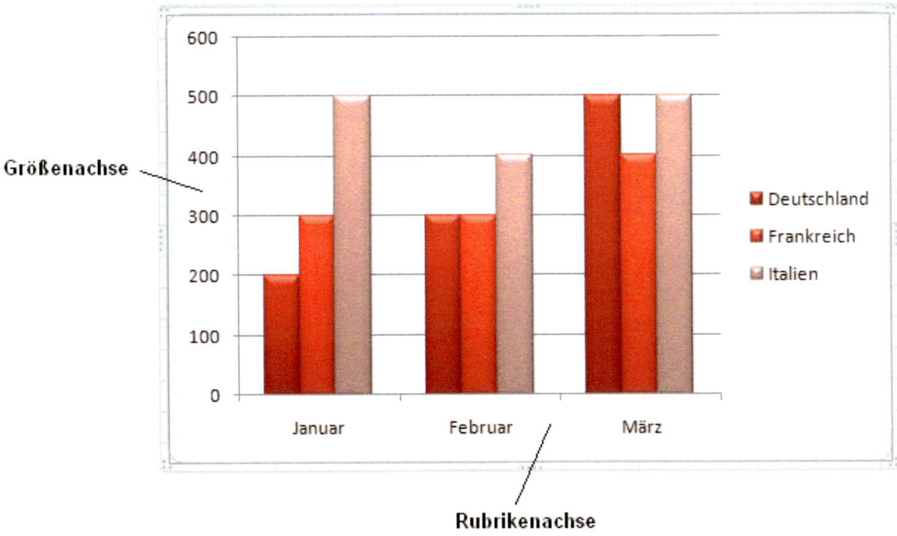

Abbildung 13.33
Standardachsen Rubrik und Größe

Achsen hinzufügen

1. Markieren Sie das Diagramm, und wählen Sie *Diagrammtools/Layout/Achsen*.
2. Fügen Sie mit *Achsen* eine horizontale Primärachse ein, die im Balkendiagramm wahlweise von links nach rechts (Größenachse links) oder von rechts nach links (Größenachse rechts) läuft.
3. Die *Vertikale Primärachse* ist im Standarddiagramm die Größenachse, die Skala kann in Tausendern, Millionen, Milliarden oder logarithmisch angezeigt werden.

HINWEIS Im Balkendiagramm ist die horizontale Achse die Größenachse.

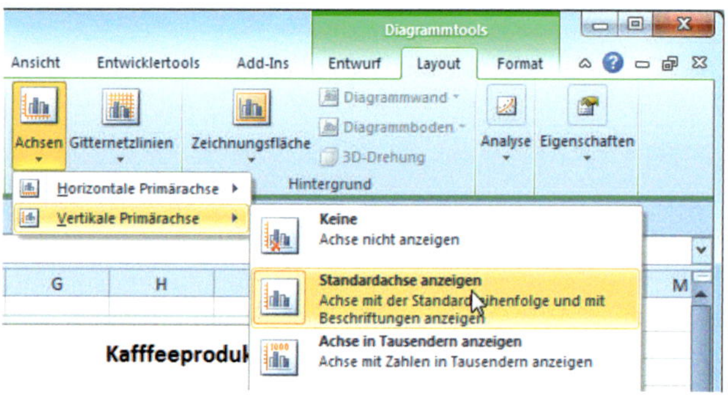

Abbildung 13.34 Achsen im Säulendiagramm

Sekundärachsen

Um unterschiedliche Sachverhalte oder völlig verschiedene Wertebereiche in einem Diagramm anzuzeigen, empfiehlt es sich, sowohl links als auch rechts außen eine Achse anzubringen. Diese Sekundärachse lässt sich aber nur einfügen, wenn zwei unterschiedliche Diagrammtypen (Überlagerung) im Diagramm stehen. Weisen Sie deshalb der Datenreihe, für die die zweite Achse gedacht ist, zuerst eine zweite Achse und dann einen anderen Diagrammtyp zu. Ein Praxisbeispiel zeigt die Verwendung von Sekundärachsen.

CD-ROM Das Beispiel finden Sie auf der Buch-CD unter *Diagramm zwei Achsen.xlsx*.

Aktivieren Sie die Tabelle mit den Versuchsdaten, und erstellen Sie ein Diagramm, das die Drehzahlen den gemessenen Temperaturen gegenüberstellt. Da die beiden Datenreihen stark divergieren, ist eine Sekundärachse für die zweite Reihe nötig.

1. Markieren Sie für den Bereich C4:E13.
2. Erstellen Sie mit *Einfügen/Diagramm* ein Standard-Säulendiagramm als Diagrammobjekt.

Unter *Diagrammtools/Layout/Achsen* steht jetzt keine zweite Achse zur Auswahl, weil die beiden Datenreihen gleichen Typs sind. Die zweite Reihe ist optisch nicht auszumachen, weil die Werte zu klein sind. Markieren Sie sie deshalb über die Auswahlliste.

1. Wählen Sie unter *Diagrammtools/Layout/Aktuelle Auswahl* in der Auswahlliste *Reihen »Öltemperatur«*.
2. Klicken Sie auf *Auswahl formatieren*, und geben Sie der Reihe unter *Reihenoptionen/Datenreihe zeichnen auf* eine Sekundärachse.
3. Die Reihe ist noch markiert, schalten Sie auf *Diagrammtools/Entwurf*, und ändern Sie den *Diagrammtyp* auf *Linie* (erster Untertyp).

Jetzt wird die Reihe angezeigt, und die zweite Achse erhält eine unterschiedliche, dem Wertebereich angemessene Skalierung.

Achsenoptionen für horizontale Achsen

Die vielen Formatvarianten für Achsen sind in den Achsenoptionen gelistet. Aktivieren Sie diese bei markierter Achse über *Diagrammtools/Layout/Aktuelle Auswahl/Auswahl formatieren* oder mit *Achsen/Horizontale Primärachse/Weitere Optionen*.

- *Intervall zwischen Teilstrichen:* Verschiebt die Teilstriche gemäß der Angabe. 1 fügt nach jeder Balkengruppe einen Teilstrich ein, 3 nur nach jeder dritten Gruppe.
- *Intervall zwischen beschriftungen:* Bestimmt, welche Rubriken beschriftet werden. Wenn Sie 3 eingeben, wird nur jeder dritte Abschnitt beschriftet.
- Aktivieren Sie die Option *Kategorien in umgekehrter Reihenfolge*, um die Reihenfolge der Rubriken umzukehren.
- *Beschriftungsabstand von Achse:* Ändert die Positionen der Achsenbeschriftungen. Eine niedrige Zahl positioniert die Beschriftung näher an der Achse.

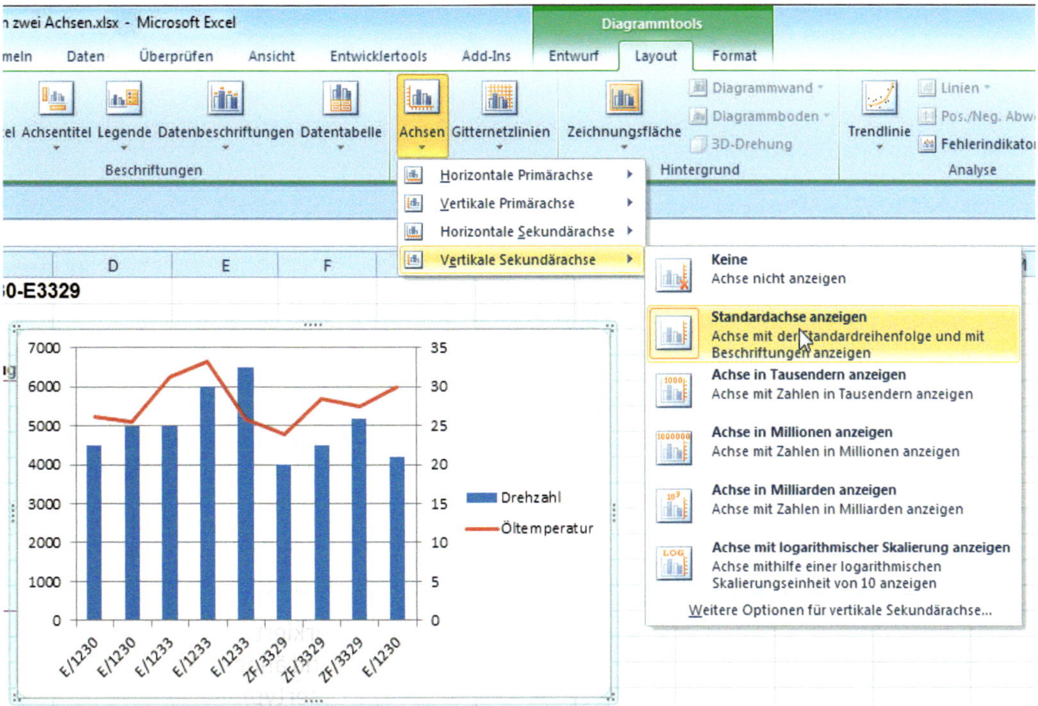

Abbildung 13.35 Zwei Achsen im Versuchsdiagramm

» *Achsentyp:* Mit der automatischen Auswahl bestimmen die Daten die Achse. Schalten Sie auf *Textachse* oder *Datumsachse*, um den Typ der Achse zu ändern.

» Ändern Sie die Position der Achsenteilstriche und -beschriftungen über die Optionen in den Feldern *Hauptstrichtyp*, *Hilfsstrichtyp* und *Achsenbeschriftungen*.

» Den Schnittpunkt der vertikalen Achse (Größenachse) bestimmen Sie unter *Vertikale Achse schneidet*. Geben Sie unter *Bei Rubriknummer* die Nummer der Rubrik ein, oder klicken Sie auf *Bei grösster Rubrik*, um die vertikale Achse nach der letzten Rubrik auf der Achse anzuzeigen.

Achsenoptionen der Größenachse

Die Optionen für die vertikale Achse finden Sie ebenfalls in der Formatierung der Auswahl oder unter *Diagrammtools/Layout/Achsen/Weitere Optionen*.

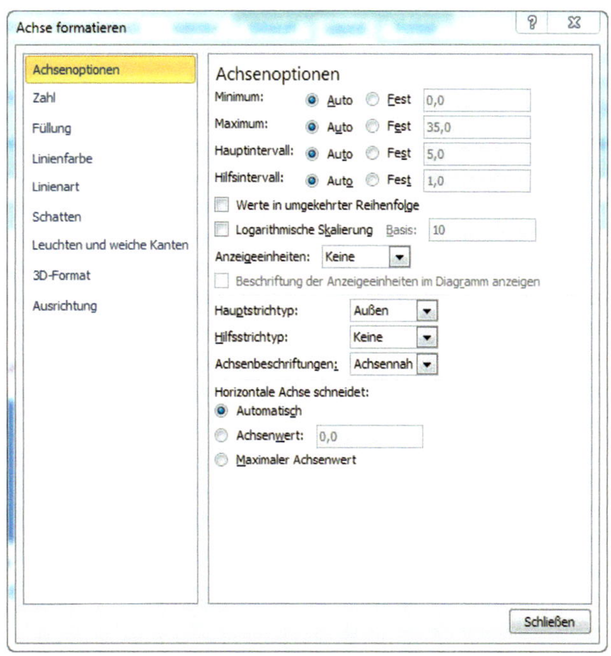

Abbildung 13.36 Achsenoptionen, hier für die vertikale Primärachse

» *Minimum/Maximum:* Legen Sie hier Anfangs- und Endwert der y-Skala fest. Standardmäßig ist *Auto* angekreuzt, sodass der jeweilige Grenzwert angezeigt wird. Tragen Sie im Eingabefeld rechts andere Werte ein, um die Skalierung der y-Achse zu verändern.

» *Hauptintervall/Hilfsintervall:* Hier wird das Inkrement zwischen den Hauptteilstrichen auf der Größenachse (Hauptintervall) und den Hilfsteilstrichen (Hilfsintervall) bestimmt. Mit *Auto* wird das Intervall automatisch berechnet.

» *Werte in umgekehrter Reihenfolge:* Zeigt den niedrigsten Skalierungswert oben und den höchsten unten an.

» *Logarithmische Skalierung:* Die Größenachse wird logarithmisch unterteilt (nicht möglich für negative Werte oder null).

» *Anzeigeeinheiten:* Hier finden Sie Einheiten von Hunderte bis Billionen. Die Achsenskalierung großer Zahlenwerte wird (optisch) auf diese Einheiten reduziert, der Wert in der Tabelle ändert sich dadurch nicht.

» *Hauptstrichtyp/Hilfsstrichtyp:* Definieren Sie hier, wie die Achse die Teilstriche anzeigen soll. *Innen* zeigt nur einen halben Strich am Innenrand, *Aussen* entsprechend am Außenrand. Mit *Innen und Aussen* wird der Strich durch die Achse gezogen.

» *Achsenbeschriftungen:* Diese Option ist besonders bei Achsenverschiebungen sehr hilfreich. Mit *Hoch* wird die in das Diagramm verschobene x-Achse oben (y-Achse links) beschriftet, mit *Tief* unten (y-Achse rechts). Mit *Achsennah* bleibt die Beschriftung an der Achse, und *Keine* nimmt sie ganz aus dem Diagramm.

» *Horizontale Achse schneidet:* Geben Sie den Wert an, an dem die Rubrikenachse die Größenachse schneidet. Mit *Automatisch* kreuzt die Rubrikenachse bei null oder bei dem Wert der Größenachse, der null am nächsten liegt. Für 3D-Diagramme mit drei Achsen steht hier *Bodenfläche schneidet bei.*

Linienart, Linienfarben, Schatten und 3D-Format

Aktivieren Sie im Dialogfeld *Achse formatieren* die Kategorie *Linienart,* und weisen Sie Linienbreite, Typ, Linienenden und bei Bedarf auch Pfeilspitzen zu. Unter *Linienfarbe* können Sie die Achsenlinien auch mit einer Farbe aus dem Design versehen. *Automatisch* übernimmt die Farbe aus der Diagrammformatvorlage.

Die Einstellungen für *Schatten* und *3D-Format* sind standardmäßig in allen Format-Dialogen vorhanden und für Achsenbeschriftungen nicht so relevant.

Füllung

Die Hintergrundfüllung für Achsentexte ist bei Diagrammformatvorlagen mit dunklen Hintergründen von Vorteil.

Ausrichtung der Achsentexte

In der Kategorie *Ausrichtung* wird der Text der Rubrikenachse bei Bedarf schräg gestellt oder – wenn auf der Achse genug Platz ist – wieder horizontal abgesetzt. Geben Sie dazu bei horizontaler Ausrichtung einen Winkel ein.

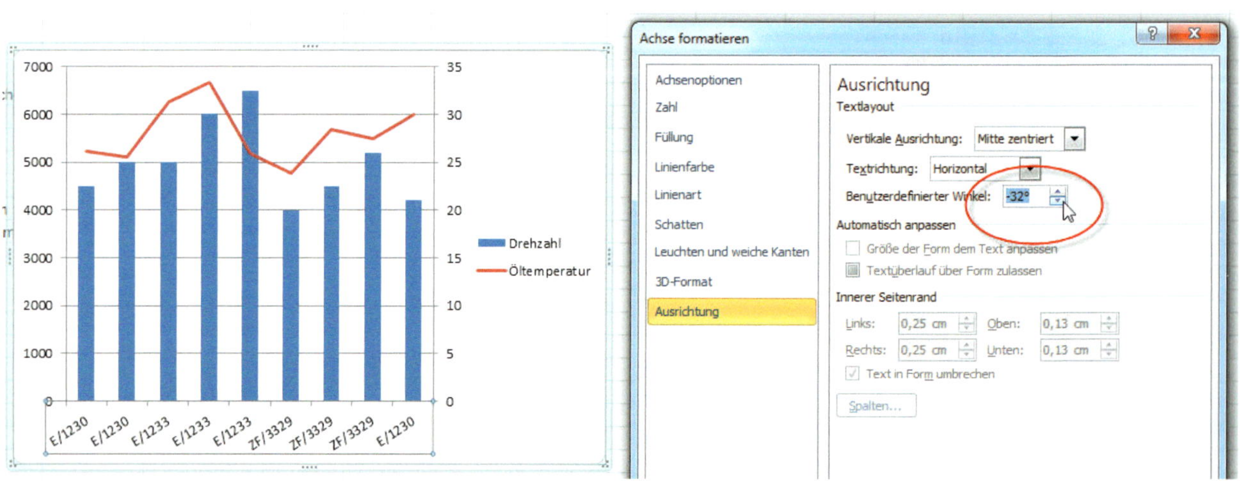

Abbildung 13.37 Achsentexte schräg stellen, damit sie besser passen

Zahlenformate für Achsen

Die Kategorie *Zahlen* bietet in Größenachsen die Möglichkeit, das Zahlenformat der Achse zu ändern. Die Skalierung der y-Achse oder die x-Achse im Punktdiagramm übernimmt automatisch das Zahlenformat, das in der Tabelle verwendet wird, und zeigt dementsprechend auch alle Nachkommastellen, Währungszeichen und andere Zusätze an, die die Zahlen in der Tabelle schmücken.

Entfernen Sie hier alle Währungssymbole, Textzusätze oder anderes Beiwerk, was die Zahl in der Skala zu groß erscheinen lässt.

Mit der Zuweisung von Einheiten schaltet das Zahlenformat in den speziellen Formatcode. Sie können diese Einheiten auch durch Eingabe des Zahlenformatcodes herbeiführen:

1. Geben Sie eine `0` für die Zahl ein oder `#.##0` für die Zahl mit Tausenderpunkt.
2. Schreiben Sie je einen Punkt für drei Nullen, um die diese Zahl optisch reduziert wird (ein Punkt = Tausender, zwei Punkte = Millionen usw.).

13.7.4 Gitternetze im Diagramm

Das Gitternetz im Hintergrund »stützt« das Diagramm und erleichtert dem Betrachter die Orientierung auf die Wertereihen, indem es die Skalierungseinheiten der Achsen verlängert. Gitternetze sollten dabei aber nicht aufdringlich und überdeckend wirken, was sie besonders in Diagrammen mit sehr vielen Datenpunkten oder bei unsachgemäßer Formatierung (zu dicke Linien) tun.

Im 3D-Diagramm werden die Gitternetze für die z-Achse auf den Seiten- und Rückwänden der Diagrammfläche aufgetragen; die x- und y-Achsenlinien zieren die Bodenfläche. Im 2D-Diagramm verlängern die Gitternetzlinien die Markierungen der x- und y-Achse; Hilfslinien werden in gleichen Abständen in den Zwischenraum eingebracht.

1. Wählen Sie *Gitternetzlinien/Primäre horizontale/ vertikale Gitternetzlinien*.
2. Wählen Sie *Hauptgitternetze*, um die Gitternetzlinien auf die Skalenstriche der Größenachse oder zwischen die Datenpunkte der Reihen auf der Rubrikenachse zu setzen.
3. *Hilfsgitternetze* sind zusätzliche Linien, die zwischen die Hauptgitterlinien gesetzt werden und das Gitternetz dichter machen.
4. Unter *Weitere Optionen ...* finden Sie die Zuweisung von Strichstärken und Linienfarben.

Gitternetze werden nicht als Rahmenlinien, sondern als Formen behandelt und wie diese über *Diagrammtools/*

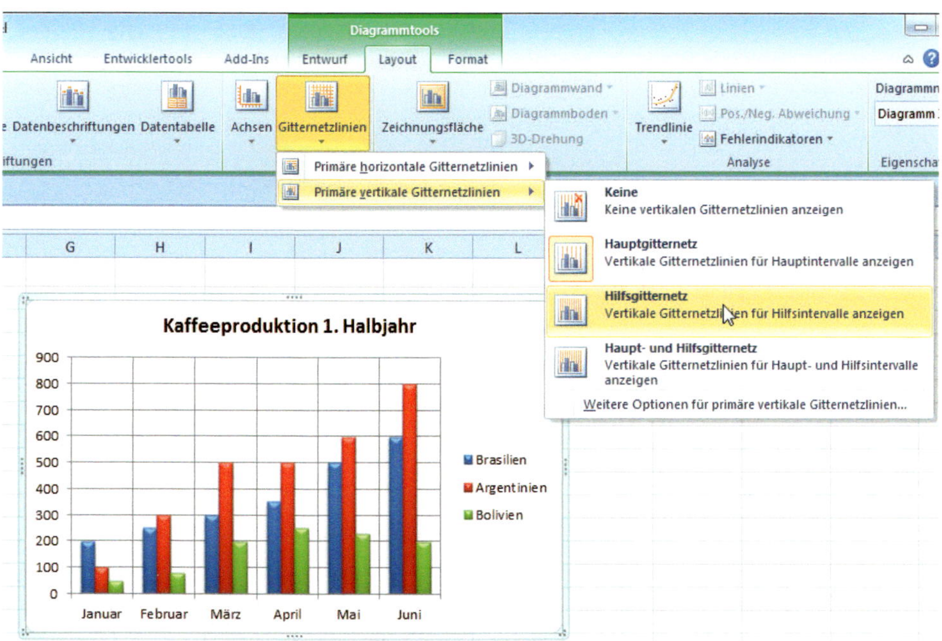

Abbildung 13.38
Gitternetzlinien im Säulendiagramm

Format formatiert. Markieren Sie dazu eine Linie z.B. des horizontalen Hauptgitternetzes, und wählen Sie *Format/Formenarten*, oder klicken Sie diese Linie doppelt an. Ändern Sie Linienfarbe, Linienart und Breite über die Optionen. Mit *OK* beenden Sie die Formatierung, die damit auf alle Linien übertragen wird, die zu dem jeweiligen Gitternetz gehören.

13.7.5 Beschriftungen

Die Gruppe *Diagrammtools/Layout/Beschriftungen* ist für die Texte im Diagramm zuständig. Sie enthält alle Beschriftungselemente, die in einem Chart unterzubringen sind.

Die Textelemente, die Sie mit diesen Befehlen erzeugen, können frei in dem Diagrammbereich positioniert werden, ziehen Sie einen Text mit gedrückter Maustaste und dem Mauszeiger auf den markierten Rand. Die Größe der Titel lässt sich aber nur durch Zuweisung von Schriftgraden ändern, die Titeltexte selbst sind nicht skalierbar.

Titel verknüpfen

Für Überschrift und Achsenbeschriftungen können Sie wahlweise freien Text eingeben oder Zellbezüge auf das Tabellenblatt verwenden. So verknüpfen Sie zum Beispiel das Element *Diagrammtitel* mit der Zelle A1 des Tabellenblattes:

1. Fügen Sie den Diagrammtitel ein, wählen Sie dazu in den *Diagrammtools* unter *Entwurf* ein passendes Layout, oder wählen Sie *Layout/Beschriftungen/Diagrammtitel*.
2. Markieren Sie das Titelelement, und schreiben Sie ein =-Zeichen.
3. Klicken Sie im Tabellenblatt auf die Zelle, die Sie verknüpfen wollen. Wenn sich der Text in einem anderen Blatt befindet, schalten Sie vorher über die Registerleiste dahin um.
4. Schließen Sie mit [Eingabe] ab, und der Text ist verknüpft. Ändert sich der Zellinhalt, wird automatisch die Beschriftung im Diagramm angepasst.

Diagrammtitel

Die Beschriftung am oberen Rand des Diagramms wird mit dem Symbol *Diagrammtitel* erzeugt. Geben Sie an, ob mit *Zentrierter Überlagerungstitel* der Titel über dem Diagramm zentriert werden soll, wobei die Zeichenfläche nicht verkleinert wird. *Über Diagramm* verkleinert die Zeichenfläche, damit der Titel frei stehen kann.

Für einen mehrzeiligen Titel setzen Sie den Cursor in den Titeltext und drücken [Eingabe], um einen Zeilenumbruch einzufügen. Jetzt können Sie auch in der zweiten Zeile Text eingeben. Formatieren Sie die zweite Zeile mit einem kleineren Schriftgrad als die erste Titelzeile.

Um den Titel zu löschen, markieren Sie das Element und drücken [Entf].

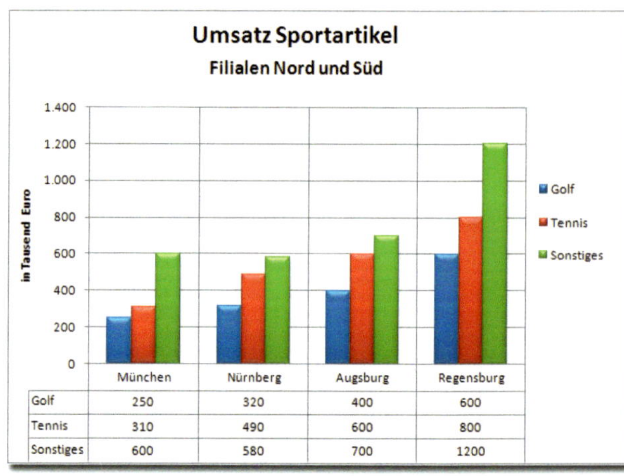

Abbildung 13.40 Ein mehrzeiliger Diagrammtitel

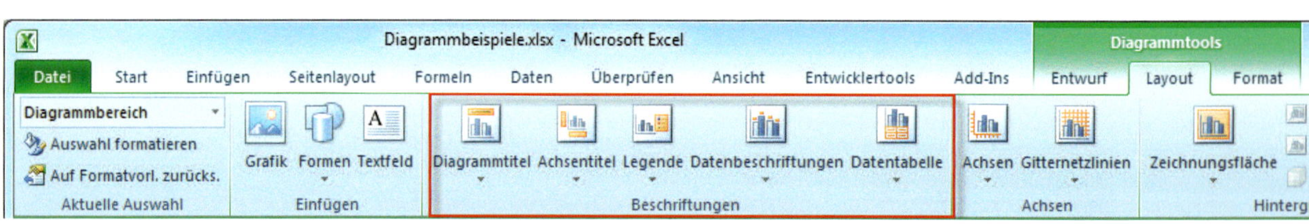

Abbildung 13.39 Alle Beschriftungen im Diagramm in einer Gruppe

Achsentitel

Die Beschriftungen für Rubriken- und Größenachsen legen Sie unter *Diagrammtools/Layout* mit *Beschriftungen/Achsentitel* an. Um eine Achsenbeschriftung zu verschieben, markieren Sie diese und ziehen sie mit gedrückter Maustaste am Rand an eine neue Position.

Den Achsentitel der vertikalen Achse können Sie drehen oder vertikal stellen. Wählen Sie *Weitere Optionen*, wenn Sie die Schreibrichtung des Textes noch genauer anpassen wollen.

Für eine mehrzeilige Achsenbeschriftung setzen Sie den Cursor in die Beschriftung und drücken `Umschalt` + `Eingabe`, um einen Zeilenumbruch einzufügen.

Legende

Der Legendentext wird automatisch aus der ersten Spalte oder Zeile (je nach Diagrammform) übernommen, wenn diese mit in die Markierung eingeschlossen wurde. Wählen Sie unter *Diagrammtools/Layout* die *Beschriftung Legende*, und weisen Sie gleich die passende Position im Diagramm zu.

Die Legende lässt sich frei verschieben und durch Ziehen der Markierungspunkte auch vergrößern und verkleinern. Die Schrift selbst wird damit nicht verändert, das geht nur über die Schriftgrößenzuweisung. Ziehen Sie die Legende breiter als hoch, um die Legendentexte nebeneinander anzuordnen, oder stellen Sie eine hohe und schmale Legende her, die alle Legendentexte untereinander anordnet.

Die Zuweisung auf der Registerkarte *Legende* in den Diagrammoptionen ordnet eine manuell positionierte Legende wieder automatisch im angegebenen Bereich an.

Legende manuell erstellen

Was tun, wenn die Reihe gar keine Legende hat, weil diese entweder bei der Herstellung des Diagramms nicht mit markiert wurde oder weil die Tabelle keine passende Beschriftung anzubieten hat?

Sie können den Legendentext aber auch selbst bestimmen. Markieren Sie die entsprechende Reihe, und bearbeiten Sie die Funktion *DATENREIHE()* in der Bearbeitungsleiste. Das erste Argument im Säulen-, Balken- und Liniendiagramm ist der Text für die Legende, wechseln Sie hier einfach den Bezug, und weisen Sie eine andere Zelle zu. Wenn Sie den Legendentext frei bestimmen wollen, tragen Sie ihn zwischen zwei Anführungszeichen ein:

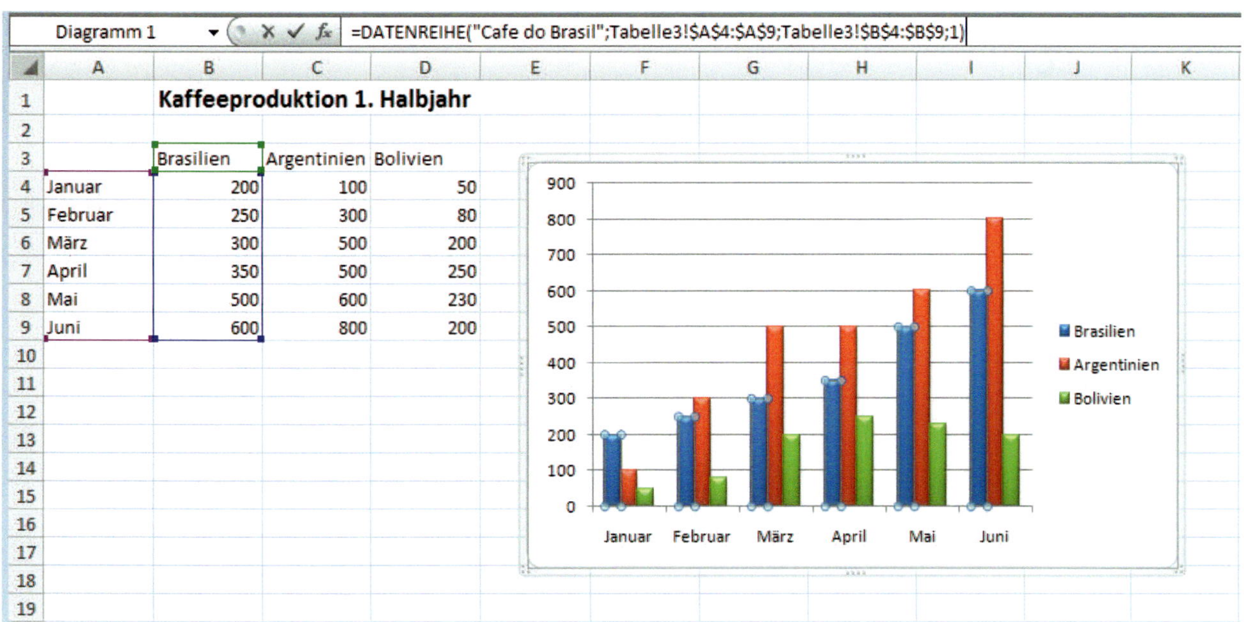

Abbildung 13.41 Die selbst definierte Legende

Um eine angezeigte Legende zu entfernen, markieren Sie diese und drücken die Entf-Taste. Den frei gewordenen Platz füllen Sie, indem Sie die Zeichnungsfläche entsprechend vergrößern.

ACHTUNG Achten Sie darauf, dass in Diagrammen mit einer Reihe keine Legende benötigt wird und diese auch in 3D-Diagrammen meist überflüssig ist, weil die dritte Achse eine Beschriftung der Reihen übernimmt.

Datenbeschriftungen

Die Beschriftung der Säulen, Linien, Balken oder Kreissegmente ist eine Alternative zur Legende. Mit der Datenbeschriftung tragen Sie den Wert oder die Bezeichnung jedes Balkens oder Segmentes direkt in das Diagramm ein. So setzen Sie Datenbeschriftungen in die Säulen eines Säulendiagramms:

1. Markieren Sie die Datenreihe, und wählen Sie *Beschriftungen/Datenbeschriftungen* unter *Diagrammtools/Layout*.
2. Wählen Sie die Position der Beschriftung (*Zentriert*, *Ende innerhalb*, *Basis innerhalb* oder *Ende ausserhalb*).

Wählen Sie *Weitere Datenbeschriftungsoptionen*, und bestimmen Sie im Dialogfenster, welche Beschriftung die Reihe anzeigen soll:

» Datenreihenname

» Kategoriename

» Wert

Ähnlich wie die Datenreihe ist die Datenbeschriftung einer einzelnen Reihe eine Elementgruppe, bestehend aus mehreren Datenpunkten. Für jeden Datenpunkt der Reihe gibt es einen Datenpunkt der Reihenbeschriftung.

ACHTUNG Achten Sie bei der Formatierung der Beschriftung darauf, dass alle Punkte markiert sind. Wenn Sie einen Punkt zweimal anklicken, wird nur die Beschriftung dieses Punktes formatiert.

Datenbeschriftungen sind zwar eine Elementgruppe, können aber jederzeit Punkt für Punkt frei zugewiesen werden. Klicken Sie einen Punkt zweimal an, ist er markiert, und Sie können ihn am Rand abnehmen und verschieben.

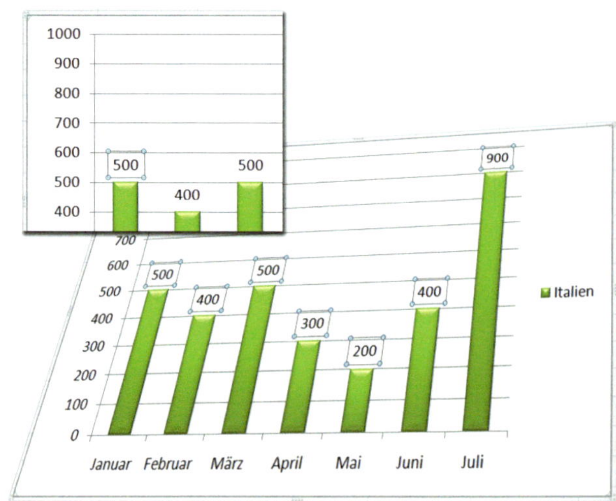

Abbildung 13.42 Datenbeschriftungen Punkt für Punkt

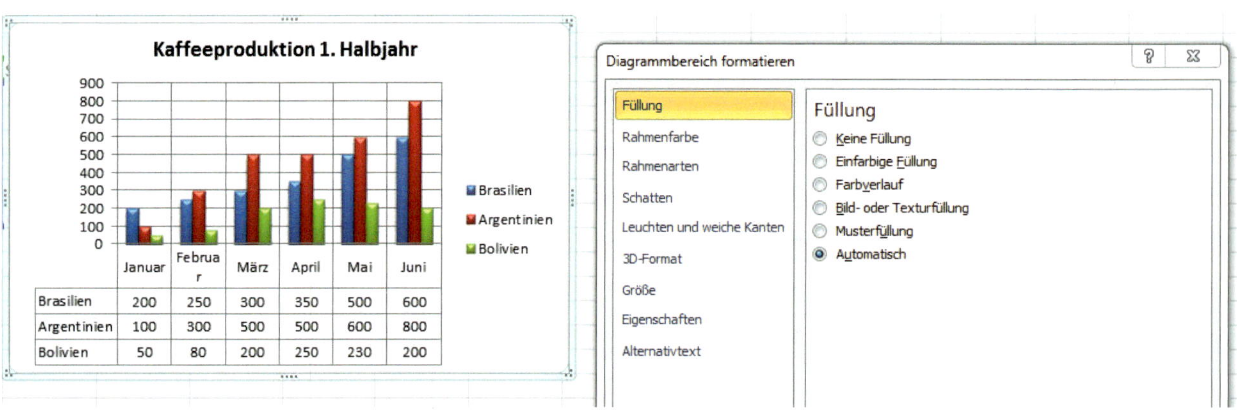

Abbildung 13.43 Die Datentabelle zeigt die Werte und macht die Legende überflüssig.

Datentabelle

Mit der Datentabelle bringen Sie die Daten aus dem Tabellenblatt ins Diagramm. Die Datentabelle wird unter der Rubrikenachse (bzw. Größenachse im Balkendiagramm) in den Diagrammbereich eingebaut und enthält standardmäßig die Legende mit Legendensymbolen.

Wählen Sie *Diagrammtools/Layout/Datentabelle/Datentabelle anzeigen*.

Um die Datentabelle zu ändern, markieren Sie sie als Element im Diagramm. Achten Sie auf die Anzeige unter *Diagrammtools/Layout/Aktuelle Auswahl*, und wählen Sie *Auswahl formatieren*. Das Dialogfeld bietet die Rahmen und Legendensymbole zur Änderung an und stellt Füllfarben, Muster und weitere Formatierungen für das Element bereit.

13.8 Datenreihen bearbeiten

Dass ein Diagramm aus Zahlen gebildet wird, wissen Sie mittlerweile. Dass diese in einer rechteckigen Matrix angeordnet sein sollten, damit der Assistent erkennen kann, wo die Rubriken und Daten sind, ist Ihnen sicher auch schon bekannt. In der Praxis sind die Zahlen leider nicht immer so komfortabel gestaltet, und schon das Anlegen des Diagramms erfordert ein paar Kunstgriffe. Noch mehr Aufwand bedeutet die Nachbesserung von Diagrammen, wenn die Datenmatrix neue Spalten oder Zeilen bekommt oder Daten entfernt werden.

Suchen Sie den besten und schnellsten Weg, um Diagramme zu erstellen und nachzubessern, und der führt selten über Register und Symbole.

13.8.1 Die Funktion DATENREIHE()

Sehen Sie sich die Funktion *DATENREIHE()* an. Diese Funktion ist der Schlüssel zwischen Diagramm und Zahlen, sie enthält alle Informationen über die Verknüpfung und lässt sich wie jede andere Funktion neu gestalten, abändern und mit Argumenten bestücken.

Sie finden diese Funktion in der Bearbeitungsleiste, wenn Sie eine Datenreihe des Diagramms (Balken, Torte, Linie) anklicken. Im Säulen-, Balken-, Punkt- oder Liniendiagramm sieht sie so aus:

```
=DATENREIHE(Name;Rubriken;Größen;Darstellungsfolge)
```

» *Name:* Das erste Argument enthält im Säulen-/Balkendiagramm und in verwandten Diagrammtypen den Legendentext, bei Diagrammen mit einer Reihe gleichzeitig auch den Titel. Im Tortendiagramm und in den mit diesem Typ verwandten Typen (Ring) liefert das erste Argument den Titel.

» *Rubriken:* Dieses Argument bezeichnet den Rubrikenbereich, den Bereich, in dem die Beschriftung der Ru-

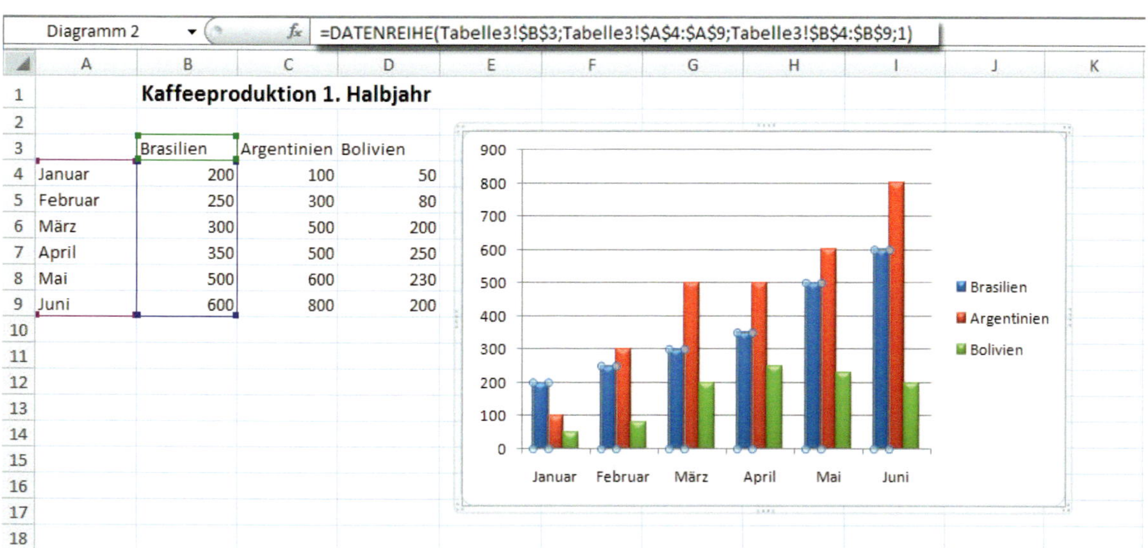

Abbildung 13.44 Die Funktion DATENREIHE(), hier in der ersten Reihe eines Säulendiagramms

brikenachse zu finden ist. Im Tortendiagramm und in den mit diesem Typ verwandten Typen (Ring) liefert dieses Argument den Bezug auf die Legendentexte.

» *Größen:* In diesem Argument steht der Bezug auf den Bereich, der die Daten für die Reihe liefert. Im Tortendiagramm und in den verwandten Typen ist das die Kreisfläche selbst, im Säulen-/Balken-/Linien-/Punktdiagramm je eine Säule, ein Balken, eine Linie, ein Punkt.

» *Darstellungsfolge:* Das letzte Argument bezeichnet die Position der Reihe im Diagramm. Die erste Reihe zeigt die 1, für die letzte Reihe wird die letzte Ziffer eingetragen.

Kreis- und Ringdiagramme

Im Tortendiagramm sieht die Argumentfolge etwas anders aus, hier liefert das erste Argument den Bezug auf die Überschrift, das zweite zeigt auf die Daten, und das dritte bezeichnet den Bereich, in dem die Legende steht. Das letzte Argument hat keine Bedeutung, da das Tortendiagramm nur eine Datenreihe darstellen kann; im Gegensatz zum Ringdiagramm, das wieder mehrere Reihen enthalten kann. Hier liefert das letzte Argument die Position der Reihe (von innen nach außen).

Wenn Sie jetzt die Argumente der Funktion kennen, wird es Ihnen nicht schwerfallen, Änderungen am Diagramm direkt in die Funktion einzutragen. Um beispielsweise die Monatsreihen eines Diagramms so anzuordnen, dass der letzte Monat als Erster gezeigt wird, müssen Sie nicht umständlich Datenquellen umdefinieren, sondern ändern einfach das letzte Argument der jeweiligen Reihe. Schreiben Sie für die Juni-Reihe die Ziffer 1, stehen die Balken dieser Reihe ganz vorne, und der Rest ordnet sich dahinter ein (die Nummern werden automatisch neu zugewiesen).

13.8.2 Diagramme aus nicht zusammenstehenden Reihen

Oft müssen Tabellendaten in Diagrammform gebracht werden, die nicht in einer praktischen rechteckigen Matrix zur Verfügung stehen. Dieser Fall ergibt sich besonders häufig, wenn Leerzeilen oder Leerspalten zur Trennung zwischen Datenbereichen eingezogen wurden, aber auch bei Zwischensummen. Mit der Mehrfachauswahl können beliebige Datenreihen markiert und in ein Diagramm überführt werden:

1. Markieren Sie die erste Datenreihe inklusive der Beschriftung für Legende oder Rubrik.

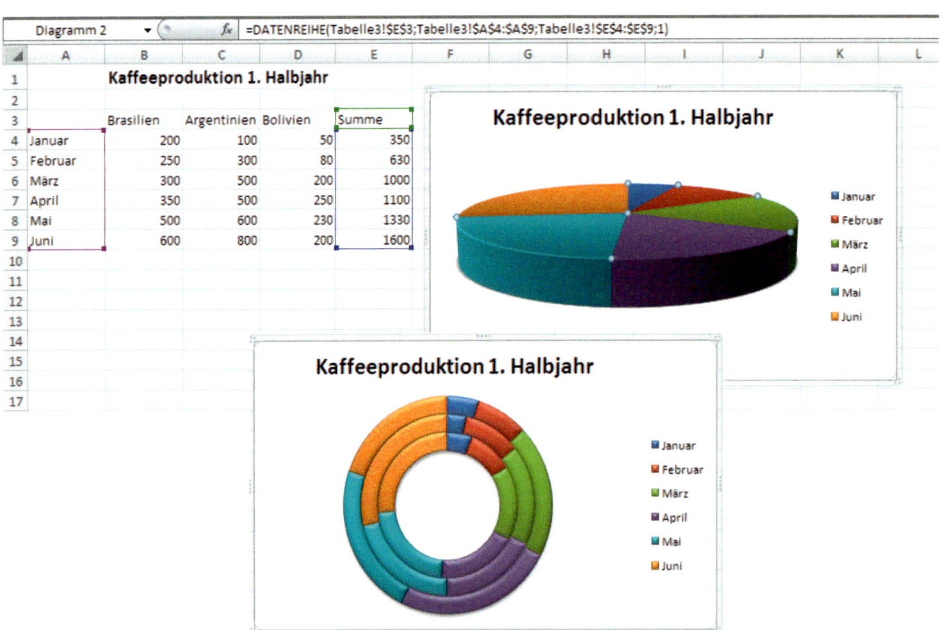

Abbildung 13.45
Die Funktion DATENREIHE() im Kreis- und Ringdiagramm

2. Halten Sie die [Strg]-Taste gedrückt, und markieren Sie weitere Bereiche. Diese müssen nicht direkt im ersten Bereich sein, sollten aber in der Größe (Höhe oder Breite) mit diesem übereinstimmen.
3. Wählen Sie *Einfügen/Diagramme* für ein neues Diagramm. Der Mehrfachbereich wird, wie zusammenhängende Bereiche auch, in ein Diagramm überführt; die erste Zeile und Spalte entscheidet wieder über Rubriken- und Legendenbeschriftung.

Praxis: Personalbericht

Die neuesten Zahlen aus dem Personalsystem sind angekommen, die Tabelle liegt bereits im Excel-Format vor. Leider sind die Statistiken nicht gerade ideal für ein Diagramm vorbereitet, aber mit der Mehrfachmarkierung ist das kein Problem. Erstellen Sie ein Liniendiagramm, das die Entwicklung der Mitarbeiterzahlen über die letzten Jahre darstellt.

CD-ROM Sie finden das Beispiel auf der Buch-CD unter *Diagramm Personalbericht.xlsx*.

1. Markieren Sie den Bereich mit den Rubrikenbeschriftungen und der ersten Datenreihe. Starten Sie die Markierung in der leeren Zelle B3, markieren Sie B3:E4.
2. Halten Sie die [Strg]-Taste gedrückt, und markieren Sie den Bereich für die nächste Reihe: B8:E8.
3. Markieren Sie die restlichen Reihen mit gedrückter [Strg]-Taste:

	A	B	C	D	E
1	**Personalbericht**				
2					
3			**Produktion**	**Vertrieb**	**Service**
4	*Mitarbeiterzahl*	*2007*	150	220	210
5	Zugänge		12	15	20
6	Abgänge		20	12	6
7	Vorruhestand		3	4	2
8	*Mitarbeiterzahl*	*2008*	139	219	222
9	Zugänge		10	14	16
10	Abgänge		10	15	16
11	Vorruhestand		2	3	4
12	*Mitarbeiterzahl*	*2009*	137	215	218
13	Zugänge		11	15	16
14	Abgänge		8	20	10
15	Vorruhestand		5	3	5
16	*Mitarbeiterzahl*	*2010*	135	207	219
17	Zugänge	15	25	15	21
18	Abgänge	10	15	15	20
19	Vorruhestand	5	3	6	3

Abbildung 13.46 Der Personalbericht – keine ideale Datenbasis für ein Diagramm

```
B12:E12
B16:E16
```

4. Wählen Sie *Einfügen/Diagramme*, und erstellen Sie ein Liniendiagramm.
5. Wählen Sie unter *Diagrammtools/Entwurf* das erste Layout, und passen Sie unter *Layout* die Achsenskalierung an, sodass die Skala bei 120 beginnt (*Aktuelle Auswahl/Auswahl formatieren*).

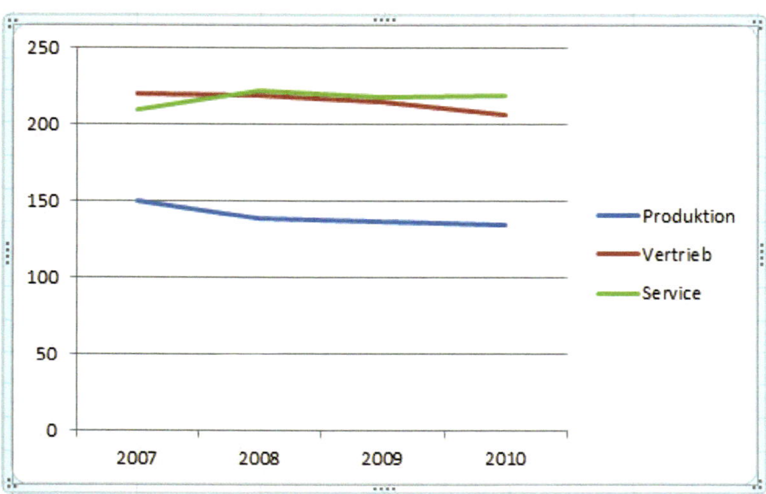

Abbildung 13.47
Das Diagramm aus Mehrfachbereichen ist komplett.

Datenreihen löschen und hinzufügen

Enthält Ihr Diagramm eine Datenreihe, die Sie nicht mehr brauchen, entfernen Sie die Reihe ganz einfach:

1. Markieren Sie die Datenreihe per Klick.
2. Drücken Sie die [Entf]-Taste.

Um eine zusätzlich benötigte Datenreihe in das Diagramm zu befördern, bemühen Sie keine Menübefehle, sondern arbeiten einfach wieder mit der Zwischenablage:

1. Markieren Sie den Datenbereich, den Sie in das Diagramm einfügen wollen. Der Bereich muss keine Rubrikenbeschriftungen enthalten, sollte aber in der Größe mit dieser bzw. den bereits eingefügten Bereichen übereinstimmen.
2. Kopieren Sie den Bereich mit [Strg]+[c] in die Zwischenablage.
3. Markieren Sie per Klick das Diagrammobjekt, oder schalten Sie zum Diagrammblatt um.
4. Mit [Strg]+[v] fügen Sie den kopierten Bereich in das Diagramm ein.

TIPP Die Rubrikenachse wird immer von der ersten Datenreihe im Diagramm gebildet, aus diesem Grund brauchen Sie für neue Reihen gar keine Rubriken mit zu kopieren.

Markieren Sie die Zelle für die Legende mit, sonst sehen Sie anschließend keine Beschriftung für die Reihe. Wenn der Bereich keine Legende anbietet, tragen Sie diese im ersten Argument der *DATENREIHE*-Funktion einfach nach.

13.9 Diagrammtypen

Nicht jede Diagrammform lässt sich aber so ohne Weiteres auf das vorliegende Zahlenmaterial anwenden; entscheidend dafür, welche Form zum Einsatz kommt, ist die gewünschte Aussage. Linien zeigen Entwicklungen an, Balken oder Säulen stellen meist mehrere Wertegruppen gegenüber, und Torten verdeutlichen die (prozentualen) Anteile der jeweiligen Werte am Ganzen.

13.9.1 Der richtige Diagrammtyp

Diagrammtyp	Aussage	Beispiel
Balken- und Säulendiagramm 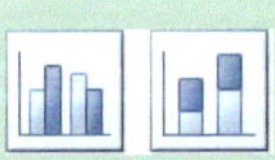	Jede Statistik, die Zahlen vergleicht, gegenüberstellt oder in Relation bringt, Größenordnungen, Kapazitäten	Umsatzentwicklung, Produktion, Fehlerquote, Verkäufe pro Quartal oder Filiale, Material- und Personalplanung
Bereichsdiagramm (Flächendiagramm) 	Entspricht dem Balken- oder Säulendiagramm; die Werte werden nur optisch nicht getrennt	wie oben
Liniendiagramme 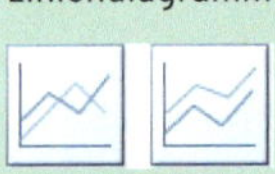	Entwicklungen, Veränderungen über einen bestimmten Zeitraum, Trends	Zinsentwicklung, Aktienkurs, Temperaturwerte, Marktforschung, Werbung
Punkt(XY)-Diagramme 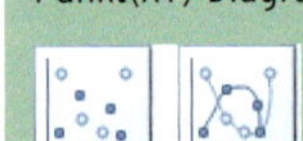	Paarweise Vergleiche, Auswertung statistischer Mengen	Population, Korrelation, Häufung von Schäden oder Reklamationen, Streuungsdiagramme, Häufigkeitsanalysen, Portfolio

Diagrammtyp	Aussage	Beispiel
Tortendiagramm (Kreis), Ringdiagramm 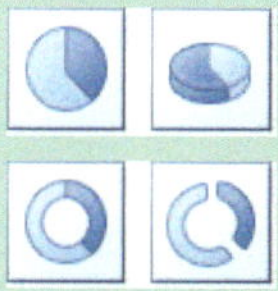	Anteile an einer Gesamtgröße	Stimmenanteil einer Partei, Marktanteil des Unternehmens oder Produktes, Umsatzaufteilung einzelner Filialen
Blasendiagramme 	Vergleich von Werten mit einem dritten Wert für die Größe der Blasen	Marktanteile, Produktbewertung, Portfolios
Netzdiagramm, Oberflächendiagramm 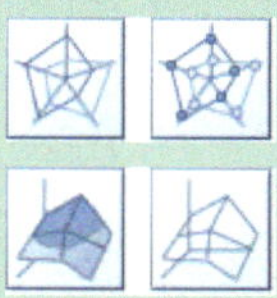	Relative Vergleiche zwischen Elementen	Vergleich Verkehrsaufkommen in zwei Städten, Nährwerte verschiedener Produkte

Tabelle 13.4 Diagrammtypen in der Praxis

13.9.2 Diagrammtyp ändern

Ein neues Diagramm präsentiert sich in Form eines Säulendiagramms, wenn im Diagramm-Assistenten keine Änderungen vorgenommen wurden. Dieser *Standarddiagrammtyp* kann für eine Excel-Sitzung verändert werden (siehe folgende Abschnitte). Die Diagrammtypenauswahl bietet zahlreiche Muster für Diagramme, die Sie bereits erstellten Charts oder leeren Diagrammfenstern zuordnen können. Achten Sie auf die richtige Markierung, bevor Sie den Mustertyp ändern:

» Klicken Sie auf das Diagramm oder die Zeichnungsfläche, wenn Sie das gesamte Diagramm umstellen wollen.

» Klicken Sie auf eine einzelne Datenreihe, wenn Sie nur dieser einen anderen Diagrammtyp zuweisen wollen. Bekommt diese Datenreihe einen anderen Diagrammtyp als die übrigen Reihen, erhalten Sie ein Überlagerungsdiagramm.

» Wählen Sie *Einfügen/Diagramm* oder *Diagrammtools/Entwurf/Typ/Diagrammtyp ändern*.

» Markieren Sie den Diagrammtyp, den Sie dem aktuellen Diagramm oder der markierten Datenreihe zuweisen wollen.

Abbildung 13.48 Diagrammtypen

13.9.3 Übersicht über alle Diagrammtypen

Säulendiagramme, Zylinder und Kegel

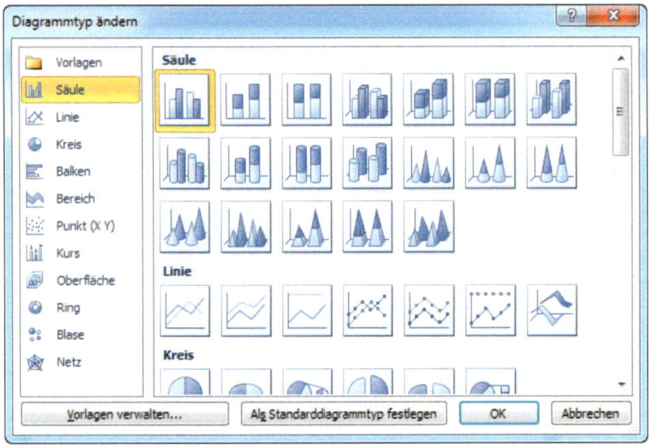

Abbildung 13.49 Säulendiagramme

Säulen zeigen Veränderungen über einen bestimmten Zeitraum an oder vergleichen Wertereihen miteinander. Die horizontale Anordnung verstärkt die Wahrnehmung der fortschreitenden Zeit. Die erste Reihe bietet die sieben Grundtypen an, in der zweiten Reihe stehen diese in Zylinderform, und die dritte Reihe bietet die ersten fünf Typen als Kegel an.

1. Gruppierte Säulen
2. Gestapelte Säulen
3. Gestapelte Säulen (100%)
4. Gruppierte 3D-Säulen
5. Gestapelte 3D-Säulen
6. Gestapelte 3D-Säulen (100%)
7. 3D-Säulen

Balkendiagramme

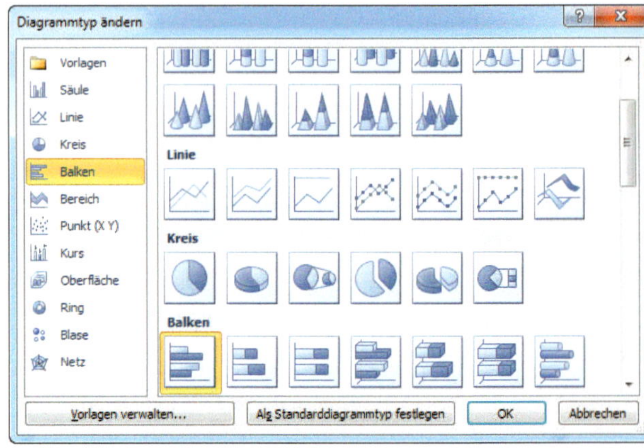

Abbildung 13.50 Balkendiagramme

Die Balken zeigen individuelle Größen zu einem bestimmten Zeitpunkt an und verdeutlichen die Differenzen zwischen Werten mehrerer Reihen. Die vertikale Anordnung bietet bei der Darstellung längerer Zeiträume oder Messreihen größere Vorteile gegenüber dem Säulendiagramm.

Das Angebot besteht aus fünf Grundtypen und Variationen in Zylinder- und Kegelform.

1. Gruppierte Balken
2. Gestapelte Balken
3. Gestapelte Balken (100%)
4. Gruppierte 3D-Balken
5. Gestapelte 3D-Balken
6. Gestapelte 3D-Balken (100%)

Liniendiagramme

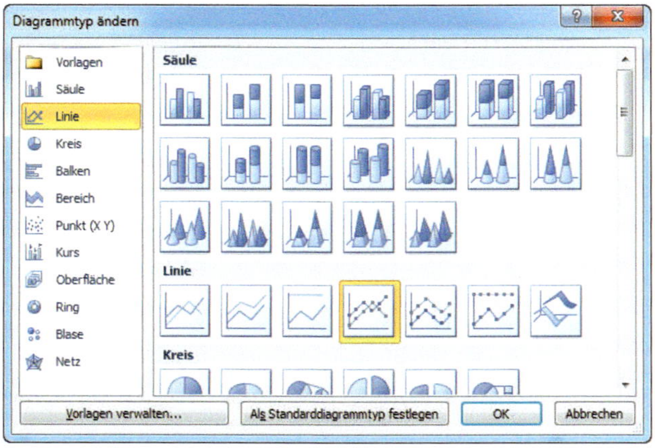

Abbildung 13.51 Liniendiagramme

Die Linien zeigen Trends und Entwicklungen über einen bestimmten Zeitraum an. Der Eindruck ist ähnlich wie beim Flächendiagramm, die Linie stellt aber die Abweichungen mehr in den Vordergrund als die Größe der Veränderung.

1. Linien
2. Gestapelte Linie
3. Gestapelte Linie (100%)
4. Linie mit Datenpunkten für jeden Datenwert
5. Gestapelte Linie mit Datenpunkten für jeden Datenwert
6. Gestapelte Linie mit Datenpunkten (100%) für jeden Datenwert
7. 3D-Linie

Kreisdiagramme

Abbildung 13.52 Kreisdiagramme

Kreisdiagramme zeigen die Beziehung einzelner Werte zu einer Gesamteinheit an. Im Tortendiagramm wird immer nur eine, und zwar die erste Datenreihe aus der Markierung dargestellt. Aussagen zu einem bestimmten Wert können durch Hervorziehen des Segments verdeutlicht werden.

1. Einfaches Kreisdiagramm
2. 3D-Kreisdiagramm
3. Kreis aus Kreisdiagramm
4. Explodierter Kreis
5. Explodierter 3D-Kreis
6. Balken aus Kreis

Punkt(XY)-Diagramme

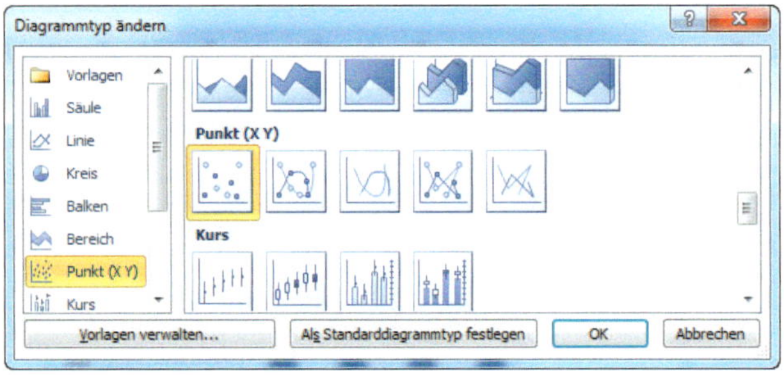

Abbildung 13.53 Punktdiagramme

Punkt- oder XY-Diagramme zeigen die Beziehung oder den Grad der Beziehung zwischen numerischen Werten in verschiedenen Reihen an. Diese Art wird häufig für Raster und Trends eingesetzt und um zu überprüfen, ob Werte voneinander abhängig sind.

1. Punktdiagramm
2. Punktdiagramm mit interpolierten Linien
3. Punktdiagramm mit interpolierten Linien ohne Datenpunkte
4. Punkte mit Linien
5. Punkte mit Linien ohne Datenpunkte

Bereichsdiagramme (Flächendiagramme)

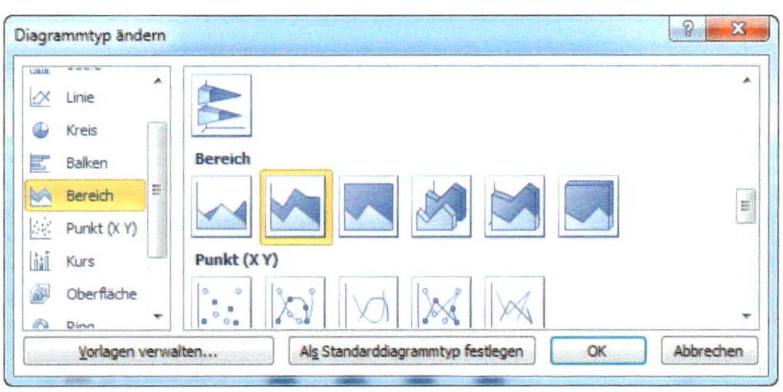

Abbildung 13.54 Flächendiagramme

Flächen zeigen die relativen Größenänderungen von Werten über einen Zeitraum hinweg. Die Aussage entspricht in etwa der des Liniendiagramms, hebt aber mehr das Volumen der Veränderung hervor als den Zeitverlauf.

1. Flächendiagramm
2. Gestapelte Fläche
3. Gestapelte Fläche (100%)
4. 3D-Fläche
5. Gestapelte 3D-Fläche
6. Gestapelte 3D-Fläche (100%)

Ringdiagramme

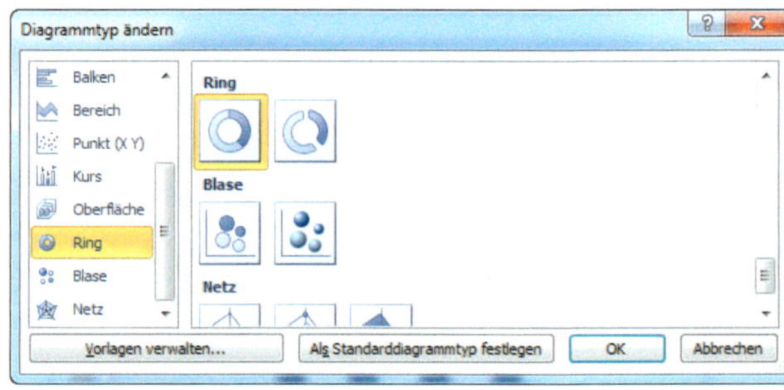

Abbildung 13.55 Ringdiagramme

Ringe stellen die Größe einzelner Werte in Bezug auf ihre Gesamtheit dar (ähnlich dem Tortendiagramm). Für jede abzubildende Datenreihe wird ein Ring erstellt. Aussagen zu einem bestimmten Wert können durch Hervorziehen des Ringsegments verdeutlicht werden.

1. Einfaches Ringdiagramm
2. Explodierter Ring

Netzdiagramme

Abbildung 13.56 Netzdiagramme

Das Netzdiagramm stellt die Änderungen oder Häufigkeiten von Daten in Beziehung zu einem Mittelpunkt und zueinander dar. Die Werteachse jeder Datenreihe geht vom Mittelpunkt aus, und die Datenpunkte einer Datenreihe sind mit Linien verbunden.

1. Netzdiagramm
2. Netzdiagramm mit Datenpunkten
3. Gefülltes Netzdiagramm

Oberflächendiagramme

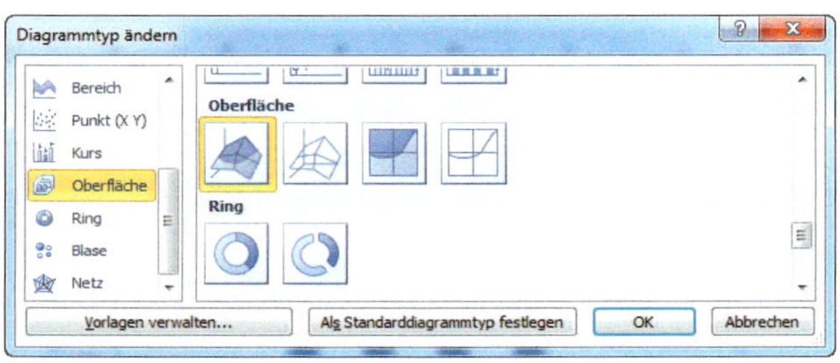

Abbildung 13.57 Oberflächendiagramme

Oberflächendiagramme zeigen miteinander in Beziehung stehende Daten an, die in verschiedenen Einheiten gemessen werden, oder verdeutlichen unterschiedliche Aussagen in einem Diagramm (z.B. Entwicklung und Prognose). In diesem Diagramm können bis zu vier unterschiedliche Achsen verwendet werden.

1. 3D-Oberfläche
2. 3D-Oberfläche (Drahtmodell)
3. Oberfläche (Ansicht von oben) mit Farben für die Wertebereiche
4. Oberfläche (Ansicht von oben)

Blasendiagramme

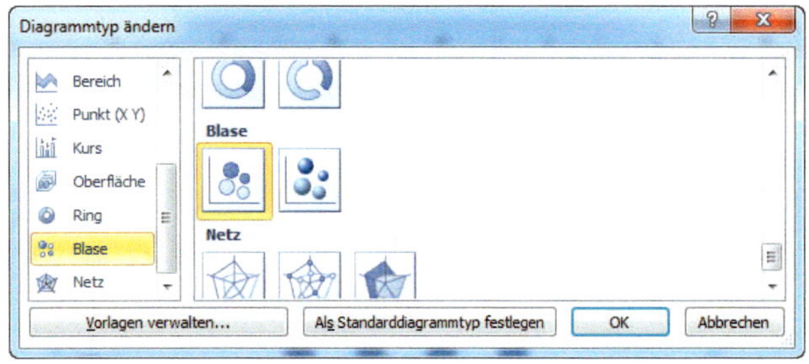

Abbildung 13.58 Blasendiagramme

Diese Diagrammform bietet als einzige die Möglichkeit, in einem zweidimensionalen Raum drei unterschiedliche Zahleninformationen darzustellen. Das Blasen- oder Portfoliodiagramm wird im Management eingesetzt, um den Status und die Entwicklung eines Prozesses oder einer Information darzustellen.

1. Blase für die Darstellung dreier Werte
2. Blase mit 3D-Effekt

Kursdiagramme

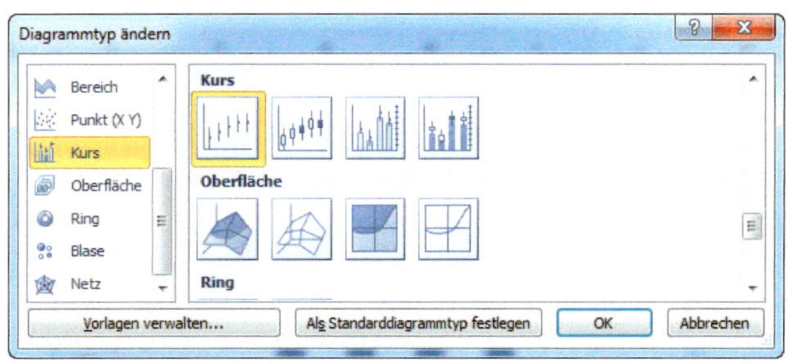

Abbildung 13.59 Kursdiagramme

Im Kursdiagramm oder Spannweitendiagramm wird die Entwicklung eines Börsenkurses mit Anfangswert, Höchst- und Tiefstwert dargestellt. Diese drei Informationen braucht das Diagramm auch, um eine Reihe zu bilden.

1. Höchst-Tiefst-Geschlossen für drei Werte
2. Öffnung-Höchst-Tiefst-Geschlossen für vier Werte
3. Volumen-Höchst-Tiefst-Geschlossen für vier Werte
4. Volumen-Öffnung-Höchst-Tiefst-Geschlossen für fünf Werte

13.10 Diagramme formatieren

Viele Elemente im Diagramm, darunter natürlich die Balken, Säulen, Flächen, Blasen und Kreissegmente, zeigen farbig formatierte Flächen, manche mit gerastertem Hintergrund. Die Standardfüllungen besorgen die Diagrammtyp-Vorlagen, hier sind die Farben, Muster und Hintergründe festgelegt. Sie können diese Voreinstellungen ändern und jeden Balken, jedes Kreissegment und natürlich auch den Hintergrund des Diagramms oder der Zeichenfläche ändern.

13.10.1 Die Diagrammgröße

Die einfachste Art, ein Diagrammobjekt zu vergrößern oder zu verkleinern, ist das Ziehen der Markierungspunkte am Rahmen mit dem Mauszeiger. Sie können die Größe des Objektes aber auch ganz exakt einstellen:

1. Wählen Sie in den *Diagrammtools* die Registerkarte *Format*.
2. Stellen Sie unter *Grösse* die Breite und Höhe des Objektes ein. Geben Sie die Werte ein, oder benutzen Sie die Pfeilsymbole.

13.10.2 Auswahl formatieren oder Kontextmenü

Zwei grundsätzliche Verfahren zur Formatierung von Diagrammen sollten Sie kennen:

1. Markieren Sie das Element oder die Elementgruppe, die Sie formatieren wollen.
2. Wählen Sie *Diagrammtools/Format*, und klicken Sie unter *Aktuelle Auswahl* auf *Auswahl formatieren*.
3. Klicken Sie das Diagrammelement mit der rechten Maustaste an.
4. Wählen Sie im Kontextmenü den passenden Formatierbefehl oder *Diagramm formatieren* für den Formatieren-Dialog.

In beiden Fällen erhalten Sie ein Dialogfeld, in dem alle Formatierbefehle zur Auswahl stehen. Die Überschrift weist auf die Elementbezeichnung hin (*Achsentitel formatieren*, *Datenreihen formatieren* etc.). Damit können Sie abprüfen, ob das richtige Element markiert wurde.

Die erste Kategorie ist elementspezifisch und ändert sich je nach Element, die übrigen sind in der Regel für alle Ele-

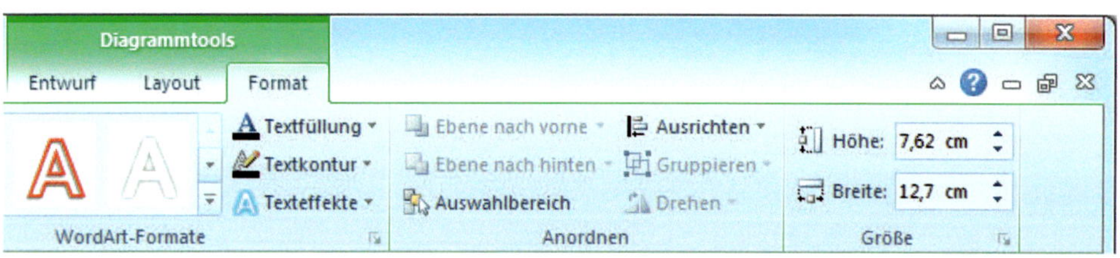

Abbildung 13.60
Die Diagrammgröße wird hier auf den Zentimeter genau eingestellt.

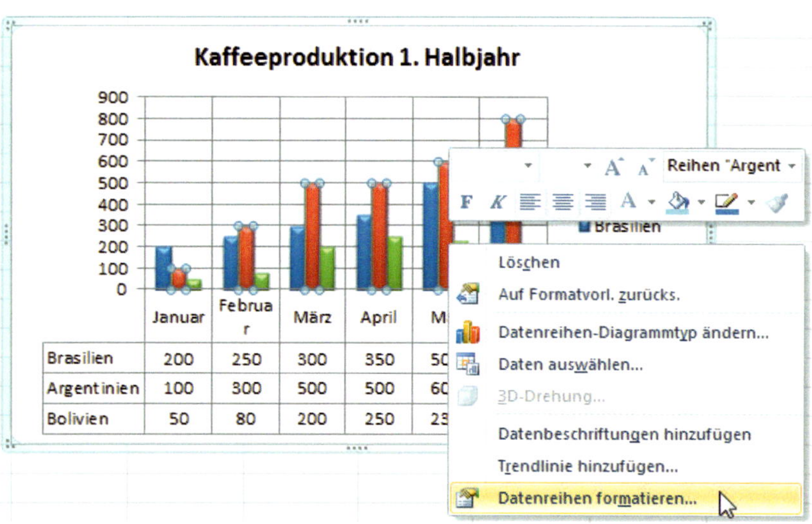

Abbildung 13.61
Diagramm über das Kontextmenü formatieren

mente identisch. Nicht alle Kategorien gelten für alle Elemente, 3D-Effekte gelten nicht für Linien, und Textausrichtungen gibt es nur für Beschriftungselemente.

Klicken Sie auf *Füllung,* und wählen Sie eine einfarbige oder graduelle Füllung (mit Farbverlauf) für das Element. Bild- oder Textfüllungen bieten die Möglichkeit, Texturen oder Grafikdateien als Füllung zu benutzen.

» *Invertieren, falls negativ:* Wenn diese Option markiert ist, werden Datenpunkte, die in Achsendiagrammen unter die Rubrikenachse fallen, also aus Minuswerten stammen und damit negativ sind, in einer anderen Farbe gesetzt.

» Unter *Rahmenfarbe* bestimmen Sie Farbe und Farbverlauf der Linien oder der Ränder im Element. Schalten Sie auf *Rahmenarten*, um die Größe, Strichstärke und Stricharten für Linien zu bestimmen. Für Linien sind auch Pfeilspitzen und -enden im Formatangebot.

» Die Rubrik *Schatten* enthält Außen-, Innen- und Perspektivenschatten, Schattenfarben und Einstellungen zu Größe, Winkel und Transparenz des Elementschattens.

» Unter *3D-Format* finden Sie 3D-Effekte wie Abschrägungen und Oberflächeneffekte und die dazu passenden Einstellungen.

» Die Kategorie *Ausrichtung* bietet für Textelemente horizontale und vertikale Ausrichtungen und Winkel an. Wählen Sie *Automatisch anpassen*, um die Elementgröße an den Textinhalt anzupassen.

13.10.3 Datenreihen und Datenpunkte

Um eine ganze Reihe zu formatieren, klicken Sie auf einen Punkt der Reihe (Säule, Balken, Kreissegment). Wollen Sie nur einen einzelnen Punkt aus der Reihe anders formatieren (z.B. einen wichtigen Balken oder ein Kreissegment), dann klicken Sie diesen Punkt ein zweites Mal an (nicht doppelt). Achten Sie auf die Anzeige des Elementnamens.

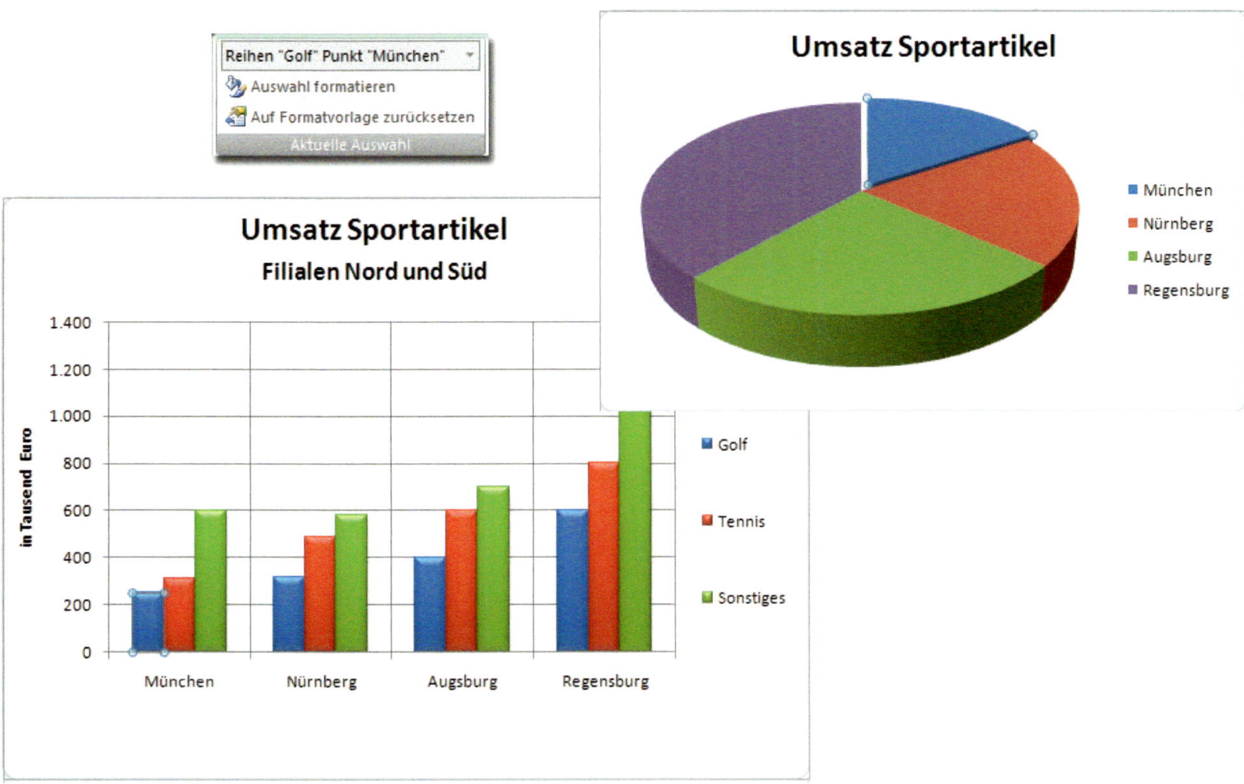

Abbildung 13.62 Datenpunkte markieren

Abstand zwischen Balken und Balkenbreite

Um den Abstand zwischen Balken- oder Säulenreihen zu verändern, formatieren Sie einen beliebigen Datenpunkt. Wählen Sie in den Reihenoptionen *Reihenachsenüberlappung*, schieben Sie den Regler zwischen *Getrennt* und *Überlappung*. Ein weiterer Regler steht für die *Abstandsbreite* zur Auswahl, ziehen Sie ihn zwischen *Kein Abstand* und *Grosser Abstand*.

Die Abstandsbreite ist die Breite des Balkens. Sie kann bis zur Wertgrenze 500 eingestellt werden, mit 0 sind die Balken so breit, dass keine Zwischenräume in den Rubriken entstehen.

13.10.4 Formenarten

Die Registerkarte *Format* aus den Diagrammtools bietet mit der Gruppe *Formenarten* vordefinierte Konturen und Füllungen für Diagramme oder Diagrammelemente und drei Befehlssymbole, die das Zuweisen von Formaten einfacher machen als mit Dialogfeldern.

1. Markieren Sie das Diagramm oder ein einzelnes Diagrammelement.
2. Schalten Sie unter *Diagrammtools* auf *Format*, und klicken Sie in der Gruppe *Formenarten* auf ein Schnellformat, um die Form und Kontur zuzuweisen.
3. Öffnen Sie die Liste dieser Formenarten, und suchen Sie ein passendes Muster. Die Auswahl des Mauszeigers wird im Hintergrund gleich angezeigt (*Live-Vorschau*, die Option muss in den *Optionen* gesetzt sein).

Mit dem Symbol *Fülleffekt* weisen Sie Designfarben, Standardfarben oder andere Füllungen zu. Wenn das Element es zulässt, können auch Bilder, Texturen und Farbverläufe zugewiesen werden.

Die *Formkontur* übernimmt die Farbzuweisung und Formatierung der Linien und Rahmen im Element.

Unter *Formeffekte* finden Sie die Schatten- und 3D-Effekte für das Element.

13.10.5 Grafikobjekte auf Datenreihen abbilden

Statt der allseits bekannten Balken, Linien und Tortensegmente lassen sich im Excel-Diagramm auch Häuser, Autos oder Südfrüchte auf Größenachsen auftragen, wobei die drei genannten Objekte nur wahllos aus der unendlichen Zahl zur Verfügung stehender Zeichnungen gegriffen wurden. Excel bietet nämlich die Möglichkeit, freie Zeichnungen anstelle der Standardelemente für die Balken- oder Säulenreihen eines Diagramms zu verwenden.

1. Erstellen oder aktivieren Sie ein zweidimensionales Balken-, Säulen- oder Liniendiagramm.
2. Kopieren Sie die Grafik in die Zwischenablage.
3. Markieren Sie eine beliebige Datenreihe aus dem Diagramm durch Anklicken der Balken-, Linien- oder Punktereihe.
4. Holen Sie die Grafik mit [Strg]+[V] aus der Zwischenablage.
5. Stapeln Sie die Füllung der Datenreihe unter *Auswahl formatieren*.

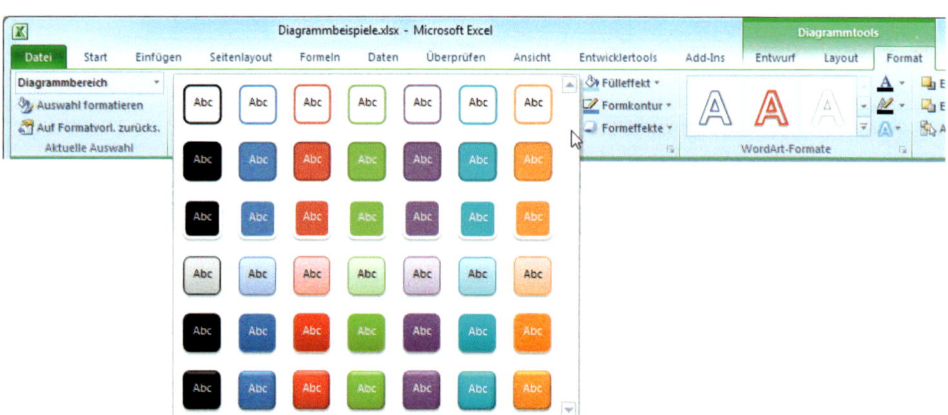

Abbildung 13.63
Formenarten für Diagramme und Diagrammelemente

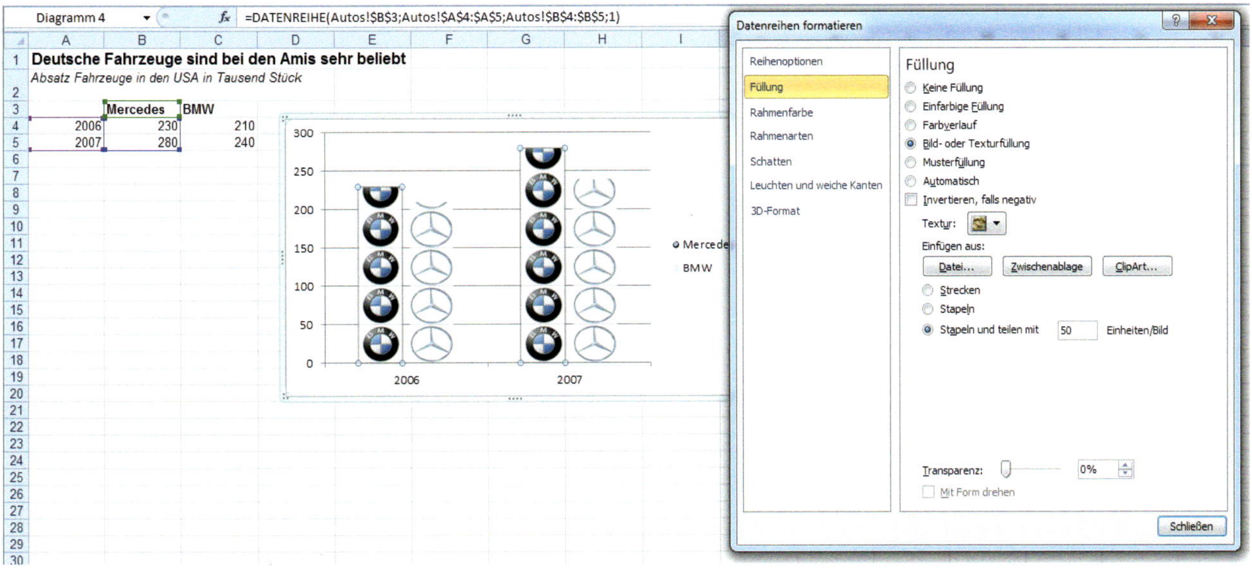

Abbildung 13.64 Das Logo stapelt sich auf der Datenreihe.

- *Strecken:* Das Bild wird auf jedem Datenpunkt in die benötigte Breite, d.h. in die Länge des vorher sichtbaren Balkens, oder auf den Linienpunkt gezogen.
- *Stapeln:* Das Bild wird in der Originalgröße belassen und so oft gestapelt, bis die Säulenhöhe erreicht ist.
- *Stapeln und teilen:* Mit dieser Option bestimmen Sie, wie oft das Bild innerhalb der Säulen- oder Linienhöhe abgebildet werden soll. Die Zahl im Eingabefeld neben *Einheiten/Bild* legt die Einheitenzahl pro Bild fest. 100 würde beispielsweise bewirken, dass je 100 y-Skalaeinheiten ein Bild verwendet wird. Excel schlägt die aktuelle Skalierung als Teilung vor.

Löschen Sie die Zuweisung einer ClipArt zu einer Datenreihe wieder, indem Sie das vorher definierte Balken-, Säulen-, Linien- oder Punktmuster aus dem *Muster*-Menü erneut zuweisen.

CD-ROM Auf der Buch-CD finden Sie Beispiele zum Anschauen und Üben: *Diagramm Grafik auf Reihe.xlsx*.

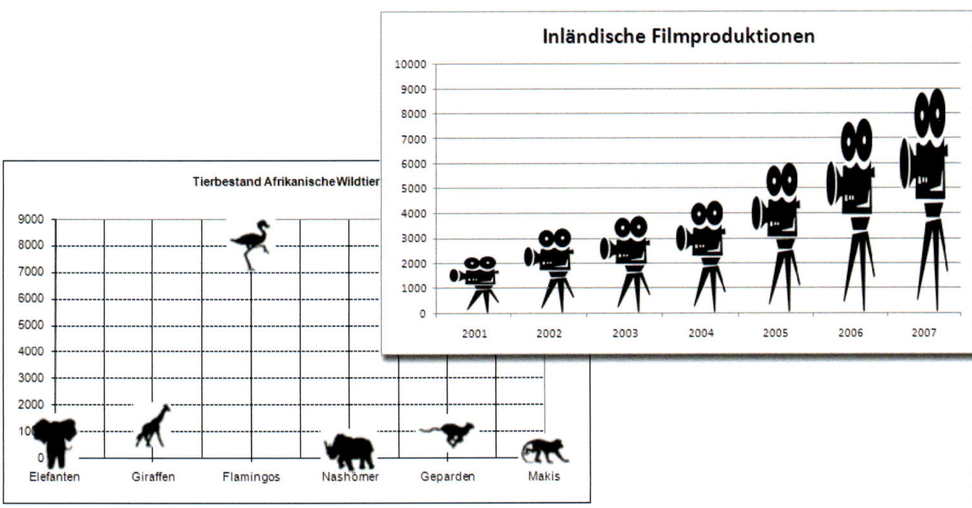

Abbildung 13.65
ClipArts auf den Datenreihen

13.10.6 WordArt-Formate

WordArt ist das Dateiprogramm für Schmuckschriften mit 3D-Effekten, Schatten und Farbverläufen. Die Gruppe *WordArt-Formate* unter *Diagrammtools/Format* bietet diese Formatierungen auch für Diagrammelemente, allerdings nur für Beschriftungen.

1. Markieren Sie eines dieser Diagrammelemente:
   - Diagrammtitel
   - Achsenbeschriftung
   - Legende
   - Reihenbeschriftung
   - Datentabelle
2. Weisen Sie dem Element aus der Gruppe *WordArt-Formatierung* eine Vorlage mit vordefinierter Textfüllung und Kontur zu.
3. Mit dem Symbol *Textfüllung* wird gezielt eine Farbe, eine Füllung oder ein Farbverlauf zugewiesen. Das Angebot umfasst auch Texturen und Grafiken aus Grafikdateien.

Abbildung 13.66 WordArt-Formate für Textelemente

4. Klicken Sie auf *Textgliederung*, um Farbe, Breite und Art der Linien im Textelement zu bestimmen.
5. Das Symbol *Texteffekte* enthält eine Auswahl an Schatten- und 3D-Effekten speziell für Texte.

13.10.7 Objekte anordnen und sichtbar machen

In der Praxis werden Sie Tabellenblätter mit einer Mischung aus Zellinhalten, Diagrammobjekten, gezeichneten Formen, Grafiken und SmartArts erstellen. Damit Sie den Überblick über alle Objekte behalten und diese vor allem sinnvoll anordnen und gruppieren, schalten Sie auf die Registerkarte *Format* in den Diagrammtools. Hier finden Sie die Gruppe *Anordnen*. Diese Gruppe steht auch in den Bildtools, Zeichentools und SmartArt-Tools zur Auswahl, wenn Sie anstelle eines Diagrammobjekts ein Bild, eine Grafik oder eine SmartArt-Grafik markiert hatten.

Objekte werden in der Reihenfolge angeordnet, in der sie auf dem Tabellenblatt erscheinen. Das kann durch Einzeichnen, Kopieren oder einen Import aus der Zwischenablage passieren.

Klicken Sie auf *In den Vordergrund*, um das markierte Objekt über allen anderen zu platzieren. Mit *Eine Ebene nach vorne* wird es nur eine Ebene höher gesetzt.

Klicken Sie auf *In den Hintergrund*, um das markierte Objekt hinter allen anderen zu platzieren. Mit *Eine Ebene nach hinten* wird es nur eine Ebene nach hinten gesetzt.

Mit *Ausrichten* richten Sie mehrere Objekte in einer bestimmten Richtung aus. Markieren Sie dazu mindestens zwei Objekte, drücken Sie die `Umschalt`-Taste, und klicken Sie auf die Objekte. Wählen Sie *Am Raster ausrichten*, wenn Sie die Diagrammobjekte an den Spaltenlinien ausrichten wollen.

Gruppieren schließt alle markierten Objekte in einer Gruppe ein. Die Gruppe wird damit geschlossen verschoben, kopiert und gelöscht. Um die Gruppe wieder aufzulösen, wählen Sie *Gruppieren/Gruppierung aufheben*. Mit *Gruppierung wiederherstellen* stellen Sie die letzte Gruppe wieder her.

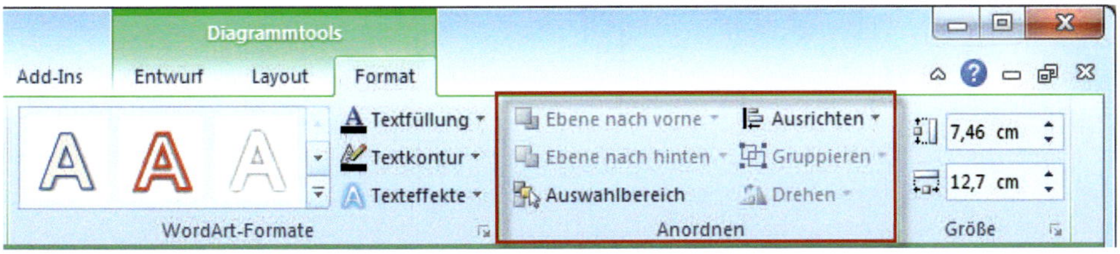

Abbildung 13.67
Die Anordnen-Gruppe ist für die Objekthierarchie zuständig.

Der Auswahlbereich

Schalten Sie den *Auswahlbereich* ein, wenn Sie eine Übersicht über alle Objekte auf dem Tabellenblatt haben wollen. Der Bereich wird am rechten Bildschirmrand geöffnet, er zeigt die Objekte mit deren Objektnamen an. Am unteren Rand finden Sie Schaltflächen, um alle Objekte auszublenden oder anzuzeigen.

1. Klicken Sie auf das Anzeigesymbol rechts am Objektnamen, um das Objekt auszublenden oder wieder einzublenden.
2. Mit den Pfeilsymbolen sortieren Sie ein markiertes Objekt nach oben oder unten in die Objektfolge ein.

13.11 Analyse-Werkzeuge für Diagramme

Mit zusätzlichen Informationen wie Spannweiten, Trends oder Fehlerindikatoren machen Sie Ihre Diagramme noch informativer und wertvoller. Die Werkzeuge für diese Aktionen finden Sie in der *Analyse*-Gruppe der Registerkarte *Layout*.

Die Beispieldaten für diese Diagrammformate zeigen die Entwicklung der Rohölpreise in zwei verschiedenen Jahren über mehrere Monate.

CD-ROM Sie finden das Beispiel auf der Buch-CD unter *Diagramm Trend.xlsx*.

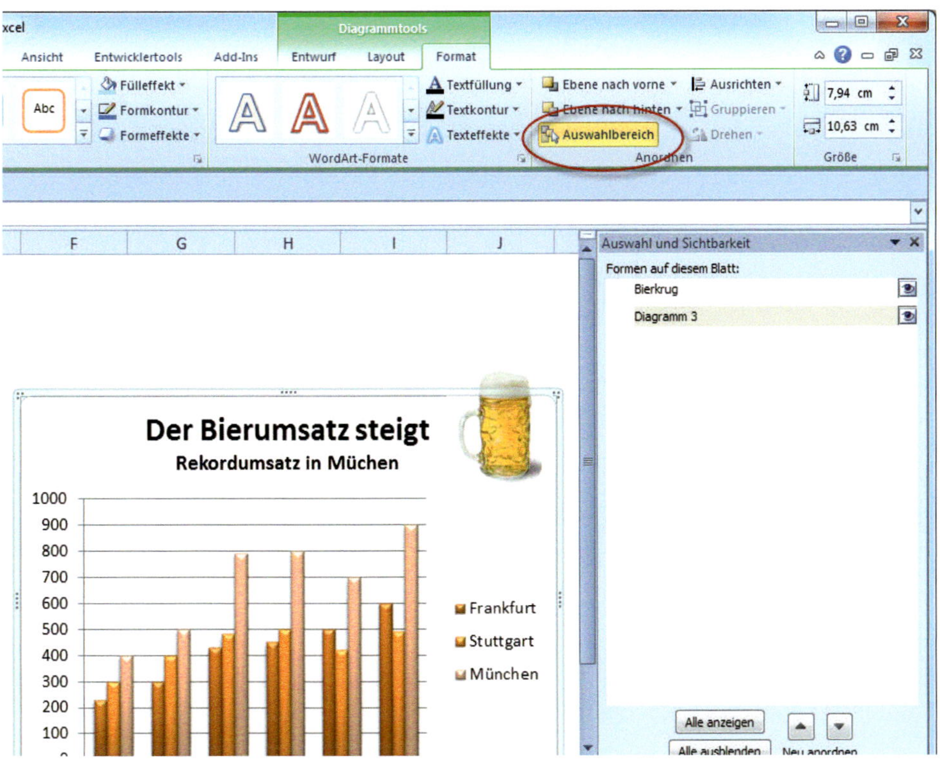

Abbildung 13.68
Der Auswahlbereich zeigt alle Symbole und ordnet diese in der richtigen Reihenfolge.

13.11.1 Bezugs- und Spannweitenlinien

Mit diesen Linien verdeutlichen Sie Abstände zwischen einzelnen Datenreihen. Verwenden Sie Bezugslinien für Flächendiagramme, und ziehen Sie Spannweitenlinien in Liniendiagrammen mit zwei Datenreihen ein.

1. Wählen Sie *Diagrammtools/Layout/Analyse/Linien*.
2. Verwenden Sie *Bezugslinien*, um Linien vom Datenpunkt zur Rubrikenachse einzuziehen.
3. *Spannweitenlinien* werden im Zwischenraum zwischen zwei Datenreihen im Liniendiagramm eingezogen.

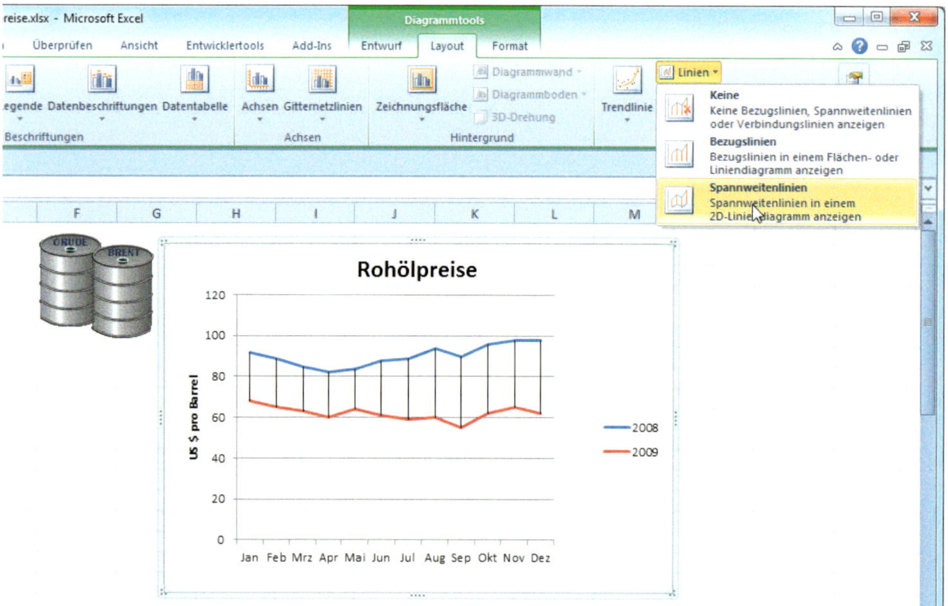

Abbildung 13.69 Bezugslinien und Spannweitenlinien

13.11.2 Trendlinien

Zeichnen Sie die Trendlinie für das erste Jahr ein:

1. Wählen Sie *Diagrammtools/Layout*.
2. Klicken Sie in der Gruppe *Analyse* auf *Trendlinie*, und wählen Sie eine Trendlinienart.
3. Unter *Weitere Trendlinienoptionen* finden Sie alle Optionen für diese Funktion.

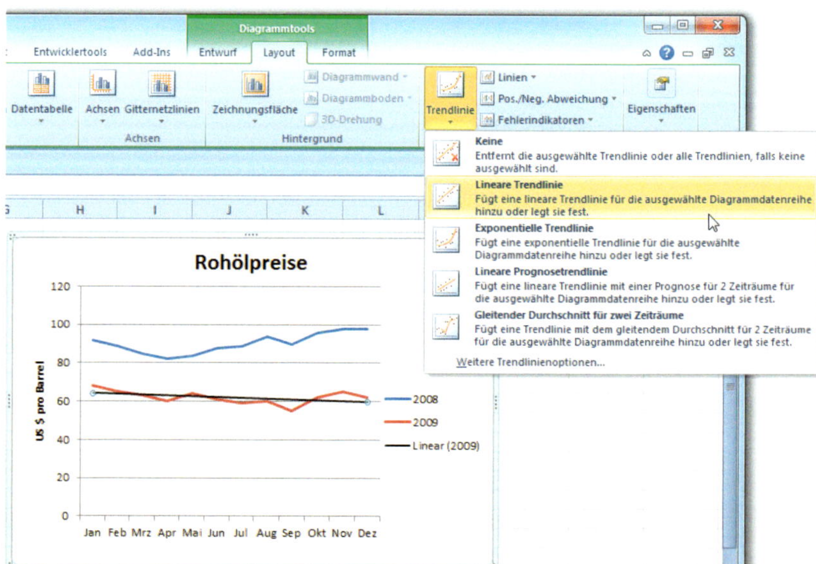

Abbildung 13.70 Trendlinien im Liniendiagramm

13.11.3 Fehlerindikatoren

Mit dem Befehl *Fehlerindikatoren* können Sie eine Datenreihe aus einem Linien-, Flächen-, Balken- oder Punktdiagramm mit Fehlerindikatoren versehen. Geben Sie unter *Anzeige* an, welches Symbol Sie auf den Datenpunktmarkierungen sehen wollen, und bestimmen Sie den Fehlerbetrag.

HINWEIS Fehlerindikatoren werden eingesetzt, wenn Datenreihen auf Werten basieren, die ungenau oder fehlerhaft sein können. Der Fehlerindikator zeigt den Grad einer möglichen Abweichung an.

Controlling: Ergebnisplanung

Ein Beispiel aus der Controlling-Praxis: Im Rahmen der Ergebnisplanung werden Umsätze und Kosten mit den Kostenstellenleitern abgesprochen. Dabei gehen Sie davon aus, dass beide Größen bestimmten Schwankungen unterliegen. Tragen Sie diese als Prozentwert in das Liniendiagramm ein, damit diese Information erhalten bleibt.

Im Beispiel wurden Plus-Minus-Indikatoren mit einem Fehlerbetrag von 5 % (Umsatz) und 10 % (Kosten) eingebaut.

CD-ROM Sie finden das Beispiel auf der Buch-CD unter *Diagramm Fehlerindikatoren.xls*.

13.12 Freie Elemente im Diagramm

Das Diagramm muss nicht ausschließlich aus seinen vordefinierten und oft etwas starren Elementen bestehen. Sie können jederzeit eigene Texte einfügen und Grafikobjekte wie Pfeile, ClipArts oder Blocksymbole aus der *Zeichnen*-Symbolleiste benutzen.

13.12.1 Textelemente

Zusätzlich zu den fest zugeordneten Elementen bietet Excel die Möglichkeit, freie Textelemente in beliebiger Zahl in das Diagramm aufzunehmen. Der gewünschte Text wird dazu einfach in die Bearbeitungszeile geschrieben und kann dann als frei positionierbares und in der Größe veränderbares Objekt im Diagramm platziert werden.

HINWEIS Das Diagrammobjekt muss markiert sein, wenn Sie den Text schreiben, sonst gehört das Textelement zum Tabellenblatt, nicht zum Diagramm.

	A	B	C
1	**Ergebnis- und Kostenplanung**		
2	*in Tausend EUR*		
3	Monat	Umsatz	Kosten
4	Jan	125	60
5	Feb	150	80
6	Mrz	200	120
7	Apr	200	120
8	Mai	250	140
9	Jun	250	140
10	Jul	280	150
11	Aug	280	160
12	Sep	190	120
13	Okt	190	120
14	Nov	210	150
15	Dez	210	150

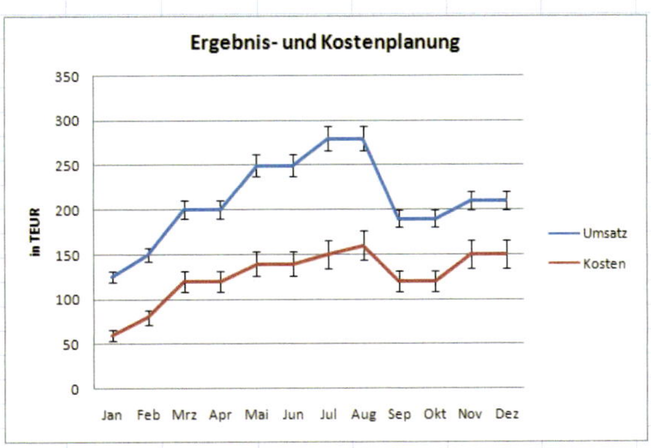

Abbildung 13.71
Fehlerindikatoren

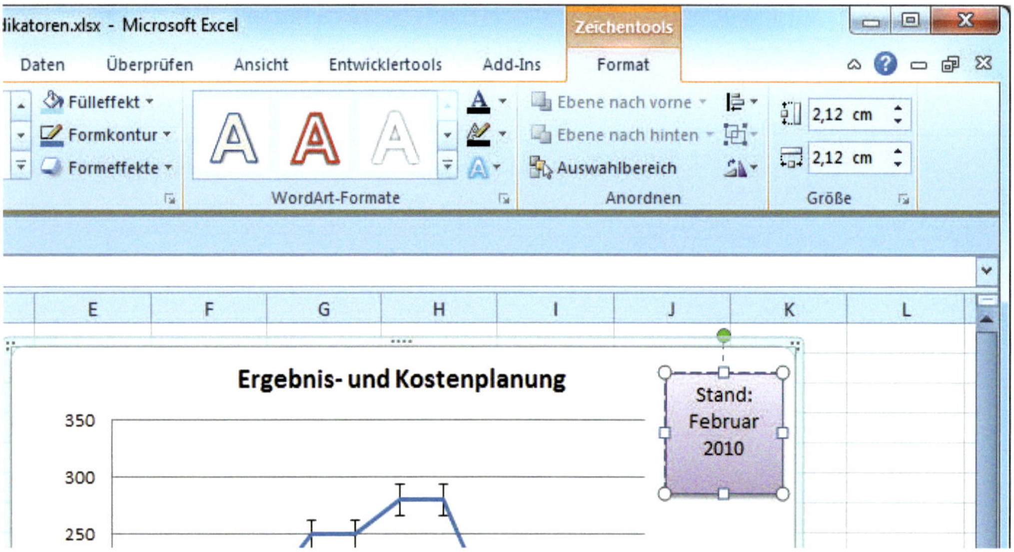

Abbildung 13.72 Ein freies Textelement im Diagramm, formatiert mit Rahmen und Hintergrundfarbe

1. Achten Sie darauf, dass kein anderes Textobjekt markiert ist.
2. Markieren Sie das Diagrammobjekt, und schreiben Sie den Text direkt über die Tastatur.
3. Mit [Eingabe] werden Zeilenwechsel erzeugt, die man mit der [Rück]-Taste wieder entfernt.
4. Bestätigen Sie mit [Esc], um den Text abzuschließen. Das Textobjekt wird immer in die Mitte des Bildschirms gesetzt; mehrere Objekte überlagern sich.
5. Ziehen Sie das Objekt mit dem Mauszeiger in der Mitte bei gedrückter Maustaste an eine neue Position. Die Textobjekte erhalten die Elementbezeichnung *Textfeld 1*, *Textfeld 2* ... *Textfeld n* (sichtbar im Namensfeld).

13.12.2 Zeichnungsobjekte im Diagramm

Zur Ausgestaltung von Diagrammen werden Sie auch Zeichnungsobjekte wie Rechtecke, Linien, Kreise, Banner etc. nutzen. Sie finden diese in der Formensammlung:

1. Markieren Sie das Diagrammobjekt, und wählen Sie *Einfügen/Illustrationen/Formen*.
2. Markieren Sie das Rechteck-, Linien- oder Pfeilwerkzeug oder ein anderes Symbol, und zeichnen Sie ein Grafikobjekt in das Diagramm.
3. Formatieren Sie die markierte Zeichnung über die *Zeichentools*.
4. Um ein gezeichnetes Objekt wieder zu löschen, drücken Sie die [Entf]-Taste.

HINWEIS Achten Sie auf den Zusammenhang zwischen Markierung des Diagrammobjektes und Zeichnen des Objektes: Ist das Diagramm nicht markiert, zeichnen Sie auf die Tabelle. Ob das Objekt zum Diagramm gehört, lässt sich einfach feststellen: Es wird nicht mehr angezeigt, wenn Sie das Diagramm zur Bearbeitung markieren.

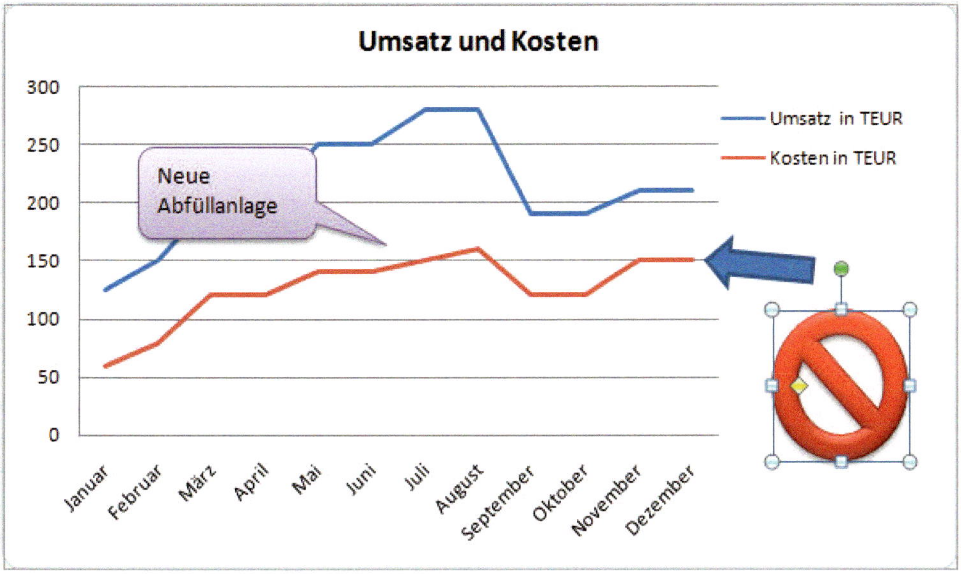

Abbildung 13.73 Gezeichnete Objekte im Diagramm

13.13 3D-Diagramme

Alle Diagrammtypen, die mit Flächen operieren, bieten auch dreidimensionale Modelle an. Diese 3D-Diagramme sind nicht besonders beliebt bei Excel-Anwendern und Entscheidern, da sie zwar optisch auffällig sind, aber mit komplexen Zahlenwerten schnell unlesbar werden.

Ändern Sie die Darstellung eines dreidimensionalen Diagramms, wenn es diesem trotz optisch reizvoller Aufmachung an Informationsgehalt fehlt, was nicht selten vorkommt. In den meisten Fällen muss dazu dass 3D-Diagramm gedreht werden, damit Balken-, Säulen- oder Linienelemente zum Vorschein kommen.

Hintergrund formatieren

Für die Formatierung des Hintergrunds stellt die Registerkarte *Layout* in den *Diagrammtools* eine eigene Gruppe zur Verfügung:

1. Klicken Sie auf *Hintergrund/Diagrammwand*, um die seitliche und hintere Wand des Diagramms anzuzeigen.
2. Setzen Sie unter *Diagrammboden* Farbe, Füllung oder Farbverlauf für den Boden der 3D-Fläche fest.

3D-Drehung

Besonders ungünstig ist die 3D-Optik, wenn die Datenreihen im Hintergrund von größeren Werten im Vordergrund verdeckt werden. Drehen Sie das Diagramm, ändern Sie die Betrachtungshöhe oder die Perspektive, bis alle Informationen transparent sind.

Wählen Sie *3D-Drehung* unter *Diagrammtools/Layout* in der Gruppe *Hintergrund*.

» *Drehung:* Bietet die Möglichkeit, den Drehwinkel zu ändern. Der Wert gibt die Rotation der Zeichenachse um die z-Achse (Vertikale) an und kann 0 bis 360 Grad betragen (Balkendiagramme 0 bis 44 Grad).

» *Betrachtungshöhe:* Gibt den Winkel an, in dem der Betrachter das Diagramm sieht. Für alle Diagrammtypen, außer Tortendiagramme, kann dieser Winkel manuell durch Klicken auf die Pfeile oder durch Eingabe eines Wertes von 90 bis -90 Grad definiert werden. Im Tortendiagramm kann der Winkel zwischen 10 und 80 Grad liegen. 3D-Balkendiagramme reichen von 10 bis 44 Grad.

» *Perspektive:* Gibt den Betrachtungswinkel an und ermöglicht so einen tieferen Einblick in hinten liegende, von den vorderen Reihen verdeckte Datenreihen. Der Wert, der über die Pfeile erhöht und gesenkt oder direkt eingetragen wird, bezeichnet die Strecke von der Vorder- zur Rückseite des Diagramms und kann 0 bis 100 betragen. In Tortendiagrammen oder wenn die Option *Rechtwinklige Achsen* markiert ist, steht die Option nicht zur Verfügung.

» *Rechtwinklige Achsen:* Mit Auswahl dieser Option bleiben die Achsen unabhängig von Rotation und Betrachtungshöhe rechtwinklig. Die Perspektivenbetrachtung wird damit ausgeblendet.

» *AutoSkalieren:* Nur verfügbar, wenn *Rechtwinklige Achsen* angeklickt ist. Bei Diagrammen mit einem Drehwinkel unter 45 Grad wird die Achse entsprechend dem 2D-Diagramm skaliert.

» *Distanz vom Boden:* Kontrolliert die Höhe der z-Achse und der Ränder relativ zur Länge der x-Achse oder der Breite der Basisfläche. Die Höhe wird als prozentualer Wert der Länge der x-Achse angegeben. So würde beispielsweise bei dem Wert 200 % das Diagramm doppelt so hoch sein, wie die x-Achse lang ist.

» *Tiefe/Höhe der Basis:* Gibt die Tiefe bzw. Höhe der Basis in Prozent an. Standard ist 100, 2000 ist Maximum.

» *Standarddrehung:* Mit dieser Schaltfläche wird das Diagramm auf seine ursprüngliche Form zurückgesetzt.

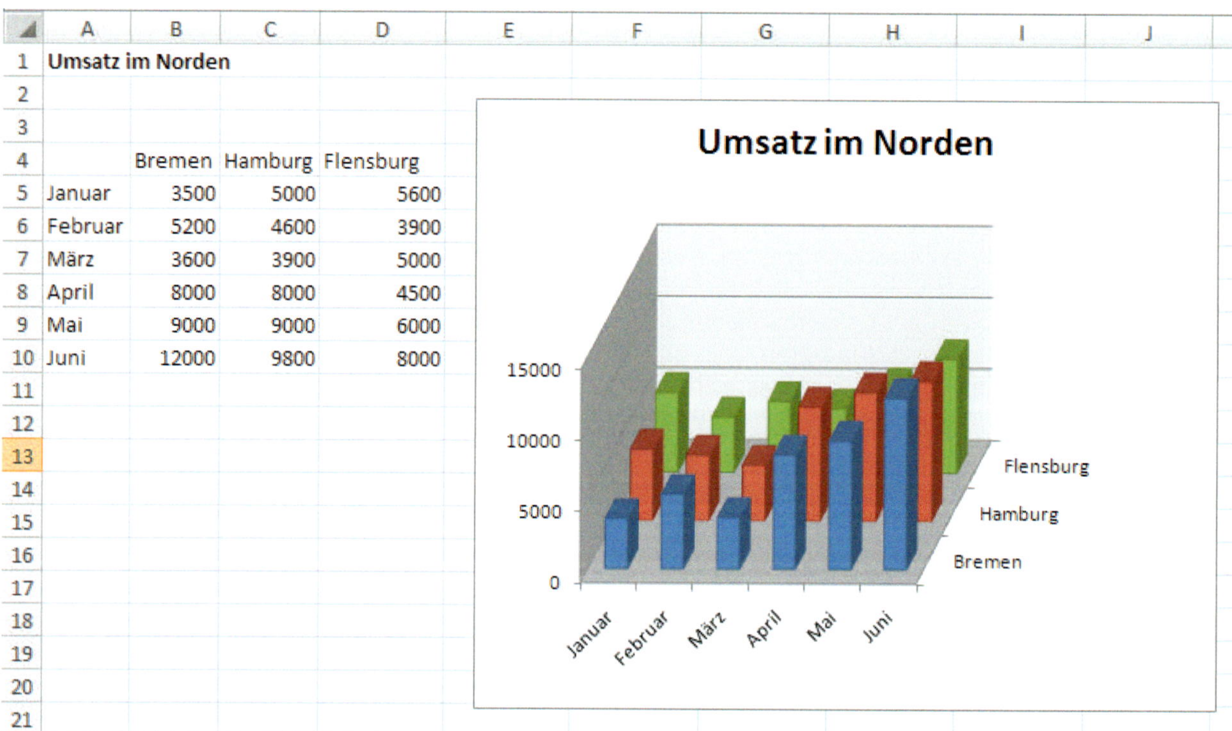

	A	B	C	D
1	**Umsatz im Norden**			
2				
3				
4		Bremen	Hamburg	Flensburg
5	Januar	3500	5000	5600
6	Februar	5200	4600	3900
7	März	3600	3900	5000
8	April	8000	8000	4500
9	Mai	9000	9000	6000
10	Juni	12000	9800	8000

Abbildung 13.74 Ein 3D-Diagramm

13.14 Die Kunst der Diagrammgestaltung

Wer der Versuchung unterliegt, all die Formatier-, Füll- und Farbeffekte der Excel-Diagrammfunktion anzuwenden, darf sich nicht wundern, wenn seine Diagramme so gar nicht ankommen bei der Präsentation. Gestalten Sie mit Vernunft und Disziplin, konzentrieren Sie Ihre Diagramme auf Aussagen, nicht auf optische Effekte.

CD-ROM Gestaltungsbeispiele finden Sie auf der Buch-CD unter *Diagramm Gestaltungsbeispiele.xlsx*.

13.14.1 Die Botschaft

Das Diagramm hat eine völlig andere Botschaft als die Multimedia-Grafik. Fotos und digitale Clips senden eine direkt auswertbare, eindeutig zu erkennende Information, Diagramme enthalten Fakten, die dem Betrachter zur Analyse angeboten werden. Eine protzige Aufmachung wird zwar das Auge an das Bild fesseln, wenn dann aber die Information nicht schnell genug erfassbar ist, verkehrt sich die Wirkung des Diagramms ins Gegenteil.

Beachten Sie diese Gestaltungsregeln für Ihre Diagramme:

Die Aussage (Message) – was wollen Sie denn mitteilen?

Vor dem Diagramm steht die Aussage: Was soll der Betrachter erfahren? Wenn Sie keine oder nur eine allgemeine Aussage treffen, überlassen Sie dem Betrachter die Interpretation. Die Aussage darf nicht oberflächlich und nichtssagend sein, sondern sollte die Aufmerksamkeit sofort auf pure Fakten lenken.

Falsch: *Gewinnentwicklung Ost*

Richtig: *Der Osten sieht rot: Starke Gewinneinbußen in den neuen Bundesländern*

TIPP Die ideale Plattform für die Aussage ist der Diagrammtitel, er wird als Erstes gelesen und sollte klar und unmissverständlich ausdrücken, was das Diagramm im Detail zeigt. Muten Sie dem Betrachter nicht zu, sich den Kern der Aussage selbst zu suchen, er wird keine Chance haben. In einem Diagramm stecken Dutzende Aussagen (Gewinn gut oder schlecht, wo ist es besser, in welchem Verhältnis usw.). Ein provozierender Titel »fängt« den Betrachter eher als eine trockene Feststellung.

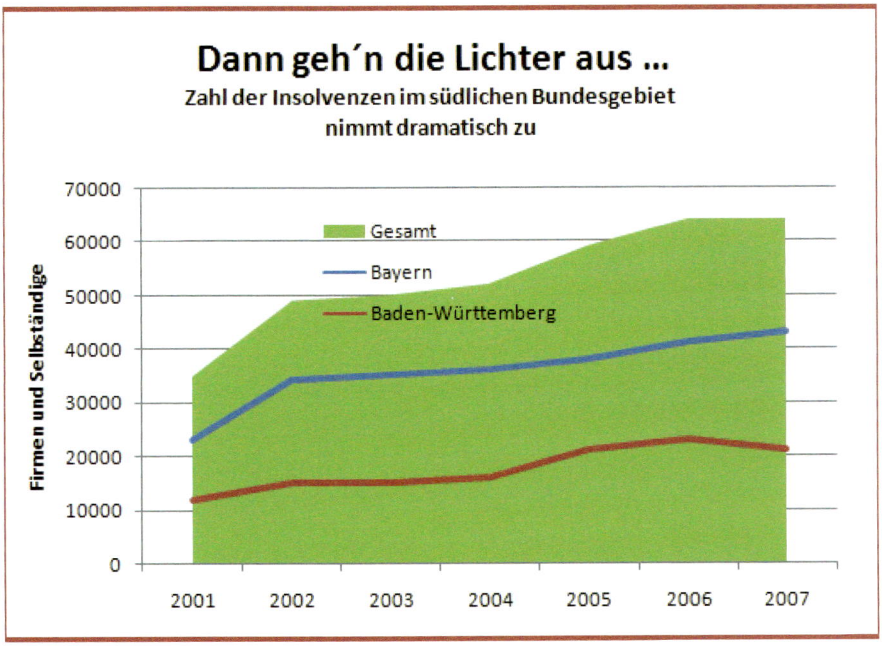

Abbildung 13.75
Eine klare Aussage im Diagrammtitel

13.14.2 Diagramme enthalten immer einen Vergleich

Jede Aussage, die Sie vermitteln, enthält einen Vergleich, und für diesen kommen fünf Grundtypen von Visualisierungen infrage. Für jeden dieser Vergleiche gibt es einen prädestinierten Diagrammtyp:

- der Strukturvergleich
- der Rangfolgevergleich
- der Zeitreihenvergleich
- der Häufigkeitsvergleich
- der Korrelationsvergleich

Diagrammgestalter halten sich nicht immer an die Regeln, und besonders häufig wird die falsche Diagrammart für die Visualisierung von Zahlen verwendet. Die meisten Zusammenhänge lassen sich mit einem der fünf Hauptdiagrammtypen darstellen. Sie gehen kein großes Risiko ein, wenn Sie eines dieser Diagramme verwenden. Hier eine Übersicht über die richtige Zuweisung der Diagrammart:

Strukturvergleiche mit Tortendiagrammen und Portfolios

Der Strukturvergleich liefert die Anteile an einer Gesamteinheit, wie z.B. die Umsätze pro Region oder die Marktanteile eines Unternehmens in einer Branche. Das Tortendiagramm verdeutlicht die Aussage am besten. Portfolio-Diagramme erweitern die Aussage um eine zusätzliche Dimension.

Das Tortendiagramm sollte nicht mehr als sechs Segmente enthalten. Lassen Sie den wichtigsten Sektor an der 12-Uhr-Linie beginnen, die übrigen Sektoren werden im Uhrzeigersinn angeordnet. Der wichtigste Sektor erhält die stärkste Farbe oder dunkelste Schraffur. Enthält das Tortendiagramm zu viele kleine Segmente, fassen Sie diese in einer Gruppe zusammen und erstellen ein Kreis-im-Kreis-Diagramm oder ein Balken-im-Kreis-Diagramm.

Rangfolgevergleiche im Balkendiagramm

Die Aufreihung von Objekten visualisiert das Balkendiagramm am besten. Beispiel: Im März lag der Umsatz eines Artikels über dem der anderen. In der Vertikalen sind die Objekte angeordnet, die Horizontalachse enthält die Unterteilung (z.B. Prozente).

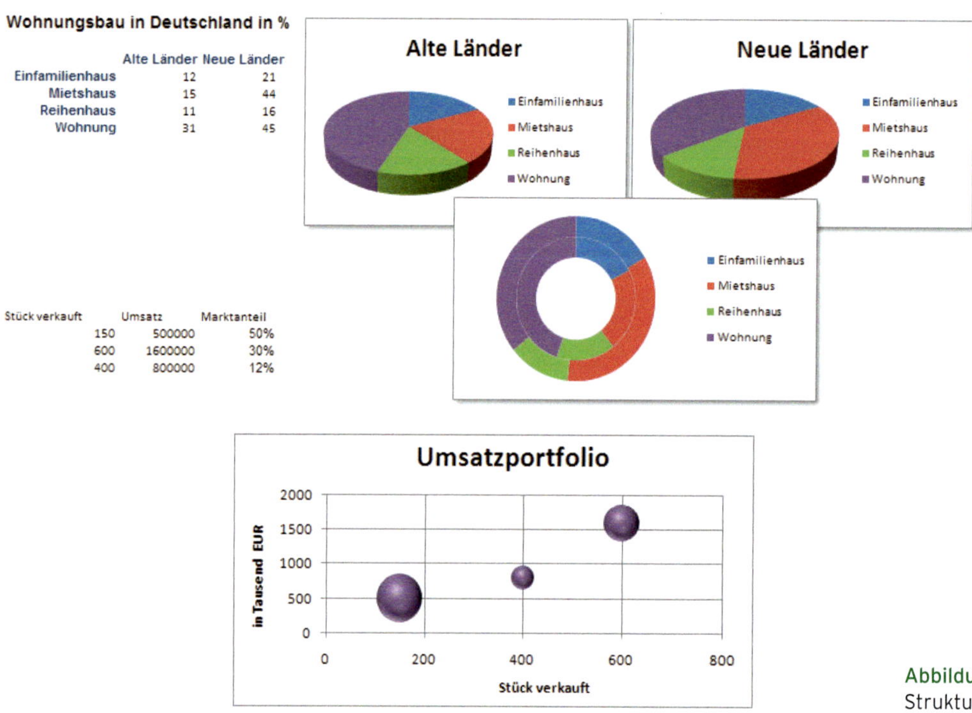

Wohnungsbau in Deutschland in %

	Alte Länder	Neue Länder
Einfamilienhaus	12	21
Mietshaus	15	44
Reihenhaus	11	16
Wohnung	31	45

Stück verkauft	Umsatz	Marktanteil
150	500000	50%
600	1600000	30%
400	800000	12%

Abbildung 13.76
Strukturvergleiche

Zahlungen an die EU

Deutschland	30,10%
Frankreich	19%
Großbritannien	13%
Italien	10,15%
Niederlande	9,40%
Belgien	7,60%
Sonstige	10,75%
Portugal	0,80%
Irland	1,10%
Dänemark	2,45%
Luxemburg	0,30%
Spanien	5,30%
Griechenland	0,80%

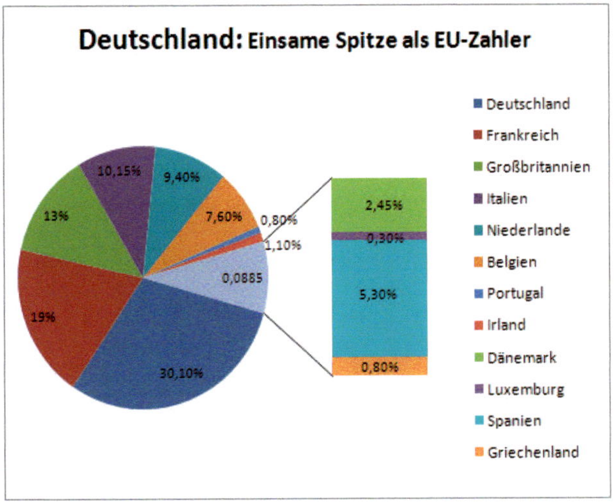

Abbildung 13.77 Kreis im Kreis: sinnvoll bei vielen Kleinwerten

Säulen oder Linien für Zeitreihenvergleiche

Veränderungen über einen bestimmten Zeitraum hinweg verdeutlichen Sie mit dem Säulen- oder Liniendiagrammtyp. Säulen sollten nur bei wenigen Punkten zum Einsatz kommen, Linien verwenden Sie bei zahlreichen Punkten. Passen Sie die Abstände zwischen den Säulen so an, dass diese optisch gut erfassbar sind. Soll das Säulendiagramm mehr als eine Reihe darstellen, verwenden Sie am besten Überlappungen. Gestapelte Säulen geben zusätzlich die Anteile der einzelnen Werte an der Gesamtheit wieder.

Im Kurvendiagramm bringen Sie mehr Punkte unter als im Säulendiagramm. Excel bietet auch die Möglichkeit, Linien zu glätten, was besonders für Funktionskurven nützlich ist.

Abbildung 13.79 Linien im Zeitreihenvergleich

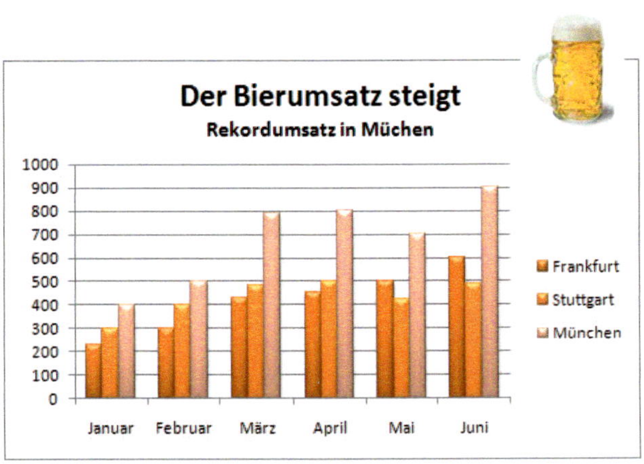

Abbildung 13.78 Säulen im Zeitreihenvergleich

	A	B	C	D	E	F	G
1	X	F(x)					
2	-3,14	-1,22515E-16					
3	-2,64	-0,479425539					
4	-2,14	-0,841470985					
5	-1,64	-0,997494987					
6	-1,14	-0,909297427					
7	-0,64	-0,598472144					
8	-0,14	-0,141120008					
9	0,36	0,350783228					
10	0,86	0,756802495					
11	1,36	0,977530118					
12	1,86	0,958924275					
13	2,36	0,705540326					
14	2,86	0,279415498					
15	3,36	-0,215119988					
16	3,86	-0,656986599					
17	4,36	-0,937999977					
18							
19							
20							

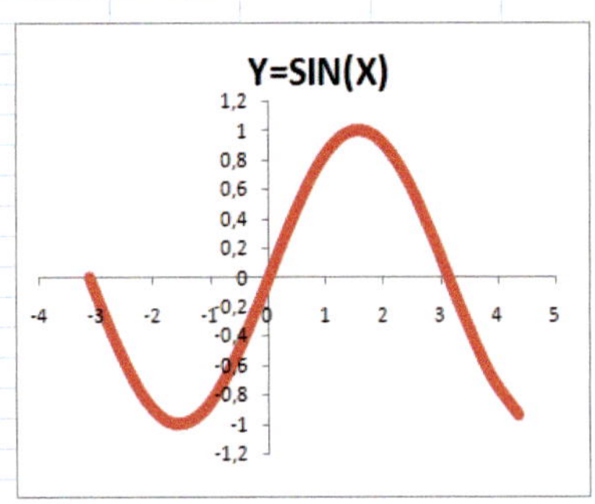

Abbildung 13.80 Linie geglättet

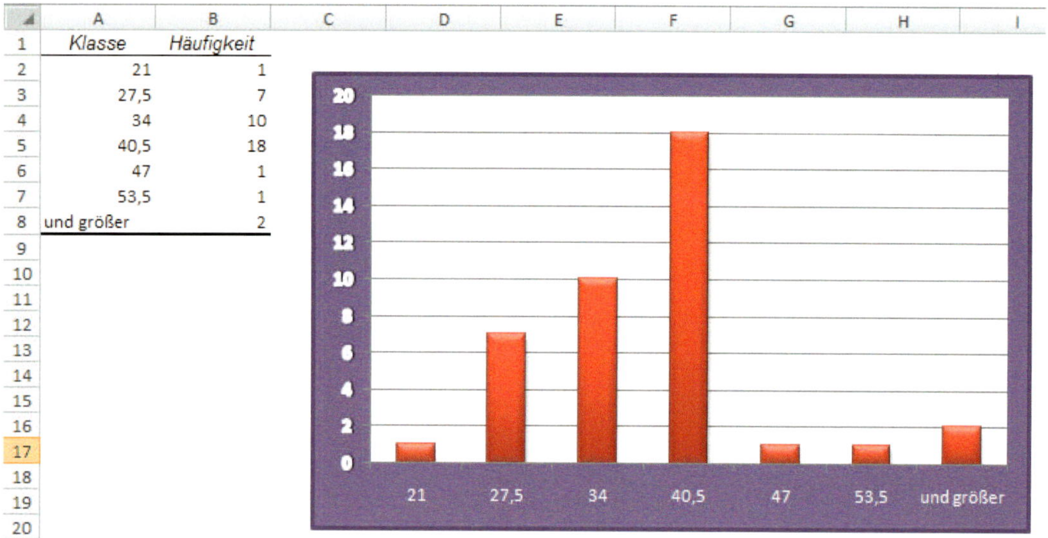

Abbildung 13.81 Histogramm als Säulendiagramm

Der Häufigkeitsvergleich

Die Besetzung der Größenklassen bringt dieser Vergleich zum Ausdruck, der in der Praxis ebenfalls über das Säulen- oder Liniendiagramm visualisiert wird. Die Hauptachse enthält dabei die Objektbezeichnungen.

Erstellen Sie Häufigkeitsdiagramme über die Histogramm-Funktion unter *Extras/Analyse-Funktionen*.

Der Korrelationsvergleich

Diese Vergleichsart zeigt auf, ob eine Beziehung zwischen zwei Variablen besteht (Beispiel: Steigt der Absatz, wenn die Preise niedrig sind?). Er wird mit zwei Balkendiagrammen mit gemeinsamer Achse oder über das Punktdiagramm dargestellt.

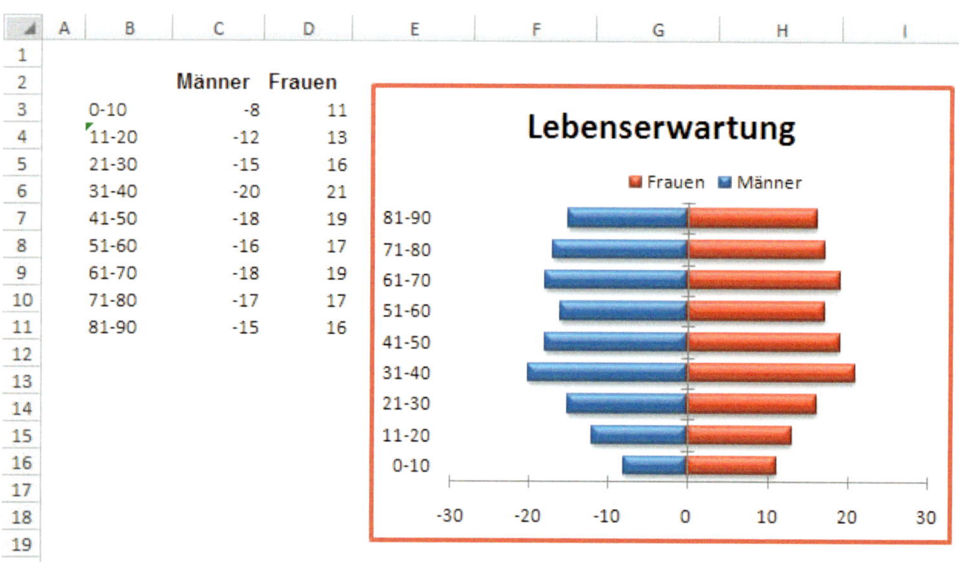

Abbildung 13.82 Korrelation mit zwei Balken auf einer Achse

Entwicklung des Steueraufkommens

Jahr	Steuer in %
2001	8,91
2002	9,83
2003	10,77
2004	11,56
2005	13,32
2006	15,48
2007	17,77
2008	19,78

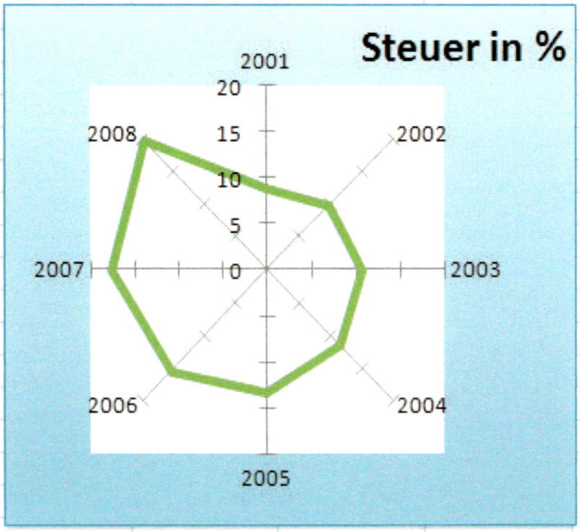

Abbildung 13.83
Netzdiagramm

13.14.3 Weitere Diagrammbeispiele

Netzdiagramm

Für relative Vergleiche zwischen Elementen und für die Darstellung topografischer Daten wird diese Diagrammart benutzt. Beispiele: Vergleich des Verkehrsaufkommens in zwei Städten oder der Nährwerte verschiedener Lebensmittel.

Oberflächendiagramm

In dieser Diagrammart wird die optimale Kombination zweier Datenreihen visualisiert. Die dreidimensionale Anordnung zeigt sofort, wo die beiden Reihen die gleichen Werte aufweisen.

z=sin(x*y)

	0,3	0,6	0,9	1,2	1,5	1,8	2,1	2,4	2,7	3
0,3	0,1	0,1	0	0,1	0,1	0,2	0,3	0,7	1	0,3
0,6	0,2	0,4	0,5	0,7	0,8	0,9	1	1	1	1
0,9	0,3	0,5	0,7	0,9	1					
1,2	0,4	0,7	0,9	1	1					
1,5	0,4	0,8	1	1	0,8					
1,8	0,5	0,9	1	0,8	0,4					
2,1	0,6	1	0,9	0,6	-0					
2,4	0,7	1	0,8	0,3	-0,4					
2,7	0,7	1	0,7	-0,1	-0,8					
3	0,8	1	0,4	-0,4	-1					

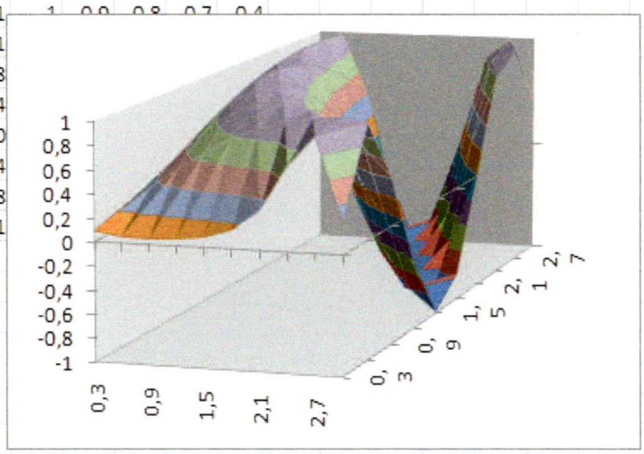

Abbildung 13.84
Oberflächendiagramm

13.14.4 Präsentieren mit Diagrammen

Hier noch ein paar Tipps zu Diagrammen, die in Präsentationen verwendet werden:

» Überladen Sie die Grafik nicht. Ein Säulendiagramm mit 20 Säulen in ebenso vielen Mustern und Farben verwirrt mehr, als es veranschaulicht. Teilen Sie die Zahlen lieber auf mehrere Charts auf.

» Fassen Sie Aussagen zusammen, und verdeutlichen Sie Details durch weitere Grafiken. Je globaler die Aussage, desto einfacher das Diagramm dazu.

» Verwenden Sie Muster oder Farben, die in Intensität und Helligkeit von vorne nach hinten zunehmen. Vermeiden Sie allzu exotische Muster, plumpe »Sublimationen« (böse schwarze Balken bei der Konkurrenz). Verwenden Sie keine »Gemeinplätze« (abgedroschene Phrasen wie »rote Zahlen schreiben«).

» Der Ausschnitt ist oft wichtiger als das Gesamtbild. Statistiker verwenden oft den Trick, unwichtige Bildteile abzuschneiden, um auf die Kernaussage hinzulenken. Achten Sie darauf, dass alle relevanten Teile auch sichtbar und keine Balken verdeckt sind (deshalb sieht man relativ selten Flächendiagramme mit mehreren Reihen).

» Lockern Sie das Diagramm mit Grafiken auf. Kleine, witzige Bilder ziehen das Auge des Betrachters an und füllen oft »gähnenden« Leerraum. Pfeile weisen auf wichtige Aussagen hin.

» Verwenden Sie große, klare Beschriftungen. Überschriften und Untertitel sollten nicht unter der Größe 14 Punkt liegen. Nehmen Sie für kleinere Schriftgrößen klare, serifenlose Schrifttypen wie Arial, die nicht zusammenkleben. Merksatz: Präsentationsfolien für die letzte Reihe!

13.15 Die VBA-Ecke

Chart-Makros sind immer sehr umfangreich, weil das Chart-Objekt sehr viele Eigenschaften besitzt. Aufgezeichnete Makros sind durch die Besetzung aller Eigenschaften sehr voluminös, aber ohne den Rekorder wäre es relativ schwer, die Objektstruktur des Chart-Objektes kennenzulernen.

Diagrammobjekte löschen

Das Makro durchkämmt alle offenen Arbeitsmappen, sucht nach Diagrammobjekten und bietet diese zur Löschung an.

CD-ROM Sie finden das Makro auf der Buch-CD unter *VBA Diagramme.xlsm*.

```
Sub AlleDiagrammeLöschen()
 Dim i As Integer, j As Integer, msgBack
 Dim wb As Workbook, ws As Worksheet
 ' Objektvariablen deklarieren
 Set wb = ThisWorkbook
 Set ws = wb.ActiveSheet
 ' Erste Schleife über alle Mappen
 For i = 1 To wb.Sheets.Count
   Sheets(i).Activate
   ' Zweite Schleife über alle Tabellenblätter
   For j = 1 To ActiveSheet.ChartObjects.Count
     ActiveSheet.ChartObjects(1).Select
     ' Meldung mit Abfrage
     msgBack = MsgBox("Chart <" & ActiveChart.Name _
     & "> löschen?", vbYesNo, "Charts löschen")
     If msgBack = vbYes Then
       ' Diagramm löschen
       ActiveSheet.ChartObjects(1).Delete
       ' Zellzeiger auf A1
       [a1].Select
     End If
   Next j
 Next i
 ' Erste Mappe wieder ansteuern
 ws.Select
End Sub
```

Listing 13.1 Makro zum Löschen von Diagrammen

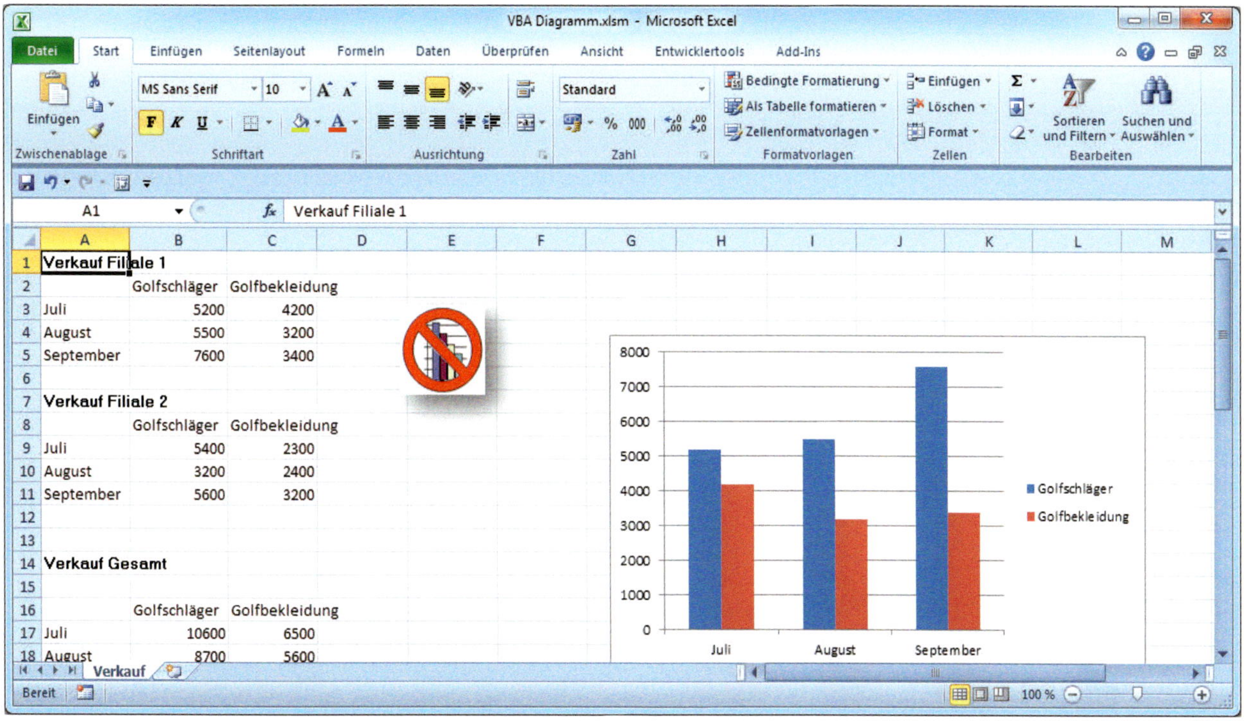

Abbildung 13.85 Das Makro löscht alle Diagrammobjekte.

Kapitel 14

Grafische Objekte

Womit zeichnen Sie auf Ihrem PC (oder lassen Sie zeichnen)? Wer mit Grafikdesign-Monstern wie Adobe Photoshop oder Corel Draw gesegnet ist und diese mit zäher Geduld und viel Fleiß auch beherrschen gelernt hat, wird natürlich nur milde lächeln über die Zeichenwerkzeuge von Office, speziell von Excel.

Für Organigramme und Datenflusspläne ist *Microsoft Visio* ein geniales und doch einfaches Tool, mit dem das alte Kästchenmalen zur Kunst erhoben wird (der dezente Hinweis soll nur bedeuten, dass Excel zwar fast alles kann, aber nicht alles am besten ...).

Sind die Zeichenwerkzeuge von Excel deshalb überflüssig? Die Antwort muss *Nein* lauten, denn die kleinen Werkzeuge, die früher in einer Symbolleiste und jetzt auf der Registerkarte *Zeichentools* angeboten werden, haben sich längst zu Profi-Instrumenten gemausert. Mit den Bildtools hat Excel 2007 noch eine weitere Grafik-Komponente erhalten, hier werden Funktionen für Bildkomprimierung und Bildretusche und Formatvorlagen für grafische Effekte angeboten.

Grafiken, ClipArts und Fotos gehören zwar nicht zum Standardumfang einer Tabelle, sind aber zur Auflockerung einer Präsentation oft besser geeignet als nüchterne Zahlenkolonnen. Und Excel bietet wirklich viele Formatierwerkzeuge, um Grafikelemente anschaulich zu machen. Lernen Sie in diesem Kapitel alles über die Kunst der Grafik in der Excel-Tabelle.

14.1 Formen

Die Gruppe *Illustrationen* auf der Registerkarte *Einfügen* hält unter dem Symbol *Formen* eine Reihe von Werkzeugen bereit, mit deren Hilfe interne Objekte in vielen Varianten erstellt werden können. Klicken Sie auf eines der Symbole, setzen Sie den Mauszeiger, der daraufhin zum Fadenkreuz wird, im Tabellenblatt an, und ziehen Sie das neue Objekt (vorzugsweise von links oben nach rechts unten) mit gedrückter Maustaste in die Tabelle ein.

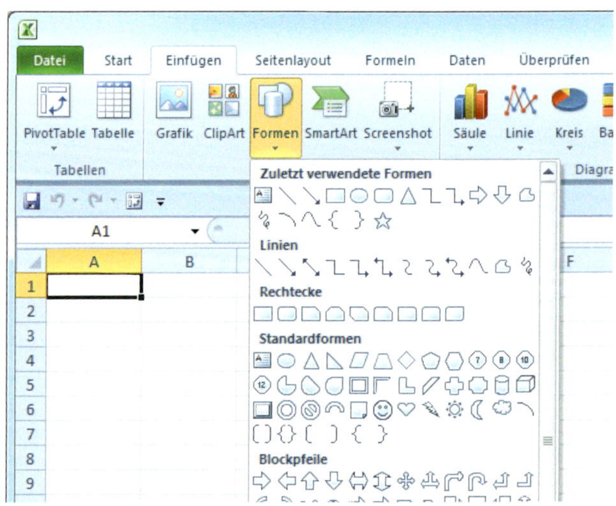

Abbildung 14.1 Große Auswahl an Zeichensymbolen

Um mit einem dieser Werkzeuge zu zeichnen, klicken Sie es an, setzen den Mauszeiger in der Tabelle an und ziehen mit gedrückter Maustaste ein Rechteck auf. Lassen Sie die Maustaste los, wird das Objekt in der gewählten Größe gezeichnet. Bei manchen Objektwerkzeugen (Rechteck, Ellipse) genügt es, einfach in die Tabelle zu klicken, um ein Objekt in vorgegebener Standardgröße zu erzeugen.

Haben Sie ein Werkzeug angeklickt, verwandelt sich der Mauszeiger in ein Fadenkreuz. Wenn Sie die Zeichnung abbrechen wollen, drücken Sie die Taste [Esc].

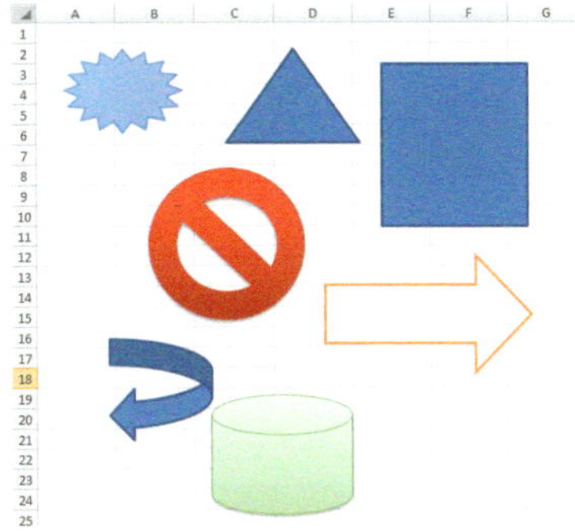

Abbildung 14.2 Zeichnen und gestalten mit Formen

14.1.1 Übersicht über die Symbole in der Symbolleiste Zeichnen

	Die zuletzt verwendeten Formen aus der Formenauswahl stehen während einer Programmsitzung hier oben in der ersten Gruppe zur Auswahl.
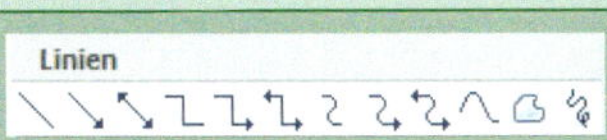	Zeichnen Sie mit dieser Formengruppe einfache Linien, Linien mit Pfeilspitzen, Verbindungslinien zwischen Objekten, Polygone und freie Polygone. Mit gedrückter [Umschalt]-Taste bleibt eine Linie oder ein Pfeil waagerecht, senkrecht oder im 15°-Winkel, mit [Strg] zeichnen Sie einen Pfeil vom Mittelpunkt aus.
	Rechtecke in allen Variationen bietet diese Gruppe. Ein Klick erstellt ein Quadrat. Mit gedrückter [Umschalt]-Taste wird das Rechteck quadratisch, mit [Strg] zeichnen Sie vom Mittelpunkt aus, mit [Strg]+[Umschalt] zeichnen Sie ein Quadrat vom Mittelpunkt aus.
	Hier gibt es Standardformen wie Textfelder, Ellipsen und Vielecke. Mit gedrückter [Umschalt]-Taste wird eine Ellipse zum Kreis, mit [Strg] zeichnen Sie das Objekt vom Mittelpunkt aus, und mit [Umschalt]+[Strg] zeichnen Sie einen Kreis vom Mittelpunkt aus.
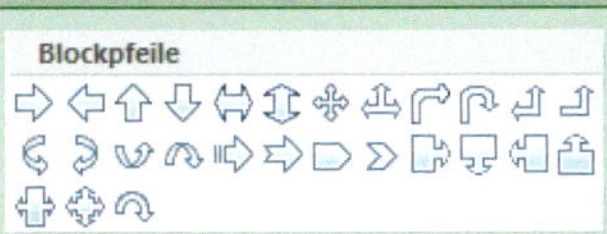	Diese Gruppe bietet Blockpfeile in vielen Varianten. Pfeilspitzen und Schäfte können über gelbe Markierungen verändert werden.
	Diese Formelformen symbolisieren Formelelemente und arithmetische Operatoren.
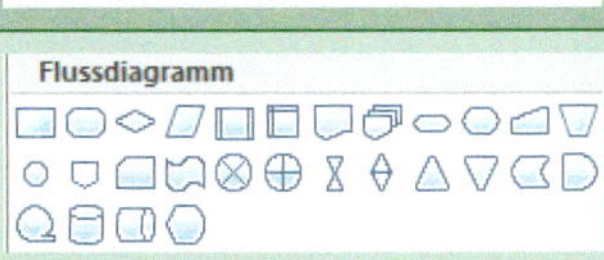	In dieser Gruppe stehen Symbole zum Zeichnen von Flussdiagrammen, EDV-Diagrammen und Ablaufplänen zur Auswahl. Sie entsprechen natürlich der DIN 66001 (Symbole für Datenfluss- und Programmablaufpläne).
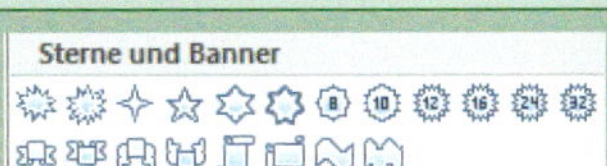	Banner und Sterne von der Explosion bis zum 32-zackigen Gebilde finden Sie in dieser Gruppe.
	Legenden werden als Beschriftungselemente verwendet. Die Legendenpfeile lassen sich über gelbe Marker flexibel verschieben.

Tabelle 14.1 Das Formenangebot aus Einfügen/Illustrationen

14.2 Zeichentechniken

14.2.1 Auf den Gitternetzlinien zeichnen

Wenn Sie vor dem Drücken der Maustaste die Alt-Taste festhalten, schnappt sich das Objekt den nächstliegenden Zellenrand. Halten Sie Alt gedrückt, um nur in den von den Gitternetzlinien bestimmten Grenzen zu zeichnen, und lassen Sie diese Taste erst los, nachdem Sie die Maustaste losgelassen haben. Wenn Sie Alt vorher loslassen, sind die Objektgrenzen wieder frei positionierbar.

HINWEIS Die sichtbaren Gitternetze schalten Sie unter *Einblenden/Ausblenden* auf der Registerkarte *Ansicht* ein oder aus.

14.2.2 Proportional zeichnen

Halten Sie die Umschalt-Taste gedrückt, und ziehen Sie damit das Objekt in die Tabelle hinein, um eine proportionale Zeichnung zu erzeugen. Das Rechteck wird damit zum Quadrat, die Ellipse zum Kreis, der Ellipsenbogen zum Kreissegment, und die Linie wird vertikal bzw. horizontal oder folgt der Winkelausrichtung in 45-Grad-Schritten.

14.3 Objekte bearbeiten

Die Techniken der Bearbeitung sind für die meisten Objekte gleich, aber nicht für alle. Manche Objekte lassen sich nicht drehen oder punktweise umgestalten, und nicht alle können mit Text gefüllt werden.

14.3.1 Richtig markieren

Vor jeder Aktion steht die richtige Markierung:

1. Klicken Sie das Objekt an, das Sie bearbeiten wollen.
2. Um ein weiteres Objekt zu markieren, halten Sie die Umschalt-Taste oder die Strg-Taste gedrückt und klicken auf das nächste Objekt.
3. Klicken Sie auf ein bereits markiertes Objekt, wird die Markierung wieder entfernt.

HINWEIS Das Objekt muss immer vollständig, d.h. mit allen Randlinien, in die Auswahl eingeschlossen werden, damit es markiert wird. Wenn nur eine Ecke mit schwarzem Punkt nicht mit einbezogen wird, bleibt das gesamte Objekt ausgeschlossen.

Mit der Markierung erhält das Objekt Markierungspunkte und je nach Objektart weitere »Anfasshilfen«, sodass die meisten Aktionen mit der Maus durchführbar sind. Hier eine Übersicht:

Markierung	Erklärung
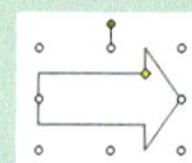	Das markierte Objekt zeigt weiße Kästchen an jeder Ecke, an der es vergrößert oder verkleinert werden kann.
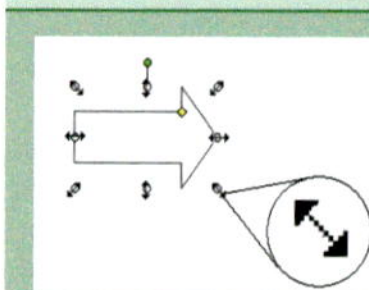	Zeigt der Mauszeiger auf eines der Kästchen, wird er zum schwarzen Pfeil. Die Pfeilspitzen zeigen an, in welche Richtung das Objekt vergrößert oder verkleinert werden kann.
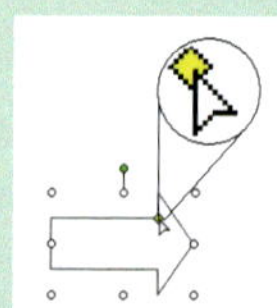	Die gelbe Raute ist das Anpassungskästchen, es erscheint, wenn die Objektform veränderbar ist, hier beispielsweise die Länge und Breite des Pfeilschaftes im Verhältnis zu den Spitzen. Der Mauszeiger wird zur weißen Pfeilspitze, wenn er auf das Kästchen zeigt.
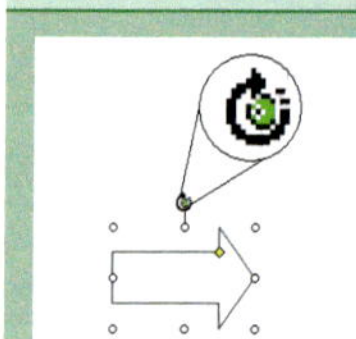	Das grüne Drehkästchen wird angeboten, wenn sich das Objekt frei drehen lässt. Der Mauszeiger wird zur Spirale, wenn er auf das Kästchen zeigt.

Tabelle 14.2 Markierungspunkte und Anfasser in markierten Objekten

Der Objektmarkierer

Ohne ihn wäre die Bearbeitung von Objekten auf dem Tabellenblatt ziemlich mühsam: Benutzen Sie den Objektmarkierer, wenn Sie mehr mit Objekten als mit Zellen zu arbeiten haben. Er schaltet die Zellen weg, und Sie können ausschließlich Objekte markieren.

1. Wählen Sie *Start/Suchen und Auswählen*.
2. Klicken Sie auf *Objekte markieren*, um den Markierungspfeil einzuschalten.
3. Markieren Sie damit nur Objekte, Zellen sind gesperrt.
4. Klicken Sie doppelt in eine Zelle, oder drücken Sie [Esc], um den Markierungspfeil aufzuheben.

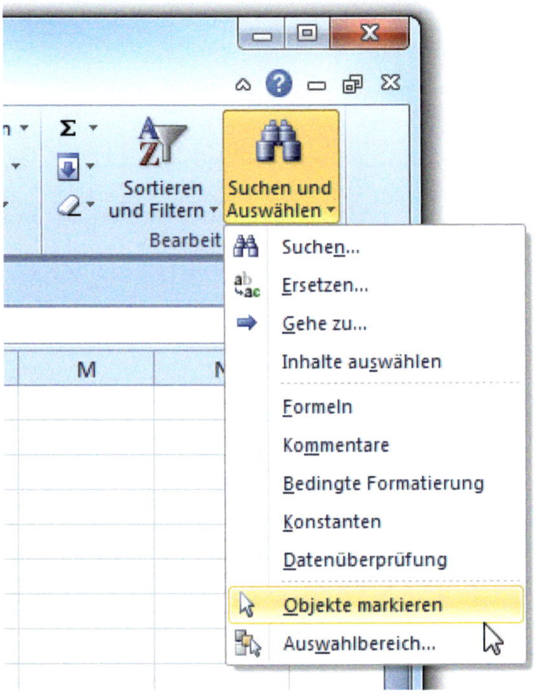

Abbildung 14.3 Der Objektmarkierer markiert nur Objekte.

14.3.2 Objekte umformen

1. Öffnen Sie die Liste der AutoFormen, und fügen Sie eine AutoForm ein.
2. Markieren Sie das Objekt, und ziehen Sie das gelbe Anpassungskästchen, um die Form des Objektes zu ändern.

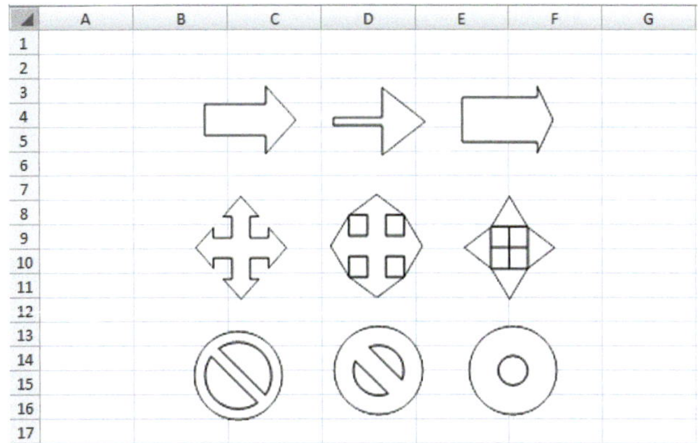

Abbildung 14.4 AutoFormen, umgeformt über Anpassungskästchen

HINWEIS Nicht alle AutoFormen bieten Anpassungskästchen an, manche aber gleich zwei oder drei, wenn die Form mehrere Ausprägungen hat.

14.3.3 Objekt verschieben

Ziehen Sie ein markiertes Objekt mit gedrückter Maustaste, um es zu verschieben. Wenn das Objekt eine Füllung hat (Kreis, Rechteck), können Sie es in der Mitte abnehmen und verschieben, ansonsten zeigt der Mauszeiger auf den Rahmen.

Übereinanderliegende Objekte überdecken sich, wenn sie mit Füllungen versehen sind. Wählen Sie für das markierte Objekt unter *Zeichnen/Reihenfolge/In den Vordergrund* bzw. *In den Hintergrund*, um die Überlagerungsposition zu ändern. Wenn mehrere Objekte übereinanderliegen, können Sie mit *Zeichnen/Reihenfolge/Eine Ebene nach vorne* bzw. *Eine Ebene nach hinten* die Position bestimmen.

14.3.4 Objekt kopieren

Kopieren Sie Objekte mit der [Strg]-Taste: Markieren Sie das Objekt, halten Sie [Strg] gedrückt, und ziehen Sie die Kopie vom Original weg. Der längere Weg führt über das Kontextmenü der rechten Maustaste oder über die Zwischenablage. Wählen Sie für das oder die markierte(n) Objekt(e) *Bearbeiten/Kopieren*, und fügen Sie die Kopie mit *Bearbeiten/Einfügen* an derselben Position ein.

14.3.5 Objekt benennen

Jedes Objekt, das gezeichnet wird oder auf andere Weise in das Tabellenblatt kommt, hat einen Namen. Markieren Sie das Objekt, sehen Sie diesen im Namensfeld links oben, wo sich Zeilennummern und Spaltenbuchstaben treffen. Der Name kategorisiert das Objekt. Rechtecke werden *Rechteck 1*, *Rechteck 2* ... genannt, Ellipsen, Pfeile, Freihandformen haben ebenfalls ihre Namen, und der »Smiley« heißt natürlich auch so ...

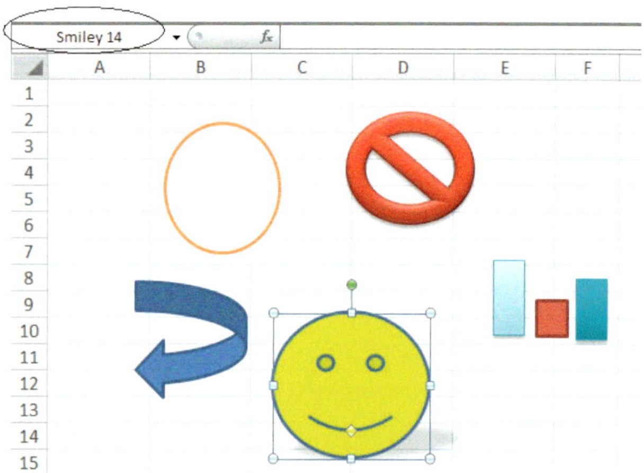

Abbildung 14.5 Objekte haben Namen.

Ändern Sie diesen Namen, wenn es einen Grund dafür gibt, klicken Sie in das Namensfeld, und schreiben Sie eine eigene Bezeichnung. Sie können im Unterschied zu Bereichsnamen alle Sonderzeichen und Leerzeichen verwenden.

14.3.6 Objekt vergrößern und verkleinern

Setzen Sie den Mauszeiger auf einen Markierungspunkt, drücken Sie die linke Maustaste, und ziehen Sie den Objektrand in eine neue Größe. An Kantenpunkten angefasst, kann das Objekt nur in zwei Richtungen bewegt werden; Eckpunkte bieten die Möglichkeit, ein Objekt in vier Richtungen zu verändern.

Halten Sie die Strg-Taste gedrückt, und ziehen Sie einen Eckpunkt an eine neue Position, wenn Sie in beiden Richtungen die gleiche Größenveränderung wünschen.

Mit gedrückter Alt-Taste springt der Objektrahmen automatisch auf die nächste erreichbare Zellenzwischenlinie. Damit lassen sich Zeichenobjekte exakt auf die Breite und Höhe von Zellen bringen.

14.3.7 Objekteigenschaften

Die meisten Objekteigenschaften, ob Farbe, Linienart oder Schriftformate, lassen sich über die Symbole im Startmenü oder über das Kontextmenü zuweisen, sie stehen aber auch alle in einer Dialogbox. Aktivieren Sie diese, und stellen Sie sie in eine Ecke, sie bleibt offen, bis Sie auf *Schliessen* klicken, und kann so für die Ausgestaltung mehrerer Objekte verwendet werden. Die Kategorien *Grösse* und *Eigenschaften* bieten Einstellungen, die nicht im Menüband zu finden sind:

1. Klicken Sie mit der rechten Maustaste in das Objekt, und wählen Sie im Kontextmenü *Grösse und Eigenschaften*.
2. Auf der Registerkarte *Grösse* überprüfen Sie die manuell gesetzte Objektgröße. Hier wird das Objekt auch proportional vergrößert und verkleinert. Die *Zuschneiden*-Funktion steht nur für Bildobjekte zur Verfügung.
3. Schalten Sie auf *Eigenschaften*, und ändern Sie die Verbindung zwischen Objekt und Tabellenblatt:

- *Von Zellposition und -grösse abhängig:* Das Objekt wird zusammen mit den darunter liegenden Zellen vergrößert, verkleinert und verschoben. In dieser absoluten Abhängigkeit werden die Objekte auch zusammen mit den Zeilen oder Spalten gelöscht.
- *Nur von Zellposition abhängig:* Klicken Sie hier, um das Objekt nur positionsabhängig an die darunter liegenden Zellen zu binden. Das Objekt wird zwar gemeinsam mit den Zeilen oder Spalten verschoben, aber nicht mit diesen verkleinert bzw. vergrößert und auch nicht gelöscht.
- *Von Zellposition und -grösse unabhängig:* Das Objekt ist von den darunter liegenden Zellen absolut unabhängig. Verschiebungen, Löschungen etc. wirken sich nicht darauf aus.
- *Objekt drucken:* Das Objekt wird, wenn hier angekreuzt ist, mit der Tabelle ausgedruckt. Ist die Option nicht angekreuzt, ist das Objekt nur in der Normalansicht, im Seitenlayout und in der Seitenumbruchvorschau, aber nicht in der Seitenansicht und auf dem Ausdruck zu sehen.
- *Gesperrt/Text sperren*: Hier setzen Sie den Objektschutz und den Schutz des Textes im Objekt. Der Schutz wird erst wirksam, wenn das Tabellenblatt

oder die Arbeitsmappe mit einem Schutz versehen wird (*siehe Kapitel 16: Schutz und Sicherheit*).

Auf der Registerkarte *Alternativtext* können Sie einen alternativen Text für Personen mit Sehschwächen oder kognitiven Störungen eingeben. Dieser Text kann ihnen vorgelesen werden.

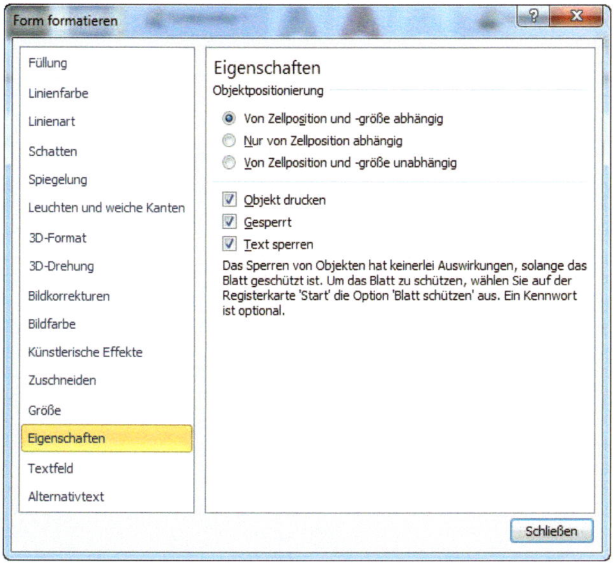

Abbildung 14.6 Mit den Objekteigenschaften lösen Sie das Objekt von der Tabelle.

14.3.8 Objekt löschen

Um ein Objekt zu löschen, markieren Sie es und drücken die `Entf`-Taste. Sie können auch *Bearbeiten/Ausschneiden* verwenden und das Objekt aus der Zwischenablage zurückholen.

HINWEIS Objekte werden nicht wie Tabelleninhalte über den dreistufigen Vorgang kopiert oder verschoben (*Kopieren* oder *Ausschneiden*, Ziel suchen, `Eingabe`-Taste oder *Einfügen* wählen), sie werden in die Zwischenablage kopiert und aus dieser abgeholt, bis sie von weiteren Kopien überschrieben werden.

14.4 Zeichentools

Nach dem bewährten Prinzip der »temporären Registerkarten« stellt Excel die Werkzeuge zur Bearbeitung und Formatierung von Zeichenobjekten erst zur Verfügung, wenn ein solches Objekt markiert ist. Klicken Sie auf mindestens ein Objekt, schaltet sich die Registergruppe *Zeichentools* rechts oben in der Multifunktionsleiste ein, die einzige Registerkarte heißt *Format*. Klicken Sie in den Tabellenbereich oder auf ein Objekt, das nicht gezeichnet wurde (zum Beispiel ein Diagramm oder ein eingefügtes Foto), schalten die *Zeichentools* ab, und eine andere Registerkartengruppe (*Diagrammtools*, *Bildtools*) wird angeboten.

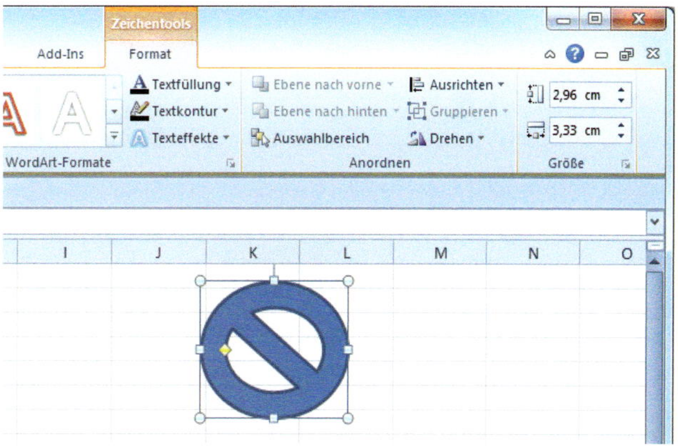

Abbildung 14.7 Die Zeichentools werden aktiv, wenn ein gezeichnetes Objekt markiert ist.

14.4.1 Größe der Form

Die Gruppe ganz rechts außen ist für die Größe des Objektes zuständig. Geben Sie die Breite und Höhe mithilfe der Eingabefelder an. Die Werte ändern sich natürlich synchron zur manuellen Größenanpassung über die Markierungspunkte.

14.4.2 Formen einfügen

In der Gruppe ganz links außen steht noch einmal die Formenliste aus *Einfügen/Illustrationen* zur Auswahl, einfach aus dem Grund, damit Sie nicht das Register wechseln müssen, wenn Sie ein neues Objekt zeichnen wollen.

Die zuletzt verwendeten Formen können Sie gleich anklicken, alle weiteren finden Sie in der Liste, die mit Klick auf *Weitere* (rechts unten) aktiv wird.

14.4.3 Eine Form Punkt für Punkt bearbeiten

Objekte, die mit den AutoForm-Werkzeugen *Skizze* oder *Freihandform* gezeichnet wurden, können Punkt für Punkt nachbearbeitet werden. Auch die restlichen Formen lassen sich mit diesem Werkzeug nachbessern oder umformen, sie müssen nur vorher konvertiert werden.

1. Klicken Sie auf *Form bearbeiten*, und wählen Sie *Punkte bearbeiten*.
2. Wenn die Form nicht frei gezeichnet ist, ist der Befehl nicht aktiv, wählen Sie vorher *In Freihandform konvertieren*, und bearbeiten Sie anschließend die Punkte.

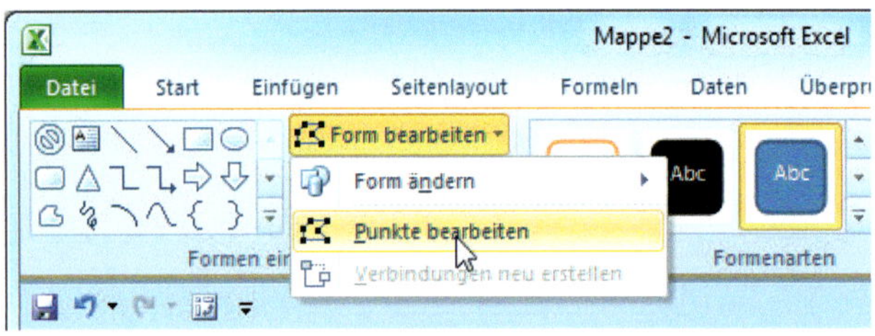

Abbildung 14.8 Punkte eines Objektes nachbearbeiten

Punkte einfügen, bearbeiten, löschen

Die Form wird jetzt mit einem dickeren Rand angeboten, auf dem schwarze Konturenpunkte zu sehen sind. Zeigen Sie mit dem Mauszeiger auf den Punkt, halten Sie die Maustaste gedrückt, und ziehen Sie ihn an eine neue Position.

» Um einen Punkt zu löschen, zeigen Sie mit dem Mauszeiger auf ihn, halten die [Strg]-Taste gedrückt und klicken ihn an.

» Um einen neuen Punkt zu setzen, zeigen Sie auf die Linie zwischen zwei Punkten. Klicken und ziehen Sie den neuen Punkt ein wenig aus der Linie, dann wird diese geteilt.

» Schließen Sie die Bearbeitung ab, indem Sie eine Zelle oder ein anderes Objekt anklicken oder die [Esc]-Taste drücken.

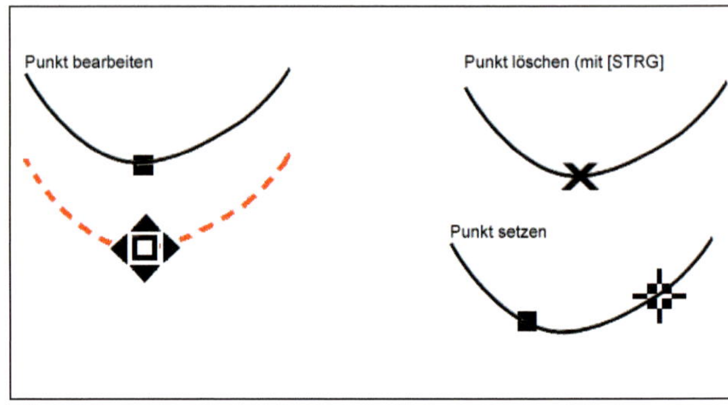

Abbildung 14.9 Punkte nachbearbeiten und löschen

Punktbearbeitung am Pfad mit dem Kontextmenü

Für die nächste Stufe der Konturbearbeitung brauchen Sie das Kontextmenü. Zeigen Sie auf einen Linienabschnitt oder auf einen Punkt, und klicken Sie mit der rechten Maustaste. Im Kontextmenü werden die wichtigsten Befehle für die Pfadbearbeitung angeboten:

» *Punkt hinzufügen:* Fügt einen neuen Punkt ein, ohne ihn zu verschieben.

» *Punkt löschen:* Löscht den Punkt (auch mit [Strg] + Klick).

» *Pfad öffnen:* Schneidet die Linie am anvisierten Punkt auf. Die Schnittpunkte bekommen jeweils einen Endpunkt. Der Pfad eines Objektes kann nur einmal geöffnet werden.

» *Pfad schliessen:* Schließt den Pfad wieder an der zuvor geöffneten Stelle. Bei offenen Freihandlinien werden die beiden Eckpunkte miteinander verbunden.

Anfasser und Bézierkurven

Klicken Sie auf einen Punkt auf der Konturenlinie, zeigt dieser zwei Anfasser mit weißen Endpunkten. Ziehen Sie diese Anfasser mit gedrückter Maustaste, entsteht eine Bézierkurve im Abschnitt zwischen diesem und dem nächsten Punkt. Mit den Befehlen im Kontextmenü und etwas Übung können Sie damit jedes Objekt umformen und die schönsten Konturen zeichnen.

» *Übergangspunkt* bringt beide Anfasser auf eine Linie.

» *Punkt glätten* stellt die Anfasser aus und glättet damit Eckpunkte.

» *Eckpunkt* macht aus Rundungen Ecken.

» *Gerader Abschnitt* entfernt Rundungen auf den Abschnitten zwischen den Punkten – *Gekrümmter Abschnitt* stellt die Anfasser.

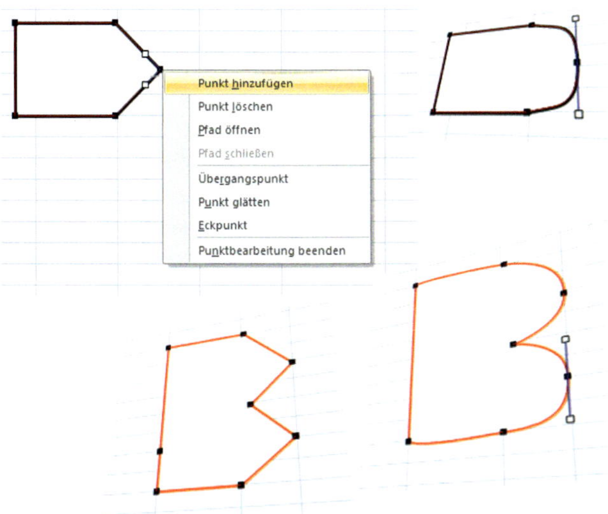

Abbildung 14.10 Punktbearbeitung mit dem Kontextmenü

TIPP Halten Sie beim Ziehen der Anfasser die [Strg]-Taste gedrückt, um beide Abschnitte zu krümmen. Mit [Umschalt] wird der Krümmungsradius identisch.

Übung: Ein Stadtplan

Zeichnen Sie die Hauptstraßen eines Stadtplans nach. Sie können die Vorlage einscannen, abfotografieren oder mit *Einfügen/Grafik* als Grafikdatei einlesen.

CD-ROM Auf der Buch-CD finden Sie eine Datei zum Üben: *Zeichentools.xlsx*.

1. Markieren Sie die Grafik mit der rechten Maustaste, und wählen Sie *Grafik formatieren*.
2. Stellen Sie die Helligkeit auf ca. 30 %.
3. Jetzt können Sie das Kurvenwerkzeug ansetzen und zeichnen.
4. Schalten Sie unter *Einfügen/Formen* das Werkzeug *Kurve* ein, und setzen Sie Punkt für Punkt.

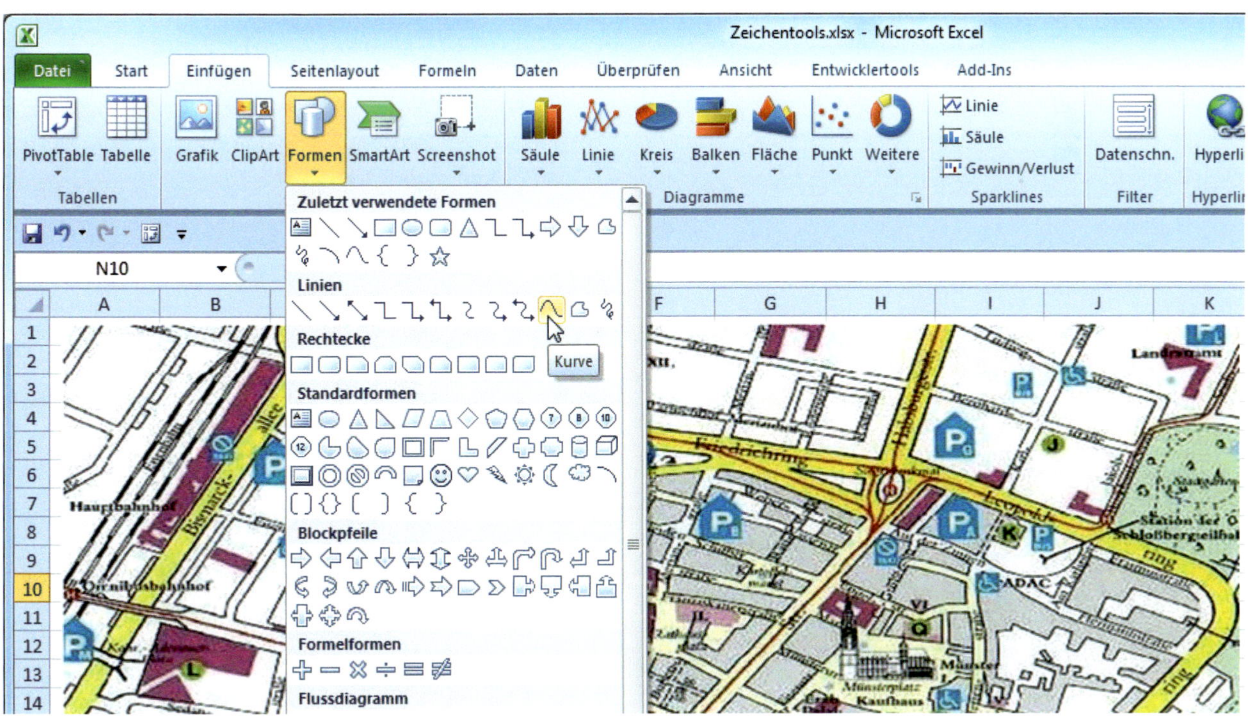

Abbildung 14.11 Vorlagen mit dem Werkzeug Kurve »tracen«

5. Ist die Verbindung nicht gekrümmt, halten Sie vor dem Klick die Strg-Taste gedrückt, der Punkt wird so ohne Krümmung gesetzt.
6. Um den nächsten Punkt in 15°-Schritten anzuvisieren, halten Sie die Umschalt-Taste gedrückt.
7. Wollen Sie eine gerade Linie ohne Krümmung ziehen, drücken Sie vor dem nächsten Klick Strg+Umschalt.
8. Löschen Sie falsche Punkte wieder mit der Rück-Taste.
9. Zeichnen Sie so die Flächen zwischen den Straßen nach, und weisen Sie diesen leichte Füllmuster zu, damit sie besser sichtbar sind.
10. Verwenden Sie zum Abschluss die Funktion *Punkte bearbeiten* aus dem Kontextmenü des Objektes, um die einzelnen Flächen zu korrigieren.
11. Verbinden Sie zum Schluss alle Flächen über *Zeichentools/Format/Gruppieren*.

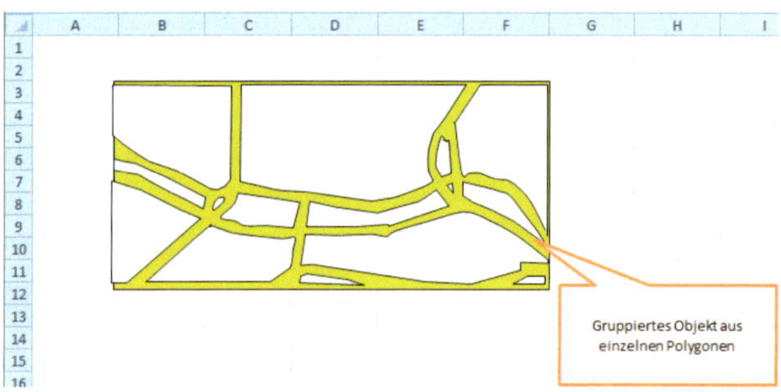

Abbildung 14.12 Übung macht den Meister ...

14.4.4 Objekte anordnen

Die Gruppe *Anordnen* stellt weitere Werkzeuge für die Bearbeitung der Objekte auf dem Tabellenblatt bereit.

Objekte werden in der Reihenfolge auf dem Blatt angeordnet, in der sie gezeichnet, aus der Zwischenablage geholt oder aus Grafikdateien eingefügt werden. Stellen Sie markierte Objekte *In den Vordergrund*, oder schieben Sie sie *Eine Ebene nach vorn*.

Mit *In den Hintergrund* und *Eine Ebene nach hinten* positionieren Sie markierte Objekte hinter den übrigen auf dem Blatt.

Der Auswahlbereich

Damit Sie bei zahlreichen Objekten immer den Überblick behalten und auch Objekte bearbeiten können, die unsichtbar hinter anderen Objekten versteckt sind, schalten Sie am besten den Auswahlbereich ein. Das ist ein zusätzliches Fenster, das am rechten Bildschirmrand geöffnet wird und alle Objekte des aktiven Tabellenblattes namentlich listet. Gruppierte Objekte werden in Gliederungsform angezeigt, sodass Sie auch überprüfen können, welche Objekte zusammengefasst sind. Zu jedem Objekt gibt es ein Anzeigesymbol, klicken Sie es an, um das Objekt unsichtbar bzw. wieder sichtbar zu machen.

Mit den Schaltflächen am unteren Rand können Sie alle Objekte anzeigen oder zusammen ausblenden. Klicken Sie auf die Richtungspfeile, um markierte Objekte in der Reihenfolge neu anzuordnen.

Ziehen Sie den Auswahlbereich mit gedrückter Maustaste und dem Mauszeiger auf der Titelzeile nach innen, wenn Sie die Objektliste in einem Fenster sehen wollen. Wenn Sie den Auswahlbereich ausschalten wollen, klicken Sie erneut auf *Zeichentools/Format/Anordnen/Auswahlbereich* oder auf das *Fenster schliessen*-Symbol des Bereiches.

Objekte gruppieren

Objekte lassen sich miteinander verketten, was besonders nützlich ist, wenn sich eine Zeichnung aus zahlreichen Einzelobjekten zusammensetzt.

1. Markieren Sie alle Objekte, die Sie zu einer Gruppe zusammenfassen wollen, mit gedrückter Strg-Taste.
2. Wählen Sie *Zeichentools/Format/Anordnen/Gruppieren/Gruppieren*.

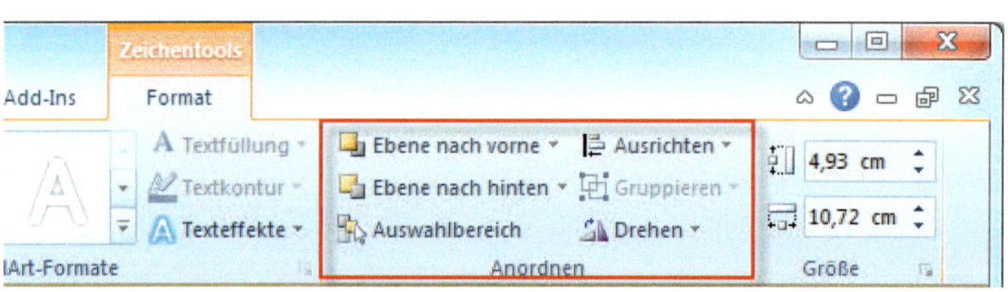

Abbildung 14.13 Die Gruppe Anordnen in den Zeichentools

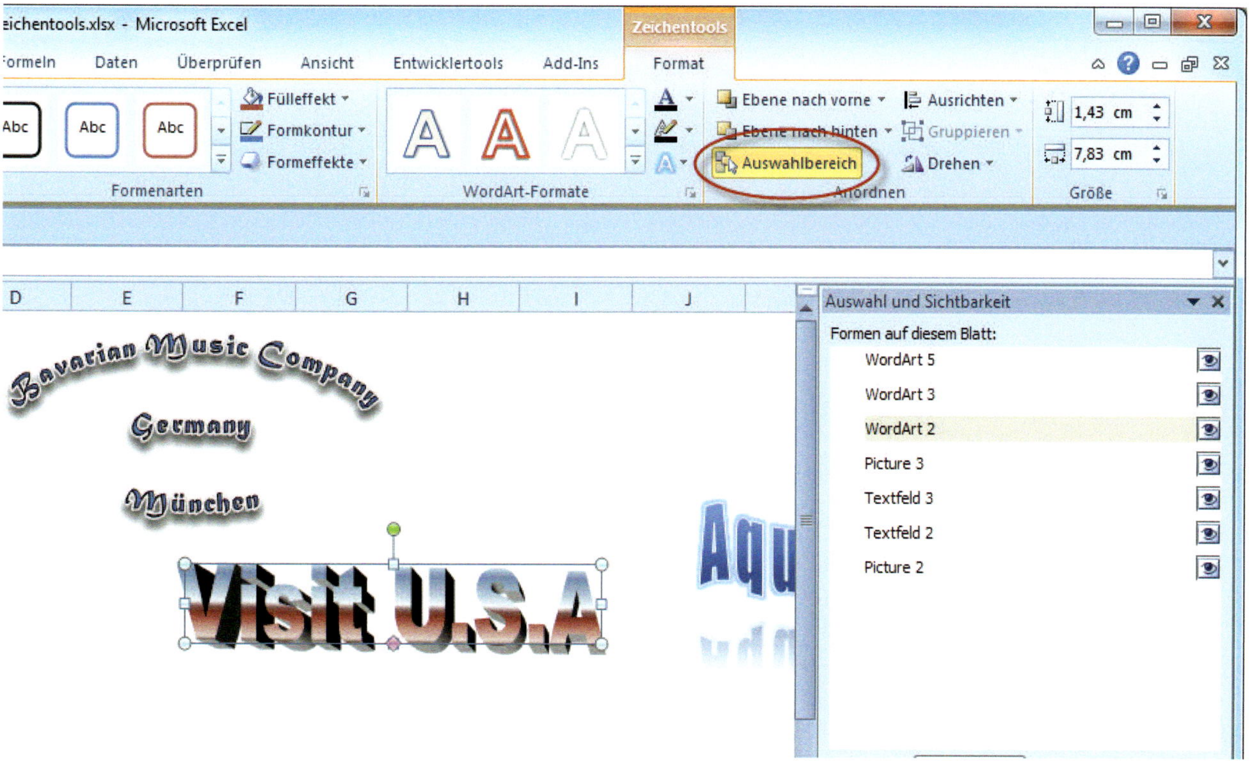

Abbildung 14.14 Der Auswahlbereich listet alle Objekte auf dem Tabellenblatt.

3. Alle markierten Objekte werden zu einem Objekt zusammengefasst. Mit *Gruppierung aufheben* lösen Sie Gruppe wieder auf.
4. *Gruppierung wiederherstellen* gruppiert die zuletzt (vor der letzten Auflösung) gruppierten Objekte wieder, auch wenn diese neu positioniert wurden und nicht mehr markiert sind.

Gruppierte Objekte können nur noch gemeinsam verschoben, kopiert, ausgeschnitten oder gelöscht werden. Sie können aber einzelne Objekte in der Gruppe anklicken, drehen, verschieben, vergrößern und verkleinern oder auch mit Entf löschen.

Objekte drehen und kippen

Wenn ein markiertes Objekt einen grünen Drehknopf am oberen Rand anbietet, können Sie es mit dem Mauszeiger frei drehen. Zeigen Sie auf den Knopf, drücken Sie die linke Maustaste, und drehen Sie das Objekt.

Das Objekt dreht sich mit der Mauszeigeraktion um die eigene Achse. Drücken Sie die Strg-Taste, wird es um den Punkt gedreht, der dem Drehkästchen gegenüberliegt. Mit gedrückter Umschalt-Taste dreht sich das Objekt in Schritten von 15 Grad.

TIPP Nutzen Sie diese Funktion, um gedrehte Objekte in einen ganzzahligen Winkel zu bringen, sodass die Linien auf dem Bildschirm und im Ausdruck schön gerade sind.

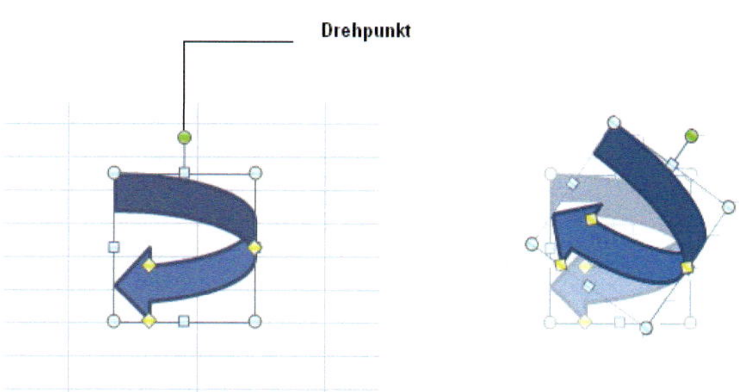

Abbildung 14.15 Objekt frei drehen mit dem Drehpunkt

Objekt drehen und kippen

1. Markieren Sie ein Objekt, und wählen Sie *Zeichentools/Format/Anordnen/Drehen*.
2. Wählen Sie eine *Rechtsdrehung um 90 Grad* oder *Linksdrehung um 90 Grad*.
3. Mit *Vertikal kippen* wird das Objekt an seiner horizontalen Achse gespiegelt.
4. *Horizontal kippen* spiegelt das Objekt an seiner vertikalen Achse.

Objekte ausrichten

In professionellen Schaubildern, Skizzen oder Plänen werden Objekte nicht einfach frei in die Tabelle gezeichnet, sondern ordentlich ausgerichtet. Dazu sind immer mindestens zwei Objekte nötig, denn ausgerichtet wird immer ein Objekt am anderen. Die Anweisungen finden Sie unter *Zeichentools/Format/Anordnen/Ausrichten*. Die Befehle sind nur aktiv, wenn mehr als ein Objekt markiert ist.

» Markieren Sie mindestens zwei Objekte (mit Strg-Taste).

» Wählen Sie *Linksbündig*, um die markierten Objekte am linken Rand des Objektes auszurichten, das als Erstes markiert worden war.

» *Zentriert* setzt alle Objekte übereinander, alle markierten Objekte haben damit denselben horizontalen Mittelpunkt.

» Mit *Rechtsbündig* werden die Objekte am rechten Rand des zuerst markierten Objektes ausgerichtet.

Diese Ausrichtungen betreffen ausschließlich die horizontale Position der Objekte, in der Vertikalen bleiben sie unverändert.

» Wählen Sie *Oben ausrichten*, um die markierten Objekte am oberen Rand des zuerst markierten Objektes auszurichten.

» Mit *Vertikal zentrieren* setzen Sie alle Objekte auf den gleichen vertikalen Mittelpunkt.

» Klicken Sie auf *Unten ausrichten*, wenn Sie alle Objekte am unteren Rand des zuerst markierten Objektes ausrichten wollen.

Üben Sie die Techniken am klassischen Kreis-im-Kreis-Beispiel: Zeichnen Sie drei unterschiedlich große Kreise nebeneinander. Markieren Sie zuerst den größten Kreis, dann mit gedrückter Strg-Taste den mittleren und zuletzt den kleinen Kreis. Ziehen Sie mit gedrückter Strg-Taste eine Kopie der markierten Objekte, und klicken Sie auf das passende Ausrichtungssymbol. Richten Sie die drei Kreise zunächst vertikal zentriert aus, und testen Sie dann die Horizontal-Werkzeuge.

CD-ROM Sie finden das Beispiel auf der Buch-CD *Objekte anordnen und verteilen.xlsx*.

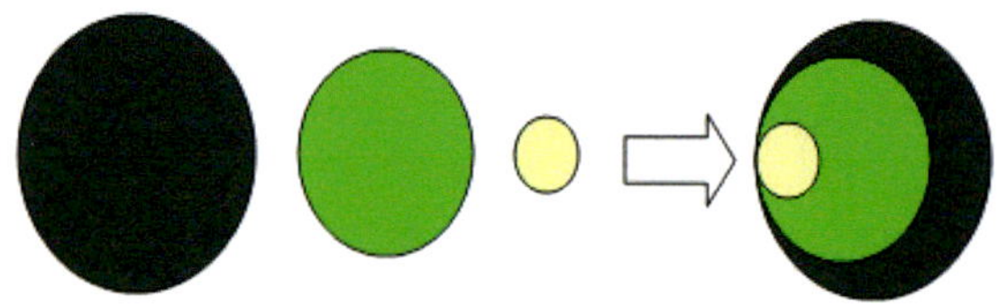

Abbildung 14.16 Drei Kreise, linksbündig ...

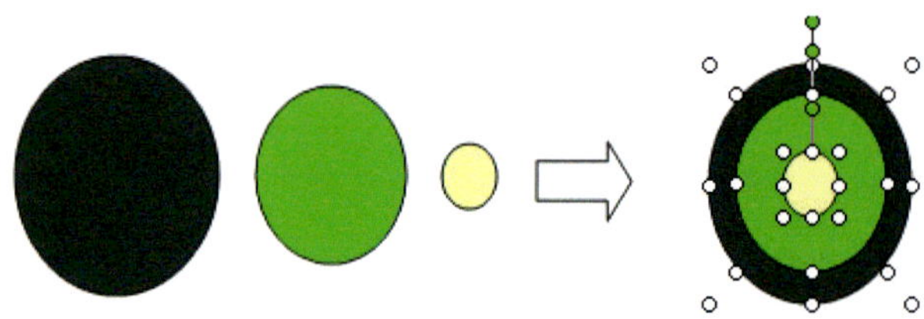

Abbildung 14.17 ... und horizontal zentriert ausgerichtet

Die Reihenfolge der Kreise bestimmen Sie schon beim Zeichnen oder Kopieren: Die zuletzt erstellten Objekte liegen immer oben. Wenn ein Kreis in Ihrer Übung nicht gezeigt wird, holen Sie ihn einfach mit Strg+X und Strg+V (*Ausschneiden* und *Einfügen*) als letztes Objekt in die Zeichenfläche, oder benutzen Sie den *Auswahlbereich*, um die Position des Objektes zu ändern.

Ausrichten an Raster und Form

Mit der Einstellung *Am Raster* unter *Anordnen/Ausrichten* stellen Sie ein, dass Excel alle Raster »magnetisch« macht. Sie ziehen damit nämlich alle Objekte automatisch auf die nächstliegende Rasterlinie.

Klicken Sie unter *Anordnen/Ausrichten* auf *An Form ausrichten*, ziehen sich Objekte während der Positionierung magnetisch an.

Als Raster dienen die *Gitternetzlinien*, schalten Sie diese unter *Anordnen* aus, wenn sie nicht gebraucht werden.

Objekte verteilen

Diese Ausrichtungstechnik brauchen Sie hauptsächlich in frei gezeichneten Organigrammen und für Schaubilder, in denen Formen zum Einsatz kommen. Die vertikale Ausrichtung ordnet alle Symbole so an, dass sie genau den gleichen Abstand zueinander haben. Wie viel Abstand das ist, errechnet die Funktion aus der Breite der Objekte:

1. Markieren Sie mindestens drei nebeneinanderstehende Objekte. Mit zwei oder einem Objekt sind die Menüoptionen oder Symbole nicht aktivierbar.
2. Wählen Sie *Zeichentools/Format/Anordnen/Ausrichten und Horizontal/Vertikal verteilen*.

Die Objekte werden im gleichen Abstand zueinander gesetzt. Ähnlich funktioniert das zweite Verteilungssymbol, es gleicht die vertikalen Abstände zwischen den markierten Objekten aus.

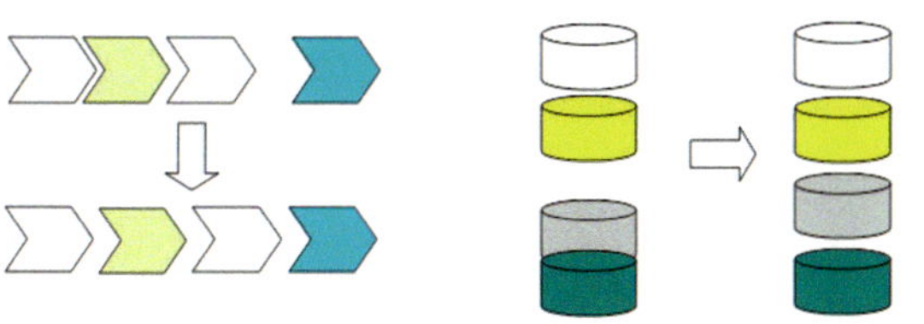

Abbildung 14.18 Die Abstände werden horizontal und vertikal ausgeglichen.

Objekte beschriften

Auch wenn es auf den ersten Blick nirgends angeboten wird – gezeichnete Objekte, AutoFormen, viele eingefügte ClipArts (nicht alle) und Grafiken (außer Bilddateien) können beschriftet werden:

1. Markieren Sie das Objekt auf dem Tabellenblatt.
2. Schreiben Sie auf der Tastatur den gewünschten Text.
3. Drücken Sie [Eingabe], um den Text in das Objekt zu setzen.

Um den Text zu bearbeiten, klicken Sie in das Objekt. Markieren Sie den Text mit dem Mauszeiger, oder benutzen Sie die Cursortasten. Das Objekt selbst lässt sich ab sofort für Positionierung und Größenanpassung nur noch am Rand anfassen.

Kompakte Grafikobjekte, die nicht mit Vektoren gezeichnet sind, lassen sich nicht beschriften, ebenso wenig wie Fotos und Scans. Die ClipArt-Sammlung enthält beschriftbare und nicht beschriftbare ClipArts. Probieren Sie es einfach aus, wenn der Text nicht angenommen wird, ist das Objekt nicht zu beschriften. Zeichnen Sie in diesem Fall ein Textfeld, und gruppieren Sie es zusammen mit dem Objekt.

14.4.5 Verbindungen

In Zeichnungen, die mit einem Office-Programm wie Excel erstellt werden, zeichnen Sie nicht einfach einen Strich zwischen zwei Objekten, um diese zu verbinden. Excel hat für solche Aufgaben eine viel bessere Funktion, die *Verbindungen*. In diesem Menü finden Sie zahlreiche Werkzeuge, die Sie für die Verbindung zweier Objekte benutzen können. Dabei wird eine dynamische Verbindung hergestellt, die auch bestehen bleibt, wenn Sie die Objekte nachträglich verschieben, vergrößern oder verkleinern.

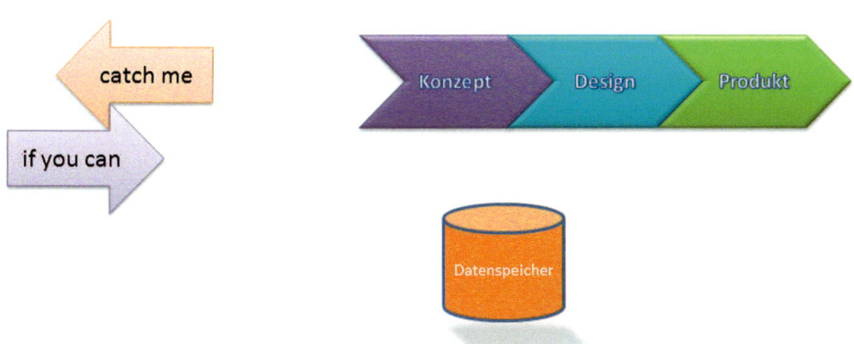

Abbildung 14.19 Beschriftete Objekte – kein Problem

Im Praxisbeispiel *Datenflussplan* lernen Sie, wie Verbindungen zum Einsatz kommen. Zeichnen Sie einen Datenflussplan, benutzen Sie dazu die Symbole aus der gleichnamigen Formenrubrik, und stellen Sie dynamische Verbindungen zwischen den Symbolen her. Als Krönung des Ganzen soll der Plan auf »Zeichenpapier« mit quadratischen Kästchen gezeichnet werden. Präparieren Sie Ihre Tabelle entsprechend, indem Sie die Zeilenhöhen und Spaltenbreiten des gesamten Blattes anpassen.

Praxis: Ein Datenflussplan

CD-ROM Das Beispiel finden Sie auf der Buch-CD unter *Datenflussplan.xlsx*.

1. Legen Sie eine neue Tabelle an. Klicken Sie in das Kästchen am linken Rand der Bearbeitungsleiste, um alle Zeilen und Spalten zu markieren.
2. Wählen Sie *Start/Zellen/Format/Zeilenhöhe*, und stellen Sie den Wert 8,5 (Punkt) ein.
3. Unter *Start/Zellen/Format/Spaltenbreite* setzen Sie eine Breite von 0,92 (Zeichen).
4. Schalten Sie unter *Seitenlayout/Tabellenblattoptionen* die Gitternetze ein. Die Farbe setzen Sie in den *Excel-Optionen* (*Datei*-Menü) unter *Erweitert/Optionen für dieses Arbeitsblatt anzeigen*.

Für komplexe Pläne brauchen Sie magnetische Zeichenhilfen, stellen Sie diese unter *Zeichentools/Format/Anordnen/Ausrichten* ein, nachdem das erste Objekt gezeichnet ist:

» *Am Raster* stellt sicher, dass alle Objekte auf Rasterlinien landen.

» *An Form* magnetisiert die Objekte während der Positionierung mit dem Mauszeiger.

Flussplan-Objekte

Verwenden Sie die Kategorie *Flussdiagramm* unter *Einfügen/Formen*, und holen Sie ein erstes *Datenspeicher*-Objekt in die Zeichnung. Beschriften Sie es, damit Sie

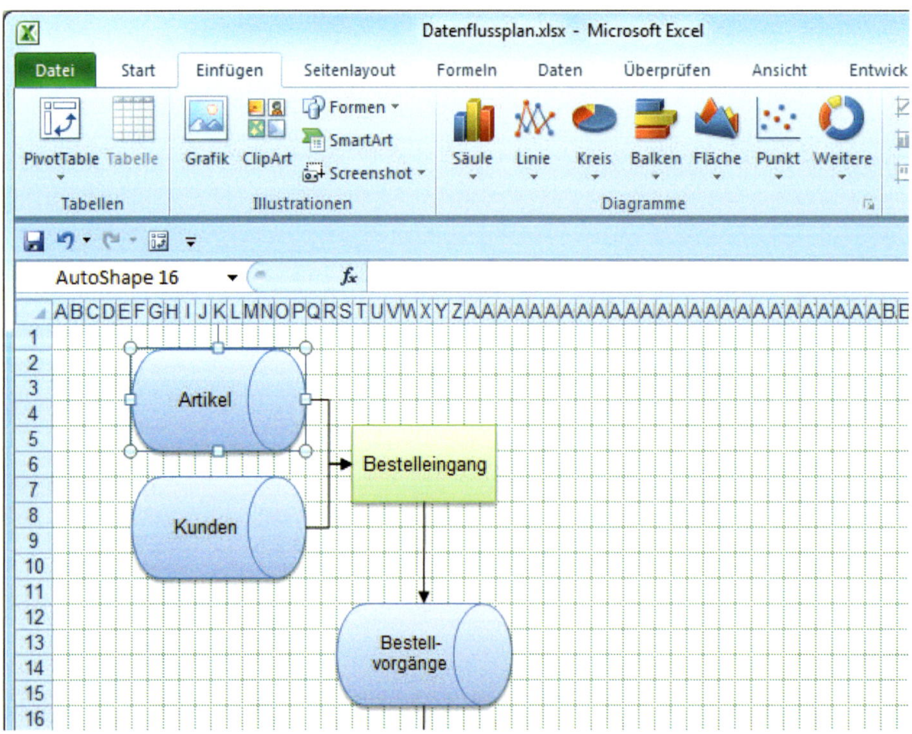

Abbildung 14.20
Die ersten Objekte im Datenflussplan

wissen, wie breit es zu sein hat, und zentrieren Sie die Schrift horizontal und vertikal.

Ziehen Sie mit gedrückter `Strg`-Taste Kopien, und ändern Sie die Beschriftungen ab. Damit stellen Sie sicher, dass die Objekte gleich groß sind. Ziehen Sie ein erstes Prozessobjekt ein.

Verbindungen

Für die Verbindungslinien zwischen den Objekten nehmen Sie *Verbindungen* aus der Liste der Formen. Schalten Sie die gewinkelten Verbindungen ein, klicken Sie auf den rechten Verbindungspunkt des ersten Datenspeichers, und ziehen Sie die Linie bis zum Prozess. Lassen Sie die Maustaste los, wenn der Verbindungspunkt sichtbar ist.

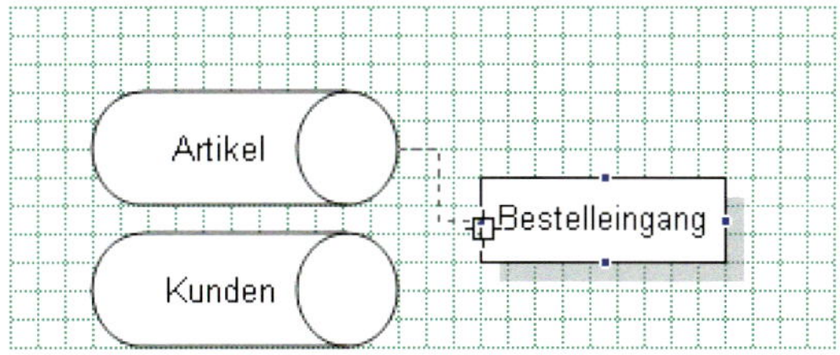

Abbildung 14.21 Verbindungen ziehen

Ziehen Sie auf diese Art weitere Verbindungen. Wenn eine Verbindung nicht klappt, ändern Sie den Winkel über das gelbe Anpassungskästchen oder klicken doppelt auf die Linie und wählen Sie *Zeichentools/Format/Formen einfügen/Form bearbeiten*. Wählen Sie *Verbindung neu erstellen*.

Ziehen Sie alle weiteren Verbindungen ein, und speichern Sie Ihren Datenflussplan.

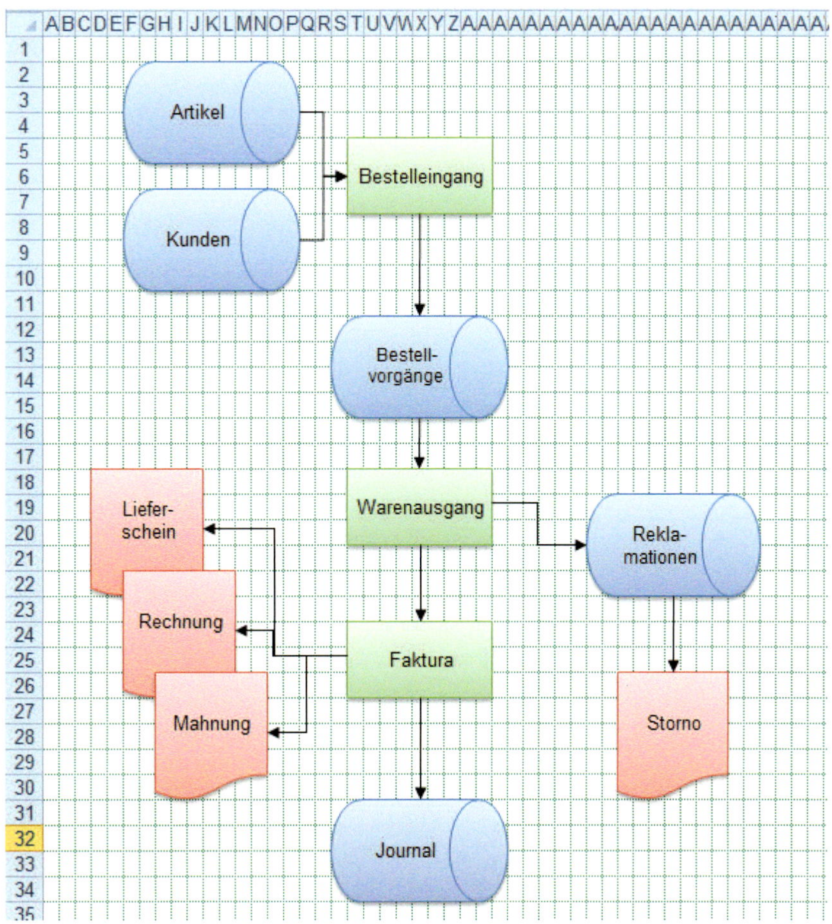

Abbildung 14.22 Der fertige Datenflussplan (fast wie mit Visio ...)

14.4.6 Das Textwerkzeug

Das Textsymbol gehört nicht direkt zu den Zeichensymbolen. Es dient zur Erstellung von Textobjekten, die in Tabellen sehr häufig gebraucht werden, wenn eine flexible Zuordnung von Textteilen benötigt wird. Freie Textobjekte können beliebig in Tabellen und Diagrammobjekten positioniert werden und unterliegen damit nicht den Beschränkungen durch Spaltenbreiten und Zeilenhöhen.

1. Klicken Sie auf das Textwerkzeug unter *Einfügen/Formen*, oder wählen Sie *Zeichentools/Format/Formen einfügen/Textfeld*.
2. Setzen Sie den Mauszeiger (Fadenkreuz) in die Tabelle, und ziehen Sie mit gedrückter Maustaste ein Rechteck auf.

TIPP Mit der Umschalt-Taste wird's ein Quadrat, mit gedrückter Alt-Taste setzen Sie das Objekt direkt auf die nächsten Zellränder.

Das Textobjekt präsentiert sofort den Textcursor, mit dem Sie die Beschriftung erstellen können. Geben Sie den Text über die Tastatur ein, oder fügen Sie ihn aus der Zwischenablage an der Cursorposition ein.

Drücken Sie die Eingabe-Taste für einen weiteren Absatz im Textfeld. Achten Sie darauf, dass der Text nach oben verschwindet, wenn das Objekt für einen weiteren Absatz nicht groß genug ist.

Mit einem Klick außerhalb der Objektfläche oder mit der Esc-Taste schließen Sie die Eingabe in das Textobjekt ab. Um das Objekt zu positionieren, zu vergrößern oder zu verkleinern, verfahren Sie wie mit anderen beschrifteten Objekten: Ziehen Sie das Objekt am Rahmen, um es zu verschieben, oder an einem der Markierungspunkte, um die Größe zu ändern.

Text im Textobjekt formatieren

Ändern Sie Ausrichtung, Auszeichnung und Schriftspezifikationen innerhalb des Textobjektes, wie Sie einen Zellentext formatieren, benutzen Sie die Registerkarte *Start* oder – besser – das Kontextmenü, das alle wichtigen Textformatierungen anbietet.

Klicken Sie auf die Ausrichtungssymbole *Linksbündig*, *Zentriert*, *Rechtsbündig*, auf die Schriftart- und Schriftgrößensymbole und die Muster-, Linien- und Farbzuweisungen. Achten Sie auf die richtige Markierung:

» Markieren Sie das Textobjekt mit Klick auf den Rand, wenn die Textformatierung auf den gesamten Inhalt ausgerichtet sein soll.

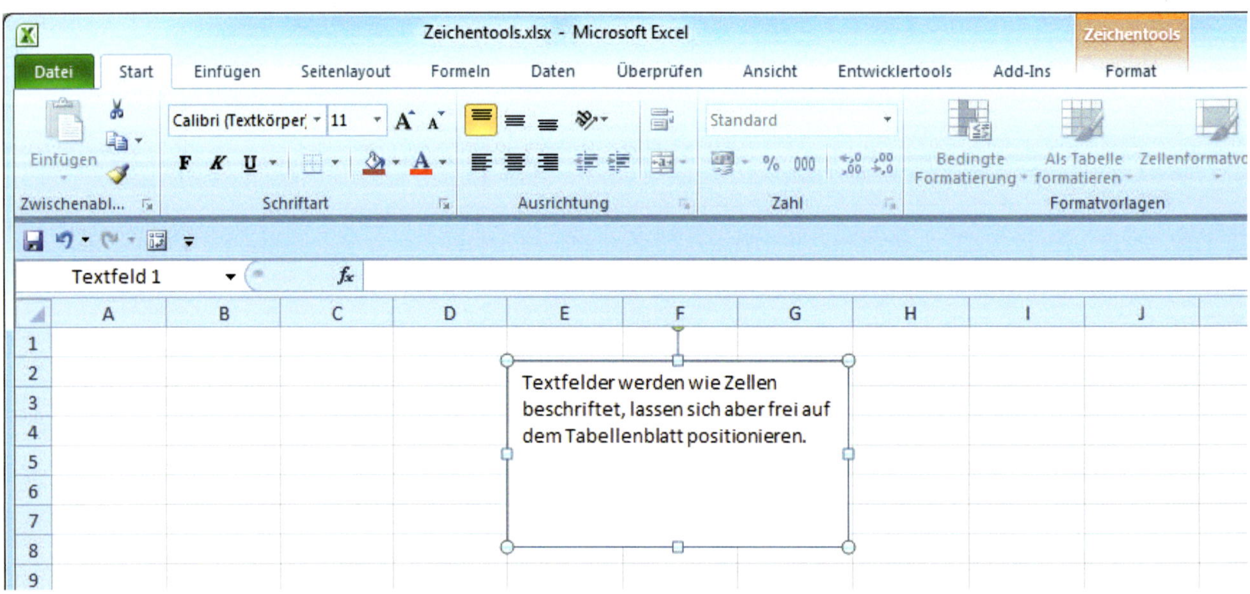

Abbildung 14.23 Ein beschriftetes Textfeld

» Markieren Sie einzelne Buchstaben, Wörter, Sätze oder Absätze, wenn die nächste Formatierung nur für diese Textteile gelten soll.

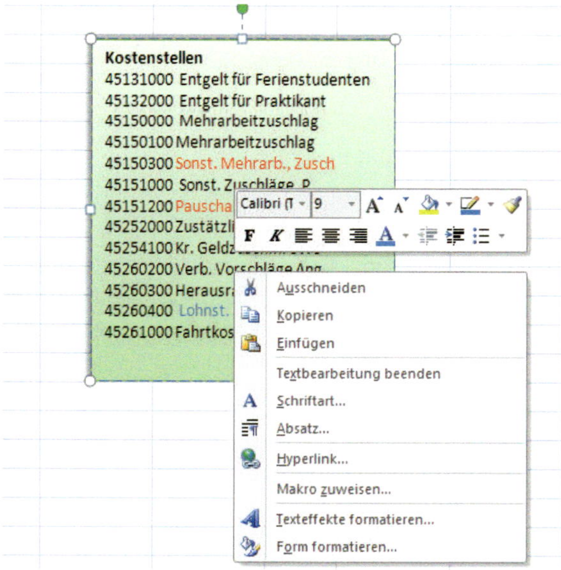

Abbildung 14.24 Hier wird das Textfeld wie ein Notizzettel mit Informationen gefüllt und formatiert.

Text mehrspaltig setzen

Der Inhalt eines Textfeldes lässt sich auch mehrspaltig absetzen, was besonders bei großen Textpassagen sehr nützlich ist. Weisen Sie diesen »Zeitungssatz« über den Formatieren-Dialog zu:

1. Markieren Sie das Textfeld per Klick auf den Rahmen des Objektes.
2. Klicken Sie mit der rechten Maustaste, und wählen Sie im Kontextmenü *Form formatieren*.
3. Schalten Sie auf die Kategorie *Textfeld*, und klicken Sie auf *Spalten*.
4. Geben Sie die Anzahl der Spalten und den Abstand zwischen den Spalten an.

14.5 Objekte formatieren

Muster, Rahmen, Farben und Schattenwurf, Hintergrund und Farbverläufe – das Angebot an Formatierungen für Formen und andere Objekte kann mit dem großer Grafikprogramme fast schon mithalten. Die Registerkarte

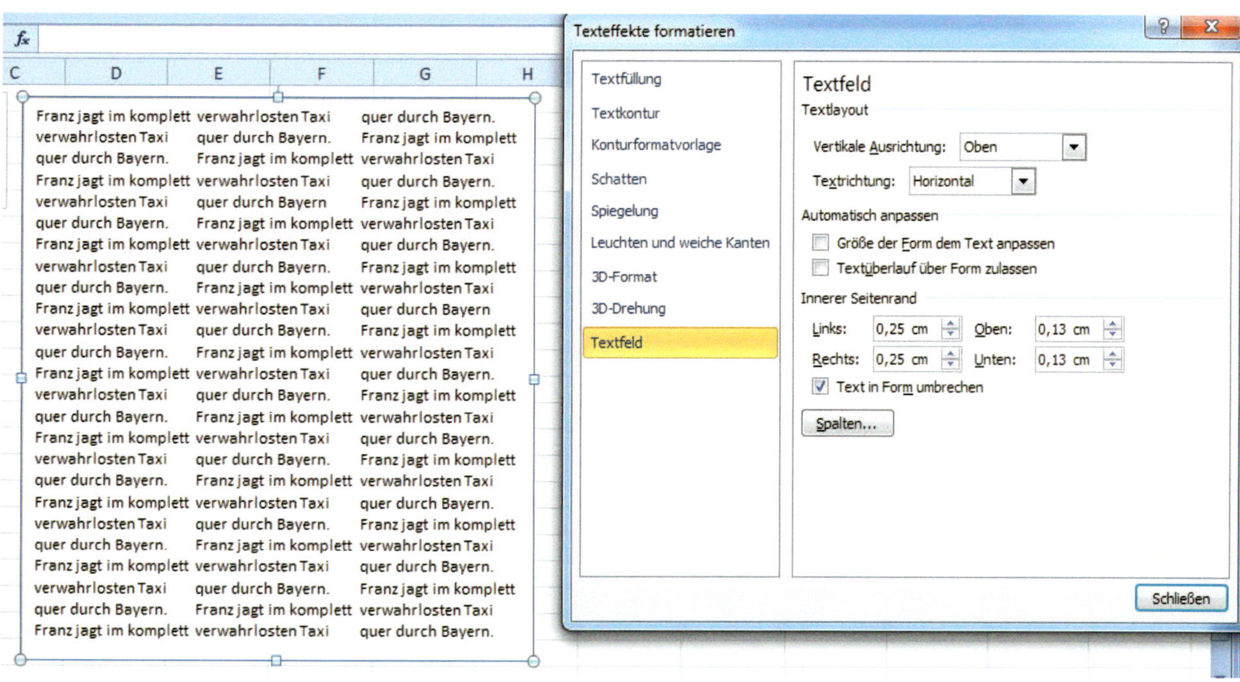

Abbildung 14.25 Ein dreispaltiges Textfeld

Zeichentools/Format bietet fertige Vorlagen für Objekte, Objektbeschriftungen und Textfelder.

14.5.1 Design ändern

Gezeichnete Formen sind vorformatiert, Kreise, Rechtecke, Pfeile und Co. werden dunkelblau gefüllt und mit einem noch etwas dunkleren blauen Rahmen versehen. Diese erste Formatierung ist nicht zufällig, sondern stammt aus dem aktuellen Design der Arbeitsmappe. Schalten Sie auf die Registerkarte *Seitenlayout* um, können Sie überprüfen, welches Design derzeit gültig ist. Das Standarddesign *Larissa* liefert in neuen Mappen nicht nur die abgestimmten Farben, unter *Effekte* können Sie auch die Optik von Formen und anderen Grafikobjekten überprüfen.

Mit der Zuweisung eines anderen Designs ändert sich auch das Aussehen der bereits gezeichneten Objekte. Zeigen Sie mit dem Mauszeiger auf ein Design, die *Live-Vorschau* wird sofort die Objekte im Hintergrund verändern. Wenn Sie nur das Aussehen von Objekten ändern wollen, weisen Sie der Arbeitsmappe die Formatierung der Effekte eines anderen Designs zu.

HINWEIS Grundsätzlich sollten Sie sich bei der Farbpalette und den Gestaltungseffekten eines Designs bedienen, da diese harmonisch aufeinander abgestimmt sind. Designs gelten auch für andere Office-Programme (Word, PowerPoint, Outlook, Word, Publisher), und wenn Sie bei einem Grunddesign bleiben, sind Ihre grafischen Erzeugnisse immer aus »einem Guss«. Weisen Sie andere Farben oder Effekte zu, werden diese nicht verändert, wenn Sie das Design wechseln.

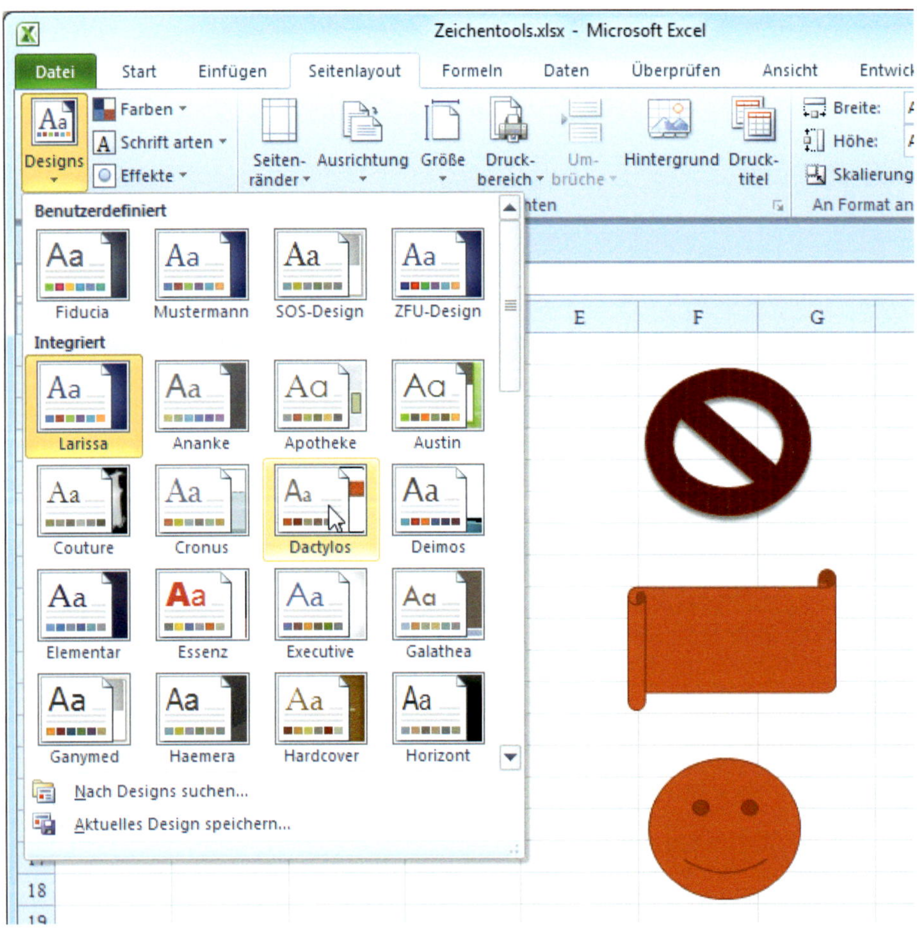

Abbildung 14.26 Das Design und die Effekte bestimmen das Aussehen der Objekte.

14.5.2 Formenarten

In der Gruppe *Formenarten* unter *Zeichentools/Format* finden Sie eine Liste vorgefertigter Designfüllungen für die markierten Objekte. Auch diese Liste orientiert sich am aktuellen Design, Farben, Muster und Farbverläufe sind darauf abgestimmt. Mit den Befehlssymbolen in der Gruppe können Sie aber jede Einzelheit abändern.

Fülleffekt bietet neben den Designfarben auch die Standardfarben und weitere Füllfarben. Hier können Sie Ihr Farbmuster aus einer Farbpalette wählen oder in einem der Farbmodelle *RGB* oder *HSL* zusammenmischen. Mit je drei Werten für *Rot/Grün/Blau* oder *Helligkeit/Sättigung/Intensität* stehen über 16,5 Millionen Farben zur Auswahl.

Formkontur liefert die Farbauswahl, Strichstärken, Stricharten und Pfeilspitzen für die markierten Objekte.

Interessante Gestaltungswerkzeuge finden Sie unter *Formeffekte*:

- Schatten außen, innen oder perspektivisch
- Spiegelung des Objektes
- Verschiedene Hintergrund-Leuchten in allen Farben
- Absoftung der Objekte (weiche Kanten) in Punktschritten von 1 bis 50 Punkt
- Zusätzliche Kanten durch Abschrägungen
- 3D-Effekte: Drehungen parallel, perspektivisch oder schräg

Alle Formatierungen im Dialogfeld

Die Einzelbefehle in der Gruppe *Formenarten* sind nützlich für schnelle Formatzuweisungen, vor allem mit dem *Live-Vorschau*-Effekt, der die Formatierung schon vorläufig zuweist, wenn der Zellzeiger auf das entsprechende Symbol zeigt (vorausgesetzt, diese Option ist in den *Excel-Optionen* aktiviert). Wer sich lieber in einer Gesamtübersicht über alle Objektformatierungswerkzeuge bewegt, kann das gute alte Dialogfeld aktivieren, in dem die einzelnen Formatarten in Gruppen unterteilt sind. Dieses Dialogfeld wird häufig in den einzelnen Befehlen unter *Weitere ...* angeboten, Sie können es aber auch gezielt mit der Pfeilschaltfläche der Gruppe aktivieren.

1. Klicken Sie auf das Symbol rechts unten am Gruppenrand, um das Dialogfeld zu öffnen.
2. Schalten Sie um auf die passende Kategorie, und weisen Sie die Formatierung zu.

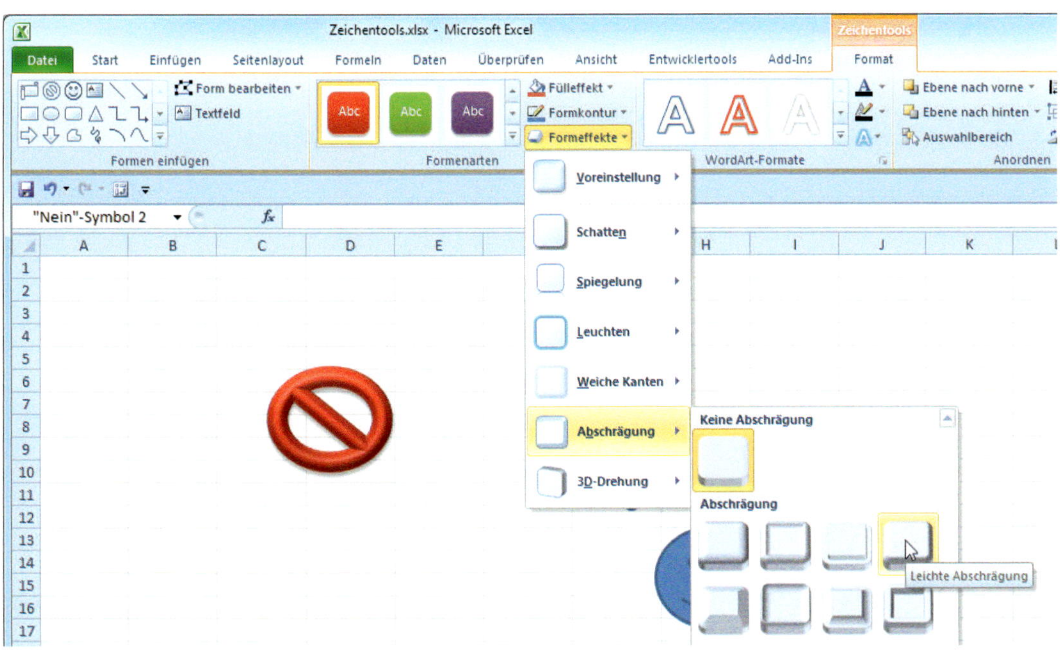

Abbildung 14.27 Formeffekte mit Schatten, 3D-Drehungen und zusätzlichen Kanten

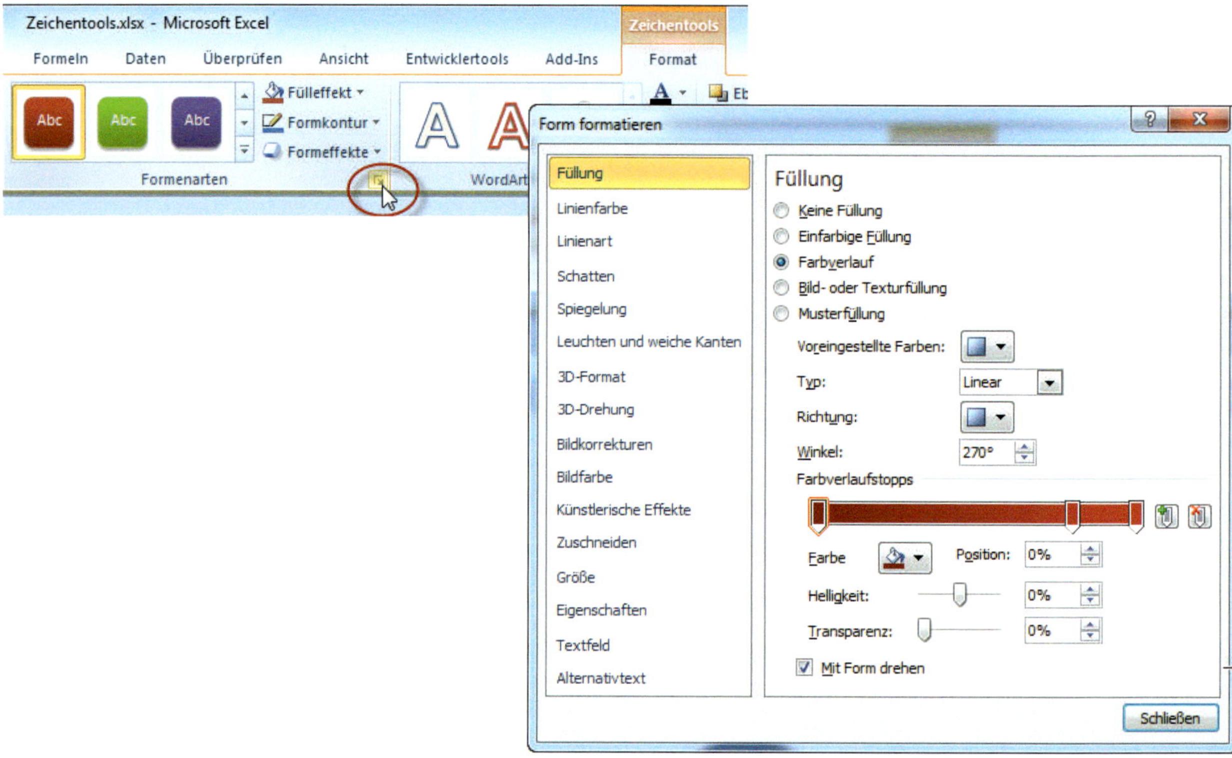

Abbildung 14.28 Das Dialogfeld enthält alle Formatierungen für das markierte Objekt.

TIPP Das Dialogfeld ist nicht nur kontextbezogen, d.h. mit Kategorien versehen, die auf das markierte Objekt passen, es ist auch modal, und das bedeutet, dass Sie im Hintergrund arbeiten können, während es geöffnet ist. Mit der Markierung eines anderen Objekttyps präsentiert es sofort die richtigen Formatwerkzeuge.

14.5.3 WordArt-Formate

Schrifteffekte, farbige Schriftrahmen und Muster für Texte sind seit Langem die Domäne von WordArt. Dieses Schriftgestaltungswerkzeug finden Sie in der Gruppe *WordArt-Formate* unter *Zeichentools/Format*.

CD-ROM Das Beispiel finden Sie auf der Buch-CD in der Datei *Zeichentools.xlsx*.

1. Markieren Sie ein Textfeld oder ein Objekt, das ausschließlich aus Texten besteht (zum Beispiel eine Achsenbeschriftung in einem Diagramm).
2. Klicken Sie auf eine Füllung, oder öffnen Sie die Liste mit weiteren Füllungen, und entscheiden Sie sich für eine Vorlage mit Füllung, Kontur und Texteffekt. Mit der Mauszeiger-Live-Vorschau sehen Sie den Effekt schon vor der Zuweisung.

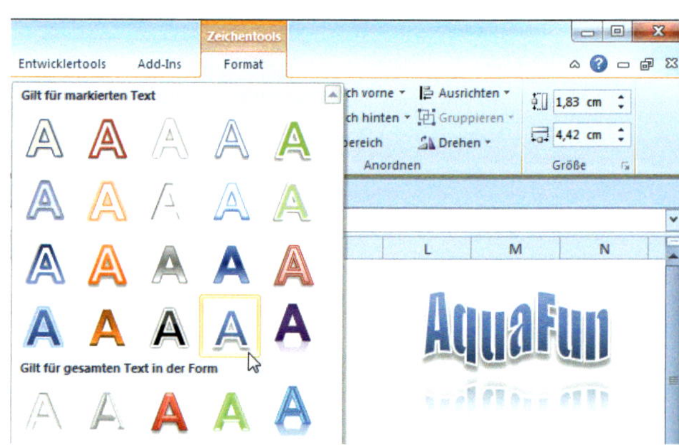

Abbildung 14.29 WordArt-Formate für Textelemente

Mit *Textfüllung* wird nur die Füllung verändert, wählen Sie eine Design- oder Standardfarbe, oder definieren Sie Ihre Füllfarbe selbst. Sie können dem Text auch einen Farbverlauf oder eine Textur zuweisen.

Ein besonderer Effekt ist die Zuweisung einer Grafik als Füllung. Wenn der Text entsprechendes Volumen hat, wird die Grafik in den Hintergrund gesetzt, die Buchstaben bilden die »Maske« für das Bild. Wählen Sie dazu *Textfüllung/Bild*, und wählen Sie eine Grafikdatei, möglichst im platzsparenden GIF- oder JPG-Format. Die Schrift muss dazu natürlich viel Fläche bieten.

Abbildung 14.30 Schrifteffekte mit Grafiken aus Bilddateien

Unter *Textgliederung* finden Sie die Formatierungen für den Textrahmen. Weisen Sie Farben aus dem Design, Standardfarben oder selbst definierte Farben zu, und ändern Sie Strichstärken und Stricharten.

Die Texteffekte bieten wie die Objektformatierung auch Schatten, Spiegelung, Leuchten, Abschrägungen (zusätzliche Kanten) und 3D-Drehungen. Für Textfelder steht noch eine weitere Kategorie, *Transformieren*, zur Auswahl. Hier präsentiert das WordArt-Formatierwerkzeug Schrifteffekte wie Bögen, Verzerrungen und Wellen. Die Abbildung zeigt ein paar Beispiele.

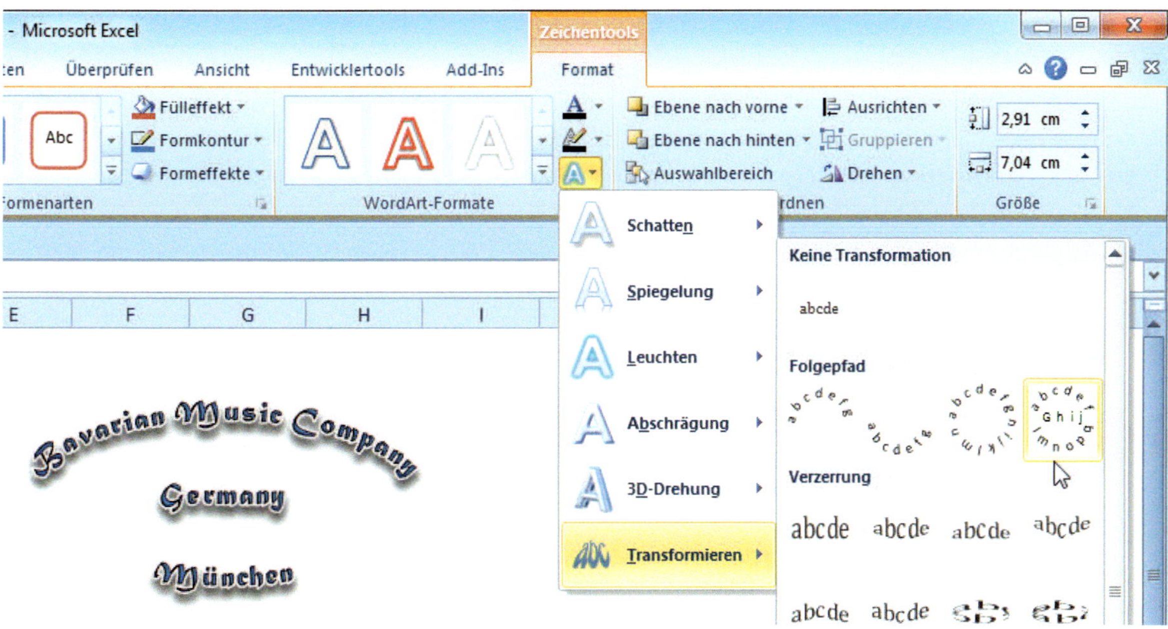

Abbildung 14.31 Schrifteffekte im Befehl Transformieren

14.6 SmartArts

Dieses Grafikwerkzeug, das auch für die Office-Produkte Word, PowerPoint und Publisher zur Verfügung steht, hieß früher *Schematische Darstellungen* (Organization Charts) und heißt ab Version 2007 *SmartArts*.

Was sind SmartArts? Organisationsdiagramm ist ein Begriff, der noch einigermaßen zutrifft, aber SmartArts können mehr, als nur die hierarchischen Strukturen einer Organisation darzustellen:

» SmartArts visualisieren Aufzählungen, verdeutlichen wichtige und weniger wichtige Punkte durch Formatierung.

» SmartArts bilden Prozesse ab, setzen Meilensteinpläne (Quality Gates) um und geben die Richtung an, in die eine Entwicklung führt oder zu führen hat.

14.6.1 SmartArt einfügen

1. Stellen Sie ein leeres Tabellenblatt bereit, und wählen Sie *Einfügen/Illustrationen/SmartArt*.
2. Ein Dialogfeld mit dem Angebot an SmartArts wird eingeblendet. Links außen sehen Sie die Liste der Typen, die Markierung steht auf *Alle*, was bedeutet, dass alle Typen als Symbole angeboten werden.
3. Klicken Sie auf die Kategorie *Liste*, und bestätigen Sie mit Klick auf *OK*.
4. Das SmartArt-Objekt wird zentriert in das Tabellenblatt eingefügt. Links am Objekt steht ein Textbereich, er bietet für diesen Typ fünf Textzeilen an. Klicken Sie in die erste Zeile, und geben Sie den Text ein:

```
Produktion
```

5. Schreiben Sie die Texte für die übrigen Kästchen der Liste. Jeder Text wird sofort auch im Diagramm abgebildet.
6. Klicken Sie in eine beliebige Zelle des Tabellenblattes, und das SmartArt-Diagramm ist fertig.

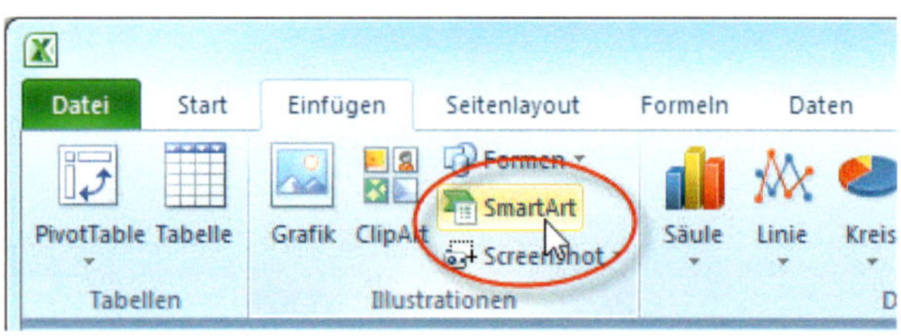

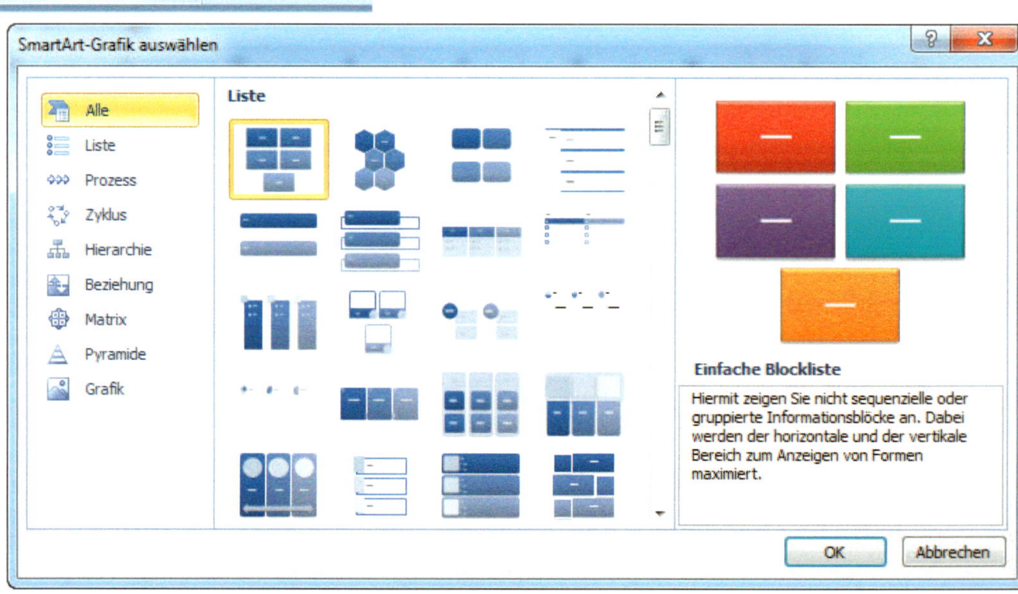

Abbildung 14.32 SmartArts stehen in der Gruppe der Illustrationen zur Auswahl.

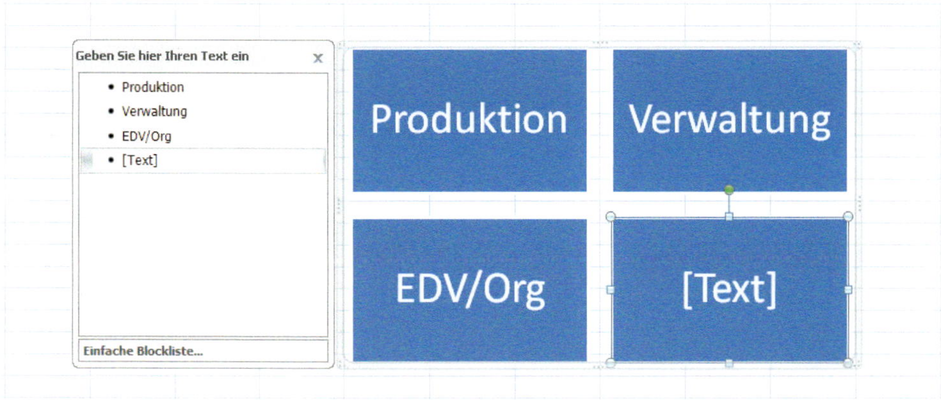

Abbildung 14.33
Das SmartArt-Diagramm wird beschriftet.

14.6.2 Der Textbereich

Das Kästchen mit den Textzeilen gehört zu jeder SmartArt-Grafik, es wird angezeigt, sobald diese zur Bearbeitung markiert ist. Unterhalb der Textzeilen finden Sie ein Kästchen, in dem der ausgewählte Typ kurz beschrieben ist. Ein Link verweist auf den Hilfetext zu SmartArt in der Office-Hilfe.

Ziehen Sie den Textbereich an der Titelzeile nach links weg, um ihn von der Grafik zu lösen. Diese zeigt daraufhin am linken Rand kleine Pfeilsymbole, die zum Einblenden oder Ausblenden des Textbereiches angeklickt werden. Der Textbereich kann auch mit dem Kreuz links oben in seiner Titelzeile ausgeblendet werden.

Text einbringen

Sie können die Textzeilen für die Grafik eintippen oder aus der Zwischenablage holen. Kopieren Sie die Zellen aus einem Tabellenblatt, und fügen Sie die Kopie an der Cursorposition in das Textfeld ein.

Importieren Sie Texte aus Word, PowerPoint oder einem anderen Programm, kopieren Sie dazu die Absätze (keine Zeilenumbrüche) über die Zwischenablage.

Die schwarzen Punkte im Textbereich signalisieren, dass die Textzeilen in der Grafik angezeigt werden. Da die meisten Typen über wenige Grafikelemente verfügen, kann der Text zu groß sein. In diesem Fall sind alle Zeilen, die nicht grafisch umgesetzt werden, mit einem roten Punkt gekennzeichnet.

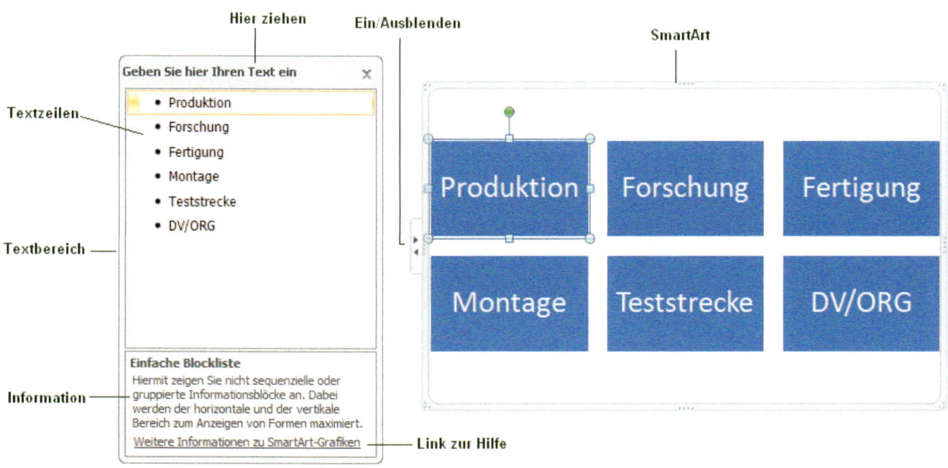

Abbildung 14.34
Der Textbereich der SmartArt-Grafik

Schreiben Sie ausschließlich im Textbereich, und kontrollieren Sie das Ergebnis in der Grafik. Sie können den Text auch in die Kästchen eingeben, was aber nach Zuweisung von Formaten (Farben, Muster) aufwendiger ist als die Textpflege im Textbereich. Lernen Sie einige Tastenkombinationen für den Textbereich kennen:

Funktion	Tasten
Text einrücken nach rechts	Tab
Text einrücken nach links	Umschalt + TAB
Tabstopp hinzufügen	Strg + Tab
Neue Textzeile anlegen	Eingabe
Rechtschreibprüfung	F7
Textzeilen zusammenführen	Entf am Ende der ersten Textzeile
Kontextmenü anzeigen	Umschalt + F10
Zwischen oberem und unterem Bereich wechseln	Strg + Umschalt + F1
Zwischen SmartArt-Grafik und Textbereich wechseln	Strg + Umschalt + F2
Textbereich schließen	Alt + F4
Vom Textbereich zum Rahmen der SmartArt-Grafik wechseln	Esc

Tabelle 14.3 Tastenkombinationen für den Textbereich

Text formatieren

Der Text im Textbereich kann zwar formatiert werden, die Zuweisung der Formate wirkt sich aber auf die Grafik aus, die Texte im Textbereich bleiben unverändert in der Standardschrift.

Markieren Sie alle Textzeilen, die Sie formatieren wollen. Um den gesamten Text zu markieren, drücken Sie Strg + A.

Klicken Sie mit der rechten Maustaste in den Text, und weisen Sie die Formatierungen aus dem Kontextmenü zu. Achten Sie dabei auf die SmartArt-Grafik. Ändert sich die Schriftgröße, wird der Text u.U. zu groß für die grafischen Elemente (Kästchen).

Text gliedern

Der Textbereich funktioniert ähnlich wie die Gliederungsansicht im Textprogramm Word, d.h., er kann den Text auch in unterschiedliche Ebenen einstufen. Das ist vor allem in Schaubildern wichtig, damit die Textinformationen für den Betrachter besser lesbar sind.

1. Geben Sie die Gliederungsebene der ersten Stufe ein, und drücken Sie die Eingabe-Taste.
2. Drücken Sie die Tab-Taste, um die Zeile in die nächste Ebene zu setzen, oder klicken Sie auf der Registerkarte *SmartTools/Entwurf* in der Gruppe *Grafik erstellen* auf das Symbol *Tiefer stellen*.

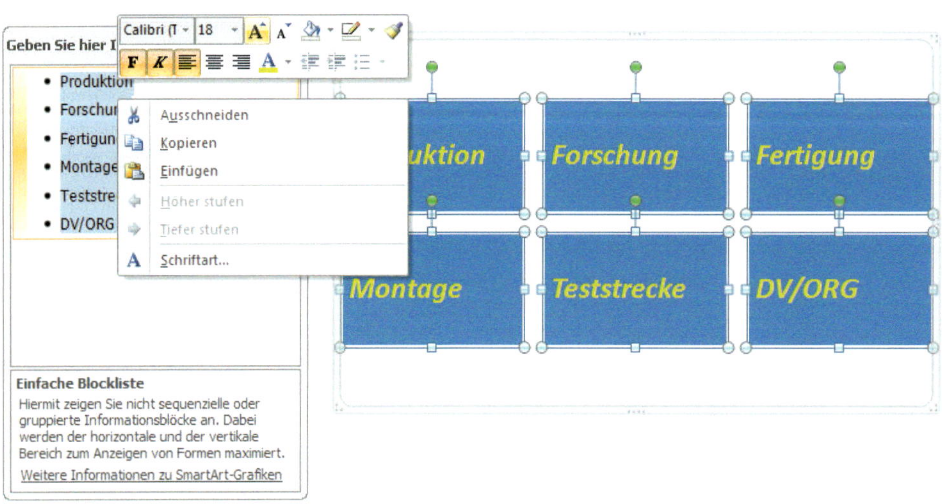

Abbildung 14.35 Formatierungen im Textbereich werden nur in der Grafik wiedergegeben.

3. Schreiben Sie in der gleichen Ebene weiter, drücken Sie [Tab] für die nächste Ebene oder [Umschalt]+[Tab] bzw. *Höher stufen*, um eine Ebene zurückzuschalten.

4. Klicken Sie auf *Aufzählungszeichen hinzufügen*, um eine neue Zeile mit Aufzählungszeichen einzufügen (falls der Typ der Grafik dies unterstützt).

5. Mit *Form hinzufügen* fügen Sie ein neues Element (Kästchen) und damit auch eine neue Zeile (Hauptebene) ein.

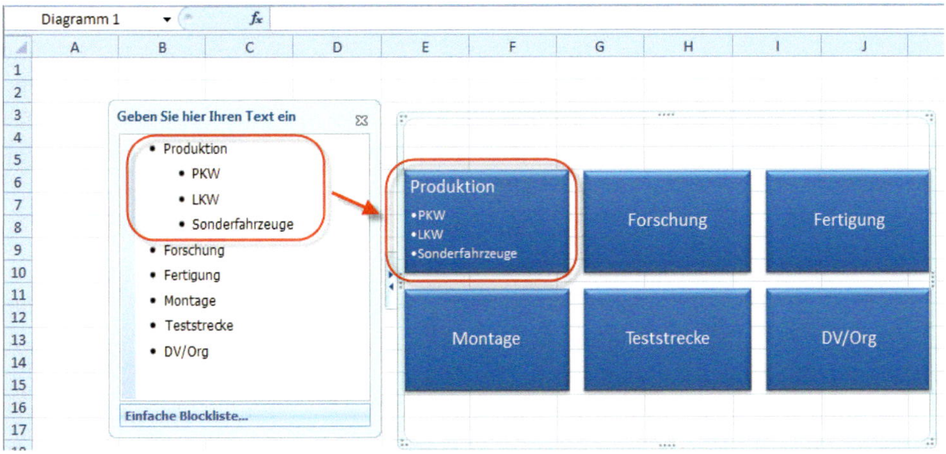

Abbildung 14.36
Gegliedert schreiben und mit den SmartTools im Textbereich arbeiten

14.6.3 SmartArt-Grafik formatieren

Die Formatierung der Grafik stammt, wie Sie unschwer erraten konnten, wie alles, was farbig oder formatiert erscheint, wieder aus dem Design. Hier werden Farben, Schrift und Objekteffekte definiert. Die schnellste Methode, zu einem anderen »Look« zu kommen, ist, unter *Seitenlayout/Design* ein anderes Design einzustellen. Aber das ist nicht im Sinne des Erfinders, das Design sollte für alle grafischen Arbeiten in allen Office-Programmen gleich bleiben, damit der CI-Look gewahrt bleibt.

Ändern Sie also die Grafik durch Zuweisen einer neuen Farbe oder einer Formatvorlage aus dem Design:

1. Markieren Sie die SmartArt-Grafik, und wählen Sie in den *SmartArt-Tools* unter *Entwurf/SmartArt-Formatvorlagen Farben ändern*.

2. Die Farbenliste zeigt die Primärfarben aus dem Design sowie weitere Farben, die designspezifisch und harmonisch abgestimmt sind. Zeigen Sie auf eine Farbe, die *Live-Vorschau* weist sie im Hintergrund temporär zu.

3. Klicken Sie die Farbe an, und das neue Farbmodell ist zugewiesen.

Formatvorlage zuweisen

Wesentlich mehr Erfolg werden Sie mit Ihren SmartArt-Schaubildern haben, wenn Sie Formatvorlagen verwenden. Hier stehen nämlich für alle Typen und in allen Designs sehr schöne und wirkungsvolle Effekte zur Auswahl. Klicken Sie auf eine der angezeigten Vorlagen unter *SmartArtTools/Entwurf/SmartArt-Formatvorlagen*.

Formate einzeln zuweisen

Den Feinschliff erhält das SmartArt-Diagramm über die Zuweisung einzelner Formate, und hier können Sie wie bei der Objektformatierung auch aus dem Vollen schöpfen. Ändern Sie einzelne Formen oder die gesamte Grafik.

Die Registerkarte *Format* bietet alle Formatierungen an, die Sie auch für grafische Objekte zur Verfügung haben.

1. Markieren Sie alle Textzeilen oder Formen in der Grafik, die Sie ändern wollen.
2. Schalten Sie um auf *SmartArtTool/Format*.
3. Klicken Sie unter *Formen* auf *2D-Bearbeitung*, wenn der 3D-Look hinderlich ist. Mit *Form ändern* können Sie eine andere Grundform aus der Liste der Formen holen.
4. Wählen Sie unter *Formenarten* eine der vorbereiteten Formenarten, und weisen Sie *WordArt-Formate* zu.

In der Gruppe *Anordnen* finden Sie die Befehle für die Objektanordnung und zum Ausrichten/Drehen/Spiegeln der Objekte (*siehe Kapitel 13.3: Objekte bearbeiten*).

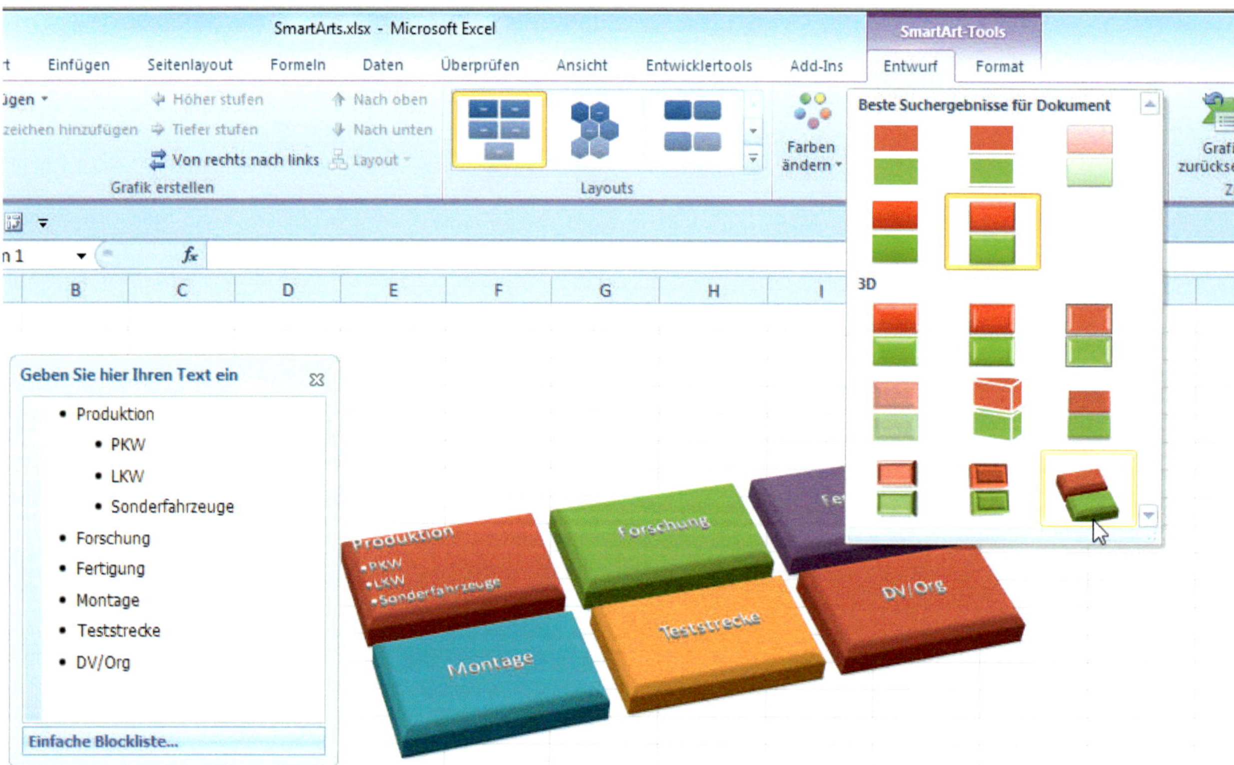

Abbildung 14.37 Tolle Effekte: SmartArt-Formatvorlagen

14.6.4 SmartArt-Diagrammtypen und Layouts

Mit dem Aufruf des Befehls *SmartArt* aus der Registerkarte *Einfügen*, Gruppe *Illustrationen* erhalten Sie ein Dialogfenster, das acht Typen mit einer wechselnden Zahl von Varianten anbietet. Die erste Aufgabe besteht darin, den richtigen Typ für die Information zu suchen, die Sie vermitteln wollen. Und das ist ganz wichtig, denn ein Wechseln des Diagrammtyps ist zwar problemlos möglich, die Arten unterscheiden sich in der Gestaltung aber teilweise so stark, dass bereits erfasste Textgliederungen meist nicht mehr in die Grafik passen.

Jeder SmartArt-Typ bietet zwar die Möglichkeit, Formen hinzuzufügen oder herauszunehmen. Trotzdem kann es vorkommen, dass Typen nicht genügend Platz für die darzustellende Information bieten.

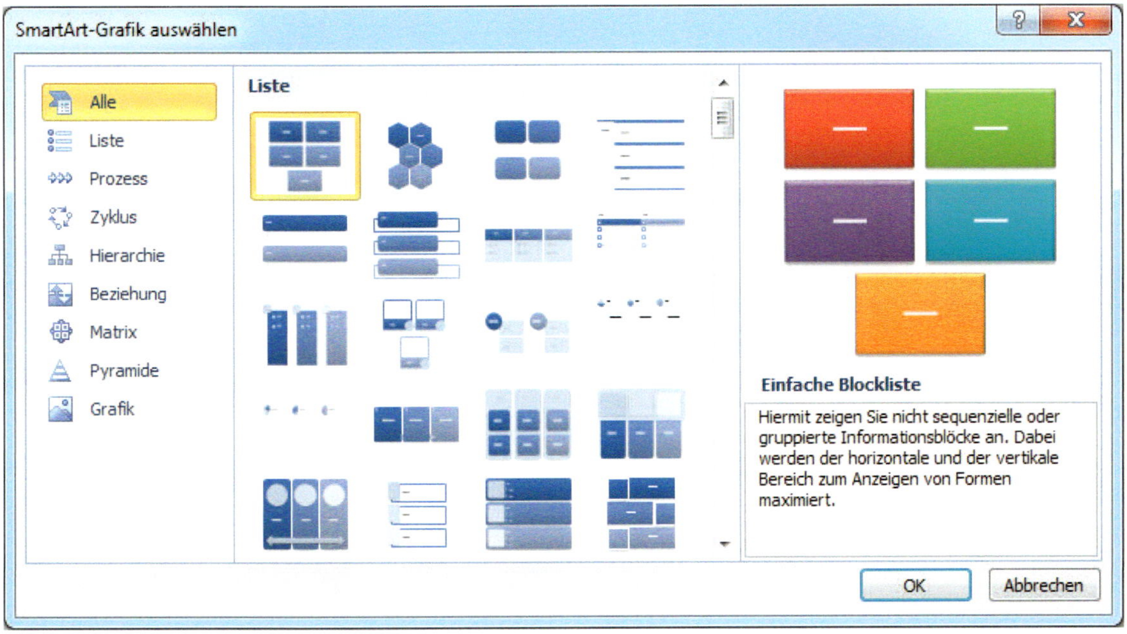

Abbildung 14.38 SmartArt-Typen und ihre Untertypen

Hier eine Übersicht über die Grundausrichtung der einzelnen Typen:

SmartArt	Bild	Notiz
Liste		Informationen visualisieren, die nicht sequenziell sind. Mit dem Untertyp *Hierarchieliste* wird ein Organigramm erstellt.
Prozess		Sequenzielle Entwicklung, Prozesse, Workflows, Schritte auf einer Zeitachse anzeigen. Für große Textmengen stehen spezielle Untertypen mit mehrfachen Umbrüchen bereit.
Zyklus		Kontinuierliche Prozesse darstellen. Mit dem passenden Untertyp wird die Betonung auf die Beziehung selbst oder auf die fortlaufende Verbindung gelegt.
Hierarchie	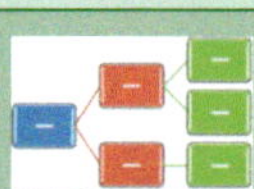	Hierarchische Strukturen, Organigramme, Oben-Unten-Beziehungen verdeutlichen. Damit wird das klassische Organigramm erstellt. Die Richtung ist je nach Untertyp horizontal oder von oben nach unten.
Beziehung		Verbindungen zwischen Einzelelementen anzeigen. Mit Untertypen wie *Balance*, *Gegengewicht*, *Trichter*, *Zahnrad* etc. lassen sich die Informationen effektiv visualisieren.
Matrix	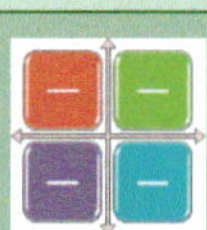	Zeigen, wie sich einzelne Teile auf ein Ganzes beziehen. Die übergeordnete Ebene kann wahlweise in die Mitte gestellt werden.
Pyramide		Proportionale Beziehungen zur größten Komponente anzeigen. Für größere Textmengen kann das Textelement neben die Segmente gestellt werden.
Grafik		Bildelemente mit Unterschriften und Textblöcken versehen. Bietet die Möglichkeit, Produktinformationen, Preislisten, Fotostrecken u.a. in Tabellenblätter einzubauen.

14.6.5 Layout zuweisen

Die Auswahl eines Untertyps ist nicht bindend, Sie können jederzeit auf eine andere Darstellung wechseln, auch wenn bereits Formatvorlagen, Schriftformate oder einzelne Formatierungen zugewiesen sind. Wählen Sie einfach ein anderes Layout für das Objekt:

1. Markieren Sie das SmartArt-Diagramm.
2. Wählen Sie unter *SmartArt-Tools/Entwurf* auf der Registerkarte *Layouts* ein passendes Layout.
3. Öffnen Sie die Liste, um alle Layouts angeboten zu bekommen.
4. Klicken Sie auf *Weitere Layouts*, um zum Dialog mit der Auswahl der Kategorien zu schalten.

Abbildung 14.39
Die SmartArt-Layouts sind nichts anderes als die Untertypen.

14.6.6 Grafiken in SmartArts

Besonders nützliche SmartArts bietet die neue Gruppe Grafik, sie stellt Bildsymbole für Grafikdateien zur Verfügung. Das SmartArt akzeptiert alle gängigen Dateiformate wie GIF, JPG, WMF, BMP, PNG u.v.a.

1. Wählen Sie *Einfügen/SmartArt*.
2. Klicken Sie auf *Grafik*, und suchen Sie ein passendes Layout.
3. Tragen Sie zuerst die Texte in das Textfeld ein, und passen Sie die Größe des SmartArts an. Ändern Sie auch die Textgrößen.
4. Klicken Sie auf das Grafiksymbol innerhalb des ersten Bildsymbols, und suchen Sie im Dateidialog die Bilddatei.
5. Formatieren Sie die Grafik über *Grösse und Eigenschaften* im Kontextmenü. Unter *Zuschneiden* können Sie das Bild im Grafikelement verkleinern und vergrößern.

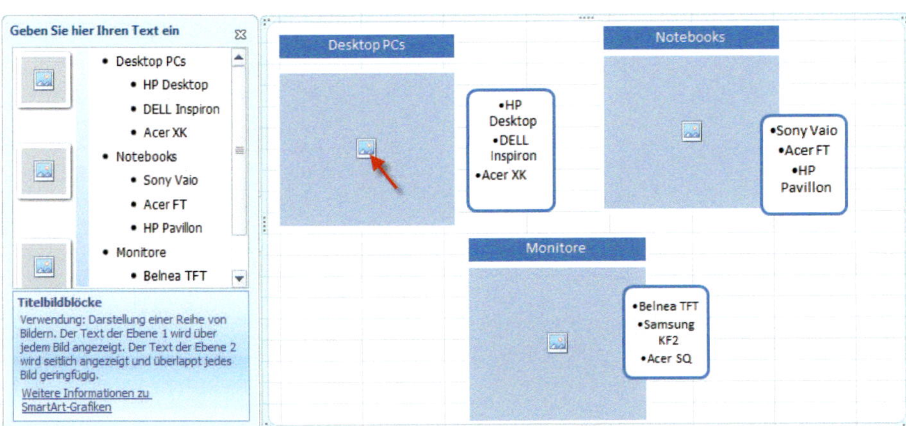

Abbildung 14.40
Grafik-SmartArt mit Bildelementen

6. Alternativ dazu können Sie ein Bild auch in die Zwischenablage kopieren, das Bildelement am Rand anklicken und den Inhalt der Zwischenablage mit Strg + V einfügen.

Die Bilder sind nicht mit den Bilddateien verknüpft, sie werden in der Arbeitsmappe abgespeichert.

Die unterschiedlichen Layouts in dieser SmartArt-Gruppe bieten sehr viele Gestaltungsmöglichkeiten. Für Detailbeschreibungen können Bilder als Teilbilder einer größeren Grafik eingebaut werden. Hier ein weiteres Beispiel mit dem Grafik-SmartArt *Aufsteigender Prozess*. Die Bilder wurden zuvor als Screenshots abgespeichert, dafür können Sie *Einfügen/Illustrationen/Screenshot* benutzen. Windows stellt in seiner Zubehörgruppe das Programm *Snipping-Tool* bereit, mit dem ebenfalls Screenshots fotografiert und als Bild abgespeichert werden können.

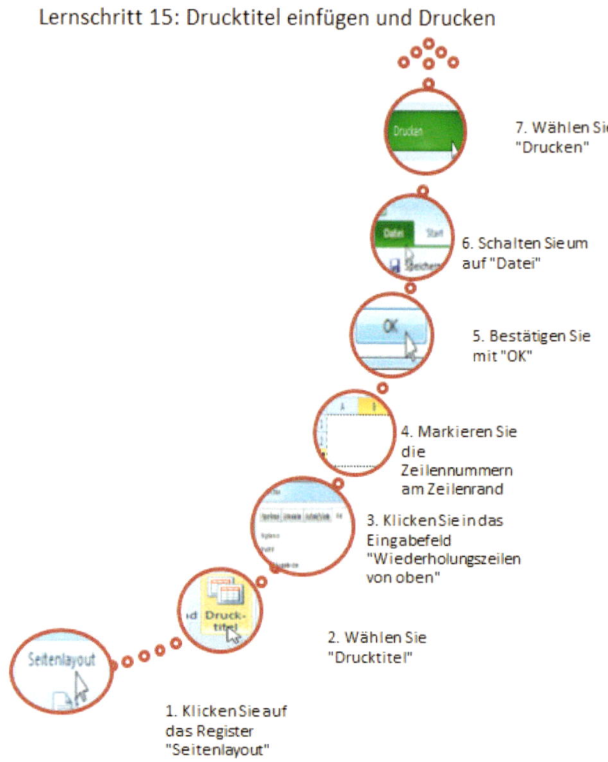

Abbildung 14.42 Screenshots und eine Grafik-SmartArt mit dem Layout »Aufsteigender Prozess«

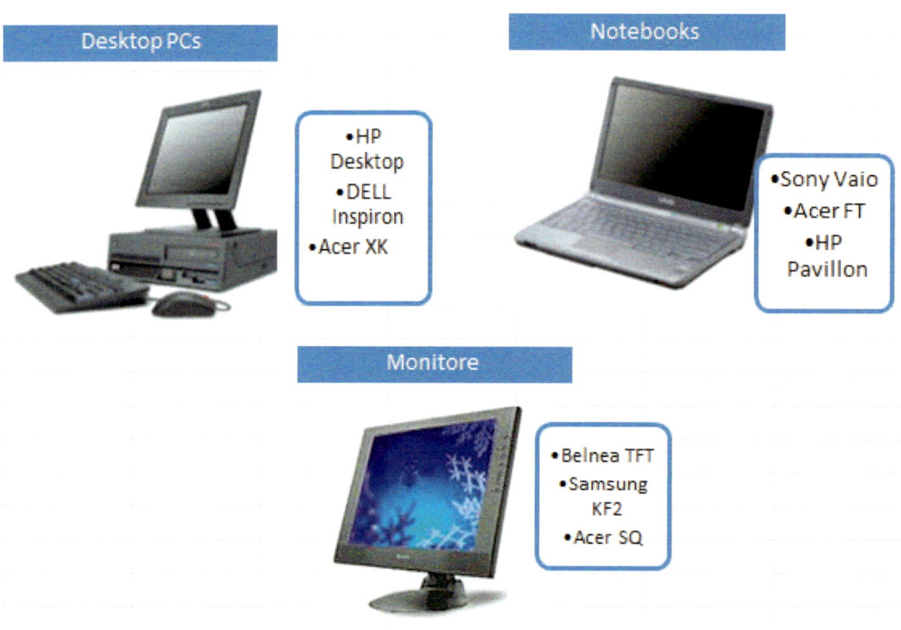

Abbildung 14.41 SmartArt mit Grafiken

14.7 ClipArts

ClipArts sind Mediadaten in vielen Ausprägungen. Unter dem Begriff verstand man früher nur digitale Zeichnungen, längst werden auch Fotos, Filmclips und digitale Sounds als ClipArts bezeichnet.

Diese meist gezeichneten Grafiken zu allen erdenklichen Themen werden zur Illustration von Zahlen in die Tabellen eingebaut, um das Layout aufzulockern. Einige Grundformen (Pfeile) eignen sich gut für Infografiken, Schaubilder und zur Bebilderung von Präsentationen.

ACHTUNG Die ClipArt-Sammlung von Microsoft bietet sehr viele schöne Fotos und Zeichnungen, und alles ist kostenlos. Achten Sie aber auf die Lizenzbedingungen: Das Material darf nur für private Zwecke benutzt werden. Setzen Sie ClipArts auf keinen Fall für öffentliche Webseiten, Prospekte oder Werbematerial ein, das kann sehr teuer werden. Nutzen Sie für solche Zwecke die Fotodienste im Web (z. B. iStock, Fotolia, MEV).

14.7.1 ClipArts im Aufgabenbereich suchen

ClipArts stellt Excel im Aufgabenbereichs rechts außen zur Verfügung. Ziehen Sie das gewünschte Bild in das Tabellenblatt, und schließen Sie den Bereich wieder. Stellen Sie sicher, dass die Inhalte von Office.com mit berücksichtigt werden, dann haben Sie gleich Zugriff auf die vielen ClipArts auf der Microsoft-Webseite.

1. Wählen Sie *Einfügen/Illustrationen/ClipArt*.
2. Kreuzen Sie die Option *Office.com-Inhalte berücksichtigen* an.
3. Geben Sie einen Suchbegriff in das Feld unter *Suchen nach* ein, und klicken Sie auf *OK*.

Alle ClipArts, die zu diesem Suchbegriff passen, werden im Ergebnisfenster angezeigt. Zeigen Sie auf einen Eintrag, und lesen Sie in der QuickInfo die dafür gespeicherten Informationen (Dateiname, Kategorie, Größe, Grafiktyp).

Ein Klick auf das Bild im Ergebnisfenster holt die Grafik sofort in die Tabelle (die Fotos sind sehr groß, zoomen Sie das Tabellenblatt weit herunter). Klicken Sie das Vorschaubild mit der rechten Maustaste an, erhalten Sie ein Kontextmenü mit verschiedenen Befehlen. Sie können den Aufgabenbereich danach schließen oder weitere ClipArts auswählen bzw. suchen.

Abbildung 14.43 ClipArts werden als Objekte in das Tabellenblatt kopiert.

ClipArts bei Office Online abholen

Wenn die Suche nach dem passenden Bild in Ihren Sammlungen nicht erfolgreich war, probieren Sie es am besten direkt bei Office Online, dem Internetdienst von Microsoft, der allen Office-Kunden kostenlos zur Verfügung steht.

1. Klicken Sie im Aufgabenbereich unten auf den Link *Auf Office.com weitersuchen*.
2. Ein Browserfenster wird aktiviert, wenn Sie eine Internet-Verbindung aufbauen können, schaltet der Internet Explorer automatisch auf die Webseite von Microsoft Office Online.
3. Suchen Sie in den Katalogen nach der gewünschten Kategorie. Für jedes angezeigte Bild steht eine Vorschau bereit, über die das Bild kopiert oder in die ClipArt-Sammlung geladen werden kann. Klicken Sie das Pfeilsymbol rechts am Vorschaubild an.

TIPP Wenn der Link auf die englischsprachige Seite von Microsoft führt, ändern Sie in der Adresszeile einfach einen Teil der Adresse. Schreiben Sie statt *en-us de-de* für die deutschsprachige Seite.

Suchen Sie die passende Kategorie, und klicken Sie auf ein Bild. Über das Menü wird das Bild in die Zwischenablage befördert, aus dieser holen Sie es mit Strg+V in das Tabellenblatt. Sie können das Bild auch herunterladen und als Datei speichern oder zum Korb hinzufügen. Wählen Sie weitere Bilder aus, und fügen Sie diese in den Auswahlkorb ein. Zum Schluss klicken Sie auf *Download* und holen alle Bilder aus dem Korb als Dateien auf die Festplatte.

HINWEIS Vor der ersten Nutzung dieses Dienstes lädt Microsoft ein ActiveX-Steuerelement (*Microsoft Office Vorlagen- und Media-Steuerelement*) auf Ihren Rechner, das für die Verwaltung und den Download der Bilder benötigt wird, und will dies zusammen mit den Nutzungsbedingungen auch bestätigt haben. Ihr Internet Explorer muss so konfiguriert sein, dass ActiveX-Elemente und »Cookies« zugelassen sind. Beide Einstellungen finden Sie im Explorer-Fenster unter *Extras/Optionen*.

Wenn Sie aufgefordert werden, ein Medienpaket zu öffnen oder zu speichern, klicken Sie auf *Öffnen*, damit der Clip Organizer es in Empfang nehmen kann.

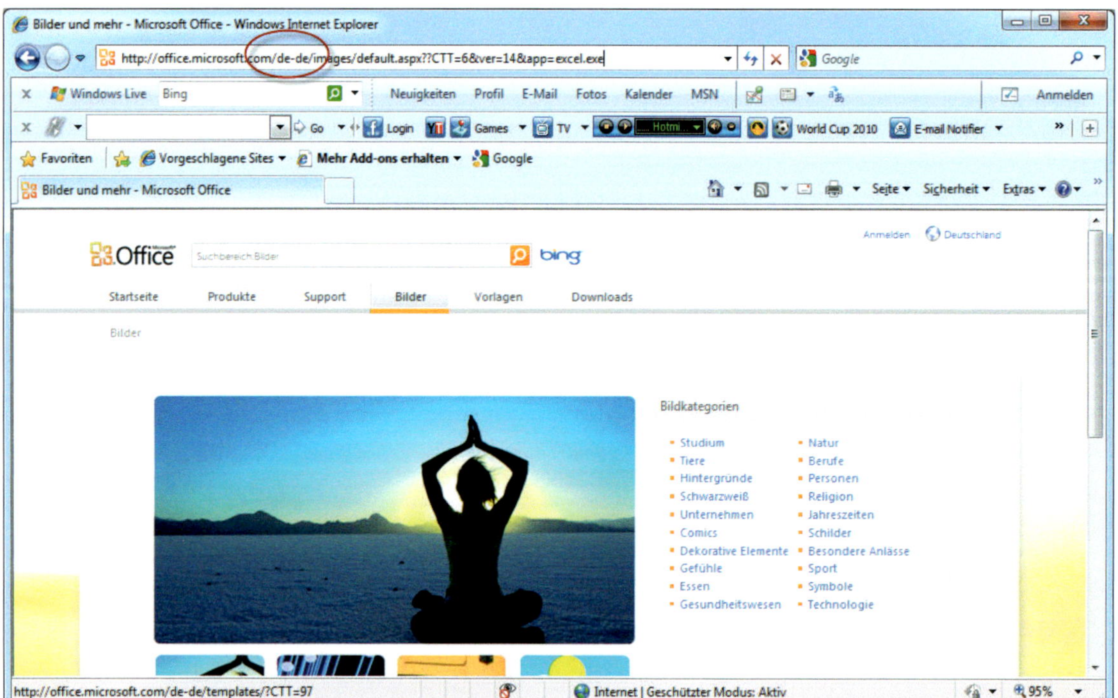

Abbildung 14.44 ClipArts bei Microsoft Office Online

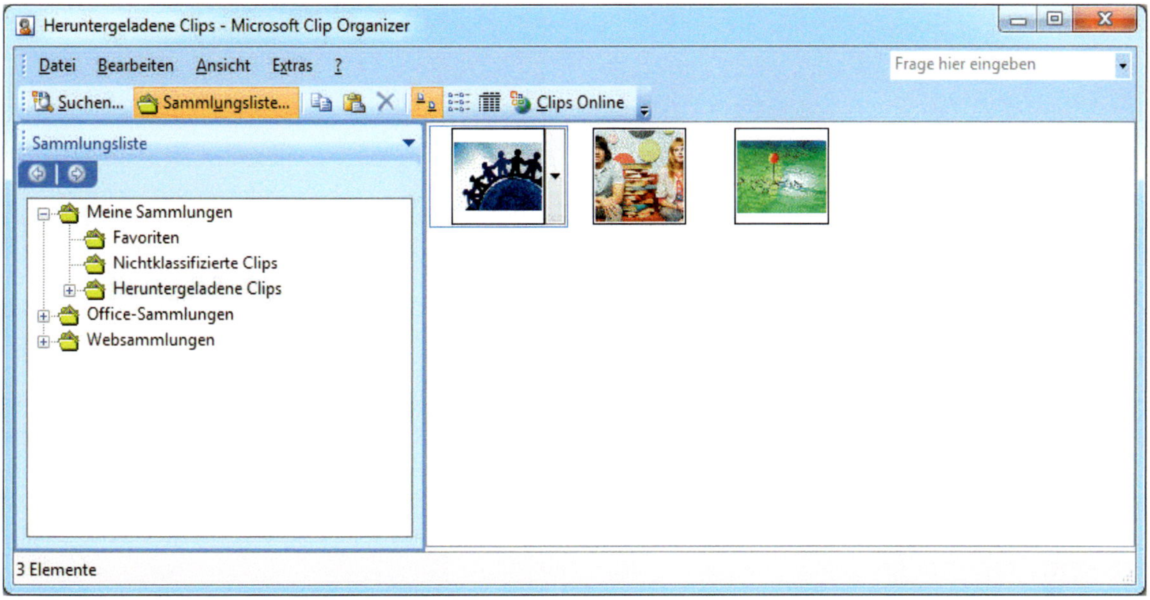

Abbildung 14.45 Der Clip Organizer aus den Office-Tools

ClipArts organisieren

Ihre Bildersammlung sollte so aktuell wie möglich sein, benutzen Sie deshalb regelmäßig den Clip Organizer, der Ihre Datenträger nach neuen Zeichnungen, Fotos, Filmen oder Sounds durchsucht und diese in die Sammlungen integriert. Wenn Sie ClipArts von Office.com herunterladen, wird der Clip Organizer aktiviert. Sie finden ihn in den Office-Tools:

1. Wählen Sie im Windows-Startmenü *Alle Programme/ Microsoft Office/Microsoft Office Tools*.
2. Der Clip Organizer wird aktiviert, wenn die Startmeldung noch nicht ausgeschaltet wurde, können Sie die Durchsuchung Ihrer Festplatte gleich starten.
3. Im Fenster des Clip Organizers stehen alle Sammlungen mit allen katalogisierten Clips bereit.

14.8 Screenshots

Ein Screenshot ist ein detailgetreues Abbild des Bildschirms oder eines Teils des Bildschirms. Um dieses zu erzeugen, muss eigentlich kein Programm zum Einsatz kommen, denn das kann Windows selbst. Die Programmfunktion im Einfügen-Register von Excel kann auch Bildschirme abfotografieren, entscheiden Sie selbst, womit Sie arbeiten wollen.

14.8.1 Screenshots mit Windows

Drücken Sie die *Druck*-Taste auf Ihrem PC. Auf Notebooks ist diese häufig auf der 2. Tastaturebene, halten Sie in diesem Fall die *Fn*-Taste gedrückt. Der Screenshot steht in der Zwischenablage und kann in jedem Programm mit `Strg`+`V` eingefügt werden. Im Excel-Fenster aktivieren Sie dazu eine beliebige Zelle im Tabellenblatt.

Wenn Sie nur eine angezeigte Dialogbox, ein Teilfenster oder eine Meldung kopieren wollen, halten Sie die `Alt`-Taste gedrückt, bevor Sie mit der `Druck`-Taste den Bildschirm »fotografieren«.

Snipping Tool

Windows Vista und Windows 7 bieten mit dem Snipping Tool ein Programm für die Herstellung von Screenshots. Aktivieren Sie dieses unter *Start/Alle Programme/Zubehör*. Das Bedienungsfenster bleibt auf dem Bildschirm, Sie können per Tastenkombination alles abfotografieren und die Daten im JPG- oder PNG-Format speichern.

Abbildung 14.46 Das Snipping Tool von Windows Vista/Windows 7

14.8.2 Screenshots mit Excel

Bildschirmfotos lassen sich auch mit Excel erstellen, und die Programmfunktion ist ganz nützlich:

1. Wählen Sie *Einfügen/Illustrationen/Screenshot*.
2. Klicken Sie auf das Programmfenster, das Sie fotografieren wollen.
3. Mit *Bildschirmausschnitt* holen Sie einen Ausschnitt des Bildschirms. Dieser wird nach kurzer Zeit abgeblendet, ziehen Sie den Mauszeiger mit gedrückter Maustaste über den gewünschten Teil.

Das Bildschirmfoto wird als Grafik in das Tabellenblatt eingefügt, die Registergruppe *Bildtools* wird aktiv. Ändern Sie die Bildgröße, und passen Sie das Format des Bildes an.

Angeboten werden alle offenen »Tasks« in der Reihenfolge, wie sie auch im Task-Manager stehen. Halten Sie die Alt-Taste gedrückt, und drücken Sie Tab, sehen Sie die Tasks ebenfalls, hier ist nur Excel mit dabei. Wenn Sie einen Bildschirmausschnitt fotografieren, wird die erste Task eingeblendet. Um eine andere Task zu wählen, aktivieren Sie diese und schalten zurück auf Excel. Jetzt steht diese Task an erster Stelle im Task-Manager.

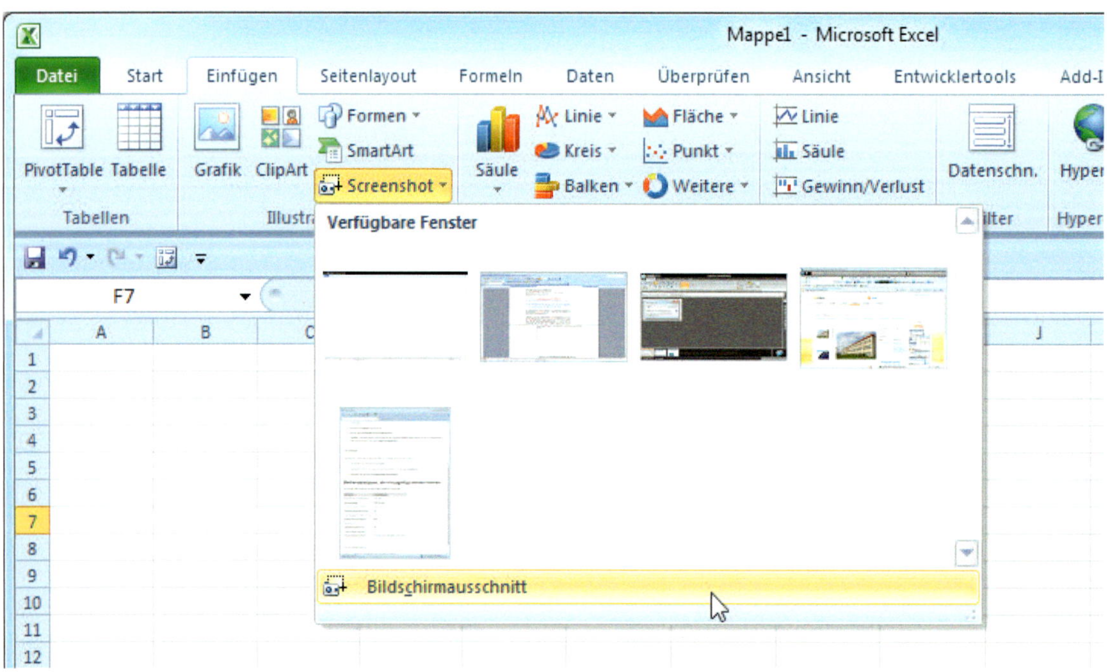

Abbildung 14.47 Bildschirmfotos mit Excel

14.9 Externe Grafikdaten

Externe Grafikdateien werden, wie Sie schon in der Liste der Mediadaten im ClipArt-Bereich sehen können, generell akzeptiert, es gibt kaum ein Format, das Excel nicht einlesen könnte.

14.9.1 Grafikdatei einlesen

1. Wählen Sie *Einfügen/Illustrationen/Grafik*.
2. Suchen Sie das gewünschte Bild in einem Ordner auf Ihren Datenspeichern. Schalten Sie unter *Dateityp* den passenden Typ ein, um die Anzeige auf Dateien dieses Typs zu beschränken. Wenn Sie den Dateityp nicht kennen, wählen Sie *Alle Dateien*.

Markieren Sie die angezeigte Grafik, und holen Sie das Bild mit Klick auf *Einfügen* in die Tabelle.

14.9.2 Grafiken über die Zwischenablage

Ein einfaches, aber wirkungsvolles Gestaltungsmittel: Kopieren Sie Grafiken aller Art in die Zwischenablage. Wenn Sie im Intranet oder Internet ein Bild, eine Zeichnung oder ein Logo sehen, das Sie für Ihre Excel-Tabellen brauchen, holen Sie es über die Zwischenablage in die Tabelle.

ACHTUNG Noch einmal: Achten Sie auf die Copyright-Bestimmungen: Bilder aus dem Internet dürfen Sie niemals ohne Zustimmung des Urhebers verwenden. Wenn Sie kopierte Bilder aus dem Web in Präsentationen oder Drucksachen nutzen, riskieren Sie hohe Kosten für sich oder Ihr Unternehmen.

1. Klicken Sie mit der rechten Maustaste auf das im Browserfenster angezeigte Bild, und wählen Sie *Bild kopieren*.
2. Wenn Sie eine Grafik aus dem Erzeugerprogramm kopieren (z.B. Adobe Photoshop oder Corel Draw), markieren Sie die Grafik, und kopieren Sie diese mit Strg + C in die Zwischenablage.
3. Wechseln Sie zur Excel-Tabelle, und wählen Sie Strg + V (*Start/Zwischenablage/Einfügen*). Die Zeichnung wird in der Bildschirmmitte eingefügt und als Objekt markiert.

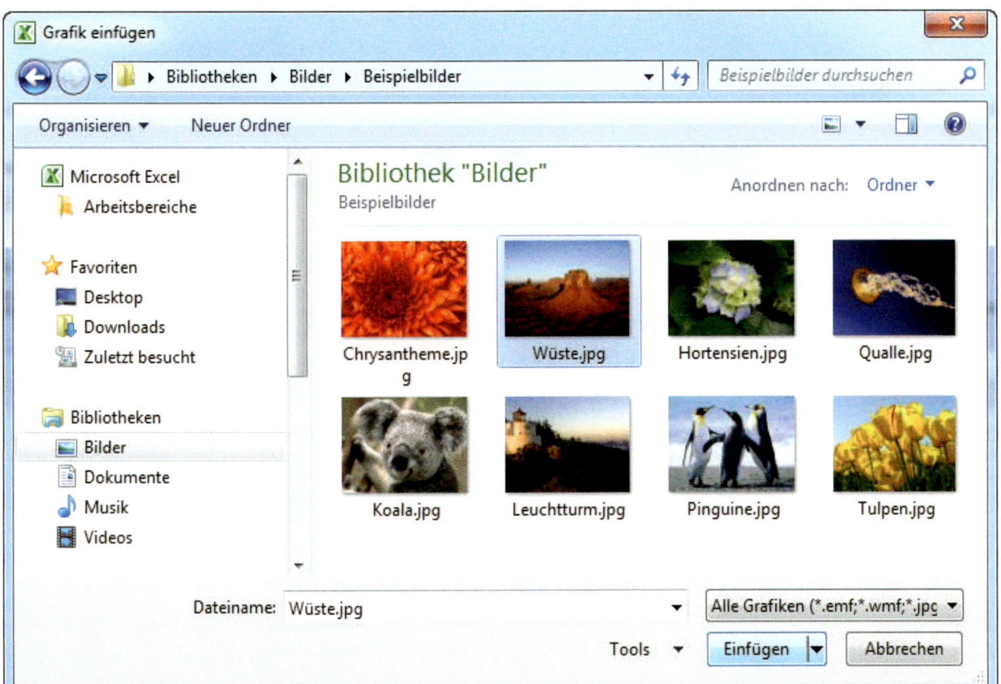

Abbildung 14.48 Grafikdateien direkt von der Festplatte

Das Bild befindet sich weiterhin in der Zwischenablage, bis ein anderes Datenvolumen kopiert wird.

HINWEIS Die Zwischenablage ist ein temporärer Speicherbereich, der von Windows gestellt wird. Dieser Speicher unterstützt alle Dateiformate, sodass alle Windows-Programme ihre Daten auslagern können. Wenn ein Windows-Programm seine Daten in die Zwischenablage kopiert, wendet es dafür das in ihm festgelegte Format an. Das Zielprogramm, in diesem Fall Excel, holt dann den Inhalt der Zwischenablage unter diesem Datenformat ab, vorausgesetzt, dieses wird unterstützt. Wenn das Datenformat nicht erkannt wird, schaltet Windows in das Format, das dem Informationsgehalt am nächsten kommt. Absolut inkompatible Formate werden aber nicht umkopiert, Excel verweigert die Übernahme der Grafik mit der Meldung *Kann Daten nicht einfügen*.

Diese Meldung sehen Sie übrigens auch, wenn der Inhalt der Zwischenablage zu groß ist, um in einer Excel-Tabelle Platz zu finden.

14.10 Grafiken bearbeiten mit Bildtools

Eigentlich sollten Sie mit Excel ja rechnen und kalkulieren, trockene Arithmetik anwenden und mathematische Formeln entwerfen. Mit den Bildtools, den Werkzeugen zur Bearbeitung grafischer Elemente, werden Sie immer öfter in Versuchung geraten, das Rechenprogramm für Fotobearbeitung und Bildretusche zu benutzen.

Tatsächlich sind die Werkzeuge in dieser Registerkarte fast schon konkurrenzfähig mit einschlägigen Programmen, auch die einfache Bedienung und vor allem die Live-Vorschau, die einen Effekt oder ein Format schon anzeigt, bevor es zugewiesen ist, macht diese Tools zum Favoriten für Bildbearbeitung.

Markieren Sie eine Grafik (Foto, Bild, ClipArt), die Sie aus einer gespeicherten Datei oder über die ClipArt-Sammlung in das Tabellenblatt geholt hatten, und schalten Sie auf die Registerkartengruppe *Bildtools* mit der einzigen Registerkarte *Format* um.

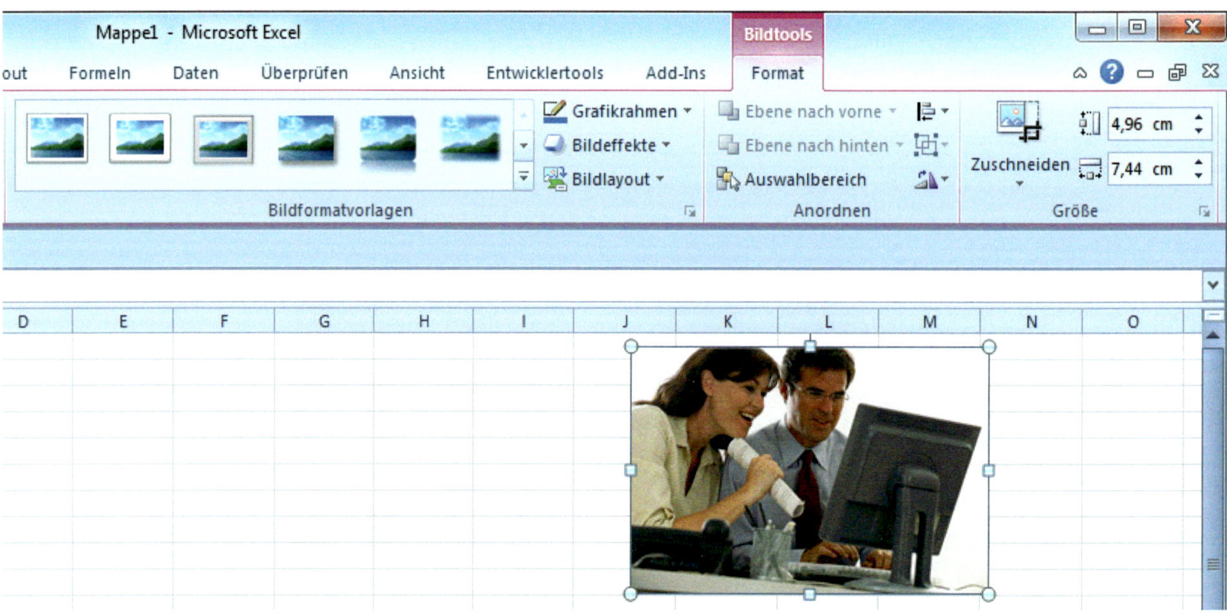

Abbildung 14.49 Grafik bearbeiten mit den Bildtools

14.10.1 Grafik anpassen

Bildgröße und Zuschnitt

Die Grafik wird wie jedes Objekt manuell über die Markierungspunke und den Objektrahmen vergrößert und verkleinert. Die Gruppe *Schriftgrad* bietet Befehle für die direkte Größenanpassung. Geben Sie die *Breite* und *Höhe* ein, oder klicken Sie auf *Zuschneiden* und ziehen Sie die Rahmenmarken für einen Bildausschnitt nach innen. Klicken Sie in das Tabellenblatt, um den Zuschnitt zu übernehmen.

Bildretusche

In der Gruppe *Anpassen* der Bildtools finden Sie die Werkzeuge zur Anpassung des markierten Bildobjektes.

Definieren Sie die *Helligkeit* neu, geben Sie eine prozentuale Abweichung vom Normalwert an. Positive Werte machen das Bild heller.

Ändern Sie den *Kontrast* des Bildes durch Zuweisung eines Wertes. Positive Werte machen das Bild schärfer.

Unter *Neu einfärben* können Sie verschiedene Farbmuster bestimmen oder unter *Weitere Varianten* auf die Design- oder Standardfarben schalten bzw. selbst Farben definieren. Mit *Transparente Farbe bestimmen* erhalten Sie einen Stift am Mauszeiger, klicken Sie mit diesem in einen Farbbereich des Bildes, wird dieser herausgelöscht.

Mit *Bild ändern* erhalten Sie den *Öffnen*-Dialog. Holen Sie bei Bedarf eine andere Datei in das Grafikobjekt.

Grafik zurücksetzen macht alle Änderungen am Bild rückgängig, das Objekt zeigt wieder das Originalbild an.

Bilder komprimieren

Digitale Fotos haben Standardbildgrößen ab 2 Megapixel und damit Dateigrößen von mehreren Megabytes. Für die Druckausgabe oder die Anzeige auf einem Tabellenblatt reicht eine kleine Teilmenge davon, reduzieren Sie in solchen Riesengrafiken die Größe, indem Sie das Bild komprimieren. Speichern Sie die Arbeitsmappe, wird die Datenmenge des Bildes auf die angegebene Menge reduziert.

1. Wählen Sie *Bildtools/Format/Anpassen/Bilder komprimieren*.
2. Klicken Sie auf *Optionen*, und stellen Sie die Komprimierung ein. Die Standardoption *Drucken* reduziert das Bild auf 220 dpi (dots per inch). *Bildschirm* reicht, wenn Sie das Bild nur auf dem Monitor zeigen, und *E-Mail* ist die kleinste Bildgröße, die für den Versand per E-Mail geeignet ist.

Bildformatvorlagen

Langweilige Bilder gehören der Vergangenheit an. Weisen Sie Ihren Bildern Formatvorlagen zu, arbeiten Sie mit Schmuckrahmen und 3D-Effekten, um die Aussagekraft der Bilder zu erhöhen. Eine Formatvorlage weist dem Bild gleichzeitig Form, Rahmen und Effekte zu.

1. Wählen Sie unter *Bildtools/Format* in der Gruppe *Bildformatvorlagen* eine Vorlage, klicken Sie auf das Pfeilsymbol, um die Liste zu öffnen.
2. Mit *Bildform* verpacken Sie das Bild in eine Form. Wählen Sie Rechtecke, Ellipsen, Pfeile oder andere Formen als Zuschnitt für Ihr Bild.

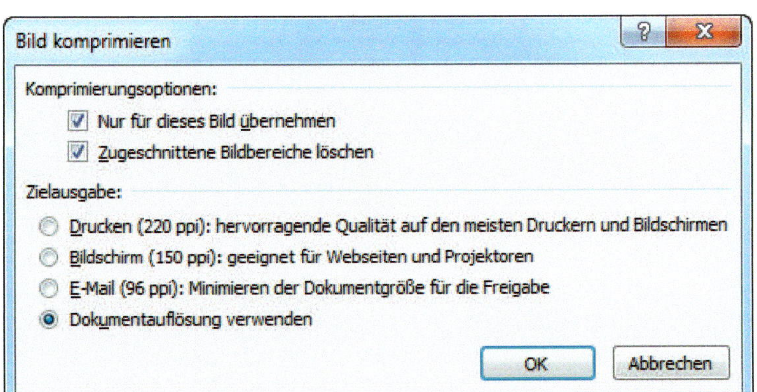

Abbildung 14.50
Das Bild wird komprimiert.

3. *Grafikrahmen* bietet die Möglichkeit, den Rahmen separat zu formatieren, und mit *Bildeffekte* ändern Sie den von der Vorlage zugewiesenen Effekt:
   - Schatten
   - Spiegelung
   - Leuchteffekt
   - Weiche Kanten
   - zusätzliche Kanten (Abschrägung)
   - 3D-Drehung

Alles unter einem Dach: Das Dialogfeld

Alle Bildformatierungen, die in der Registerkarte *Bildtools/Format* angeboten werden, und noch zusätzliche Effekte, die nicht angeboten werden, finden Sie im Dialogfeld, das mit dem Menübefehl *Weitere Einstellungen* (zum Beispiel *Weitere 3D-Drehungen*) oder über das Dialogfeldsymbol rechts unten am Gruppenfeld aktiviert wird. Schalten Sie auf eine der Kategorien um, und passen Sie das Bild über die Optionen im Dialogfeld an.

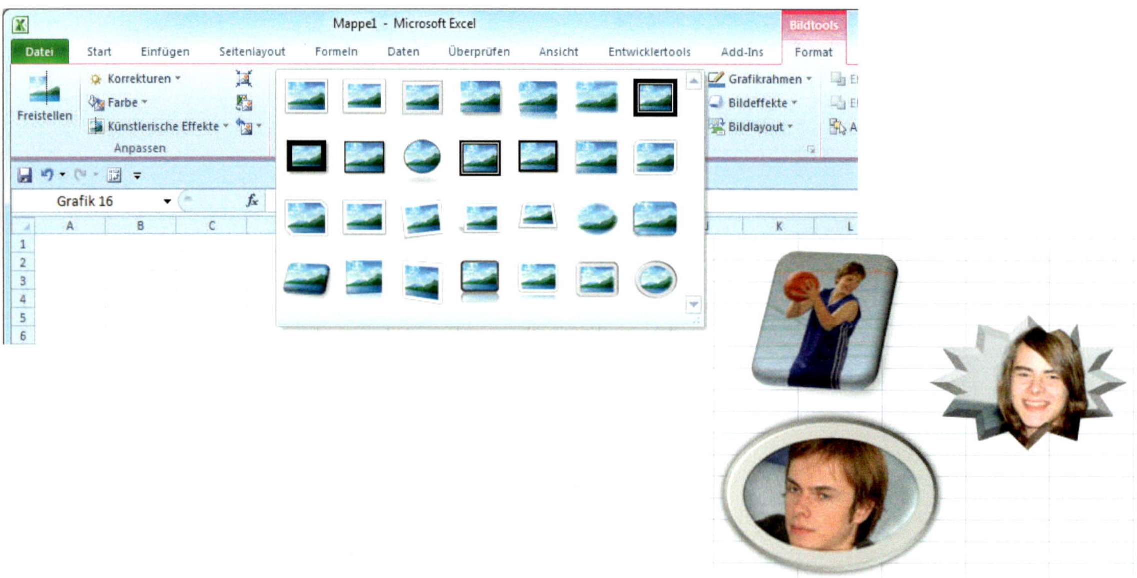

Abbildung 14.51 Bilder werden mit Formatvorlagen und grafischen Effekten schöner.

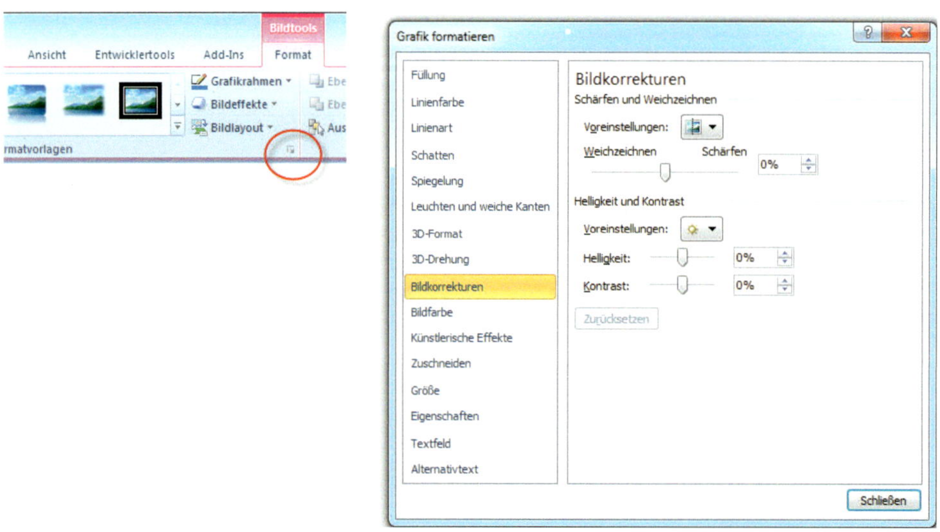

Abbildung 14.52 Das Dialogfeld enthält alle Befehle für die Bildanpassung.

14.11 Videos

Wie flexibel Excel auch im Grafikbereich ist, werden Sie schon nach wenigen Stunden und Arbeitsschritten bemerkt haben. Grafiken, SmartArts, Formen, Bilddateien und Bildkonvertierungswerkzeuge sind eigentlich keine Funktionen, die man in einem Kalkulationsprogramm vermuten würde. Aber – wir leben im Multimedia-Zeitalter, und kein Programm verschließt sich den modernen Techniken. Warum sollte Excel nicht auch Videos abspielen können?

14.11.1 Videoformate

Excel bedient sich bei der Einbindung von Videos der Shell-Objekte beim Objekt-Manager, und der ist in allen Office-Applikationen für externe Dateien zuständig. Akzeptiert werden alle gängigen Formate wie WMV, MP3, MP4, auch Flash-Dateien (SWF) sind möglich.

14.11.2 Videodateien

Wenn Sie selbst erstellte oder aus dem Web »gezogene« Videos in Tabellenblättern anbieten wollen, stellen Sie sicher, dass die Dateien auf einem Datenträger (Festplatte) abgespeichert sind. Achten Sie aber auf das Volumen: Versuchen Sie nicht, ganze Kinofilme oder Clips im Gigabyte-Bereich einzubinden, das wird vielleicht funktionieren, wenn Ihre Hardware entsprechend ausgestattet ist, aber sowohl die Einbindung als auch die Anwendung sind ziemlich mühselig, weil Excel die Videodateien komplett in den Arbeitsspeicher holen muss. Arbeiten Sie wenn möglich mit Verknüpfungen, damit die Videos nicht in der Arbeitsmappe gespeichert werden müssen.

1. Wählen Sie *Einfügen/Text/Objekt*.
2. Schalten Sie um auf *Aus Datei erstellen*, und suchen Sie die Videodatei.
3. Klicken Sie auf *Verknüpfen*, um eine Verknüpfung zur Datei anzulegen. Ist diese Option nicht angekreuzt, wird die gesamte Datei in die Arbeitsmappe eingebunden.
4. Mit der Option *Als Symbol* wird ein Symbol eingefügt. Klicken Sie auf *Symbol ändern*, um ein anderes Symbolbild auszusuchen.

Zum Abspielen des Videos klicken Sie das Objekt oder die Verknüpfung doppelt an. Der Windows Media Player bzw. das unter Windows eingerichtete Standardprogramm für Videos wird aktiv, und der Clip wird wiedergegeben.

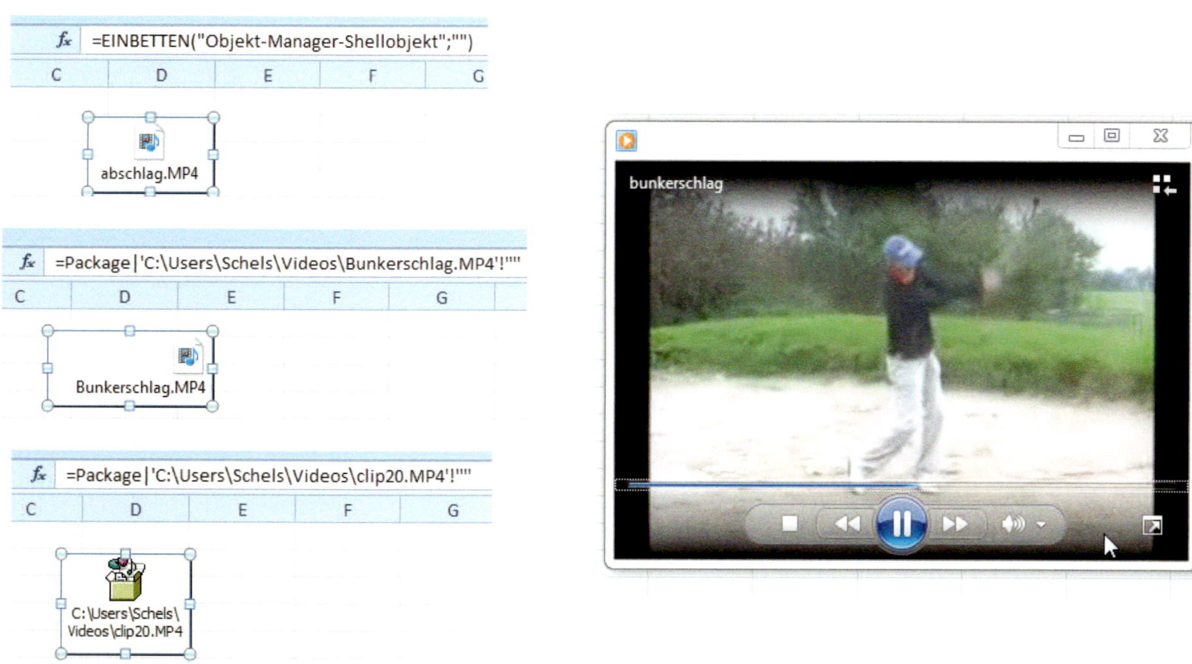

Abbildung 14.53 Shell-Objekte und Verknüpfungen für Videos

14.11.3 Hyperlinks auf Dateien

Alternativ zu den Shell-Objekten können Sie auch Hyperlinks auf Dateien in das Tabellenblatt einbinden. Schreiben Sie diese einfach in Zellen, oder kopieren Sie sich kleine Videovorschaubilder aus dem Explorer-Fenster heraus, und verknüpfen Sie diese mit den Videos.

Schalten Sie im Windows-Explorer-Fenster die Ansicht auf *Große Symbole*. Holen Sie mit *Einfügen/Screenshot* kleine Bildobjekte in das Tabellenblatt.

Klicken Sie ein Objekt mit der rechten Maustaste an, und wählen Sie *Hyperlink*.

Suchen Sie unter *Datei* oder *Webseite* die Videodatei, und verknüpfen Sie diese mit dem Bild.

Für die Wiedergabe des Videoclips genügt ein einzelner Klick auf das Bild, aktiviert wird wieder der unter Windows zugewiesene Media-Player.

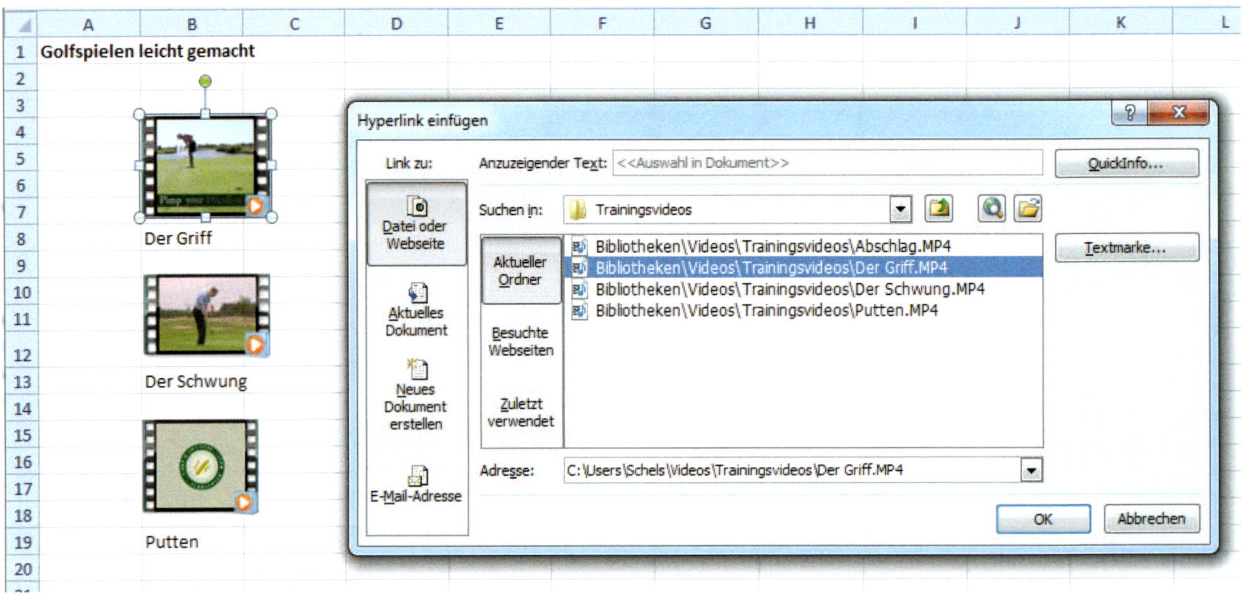

Abbildung 14.54 Hyperlinks für Bildobjekte

14.11.4 YouTube-Videos einbinden

Für Videoclips aus einem Videoportal wie YouTube, ClipFish, myVideo oder anderen werden auf der Webseite immer die Links ausgewiesen. Diese Links können kopiert und wie oben beschrieben als Hyperlinks in Tabellenzellen eingefügt oder an Bildobjekte zugewiesen werden.

Suchen Sie den Videoclip im Browserfenster, und klicken Sie auf *Video weiterleiten*. Kopieren Sie den angezeigten Link und fügen Sie ihn in eine Zelle ein, oder klicken Sie ein Bildobjekt mit der rechten Maustaste an und wählen Sie *Hyperlink*. Fügen Sie den Link ein.

Ein Klick auf den Link oder das Bildobjekt startet eine neue Browsersitzung, und das Video wird sofort abgespielt.

TIPP Mit einem Video-Grabber wie ClipGrab lässt sich das Video auch als Datei abspeichern.

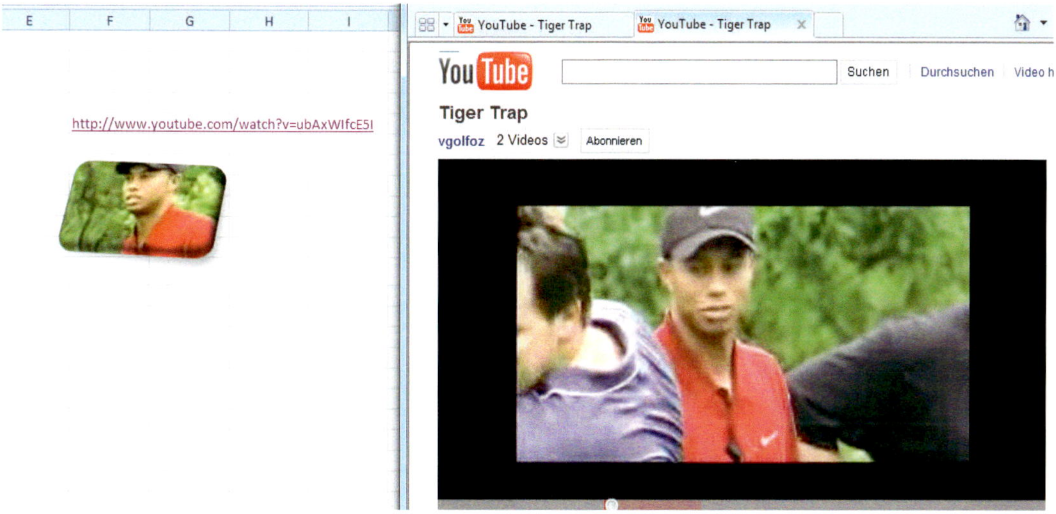

Abbildung 14.55 YouTube-Videos einfach als Hyperlinks einbinden

14.12 Objekte

Das Einfügen-Register stellt in der Gruppe Text ein Symbol für Objekte zur Auswahl. Hier handelt es sich um eine ältere Programmfunktion, viele Objekte stammen aus älteren Programmversionen oder werden nicht mehr unterstützt. In vielen Fällen können Sie das externe Objekt (zum Beispiel eine Bitmap-Grafik aus MS Paint) einfach kopieren und über die Zwischenablage in das Tabellenblatt einfügen.

1. Wählen Sie *Einfügen/Text/Objekt*.
2. Suchen Sie den Objekttyp, über den Sie ein Objekt einfügen wollen.
3. Kreuzen Sie *Als Symbol* an, wenn Sie anstelle der Objektvorschau einen Platzhalter für das Objekt einfügen wollen. Mit *Symbol ändern* lässt sich ein anderes Symbol zuweisen.
4. Klicken Sie auf OK, um das Objekt einzufügen.
5. Weisen Sie dem Objekt die im Objekttyp vorgesehenen Daten zu. Werden diese nicht sofort angefordert, klicken Sie doppelt auf den Platzhalter.

In den meisten Fällen öffnet sich nach dem Doppelklick der Platzhalter, und die Zielanwendung (z. B. MS Paint oder PowerPoint) wird im »embedded mode« gestartet. Sie können das Objekt bearbeiten und die Aktion mit einem Klick in das Tabellenblatt abschließen. Zur Bearbeitung klicken Sie wieder doppelt auf den Objektplatzhalter.

Das Angebot an Objekten orientiert sich an den Installationen unter Windows, viele Objekte stammen aber

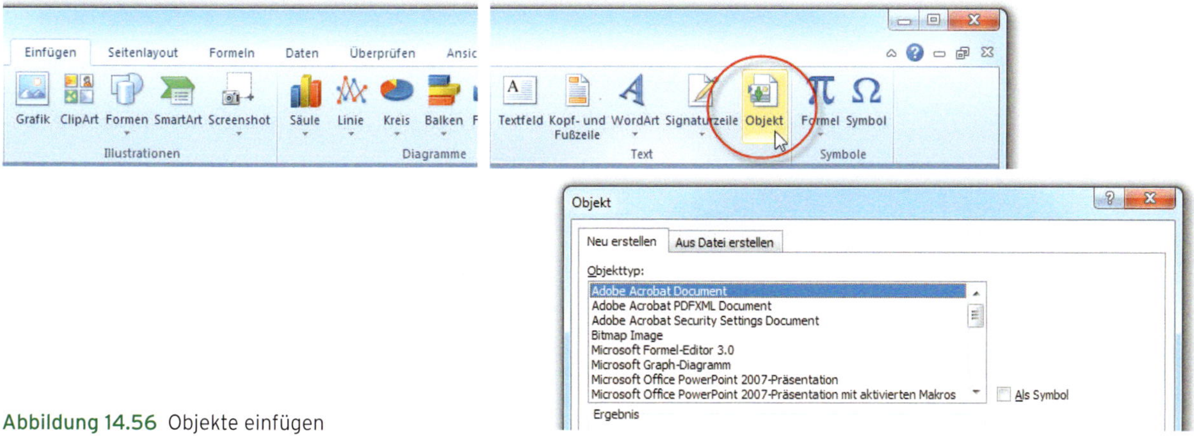

Abbildung 14.56 Objekte einfügen

auch aus älteren Office-Versionen und werden angeboten, um die Abwärtskompatibilität zu gewährleisten.

Adobe Acrobat Document/PDFXML-Document/Security Settings Document: Fügt ein Objekt ein, das mit einem PDF-Dokument verknüpft werden kann.

Adobe Photoshop Image: Fügt ein Bild im Photoshop-Format ein. Das Programm muss dazu installiert sein.

Bitmap Image: Holt ein Bildobjekt für eine BMP-Grafikdatei in das Tabellenblatt.

Microsoft Formel-Editor 3.0: Das ist die ältere Version des Formel-Editors aus Excel Version 2003, in Excel 2010 gibt es dafür die Formeltools (*Einfügen/Symbole/Formel*).

Microsoft Graph-Diagramm: Hier wird die alte Diagrammtechnik der früheren Office-Versionen (PowerPoint bis 2003) angeboten.

Microsoft PowerPoint: Diese Objekttypen bieten die Möglichkeit, PowerPoint-Folien oder ganze Präsentationen als Objekt einzubinden.

Microsoft Word/Open Document/WordPad: Fügen Sie ein Word-Objekt, ein OpenDocument-Objekt oder ein WordPad-Dokument (früheres Windows-Textprogramm) ein, um ein Textverarbeitungsdokument in diesem Format zu verlinken. Der Text wird nach dem Doppelklick direkt in das Objekt geschrieben oder kopiert.

Organigramm-Add: Das ist der Objekttyp für das Organigramm-Zeichenwerkzeug der früheren Versionen. In Excel 2010 verwenden Sie stattdessen SmartArts.

Package: Mit diesem allgemeinen Objekttyp können Sie fast alles als Objekte einfügen, was sich in Dateiform speichern lässt. Musik- und Videodateien, Bilder, Videos, aber auch Excel-Tabellen und Textdokumente werden einfach übe den Dateilink eingebunden. Ein Doppelklick auf das Objekt startet die dem Dateityp zugewiesene Applikation.

14.13 Formeln

Formeln sind in Excel Rechenwerkzeuge für Zellen. Sie berechnen Zellinhalte und arbeiten mit Verknüpfungen und logischen Bedingungen. Funktionen wie SUMME() oder MITTELWERT() unterstützen die Formelschreibung. Was diese Zellformeln nicht können, sind mathematische Gleichungen nach den Regeln der Kunst, sprich mathematischer Notation. Im Register *Einfügen* finden Sie ein Werkzeug, mit dem diese Notation gezeichnet werden kann. Rechnen können Sie mit diesen Formeln natürlich nicht, das Ergebnis ist eine simple Grafik.

1. Wählen Sie *Einfügen/Symbole/Formeln*.
2. Geben Sie die Formel in das Textfeld ein.
3. Nutzen Sie die Formelwerkzeuge in der Registergruppe *Formeltools*, die angeboten wird, solange das Formelobjekt markiert ist.

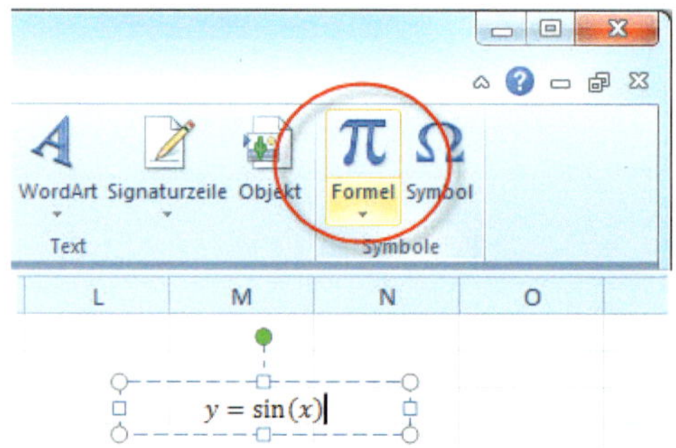

Abbildung 14.57 Formeln schreiben mit dem Formelwerkzeug

Eine Auswahl vordefinierter mathematischer Ausdrücke erhalten Sie, wenn Sie auf das Pfeilsymbol unten am Symbol *Formel* klicken oder in den Formeltools links außen auf *Formel* klicken.

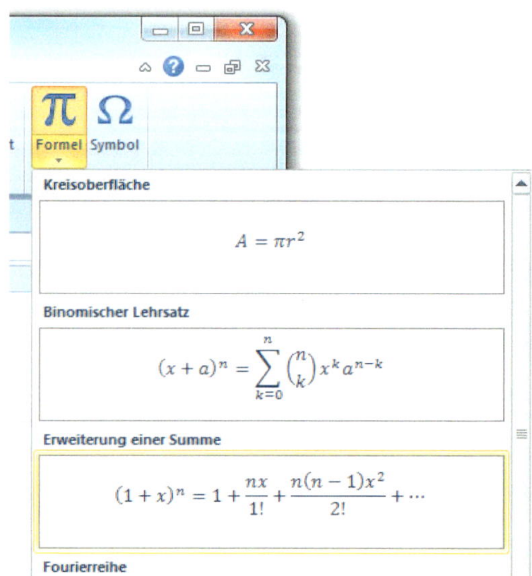

Abbildung 14.58 Vordefinierte Formeln im Formel-Symbol

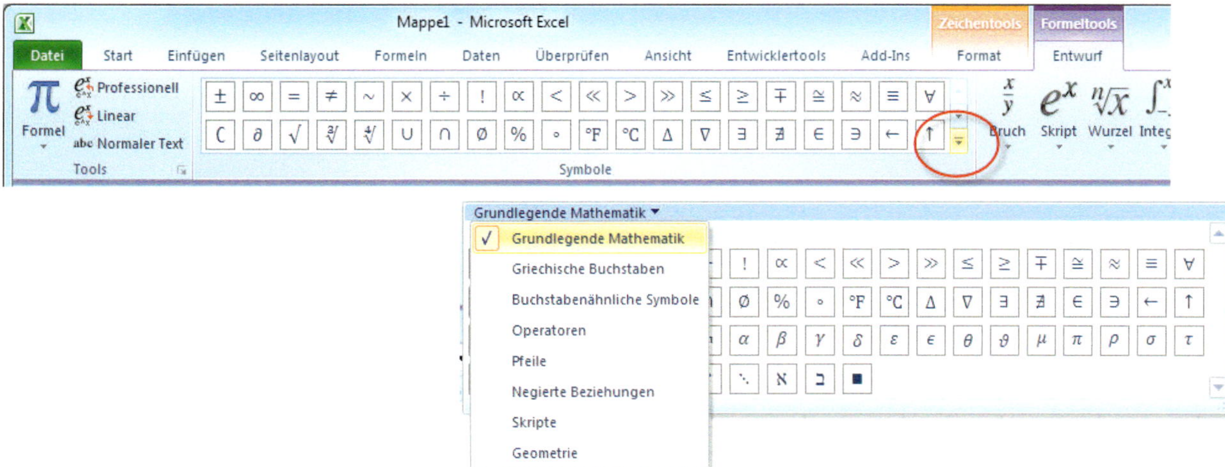

Abbildung 14.59 Acht Symbolgruppen für alle Zwecke

14.13.1 Formeltools

Die *Formeltools* bieten alle Symbole an, die für Formeln in mathematischer Notation benötigt werden. Achten Sie darauf, dass der Cursor in der Formel blinkt, damit die Formeltools aktivierbar sind. Mit der Markierung auf dem Rand des Objektes sehen Sie nur die Zeichentools im Menüband. Auch das Beschriften der Formeln mit »normalen« Zeichen ist möglich, Excel schaltet aber automatisch die Formeltools aus, wenn sich der Cursor nicht in einem Formelteil befindet.

Tools

Hier können Sie mit dem Symbol Formel weitere vordefinierte Ausdrücke abholen.

Professionell: Die Formel wird in zweidimensionaler Form angezeigt.

Linear: Die Formel wird in linearer Schreibweise angeboten.

Normaler Text: Die Formel verwendet normale Textzeichen anstelle von Symbolen.

Symbole

Diese große Symbolbibliothek bietet acht Symbolgruppen für mathematische Formeln in allen Varianten an. Voreingestellt ist die Gruppe *Grundlegende Mathematik*. Klicken Sie auf ein Symbol, wird es an der Cursorposition in die Formel geholt. Öffnen Sie die Symbolbibliothek per Klick auf den Pfeil rechts unten, und schalten Sie um auf eine der anderen Gruppen.

Strukturen

In dieser Gruppe stellen die Formeltools mathematische Strukturen wie Brüche, Wurzeln, Integrale und Matrizen zur Auswahl. Setzen Sie den Cursor an die Formelposition, an der Sie die Struktur einfügen wollen, und markieren Sie das passende Symbol. Die Platzhalterzeichen in einer Struktur beschriften Sie mit Zeichen oder Symbolen oder mit weiteren Strukturen.

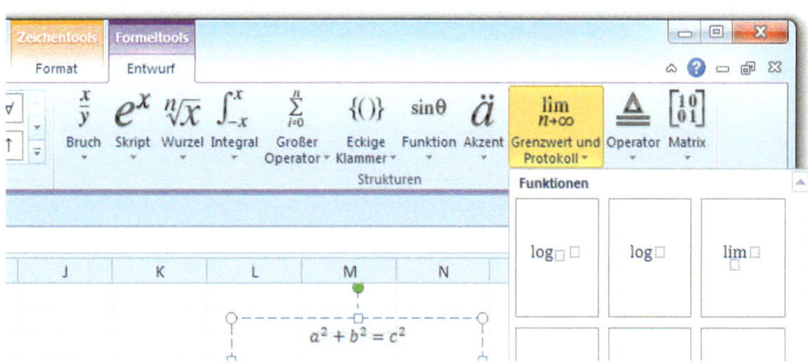

Abbildung 14.60 Strukturen in den Formeltools

Teil 5
Datenanalyse und externe Daten

Excel hat sich längst qualifiziert als »Client« für die Bearbeitung von externen Daten, zum Beispiel aus ERP-Systemen wie SAP oder von den Datenbanken Access, SQL-Server, Oracle u.a. In diesem Teil lernen Sie die Techniken des Datentransfers kennen. Vom Textdatenimport über ODBC-Verbindungen zu Access finden Sie alle wichtigen Programmfunktionen für die Integration externer Daten.

Mit dem Zusatztool PowerPivot können Sie sogar große und sehr große Datenmengen importieren, Beziehungen zwischen Tabellen und Sichten herstellen und mit der PowerPivot-eigenen Formelsprache DAX zusätzliche Berechnungen und Verknüpfungen herstellen. Üben Sie an einem praktischen Beispiel, einer Access-Artikeldatenbank.

Die mächtigen Werkzeuge der Gruppe Datentools sind das Thema des nächsten Kapitels. Lernen Sie mehr über Datenüberprüfung, Konsolidierung und Was-wäre-wenn-Analysen, und üben Sie an praktischen Beispielen.

Datensicherheit ist ein wichtiges Thema, das Sicherheitscenter sollten Sie gründlich studieren. Kennwortschutz für Dateien, Schreibschutz für Tabellen und Mappen, Makroschutz und vertrauenswürdige Dokumente sind kein Buch mit sieben Siegeln, sondern ein wichtiger Bestandteil Ihrer Tabellenkalkulation.

Im letzten Kapitel lernen Sie die Kombination von Excel-Daten mit der Office-Welt (PowerPoint, Word, Outlook) kennen.

Kapitel 15: Externe Daten und PowerPivot

Textdateien, Datenbanken und andere externe Quellen sind für Excel kein Problem. Bauen Sie ODBC-Verbindungen auf und holen Sie die Daten dynamisch in Ihre Tabellenblätter. Mit dem Add-In PowerPivot gelingt sogar die Umsetzung großer Datenmengen als Business-Intelligence-Lösung. Sehen Sie sich die Praxisbeispiele zu PowerPivot an und üben Sie mit der Formelsprache DAX.

Kapitel 16: Datentools

Datenüberprüfung, Konsolidieren, Was-wäre-wenn-Analysen und vieles mehr bietet die Menübandgruppe Datentools. Mit diesem Kapitel können Sie diese mächtigen Werkzeuge testen und an praktischen Beispielen üben.

Kapitel 17: Sicherheit und Schutz

Wie Sie Dateien, Tabellen und Arbeitsmappen durch Kennwortzuweisung sicher schützen, zeigt Ihnen dieses Kapitel. Das Sicherheitscenter als Schaltzentrale für alle Schutzmechanismen ist ausführlich beschrieben.

Kapitel 18: Excel im Office-Verbund

Ob Sie Tabellendaten und Diagramme nach Word exportieren oder in PowerPoint-Folien integrieren, Access-Datenbanken mit Excel verknüpfen oder Adressdaten mit dem Kommunikationsprogramm Outlook austauschen – im Office-Verbund bewährt sich die Tabellenkalkulation als Teil eines integrierten System.

Kapitel 15

Externe Daten und PowerPivot

Datenverarbeitung ist in Unternehmen ab einer bestimmten Größenordnung die Aufgabe von ERP-Systemen wie SAP, Oracle, Sage oder Microsoft Dynamics. ERP (*Enterprise Resource Planing*) übernimmt die Planung der Ressourcen Kapital, Betriebsmittel und Personal, steuert und optimiert die Geschäftsprozesse. Standardprogramme im Office-Umfeld wie Excel oder Access analysieren aus diesen Systemen exportierte Daten und bereiten diese für Präsentationen oder Geschäftsberichte auf.

Excel ist kein Datenhaltungssystem und wird nie eines sein. ERP-Systeme, relationale Datenbanken, Data Warehouses und OLAP-Systeme sind und bleiben die Herrscher über die Daten. Aber – Excel ist längst zum *Client* mutiert, alle »großen« Systeme bieten Excel-Exports an und öffnen ihre Tabellen für dynamischen Datenaustausch mit dem kleinen Office-Programm. Der Schlüssel dazu sind die externen Abfragen mit Query-Unterstützung und OLAP-Cubes.

Mit dem neuen Dateiformat XML gewinnt Excel immer mehr Bedeutung als Client, denn Tabellendimensionen von 1.048.576 Zeilen und 16.384 Spalten schaffen die Voraussetzung, auch größere Datenmengen aus den Vorsystemen zu verwalten und zu analysieren. Und was mit dem Codenamen *Project Gemini* startete, wird unter Excel 2010 Realität: *PowerPivot* heißt das Add-In, das Excel in die Lage versetzt, Millionen von Datensätzen in akzeptabler Geschwindigkeit zu verwalten.

15.1 Externe Daten – Textdaten

Für die Integration externer Daten ist die Registerkarte *Daten*, genauer die Gruppe *Externe Daten abrufen*, zuständig. Hier finden Sie die Datenquellen, die Excel unterstützt.

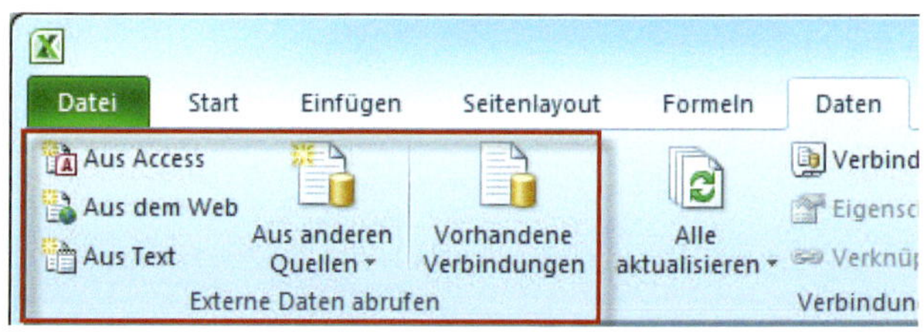

Abbildung 15.1 Externe Daten werden über die Registerkarte Daten verwaltet.

Reine Textdaten werden immer seltener, XML ist im Vormarsch, und viele der großen Systeme nutzen das XLS-Format. Es gibt aber noch zahlreiche Softwarelösungen, die Textdaten exportieren und importieren, und Excel ist auf diese natürlich vorbereitet. Damit eine Textdatei in das Excel-Tabellenformat konvertierbar ist, muss der Inhalt tabellenähnlich aufgebaut sein. Briefe, Datenblätter oder elektronische Bücher eignen sich weniger, Excel würde Absatz für Absatz in Zellen verpacken. Enthält die Textdatei aber eine erkennbare Liste, in der die einzelnen Spalten per Trennzeichen (Semikolon, Leerzeichen, Tab-Zeichen) unterscheidbar sind, steht der Konvertierung nichts im Weg.

15.1.1 Die Textstandards ASCII, ANSI und Unicode

Wer sich mit dem Import und Export von Textdaten beschäftigt, sollte diese drei Begriffe kennen und unterscheiden können. ASCII, ANSI und Unicode sind Codierungsnormen für Textdaten, die bei der Speicherung verwendete Norm ist maßgeblich für den Inhalt in Excel importierter Daten.

Texte mit 7 Bit: ASCII

Vor der Einführung von Windows als grafische Oberfläche wurden Daten mit 7 Bit pro Byte gespeichert, die ASCII-Norm (*American Standard Code for Information Interchange*) regelte, welche Codezahl zu welchen Zeichen gehörte. Mit 27 Kombination waren 128 Zeichen codierbar, was darüber lag, interpretierte jeder Software- und Hardwareproduzent für sich (ein Umstand, dem wir das Chaos mit Umlauten wie ä, ö, ü und ß beim Druck verdankten, da diese Zeichencodes über 127 lagen).

ANSI – die Windows-Norm

Mit Windows kam die 8-Bit-Codierung, und die Zuordnung der damit möglichen 256 Zeichen zu vierstelligen Nummern regelte ab sofort die ANSI-Norm (*American National Standard Institute*). Die ersten 127 ANSI-Zeichen sind mit der ASCII-Norm identisch.

Unicode

Unicode ist die Erweiterung des ANSI-Zeichensatzes um länderspezifische Zeichensätze, mit 16 Bit pro Zeichen können über 65.000 Zeichen codiert werden. Windows unterstützt Unicode ab Version 95, und mit Einführung der TrueType-Schriftarten stehen auch Zeichensätze wie Hebräisch oder Kyrillisch für Windows-Programme zur Auswahl. In Excel besteht kein Unterschied zwischen Unicode-Daten und ANSI-Daten, solange ausschließlich TrueType-Schriften zum Einsatz kommen.

15.1.2 Symbol einfügen

Excel bietet unter *Einfügen/Symbole/Symbol* eine Übersicht über alle Symbole mit Codeanzeige für das markierte Zeichen. Mit Klick auf *Einfügen* holen Sie das Zeichen in die markierte Zelle im Tabellenblatt.

Klicken Sie auf ein Zeichen, sehen Sie rechts unten den Zeichencode in drei verschiedenen Zeichencodierungen (Unicode, ASCII dezimal, ASCII Hex). Schalten Sie auf *ASCII (dezimal)*, sehen Sie den dreistelligen Code. Im ANSI-System sind alle Zeichen aber mit vier Ziffern codiert, der Zeichencode 169 für das Copyright-Zeichen wäre entsprechend 0169.

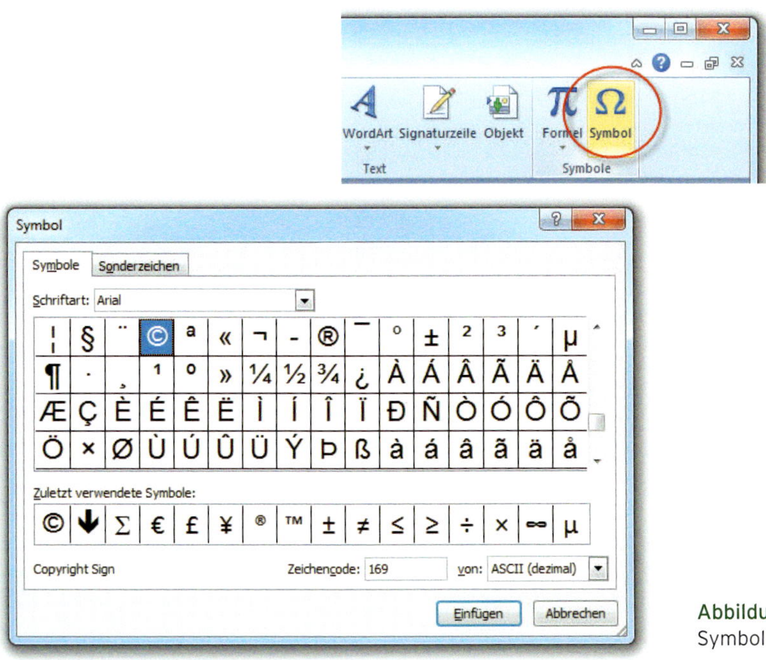

Abbildung 15.2
Symbole im Register Einfügen

TIPP Den ANSI-Zeichencode können Sie auch verwenden, um das Zeichen direkt auf der Tastatur zu erzeugen: Halten Sie die Alt-Taste gedrückt, und geben Sie den Code vierstellig rechts außen auf dem Zahlenblock der Tastatur ein. Auf dem Notebook ohne abgesetzten Zahlenblock müssen Sie *Fn* drücken und die Tasten im normalen Tastenfeld nutzen, auf denen die Zeichen aufgedruckt sind.

ASCII oder ANSI – welches Textformat?

ASCII-Daten sind selten geworden, nur noch ältere Rechnersysteme geben dieses Format aus. Ob ein vorliegender Text nach ASCII oder ANSI codiert ist, lässt sich nicht einfach feststellen. Ein sicheres Indiz ist die falsche Darstellung von Umlauten: Da ä, ö, ü, Ä, Ö, Ü und ß im Codebereich zwischen 128 und 256 liegen, werden sie bei der Anzeige von ASCII-Daten in einem Windows-Programm immer falsch angezeigt.

Codetabelle mit der Funktion ZEICHEN()

Excel stellt für die Anzeige des ANSI-Codes zwei Funktionen zur Auswahl:

» Die Funktion *ZEICHEN()* gibt das Zeichen des ANSI-Codes wieder, der als Argument in der Funktionsklammer angegeben wird.

» Die Funktion *CODE()* ermittelt die ANSI-Codezahl des Zeichens, das ihr als Argument in der Funktionsklammer mitgegeben wird.

Eine Tabelle mit allen Codes ist damit schnell erstellt – schreiben Sie die Codezahlen in eine Reihe, und berechnen Sie diese mit der Funktion *ZEICHEN()*.

CD-ROM Sie finden das Beispiel auf der Buch-CD unter *ANSI-Codetabelle.xlsx*.

Sehen Sie sich die Codetabelle in diesem Beispiel an, sie wurde auf Basis der Funktion *ZEICHEN()* erstellt.

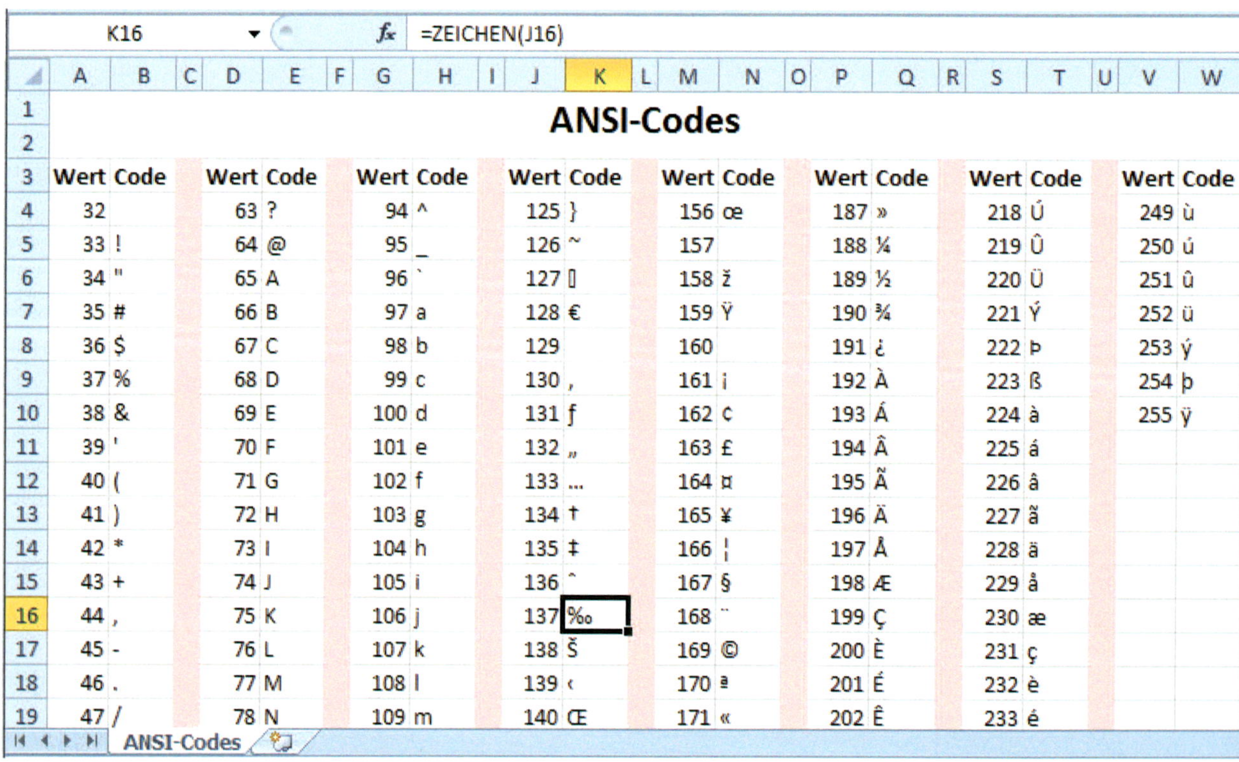

Wert	Code	Wert	Code	Wert	Code	Wert	Code	Wert	Code	Wert	Code	Wert	Code	Wert	Code
32		63	?	94	^	125	}	156	œ	187	»	218	Ú	249	ù
33	!	64	@	95	_	126	~	157		188	¼	219	Û	250	ú
34	"	65	A	96	`	127	▯	158	ž	189	½	220	Ü	251	û
35	#	66	B	97	a	128	€	159	Ÿ	190	¾	221	Ý	252	ü
36	$	67	C	98	b	129		160		191	¿	222	Þ	253	ý
37	%	68	D	99	c	130	‚	161	¡	192	À	223	ß	254	þ
38	&	69	E	100	d	131	ƒ	162	¢	193	Á	224	à	255	ÿ
39	'	70	F	101	e	132	„	163	£	194	Â	225	á		
40	(	71	G	102	f	133	…	164	¤	195	Ã	226	â		
41	)	72	H	103	g	134	†	165	¥	196	Ä	227	ã		
42	*	73	I	104	h	135	‡	166	¦	197	Å	228	ä		
43	+	74	J	105	i	136	ˆ	167	§	198	Æ	229	å		
44	,	75	K	106	j	137	‰	168	¨	199	Ç	230	æ		
45	-	76	L	107	k	138	Š	169	©	200	È	231	ç		
46	.	77	M	108	l	139	‹	170	ª	201	É	232	è		
47	/	78	N	109	m	140	Œ	171	«	202	Ê	233	é		

Abbildung 15.3 ANSI-Codes, mit Excel-Funktionen erzeugt

15.1.3 Textdateien einlesen und konvertieren

Excel bietet ein Texterkennungswerkzeug an, das beim Einlesen einer Textdatei automatisch aktiv wird und auf Wunsch auch ASCII nach ANSI konvertiert. Der Assistent wird aktiv, wenn eine Datei, die Excel vom Format her nicht als Tabellendatei interpretieren kann, über das *Datei*-Menü und *Öffnen* in das Programmfenster geholt wird. Darunter fallen Textdateien mit der Endung *.txt*, *.dat*, *.prn* o.Ä.

Sonderfall CSV

CSV-Dateien (Comma Separated Value) sind reine Textdateien mit Listen, die ein Trennzeichen verwenden. Ursprünglich gab es viele unterschiedliche Trennzeichen unter diesem Format, im deutschsprachigen Raum wird das Semikolon als Standard verwendet.

Das CSV-Format erkennt Excel als eines seiner eigenen an, was daran zu erkennen ist, dass CSV-Dateien in der Dateiliste des Windows-Explorers ein Excel-Symbol tragen. Trotzdem gab es bei den Vorgängerversionen Probleme mit diesem Format, und zwar nur, wenn eine CSV-Datei über den Explorer per Doppelklick eingelesen wurde. Die neue Version scheint jetzt CSV-Daten generell zu akzeptieren.

Textimport mit Konvertierung

CD-ROM Üben Sie mit der Textdatei *Artikel.txt* auf der CD zum Buch.

1. Wählen Sie *Datei/Öffnen*.
2. Schalten Sie den Dateityp um. In der Praxis wird die Datei die Endung *.txt* tragen, Sie können *Textdateien* oder *Alle Dateien* anwählen.
3. Markieren Sie die Textdatei, und klicken Sie auf *Öffnen*, um sie zu importieren.
4. Der Textkonvertierungs-Assistent schaltet sich ein, und leitet Sie in drei Schritten durch die Konvertierung.

Schritt 1: Dateityp und Codierung

Im ersten Schritt müssen Sie bestimmen, welche Codierung vorliegt und wie die Spalten getrennt sind.

» *Ursprünglicher Datentyp: Getrennt*, wenn ein Trennzeichen wie Komma oder Tabulatorsprung zwischen den Spalten steht. *Feste Breite*, wenn alle Spalten gleich breit und die Zwischenräume mit Leerzeichen gefüllt sind.

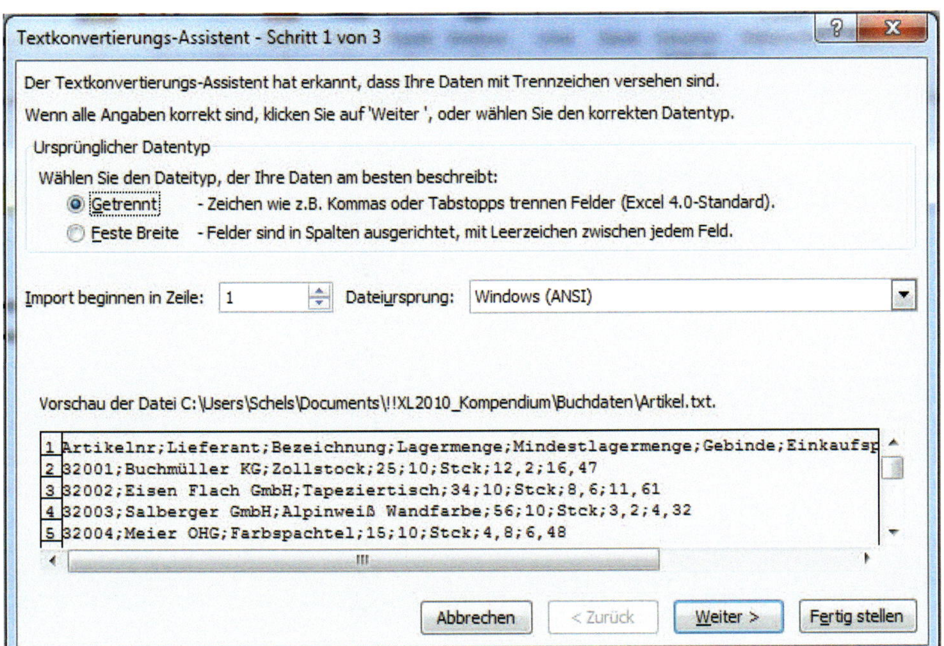

Abbildung 15.4
Der Textkonvertierungs-Assistent

- *Import beginnen in Zeile:* Hier können Sie den Kopfbereich der Datei ausschalten, falls dieser keine auswertbaren Tabellendaten enthält. Schalten Sie einfach auf die Nummer der Zeile, in der sich die Tabellenüberschrift oder der erste Datensatz befindet.
- Bestimmen Sie unter *Dateiursprung* die Codierung der vorliegenden Datei. Der Eintrag *Windows (ANSI)* wird immer vorgeschlagen, der Assistent macht keinen Versuch, das Dateiformat zu erkennen.
  - *Windows (ANSI):* Alle Dateien, die mit Windows oder Windows-kompatiblen Programmen erstellt wurden.
  - *Macintosh:* Das Textdatenformat des Apple Macintosh.
  - *MSDOS (PC8):* Das ist der erweiterte IBMPC-8-Bit-Zeichensatz im ASCII-Format. Verwenden Sie diesen für alle ASCII-Daten.

In der Liste stehen außerdem noch die Nummern der Code-Pages, sodass Sie auch fremdsprachige Texte einlesen können.

TIPP Achten Sie auf das Vorschaufenster: Wenn bei eingestelltem Windows-ANSI-Format die Umlaute falsch angezeigt werden, handelt es sich um einen ASCII-Text. Mit der DOS-Einstellung werden ASCII-Texte nach ANSI konvertiert.

Schritt 2: Spaltentrennung

Schalten Sie zum nächsten Schritt des Textkonvertierungs-Assistenten. Hatten Sie im ersten Fenster *Feste Breite* gewählt, so bietet sich jetzt die Möglichkeit, die Spaltenabgrenzungen zu bestätigen oder neu zu bestimmen. Die Beschreibung weist darauf hin, wie Spaltenpfeile in das Vorschaufenster eingefügt werden.

Mit der Option *Getrennt* im ersten Fenster zeigt der nächste Dialog eine Auswahl von Trennzeichen. In den meisten Fällen ist das passende Zeichen bereits markiert, Sie können aber die Wahl jederzeit aufheben und andere Trennzeichen bestimmen. Entscheidend ist, dass mit Ihrer Wahl im Vorschaufenster die Spalten richtig separiert werden.

Textqualifizierer (Anführungszeichen) setzen Sie, wenn die einzelnen Felder eines Datensatzes in Anführungszeichen oder Apostrophe gepackt sind. Diese Art der Textausgabe wurde von einigen Großrechnersystemen praktiziert, kommt heute aber sehr selten vor. Testen Sie im Vorschaufenster, ob ein Texterkennungszeichen

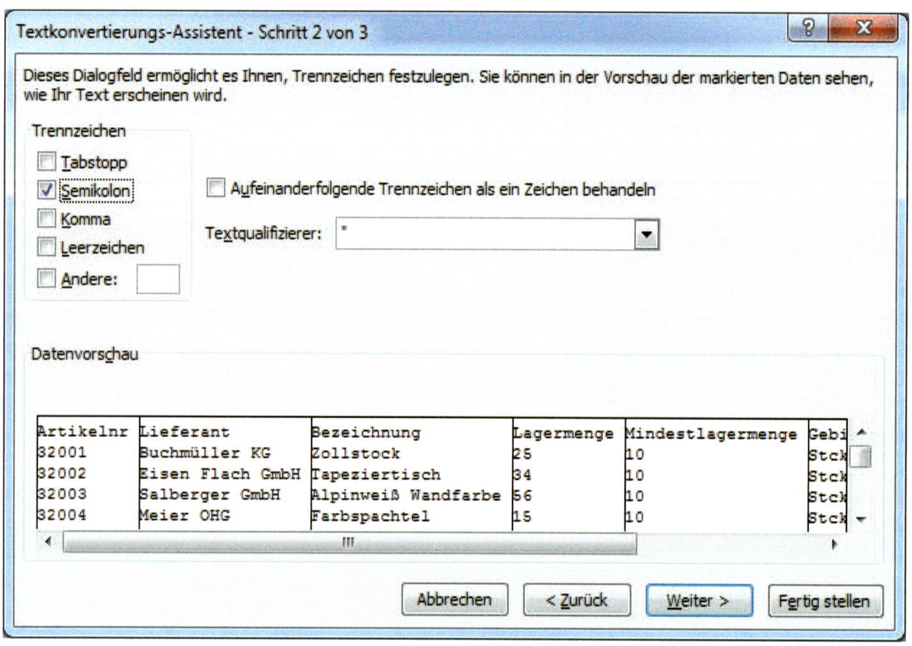

Abbildung 15.5
Trennzeichen bestimmen

nötig ist. Wenn die Daten korrekt angezeigt werden, können Sie den Eintrag *Keines* verwenden.

Schritt 3: Datentypen der einzelnen Spalten

Schalten Sie zum nächsten Schritt des Textkonvertierungs-Assistenten, und definieren Sie das Datenformat der einzelnen Spalten. *Standard* ist die Voreinstellung für alle Spalten, weisen Sie einer Spalte ein anderes Format zu, wird diese mit einem entsprechenden Zahlenformat versehen.

Die erste Spalte ist bereits markiert, kontrollieren Sie, ob rechts oben das korrekte Datenformat angezeigt wird. Um das Datenformat einer weiteren Spalte zu ändern, markieren Sie diese und klicken auf das passende Format. Nutzen Sie diesen Dialog, um Überraschungen beim Einlesen von Fremddaten vorzubeugen (*siehe Kapitel 15.1.5: Tipps zur Konvertierung*).

Konvertierung abschließen

Mit einem Klick auf *Fertig stellen* im letzten Dialogfenster schließen Sie die Konvertierung des Textes ab. Excel präsentiert diesen in der Tabelle, die Felder der einzelnen Datensätze werden gemäß der gewählten Aufsplittung (Trennzeichen oder feste Breite) auf die Spalten verteilt.

HINWEIS Achten Sie darauf, dass Excel die Daten auch weiterhin als Text behandelt. In der Titelzeile der Mappe steht der Dateiname der Textdatei. Speichern Sie die Datei unter dem Datentyp *Microsoft Excel Arbeitsmappe*.

15.1.4 Text in Spalten trennen

Im Normalfall sollte der Textkonvertierungs-Assistent in Erscheinung treten, sobald eine Textdatei geöffnet wird. Was tun, wenn das nicht der Fall ist, wenn Excel eine Textdatei öffnet und den Assistenten zur Aufteilung in Spalten nicht anbietet und stattdessen alle Datensätze in die erste Spalte (A) packt?

Mit einer Option aus dem *Daten*-Menü lässt sich eine bereits importierte Textspalte analysieren und in Spalten aufteilen:

1. Stellen Sie sicher, dass die Spalten rechts von der aufzuteilenden Spalte leer sind bzw. genügend Spalten zur Verfügung stehen. Fügen Sie ggf. Spalten ein.
2. Markieren Sie die Textspalte, und wählen Sie *Daten/Datentools/Text in Spalten*.

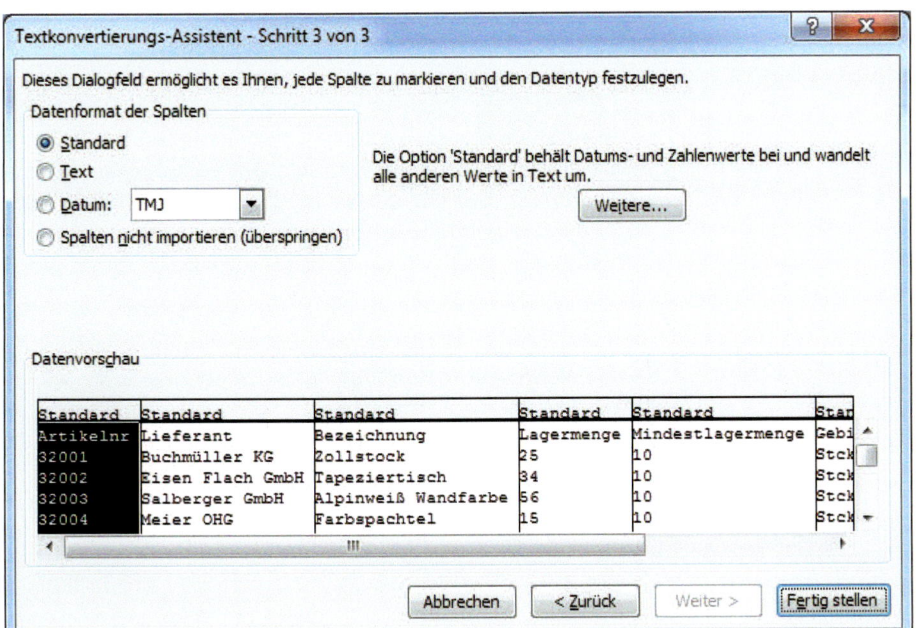

Abbildung 15.6
Das Datenformat der einzelnen Spalten wird bestimmt.

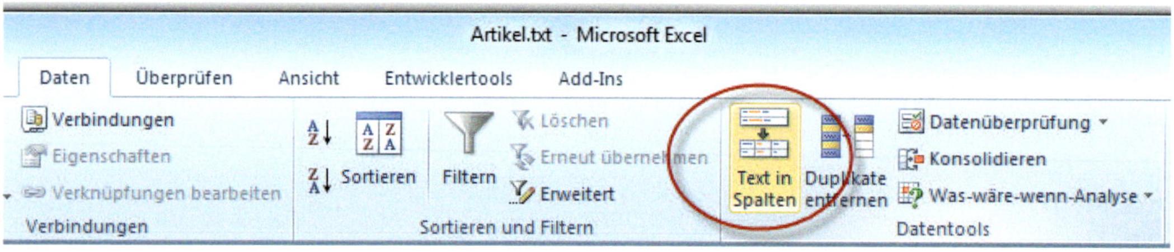

Abbildung 15.7 Text in Spalten bei einspaltigen Textdateien

3. Der Textkonvertierungs-Assistent wird aktiv, bestimmen Sie die Trennung (*Getrennt* oder *Feste Breite*). Der Datentyp (ASCII, ANSI) kann hier nicht mehr konvertiert werden.
4. Teilen Sie die Spalten auf, und schließen Sie den Assistenten ab. Damit werden die Daten auf die Spalten rechts von der markierten Spalte aufgeteilt.

15.1.5 Tipps zur Konvertierung

Nicht immer ist die Textdatei so gut aufbereitet, dass der Textkonvertierungs-Assistent sie ohne Mühe in eine Excel-Tabelle im Windows-ANSI-Format umsetzen kann. Hier einige Beispiele aus der Praxis:

Tipp 1: Fremdwährung mit Dezimalpunkt

Achten Sie bei Daten mit Fremdwährungen darauf, dass Excel auch beim Datenimport die Zahlen nach seinen Regeln interpretiert. Eine Zahl mit einem Punkt oder Schrägstrich ist demnach ein Datum, und das kann bei Daten mit Fremdwährungen zu Problemen führen.

Die Datei wird nach *Datei/Öffnen* vom Textkonvertierungs-Assistenten übernommen. Mit dem Trennzeichen (Semikolon) verteilen sich die Felder korrekt auf die Spalten, im letzten Schritt wird aber die fremde Dezimal- und Währungscodierung sichtbar.

Klicken Sie auf die Schaltfläche *Weitere*, wählen Sie hier den Punkt als Dezimalzeichen und das Komma als Tausendertrennung, und die Konvertierung wird korrekt funktionieren.

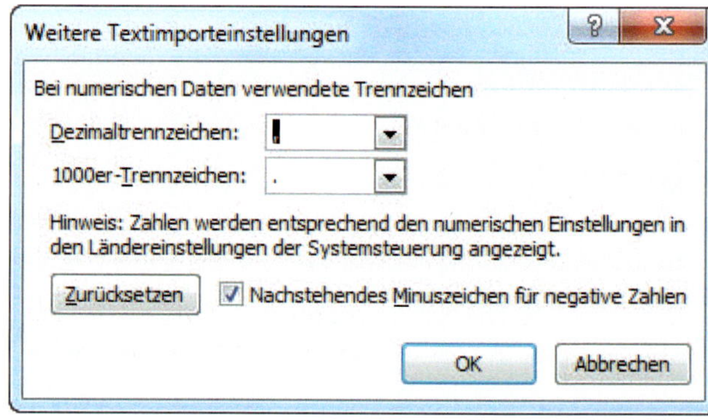

Abbildung 15.8 Dezimaltrennzeichen und 1000er-Trennzeichen bestimmen

Wenn diese Umwandlung nicht funktioniert, erklären Sie die Spalte zur Textspalte und lesen die Zahlen als Texte ein. Unter *Start/Bearbeiten/Suchen und Auswählen* können Sie den Befehl *Ersetzen* aufrufen, ersetzen Sie Punkte durch Kommas, dann sind die Zahlen wieder korrekt.

HINWEIS Alternativ dazu könnten Sie auch in der Systemsteuerung die *Regionaleinstellungen* öffnen, und unter *Währung* das Dezimalzeichen von Komma auf Punkt umstellen. Da dies aber Auswirkungen auf alle Windows-Programme hat, sollten Sie nicht vergessen, die Änderung wieder zurückzunehmen.

Tipp 2: Textformat nach dem Zahlenimport reparieren

Excel hat häufig beim Import von Zahlen aus Textdateien die unangenehme Eigenart, diese Zahlen zwar einzulesen, das Textformat aber beizubehalten. Die Zahlenwerte sind linksbündig abgesetzt, ein Smarttag an den Zellen weist darauf hin, dass es sich um eine als Text formatierte Zahl handelt.

Die Zuweisung des reinen Zahlenformates hat in diesem Fall keine Auswirkungen, die Zahl kann zwar für Berechnungen verwendet werden, bleibt aber, da linksbündig, optisch als Text erhalten. Erst mit dem Öffnen und neuen Beschreiben der Zelle (z.B. mit den Tasten F2 und Eingabe) wird aus dem Text eine echte Zahl. Viele Anwender machen sich die Mühe und öffnen alle importierten Zellen einmal. Hier eine einfache und schnelle Lösung:

1. Schreiben Sie die Ziffer 1 in eine beliebige Zelle, und kopieren Sie diese Zelle mit Strg+c.
2. Markieren Sie die importierte Zahlenspalte, in der die Zahlen linksbündig stehen, oder, falls mehrere Spalten betroffen sind, per Klick auf das Kästchen links oben im Lineal die gesamte Tabelle.
3. Mit *Start/Zwischenablage/Inhalte einfügen* öffnen Sie ein Dialogfenster, wählen Sie in diesem die Option *Multiplizieren*, und bestätigen Sie mit *OK*.
4. Die markierten Zellen werden mit dem Faktor 1 in der Zwischenablage multipliziert und damit in echte Zahlen umgewandelt.

Tipp 3: Textkonvertierung mit Dateinamen

In vielen Fällen ist eine Textkonvertierung gar nicht nötig. Excel startet häufig den Textkonvertierungs-Assistenten für Dateien, die eindeutig als Tabellendaten auszumachen sind. Hier können Sie viel Zeit sparen, indem Sie mit den Dateinamen bzw. den Dateiendungen experimentieren:

Enthält eine Textdatei sicher eine im Excel-Fenster darstellbare Tabelle, ändern Sie einfach die Endung des Dateinamens und öffnen die Datei:

1. Starten Sie das Arbeitsplatz- oder Explorer-Fenster von Windows (Windows-Taste + e).
2. Suchen Sie die Datei, markieren Sie sie, und drücken Sie F2, um sie umzubenennen.
3. Entfernen Sie die Endung *.txt*, *.dat*, *.csv* u.a., und schreiben Sie stattdessen *.xls*.
4. Drücken Sie die Eingabe-Taste, um die Umbenennung abzuschließen, und starten Sie die Datei gleich mit einem weiteren Tastendruck auf Eingabe oder per Doppelklick.

VBA: Datei umbenennen und öffnen

Sie erhalten regelmäßig Tabellen im Textformat, die Sie mit Excel einlesen wollen? Um den Textkonvertierungs-Assistenten nicht jedes Mal bemühen zu müssen, schreiben Sie ein Makro, das die Datei einliest, konvertiert und als XLSX-Datei zurückschreibt.

Die Aufteilung der Textdaten erfolgt über den Textkonvertierungs-Assistenten, VBA arbeitet hier mit `Array`. Zeichnen Sie die Aktion mit dem Makrorekorder auf, und übernehmen Sie die aufgezeichneten `Array`-Anweisungen.

HINWEIS Die Textdatei muss natürlich in ANSI oder Unicode formatiert sein, sonst erhalten Sie falsche Textwerte. Üben Sie mit der Beispieldatei *Artikel.txt*.

CD-ROM Sie finden das Makro auf der Buch-CD unter *Textkonverter.xlsm*.

```
Sub Text2XLS()
Dim strdat, strDatNeu As String
strdat = Application _
.GetOpenFilename("Textdateien (*.txt;*.dat),
*.txt;*.dat")
If strdat = False Then Exit Sub
' Dateiname produzieren
strDatNeu = Left(strdat, Len(strdat) - 3) & "xlsx"
' Datei öffnen und konvertieren
Workbooks.OpenText Filename:= _
strdat _
, Origin:=xlWindows, StartRow:=1, _
DataType:=xlDelimited, _
TextQualifier:=xlDoubleQuote, _
 ConsecutiveDelimiter:=False, _
Tab:=False, Semicolon:=True, Comma:=False, _
Space:=False, Other:=False, _
FieldInfo:=Array(Array(1, 1), Array(2, 1), _
Array(3, 1), Array(4, 1), Array(5, 1), Array(6, 1),
_
Array(7, 1), Array(8, 1)),
TrailingMinusNumbers:=True
' Optimale Spaltenbreite
Cells.EntireColumn.AutoFit
ActiveWorkbook.SaveAs Filename:=strDatNeu _
, FileFormat:=xlOpenXMLWorkbook, CreateBackup:=False
End Sub
```

Listing 15.1 Das Makro konvertiert eine Textdatei in das XLSX-Format.

HNIWEIS Die Anweisung `GetOpenFileName` liefert den Dialog für die Dateiauswahl. Sie können in der Klammer bestimmen, welche Dateiendungen Sie sehen wollen (hier z.B. PRN-Dateien):

```
strDat = Application.GetOpenFilename("Textdateien
(*.prn), *.prn")
```

15.1.6 Textdaten aus SAP/R3

SAP R/3 bietet eine Ausgabeschnittstelle zu Excel, die für jeden Standardbericht verfügbar ist. Das System stellt mehrere Menüoptionen für den Export der Daten bereit, alle führen aber zu einem Standardformat, das in Excel problemlos einzulesen ist.

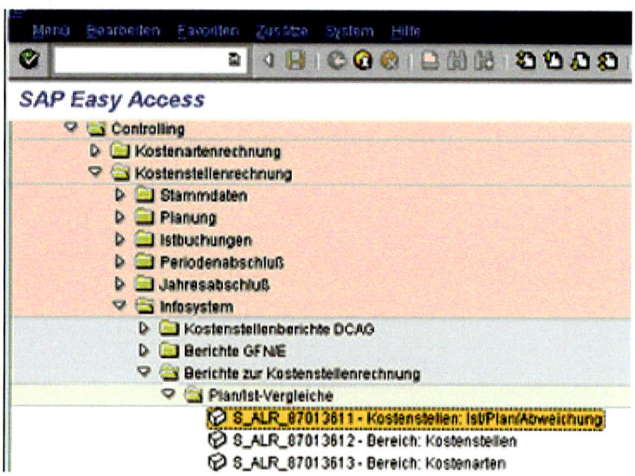

Abbildung 15.9 SAP-Kostenstellenbericht

Das gilt aber nur für Standardberichte, in spezifischen, für das Unternehmen programmierten Berichten ist es dem Wohlwollen des Programmierers überlassen, ob eine Ausgabeschnittstelle verfügbar ist. Häufig wird nur der Datenexport als Textdatei angeboten, und dieser beschränkt sich auf die Ausgabe einer Druckdatei im PRN-Format. Diese Druckdaten, in denen häufig die Listen mit Leerzeilen und -zellen auseinandergerissen und die Überschriften verschoben sind, lassen sich nur mit großem (Makro-)Aufwand in passende Excel-Formate konvertieren.

Kostenstellenberichte

Erstellen Sie über den Menübaum durch Eingabe der Transaktionsnummer oder per Aufruf eines Favoriteneintrags Ihren Bericht.

1. Wählen Sie *System/Liste/Sichern/Lokale Datei*.
2. Geben Sie das Format der Liste an, für Excel bietet sich die Option *Tabellenkalkulation* an.
3. Tragen Sie den Pfad ein, in dem die Datei gespeichert werden soll, und klicken Sie auf *Übertragen*, um den Bericht zu exportieren.

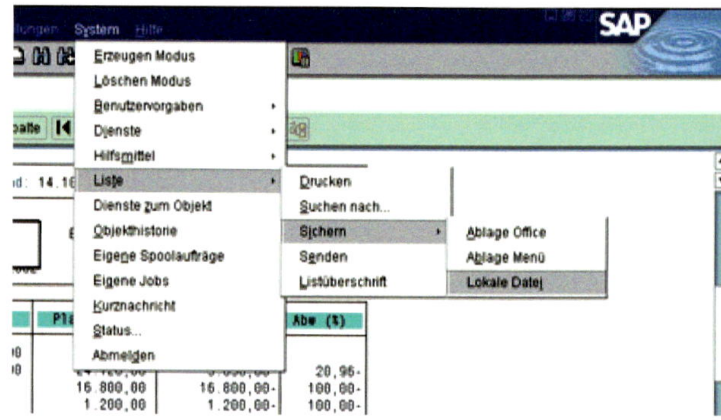

Abbildung 15.10 SAP-Bericht nach Excel exportieren

Einzelkostenberichte

Im Kostenstellenbericht klicken Sie doppelt auf einen Ist-Kostenwert und öffnen den Bericht *Einzelkosten Ist*. Die Spalten können Sie noch unter *Einstellungen/Layout* zusammenstellen, dann geben Sie den Bericht mit *Liste/Exportieren/Tabellenkalkulation* an Excel aus. Eine Meldung weist Sie darauf hin, dass Filter und Zwischensummen nicht exportiert werden. Wählen Sie *Tabelle* und als Zielprogramm *Excel*, und starten Sie den Export.

Daraufhin wird ein Excel-Fenster geöffnet, und der Bericht wird in einer temporären Tabelle angeboten, die im *Datei*-Menü mit *Kopie speichern unter* abzuspeichern ist.

Die Option *Excel SAP-Makros* exportiert den Kostenbericht ebenfalls in eine temporäre Datei, öffnet zur Anzeige aber den Listviewer, ein Excel-ähnliches Anzeigeprogramm.

15.2 Externe Daten – Datenbanken

Wenn Sie die Aufgabe haben, Datenbankdaten in Excel zu verarbeiten, sollten Sie sich nicht mit Kopier- und Einfügeaktionen über die Zwischenablage aufhalten. Excel liefert Ihnen die Daten stets aktuell aus der Datenbank, neue Datensätze sind automatisch angefügt, und gelöschte Daten sind auch in Excel gelöscht.

15.2.1 Access-Daten

Ein ideales Gespann für professionelle Datenverarbeitung bilden Access und Excel. Die Datenbank als »Data Warehouse«, Excel als Analyse- und Reporting-Tool, das ist die beste Kombination, wenn große Datenmengen umgewälzt werden müssen.

HINWEIS Das Datenbankprogramm *Microsoft Access* ist nicht in den Einsteigerversionen von Office 2010 enthalten.

Um die Daten aus einer Datenbank verknüpft in ein Tabellenblatt zu importieren, starten Sie eine Abfrage an die Access-Datenbank. Ein einfaches und schnelleres Verfahren für diesen Zugriff bietet die Registerkarte *Daten*:

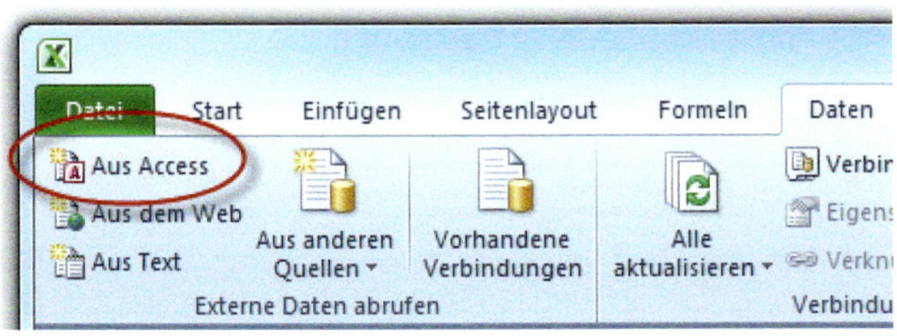

Abbildung 15.11 Daten aus einer Access-Datenbank abrufen

CD-ROM Üben Sie mit der Datenbank *Artikel.accdb* auf der CD zum Buch. Die Datenbank ist nicht kennwortgeschützt, der Benutzername ist *admin*.

1. Wählen Sie *Daten/Externe Daten abrufen/Aus Access*.
2. Suchen Sie die Datenbankdatei mit der Endung *.accdb* (aus Access 2007/2010) oder mit der Endung *.mdb* (aus früheren Access-Versionen). Sie können auch MDE-Dateien oder ACCDE-Dateien einlesen.
3. Falls die *Datenverknüpfungseigenschaften* angeboten werden, geben Sie den Benutzernamen und das Kennwort ein, falls diese erforderlich sind. Klicken Sie auf *Verbindung testen*, um abzuprüfen, ob die Datenbank verfügbar ist.
4. Mit *OK* lesen Sie die Datenbank ein, wählen Sie eine darin gespeicherte Tabelle oder Abfrage.
5. Wählen Sie das Format aus, in dem Sie die Daten speichern wollen. Standardoption ist *Tabelle*. Sie können die Daten auch gleich in einen *PivotTable-Bericht* setzen (*siehe Kapitel 12*).

Die Tabelle wird eingelesen, Excel konvertiert die Daten gleich in eine Tabelle und formatiert sie mit der Standard-Tabellenformatvorlage. Das Ergebnis ist eine externe Abfrage, d.h., die Daten sind nicht real, sondern stammen aus einer Verknüpfung (siehe folgende Abschnitte).

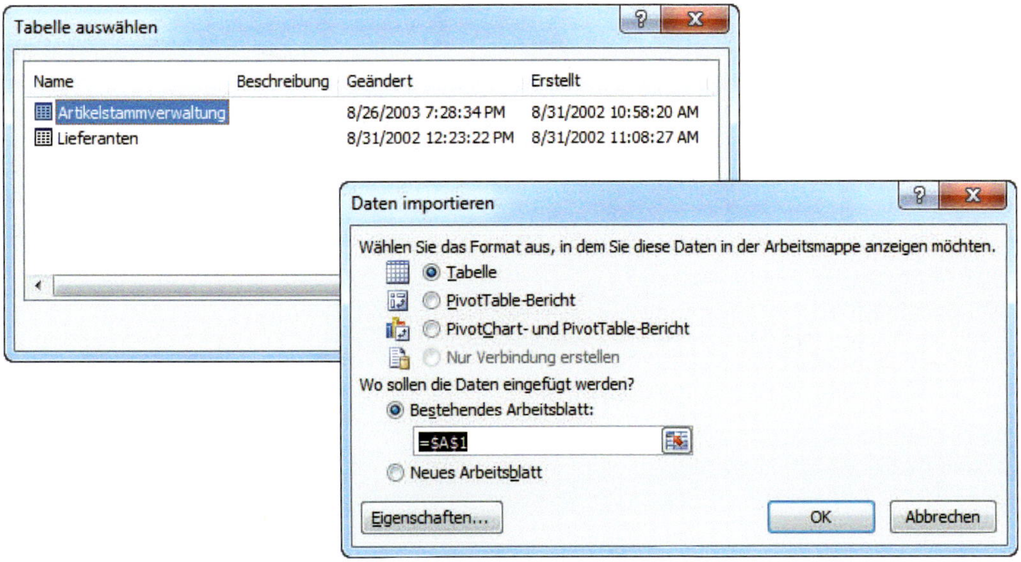

Abbildung 15.12 Die erste Tabelle der Datenbank wird importiert.

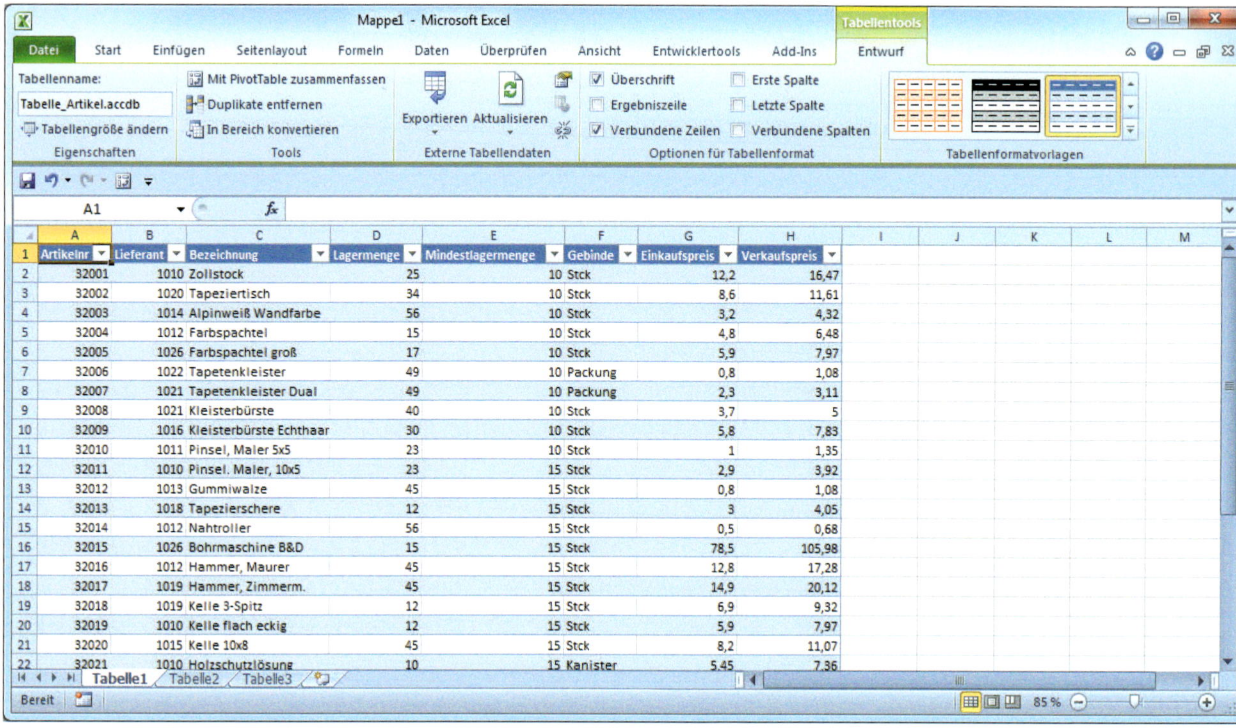

Artikelnr	Lieferant	Bezeichnung	Lagermenge	Mindestlagermenge	Gebinde	Einkaufspreis	Verkaufspreis
32001	1010	Zollstock	25	10	Stck	12,2	16,47
32002	1020	Tapeziertisch	34	10	Stck	8,6	11,61
32003	1014	Alpinweiß Wandfarbe	56	10	Stck	3,2	4,32
32004	1012	Farbspachtel	15	10	Stck	4,8	6,48
32005	1026	Farbspachtel groß	17	10	Stck	5,9	7,97
32006	1022	Tapetenkleister	49	10	Packung	0,8	1,08
32007	1021	Tapetenkleister Dual	49	10	Packung	2,3	3,11
32008	1021	Kleisterbürste	40	10	Stck	3,7	5
32009	1016	Kleisterbürste Echthaar	30	10	Stck	5,8	7,83
32010	1011	Pinsel, Maler 5x5	23	10	Stck	1	1,35
32011	1010	Pinsel. Maler, 10x5	23	15	Stck	2,9	3,92
32012	1013	Gummiwalze	45	15	Stck	0,8	1,08
32013	1018	Tapezierschere	12	15	Stck	3	4,05
32014	1012	Nahtroller	56	15	Stck	0,5	0,68
32015	1026	Bohrmaschine B&D	15	15	Stck	78,5	105,98
32016	1012	Hammer, Maurer	45	15	Stck	12,8	17,28
32017	1019	Hammer, Zimmerm.	45	15	Stck	14,9	20,12
32018	1019	Kelle 3-Spitz	12	15	Stck	6,9	9,32
32019	1010	Kelle flach eckig	12	15	Stck	5,9	7,97
32020	1015	Kelle 10x8	45	15	Stck	8,2	11,07
32021	1010	Holzschutzlösung	10	15	Kanister	5,45	7,36

Abbildung 15.13 Die Access-Daten sind importiert, Excel machte eine Tabelle daraus.

HINWEIS Die Abfrage nach der Tabelle erscheint nur, wenn die Datenbank mehr als eine Tabelle oder Abfrage enthält.

Access-Daten aktualisieren

Die Verknüpfung zu Access ist nur halb dynamisch, sie berechnet sich nur beim Öffnen der Arbeitsmappe von selbst. Klicken Sie in den Tabellentools unter *Entwurf/ Externe Tabellendaten* auf *Aktualisieren*, um die neuesten Daten aus der Datenbank abzuholen.

Access-Datenbank öffnen

Im Prinzip ist es die gleiche Prozedur, nur ein wenig schneller als der Aufbau einer Abfrage.

1. Öffnen Sie einfach die Datenbank wie eine ganz normale Excel-Arbeitsmappe mit *Öffnen* im *Datei*-Menü.
2. Schalten Sie auf den Dateityp *Access-Datenbanken* um, und markieren Sie die Datei mit der Endung *.mdb*, *.mde*, *.accdb* oder *.accde*.
3. Bestätigen Sie die Sicherheitswarnungen, und lesen Sie eine Tabelle aus der Datenbank ein.

Access-Export

Wenn Sie die Access-Daten unverknüpft in Excel-Tabellen brauchen, müssen Sie die Applikation wechseln. Der Export funktioniert nur aus Access heraus:

1. Öffnen Sie die Datenbank im Access-Programmfenster, und schalten Sie den Navigationsbereich (Datenbankfenster) ein. Wenn Sie diesen nicht sehen, weil evtl. ein Startformular dazwischengeschaltet ist, starten Sie die Datenbank mit gedrückter `Umschalt`-Taste. Damit schalten Sie den Startmechanismus aus, und das Datenbankfenster wird angezeigt.
2. Markieren Sie im Tabellenmodul eine Datei, oder schalten Sie um auf die Abfragen, und markieren Sie eine Abfrage.
3. Wählen Sie in der Registerkarte *Externe Daten* in der Gruppe *exportieren Excel*.

Abbildung 15.14
Von Access nach Excel über Exportoptionen

4. Geben Sie an, wohin die Datei geschrieben werden soll, und wählen Sie das Dateiformat. In den *Exportoptionen* bestimmen Sie, ob Sie Formatierungen und Layout aus der Access-Tabelle übernehmen und die neue Datei gleich öffnen wollen.
5. In der letzten Abfrage können Sie die Exportschritte speichern und – falls Outlook installiert ist – eine Abfrage in Outlook anlegen, die diese Aufgabe in zeitgesteuerten Intervallen erledigt.
6. Die dritte Exportoption ist nur aktivierbar, wenn Sie die Tabelle geöffnet und Datensätze markiert hatten. In diesem Fall können auch einzelne Sätze exportiert werden.
7. Bestätigen Sie die letzte Abfrage, und die Daten werden aus der Access-Datenbank in eine Excel-Arbeitsmappe geschrieben.

15.2.2 Aus anderen Quellen

Unter diesem Symbol, das ebenfalls auf der Registerkarte *Daten* in der Gruppe *Externe Daten abrufen* zur Auswahl steht, finden Sie eine Zusammenfassung aller Datenquellen, mit denen Excel eine dynamische Verbindung eingehen kann.

» *Von SQL-Server:* Klicken Sie hier, um eine Verbindung zu einem SQL-Server herzustellen und Tabellen von diesem zu importieren. Wie bei Access wird eine Verknüpfung zur Datenquelle aufgebaut.

» *Von Analysis Service:* Mit diesem Symbol erstellen Sie eine Verbindung zum OLAP-Dienst des SQL-Servers zum Abruf der Daten aus einem »Würfel« (Cube). Das ist die Bezeichnung für die multidimensionale Datenbank. Excel kann diese Cube-Daten in Tabellen oder direkt in PivotTable-Berichte integrieren.

» *Vom XLM-Datenimport:* Öffnen Sie unter diesem Symbol eine gespeicherte XML-Datei, und wandeln Sie die XML-Daten in Excel-Tabellen um.

» *Vom Datenverbindungsassistenten*: Benutzen Sie diesen Assistenten, wenn Sie Schritt für Schritt durch den Prozess der Verbindungsaufnahme mit einer Remotedatenquelle geführt werden wollen. Der Assistent bietet alle verfügbaren Treiber an, und leitet Sie mit Abfragen zu den einzelnen Aufgaben.

15.3 MS Query-Abfragen

Eine Abfrage ist – sobald erstellt – eine permanente Verbindung zwischen den beiden Programmen, die immer wieder die neuesten Daten aus der Datenbank liefert.

Mit einer Abfrage können Sie aus großen Datenmengen in Datenbanken Daten nach Excel exportieren, analysieren, weiterberechnen und für Reporting oder Präsentationen aufbereiten. Sie könnten z.B. nach allen Verkäufern fragen, die einen bestimmten Umsatz vorzuweisen haben, nach Kunden, die im PLZ-Gebiet XY wohnen, oder nach allen Rechnungsposten, die noch nicht bezahlt sind. Da in einem integrierten Datenverbund (Data Warehouse) häufig die benötigten Daten aus den unterschiedlichsten Quellen kommen, muss die Abfrageschnittstelle in der Lage sein, Datenquellen zu bestimmen und verschiedene Datenbankformate zu akzeptieren, unabhängig davon, in welchem Format oder mit welchem Programm sie gespeichert wurden.

Der größte Vorteil der Abfrage liegt in der dynamischen Verknüpfung: Nicht die »toten« Daten werden aus den Datenbanken geholt, das führt schnell zum Aktualitätsverlust und erfordert immer wieder manuelles Eingreifen (Copy&Paste). Die Abfrage gräbt einen Tunnel zwischen den Applikationen, über den die Daten regelmäßig aktualisiert werden. Der »Fluchthelfer« ist Microsoft Query, ein Add-In, das wir später noch beschreiben.

15.3.1 ODBC

Unter ODBC (Abkürzung für »open database connectivity«) versteht man eine 1992 von der Firma Microsoft entwickelte Software-Schnittstelle, die den Zugriff aus einem Anwendungsprogramm auf unterschiedliche Datenbanken gewährleisten soll.

(*www.computerlexikon.com*)

Jeder Datenbankhersteller (Provider), der sich an den ODBC-Standard hält, kann Treiber zur Verfügung stellen, sodass Office-Programme auf seine Datenbanken zugreifen können.

Für die Verwaltung dieser Treiber stellt Windows einen Dienst in der Systemsteuerung zur Verfügung:

Wählen Sie in der Systemsteuerung *Verwaltung/Datenquellen (ODBC)*. In der Liste der *Benutzer-DSN* stehen die von den »Providern« bereitgestellten Treiber, selbst angelegte Datenquellen finden Sie auf der Registerkarte *Datei-DSN*.

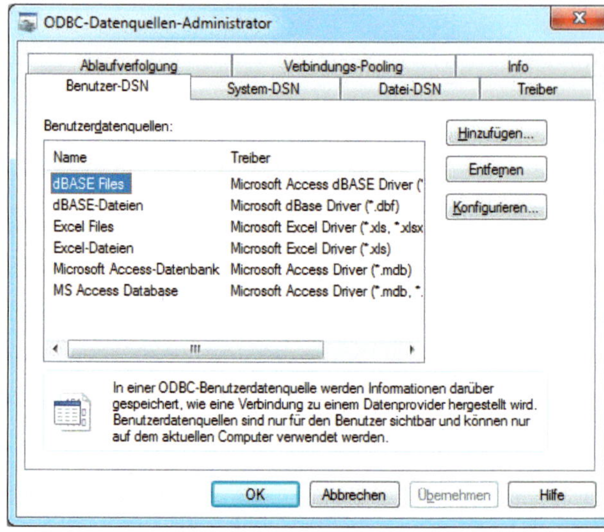

Abbildung 15.15 ODBC-Treiber in der Systemsteuerung

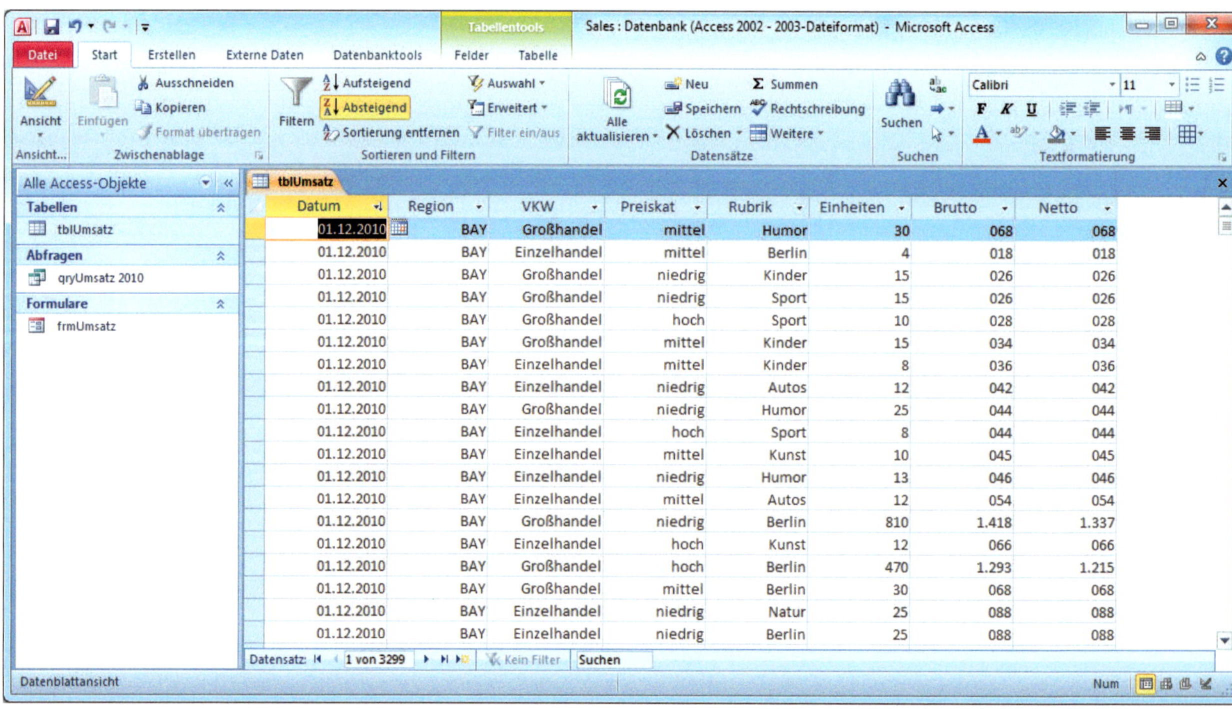

Abbildung 15.16 Sales.mdb liefert Umsatzdaten über mehrere Jahre.

Datenquellen für die Abfrage

Abfragen können Sie auf die unterschiedlichsten Daten ansetzen, selbst auf Textdateien. Hier eine Liste der Formate, die per Abfrage verknüpft werden können:

- Microsoft SQL Server OLAP Services (OLAP-Anbieter) 7.0 und höher
- Microsoft Access 2000 und höher
- dBASE
- Microsoft FoxPro
- Microsoft Excel
- Oracle
- Paradox
- SQL Server
- Textdatei

15.3.2 MS Query starten

Testen Sie diese Schnittstelle zu externen Daten mit einer kleinen Controlling-Aufgabe: Die Datenbank *Sales.mdb* enthält die Verkaufszahlen mehrerer Jahre mit den Spalten Datum, Region, Verkaufsweg, Preiskategorie, Rubrik, Einheiten und Preise. Sie haben die Aufgabe, diese Daten nach unterschiedlichen Kriterien auszuwerten:

- Verkäufe pro Jahr, Region, Kategorie
- Umsätze in den einzelnen Preiskategorien

CD-ROM Die Datenbank zum Üben finden Sie auf der Buch-CD unter *Sales.mdb*. MS Query akzeptiert leider keine Datenbanken im Format von Access 2007/2010.

Das Programm zur Erstellung von Abfragen und Abfragedefinitionen finden Sie auf der Registerkarte *Daten*:

1. Aktivieren Sie in einer neuen Mappe das erste Tabellenblatt, benennen Sie es in *Umsatzanalyse* um, und setzen Sie den Zellzeiger in die Zelle A1.
2. Wählen Sie *Daten/Externe Daten abrufen/Aus anderen Quellen*.
3. Klicken Sie auf *Von Microsoft Query*, um das Programm zu starten.
4. Eine Auswahlliste mit allen verfügbaren Datenquellen erscheint, Sie können sich für den zu Ihrer Datenbank passenden Eintrag entscheiden. Klicken Sie auf *Microsoft Access-Datenbank*.

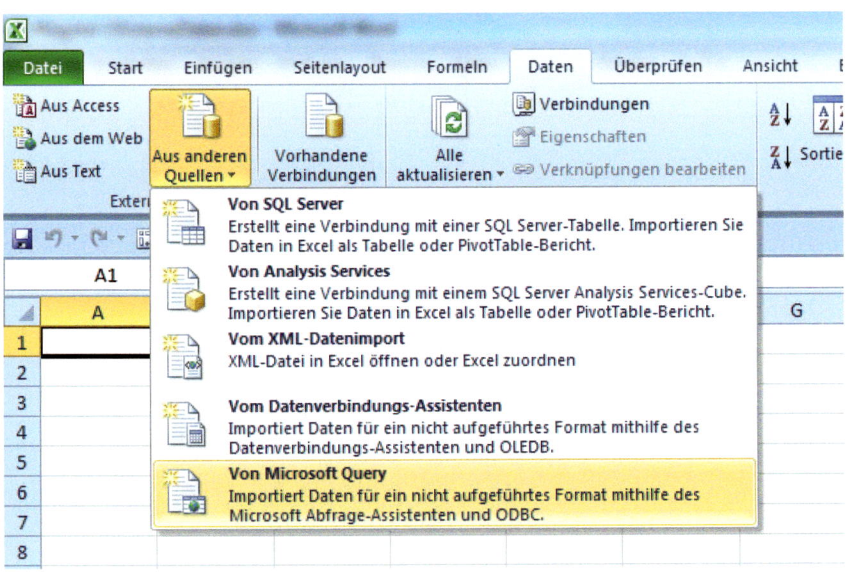

Abbildung 15.17
MS Query für eine Abfrage starten

15.3.3 Eine neue Datenquelle

Die Datenquelle ist jetzt nicht, wie man annehmen könnte, die Datei, in der die Daten gespeichert sind, sondern vielmehr das Verbindungsglied zwischen Excel und der Datenbank. In der Datenquelle definieren Sie:

» den Namen und Speicherort der Datenbank oder des Servers

» den Datenbanktyp

» Anmeldungsdaten und Kennwörter für den Zugriff auf die Datenbank

» den Namen des ODBC-Treibers oder eines Datenquellentreibers

Sie können auch ohne Datenquelle arbeiten und direkt einen der angebotenen Datenbanktreiber benutzen, was aber nicht empfehlenswert ist, da Sie bei Änderungen oft die gesamte Prozedur wiederholen müssen. Außerdem steht die Datenquelle ja auch für weitere Abfragen auf dieselbe Datenbank zur Verfügung.

1. Wählen Sie den Eintrag *Neue Datenquelle*, und bestätigen Sie mit *OK*.
2. Geben Sie als Name für die neue Datenquelle *Umsatzanalyse* ein, und wählen Sie den *Microsoft Access-Treiber*. Klicken Sie auf *Verbinden*.
3. Ein Klick auf *Auswählen* öffnet die Dateiliste: Schalten Sie auf den Datenträger (Festplatte) um, in dem die Datenbankdatei *Sales.mdb* zu finden ist, markieren Sie diese, und bestätigen Sie mit *OK*. Zurück in der Abfrage, können Sie die Optionen für den Datenbankzugriff bestimmen:
   - Geben Sie unter *Erweitert* die Benutzerkennung und das Kennwort für die Datenbank ein, falls diese mit solchen Zugriffssicherungen versehen ist. Der Benutzername für freigegebene Datenbanken ist *Admin*, das Kennwortfeld bleibt leer.
   - Unter *Systemdatenbank* können Sie eine Arbeitsgruppe (MDW-Datei) bestimmen, wenn eine solche für den Zugriff auf die Datenbank eingerichtet wurde (mit dem Arbeitsgruppen-Administrator).
   - Unter *Optionen* stellen Sie den ODBC-Treiber genauer ein. Sie können ihn *Exklusiv* oder *Schreibgeschützt* schalten. *Seitentimeout* ist der Zeitraum in Zehntelsekunden, über den eine nicht verwendete Seite im Puffer verbleibt (muss immer größer als 0 sein). Die *Puffergrösse* ist die Größe des internen Puffers in KB, den Access zum Übertragen von Dateien zum und vom Datenträger verwendet. Zulässig ist jede durch 256 teilbare ganze Zahl.
4. Klicken Sie auf *OK*, wenn alle Einstellungen für den Datenbankzugriff perfekt sind. Jetzt öffnet der Assistent die Datenbank und prüft dabei die Zugriffsdaten ab. Wenn der Zugriff möglich ist, stehen die Tabellen und Abfragen aus der Datenbank im nächsten Dialog zur Verfügung.

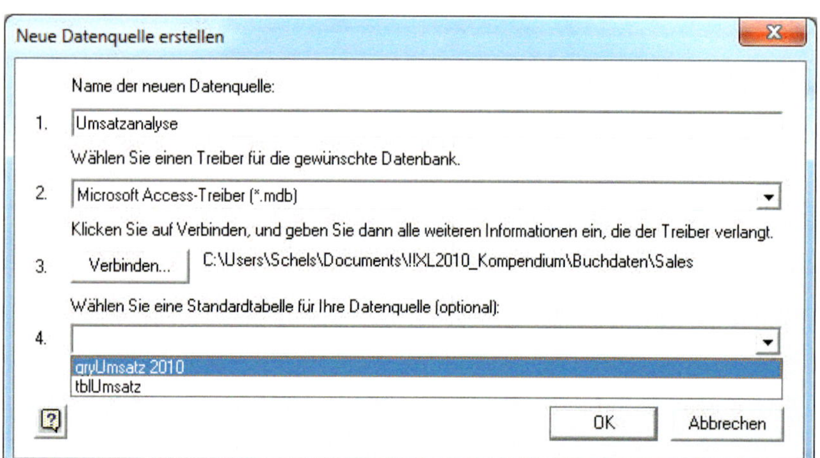

Abbildung 15.18
Die Verbindung zur Datenbank steht, die Datenquelle kann angelegt werden.

5. Sie können in der Liste am unteren Rand eine Tabelle oder eine Abfrage aus der Datenbank wählen. Geben Sie hier die Tabelle *tblUmsatz* an.

» *User-ID und Kennwort in der Datenquellendefinition speichern:* Diese Option sollten Sie nicht ankreuzen, wenn andere Benutzer Zugriff auf Ihren Rechner haben. Die Zugriffsdaten werden dann nämlich unverschlüsselt gespeichert (eine Meldung weist darauf hin). Excel bietet in den Abfrageoptionen später auch die Möglichkeit, Anmeldename und Kennwort einer Abfrage permanent zu speichern.

Mit einer letzten Bestätigung ist die neue Datenquelle gespeichert und steht in der Liste zwischen den ODBC-Treibern. Sie können die Abfrageerstellung abbrechen oder mit der markierten Datenquelle fortfahren.

15.3.4 Datenquelle anwenden, Daten abholen

Wenn Sie die Datenquelle noch markiert haben, klicken Sie auf *OK*, um die Daten aus der Datenbank zu holen. Haben Sie in der Zwischenzeit abgebrochen, starten Sie einfach eine neue Abfrage. Die Datenquelle steht ab sofort zusammen mit den anderen Treibern zur Auswahl, markieren Sie den Eintrag, und klicken Sie auf *OK*, um die Daten abzuholen.

Spalten zusammenstellen

Eine Datenbank besteht immer aus mehreren Tabellen, die meist miteinander verknüpft sind, und die Tabellen aus der ausgewählten Datei werden in der Liste links angeboten. Markieren Sie die gewünschte Tabelle, und klicken Sie auf das Pfeilsymbol in der Mitte, um sie nach rechts in die Liste zu holen.

Wenn Sie nur einzelne Spalten der Tabelle in die Abfrage holen wollen, klicken Sie auf das Pluszeichen links vom Tabellennamen. Damit öffnen Sie die Feldliste (Spaltenliste) der Tabelle. Markieren Sie eine einzelne Spalte, und klicken Sie auf das Pfeilsymbol, um diese nach rechts in die Liste zu befördern.

Mit dem Doppelpfeilsymbol schicken Sie ausgewählte Spalten wieder zurück in die Tabelle. Schalten Sie mit *Weiter* zum nächsten Schritt der Abfrage.

Daten filtern

Im nächsten Schritt können Sie die Daten filtern. Klicken Sie dazu links auf eine zu filternde Spalte, markieren Sie unter *Nur Zeilen einschliessen, in denen* einen Operator (z.B. ist größer als), und tragen Sie in das Feld daneben einen Wert ein. Für unser Beispiel übernehmen Sie die Daten zunächst ungefiltert. Bis zu drei Filter können Sie mit logischen Operatoren UND und ODER aneinanderreihen.

HINWEIS Beachten Sie, dass sich UND-Filter gegenseitig ausschließen können, das Ergebnis ist eine Abfrage, die keine Daten liefert. Testen Sie die Filter lieber der Reihe nach.

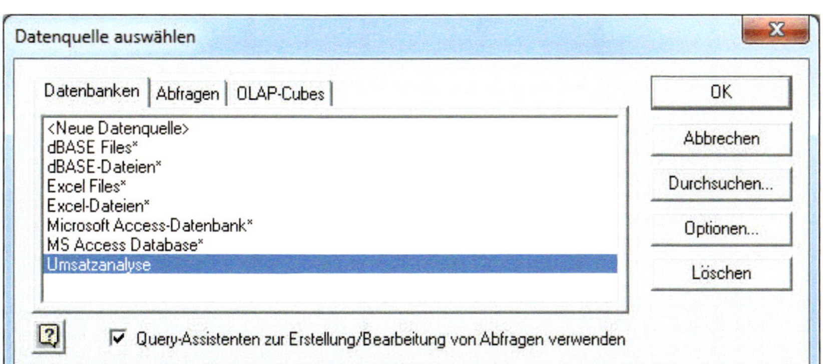

Abbildung 15.19
Datenquelle anwenden

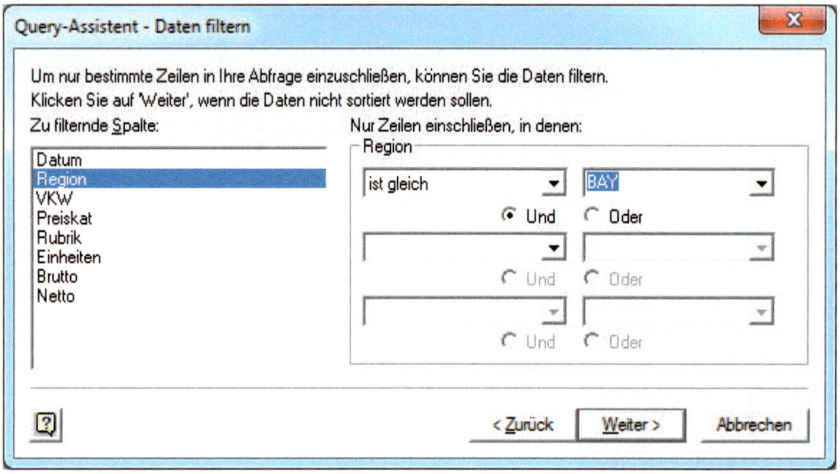

Abbildung 15.20
Filter für die ODBC-Abfrage

Daten sortieren

Schalten Sie mit *Weiter* zur nächsten Dialogbox. Im nächsten Schritt wird die Sortierreihenfolge des Abfrageergebnisses angegeben. Öffnen Sie die Liste der Feldbezeichnungen, und markieren Sie die Artikelnummer, um nach dieser zu sortieren. Klicken Sie auf die Option *Aufsteigend*, und klicken Sie auf *Weiter*.

Datenimport abschließen

In der letzten Abfrage entscheiden Sie, was mit den Daten aus der Datenbank passieren soll:

» Wählen Sie *Daten an Microsoft Office Excel zurückgeben*, wenn Sie die Datensätze sofort in die Tabelle übernehmen wollen.

» Wählen Sie *Daten in Microsoft Query bearbeiten oder ansehen*, wenn Sie das Abfrageergebnis noch weiter bearbeiten wollen.

» Mit *Einen OLAP-Cube aus dieser Abfrage erstellen* wird die Abfrage in einen OLAP-Cube umgewandelt (optional).

Mit Klick auf *Abfrage speichern* wird die Abfrage als Datei mit der Endung *.dqy* (Data Query) gespeichert. Diese Speicherung ist nicht unbedingt nötig. Benötigen Sie die Daten aber zukünftig wieder in dieser Zusammenstellung, starten Sie einfach die Abfrage und müssen nicht alle Schritte des Assistenten wiederholen.

Wenn Sie die Daten an Excel übergeben, erscheint eine Dialogbox, die Sie auffordert anzugeben, wo die Daten platziert werden. Bestätigen Sie *Tabelle* und den Vorschlag *Bestehendes Arbeitsblatt A1*. Mit *neues Arbeitsblatt* erhalten Sie ein neues Tabellenblatt in der Mappe, und mit der Option *PivotTable-Bericht* würden die externen Daten als Pivot-Bericht aufbereitet. Die dritte Option fertigt zusätzlich zur PivotTable noch ein PivotChart an.

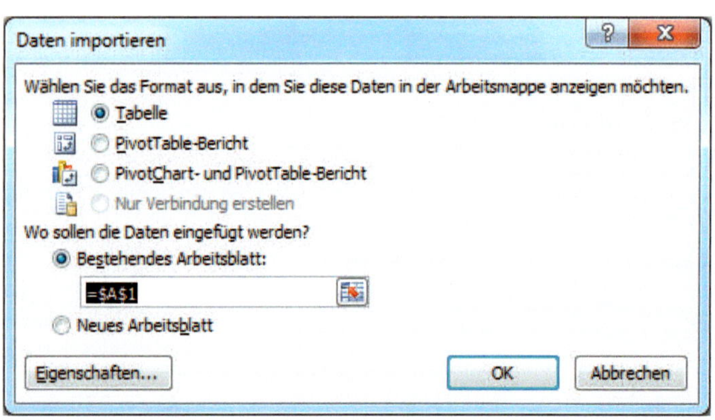

Abbildung 15.21
Letzte Abfrage: Position der Daten

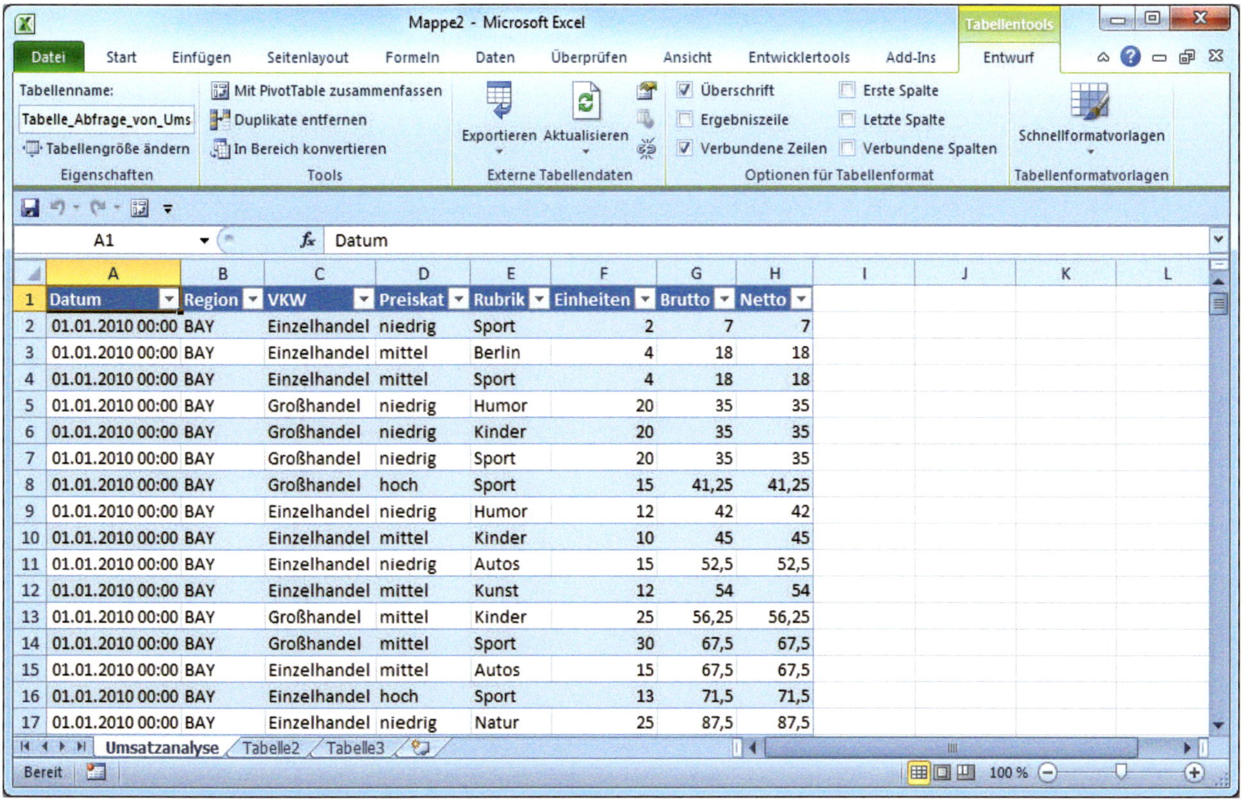

Abbildung 15.22 Letzte Abfrage: Die Daten aus Access stehen bereit.

Mit *OK* wird die letzte Frage bestätigt, und das Abfrageergebnis steht im Tabellenblatt zur Verfügung. MS Query produziert gleich eine Tabelle und weist die Standard-Tabellenformatvorlage zu.

15.3.5 Abfragen speichern und aufrufen

Wenn Sie im vorletzten Dialogfenster des MS Query-Assistenten die Schaltfläche *Abfrage speichern* anklicken, erhalten Sie den Speicherdialog für eine Datei mit der Endung *.qry*. Speichern Sie die mit MS Query konstruierte Abfrage als Datei, lässt sie sich über *Daten/Externe Daten abrufen/Vorhandene Verbindungen* aktivieren.

15.3.6 Abfragen im Query-Fenster bearbeiten

Im letzten Schritt des Abfrage-Assistenten haben Sie die Wahl, die Daten an Excel oder an MS Query zu übergeben. Klicken Sie auf diese Option, erhalten Sie das Abfragefenster von MS Query. Diesen Aufruf finden Sie auch unter *Daten/Verbindungen/Alle aktualisieren in den Verbindungseigenschaften*. Klicken Sie auf der zweiten Registerkarte *Definition* auf *Abfrage bearbeiten* und *Abbrechen*.

HINWEIS Wer mit Access schon Erfahrungen gesammelt hat, wird den Abfrage-Entwurf des Datenbankprogramms wiedererkennen.

Tabellen hinzufügen

Im oberen Bereich des Query-Fensters stehen die Tabellen zur Auswahl, die an der Abfrage beteiligt sind. Sie können diese Tabellen mit `Entf` löschen und mit *Tabelle/Tabellen hinzufügen* weitere Tabellen einfügen.

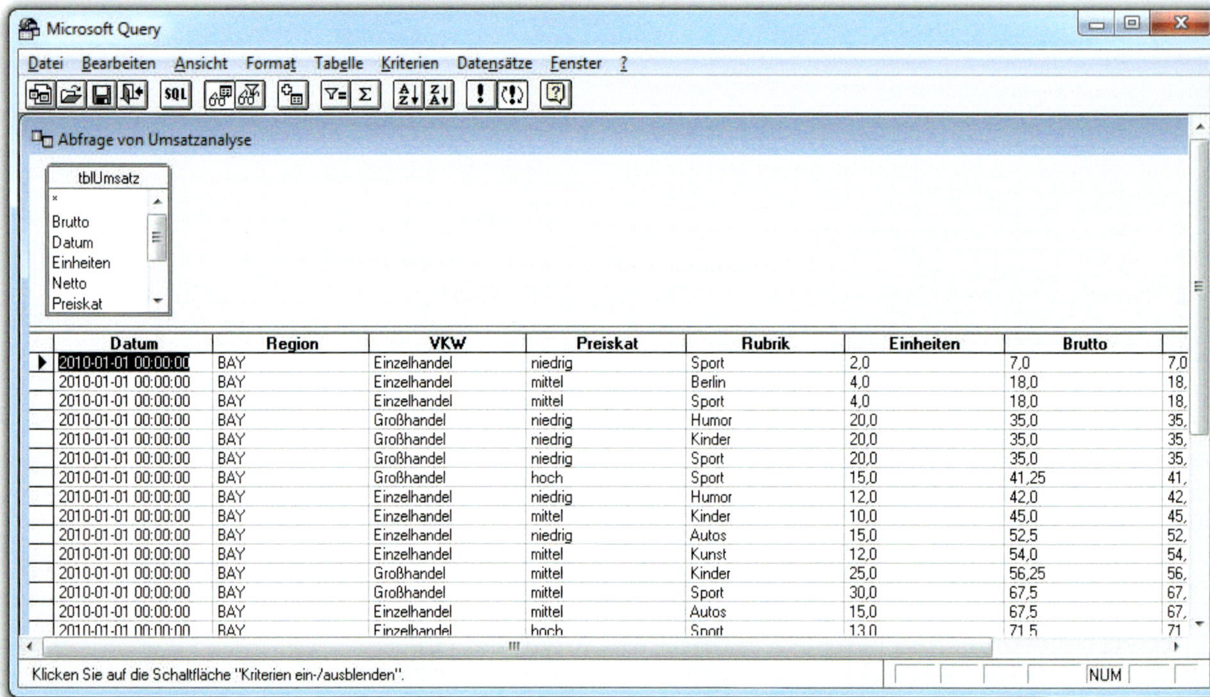

Abbildung 15.23 Das Abfragefenster von MS Query

Wenn die Tabellen, die Sie in der Abfrage verwenden, relational verknüpft sind, zeigt MS Query dies über eine Verbindungslinie zwischen den verknüpften Feldern. Findet die Abfrage nur nicht verbundene Tabellen vor, bildet sie das Ergebnis aus dem Produkt der Tabellen. Enthält beispielsweise jede Tabelle 20 Datensätze, wird das Ergebnis 400 Datensätze aufweisen. Mehrere Tabellen in die Abfrage zu integrieren, ist also nur dann sinnvoll, wenn diese miteinander verknüpft sind.

Tabellen verknüpfen

Wenn die Verknüpfung zwischen zwei Tabellen besteht, wird sie automatisch angezeigt und verwendet. Möchten Sie aber unverknüpfte Tabellen selbst verknüpfen, gehen Sie so vor:

1. Ziehen Sie das Feld der einen Tabelle mit der Maus auf die andere Tabelle, und zwar genau über das Feld, das Sie mit diesem verknüpfen wollen. Wenn Sie die Maustaste loslassen, wird die Verknüpfungslinie zwischen den beiden Feldern gezogen. Die Verknüpfung gilt nur für die Abfrage und wird nicht in die Datenquelle zurückgeführt.
2. Ein Doppelklick auf diese Linie zeigt weitere Informationen über die Verknüpfungsart an.
3. Um eine Verknüpfung wieder zu lösen, markieren Sie die Verknüpfungslinie und drücken die `Entf`-Taste.

TIPP Die Query-Abfrage wird synchron mit der Erstellung der Felderliste ausgeführt, das Abfragefenster zeigt sofort die Daten aus der Datenquelle an, die der Abfrage entsprechen. Bei großen Datenmengen kann dies aber ziemlich zeitaufwendig sein und das Ganze verzögern. So schalten Sie die dynamische Abfrage aus:

1. Klicken Sie auf die Schaltfläche *AutoAbfrage* in der Symbolleiste, oder wählen Sie *Datensätze/AutoAbfrage*.
2. Führen Sie die Abfrage nach Abschluss der Felderliste mit Klick auf das Symbol *Ausführen* aus, oder schalten Sie im Menü *Datensätze* die *AutoAbfrage* wieder ein.

Abfragefelder auswählen

Die im Abfrageergebnis verwendeten Felder können beliebig ausgetauscht und auch wieder entfernt werden:

1. Markieren Sie das gewünschte Feld in der Tabelle, und ziehen Sie es mit gedrückter Maustaste nach unten. Setzen Sie das erste Feld links außen an. Weitere Felder platzieren Sie rechts von den bereits eingesetzten Feldern oder auf den Feldern, die Sie in der Abfrage nach rechts schieben wollen. Um ein Feld sofort anzufügen, können Sie auf dieses auch doppelklicken.
2. Klicken Sie alternativ dazu doppelt auf das Sternchen (*) am oberen Rand der Feldliste, wenn Sie alle Felder auf einmal in die Abfrage aufnehmen wollen.
3. Verschieben Sie eine markierte Spalte mit gedrückter Maustaste und dem Mauszeiger am oberen Spaltenrand. Um eine Feldspalte wieder zu löschen, markieren Sie den Spaltenkopf und drücken die `Entf`-Taste. Ziehen Sie die Markierung ggf. über mehrere Spalten.

Berechnete Felder erstellen

Für berechnete Felder tragen Sie entweder den Feldnamen ein und bestimmen eine Funktion dafür (Summe, Mittelwert) oder tragen einen mathematischen Ausdruck, der die Feldnamen als Operanden verwendet, in die Feldspalte ein. Setzen Sie den Cursor in das Eingabefeld, und geben Sie den Ausdruck in dieser Form ein:

```
[Feld][Operator][Feld]
```

Zum Beispiel:

```
Einkaufspreis*Lagermenge
```

Erlaubt sind in dieser Formel alle Feldnamen aus den an der Abfrage beteiligten Tabellen, die Operatoren Plus (+), Minus (-), Multiplikation (*), Division (/), Potenz (^) und beliebige Zahlenwerte.

Praxis: Bruttoumsatz berechnen

Für die Berechnung des Bruttoumsatzes benötigen Sie ein Feld, das den Bruttopreis mit den verkauften Einheiten multipliziert.

1. Wählen Sie nach dem Aufruf des Query-Fensters *Datensätze/Spalte einfügen.*
2. Tragen Sie in das erste Eingabefeld, *Feld,* die Formel ein:

   ```
   Bruttopreis*Einheiten
   ```

3. Geben Sie unter *Spaltenkopf* die Bezeichnung des neuen Feldes ein:

   Bruttoumsatz

4. Unter *Ergebnis* ist nur dann eine Formel (*Summe*, *Mittelwert*, *Anzahl*, *Min*, *Max*) nötig, wenn oben im ersten Feld nur ein Feldname eingetragen wurde.
5. Mit *Hinzufügen* wird das neue Feld in die Abfrage eingetragen und gleich berechnet.

Externe Daten mit MS Query bearbeiten

Um das Abfrageergebnis Satz für Satz zu durchsuchen, verwenden Sie den Datensatzzeiger. Wollen Sie einen bestimmten Datensatz ansteuern, tragen Sie dessen Nummer in das Datensatznummernfeld ein und drücken die `Eingabe`-Taste.

Sie können die Daten in den einzelnen Feldern sogar bearbeiten, Datensätze löschen und anfügen. Aktivieren Sie dazu *Datensätze/Bearbeiten zulassen*.

Wenn die in der Datenquelle bezeichnete Datenbank geschützt oder gesperrt ist, ist diese Option nicht verfügbar.

Datensätze werden am linken Rand markiert. Ziehen Sie die Markierung mit gedrückter Maustaste nach unten, um mehrere Sätze zu markieren. Um alle Datensätze zu markieren, klicken Sie wie bei Excel auf das Kästchen links oben im Schnittpunkt der Lineale. Die markierten Sätze können nun über die Optionen aus dem Menü *Bearbeiten* kopiert, ausgeschnitten und an anderer Position wieder eingefügt werden. Gelöscht werden sie mit der `Entf`-Taste oder mit *Bearbeiten/Löschen*.

Query-Abfrageeigenschaften

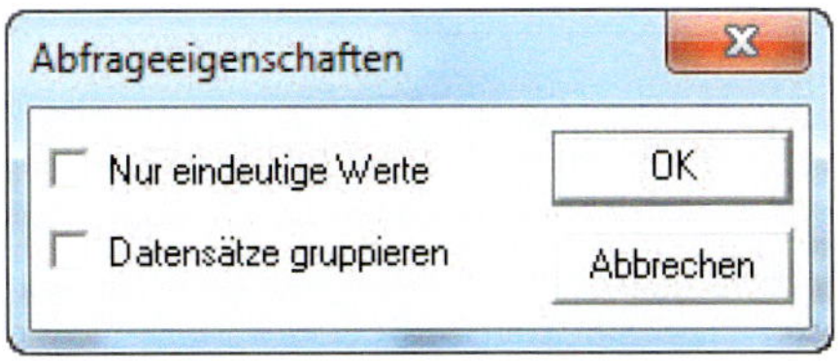

Abbildung 15.24 Abfrage-Eigenschaften

Zusätzliche Eigenschaften für die Abfrage legen Sie mit der Menüoption *Ansicht/Abfrageeigenschaften* fest:

» *Nur eindeutige Werte:* Kommen Datensätze mehrfach vor, werden sie im Abfrageergebnis nur einmal aufgeführt.

» *Datensätze gruppieren:* Alle ähnlichen Werte in einem Feld werden gruppiert. Für diese Option können Sie auch das Gruppierungssymbol verwenden, das mit jedem Klick die nächste Gruppierungsart anwendet (*Summe, Anzahl, Mittelwert* etc.). Entfernen Sie die Gruppierung wieder mit *Datensätze/Spalte bearbeiten*. Geben Sie hier als Ergebnis *Für alle* an.

Query-Datensätze sortieren

Um die Datensätze eines Abfrageergebnisses zu sortieren, wählen Sie den gleichnamigen Befehl aus dem Menü *Datensätze*:

1. Wählen Sie *Datensätze/Sortieren*.
2. Geben Sie die zu sortierende Abfragespalte an, und bestimmen Sie die Reihenfolge. Klicken Sie auf *Hinzufügen*, um die Sortierung in die Liste unten aufzunehmen. Fügen Sie so alle gewünschten Sortierungen ein.
3. Klicken Sie auf *Entfernen*, um eine Sortierung wieder zu löschen.

Die Datensätze werden sofort sortiert, sobald eine Sortierung eingefügt wird. Verwenden Sie auch die Schaltflächen für auf- und absteigende Sortierung.

Query-Abfragekriterien

Um die Abfrage mithilfe von Kriterien von bestimmten Werten in der Datenquelle oder von logischen Operatoren oder Bedingungen abhängig zu machen, definieren Sie Abfragekriterien. Ein Kriterium ist eine Vereinbarung, die erfüllt sein muss, damit die Abfrage den Datensatz wiedergibt.

Für die Kriterien steht in der Mitte des Auswahlfensters ein Kriterienbereich zur Verfügung. Dieser Bereich wird standardmäßig nicht angezeigt, öffnet sich aber automatisch, wenn Sie Kriterien anwenden. So aktivieren Sie den Kriterienbereich:

Wählen Sie *Ansicht/Kriterien*, oder klicken Sie auf das Symbol *Kriterien ein-/ausblenden*.

Query-Abfrage speichern

Speichern Sie Ihre fertig gestaltete Abfrage mit dem Speichersymbol (Diskette) oder unter *Datei/Speichern*. Der Zielort für die Abfragedateien ist der Ordner *Laufwerk:Dokumente und Einstellungen\Benutzername\Anwendungsdaten\Microsoft\Abfragen*.

Sie können aber auch jeden anderen Ordner zum Speicherort erklären. Damit ist Ihre Abfrage gesichert und kann jederzeit wieder nach dem Aufruf von MS Query eingelesen und ausgeführt werden. Die Endung für Abfragedateien ist *.dqy*.

Sie können nun die Abfrage über das Menü *Datei* schließen und eine neue Abfrage gestalten oder das Abfragefenster schließen und damit MS Query beenden. Der letzte Befehl im *Datei*-Menü heißt *Beenden*, wenn MS Query nicht aus Excel heraus gestartet wurde.

15.4 Mit externen Daten arbeiten

Die Daten aus der ODBC-Verbindung bearbeiten Sie zwar mit allen Werkzeugen, die Excel zur Verfügung stellt, beachten Sie aber, dass die Quelle immer wieder neue Daten liefert (Zeitpunkt und Intervall bestimmen Sie). Formatierungen und Zahlenformate können mit der Aktualisierung wieder verloren gehen, Zwischenergebnisse tun es mit Sicherheit. Der Abfragebereich wird von der ODBC-Quelle verwaltet.

Neue Daten werden kommentarlos in die Tabelle eingefügt. Wenn zwischenzeitlich in Access Datensätze angefügt wurden, sind diese automatisch wieder in der Tabelle enthalten. Wurden Datensätze gelöscht, reduziert sich das Abfrageergebnis ebenfalls, die zuvor enthaltenen Datensätze werden automatisch gelöscht.

15.4.1 Nicht in Bereich konvertieren

Wandeln Sie das Verbindungsergebnis nicht in einen Bereich um. Wenn Sie in den Tabellentools unter *Tools/ Bereich konvertieren* versuchen, aus der Tabelle einen Bereich zu machen, erhalten Sie eine Warnmeldung. Bestätigen Sie diese mit *Ja*, wird die Verknüpfung zur Quelle entfernt, und die Liste ist ab sofort unabhängig von der ODBC-Datenquelle.

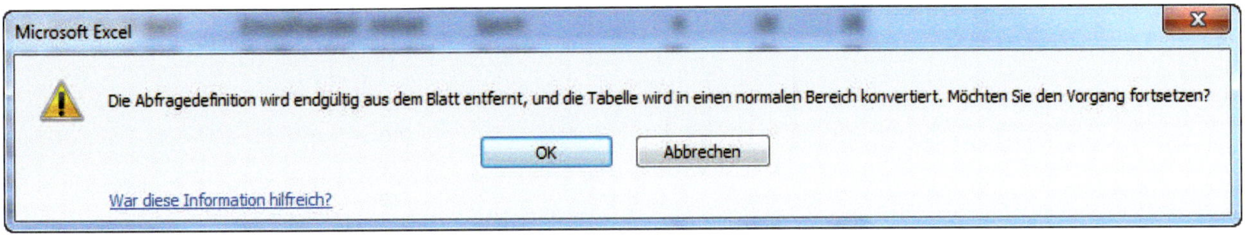

Abbildung 15.25 Die Umwandlung vernichtet die ODBC-Verknüpfung.

15.4.2 Externe Tabellendaten verwalten

Für die Verwaltung der externen Daten können Sie auf zwei Register zurückgreifen. Wählen Sie *Daten/Verbindungen* oder in den *Tabellentools* (die nur sichtbar sind, wenn der Zellzeiger in der Tabelle steht) die Gruppe *Verbindungen*. Entscheiden wir uns für die Registerkarte *Daten*:

Abfragen holen ihre Daten nicht ständig automatisch aus der Datenbank, in der Standardeinstellung muss die Abfrage manuell gestartet werden, wenn neue Daten vorliegen. *Aktualisieren* erneuert die Daten der aktiven Tabelle, *Alle aktualisieren* startet alle derzeit aktiven Abfragen, und wenn eine Abfrage zu lange dauert, weil z.B. die Datenquelle derzeit nicht verfügbar ist, können Sie diese vorzeitig mit *Aktualisierung abbrechen* beenden. Während eine Verbindung läuft, steht auch *Status aktualisieren* zur Auswahl, damit ist der in der Statuszeile angezeigte Übertragungsstatus gemeint.

Klicken Sie auf *Verbindungen*, um eine Liste aller aktiven Verbindungen einzusehen. Sie können weitere Verbindungen hinzufügen, Verbindungen entfernen oder aktualisieren.

TIPP In der Statusleiste erscheint links außen ein rotierendes Weltkugelsymbol, solange die Aktualisierung läuft. Klicken Sie das Symbol an, um die Abfrage zu stoppen, wenn Verbindungsprobleme zur Datenquelle auftauchen.

15.4.3 Eigenschaften

Steht der Zellzeiger in einem Abfrageergebnis, lassen sich die Eigenschaften der zugrunde liegenden Abfrage einsehen und ändern.

- *Zeilennummern einschliessen:* Damit fügen Sie vor jedem Datensatz in einer eigenen Spalte eine Zeilennummer ein.
- *Spaltenbreite anpassen:* Manuell geänderte Spaltenbreiten werden mit der Aktualisierung wieder entfernt.
- *Zellformatierung beibehalten:* Alle Zellformate, die Sie nachträglich anbringen, bleiben erhalten, wenn die Daten aktualisiert werden.
- *Sortieren/Filtern/Layout für Spalte beibehalten*: Die importierten Daten werden mit einem einfachen AutoFormat (1. Zeile fett) belegt. Schalten Sie diese Option aus, wenn Sie die Daten unformatiert importieren wollen.
- *Wenn sich die Anzahl der Zeilen im Datenbereich bei der Aktualisierung ändert*: Hier können Sie entscheiden, was bei der Aktualisierung der Abfrage mit den bereits in der Tabelle enthaltenen Daten passieren soll.

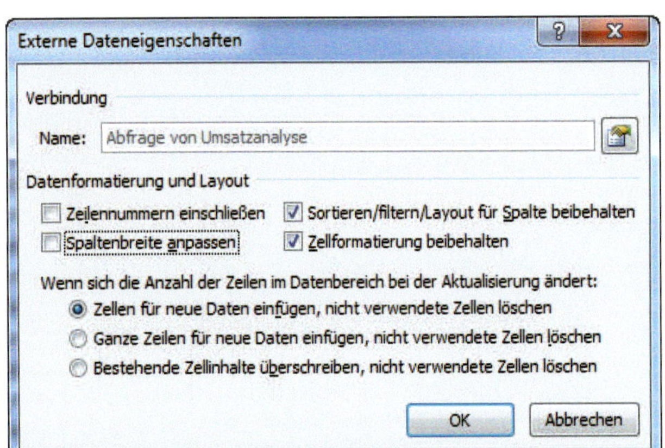

Abbildung 15.26 Eigenschaften der ODBC-Verbindung

15.4.4 Automatische Verbindungen

Wenn die Datenübertragung vom Server gesichert ist, empfiehlt sich eine Automatisierung der Verbindung. Sie können die Daten gleich mit dem Öffnen der gespeicherten Arbeitsmappe abholen lassen oder ein Zeitintervall angeben, nach dem die ODBC-Verknüpfung gestartet wird. Wählen Sie *Alle aktualisieren/Verbindungseigenschaften*.

- » *Aktualisieren beim Öffnen der Datei:* Das Abfrageergebnis wird automatisch erneuert, wenn Sie die Mappe öffnen. Dazu muss aber die erste Option, *Abfragedefinition speichern*, gesetzt sein.
- » *Aktualisierung alle ...:* Geben Sie hier das Zeitintervall an, in dem die Aktualisierung gestartet wird.
- » *Daten vor dem Speichern des Arbeitsblatts aus dem externen Datenbereich entfernen:* Diese Option bietet sich an, wenn die Abfrage sehr viele Daten zurückliefert. Die Daten werden vor dem Speichern gelöscht und erst wieder aktuell in die Tabelle geholt, wenn die Mappe geöffnet wird.

Sicherheitsoption im Sicherheitscenter

Damit externe Verknüpfungen nicht zu ungewollten Datentransfers führen, hat Excel eine Sicherheitsoption eingebaut. Der Anwender wird beim Öffnen einer Mappe, die Verbindungen enthält, gefragt, ob er diese annehmen will. Die Meldung erscheint unterhalb der Multifunktionsleiste.

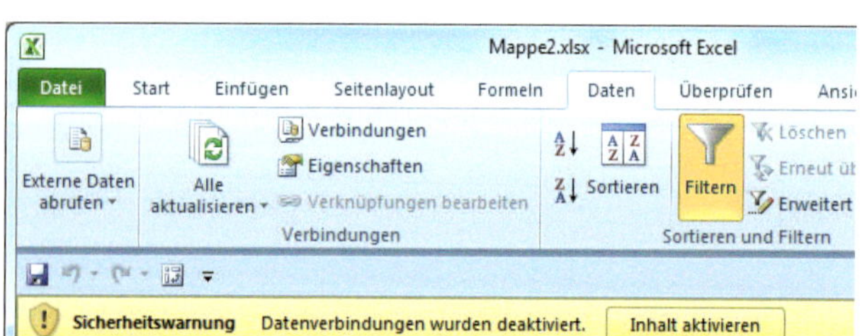

Abbildung 15.27 Sicherheitswarnung für externe Daten

Mit einer Option im Sicherheitscenter können diese Startverbindung und auch alle anderen Verbindungen überwacht werden. Sehen Sie unter *Optionen* im *Datei*-Menü nach, und aktivieren Sie das *Sicherheitscenter*. Hier finden Sie in den *Einstellungen* die Rubrik *Externer Inhalt*.

- » *Alle Datenverbindungen aktivieren* startet beim Öffnen der Mappe sofort den Datentransfer, wenn die Option in den Einstellungen gesetzt ist. Alle weiteren Verbindungen werden kommentarlos durchgeführt. Die Option ist aus gutem Grund nicht zu empfehlen, weil beim Öffnen der Mappe nicht kontrolliert werden kann, ob diese Fremddaten bezieht.
- » *Benutzer zu Datenverbindungen auffordern* ist die Standardeinstellung. Damit erhalten Sie die zuvor gezeigte Sicherheitswarnung.
- » *Alle Datenverbindungen deaktivieren* würde keine Verbindungen zulassen, weder beim Start der Mappe noch mit der Aktualisierung einer Verbindung.

REFERENZ Lesen Sie in Kapitel 17 alles über das Sicherheitscenter.

15.4.5 Definition der Verbindung

Die zweite Registerkarte *Definition* der Verbindungseigenschaften meldet die technischen Informationen der Verbindung – Verbindungstyp und Verbindungszeichenfolge sowie den SQL-String, der mit der Abfragedefinition generiert wurde.

15.4.6 Ein nützlicher Bereichsname

Besonders hilfreich für die Verwaltung dieser externen Daten ist der Bereichsname, der mit der Erstellung und bei jeder Aktualisierung der Abfrage erstellt wird. In den Verbindungseigenschaften sehen Sie diesen Eintrag:

Abfrage von ‹Datenquelle›

Der Bereichsname bezieht die Datenquelle mit ein, bei einer weiteren Abfrage wird der Name durchnummeriert:

Abfrage von ‹Datenquelle›1, Abfrage von ‹Datenquelle›2, ...

Aus diesem Abfragenamen erstellt MS Query einen Bereichsnamen. Da diese aber keine Leerzeichen enthalten dürfen, werden Unterstriche (_) als Ersatzzeichen eingefügt. Sehen Sie sich die Bereichsnamen im Namens-Manager an (*Formeln/Definierte Namen* oder `Strg`+`F3`).

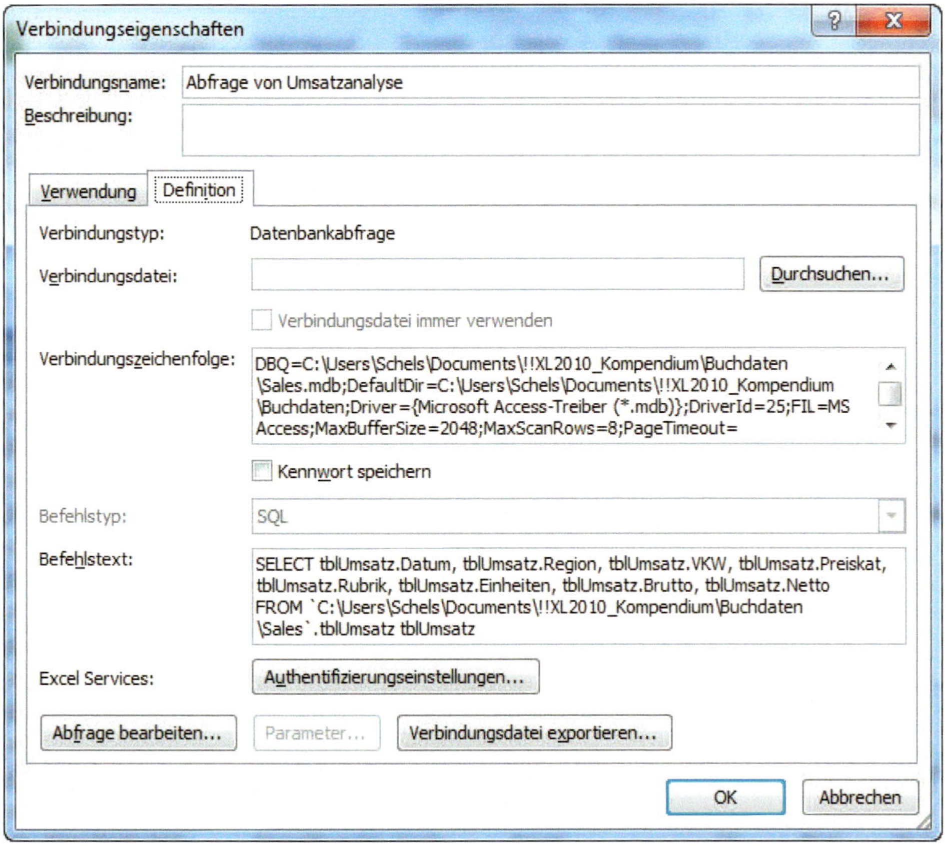

Abbildung 15.28
Die Eigenschaften der Verbindung, hier die technische Seite

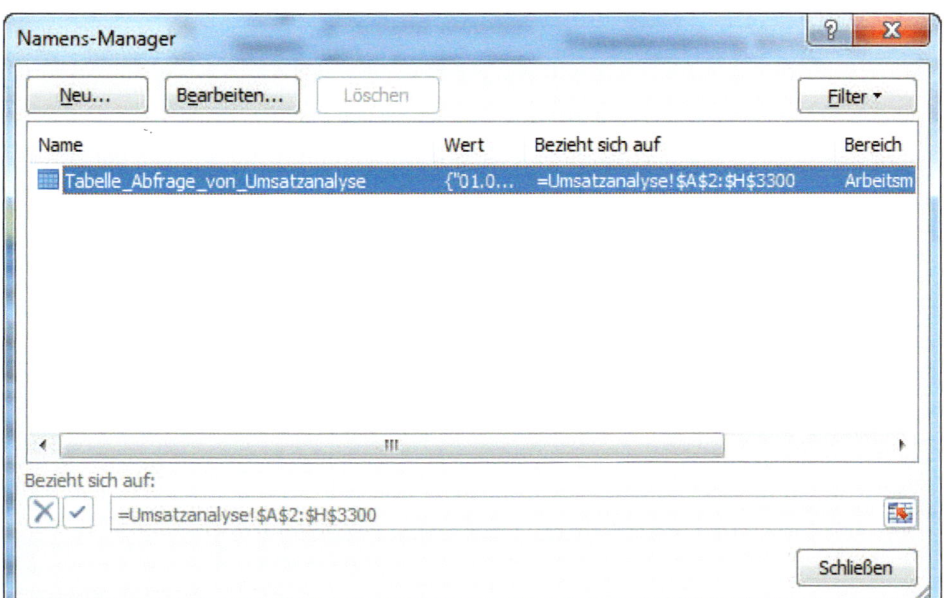

Abbildung 15.29
Verbindungen erhalten automatisch Bereichsnamen.

Verwenden Sie diesen Bereichsnamen grundsätzlich anstelle einer Bezugsangabe, denn nur dieser wird mit der Abfrage neu erstellt, während ein Bezug in einer Formel unverändert bleibt. Achten Sie darauf, wenn Sie Formeln erstellen, die den Bereich analysieren:

Artikel zählen:

Falsch: `=ZEILEN($A$2:$H$3300)`

Richtig: `=ZEILEN(Tabelle_Abfrage_von_Umsatzanalyse)-1`

Der Bereichsname schließt die Kopfzeile nicht mit ein, da es sich um einen Namen für die Tabelle handelt.

15.4.7 Verknüpfungen aufheben

Die Verknüpfung zur externen Datenquelle kann auf zwei Arten aufgehoben werden:

1. Wählen Sie *Daten/Verbindungen/Verbindungen*.
2. Markieren Sie die Verbindung, und klicken Sie auf *Entfernen*.

Über die *Tabellentools* wird die Tabelle von der Datenquelle getrennt, wenn diese nicht mehr verfügbar ist oder wenn die Verknüpfung nicht mehr benötigt wird:

3. Wählen Sie unter *Tabellentools/Entwurf* in der Gruppe *Externe Tabellendaten* den Befehl *Verknüpfung aufheben*.
4. Bestätigen Sie mit Klick auf *OK*, und die Tabelle ist nicht mehr verknüpft.

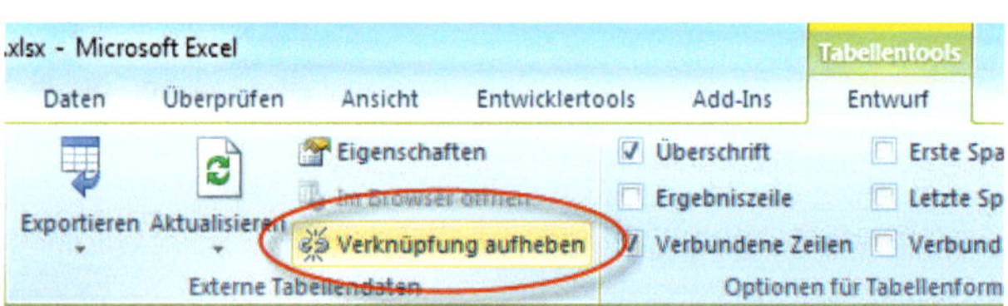

Abbildung 15.30 Die Verknüpfung wird aus der Tabelle entfernt.

15.5 PowerPivot

Das Projekt begann um das Jahr 2008 unter dem Codenamen *Project Gemini* und wurde zeitgleich mit Office 2010 entwickelt. Microsoft betitelt PowerPivot als *Self Service Business Intelligence*-Lösung, eine Software also, die es jedem Anwender ermöglicht zu praktizieren, was bisher nur den Spezialisten im BI-Umfeld möglich war:

- » Umfangreiche Datenmengen, mehrere Millionen Datensätze in akzeptabler Geschwindigkeit aus ERP-Systemen, Datenbanken und OLAP-Cubes laden und auswerten. Und zwar ohne Datenbanksprachen wie T-SQL oder MDX.
- » Zugriff auf unterschiedlichste Datenquellen: SQL-Server, Access, Oracle, vielleicht sogar SAP?
- » Auswertungen der Daten mit den »Bordmitteln« von Excel: PivotTable-Berichte, PivotCharts, Tabellen, Formeln und Funktionen.
- » Mit wenigen Klicks fertige Analysen auf SharePoint-Server-Seiten veröffentlichen. Ressourcennutzung lässt sich nachverfolgen, für die Sicherheit sind umfangreiche Features verfügbar.

15.5.1 Die technische Seite

Was ist PowerPivot? Technisch gesehen zunächst ein Add-In, das sich nach der Installation in die Excel-Oberfläche integriert. Unter *Datei/Optionen* in der Kategorie *Add-Ins* findet sich ein neuer Eintrag, klicken Sie ihn an, und lesen Sie in der Beschreibung ab, wo sich die Datei im Programmordner befindet.

Der Zugriff auf die PowerPivot-Datenbank ist in der Datei *connections.xml* verankert. Wird eine Arbeitsmappe geöffnet, liest Excel diese Datei aus, lokalisiert die Datenquelle und schickt die PowerPivot-Datenbank über *Microsoft OLE DB for Analysis Services (MSOLAP) Provider* zur *PowerPivot In-proc-Engine*. Mit dem Abspeichern der Arbeitsmappe holt Excel die Daten über den MSOLAP Provider von der PowerPoint In-proc-Engine und schreibt die PowerPivot-Datenbank in die Mappe. Alles klar? Sehen Sie sich das grandiose Technical-Diagramm an, wenn Sie noch technische Fragen haben. Hier können Sie es downloaden:

`http://download.microsoft.com/download/9/4/8/948776F7-4533-4EB5-A692-77BD0C72A135/PowerPivot%20ClientServer%20Architecture.pdf`

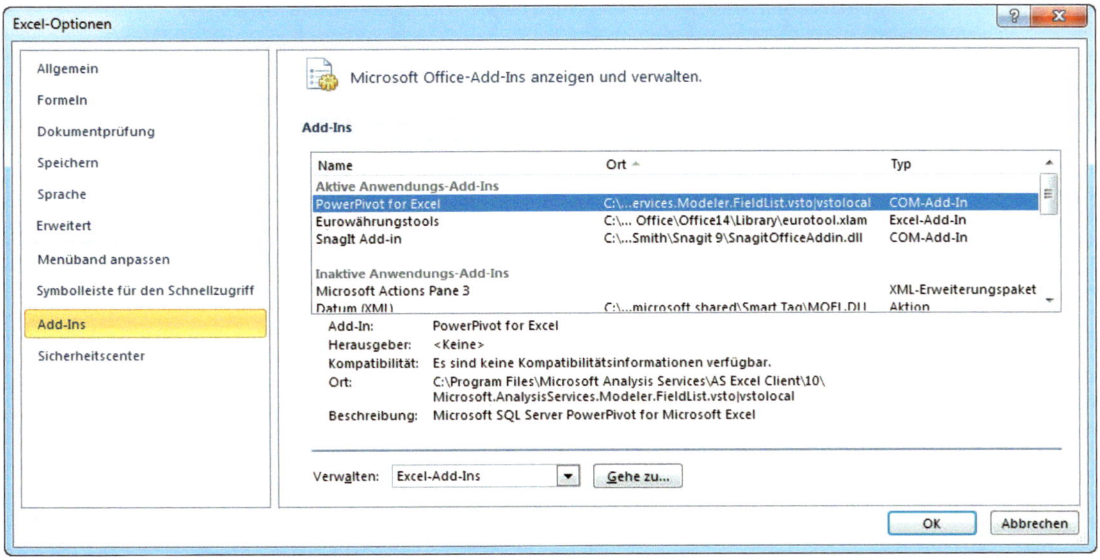

Abbildung 15.31 PowerPivot als Add-In in den Excel-Optionen

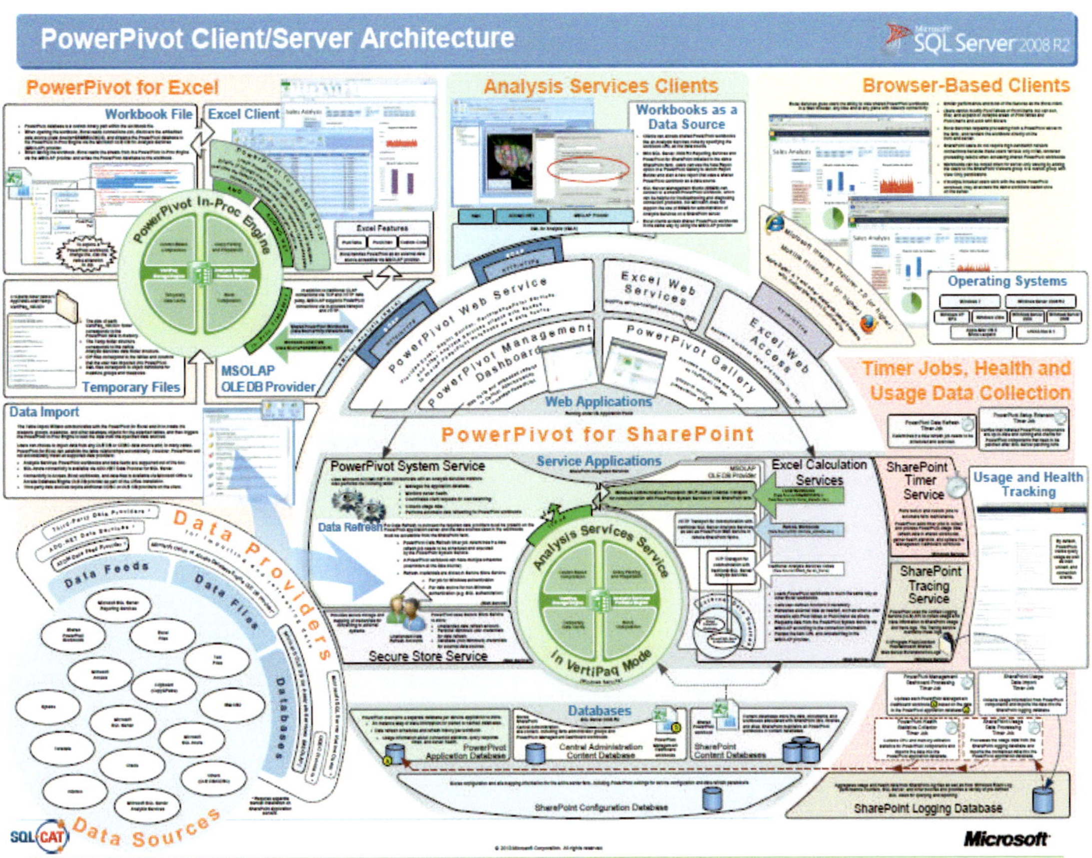

Abbildung 15.32 Technical-Diagramm PowerPivot-Client-Server-Architektur

15.5.2 Voraussetzungen

PowerPivot läuft auf Rechnern mit 32-Bit- und 64-Bit-Architektur, der Prozessor muss mindestens mit 500 MHz takten. Die Größe des Arbeitsspeichers ist natürlich maßgebend für die Geschwindigkeit, für PowerPivot sind 2 GB RAM erforderlich, bis zu 4 GB werden unterstützt. Das Add-In belegt 25 MB, die erste PowerPivot-Tabelle belegt 33 MB.

Das Betriebssystem kann Windows XP SP3 (32 Bit) oder Vista SP2 sein, Windows Server 2008 SP2 oder Windows 7 ist empfohlen. Das *NET Framework 3.5 SP1* muss installiert werden.

PowerPivot läuft nur unter Excel 2010, bei der Installation von Office 2010 müssen alle gemeinsam genutzten Office-Tools und die .NET-Programmunterstützung installiert werden. Unter *Programme* in der Systemsteuerung können Sie den Setup für Office 2010 aktivieren und fehlende Tools nachinstallieren.

Mit Excel 2007 können Arbeitsmappen mit PowerPivot-PivotTables geöffnet und verändert werden, ein Ändern der Datenquelle ist nicht möglich.

15.5.3 PowerPivot installieren

Das Add-In kann kostenlos von der Microsoft-Internet-Seite geladen werden:

`www.powerpivot.com`

Starten Sie nach dem Download die *msi*-Datei, und befolgen Sie alle Anweisungen, um PowerPivot einzurichten. Das Add-In passt sich selbstständig in die Oberfläche ein, ein Neustart von Excel ist nicht erforderlich. Ist die Einrichtung abgeschlossen, zeigt das Menüband ein zusätzliches Register *PowerPivot*.

PowerPivot wird als eigenständiges Programm installiert. Um die Applikation wieder zu entfernen, aktivieren Sie *Programme* in der Systemsteuerung und deinstallieren das Programm.

Um das Register im Menüband ein- oder auszublenden, aktivieren Sie unter *Datei/Optionen* die Anpassung des Menübands. Setzen oder entfernen Sie das Häkchen am Register *PowerPivot*.

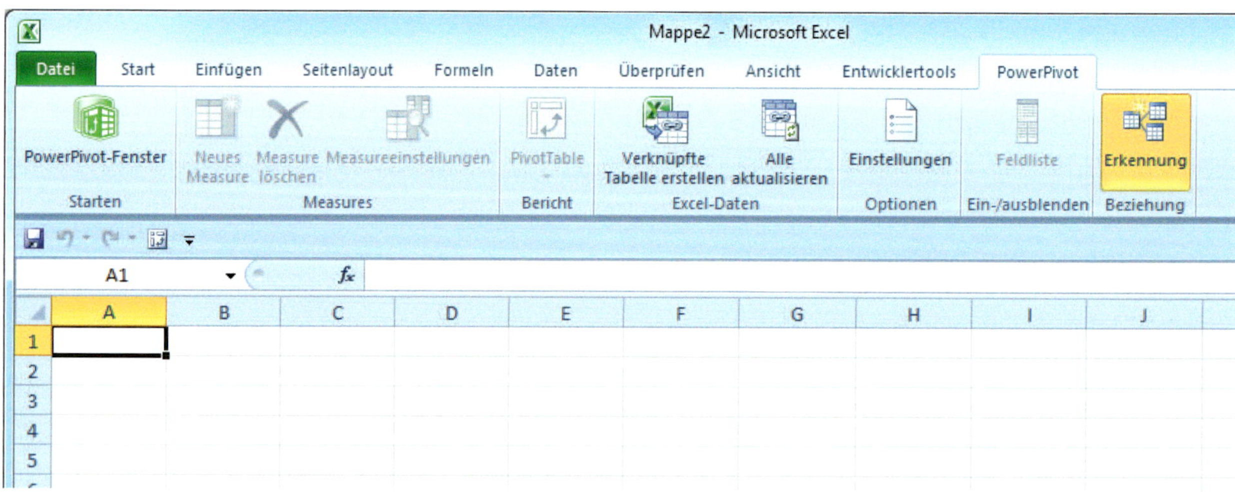

Abbildung 15.33 Neues Register nach der Installation von PowerPivot

15.5.4 PowerPivot starten

PowerPivot wird in einem eigenen Fenster gestartet, gespeichert wird das Ergebnis aber in eine normale Arbeitsmappe. Üben Sie Ihre erste PowerPivot-Analyse mit einer Access-Datenbank.

CD-ROM Auf der Buch-CD finden Sie die Datei *Sales Golfstore.accdb*, eine Access 2010-Datenbank.

1. Klicken Sie unter *PowerPivot* auf *PowerPivot-Fenster*.

Das neue Fenster wird aktiviert, es bietet die beiden Register *Home* und *Entwerfen* an sowie eine kleine »Backstage« zum Speichern oder Veröffentlichen der PowerPivot-Daten.

Speichern im Backstage

Klicken Sie auf das Backstage-Symbol, und wählen Sie *Speichern unter*, um die Arbeitsmappe unter einem neuen Namen abzuspeichern. Mit *Speichern* speichern Sie die Mappe unter einem bereits zugewiesenen Dateinamen. Wählen Sie *Veröffentlichen*, wenn Sie die Mappe auf einem SharePoint-Server veröffentlichen wollen.

15.5.5 Externe Daten abrufen

In diesem Register stehen die Symbole für den Abruf der Daten bereit. Klicken Sie auf *Aus Datenbank*, und suchen Sie die passende Quelle. Das Angebot ist abhängig von den auf Ihrem Computer installierten Systemen. Sie können die unter Windows eingerichteten ODBC-Treiber verwenden. PowerPivot installiert selbst keine Treiber.

Abbildung 15.34 Das Register PowerPivot mit dem PowerPivot-Fenster

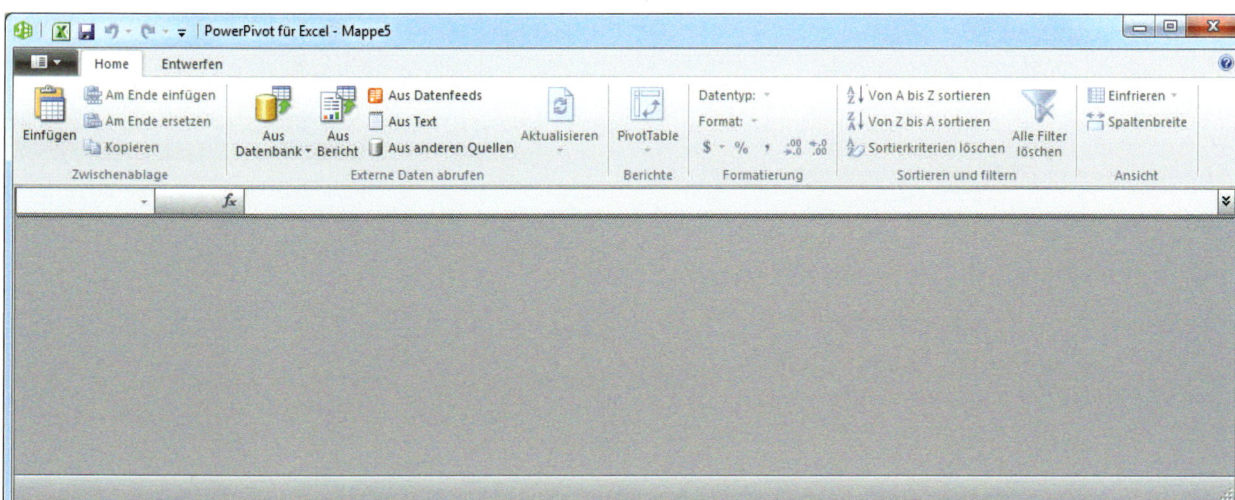

Abbildung 15.35 Das PowerPivot-Fenster

Aus SQL-Server: Unterstützt werden Microsoft SQL Server 2005, 2008, 2008 R2; Microsoft SQL Azure-Datenbank; SQL Server Parallel Data Warehouse

Aus Access: Datenbanken der Versionen 2003 mit der Dateiendung mdb werden akzeptiert, Access-Datenbanken aus 2007/2010 haben die Endung accdb.

Aus Analysis Services oder PowerPivot: Die OLAP-Datenbank in Microsoft SQL Server 2005, 2008, 2008 R2 Analysis Services.

Weitere Datenquellen

Aus Bericht: Klicken Sie hier, um die Daten aus einem SQL Server Reporting Service-Bericht abzuholen.

Aus Datenfeeds: Unterstützt werden Datenfeeds im Atom 1.0-Format.

Aus Text: Hier können Sie eine Textdatei mit Spaltentrennzeichen importieren. Das Trennzeichen wird mit der Abfrage der Datei angegeben, wählen Sie unter *Erweitert* die Codierung und das passende Gebietsschema, damit fremdsprachige Daten korrekt eingelesen werden.

Aus anderen Quellen: Hier werden alle unterstützten Datenquellen in einer Übersicht angeboten. Neben den bereits aufgeführten Datentypen ist auch Excel mit seinem eigenen Dateiformat XLSX vertreten. Unterstützt werden:

- Relationale Oracle-Datenbanken (Oracle-Versionen 9i, 10g, 11g mit ODBC-Treibern oder über ORAOLEDB, MSDASAQL und .NET-Framework)
- Teradata: Versionen V2R6, V12.
- Relationale Informix-Datenbanken
- Relationale IBM DB2-Datenbanken
- Datenfeeds im Atom 1.0-Format
- Office Database Connection-Dateien (ODC)

Daten aus der Zwischenablage

Eine einfache und effektive Möglichkeit, Daten aus Excel oder aus weiteren Datenquellen einzubeziehen, ist die Kopie über die Zwischenablage. Stellen Sie sicher, dass die erste Zeile als Kopfzeile mit Spaltenüberschriften verwendet werden kann. Entfernen Sie dazu alle Leerzeichen und Sonderzeichen, denn das PowerPivot-Fenster akzeptiert solche Feldnamen nicht.

1. Kopieren Sie die Daten in einem Excel-Tabellenblatt oder in einer anderen Anwendung.
2. Wechseln Sie in das PowerPivot-Fenster, und wählen Sie im Register *Home* in der Gruppe *Zwischenablage*:

Einfügen: Die Daten werden in eine neue Tabelle eingefügt. Geben Sie im Vorschaufenster den Namen der neuen Tabelle an, und kreuzen Sie die Option *Erste Zeile als Spaltenüberschrift verwenden* an.

Am Ende anfügen: Damit fügen Sie die Daten aus der Zwischenablage in eine Tabelle ein, die zuvor aus eingefügten Daten erstellt wurde. Importierte Tabellen können nicht verwendet werden.

Am Ende ersetzen: Ersetzen Sie mit diesem Symbol den Inhalt der zuvor erstellten Tabelle durch die neuen Daten aus der Zwischenablage.

Wenn Sie die Daten aus einer bereits importierten PowerPivot-Tabelle in eine neue Tabelle kopieren wollen, markieren Sie die Datensätze und wählen *Home/Zwischenablage/Kopieren*. Klicken Sie gleich auf *Einfügen*, geben Sie den *Neuen Tabellennamen* ein, und fügen Sie die Daten hinzu.

Mit Access-Datenbank verbinden

Wählen Sie für die erste Übung *Aus Access*. Ein Tabellenimport-Assistent startet, er zeigt den Anzeigenamen der Verbindung an. Klicken Sie auf *Durchsuchen,* und holen Sie die Access-Datenbankdatei in das Eingabefeld *Datenbankname*. Geben Sie dann den Benutzernamen und das Kennwort ein. Kreuzen Sie die Option *Kennwort speichern* an, wenn Sie für diese Verbindung nicht mehr nach dem Kennwort gefragt werden wollen.

Unter *Erweitert* finden Sie die Details für den Verbindungsanbieter (Provider).

Klicken Sie auf *Verbindung testen*, um zu prüfen, ob die gewählte Verbindung hergestellt werden kann.

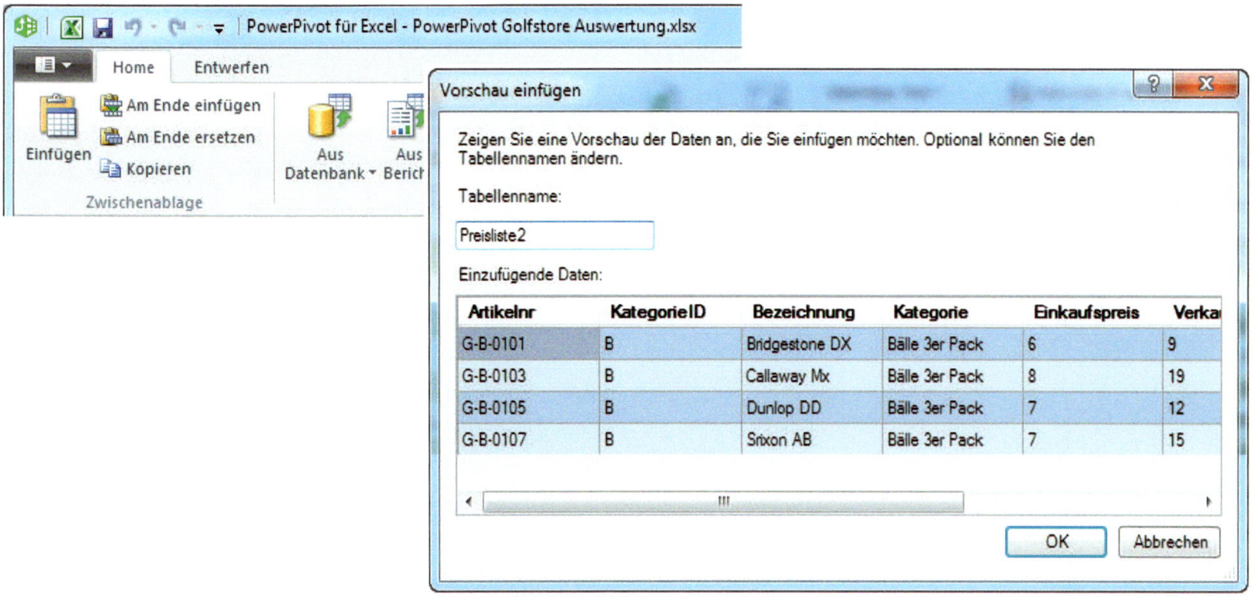

Abbildung 15.36 Daten über die Zwischenablage kopieren und einfügen

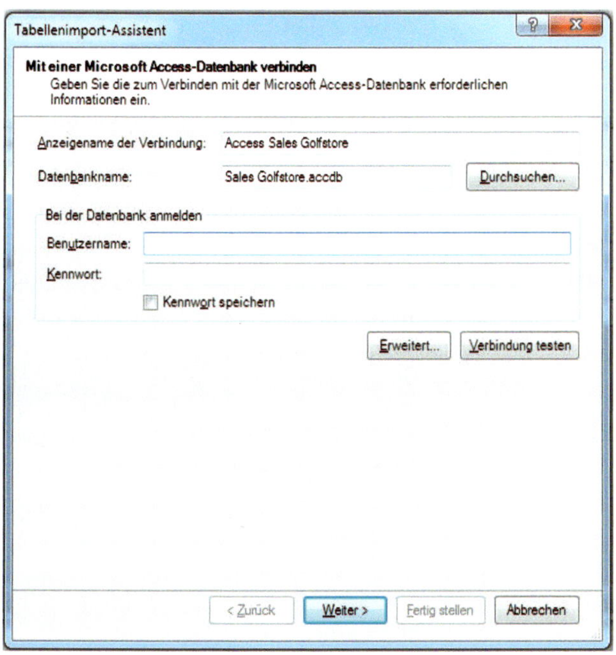

Abbildung 15.37 Mit Access-Datenbank verbinden

Klicken Sie auf *Weiter* für den nächsten Schritt. Jetzt bietet der Assistent zwei Optionen an:

Aus einer Liste von Tabellen und Sichten auswählen, um die zu importierenden Daten zu bestimmen: Entscheiden Sie sich für die Option, wenn Sie Tabellen oder Abfragen (so heißen Sichten in Access) abholen wollen.

Abfrage zum Angeben der zu importierenden Daten schreiben: Wählen Sie diese Option, können Sie eine SQL-Abfrage für die Datenquelle schreiben.

Für unsere Übung bestätigen Sie mit *Weiter* die erste Option.

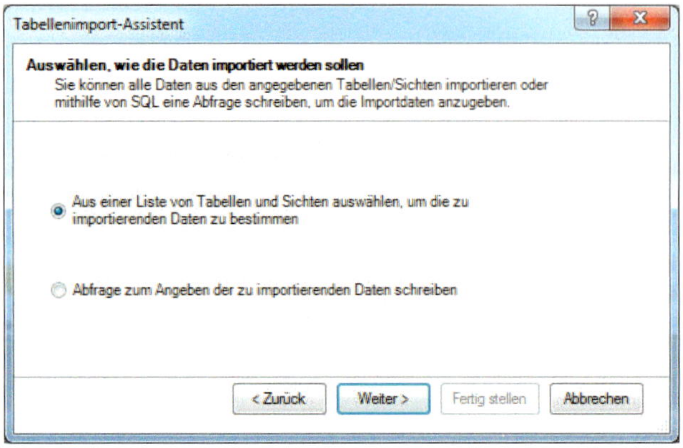

Abbildung 15.38 Zwei Importoptionen für die externen Daten

Kreuzen Sie die Tabellen oder Abfragen an, die Sie in das PowerPivot-Fenster holen wollen. Mit *Verknüpfte Tabellen auswählen* markieren Sie automatisch alle Tabellen, die in der Quelldatenbank mit der markierten Tabelle verknüpft sind.

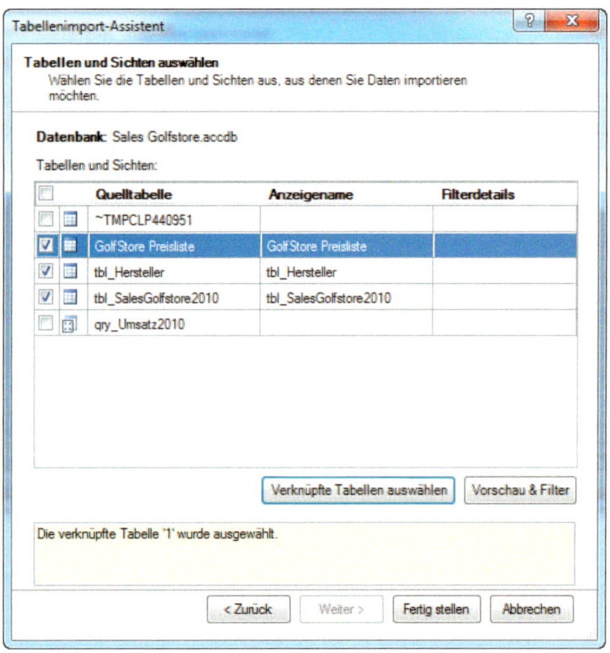

Abbildung 15.39 Tabellen oder Abfragen auswählen

Mit *Vorschau & Filter* erhalten Sie ein weiteres Fenster mit den Daten der markierten Tabelle oder Abfrage. Hier können Sie das Ergebnis überprüfen und mithilfe der Filterpfeile das Ergebnis filtern. Entfernen Sie das Häkchen vor den Spalten, die Sie nicht importieren wollen. Klicken Sie auf den Filterpfeil, und aktivieren bzw. deaktivieren Sie die Datensätze, die Sie importieren wollen.

Zeilenfilter löschen entfernt alle Datensatzfilter, alle Datensätze sind wieder markiert. Um alle Spaltenfilter zu entfernen, klicken Sie auf das Kästchen links oben in der Ecke.

Klicken Sie auf *OK*, um die Filteraktion abzuschließen und zum PowerPivot-Fenster zurückzuschalten.

Ein Klick auf *Fertig stellen* startet den Import der Daten, und der kann je nach Datenmenge und System einige Minuten in Anspruch nehmen. Nach Abschluss der Aktion erhalten Sie eine Statusmeldung, in der die Anzahl der importierten Datensätze angezeigt wird. Unsere Übungsdatenbank bietet ca. 10.800 Zeilen in der Verkaufsübersicht, der Import sollte nur wenige Sekunden dauern.

Klicken Sie unter *Datenvorbereitung* auf *Details*, sehen Sie, welche Verbindungen zwischen den importierten Daten berücksichtigt wurden.

Klicken Sie auf *Schliessen*, um den Assistenten abzuschließen und zum PowerPivot-Fenster zurückzukehren.

Die importierten Daten werden in einzelnen Registern angeboten, die Sie wie in Excel verschieben oder umbenennen können. Klicken Sie mit der rechten Maustaste in das Register. Hier finden Sie auch den Befehl *Löschen* zum Entfernen einer importierten Tabelle.

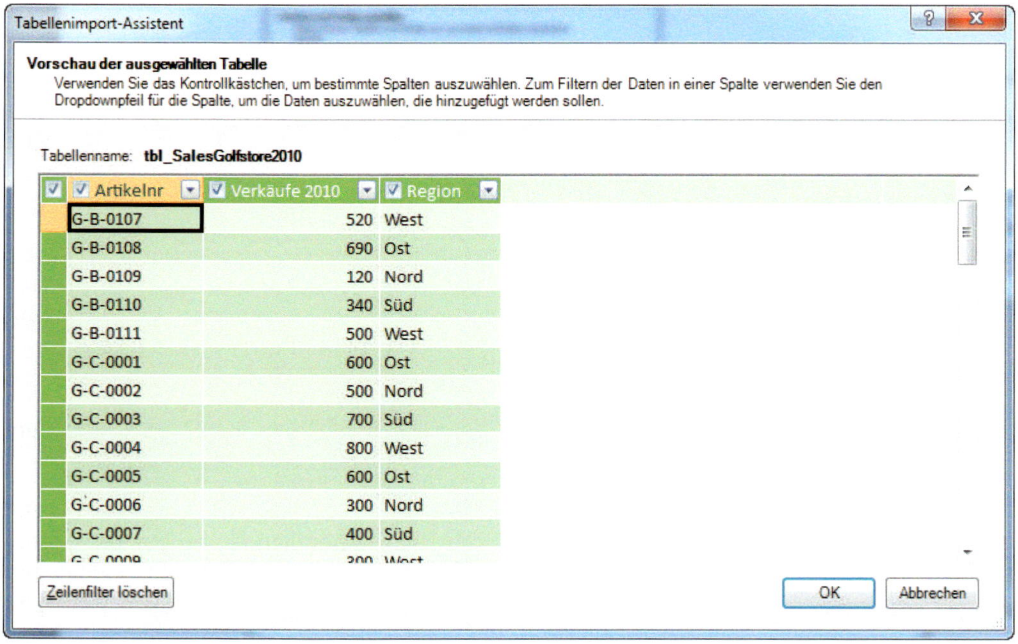

Abbildung 15.40 Vorschau und Filter für die markierte Tabelle

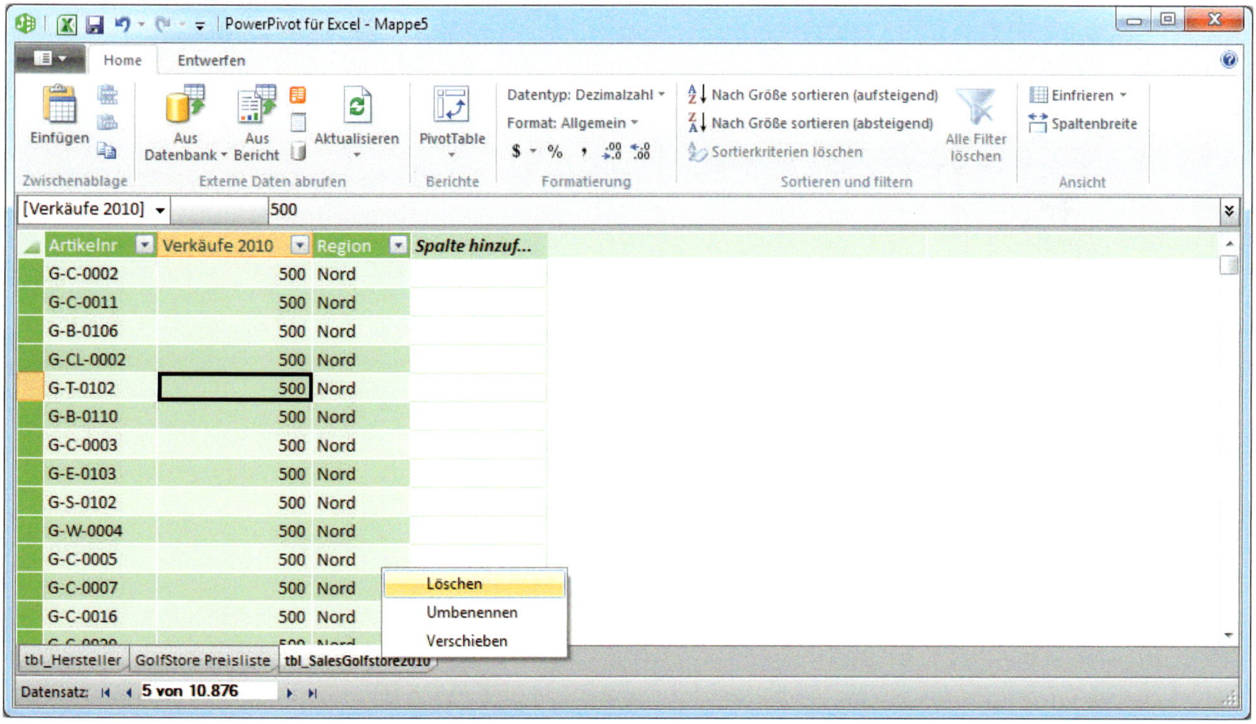

Abbildung 15.41 Drei importierte Tabellen im PowerPivot-Fenster

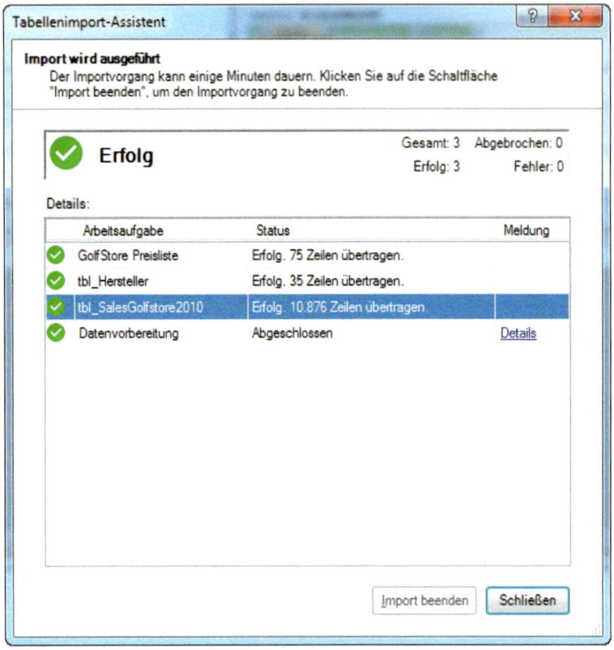

Abbildung 15.42 Der Import war erfolgreich.

15.5.6 Externe Daten formatieren

Sind die externen Daten importiert, sollten Sie das Ergebnis gründlich überprüfen und die Datenmenge auf diejenigen Daten reduzieren, die Sie für die Auswertung benötigen. Auf der Registerkarte *Home* finden Sie Symbole zur Formatierung. Markieren Sie einzelne Spalten per Klick auf den Spaltenkopf, oder ziehen Sie den Mauszeiger über mehrere Spaltenbezeichnungen. Wählen Sie in der Gruppe *Formatierung*.

Datentyp

Überprüfen und korrigieren Sie den Datentyp der markierten Spalte(n).

Weisen Sie das *Textformat* zu, wenn Sie Zahlen als Text behandeln wollen (z. B. Kostenstellennummern, Postleitzahlen).

Mit *Ganze Zahl* entfernen Sie die Nachkommastellen aus den Zahlenwerten, die Zahlen werden nicht gerundet.

Currency (Währung) fügt das Währungszeichen aus den regionalen Einstellungen ein (€).

Date wandelt Zahlen in Datumswerte um, sofern dies möglich ist. Ungültige Zahlen werden automatisch aus der Tabelle gelöscht.

Format

Das Format der markierten Spalte(n) bestimmen Sie unter *Home/Formatierung/Format*. *Allgemein* entspricht dem Standardformat von Excel, schalten Sie auf *Dezimalzahl*, *Ganze Zahl*, *Buchhaltung* oder *Währung*, formatieren Sie einen Wert als *Prozentzahl* oder in wissenschaftlicher Notierung (Exponentialschreibweise). Die Anzahl der Nachkommastellen bestimmen Sie mit den beiden Symbolen rechts unten, links stehen verschiedene Währungszeichen zur Auswahl.

Sortieren und Filtern

Mit den Symbolen in dieser Gruppe sortieren oder filtern Sie die Daten der markierten Tabelle. *Alle Filter löschen* ist nur aktiv, wenn Filter in den markierten Spalten gesetzt sind.

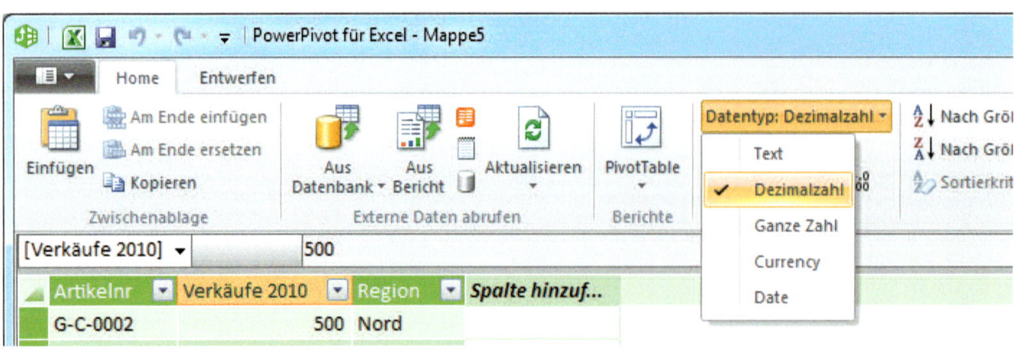

Abbildung 15.43 Die importierten Daten werden formatiert.

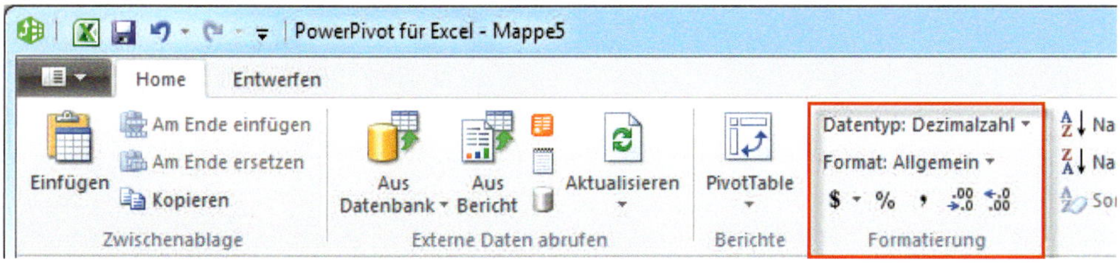

Abbildung 15.44 Spalten formatieren im PowerPivot-Fenster

Spalten verschieben und Spaltenbreite

Um Spalten zu verschieben, ziehen Sie einfach den Spaltenkopf mit gedrückter Maustaste nach rechts oder links.

Die Breite der einzelnen Spalten bestimmen Sie über *Home/Ansicht/Spaltenbreite* oder – einfacher – indem Sie die rechte Spaltenlinie einer Spalte am Spaltenkopf mit gedrückter Maustaste verschieben.

Zeilen und Spalten einfrieren

Home/Ansicht ermöglicht das Einfrieren von Spalten, die damit auf dem Bildschirm bleiben, wenn horizontal in der Tabelle geblättert wird.

1. Setzen Sie den Zellzeiger in die Spalte, oder markieren Sie mehrere Spalten.
2. Wählen Sie *Einfrieren*.

Die Spalten werden an den linken Rand verschoben, falls sie nicht bereits dort stehen. Klicken Sie auf *Einfrieren aufheben*, wird die Fixierung wieder entfernt. Zeilen können wie in Excel-Tabellenblättern nicht eingefroren werden.

15.5.7 Datenimport entwerfen

Die zweite Registerkarte im PowerPivot-Fenster bietet Symbole für die Verwaltung von eingerichteten Datenverbindungen und Beziehungen zwischen den Tabellen an.

Spalten: Hie können Sie weitere Spalten hinzufügen oder markierte Spalten löschen und einzelne Spalten ein- oder ausblenden.

Berechnungen/Berechnungsoptionen: Jede Änderung an den Daten in der Arbeitsmappe, die zu einem neuen Ergebnis einer Formel führen würde, löst eine Neuberechnung der gesamten Formelspalte aus. Schalten Sie hier die Berechnung aus, wenn Sie den Datenimport nicht automatisch neu berechnen wollen. Mit der Funktionstaste F9 berechnen Sie manuell.

Verbindungen: Hier stehen die bereits eingerichteten Verbindungen zur Auswahl. Wenn Sie weitere Tabellen, Abfragen oder Sichten importieren wollen, wählen Sie eine Verbindung und klicken auf *Öffnen* oder klicken die Verbindung doppelt an. Mit *Bearbeiten ändern* Sie die Einstellungen für die Verbindung.

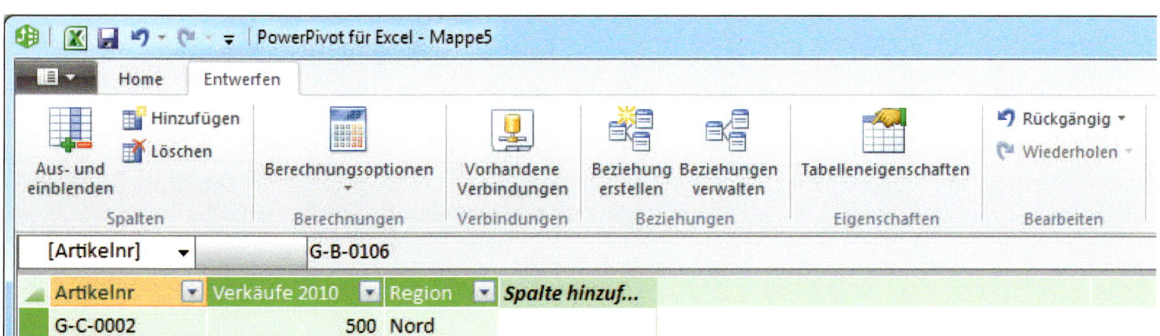

Abbildung 15.45 Registerkarte Entwerfen

15.5.8 Beziehungen erstellen

Eine Beziehung ist eine Verbindung zwischen zwei Datentabellen, die in mindestens einer Spalte identische Nummern oder Einträge haben. Importieren Sie mehrere Datenmengen aus einer Datenbank, werden diese in der Regel über IDs zueinander in Beziehung stehen, und um die Informationen vollständig zu bekommen, holen Sie alle verknüpften Tabellen. PowerPivot erkennt schon beim Einlesen der Daten, ob diese in Beziehung zu anderen Tabellen stehen. Klicken Sie in der Auswahl der Tabellen oder Sichten auf *Verknüpfte Tabellen auswählen*, markiert der Assistent alle Quelltabellen, die verknüpft sind.

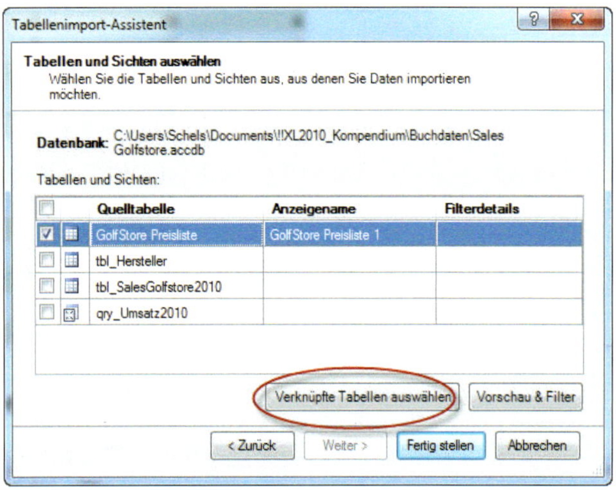

Abbildung 15.46 Verknüpfte Tabellen mitimportieren

In der Praxis werden Sie natürlich auch Daten miteinander verknüpfen müssen, die nicht bereits in der Quelle verbunden sind. Haben zwei Tabellen ein gemeinsames Text- oder Zahlenfeld, können Sie eine Beziehung herstellen:

1. Wählen Sie *Entwerfen/Beziehungen/Beziehung erstellen*.
2. Geben Sie die erste Tabelle an, und bestimmen Sie das Beziehungsfeld.
3. Geben Sie die verknüpfte Suchtabelle an, und bestimmen Sie auch für diese das Beziehungsfeld. Diese Tabelle muss eindeutige Werte oder Texte in der Spalte haben, sonst wird keine Beziehung aufgebaut.
4. Klicken Sie auf *Erstellen*.

Unter *Beziehung verwalten* sehen Sie alle Beziehungen, die im PowerPivot-Fenster erstellt wurden. Hier können Sie Beziehungen wieder bearbeiten oder löschen.

Beziehungssymbol in der Kopfzeile

Achten Sie auf das kleine Symbol, das in der Kopfzeile der Tabelle das Feld als Verknüpfungsfeld oder als verknüpftes Feld ausweist. Zeigen Sie mit dem Mauszeiger auf den Spaltenkopf, sehen Sie in der QuickInfo, welche Verknüpfung für das Feld besteht.

Abbildung 15.47 Verknüpfungssymbole in der Kopfzeile

Praxisbeispiel: Hersteller und Preisliste verknüpfen

CD-ROM Auf der Buch-CD finden Sie das Beispiel unter *PowerPivot Golfstore Auswertung.xlsx*.

In unserem Übungsbeispiel haben Sie die drei Tabellen *tbl_SalesGolfstore2010*, *tbl_Hersteller* und *Golfstore Preisliste* importiert. Die Preisliste hat eine ID-Verknüpfung zum Hersteller, und damit Sie in der PivotTable später auch den Namen des Herstellers sehen können, stellen Sie eine Beziehung zwischen diesen beiden her.

```
Tabelle: Golfstore Preisliste

Spalte: Hersteller

Verknüpfte Suchtabelle: tbl_Hersteller

Verknüpfte Suchspalte: Hersteller_ID
```

Verknüpfen Sie außerdem die Artikelnummer der Verkaufstabelle mit der Artikelnummer der Preisliste, damit Sie später in der PivotTable die Spalten Einkaufspreis und Verkaufspreis nutzen können.

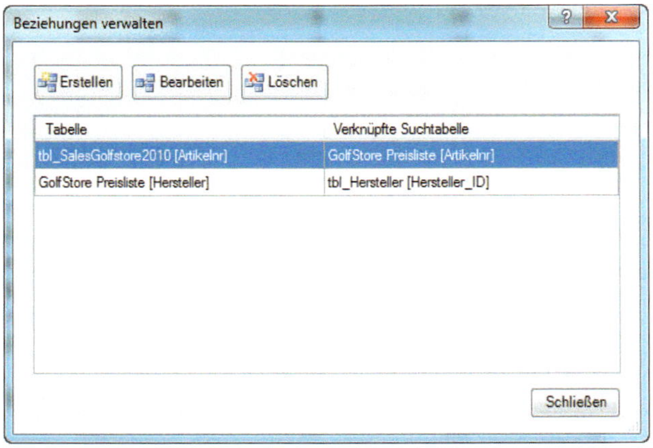

Abbildung 15.48 Die Beziehungen zwischen den drei Tabellen der Access-Datenbank

Das Ergebnis der Beziehung sehen Sie erst später in der PivotTable. Sie können aber auch eine berechnete Spalte anlegen und die verknüpften Daten anzeigen lassen:

1. Aktivieren Sie die Tabelle *Golfstore Preisliste*.
2. Klicken Sie mit der rechten Maustaste in die Spalte *Hersteller*, und wählen Sie *Umbenennen*. Geben Sie als neue Spaltenbezeichnung `HerstellerNr` ein.
3. Ändern Sie die Spaltenbezeichnung der nächsten (freien) Spalte auf `Hersteller`.
4. Schreiben Sie im ersten Datensatz der neuen Spalte diese Formel:

   ```
   =RELATED(
   ```

5. Klicken Sie auf das Tabellenregister der Tabelle *tbl_Hersteller*, und markieren Sie die Spalte *Hersteller* (Name des Herstellers).
6. Schließen Sie die Formel mit der Schlussklammer ab, und die Beziehungsspalte wird berechnet.

   ```
   =RELATED(tbl_Hersteller[Hersteller])
   ```

15.5.9 Die PowerPivot-Formelsprache DAX

DAX (Data Analysis Expressions) ist eine neue Formelsprache, die nur für PowerPivot-Tabellen verwendet werden kann. DAX-Funktionen arbeiten mit Werten, Texten, Operatoren und können wie normale Excel-Funktionen auch andere Funktionen schachteln. Im Unterschied zur Excel-Funktion benutzt eine DAX-Funktion aber keine Bezüge wie $A$1:A$20, sondern arbeitet ausschließlich mit Tabellen und Spalten. Auch die Aggregation von Spaltenwerten ist möglich, eine Funktion, die bisher nur in den Datenbanksprachen verfügbar war.

DAX spricht Englisch, die Funktionsargumente werden nicht mit Semikolon, sondern mit Komma getrennt.

Eine Übersicht über die Formelsprache DAX finden Sie in der Hilfe zu PowerPivot. Drücken Sie [F1], um diese zu aktivieren.

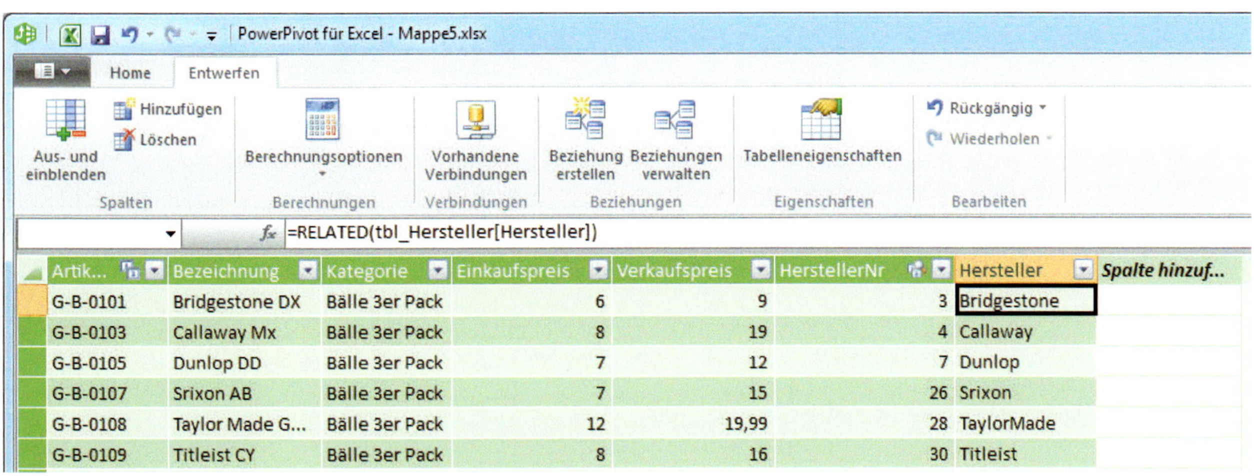

Abbildung 15.49 Die Spalte aus der Beziehung wird berechnet.

Abbildung 15.50 Die Formelsprache DAX

15.5.10 Spalten berechnen

Nutzen Sie die Möglichkeit, zusätzliche Spalten in die Importtabellen einzufügen, zur Anzeige zusätzlicher Informationen und zur Berechnung. Dafür können Sie die Daten aus anderen Spalten oder aus verknüpften Tabellen verwenden (siehe oben). Neue Spalten können nur DAX-Formeln enthalten.

1. Klicken Sie mit der rechten Maustaste in die nächste freie Spalte, und wählen Sie *Umbenennen*. Geben Sie einen Namen für die neue Spalte ein.
2. Tragen Sie die DAX-Formel direkt ein, oder klicken Sie auf das Symbol des Funktions-Assistenten in der Bearbeitungsleiste. Suchen Sie die passende Funktion, und geben Sie die Argumente ein.

Praxis: Preislistenberechnungen

Ermitteln Sie in der *Golfstore Preisliste* die Differenz zwischen dem Verkaufspreis und dem Einkaufspreis eines Artikels. Der Deckungsbeitrag berechnet sich über eine einfache Division der beiden Spalten, klicken Sie diese an, um sie in die Formel einzufügen:

Name: `Deckungsbeitrag`

Formel:

```
='GolfStore   Preisliste'[Verkaufspreis]-'GolfStore
Preisliste'[Einkaufspreis]
```

Mit der DAX-Funktion MID berechnen Sie einen Teiltext aus einem Textfeld. Die Artikelnummer enthält im dritten Buchstaben den Kategorietyp (B = Bälle, C = Driver ...). Berechnen Sie diesen Buchstaben mit der DAX-Funktion MID:

```
Neue Spalte:

Kategorie-ID

Formel:

=mid('GolfStore Preisliste'[Artikelnr],3,1)
```

Da einige Kategorietypen einstellig und andere zweistellig sind, suchen Sie zunächst mit der Funktion FIND nach der Position des zweiten Minuszeichens. Ist diese 5, hat der Text zwei Buchstaben. Mit der IF-Funktion berechnen Sie den Wert korrekt:

```
=if(find("-",'GolfStore Preisliste'[Artikelnr],3)=4,
mid('GolfStore Preisliste'[Artikelnr],3,1),mid('Golf
Store Preisliste'[Artikelnr],3,2))
```

Praxisbeispiel Golfstore: Gewinn/Verlust in der Verkaufstabelle

Mit der Herstellung einer Beziehung zwischen der Preisliste und den Verkaufszahlen haben Sie schon die Voraussetzung geschaffen, um in der PivotTable die Umsätze und den Gewinn/Verlust zu berechnen. Wenn Sie diese Informationen bereits im PowerPivot-Fenster sehen wollen, fügen Sie in die Tabelle *tbl_SalesGolfstore2010* neue Spalten ein und berechnen Umsatz und Deckungsbeitrag für die einzelnen Stückzahlen.

Berechnen Sie zunächst über die DAX-Funktion RELATED die Bezeichnung für den Artikel, von dem nur die Artikelnummer verfügbar ist:

Name: `Artikel`

Formel:

```
=RELATED('GolfStore Preisliste'[Bezeichnung])
```

Der Umsatz wird aus dem Produkt von Verkaufspreis und Absatz berechnet:

Name: `Umsatz`

Formel:

```
=RELATED('GolfStore Preisliste'[Verkaufspreis])*tbl_
SalesGolfstore2010[Verkäufe 2010]
```

Die Produktkosten berechnen sich aus dem Produkt von Einkaufspreis und Absatz:

Name: `Produktkosten`

Formel:

```
=RELATED('GolfStore Preisliste'[Einkaufspreis])*tbl_
SalesGolfstore2010[Verkäufe 2010]
```

Jetzt können Sie Gewinne und Verluste berechnen, verwenden Sie dazu die Namen der zuvor berechneten Spalten:

Name: `GewinnVerlust`

Formel:

```
=tbl_SalesGolfstore2010[Umsatz]-tbl_SalesGolfstore
2010[Produktkosten]
```

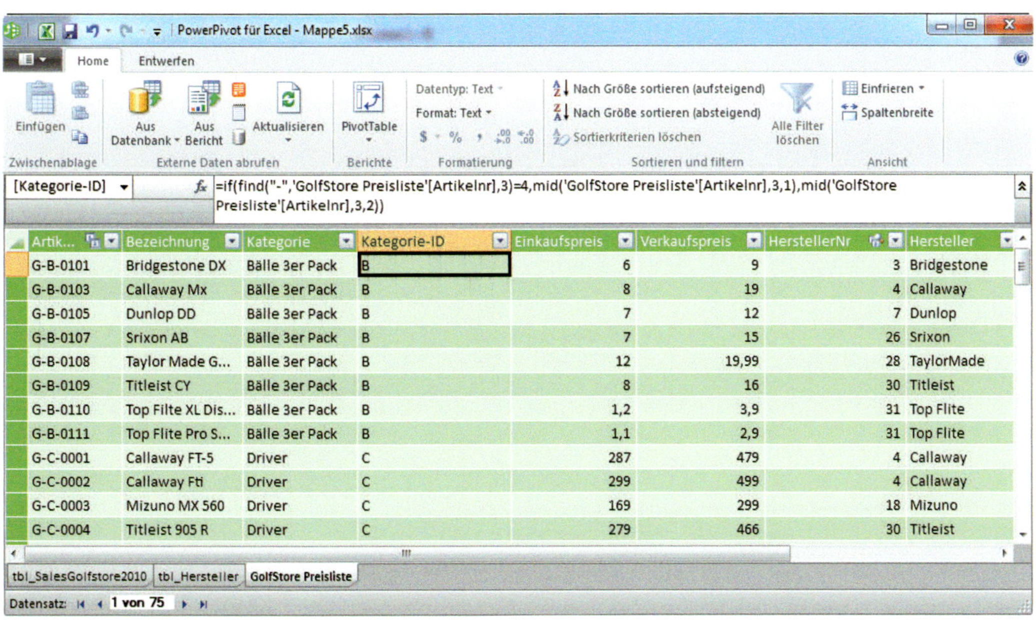

Abbildung 15.51
Berechnete Spalten in der Preisliste

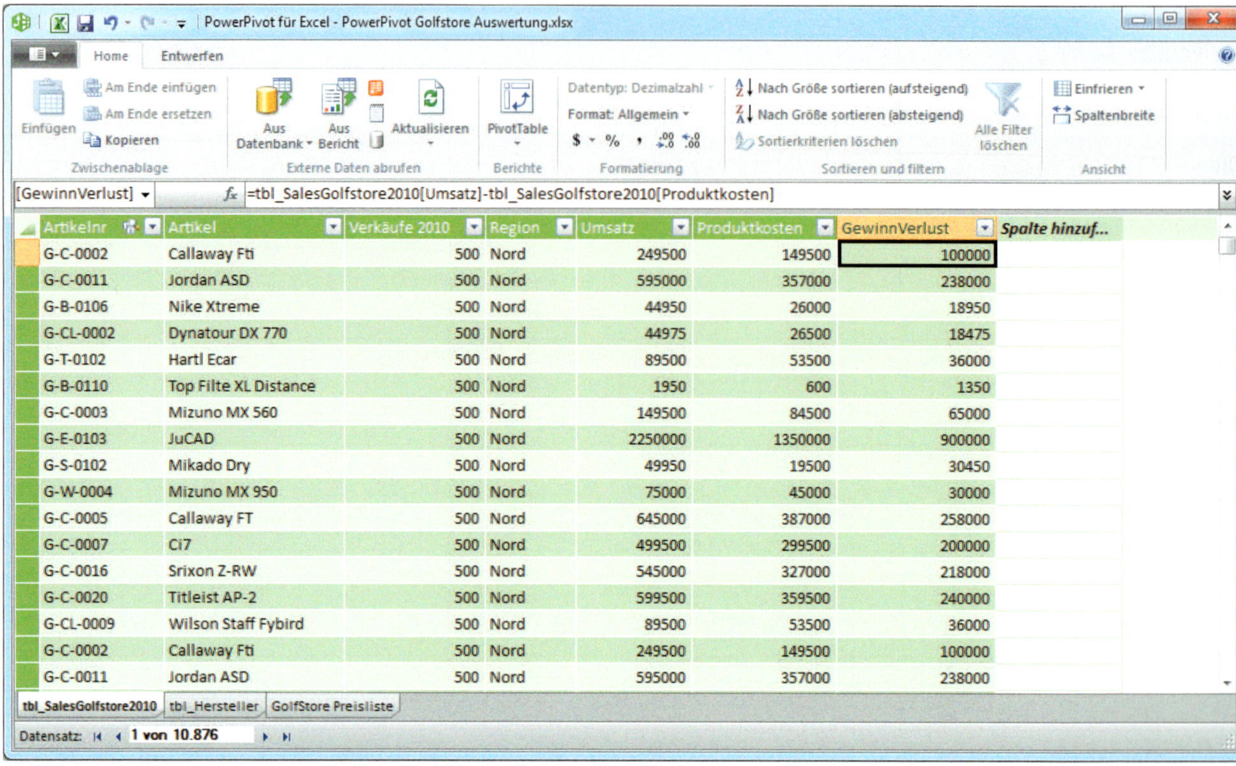

Artikelnr	Artikel	Verkäufe 2010	Region	Umsatz	Produktkosten	GewinnVerlust	Spalte hinzuf...
G-C-0002	Callaway Fti	500	Nord	249500	149500	100000	
G-C-0011	Jordan ASD	500	Nord	595000	357000	238000	
G-B-0106	Nike Xtreme	500	Nord	44950	26000	18950	
G-CL-0002	Dynatour DX 770	500	Nord	44975	26500	18475	
G-T-0102	Hartl Ecar	500	Nord	89500	53500	36000	
G-B-0110	Top Filte XL Distance	500	Nord	1950	600	1350	
G-C-0003	Mizuno MX 560	500	Nord	149500	84500	65000	
G-E-0103	JuCAD	500	Nord	2250000	1350000	900000	
G-S-0102	Mikado Dry	500	Nord	49950	19500	30450	
G-W-0004	Mizuno MX 950	500	Nord	75000	45000	30000	
G-C-0005	Callaway FT	500	Nord	645000	387000	258000	
G-C-0007	Ci7	500	Nord	499500	299500	200000	
G-C-0016	Srixon Z-RW	500	Nord	545000	327000	218000	
G-C-0020	Titleist AP-2	500	Nord	599500	359500	240000	
G-CL-0009	Wilson Staff Fybird	500	Nord	89500	53500	36000	
G-C-0002	Callaway Fti	500	Nord	249500	149500	100000	
G-C-0011	Jordan ASD	500	Nord	595000	357000	238000	

Abbildung 15.52 Gewinn-und-Verlust-Rechnung mit berechneten Spalten

15.5.11 PivotTable und PivotCharts erstellen

Je besser die Vorarbeit im PowerPivot-Fenster ausfällt, desto leichter und komfortabler ist die Erstellung von PivotTables und PivotCharts. Legen Sie berechnete Spalten an, erstellen Sie Beziehungen zwischen Tabellen aus unterschiedlichen Quellen, dann erhalten Sie eine übersichtliche Auswahl an Feldern im PivotTable-Layout.

1. Wählen Sie *Home/Berichte/PivotTable*. Klicken Sie auf das Pfeilsymbol, und suchen Sie die passende Konstellation.

2. Entscheiden Sie, wo die PivotTable angelegt wird:

Neue Tabelle: Ein neues Tabellenblatt wird eingefügt.

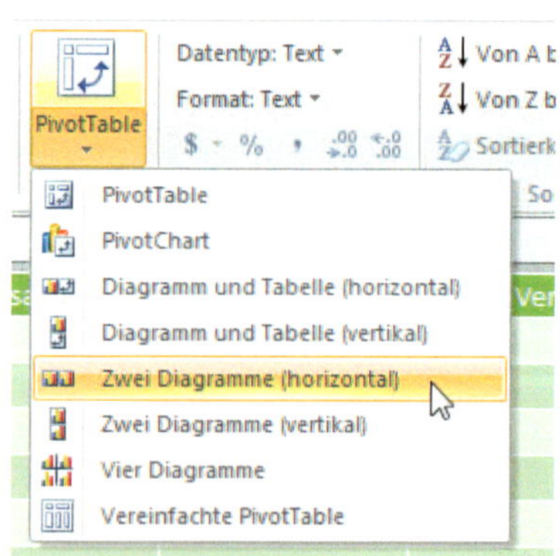

Abbildung 15.53 PivotTable oder PivotChart einfügen

Vorhandenes Tabellenblatt: Die PivotTable wird an der aktiven Zellzeigerposition erzeugt. Klicken Sie auf das Symbol rechts am Eingabefeld, und klicken Sie im Hintergrund auf die gewünschte Zelle.

Die PivotTable-Feldliste bietet alle Felder aus den Tabellen an, Sie können das PivotLayout gestalten. Kreuzen Sie die Felder für die Zeilen- und Spaltenbeschriftung an, und fügen Sie Felder in den Berichtsfilter ein.

TIPP In Kapitel 12 finden Sie ausführliche Anleitungen für PivotTables und PivotCharts.

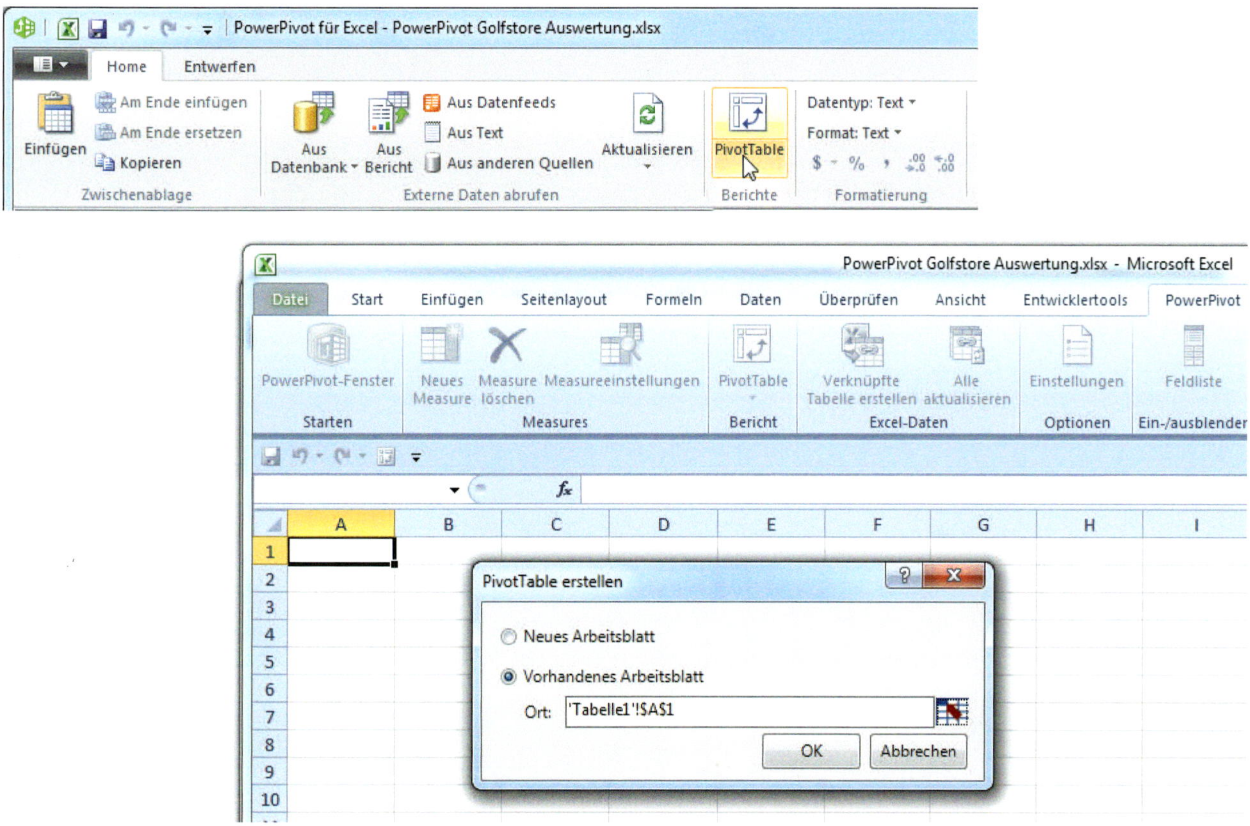

Abbildung 15.54 Die PivotTable wird aus dem PowerPivot-Fenster produziert.

Einen kleinen Unterschied werden Sie feststellen, wenn Sie bereits Erfahrung mit PivotTables haben: Die Feldliste bietet neben den Standardbereichen auch Felder für die Datenschnitte an. Ziehen Sie einfach einen Feldnamen in eines dieser Felder, um einen Datenschnitt anzulegen. Noch praktischer ist das Kontextmenü: Ein Klick auf einen Feldnamen präsentiert dieses Menü, entscheiden Sie sich, ob der Datenschnitt horizontal oder vertikal eingefügt werden soll.

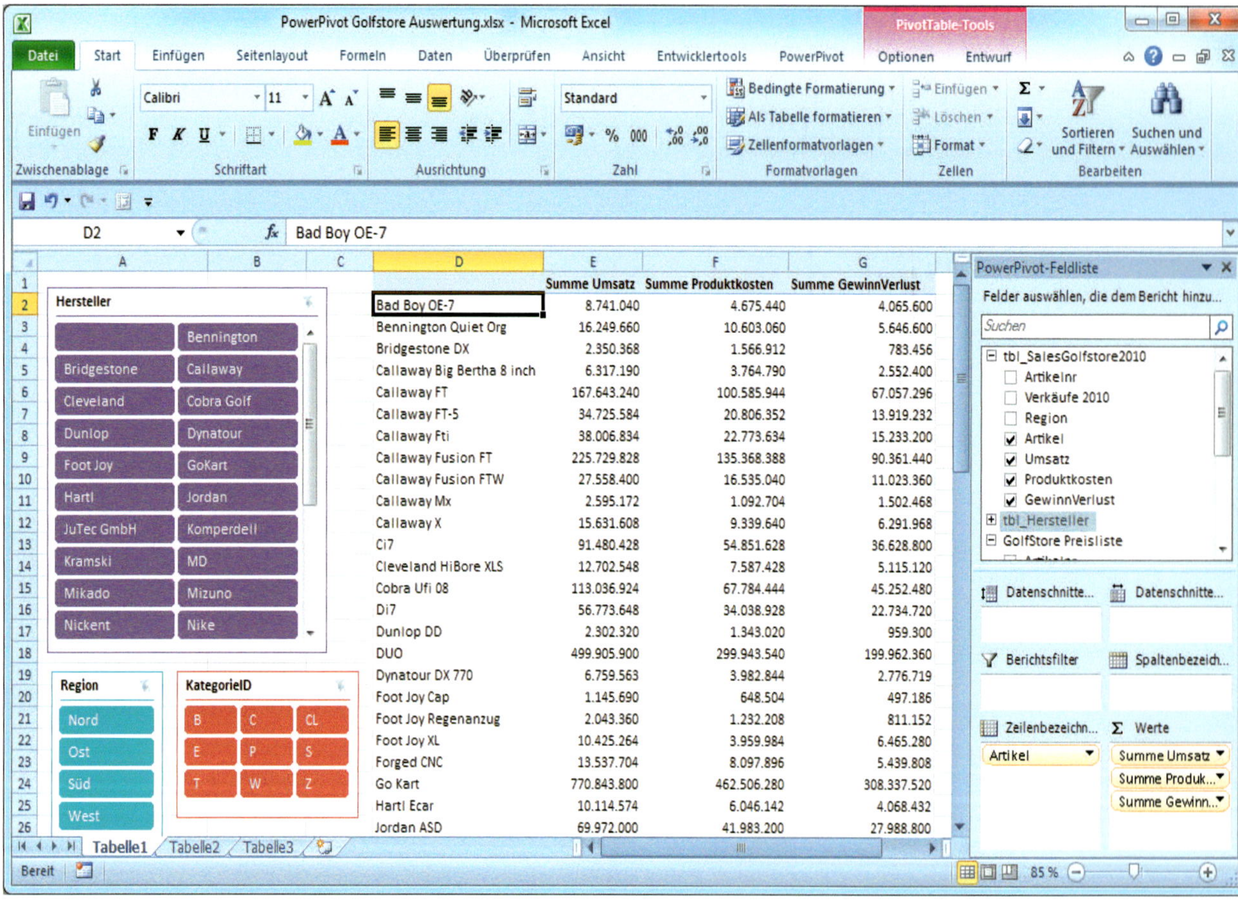

Abbildung 15.55 PivotTable mit Feldliste und Datenschnitten

Praxisbeispiel Golfstore: PivotChart

Unverzichtbar für Geschäftsberichte sind die PivotCharts, grafische Analysen von nüchternen Zahlen. Legen Sie mehrere PivotCharts für den Umsatzbericht und die Gewinn-und-Verlust-Rechnung des Golfstores an.

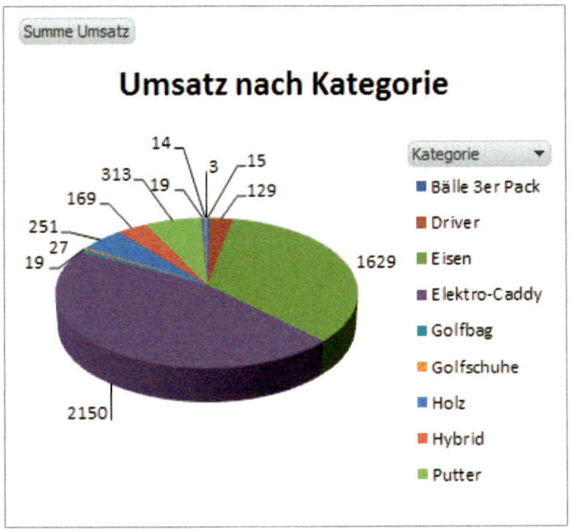

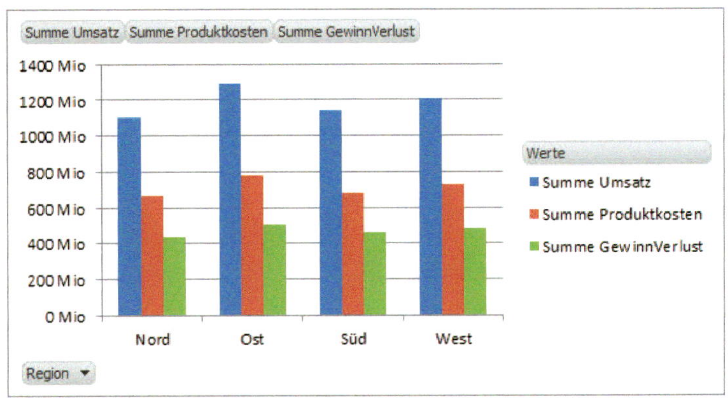

Abbildung 15.56 PivotCharts für das Übungsbeispiel Golfstore

Kapitel 16

Datentools

Dieser schöne neudeutsche Begriff steht für eine Sammlung von Spezialtechniken, die Excel für den erfahrenen und etwas anspruchsvolleren »User« (noch mal neudeutsch) zur Verfügung stellt.

Eigentlich sind ja alle Techniken in Excel mittlerweile Spezialtechniken, aber es gibt einige, die Sie sicher nicht täglich benötigen werden. Dazu gehören die Datenüberprüfung (früher: Gültigkeitsprüfung) ebenso wie die Zielwertsuche und der Solver, die miteinander verwandt sind. Auch die Datentabelle (früher: Mehrfachoperation) wird als etwas komplexe Matrixauswertung nicht täglich auf Tabellen erscheinen.

Wer sich zu den fortgeschrittenen Anwendern zählt, darf diese Techniken ruhig in sein Repertoire aufnehmen. Bedingungsformatierung und Datenüberprüfung geben auf den ersten Blick nicht sehr viel her, aber wenn Sie die Beispiele in diesem Kapitel probiert haben, werden Sie wissen, warum sie zu den Spezialtechniken zählen.

16.1 Die Datenüberprüfung

Mit der Datenüberprüfung (in der Vorversion 2003 noch *Gültigkeitsprüfung*) stellt Excel ein ganz besonderes Werkzeug zur Verfügung, das nur auf den ersten Blick eine Eingabesicherung darstellt. Mit etwas Geschick und Erfindungsgabe lässt sich diese Funktion aus den Datentools der Registerkarte *Daten* auch zur Modellierung einer Tabelle verwenden. Kombiniert man die Kriterien der Datenüberprüfung mit Excel-Funktionen und Bereichsnamen, lassen sich interessante Effekte erzielen.

16.1.1 Das Prinzip

Die Sicherung der Eingabedaten, wie sie Datenbankprogramme wie Microsoft Access längst im Tabellenentwurf anbieten, ist der Hauptzweck der Datenüberprüfung. Der Anwender soll nur bestimmte, vom Hersteller der Tabelle vorgeschriebene Daten eingeben können. Tut er das nicht, wird er entweder gewarnt und kann sich entscheiden, ob er die Eingabe behalten oder verwerfen will oder – der härtere Fall – die Eingabe erzwingt eine Fehlermeldung, die Daten werden nicht akzeptiert und können nur korrigiert oder verworfen werden.

Ungültige Eingabedaten machen nicht nur Rechenformeln ungültig und lösen Fehlermeldungen als Zellergebnisse aus, sie führen oft auch dazu, dass Formeln und Verknüpfungen fehlerhafte Werte produzieren, die auch durch Neuerfassungen nicht mehr reparabel sind. Ein typischer Fall ist der `BEZUG#`-Fehler, der Teil einer Formel wird, wenn diese auf einen fehlerhaften Zellbezug stößt und auch nach Eingabe eines korrekten Wertes nicht mehr verschwindet.

Praxis: Wareneingangsliste

Die Liste, in der die Wareneingänge im Lager verzeichnet sind, wird von mehreren Mitarbeitern bearbeitet und fortgeschrieben. Umso wichtiger ist es, sie so sicher wie möglich zu machen, damit die Daten korrekt zu erfassen sind.

CD-ROM Alle Beispiele zur Datenüberprüfung finden Sie auf der Buch-CD unter *Datenueberpruefung.xlsx*.

Abbildung 16.1 Beispiel Wareneingangsliste mit Kopfzeile

Richtig markieren

Die Datenüberprüfung ist eine Zellformatierung und wird allen markierten Zellen zugewiesen. Entsprechend wichtig ist, dass Sie die Markierung richtig setzen:

Markieren Sie am besten immer ganze Spalten für eine Datenüberprüfung. Diese Zuweisung lässt sich einfach abändern und bei Bedarf auch wieder löschen.

Wenn Sie wie im Beispiel mit Listen arbeiten, erklären Sie den Bereich am besten zur Tabelle. Mit jeder neuen Zeile wird die Tabelle automatisch erweitert, und die Felder der neuen Zeile erhalten automatisch die Datenüberprüfung der gesamten Spalte:

1. Markieren Sie den Datenbereich, im Beispiel die Kopfzeile und die erste Leerzeile.
2. Wählen Sie *Einfügen/Tabellen/Tabelle*.
3. Kreuzen Sie die Option *Tabelle hat Überschriften* an, und bestätigen Sie mit *OK*.

Weisen Sie die Datenüberprüfung immer ganzen Spalten der Liste zu. Sie können eine Listenspalte mit einem Klick markieren, setzen Sie dazu den Mauszeiger am oberen Rand der Liste an, klicken Sie, wenn der Zeiger die Pfeilform annimmt.

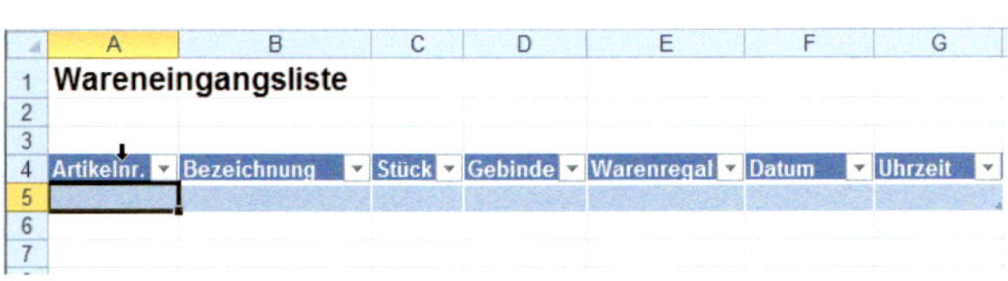

Abbildung 16.2 Für Datenüberprüfung immer Spalten einer Tabelle markieren

Diese Fehlermeldungen weisen darauf hin, dass die markierten Zellen keine einheitliche Datenüberprüfung enthalten:

Fehlermeldung	Erklärung
Die Auswahl enthält einige Zellen ohne Einstellungen für die Datenüberprüfung. Soll die Datenüberprüfung auf diese Zellen erweitert werden?	Sie haben Zellen mit und ohne Datenüberprüfung markiert. Bestätigen Sie mit *Ja*, erhalten alle Zellen die Zuweisung. Mit *Nein* wird die Zuweisung der aktiven Zelle verwendet, und *Abbrechen* beendet die Aktion ohne Aufruf der Zuweisung.
Die Auswahl enthält mehr als eine Prüfungsart. Sollen die aktuellen Einstellungen gelöscht und dann fortgefahren werden?	Sie haben Zellen mit unterschiedlichen Datenüberprüfungen markiert. Bestätigen Sie mit *OK*, werden alle Zuweisungen gelöscht.

Tabelle 16.1 Fehlermeldungen zur Datenüberprüfung

Datenüberprüfung zuweisen

1. Markieren Sie die erste Spalte der Liste.
2. Wählen Sie *Daten/Datentools/Datenüberprüfung*.
3. Die Registerkarte *Einstellungen* zeigt die aktuelle Gültigkeit des markierten Bereiches. Klicken Sie auf den Listenpfeil unter *Gültigkeitskriterien/Zulassen*, und wählen Sie den Datentyp für den markierten Bereich:

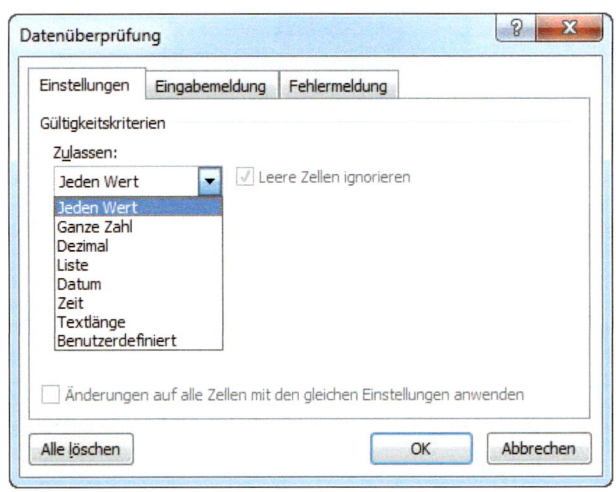

Abbildung 16.3 Einstellung der Kriterien

» *Jeden Wert:* Die Zellen unterliegen keiner Datenüberprüfung.

- *Ganze Zahl:* Die Daten werden auf den unter *Zwischen* gewählten logischen Begriff (Zwischen, Größer, Kleiner ...) und den Grenzwert (Minimum/Maximum) geprüft. Erlaubt sind nur ganze Zahlen ohne Nachkommastellen.
- *Dezimal:* Erlaubt sind ganze Zahlen und Dezimalzahlen, die der eingestellten Bedingung entsprechen.
- *Liste:* Die Eingabe beschränkt sich auf Zahlen oder Texte, die in dem unter *Quelle:* angegebenen Listenbereich vorkommen. Das kann ein Bereich der aktiven Tabelle (z.B. $G$1:$G$10) sein oder ein benannter Bereich in einer anderen Tabelle. Der Quellbereich darf nur aus einer Spalte bestehen.
- *Datum/Zeit:* In den markierten Bereich darf nur ein Datums-/Zeitwert eingegeben werden, der die eingestellte Bedingung (zwischen, größer, kleiner Anfangs-/Endwert) erfüllt.
- *Textlänge:* Erlaubt sind Zahlen und Buchstaben, die Länge der eingegebenen Zeichen muss der Bedingung entsprechen (nicht verwechseln: größer als 5 bedeutet, dass mindestens sechs Zahlen oder Buchstaben einzugeben sind, nicht Zahlen über 5).
- *Benutzerdefiniert:* Das Formelfeld erhält für diese Einstellung eine Formel, die den Wahrheitswert WAHR oder FALSCH ergeben muss. Die Eingabe im markierten Bereich wird nur akzeptiert, wenn diese Formel den Wert WAHR ergibt.
- *Leere Zellen ignorieren:* Kreuzen Sie diese Option an, wenn die unter *Zulassen* eingestellte Prüfung nicht auf leere Zellen anzuwenden ist.
- *Änderungen auf alle Zellen mit den gleichen Einstellungen anwenden:* Diese Option ist nur verfügbar, wenn innerhalb der Markierung unterschiedliche Kriterien gefunden wurden. Ist sie gesetzt, werden Änderungen auf alle Zellen wirksam, die dieselbe Datenüberprüfung haben wie die aktive Zelle.
- *Alle löschen:* Mit Klick auf diese Schaltfläche werden alle Gültigkeitskriterien aus den markierten Zellen gelöscht.

Die erste Spalte der Beispieltabelle *Wareneingangsliste* soll Artikelnummern im Bereich von 100.000 bis 999.999, also mit maximal sechs Stellen, enthalten. Weisen Sie ihr die passende Datenüberprüfung zu:

Abbildung 16.4 Kriterium für maximal sechsstellige Zahlen ab 100.000

Bestätigen Sie mit Klick auf *OK*, markieren Sie die nächste Spalte, und starten Sie unter *Daten/Datentools/Datenüberprüfung* eine weitere Zuweisung. Hier eine Übersicht über alle Spalten:

16.1.2 Eingabe- und Fehlermeldungen

Ist die Gültigkeitsbedingung auf der ersten Registerkarte fixiert, kann für den Benutzer eine Eingabe- und Fehlermeldung festgelegt werden. Nutzen Sie diese beiden Meldungen, um auf die Einschränkungen der Datenüberprüfung hinzuweisen, die sonst nicht transparent sind.

Eingabemeldung

Die Eingabemeldung ist nicht zwingend, sie würde erscheinen, sobald der Zellzeiger auf eine Zelle gesetzt wird, die mit der Datenüberprüfung formatiert ist:

1. Markieren Sie die erste Spalte der Liste, und aktivieren Sie *Daten/Datentools/Datenüberprüfung.*
2. Schalten Sie auf die zweite Registerkarte, *Eingabemeldung*, um.
3. Aktivieren Sie die erste Option, und geben Sie einen Titel sowie einen passenden Text für die Meldung ein. Sie können die Datenüberprüfung erneut aktivieren und die Option deaktivieren, die eingetragenen Texte bleiben erhalten.

Spalte	Gültigkeitskriterien	Zuweisung
Bezeichnung	Texte mit einer maximalen Länge von 50 Zeichen	
Stück	Ganze Zahlen zwischen 1 und 1.000	
Gebinde	Eine Liste mit Gebindearten, verwenden Sie jeweils ein Semikolon als Trennzeichen	
Warenregal	Ganze Zahlen ab 100, maximal dreistellig	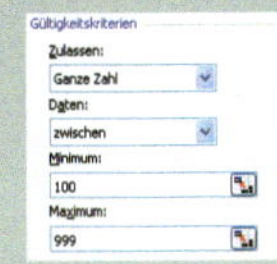
Datum	Ein Datumswert zwischen 20 Tagen vor dem Tagesdatum und 20 Tagen nach dem Tagesdatum	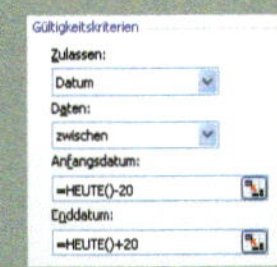
Uhrzeit	Eine Zeitangabe von 0:00 Uhr bis 23:59 Uhr	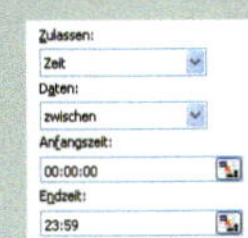

Tabelle 16.2 Datenüberprüfungen für die einzelnen Spalten

Abbildung 16.5 Eingabemeldung für die erste Spalte

Die Meldung erscheint nach Abschluss der Zuweisung in einem gelben Kästchen am Zellzeiger, der Titel ist fett gedruckt. Das Kästchen lässt sich am Rand abnehmen und mit gedrückter Maustaste verschieben.

Die Fehlermeldung

Weitaus wichtiger ist die Fehlermeldung. Sie informiert den Anwender, wenn dieser die Gültigkeitsregel nicht beachtet hat, und regelt die weitere Vorgehensweise.

Setzen Sie für alle Datenüberprüfungen in jedem Fall auch Fehlermeldungen ab, denn die Standardmeldung, die der Benutzer erhält, wenn er falsche Eingaben macht, trägt nicht besonders zum Verständnis bei. Sie erscheint, wenn kein Fehlermeldungstext erfasst wurde:

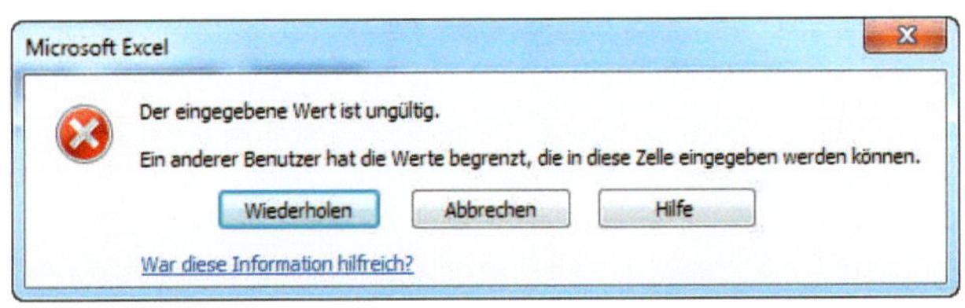

Abbildung 16.6 Standardmeldung, wenn kein eigener Fehlermeldungstext erfasst wurde

1. Schalten Sie auf die dritte Registerkarte *Fehlermeldung* um.
2. Kreuzen Sie die erste Option *Fehlermeldung anzeigen, wenn ungültige Daten eingegeben wurden* an.
3. Wählen Sie unter *Typ* eine Option. Die Auswahl ändert den Status und das in der Fehlermeldung angezeigte Symbol.
4. Geben Sie einen Titel und eine passende Meldung ein, und bestätigen Sie mit Klick auf *OK*.

Abbildung 16.7 Fehlermeldung für die erste Spalte

HINWEIS Der Stil der Fehlermeldung ändert nicht nur das angezeigte Symbol, er ist auch maßgeblich dafür, ob der Benutzer die falsche Eingabe machen kann oder nicht. Wählen Sie die Vorgabe *Stopp*, wird der Benutzer keine Möglichkeit haben, seine falsche Eingabe in die Zelle einzutragen. Er muss die Eingabe korrigieren oder abbrechen, während mit den beiden anderen Stilen die Eingabe übernommen werden kann.

Die Auswahl des Stils bestimmt die Zusammensetzung der Schaltflächen in der Fehlermeldung:

Fehlermeldungsstil	Fehlermeldung
Stopp (Schutz vor Falscheingaben)	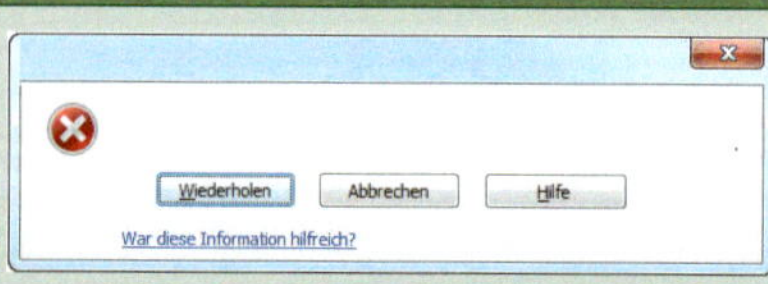 Die Eingabe kann nur wiederholt oder abgebrochen werden
Warnung (Warnung, aber kein Schutz, Datenüberprüfung kann übergangen werden)	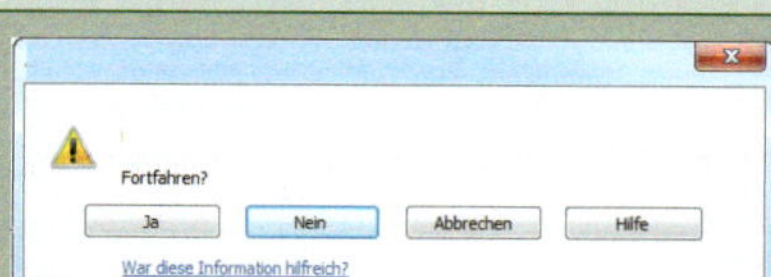 Mit Klick auf *Ja* wird die Eingabe akzeptiert, *Nein* lässt die Zelle offen, *Abbrechen* löscht die Eingabe
Information (kein Schutz, nur Hinweis)	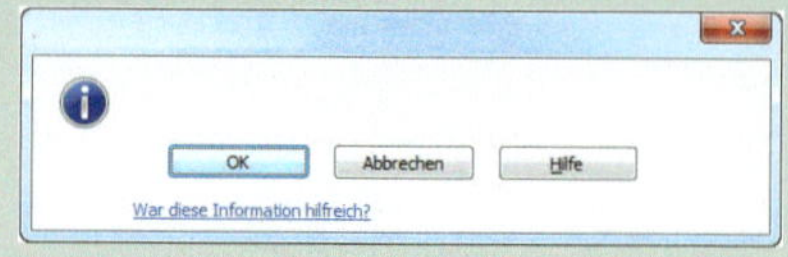 Mit *OK* wird die Eingabe akzeptiert, *Abbrechen* löscht die Eingabe

Tabelle 16.3 Fehlermeldungsstilarten in der Datenüberprüfung

16.1.3 Datenüberprüfungen anzeigen

Die Zuweisung einer Datenüberprüfung ist im Gegensatz zu »normalen« Formatierungen nicht sichtbar. Ob eine Zelle mit einer Prüfung versehen ist, lässt sich optisch nicht kennzeichnen. Sie können aber einige Werkzeuge dafür benutzen:

1. Wählen Sie *Start/Bearbeiten/Suchen und Auswählen/Inhalte auswähle n*, oder drücken Sie F5 und wählen Sie *Gehe zu*.
2. Klicken Sie auf die Option *Datenüberprüfung*.
3. Mit *Alles* werden alle Zellen markiert, die Option *Gleiche* markiert nur die Zellen, deren Datenüberprüfung mit der der aktiven Zelle übereinstimmt.

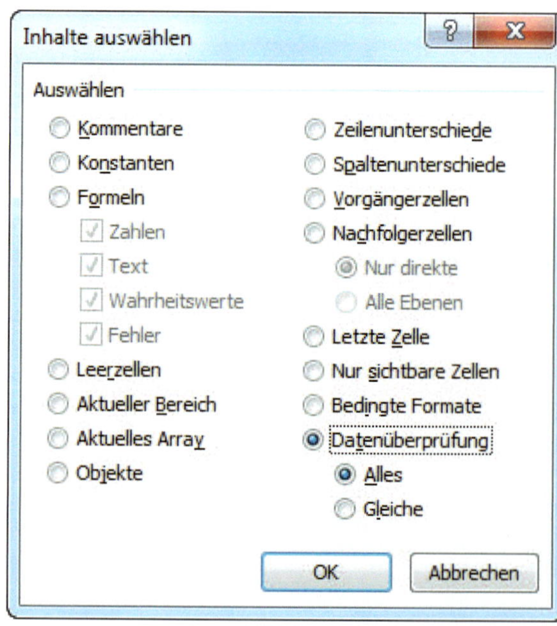

Abbildung 16.8 Datenüberprüfungen aufspüren

16.1.4 Benutzerdefinierte Datenüberprüfungen

Die Gültigkeitsregeln für Zahlen-, Text-, Datums- und Zeitangaben sind eindeutig und lassen wenig Spielraum für Interpretationen. Anders dagegen die Option *Benutzerdefiniert*, sie bietet in Kombination mit Excel-Funktionen einige interessante Varianten. So können beispielsweise mehrere Bedingungen verknüpft und Bereiche oder ganze Tabellenblätter geschützt werden, bis eine bestimmte, als Formelausdruck formulierte Bedingung erfüllt ist.

Wenn Sie in diesen Prüfungen mit Bezügen arbeiten, achten Sie auf relative und absolute Adressierung: Definieren Sie Regeln nur für die aktive Zelle, deren Adresse Sie im Namensfeld links oben sehen, schreiben Sie diesen Bezug relativ (z.B. A1). In allen übrigen markierten Zellen passt sich der Bezug automatisch an.

HINWEIS Die Option *Leere Zellen ignorieren* sollten Sie in allen Datenüberprüfungen, die mit Formeln arbeiten, ausschalten.

Hier einige Beispiele für benutzerdefinierte Datenüberprüfungen:

Texteingabe erzwingen

Für die Beschränkung auf Zahlenwerte bietet die Liste der zugelassenen Eingaben mehrere Typen (Zahl, Dezimal) an, die Option *Textlänge* beschränkt sich aber auf die Länge der Eingabe und verhindert nicht, dass Zahlen erfasst werden. Um einen Bereich auf reine Texteingaben zu beschränken, gehen Sie so vor:

1. Markieren Sie den Bereich.
2. Wählen Sie *Daten/Datentools/Datenüberprüfung*, und weisen Sie diese Datenüberprüfung zu:

   Zulassen: *Benutzerdefiniert*

   Formel: `=ISTTEXT(A1)`

   Weisen Sie auf der Registerkarte *Fehlermeldung* darauf hin, dass nur Texte erlaubt sind:

   Fehlermeldung: `Bitte nur Text eingeben!`

Doppelte Einträge vermeiden

Wenn Sie verhindern wollen, dass ein Benutzer in einer Eingabespalte doppelte Einträge macht, erstellen Sie für diesen eine benutzerdefinierte Datenüberprüfung (hier für Spalte A):

```
=ZÄHLENWENN(A:A;A1)=1
```

Zahlenkonformität überprüfen

Über den Zulassungstyp *Ganze Zahl* oder *Dezimal* erzwingen Sie die Eingabe von Zahlen mit Minimal- und Maximalgrenze. Mehr Komfort bei der Überprüfung von Zahleneingaben bietet der benutzerdefinierte Typ. Sie können beispielsweise testen, ob ein Artikelpreis mit 0,99 ausgewiesen ist, und den Benutzer darauf hinweisen (hier für Zelle B2):

Zulassen: *Benutzerdefiniert*

Formel: `=B2-GANZZAHL(B2)=0,99`

Fehlermeldung: `Überprüfen Sie bitte den Artikelpreis!`

Mit logischen Funktionen lässt sich die Formel erweitern, sodass mehrere Bedingungen erfüllt sein müssen, damit die Eingabe ohne Meldung akzeptiert wird. Diese Formel lässt nur einen Artikelpreis mit der Dezimalstelle 0,99 oder ganze Zahlen zu:

```
=ODER(B1=GANZZAHL(B1);B1-GANZZAHL(B1)=0,99;B1=0)
```

Mit dieser Formel stellen Sie sicher, dass die Zelle keine Texte, keine negativen Zahlen und keine Nulleingaben erhält:

```
=UND(NICHT(ISTTEXT(B1));B1>0)
```

Diese Formel akzeptiert nur gerade Zahlen im Bereich zwischen 1 und 99:

```
=UND(REST(C1;2)=0;C1<100;C1>0)
```

Passwortschutz

Ein einfacher, aber wirkungsvoller Passwortschutz lässt sich über diese Datenüberprüfung erzielen: Schreiben Sie in eine beliebige Zelle (z.B. X1) ein Passwort, blenden Sie die Spalte aus, oder formatieren Sie die Zelle mit einem Zahlenformat, das den Zellinhalt versteckt:

```
;;;
```

Mit dieser Formel in der Datenüberprüfung für alle Zellen stellen Sie sicher, dass die Tabelle nur bearbeitbar ist, wenn das Passwort in der Zelle X1 korrekt ist. Achten Sie auf den absoluten Bezug ($X$1), der hier nötig ist, damit sich alle Prüfungen genau auf die Zelle X1 beziehen:

```
Zulassen:        Benutzerdefiniert
```

```
Formel: =$X$1="test"
```

Eingabeschutz für Zellen

Um die Zellen einer Tabelle ohne Blattschutz oder Arbeitsmappenschutz vor Überschreibungen zu schützen, können Sie eine benutzerdefinierte Datenüberprüfung mit dieser Formel einbauen:

```
=ISTLEER(INDIREKT("ZS";0))
```

Setzen Sie die Fehlermeldung auf den Status *Warnung* oder *Information*, kann der Anwender erst nach Bestätigung die Zelle überschreiben.

Eingabeschutz für nicht benannte Mappen

Neue Arbeitsmappen werden mit Pseudonamen wie »Mappe1, Mappe2« versehen und lassen sich beliebig lange ohne Speicherung bearbeiten (ausgenommen, das Add-In für automatische Speicherung ist aktiv). Wenn Sie den Benutzer der Mappe zwingen wollen, diese vor der ersten Zellbearbeitung zu speichern, verwenden Sie diese Datenüberprüfung:

1. Markieren Sie alle Zellen der ersten Tabelle, klicken Sie dazu in das Kästchen links oben, in dem sich Zeilen- und Spaltenkopf treffen.
2. Wählen Sie *Daten/Datentools/Datenüberprüfung*.
3. Schalten Sie unter *Zulassen* auf *Benutzerdefiniert*.
4. Geben Sie diese Formel in das Formelfeld ein:

   ```
   =ZELLE("Dateiname")<>""
   ```

   Wechseln Sie zur Registerkarte *Fehlermeldung*, und tragen Sie ein:

   Typ: Stopp

   Titel: `Mappe nicht gespeichert`

   Fehlermeldung: `Bitte speichern Sie zuerst Ihre Arbeitsmappe!`
5. Bestätigen Sie mit *OK*, und formatieren Sie auch die übrigen Tabellen auf diese Art.

HINWEIS Die Funktion *ZELLE()* gibt in Verbindung mit dem Informationstyp *Dateiname* den Namen der gespeicherten Arbeitsmappe aus und liefert eine leere Zeichenfolge, wenn die Mappe nicht gespeichert ist. Die Formel verhindert Eingaben in allen Zellen, solange die Funktion keinen Dateinamen findet.

16.1.5 Auswahllisten aus Datenüberprüfungen

Die Datenüberprüfung bietet neben den Beschränkungen auf bestimmte Eingabetypen wie Zahl, Text oder Datum/Zeit auch die Möglichkeit, eine vordefinierte Liste zu benutzen. Jede Zelle, die mit einer dieser Listen belegt ist, erhält einen Listenpfeil am rechten Rand, und ein Klick darauf öffnet dem Benutzer die Auswahlliste. Einfache Listen mit wenigen Einträgen können Sie direkt im Dialog festhalten:

1. Markieren Sie den Zellbereich, am besten ganze Spalten oder Listenspalten.
2. Wählen Sie *Daten/Datentools/Datenüberprüfung*, und schalten Sie auf der ersten Karte unter *Zulassen* auf *Liste*.
3. Geben Sie im Eingabefeld *Quelle* die Listenelemente ein, das Semikolon dient als Trennzeichen.
4. Die Option *Zellendropdown* sorgt dafür, dass das Pfeilsymbol am rechten Rand der markierten Zelle angezeigt wird, das auf Klick die Auswahlliste öffnet.

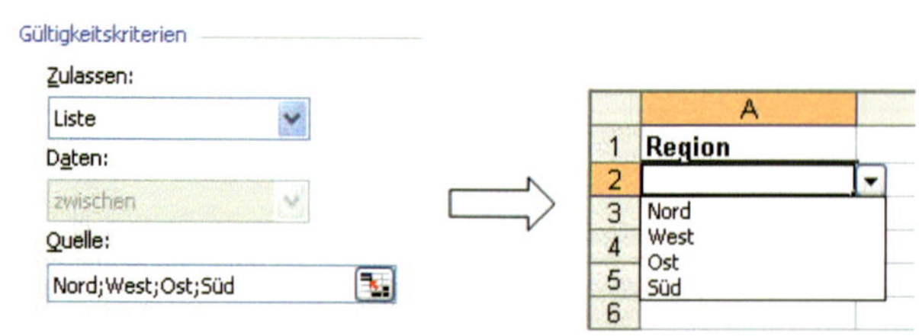

Abbildung 16.9 Liste mit direkter Quellangabe

HINWEIS Für Listenelemente wird kein Typ angegeben, Excel erkennt bei der Annahme eines Elements automatisch den Datentyp und weist das passende Zahlenformat zu. Wollen Sie einen Zahlenwert als Text anbieten, schreiben Sie einen Apostroph vor die Zahl, das Datum oder den Zeitwert.

Listen aus Bezügen übernehmen

Wenn die Liste größere Ausmaße annimmt, ist eine direkte Quellangabe nicht sinnvoll, beziehen Sie in diesem Fall die Listeneinträge aus einem Quellbereich. Achten Sie darauf, dass dieser Bereich immer absolut adressiert sein muss.

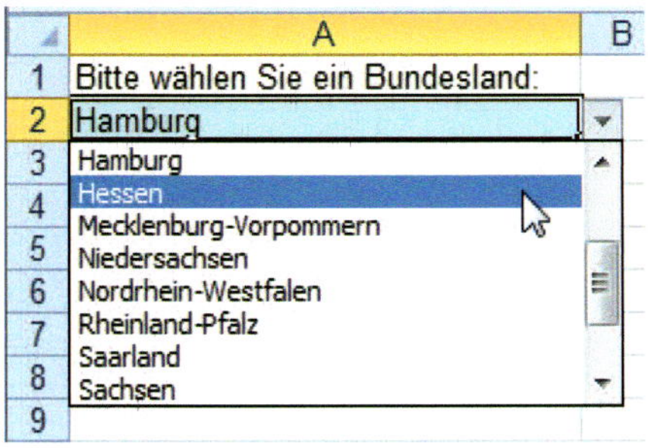

Abbildung 16.10 Liste mit Zellbezug

Die direkte Adressierung des Listenbereiches hat mehrere Nachteile: Der Bereich muss sich in derselben Tabelle befinden, in der die mit Datenüberprüfung bestückten Zellen stehen. Versuchen Sie, im Eingabefeld *Quelle* eine Verknüpfung auf eine andere Tabelle (z.B. `=Statistik!$A$1:$A$20`) einzugeben, erhalten Sie die Fehlermeldung:

Bezüge auf andere Tabellen oder Arbeitsmappen dürfen in dem Kriterium Datenüberprüfung nicht verwendet werden.

Diese Fehlfunktion lässt sich aber einfach bzw. mehrfach umgehen:

Weisen Sie der externen Liste einfach einen Bereichsnamen zu, und tragen Sie den Bezug auf diesen Namen, der für die gesamte Mappe gilt, in das Quellenfeld der Datenüberprüfung ein, oder ...

... erklären Sie den Bereich zur Tabelle (*Einfügen/Tabelle*). Tabellen werden automatisch mit einem Bereichsnamen (*Tabelle1*, *Tabelle2* ...) versehen. Da Bereichsnamen in der Regel über alle Tabellen der Arbeitsmappe verfügbar sind, können sie auch als Quellen für die Datenüberprüfung benutzt werden.

Für einen Bereichsnamen markieren Sie den Bereich, den Sie benennen wollen, und wählen *Formeln/Definierte Namen/Namen definieren*.

Praxis: Bundesland-Info

CD-ROM Das Beispiel zum Üben finden Sie auf der Buch-CD unter *Deutschlandinfo.xlsx*, die Lösung unter *Deutschlandinfo_Loesung.xlsx*.

In der Tabelle *Länder der BRD* sind statistische Informationen über die Bundesländer der Bundesrepublik Deutschland gespeichert (Name, Fläche, Einwohnerzahl, Hauptstadt). Erstellen Sie ein Info-System, das nach Auswahl eines Bundeslandes diese Informationen anzeigt.

1. Definieren Sie für die Liste im Tabellenblatt *DeutschlandStatistik* eine Tabelle. Wählen Sie dazu *Einfügen/Tabelle*.
2. Erstellen Sie einen Bereichsnamen, der nur die erste Spalte des Bereiches einschließt. Wählen Sie *Definierte Namen/Namen definieren*, klicken Sie auf *Neu*, und geben Sie ein:

   Name: `Länder`

   Bezieht sich auf: `=INDEX(Tabelle1;;1)`
3. Wechseln Sie in das Blatt *Deutschlandinfo*. Markieren Sie hier die Zelle A2, und wählen Sie *Daten/Datentools/Datenüberprüfung*. Tragen Sie auf der ersten Registerkarte ein:

   Zulassen: `Liste`

   Quelle: `=Länder`

Die Zelle bietet damit die Bundesländer zur Auswahl an. Schreiben Sie für die statistischen Werte je eine Formel mit der Funktion *SVERWEIS*, die den Namen in der ersten Spalte der Datenbank sucht und die Referenzwerte aus den danebenliegenden Spalten einträgt.

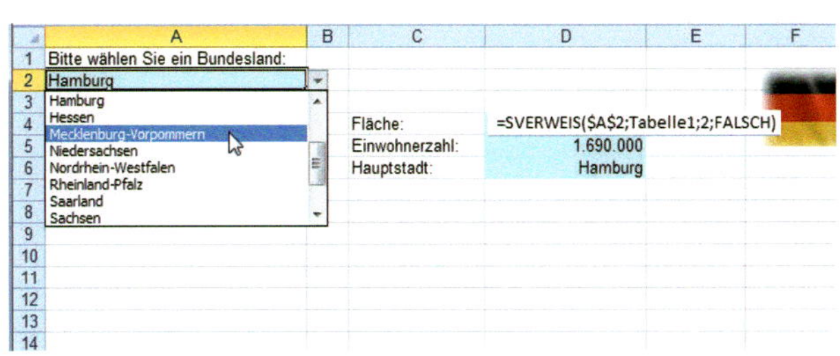

Abbildung 16.11 Datenliste und Verweise auf die erste Spalte der Liste

TIPP Gültigkeitslisten akzeptieren keine Bezüge auf andere Arbeitsmappen als Quelle. Sie können aber Verknüpfungen zu diesen Mappen in die aktuelle Tabelle einfügen und diese als Quellbezüge für die Listen angeben.

16.1.6 Dynamische Datenüberprüfungslisten

Mit der Listenautomatik alleine ist es nicht getan, sie ist zwar für die Datenerfassung und für automatische Spaltenergebnisse nützlich, bietet aber keine Flexibilität im täglichen Umgang mit Listen. Datenüberprüfungslisten können hier sehr viel Komfort bieten und Excel-Tabellen in Formulare verwandeln, die (fast) selbstständig rechnen.

Ein erstes Beispiel zeigt die Technik, wie Datenüberprüfungslisten konstruiert werden, die sich am Inhalt anderer Zellen orientieren:

CD-ROM Sie finden das Beispiel auf der Buch-CD unter *Variable_DListen.xlsx*.

Die Tabelle *Länderinfo* enthält drei Länderspalten mit Städtenamen. Präparieren Sie die Zelle A2 so, dass alle Länder angezeigt werden, und erstellen Sie in B2 eine Datenüberprüfungsliste, die alle Städte des in A2 gewählten Landes enthält.

Die Datenüberprüfung für Zelle A2:

Zulassen: Liste

Quelle: `=$D$1:$F$1`

Für die Suche nach dem gewählten Land schreiben Sie in eine freie Zelle (H1) diese Formel:

```
=VERGLEICH($A$2;$D$1:$F$1;0)
```

Die Datenüberprüfung für Zelle B2:

Zulassen: Liste

Quelle: `=WAHL($H$1;$D$2:$D$4;$E$2:$E$4;$F$2:$F$4)`

Jetzt bietet die Zelle B2 immer die Städte des Landes an, das in A2 gewählt wurde. Ein Schönheitsfehler bleibt – die Zelle löscht sich nicht automatisch, wenn in A2 das Land gewechselt wird. Eine Lösung für diese Aufgabe finden Sie im anschließenden Praxisbeispiel *Kostenvoranschlag*, in dem auch die Verwaltung der einzelnen Listen dynamisch gemacht wird.

Praxis: Kostenvoranschlag

Angebote und Kostenvoranschläge zu schreiben, gehört nicht zu den Lieblingsbeschäftigungen des Handwerksmeisters, aber der Kunde ist König, und ohne Angebot gibt es meist auch keinen Auftrag. Wenn nur das mühselige Zusammensuchen der Positionen für die Stückliste nicht wäre, das kostet Zeit und ist fehlerträchtig, weil schnell mal eine Position verrutscht oder der falsche Preis in die Spalte gerät.

Das Praxisbeispiel zeigt, wie ein Formular für Kostenvoranschläge oder allgemeine Angebote präpariert wird, sodass es automatisch nach Auswahl einer Kategorie die richtigen Stücklisten liefert. Zum Einsatz kommt eine dynamische Stückliste, d.h. eine Liste, die ihren Inhalt automatisch den Einträgen der Spalte *Kategorie* anpasst.

CD-ROM Auf der Buch-CD unter *Kostenvoranschlag.xlsx* finden Sie die Übungsdaten, die Lösung unter *Kostenvoranschlag_Loesung.xlsm* enthält die fertigen Gültigkeitsbereiche, Formeln und Makros. Stellen Sie sicher, dass Ihr Vertrauensstellungscenter Makros in Arbeitsmappen zulässt (*Datei*-Menü/*Optionen*).

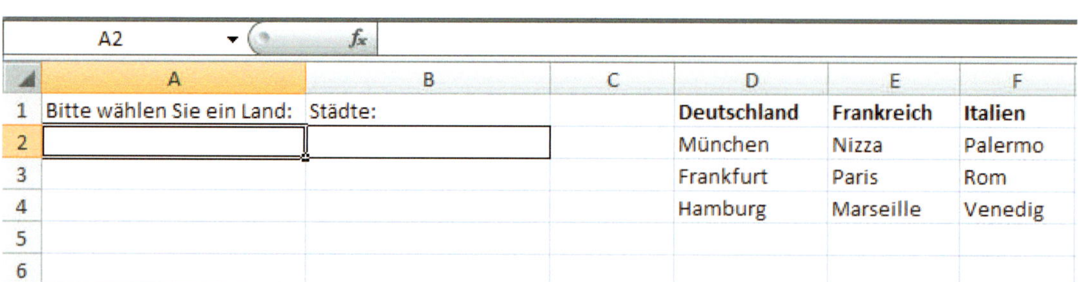

	A	B	C	D	E	F
1	Bitte wählen Sie ein Land:	Städte:		**Deutschland**	**Frankreich**	**Italien**
2				München	Nizza	Palermo
3				Frankfurt	Paris	Rom
4				Hamburg	Marseille	Venedig
5						
6						

Abbildung 16.12 Die Tabelle Länderinfo

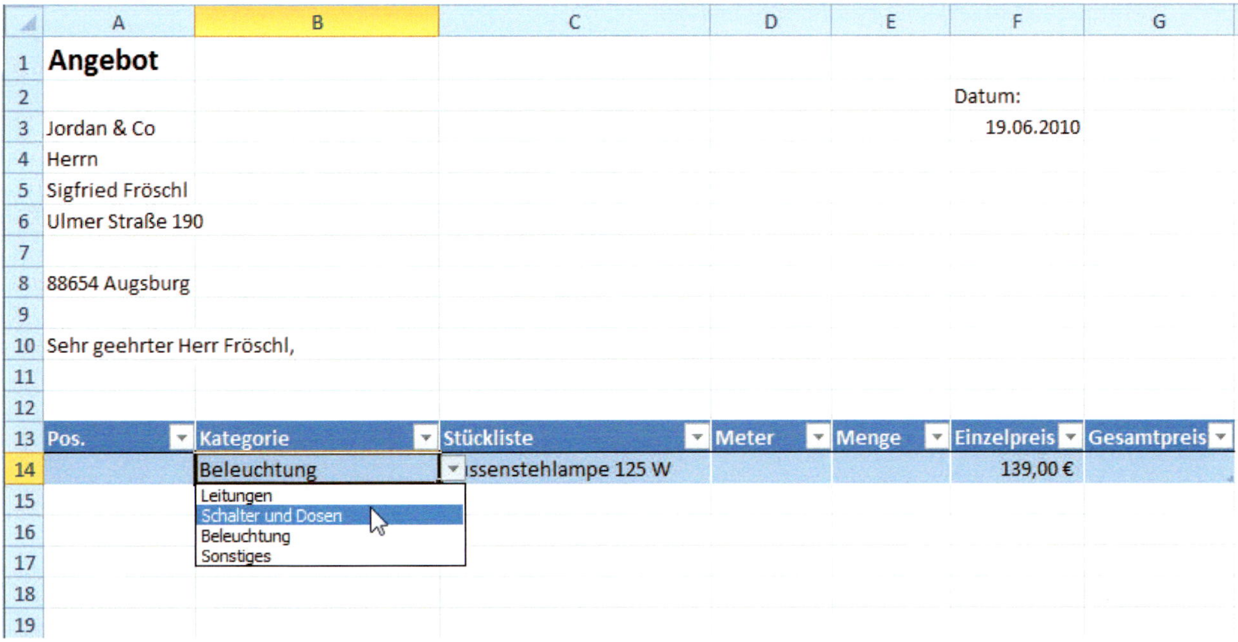

Abbildung 16.13 Kostenvoranschlag mit dynamischen Gültigkeitslisten

Preislisten vorbereiten

Die Preisliste ist nach Produktkategorien untergliedert, jede Einzelliste hat eine Kopfzeile und wird über *Einfügen/Tabelle* zur Tabelle erklärt. Mit dieser Aktion erhält die Liste einen Bereichsnamen.

1. Markieren Sie im Tabellenblatt *Preisliste Elektro* die erste Liste im Bereich A1:A5.
2. Wählen Sie *Einfügen/Tabellen/Tabelle*.
3. Weisen Sie dem Bereich eine Tabelle zu, und geben Sie dieser unter *Tabellentools/Entwurf/Eigenschaften* den Namen *Kategorien*.
4. Erklären Sie auch die einzelnen Kategorien zu Tabellen mit Bereichsnamen:

Bereich	Bereichsname
C1:D6	*Leitungen*
F1:G24	*Schalter_Dosen*
I1:J5	*Beleuchtung*
L1:M3	*Sonstiges*

Tabelle 16.4 Bereichsnamen für die Tabellen in der Preisliste

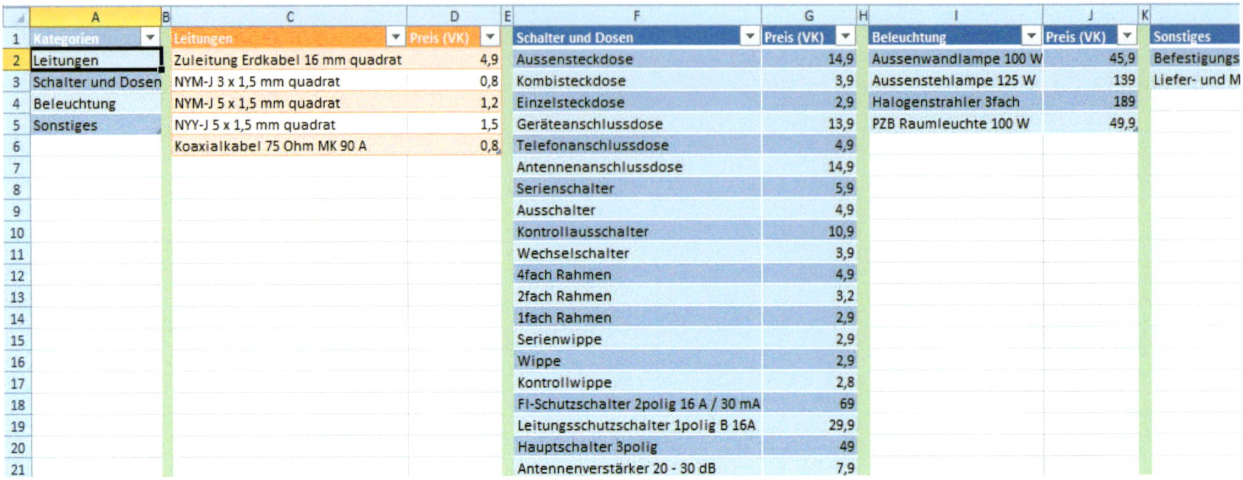

Abbildung 16.14 Preisliste mit Tabellen

Die Bereichsnamen der Tabellen lassen sich nicht direkt in der Datenüberprüfung verwenden. Erstellen Sie deshalb Bereichsnamen, die sich auf einzelne Spalten der Tabellennamen beziehen.

1. Markieren Sie die jeweils erste Spalte einer Tabelle, und wählen Sie *Formeln/Definierte Namen/Namen definieren*.
2. Geben Sie diese Bereichsnamen ein:

Name	Bezieht sich auf
Kategorien	`=Tabelle1`
Leitungen	`=Tabelle2[Leitungen]`
SchalterDosen	`=Tabelle3[Schaltern und Dosen]`
Beleuchtung	`=Tabelle4[Beleuchtung]`
Sonstiges	`=Tabelle5[Sonstiges]`

Tabelle 16.5 Bereichsnamen für die Tabellennamen

Angebotsblatt erstellen

Das Angebot selbst wird auf dem zweiten Tabellenblatt, *Angebot*, erstellt. Ab Zeile 12 beginnt die Auflistung der Artikel. Erklären Sie diese und die nächste Leerzeile zur Tabelle:

1. Markieren Sie A13:G14.
2. Wählen Sie *Einfügen/Tabellen/Tabelle*. Vergessen Sie nicht, *Tabelle hat Überschriften* anzukreuzen.
3. Markieren Sie die Spalte *Kategorie* (Zellzeiger auf obere Randlinie setzen), und weisen Sie ihr die Datenüberprüfung für die Kategorienliste zu:

   Daten/Datentools/Datenüberprüfung

   Zulassen: Liste

   Quelle: `=Kategorien`

TIPP Drücken Sie unter *Quelle* nach dem =-Zeichen die Taste F3, erhalten Sie eine Liste aller verfügbaren Bereichsnamen.

Abbildung 16.15 Das Angebotsblatt mit der ersten Datenüberprüfung für die Kategorien

Bereichsnamen errechnen die zuletzt benutzte Kategorie

Damit die zweite Spalte (*Stückliste*) die Inhalte der Kategorie präsentieren kann, die als letzte in Spalte B gewählt wurde, brauchen Sie zunächst zwei berechnete

Bereichsnamen. Legen Sie diese unter *Formeln/Definierte Namen/Namen definieren* an. Der erste Bereichsname wird die Bezeichnung der letzten Kategorie in der Spalte B wiedergeben:

Name: `LetzteKategorie`

Bezieht sich auf: `=INDEX($B:$B;VERGLEICH("";$B:$B;-1);1)`

Der zweite Name errechnet die Nummer dieser Kategorie, die später für den Index auf die Gültigkeitsliste gebraucht wird:

Name: `LetzteKategorieNr`

Bezieht sich auf: `=VERGLEICH(LetzteKategorie;Kategorien;0)`

Dynamische Gültigkeitsliste für Spalte C

Legen Sie als Nächstes für die Spalte *Stückliste* eine Gültigkeitsliste an, die automatisch den passenden Listenbereich für die letzte Kategorie sucht:

Markieren Sie die dritte Spalte der Tabelle, und wählen Sie *Daten/Datentools/Datenüberprüfung*. Weisen Sie zu:

Zulassen: Liste

Quelle: `=WAHL(LetzteKategorieNr;Leitungen;SchalterDosen;Beleuchtung;Sonstiges)`

Im ersten Argument der Funktion *WAHL* wird die *KategorieNr* angegeben, und diese führt zum Ergebnis, nämlich zur ersten Spalte des Bereiches, auf den die Nummer fällt (*Leitungen* = 1, *SchalterDosen* = 2 usw. ...).

Das Ergebnis ist, was wir hier brauchen, eine dynamische Datenüberprüfungsliste. Die Liste in der Spalte *Stückliste* wechselt ihren Inhalt je nach der in Spalte B eingestellten Kategorie:

Kundenadressen

Die Kundenadressen sind im Tabellenblatt *Kunden* hinterlegt, hier ist natürlich eine ODBC-Verknüpfung auf eine externe Datenbank, auf SQL-Server oder SAP-Daten der beste Weg. Auch diese Liste wird zur Tabelle erklärt, damit sie dynamisch bleibt:

Einfügen/Tabellen/Tabelle, Bereich $A$1:$J$28 mit Überschrift.

Geben Sie der Tabelle gleich den Namen *Kunden*, und erstellen Sie einen Bereichsnamen für die Spalte 2:

Name: `Firmen`

Bezieht sich auf: `=Kunden[Firma]`

Diesen Bereichsnamen übergeben Sie der Zelle A3 im Angebotsblatt als Datenüberprüfungsliste:

Zulassen: Liste

Quelle: `=Firmen`

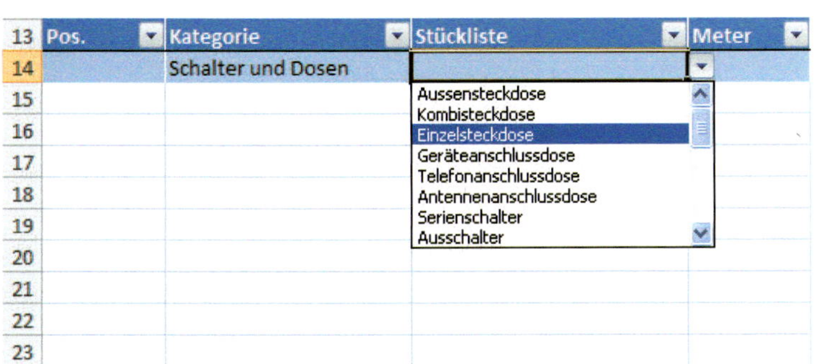

Abbildung 16.16
Dynamische Gültigkeitsliste

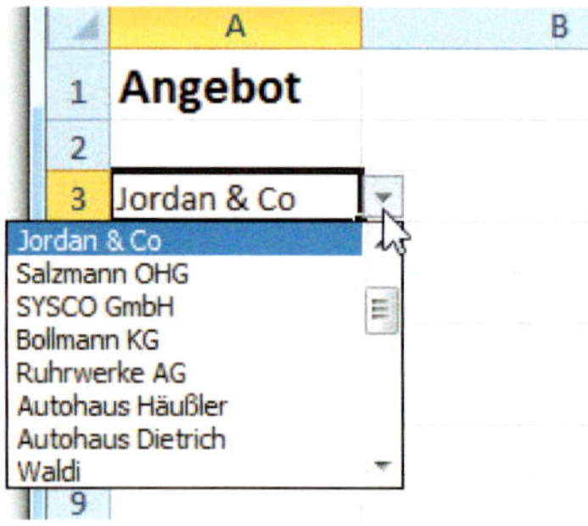

Abbildung 16.17 Die Firmenliste wird über eine Datenüberprüfungsliste angeboten.

Die restlichen Zeilen der Adresse berechnen Sie über *INDEX*-Funktionen. Verwenden Sie *VERGLEICH()*, um die Zeilennummer der Firma zu finden:

```
A4: =INDEX(Kunden[#Alle];VERGLEICH($A$3;
Kunden[Firma];0)+1;3)
A5: =INDEX(Kunden[#Alle];VERGLEICH($A$3;
Kunden[Firma];0)+1;4)
&" "
&INDEX(Kunden[#Alle];VERGLEICH($A$3;
Kunden[Firma];0)+1;5)
A6: =INDEX(Kunden[#Alle];VERGLEICH($A$3;
Kunden[Firma];0)+1;6)
A8: =INDEX(Kunden[#Alle];VERGLEICH($A$3;
Kunden[Firma];0)+1;7)
&" "&
INDEX(Kunden[#Alle];VERGLEICH($A$3;Kunden
[Firma];0)+1;8)
```

Die persönliche Anrede für den geschätzten Kunden sollte für Formelspezialisten auch kein Problem sein:

```
="Sehr geehrte" &WENN(LINKS(A4;4)="Herr";"r Herr ";"
Frau ")&INDEX(Kunden[#Alle];
VERGLEICH($A$3;Kunden[Firma];0)+1;5)&", "
```

Die VBA-Ecke: Preis in der Preisliste suchen

Erweitern Sie Ihren Kostenvoranschlag mit einer Funktion, die den Verkaufspreis in der Preisliste sucht, und schreiben Sie eine Funktion, die mit der Bedingungsformatierung zusammenarbeitet und alle geschützten Zellen automatisch sichtbar macht.

Im Praxisbeispiel *Kostenvoranschlag* sucht die Gültigkeitsliste nach den zur Kategorie passenden Produkten. Die Aufteilung der Artikel nach Kategorien in der Preisliste macht leider eine Berechnung der Produktpreise über *SVERWEIS* oder *VERWEIS* unmöglich, da die Formel nicht wissen kann, in welcher Einzelliste (Kategorie) der Artikel zu finden ist.

Schreiben Sie eine Funktion, die eine Artikelbezeichnung in der Preisliste sucht und den entsprechenden Verkaufspreis ausgibt. Erstellen Sie dazu ein Modul, und geben Sie den VBA-Code ein:

```
Function FindEUR(artikel)
 Dim c
 ' Funktion wird ständig neu berechnet
 Application.Volatile
 ' Tabelle und Bereich vorgeben
 With Sheets("ElektroDB").Range("A1:P500")
 ' Artikelbezeichnung suchen
 Set c = .Find(artikel, LookIn:=xlValues,
lookat:=xlWhole)
 ' Wenn nichts zu finden ist, Zelle leer
 If Not c Is Nothing And c <> "" Then
  FindEUR = c.Offset(0, 1).Value
 Else
   FindEUR = ""
 End If
 End With
End Function
```

Listing 16.1 Funktion zur Suche nach dem VK-Preis

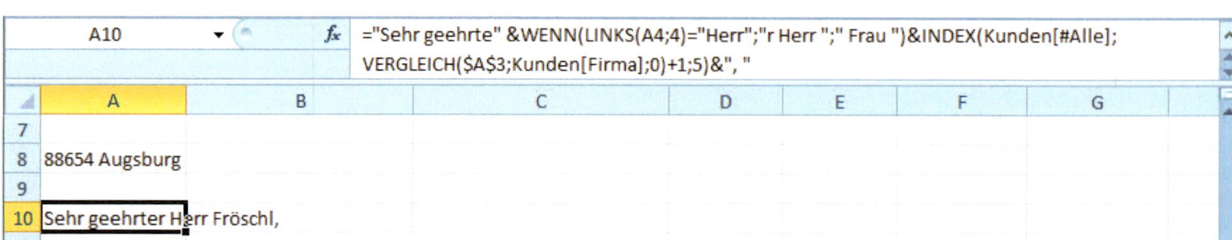

Abbildung 16.18 Formelkunst für Formelkünstler: Die Firmenadresse ist komplett berechnet.

Die Funktion finden Sie unter *Einfügen/Funktion/Benutzerdefiniert*. Fügen Sie die Berechnung in die erste Zeile der Liste (nach der Kopfzeile) ein. Wenn Sie neue Angebotspositionen einfügen, wird die Formel automatisch eine Zeile weiterkopiert:

```
F14: =FindEUR([Stückliste])
```

Gesamtpreis berechnen

Zu guter Letzt berechnen Sie noch den Gesamtpreis einer einzelnen Angebotszeile. Und dazu verwenden Sie eine geschachtelte *WENN*-Funktion, damit sowohl die Eingabe Meter als auch die Eingabe Menge berücksichtigt wird:

```
G14: =WENN([Meter]<>"";[Meter]*[Einzelpreis];WENN([M
enge]<>"";[Menge]*[Einzelpreis];""))
```

16.2 Konsolidieren

Der Begriff *Konsolidierung* fällt meist in Zusammenhang mit Einsparungen oder Zusammenlegungen. Ob Gelder für den öffentlichen Haushalt oder Aktivitäten in Absatzgebieten – durch die Konsolidierung werden mehrere Elemente zu einer Einheit verbunden. In Excel ist mit Konsolidierung das Zusammenfassen von Daten gemeint, die aus unterschiedlichen Zellbereichen und/oder Tabellen stammen, aber im Aufbau einheitlich sind und einen Zahlenbereich enthalten, der sich für eine Konsolidierung eignet. Das können z.B. sein:

» Tagesauswertungen von Kassen

» Filialumsätze, monatlich

» Jahresberichte, Bilanzen

» Messwerte mit unterschiedlichen Umweltfaktoren usw.

16.2.1 Das Prinzip

Für eine Konsolidierung sind mindestens zwei Zellbereiche erforderlich, die Anzahl der möglichen Bereiche ist nur durch den für Excel verfügbaren Arbeitsspeicher begrenzt. Diese Bereiche befinden sich wahlweise in einer einzelnen Tabelle, sind auf mehrere Tabellen einer Mappe verteilt oder – und das ist in der Praxis der häufigste Fall – stehen in unterschiedlichen Mappen bereit. Am sichersten ist, Listen ohne Leerzeilen zu konsolidieren, die möglichst mit Bereichsnamen versehen sind. Die erste Zeile enthält die Spaltenbeschriftungen, in der ersten Spalte stehen optional die Beschriftungen der Datensätze (Rubriken).

Auf der Registerkarte *Daten* finden Sie den Befehl *Konsolidieren*:

1. Wählen Sie *Daten/Datentools/Konsolidieren*.
2. Suchen Sie in der Liste am oberen Rand die passende Konsolidierungsfunktion (*Summe* ist Voreinstellung).
3. Setzen Sie den Cursor in die Verweisliste, und markieren Sie im Hintergrund einen Zellbereich.
4. Mit Klick auf *Hinzufügen* wird der Bereich in die Liste der vorhandenen Verweise übertragen, und Sie können weitere Bereiche hinzufügen.
5. Klicken Sie auf *OK*, um die Konsolidierung der gesammelten Bereiche zu starten.

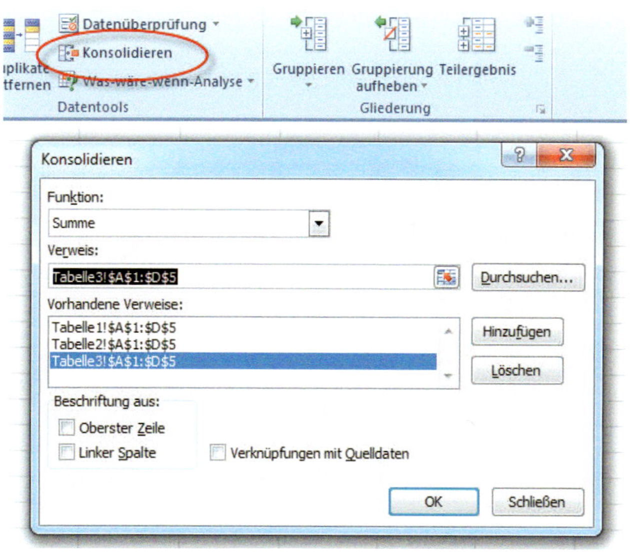

Abbildung 16.19 Hier werden drei Bereiche konsolidiert.

» *Verweis:* Setzen Sie den Cursor zuerst in dieses Feld, und ziehen Sie dann im Hintergrund eine Markierung auf. Wenn der Dialog im Weg steht, klicken Sie auf das Kästchen rechts neben dem Eingabefeld, um die ganze Box auf dieses Kästchen zu reduzieren. Ein weiterer Klick auf das Symbol blendet den Dialog wieder ein.

» *Durchsuchen:* Klicken Sie hier, um für die Verknüpfung eine weitere Arbeitsmappe zu laden. Suchen Sie im *Datei*-Dialogfeld die XLS- oder XLSX-Datei, und laden Sie diese.

» *Vorhandene Verweise:* Die Liste aller Bezüge, die auf die Zielzelle konsolidiert werden. Hier können maximal 255 Zellbereiche eingetragen werden. Die Liste wird über die Option *Hinzufügen* gefüllt. Um einen Bezug wieder zu entfernen, klicken Sie den Eintrag an und wählen *Löschen*.

» *Beschriftung aus:* Kreuzen Sie *Oberster Zeile* an, wenn die oberste Zeile des markierten Bereichs als Anhaltspunkt für die Verknüpfung gelten soll. Entsprechend wird mit *Linker Spalte* festgelegt, dass die erste Spalte in der Markierung ausschlaggebend ist für die Verknüpfung. Wenn nur eine dieser Optionen angekreuzt ist, wird die angekreuzte Rubrik zur Konsolidierung herangezogen, während der nicht bestimmte Bereich anhand seiner Position übernommen wird.

Wann konsolidieren Sie mit Rubriken und wann wird nur der Bereich bestimmt?

Konsolidieren Sie mit Angabe der Rubrik (Zeile oder Spalte), wenn die Quelldaten den gleichen Aufbau, aber unterschiedliche Inhalte haben als die Zieldaten. Ohne Rubriken arbeiten Sie, wenn sich die Quelldaten vom Zielbereich unterscheiden.

» *Verknüpfungen mit Quelldaten:* Kreuzen Sie diese Option nicht an, wenn eine Konsolidierung einmalig ablaufen soll. Je nach gewählter Funktion (z.B. *Summe*) werden dann alle Werte aus den Ursprungszellen auf die Inhalte des Zielbereiches konsolidiert. Eine permanente Verknüpfung findet in diesem Fall nicht statt.

ACHTUNG Achten Sie darauf, dass die Verknüpfungsoption für jeden Ursprungsbereich einzeln zu wählen ist. So kann durchaus ein Bereich in der Liste verknüpft werden und ein weiterer ohne Verknüpfung seine Daten übergeben.

16.2.2 Die Konsolidierungsfunktionen

Die häufigste Funktion ist natürlich die Summe, damit werden die Daten aus den konsolidierten Bereichen aufsummiert. Sie können aber auch Daten zählen lassen (*ANZAHL*) oder statistisch auswerten. Hier eine Übersicht über die verfügbaren Funktionen:

Funktion	Bedeutung
SUMME	summiert die Zahlen aus allen Bereichen
ANZAHL	zählt die Zahlen aus den angegebenen Bereichen
MITTELWERT	ermittelt den durchschnittlichen Wert aller Zahlen aus den Bereichen
MAXIMUM	ermittelt den Maximalwert aller Zahlen aus den Bereichen
MINIMUM	ermittelt den kleinsten Wert aller Zahlen aus den Bereichen
PRODUKT	multipliziert alle Zahlen aus den Bereichen
ANZAHL	zählt die Werte in den angegebenen Bereichen (nur Zahlen werden gezählt)
STANDARDABWEICHUNG (Stichprobe)	ermittelt die Abschätzung für die Standardabweichung
STANDARDABWEICHUNG (Grundgesamtheit)	liefert die Standardabweichung
VARIANZ (Stichprobe)	ermittelt die Varianz aus Stichproben
VARIANZ (Grundgesamtheit)	ermittelt die Varianz

Tabelle 16.6 Konsolidierungsfunktionen

Testen Sie die Funktion an einem praktischen Beispiel: Ihre Mitarbeiter haben in den letzten Jahren eine Reihe von Kursen absolviert, die Anzahl der Kurse hat sich aber von einem Jahr zum anderen erhöht. Die Tabelle enthält eine Übersicht über die Kursbelegungen der beiden Jahre 2002 und 2003.

CD-ROM Übungsdaten und Lösungen finden Sie auf der Buch-CD unter *Seminarplanung.xlsx*.

	A	B	C	D	E
1	**Auswertung Kursbelegungen**				
2	Arbeitstechniken und Personalführung				
3					
4		**2009**			**2010**
5	**Arbeitstechniken**	120		**Überzeugend präsentieren**	50
6	**Projekt-Management**	25		**Arbeitstechniken**	80
7	**Zeitmanagement**	110		**Moderation**	130
8	**Moderation**	15		**Projekt-Management**	15
9	**Rhetorik**	46		**Rhetorik**	30
10				**Zeitmanagement**	60
11				**Führung durch Ziele**	20
12				**Kommunikation in der Führung**	50
13				**Wissensmanagement**	120
14					

Abbildung 16.20 Beispiel Kursbelegungen

Konsolidieren Sie im ersten Schritt die Zeilenwerte unter Verwendung der Funktion *SUMME*, um die Kursbelegungen der beiden Jahre zu addieren.

Setzen Sie den Zellzeiger in die Zelle A16.

1. Wählen Sie *Daten/Datentools/Konsolidieren*.
2. Im ersten Auswahlfeld ist die Funktion *Summe* eingestellt, falls nicht, öffnen Sie die Liste und klicken auf diesen Eintrag.
3. Setzen Sie den Cursor per Klick in das Eingabefeld *Verweis*.
4. Markieren Sie in der Tabelle im Hintergrund den Bereich A5:B9, und klicken Sie auf *Hinzufügen*.
5. Markieren Sie gleich anschließend den Bereich D5:E13, und klicken Sie erneut auf *Hinzufügen*.
6. Kreuzen Sie links unten bei *Linker Spalte* die Option *Beschriftung aus* an.
7. Klicken Sie auf *OK*, um die Konsolidierung zu starten.

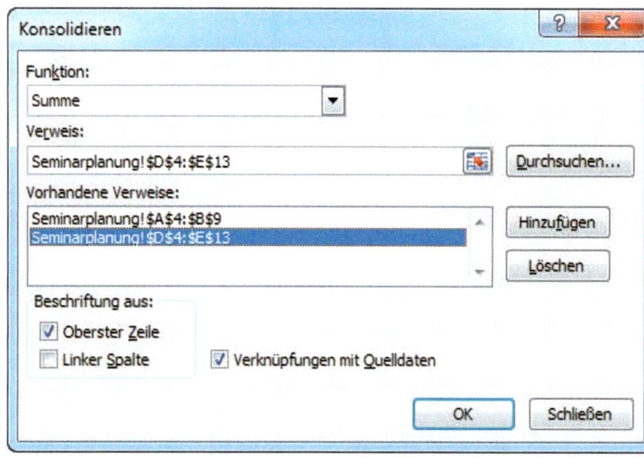

Abbildung 16.21 Zwei Listen werden konsolidiert ...

Das Ergebnis: Die beiden Bereiche sind zu einem Bereich zusammengefasst, der an der Zellzeigerposition abgebildet wird. Mit der zuvor gewählten Funktion *Summe* werden die Zahlen innerhalb der beiden Quellbereiche aufsummiert. Das Ergebnis ist statisch, es wird keine Verknüpfung erstellt, der Zielbereich enthält weder Berechnungsfunktionen noch unsichtbare Verknüpfungen. Die Verweise bleiben der Tabelle erhalten, sie werden in der Liste unter *Daten/Datentools/Konsolidieren* so lange geführt, bis sie manuell entfernt werden.

	A	B	C	D	E	F
1	**Auswertung Kursbelegungen**					
2	Arbeitstechniken und Personalführung					
3						
4		**2009**			**2010**	
5	**Arbeitstechniken**	120		**Überzeugend präsentieren**	50	
6	**Projekt-Management**	25		**Arbeitstechniken**	80	
7	**Zeitmanagement**	110		**Moderation**	130	
8	**Moderation**	15		**Projekt-Management**	15	
9	**Rhetorik**	46		**Rhetorik**	30	
10				**Zeitmanagement**	60	
11				**Führung durch Ziele**	20	
12				**Kommunikation in der Führung**	50	
13				**Wissensmanagement**	120	
14						
15	**Gesamt**					
16		2009	2010			
17	Überzeugend präsentieren		50			
18	Arbeitstechniken	120	80			
19	Projekt-Management	25	15			
20	Zeitmanagement	110	60			
21	Moderation	15	130			
22	Rhetorik	46	30			
23	Führung durch Ziele		20			
24	Kommunikation in der Führung		50			
25	Wissensmanagement		120			
26						

Abbildung 16.22
... und im Ergebnisbereich zusammengefasst.

16.2.3 Zeilen- und Spaltenwerte konsolidieren

Mit der ersten Aktion hatten Sie die Zeilenwerte aufsummiert und im Zielbereich wiedergegeben. Wenn Sie die beiden Spalten nebeneinander abbilden wollen, verwenden Sie zusätzlich noch die Spaltenbeschriftungen:

1. Markieren Sie das Ergebnis der ersten Konsolidierung, und löschen Sie die Zellinhalte.
2. Setzen Sie den Zellzeiger wieder in die Zelle A16, und starten Sie die Konsolidierung aus dem *Daten*-Menü.
3. Markieren Sie in der Liste der vorhandenen Verweise den ersten Eintrag, und klicken Sie auf *Löschen*, um ihn zu entfernen. Löschen Sie auf diese Art auch den zweiten Eintrag, und setzen Sie den Cursor in das Eingabefeld *Verweis*:
4. Markieren Sie im Hintergrund den Bereich A4:B9, und klicken Sie auf *Hinzufügen*. Fügen Sie auch den Bereich D4:E13 hinzu.
5. Kreuzen Sie unter *Beschriftung aus* die Option *Oberster Zeile* an, lassen Sie die Option *Linker Spalte* aktiviert, und starten Sie die Konsolidierung mit Klick auf *OK*.

Im Unterschied zur ersten Konsolidierung ist jetzt auch die Spaltenbeschriftung berücksichtigt worden, und da diese in den beiden Bereichen nicht identisch ist, werden die beiden Spalten nebeneinander abgebildet.

ACHTUNG Achten Sie darauf, dass vor dem Start einer neuen Konsolidierung nur die linke obere Zelle des Zielbereichs markiert sein darf. Markieren Sie beispielsweise zwei Spalten oder zu wenige Zeilen, wird die Konsolidierung nur die markierten Zellen füllen und alle anderen Werte verwerfen.

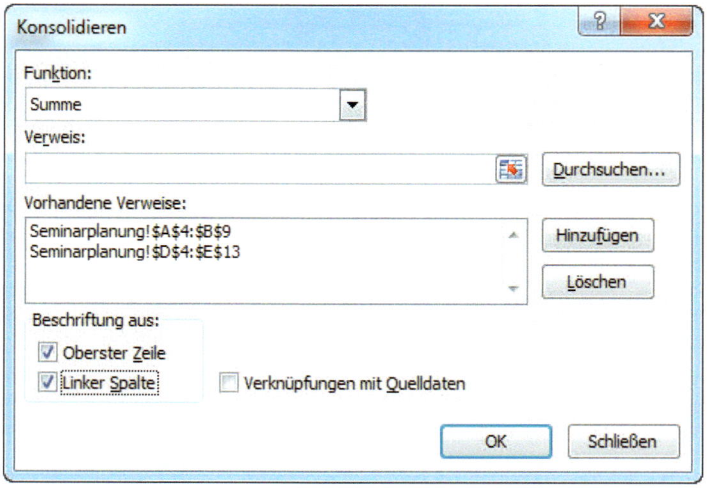

15	**Gesamt**		
16		2009	2010
17	Überzeugend präsentieren		50
18	Arbeitstechniken	120	80
19	Projekt-Management	25	15
20	Zeitmanagement	110	60
21	Moderation	15	130
22	Rhetorik	46	30
23	Führung durch Ziele		20
24	Kommunikation in der Führung		50
25	Wissensmanagement		120

Abbildung 16.23 Beschriftung aus Zeilen und Spalten

16.2.4 Konsolidieren mit Verknüpfung mit Quelldaten

Bisher wurden die Bereiche ausschließlich manuell konsolidiert, das Ergebnis ist ein statischer Wertebereich. Wenn die Quelldaten ständig erneuert oder geändert werden, empfiehlt sich eine einmalige Konsolidierung mit dynamischer Verknüpfung. Dazu müssen Sie aber auf eine neue Tabelle ausweichen, denn die Verknüpfung lässt sich nur auf Zellwerte außerhalb der Zieltabelle aufbauen:

1. Erstellen Sie mit dem Symbol auf dem letzten Tabellenregister ein neues Tabellenblatt.
2. Wählen Sie *Daten/Datentools/Konsolidieren*. Der Cursor blinkt im *Verweis*-Feld, klicken Sie auf das Register der Kursbelegungstabelle, und markieren Sie den ersten Bereich A4:B9.
3. Mit Klick auf *Hinzufügen* wird der Bereich in die Liste *Vorhandene Verweise* eingetragen, und Sie können den nächsten Bereich D4:E13 markieren. Fügen Sie auch diesen mit Klick auf *Hinzufügen* in die Liste der vorhandenen Verweise ein.
4. Vergessen Sie nicht, die beiden Optionen für die Übernahme der Beschriftungen anzukreuzen.
5. Kreuzen Sie auch die Option *Verknüpfungen mit Quelldaten* an, und starten Sie die Konsolidierung mit Klick auf *OK*.

1 2		A	B	C	D
	1			2009	2010
+	3	Überzeugend präsentieren			50
·	4		Seminarplanung	120	
·	5		Seminarplanung		80
−	6	Arbeitstechniken		120	80
+	9	Moderation		15	130
+	12	Projekt-Management		25	15
+	15	Rhetorik		46	30
+	18	Zeitmanagement		110	60
+	20	Führung durch Ziele			20
+	22	Kommunikation in der Führung			50
+	24	Wissensmanagement			120

Abbildung 16.24 Die konsolidierten Daten mit Verknüpfung zu den Quellbereichen

Das Ergebnis ist zunächst identisch mit dem Zielbereich der manuellen Verknüpfung, in der Leiste links neben den Zeilennummern werden Sie aber die beiden Gliederungsebenen erkennen können, die bei der Verknüpfung mit den Quelldaten automatisch entstehen. Stellen Sie sicher, dass die Datensätze aus den konsolidierten Bereichen unterhalb der Kursbezeichnungen stehen:

1. Öffnen Sie das Dialogfeld der Gruppe *Daten/Gliederung*.
2. Entfernen Sie das Häkchen bei der Option *Hauptzeilen unter Detaildaten*.

Quelldaten vorbereiten

Nicht jeder Datenbereich eignet sich für eine Konsolidierung, und wie das erste Beispiel schon zeigte, ist die Funktion längst nicht so komfortabel wie eine PivotTable, die sich auf Knopfdruck neu berechnet. Damit ein Tabellenbereich für die Konsolidierung geeignet ist, muss er folgende Voraussetzungen erfüllen:

» **Eindeutige Rubriken:** Wenn die Datensätze in der ersten Spalte eine Beschriftung enthalten, müssen sie zeilenweise eindeutig sein, d.h., Kostenstellennummern, Artikelbezeichnungen oder andere Beschriftungen in der ersten Spalte des Bereiches dürfen nur einmal vorkommen.

» **Gleicher Aufbau:** Die Daten aus den zu konsolidierenden Bereichen müssen im Aufbau gleich sein (beispielsweise gleiche Artikelnummern in drei Monatsumsatztabellen).

» **Identische Beschriftung:** Die Beschriftungstexte in der ersten Spalte und in der ersten Zeile müssen in jedem der Bereiche identisch sein, damit die Werte in der Matrix konsolidiert werden können.

ACHTUNG Achten Sie auf tückische Leerzeichen, Bindestriche und andere Trennzeichen in Datensatz- und Spaltenbeschriftungen. Jede kleinste Abweichung wertet die Konsolidierung als neue Zeile bzw. Spalte.

16.3 Profi-Tipps zur Konsolidierung

16.3.1 Bereichsnamen und Tabellen verwenden

So komfortabel die Konsolidierung ist, wenn Sie die Regeln beachten (gleicher Aufbau, gleiche Beschriftung der Quelldaten), Sie werden doch immer wieder die Quellen überprüfen und nachbessern müssen, wenn sich die Tabellen in der Größe ändern. Mithilfe von Bereichsnamen lässt sich der Aufwand aber deutlich vereinfachen.

Wenn Sie mit einfachen Listen arbeiten, die sich nicht oder selten ändern, weisen Sie diesen Bereichsnamen zu. Mit dem Bereichsnamen-Manager auf der Registerkarte *Formeln* werden diese überprüft und angepasst. Ändert sich der Bereich in der Größe, tragen Sie einfach den neuen Bezug ein.

Die bessere Methode ist die Verwendung einer Tabelle. Tabellen sind speziell ausgewiesene Bereiche, die automatisch einen Bereichsnamen enthalten. Der Vorteil der Tabelle gegenüber einfachen Listen: Kommen neue Datensätze hinzu, wird der Bereichsname automatisch auf den neuen Bezug angepasst. Und das ist eine ideale Basis für die Konsolidierung, wenn diese mit den Bereichsnamen der Tabellen arbeitet.

Zwei Tabellen für die Seminarplanung

Erstellen Sie eine konsolidierte Übersicht über die einzelnen Jahre Ihrer Seminarplanung, arbeiten Sie dieses Mal aber mit Tabellen:

1. Stellen Sie sicher, dass beide Bereiche Überschriften in allen Spalten haben. Nennen Sie die erste Spalte *Kurse*.
2. Markieren Sie die Kursliste des ersten Jahres, und weisen Sie ihr über *Einfügen/Tabellen/Tabelle* eine Tabelle und eine Tabellenformatvorlage zu.
3. Definieren Sie auch für die zweite Liste eine Tabelle, zur Unterscheidung können Sie in den *Tabellentools* eine andere Formatvorlage markieren.
4. Überprüfen Sie unter *Formeln/Definierte Namen/Namens-Manager* die beiden Bereichsnamen.
5. Klicken Sie auf *Bearbeiten*, und benennen Sie die Bereiche um:

   Tabelle1: `Kurse200`

   Tabelle2: `Kurse2010`
6. Starten Sie mit *Daten/Datentools/Konsolidieren* eine neue Zusammenfassung der beiden Bereiche. Löschen Sie die alten Bezüge aus der Verweisliste, und fügen Sie die beiden Bereichsnamen ein.
7. Starten Sie die Konsolidierung mit Klick auf *OK*.

Die Bereichsnamen in der Verweisliste bieten bei der Konsolidierung mehr Sicherheit als die schwer überprüfbaren Bezüge mit Dollarzeichen. Ändert sich ein Quellbereich, müssen Sie nur dafür sorgen, dass der Bereichsname den Bezug auf alle Daten beinhaltet.

16.3.2 Konsolidieren mit Arbeitsmappen

Praxis: Umsatzzahlen in der Balanced Scorecard

Die Balanced Scorecard ist für Controller und Führungskräfte ein unverzichtbares Werkzeug zur Festsetzung und Erreichung von Zielen. Als Excel-Arbeitsmappe bietet sie die Möglichkeit, die einzelnen Perspektiven zu fixieren, Ziele und Messgrößen festzuhalten und die Istwerte aus anderen Auswertungen zu übernehmen.

CD-ROM Das Beispiel finden Sie auf der Buch-CD unter *BalancedScorecard.xlsx*.

Die Mappen mit den Umsatzzahlen finden Sie unter:

BLUMI Gartencenter Hamburg.xlsx

BLUMI Gartencenter Stuttgart.xlsx

BLUMI Gartencenter Muenchen.xlsx

Beginnen Sie die Übernahme der Istdaten in das Formular, holen Sie die Summe der Umsätze des ersten Quartals in die Zelle D7. Die Umsätze Ihres Unternehmens teilen sich auf mehrere Arbeitsmappen auf, jede Filiale liefert eine Auswertung.

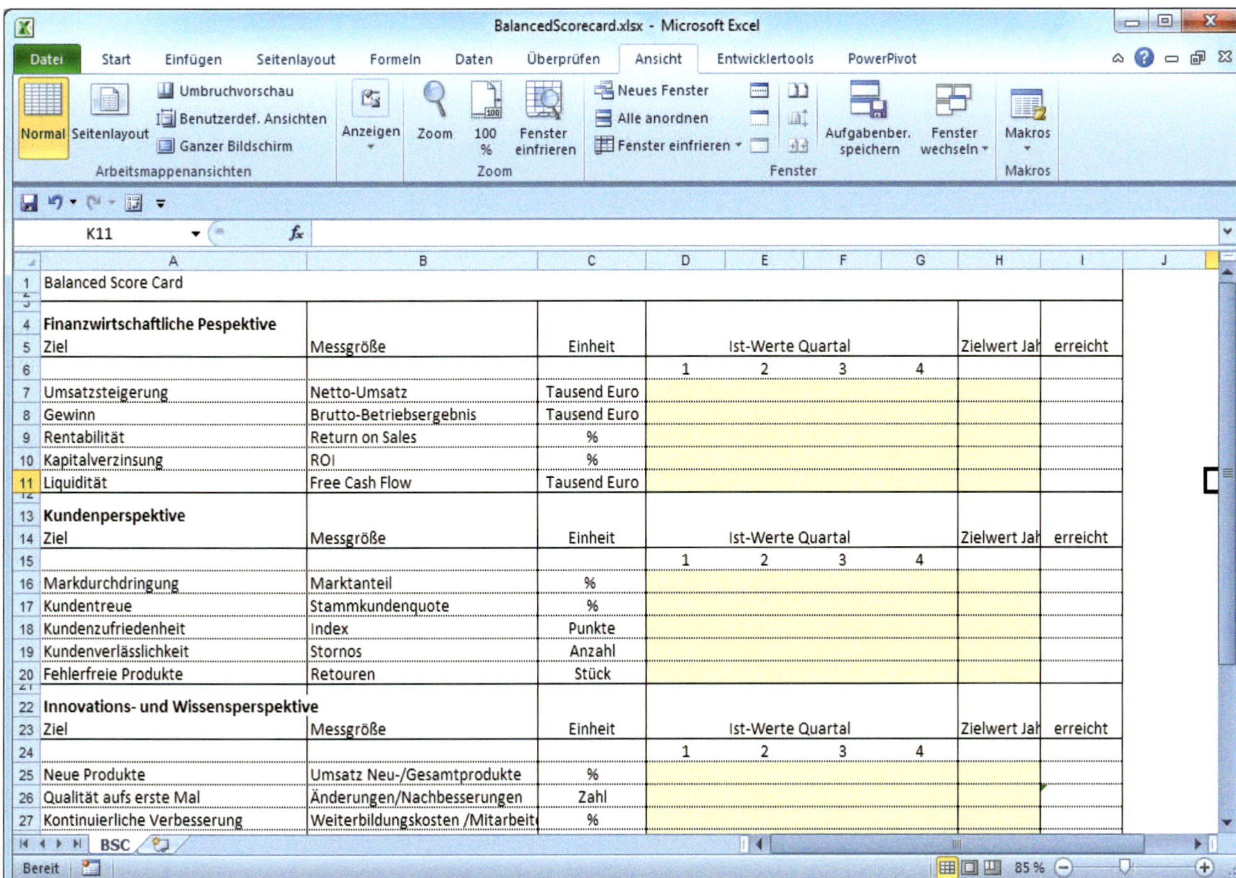

Abbildung 16.25 Die Balanced Scorecard fasst mehrere Kennzahlen zusammen.

Umsätze konsolidieren

Eine Konsolidierung vereinfacht Ihre Arbeit, fassen Sie zunächst die Umsätze in einer neuen Mappe zusammen:

1. Legen Sie eine neue Mappe an, nennen Sie die erste Tabelle *Filialumsätze*. Speichern Sie die Mappe unter *Umsätze.xlsx*.
2. Wählen Sie *Daten/Datentools/Konsolidieren*, und markieren Sie in der ersten Mappe die Filialumsätze. Sie können dazu die gesamten Spalten markieren oder den Bereichsnamen *UmsatzQ1* im Verweis angeben. Der Verweis enthält den Mappennamen, den Tabellennamen und die Verknüpfung zum Bezug bzw. den Bereichsnamen. Das Ausrufezeichen fungiert als Trennzeichen, das Apostroph-Zeichen erscheint nur, wenn Leerzeichen in Mappen- oder Tabellennamen vorhanden sind:

   ```
   'BLUMI Gartencenter Muenchen.xlsx'!
   Quartal1!UmsatzQ1
   ```

3. Fügen Sie auch die Verweise auf die beiden anderen Tabellen ein, und starten Sie die Konsolidierung mit Klick auf *OK*.

Die Übernahme der Bereichsnamen bietet mehrere Vorteile: Ändert sich die Artikelliste in der Größe, sorgen Sie nur dafür, dass der Bereichsname wieder alle Datensätze umfasst. Die Konsolidierungsbereiche bleiben eingetragen, eine neue Konsolidierung kann jetzt mit wenigen Handgriffen erstellt werden.

Quartalssummen in der Balanced Scorecard

Die Summe der einzelnen Quartalszahlen sollten Sie nicht fest in einer Zelle »verdrahten«, sondern als Bereichsname anlegen. Dieser steht nicht im Weg, berechnet sich automatisch und kann einfach in der Balanced Scorecard verknüpft werden:

1. Aktivieren Sie die Mappe *Umsätze.xlsx*.
2. Wählen Sie *Formen/Definierte Namen/Namen definieren*, und tragen Sie den Bereichsnamen `SummeQ1` ein.
3. Schreiben Sie in das Bezugsfeld unten diese Formel:

   =SUMME(Filialumsätze!$C:$E)

4. Schließen Sie mit Klick auf *OK* ab.
5. Wechseln Sie zur Mappe *BalancedScorecard.xlsx*, und setzen Sie den Zellzeiger in die Zelle für den ersten Quartalsumsatz (D7).
6. Schreiben Sie diese Verknüpfung:

   =Umsätze.xlsx!SummeQ1

Damit wird der Wert aus der Konsolidierung übertragen, Sie können so die nächsten Quartalsergebnisse konsolidieren, die Summen berechnen und die Werte in die Scorecard übertragen.

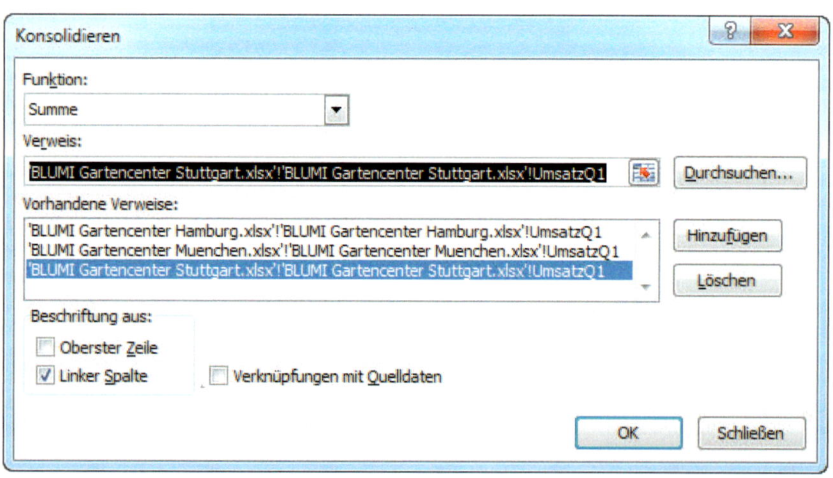

Abbildung 16.26
Konsolidieren aus mehreren Mappen

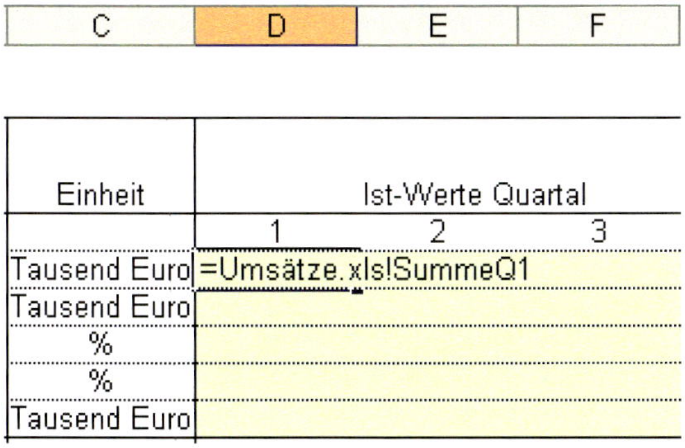

Abbildung 16.27 So tragen Sie die Quartalsumsätze in die Balanced Scorecard ein.

16.4 Was-wäre-wenn-Analysen

Die klassische Frage der Analysten und Planer durfte hier in den Datentools für eine Gruppe von Werkzeugen herhalten, die zu den Spezialanwendungen gehört, die vielleicht nicht jeder braucht, die aber für Excel-Spezialisten unverzichtbar sind.

» Szenario-Manager: Archiviert Zellbereiche als Szenarien, die bei Bedarf wieder abgerufen oder in Berichten zusammengefasst werden.

» Zielwertsuche: Findet Zielwerte für Formeln durch Iteration der Basisdaten.

» Datentabelle: Erstellt eine Matrix mit Alternativberechnungen für variable Werte einer Formel.

16.4.1 Szenarien – Planen und Annähern

Anstelle des Begriffes *Szenario* hätten die Excel-Übersetzer besser *Varianten* oder *Alternativen* verwendet, vielleicht wäre der Zweck dieser wirklich nützlichen Grundfunktion aus den Datentools damit leichter zu verstehen. Szenarien sind gespeicherte Zustände von Tabellenbereichen. Sie werden in der Variantenkalkulation, als Basis von Was-wäre-wenn-Analysen, für Forecast- und Budgetplanungen oder auch ganz einfach zum Speichern kleiner Abweichungen benutzt, für die eine eigene Tabelle nicht nötig oder möglich ist.

Möglichkeiten und Grenzen

Ein Szenario wird in und mit der Tabelle gespeichert, jede Tabelle kann beliebig viele Szenarien enthalten, die aber in ihrer Größe begrenzt sind:

» In Berichten werden nur die ersten 251 Szenarien angezeigt.

» Szenarien dürfen maximal 32 veränderbare Bereiche enthalten. Eine Fehlermeldung weist Sie darauf hin, wenn mehr Zellen angegeben werden (siehe Abbildung).

» In Szenarien dürfen keine Formeln hinterlegt werden. Wenn Sie eine Zelle in ein Szenario aufnehmen, die eine Formel enthält, wird diese mit dem Aufruf des Szenarios durch den berechneten Wert ersetzt.

Beachten Sie diese Einschränkungen von Anfang an. Szenarien für große Listen, SAP-exportierte Berichte oder Datenbankextrakte mit Tausenden Zeilen zu erstellen, ist weder technisch möglich noch entspricht es dem Verwendungszweck. Halten Sie die variablen Bereiche so klein wie möglich, und stellen Sie sicher, dass keine Formelzellen in die Szenarien geraten.

Diese Fehlermeldung weist darauf hin, dass die Szenario-Bereiche zu groß gewählt wurden:

Szenario erstellen

Erstellen Sie eine Planungstabelle mit Umsätzen eines Vertriebsbeauftragten in einem Halbjahr. Präparieren Sie diese so, dass Planungsänderungen jederzeit einzubringen sind. Das Beispiel zeigt eine Umsatzplanung für die ersten sechs Monate.

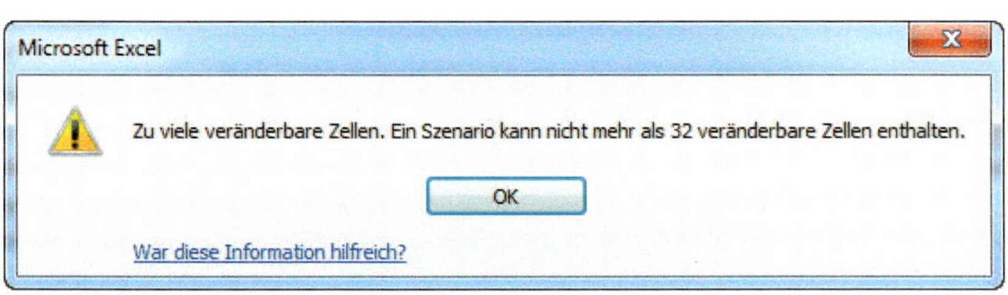

Abbildung 16.28
Fehlermeldung: Zu viele Zellen im Szenario

	A	B	C	D	E	F	G	H	I
1	**Rolling Forecast**								
2	*Umsatzplanung 1. Halbjahr in TEUR*								
3					**Monat**				
4			Januar	Februar	März	April	Mai	Juni	Gesamt
5	**Produktbereiche**	Kosmetik	35	45	50	55	56	60	301
6		Parfüms/Deo	21	25	31	35	36	40	188
7		Gesundheit & Wellness	45	50	55	60	62	65	337
8		Babypflege	55	60	35	36	38	40	264

Abbildung 16.29
Tabelle mit Forecast für ein Halbjahr

TIPP Auf der Buch-CD unter *Rolling Forecast.xlsx* finden Sie die Übungsdaten, unter *Rolling Forecast_Loesung.xlsx* die fertigen Szenarien.

Praxis: Rolling Forecast

Der Rolling Forecast aktualisiert die kurzfristige Budgetplanung und stellt damit die Basis für Abweichungsanalysen und Planungskontrolle. Mit dem Szenario-Manager können Sie Budgetplanungen einfach und sicher aktualisieren und die einzelnen Planzustände vergleichen.

1. Markieren Sie den Zellbereich mit den Planzahlen ohne die Formelzellen (C5:H8).
2. Starten Sie den Szenario-Manager über *Daten/Datentools/Was-wäre-wenn-Analysen/Szenario-Manager*.
3. Klicken Sie auf *Hinzufügen*, um das erste Szenario festzuhalten.

» *Szenarioname:* Geben Sie hier einen Namen Ihrer Wahl ein. Halten Sie diesen so kurz wie möglich, aber bezeichnen Sie das Szenario damit eindeutig.

» *Veränderbare Zellen:* In diesem Feld werden die Zellen eingetragen, die der Szenario-Manager speichern soll. Die aktive Markierung wird vorgeschlagen; markieren Sie andere Zellen durch Anklicken mit der Maus, oder ziehen Sie den Zellzeiger über einen Zellbereich. Halten Sie die [Strg]-Taste ge-

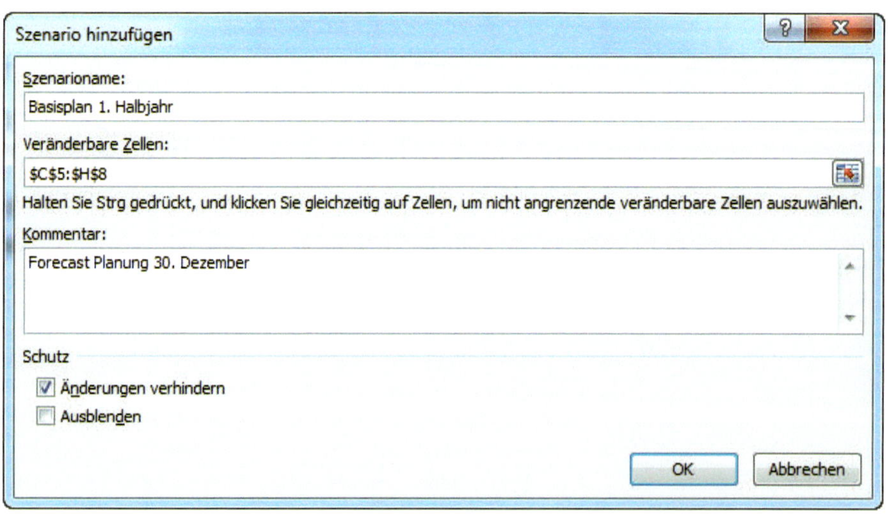

Abbildung 16.30
Das erste Szenario entsteht.

drückt, wenn Sie Zellen in nicht zusammenhängenden Bereichen markieren.

» *Kommentar:* Hier wird »Erstellt von« mit dem Benutzernamen und dem aktuellen Systemdatum vorgeschlagen, tragen Sie eine Beschreibung Ihrer Wahl ein.

» *Schutz:* Wenn das Kästchen neben *Änderungen verhindern* gesetzt ist, kann das Szenario in einer geschützten Tabelle oder Mappe nicht von einem Benutzer verändert werden, der keinen Zugriff hat. *Ausblenden* sorgt dafür, dass die Szenarien für nicht berechtigte Personen nicht angezeigt werden.

Klicken Sie auf *OK*, erhalten Sie die markierten veränderbaren Zellen noch einmal angezeigt. Sie können alle Werte überprüfen und bei Bedarf korrigieren.

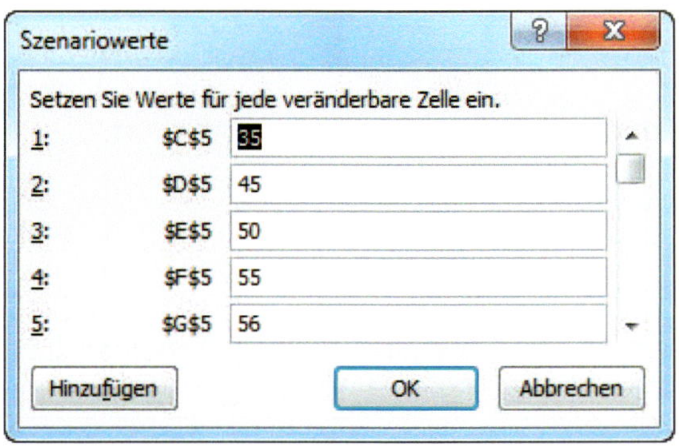

Abbildung 16.31 Die Szenariowerte werden noch einmal angeboten.

Mit Klick auf *Hinzufügen* wird das Szenario abgespeichert, und Sie können gleich ein weiteres Szenario anlegen. Klicken Sie auf *OK*, erhalten Sie die erste Dialogbox-Seite mit der Übersichtsliste, in der jetzt Ihr erstes Szenario zu sehen ist. Sie können mit der gleichnamigen Schaltfläche die Übersicht schließen.

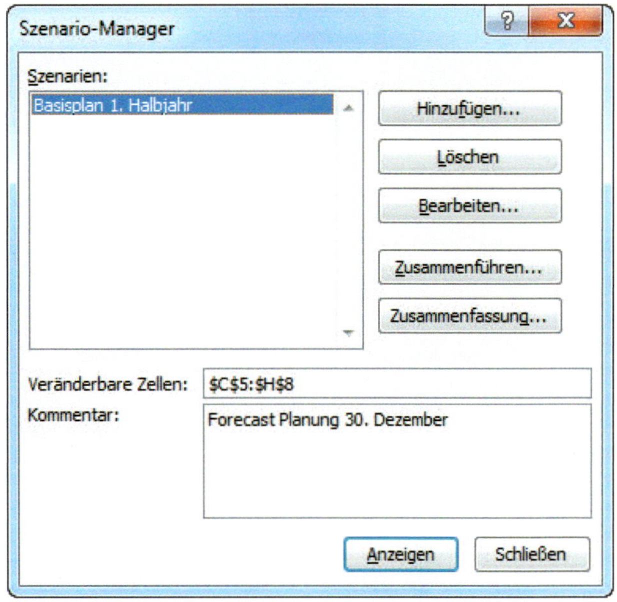

Abbildung 16.32 Das Szenario ist gespeichert.

Erste Plananpassung

Die erste Planänderung steht an, tragen Sie die neuen Planzahlen ein, und speichern Sie das Szenario wieder ab:

Schreiben Sie die Planzahlen in die Tabelle, markieren Sie wieder den gesamten Bereich, und erstellen Sie mit *Daten/Datentools/Was-wäre-wenn-Analysen/Szenario-Manager* ein neues Szenario. Verfahren Sie so auch mit allen weiteren Planänderungen, speichern Sie immer den gesamten Zahlenbereich als neues Szenario ab, und weisen Sie diesem eine aussagekräftige Bezeichnung zu.

Szenarien anzeigen und bearbeiten

Klicken Sie auf *Anzeigen*, um das in der Liste markierte Szenario auszuführen. Die Werte aus dem Szenario werden damit in die Zellen eingefügt, alle Formeln, die Bezüge zu den Werten enthalten, werden neu berechnet.

Mit der Schaltfläche *Bearbeiten* wird das in der Liste markierte Szenario erneut zur Bearbeitung freigegeben, zuerst werden der Name und der veränderbare Bereich angezeigt. Die veränderbaren Zellen werden anschließend erneut angeboten, und Sie können neue Werte eintragen.

Über die Schaltfläche *Zusammenführen* lassen sich Szenarios aus unterschiedlichen Mappen oder Arbeitsblättern in dem aktiven Blatt zusammenführen. Angezeigt werden alle Szenarien aus aktiven Arbeitsmappen.

Mit *Löschen* entfernen Sie das markierte Szenario aus der Liste.

Szenariensteuerung mit Schaltflächensymbol

Der Aufruf und die Änderungen an Szenarien werden ziemlich umständlich, je mehr davon in der Liste stehen. Nutzen Sie die Symbolleiste für den Schnellzugriff für eine wesentlich bessere Szenariensteuerung:

1. Wählen Sie *Datei/Optionen/Symbolleiste für den Schnellzugriff* für die Anpassung der kleinen Symbolleiste.
2. Klicken Sie unter *Befehle auswählen* auf *Alle Befehle*.
3. Suchen Sie in der alphabetisch sortierten Befehlsliste den Befehl *Szenario*, und markieren Sie ihn.
4. Klicken Sie auf *Hinzufügen*, um ihn in die Symbolleiste aufzunehmen.
5. Schließen Sie die Anpassung wieder.

Jetzt stehen die Szenarien in der Symbolleiste für den Schnellzugriff bereit, Sie können schnell zwischen den Planungsständen wechseln, indem Sie das Symbol anklicken und das passende Szenario auswählen.

Szenarienberichte

Stellen Sie für eine Planungs- und Abweichungsanalyse die Basisplanung und alle Planungsänderungen im Rolling Forecast in einem Bericht zusammen. Der Bericht wird nur die in den Szenarien gespeicherten Zahlenwerte wiedergeben, er baut keine Verknüpfungen oder Bezüge zu den Quelldaten auf.

1. Wählen Sie *Daten/Datentools/Was-wäre-wenn-Analysen/Szenario-Manager*.
2. Klicken Sie auf *Zusammenfassung*.
3. Wählen Sie die Option *Szenariobericht* für einen einfachen Bericht oder *Szenario-PivotTable-Bericht* für eine Pivot-Auswertung der Szenarien.
4. Als *Ergebniszelle* wird die aktuelle Zelle vorgeschlagen. Markieren Sie im Hintergrund den Summenbereich I5:I8, wenn Sie diese Summen im Bericht als Ergebnisse sehen wollen.
5. Klicken Sie auf *OK*, um den Bericht in einer neuen Tabelle zu erstellen.

Die Zellen mit den Ersatzwerten sind zeilenweise angeordnet, jedes Szenario belegt eine Spalte, der Name des Szenarios bildet jeweils die Spaltenüberschrift. Sie können die Gliederungssymbole über dem Spaltenkopf und links vom Zeilenkopf benutzen, um die untergliederten Zeilen und Spalten ein- und auszublenden. Zeile 4 ist ausgeblendet, holen Sie sie auf den Bildschirm, wenn Sie auch die Kommentare zu den Szenarien im Bericht sehen wollen.

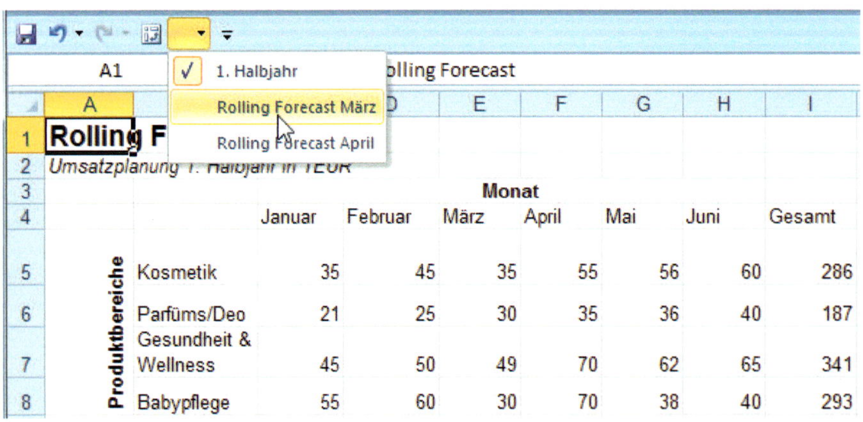

Abbildung 16.33
Ein Symbol für Szenarien in der kleinen Symbolleiste

Szenariobericht

	Aktuelle Werte:	Basisplanung 1. Halbjahr	Rolling Forecast März	Rolling Forecast April
Veränderbare Zellen:				
$C$5	35	35	35	35
$D$5	45	45	45	45
$E$5	40	50	40	35
$F$5	55	55	55	55
$G$5	56	56	56	56
$H$5	60	60	60	60
$C$6	21	21	21	21
$D$6	25	25	25	25
$E$6	30	31	30	30
$F$6	35	35	35	35
$G$6	36	36	36	36
$H$6	40	40	40	40
$C$7	45	45	45	45
$D$7	50	50	50	50
$E$7	49	55	49	49
$F$7	60	60	60	70
$G$7	62	62	62	62
$H$7	65	65	65	65
$C$8	55	55	55	55
$D$8	60	60	60	60
$E$8	30	35	30	30
$F$8	36	36	36	70
$G$8	38	38	38	38
$H$8	40	40	40	40
Ergebniszellen:				
$I$5	291	301	291	286

Abbildung 16.34
Der Szenario-Bericht

TIPP Sie können in den Eingabefeldern des Szenario-Managers auch Berechnungen durchführen. Lassen Sie sich den Wert der zu verändernden Zelle anzeigen, und tragen Sie eine Berechnungsformel ein (z.B. 10 % weniger: `=350*0,9`). Nach Bestätigung der Änderung enthält die Zelle den neuen Ersatzwert.

16.5 Zielwertsuche

Mit der Zielwertsuche werden iterative Kalkulationen auf Grundlage real existierender Zahlen durchgeführt. Oder im Klartext: Sie haben in einer Zelle eine Formel und müssen mit dieser auf einen bestimmten Wert (Zielwert) kommen. Die Zielwertsuche sagt Ihnen, welche Änderung Sie vornehmen müssen. Mathematisch gesehen ist es eine Gleichung mit einer Unbekannten.

16.5.1 Praxis: Stückpreis im Angebot kalkulieren (Target Costing)

Target Costing ist ein Controlling-Verfahren, in dem von einem realisierbaren Marktpreis oder einem geschätzten Verkaufspreis und dem gewünschten Gewinn auf die einzelnen Kostenkomponenten zurückgerechnet wird (Zielkostenspaltung). Sie berechnen also nicht, was ein Produkt kostet, sondern wie viel es kosten darf.

CD-ROM Das Beispiel finden Sie auf der Buch-CD unter *Zielkostenberechnung.xlsx*.

Ihr Unternehmen nimmt an einer Ausschreibung teil, es geht um die Lieferung von Spezialdichtungsringen für Motoren. Kalkulieren Sie eine Losgröße von 1.000 Stück bei einem Listenpreis von 3,10 Euro. Als Erlösschmälerungen können Skonti oder zu gewährende Rabatte infrage kommen, rechnen Sie hier mit einem Erfahrungswert von 10 % des Stückpreises. Berechnen Sie auch die anfallende Mehrwertsteuer und den Netto-Verkaufserlös.

Für die Berechnung des Gewinnzieles gibt es mehrere Verfahren. Sie können die kalkulatorische Umsatzrendite als Basis verwenden, den Deckungsbeitrag aus der Differenz zwischen Umsatz und Kosten berechnen oder einen Prozentsatz vorgeben und daraus die kalkulatorischen Kosten ermitteln. Zielkosten für Personaleinsatz errechnen sich in der Praxis aus Arbeitsstunden mal Stundensätze, Wareneinsatzkosten aus Materialkosten und Einkaufspreisen. Für unser Beispiel reicht eine vereinfachte Rechnung mit einem festgesetzten Deckungsbeitragssatz von 25 %, aus dem sich die kalkulatorischen Fixkosten (Strukturkosten) berechnen:

```
A11: Deckungsbeitrag:
B11: 25%
A12: Kalkulatorische Fixkosten:
B12: =B10*(1-B11)
A13: Kalkulatorischer Gewinn:
B13: =B10-B12
```

	A	B
1	**Zielkostenberechnung (target costing)**	
2		
3		
4	Artikel:	Dichtungsring XZ 1000 (Diamant)
5	Stückpreis inkl. MwSt.	3,10 EUR
6	Anzahl:	1.000
7	Verkaufserlös inkl. MwSt.	3.100,00 EUR
8	Erlösschmälerungen (Skonti, Rabatte)	31,00 EUR
9	MwSt. (16%)	496,00 EUR
10	Nettoerlös:	2.573,00 EUR
11	Deckungsbeitrag:	25%
12	Kalkulatorische Fixkosten:	1.929,75 EUR
13	Kalkulatorischer Gewinn:	643,25 EUR

Abbildung 16.35 Basisdaten für die Zielwertsuche

16.5.2 Zielwertsuche starten

Mit der vorliegenden Tabelle können jetzt verschiedene Was-wäre-wenn-Fragen kalkuliert werden:

» Welcher Stückpreis muss vorliegen, damit das Angebot einen bestimmten Gewinn erwirtschaftet?

» Wie hoch muss die Stückzahl ausfallen, damit eine bestimmte Gewinnschwelle erreicht wird?

» Welcher Preis ist erforderlich, um einen bestimmten Fixkostensatz zu decken?

Stückpreis für 1.000 Euro Gewinn

1. Setzen Sie den Zellzeiger in die Zelle B13 mit der Formel für die Gewinnberechnung.
2. Wählen Sie *Daten/Datentools/Was-wäre-wenn-Analyse/Zielwertsuche*.
3. Die Zielzelle ist bereits markiert, tragen Sie unter *Zielwert* den Wert 1000 ein.
4. Klicken Sie in das Feld *Veränderbare Zelle*, und setzen Sie den Zellzeiger auf die Zelle mit dem Stückpreis (B5).
5. Klicken Sie auf *OK*, um den Zielwert zu berechnen.

Abbildung 16.36 Die Zielwertsuche wird aktiv.

Nach einer kurzen, von der Rechnerleistung abhängigen Berechnungszeit präsentiert die Zielwertsuche das Ergebnis, das bereits in die Zielzelle eingetragen ist. Sie können sich nun mit Klick auf *OK* dafür entscheiden, diesen Wert in die Zelle zu übernehmen, oder mit *Abbrechen* veranlassen, dass die Zelle nicht verändert wird. Der eingetragene Wert wird dann wieder zurückgesetzt.

Der *Zielwert* muss als Zahl eingegeben werden; ein Bezug kann nicht konstruiert werden. Wenn Sie eine Zelladresse oder eine ungültige Zahl eintragen, erscheint eine Fehlermeldung.

» *Pause:* Klicken Sie auf diese Schaltfläche, um die mit *OK* gestartete Zielwertberechnung zu unterbrechen. Ein weiterer Klick auf die Schaltfläche, die jetzt die Aufschrift *Weiter* zeigt, setzt die Berechnung wieder fort.

» *Schritt:* Diese Option bietet die Möglichkeit, die Berechnung Schritt für Schritt abzuarbeiten.

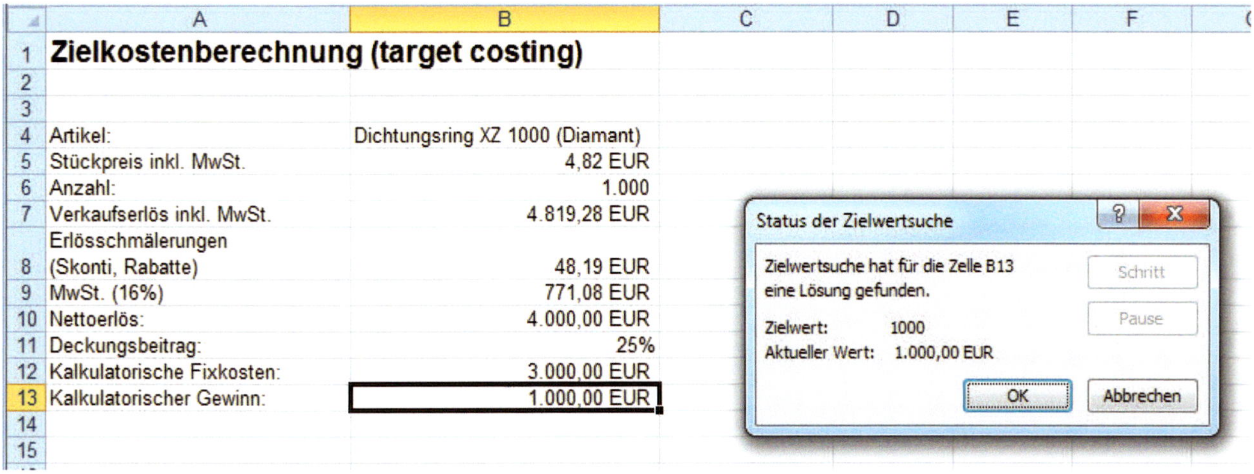

Abbildung 16.37 Der Zielwert wird vorgeschlagen.

16.6 Der Solver

Die Zielwertsuche ist ein Werkzeug zur Lösung von linearen Gleichungen mit einer Unbekannten. Der Solver funktioniert ähnlich, bietet aber die Möglichkeit, nicht nur den Zielwert, sondern auch einen Maximal- oder Minimalwert vorzugeben. Zur Lösung des Problems kann der Solver mehrere Unbekannte verwenden. Er passt diese Werte so lange an, bis der Zielwert erreicht ist. Damit Sie diese Berechnung steuern können, sind sogenannte Nebenbedingungen erlaubt. Sie können für jeden Faktor, den der Solver verwendet, Ober- und Untergrenzen oder feste Konstanten eingeben.

16.6.1 Solver installieren

Der Solver ist kein fester Bestandteil von Excel, sondern ein Add-In, ein Zusatzprogramm mit der Endung *.xla*. Die Datei heißt *Solver.xla*, sie wird bei der Standardinstallation zwar eingebunden, ist aber in den meisten Fällen deaktiviert. Ob der Solver verfügbar ist, stellen Sie einfach fest. Eine Nachinstallation ist aber kein Problem, wenn die Office-CD vorliegt bzw. die Installationsdateien verfügbar sind:

1. Öffnen Sie im *Datei*-Menü *Optionen*.
2. Schalten Sie auf die Gruppe *Add-Ins* um, und klicken Sie unten bei der Option *Verwalten* auf *Excel-Add-Ins* und *Gehe zu*.
3. Schalten Sie das Add-In *Solver* ein, und bestätigen Sie mit *OK*.
4. Der Solver wird installiert und steht anschließend in der Gruppe *Analyse* der Registerkarte *Daten* zur Verfügung.

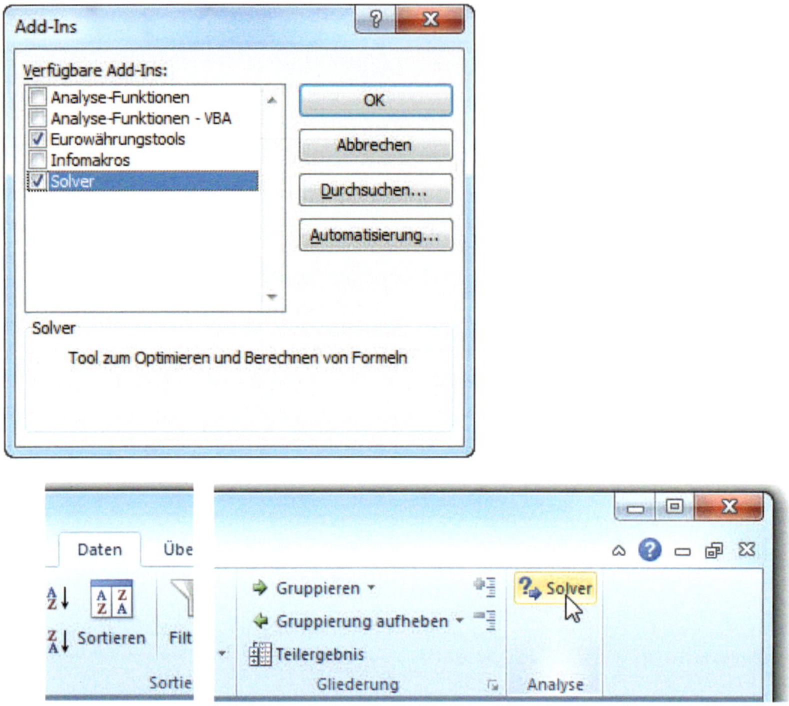

Abbildung 16.38
Das Solver-Add-In ist installiert.

16.6.2 Ein einfaches Solver-Beispiel

Stellen wir uns für einen ersten Kontakt mit dem Solver eine einfache Aufgabe, die in der Mathematik mit der Technik der linearen Optimierung zu lösen ist.

HINWEIS Das Beispiel stammt aus der Mathe-Kiste (*www.mathekiste.de*), eine nützliche Webseite für kleine und große Mathe-Künstler.

Eine Jugendgruppe beschließt, Zelte einzukaufen. In einem Sonderangebot werden zwei verschiedene Sorten von Zelten für jeweils 10 und 15 Personen preiswert angeboten. Von den 10-Personenzelten sind noch 5 und von den 15-Personenzelten nur noch 4 vorrätig. Die Zelte für 10 Personen kosten 200 EUR je Stück und diejenigen für 15 Personen insgesamt 400 EUR je Stück. Die Jugendgruppe kann insgesamt höchstens 1.800 EUR für die Zelte ausgeben. Wie viele 10- und 15-Personenzelte kann die Jugendgruppe kaufen, damit eine möglichst große Anzahl von Jugendlichen in den Zelten untergebracht werden kann?

Wertetabellen und Gleichungen

Stellen Sie die Wertetabelle mit Testwerten auf, und schreiben Sie die Gleichungen, die Sie schon kennen, als Excel-Formeln:

CD-ROM Auf der Buch-CD unter *Solverbeispiel Zeltekauf.xlsx* finden Sie die Übungsdaten, unter *Solverbeispiel Zeltekauf_Loesung.xlsx* die fertige Solver-Lösung.

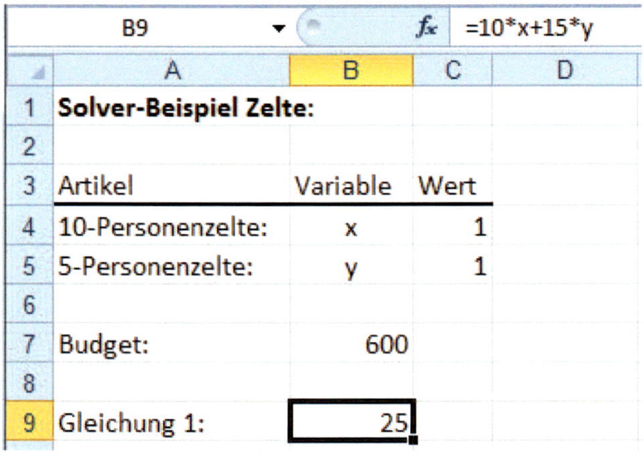

B9 | =10*x+15*y

	A	B	C	D
1	**Solver-Beispiel Zelte:**			
2				
3	Artikel	Variable	Wert	
4	10-Personenzelte:	x	1	
5	5-Personenzelte:	y	1	
6				
7	Budget:	600		
8				
9	Gleichung 1:	25		

Abbildung 16.39 Wertetabelle und Gleichungen

In C4 und C5 steht jeweils eine 1 als Testwert. Markieren Sie B4:C5, und weisen Sie mit *Formeln/Definierte Namen/Namen erstellen* den Werten aus Spalte C die Variablennamen aus Spalte B zu. Die Option *Aus linker Spalte* wird vorgeschlagen, bestätigen Sie mit *OK*.

Für das Budget brauchen wir diese Ungleichung:

```
200*x+400*y<=1800
```

Berechnen Sie mithilfe der beiden Variablen, die jetzt als Bereichsnamen zur Verfügung stehen, zunächst ein Budget mit den Testwerten. Tragen Sie die Formel ein, die 200 EUR für die erste Zeltart und 400 EUR für die zweite Zeltart definiert:

```
B7: =200*x+400*y
```

Weisen Sie der Zelle B7 den Bereichsnamen *Budget* zu, schreiben Sie diesen einfach in das Namensfeld links oben, wenn B7 markiert ist, und drücken Sie die [Eingabe]-Taste.

In der Zelle B9 steht die Gleichung, die der Solver optimieren wird:

```
B9: =10*x+15*y
```

Solver starten

1. Setzen Sie den Zellzeiger in die Zelle B9.
2. Wählen Sie *Daten/Analyse/Solver*.
3. Die Zielzelle B9 wird als absoluter Bezug vorgeschlagen. Klicken Sie auf die Option *Max*, um den maximalen Wert zu ermitteln.
4. Setzen Sie den Cursor in das Feld *Veränderbare Zellen*, und markieren Sie den Bereich C4:C5.

Mit *Schätzen* werden alle Zellen ohne Formeln, auf die sich die Zielzelle bezieht, geschätzt und bei den veränderbaren Zellen eingetragen.

Nebenbedingungen hinzufügen

Klicken Sie unter *Nebenbedingungen* auf *Hinzufügen*, und tragen Sie die erste Nebenbedingung für das Budget ein, das nicht größer als 1.800 sein darf. Sie können den Bereichsnamen der Zelle B7 verwenden, drücken Sie die Taste [F3], um ihn abzuholen:

```
Budget <= 1800
```

Klicken Sie auf *Hinzufügen*, und definieren Sie weitere Nebenbedingungen, die sich aus der Aufgabenstellung ergeben. Da eine beliebige Anzahl Zelte gekauft werden kann, müssen beide Variablen sowohl nach unten als auch nach oben durch Grenzwerte abgesichert werden. Um eine Nebenbedingung zu ändern, markieren Sie diese in der Liste und klicken auf *Ändern*. Wollen Sie eine Bedingung entfernen, markieren Sie den Eintrag in der Liste und klicken auf *Löschen*.

```
x <= 5
x >= 0
y <= 4
y >= 0
```

Lösungsmethoden

Unter *Lösungsmethode auswählen* stehen drei Methoden zur Verfügung:

GRG-Nichtlinear: Für kontinuierliche nichtlineare Probleme.

LP Simplex: Für lineare Probleme.

EA: Für nicht kontinuierliche Probleme.

Problem lösen

Wenn alle Nebenbedingungen für die Aufgabe gesammelt sind, klicken Sie auf *Lösen*, um dem Solver die Aufgabe zu übergeben.

Der Solver meldet eine Lösung und trägt diese im Hintergrund gleich in die Tabelle ein. Unter Ausschöpfung des gesamten Budgets können fünf Zelte der ersten Kategorie und zwei Zelte der zweiten Kategorie gekauft werden, womit 80 Jugendliche Platz finden.

Sie können auf *OK* drücken und die Lösung damit übernehmen oder mit *Abbrechen* den Ursprungszustand wiederherstellen. Den gleichen Effekt erzielen Sie mit der Option *Ursprüngliche Werte wiederherstellen*.

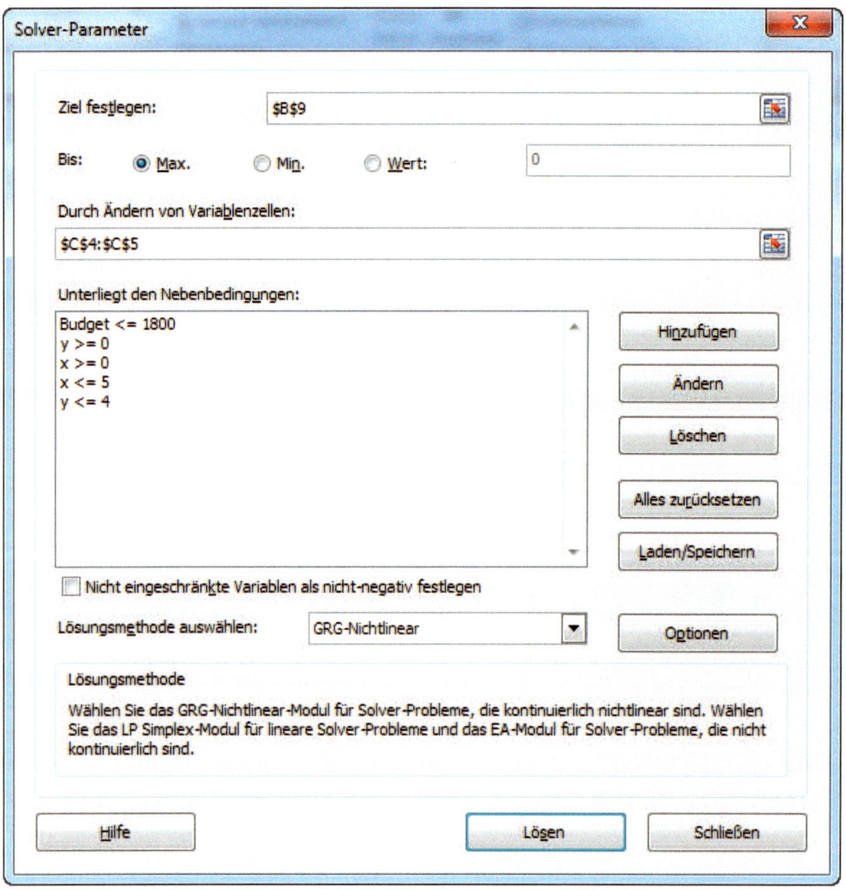

Abbildung 16.40
Die Aufgabe wird gelöst.

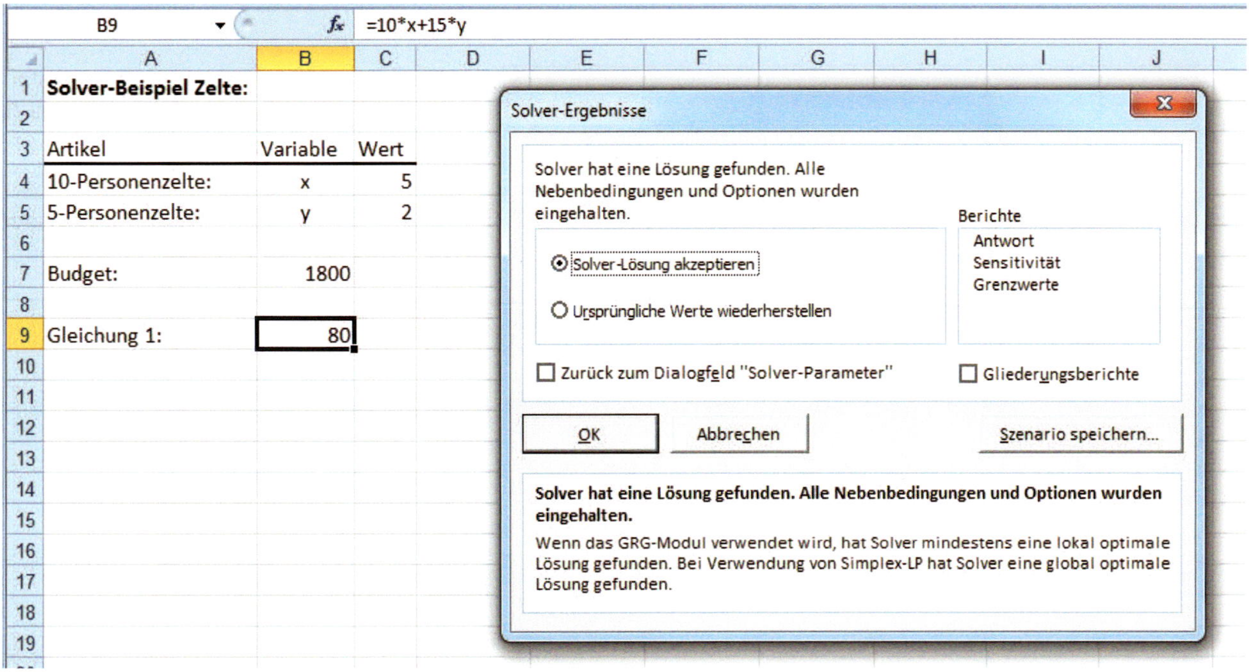

Abbildung 16.41 Lösung verwenden oder verwerfen

16.6.3 Solver-Lösung und Szenario speichern

Die Solver-Angaben werden zusammen mit der Mappe für die Tabelle gespeichert. Wenn Sie die Tabelle erneut aufrufen und den Solver wieder aktivieren, stehen die Vorgaben und die Nebenbedingungen wieder zur Verfügung.

Klicken Sie vor der Bestätigung des Solver-Ergebnisses auf *Szenario speichern*, wird der Status der Tabelle in einem Szenario abgelegt (siehe Kapitel 16.4).

16.6.4 Solver-Optionen

Wenn Sie vor dem Auslösen des Solver-Prozesses die Schaltfläche *Optionen* anklicken, erhalten Sie eine Liste von Einstellungen, die zur Optimierung der Lösung verwendet werden kann. Kreuzen Sie die Option *Iterationsergebnisse anzeigen* an. Am oberen Rand werden die Lösungsmethoden angeboten, klicken Sie auf einen Reiter, um eine der Lösungsmethoden auszuwählen.

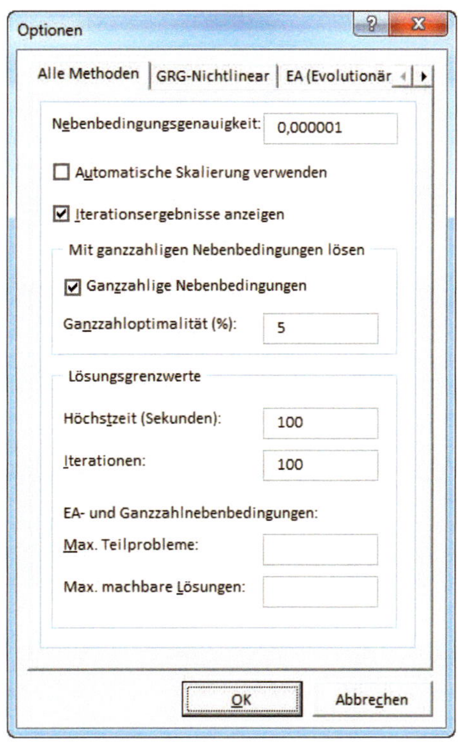

Abbildung 16.42 Solver-Optionen

16.6.5 Solver-Meldungen

Der Solver meldet nach Abschluss des Suchprozesses, ob die Suche erfolgreich war und wenn nicht, warum. Hier eine Auswahl der Meldungen:

Meldung	Bedeutung
Der Solver hat eine Lösung gefunden. Alle Einschränkungen und Optimierungsbedingungen wurden eingehalten.	Alle Einschränkungen konnten eingehalten werden; für die Zielzelle wurde der eingestellte Wert, ein Maximal- oder Minimalwert, gefunden.
Der Solver hat die aktuelle Lösung durch Konvergieren erreicht. Alle Einschränkungen wurden eingehalten.	Die Zielzelle wurde mit den letzten fünf Zwischenlösungen nicht mehr verändert; der Genauigkeitswert war zu niedrig, oder die Ausgangswerte waren zu weit entfernt.
Der Solver kann die aktuelle Lösung nicht verbessern. Alle Einschränkungen wurden eingehalten.	Die optimale Lösung wurde nicht gefunden; bessere Werte sind nicht erreichbar (ungefähre Lösung; Genauigkeit erhöhen).
Die Höchstzeit oder die Iterationsgrenze wurde erreicht.	Höchstzeit oder Maximalzahl Iterationen überschritten (Iterationen erhöhen)
Die Werte konvergieren nicht.	Wert in der Zielzelle steigt grenzenlos an oder nimmt ab (Einschränkungen überprüfen)
Der Solver konnte keine realisierbare Lösung finden.	Keine Zwischenlösung für alle Einschränkungen zu finden (fehlerhafte oder widersprechende Einschränkungen)
Der Solver hat den Lösungsprozess auf Veranlassung des Benutzers unterbrochen.	Während der Iteration wurde *Abbrechen* oder die Esc-Taste gedrückt.
Die Linearitätsbedingung wurde nicht eingehalten. Schalten Sie das Kontrollkästchen *Lineares Modell voraussetzen* aus, und starten Sie den Lösungsprozess dann erneut.	Kontrollkästchen *Lineares Modell voraussetzen* unter *Optionen* ist eingeschaltet.

Tabelle 16.7 Solver-Meldungen

16.6.6 Solver-Bericht erstellen

Mit dem Solver können Berichte über erfolgreiche Suchprozesse erstellt werden, die wahlweise die Antwort oder die definierten Grenzen enthalten.

Wählen Sie, nachdem der Solver die Suche beendet hat und das Ergebnis präsentiert, unter *Berichte* eine Option für den Berichtstyp:

Antwort	Zeigt die Zielzelle, die veränderbaren Zellen mit Anfangs- und Endwerten, die Nebenbedingungen und alle dazugehörigen Informationen. *Status* und *Differenz* geben dabei an, in welchem Ausmaß die jeweilige Einschränkung eingehalten wurde.
Grenzen	Listet die Zielzelle und die veränderbaren Zellen mit ihren Werten, Grenzen und Ergebnissen. *Untere Grenze* ist der kleinste Wert, den eine veränderbare Zelle annehmen kann.
Empfindlichkeit	Zeigt die Daten der Empfindlichkeitsanalyse für die betreffende optimale Lösung. Diese Analyse zeigt, wie empfindlich die optimale Lösung auf Änderungen in der Zielzelle und in den Nebenbedingungen reagieren würde.

Tabelle 16.8 Optionen für den Berichtstyp

Um mehrere Optionen zu wählen, halten Sie nach Auswahl der ersten Option die Umschalt-Taste gedrückt und klicken auf die zweite Option.

Der Antwort-Bericht wird in einer neuen Tabelle erstellt. Alle drei Berichte erscheinen in einem eigenen Fenster und können von dort gedruckt oder umkopiert werden.

16.6.7 Solver-Beispiele

Wer sich intensiver mit dem Solver beschäftigen möchte oder muss, findet im Installationsordner von Excel die Datei *Solvsamp.xls* (im Dateiformat der Vorgängerversion) mit sechs vorbereiteten Tabellenblättern, jedes mit einem kniffligen, für den Solver geeigneten Problem. Suchen Sie die Datei im *Programme*-Ordner:

C:\Programme\Microsoft Office\Office14\Samples

Hier eine Kurzzusammenfassung:

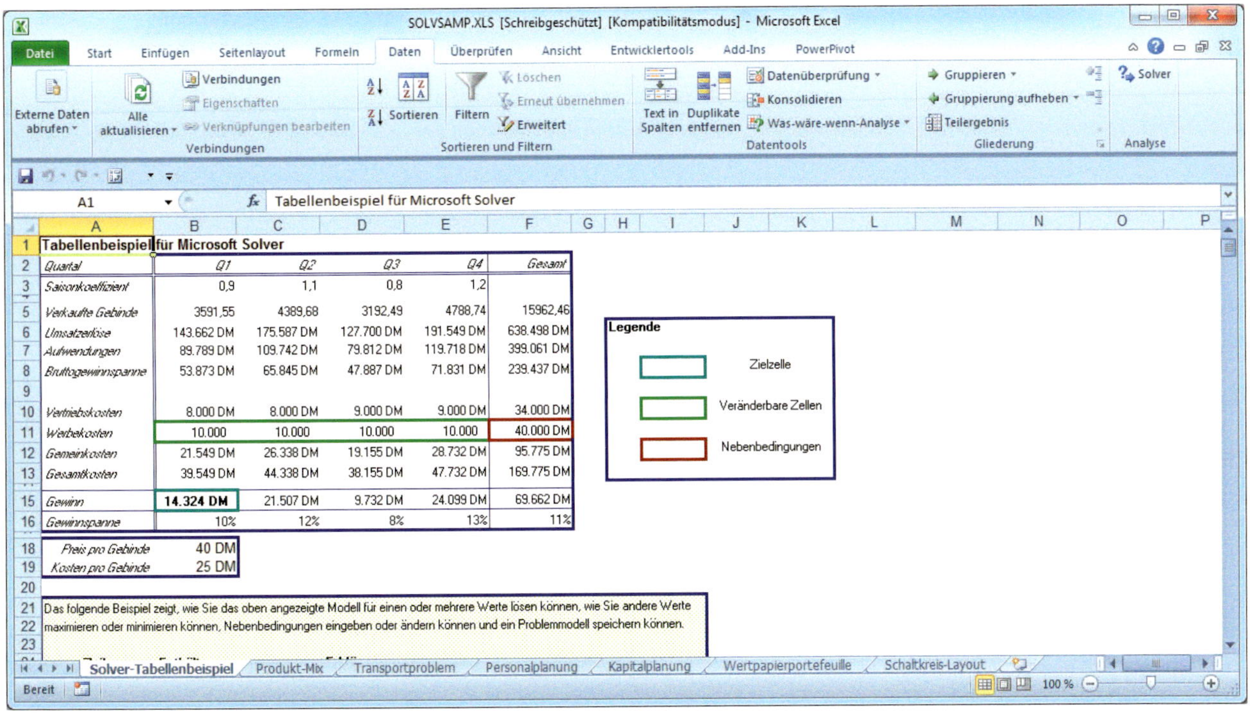

Abbildung 16.43 Solver-Beispiele

Solver-Beispiel	Beschreibung (ZZ = Zielzelle, VZ = veränderbare Zellen, NB = Nebenbedingungen)
Solver-Tabellenbeispiel	Marketing-Modell, Vergleich von Verkaufszahlen mit Werbungskosten. ZZ: B15, VZ: B11:E11, NB: F11 <= 40.000
Produkt-Mix	Produkte aus mehreren Bauteilen mit unterschiedlichen Gewinnspannen. Ermitteln Sie bei einer begrenzten Anzahl Teile die optimale Herstellungszahl für optimalen Gewinn. ZZ: D18, VZ: D9:F9 (herzustellende Stückzahl), NB: C11:C15<=B11:B15 und D):F9>=0
Transportproblem	Warenversand von drei Fabriken zu fünf Lagerhäusern. Versandkosten sind für lange Strecken höher. Ermitteln Sie die optimale Anzahl der Versandgüter. ZZ: B20, VZ: C8:G10, NB: B8:B10<=B16:B18, C12:G12>=C14:G14 und C8:G10>=0
Personalplanung	Ausreichend Personalverfügbarkeit bei geringsten Kosten. ZZ: D20, VZ: D7:D13, NB: D7:D13>=, D7:D13=ganzz., F15:L15>=F17:L17.
Kapitalplanung	Kassenbestand verwalten; Optimierung der Zinsgewinne, kurzfristige und längerfristige Anlagen. ZZ: H8, VZ: B14:G14, B15, B16, E15, NB: B14:G14>=0, B15:B16>=0, E15>=0, B18:H18>=100000
Wertpapierportefeuille	Wertpapierportefeuille zur Berechnung der Verteilung von Aktienwerten, um das Kursrisiko zu reduzieren oder die Rendite zu maximieren. ZZ: E18, VZ: E10:E14, NB: E10:E14>=0, E16=1, und G18<=0,071
Schaltkreis-Layout	Algebraische Lösung einer Differentialgleichung nach dem Kirchhoff'schen Gesetz, die bestimmt, wie sich die Kondensatorentladung über einen Zeitraum verhält. ZZ: G15, VZ: G12.

Tabelle 16.9 Solver-Beispiele

16.6.8 Mehr Solver

Der Solver wurde von der Firma *Frontline Systems Inc.* entwickelt und als Excel-Add-In zur Verfügung gestellt. Wenn die Fähigkeiten des Solvers für Ihre Aufgabenstellungen nicht ausreichen, sehen Sie sich die Produkte dieser Firma an, Sie finden Weiterentwicklungen zur Spreadsheet-Optimierung auf den Internetseiten der Firma:

» *www.frontsys.com*

» *www.solver.com*

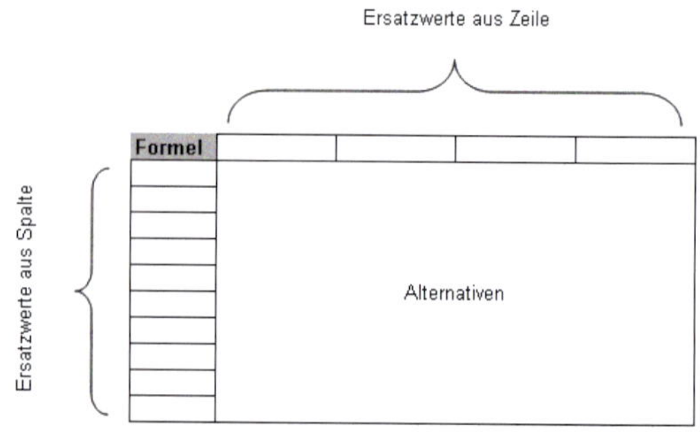

Abbildung 16.44 Das Prinzip der Mehrfachoperation

16.7 Datentabelle (Mehrfachoperation)

Mit der Übersetzung des Begriffes *Mehrfachoperation* aus früheren Versionen in »Datentabelle« hatten die Excel-Macher keine besonders gute Idee, der Begriff drückt nicht aus, was die Technik kann. Unter einer Mehrfachoperation oder Datentabelle versteht man eine Matrix, die alternative Ergebnisse für eine Formel präsentiert. Diese Ergebnisse entstehen durch Ersetzen eines oder mehrerer Werte durch andere Werte. Es gibt Mehrfachoperationen mit einem Eingabefeld und mit zwei Eingabefeldern. In der ersten Form wird eine der in der Formel benutzten Variablen verändert, in der zweiten Form können maximal zwei Werte alterniert werden.

16.7.1 Das Prinzip

Erstellen Sie eine Formel mit einer oder zwei Variablen. Geben Sie anschließend in einem Zeilen- oder Spaltenbereich die Alternativen zu der oder den Variablen ein. Markieren Sie dann den Alternativen-Bereich zusammen mit Formeln und Variablen, und starten Sie die Mehrfachoperation, erhalten Sie in diesem Bereich je ein Ergebnis pro Variable im Zeilen- und/oder Spaltenbereich.

16.7.2 Praxis: Regelmäßige Zahlungen

Die Funktion *RMZ()* liefert als Ergebnis die regelmäßigen Zahlungen, die für einen Kredit unter Einbeziehung des Zinssatzes und der Laufzeit zu leisten sind. Geben Sie die erforderlichen Daten in eine Tabelle ein, und berechnen Sie die monatliche Belastung. Die RMZ-Funktion enthält nur die Argumente *Zinssatz*, *Laufzeit* und *Fremdkapital*, alle übrigen Argumente sind wahlweise und werden nicht angegeben.

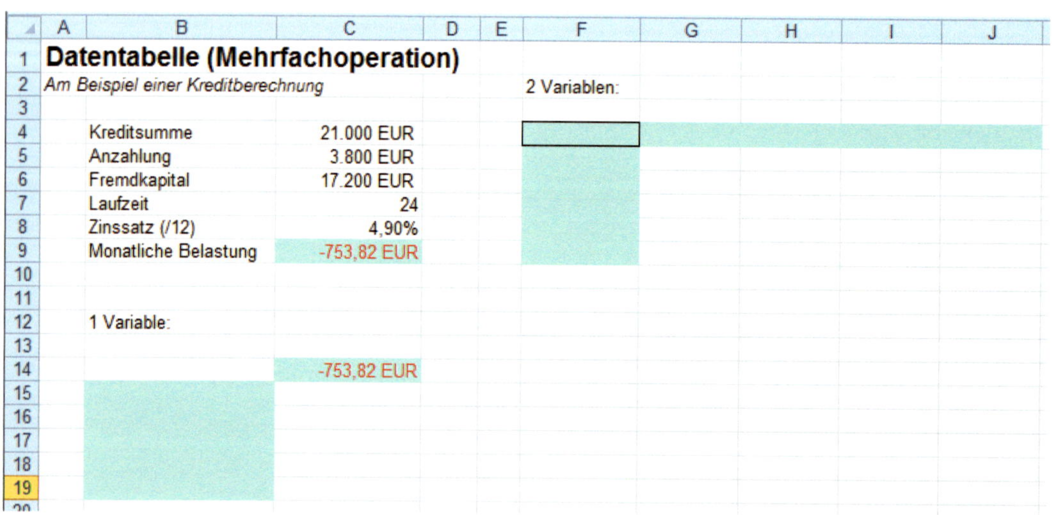

	A	B	C	D	E	F	G	H	I	J
1	Datentabelle (Mehrfachoperation)									
2	Am Beispiel einer Kreditberechnung					2 Variablen:				
3										
4		Kreditsumme	21.000 EUR							
5		Anzahlung	3.800 EUR							
6		Fremdkapital	17.200 EUR							
7		Laufzeit	24							
8		Zinssatz (/12)	4,90%							
9		Monatliche Belastung	-753,82 EUR							
10										
11										
12		1 Variable:								
13										
14			-753,82 EUR							
15										
16										
17										
18										
19										

Abbildung 16.45 Berechnung der Kreditrückzahlung

CD-ROM Auf der Buch-CD unter *Mehrfachoperation.xlsx* finden Sie die Übungsdaten und die Lösungsmatrizen.

Mit der Mehrfachoperation lässt sich jeder dieser drei Faktoren variieren: Stellen Sie eine Tabelle mit unterschiedlichen Laufzeiten auf, geben Sie unterschiedliche Zinssätze vor, oder ändern Sie die Kreditsumme. Die Mehrfachoperation legt jeweils eine Tabelle mit den berechneten Werten an.

Mehrfachoperation mit einer Variablen

Für die Mehrfachoperation müssen Sie zunächst eine Berechnungsmatrix bilden, einen Bereich, in dem die Alternativen berechnet werden können. Schreiben Sie zeilenweise eine Variantenliste für die Laufzeit (12, 16, 20 und 36 Monate). Geben Sie nur die Zahlen ein, und überlassen Sie die Beschriftung einem selbst definierten Zahlenformat (0« Monate«):

```
B15: 12
B16: 16
B17: 20
B18: 36
```

Voraussetzung für eine Mehrfachoperation ist, dass die Matrix, d.h. der zu berechnende Bereich, sowohl die Varianten als auch die Formel enthält, die den zu variierenden Bezug enthält. Da es sich um eine eindimensionale Mehrfachoperation handelt, setzen Sie die RMZ-Formel in die Zelle über den neu zu berechnenden Ergebnissen (C14). Geben Sie die Verknüpfung ein:

```
C14: =C9
```

1. Markieren Sie die Variantenliste zusammen mit dem Ergebnisbereich (B14:C19).
2. Wählen Sie *Daten/Was-wäre-wenn-Analyse/Datentabelle*.

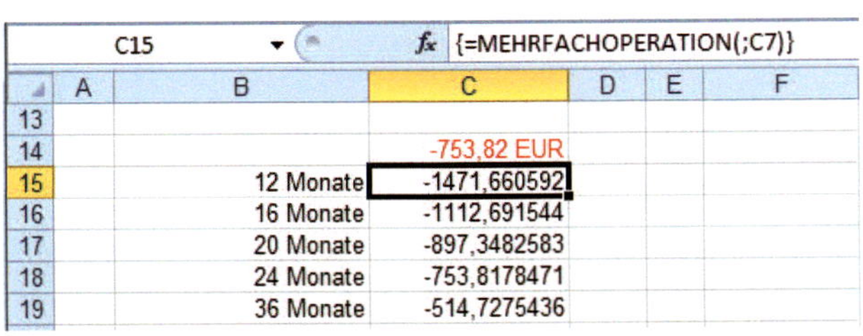

Abbildung 16.46 Die Matrix mit der Funktion MEHRFACHOPERATION() ist erstellt.

3. Eine Dialogbox mit zwei Eingabefeldern fordert Sie auf, die Bezüge einzugeben. In unserem Fall sind die Alternativen zeilenweise in einer Spalte eingetragen; beschreiben Sie also das Feld für den Spaltenbezug. Setzen Sie den Cursor in das Feld *Werte aus Spalte*, übernehmen Sie den Bezug $C$7 (Laufzeit) durch Anklicken der Zelle, und klicken Sie auf *OK*.

Abbildung 16.47 Mehrfachoperation mit Werten aus der Spalte

Der Ergebnisbereich der Mehrfachoperation wird mit der Matrix-Funktion `=MEHRFACHOPERATION()` gefüllt.

Da Funktionen dieser Art immer nur gemeinsam in einem rechteckigen Bereich verwaltet werden, ist es nicht möglich, einzelne Werte abzuändern. Der Versuch, z.B. die Zelle C19 zu löschen, führt zur Fehlermeldung *Kann Teil der Mehrfachoperation nicht ändern*.

Mehrfachoperation mit zwei Variablen

Bleiben wir bei unserem Beispiel mit der RMZ-Formel und sehen wir uns die Mehrfachoperation mit zwei Variablen an: Tragen Sie zusätzlich zur ersten Variantenliste (Laufzeiten) eine weitere mit variablen Anzahlungen ein, diesmal in Spaltenanordnung.

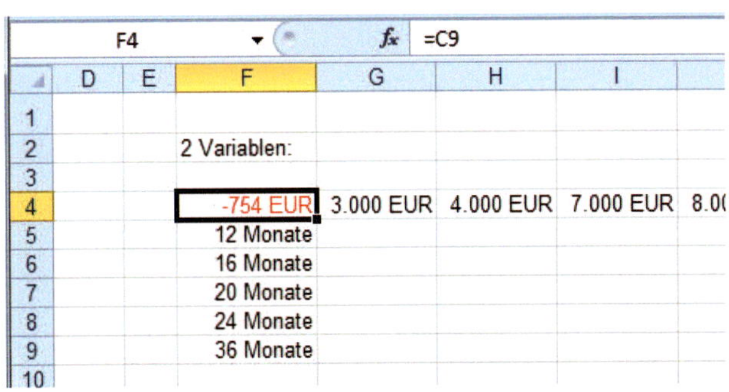

Abbildung 16.48 Zwei Varianten im Matrixbereich: Anzahlung und Laufzeit

Die Formel findet nun, da es sich um einen zweidimensionalen Bereich handelt, links oben an der Kreuzung von Zeilen- und Spaltenvariablen Platz:

```
F4: =C9
```

1. Markieren Sie den Bereich einschließlich der Formel und der Varianten (F4:J9).
2. Wählen Sie *Daten/Was-wäre-wenn-Analyse/Datentabelle*.
3. Geben Sie im Feld *Werte aus Zeilen* den Bezug zur Laufzeit (`$C$5`) ein. Das Feld *Werte aus Spalte* erhält wieder, wie schon in der eindimensionalen Mehrfachoperation, den Zellbezug `$C$7`.
4. Klicken Sie auf *OK*.

Der Mehrfachoperationsbereich wird gefüllt; die Zellen enthalten den jeweils aus der Formel errechneten Betrag unter Berücksichtigung der beiden Varianten. Auch hier wird wieder die Matrixfunktion *MEHRFACHOPERATION()* verwendet, die eine Änderung in einzelnen Zellen nicht zulässt.

TIPP Wenn Sie die Matrix aufheben wollen, kopieren Sie den Bereich und wandeln ihn mit *Start/ Zwischenablage/Einfügen/Inhalte einfügen* in *Werte* um.

Das negative Resultat aus der RMZ-Formel können Sie mit der Funktion *ABS* (Absolut) als positiven Betrag ausweisen:

=ABS(RMZ(C8;C7;C6))

16.8 VBA-Ecke

16.8.1 Zellschutz mit Bedingungsformatierung sichtbar machen

CD-ROM Das Makro finden Sie auf der Buch-CD unter *VBA Zellschutz sichtbar.xlsm*.

Ob eine Zelle geschützt ist oder nicht, sieht man ihr nicht an. Es gibt zwar Hilfsmittel, um geschützte Zellen aufzuspüren, aber eine permanente Anzeige scheint nicht möglich zu sein. Mit einer kleinen VBA-Funktion und einem Bedingungsformat lösen Sie die Aufgabe:

Den Zellschutz repräsentiert die Eigenschaft `Locked`, die für die aktive Zelle oder einen Zellbereich abgerufen oder zugewiesen werden kann:

```
ActiveCell.Locked =True
```

Schreiben Sie in einem Modulblatt der Mappe diese Funktion:

```
Function IstGeschuetzt(zelle As Range) As Boolean
  If zelle.Locked Then IstGeschuetzt = True
End Function
```

Schalten Sie auf die Tabelle um, und weisen Sie über *Format/Bedingte Formatierung* diese Bedingung zu:

Formel ist: `=IstGeschuetzt(A1)=WAHR`

Geben Sie unter *Format* ein leichtes Zellmuster oder einen Rahmen an, und bestätigen Sie die Formatierung.

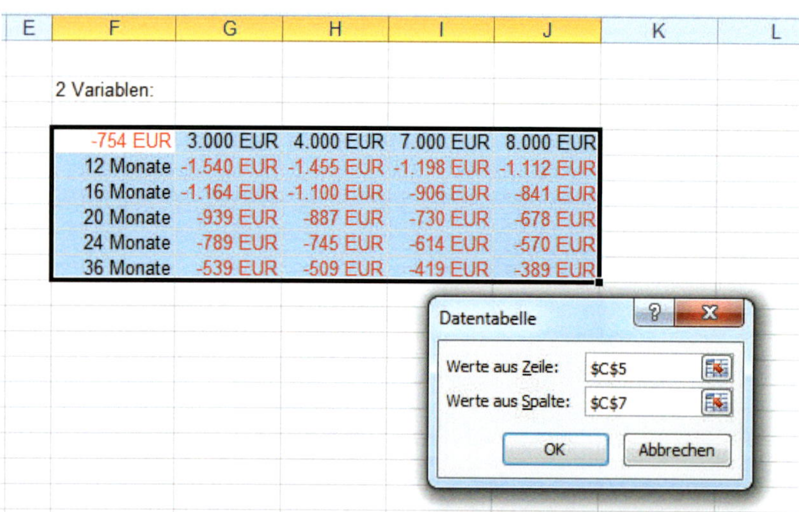

Abbildung 16.49
Mehrfachoperation mit zwei Varianten

Damit werden alle Zellen mit Zellschutz automatisch gekennzeichnet.

ACHTUNG Aber Achtung: Das Bedingungsformat rechnet natürlich mit jeder Neuberechung alle Zellen durch, und das kann bei etwas betagten Systemen etwas länger dauern. Weisen Sie das Format nur für begrenzte Bereiche aus.

16.8.2 Zellschutz per Makros sichtbar machen

Die erste Makroprozedur im Modul *modProcs* kennzeichnet alle geschützten Zellen im benutzten Bereich (UsedRange) mit einer Hintergrundfarbe.

```
Sub LockedCells_ColorOn()
  Dim varCell
  For Each varCell In ActiveSheet.UsedRange
    If varCell.Locked = True Then
      varCell.Interior.ColorIndex = 40
    End If
  Next varCell
End Sub
```

Das zweite Makro schaltet diese Kennzeichnungen wieder aus, indem es die Farbzuweisung entfernt.

```
Sub LockedCells_ColorOff()
  Dim varCell
  For Each varCell In ActiveSheet.UsedRange
    If varCell.Locked = True Then
      varCell.Interior.ColorIndex = -4142
    End If
  Next varCell
End Sub
```

Zur Aktivierung des Makros steht ein Toggle-Button, ein Umschalter im ersten Tabellenblatt. Dieses ActiveX-Element erstellen Sie unter *Entwicklertools/Steuerelemente einfügen/ActiveX-Steuerelemente*. Die Umschaltfläche wird in das Blatt gezeichnet, der Entwurfsmodus schaltet sich automatisch dazu. Ein Doppelklick auf die (zuvor umbenannte) Schaltfläche erzeugt das Makro, das im Modulblatt der Tabelle abgelegt wird. Eine *If*-Anweisung überprüft den Status und startet über *Call* wahlweise das erste oder das zweite Makro als Unterprogramm:

```
Private Sub tgl_Schutz_Click()
  If Me.tgl_Schutz.Value = True Then
   Call LockedCells_ColorOn
  Else
    Call LockedCells_ColorOff
  End If
End Sub
```

Schalten Sie den Entwurfsmodus aus, ist die Schaltfläche aktiv, jetzt können Sie per Klick alle geschützten Zellen sichtbar machen.

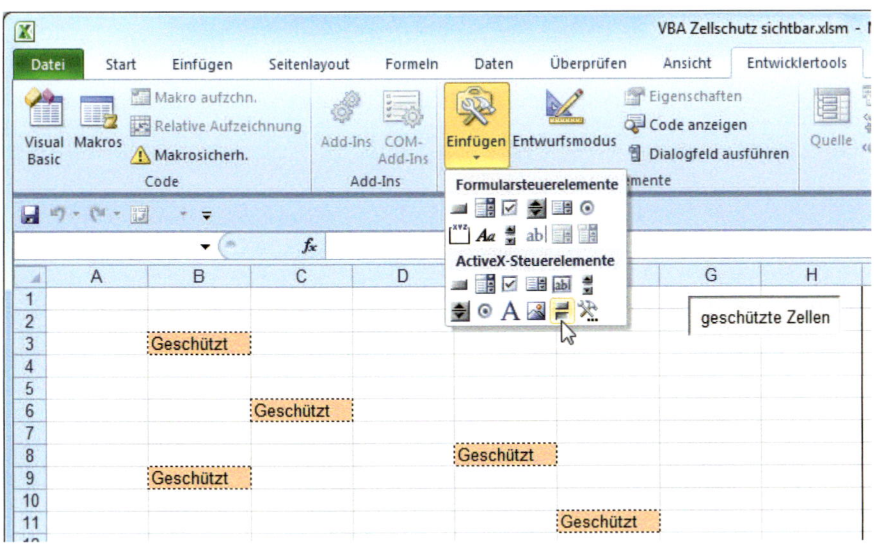

Abbildung 16.50
VBA-Makro färbt geschützte Zellen ein.

Kapitel 17

Sicherheit und Schutz

Viren, Würmer, Trojaner, Hacker, Cracker, SPAM und Phishing-Mails – das Internet und die globale digitale Kommunikation haben ihre Schattenseiten. Was mit dem ersten Mail-Virus begann, der im Anfangsstadium des Internets versehentlich aus einem Testlabor entwich und gleich 500 Rechner befiel, hat sich zu einem weltweiten Kampf zwischen Gut und Böse entwickelt. Täglich tauchen neue Schädlinge auf, die Sicherheitslücken im Betriebssystem oder in den Programmen nutzen, und diese beschäftigen eine ganze Industrie von Virenschutzherstellern, die das passende Gegenmittel in Form eines Updates oder neuer Schutzsoftware herstellen.

17.1 Virenschutz

Excel gehörte nie zu den Programmen, die ständig durch immer neue Sicherheitslücken im Gespräch waren, und die Zahl der Viren, die sich mit Excel verbreiteten, ist sehr gering. In den 90er-Jahren gab es einen Virus namens *Laroux*, der es bis in die *watchlist* der Virenschutzprogramme schaffte, weitere Schädlinge wurden nicht bekannt oder gar berühmt. Virenschutz ist immer eine Aufgabe des Betriebssystems, die Schnittstellen sind der Internet-Browser und das Mailprogramm.

Mit der Makrosprache VBA (Visual Basic for Applications) und der Möglichkeit, Hyperlinks, ActiveX-Elemente oder externe Verknüpfungen in Tabellen zu nutzen, bietet Excel aber Gefährdungspotenzial genug. Ein VBA-Makro könnte ebenso einen Trojaner installieren wie eine Festplatte von ihren Daten befreien, und selbst das regelmäßige Versenden von SPAM-Mails wäre kein Problem. Jeder Excel-Anwender sollte sich dieser Gefahr bewusst sein und mit fremden Excel-Daten besonders kritisch umgehen:

- Arbeitsmappen, deren Inhalt nicht bekannt ist, dürfen nur mit eingestellter Makrosicherheit geöffnet werden. Das Öffnen selbst kann keinen Schaden anrichten, nur die automatische Ausführung von Makros, die sich in der Mappe befinden.
- Excel-Dateien, die als Anhänge in E-Mails empfangen werden, sollten auf Festplatten oder andere Speichermedien gesichert und von aktuellen Virenschutzprogrammen überprüft werden (falls diese nicht schon beim Lesen der Mail aktiv wurden).

Neben diesen wichtigsten Vorsichtsmaßnahmen sollten Sie natürlich die allgemeinen Regeln befolgen, um Ihr System sicher zu machen. Leider werden nach wie vor die meisten Viren über ungeschützte und befallene Rechner von Privatanwendern verbreitet, weshalb eine Wiederholung hier nicht schaden kann:

- Aktualisieren Sie Ihr Betriebssystem regelmäßig. Installieren Sie Sicherheitspatches und Updates, am besten durch eine automatische Überprüfung von Windows Update (im Windows-Startmenü unter *Alle Programme*). Auf der Windows-Update-Seite und der Office-Update-Seite finden Sie alle Updates und Programme, die Ihr System überprüfen:

  www.microsoft.com/germany/athome/security/default.mspx

- Installieren Sie eine Firewall und ein aktuelles Virenschutzprogramm. Stellen Sie sicher, dass beide stets auf dem neuesten Stand sind. Um das zu gewährleisten, muss das Schutzprogramm täglich selbstständig nach Aktualisierungen suchen (Scannen) und sich ebenso selbstständig aktualisieren können.
- Wenn Sie den Verdacht haben, dass Ihr Rechner von einem Virus befallen ist, lassen Sie ihn vom Fachmann überprüfen und reparieren. Das kostet nicht die Welt, schützt Sie und Ihre Umwelt aber vor lästigen und bösartigen Schädlingen.

17.2 Datensicherheit

Virenschutz ist nur eine Teilaufgabe des Excel-Anwenders. Auch die Datensicherheit sollte gewährleistet sein, nicht nur die eigene, die vor unbeabsichtigtem Datenverlust schützt, sondern auch die der Firma, deren Daten vertraulich behandelt sein wollen:

- Tabellenblätter und Arbeitsmappen schützen
- Berechtigungen zuweisen für den Zugriff auf einzelne Tabellen oder Mappen
- Kennwortschutz für gemeinsamen Zugriff auf Excel-Daten
- Schutz vor unbeabsichtigter oder böswilliger Änderung der Tabellenstruktur und Tabellendaten

Der erste und nicht unwichtige Schutz sollte Ihren gespeicherten Daten gelten. Nicht selten löst ein Stromausfall oder die eigene Schusseligkeit eine mittlere Katastrophe aus. Die Daten sind weg, die Arbeit vieler Stunden oder wertvolle Zahlen und Fakten sind dahin. Schützen Sie sich durch automatische Speicherungen und regelmäßige Backups.

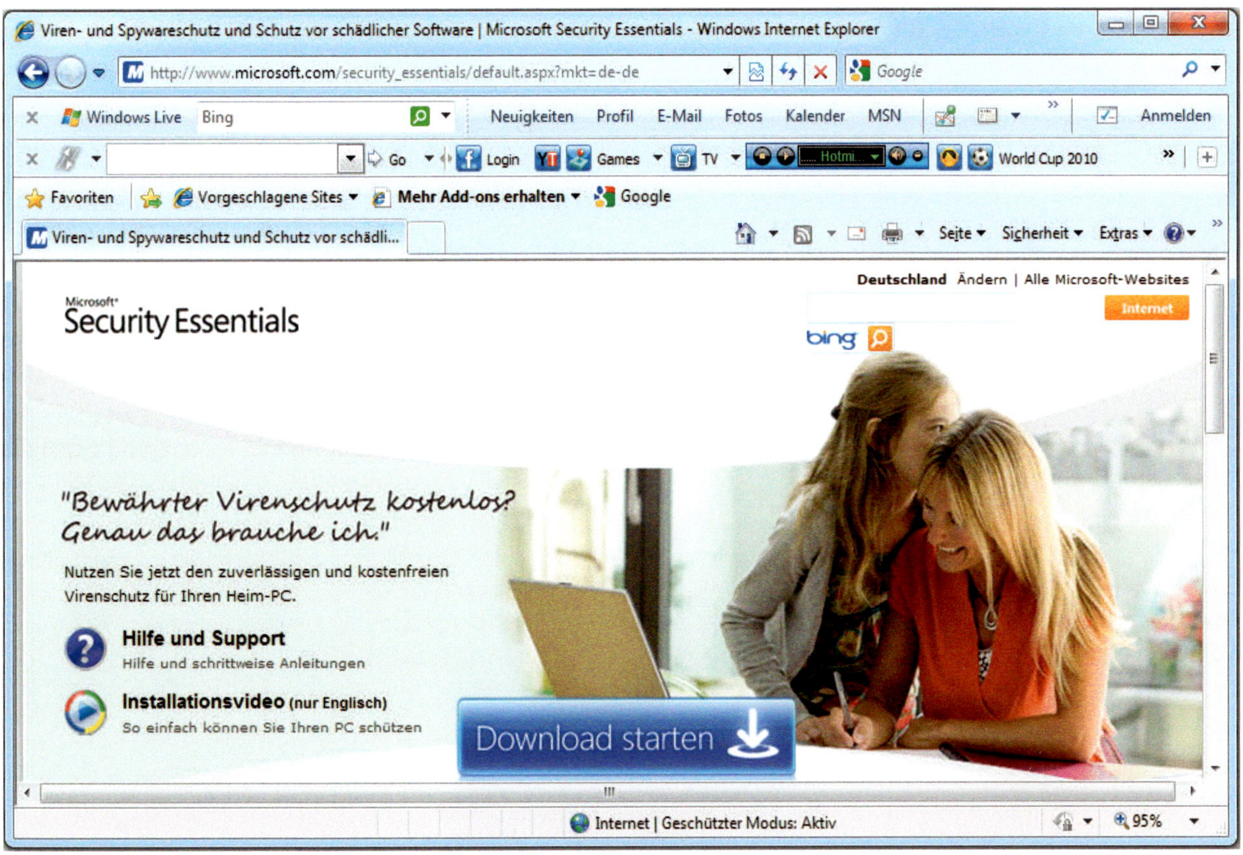

Abbildung 17.1 Microsoft Security Essentials ist ein kostenloser Virenschutz.

17.2.1 AutoWiederherstellen

Dramatisch wird es in Excel nie, das Risiko, nicht gespeicherte Daten zu verlieren, ist nicht sehr hoch. Dafür sorgt eine Einstellung, die Sie kontrollieren, aber tunlichst nicht verändern sollten:

1. Wählen Sie *Datei/Optionen*.
2. Schalten Sie in die Kategorie *Speichern*.
3. Hier ist die *AutoWiederherstellen-Information* angekreuzt, das Intervall steht auf 10 Minuten. Sie können es erhöhen oder (bis 6) verringern, indem Sie die Pfeiltasten am Minutenfeld anklicken.

Als Speicherort für die temporäre Datei, die mit dieser Option gespeichert wird, wird der Excel-Ordner in Ihrem Windows-Profil vorgeschlagen (das ist der Ordner mit Ihrem Benutzernamen):

» In Windows XP:

  C:\Dokumente und Einstellungen\Benutzername\Anwendungsdaten\Microsoft\Excel

» In Windows Vista/Windows 7:

  C:\Users\Benutzername\AppData/Roaming\Microsoft\Excel

Sie können in diesem Feld einen anderen Ordner angeben, falls dieser nicht sicher genug ist (z.B. einen Ordner im Netz, der regelmäßig gesichert wird). Wenn Sie das Häkchen vor der Option *AutoWiederherstellen nur für diese Arbeitsmappe deaktivieren* setzen, werden Ihre Daten nicht alle zehn Minuten zwischengespeichert.

Sollte die Speicherung einer AutoWiederherstellen-Datei nicht möglich oder erwünscht sein, können Sie diese auch für ausgewählte Mappen verhindern. Schalten Sie unter *AutoWiederherstellen-Ausnahmen für* die Option *AutoWiederherstellen nur für diese Arbeitsmappe deaktivieren* ein.

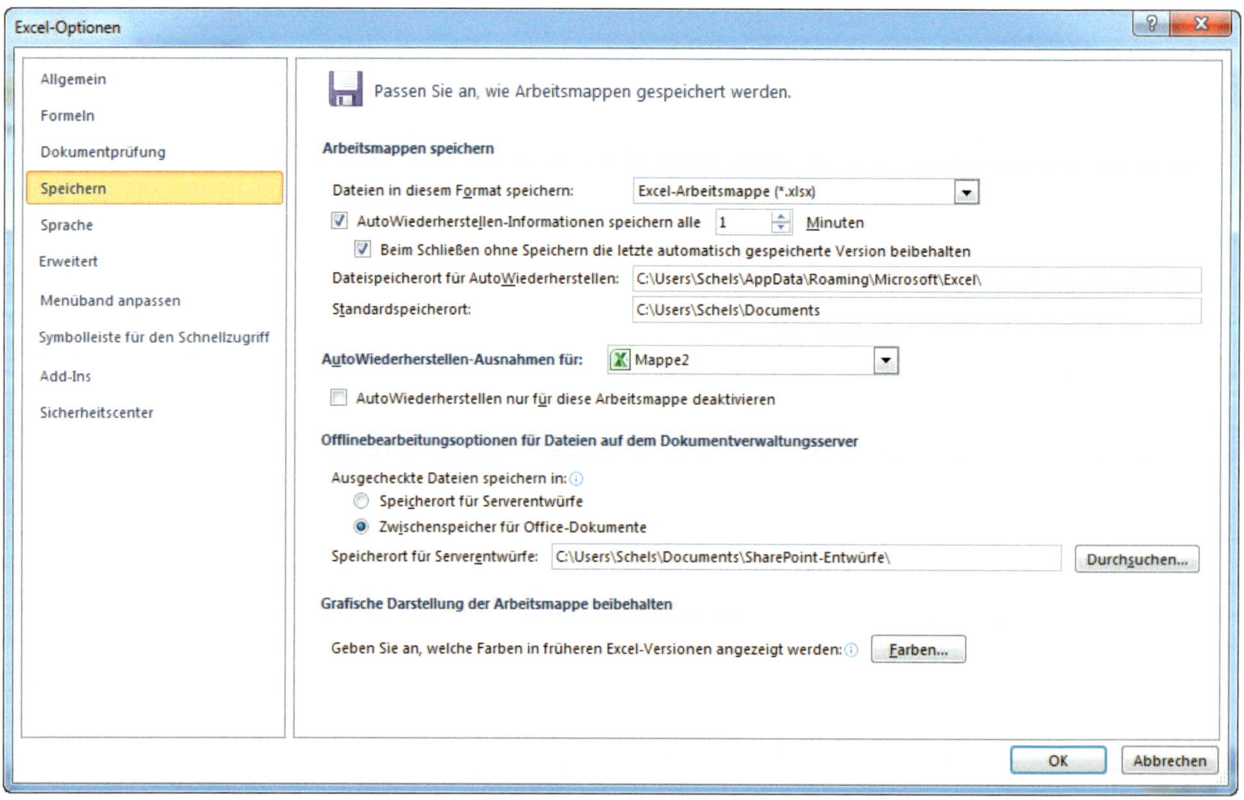

Abbildung 17.2 Die automatische Zwischensicherung ist aktiv.

Was passiert beim *AutoWiederherstellen*? Excel speichert die aktive Datei alle zehn Minuten in dem hier eingetragenen Pfad und legt dafür eine XAR-Datei (Excel Automatic Recovery) an. Stürzt der Rechner, das Betriebssystem oder das Programm ab, wird diese Kopie beim nächsten Programmstart automatisch angeboten, und da Sie damit nicht mehr als zehn Minuten Arbeit verloren haben können, dürfen Sie das Angebot ruhig annehmen. Excel legt übrigens für jede offene Datei eine XAR-Datei an und bietet bei einem Neustart nach dem »Crash« alle Recovery-Dateien wieder an.

Für das nachfolgende Bild habe ich Excel absichtlich »abstürzen« lassen (zur Nachahmung nicht empfohlen):

1. Zwei Mappen (*Mappe1* und *Mappe2*) anlegen und bearbeiten, im Speicherordner nachsehen, ob die XAR-Dateien schon da sind.
2. Mit Strg + Alt + Entf den Task-Manager öffnen.
3. Auf der zweiten Registerkarte, *Prozesse, EXCEL.EXE* markieren und *Prozess beenden* anklicken (Sie können natürlich auch den Stromstecker ziehen ...).

Beim Neustart von Excel werden die gesicherten Dateien in dem Fenster *Dokumentwiederherstellung* angeboten. Zeigen Sie auf eine Datei, und wählen Sie aus dem Menü, das mit dem Pfeilsymbol geöffnet wird, die erforderliche Aktion. Öffnen Sie die zuletzt gespeicherten Versionen, speichern Sie diese unter dem vorgesehenen Dateinamen, und löschen Sie die wiederhergestellten Dateien. Mit Klick auf die Schaltfläche *Schliessen* blenden Sie den Bereich aus.

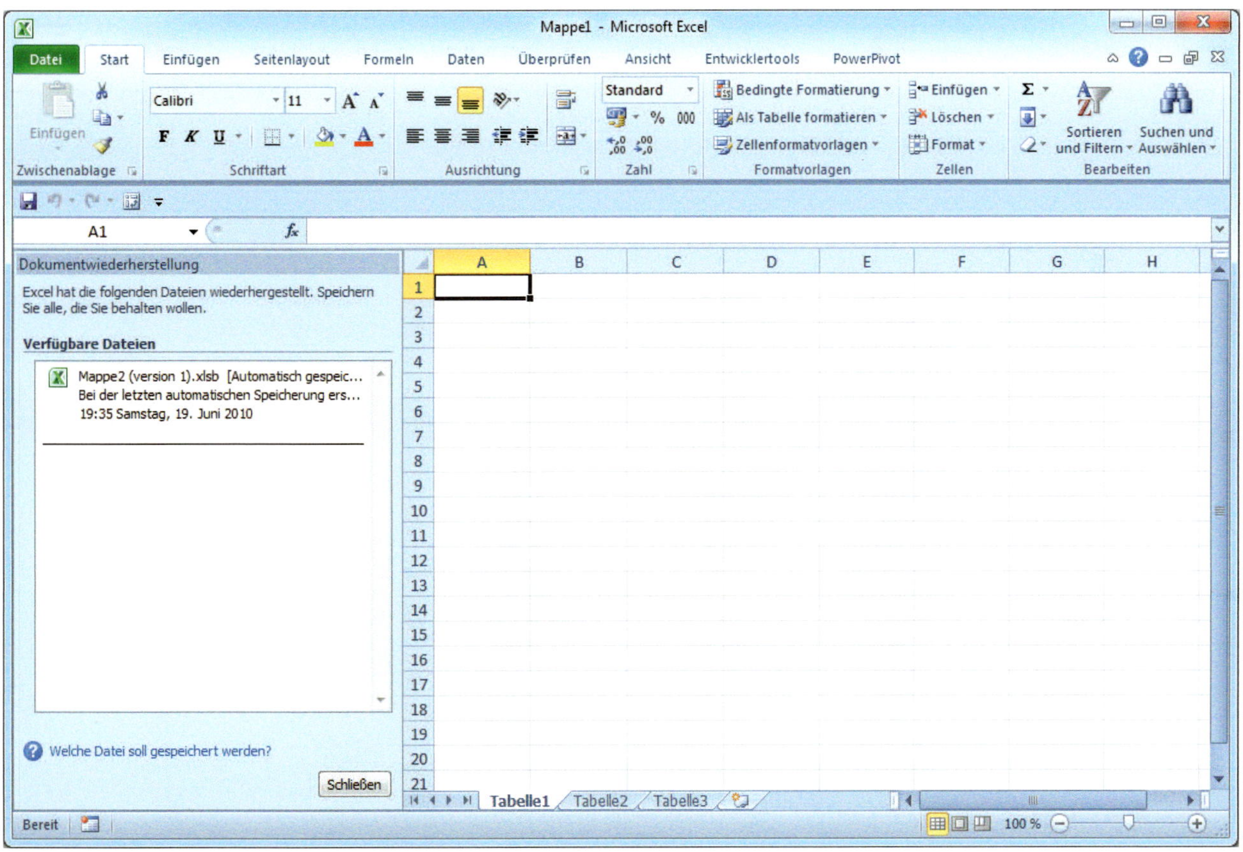

Abbildung 17.3 Die gesicherten Dateien können wiederhergestellt werden.

TIPP So geht's am schnellsten: Suchen Sie die XAR-Datei, und ändern Sie die Dateierweiterung in *.xlsx*. Diese Datei lässt sich einfach mit Excel öffnen. Aber Achtung – die Dateien sind versteckt, Sie müssen in den Ordneroptionen von Windows versteckte Dateien anzeigen lassen.

17.3 Dateien schützen

Datenschutz ist eine existenzielle Frage für Unternehmen jeder Größe. Schützen Sie Ihre Daten vor Verlusten, aber auch vor unautorisierten Zugriffen, indem Sie Passwörter und Schreibschutzkennwörter zuteilen.

Excel hält seine Schutzmechanismen wahlweise unter den Optionen oder im *Backstage* bereit.

17.3.1 Kennwortschutz bei Speichern unter

1. Mit *Speichern unter* im *Datei*-Menü öffnen Sie den Speicherdialog.
2. Klicken Sie auf die Schaltfläche *Tools*, und wählen Sie *Allgemeine Optionen*.
3. Geben Sie ein *Kennwort zum Öffnen* ein oder ein *Kennwort zum Ändern*. Bestätigen Sie das Kennwort noch einmal, und speichern Sie die Datei.

Sicherungsdatei erstellen

Ist diese Option markiert, erstellt Excel bei jedem Speichervorgang eine Sicherungsdatei mit der Bezeichnung *Sicherungskopie von ‹Dateiname›* und der Dateiendung *.xlk*. Diese Datei wird im selben Ordner angelegt, in dem sich die Mappe befindet.

Kennwortschutz

Geben Sie in das Feld *Kennwort zum Öffnen* ein Kennwort ein, wenn Sie die Arbeitsmappe nur von Personen öffnen lassen wollen, denen das Kennwort bekannt ist. Eine zweite Meldung erscheint und fordert das Passwort zur Sicherheit noch einmal an.

Achten Sie darauf, dass Groß- und Kleinschreibung unterschieden wird. Verwenden Sie für sichere Passwörter mindestens acht Zeichen, dabei abwechselnd Groß- und Kleinbuchstaben, Zahlen und Sonderzeichen.

Das Passwort wird in beiden Fällen nicht angezeigt, im Feld erscheinen nur dicke schwarze Punkte. Den Text in der ersten Meldung sollten Sie ernst nehmen, es gibt keine (offizielle) Möglichkeit, eine kennwortgeschützte Excel-Datei zu öffnen, wenn Sie das Passwort nicht kennen.

Öffnen Sie eine kennwortgeschützte Datei, erhalten Sie eine Abfrage nach dem Kennwort. Geben Sie dieses korrekt ein, wird die Datei geöffnet und kann bearbeitet werden. Ist das Passwort nicht korrekt, meldet Excel dies und weist darauf hin, dass die Feststelltaste schuld sein könnte. Nach dem Abbruch können Sie die Datei erneut öffnen, ein Limit für abgebrochene Versuche gibt es nicht.

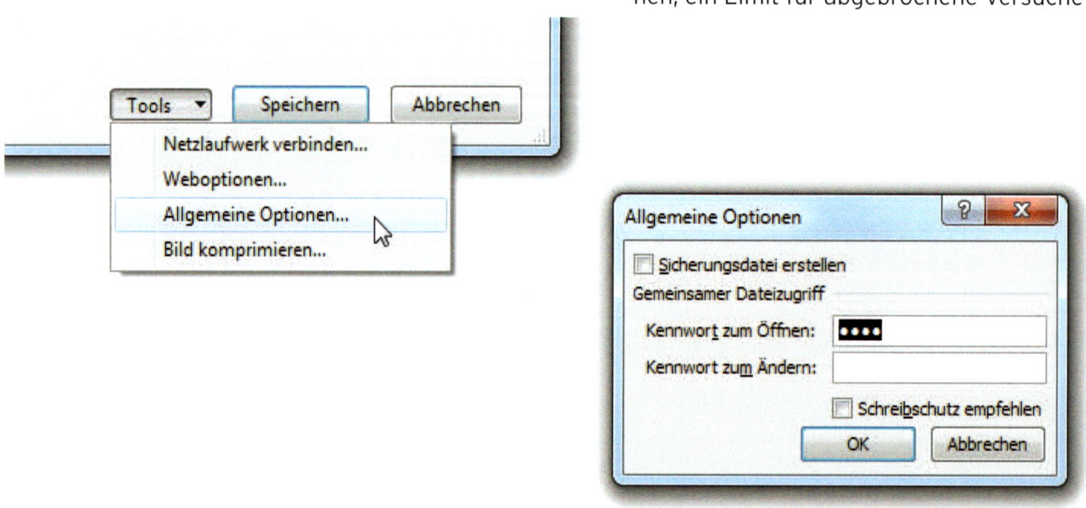

Abbildung 17.4 Kennwortschutz beim Speichern der Mappe

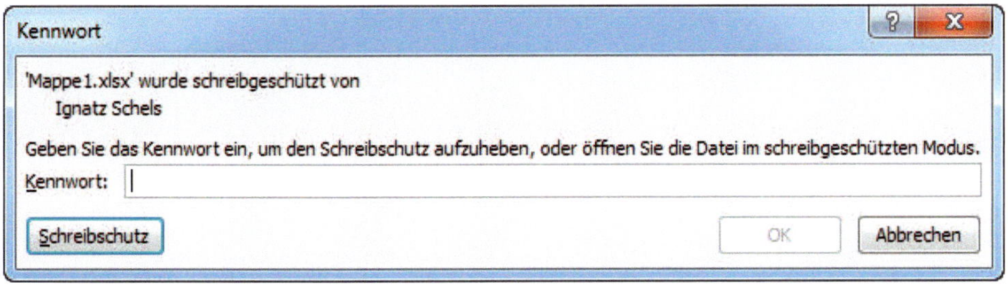

Abbildung 17.5 Abfrage des Schreibschutzkennwortes

Um das Passwort aus einer geöffneten Datei zu entfernen, wählen Sie *Datei/Speichern unter* und schalten unter *Extras* auf *Tools*. Löschen Sie alle Zeichen aus dem Passwortfeld, und speichern Sie die Datei erneut ab.

17.3.2 Das Schreibschutzkennwort

Mit dem zweiten Kennwort, das in den Speicheroptionen im Feld *Kennwort zum Ändern* angefordert wird, stellen Sie sicher, dass die Datei zwar gelesen, aber nur von autorisierten Personen verändert werden darf. Auch dieses Kennwort will eine Bestätigung haben, geben Sie es ein zweites Mal ein, und speichern Sie die Datei.

Wird eine Datei geöffnet, die mit Schreibschutzkennwort geschützt ist, schaltet Excel eine Meldung dazwischen. Sie können jetzt das Kennwort – falls bekannt – eingeben und haben damit uneingeschränkt Zugriff auf die Mappe. Ist das Kennwort nicht bekannt, klicken Sie auf die Schaltfläche *Schreibschutz*, um die Datei schreibgeschützt zu öffnen. Die Titelleiste weist auf den Status der Datei hin, die Sie zwar ändern, aber nicht unter diesem Dateinamen zurückspeichern können. Damit stellt das Änderungskennwort sicher, dass Dateien nicht von Personen geändert werden, die das nicht dürfen.

Schreibschutz empfehlen

Diese Option bietet die Möglichkeit, der Datei eine Warnmeldung mitzugeben, die nach dem Öffnen erscheint. Der Sinn dieser Option besteht darin, den Anwender der Datei auf besonders wichtige Daten hinzuweisen, die er besser nicht verändert, obwohl er die Berechtigung dazu hätte. Die Schreibschutzempfehlung ist besonders wichtig, wenn mehrere Benutzer im Netzwerk an einer Datei arbeiten.

Es macht einen Unterschied, ob Sie Dateien mit Kennwort schützen oder mit Schreibschutzempfehlung ausrüsten. Wer das Kennwort kennt, hat automatisch Zugriff auf die Daten und kann diese versehentlich ändern. Mit dem Schreibschutz wird diese Gefahr ausgeschaltet, der Benutzer kann sich natürlich jederzeit eine ungeschützte Kopie der Datei ziehen.

Bestätigen Sie die Meldung mit Klick auf *Ja*, wird die Datei schreibgeschützt geöffnet, kann zwar verändert, aber nicht unter dem Original-Dateinamen zurückgespeichert werden. Klicken Sie auf *Nein*, haben Sie uneingeschränkten Zugriff auf die Datei.

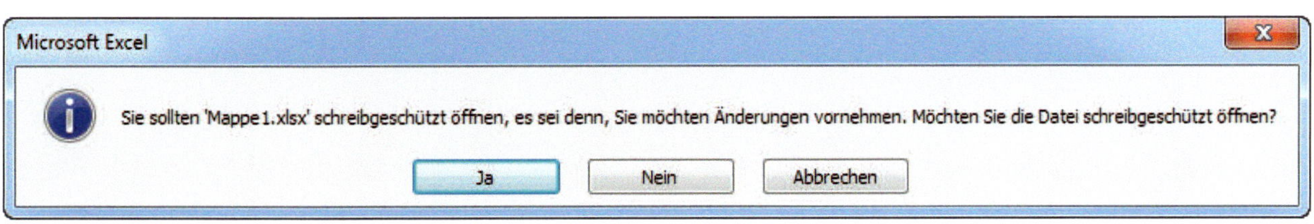

Abbildung 17.6 Die Schreibschutzempfehlung

17.3.3 Kennwortschutz im Backstage

1. Klicken Sie auf das *Datei*-Menü, und schalten Sie um auf die Kategorie *Information*.
2. Unter *Berechtigungen* finden Sie *Arbeitsmappe schützen*. Klicken Sie auf das Symbol.
3. Wählen Sie *Mit Kennwort verschlüsseln*, und weisen Sie der Arbeitsmappe ein Kennwort zu. Wiederholen Sie das Kennwort nach Klick auf OK.

17.3.4 Mappe als abgeschlossen kennzeichnen

Klicken Sie unter *Datei/Information/Arbeitsmappe schützen* auf *Als abgeschlossen kennzeichnen*, wird die Mappe entsprechend gekennzeichnet. Zwei Sicherungsmeldungen müssen bestätigt werden, dann wird die Mappe gespeichert und gekennzeichnet. Unter *Berechtigungen* weist die Information anschließend auf den Status hin, in der Statuszeile steht links unten ein Symbol, das ebenfalls darüber informiert.

Öffnet ein Anwender die Mappe, wird er mit einem Sicherheitshinweis unterhalb des Menübands auf den Status hingewiesen, er kann aber mit *Trotzdem bearbeiten* den Status aufheben, vorausgesetzt er hat die Berechtigungen dafür (siehe unten: Berechtigungen).

17.3.5 Digitale Signaturen

Eine weitere Absicherung für Excel-Dateien ist das Hinzufügen digitaler Signaturen. Diese sind mit der Funktion *Als abgeschlossen kennzeichnen* gekoppelt.

1. Klicken Sie unter *Datei/Information/Arbeitsmappe schützen* auf *Digitale Signatur hinzufügen*.
2. Bestätigen Sie die Meldung, können Sie einen Zweck und ein Zertifikat bzw. einen Zertifizierer angeben (in der Regel wird nur der derzeitige Besitzer angeboten).

Der Informationsbereich meldet jetzt die Änderungen unter *Datei/Information*, und wenn die Mappe aktiviert wird, weist ein Sicherheitshinweis auf den Status hin. Klicken Sie auf *Signatur anzeigen*, listet der Aufgaben-

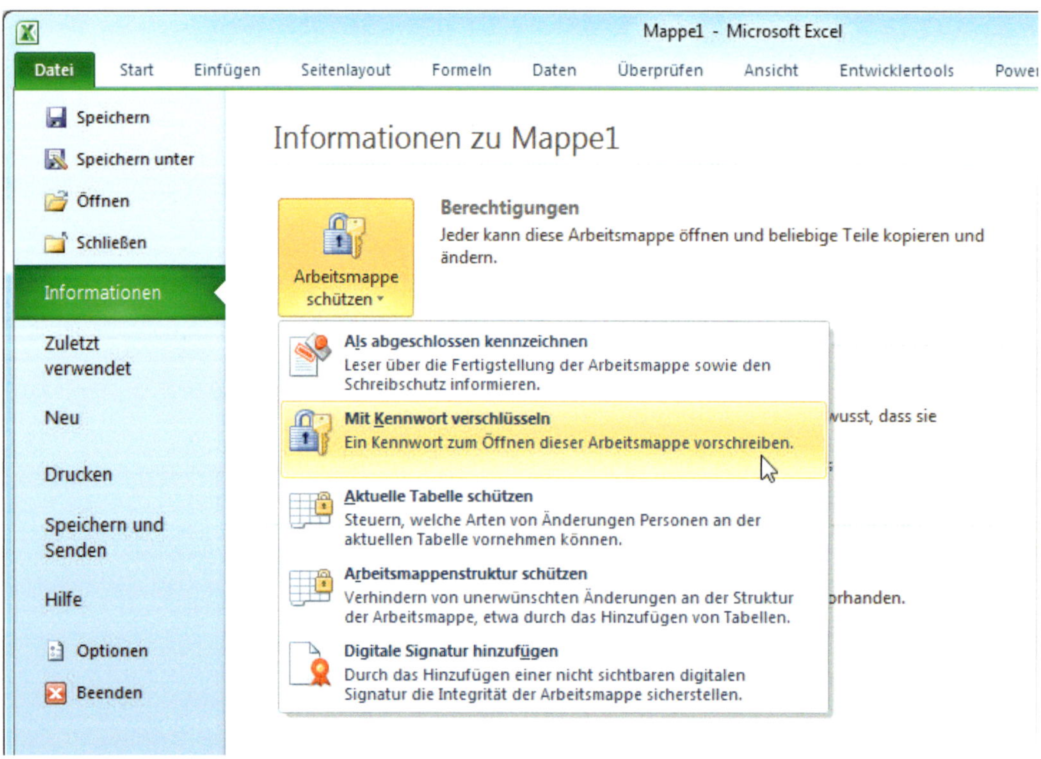

Abbildung 17.7 Arbeitsmappe schützen im Backstage

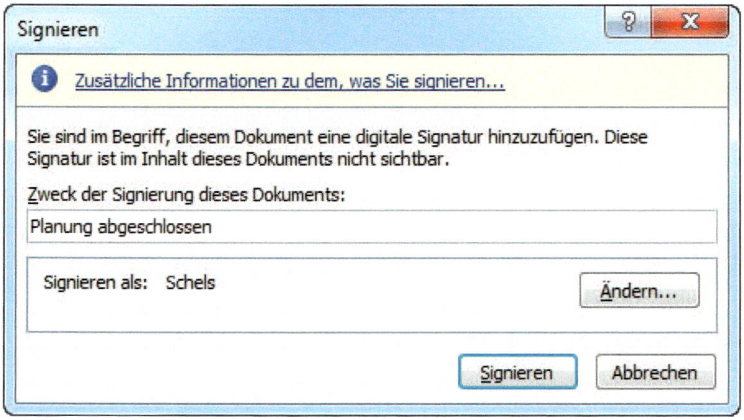

Abbildung 17.8
Digitale Signatur einfügen

bereich rechts außen die Signaturen. Jeder Anwender, der die Mappe bearbeitet, löscht die Signatur wieder.

Signaturdienst von Office Marketplace

Microsoft-Partner wie *Secure2Trust* oder *IntelliSafe Vault Desktop* bieten digitale Signaturdienste an, die Sie unter dieser Option kaufen können. Dazu schaltet Excel über den Browser auf die Marketplace-Seite. Mit dem zugewiesenen Zertifikat können Sie Ihre Arbeitsmappe sicher signieren, der Anwender der Mappe kann das Zertifikat nachprüfen.

Signaturzeile einfügen

Eine sichtbare Signatur in Form einer Unterschrift fügen Sie über *Einfügen/Text/Signaturzeile* ein. Geben Sie die Informationen zur Signatur ein, oder holen Sie über einen Signaturdienst ein Zertifikat. Nach dem Einfügen der Signaturgrafik klicken Sie diese doppelt an und tragen Ihren Namen ein oder holen ein Bild (z. B. eine Unterschriftenkopie) in die Grafik. Bestätigen Sie, wird die Signatur aktiviert, und die Mappe wird als abgeschlossen gekennzeichnet.

Abbildung 17.9 Die Arbeitsmappe ist signiert.

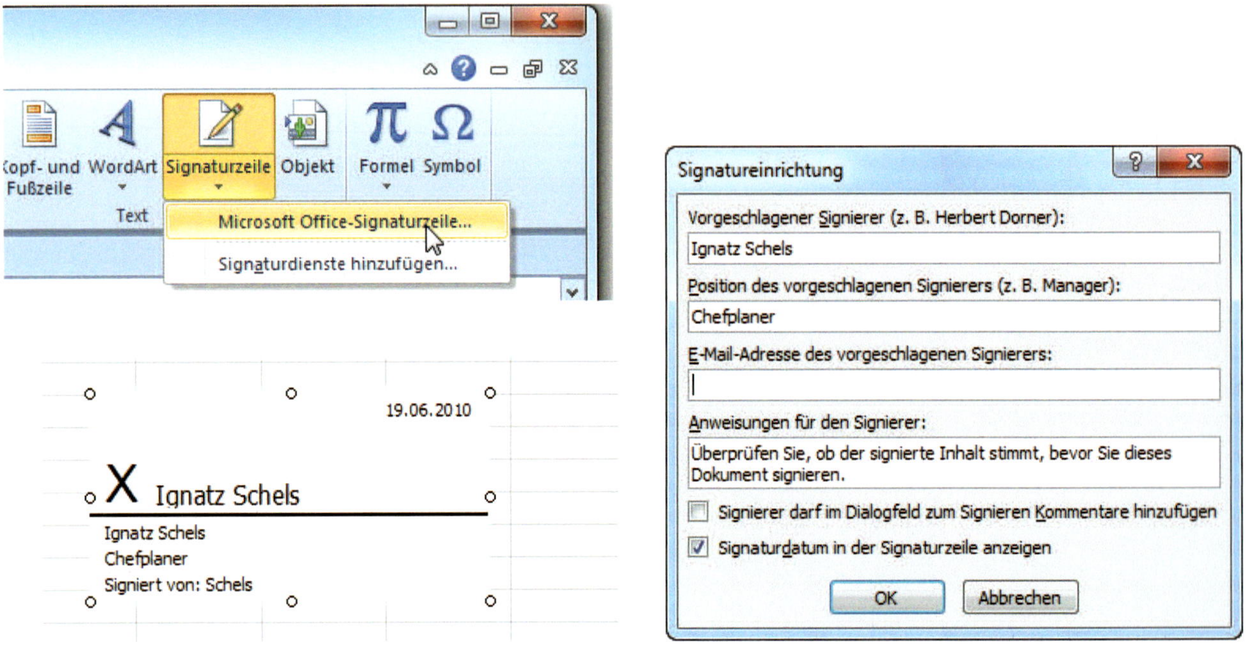

Abbildung 17.10 Digitale Signaturen in grafischer Form

REFERENZ In Kapitel 20 lesen Sie, wie Makros digital signiert werden.

17.3.6 Dateischutz unter Windows

Was die Excel-Hilfe verschweigt und auch unter Windows sehr schwer zu finden ist: Es gibt einen wirksamen Schutz für Windows-Dateien, den Sie zusätzlich zum Excel-Kennwortschutz noch verwenden können, um Ihre Dateien abzusichern. Besonders Notebooks, die im »Außeneinsatz« großen Gefahren ausgesetzt sind, sollten diesen Schutz bei allen Ordnern mit sicherheitsrelevanten Daten haben.

Das *Windows Encrypting File System* gibt es für Windows 2000, XP und Vista (nicht für die Home-Editions). Es schützt ganze Ordner, indem es nur dem angemeldeten Benutzer mit Administratorrechten, der auch den Schutz zugewiesen hat, den Einblick in die Dateien gewährt:

1. Klicken Sie mit der rechten Maustaste auf einen Ordner, und wählen Sie *Eigenschaften*.
2. Auf der Registerkarte *Allgemein* finden Sie die Schaltfläche *Erweitert*. Wählen Sie *Inhalt verschlüsseln* unter *Komprimierungs- und Verschlüsselungsattribute*, um die Daten zu schützen.

Der Ordner wird daraufhin mit grüner Schriftfarbe gekennzeichnet, alle Dateien in diesem Ordner werden automatisch verschlüsselt. Der Ordnerinhalt kann zwar eingesehen werden, beim Versuch, eine verschlüsselte Datei zu öffnen, erscheint aber ein Hinweis, dass das Dateiformat nicht erkennbar ist.

Achten Sie aber darauf, dass die Verschlüsselung auch erhalten bleibt, wenn Sie Ihr Benutzerpasswort ändern, auch das Einspielen eines Service-Packs kann zu Problemen führen. Sie können in diesem Fall nicht mehr auf die Daten zugreifen, eine Alternative wäre eine Wiederherstellung der Daten zu einem Windows-Wiederherstellungszeitpunkt.

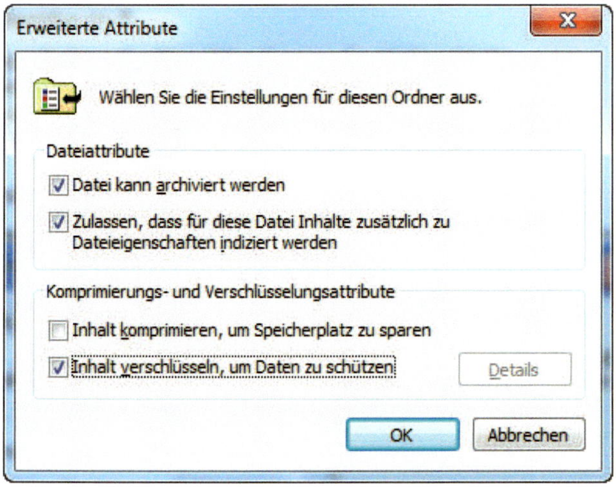

Abbildung 17.11 Dateien verschlüsseln unter Windows

17.4 Blattschutz und Arbeitsmappenschutz

Schützen Sie Ihre Tabellenblätter und Arbeitsmappen vor versehentlichen oder nicht so versehentlichen Änderungen, wenn Sie diese an Mitarbeiter und Kunden schicken. Sie können einzelne Bereiche oder ganze Blätter sperren, Formeln ausblenden und Berechtigungen zuteilen.

17.4.1 Das Prinzip

Um eine Zelle vor Eingaben zu schützen, wird diese markiert und mit einem Zellschutz versehen. Der Anwender bringt damit zunächst »Alarmsensoren« an einzelnen Zellen an, kann aber immer noch in diesen arbeiten, solange die Anlage nicht aktiv ist.

Wenn alle zu schützenden Zellen einer Tabelle entsprechend präpariert sind, wird das Blatt selbst mit einem Dateischutz versehen, was dann dem »Scharfmachen« der Alarmanlage gleichkommt. Dabei kann ein Kennwort zugeteilt werden, und nur wer dieses Kennwort kennt, ist in der Lage, den Blattschutz wieder aufzuheben. Alle übrigen Anwender, die Zugriff auf die Datei haben, können den Inhalt der Tabelle zwar einsehen (die Formeln sind mit dem Schutz auf Wunsch unsichtbar), ein Löschen von Zeilen, Spalten oder Zellen oder das Überschreiben der Zellen ist aber nicht möglich.

Standard: Alles gesperrt

Verwirrung stiftet anfangs die Tatsache, dass in neuen Tabellen alle Zellen bereits geschützt sind. Eigentlich wäre es logisch, sich zuerst die Zellen zu suchen, die zu sperren sind, und diese zu schützen. Die Excel-Programmierer sehen es anders:

Alle Zellen des Blattes sind bereits geschützt, Sie können einzelne Zellen »entschützen«. Sehen Sie sich den Zellschutz an:

1. Markieren Sie beliebige Zellen in einer neuen Tabelle.
2. Wählen Sie *Start/Zellen/Format*.
3. In der Kategorie *Schutz* sehen Sie den Befehl *Zelle sperren*. Das Symbol ist eingerastet, die markierten Zellen sind also bereits gesperrt.
4. Öffnen Sie *Zellen formatieren*, und schalten Sie um auf das Register *Schutz*.
5. Das Häkchen an der Option *Gesperrt* zeigt ebenfalls, dass die Zellen bereits mit Zellschutz formatiert sind.

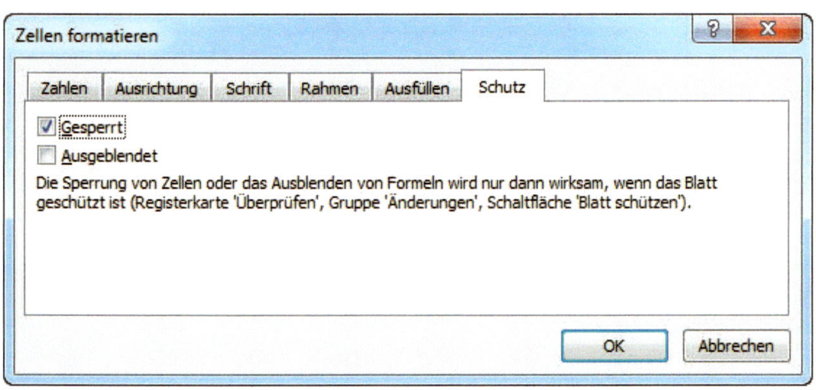

Abbildung 17.12
Die Zelle ist bereits geschützt.

Wird anschließend mit *Start/Zellen/Format/Blatt schützen* der Dateischutz aktiviert, kann keine einzige Zelle mehr geändert werden.

17.4.2 Zellen mit Zellschutz formatieren

Es gibt zwei Wege, Zellen in einem Tabellenblatt zu schützen:

- » Wenn Sie nur einige Zellen zur Eingabe freischalten wollen, lassen Sie alle Zellen geschützt und entfernen nur für die Zellen, in denen der Benutzer Eingaben machen darf, den Zellschutz. Markieren Sie alle Eingabezellen, und wählen Sie *Start/Zellen/Format*. Heben Sie die Option *Zellen sperren* auf, und klicken Sie auf *OK*.
- » Wenn Sie einige Zellen schützen wollen, markieren Sie die gesamte Tabelle. Klicken Sie dazu auf das Kästchen, in dem sich die Zeilennummern und der Spaltenkopf treffen. Wählen Sie *Start/Zellen/Format*. Heben Sie die Option *Zellen sperren* auf, und klicken Sie auf *OK*. Klicken Sie dann auf die Zellen, die Sie sperren wollen, und wählen Sie für diese *Start/Zellen/Format* und *Zellen sperren*.

17.4.3 Tabellenblatt schützen

Unter *Start/Zellen/Format* finden Sie in der Kategorie *Schutz* den Befehl *Blatt schützen*. Damit können Sie den Schutz für das aktive Blatt aktivieren. Ein großes Symbol für den Blattschutz hält auch die Registerkarte *Überprüfen* in der Gruppe *Änderungen* bereit.

Eine Dialogbox wird angezeigt, hier können Sie ein Kennwort zuweisen und den Schutz im Detail regeln. Kreuzen Sie an, was der Benutzer des Blattes bei aktivem Schutz noch darf:

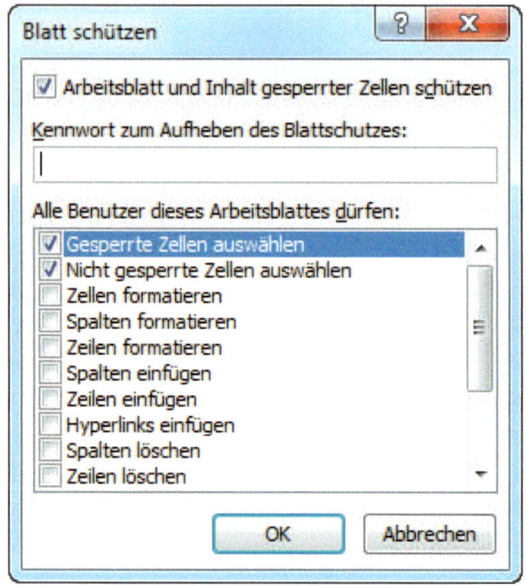

Abbildung 17.14 Der Blattschutz

- » *Arbeitsblatt und Inhalt gesperrter Zellen schützen:* Diese Option muss angekreuzt sein, damit der Blattschutz aktiv wird.
- » *Kennwort zum Aufheben des Blattschutzes:* Geben Sie auf Wunsch ein Kennwort an. Wenn Sie das Feld leer lassen, wird das Blatt zwar geschützt, der Schutz lässt sich aber jederzeit über *Start/Zellen/Format/Blattschutz aufheben* wieder entfernen. Wenn ein Kennwort eingegeben wird, erscheint eine Dialogbox, die dieses zur Sicherheit noch einmal anfordert.
- » *Alle Benutzer dieses Arbeitsblattes dürfen:* In dieser Liste stehen alle Operationen zum Ankreuzen bereit, die mit dem Blattschutz deaktiviert sind. Nur das Positionieren des Zellzeigers auf gesperrten und nicht gesperrten Zellen ist noch erlaubt. Auch die Objekte in der Tabelle sind geschützt, was bewirkt, dass Dia-

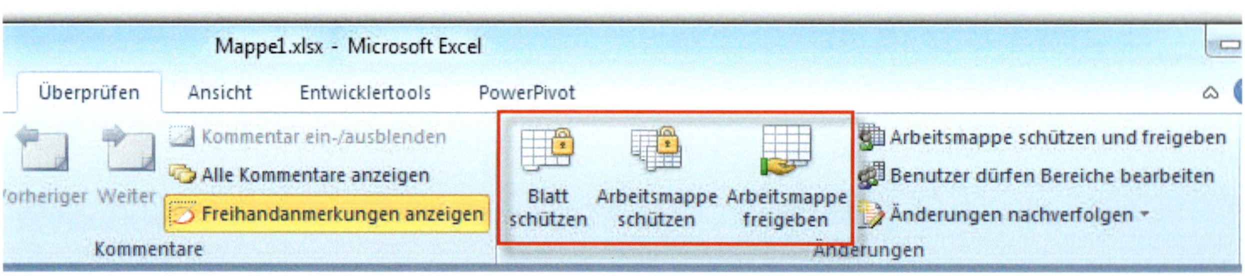

Abbildung 17.13 Schutzmechanismen auf der Registerkarte Überprüfen

grammobjekte, Zeichnungen oder eingefügte Grafiken nicht verschoben werden können.

HINWEIS Achten Sie darauf, dass mit aktiviertem Blattschutz viele Befehle auf allen Registerkarten nicht aktivierbar sind.

17.4.4 Arbeitsmappe schützen

Zusätzlich oder alternativ zum Blattschutz können Sie auch die ganze Arbeitsmappe schützen. Das erspart den Schutz einzelner Bereiche oder Tabellenblätter, der Schutz umfasst immer alle Tabellenblätter der Mappe.

1. Schalten Sie auf die Registerkarte *Überprüfen* um.
2. Klicken Sie auf *Arbeitsmappe schützen,* und wählen Sie *Struktur und Windows schützen*.

» *Struktur:* Ist diese Option gesetzt, können die Blätter der Arbeitsmappe weder verschoben, noch gelöscht, umbenannt, aus- oder eingeblendet werden. Der Versuch, ein Blattregister per Doppelklick zu öffnen, wird mit einer Meldung quittiert:

Arbeitsmappe ist geschützt und kann nicht geändert werden

» *Fenster:* Mit dieser Option schützen Sie den Status des Fensters oder der Fenster einer Arbeitsmappe. Befindet sich die Mappe in einem einzigen Fenster, wird dieses ebenso geschützt wie die Aufteilung in mehrere Fenster. In allen Fenstern wird das System-Menü rechts oben in der Titelleiste entfernt, sodass diese nicht mehr positioniert oder geschlossen werden können.

17.4.5 Blattschutz oder Arbeitsmappenschutz aufheben

Ist eine Tabelle geschützt, heißt auf der Registerkarte *Überprüfen* unter *Änderungen* das erste Symbol *Blattschutz aufheben*. Auf der Registerkarte *Start* sind die meisten Gruppen und Symbole deaktiviert, unter *Zellen/Format* lässt sich der Schutz ebenfalls aufheben. Dabei wird nur der Status aufgehoben, die geschützten Zellen behalten natürlich ihre Formatierung.

Mit dem Aufruf erscheint eine Dialogbox, die das Kennwort anfordert, aber nur, wenn beim Blattschutz ein solches eingetragen wurde. Geben Sie das Kennwort ein, und klicken Sie auf *OK*, um den Schutz aufzuheben.

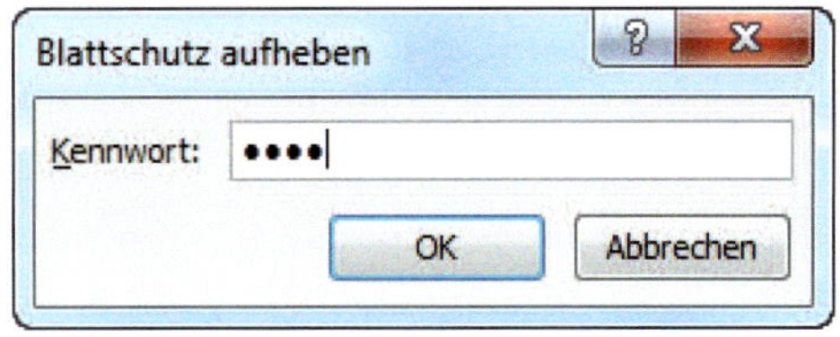

Abbildung 17.15 Das Kennwort wird angefordert.

17.4.6 Benutzerbereiche freigeben

In früheren Versionen war der Schutz von Tabellen oder Arbeitsmappen sehr restriktiv, und die Benutzer ließen sich nur in diejenigen einteilen, die eine Tabelle bearbeiten konnten, und in andere, die darauf keinen Zugriff hatten. In der Praxis ist dieses Verfahren nicht immer ratsam, häufig müssen Mitarbeiter auf Teilbereiche einer Tabelle zugreifen, während andere Datenbereiche unsichtbar oder geschützt sein müssen.

Eine Option schafft Abhilfe: Einzelne Mitarbeiter können in geschützten Tabellen auf Bereiche zugreifen, für die sie ein separates Kennwort erhalten haben, und besonders privilegierte Benutzer werden in eine Benutzerliste eingetragen, sodass sie auch ohne Kennwort auf diese Zellen zugreifen können.

1. Wählen Sie *Überprüfen/Änderungen/Benutzer dürfen Bereiche bearbeiten.*
2. Klicken Sie auf *Neu*, um einen Bereich zu erfassen.

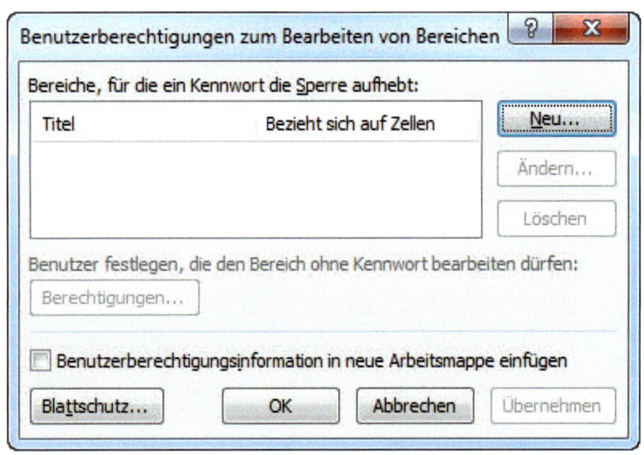

Abbildung 17.16 Benutzerspezifische Schutzbereiche

3. Geben Sie einen Titel für den Bereich ein, und setzen Sie den Cursor in das Bezugsfeld. Ziehen Sie im

Hintergrund den Mauszeiger über den gewünschten Bereich.

4. Im dritten Eingabefeld tragen Sie das Kennwort für diesen Bereich ein. Bestätigen Sie mit Klick auf *OK*, wird der Bereich in die Liste übernommen.
5. Um einen Bereich in der Liste abzuändern, markieren Sie den Eintrag und klicken auf die Schaltfläche *Ändern*. Die Bereichsbezeichnung, der Zellbereich und das Kennwort können damit verändert werden.

Mit der Schaltfläche *Löschen* entfernen Sie einen benutzerspezifischen Bereich.

Berechtigungen

Über die Schaltfläche *Berechtigungen* gelangen Sie in einen Bereich, in dem Gruppen oder Benutzer angegeben werden, die den markierten Bereich ohne Kennworteingabe bearbeiten dürfen.

Klicken Sie auf die Schaltfläche *Hinzufügen*, und bestimmen Sie die Einzelheiten für die Berechtigungen.

» *Objekttypen:* Hier wählen Sie zwischen integrierten Sicherheitsprinzipalen, Gruppen und Benutzern. Das sind z.B. Administratoren, Systemadministratoren, authentifizierte Benutzer, anonyme Anmeldungen oder andere Objekte, die in der Benutzerverwaltung (Single-PC) oder auf dem Netzwerk-Server mit Zugriffsrechten ausgestattet sind.

» *Pfade:* Wählen Sie hier die Anschlüsse aus, die im Netzwerk zur Verfügung stehen, Das können andere Computer sein, virtuelle Laufwerke oder Intranet-/Internet-Adressen.

» *Objektnamen:* Hier geben Sie den oder die Objektnamen der berechtigten Objekte ein. Das können Benutzernamen aus der Benutzerverwaltung sein, Computernamen im Netzwerk oder Objekte mit Domänenangabe (objekt@domäne).

» *Erweitert:* Ein Klick auf diese Schaltfläche öffnet einen Dialog, in dem die eingestellten Objekttypen in den eingestellten Pfaden gesucht werden können. Dazu verwenden Sie Wildcards (Name beginnt mit, Beschreibung beginnt mit ...). Klicken Sie auf *Jetzt suchen*, werden alle infrage kommenden Benutzer und Gruppen gelistet, und Sie können einen Eintrag markieren und mit Klick auf *OK* in die Berechtigungsliste aufnehmen.

17.5 Arbeitsmappen freigeben

Das Zauberwort heißt *Collaborating* und bedeutet nichts anderes als Zusammenarbeit. Was mit aufwendigen Softwarelösungen auch von Microsoft versucht wird, nämlich die gemeinsame Nutzung von Dateien im Netzwerk sicherzustellen, lässt sich mit einer Einstellung in Excel einfacher realisieren. Arbeitsmappen, die von mehreren Anwendern im Netz nicht nur eingesehen, sondern auch bearbeitet werden müssen, werden auf einem Netzwerklaufwerk oder einem gemeinsamen Netzwerkordner freigegeben. Damit jeder Beteiligte auch sehen kann, was von den übrigen »Kollaborateuren« geändert wurde, wird ein Protokoll fortgeschrieben.

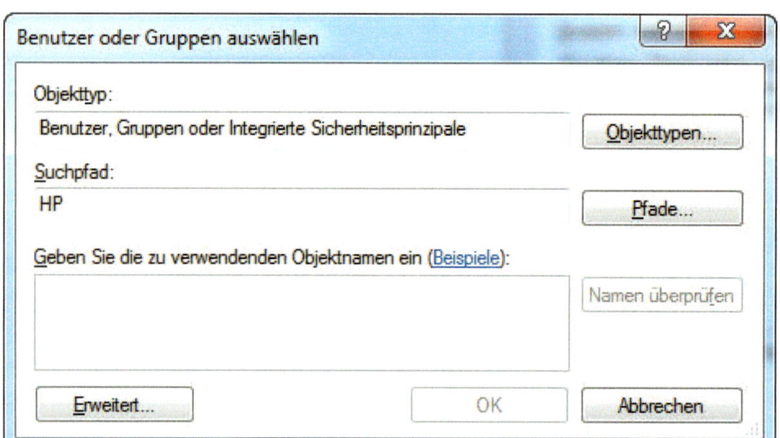

Abbildung 17.17
Berechtigte Gruppen und Benutzer bestimmen

TIPP Die gemeinsame Bearbeitung sollte abgeschlossen sein, wenn eine Mappe auf einem Windows SharePoint-Server veröffentlicht wird. Auf diesem Server kann nur jeweils ein Benutzer Änderungen an der Mappe vornehmen.

17.5.1 Was kann geändert werden?

Benutzer freigegebener Mappen dürfen natürlich Daten erfassen, erfasste Daten ändern, Daten hinzufügen und löschen. Nicht geändert werden dürfen diese Elemente einer Arbeitsmappe:

- » Formatierungen wie verbundene Zellen und bedingte Formate
- » Datenüberprüfung (Rechtschreibprüfung)
- » Diagramme, Grafiken und Objekte, auch Zeichnungsobjekte
- » Hyperlinks
- » Szenarios
- » Gliederungen und Teilergebnisse
- » Datentabellen (Was-wäre-wenn-Analysen)
- » Tabellen
- » PivotTable-Berichte
- » Arbeitsmappen- und Arbeitsblattschutz
- » VBA-Makros

Freigegebene Mappen dürfen auch mit unterschiedlichen Programmversionen bearbeitet werden, vorausgesetzt, diese sind im Kompatibilitätsmodus abgespeichert und lassen sich auch mit früheren Excel-Versionen bearbeiten.

17.5.2 Freigeben einer Arbeitsmappe

Erstellen Sie eine Arbeitsmappe, und tragen Sie alle Daten ein, die den übrigen Mitarbeitern Ihrer Arbeitsgruppe zur Verfügung stehen sollen. Formatieren Sie die Mappe entsprechend, gehen Sie aber wie immer sparsam mit Zellformaten wie Schrift, Muster und Rahmen um.

Hier ein Beispiel aus der Praxis: Das Störungsprotokoll enthält die Stördaten von Maschinen aus unterschiedlichen Bereichen. Die Maschinennamen sind in einem zweiten Tabellenblatt hinterlegt, die Störungstabelle verwendet die Namen aus der Liste als Datenüberprüfungsliste (Tabellen sind leider nicht erlaubt).

CD-ROM Das Beispiel finden Sie auf der Buch-CD unter *Protokoll.xlsx*.

Bevor Sie mit Freigaben arbeiten, stellen Sie sicher, dass Ihr Name als Benutzername angezeigt wird. Unter *Optionen* im *Datei*-Menü können Sie diesen in der Kategorie *Häufig verwendet* eintragen. Damit sind Sie eindeutig als Bearbeiter der Mappe identifizierbar, und das sollten auch die übrigen Mitglieder Ihrer Arbeitsgruppe sein.

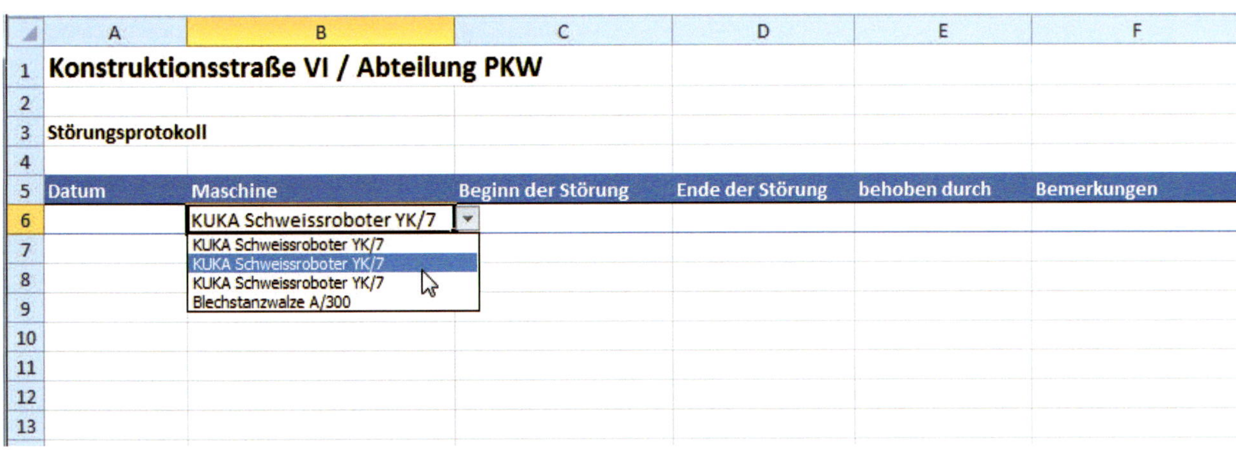

Abbildung 17.18 Ein Störungsprotokoll mit Maschinenauswahl

1. Wählen Sie auf der Registerkarte *Überprüfen Änderungen/Arbeitsmappe freigeben*.
2. Kreuzen Sie die Option *Bearbeitung von mehreren Benutzern zur selben Zeit zulassen* an.
3. Geben Sie auf der Registerkarte *Weitere* die Details für diese Einstellung ein (siehe Folgendes).
4. Klicken Sie auf *OK*, und speichern Sie die Arbeitsmappe auf einem freigegebenen Netzlaufwerk (keinem Webserver).

Wenn die Arbeitsmappe nicht geschützt ist, können alle Anwender, die Zugriff auf das Netzwerklaufwerk haben, Änderungen vornehmen. Wollen Sie die Mappe schützen, wählen Sie unter *Überprüfen/Änderungen* den Befehl *Arbeitsmappe schützen und freigeben*. Der Befehl heißt *Freigegebene Arbeitsmappe schützen*, wenn die Arbeitsmappe bereits freigegeben ist. Kreuzen Sie die Option *Freigabe mit Änderungsprotokoll* an, und tragen Sie (optional) ein Kennwort ein.

Der Befehl in der Gruppe *Änderungen* heißt *Freigabeschutz aufheben*, wenn die Mappe freigegeben und geschützt ist. Klicken Sie auf diesen Befehl, wird nach Anforderung des Kennworts der Freigabeschutz aufgehoben.

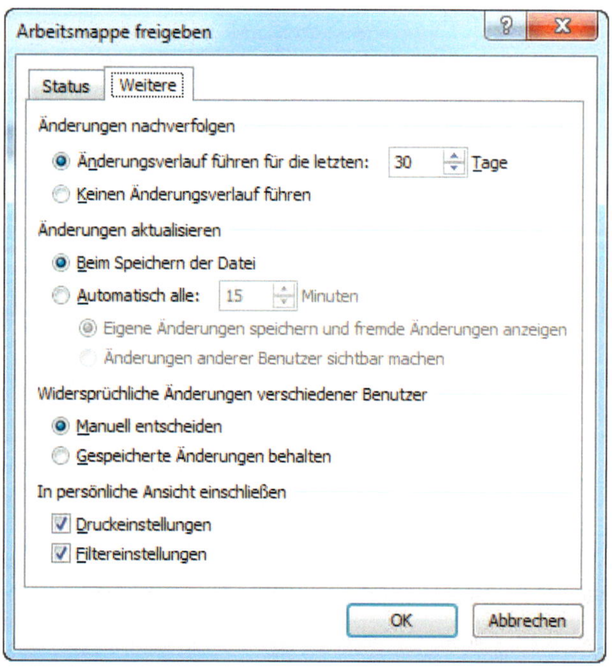

Abbildung 17.19 Arbeitsmappenfreigabe und Freigabeoptionen

- *Änderungen nachverfolgen*: Geben Sie hier ein Intervall in Tagen an, in dem Sie die Änderungen in der Mappe verfolgen wollen. Wenn Sie keinen Änderungsverlauf durchführen, wird ein bestehender Verlauf gelöscht, und die Änderungen sind nicht mehr verfügbar.
- *Änderungen aktualisieren:* Hier können Sie angeben, ob die Änderungen beim Speichern der Datei oder nach einem Zeitintervall aktualisiert werden.
- *Widersprüchliche Änderungen verschiedener Benutzer*: Geben Sie hier an, was passiert, wenn mehrere Benutzer gleiche Änderungen durchführen, zum Beispiel den Inhalt einer Zelle ändern (*siehe Kapitel 16.5.4: Konflikte löschen*).
- *In persönliche Ansicht einschliessen:* Hier können Sie wahlweise die Druck- und Filtereinstellungen in Ihre Ansicht einschließen.

17.5.3 Benutzer entfernen

Sie können als Besitzer der Mappe, der mit den entsprechenden Rechten ausgestattet ist, einen Benutzer entfernen. Starten Sie dazu *Arbeitsmappe freigeben* unter *Überprüfen/Änderungen*, markieren Sie den Benutzer, und klicken Sie auf *Benutzer entfernen*. Der Benutzer wird nach einer Warnmeldung entfernt, alle Daten, die er bis dato eingegeben oder geändert hatte und die nicht automatisch gespeichert wurden, werden dabei gelöscht.

Der Benutzer wird nur aus der Liste entfernt, er kann sich jederzeit wieder einloggen. Diese Option wird meist benötigt, wenn Arbeitsmappen geschlossen werden müssen und noch inaktive Benutzer angemeldet sind.

17.5.4 Konflikte löschen

Ein Konflikt entsteht, wenn zwei oder mehrere Benutzer gleichzeitig eine Zelle ändern. Beim Speichern der Arbeitsmappe erscheint ein Dialog, in dem alle Änderungen, sowohl die eigenen als auch die kollidierenden anderer Benutzer, angezeigt werden. Sie können jede Änderung markieren und bestimmen, was damit geschehen soll:

- *Meine verwenden:* Die Änderungen anderer Benutzer werden gelöscht.

» *Andere verwenden:* Die eigenen Änderungen werden entfernt.

» *Nur meine verwenden:* Alle Änderungen anderer Benutzer werden gelöscht, wenn sie mit den eigenen kollidieren.

» *Nur andere verwenden:* Alle eigenen Änderungen werden verworfen, wenn sie mit anderen kollidieren.

17.5.5 Änderungen nachverfolgen

In besonders kritischen Fällen können alle Änderungen zunächst protokolliert und farbig gekennzeichnet werden, bevor sie von einzelnen Benutzern übernommen werden. Mit *Änderungen nachverfolgen/Änderungen hervorheben* unter *Überprüfen/Änderungen* wird die Option *Änderungen hervorheben* gesetzt. Die Arbeitsmappe wird automatisch freigegeben, falls sie noch nicht freigegeben ist. Geben Sie an, wann Sie die Änderungen kennzeichnen wollen, und wählen Sie die Benutzer aus der Liste, deren Änderungen Sie hervorheben wollen. Im Feld unter *Wo* können Sie noch den Zellbereich eingrenzen, in dem Sie Änderungen kennzeichnen wollen.

Kreuzen Sie die Option *Änderung am Bildschirm hervorheben* an, wird jede Änderung mit einem kleinen farbigen Dreieck links oben in der Zelle und einem Kommentarfeld gekennzeichnet.

Kreuzen Sie die Option *Änderungen auf einem neuen Blatt protokollieren* an, erhalten Sie das Tabellenblatt *Änderungsverlauf*, in dem alle Änderungen protokolliert sind. Dieses Blatt lässt sich nicht löschen, es wird automatisch entfernt, wenn Sie die Änderungen bearbeitet (angenommen oder abgelehnt) haben.

17.5.6 Änderungen annehmen oder ablehnen

Um alle Änderungen in einer freigegebenen und von mehreren Anwendern benutzten Arbeitsmappe zu fixieren, starten Sie einen Änderungslauf, in dem Sie alle Änderungen einzeln oder in Gesamtheit überprüfen können.

1. Wählen Sie auf der Registerkarte *Überprüfen* unter *Änderungen/Änderungen nachverfolgen/Änderungen annehmen/ablehnen*.
2. Die erste Änderung wird angezeigt, wählen Sie *Annehmen* oder *Ablehnen*.
3. Klicken Sie auf *Alle annehmen* oder *Alle ablehnen*, wenn Sie alle weiteren Änderungen übernehmen oder verwerfen wollen.

Um die Kennzeichnung von Änderungen wieder aufzuheben, entfernen Sie unter *Änderungen nachverfolgen/Änderungen hervorheben* das Häkchen bei der Option *Änderungen während der Eingabe protokollieren*.

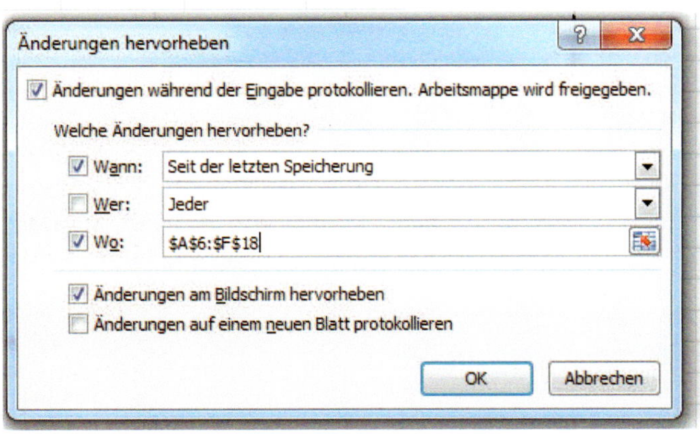

Abbildung 17.20 Änderungen werden gekennzeichnet und hervorgehoben.

17.5.7 Freigabe der Arbeitsmappe aufheben

Die gemeinsame Arbeit an der Arbeitsmappe ist abgeschlossen, Sie können die Freigabe wieder aufheben und damit auch das Änderungsprotokoll löschen. Stellen Sie sicher, dass alle Mitarbeiter davon Kenntnis haben, damit diese nicht noch weitere Änderungen vornehmen. Das Protokoll im Tabellenblatt *Änderungsverlauf* sollten Sie drucken oder sichern, es wird kommentarlos gelöscht.

1. Klicken Sie unter *Überprüfen/Änderungen* auf *Arbeitsmappe freigeben*.
2. Entfernen Sie Benutzer, die noch an der Mappe arbeiten.
3. Deaktivieren Sie das Kontrollkästchen *Bearbeitung von mehreren Benutzern zur selben Zeit zulassen*. Dies ermöglicht außerdem das Zusammenführen von Arbeitsmappen.
4. Wenn die Option nicht deaktivierbar ist, entfernen Sie in der Gruppe *Änderungen* den Freigabeschutz.

Nach einer Warnmeldung wird die Freigabe der Arbeitsmappe entfernt, und nur der Besitzer bzw. Erstbenutzer kann diese wieder ändern und speichern.

17.6 Das Sicherheitscenter

Eine Anmerkung vorweg: Alle Beschreibungen in diesem Kapitel beziehen sich auf die Standardinstallation, in der Sie als Anwender volle Rechte für Ihr System haben. Ihr Benutzerkonto unter Windows muss mit Administratorrechten versehen sein. In einem Unternehmensnetzwerk hat der Systemadministrator mit Sicherheit (oder zur Sicherheit) viele Einstellungen bereits bei der Installation deaktiviert, und die *User* haben in der Regel keine Möglichkeit, diese abzuändern.

Für die vielen Sicherheitseinstellungen hat Excel eine Sammelstelle in den Optionen eingerichtet. Schalten Sie im *Backstage* (*Datei*-Menü) auf *Optionen/Sicherheitscenter*.

In der ersten Rubrik der Kategorie finden Sie Links zum Thema Datenschutz. Klicken Sie diese an, um Microsofts Erklärungen zum Datenschutz zu lesen. Die Links aktivieren die Online-Seiten von *office.microsoft.com* und *privacy.microsoft.com* (eine funktionierende Online-Verbindung vorausgesetzt).

Der Link *Programm zur Verbesserung der Benutzerfreundlichkeit* verzweigt ebenfalls auf die Internet-Seite

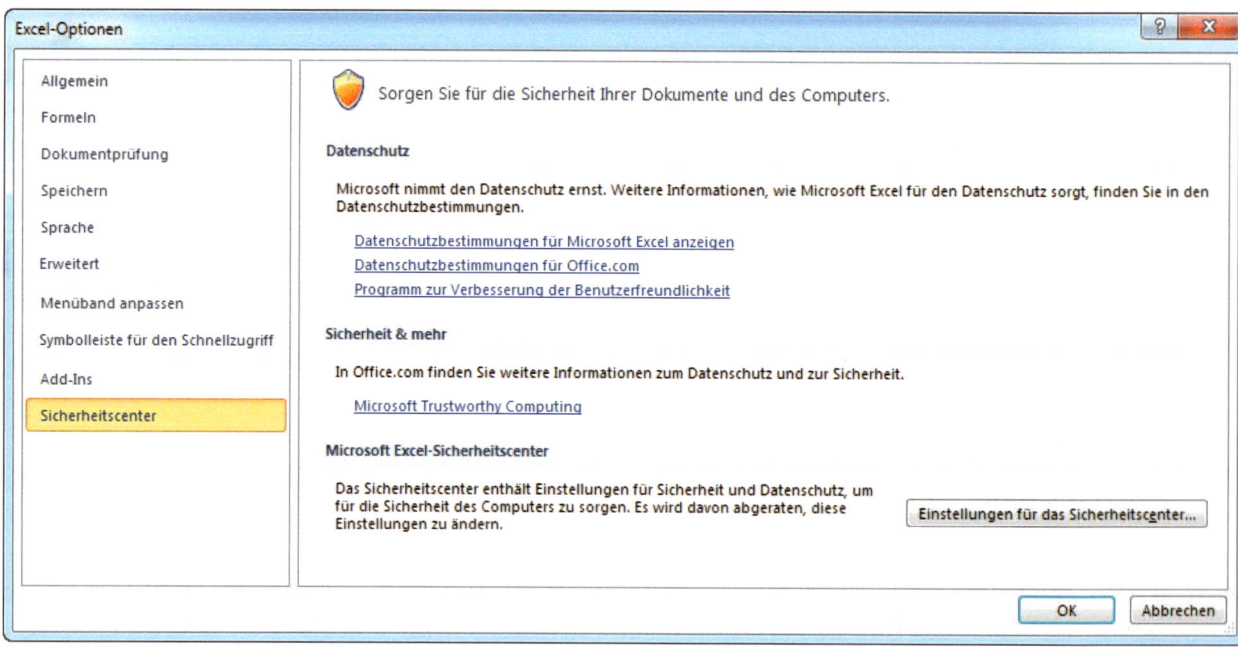

Abbildung 17.21 Die Kategorie Sicherheitscenter im Datei-Menü

office.microsoft.com und zeigt die Beschreibung zu diesem Programm an. Die Anmeldung dazu finden Sie in den Einstellungen des Sicherheitscenters in der Kategorie *Datenschutzoptionen*.

Unter *Sicherheit & mehr* führt Sie der erste Link zum Windows-Sicherheitscenter. Überprüfen Sie hier, ob die Windows-Firewall richtig konfiguriert ist und ob das Virenschutzprogramm ordnungsgemäß arbeitet. Das Sicherheitscenter wird in Windows über die Systemsteuerung aktiviert.

Der zweite Link führt zur Microsoft-Seite der Initiative *Trustworthy Computing* (vertrauenswürdiges Arbeiten mit Computern). Diese auf Kooperation basierende Initiative wurde gegründet, um langfristig die Sicherheit und Zuverlässigkeit im Umgang mit Computern herzustellen, sie richtet sich an Privatanwender, Entwickler, Unternehmen und Profis im Computerbereich:

www.microsoft.com/germany/sicherheit/twc/twchomepage.mspx

17.6.1 Einstellungen für das Sicherheitscenter

Klicken Sie auf diese Schaltfläche, um alle Einstellungen zu überprüfen, die das Sicherheitscenter anbietet.

Vertrauenswürdige Herausgeber

Als Mitarbeiter oder Leiter eines Unternehmens, als Freiberufler oder Privatperson müssen Sie auch Entscheidungen über den Einsatz von makrogesteuerten Anwendungen, ActiveX-Komponenten oder Add-Ins treffen. Die Herausgeber (Entwickler) dieser Lösungen können Sie in dieser Liste festhalten und damit sicherstellen, dass nur sichere Anwendungen zum Einsatz kommen. Vertrauenswürdig ist ein Herausgeber, wenn er diese Kriterien erfüllt:

- Das Makro wurde vom Entwickler mit einer digitalen Signatur signiert. Eine digitale Signatur ist ein elektronisches, sicheres und auf Verschlüsselung basierendes Authentifizierungszeichen in einem Makro oder Dokument. Diese Signatur bestätigt, dass das Makro bzw. das Dokument von der Person stammt, die es signiert hat, und nicht verändert wurde.
- Die digitale Signatur ist gültig. Gültig ist der Status des Zertifikats, das anhand der Datenbank einer Zertifizierungsstelle überprüft wurde und rechtmäßig, aktuell und nicht abgelaufen oder gesperrt ist. Dokumente, die mit einem gültigen Zertifikat signiert und seitdem nicht geändert wurden, werden als gültig betrachtet.
- Diese digitale Signatur ist aktuell (nicht abgelaufen).
- Das Zertifikat, das der digitalen Signatur zugeordnet ist, wurde von einer vertrauenswürdigen Zertifizierungsstelle ausgestellt. Eine Zertifizierungsstelle ist ein kommerzielles Unternehmen, das digitale Zertifikate ausstellt, überwacht, wer einem Zertifikat zugewiesen ist, Zertifikate zum Bestätigen ihrer Gültigkeit signiert und nachverfolgt, welche Zertifikate gesperrt oder abgelaufen sind.
- Der Entwickler, der das Codeprojekt signiert hat, ist selbst ein vertrauenswürdiger Herausgeber.

TIPP Wie eine solche Signatur für Makromappen erstellt wird, lesen Sie in *Kapitel 20: VBA-Praxis*.

Vertrauenswürdige Speicherorte

Eine weitere Möglichkeit, die Sicherheitseinstellungen im Sicherheitscenter und die damit verbundenen Sicherheitsmeldungen beim Aktivieren von makrogesteuerten Anwendungen oder ActiveX-Komponenten zu umgehen, ist die Definition vertrauenswürdiger Speicherorte. Dabei handelt es sich um Ordner auf der Festplatte oder im Netzwerk oder auf freigegebenen Netzlaufwerken.

Sie können das Sicherheitscenter mit dieser Option sinnvoll koordinieren, indem Sie alle Makros und Anwendungen, die Sie nicht als hundertprozentig sicher einstufen können, zunächst in einen »normalen« Ordner speichern. Wenn die Sicherheit gewährleistet ist, speichern Sie die Anwendung in einem Ordner, den Sie in dieser Liste als vertrauenswürdig eingestuft haben, und die Warnmeldungen werden nicht mehr angezeigt. Achten Sie aber auf folgende Sicherheitseinstellungen:

- Verwenden Sie nicht die Ordner *Eigene Dateien* (Windows XP) oder *Dokumente* (Windows Vista/Windows 7), sondern möglichst einen Unterordner dieser Ordner.
- Stellen Sie sicher, dass Ihr Benutzerkonto nur durch Eingabe eines Kennworts aktiviert werden kann.

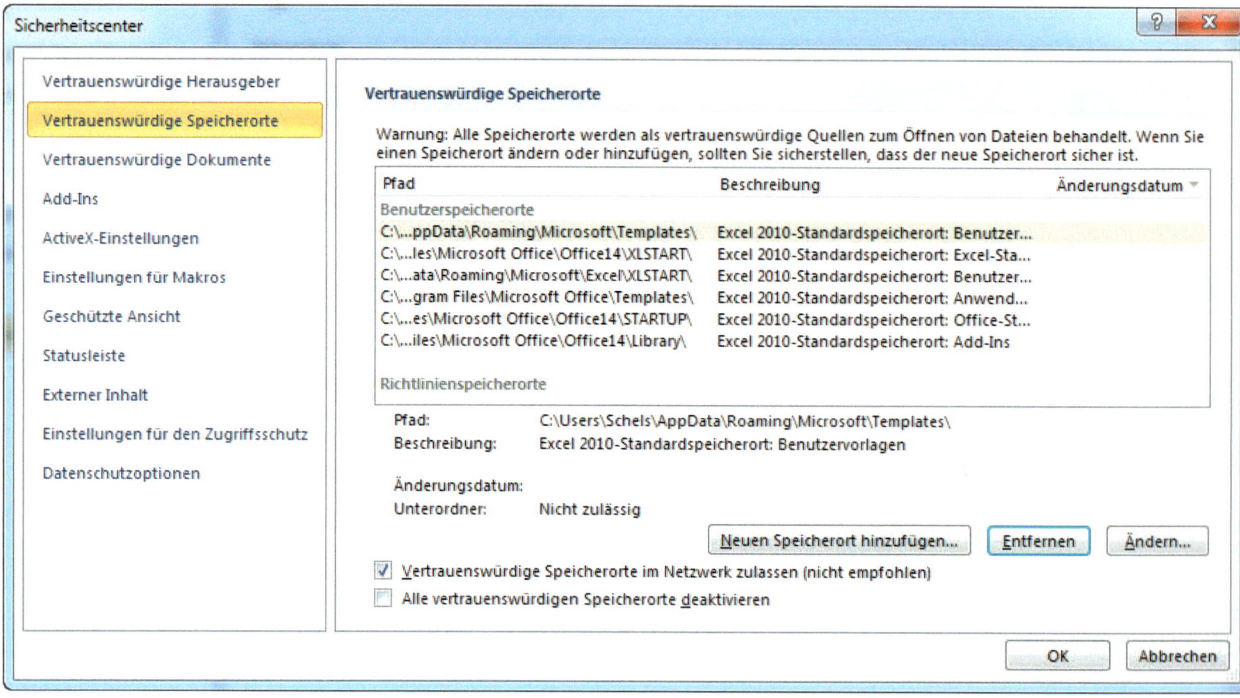

Abbildung 17.22 Vertrauenswürdige Speicherorte

» Schützen Sie den Ordner mit dem *Windows Encrypting File System*, damit nur Sie alleine darauf zugreifen können (rechte Maustaste auf den Ordner, *Eigenschaften, Erweitert, Inhalt verschlüsseln*).

Die Liste enthält bereits einige Ordner, die Excel bei der Installation eingetragen hat. Darunter sind der Office-Templates-Ordner, der die Office-Vorlagen enthält, der *STARTUP*-Ordner und der Ordner *XLSTART*, in dem die Startdateien von Excel und die persönliche Makroarbeitsmappe gespeichert werden.

1. Klicken Sie auf *Neuen Speicherort hinzufügen*, wenn Sie einen weiteren Ordner eintragen wollen. Geben Sie den Ordner an, oder wählen Sie *Durchsuchen*.
2. Klicken Sie auf *Unterordner dieses Speicherorts sind ebenfalls vertrauenswürdig*, damit auch die Ordner in der zweiten Ebene als vertrauenswürdig eingestuft werden.
3. Mit *Ändern* können Sie einen markierten Eintrag abändern, und *Löschen* entfernt den Ordner aus der Liste.

Vertrauenswürdige Dokumente

Enthält eine Arbeitsmappe aktive Inhalte wie Makros, Verknüpfungen auf externe Quellen oder ActiveX-Elemente, wird Excel den Anwender zunächst darauf hinweisen und ihm die Möglichkeit geben, diese Inhalte zu deaktivieren. Dazu erscheint eine Warnmeldung unterhalb des Menübandes. Öffnen Sie beispielsweise eine Makrodatei mit der Endung XLSM von der CD zu diesem Buch:

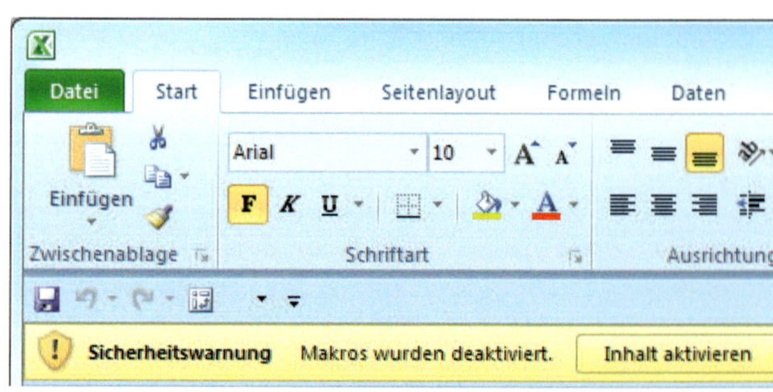

Abbildung 17.23 Sicherheitswarnung: Mappe enthält aktive Inhalte.

Klicken Sie auf *Inhalte aktivieren*, wird der aktive Inhalt bestätigt, aber das ist nur zu empfehlen, wenn Sie sichergehen können, dass dadurch kein Schaden entsteht. Die aktiven Inhalte können nämlich auch sofort nach dem Start aktiv werden, zum Beispiel als Startmakros der Arbeitsmappe.

CD-ROM Probieren Sie *VBA Startmakrotest.xlsm* von der CD zum Buch.

Schalten Sie in die *Backstage*-Ansicht (*Datei*-Menü), und sehen Sie sich die Information zur Mappe an. Auch hier lässt sich die Mappe mit *Inhalte aktivieren* freischalten, Sie können aber unter *Erweiterte Optionen* dafür sorgen, dass diese Aktion nur einmal, nämlich für diese Sitzung, gilt.

Klicken Sie im nächsten Dialog auf *Inhalte für diese Sitzung aktivieren*. Damit wird die Mappe freigeschaltet, beim nächsten Mal wird die Sicherheitsmeldung wieder erscheinen.

Aktivieren Sie die Inhalte mit der ersten Option *Alle Inhalte aktivieren*, wird das Dokument als vertrauenswürdig eingestuft, und die Sicherheitsmeldungen erscheinen beim nächsten Öffnen der Mappe nicht mehr.

Dafür sorgt die Einstellung unter *Vertrauenswürdige Dokumente im Sicherheitscenter*. Ist die Option *Vertrauenswürdigkeit von Dokumenten im Netzwerk zulassen* aktiv, gilt das auch für Dateien, die aus Netzwerkordnern heraus aktiviert werden. Wenn Sie generell keinem Dokument trauen wollen, schalten Sie *Vertrauenswürdige Dokumente deaktivieren* ein.

ACHTUNG Das Deaktivieren aller Dokumente gilt nicht für vertrauenswürdige Speicherorte. Haben Sie einen Ordner in diese Liste eingefügt, werden die Mappen mit aktiven Inhalten ohne Warnung geöffnet, auch wenn die *Vertrauenswürdigen Dokumente* deaktiviert sind.

Abbildung 17.24 Inhalte aktivieren

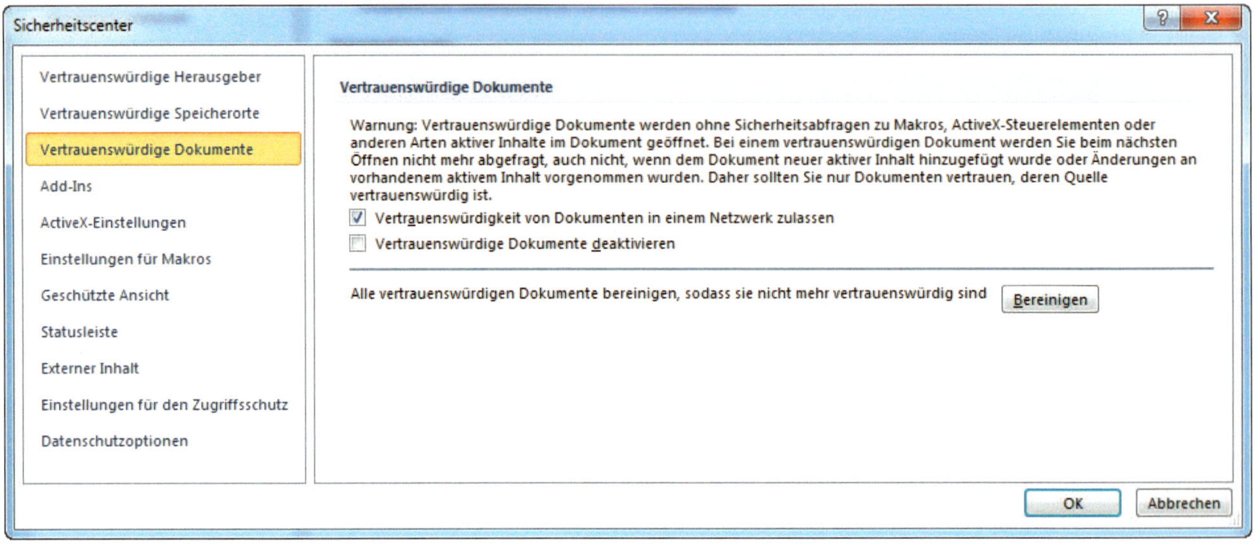

Abbildung 17.25 Vertrauenswürdige Dokumente

Klicken Sie auf die Schaltfläche *Bereinigen*, entfernen Sie alle Dokumente, die Sie als vertrauenswürdig eingestuft hatten, aus der Liste. Bestätigen Sie die Sicherheitsmeldung mit OK.

Wo legt Excel denn diese Liste an, in die alle Mappen mit aktiven Inhalten geschrieben werden? Das kann nur die *Registry* sein, die Windows-Registrierdatenbank, in der auch für Office und Excel benutzerspezifische Schlüssel hinterlegt sind. Wenn Sie die Rechte für die Änderung der Registry haben, suchen Sie den Schlüssel und sehen sich die bereits registrierten vertrauenswürdigen Dokumente an:

1. Schreiben Sie in das Ausführen-Feld des Windows-Startmenüs:

   ```
   Regedit
   ```

2. Suchen Sie diesen Schlüssel:

   ```
   HKEY_CURRENT_USER\Software\Microsoft\Office\14.0\
   Excel\Security\Trusted Documents\TrustRecords
   ```

Die Dokumente in dieser Liste können Sie auch einzeln löschen, klicken Sie mit der rechten Maustaste auf den Eintrag, und wählen Sie *Löschen*.

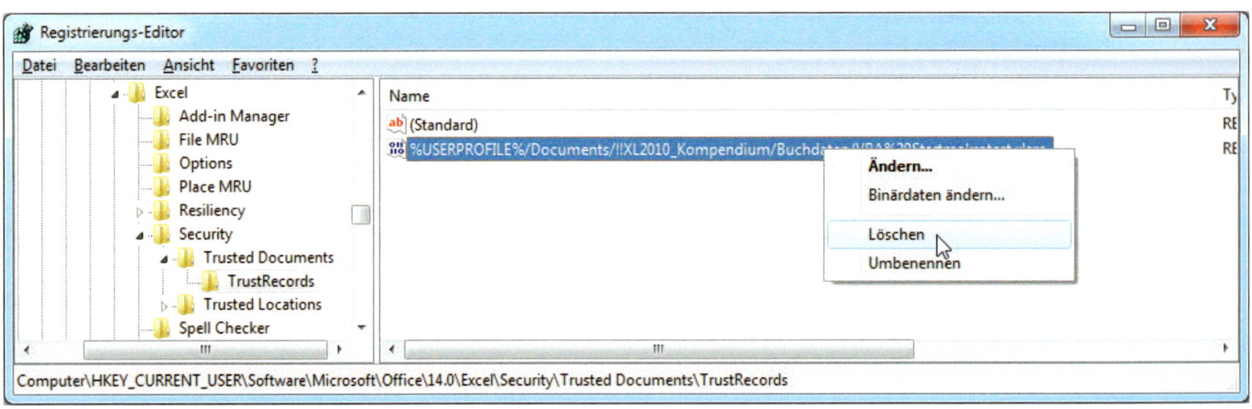

Abbildung 17.26 Vertrauenswürdige Dokumente in der Registry

Add-Ins

In dieser Kategorie bestimmen Sie, wie Add-Ins behandelt werden, wenn diese im Excel-Programmfenster aktiviert werden. Add-Ins sind Makrolösungen, die in einem speziellen Format gespeichert werden. In den Optionen finden Sie eine Kategorie *Add-Ins*, in der Sie diese Makroanwendungen verwalten können (*siehe Kapitel 20: VBA-Praxis*).

Durch die Tatsache, dass sie für den Benutzer unsichtbar bleiben, können sie ein höheres Risiko darstellen als einfache Makroarbeitsmappen.

Kreuzen Sie die erste Option an, wenn das Add-In ein Zertifikat von einem vertrauenswürdigen Herausgeber haben muss. Dieser muss wie zuvor beschrieben in Ihrer Liste aufgeführt sein, damit seine Add-Ins funktionieren.

Mit der zweiten Option deaktivieren Sie die Sicherheitsmeldung für Add-Ins, die nicht aktiviert werden.

Die dritte Option schaltet alle Add-Ins aus und ist nicht zu empfehlen, da Add-Ins auch als Teile des Programms geladen werden können.

In der Praxis sollten Sie die Standardeinstellung unverändert lassen und keine der drei Optionen ankreuzen.

ActiveX-Einstellungen

ActiveX ist eine Art Programmiersprache, mit der Objekte vom Textfeld bis zur kompletten Symbol- und Dialogsteuerung, sogenannte ActivceX-Objekte, erstellt werden. Mit diesen Objekten werden ausführbare Programme ausgerüstet. ActiveX-Objekte können nur mit dem Internet Explorer oder mit einem Office-Programm wie Excel aktiviert werden. Die Tastsache, dass diese Objekte extrem leistungsfähig sind und von einfachen Dialogen über Datei- und Ordneroperationen bis zur Änderung der *Registry* (Windows-Registrierdatenbank) alles können, macht sie zu einem großen Risiko. Aus diesem Grund sind ActiveX-Objekte häufig in den Optionen des Internet Explorers deaktiviert, und in manchen Systemumgebungen sind sie für Windows komplett gesperrt.

Entscheiden Sie mit den Einstellungen im Sicherheitscenter, wie mit ActiveX-Objekten verfahren wird. In der Praxis müssen Sie die Einstellung nicht ändern, die dritte Option sorgt dafür, dass eine Warnmeldung erscheint, wenn ein ActiveX-Objekt aktiv wird.

Aktivieren Sie das Kontrollkästchen *Abgesicherter Modus*, wenn Sie nur SFI-Objekte im abgesicherten Modus aktivieren wollen. Dieser Modus bedeutet, dass der Entwickler das Element als sicher gekennzeichnet hat.

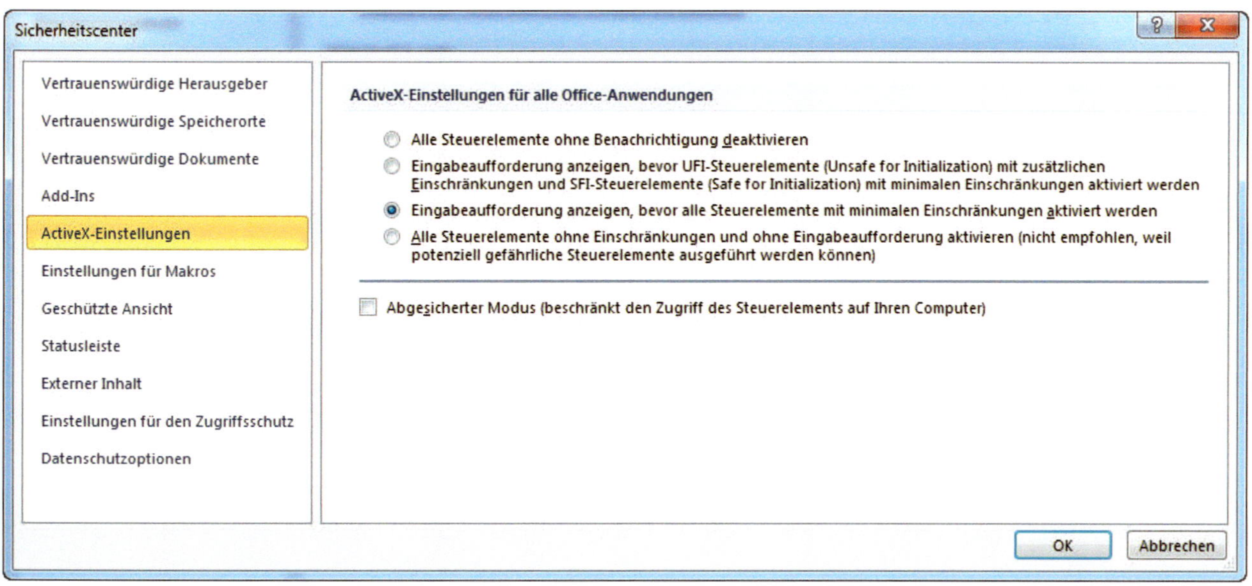

Abbildung 17.27 ActiveX-Objekte werden abgesichert.

Einstellungen für Makros

Makros sind Programme im Programm, entweder ausführbare Routinen (Prozeduren) oder Funktionen, die wie die eingebauten Funktionen Berechnungen durchführen, aber auch Aktionen starten können. Ein Makro kann eine einfache, harmlose Aufzeichnung von Eingaben, Tastenanschlägen und Befehlen sein. Die Programmiersprache VBA ermöglicht es aber auch, Makros zu schreiben, die Dateien kopieren, löschen, versenden, externe Anwendungen installieren und in die Registry von Windows eingreifen. Aus diesem Grund ist jedes Makro zunächst ein potenzielles Risiko, und diese Einstellungen sorgen dafür, dass Sie als Anwender die Kontrolle über Makros behalten.

» *Alle Makros ohne Benachrichtigung deaktivieren:* Damit würden Sie keine VBA-Makros zulassen, weder automatisch startende noch Makros, die über Schaltflächen oder Symbole aktiviert werden. Die Einstellung ist nicht zu empfehlen.

» *Alle Makros mit Benachrichtigung deaktivieren:* Das ist die Standardeinstellung, damit wird eine Warnmeldung angezeigt, wenn eine Arbeitsmappe geöffnet wird, die ausführbare Makros enthält.

» *Alle Makros ausser digital signierten Makros deaktivieren:* Diese Einstellung ist nicht sicherer als die Standardeinstellung, weil Makros relativ einfach digital signiert werden können.

» *Alle Makro aktivieren:* Diese Option sollten Sie auf keinen Fall benutzen. Sie würde dafür sorgen, dass Makros ohne Warnmeldung schon beim Öffnen einer Mappe aktiv werden können.

In der Gruppe *Entwicklermakroeinstellungen* finden Sie noch die Option *Zugriff auf das VBA-Projektobjektmodell vertrauen*. Setzen Sie hier ein Häkchen, wenn Sie Makrolösungen zulassen wollen, die auf die Entwicklungsumgebung VBA-Editor zugreifen (zum Beispiel um Code aus Modulen zu kopieren).

Geschützte Ansicht

In dieser Kategorie sorgen Sie dafür, dass Arbeitsmappen mit Warnmeldung aktiviert werden, wenn sie aus dem Internet, aus einem temporären Ordner oder aus Outlook-Mailanlagen kommen. Zeigen Sie auf das Info-Symbol an der Option, erhalten Sie eine Erklärung dazu.

Suchen Sie beispielsweise in Google nach Dateien mit dem Dateityp xls oder xlsx, erhalten Sie Links, die direkt auf gespeicherte Mappen verweisen:

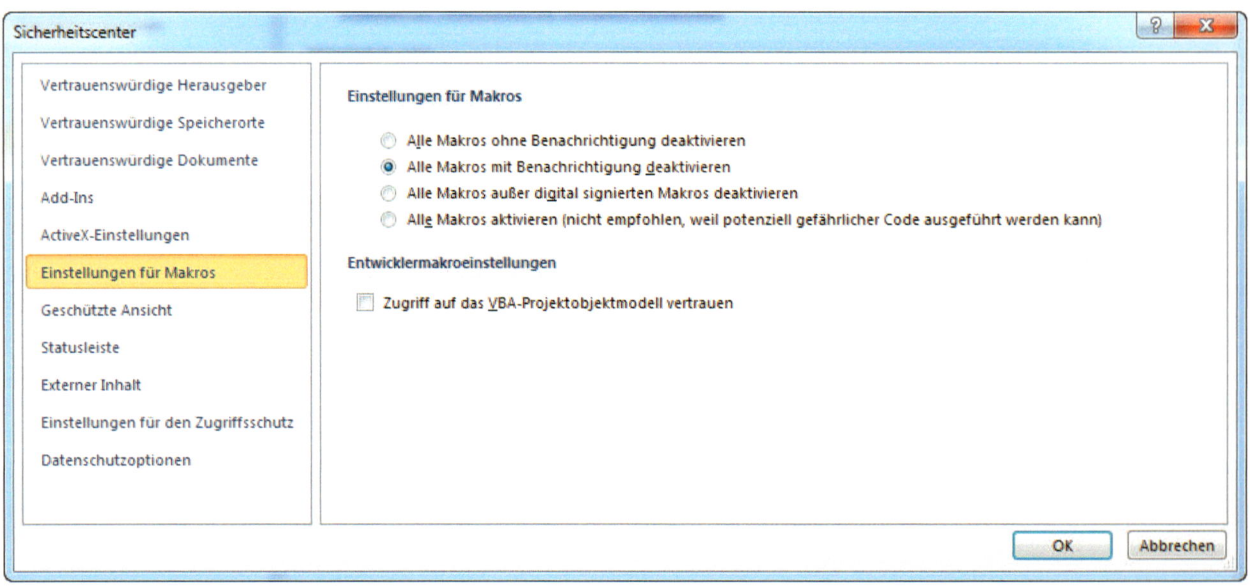

Abbildung 17.28 Einstellungen für Makros

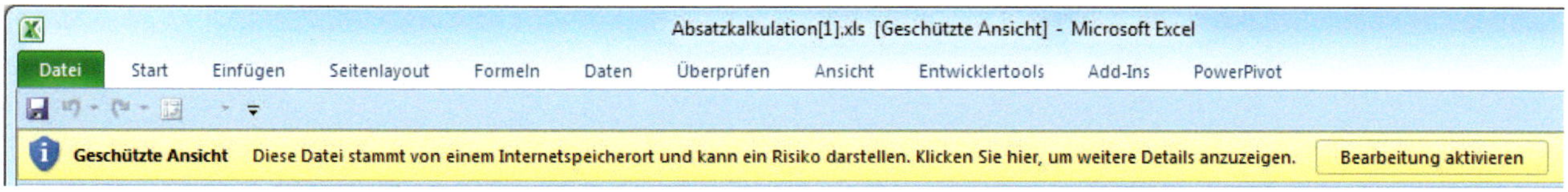

Abbildung 17.29 Geschützte Ansicht für Dateien aus dem Internet

```
Suchbegriff: Absatzkalkulation filetype:xls
```

Klicken Sie eine Fundstelle an, wird die Mappe in Excel geöffnet, zuvor werden Sie natürlich schon vom Internet Explorer und von Windows gewarnt und zu Bestätigungen aufgefordert. Die geschützte Ansicht verhindert dann in Excel noch, dass Makros oder andere aktive Inhalte sofort ausgeführt werden. Klicken Sie auf *Bearbeitung aktivieren*, ist die Mappe freigegeben.

Statusleiste

Die Statusleiste, die her gemeint ist, ist nicht zu verwechseln mit der unteren Zeile des Programmfensters, in der Statusinformationen zum Beispiel zu aktiven Tasten (Num-Lock) oder automatische Berechnungen markierter Zellbereiche angezeigt werden. Diese Leiste erscheint zwischen Tabelle und Bearbeitungsleiste alternativ zur Warnmeldung in einem Dialogfeld.

Sie zeigt eine Sicherheitsmeldung, wenn ein Inhalt gesperrt wurde und der Anwender die Möglichkeit hat, diese Sperrung aufzuheben. Die erste Option, *Statusleiste in allen Anwendungen anzeigen ...*, sollte dazu aktiv sein. Sie zeigt aber nur Meldungen an, wenn die Benachrichtigungen für Makros nicht deaktiviert wurden.

Mit dem Kontrollkästchen *Informationen zu gesperrtem Inhalt niemals anzeigen* kann die Statusleiste komplett deaktiviert werden, sie zeigt dann unabhängig von den Einstellungen keine Benachrichtigungen an.

Externer Inhalt

Externe Inhalte sind Daten, die aus dem Intranet oder Internet kommen. Das können einfache Bilder, Objekte (Sounds, Videos, Flash-Movies) oder andere Verknüpfungen zu Webseiten sein. Auch diese Inhalte sind potenziell gefährlich und können Daten ausspähen und Schaden anrichten. Webbeacons sind beispielsweise versteckte Codes, die nach dem Laden eines Objektes (zum Beispiel eines Bildes) an den Server zurückgeschickt werden.

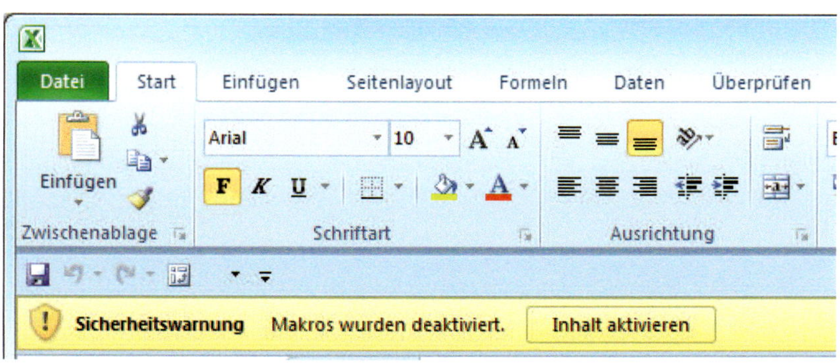

Abbildung 17.30
Die Statusleiste mit Warnmeldung

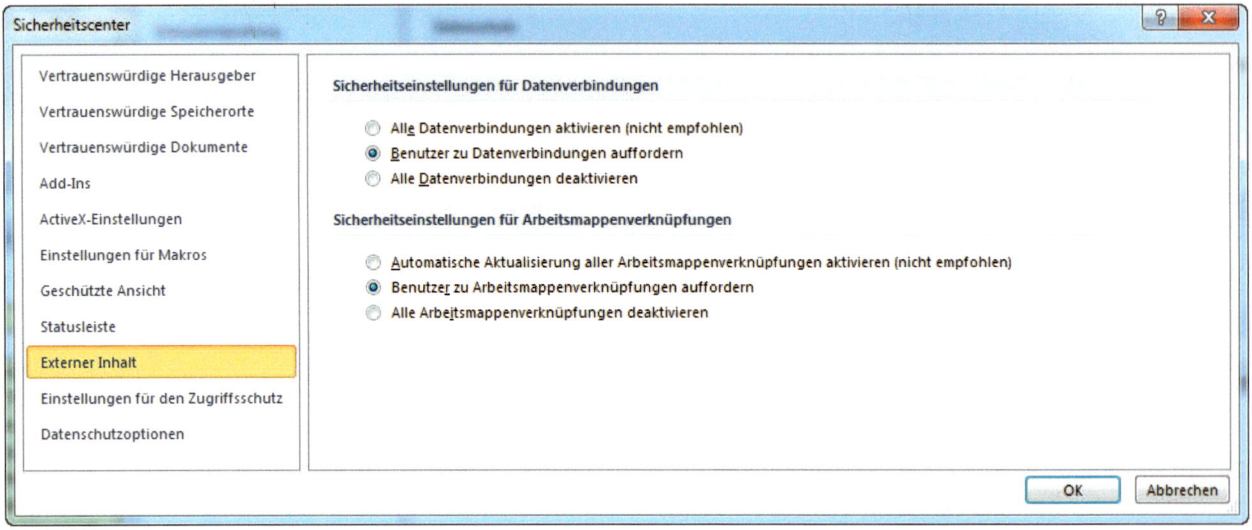

Abbildung 17.31 Sicherheitseinstellungen für externe Inhalte

Mit diesen Einstellungen verhindern Sie, dass externe Inhalte Schaden anrichten können:

Datenverbindungen

Klicken Sie auf die erste Option, *Alle Datenverbindungen aktivieren*, wenn Sie Arbeitsmappen öffnen möchten, die Verbindungen mit externen Daten aufweisen, und um Verbindungen mit externen Daten in der aktuellen Arbeitsmappe erstellen zu können, ohne Sicherheitswarnungen zu erhalten. Zu empfehlen ist das nicht, weil damit kein Schutz vor bösartigem Code besteht. Verwenden Sie diese Option nur, wenn die Datenquellen der externen Datenverbindungen vertrauenswürdig sind.

Benutzer zu Datenverbindungen auffordern ist die Standardoption. Wählen Sie diese, wenn Sie beim Öffnen einer Arbeitsmappe, die externe Datenverbindungen enthält, und beim Erstellen einer externen Datenverbindung in der aktuellen Arbeitsmappe eine Sicherheitswarnung erhalten möchten.

Mit *Alle Datenverbindungen deaktivieren* haben Sie keine Möglichkeit, externe Datenverbindungen in der aktuellen Arbeitsmappe zu aktivieren.

Arbeitsmappenverknüpfungen

Verknüpfungen zwischen Arbeitsmappen werden über Formeln oder Matrixkopien hergestellt. Wie bei externen Inhalten können Sie hier mit der ersten Option sicherstellen, dass diese nicht ausgeführt werden, was in der Praxis nicht sinnvoll ist. Mit der zweiten Option erhalten Sie eine Warnmeldung in der Statusleiste (siehe vorigen Abschnitt *Statusleiste*). Bestätigen Sie diese mit *Verknüpfung aktualisieren*, wird die Verknüpfung zugelassen. Wenn Sie alle Arbeitsmappenverknüpfungen deaktivieren, werden keine Daten aus anderen Mappen importiert, die Verknüpfungen enthalten dann die Daten aus der zuletzt aktiven Verknüpfung.

Einstellungen für den Zugriffsschutz

Das neue Dateiformat von Excel 2007/2010 ermöglicht bessere Schutzmechanismen für Arbeitsmappen. Öffnen Sie aber Dateien, die mit älteren Versionen oder anderen Programmen (z. B. OpenOffice) erstellt wurden, können diese Mechanismen nicht greifen, und aus diesem Grund bietet das Sicherheitscenter eine Liste von Dateiformaten an, für die eine Sicherheitswarnungen erzwungen oder die im Extremfall komplett gesperrt werden. Klicken Sie auf die Option *Öffnen* oder *Speichern*, um einzelne Dateiformate abzusichern. Die Optionen entscheiden, was passiert, wenn Sie eine dieser Dateien öffnen.

Ausgewählte Dateitypen nicht öffnen: Die aktivierten Dateitypen können nicht geöffnet und nicht gespeichert werden. Wenn diese Einstellung festgelegt ist, wird beim Dateizugriff eine Fehlermeldung angezeigt.

Ausgewählte Dateitypen in geschützter Ansicht öffnen: Die Dateitypen werden in der geschützten Ansicht geöffnet. *Bearbeitung aktivieren* ist in der Statusleiste und in der *Backstage*-Ansicht deaktiviert.

Ausgewählte Dateitypen in der geschützten Ansicht öffnen und Bearbeitung erlauben: Die ausgewählten Dateitypen werden in der geschützten Ansicht geöffnet. *Bearbeitung aktivieren* ist in der Statusleiste und in der *Backstage*-Ansicht aktiviert.

Mit *Standardeinstellungen wiederherstellen* schalten Sie alle gesetzten Optionen wieder aus und stellen nur die Öffnen-Optionen für Dateiformate ab der Excel-Version 4 ein.

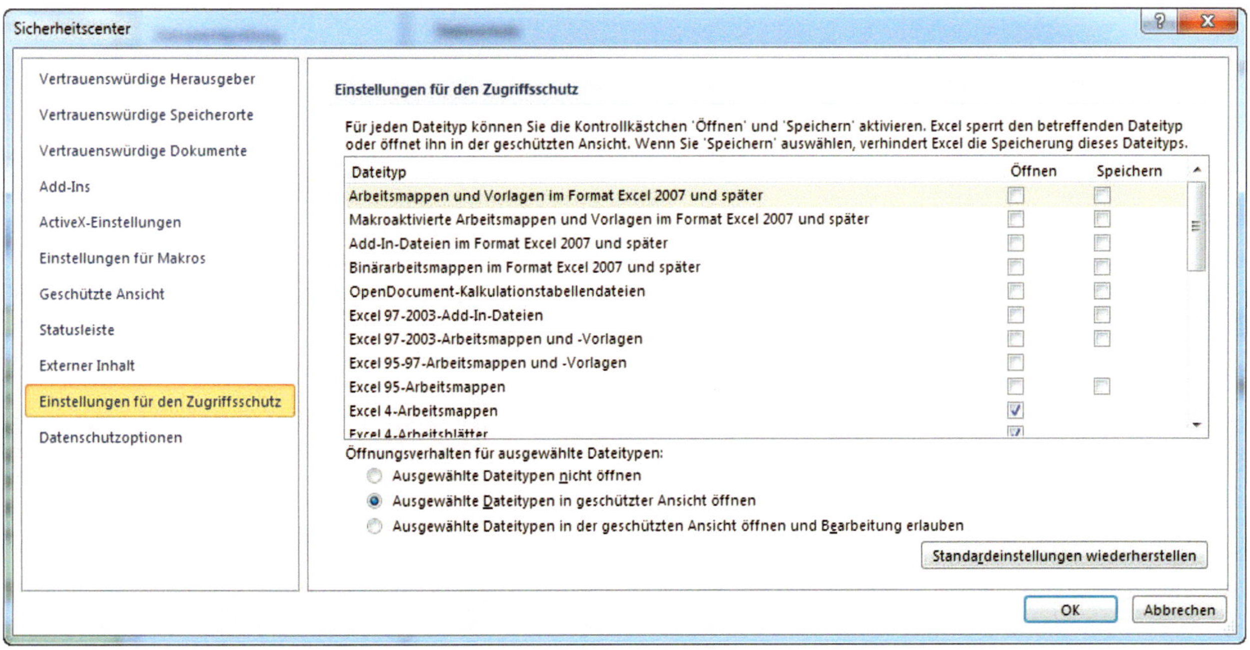

Abbildung 17.32 Zugriffsschutz für ältere Dateiformate

Datenschutzoptionen

Diese letzte Kategorie enthält noch eine Reihe zusätzlicher Schutzoptionen und Werkzeuge für den Datenschutz.

» *Verbindung mit Office.com herstellen* ... Diese Option aktiviert sofort die Office Online-Seite von Microsoft, wenn Sie im Hilfefenster arbeiten und im Inhaltsverzeichnis eine Rubrik aufrufen oder einen Begriff in das Suchfenster eingeben. In der Praxis sollte dann auch die passende Hilfe im Browserfenster angezeigt werden, zusätzlich zu Online-Schulungen und Angeboten aus dem Marketplace. Leider wird nicht selten nur das Startfenster stehen bleiben. Viele Hilfetexte finden Sie auch in der Offline-Hilfe.

Mit der Option *Datei in bestimmten Abständen herunterladen, mit der Systemprobleme bestimmt werden können* geschieht Folgendes:

Von Office Online wird eine Datei auf den Computer heruntergeladen, die bei instabilem Verhalten oder einem Absturz des Computers automatisch das Tool *Microsoft Office-Diagnose* ausführt, um das Problem zu diagnostizieren oder zu beheben.

Microsoft fragt nach, ob Fehlerberichte für bestimmte Arten von Fehlermeldungen gesendet werden sollen. Wenn Sie einen Bericht senden, helfen Sie Microsoft, das Problem zu verstehen und zu beheben.

Neue und aktuelle Hilfeinhalte werden von Microsoft bereitgestellt, um die Problembehandlung auf dem Computer zu verbessern.

Wenn Sie *Beim Programm zur Verbesserung der Benutzerfreundlichkeit anmelden* aktivieren, tragen Sie zur Verbesserung der Qualität, Zuverlässigkeit und Leistung von Microsoft Office bei. Mehr als diese Option anzukreuzen müssen Sie nicht tun, weder Formulare ausfüllen noch Fragen am Telefon beantworten. Microsoft sammelt automatisch diese Informationen von Ihrem Computer:

» Fehlermeldungen, die von Excel generiert werden

» Der Zeitpunkt, zu dem die Fehlermeldungen generiert werden

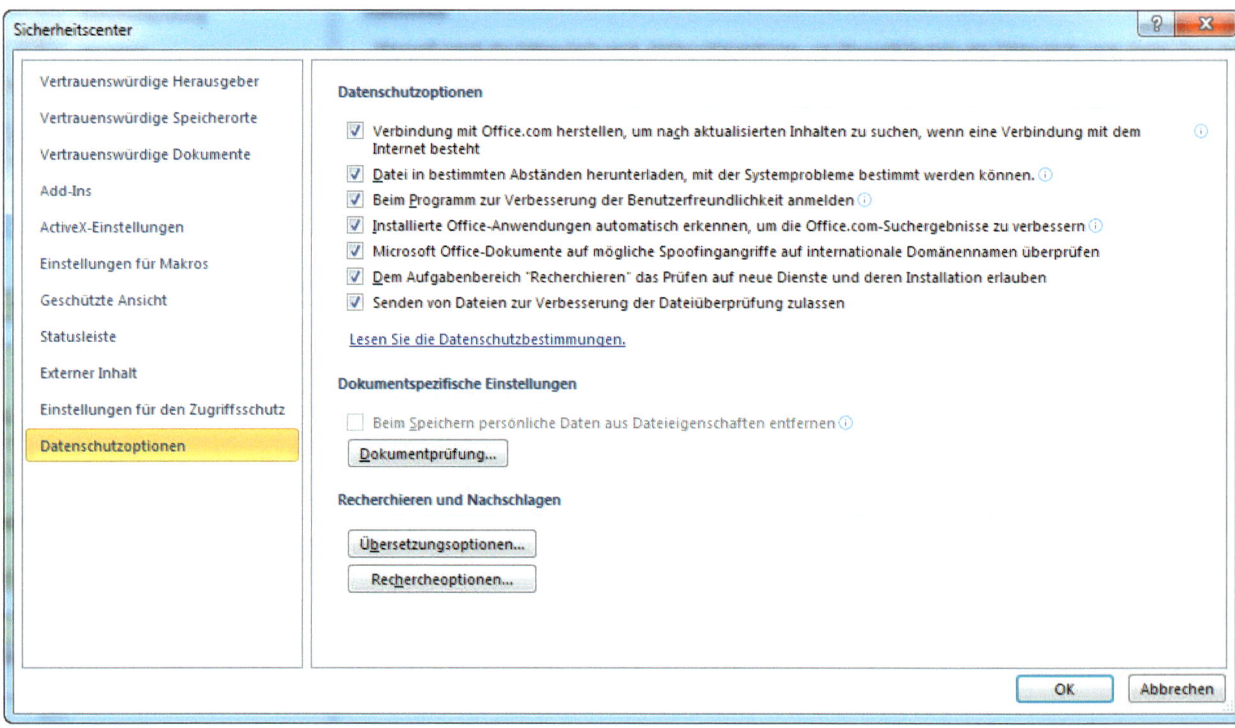

Abbildung 17.33 Datenschutzoptionen im Sicherheitscenter

» Die verwendete Computerausstattung

» Schwierigkeiten Ihres Computers beim Ausführen von Microsoft-Software

» Reaktion und Verhalten der Hardware

Diese Informationen werden täglich gesammelt und an Microsoft gesendet. Sie sind anonym, es werden keine Daten gesendet, die auf den Benutzer oder dessen Umfeld schließen lassen (nur auf das Computersystem). Die Informationen werden auch nicht für Werbe- oder Verkaufszwecke verwendet.

Installierte Office-Anwendungen automatisch erkennen, um die Office.com-Suchergebnisse zu verbessern: Damit konzentriert sich die Suchfunktion der Hilfe auf die installierten Office-Programme (Excel, Word, PowerPoint ...).

Microsoft Office-Dokumente auf mögliche Spoofing-Angriffe auf internationale Domänennamen überprüfen: Spoofing ist das Vorspiegeln einer falschen Identität, und Spoofer melden sich bei Webservern unter falschen Namen an oder verwenden andere Identitäten, um deren Dienste zu nutzen. Diese Option soll dieses unterbinden.

Dem Aufgabenbereich »Recherchieren« das Prüfen auf neue Dienste und deren Installation erlauben: Diese Funktion, die mit *Überprüfen/Dokumentprüfung* aktiviert wird, verwendet Webdienste wie *Bing*, *Factiva iWorks* und *Live Search Deutschland*. Setzen Sie diese Option, ermöglichen Sie die Suche nach weiteren Dienstanbietern und deren Installation, dazu muss Excel online gehen.

Personalisierung von Werbung in Microsoft Office Starter zulassen (nur gültig für Excel Starter 2010): Damit erlauben Sie Microsoft, Informationen über die Verwendung der bereitgestellten Online-Dienste und Websites zu sammeln.

Beim Speichern persönliche Daten aus Dateieigenschaften entfernen: Diese Option ist deaktiviert, sie ist nur verfügbar, wenn Sie ein Dokument aus einer früheren Office-Version bearbeiten und dort die Option zum Entfernen persönlicher Daten verwendet haben. Klicken Sie auf *Dokument prüfen*, um persönliche Informationen aus diesem Dokument zu entfernen.

Mit dem Link *Lesen Sie die Datenschutzbestimmungen* schalten Sie auf die Microsoft-Webseite, auf der die Datenschutzbestimmungen zusammengefasst sind.

Dokumentprüfung

Mit dieser Schaltfläche starten Sie einen Dialog, in dem Sie das aktuelle Dokument auf versteckte oder nicht direkt erkennbare sicherheitsrelevante Informationen überprüfen. Excel-Arbeitsmappen enthalten nämlich nicht nur Daten in Zellen, Zeilen und Spalten, sondern viele zusätzliche Nischen, in denen sich Daten verstecken, die nicht immer für den Empfänger der Datei bestimmt sind.

» *Kommentare und Freihandanmerkungen* sind in der Mappe, wenn diese freigegeben war und andere Personen ihre Kommentare hinterließen.

» *Dokumenteigenschaften und persönliche Informationen* werden automatisch gespeichert und können hier gelöscht werden, wenn Sie Details wie Autor, Betreff und Titel nicht anzeigen wollen. Zu den Dokumenteigenschaften gehören auch Informationen, die von Office-Programmen automatisch verwaltet werden, wie der Name der Person, die eine Arbeitsmappe zuletzt gespeichert hat, sowie das Datum, an dem eine Arbeitsmappe erstellt wurde. Wenn Sie bestimmte Features verwendet haben, enthält Ihr Dokument eventuell auch weitere personenbezogene Informationen (PII – personenbezogene Informationen (Personally Identifiable Information): Alle Informationen, die genutzt werden können, um eine Person zu identifizieren, wie z.B. Name, Adresse, E-Mail-Adresse, Personalausweisnummer, IP-Adresse oder eine andere eindeutige Kennung, die mit PII in einem anderen Programm verknüpft ist.), wie E-Mail-Kopfzeilen, zur Durchsicht versendete Informationen, Verteiler, Druckerpfade und Dateipfadinformationen zum Veröffentlichen von Webseiten.

» *Benutzerdefinierte XML-Daten:* Arbeitsmappen können benutzerdefinierte XML-Daten enthalten, die nicht sichtbar sind. Diese XML-Daten können mit dem Dokumentinspektor gefunden und entfernt werden.

» Arbeitsmappen können Informationen in *Kopf- und Fusszeilen* enthalten.

» *Ausgeblendete Zeilen, Spalten* oder *Arbeitsblätter:* In einer Arbeitsmappe können Zeilen, Spalten und ganze Arbeitsblätter ausgeblendet sein. Wenn Sie eine Kopie einer Arbeitsmappe verteilen, die ausgeblendete Zeilen, Spalten oder Arbeitsblätter enthält, können andere Personen diese Zeilen, Spalten oder Arbeitsblätter einblenden und die darin enthaltenen Daten anzeigen.

» *Dokumentservereigenschaften:* Wenn Ihre Mappe an einem Speicherort auf einem Dokumentverwaltungsserver, z.B. auf einer Dokumentarbeitsbereich-Website oder in einer auf Windows SharePoint Services basierenden Bibliothek, gespeichert wurde, kann die Arbeitsmappe weitere Dokumenteigenschaften oder Informationen enthalten, die sich auf diesen Serverspeicherort beziehen.

» *Nicht sichtbarer Inhalt:* Eine Arbeitsmappe kann Objekte enthalten, die nicht sichtbar sind, weil sie als unsichtbar formatiert sind.

Speichern Sie Ihre Arbeitsmappe vor dem Aufruf. Klicken Sie auf *Prüfen*, um die Prüfung zu starten. Der Dokumentinspektor prüft, ob in den einzelnen Sektionen sicherheitsrelevante Informationen enthalten sind, und meldet die Ergebnisse. Mit roten Ausrufezeichen sind die Elemente gekennzeichnet, die infrage kommen, klicken Sie auf *Alle entfernen*, wenn Sie die Daten löschen wollen.

Übersetzungsoptionen

Klicken Sie auf diese Schaltfläche, um zusätzliche Wörterbücher für die Übersetzungsfunktion einzuschalten. Diese Wörterbücher werden herangezogen, wenn über das *Multilanguage Pack* mehrere Sprachen installiert sind. Entscheiden Sie, ob Sie zusätzlich zu den installierten Wörterbüchern Online-Wörterbücher verwenden wollen.

Kreuzen Sie die Option *Maschinelle Online-Übersetzung verwenden* an, wenn Sie den Microsoft Translator-Dienst für mehrere Sprachen einsetzen wollen. Die verfügbaren Sprachrichtungen können einzeln aktiviert werden.

Die Übersetzungsfunktion schalten Sie im Register *Überprüfen* in der Gruppe *Sprache* ein. Der Aufgabenbereich schaltet auf *Recherchieren*, das Suchfenster enthält nach dem Klick auf *Übersetzen* den Inhalt der aktiven Zelle. Darunter stehen die im Sicherheitscenter eingestellten Übersetzungssprachen zur Auswahl.

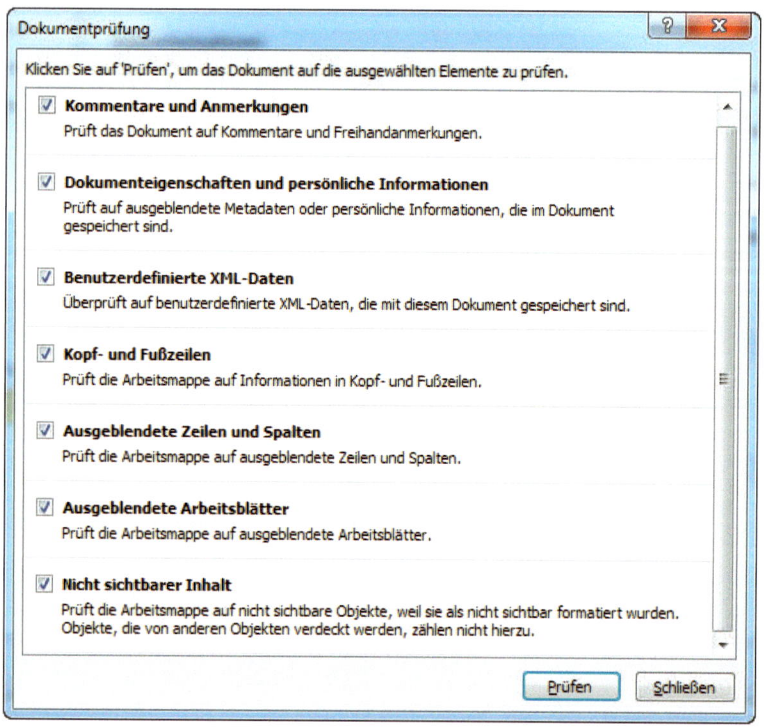

Abbildung 17.34
Der Dokumentinspektor prüft Dokumente auf sicherheitsrelevante Informationen.

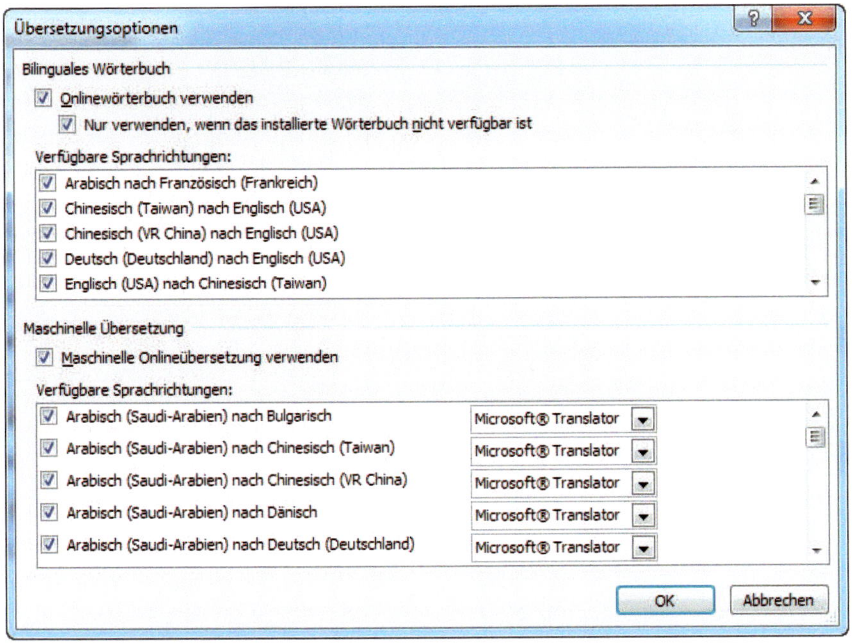

Abbildung 17.35 Wörterbücher und Übersetzungssprachen

Rechercheoptionen

In dieser Rubrik sind die Übersetzungsoptionen für den Übersetzungsdienst und die Rechercheoptionen (Nachschlagewerke, Recherche-Webseiten) aufgelistet. Diese Optionen werden verwendet, wenn Sie auf der Registerkarte *Überprüfen* unter *Dokumentprüfung* die Funktion *Recherchieren* benutzen. Der gleichnamige Aufgabenbereich wird rechts außen eingeblendet.

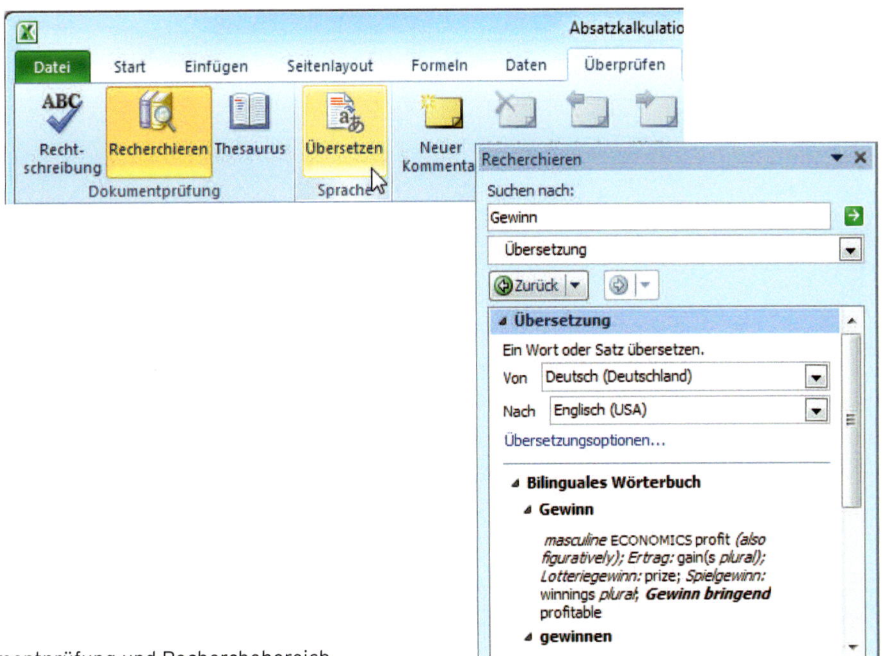

Abbildung 17.36 Übersetzen mit Dokumentprüfung und Recherchebereich

Kapitel 18

Excel im Office-Verbund

Es gibt sie noch, die ideale Partnerschaft, zumindest im Bereich der Office-Familie. Excel, Access, Word, PowerPoint und Outlook sind die Familienmitglieder, von denen zwar jedes für sich sein eigenes Datenformat pflegt, die aber offen sind für Austausch und dynamische Verknüpfungen. Office ist ein integriertes Paket, und für die Integration sorgt eine Technik mit der Bezeichnung OLE.

18.1 OLE – der Begriff

OLE heißt *Object Linking and Embedding* oder zu Deutsch *Objekte verknüpfen und einbetten* und steht für die Art und Weise, wie Daten zwischen zwei Programmen im Office-Paket ausgetauscht werden.

Einbetten

Eine Kopie des Quellobjektes (z.B. eine Excel-Tabelle oder ein Diagramm) wird in die Zieldatei eingefügt. Dabei wird keine Verknüpfung aufgebaut, das Objekt kann zwar mit der Quellanwendung (Excel) bearbeitet werden, wird aber nicht in dieser aktualisiert.

Verknüpfen

Das Objekt wird ebenfalls in die Zielanwendung Dokument eingefügt, dabei aber mit der Quellanwendung Excel verknüpft. Änderungen erfolgen in der Excel-Tabelle und werden mit dieser gespeichert.

Damit ist auch der einzige und wichtigste Unterschied zwischen Einbetten und Verknüpfen beschrieben: Die Einbettung ändert nichts an dem Datenmaterial, das in die Zielapplikation eingefügt wurde. Die Verknüpfung verweist im Unterschied dazu nur auf die Quelldaten und registriert jede Änderung sofort.

HINWEIS Das Programm, das die Daten in einer OLE-Verbindung liefert, wird als OLE-Server bezeichnet, der Empfänger ist der OLE-Client.

18.2 Word und Excel

Wann ist eine Kombination zwischen dem Textverarbeitungsprogramm Word und der Tabellenkalkulation Excel sinnvoll? Word ist ein reines Layoutwerkzeug, das nicht sonderlich gut zum Kalkulieren geeignet ist. Es bietet zwar eine Tabellen-Funktion mit Formeln an, die sind aber nicht dynamisch und bieten nur minimale Rechenfunktionen. Umgekehrt würde niemand auf die Idee kommen, Excel als Textverarbeitungs- oder Dokumentationswerkzeug zu benutzen.

Eine *Symbiose* ist also angesagt, ein Zusammenleben der beiden Partner, das beiden von Nutzen ist. Schreiben Sie in Word Briefe, Angebote, Prospekte, Preislisten und Werbetexte. Erstellen Sie in Excel alle Tabellen, die Sie brauchen, und verknüpfen Sie diese als OLE-Objekte.

18.2.1 Tabelle nach Word kopieren

1. Starten Sie die beiden Programme Word und Excel mit je einem leeren Dokument bzw. Tabellenblatt.
2. Erstellen Sie in Excel zum Beispiel eine Umsatzliste, markieren Sie diese, und wählen Sie *Start/Zwischenablage/Kopieren*.
3. Wechseln Sie über die Taskleiste oder mit Alt+Tab zum Word-Fenster. Der Cursor blinkt im ersten Absatz, wählen Sie *Start/Zwischenablage/Einfügen*.
4. Zeigen Sie auf die Symbole unter Einfügeoptionen. In der Vorschau sehen Sie, wie die Daten eingefügt werden.

Ursprüngliche Formatierung behalten: Das Objekt wird so eingefügt, wie es in Excel formatiert war. Das Ergebnis ist eine Word-Tabelle.

Zielformatvorlagen verwenden: Das Objekt wird mit der Formatvorlage von Word als Word-Tabelle eingefügt.

Verknüpfen und ursprüngliche Formatierung behalten: Das Objekt wird mit den Quelldaten verknüpft, die Formate bleiben erhalten.

Verknüpfen und Zielformatvorlagen verwenden: Das Objekt wird als Tabelle verknüpft, die Word-Tabellenformatvorlage wird verwendet.

Grafik: Das Objekt wird als Grafik (WMF = Windows Metafile Format) in das Dokument eingefügt.

Nur den Text übernehmen: Die Excel-Daten werden als reine Absatztexte eingefügt. Für die Spaltentrennung sorgen Tabulatorzeichen.

Klicken Sie auf *Standard zum Einfügen festlegen*, können Sie in den Word-Optionen festlegen, wie Dokumente aus anderen Dateien eingefügt werden.

TIPP Für ein einfaches, unverknüpftes Arbeitsblattobjekt können Sie auch die Drag&Drop-Technik benutzen: Stellen Sie die beiden Fenster nebeneinander, und ziehen Sie die markierten Excel-Zellen mit gedrückter Maustaste in das Word-Dokument. Halten Sie dabei die Strg-Taste gedrückt, wenn Sie die Tabelle kopieren wollen.

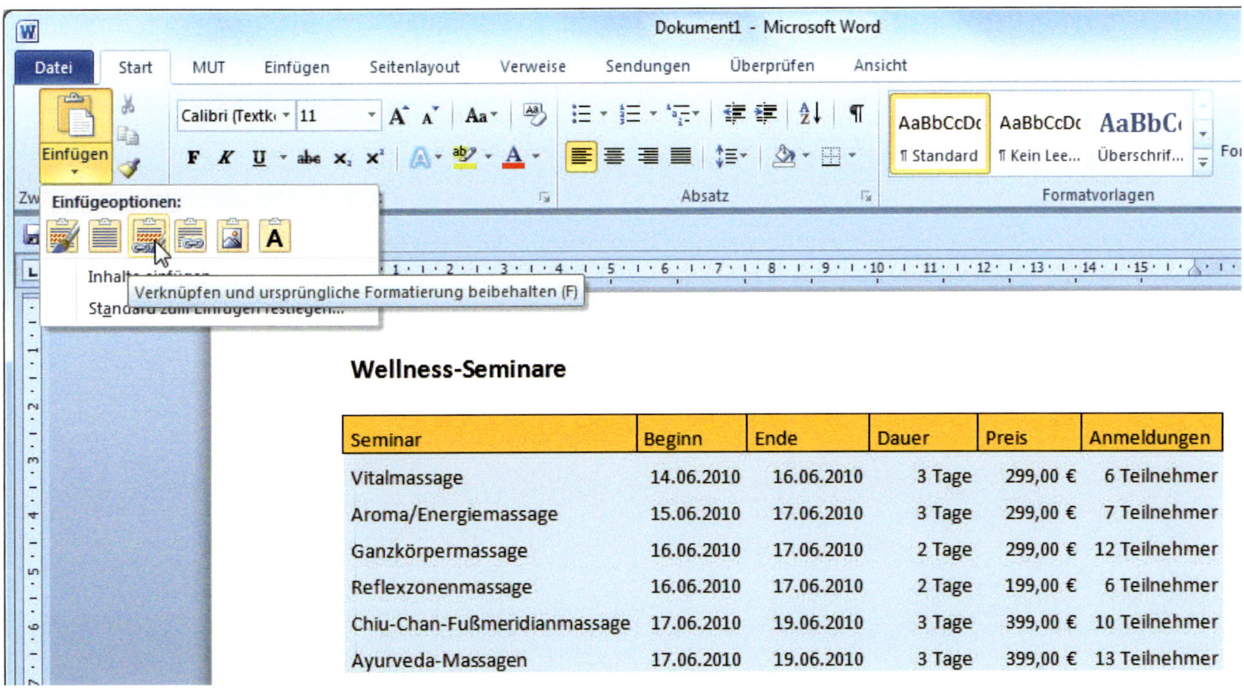

Abbildung 18.1 OLE-Objekt und Optionen-Schaltfläche

Wählen Sie *Inhalte einfügen*, erhalten Sie die Einfügeformate in Form einer Dialogbox. Das Angebot an Einfügeformaten ist hier größer.

- *Microsoft Office Excel-Arbeitsblatt-Objekt:* Das ist das einzige Format, das eine nachträgliche Bearbeitung des Objektes mit Excel ermöglicht (*siehe Kapitel 18.2.3: OLE-Objekt bearbeiten*).
- *Formatierten Text (RTF):* Damit wandeln Sie die Tabelle in eine Word-Tabelle um. Die Formatierungen von Excel bleiben erhalten, Zellen mit Textinhalten sind anschließend linksbündig, Zahlenwerte stehen in rechtsbündiger Ausrichtung.
- *Unformatierten Text:* Mit dieser Option erhalten Sie alle Zellinhalte in Textform, anstelle der Spalten werden Tabulatorzeichen eingefügt. Alle Schriftformatierungen werden entfernt, nur die Währungszeichen bleiben erhalten.
- *Grafik (Windows-Metadatei):* Die Tabelle wird in eine Grafik im WMF-Format (Windows Metafile) umgewandelt.
- *Bitmap:* Wandelt die Excel-Zellen ebenfalls in eine Grafik um. Im Unterschied zur Grafik werden die Gitternetzlinien mit übernommen.
- *HTML-Format:* Fügt HTML-Informationen aus Excel im HTML-Format in das Dokument ein. Word wandelt die Daten in Hyperlinks um.
- *Unformatierten Unicode-Text:* Wandelt die Excel-Zellen in unformatierten Text im Unicode-Format (Zeichensatz von Windows NT/2000) um.

Objekte als Symbol einfügen

Diese Option ist im Word-Dokument weniger gebräuchlich, in Präsentationsfolien macht sie mehr Sinn. Das Resultat ist ein Symbol mit der Bezeichnung *Microsoft Excel-Office-Arbeitsblatt (Excel 2000)*.

Diagramme kopieren

Um ein Diagramm nach Word zu kopieren, markieren Sie es als Objekt oder im Diagrammblatt und kopieren es in die Zwischenablage. Stellen Sie sicher, dass die Diagrammfläche markiert ist, sonst ist der *Kopieren*-Befehl nicht aktiv.

Im Word-Dokument fügen Sie es mit *Bearbeiten/Inhalte einfügen* ein, als erster Eintrag steht *Microsoft Office Excel-Diagramm-Objekt* zur Auswahl, und dieses können Sie wahlweise verknüpft oder unverknüpft einfügen.

18.2.2 OLE-Objekte bearbeiten

Die Bearbeitung der Excel-Daten im Word-Dokument unterscheidet sich je nach OLE-Verbindung. Sind die Daten verknüpft, so wird Excel als OLE-Server automatisch aktiv, sobald das Objekt zur Bearbeitung ansteht. Besteht dagegen eine nicht dynamische OLE-Verbindung, zieht der OLE-Client Word trotzdem zur Bearbeitung heran,

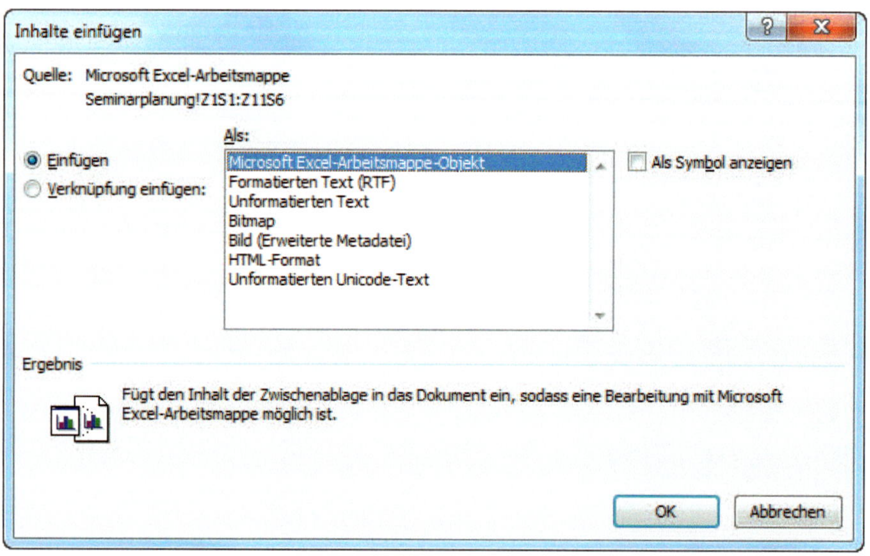

Abbildung 18.2
Die Einfügeformate unter Inhalte einfügen

allerdings in einer interessanten Weise, die *In-Place-Editing* genannt wird: Der Anwender verlässt dabei das Word-Fenster nicht, er erhält nur die zur Bearbeitung des Objektes benötigten Funktionen aus Excel. Dazu gehören die Tabellenelemente (Zellen, Zeilen, Spalten), die Symbolleisten und die gesamte Menüstruktur.

In-Place-Editing

Um das unverknüpfte Arbeitsblatt- oder Diagrammobjekt aus Excel zu bearbeiten, klicken Sie es doppelt an. Der Zellbereich wird in Excel geöffnet, das Word-Fenster übernimmt dazu alle Elemente aus dem Excel-Fenster. Klicken Sie in einen beliebigen Bereich außerhalb des Objektrahmens, um die Bearbeitung abzuschließen. Das Objekt wird freigegeben, und Sie befinden sich wieder im Word-Dokument.

Um die Höhe oder Breite des Objektes zu ändern, öffnen Sie es per Doppelklick zur Bearbeitung. Ziehen Sie einen der schwarzen Markierungspunkte an den Rändern des Objektes, um dieses zu vergrößern oder zu verkleinern. Damit werden neue Spalten oder Zeilen hinzugefügt.

OLE-Verknüpfung

Ein verknüpftes Objekt wird wie das OLE-Tabellenobjekt auch für die Bearbeitung doppelt angeklickt. Im Unterschied zum ersten Objekt wird damit aber Excel aktiviert. Ist Excel bereits in der Taskleiste vorhanden, wird das Programmfenster aktiviert, ansonsten holt die OLE-Verknüpfung eine neue Instanz und lädt die im Verknüpfungsfeld bezeichnete Datei.

Verknüpfungen sind Felder

Das Geheimnis der Verknüpfung ist schnell gelüftet: Word benutzt für das Objekt aus Excel eine Feldfunktion, die ihren Inhalt dynamisch berechnet. Ähnlich wie das Datumsfeld, das mit jeder Aktualisierung das neue Systemdatum anzeigt, präsentiert das Verknüpfungsfeld immer die aktuellen Informationen aus dem verknüpften Bereich. Die Feldfunktion *EMBED* wird für nicht verknüpfte Felder verwendet, *LINK* ist die Feldfunktion für verknüpfte Objekte, die den Namen der Arbeitsmappe und den Tabellenbereich speichert.

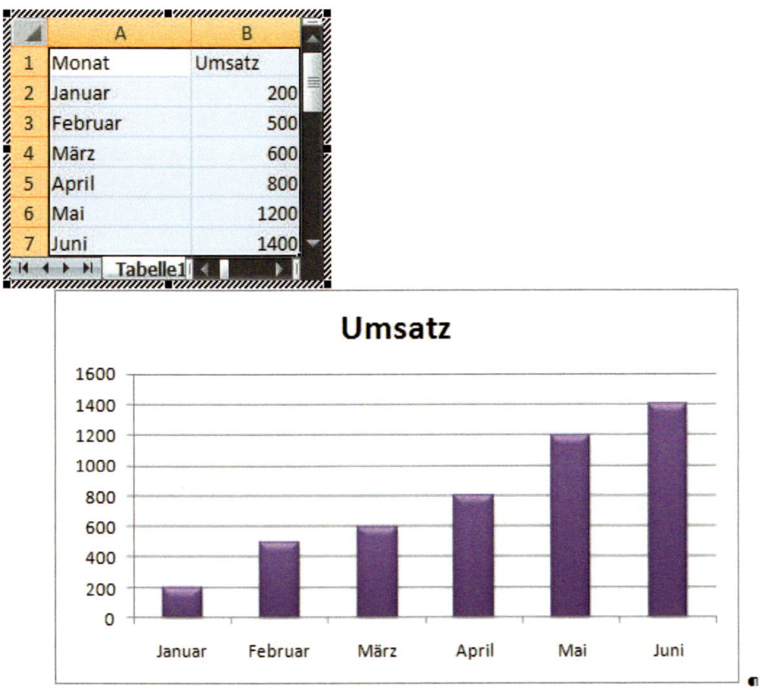

Abbildung 18.3
Nicht verknüpfte OLE-Objekte in Bearbeitung

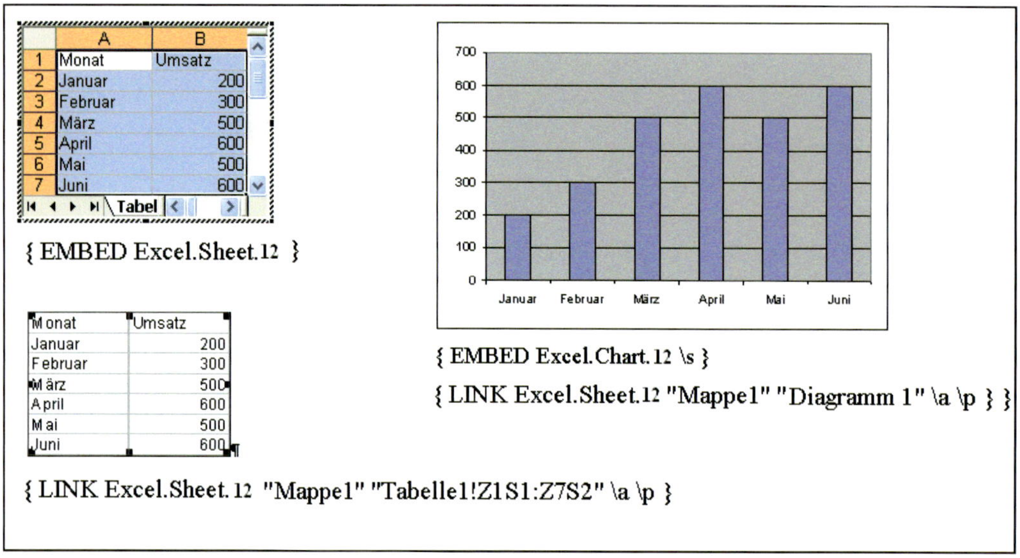

Abbildung 18.4 OLE-Verknüpfungen und die Feldfunktionen

Im Word-Programmfenster können Sie unter *Datei/Optionen* in der Rubrik *Erweitert* die Feldfunktionen ein- und wieder ausschalten. Damit werden alle Felder im Text sichtbar.

TIPP Mit diesen Tastenkombinationen bearbeiten Sie die Felder:

- F9 berechnet die markierte Verknüpfung neu.
- Alt+F9 schaltet die Feldfunktionen ein und aus.
- Umschalt+F9 schaltet zwischen Feld und Inhalt um.
- Strg+Umschalt+F9 wandelt die markierte Feldfunktion in ihren tatsächlichen Inhalt um.

Vorsicht bei OLE-Objekten: Kopiert wird die Mappe

Achten Sie darauf, dass ein in Excel kopierter und in Word als Arbeitsblatt- oder Diagrammobjekt eingefügter Bereich immer die ganze Mappe der Quellanwendung enthält. Auch wenn Sie nur ein paar Zellen kopieren, wird das Objekt alle Tabellen und Diagrammblätter der Mappe enthalten, und das ist in der Praxis nicht immer erwünscht. Kopieren Sie den Bereich in eine neue, leere Mappe, und löschen Sie alle Tabellen, die Sie nicht in das Word-Dokument übernehmen wollen.

18.2.3 Excel-Tabelle in Dokument einfügen

Word bietet zwei Arten von Tabellen für Textdokumente an. Die einfache Word-Tabelle kann als Zellenraster mit Zeilen und Spalten definiert oder per Hand gezeichnet werden. Mit einer Schnelltabelle wird ein vordefiniertes Tabellenformat angewendet, das bereits Inhalte wie Kalender, tabellarische Listen und Tabellen mit Überschriftenebenen anbietet. Zur Bearbeitung und Formatierung steht wie in Excel ein neues Register, *Tabellentools*, bereit.

Neben diesen reinen Word-Tabellen lässt sich aber auch direkt eine echte Excel-Tabelle erzeugen. Die Tabelle wird als unverknüpftes OLE-Objekt angelegt und kann per Doppelklick im In-Place-Editing-Verfahren bearbeitet werden (siehe vorige Abschnitte).

1. Schalten Sie auf die Registerkarte *Einfügen* um.
2. Wählen Sie *Tabelle/Excel-Kalkulationstabelle*.
3. Bearbeiten Sie das eingefügte Objekt mit den Excel-Registern und -Befehlen.
4. Klicken Sie in den Dokumentbereich, um die Bearbeitung aufzuheben.

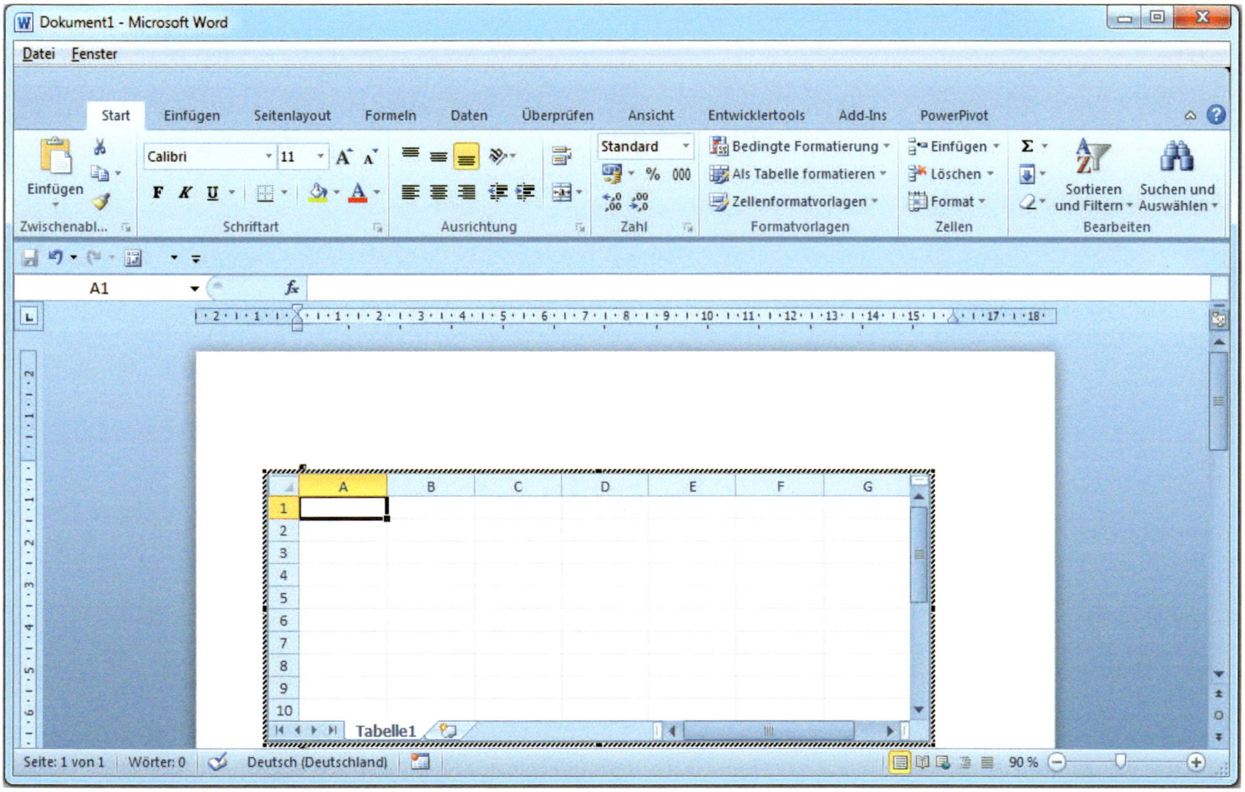

Abbildung 18.5 Die Excel-Tabelle im Word-Dokument

18.3 Excel und PowerPoint

Das Präsentationsprogramm PowerPoint speichert Informationen in Form von Folien, die mit Text, Grafiken und Objekten gefüllt werden. Im Prinzip unterscheidet sich die Zusammenarbeit zwischen Excel und PowerPoint nicht von der Word-Excel-Verbindung, in beiden Fällen wird der Tabellenbereich oder die Grafik im Excel-Fenster kopiert und nach dem Wechsel auf das Zielprogramm als OLE-Objekt oder als verknüpftes OLE-Objekt eingefügt.

18.3.1 Excel-Tabellen und Diagrammobjekte

1. Starten Sie PowerPoint, und stellen Sie eine leere Folie bereit.
2. Erstellen Sie in Excel eine Umsatzliste, markieren Sie diese, und wählen Sie *Start/Zwischenablage/Kopieren*.
3. Wechseln Sie über die Taskleiste oder mit Alt + Tab zum PowerPoint-Fenster. Wählen Sie *Start/Zwischenablage/Einfügen*.
4. Suchen Sie die passende Einfügeoption, zeigen Sie dazu mit dem Mauszeiger auf die Symbole, und sehen Sie sich das Ergebnis an, bevor Sie auf ein Symbol klicken.
5. Erstellen Sie ein Diagrammobjekt in Excel, und kopieren Sie auch dieses in die Folie.

Zielformatvorlagen/Zieldesign verwenden: Das Objekt wird nach dem Einfügen mit dem in PowerPoint eingestellten Design formatiert (Zielformatvorlagen für Tabellen, Zieldesign für Diagrammobjekte).

Ursprüngliche Formatierung behalten: Das Objekt wird so eingefügt, wie es in Excel formatiert war.

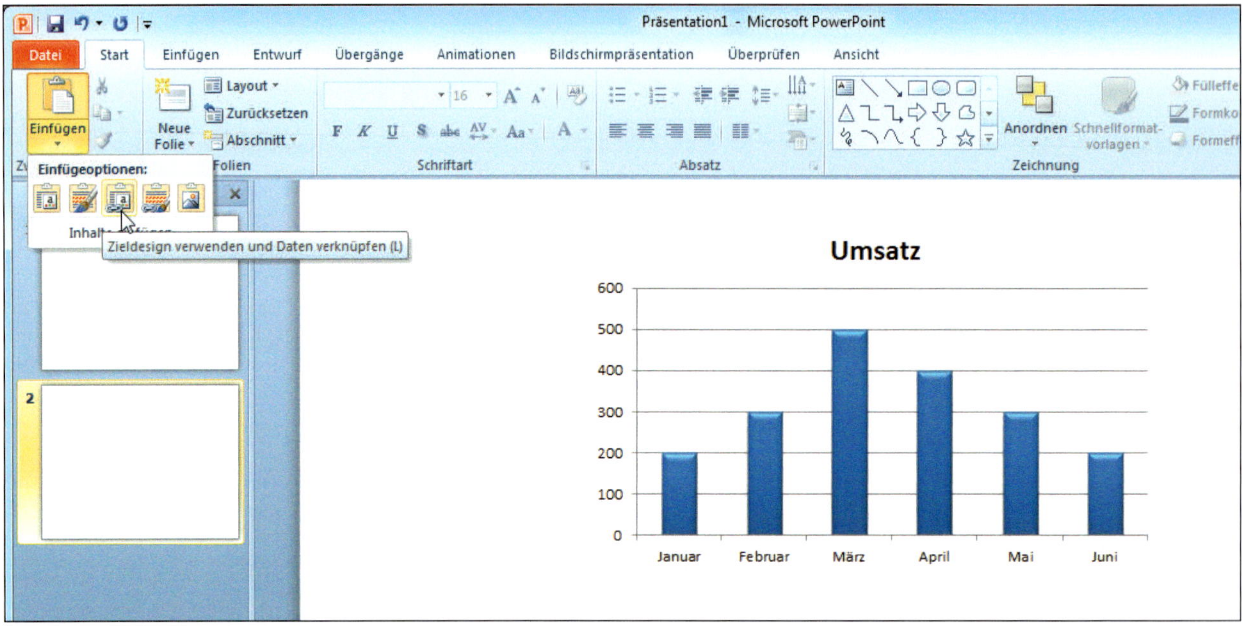

Abbildung 18.6 Excel-Objekte auf der PowerPoint-Folie

Zieldesign verwenden und Daten verknüpfen: Das Objekt wird mit den Quelldaten verknüpft, das PowerPoint-Design wird zugewiesen.

Grafik: Das Objekt wird als Grafik (WMF = Windows Metafile Format) in das Dokument eingefügt.

Nur den Text übernehmen: Die Excel-Daten werden als Textfeld eingefügt.

18.3.2 Verknüpfte Excel-Daten

Holen Sie die Tabellen oder Diagramme verknüpft in die PowerPoint-Folie, werden diese automatisch aktualisiert, wenn sich die Daten in der Quellanwendung ändern. Dazu muss die Arbeitsmappe natürlich gespeichert werden.

1. Kopieren Sie den Bereich oder das Diagrammobjekt in Excel.
2. Wechseln Sie zu PowerPoint, und wählen Sie *Start/Zwischenablage/Einfügen/Inhalte einfügen*.
3. Klicken Sie auf *Verknüpfung einfügen* und *Als: Microsoft Excel Arbeitsblattobjekt* bzw. *Als Microsoft Excel Diagrammobjekt*.

Die Verknüpfungseigenschaften des Objektes finden Sie im Kontextmenü. Mit einem Doppelklick schalten Sie schnell auf die Excel-Arbeitsmappe um. Ist diese bereits geschlossen, wird sie damit wieder aktiviert.

18.3.3 Diagramme nachbearbeiten

PowerPoint bietet über die Symbolleiste *Zeichnen* eine Auswahl an Zeichen- und Gestaltungswerkzeugen, die mit dem Angebot von Excel identisch ist. In der Praxis wird das Präsentationsprogramm aber häufiger für die individuelle Diagrammgestaltung verwendet, weil die Folie mehr Raum zum Zeichnen bietet. Und hier wird häufig per Hand gezeichnet oder nachgebessert, was die Diagrammmenüs von Excel nicht anbieten, z.B. unterbrochene Balken und Säulen, Verlaufslinien, Stufen und unregelmäßige Gitternetze.

Weniger Freude hat der Anwender dabei meist an importierten Excel-Diagrammen, da sich diese nicht in ihre Einzelteile zerlegen lassen. Mit einem Trick können Sie Excel-Charts auf PowerPoint-Folien auseinandernehmen:

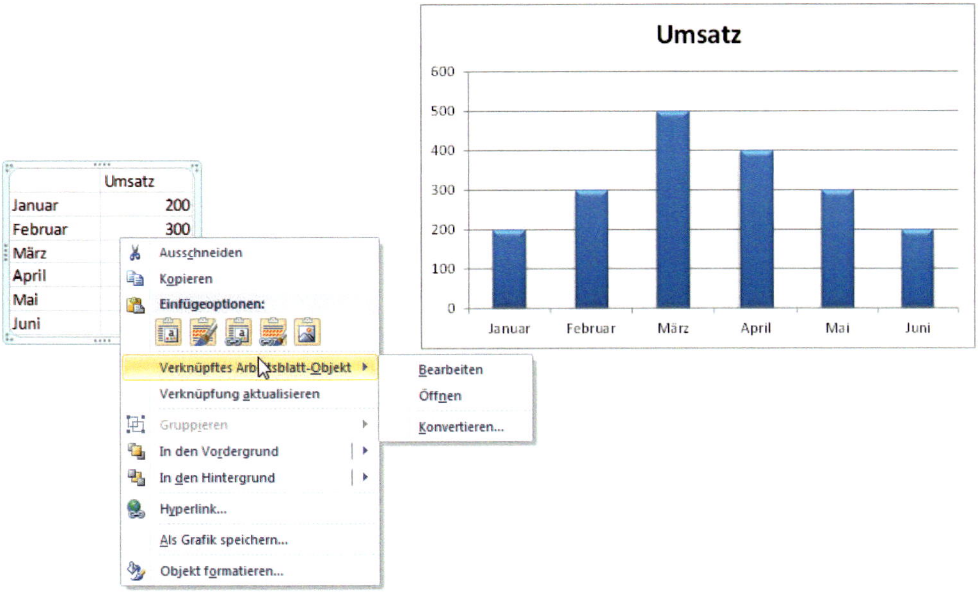

Abbildung 18.7 Verknüpfte Objekte in der PowerPoint-Folie

1. Kopieren Sie das Diagrammobjekt in Excel in die Zwischenablage.
2. Fügen Sie das Bild mit *Start/Zwischenablage/Inhalte einfügen* auf die PowerPoint-Folie ein. Wählen Sie als Grafikformat *Bild (Windows Metadatei)*.
3. Klicken Sie das Objekt mit der rechten Maustaste an, und wählen Sie im Kontextmenü *Gruppierung aufheben*.
4. Bestätigen Sie die Meldung, die darauf hinweist, dass das Objekt damit in seine Bestandteile zerlegt wird.
5. Markieren Sie Teile des Objektes (Zeichenfläche), und heben Sie auch die weiteren Gruppierungen auf.

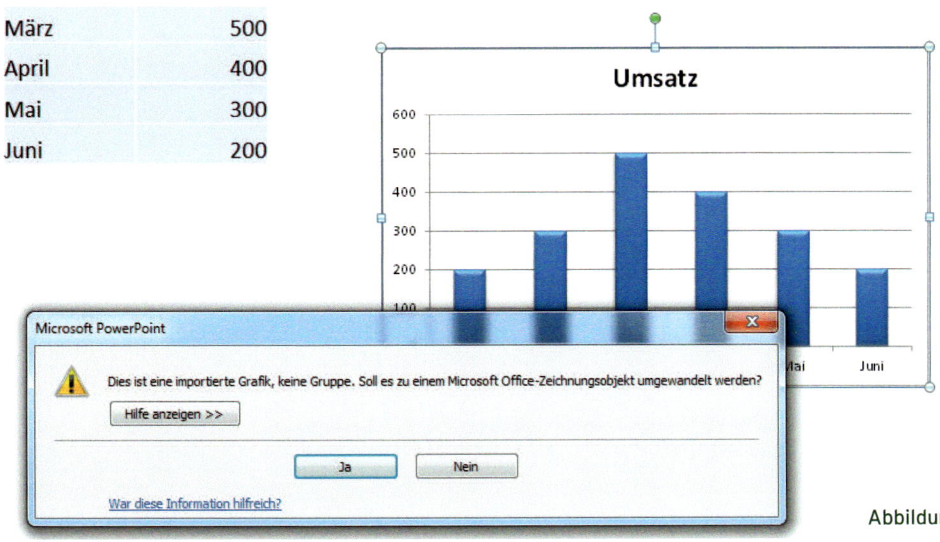

Abbildung 18.8 Das Objekt wird zerlegt.

Jetzt können Sie alle Teile des Diagramms wie gezeichnete Objekte behandeln, in der Größe ändern und neu positionieren. Diagrammformen, die Excel standardmäßig nicht im Angebot hat, lassen sich so wenigstens per Hand zeichnen (im Bild ein Treppendiagramm).

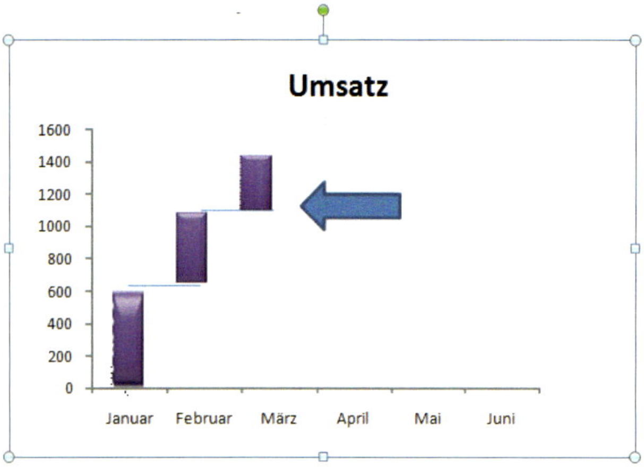

Abbildung 18.9 Neue Freiheit in der Diagrammgestaltung

18.4 Excel und Outlook

Die Pflege der Adressdaten ist ein ewiges Thema für Office-Anwender. Excel-Tabellen, Outlook-Kontakte oder Datenbanken – viele Datenpools stehen für Adressdaten zur Verfügung, nicht wenige davon werden zum Datengrab.

18.4.1 Adressen (Kontakte) nach Excel exportieren

Outlook-Kontakte können aus Excel-Tabellen importiert oder von Outlook in Excel-Dateien exportiert werden. Da ein Kontakteintrag in Outlook aus fast 100 Feldern besteht, ist es ratsam, zunächst einen Kontakt anzulegen, diesen zu exportieren und vorhandene Excel-Adressen an die Feldstruktur des *Kontakte*-Ordners anzupassen.

1. Starten Sie Outlook 2010, und wählen Sie *Datei/Öffnen*. Klicken Sie auf *Importieren*.
2. Wählen Sie die Aktion *In Datei exportieren* mit *Microsoft Excel 97-2003* als Zielprogramm und dem Ordner *Kontakte* als Quelle.
3. Tragen Sie einen Dateinamen für die Excel-Mappe ein.
4. Klicken Sie auf *Benutzerdefinierte Felder zuordnen*. Hier können Sie die Feldauswahl festlegen, übernehmen Sie beim ersten Versuch aber die Standardzuordnung.
5. Exportieren Sie die Datei anschließend mit Klick auf *OK*.
6. Öffnen Sie die neue Excel-Mappe mit der Tabelle *Kontakte*. Die Felder sind mit einem gleichnamigen Bereichsnamen versehen.

TIPP Wenn Sie die Feldnamen aus Outlook in vertikaler Form (ein Feldname pro Zeile) sehen wollen, kopieren Sie die Einträge und wählen unter *Start/Zwischenablage/Inhalte einfügen* die Option *Transponieren*.

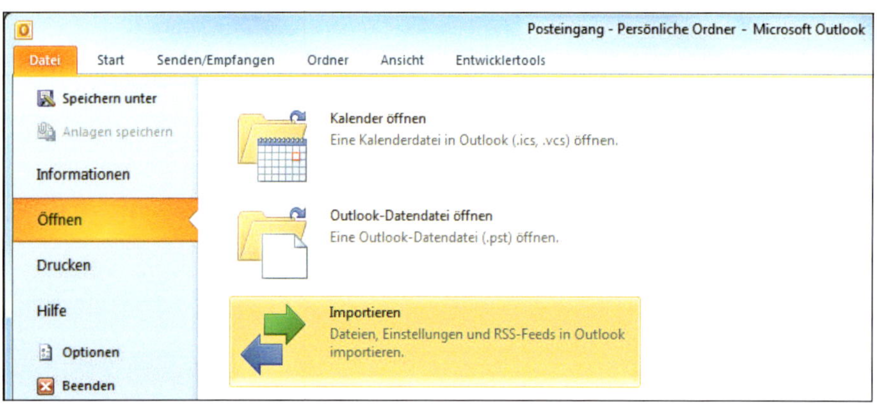

Abbildung 18.10 Outlook-Kontakte exportieren

Mit dem Export der Outlook-Kontakte wird die Tabelle nicht jedes Mal neu angelegt, sondern nur aktualisiert. Sie können deshalb jederzeit Auswertungen, Formeln, Statistik-Diagramme und Formatierungen einbringen und die Mappe speichern.

Mit dem nächsten Export werden nur die Daten erneuert, die alten Daten werden zuvor entfernt, Sie können Auswertungen und Verknüpfungen für Ihre Outlook-Kontakte erstellen:

Alle Adressen	`=ZEILEN(Kontakte)-1`
Alle Adressen in Stuttgart	`=ZÄHLENWENN(INDEX(Kontakte;;7);"Stuttgart")`

18.4.2 Termine exportieren

Nutzen Sie den Datenexport auch, um Ihre Termine aus dem Outlook-Kalender zu exportieren und in Excel zu analysieren. Wählen Sie wieder im Outlook-Fenster *Datei/Öffnen/Importieren*. Klicken Sie auf *Datei exportieren*, und geben Sie den Kalenderordner als Quelle an. Speichern Sie die Termine in einer Excel 97-2003-Arbeitsmappe.

18.4.3 Kontakte importieren

Um die exportierten Kontakte wieder nach Outlook zu holen, wählen Sie im Outlook-Fenster *Datei/Öffnen/Importieren*.

1. Die Aktion *Aus anderen Programmen oder Dateien importieren* ist bereits markiert, klicken Sie auf *Weiter*, und markieren Sie *Microsoft Excel 97-2003*.
2. Suchen Sie die zu importierende Datei, und stellen Sie die passende Option ein:
   - Duplikate durch importierte Elemente ersetzen
   - Erstellen von Duplikaten zulassen
   - Keine Duplikate importieren
3. Klicken Sie auf den Ordner *Kontakte* als Zielordner.
4. Im letzten Schritt können Sie wieder die Felder zuordnen. Klicken Sie auf *Fertig stellen*, um die Kontakte einzulesen.

Abbildung 18.11 Die Kontakte sind aus der Excel-Datei importiert.

Teil 6
Automatisieren mit Makros

Vom Anwender zum Entwickler. Sind Sie bereit für diesen Schritt? VBA (Visual Basic for Applications) ist eine integrierte Programmiersprache zur Automatisierung von Prozessen in Excel-Mappen und Tabellen. In diesem Teil lernen Sie diese mächtige Sprache kennen, und wenn Sie mit Fleiß und Geduld üben, werden Sie bald schon Ihre ersten Makros schreiben.

Die vielen Praxisbeispiele unterstützen Sie dabei, sehen Sie sich die Algorithmen an, und lernen Sie professionelle VBA-Programmiertechniken kennen.

Kapitel 19: Makroprogrammierung mit VBA

Programmieren mit VBA heißt automatisieren. Starten Sie mit dem Makrorekcorder, zeichnen Sie einfache Prozesse auf und arbeiten Sie sich schrittweise in VBA (Visual Basic for Applications) ein. In diesem Kapitel erhalten Sie die Grundausbildung in diese einfach zu erlernende objektorientierte Programmiersprache und lernen viele nützliche Makros kennen.

Kapitel 20: VBA-Praxis

Hier finden Sie wichtige Zusatzinformationen für Makroprogrammierer und ein paar nicht ganz so ernste Makrobeispiele.

Kapitel 19

Makroprogrammierung mit VBA

Die Fülle der Programmfunktionen, die Excel mittlerweile anbietet und bei jedem Versionsupdate um ein beträchtliches Paket neuer Funktionen und Techniken erweitert, lässt die Vermutung zu, dass es kaum noch Aufgaben gibt, die nicht mit dem Standardumfang zu erledigen sind. Die fast schon unüberschaubare Menge an Werkzeugen fordert den vollen Einsatz des Anwenders, der immer vor dem Dilemma steht, nicht nutzen zu können, was er nicht kennt.

Aber der Schein trügt. In der Praxis genügt es nicht zu wissen, wie vorhandene Daten berechnet, analysiert oder in Diagrammform gebracht werden. Sehr viel Arbeitszeit wird darauf verwendet, Daten bereitzustellen, Tabellen zu importieren, Zellbereiche zusammenzuführen und Überflüssiges aus den Tabellenblättern zu entfernen, damit die Excel-Spezialtechniken vom Filter bis zur PowerPivot-Analyse auch richtig arbeiten können.

Wer beim täglichen Umgang mit Excel feststellt, dass zu viel Zeit für immer gleiche Tätigkeiten wie Daten importieren, Zellen kopieren und verschieben, Formatierungen einbringen etc. verloren geht, der sollte sich langsam mit VBA-Makros beschäftigen. Makros erledigen Routineaufgaben, verarbeiten Informationen aus Datenquellen aller Art und treten mit dem Benutzer in Dialog, wann immer ein solcher erforderlich ist. Die interne Programmiersprache VBA (Visual Basic for Applications) ist eine hochwertige objektorientierte Sprache, die keine Wünsche offenlässt.

Ohne Fleiß ...

VBA ist eine Programmiersprache, und wie jede Sprache will auch diese erlernt werden. Programmieren ist ein Handwerk, gute Programmierer machen einen guten Job, und sehr gute Programmierer erheben ihr Handwerk zur Kunst (kommt von Können ...). Programme haben die Angewohnheit, zunächst einmal nicht zu funktionieren, und wie in jedem soliden Handwerk braucht es Fachwissen, Geduld, Fleiß und den Willen, ständig dazuzulernen, um gute Programme zu schreiben. Makroprogrammierung ist wie jede andere Programmierung ein schwieriger, zeitraubender Job, und die Ansprüche sind in jedem Unternehmen hoch.

Wie lernt man VBA? Sicher nicht schnell, aber bei ständiger Beschäftigung zügig. VBA lernen heißt gezielt recherchieren, viel Lesen, viele Codes ansehen und eine Portion Neugier entwickeln. Und ständig Programme schreiben – nur so lernt man Programmieren.

VBA is Fun!

Aber – Programmieren macht Spaß. Wie der Handwerker, der seinen Job beherrscht, oder der Künstler, der seiner Inspiration vertraut, hat auch der Programmierer seine Erfolge und Erfolgserlebnisse in Gestalt kunstvoll gefertigter Programme, die sicher funktionieren, Kunden und Mitarbeiter von Arbeit entlasten und Informationen in die Form bringen, in der sie dem Menschen von Nutzen sind.

Dieses Kapitel soll Ihnen helfen, ein guter Makroprogrammierer zu werden, der sein Handwerk beherrscht und Spaß damit hat. Auch wenn nicht alle Möglichkeiten dieser gigantischen Sprache beschrieben werden können, die wichtigsten Fragen werden Sie beantwortet bekommen, und die zahlreichen Beispiele aus vielen Jahren Programmierpraxis tun ihr Übriges dazu.

19.1 Der Begriff »Makro«

Das Wort *Makro* hatte in Excel bis vor wenigen Jahren eine spezielle Bedeutung (im Datenbankprogramm Access aus dem Office-Paket gibt es diese Unterscheidung noch): Makros waren früher aufgezeichnete Aktionen, in einer speziellen Makrosprache erstellt und auf Makroblättern in Formelzellen gespeichert. Diese Excel 4-Makrosprache wurde mit Excel 5.0 von VBA (Visual Basic for Applications) abgelöst, der Programmiersprache von Microsoft, die aus den Basic-Dialekten entstammt. Microsoft hat die Sprache Basic zwar nicht erfunden, aber von Anfang an die besten Werkzeuge dafür auf Personalcomputern angeboten.

Im Umfeld von Excel bezeichnet der Begriff *Makro* nach wie vor eine Ablauffolge von Aktionen, die vom Anwender aktiviert werden kann. Diese Aktionen sind entweder mit dem Makrorekorder aufgezeichnet oder über VBA programmiert worden. Beides führt zum selben Ergebnis, nämlich zu einer Prozedur. Diese Prozedur ist ein lesbarer und editierbarer Text, der mit der Mappe gespeichert wird, in der das Makro angelegt wird.

19.1.1 Der Visual Basic-Editor

Für die Bearbeitung von Makros stellt Excel parallel zur Arbeitsmappe mit Tabellen eine weitere Benutzeroberfläche zur Verfügung, den Visual Basic-Editor. In diesem werden die aufgezeichneten Makros aktiviert und bei Bedarf nachbearbeitet, und hier entstehen auch die direkt programmierten Makros bzw. Prozeduren.

Das Makro oder die Prozedur wird in der Arbeitsmappe gespeichert, in der es hinterlegt wurde. Das kann die aktuelle Mappe sein, in der die aufgezeichneten Aktionen durchgeführt wurden, oder die persönliche Makroarbeitsmappe, eine spezielle XLSM-Datei, die ständig geöffnet ist und zur Verfügung steht, auch wenn andere Mappen geschlossen sind.

Ein Makro ist also ein Programm oder eine Visual Basic-Prozedur, zwischen diesen Begriffen besteht technisch gesehen kein Unterschied.

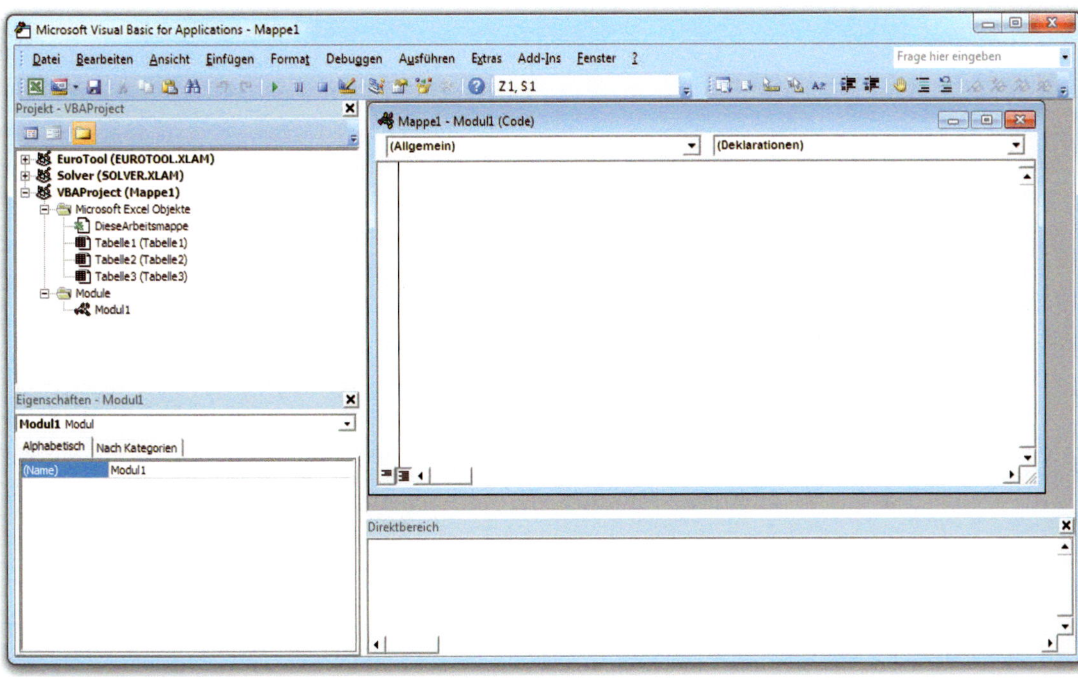

Abbildung 19.1 Der VBA-Editor

```
Sub DruckMakro()
 Range("A1:C15").Select
 ActiveSheet.PageSetup.PrintArea = "$A$1:$C$15"
 ActiveWindow.SelectedSheets.PrintOut _
   Copies:=1, _
   ActivePrinter:="HP Inkjet auf LPT1:", _
   Collate:=True
End Sub
```

Abbildung 19.2 So sieht eine Makroprozedur aus.

19.1.2 Praxis: Makros im Einsatz

Typische Aufgaben für Makros gibt es unendlich viele, die Möglichkeiten sind ebenso unbegrenzt wie die Einsatzgebiete. Das Spektrum reicht vom einfachen Rekordermakro bis zur programmierten Steuerung, die das Excel-Programmfenster als Oberfläche überflüssig macht.

Szenario 1: Reporting mit Excel

Aus dem SAP R/3-System oder dem »Data Warehouse« werden wöchentlich Berichte in Form von Textdateien oder Excel-Arbeitsmappen geliefert. Ihre Aufgabe besteht darin, diese Daten in einer Mappe zusammenzufassen, über Filter und Pivot-Berichte wichtige Kennzahlen zu ermitteln und Diagramme für die Unternehmenszahlen anzufertigen. Tabellen und Charts werden anschließend zu einem Bericht zusammengefasst und in eine PDF-Datei umgewandelt. Diese wird als E-Mail-Anhang an mehrere Personen in einem Verteiler verschickt.

Alle diese Aktionen können Sie auch von einem Makro erledigen lassen:

- Sie zeichnen den Datenimport der SAP-Berichte mit dem Makrorekorder auf.
- Auch die Umsetzung der Daten in ein Diagramm wird mit dem Makrorekorder erledigt, das zweite Makro wird geringfügig angepasst, damit später die variablen Bereiche berücksichtigt werden.
- Ein drittes Makro fasst die Daten zusammen, erstellt gefilterte Ansichten und Pivot-Berichte und speichert alles zusammen unter einem Dateinamen, der aus der Tages- und Monatszahl gebildet wird (z.B. Bericht0106.xlsx).
- Das vierte Makro konvertiert die Excel-Daten ins PDF-Format, legt eine neue Mail in Outlook oder Lotus Notes an, trägt einen gespeicherten E-Mail-Verteiler ein, generiert ein Anschreiben und fügt die Berichtsmappe als Anhang ein. Die Nachricht wird zwischengespeichert, Sie wollen sie vor dem Versand noch einmal kontrollieren.
- Für den Aufruf dieser vier Makros erstellen Sie eine Symbolleiste, fügen Schaltflächen ein und weisen diesen die Makros zu.

Jetzt können Sie Ihr Reporting praktisch auf Knopfdruck erledigen. Die zu importierenden Daten werden immer nach dem gleichen Schema von den Excel-Makros verarbeitet und in Mail-Anhänge verpackt.

Szenario 2: Formulare

Freiberufler und Kleinunternehmer müssen Geschäftsprozesse wie Bestellungen, Reklamationen, Angebote, Einnahmen/Ausgaben und Rechnungen mit selbst gestalteten Formularen erledigen. Jedes dieser Formulare wird mit zahlreichen Makros versehen, die zeitraubende Routinearbeiten erledigen:

Abbildung 19.3 Formular mit Makroschaltflächen und Menüsteuerung

- Rechnungsnummer eintragen
- Mehrwertsteuer berechnen
- Übertrag auf nächste Seite berechnen
- Datei archivieren

usw.

Für die Makros werden kleine Schaltflächen und Symbole in die Formulare gezeichnet, die Formularsteuerung übernehmen Elemente wie Drop-down-Listen, Optionsfelder, Ankreuzkästchen u.a., die ebenfalls mit Makros gesteuert sind. Alternativ zur Symbolsteuerung können auch Menüs angelegt oder Menüs mit zusätzlichen Optionen bestückt werden. Alle Formulare stehen als Mustervorlagen zur Verfügung.

Szenario 3: Benutzersteuerung mit Dialogen

Sie haben die Aufgabe, eingehende Serviceaufträge zu prüfen, die passenden Auftragsnummern aus einer Access-Datenbank zuzuweisen oder größere Listen zu verwalten. Was die Datenmaske nur im Ansatz erledigt, perfektionieren Sie mit Dialogboxen (UserForms): Daten werden aus verschiedenen Tabellen in Listenelemente und Drop-downs eingelesen, Optionsfelder, Kästchen, Bildelemente stehen für Steuerung und Gestaltung bereit, und Schaltflächen sorgen für Aktionen und Datentransfer. Die UserForm übernimmt in solchen Modellen die komplette Steuerung der Daten, oft wird der Anwender gar keinen Zugriff auf die Tabellen im Hintergrund haben.

19.1.3 Funktionsmakros

Die Programmiersprache VBA kennt noch eine weitere Makroform, die Funktionsmakros. Das sind Programme, die keine Aktionen durchführen und deshalb auch nicht mit dem Makrorekorder aufzuzeichnen sind. Der Begriff Funktionsmakros ist deshalb weniger gebräuchlich, diese Makros werden VBA-Funktionen genannt (*siehe Kapitel 19.13: VBA-Funktionen*).

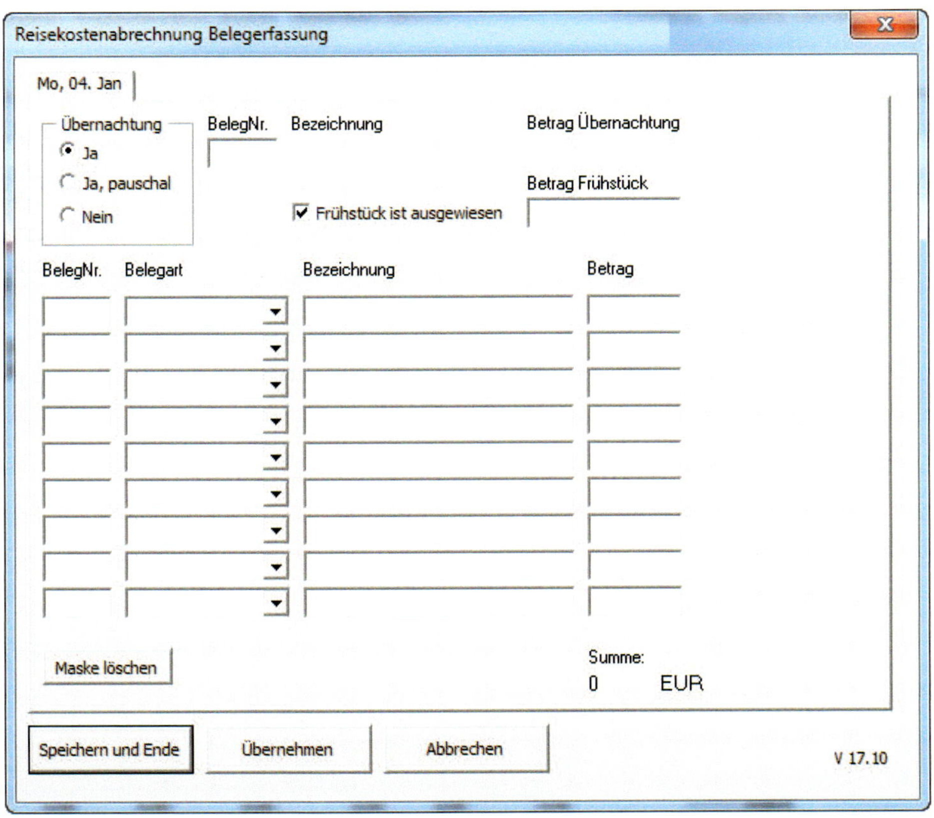

Abbildung 19.4 Programmierte Dialoge zur Listensteuerung

19.2 Der Makrorekorder

Das erste und wichtigste Werkzeug, das Sie als angehender VBA-Programmierer kennenlernen sollten, ist der Makrorekorder, eine Option aus dem *Extras*-Menü. Dieser Rekorder funktioniert im Prinzip wie sein Pendant aus der Unterhaltungselektronik, der Videorekorder:

Videorekorder	Makrorekorder
Wird per Fernbedienung, Knopfdruck oder Zeitsteuerung eingeschaltet.	Wird aus dem *Extras*-Menü oder per Klick auf ein Symbol aufgerufen. Der Anwender gibt den Namen des gewünschten Makros ein und startet per Klick auf *OK*.
Zeichnet auf, was der Fernsehsender auf den Bildschirm zaubert.	Zeichnet alle Aktionen auf, die der Anwender in Excel auf dem Bildschirm durchführt.
Wird per Fernbedienung, Knopfdruck oder Zeitsteuerung gestoppt.	Wird über die Option aus dem *Extras*-Menü oder per Klick auf ein Symbol gestoppt.
Die aufgezeichnete Sendung kann vom Videoband gesendet werden.	Das Makro kann aus dem *Extras*-Menü aufgerufen werden, es führt alle aufgezeichneten Aktionen aus. Das Makro kann im Visual Basic-Editor bearbeitet werden, es steht als VBA-Prozedur in einem Modulblatt.

Tabelle 19.1 Prinzip Makro

Der Makrorekorder »merkt« sich im Hintergrund die Aktion (z.B. einen Menüaufruf oder das Öffnen eines neuen Tabellenblattes) und schreibt den Befehl aus der Programmiersprache VBA in das Modulblatt. Wird der Recorder dann beendet, besitzen Sie ein fertiges Makro, das sofort funktionsfähig ist und mit der Aktivierung die aufgezeichneten Bedienungsschritte wieder ausführt.

TIPP Eine Warnung gleich vorneweg: Die Meinung mancher »Fachleute«, der Makrorekorder alleine würde ausreichen, um Excel-Aufgaben zu automatisieren, sollten Sie nicht ernst nehmen. Der Spruch »VBA muss man nicht können, dafür gibt es den Makrorekorder« ist so falsch wie gefährlich. Aufgezeichnete Makros funktionieren in den seltensten Fällen, weil der Rekorder mit festen Bezügen arbeitet und sich weder die Position des Zellzeigers noch den Namen der Mappe oder Tabelle merkt. Als Hilfsmittel für die Makroprogrammierung ist der Rekorder ein absolutes Muss, als billiger Makroproduzent für VBA-Verweigerer wird er schnell zum Risiko.

19.2.1 Eine erste Aufzeichnung

Tasten Sie sich mithilfe des Makrorekorders an VBA heran: Zeichnen Sie die Aktionen auf, die das Makro für Sie ausführen soll, und bearbeiten Sie den erzeugten Makrocode. Bevor Sie den Makrorekorder einsetzen, sollten Sie immer den Zustand herstellen, den das Makro beim Start auch vorfinden wird, z.B. die passende Arbeitsmappe öffnen oder ein bestimmtes Tabellenblatt aktivieren.

Beispiel: Kostenaufstellung

Sie sind verantwortlich für die Kostenkontrolle Ihrer Kostenstelle aus dem Bereich Fertigung und erhalten einen Kostenbericht, den Sie über ein Säulendiagramm grafisch darstellen. Die Kostenübersicht wird monatlich aktualisiert, die Tabelle wächst demnach ständig, und mit jedem neuen Datensatz muss das Diagramm neu erstellt oder verändert werden. Diese Aufgabe wollen Sie automatisieren, das Diagramm soll auf Knopfdruck zu erstellen sein und immer alle Daten aktuell aus dem Bericht enthalten.

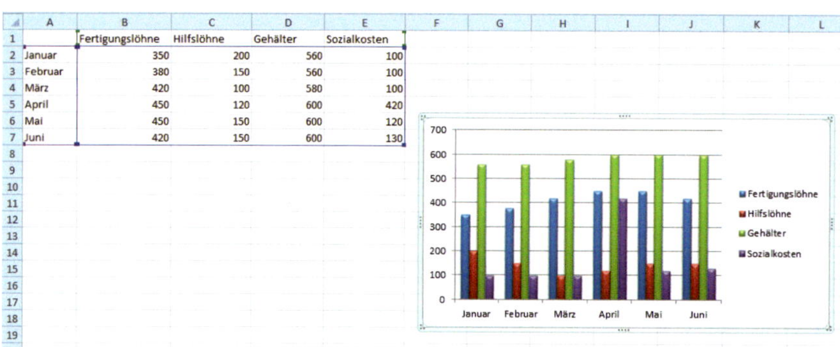

Abbildung 19.5
Kostenaufstellung mit Diagramm

1. Wechseln Sie in das Excel-Fenster, und aktivieren Sie die erste Arbeitsmappe.
2. Geben Sie die Beschriftungen und die Tabellenwerte ein.

	Fertigungslöhne	Hilfslöhne	Gehälter	Sozialkosten
Januar	350	200	560	100
Februar	380	150	560	100
März	420	100	580	100
April	450	120	600	420
Mai	450	150	600	120
Juni	420	150	600	130

Tabelle 19.2 Beispieldaten für die Kostenaufstellung

Zeichnen Sie ein Makro auf, das die Zahlen in der Tabelle markiert, ein neues Diagrammblatt anlegt und den Diagrammtyp in ein Liniendiagramm abändert.

Aufzeichnung starten

1. Wählen Sie *Ansicht/Makros/Makro Aufzeichnen*.
2. Geben Sie einen Namen für das Makro ein:

   Kostendiagramm
3. Stellen Sie sicher, dass unter *Makro speichern in* der Eintrag *Diese Arbeitsmappe* zu sehen ist. Mit *Neue Arbeitsmappe* würde eine neue Mappe erstellt und das Makro in dieser hinterlegt werden, und *Persönliche Makroarbeitsmappe* speichert das Makro in einer Mappe mit der Bezeichnung *PERSONL.XLS* (siehe Kapitel 18.4.1: *Makro speichern*).
4. Setzen Sie den Cursor in das Feld unter *Tastenkombination*, und drücken Sie die Taste, die Sie zusammen mit der Strg-Taste als »Shortcut« für den Makroaufruf bestimmen wollen. Dieses Tastenkürzel ist wahlfrei, es muss nicht gesetzt werden.
5. Geben Sie eine Beschreibung ein. Sie wird im Makrocode als Kommentar eingefügt.
6. Bestätigen Sie mit *OK*.

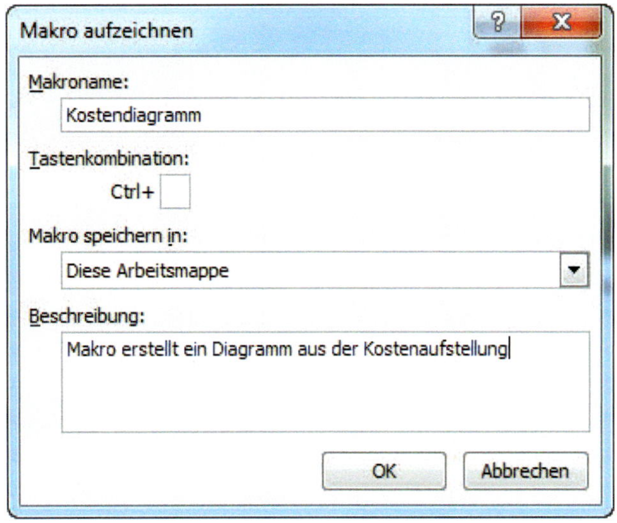

Abbildung 19.6 Die Makroaufzeichnung wird gestartet.

Der Makrorekorder wird gestartet. In der Statusleiste erscheint links außen ein blaues Quadrat, es signalisiert, dass der Rekorder alle Aktionen aufzeichnet.

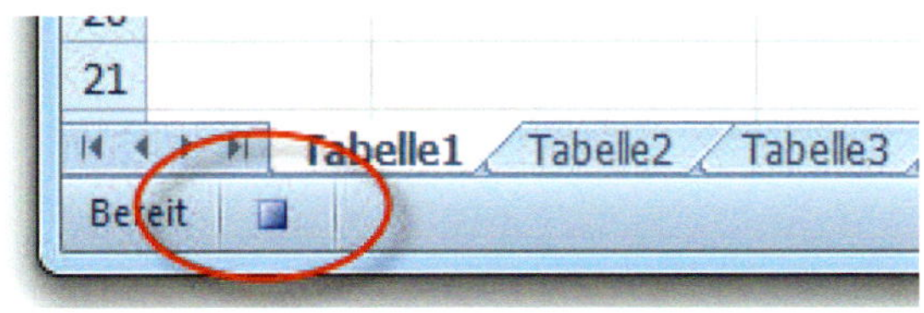

Abbildung 19.7 Die Aufzeichnung läuft, die Statuszeile zeigt den Indikator.

Wenn dieses Symbol nicht sichtbar ist, klicken Sie mit der rechten Maustaste in die Statusleiste und schalten die Option *Makroaufzeichnung* ein. Hier sehen Sie auch den Status: *Wird aufgezeichnet* oder *Wird nicht aufgezeichnet*.

Mit diesem Symbol können Sie die Aufzeichnung schließen und ganz einfach wieder starten. Klicken Sie einfach darauf.

Aktionen durchführen

1. Setzen Sie den Zellzeiger in die Zelle A1.
2. Markieren Sie die gesamte Liste von A1 bis E7 mit Strg + Umschalt + *.

3. Wählen Sie *Einfügen/Diagramme*, und entscheiden Sie sich für die Diagrammart *Säule* mit dem ersten Untertyp.
4. Wählen Sie in den Diagrammtools unter *Entwurf* in der Gruppe *Ort* den Befehl *Diagramm verschieben*. Geben Sie ein neues Blatt, *Diagramm1*, an.

Damit sind alle Aktionen durchgeführt, die das Makro übernehmen soll. Sie können jederzeit Schritte zurücknehmen, klicken Sie auf das *Rückgängig*-Symbol, oder drücken Sie [Strg]+[Z]. Führen Sie aber keine überflüssigen Aktionen durch, blättern Sie nicht mit den Rollbalken in der Tabelle, und schalten Sie nicht auf andere Blätter oder Mappen um - jede Aktion ergibt einen Befehl in der Prozedur.

Aufzeichnung beenden

Beenden Sie die Aufzeichnung mit Klick auf das Symbol in der Statusleiste oder mit *Ansicht/Makros/Aufzeichnung beenden*.

Regeln für Makronamen

Der Name des Makros ist im Prinzip frei wählbar, es gibt aber ein paar Regeln dafür:

- Das erste Zeichen muss ein Buchstabe sein
- Leerzeichen, Punkt, Komma, Ausrufezeichen und die Zeichen @, &, $, # sind im Namen nicht erlaubt.
- Der Name darf nicht länger als 255 Zeichen sein.
- Der Makroname darf nicht mit einem Schlüsselwort aus VBA verwechselbar sein. Benennen Sie Makros möglichst nicht mit Programmiersprachenelementen wie `Sub`, `End`, `GoTo` oder Ähnlichem.
- In einem Projekt dürfen Makronamen nicht mehrfach vorkommen, auch nicht, wenn sie in unterschiedlichen Modulen stehen.

Das Makrosymbol in der Gruppe *Ansicht* bietet noch einen weiteren Befehl, *Relativer Verweis*. Das ist ein Schaltsymbol, per Klick wird von der Standardeinstellung *Absoluter Verweis* auf *Relativer Verweis* umgeschaltet. In diesem Modus zeichnet der Recorder Bezüge auf Zelladressen relativ zur aktiven Zelle auf. Setzen Sie beispielsweise den Zellzeiger von A1 nach A2, erhalten Sie in den beiden Bezugsarten unterschiedliche Befehle:

Absoluter Verweis (Standard)	Relativer Verweis
`Range("A2").Select`	`ActiveCell.Offset (1, 0).Range ("A1").Select`

19.2.2 Makro ausführen

Bevor Sie das Makro testen, müssen Sie zum Tabellenblatt wechseln. Das Makro beginnt mit dem Sprung zur Zelle A1, und da in einem Diagrammblatt keine Zellen zu finden sind, würde der Aufruf sofort in einem Makrofehler enden. Starten Sie das Makro über die Menüoption:

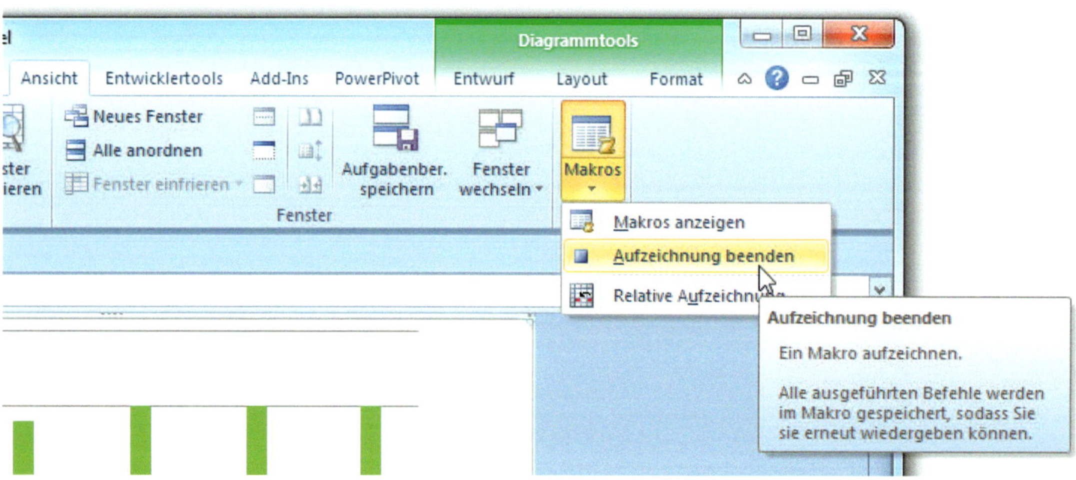

Abbildung 19.8 Die Aufzeichnung wird beendet.

1. Wählen Sie *Ansicht/Makros/Makros anzeigen*.
2. Das Makro wird in einer Liste angeboten. Wenn Ihre Mappe oder eine andere aktive Mappe noch weitere Makros enthält, sind diese ebenfalls gelistet. Markieren Sie in diesem Fall das Makro *Kostendiagramm*.
3. Klicken Sie auf *Ausführen*.

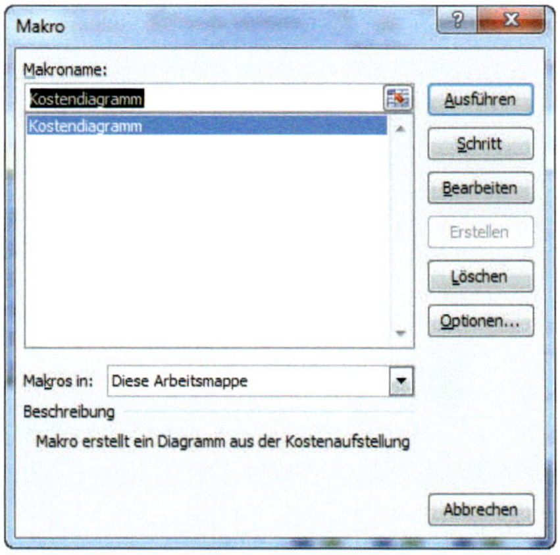

Abbildung 19.9 Das Makro wird ausgeführt.

Das Makro startet, es positioniert den Zellzeiger in A1, markiert den gesamten Bereich und zeichnet ein Diagramm in ein neues Diagrammblatt. Alle Aktionen können Sie auf dem Bildschirm verfolgen (es sei denn, Ihr Computer ist zu schnell ...).

Das Makro endet da, wo Sie die Aufzeichnung beendet hatten, das neue Diagrammblatt bleibt im Bild. Sie könnten diese Routine jetzt immer wieder für den nächsten Kostenbericht benutzen, vorausgesetzt, er beginnt bei der Zelle A1 und steht in einer geschlossenen Liste. Durch die Tastenkombination Strg+Umschalt+* wird immer der gesamte Bereich markiert, das Diagramm sollte also alle Monate korrekt ausweisen.

TIPP ... was es bei selbst erfassten Daten automatisch macht, wenn Sie den Bereich zur Liste erklären.

19.2.3 Aufgezeichnetes Makro bearbeiten

Das Makro ist natürlich noch nicht perfekt – es enthält sogar einen Fehler. Wenn Sie den Datenbereich ändern und beispielsweise einen neuen Monat anfügen und das Makro erneut starten, werden Sie feststellen, dass zwar der Bereich exakt markiert wird, das Diagramm aber wieder den alten, zuvor aufgezeichneten Bereich enthält.

Der Fehler soll Sie bewusst auf das Risiko hinweisen, dass aufgezeichnete Makros in den seltensten Fällen funktionieren.

Makro im VBA-Editor anzeigen

Der VBA-Editor ist ein eigenständiges Programm in einem eigenen Fenster, er lässt sich aber nur aus Excel heraus aktivieren (die genaue Beschreibung folgt später in diesem Kapitel).

1. Wählen Sie *Ansicht/Makros/Makro anzeigen*.
2. Markieren Sie das Makro *Kostendiagramm* in der Liste, und schalten Sie mit Klick auf *Bearbeiten* in den Editor um.

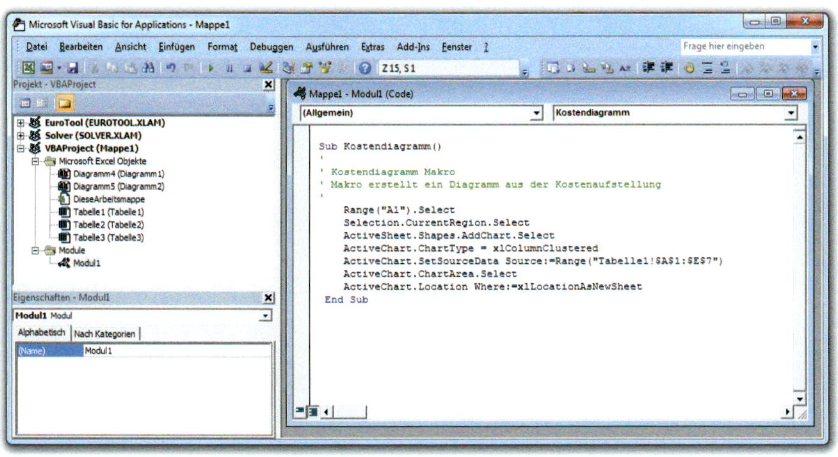

Abbildung 19.10
Das Makro im Visual Basic-Editor

Das Makro steht in einem Modulfenster, am linken Rand sollten die beiden Unterfenster *Projekt* und *Eigenschaften* sichtbar sein. Wenn Sie mehr Aktionen aufgezeichnet hatten, weicht der Code natürlich von dem gezeigten ab. Sie können den Code wie einen normalen Text bearbeiten, achten Sie aber darauf, dass alle Änderungen korrekt eingegeben werden. Der Editor prüft alle Eingaben sofort und meldet Syntaxfehler oder andere Fehler, wenn die Codezeile nicht mehr ausführbar ist (siehe nachfolgenden Abschnitt: *Was tun bei Fehlern?*).

Hier eine Übersicht über die aufgezeichneten Befehle:

Codezeile	Erklärung
Sub Kostendiagramm()	Der Prozedurstart (Sub = Subroutine) mit dem Namen des Makros.
' Kostendiagramm Makro ' Makro erstellt ...	Kommentarzeilen, mit Apostroph als Einleitung. Die leeren Kommentare können Sie gleich löschen.
Range("A1").Select	Die erste Zelle (A1) wird markiert.
Selection.CurrentRegion.Select	Der aktuelle Bereich (`CurrentRegion`) rund um die Markierung (`Selection`) wird wieder markiert (`.Select`).
ActiveSheet.Shapes.AddChart.Select	Ein neues Diagramm (`Chart`) wird hinzugefügt.
ActiveChart.SetSourceData Source:=Sheets("Tabelle1"). Range("A1:E7")	Das aktive Diagramm erhält den Datenbereich aus Tabelle 1 und den Bereich (`Range`) A1:E7.
ActiveChart.Location Where:=xlLocationAsNewSheet	Das aktive Diagramm wird in einem neuen Blatt untergebracht.
ActiveChart.ChartType = xlColumnClustered	Der Typ des Diagramms wird fixiert (Säulen, gruppiert).
End Sub	Das Ende des Makros (end subprocedure).

Tabelle 19.3 Die aufgezeichneten Befehle

Änderungen im Makro »Kostendiagramm«

Lokalisieren Sie gleich den Fehler, den der Makrorekorder hier produzieren würde. Mit dem absoluten Bezug A1:E7 für den Diagrammbereich würde das Makro neu hinzugekommene Datensätze ignorieren und immer wieder das Diagramm aus dem aufgezeichneten Bereich erstellen. Passen Sie das Makro entsprechend an:

1. Fügen Sie weitere Kommentare mit einem Apostroph als erstem Zeichen ein.
2. Schreiben Sie eine *DIM*-Anweisung für eine Variable `diabereich`.
3. Weisen Sie diesem Bereich die Adresse der markierten Daten zu.
4. Verwenden Sie diese Variable in der Anweisung `SetSourceData`.
5. Fügen Sie vor der letzten Anweisung, `End Sub`, eine abschließende Meldung ein.

```
Sub Kostendiagramm()
  Dim  diabereich
  ' Kostendiagramm Makro
  Range("A1").Select
  Selection.CurrentRegion.Select
  diabereich = Selection.Address
ActiveSheet.Shapes.AddChart.Select

  ActiveChart.SetSourceData _
  Source:=Sheets("Tabelle1").Range(diabereich), _
  PlotBy:=xlColumns
  ActiveChart.ChartType = xlColumnClustered
  ActiveChart.Location Where:=xlLocationAsNewSheet
 ' Abschliessende Meldung
 MsgBox "Kostendiagramm erstellt"
End Sub
```

Listing 19.1 Kostendiagramm-Makro nach der Änderung

Was tun bei Fehlern?

Die ersten Versuche laufen nie ohne Fehler ab, deshalb hier die wichtigsten Fehler-Nothilfen:

Syntaxfehler werden schon beim Schreiben gemeldet. Die Zeile wird rot gefärbt, die Fehlermeldung lautet z.B.:

```
Fehler beim Kompilieren
Erwartet: Bezeichner oder geklammerter Ausdruck
```

oder

```
Erwartet: Ausdruck
```

Meist handelt es sich um einen Tippfehler, eine falsche Schreibweise (*siehe Kapitel 18.6.2: Die Schreibweisen im Makrocode*) oder einen Zeilenumbruch in der Codezeile. Schreiben Sie alle Anweisungen in eine Zeile, wenn Sie eine Zeile unterbrechen wollen, geben Sie ein Leerzeichen und einen Unterstrich (_) ein, bevor Sie Eingabe drücken.

Der Fehler tritt auch auf, wenn längere Zeichenketten unterbrochen werden, was der Makrorekorder leider manchmal macht, wenn z.B. ODBC-Verknüpfungen oder SQL-Anweisungen ins Spiel kommen. Stellen Sie sicher, dass Zeichenketten immer geschlossen bleiben, indem Sie diese mit dem &-Zeichen verknüpfen. Der Zeilenumbruch mit Leerzeichen und Unterstrich darf dabei nicht innerhalb einer Teilzeichenkette stehen. Ein Beispiel hierfür: Diese Anweisung würde einen Makrofehler auslösen:

```
"SELECT Artikel.Artikelname, Artikel.Liefereinheit,
_
Artikel.Einzelpreis FROM C:\Daten\ArtDB.Artikel
Artikel"
```

Teilen Sie die Zeichenkette in kleine Portionen auf, die Sie mit dem &-Zeichen verknüpfen:

```
"SELECT Artikel.Artikelname, " & _
"Artikel.Liefereinheit, " _
"Artikel.Einzelpreis " _
"FROM C:\Daten\ArtDB.Artikel Artikel"
```

Tritt der Fehler erst bei der Ausführung auf, stoppt das Makro, eine Fehlermeldung erscheint:

```
Laufzeitfehler Nummer
Index außerhalb des gültigen Bereichs
```

oder

```
Objekt unterstützt diese Eigenschaft oder Methode
nicht
```

Klicken Sie auf *Debuggen*, und suchen Sie den Fehler in der Fehlerzeile, die der Editor gelb markiert. Sie können den Fehler beheben und das Symbol *Ausführen* anklicken oder F5 drücken, um das Makro weiterlaufen zu lassen.

Sie können das Makro aber auch per Klick auf das Symbol *Zurücksetzen* abbrechen.

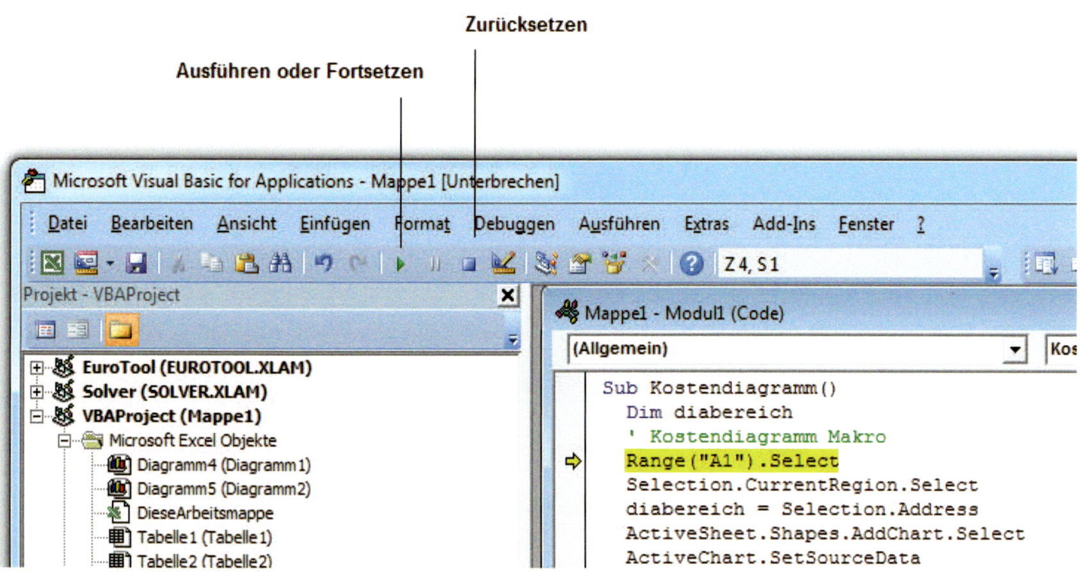

Abbildung 19.11 Angehaltenes Makro ausführen oder stoppen

19.3 Makros speichern und laden

Ihre Arbeitsmappe wird zur Makroarbeitsmappe, wenn ein Makro darin gespeichert ist. Damit sichergestellt ist, dass Makroanwendungen abgesichert sind, verwendet Excel einen eigenen Dateityp für Mappen mit Makros.

19.3.1 Makro speichern

1. Wählen Sie im Excel-Fenster *Datei/Speichern unter*.
2. Schalten Sie auf den Dateityp *Excel-Arbeitsmappe mit Makros*.
3. Speichern Sie die Datei unter der Bezeichnung *KostenDiagramm.xlsm*.

Wenn Sie das Makro vom VBA-Editor aus speichern wollen, klicken Sie auf das Diskettensymbol links oben in der Symbolleiste.

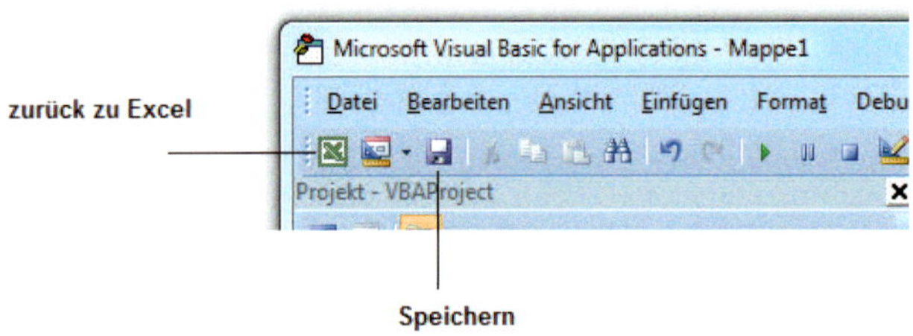

Abbildung 19.12 Speichern und umschalten zu Excel

Das Makro wird in und mit der Arbeitsmappe gespeichert, in der es erstellt wurde, es gibt kein eigenes Dateiformat für Makros. Das Makro ist natürlich nur verfügbar, solange die Mappe aktiv ist. Ist die Mappe geschlossen, wird das Makro nicht mehr in der Liste der Makros in der Registerkarte *Ansicht* angeboten.

Haben Sie ein Makro einer Schaltfläche oder einem Menübefehl zugewiesen, muss die Mappe für den Aufruf nicht aktiv sein. Excel startet die Mappe, in der sich das Makro befindet, automatisch, wenn Sie auf die Schaltfläche klicken oder die Menüoption aufrufen.

19.3.2 Neue Arbeitsmappe

Haben Sie beim Start der Aufzeichnung *Neue Arbeitsmappe* als Ziel angegeben, wird eine neue Mappe mit der nächsten Nummer (*Mappe2*, *Mappe3*) erstellt, aber noch nicht gespeichert. Das Makro finden Sie im Projektfenster, das damit mindestens zwei Projekte enthält: die Mappe, in der die Aufzeichnung gestartet wurde, und die neue Mappe, in der das Makro steht.

19.3.3 Die persönliche Makroarbeitsmappe

Makros, die unabhängig von aktivierten Mappen, Symbolleisten und Menüs verfügbar sein sollen, speichern Sie am besten in der persönlichen Makroarbeitsmappe. Stellen Sie diese beim Start der Aufzeichnung unter *Ansicht/Makro/Makro aufzeichnen* als Ziel für das neue Makro ein.

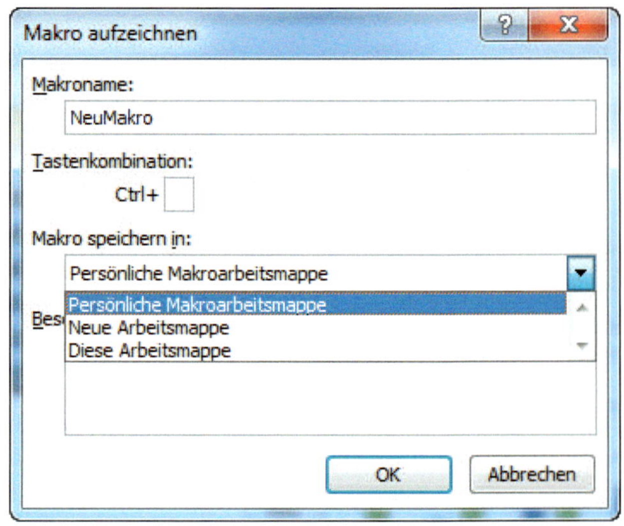

Abbildung 19.13 Die persönliche Makroarbeitsmappe

Diese Mappe trägt die Bezeichnung *PERSONAL.XLSB*. Sie hat einen Sonderstatus unter allen Arbeitsmappen und wird etwas anders behandelt als normale Excel-Dateien:

- *PERSONAL.XLSB* wird mit dem Start geöffnet, ist aber nicht sichtbar, weil sie ausgeblendet ist. Sie können die Mappe nach dem Start von Excel unter *Ansicht/Fenster/Einblenden* sichtbar machen, sollten sie aber wieder ausblenden, bevor Sie Excel schließen.
- Damit die Mappe automatisch mit dem Programm gestartet wird, speichert Excel sie im Ordner *XLSTART* ab. Das ist ein Unterordner des Office-Ordners. Alle Dateien, die in diesem Ordner stehen, werden mit dem Programmstart automatisch geladen. Sie finden den Ordner unter diesem Pfad:

  C:\Programme\Microsoft Office\Office14\XLSTART

» Die persönliche Makroarbeitsmappe *PERSONAL.XLSB* steht anfangs nicht zur Verfügung, sie wird erst produziert, wenn sie zum ersten Mal bei der Aufzeichnung eines Makros zum Einsatz kommt. Achten Sie auf die Meldung beim Schließen des Programmfensters, die darauf hinweist, dass diese Mappe auch gespeichert werden muss:

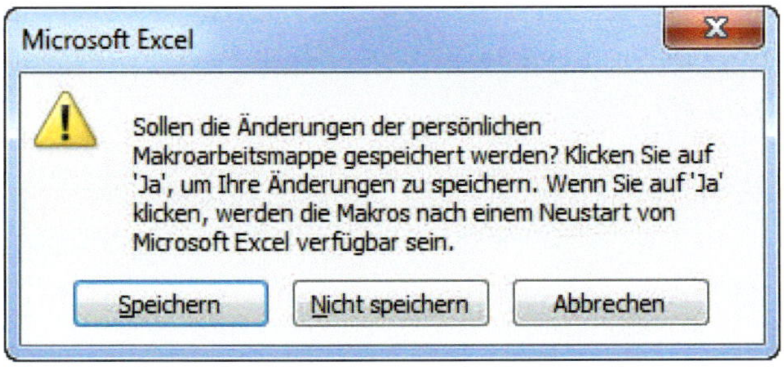

Abbildung 19.14 PERSONAL.XLSB wird gespeichert.

HINWEIS Das erklärt auch die Meldung, die erscheint, wenn ein zweites Excel-Programmfenster aktiv wird. Ist die Mappe bereits offen, kann sie von einer weiteren Instanz von Excel, die ein zweites Mal versucht, die Datei zu laden, nur noch schreibgeschützt aktiviert werden.

19.3.4 Makro als Add-In speichern

VBA-Makros können zwar nicht wie andere Programmcodes kompiliert und damit in Maschinensprache umgesetzt werden, eine Möglichkeit, sie vor unberechtigten Zugriffen zu schützen, gibt es aber doch. Speichern Sie das Makroprojekt als Add-In. Diese Add-Ins können vom Benutzer aufgerufen und über den Add-In-Manager in seine Umgebung eingebunden werden. So konvertieren Sie ein Makro in ein Add-In:

1. Wählen Sie *Datei/Speichern unter*.
2. Ändern Sie den Dateityp auf *Excel Add-In (*.xlam)*.
3. Speichern Sie die Mappe unter diesem Dateityp ab.

HINWEIS Achten Sie darauf, dass das Add-In nicht mehr bearbeitbar ist, die Module und UserForms können nicht mehr eingesehen werden. Sie sollten also auf jeden Fall immer auch das Original im XLSM-Format zur Verfügung haben.

19.3.5 Makrosicherheit beim Laden der Arbeitsmappe

Wenn Sie eine Arbeitsmappe aktivieren, die Makros enthält, sollte in der Regel eine Sicherheitsmeldung erscheinen, die Sie darauf hinweist, dass die Mappe nicht ohne Risiko ist. Ein falscher Code kann schnell eine Datenbank löschen, einen Ordner entfernen oder den falschen Datenträger formatieren. Schützen Sie sich vor diesen ungewollten Zerstörern, öffnen Sie keine Arbeitsmappen mit Makros, deren Inhalt nicht bekannt ist.

TIPP Der neueste Virenschutz mit automatischer Aktualisierung über das Internet ist die beste Möglichkeit, sich vor Viren zu schützen, und sollte zu Ihrer Mindestausstattung auf dem PC gehören.

Sicherheitswarnung

Diese Meldung erscheint, wenn im Sicherheitscenter die mittlere Sicherheitsstufe für Makros eingestellt ist. Die Stufe bietet die Möglichkeit, Makros zu aktivieren oder zu deaktivieren, präsentiert aber diese Warnung nach dem Aufruf.

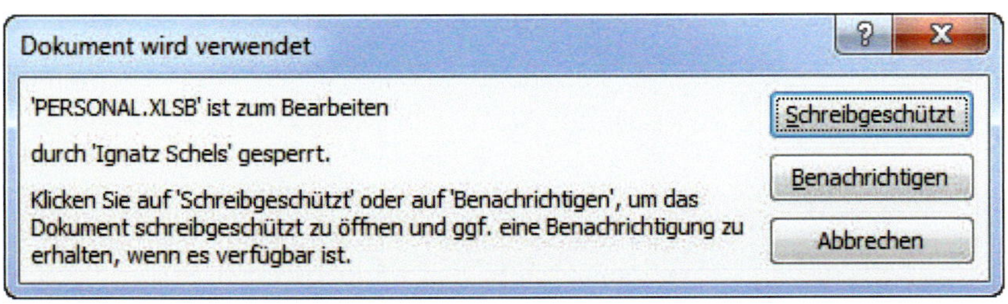

Abbildung 19.15 PERSONAL.XLSB ist schon geladen.

Abbildung 19.16 Sicherheitsmeldung: Die Arbeitsmappe enthält Makros.

Öffnen Sie Ihr Makro mit Bestätigung der ersten Sicherheitswarnung und speichern es wieder zurück, wird die Datei zu einem vertrauenswürdigen Dokument. Beim nächsten Ladevorgang werden Sie dann keine Sicherheitswarnung mehr bekommen.

REFERENZ In Kapitel 17 (Sicherheit und Schutz) finden Sie eine ausführliche Beschreibung zur Makrosicherheit.

19.4 Der Visual Basic-Editor

Excel bietet mit dem Visual Basic-Editor eine Entwicklungsumgebung für VBA-Makros, Prozeduren und Funktionen. Aktivieren Sie ihn, um aufgezeichnete Makros zu bearbeiten oder Makros und Dialoge zu erstellen.

1. Wählen Sie *Ansicht/Makros/Makros anzeigen*, markieren Sie das Makro, und klicken Sie auf *Bearbeiten*.
2. Die schnelle Tastenkombination für den Visual Basic Editor: Drücken Sie `Alt`+`F11`.

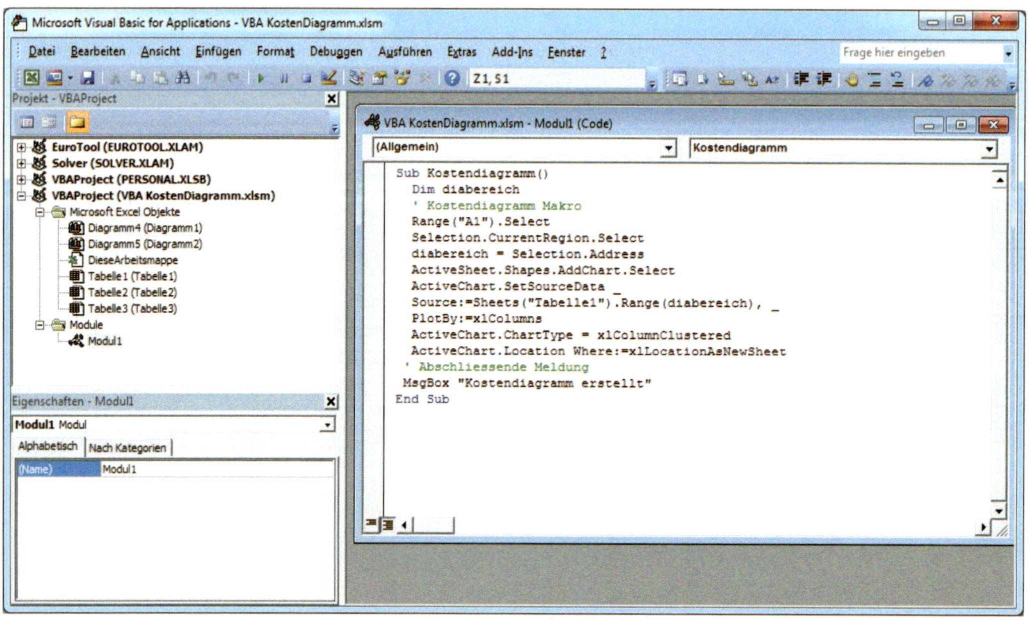

Abbildung 19.17 Der Visual Basic-Editor

19.4.1 Die Oberfläche: Menüs und Symbolleisten

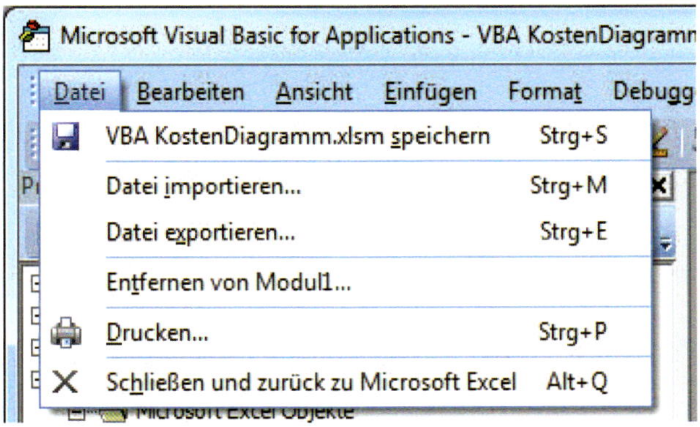

Abbildung 19.18 Menüs im Visual Basic-Editor, hier das Datei-Menü

Die Oberfläche des VBA-Editors ist noch im alten »Look« der Vorgängerversion, sie hat kein Menüband, sondern eine Menüleiste und mehrere Symbolleisten. Menüs öffnen Sie per Klick auf den Menünamen und wählen dann einen Befehl per Klick. Am rechten Rand ist jeweils die Tastenkombination aufgeführt, mit der dieser Befehl ebenfalls aufgerufen werden kann.

Wenn Sie das Menü schließen wollen, klicken Sie noch einmal auf den Menüeintrag oder wählen ein anderes Menü.

Der Visual Basic-Editor bietet vier Symbolleisten:

» *Bearbeiten*

» *Debuggen*

» *UserForm*

» *Voreinstellung*

Standardmäßig sind die Leisten *Bearbeiten* und *Voreinstellung* aktiv, weitere Symbolleisten erhalten Sie unter *Ansicht/Symbolleisten* oder im Kontextmenü:

Klicken Sie mit der rechten Maustaste in den Symbolbereich, und markieren Sie eine Leiste. Die meisten Optionen und Symbole sind für die Codierung bestimmt.

19.4.2 Fenster verankern

Das Verankern ist eine exklusive Technik im Editor-Fenster, sie stellt sicher, dass Entwickler ihren Programmierbereich und die Unterfenster auf mehreren Bildschirmen oder Bildschirmbereichen verteilen können. Nachteile hat die Technik auch, denn das Verankern ist ein etwas umständliches Verfahren und kostet Zeit.

Unter *Extras/Optionen* finden Sie auf der Registerkarte *Verankern* alle Fenster, die es im Editor gibt. Ist ein Fenster angekreuzt, lässt es sich verankern, wenn nicht, kann es wie jedes Fenster frei im Programmfenster des Editors verschoben werden.

Ankerplätze sind rund um den Arbeitsbereich, ein Fenster kann horizontal oder vertikal ankern und zusammen mit anderen Fenstern an einem Ankerplatz stehen.

Ziehen Sie ein Fenster aus seinem Ankerplatz (z.B. den Projekt-Explorer links oben), wird es zum eigenständigen Fenster. Wollen Sie es wieder verankern, ziehen Sie es mit gedrückter Maustaste an der Titelleiste an den Ankerplatz. Lassen Sie die Maustaste erst los, wenn der gestrichelte Rahmen (Vorschau) die Position korrekt anzeigt.

TIPP Lassen Sie die Fenster, wo sie sind, das Verankern ist wirklich umständlich.

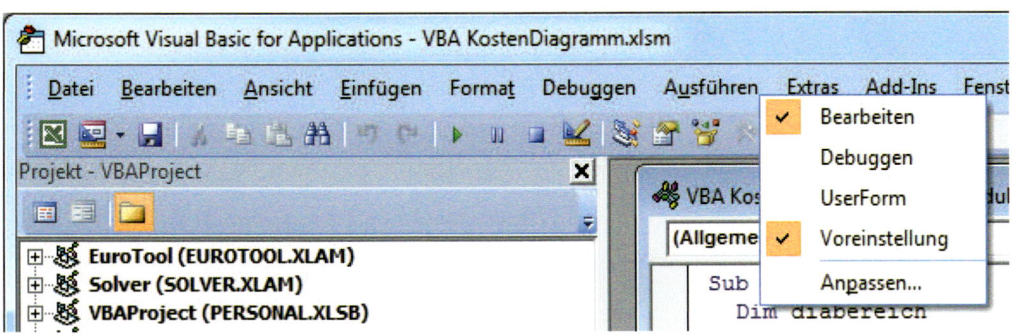

Abbildung 19.19 Die Symbolleisten im Visual Basic-Editor

19.4.3 Der Projekt-Explorer

Dieses Teilfenster stellt die Übersicht über alle geladenen Projekte bereit. Aktivieren Sie es über *Ansicht/ Projekt-Explorer*, falls das Fenster nicht sichtbar ist. Ob die Baumstruktur die Elemente der einzelnen Projekte in Ordnern anzeigt oder einfach untereinander listet, hängt von dem kleinen Ordnersymbol am oberen Rand ab. Ist dieses eingerastet, zeigt der Projekt-Explorer eine Ordnerstruktur:

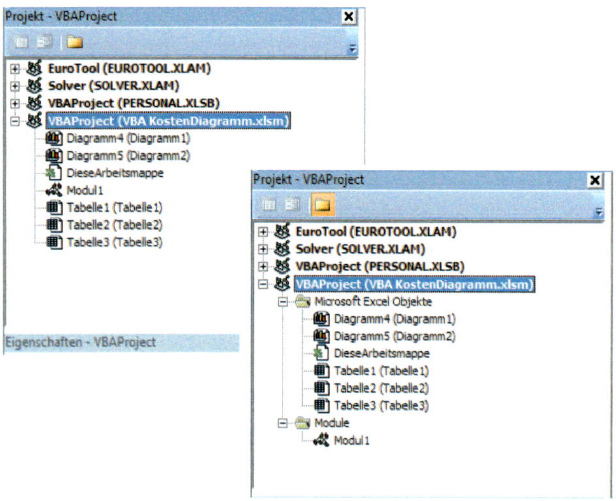

Abbildung 19.20 Der Projekt-Explorer mit und ohne Ordnerstruktur

Eigenschaften des Projektes

Klicken Sie mit der rechten Maustaste auf den Namen des Projektes im Projekt-Explorer, und wählen Sie aus dem Kontextmenü *Eigenschaften*. Auf der Registerkarte *Allgemein* können Sie Rahmeninformationen zum Projekt eintragen.

- *Projektname:* Entspricht der Eigenschaft *Name*, ändern Sie ihn, und weisen Sie den Projekten aussagekräftige Namen zu.
- *Projektbeschreibung:* Geben Sie hier eine Beschreibung zum Projekt ein. Sie wird dem Anwender mit den Datei-Informationen angezeigt.
- *Name der Hilfedatei* und *Kontext-ID:* Tragen Sie hier den Namen einer Windows-Hilfedatei ein, wenn Sie diese mit dem Projekt verknüpfen. Die ID ist eine Nummer innerhalb der Hilfe, auf die von einem Steuerelement aus verwiesen wird.
- *Argumente für bedingte Kompilierung:* Hier geben Sie die Argumente für eine Spezialform der Kompilierung an, bei der Codeteile separat ausgetestet werden (z.B. mit `#IF … #ELSE … #END IF`, *siehe Kapitel 18.7.8*).

Projekt schützen

Auf der zweiten Registerkarte, *Schutz*, der Projekteigenschaften finden Sie die Möglichkeit, Ihr VBA-Projekt zu schützen.

1. Kreuzen Sie die Option *Projekt für die Anzeige sperren* an.
2. Tragen Sie in die beiden Kennwortfelder ein Kennwort ein, und bestätigen Sie mit *OK*.

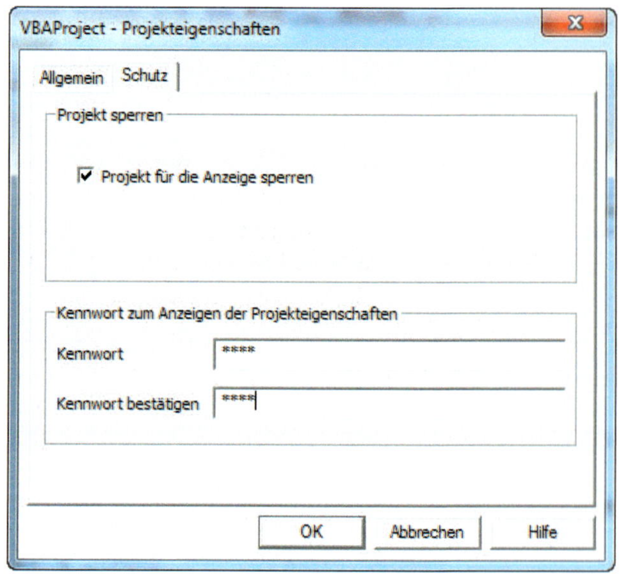

Abbildung 19.21 Kennwortschutz für das VBA-Projekt

Der Schutz wird wirksam, sobald Sie die Arbeitsmappe mit dem Projekt schließen und wieder öffnen. Das Projekt bleibt im Projekt-Explorer geschlossen, beim Versuch, es per Doppelklick zu öffnen, erhalten Sie die Aufforderung, das Kennwort einzugeben.

19.4.4 Das Eigenschaften-Fenster

In diesem Fenster meldet der Visual Basic-Editor verschiedene Eigenschaften. Aktivieren Sie es unter *Ansicht/Eigenschaftenfenster* oder mit F4. Das Fenster steht links unten, sofern es nicht anders verankert wurde.

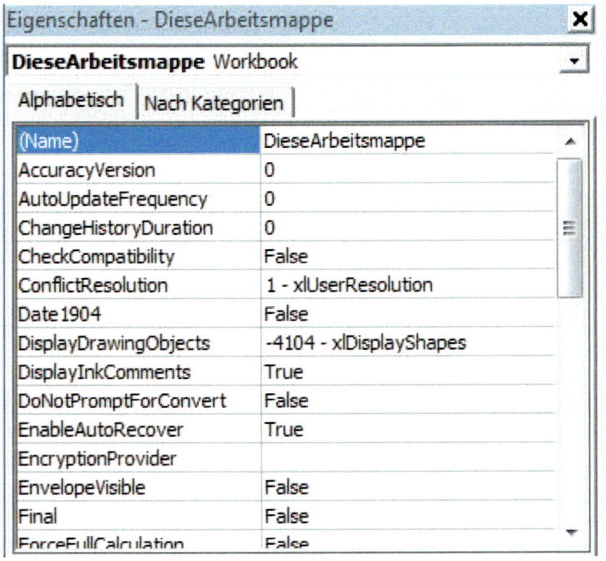

Abbildung 19.22 Das Eigenschaftenfenster

Das Listenfeld am oberen Rand bietet alle Elemente des markierten Objektes an, im Projekt z.B. neben der Mappe alle Tabellen. Auf den beiden Registerkarten finden Sie die Eigenschaften des markierten Objektes oder Elements. Die Voreinstellung ist *Alphabetisch*, Sie können die Einträge auch nach Kategorien ordnen, was weniger übersichtlich ist.

» Ist ein Projekt im Projekt-Explorer markiert, bietet es nur die Eigenschaft *Name* an. Klicken Sie in das Feld, und tragen Sie bei Bedarf einen neuen Projektnamen ein.

» Zu Elementen des Projektes wie *DieseArbeitsmappe* oder für die Tabellen enthält das Eigenschaftenfenster alle Voreinstellungen, die für die Mappe, Tabelle oder das Objekt vorzunehmen sind. Jede Eigenschaft entspricht einer Voreinstellung, die in den *Optionen* (*Datei*-Menü) gemacht wird.

» Wenn im Arbeitsbereich ein Modul aktiv ist, bietet das Eigenschaftenfenster nur die Eigenschaft *Name* zur Änderung an. Tragen Sie einen neuen Modulnamen ein, wenn Sie das Modul umbenennen wollen.

» Besonders viele Eigenschaften erhalten Sie für eine UserForm oder ein Steuerelement in der UserForm (*Einfügen/UserForm*). Schaltflächen, Listen, Textfelder und andere Elemente bieten Dutzende von Eigenschaften von *BackColor* (Hintergrundfarbe) bis *Zoom*.

19.4.5 Module

Die Makros in einem Projekt werden in Modulen bearbeitet, ein Modul ist praktisch das »Codierblatt« für Prozeduren und Funktionen. Wenn Sie den Makrorekorder zum Aufzeichnen des ersten Makros benutzt haben, erhalten Sie ein Modul mit der Bezeichnung *Modul1*, das nächste Modul wird *Modul2* heißen usw. Der Recorder zeichnet seine Makros im zuletzt benutzten Modul auf, öffnet aber ein neues, wenn Sie in der Zwischenzeit Excel oder das Projekt geschlossen hatten.

Der Projekt-Explorer bietet in der Ordneransicht den Ordner *Module* erst an, wenn mindestens ein Modul zum Projekt gehört. Um die Modulfenster und die darin enthaltenen Makros zu sehen, gehen Sie so vor:

1. Neue Module erstellen Sie mit *Einfügen/Modul*.
2. Öffnen Sie das gewünschte Modul per Doppelklick auf den Eintrag im Projekt-Explorer.
3. Markieren Sie das Modul mit dem gewünschten Makro ebenfalls mit Doppelklick, um ein Modulfenster mit dem Makrocode einzublenden.

Makros und Deklarationen

Das Modulfenster enthält im Kopfbereich zwei Listenelemente. Das erste zeigt den Eintrag *Allgemein*, hier werden in Modulen, die mit UserForms verbunden sind, die einzelnen Elemente des Formulars gelistet. Das rechte Listenfeld zeigt, in welchem Bereich der Cursor steht. Befindet sich die Schreibmarke in einem Makro, wird dieses in der Liste angezeigt. Sie können das Listenelement öffnen und Makros einzeln auswählen.

Blinkt die Schreibmarke nicht in einem Prozedur- oder Funktionscode, steht sie im *Deklarationen*-Bereich. Das ist der Bereich, in dem allgemeine Vorgaben für die Makros im Modul gemacht werden. Beispiele für Deklarationen:

`Option Explicit`	Stellt sicher, dass alle Variablen in diesem Modul deklariert sein müssen (unter *Extras/Optionen* einstellbar).
`Option Base`	Deklariert die Untergrenze für Datenfelder. Mit 0 (oder keine Angabe) beginnen sie bei 0, mit 1 bei 1.
`Option Compare`	Legt das Standardverfahren für das Vergleichen von Zeichenfolgen fest (für Sortierungen).
`Option Private`	Lässt keine Verweise auf die Makros im Modul von anderen Projekten zu.

Tabelle 19.4 Deklarationen

Option Explicit

Wenn Sie diese Codezeile als erste Zeile im Modul sehen, ist eine Voreinstellung gesetzt:

Auf der Registerkarte *Editor* finden Sie unter *Extras/Optionen* diese Option:

Variablendeklaration erforderlich

Ist diese Option aktiviert, können Sie in allen Makros dieses Moduls nur mit deklarierten Variablen und Konstanten arbeiten, d.h. nur mit Variablen/Konstanten, die mit einer *DIM*-Anweisung im Modul, in der Prozedur oder als globale Variable oder Konstante in einem beliebigen Modul deklariert wurden. Diese Fehlermeldung weist beim Kompilieren oder bei der Ausführung des Makros darauf hin, dass die Variable nicht deklariert wurde:

```
Fehler beim Kompilieren:
Variable nicht definiert
```

HINWEIS Mit dieser Anweisung »zwingt« sich der Entwickler zur Variablendeklaration, was auf die Qualität der Makros entscheidenden Einfluss hat. Oft wird eine Variable doppelt benutzt, oder ein Tippfehler in einer Anweisung wird vom Editor als Variable interpretiert. Mit `Option Explicit` passiert das nicht, der Programmieraufwand ist ein wenig höher, aber die Fehlersicherheit und der spätere Komfort rechtfertigen ihn. Setzen Sie die Option für die Variablendeklaration deshalb gleich für alle Makros, die Sie schreiben oder aufzeichnen werden.

Modulteiler und Modulansichten

Mit dem Modulteiler können Sie ähnlich wie im Excel-Tabellenfenster das Modul zweiteilen und somit in verschiedenen Prozeduren oder Funktionen gleichzeitig arbeiten (oder oben den Deklarationsbereich und unten die Prozeduren einstellen). Ziehen Sie das Teilerelement oberhalb des vertikalen Rollbalkens nach unten.

Links unten im Modulfenster sehen Sie zwei Symbole für zwei Ansichten: Die Prozeduransicht zeigt nur die in der Liste ausgewählte Prozedur oder Funktion, die vollständige Modulansicht zeigt alle Makros im Modul an.

Regeln für Module

Jedes Projekt kann beliebig viele Module enthalten und diese wiederum beliebig viele Prozeduren und Funktionen, also Makros. Für den Aufruf des Makros spielt es keine Rolle, in welchem Modul dieses hinterlegt ist, solange Sie nicht die gleichen Makronamen in mehreren Modulen verwenden.

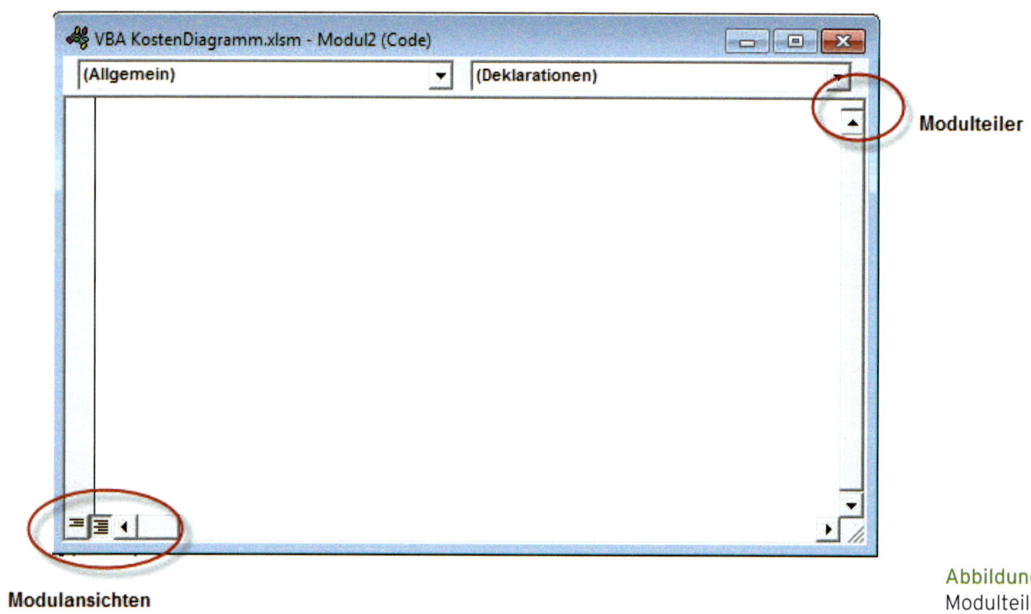

Abbildung 19.23
Modulteiler und -ansichten

Module brauchen Sie nur, um Makros zu einer Gruppe zusammenzufassen. So werden Sie beispielsweise ein Modul *Diagramme* anlegen, in dem alle Diagramm-Makros enthalten sind, ein weiteres Modul heißt *Sicherung* und vereinigt alle Makros, die Daten sichern usw. Sie können theoretisch aber auch alle Prozeduren und Funktionen in einem einzigen Modul halten.

Jeder Modulname darf in einem Projekt nur einmal vorkommen, Makronamen müssen innerhalb eines Moduls ebenfalls eindeutig sein. Benennen Sie grundsätzlich alle Module über das Eigenschaftenfenster, und verwenden Sie niemals gleiche Makronamen in Modulen.

Ein häufiger und schwer nachvollziehbarer Fehler ist dieser: Ein Modul trägt den gleichen Namen wie eines der Makros. Die Fehlermeldung dazu ist etwas kryptisch, weist aber auf den Fehler hin.

```
Fehler beim Kompilieren:
Variable oder Prozedur anstelle eines Moduls erwar-
tet
```

Geben Sie Modulen grundsätzlich einen unverwechselbaren Namen, schreiben Sie das Kürzel »mod« voran (z.B. *modDiagramme*, *modFunktionen*, *modAuswertung*). So kann es nie passieren, dass ein Makro so heißt wie ein Modul.

Makros zwischen Modulen kopieren

Makros kopieren oder verschieben Sie einfach über die Zwischenablage innerhalb von Modulen (Text markieren, Strg+X, Modul wechseln und Strg+V drücken).

Module exportieren und importieren

Die einfachste Art, geschriebene Makros modular für mehrere Projekte einzusetzen, zu archivieren und zwischen Projekten auszutauschen, ist der Import/Export:

1. Klicken Sie mit der rechten Maustaste im Projekt-Explorer auf das Modul, und wählen Sie *Datei exportieren*.
2. Der Name des Moduls wird für die Datei vorgeschlagen, die Endung ist *.bas* (für Basic). Suchen Sie den Speicherort, und bestätigen Sie mit Klick auf *OK*.
3. Um ein gespeichertes Modul einzulesen, klicken Sie mit der rechten Maustaste im Projekt-Explorer auf das Projekt oder auf den *Module*-Ordner. Wählen Sie aus dem Kontextmenü *Datei importieren*. Suchen Sie die BAS-Datei, und holen Sie diese mit *OK* in das Projekt.

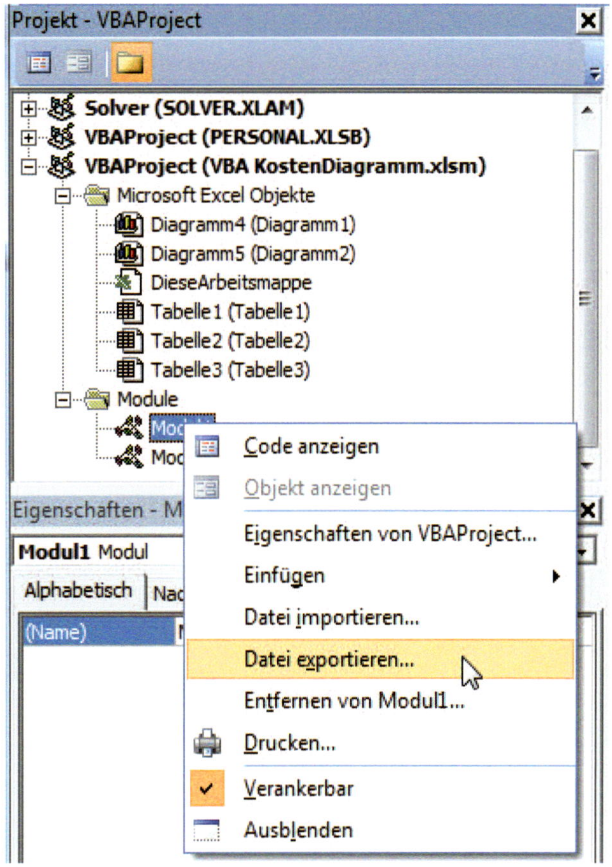

Abbildung 19.24 Module importieren und exportieren

TIPP Um Module zwischen Projekten auszutauschen, ziehen Sie einen Eintrag einfach mit gedrückter Maustaste im Projekt-Explorer von einem Projekt in das andere.

Module entfernen

Mit *Entfernen vom Modul* aus dem Kontextmenü wird das Modul aus dem Projekt entfernt. Es wird Ihnen aber die Möglichkeit angeboten, das Modul noch als Datei zu speichern.

Möchten Sie das Modul vor dem Entfernen exportieren?

Klicken Sie auf *Ja*, müssen Sie einen Dateinamen für das Modul angeben. Dieses wird erst gespeichert und dann aus dem Projekt entfernt. Bestätigen Sie die Meldung mit *Nein*, wird das Modul sofort gelöscht. Rückgängig lässt sich diese Aktion dann nicht mehr machen, überlegen Sie deshalb gut, bevor Sie ein Modul mit Prozeduren und Funktionen vernichten.

19.4.6 Optionen im Extras-Menü

Die Voreinstellungen für den VBA-Editor finden Sie unter *Extras/Optionen*. Öffnen Sie diese Menüoption, und treffen Sie auf den Registerkarten die gewünschten Einstellungen.

REFERENZ Eine detaillierte Beschreibung aller Optionen finden Sie im Anhang.

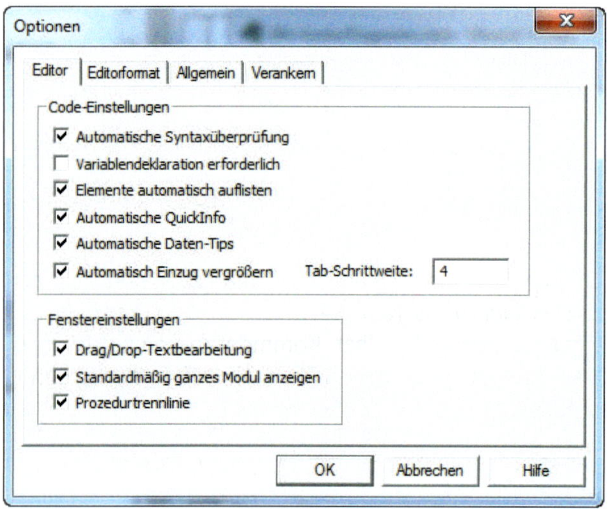

Abbildung 19.25 Optionen im Extras-Menü

19.5 Makros schreiben

Ob Sie aufgezeichnete Makros bearbeiten oder Prozeduren und Funktionen ganz neu schreiben, der Editor setzt eine ganz bestimmte, mit festen Regeln versehene Technik der Codierung voraus. Der VBA-Editor ist ein Interpreter – so heißt der Fachausdruck für ein Programm, das während der Codierung schon überprüft, ob das geschriebene Programm funktionieren würde (im Unterschied zum Compiler, der das erst bei der Übersetzung in Maschinensprache macht).

19.5.1 Prozeduren und Funktionen anlegen

Sie können Makros – Prozeduren oder Funktionen – direkt schreiben oder das Menü bemühen:

1. Wählen Sie *Einfügen/Prozedur*.
2. Geben Sie den Namen der Prozedur ein, und wählen Sie den Typ:
   - *Sub:* Normale Prozedur für die meisten Makros
   - *Function:* Funktion, wird als solche aus einer Zelle im Tabellenblatt oder von einer Prozedur aufgerufen (siehe nachfolgenden Abschnitt: *Funktion schreiben*).
   - *Property:* Eigenschaften-Prozedur, nur für die Klassenprogrammierung nötig.
   - Der Gültigkeitsbereich bestimmt, wo die neue Prozedur gültig ist.
   - *Public:* Auf die Prozedur kann von allen anderen Prozeduren in allen Modulen zugegriffen werden. Steht die Prozedur in einem Modul mit einer `Option Private`-Anweisung im Kopfbereich, kann auf sie nur innerhalb des Projekts zugegriffen werden. Das Schlüsselwort *Public* ist Standard, es kann auch weggelassen werden.
   - *Private:* Auf die Prozedur kann nur von anderen Prozeduren aus dem Modul zugegriffen werden, in dem sie deklariert wurde.

19.5.2 Die Schreibweisen im Makrocode

Groß-/Kleinschreibung

Sie dürfen Makroanweisungen klein- oder großschreiben, Excel setzt sie nach der Syntaxprüfung automatisch in die richtige Schreibweise um, wenn sie als korrekt angenommen werden. Das ist gleichzeitig eine Interpreter-Hilfe für Sie:

TIPP Achten Sie darauf, ob ein Schlüsselwort, ein Objekt, eine Eigenschaft oder Methode in Groß-/Kleinschrift umgesetzt wird. Schreiben Sie beispielsweise

```
activecell.adress
```

wird zwar das Wort `ActiveCell` als gültiges Objekt erkannt, nicht aber die falsch geschriebene Eigenschaft `Address`.

Schreiben Sie grundsätzlich alles klein, um Zeit zu sparen. Geben Sie auch keine Leerzeichen vor und nach dem =-Zeichen ein, auch das behebt der Makrointerpreter automatisch. Nur vor und nach &-Zeichen sollten Sie Leerzeichen eingeben, die werden oft falsch interpretiert.

Leerzeichen und Leerzeilen

Leerabsätze im Makrocode erzeugen keine Fehler, Sie dürfen so viele Leerzeilen einfügen, wie Sie wollen. Um die Makros übersichtlich zu halten, werden Sie natürlich so wenige Leerzeilen wie möglich übrig lassen, verwenden Sie stattdessen Kommentarzeilen.

Leerzeichen sind möglich, überflüssige werden vom Interpreter entfernt, außer sie stehen in Textteilen zwischen Anführungszeichen. Sie sind natürlich nicht erlaubt, wenn sie Anweisungen oder Schlüsselwörter trennen. Falsch wäre z.B. die Makrostartanweisung

```
Sub Kosten[Leertaste]Diagramm
```

wenn das Makro »KostenDiagramm« heißen muss.

Einrückungen

Die Einrückungen einzelner Programmzeilen sind nur zu optischen Zwecken. Sie müssen nicht unbedingt einrücken, sollten das aber tun, um die Anweisungen zu kennzeichnen, die unter eine bestimmte Struktur fallen.

Drücken Sie für eine Einrückung am Zeilenanfang die [Tab]-Taste, oder klicken Sie auf die Einzugssymbole in der Symbolleiste *Bearbeiten*. Die Zeilen zwischen Sub und End Sub werden einmal eingerückt:

```
Sub Makro1()
    Anweisung 1
    Anweisung 2
    ...
    Anweisung n
End Sub
```

In Kontrollstrukturen und Schleifen wird ebenfalls eingerückt:

```
If Betragssumme  10000 Then
    Betrag = Betrag +Rabatt
Else
    Betrag = Betrag + Rabatt/2
End If
For zähler = 1 To 10
    zähler=zähler*2
Next zähler
```

Kommentare

Der Rekorder fügt die Daten aus der Dialogbox unter *Extras/Makro* als Kommentare am Makrokopf ein. Sie können jederzeit selbst Kommentare hinzufügen, indem Sie einen beliebigen Text mit einem Apostroph (,) einleiten:

```
Range("A1:E7").Select' Datenbereich markieren
```

oder

```
Range("A1:E7").Select
' Datenbereich markieren
```

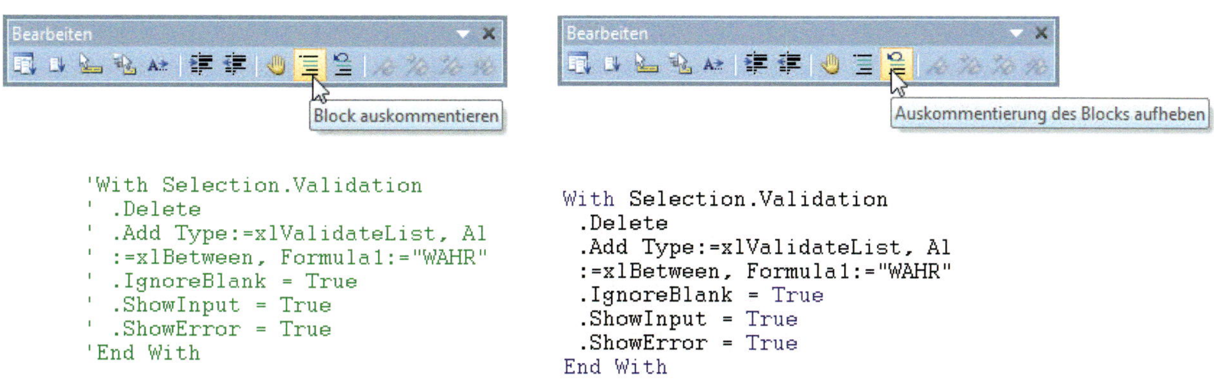

Abbildung 19.26 Kommentarblöcke setzen und aufheben

Am Zeilenanfang ist auch die Anweisung `Rem`, gefolgt von einem Leerzeichen, möglich, in der Praxis werden Sie aber den kürzeren Apostroph vorziehen:

```
Rem Das ist ein Kommentar
' Das ist auch ein Kommentar
```

TIPP Verwenden Sie die Symbole aus der Symbolleiste *Bearbeiten*, um größere Blöcke von Codezeilen komplett in Kommentare umzuwandeln und auch wieder zurückzusetzen:

Zeilenfortsetzung

Einige Anweisungen sind zu lang, um in einer Zeile Platz zu finden. Sie dürfen aber Codezeilen nicht einfach mit der [Eingabe]-Taste abschließen und in der nächsten Zeile weiterschreiben, da mit [Eingabe] die Anweisung selbst zu Ende gebracht wird. Verwenden Sie, wenn eine zweite Zeile benötigt wird, die Zeilenfortsetzung:

Geben Sie am Zeilenende ein Leerzeichen und einen Unterstrich ein, und drücken Sie dann [Eingabe]. Schreiben Sie die Anweisung in der zweiten Zeile weiter. Verfahren Sie so auch mit mehreren Zeilen, rücken Sie die Folgezeilen ein Stück ein:

```
Sub Testmakro2
Dim mtext$
Mtext = "Das ist ein sehr langer Text, " _
     & "er würde garantiert nicht in eine Codezeile
" _
     & "passen und ist deshalb in mehrere " _
     & "Teilstrings aufgeteilt."
MsgBox mtext
End Sub
```

Listing 19.2 Zeilenumbrüche im Makro

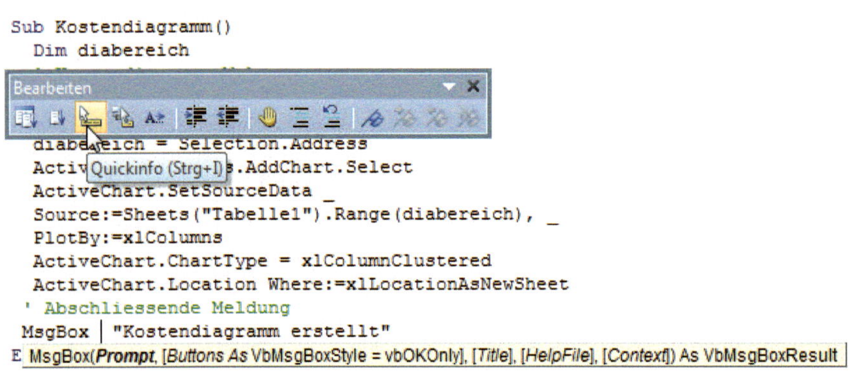

Abbildung 19.27 Die QuickInfo erscheint am Cursor.

Mehrere Anweisungen in einer Zeile

Auch das ist erlaubt: Fügen Sie, um Ihren Makrocode übersichtlich zu halten, mehrere Anweisung mit Doppelpunkt getrennt in einer Zeile zusammen.

```
For i = 1 To 10 : i=i*2 : Next i
```

Sprungmarken (Labels)

Die automatischen Zeilennummern aus grauen Vorzeiten des Basic gibt es nicht mehr, aber manchmal geht es nicht anders, und ein direkter Sprung im Programmcode ist erforderlich (exzessive Nutzung führt zu Spaghetti-Code!). Geben Sie eine Sprungmarke ein, verwenden Sie einen beliebigen Begriff ohne Leerzeichen und Sonderzeichen, und schreiben Sie einen Doppelpunkt dahinter. Angesteuert wird die Marke mit `GoTo`, hier aber ohne Doppelpunkt:

```
Sub Testmakro
…
EingabeBetrag:
…
GoTo EingabeBetrag
End Sub
```

QuickInfo und Objekthilfe

Der Interpreter weist nicht nur auf Syntaxfehler hin, er unterstützt auch bei der Eingabe von Befehlen, indem er die einzelnen Argumente in einer kleinen Info an der Schreibmarke anzeigt. Hier am Beispiel der Anweisung `MsgBox`: Nach Eingabe der Anweisung und der [Leer]-Taste erscheint die QuickInfo, der Teil, der als Nächster erforderlich ist, wird fett markiert. Sie können die QuickInfo jederzeit reaktivieren, klicken Sie dazu auf das Symbol in der Symbolleiste *Bearbeiten*.

Die Info zeigt das Argument, das als Nächstes zu besetzen ist, fett gedruckt. Nach Eingabe des Kommas als Argumenttrennzeichen wird das nächste Argument angeboten. Die Argumente, die in eckigen Klammern stehen, sind optional, d.h., sie müssen nicht angegeben werden.

Aber nicht nur bei der Eingabe von Befehlen hilft der Editor, sondern auch bei der Zuweisung von Eigenschaften und Methoden an Objekte (*siehe Kapitel 18.9.2: Objektkatalog*). Sobald der Name eines Objektes eingegeben und ein Punkt gesetzt wird, erscheint eine Liste mit allen Eigenschaften und Methoden, die dieses Steuerelement anbietet.

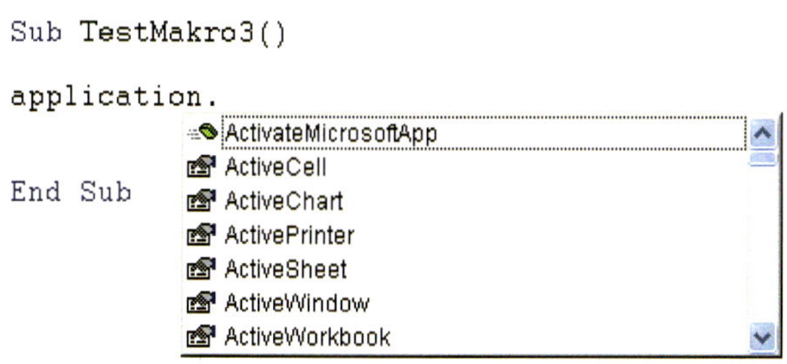

Abbildung 19.28 Liste mit Eigenschaften und Methoden des Objektes

TIPP Wählen Sie die passende Eigenschaft aus der Liste, und drücken Sie die `Tab`-Taste, um den Eintrag zu übernehmen. Damit bleiben Sie in der Zeile und können weiterschreiben (mit `Eingabe` wird die Zeile beendet). Geben Sie den ersten Buchstaben des Wertes ein, wenn dieser bekannt ist.

19.5.3 VBA lernen mit der Entwicklerreferenz

Ein elektronischer Hilfetext ist nur dann eine wirkliche Hilfe, wenn man weiß, wonach man sucht (das Gegenteil wäre eine Suchmaschine). Die Kombination Makrorekorder und Hilfefenster bietet aber eine ausgezeichnete Basis für das Erlernen der Programmiersprache Visual Basic. Zeichnen Sie zunächst alle Elemente von Excel, alle Menüoptionen, Dateioperationen und Zellformatierungen auf. Lassen Sie sich dann im Editor von der Entwicklerreferenz erklären, wie die Elemente programmiert werden.

Markieren Sie den Begriff im Makrocode, und drücken Sie die Funktionstaste `F1`. Das Hilfefenster zeigt die Hilfe zum markierten Wort oder Begriff an. Im Kopfbereich des Hilfefensters finden Sie unter *Siehe auch* immer weitere Hilfeangebote, die garantiert passen. Besonders hilfreich sind die kleinen Beispielmakros, die unter *Beispiele* angeboten werden. Die können Sie einfach markieren und aus dem Hilfetext herauskopieren.

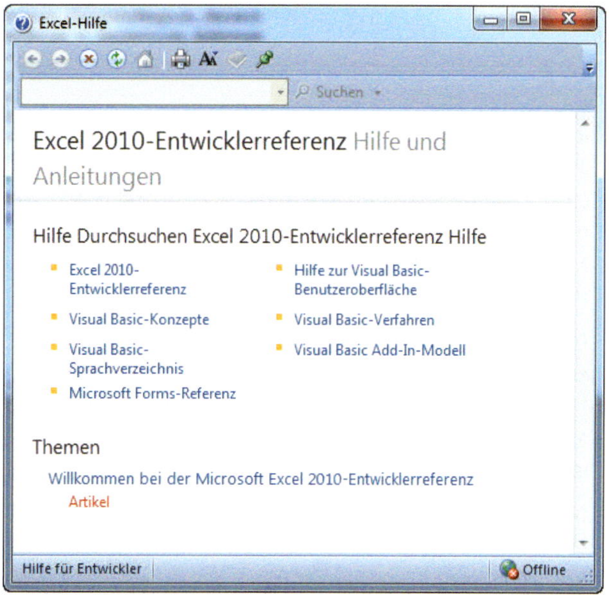

Abbildung 19.29 Lernen mit der Entwicklerreferenz

19.6 Makros testen

Sie werden zwei Arten von Testläufen brauchen, wenn Ihre Makros mit der Zeit Volumen annehmen: Die eine Testart ist die Prüfung auf fehlerfreien Ablauf, die zweite ist die Fehlersuche. In beiden Fällen brauchen Sie Zeit und Geduld und die guten Testwerkzeuge, die der VBA-Editor anbietet.

CD-ROM Alle Beispiele zum Makrotesten finden Sie auf der Buch-CD unter *VBA Makrotestverfahren.xlsm*.

Beispiel: Alter berechnen

Schreiben Sie ein Makro, das aus einem per Dialog angeforderten Geburtsdatum das Alter berechnet. Da dieses Makro keine ausführbaren Aktionen enthält, müssen Sie die Codezeilen ohne Makrorekorder erstellen.

1. Öffnen Sie eine neue Arbeitsmappe, und wählen Sie *Ansicht/Makros/Makros anzeigen*.
2. Tragen Sie den Makronamen *AlterBerechnen* ein, und klicken Sie auf *Erstellen*.
3. Der VBA-Editor wird aktiv, ein neues Modul ist angelegt. Schreiben Sie den Makrocode:

```
Sub AlterBerechnen()
 Dim GDatum, GDatumA
D_Eingabe:
 GDatum = InputBox("Bitte geben Sie Ihr Geburtsdatum
ein:")
 If GDatum = "" Then Exit Sub
 If Not IsDate(GDatum) Then
 MsgBox "Bitte geben Sie ein gültiges Datum ein",
vbCritical
  GoTo D_Eingabe
 End If
 GDatumA = DateSerial(Year(Date), Month(GDatum),
Day(GDatum))
 If GDatumA <= Date Then
   alter = Year(Date) - Year(GDatum)
 Else
   alter = Year(Date) - Year(GDatum) - 1
 End If
 MsgBox "Geburtstag: " & Format(GDatum, "dddd, d.
MMMM YYYY") _
 & vbCr _
 & "Alter: " & alter
End Sub
```

Listing 19.3 Makrobeispiel AlterBerechnen

19.6.1 Schrittweise testen

Mit dem Schritt-Test wird ein Makro Zeile für Zeile durchgetestet. Sie können Makros schon beim Aufruf im Excel-Fenster schrittweise ablaufen lassen:

1. Wählen Sie *Ansicht/Makros/Makros anzeigen*.
2. Markieren Sie das Makro in der Liste, und klicken Sie auf die Schaltfläche *Schritt*.

Der Visual Basic-Editor wird aktiviert, die erste Zeile des Makros erhält einen gelben Hintergrund. Drücken Sie die Taste [F8], um Zeile für Zeile durch den Code zu wandern. In der Markierungsleiste am linken Rand zeigt ein kleiner Pfeil auf die jeweils nächste Zeile, die zur Ausführung ansteht.

Die Symbolleiste *Debuggen* bietet auch Symbole für das schrittweise Austesten an, der *Einzelschritt* entspricht der Taste [F8], mit dem *Prozedurschritt* können Sie so testen, dass Unterprogramme nicht einzeln, sondern als Block durchgerechnet werden.

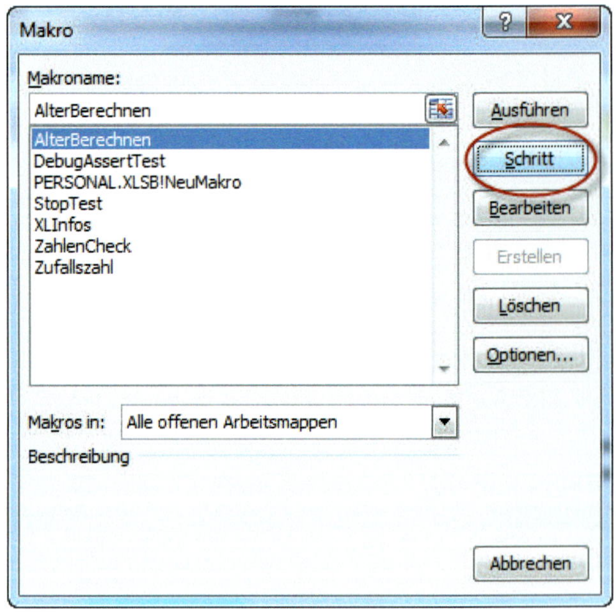

Abbildung 19.30 Makro schrittweise testen

Mit der Taste [F5] oder einem Klick auf das *Fortsetzen*-Symbol wechseln Sie vom Einzelschritt in die normale Ausführung.

TIPP Wenn Sie das Makro ab einer Stelle weiter unten oder oben im Code testen wollen, setzen Sie einfach den Zeiger um. Klicken Sie in die Zeile, und drücken Sie [Strg]+[F9], oder ziehen Sie das Zeigersymbol am linken Rand mit gedrückter Maustaste an die neue Position.

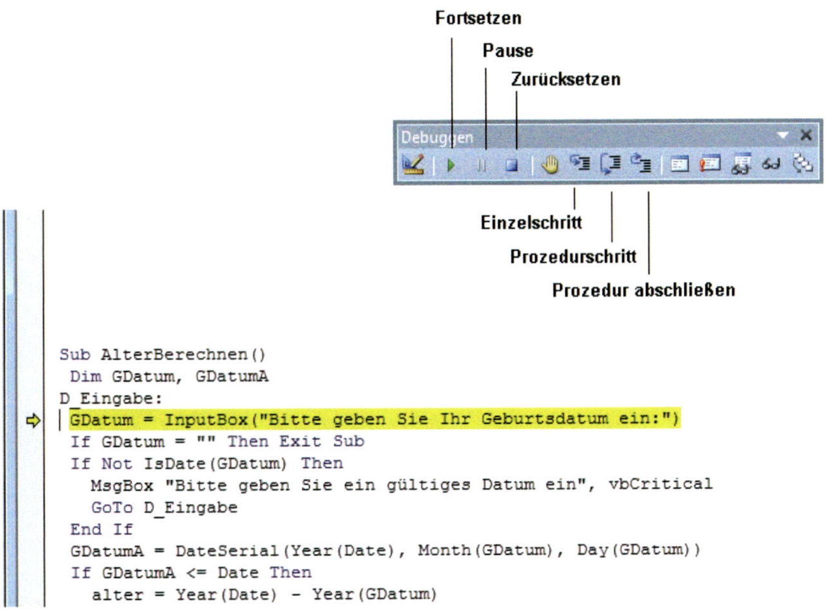

Abbildung 19.31 Testsymbole in der Symbolleiste Debuggen

TIPP Ziehen Sie den gelben Pfeil am Rand mit dem Mauszeiger an eine neue Position, läuft das Makro ab dieser Zeile weiter. Sie können auch den Cursor in eine andere Zeile setzen und Strg+F9 drücken.

Schrittmodus per Stop-Anweisung

Sie können ein Makro so präparieren, dass es an einer bestimmten Codezeile automatisch in den Schrittmodus wechselt. Geben Sie die Anweisung `Stop` ein.

Das Makro durchläuft einen Bereich in der aktiven Tabelle und wechselt in den Schrittmodus, wenn es auf eine Zelle stößt, der das *EUR*-Zahlenformat zugewiesen ist.

```
Sub StopTest()
 MsgBox "Makro stoppt in der ersten EUR-Zelle"
 For Each varzelle In Range("F1:F20")
   varzelle.Select
   If InStr(varzelle.NumberFormatLocal, "EUR")  0
Then
      Stop
   End If
 Next varzelle
End Sub
```

Listing 19.4 Das Makro stoppt beim EUR-Format.

Unterprogramme testen

Mit der Anweisung `Call` wird ein Unterprogramm aufgerufen. In der Praxis ist es sehr zeitraubend, bereits getestete Routinen im Einzelschritt abzuarbeiten. Verwenden Sie das Symbol *Prozedurschritt* oder diese beiden Tastenkombinationen:

» Umschalt+F8 überspringt das Unterprogramm, es wird als eine Codezeile ausgeführt.

» Strg+Umschalt+F8 drücken Sie im Unterprogramm, wenn Sie alle weiteren Zeilen ausführen und zum Einzelschrittmodus im aufrufenden Programm zurückkehren möchten.

19.6.2 Haltepunkte

Haltepunkte sind besonders in längeren Makrocodes von großem Nutzen, wenn die schrittweise Ausführung eines bereits getesteten Codes nicht ausreicht oder nicht mehr nötig ist. Setzen Sie bei den Makroanweisungen, ab denen Excel das Makro schrittweise testen soll, Haltepunkte:

1. Klicken Sie im Modul auf die Anweisung, bei der Sie den Unterbrechungsmodus einschalten wollen.
2. Setzen Sie mit *Debuggen/Haltepunkt ein/aus* einen Haltepunkt. Die Zeile wird rot unterlegt.

3. Starten Sie das Makro per Klick auf das Symbol *Sub/UserForm ausführen*. Das Makro läuft bis zur Zeile mit dem Haltepunkt und schaltet dort in den Schrittmodus.

```
Sub AlterBerechnen()
 Dim GDatum, GDatumA
D_Eingabe:
 GDatum = InputBox("Bitte geben Sie Ihr Geburtsdatum ein:")
 If GDatum = "" Then Exit Sub
 If Not IsDate(GDatum) Then
   MsgBox "Bitte geben Sie ein gültiges Datum ein", vbCritical
   GoTo D_Eingabe
 End If
 GDatumA = DateSerial(Year(Date), Month(GDatum), Day(GDatum))
 If GDatumA <= Date Then
   alter = Year(Date) - Year(GDatum)
 Else
   alter = Year(Date) - Year(GDatum) - 1
 End If
```

Abbildung 19.32 Haltepunkt setzen

Mit der Taste F5 springen Sie im Makro von Haltepunkt zu Haltepunkt, setzen Sie diese jeweils an die letzte Zeile eines ausgetesteten Blockes.

Haltepunkte löschen

Ein Haltepunkt wird genauso gelöscht, wie er gesetzt wurde: Markieren Sie die Anweisung, und wählen Sie *Debuggen/Haltepunkt ein/aus*.

TIPP Ein schneller Haltepunkt-Schalter: Mit F9 oder einem Klick auf die Markierungsleiste links wird ein Haltepunkt gesetzt und auch wieder entfernt.

Alle Haltepunkte löschen aus dem Menü *Debuggen* macht, was es ausdrückt: Die Option entfernt alle gesetzten Haltepunkte in einem Makro.

19.6.3 Das Direktfenster

Das wichtigste Testwerkzeug ist gerade für Einsteiger das Direktfenster. Es bietet die Möglichkeit, vor oder während des Makrolaufs Objekte, Methoden und Eigenschaften abzurufen, Variablen oder Ausdrücke zu testen oder einfach Zellinhalte, Datei- und Tabellennamen abzufragen.

1. Öffnen Sie das Fenster mit Strg+G oder *Ansicht/Direktfenster*.
2. Geben Sie ein Fragezeichen (?) ein. Das ist die Print-Anweisung für dieses Fenster, der Rest der Zeile wird »in das Fenster gedruckt«.
3. Geben Sie eine Anweisung oder einen Teilcode ein, und drücken Sie Eingabe.
4. Das Ergebnis wird unter der Fragezeichenzeile angezeigt, Sie können eine neue Zeile eingeben oder die erste Zeile überschreiben.

Beispiel: Informationen abfragen

Fragen Sie im Direktfenster Informationen aus Windows oder Excel ab. Das sind Informationen, die Excel (oder Windows) zur Verfügung stellt und die im Makrocode über Anweisungen, Konstanten oder Objekteigenschaften abgerufen werden:

Systeminfo	Ergebnis
? Date	Tagesdatum
? Time	Aktuelle Uhrzeit
? Application.Username	Der Name des Excel-Anwenders
? Activesheet.Name	Der Name der aktiven Tabelle
? Application.Version	Die Versionsnummer von Excel

Tabelle 19.5 Variablen aus dem System

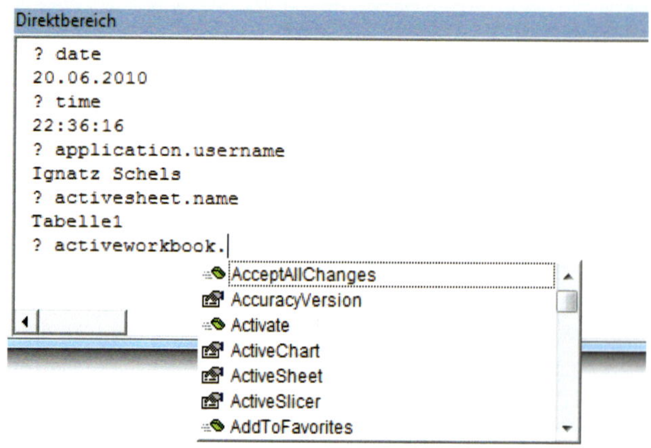

Abbildung 19.33 Variablen und Objekte im Direktfenster testen

Ausgabe in das Direktfenster per Makro

Das Direktfenster trägt den Objektnamen Debug, und um es von einer Prozedur aus anzusteuern, verwenden Sie diese Anweisung:

```
Debug.Print xx
```

Sie können alle Abfragen, die Sie eingetippt hatten, auch zu einem Makro zusammenfassen. Schreiben Sie dieses Makro in ein Modul:

```
Sub XLInfos()
 Debug.Print Date
 Debug.Print Time
 Debug.Print "Benutzer: " & Application.UserName
 Debug.Print "Programm: " & Application.Name & " " &
Application.Version
 Debug.Print "Aktuelle Tabelle: " & ActiveSheet.Name
 Debug.Print "Zellzeiger steht in Zelle: " _
             & ActiveCell.Address
 Debug.Print ActiveWorkbook.Name
End Sub
```

Listing 19.5 Makro für System-Infos

Starten Sie das Makro mit geöffnetem Fenster, sehen Sie, wie die Informationen Zeile für Zeile in das Direktfenster gedruckt werden.

Makro nach Bedingung anhalten

Sie können das Debug-Objekt auch dazu benutzen, das Makro anzuhalten, wenn eine bestimmte Bedingung nicht erfüllt ist. Verwenden Sie die Methode Assert, die das Makro anhält. Hier ein Beispiel: Das Makro durchläuft in einer Schleife die ersten 50 Zellen der Spalte A, stoppt bei der ersten Zelle, die leer ist (»«), und wechselt in den Einzelschritt.

```
Sub DebugAssertTest()
 For i = 1 To 50
   Cells(i, 1).Select
   Debug.Assert (ActiveCell.Value  "")
 Next i
End Sub
```

Listing 19.6 Das Makro stoppt bei einer Leerzelle.

19.6.4 Das Lokal-Fenster

Im Lokal-Fenster finden Sie alle deklarierten Variablen der aktiven Prozedur oder Funktion, wenn Sie im Einzelschrittmodus arbeiten. Aktivieren Sie dieses Fenster über *Ansicht/Lokal-Fenster*.

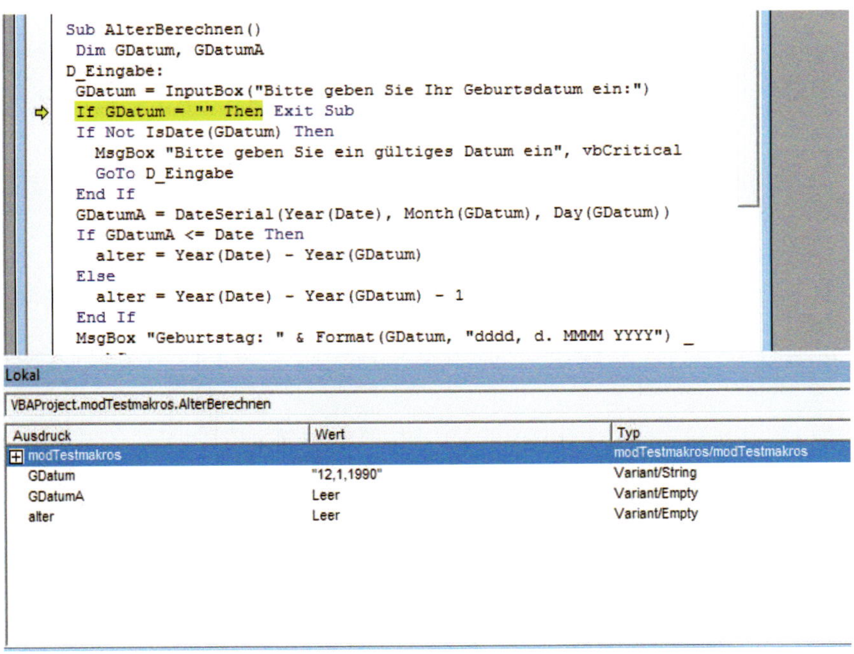

Abbildung 19.34
Das Lokal-Fenster zeigt im Einzelschrittmodus die Variablen.

Sie können den Variableninhalt in der zweiten Spalte ändern, setzen Sie einfach den Cursor in den Eintrag, und geben Sie einen neuen Wert ein. Das Symbol mit den drei Punkten rechts oben in der Ecke bietet alle Funktionen und Prozeduren des aktiven Moduls an.

19.6.5 Das Überwachungsfenster

Um die Änderungen in Variablen und anderen beweglichen Teilen des Makros gezielt kontrollieren zu können, schalten Sie das Überwachungsfenster ein. Sie können das Fenster einfach einblenden und Teile des Makrocodes darin einfügen:

1. Wählen Sie *Ansicht/Überwachungsfenster*.
2. Markieren Sie einen Teil des Makrocodes, eine Variable, ein Objekt oder einen Ausdruck.
3. Wählen Sie *Debuggen/Überwachung hinzufügen*, geben Sie die Überwachungsart an, und bestätigen Sie, um die Überwachung einzufügen.

TIPP Für eine schnelle Überwachung ziehen Sie den markierten Codeteil einfach mit gedrückter Maustaste in das Fenster. Die Überwachungsart kontrollieren Sie mit *Überwachung bearbeiten* aus dem Kontextmenü der rechten Maustaste.

Beispiel: Zufallszahl

Testen Sie das Überwachungsfenster mit einem Makro, das Zufallszahlen generiert:

```
Sub Zufallszahl()
 Dim intZähler
 For intZähler = 1 To 10
   Randomize
   TestWert = (Int(10 * Rnd) + 1)
 Next intZähler
End Sub
```

Listing 19.7 Das Makro erzeugt Zufallszahlen.

Ziehen Sie die Variablen `intZähler` und `TestWert` in das Überwachungsfenster, und testen Sie das Makro mit F8.

Mit jedem Durchlauf der Schleife erhalten die beiden Variablen auf der Überwachungskarte andere Werte. Der Schleifenzähler zählt sequenziell von 1 bis 10, die Zufallszahl erhält Zufallswerte zwischen 1 und 10.

Makros unterbrechen mit Überwachung

Eine weitere Variante der Überwachung ist die Unterbrechung: Sie können eine Überwachung so definieren, dass sie die Ausführung eines Makros unterbricht und in das Textfenster schaltet, sobald eine Variable einen be-

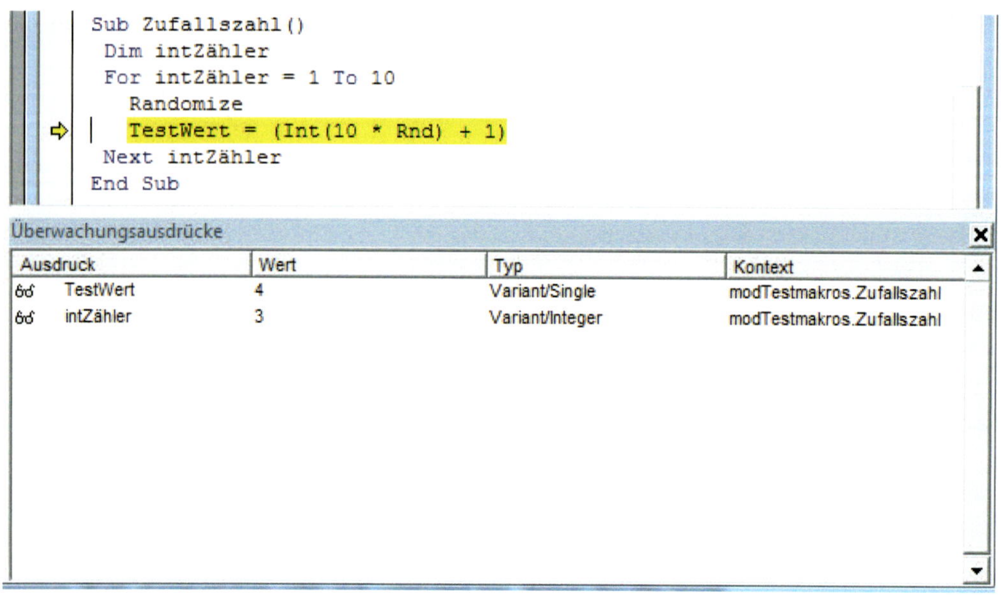

Abbildung 19.35 Variablen im Überwachungsfenster

stimmten Wert angenommen oder sich verändert hat. Fügen Sie für unser Beispiel eine Überwachung ein, die das Makro unterbricht, wenn eine Zufallszahl erzeugt wird, die größer als 90 ist.

1. Wählen Sie *Debuggen/Überwachung hinzufügen*.
2. Geben Sie diesen Ausdruck ein:

   ```
   TestWert  5
   ```

3. Wählen Sie die Überwachungsart:

   Unterbrechen, wenn der Wert True ist

4. Starten Sie das Makro mit F5. Der Editor stoppt die Ausführung und blendet das Testfenster ein, sobald eine Zufallszahl größer als 5 erzeugt wurde.

Art der Überwachung legt fest, wie VBA auf den Überwachungsausdruck reagiert. Wählen Sie *Überwachungsausdruck*, wird dieser zusammen mit seinem aktuellen Wert im Überwachungsfenster angezeigt. Im Haltemodus wird der Wert automatisch aktualisiert. Wählen Sie *Unterbrechen, wenn der Wert True ist*, wechselt das Makro automatisch in den Haltemodus, wenn der Ausdruck als wahr oder als beliebiger Wert ungleich null ausgewertet wird (nicht in Zeichenfolgenausdrücken). Mit *Unterbrechen, wenn Wert geändert wurde* wechselt das Makro automatisch in den Haltemodus, wenn sich der Wert des Ausdrucks innerhalb des angegebenen Kontextes ändert.

Um eine Überwachung wieder zu löschen, markieren Sie diese im Überwachungsfenster und drücken die Taste Entf. Ein Doppelklick auf die Zeile öffnet die Dialogbox zur Bearbeitung der Überwachung (auch unter *Extras/Überwachung bearbeiten*).

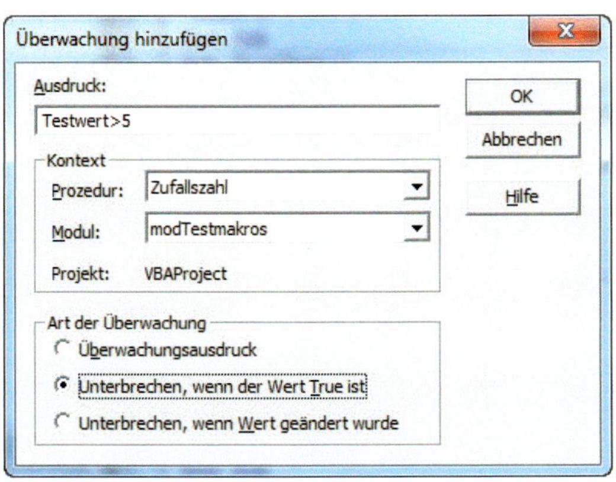

Abbildung 19.36 Makro unterbrechen mit Überwachung

19.6.6 Makros kompilieren

Mit der Kompilierung eines Makros wird dieses noch mal gründlich auf Fehler getestet:

1. Markieren Sie das Projekt, das Sie kompilieren wollen.
2. Wählen Sie *Debuggen/Kompilieren von Projektxx*.

Im Unterschied zur Kompilierung in selbstständigen Programmiersprachen wie Visual Basic, C++ oder Java findet keine Umsetzung in Maschinensprache statt (nur intern), es wird keine ausführbare Datei erzeugt. Der Compiler endet auch ohne weitere Kommentare, wenn keine Fehler mehr im Code entdeckt wurden, und der Befehl im *Debuggen*-Menü ist inaktiv, solange das Projekt nach der Kompilierung nicht verändert wurde.

19.6.7 Bedingte Kompilierung

Mit dieser Technik haben Sie die Möglichkeit, zwei Versionen von Makrocodes zu schreiben, eine *Testversion* und eine *Auslieferversion*. Wenn Sie Anweisungen, wie `Stop`, `Debug.Assert` oder `Debug.Print`, oder Meldungen im Makro haben, die nur beim Austesten zur Laufzeit auftauchen sollen und nicht in der Endversion, die an Kunden ausgeliefert wird, verpacken Sie diese in bedingte Kompilierungsblöcke.

Sie brauchen zunächst eine Compilervariable, geben Sie diese mit einer `#CONST`-Anweisung am Kopf des Moduls ein. Hier heißt die Variable `myTest`, sie wird auf den Boolean-Wert `True` gesetzt:

```
#Const myTest = True
```

Schreiben Sie ein Makro, das eine Reihe von Zahlen in einem Zellbereich abgreift und in eine Variable aufsummiert.

```
Sub ZahlenCheck()
 Dim varZelle, lngSumme
 Range("Testzahlen").Select
 For Each varZelle In Selection
  lngSumme = lngSumme + varZelle
 Next varZelle
```

Listing 19.8 Das Makro summiert Zahlen auf.

Die Meldung der Summe erfolgt über eine bedingte Kompilierung, dazu wird vor `If` und `End If` jeweils ein #-Zeichen gesetzt.

```
 #If myTest = True Then
   MsgBox "Summe: " & lngSumme
 #End If
End Sub
```

Dieser Block wird nur ausgeführt, wenn die Compilervariable auf `True` gesetzt ist. Sie können jetzt in allen Makros Anweisungsblöcke schreiben, die vom Wert der Compilervariablen abhängig sind. Ist das Makro fertig getestet, setzen Sie die Variable auf `False`, und die Blöcke werden nicht mehr ausgeführt.

TIPP Schneller geht's mit einem Unterprogramm. Verpacken Sie die kompilierten Bedingungen in eine Subroutine, und rufen Sie diese auf:

```
Call Check

Sub Check
 #If . . .
 #End If
End Sub
```

19.7 Makros entwickeln

Wenn Sie nun schon ein wenig Übung mit Modulen, Prozeduren und Codes haben, wird es Zeit, die Entwicklungswerkzeuge und die Oberflächengestaltung kennenzulernen. Makros werden nämlich nicht nur in eine Liste gepackt, sondern dem Anwender so komfortabel wie möglich angeboten, und dazu brauchen Sie die passenden Werkzeuge.

19.7.1 Die Entwicklertools

Zu einem nützlichen und praxisgerechten Makro gehört auch eine Benutzersteuerung, die dem Anwender die Makrobedienung so einfach wie möglich macht. Der Makroaufruf aus der Liste unter *Ansicht/Makros* gehört sicher nicht zu den Favoriten für diese Aufgabe, hier müssen Sie mit Symbolen, Menüoptionen oder anderen Techniken arbeiten und dem Anwender die Makroaufrufe gezielt zur Verfügung stellen.

Gleichzeitig sollte der Entwickler auch möglichst komfortabel arbeiten können und die wichtigsten Werkzeuge auf Abruf bereit haben. Die Entwicklertools sind hier eine nützliche Hilfe, sie bieten eine Reihe von Befehlen für Makroentwickler in einer neuen Registerkarte.

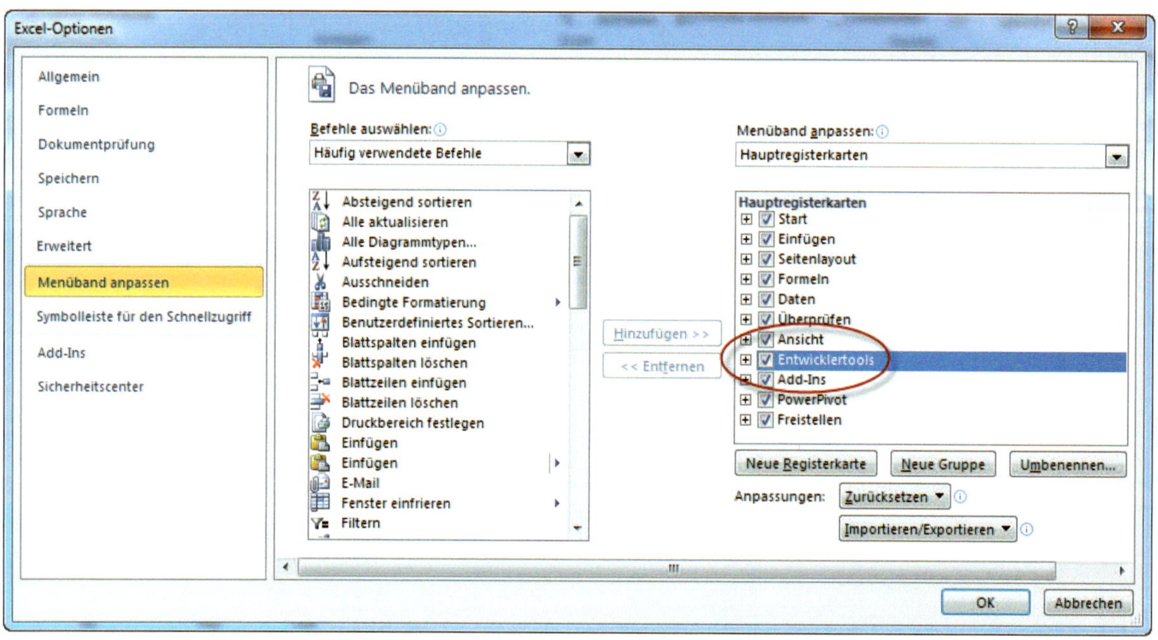

Abbildung 19.37 Entwicklertools einschalten

1. Wählen Sie im *Datei*-Menü *Optionen*.
2. Klicken Sie auf *Menüband anpassen*.
3. Kreuzen Sie in der rechten Liste unter *Hauptregisterkarten* die Registerkarte *Entwicklertools* an.

Diese Leiste hat Microsoft aus gutem Grund standardmäßig deaktiviert, sie enthält nur Befehle für Makroprogrammierer.

In der ersten Gruppe, *Code*, finden Sie den Aufruf des Visual Basic-Editors, die Liste mit den aktiven Makros und die Makroaufzeichnung (absolut und relativ). Mit *Makrosicherheit* schalten Sie in das Vertrauensstellungscenter zu den Einstellungen für die Makrosicherheit.

Die zweite Gruppe *Add-Ins* bietet zwei Symbole für die Anzeige der Add-Ins an. Add-Ins sind Zusatzprogramme, die unter Excel installierbar sind. Mit dem ersten Symbol aktivieren Sie die Liste der internen Add-Ins, die Excel mitliefert (z. B. Analyse-Funktionen, Eurowährungstools, Solver). Unter dem zweiten Symbol werden die Add-Ins gelistet, die von extern kommen. Die meisten Entwickler, die Programme für Excel schreiben, erstellen sogenannte *COM-Add-Ins*. PowerPivot ist ein COM-Add-In (siehe Kapitel 15).

Die Gruppe *Steuerelemente* bietet unter *Einfügen* diverse *Formularsteuerelemente* und *ActiveX-Steuerelemente*. Diese Elemente werden in Tabellenblätter eingezeichnet und mit Makros versehen. Der *Entwurfsmodus* wird eingeschaltet, wenn ActiveX-Steuerelemente bearbeitet werden. Ist dieser Modus ausgeschaltet, können diese Elemente nur bedient, nicht verändert werden. *Eigenschaften* blendet das Eigenschaftenfenster für ActiveX-Elemente ein. Mit *Code anzeigen* schalten Sie zum VBA-Editor und bearbeiten den Code, der an ein Steuerelement gebunden ist, und *Dialogfeld ausführen* bezieht sich auf benutzerdefinierte Dialogfelder (ebenfalls ActiveX-Elemente).

Die Gruppe *XML* enthält Befehle für XML-Entwickler. Hier können XML-Quellen geöffnet, XML-Daten importiert und Erweiterungspakete verwaltet oder eingefügt werden.

In der letzten Gruppe werden Dokumentinformationsbereiche verwaltet. Diese enthalten Workflow- und Nachverfolgungsinformationen für die Dienste des SharePoint-Servers.

Praxisbeispiel: Rechnungsschreibung

Um die Werkzeuge des VBA-Editors und der Entwicklertools kennenzulernen, erstellen Sie eine Makrolösung für die Rechnungsschreibung. Die Vorlagen sind bereits erstellt, laden Sie die Beispielmappe von der CD zum Buch.

CD-ROM Sie finden die Mappe auf der Buch-CD unter *Rechnung Stadtkurier.xlsm*.

Den Zahlungsverkehr regelt grundsätzlich die Finanzbuchhaltung, Fibu-Programme wie *Lexware Buchhalter* sind auch für Kleinunternehmer und Selbstständige erschwinglich. Die Rechnungsschreibung bleibt in vielen Fällen eine Aufgabe für Excel, alternativ dazu können die Rechnungsdaten auch in Excel berechnet und als Objekt in ein Word-Dokument eingefügt werden.

In diesem Beispiel programmieren Sie kleine Steuermakros für die Rechnungsschreibung eines Kleinbetriebes und stellen für diese Makros Aufrufelemente in der Tabelle zur Verfügung. Der Rechnungsvordruck ist vorbereitet, was Excel berechnen kann (z.B. das Rechnungsdatum), ist als Formel schon hinterlegt. Die Mappe enthält außerdem ein Tabellenblatt mit der Kundenkartei, ein weiteres mit Firmendaten und eine Preisliste mit den Leistungen der Firma. Die Vorlage ist makrofrei, die makrogesteuerte Rechnung finden Sie in einer weiteren Datei.

Abbildung 19.38 Die Entwicklertools müssen erst in den Optionen aktiviert werden.

CD-ROM Sie finden die Rechnung auf der Buch-CD unter *Rechnung Stadtkurier_Loesung.xlsm*.

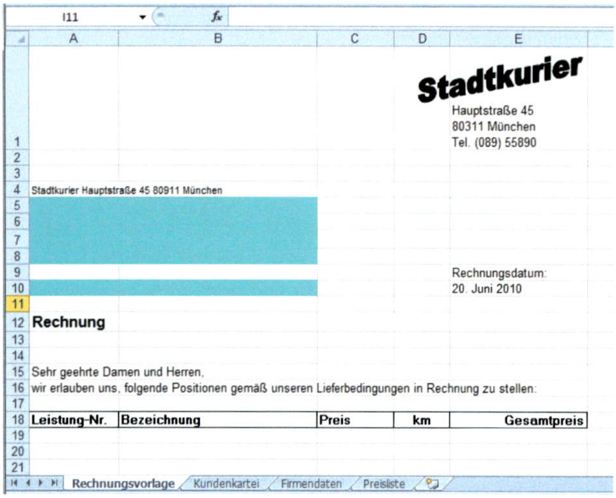

Abbildung 19.39 Übungsbeispiel Rechnung

19.7.2 Steuerelemente

Die Gruppe *Steuerelemente* auf der Registerkarte *Entwicklertools* bietet unter *Einfügen* eine Auswahl von Elementen an. Sie können zwischen Formularsteuerelementen und ActiveX-Elementen wählen. Ein Blick auf die Auswahl zeigt, dass sich die ersten Elemente ziemlich ähnlich sind, die ActiveX-Gruppe bietet aber wesentlich mehr an.

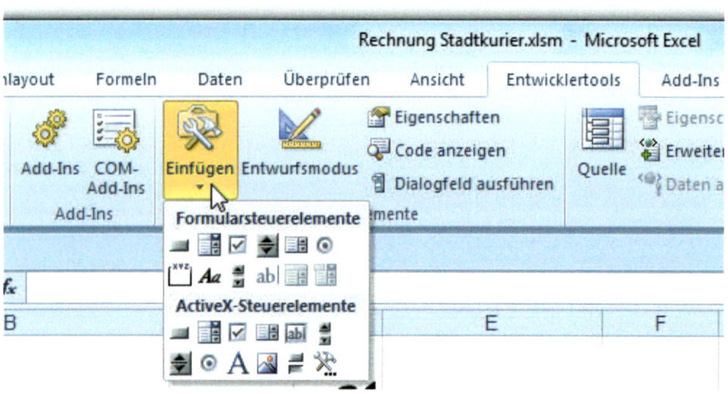

Abbildung 19.40 Steuerelemente in den Entwicklertools

Entscheiden Sie sich bei einfachen Makros für die erste Gruppe. Formularelemente sind etwas »harmloser« als die ActiveX-Elemente, sie unterliegen keiner Sonderbehandlung. ActiveX-Elemente können im Vertrauensstellungscenter deaktiviert werden, weil sie wesentlich leistungsfähiger sind und deshalb auch ein höheres Risiko darstellen.

Um ein Steuerelement einzufügen, klicken Sie auf das Symbol und zeichnen es in die Tabelle. Verknüpfen Sie das Element anschließend mit einem aktiven Makro, oder schreiben Sie ein neues Makro dafür.

Praxisbeispiel Rechnung: Eine Info-Schaltfläche

1. Aktivieren Sie das erste, leere Tabellenblatt *START*.
2. Zeichnen Sie mit dem Werkzeug *Schaltfläche* eine Schaltfläche in den Arbeitsbereich.
3. Die Makrozuweisung wird sofort gestartet, geben Sie den Makronamen *INFO* ein.
4. Klicken Sie auf *Neu*, und schreiben Sie dieses Makro:

```
Sub Info()
  MsgBox "Rechnungsvorlage für die Firma Stadt-
kurier" _
          , vbInformation, "© by I. Schels"
End Sub
```

5. Schalten Sie zurück zum Excel-Fenster, und beschriften Sie die Schaltfläche. Mit der rechten Maustaste öffnen Sie diese wieder zur Bearbeitung, falls sie schon aktiv ist.
6. Klicken Sie in eine Zelle, und testen Sie Ihr erstes Makro-Steuerelement.

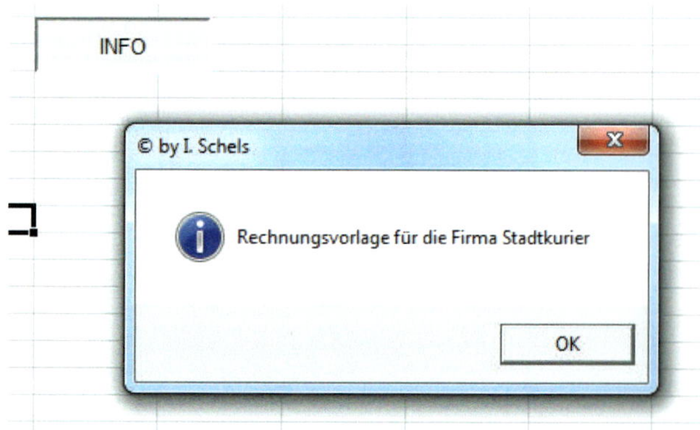

Abbildung 19.41 Eine Schaltfläche für den Makroaufruf

Die Makrozuweisung können Sie jederzeit einsehen und bei Bedarf abändern. Klicken Sie das Element mit der rechten Maustaste an, und wählen Sie *Makro zuweisen*.

Fügen Sie weitere Schaltflächen ein, und brechen Sie die Makrozuweisung ab, damit Sie das Element zuerst benennen können. Der Name des Elements ist sehr wichtig, damit lässt es sich leichter identifizieren. Tragen Sie den Namen in das Namensfeld ein, und bestätigen Sie mit der Taste Eingabe.

Starten Sie dann die Makroaufzeichnung für die Schaltfläche im Kontextmenü (*Makro zuweisen/Aufzeichnen*). Die Abbildung zeigt die vier Schaltflächen, im Namensfeld ist der Name der markieren Schaltfläche zu sehen. Die Makros wechseln zum jeweiligen Tabellenblatt.

```
Sub Rechnung_KlickenSieAuf()
    Sheets("Rechnungsvorlage").Select
End Sub
Sub Kundenkartei_KlickenSieAuf()
    Sheets("Kundenkartei").Select
End Sub
Sub Firmendaten_KlickenSieAuf()
    Sheets("Firmendaten").Select
End Sub
Sub Preisliste_KlickenSieAuf()
    Sheets("Preisliste").Select
End Sub
```

Listing 19.9 Makros für die Blattverwaltungs-Schaltflächen

Setzen Sie in den aufgerufenen Tabellenblättern je ein Objekt für den Rücksprung auf das Startblatt ein. Als Element können Sie wieder eine Schaltfläche benutzen, Sie können aber auch über *Einfügen/Formen* einen Pfeil zeichnen, diesen beschriften und im Kontextmenü ein Makro zuweisen.

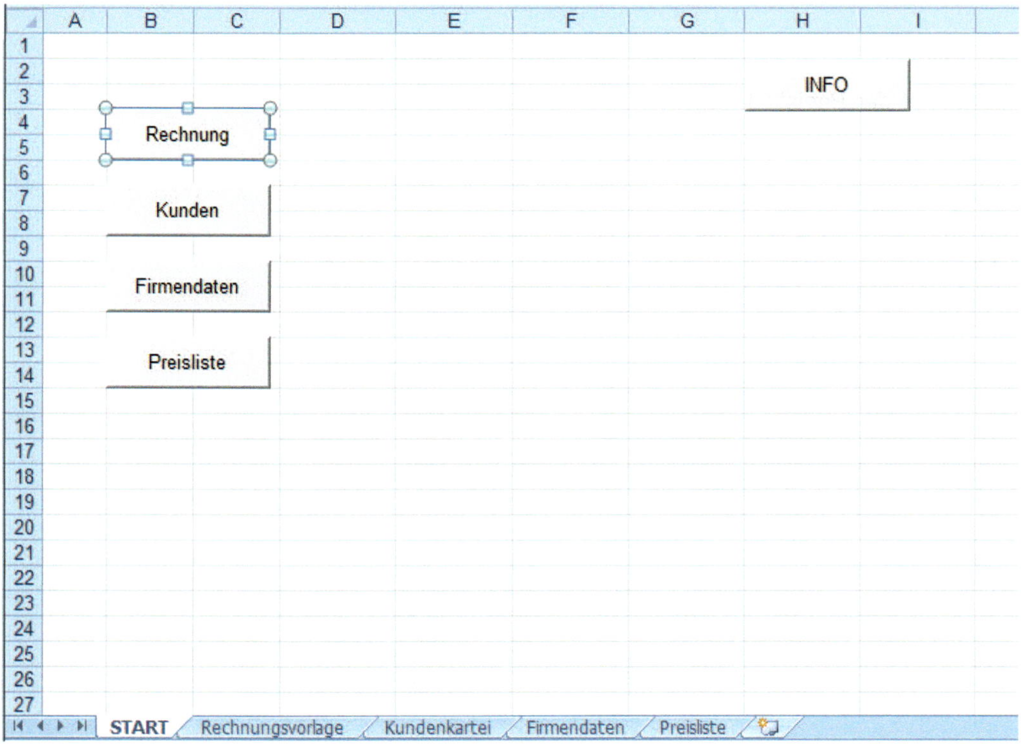

Abbildung 19.42 Schaltflächen für die Blattverwaltung

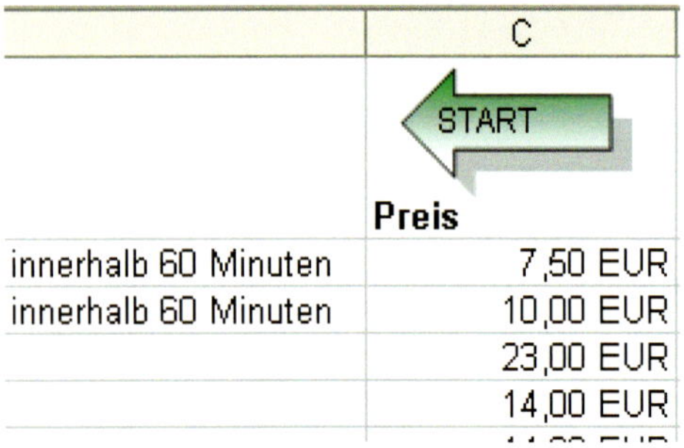

Abbildung 19.43 Gezeichnetes Objekt mit Makro

```
Sub BackToStart_BeiKlick()
    Sheets("START").Select
End Sub
```

19.7.3 ActiveX-Steuerelemente

ActiveX-Elemente bieten mehr Möglichkeiten und Eigenschaften für die Programmierung. Sie können mit Ereignissen arbeiten und z.B. Makros schreiben, die beim Klick, Doppelklick oder Wechsel eines Listeneintrags etc. aktiv werden. Die Elemente werden im Entwurfsmodus bearbeitet, wird dieser ausgeschaltet, sind sie aktiv.

1. Klicken Sie unter *Entwicklertools/Steuerelemente/Einfügen* auf ein ActiveX-Element, und zeichnen Sie ein Element in die Tabelle.

Das Symbol für den Entwurfsmodus rastet ein, öffnen Sie die *Eigenschaften*.

Die erste Spalte zeigt den Namen der Eigenschaft, in der zweiten Spalte tragen Sie die Zuweisung ein oder wählen einen in der Liste angebotenen Eintrag aus (per Doppelklick schalten Sie zwischen den Einträgen um).

Mit Klick auf *Code anzeigen* schalten Sie in den VBA-Editor, hier schreiben Sie die Makros zur Steuerung des Elements. Mit dem Symbol *Entwurfsmodus*, das Sie sowohl im Editor als auch in den Entwicklertools finden, schalten Sie auf »Echtbetrieb« um, das Element kann benutzt werden, wenn der Entwurfsmodus ausgeschaltet ist.

Praxisbeispiel Rechnung: Auswahlliste für Tabellen

Zeichnen Sie ein Kombinationsfeld-Steuerelement in die *START*-Tabelle. Stellen Sie über das Eigenschaftenfenster Vordergrund- und Hintergrundfarbe, Rahmen und Schrift ein, und wechseln Sie in das Codefenster, um die Makros zu schreiben, die mit diesem Element aktiviert werden.

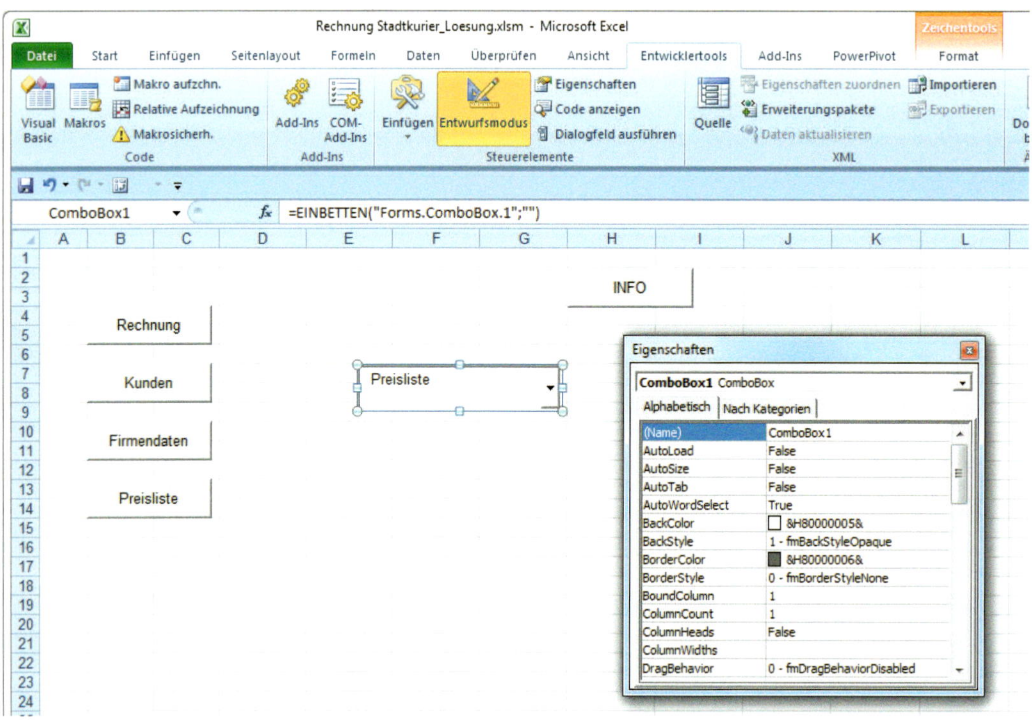

Abbildung 19.44 Das ActiveX-Steuerelement mit Eigenschaftenfenster

Da das Element auf der Tabelle *START* gezeichnet wurde, sind die Makros im Projekt-Explorer diesem Objekt untergeordnet. Klicken Sie im VBA-Editor im Unterfenster Projekt-Explorer doppelt auf den Eintrag *Tabelle 5 (START)*. Damit öffnen Sie das Codeblatt dieser Tabelle, hier wird das ActiveX-Element programmiert.

Mit dem Befehl *Code anzeigen* wurde bereits das erste Makro erzeugt, das Ereignis `Change` werden wir aber nicht benutzen. Schalten Sie rechts oben im Modulblatt auf ein anderes Ereignis um, und schreiben Sie den Makrocode. Das erste Makro erhält das Ereignis `GotFocus`, es wird damit sofort starten, wenn das Element angeklickt wird. Suchen Sie über eine Schleife alle Blattnamen aus der Tabelle (`Sheets`), schreiben Sie diese in eine Datenfeldvariable, und weisen Sie diese Variable nach Abschluss der Schleife der Eigenschaft `List` des Kombinationsfeldes zu.

```
Private Sub ComboBox1_GotFocus()
Dim arTabs(), i%
 ' Schleife startet
 For i = 1 To Sheets.Count
   ' Größe der Variablen neu bestimmen
   ReDim Preserve arTabs(i)
   ' Blattname = nächstes Element der Variablen
   arTabs(i - 1) = Sheets(i).Name
 Next i
 ' Variable zuweisen
 Me.ComboBox1.List = arTabs
End Sub
```

Listing 19.10 Makro für das GotFocus-Ereignis des ComboBox-Elements

Schreiben Sie gleich das zweite Makro für das `Click`-Ereignis des Elements. Es übernimmt den Eintrag (`Value`) und öffnet über die Methode `Select` das passende Tabellenblatt.

```
Private Sub ComboBox1_Click()
  ' Ausgewähltes Blatt öffnen
  Sheets(Me.ComboBox1.Value).Select
End Sub
```

Listing 19.11 Makro für das Klick-Ereignis des Elements

Blenden Sie das Eigenschaftenfenster wieder aus, und schalten Sie den Entwurfsmodus aus. Jetzt können Sie die ComboBox testen. Klicken Sie auf den Pfeil, und wählen Sie eine Tabelle. Das Klick-Ereignismakro sorgt dafür, dass diese automatisch angesteuert wird.

19.7.4 Tastenschlüssel für Makros

Tastenschlüssel sind nützlich bei Makros, die sehr häufig aufgerufen werden müssen, in anderen Fällen werden Sie sich die Kombinationen nicht merken können. Weisen Sie den Tastenschlüssel zu, wenn Sie ein Makro mit dem Rekorder aufzeichnen:

1. Wählen Sie *Entwicklertools/Code/Makro aufzeichnen*.
2. Geben Sie den Makronamen und den Tastenschlüssel ein, drücken Sie dazu nicht die [Strg]-Taste.

Es sind nur einzelne Buchstaben von A–Z möglich, keine Sonderzeichen und keine Zahlen. Zwischen Groß- und Kleinschreibung wird aber unterschieden, wenn Sie beispielsweise die Kombination [Strg]+[A] zuweisen, müssen Sie das Makro später mit [Strg]+[Umschalt]+[A] aktivieren.

Ist das Makro bereits erstellt, markieren Sie das Makro in der Makroliste und schalten auf *Optionen*. Tragen Sie zur [Strg]-Taste oder zur Tastenkombination [Strg]+[Umschalt] den gewünschten Tastenschlüssel ein. Schreiben Sie ihn wieder groß, bleibt die [Umschalt]-Taste im Spiel.

19.8 VBA - die Programmiersprache

In den Beispielen zum Makro-Editor und Makrotest hatten Sie schon kleine VBA-Prozeduren kennengelernt, auch Elemente des Objektmodells und Ereignisprogrammierung waren schon dabei. Lernen Sie in diesem Abschnitt die wichtigsten Elemente der Programmiersprache VBA (Visual Basic for Applications) kennen.

19.8.1 Das Objektmodell

VBA ist eine objektorientierte Programmiersprache. Im OOP (Object Orientated Programming) dreht sich alles um Objekte, Eigenschaften und Methoden, und eine Windows-Applikation wie Excel hat mit ihren zahlreichen Menübefehlen und Funktionen eine ganze Menge davon. Das Gleiche gilt für Ereignisse: Schon die Bewegung des Mauszeigers ist ein Ereignis, das mit VBA ebenso programmierbar ist wie das Öffnen einer Mappe, das Drucken von Daten oder die Neuberechnung Ihrer Tabelle.

Objekte – der Begriff

VBA behandelt alles, was in der Programmumgebung zu finden ist, als Objekte und stellt dem Entwickler von Makros sogenannte Bibliotheken zur Verfügung, in denen Routinen zum Anprogrammieren dieser Objekte enthalten sind. Jedes Objekt hat in diesem Objektmodell Eigenschaften, Methoden und Ereignisse. Stellen Sie sich ein reelles, echtes Objekt vor, und versuchen Sie, eine solche Einteilung vorzunehmen:

Abbildung 19.45 Objekt Auto

Objekt Auto		
Eigenschaften	**Methoden**	**Ereignisse**
Marke	Starten	Beim Fahren
Modell	Fahren	Im Stillstand
Farbe	Bremsen	In der Kurve
Anzahl Zylinder	Abbiegen	Bei geschlossenen Türen
kW	Tür öffnen	usw.
Ausstattung	usw.	
Bereifung		
usw.		

So wie ein reelles Objekt liefert auch Excel für sich selbst (Application) oder seine Bestandteile Eigenschaften, Methoden und Ereignisse.

Objekt Arbeitsmappe		
Eigenschaften	**Methoden**	**Ereignisse**
Name	Öffnen	Beim Öffnen
Aktive Tabelle	Schließen	Beim Schließen
Anzahl Tabellen	Speichern	Beim Wechsel auf ein anderes Tabellenblatt
Gespeichert	Drucken	Beim Drucken
Geschützt	Tabelle löschen	usw.
usw.	usw.	

Programmieren mit Objekten, Eigenschaften und Methoden

Dieses Makro dimensioniert eine Objektvariable (`wb`) und weist dieser über die `Set`-Anweisung die aktive Arbeitsmappe zu. Dann nutzt es die Eigenschaft `Sheets` (alle Blätter) und von dieser wieder die Eigenschaft `count`, um die Blätter der Mappe zu zählen. Alles zusammen wird in einer Meldung (`MsgBox`) ausgegeben:

```
Sub ObjektTest()
  Dim wb As Workbook
  Set wb = ActiveWorkbook
  MsgBox wb.Sheets.Count
End Sub
```

Listing 19.12 Das Makro zählt die Tabellen der Mappe.

Hier wird eine weitere Variable eingeführt, und die `Set`-Anweisung benutzt gleich eine Methode (`Add`), um ein neues Tabellenblatt damit zu erstellen. Die Eigenschaft `Range("B1")` bezeichnet eine Zelle, von dieser wird die Eigenschaft `Value` mit dem Tagesdatum versehen:

```
Sub ObjektTest2()
   Dim wb As Workbook
   Dim ws As Worksheet
   Set wb = ThisWorkbook
   Set ws = wb.Worksheets.Add
   ws.Range("B1").Value = Date
End Sub
```

Listing 19.13 Beispiel für Set-Anweisung

TIPP `ThisWorkbook` ist besser als `Workbooks`. `Set` brauchen Sie nur bei Objektvariablen. Statt `Range("B1")` können Sie auch schreiben: `[B1]`.

19.8.2 Der Objektkatalog

Technisch gesehen sind Objekte binäre Komponenten, die sich in verschiedenen Dateien (EXE-Dateien, DLL-Bibliotheken) verbergen. Objekte stehen für die Programmierung zur Verfügung, sie werden aus verschiedenen Bibliothekdateien bezogen, die bei der Installation des Office-Pakets auf die Festplatte kopiert wurden. Im Objektkatalog finden Sie eine Übersicht über alle Objekte, die mit VBA angesprochen werden können. Aktivieren Sie den Objektkatalog, und informieren Sie sich über Objekte, Eigenschaften und Methoden.

1. Starten Sie den VBA-Editor mit [Alt]+[F11].
2. Mit *Ansicht/Objektkatalog* oder der Taste [F2] öffnen Sie ein neues Fenster im Arbeitsbereich. Wenn es verankert ist, lösen Sie die Verankerung unter *Extras/Optionen*.
3. Links oben im neuen Fenster wird die Liste aller aktiven Bibliotheken angezeigt. Öffnen Sie diese Liste.
4. Klicken Sie auf den Eintrag *Excel*, um die Excel-Bibliothek anzuzeigen.
5. Markieren Sie das Klassenobjekt *Application*, und kontrollieren Sie die Eigenschaften und Methoden dieses Objekts.

Die linke Liste zeigt die Klassenobjekte an, rechts sehen Sie alle Eigenschaften und Methoden des Objektes. An der Symbolart erkennen Sie schon, ob es sich um eine Eigenschaft oder eine Methode handelt:

Symbol	Bedeutung
	Eigenschaft
	Methode
	Ereignis

Tabelle 19.6 Symbole im Objektkatalog

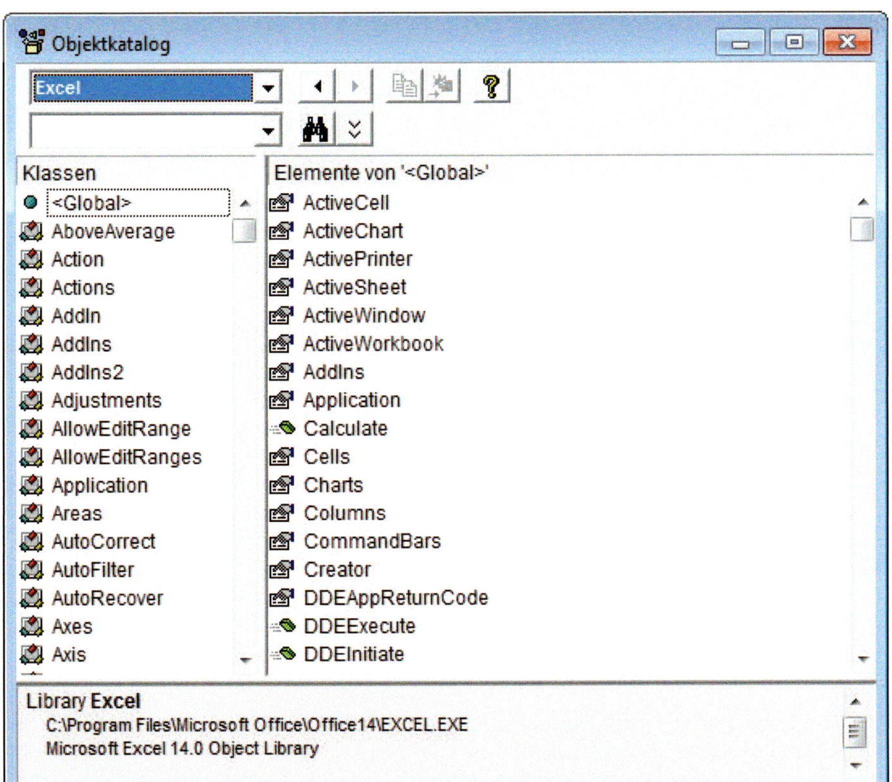

Abbildung 19.46 Der Objektkatalog mit der Excel-Bibliothek

Klassenobjekte

Klassen sind die Vorlagen für einzelne Objekte, ein Klassenobjekt liefert zur Laufzeit des Makros das passende Objekt mit allen seinen Methoden und Eigenschaften. Der VBA-Programmierer kann, wenn das Angebot nicht reicht, selbst Klassen erstellen und so die Erstellung komplexer Makros erleichtern. Die Klasse verhindert nämlich, dass ein Objekt mit Eigenschaften und Methoden benutzt wird, die es gar nicht besitzt.

Eine Klasse ist ein Prototyp, der die gemeinsamen Variablen und Methoden aller Objekte dieser Klasse definiert.

Mit *Einfügen/Klassenmodul* können Sie, wenn alle Möglichkeiten mit den verfügbaren Objekten ausgereizt sind, später selbst Klassenobjekte schreiben.

Eigenschaften

Eine Eigenschaft ist ein Attribut des Objekts, mit dem eines seiner Charakteristika (z.B. Größe, Farbe oder Bildschirmposition) oder ein Aspekt seines Verhaltens (z.B. ob es aktiviert oder sichtbar ist) definiert wird. Sie ändern die Charakteristika eines Objekts, indem Sie die Werte seiner Eigenschaften ändern.

Methoden

Bei einer Methode handelt es sich um eine Aktion, die von einem Objekt durchgeführt werden kann. `Close` und `Add` sind Methoden des Workbook-Objekts.

Weitere Objektbibliotheken

Schalten Sie in der Liste links oben auf den Eintrag *Alle Bibliotheken*, zeigt der Objektkatalog alle Objekte aus allen geladenen Bibliotheken an. Die *Office*-Bibliothek liefert beispielsweise die Objekte für den Office-Assistenten, die Symbolleisten und Symbole, in der *VBA*-Bibliothek finden Sie Funktionen und Konstanten. Wenn Sie eine weitere Bibliothek brauchen, um beispielsweise aus einer Excel-Prozedur ein Word-Dokument oder eine Access-Datenbank anzuprogrammieren, binden Sie diese einfach als neuen Verweis ein:

1. Wählen Sie *Extras/Verweise*.
2. Suchen Sie in der Liste der verfügbaren Verweise nach der passenden Bibliothek.
3. Kreuzen Sie die Bibliothek an, und bestätigen Sie mit *OK*.

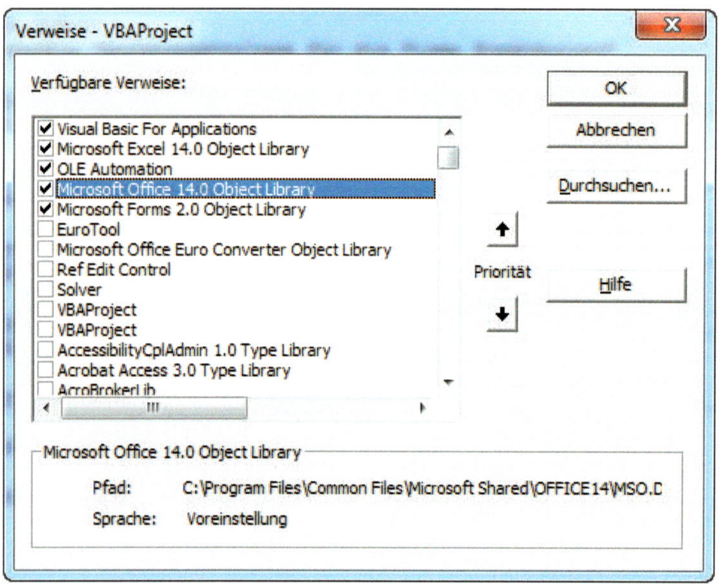

Abbildung 19.47
Die verfügbaren Verweise auf andere Bibliotheken

Jeder Verweis setzt voraus, dass die passende Datei installiert ist. Die Office-Programme Word, Outlook, Access, PowerPoint und Project sind im Angebot, sofern sie installiert wurden. Viele Nicht-Microsoft-Applikationen wie Corel Draw oder Visio richten ebenfalls DLL-Objektdateien für die VBA-Programmierung ein.

Suche nach Objekten, Eigenschaften und Methoden

Mit dem *Suchen*-Symbol am oberen Rand des *Objektkatalog*-Fensters können Sie nach Elementen im Katalog suchen. Tragen Sie einen Suchbegriff in das Eingabefeld ein, und klicken Sie auf das Symbol, um alle Bibliotheken nach diesem Element zu durchsuchen. Suchen Sie beispielsweise nach `Date`, liefert die Suchliste alle Objekte aus der VBA-Bibliothek, die für die Datumsberechnung zur Auswahl stehen.

Mit Klick auf das Doppelpfeilsymbol neben dem Suchsymbol schalten Sie die Suchliste wieder aus, die gesamte Objektbibliothek wird wieder angezeigt.

TIPP Wenn Sie ein angezeigtes Objekt oder Element anklicken und die Funktionstaste F1 drücken, erhalten Sie gezielt Hilfetexte zu dem markierten Begriff.

Objektkatalog schließen

Schließen Sie den Objektkatalog wieder, oder wechseln Sie in ein bereits angelegtes Modulfenster. Klicken Sie dazu auf das Symbol *Fenster schliessen* rechts oben im Fenster des Katalogs, wechseln Sie über das *Fenster*-Menü in ein Modul, oder erstellen Sie mit *Einfügen/Modul* ein neues Programmierblatt für VBA-Prozeduren und -Funktionen.

19.8.3 Das Objektmodell

Die umfangreichen Objektbibliotheken haben einen Nachteil: Sie zeigen zwar alle Objekte korrekt an, können aber nicht alle hierarchischen Beziehungen zwischen

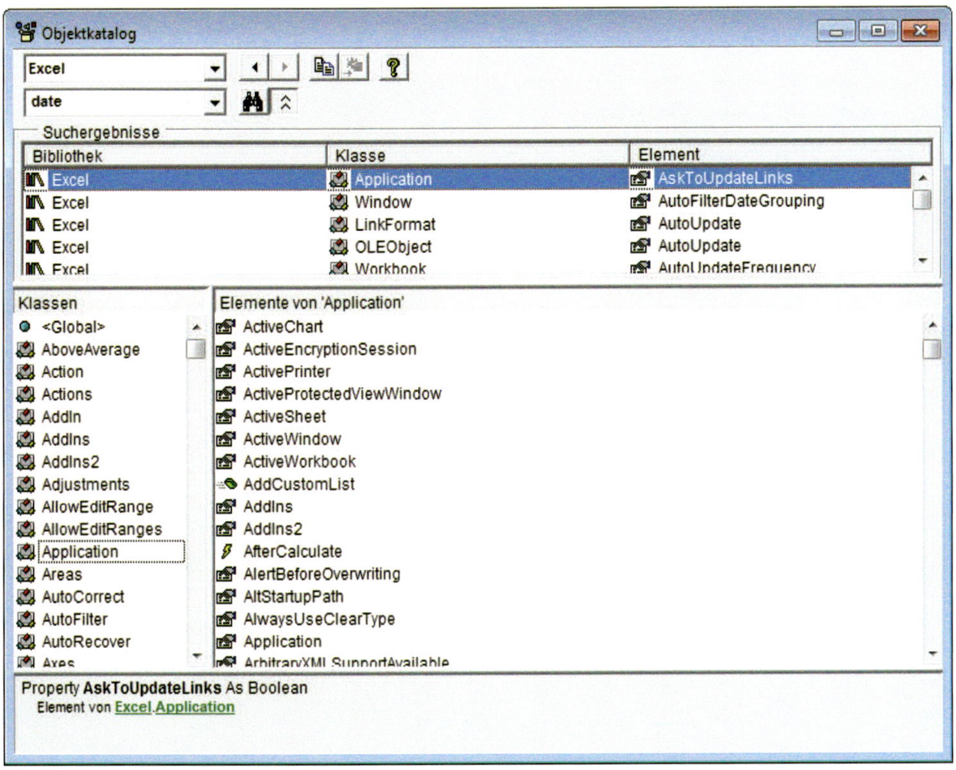

Abbildung 19.48 Suche nach Schlüsselwörtern in Bibliotheken

den Objekten wiedergeben. Markieren Sie beispielsweise das `Application`-Objekt, bietet der Katalog u.a. die Eigenschaft `ActiveCell` an. Nun ist `ActiveCell` nicht nur eine Eigenschaft von `Application` (und von `ActiveSheet`), sondern gibt selbst wieder ein Objekt zurück, das Eigenschaften wie `.Value`, `.Visible` und Methoden wie `.Clear`, `.Copy` und `.Merge` anbietet. Diese Zusammenhänge sind anfangs schwer zu durchschauen, hier leistet aber die Debugging-Hilfe wertvolle Hilfestellung.

In der Symbolleiste *Bearbeiten* finden Sie Symbole zur Steuerung der Debugging-Hilfe. Das erste links außen zeigt alle Eigenschaften und Methoden zum Objekt, auf dem der Cursor gerade steht. Diese Liste erscheint bei den meisten Objekten auch, wenn der Punkt als Trennzeichen eingegeben wird.

TIPP Nutzen Sie so oft es geht den Makrorekorder, und zeichnen Sie Aktionen rund um Excel-Mappen, Tabellenblätter und Zellbereiche auf, um die richtigen Objekte, Eigenschaften und Methoden kennenzulernen.

Objekthierarchie nutzen

Das Prinzip des hierarchischen Aufbaus schreibt vor, dass Sie ein Objekt nur in seinem hierarchischen Pfad ansprechen können. Um beispielsweise die Zelle C3 in der Tabelle *Vergleich* innerhalb der Mappe *Haus.xls* mit einer Zahl füllen zu können, würden Sie schreiben:

```
Application.Workbooks("Haus.xls") _
 .Sheets("Vergleich").Range("C3").Value = 120
```

Stellen Sie in der Prozedur aber vorher sicher, dass der Pfad bereits eingeschlagen ist, können Sie die Objekte im aktiven Element direkt ansteuern:

```
Application.Workbooks("Haus.xls").Activate
Sheets("Vergleich").Activate
Range("C3").Value = 120
```

Objektvariablen nutzen

Sehr nützlich sind für die Programmierung mit Objekten die Variablentypen `Object` und `Range`. Führen Sie am Anfang der Prozedur eine Variable für ein Objekt ein, und weisen Sie den Variablentyp zu, können Sie im

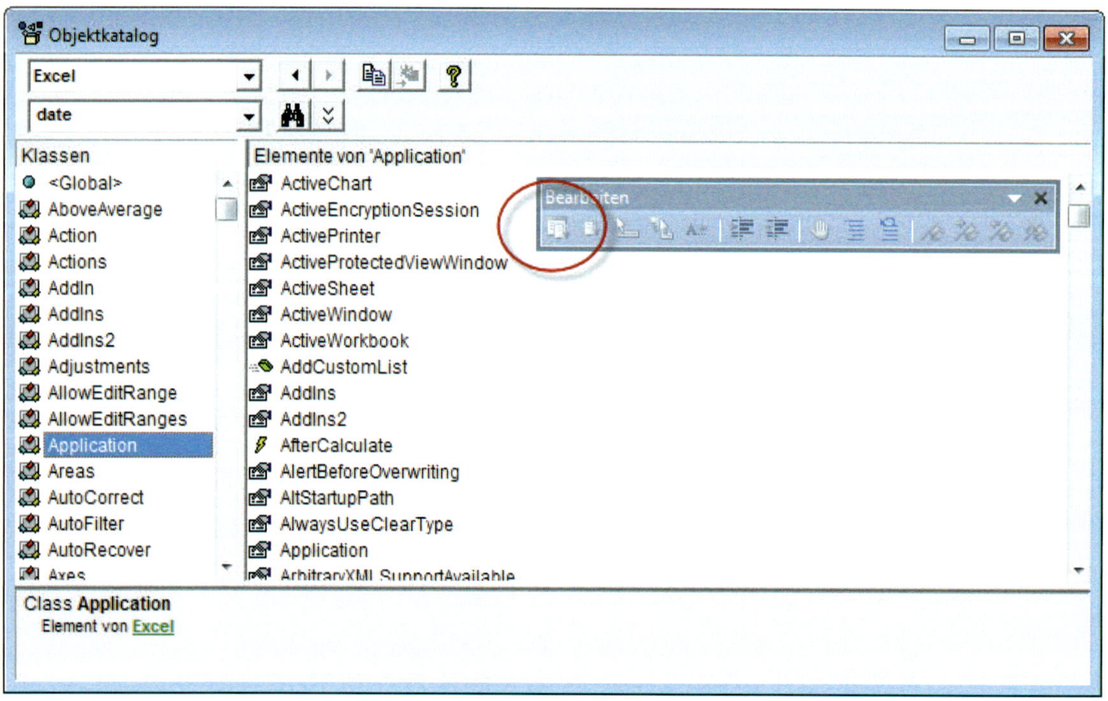

Abbildung 19.49 Eigenschaften und Methoden des Objekts

Programmcode immer mit der Variablen anstelle der direkten Angabe von Mappen- und Tabellennamen, Bereichen und Elementen arbeiten.

ACHTUNG Alle Beispiele finden Sie auf der Buch-CD unter *Objekte testen.xlsm*.

Hier ein Beispiel:

Das Makro definiert die aktuelle Mappe, eine Tabelle daraus und einen Bereich über `Object`- bzw. `Range`-Variablen, steuert diesen Bereich an und weist der dritten Spalte ein Zahlenformat zu:

```
Sub ObjektvariablenTest()
 Dim AW As Object, ABlatt As Object
 Dim KBereich As Range
 ' Mappe zuweisen
 Set AW = ThisWorkbook
 ' Tabelle zuweisen
 Set ABlatt = AW.Sheets("Vergleich")
 ' Bereich zuweisen
 Set KBereich = ABlatt.Range("A1:C13")
 ' Tabelle markieren
 ABlatt.Activate
 ' Bereich mit Zahlenformat versehen
 With KBereich
   .Select
   columns(3).NumberFormatLocal = "#.##0,00"
 End With
End Sub
```

Listing 19.14 Makro mit Object- und Range-Variablen

19.8.4 Listenobjekte

Zu den wichtigsten Objekten gehört die Gruppe der Listenobjekte (`collections`). Diese Objekte enthalten mehrere Elemente, und Excel bietet sehr oft Gelegenheit für ein Listenobjekt. Der Vorteil liegt auf der Hand: Anstatt im Objektmodell für jede einzelne Tabelle eine Objektbezeichnung bereitzustellen, enthält dieses ein Listenobjekt `Sheets`, das für alle Tabellen steht. Das Listenobjekt `cells` bezeichnet alle Zellen der Tabelle, und `Shapes` steht für alle Objekte dieser Tabelle.

Listenobjekt	Bedeutung	Beispiele

`Workbooks`	Alle offenen Mappen	`Workbooks.Count`
		(Mappen zählen)
		`Workbooks(1).Activate`
		(Erste Mappe aktivieren)
		`Workbooks("Mappe1").Close`
		(Mappe schließen)

`Sheets`	Alle Tabellen	`Sheets.Count`
		(Tabellen zählen)
		`Sheets(1).Delete`
		(Erste Tabelle löschen)

`Cells`	Alle Zellen	`Cells.Clear`
		(Alle Zellen löschen)
		`Cells(1,1).Select`
		(Zelle A1 ansteuern)

Tabelle 19.7 Listenobjekte

Der Benutzer kann im VBA-Programm mit Anweisungen arbeiten, die alle Tabellen betreffen, oder einzelne Blätter daraus ansteuern. Listenobjekte werden wahlweise als Gesamtheit angesprochen oder indiziert, wenn ein einzelnes Element gebraucht wird:

Die Eigenschaften und Methoden der Listenobjekte unterscheiden sich dementsprechend. Die Eigenschaft `.Count` ist nur für Listenobjekte in der Gesamtheit gültig, während `.Name` oder `.Value` nur für Einzelelemente gültig sind. Hier einige Beispielmakros, die mit Listenobjekten arbeiten:

Beispiel: Blattzähler

Schreiben Sie ein Makro, das alle Tabellen der aktiven Mappe zählt und in einer Meldung ausgibt. Die `For...Each`-Schleife eignet sich hier besonders gut, um alle Elemente eines Listenobjektes (hier `Sheets`) abzurufen.

```
Sub BlattZaehler()
 Dim wb As Workbook
 Dim strMext As String, varBlatt
```

```
 Set wb = ThisWorkbook
 For Each varBlatt In wb.Sheets
 strMext = strMext & varBlatt.Name & vbCr
 Next varBlatt
 MsgBox strMext, vbInformation, "Blattzähler"
End Sub
```

Listing 19.15 Blattzähler

Beispiel: Zahlen zählen

Schreiben Sie ein weiteres Makro, das die Zellen im markierten Bereich zählt und ausgibt, wie viele davon Text oder Zahlen enthalten:

```
Sub ZellenCheck()
 Dim zelle, anzZellen, anzText, anzZahl, anzLeer
 For Each zelle In Selection
   If IsEmpty(zelle.Value) Then
      anzLeer = anzLeer + 1
   ElseIf IsNumeric(zelle.Value) Then
      anzZahl = anzZahl + 1
   Else
      anzText = anzText + 1
   End If
 Next zelle
 MsgBox "Zahlen: " & anzZahl & vbCr _
   & "Texte: " & anzText & vbCr _
   & "Leerzellen: " & anzLeer _
   , vbInformation, Selection.Address
End Sub
```

Listing 19.16 Das Makro zählt Zahlen.

Das nächste Makro weist allen Spalten eine einheitliche Spaltenbreite zu. Mit der `For...Next`-Schleife werden alle Elemente eines Listenobjektes (hier `Columns`) durchsucht, der Schleifenzähler dient als Indikator für die Einzelelemente.

```
Sub AlleSpaltenGleich()
 Dim i As Integer
 For i = 1 To 255
    Application.Columns(i).ColumnWidth = 14
    Application.StatusBar = i
 Next i
    Application.StatusBar = "Bereit"
End Sub
```

Listing 19.17 Allen Spalten wird eine Spaltenbreite zugewiesen.

Übersicht Listenobjekte

In Excel	VBA
Alle Achsen eines Diagramms	ActiveChart.Axis
Alle Zellen der Tabelle	Cells
Alle aktiven Diagramme	Charts
Alle Zeilen und Spalten	Columns, Rows
Alle Bereichsnamen	Names
Die aktuelle Markierung	Selection
Alle Zellen des markierten Bereiches	Selection.Cells
Alle Zeichnungsobjekte	Shapes
Alle Tabellen der aktiven Mappe	Sheets oder WorkSheets
Alle aktiven Fenster	Windows
Alle aktiven Arbeitsmappen	WorkBooks

Tabelle 19.8 Wichtige Listenobjekte

19.8.5 ActiveX-Objekte

Wie ein Objekt beschaffen sein muss, ist im COM-Modell (Component Object Model) vorgeschrieben. Diese Vorschrift nutzen Programmierer, um Objektbibliotheken in C++, Java oder Visual Basic zu programmieren. Das Ergebnis ist meist eine unabhängige Datei, die unter Windows registriert wird und damit ihre Komponenten allen Anwendungen zur Verfügung stellt.

Eine der größten und besten Bibliotheken, die ständig erweitert wird, ist die ActiveX-Bibliothek. Als Weiterentwicklung der OLE-Technik unterstützt ActiveX besonders die Internet-Programmierung, bietet aber auch für herkömmliche Prozeduren viele Erweiterungen, speziell im Multimedia-Bereich.

ActiveX-Steuerelemente verfügbar machen

Streng genommen bietet ActiveX keine Objekte, sondern Steuerelemente. Da diese aber auch über Eigenschaften und Methoden verfügen, zählen die ActiveX-Bibliotheken auch zum Objektmodell. Sehen wir uns ein einfaches ActiveX-Steuerelement an, einen Jahreskalender. Er kommt beim Entwurf von VBA-Formularen (UserForms) zum Einsatz und wird in die Werkzeugsammlung eingebunden:

1. Wählen Sie im VBA-Editor *Einfügen/UserForm*. Eine neue UserForm wird erstellt, die Werkzeugsammlung wird in einem separaten Fenster angezeigt.
2. Klicken Sie mit der rechten Maustaste in diese Werkzeugsammlung, und wählen Sie *Zusätzliche Steuerelemente*.
3. Kreuzen Sie den Eintrag *Kalender-Steuerelement 11.0* an, und bestätigen Sie mit *OK*.

Das neue Element wird in die Werkzeugsammlung eingefügt, Sie können es markieren und auf der UserForm einen Kalender zeichnen. Ziehen Sie dazu mit gedrückter Maustaste ein Rechteck auf.

Mit F5 starten Sie die UserForm. Der Kalender steht für den Zeitraum 1900 bis 2100 zur Verfügung.

```
Sub KalenderTest()
  With UserForm1.Calendar1
     .Year = Year(Date)
     .Month = Month(Date)
     .Day = Day(Date)
  End With
  UserForm1.Show
End Sub
```

Listing 19.18 Startmakro für die UserForm

CD-ROM Unter *Kalender.xlsm* finden Sie auf der Buch-CD das Makro und ein weiteres zur Übertragung des gewählten Datums in die aktive Zelle.

19.8.6 Ereignisse programmieren

Wie die Objekte stehen auch Ereignisse bereits mit der Anwendung einer Applikation (Excel) zur Verfügung. Das Öffnen einer Mappe, das Markieren von Zellen oder die Neuberechnung der Tabelle ist ein Ereignis, das von VBA-Makros ausgewertet werden kann. Ein klassisches Ereignis ist der Klick auf eine Schaltfläche: Das Programm wird mit einer Meldung unterbrochen, der Benutzer löst das Ereignis aus und das im Speicher »wartende« Programm wertet das Ergebnis aus. Auch das Öffnen und Schließen von Mappen, die Druckausgabe und der Wechsel in ein anderes Fenster sind programmierbare Ereignisse.

Ereignisse der Arbeitsmappe

CD-ROM Die Beispielmakros für Ereignisse finden Sie auf der Buch-CD unter *Ereignisse testen.xlsm*.

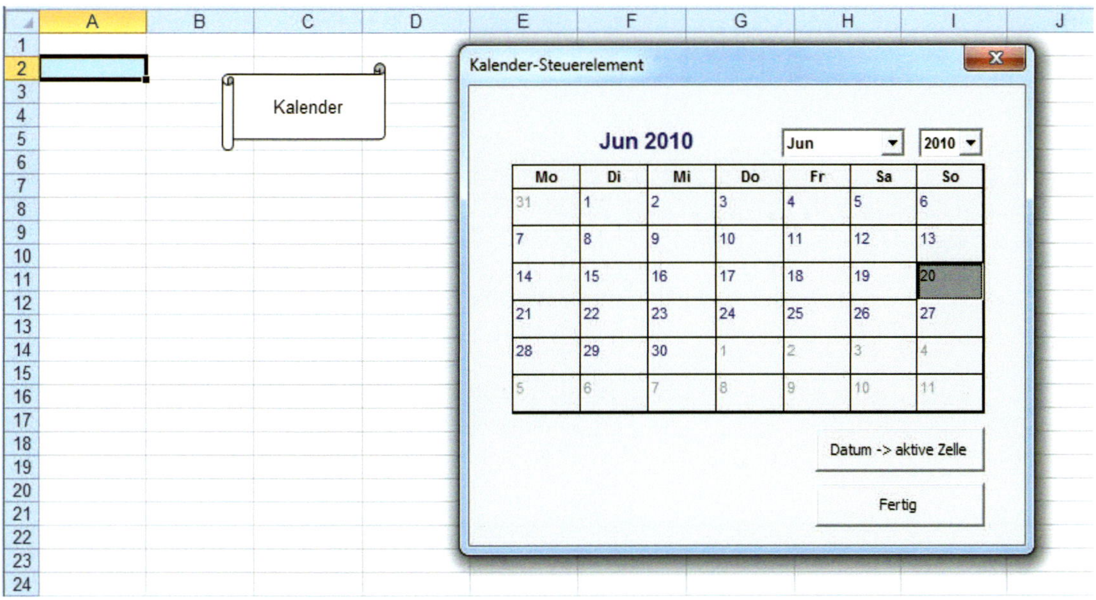

Abbildung 19.50 ActiveX-Objekt Kalender

Die wichtigsten Ereignisse für Arbeitsmappen sind `Workbook_Open` und `Workbook_BeforeClose`, der Zweck ist leicht zu erraten. Das `Open`-Ereignis tritt mit dem Öffnen der Mappe ein, das `BeforeClose`-Ereignis, wenn die Mappe über das *Datei*-Menü mit dem *Schliessen*-Kästchen des Fensters oder über einen Makrobefehl geschlossen wird.

1. Aktivieren Sie den VBA-Editor für die aktive Arbeitsmappe.
2. Klicken Sie im Projekt-Explorer-Fenster doppelt auf den Eintrag *DieseArbeitsmappe* im Ordner *Excel-Objekte*.
3. Schalten Sie im Listenelement, das links oben im Codefenster angeboten wird, auf *Workbook*.
4. Das `Workbook_Open`-Makro wird automatisch erzeugt, Sie können den Code einfügen:

HINWEIS In den Vorgängerversionen (bis Excel 5) gab es für diese Aufgaben spezielle Makronamen (`auto_open()`, `auto_close()`). Diese Technik ist zwar veraltet, funktioniert aber immer noch.

Dieses Makro steuert nach dem Öffnen der Mappe gezielt ein Tabellenblatt an und schreibt den Benutzernamen in eine Zelle:

```
Private Sub Workbook_Open()
  Dim wb As Workbook, ws As Worksheet
  Set wb = ThisWorkbook
  Set ws = wb.Sheets("Vordruck")
  ws.Select
  [d1] = "bearbeitet von:"
  [d2] = Application.UserName
End Sub
```

Listing 19.19 Das Open-Makro steuert Tabelle und Zellbereich an.

Mit diesem Makro speichern Sie beim Schließen die Mappe automatisch, wenn sie noch nicht gespeichert wurde. Dazu wird die Eigenschaft `Saved` abgefragt:

```
Private Sub Workbook_BeforeClose(Cancel as Boolean)
    If Me.Saved = False Then Me.Save
End Sub
```

Listing 19.20 Das Makro speichert die Mappe vor dem Schließen.

Das `BeforeClose`-Ereignis bietet in der Klammer das Argument `Cancel` an. Setzen Sie dieses im Makrocode auf `True`, verhindern Sie, dass die Mappe geschlossen wird. Das Beispielmakro verhindert das Schließen einer Mappe, wenn eine andere Mappe (*Journal.xls*) noch offen ist.

```
Private Sub Workbook_BeforeClose(Cancel As Boolean)
 Dim gefunden As Boolean, wb
 gefunden = False
 For Each wb In Application.Workbooks
  If wb.Name = "Journal.xls" Then
    gefunden = True
    Exit For
```

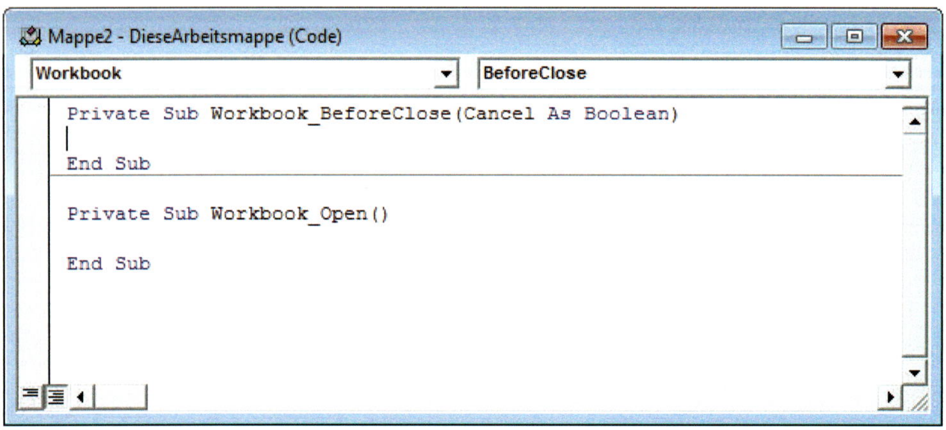

Abbildung 19.51 Die Ereignisse Open und BeforeClose

```
  End If
 Next wb
 If gefunden = True Then
  Cancel = True
  MsgBox "Bitte schließen Sie zuerst das Journal!" _
    , vbInformation, "Hinweis"
 End If
End Sub
```

Listing 19.21 Das Makro sichert das Schließen der Mappe ab.

Weitere Ereignisse für Mappen

Sehen Sie sich die Liste rechts oben im Codefenster der Arbeitsmappe an. Hier finden Sie alle Ereignisse, die sich für Mappen programmieren lassen. Die Ereignisse, für die bereits Prozeduren erstellt sind, werden fett gedruckt. Mit dem Klick auf ein Ereignis wird das Makro sofort angelegt.

Schreiben Sie z.B. ein Makro, das auf das Ereignis *Tabelle anlegen* reagiert, den Benutzer informiert, wie die neue Tabelle heißt, und ihm die Möglichkeit gibt, diese sofort zu benennen.

```
Private Sub Workbook_NewSheet(ByVal Sh As Object)
  Dim neuname, neublatt
  neuname = _
  InputBox("Blattname für " & Sh.Name)
  If neuname = "" Then Exit Sub
  Sh.Name = neuname
End Sub
```

Listing 19.22 Makro für neue Tabellen

Tabellenereignisse

Nicht nur die Arbeitsmappe, sondern auch jede einzelne Tabelle bietet eine Liste mit Ereignissen, die mit VBA-Code belegt werden können. Lassen Sie sich diese Liste zeigen:

1. Klicken Sie im Projekt-Explorer-Fenster doppelt auf einen Tabellennamen im Ordner *Excel-Objekte*.
2. Schalten Sie im Codefenster links oben auf *Worksheet*, und suchen Sie in der Liste rechts oben nach dem passenden Ereignis.
3. Das Ereignismakro wird sofort erzeugt, Sie können es mit VBA-Code füllen.

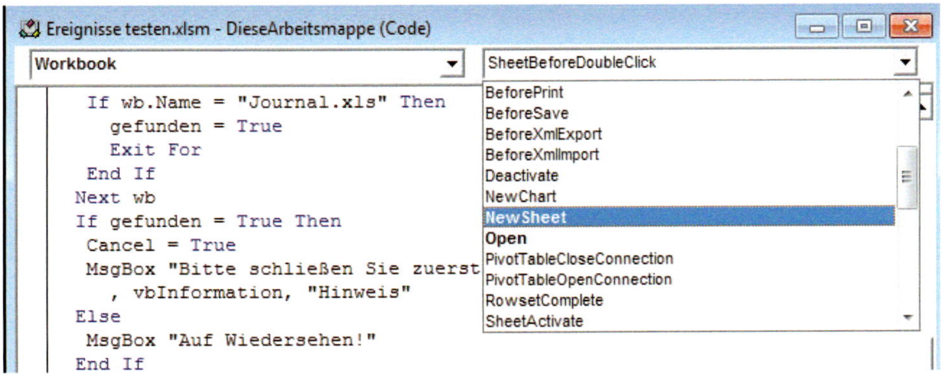

Abbildung 19.52 Mappen-Ereignisse

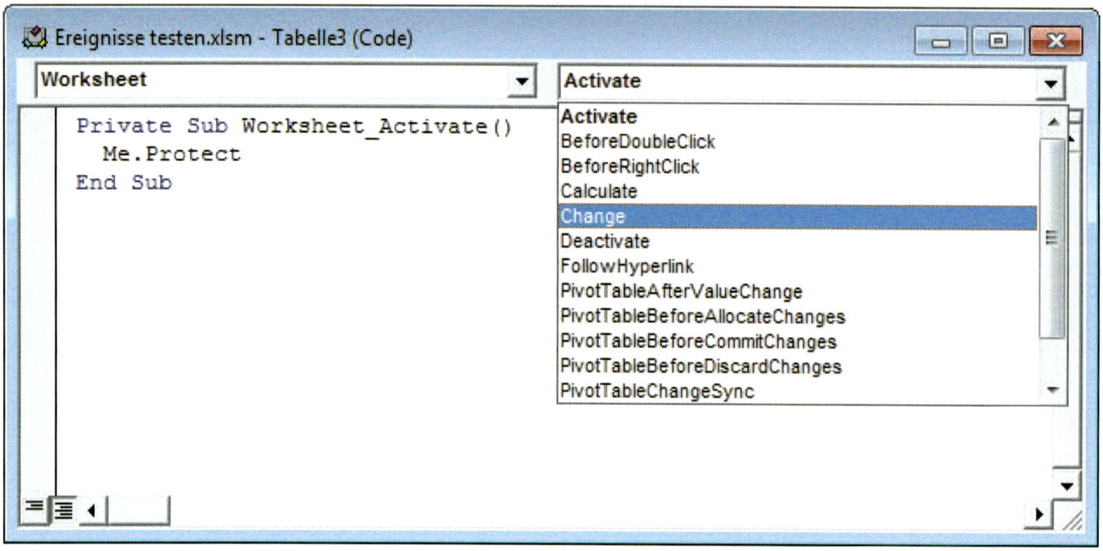

Abbildung 19.53 Tabellenereignisse

Mit den Tabellenblattereignissen können Sie Tabellenblätter vor oder nach der Aktivierung berechnen, schützen oder vorformatieren. Hier ein Makro, das ein Tabellenblatt mit Blattschutz versieht, sobald es aktiviert wird:

```
Private Sub Worksheet_Activate()
  Me.Protect
End Sub
```

19.9 VBA-Programmiertechniken

VBA ist eine mächtige und große Programmiersprache, im Umfang steht sie dem »großen Bruder« Visual Basic, der eigenständigen Programmiersprache, in nichts nach. Beide Programme basieren auf demselben Kern. VBA kennt die Elemente von Excel, weil die Excel-Bibliothek eingebunden ist. Die Programmiersprache liefert die Werkzeuge für die Entwicklung von Programmcodes, und das ist ein Handwerk, das gut erlernt sein will. Lernen Sie die wichtigsten Techniken in diesem Abschnitt kennen.

19.9.1 Eingabe und Ausgabe

CD-ROM Alle Beispiele finden Sie auf der Buch-CD unter *EinAusgabeTest.xlsm*.

Nach dem simplen, aber in allen Programmiersprachen der Welt geltenden *EVA*-Prinzip (**E**ingabe, **V**erarbeitung, **A**usgabe) sollte ein Makro zunächst die für die Verarbeitung benötigten Daten anfordern, diese geschlossen verarbeiten und dann ausgeben.

Die *Eingabe* kann in Form einer Benutzereingabe über Tastatur erfolgen, auch das Einlesen von Dateien gehört zur Eingabe oder die Abfrage eines Gerätes an einer Schnittstelle.

Die *Verarbeitung* ist so individuell wie die Programmiersprache und kann Berechnung der Daten sein, aber auch Übersetzung, Formatierung etc.

Unter den Punkt *Ausgabe* fällt dann die Präsentation auf dem Bildschirm, die Ausgabe auf dem Drucker oder die Erzeugung von Tabellen, Diagrammen, Textdateien u.a.

Sehen wir uns zuerst die Eingabetechniken von VBA an:

Eingaben über InputBox

Die einfachste Form der Benutzereingabe ist die InputBox. Sie erzeugt eine schlichte Dialogbox mit einer Eingabezeile. Durch die Besetzung der Argumente lässt sich die Box anpassen:

```
Variable = InputBox("Aufforderung","Überschrift",
Vorgabe)
```

Schreiben Sie ein Makro, das eine InputBox, eine einfache `If`-Abfrage und eine Meldungsbox verwendet:

```
Sub InputboxTest()
 Dim i
 i = _
InputBox("Bitte geben Sie eine Zahl ein", "Zahl
anfordern")
 If Not IsNumeric(i) Then
  MsgBox "Das ist keine Zahl!"
 Else
  MsgBox "Sie haben " & i & " eingegeben"
 End If
End Sub
```

Listing 19.23 InputBox testen

Die InputBox bietet eine Schaltfläche *Abbrechen*. Ein Klick auf diese bewirkt, dass die Box abgeschaltet wird, die Rückgabevariable enthält in diesem Fall keinen Wert. Die nachfolgende Anweisung muss also in jedem Fall gleich darauf reagieren, z.B. mit Abbruch des gesamten Makros:

```
If i = "" then exit sub
```

Die Meldungsbox

Wie in einigen Beispielen schon gezeigt, lässt sich die Meldungsbox auf verschiedene Arten nutzen. Die erste und einfachste Art ist eine Ausgabe mit der Standard-Schaltfläche *OK*:

```
MsgBox "Hallo Welt!"
```

Um die erweiterten Möglichkeiten der Box zu nutzen, müssen mehrere Argumente angegeben werden, und dazu verändern Sie die Schreibweise der Anweisung. Verwenden Sie eine Variable, die einen Rückgabewert erhält, sobald der Benutzer eine der Schaltflächen zur Bestätigung der Box angeklickt hat. In der Anweisung selbst können Sie mit dem zweiten Argument bestimmen, welche Schaltflächen und Symbole die Box zeigen soll:

```
Sub MsgBoxTest()
  Dim ZahlEin, okMsg
  ZahlEin = InputBox("Zahl?")
  okMsg = MsgBox("Noch eine Eingabe?", _
    vbQuestion + vbAbortRetryIgnore, "Antwort")
End Sub
```

Listing 19.24 MsgBox-Test

Die Variable erhält von der `MsgBox`-Anweisung den Rückgabewert der angeklickten Schaltfläche, eine Zahl oder Konstante, die einfach herauszufinden ist:

Argument	Bild	Rückgabewerte
Keines `vbOKOnly` Wert: 0		Keine
`vbYesNo` Wert: 4	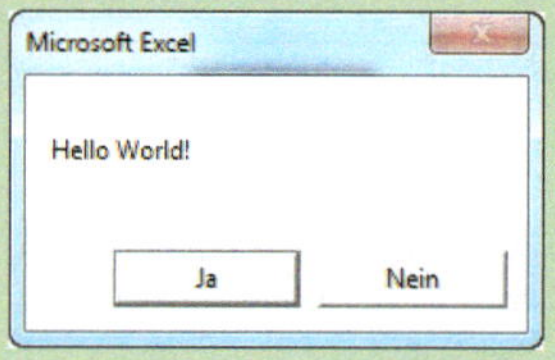	`vbYes`, `vbNo`
`vbYesNoCancel` Wert: 3	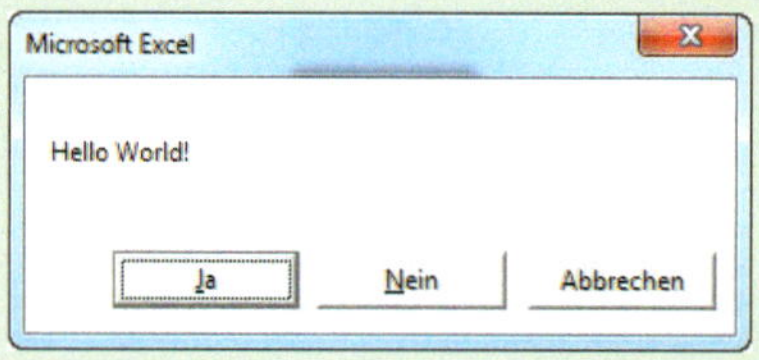	`vbYes`, `vbNo`, `vbCancel`
`vbYesNo` + `vbInformation` Wert: 4 + 64 = 68		`vbYes`, `vbNo`
`vbYesNo` + `vbQuestion` Wert: 4 + 32 = 36	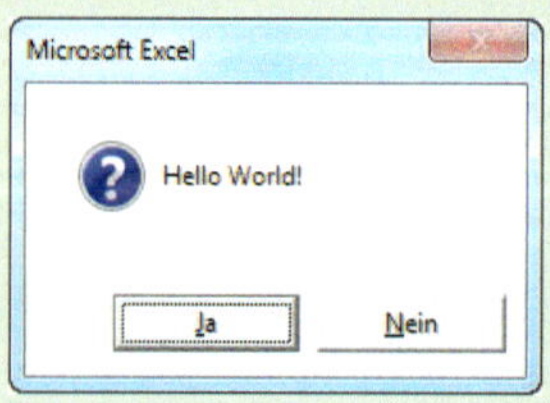	`vbYes`, `vbNo`
`vbYesNo` + `vbCritical` Wert: 4 + 16 = 20	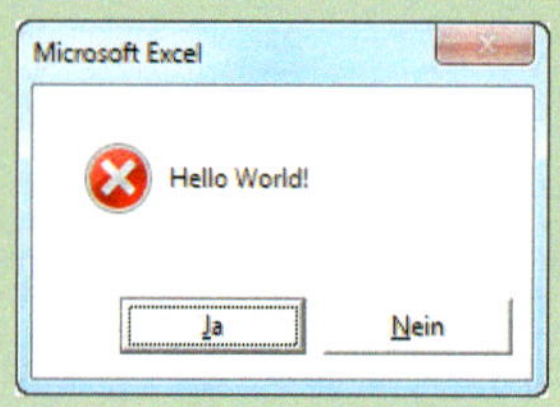	`vbYes`, `vbNo`

Tabelle 19.9 Schaltflächen- und Symbolkombinationen von MsgBox

Das Makro sammelt Zahleneingaben in einer Variablen und gibt diese zum Schluss in einer Meldung aus, aber nur, wenn der Benutzer durch Klick auf die Schaltflächen den passenden Rückgabewert liefert:

```
Sub ZahlenSumme()
  Dim ZahlEin, Summe As Long, okMsg
  Summe = 0
eingabe:
  ZahlEin = InputBox("Zahl?")
  If IsNumeric(ZahlEin) Then Summe = Summe +
Val(ZahlEin)
  okMsg = MsgBox("Noch eine Eingabe?", _
    vbQuestion + vbYesNoCancel, "Antwort")
  If okMsg = vbYes Then GoTo eingabe
  If okMsg = vbNo Then MsgBox "Summe: " & Summe
  If okMsg = vbCancel Then Exit Sub
End Sub
```

Listing 19.25 Das Makro sammelt Zahlen und gibt die Summe aus.

HINWEIS Alle Symbole, Schaltflächen und Rückgabewerte der `MsgBox`-Anweisung finden Sie in der Hilfe zum Schlüsselwort `MsgBox`.

19.9.2 Variablen und Konstanten

Variablen

Für alle direkt programmierten VBA-Makros benötigen Sie Variablen. Eine Variable ist ein Platzhalter für Daten, die während des Programmlaufs im Speicher gehalten werden müssen. Das Makro belegt die Variable und liest sie wieder aus, wenn es die darin gespeicherten Daten braucht.

Eine Variable wird über die Anweisung `DIM` erzeugt. Mit der Anlage der Variablen wird ihr gleichzeitig ein Typ zugewiesen:

```
Dim var as Integer
```

Es gibt mehrere Anweisungen zum Deklarieren von Variablen:

Sub Testproz() DIM variable as String ... ... End Sub	Die Variable wird für die Prozedur deklariert und gilt auch nur für diese. Nach Beendigung der Prozedur ist die Variable leer.
DIM variable as String Sub Testproz() ... ... End Sub	Jetzt gilt die Variable auf Modulebene, d.h. für alle Prozeduren des Moduls.
Public variable as String	Um eine Variable für alle Prozeduren in allen Modulen des Projektes verfügbar zu machen, stellen Sie ihr die Anweisung `Public` voran.
Private variable as String	Das ist eine private Variable auf Modulebene, die nur von den Prozeduren des Moduls verwendet werden kann (entspricht `DIM` auf Modulebene).
Static variable as String	Die `Static`-Anweisung sorgt dafür, dass die Variable während der gesamten Laufzeit des Moduls ihren Inhalt behält.

Tabelle 19.10 Variablendeklarationen

Wenn Sie keinen Daten- oder Objekttyp angeben und auch keine `DefTyp`-Anweisung im jeweiligen Modul verwenden, erhält die Variable standardmäßig den Datentyp `Variant`. Für die Zuweisung von Objekten zu Objektvariablen brauchen Sie die Anweisung `Set`.

Auf Prozedurebene dimensionierte Variablen sind vor und nach dem Ablauf eines Makros leer.

Regeln für Variablenbenennung

Grundsätzlich ist der Name einer Variablen frei wählbar, es gibt aber einige Regeln, die zu beachten sind.

» Der Name muss mit einem Buchstaben beginnen.

» Der Name darf nur aus Buchstaben, Ziffern und dem Zeichen _ bestehen, Leerzeichen oder Sonderzeichen wie . : , ; ! $ % & # usw. sind nicht erlaubt.

» Der Name darf nicht länger als 255 Zeichen sein.

» Es darf keines der sogenannten Schlüsselwörter sein, das sind Wörter, die von VBA reserviert sind, wie z.B. Namen von Befehlen oder Eigenschaften. So darf eine Variable z.B. nicht *MsgBox* heißen, denn das ist die Anweisung für die Ausgabe einer Meldung.

» Es darf im Gültigkeitsbereich der Variablen keine andere Variable, Prozedur oder Funktion mit dem gleichen Namen geben.

TIPP Diese Regeln gelten übrigens auch für Prozeduren, Funktionen und Steuerelemente.

19.9.3 Datentypen für Variablen

Um die Variable sowohl in der Größe als auch von ihrem Typ her so eindeutig wie möglich zu bestimmen, weisen Sie ihr bei der Einführung einen Datentyp zu. Das hat eine wichtige Bedeutung. Das Programm bekommt gleich zu Beginn die Information darüber, wie viel Speicher es für die Variable zur Verfügung stellen muss, und kann deshalb wesentlich schneller ablaufen. Die Speicherzuordnung während des Programmlaufs würde zu viel Zeit kosten und den Ablauf verzögern.

Ein Variablen-Datentyp ist z.B. »Integer«. Eine Variable, die als `Integer` deklariert wurde, kann nur ganze Zahlen von -32.768 bis 32.767 als Wert aufnehmen.

Wenn einer Variablen kein Datentyp bei der Deklaration zugewiesen wird, erhält sie automatisch den Datentyp `Variant`, eine Art »All-Round-Datentyp«, der alle Werte aufnehmen kann und alle anderen Datentypen umfasst. Wenn eine Variable den Datentyp `Variant` hat, sucht sich Visual Basic den passenden Datentyp dafür aus. Das ist zwar nicht ideal, weil der `Variant`-Datentyp sehr viel Speicher verbraucht (siehe Tabelle 18.12), aber immer noch besser als gar keine Deklaration (und bei den Hauptspeichergrößen heutzutage kein Problem mehr).

Wenn Sie einer Variablen beim Deklarieren einen Datentyp zuweisen wollen, geben Sie nach dem üblichen Deklarationsbefehl das Schlüsselwort `As` und den Namen des Datentyps ein:

```
Public Name As String
```

Dieser Befehl deklariert die Variable `Name` als Stringvariable. Eine Stringvariable kann nur Zeichenketten aufnehmen.

Die folgende Tabelle enthält eine Übersicht über die verschiedenen deklarierbaren Datentypen und ihre Wertebereiche (also die Werte, die sie annehmen können):

Datentyp	Typkennzeichen	Max. Größe in Bytes	Wertebereich von ... bis
`Boolean`		2	Nur 0 (False) oder -1 (True)
`Byte`		1	Ganze Zahlen von 0 bis 255.
`Integer`	%	2	Ganze Zahlen von -32.768 bis +32.767
`Long`	&	4	Ganze Zahlen von -2.147.483.648 bis +2.147.483.647
`Single`	!	4	-3,402823E38 bis -1,401298E-45 und 1,401298E-45 bis 3,402823E38
`Double`	#	8	-1,79769313486232E308 bis -4,94065645841247E-324 und +4,94065645841247E-324 bis +1,79769313486232E308
`Currency`	@	8	-922337203685477,5808 bis +922337203685477,5808
`Date`		8	Enthält Datum und Uhrzeit im Bereich vom 1. Januar 100 bis 31. Dezember 9999
`String` (variable Länge)	$	10 + Länge der Zeichenkette	Zeichenkette bestehend aus 0 bis ca. 2 Milliarden Zeichen
`String` (feste Länge)	$	Länge der Zeichenkette	Ca. 65.500 Zeichen
`Variant`		16	Jeder numerische Wert im Bereich einer Double-Variablen
`Variant` (mit Zeichenkette)		22 + Länge der Zeichenkette	0 bis ca. 2 Milliarden Zeichen
`Object`		4	Referenz auf ein Objekt

Tabelle 19.11 Datentypen und Wertebereiche

In der Spalte *Typkennzeichen* finden Sie eine interessante Funktion. Die Variable kann schon bei der Benennung mit dem passenden Typ versehen werden, wenn Sie ihr das Typkennzeichen mitgeben. Die Zuweisung des Datentyps `String` an die Variable `Name` könnte also sowohl

```
Public Name As String
```

lauten als auch:

```
Public Name$
```

In beiden Fällen wird die Variable als Stringvariable deklariert. Im Programm wird die Variable nur über den Namen angesprochen, das Datentypkennzeichen entfällt:

```
MsgBox "Ihr Name: " & Name
```

TIPP Diese Kurzversion ist etwas aus der Mode gekommen, in der objektorientierten Programmierung wird sie nicht mehr benutzt.

19.9.4 Konstanten

Eine Konstante ist nichts anderes als eine Variable, die einen festen Wert hat. Wenn Sie eine Variable brauchen, deren Wert schon beim Schreiben des Programmcodes bekannt ist und der sich während des ganzen Programmverlaufs nicht verändert, ist es besser, statt einer Variablen eine Konstante zu deklarieren. Dieser Wert kann dann im Programmablauf nicht mehr verändert werden.

Konstanten werden mit dem Befehl `Const` entweder im Deklarationsteil oder innerhalb einer Prozedur deklariert. Wird eine Konstante innerhalb einer Prozedur deklariert, kann auch nur innerhalb dieser Prozedur auf sie zugegriffen werden.

Wie auch bei Variablen können Konstanten bei der Deklaration Datentypen zuweisen (siehe vorherigen Abschnitt: *Datentypen für Variablen*). Der folgende Befehl deklariert eine Konstante mit dem Namen `Pi` und dem Datentyp `Double` und weist ihr einen Wert zu:

```
Const Pi As Double = 3.14159265358979
```

Text oder Zahlen innerhalb von Anweisungen werden als *literale Konstanten* bezeichnet:

```
MsgBox "Guten Tag " & application.username
```

TIPP Konstanten können durch Voranstellen der Schlüsselwörter `Private` und `Public` privat oder öffentlich deklariert werden, öffentliche Konstanten gelten für alle Prozeduren in allen Modulen.

Excel stellt für VBA-Makros sogenannte »globale Konstanten« zur Verfügung. Das sind Definitionen aus der Objektbibliothek, die ohne vorherige Zuweisung benutzt werden können. Typische globale Konstanten sind die Schaltflächenargumente der MsgBox:

```
MsgBox("Neuer Versuch?",vbOKCancel + vbQuestion)
```

Für einige Konstanten gibt es eine `Chr()`-Funktion, die alternativ verwendet werden kann. Die Zahl bezeichnet den ASCII-Code des Zeichens.

Konstante	Äquivalent	Beschreibung
vbCrLf	Chr(13) + Chr(10)	Kombination aus Wagenrücklauf und Zeilenvorschub
vbCr	Chr(13)	Wagenrücklaufzeichen
vbLf	Chr(10)	Zeilenvorschubzeichen
vbNewLine	Chr(13) + Chr(10)	Plattformspezifisches Zeilenumbruchzeichen
vbNullChar	Chr(0)	Zeichen mit dem Wert 0
vbNullString	Zeichenfolge mit dem Wert 0	Nicht identisch mit der Null-Zeichenfolge (»«)
vbTab	Chr(9)	Tabulatorzeichen
vbBack	Chr(8)	Rückschrittzeichen

Tabelle 19.12 Konstanten

19.9.5 Datenfelder

Datenfelder, auch Arrays genannt, sind besonders wichtig, wenn viele Informationen zwischengespeichert werden müssen. Anstelle zahlreicher Variablen erstellen Sie ein einzelnes Datenfeld und belegen dieses mit einer bestimmten Anzahl von Elementen. Die Daten werden (meist per Schleife) in das Datenfeld eingelesen und können von den folgenden Anweisungen indiziert, d.h. mithilfe der Feldnummer, ausgelesen werden.

```
Dim Datenfeld(5)
Datenfeld(0) = "Eins"
Datenfeld(1)= "Zwei"
...
Datenfeld(4) = "Fünf"
```

Datenfelder werden über die DIM-Anweisung wie jede andere Variable dimensioniert, sie unterscheiden sich durch die in Klammern angegebene Elementzahl (siehe nachfolgenden Abschnitt: *Beispiel: Lottozahlen*).

HINWEIS Achten Sie darauf, dass die Indizierung bei 0 beginnt, das erste Datenfeld hat die Bezeichnung namen(0). Es gibt eine Möglichkeit, alle Indizes eines Moduls bei 1 beginnen zu lassen. Schreiben Sie dazu zu Beginn des Moduls diese Anweisung:

```
Option Base 1
```

Mit der Anweisung ReDim wird ein Datenfeld innerhalb der Prozedur oder der Funktion neu dimensioniert. Wenn Sie das Schlüsselwort Preserve dazunehmen, bleiben die bereits belegten Elemente erhalten, ansonsten werden sie gelöscht:

```
ReDim Datenfeld(100)
```

oder

```
ReDim Preserve Datenfeld(100)
```

19.9.6 Kontrollstrukturen: Bedingungen

Für den strukturellen Ablauf eines Programms sind Kontrollstrukturen verantwortlich. Der Begriff stammt noch aus der Zeit der Lochkartenleser. Die Lochkartenstapel bekamen Kontrollkarten, die den Leser veranlassten, einen Teil des Stapels wiederholt zu lesen oder eine bestimmte Karte anzusteuern.

Die With-Klammer

With ist ein sehr nützlicher Befehl. Wenn Sie einem Objekt nacheinander mehrere Eigenschaften zuweisen oder mehrere Methoden aufrufen wollen, können Sie mit With etwas Schreibarbeit sparen.

Der Makrorekorder macht regen Gebrauch von With, bei Formatieranweisungen weist er z.B. immer alle Formatierungen zu, auch wenn diese gar nicht geändert wurden:

```
With Selection.Font
  .Name = "Arial"
  .FontStyle = "Standard"
  .Size = 11
  .ColorIndex = xlAutomatic
End With
```

Die If-Bedingung

Um eine Entscheidung aufgrund des Wahrheitsgehalts einer Bedingung herbeizuführen, wird eine If-Anweisung eingesetzt. Die Anweisung stellt die Bedingung auf und verzweigt je nach Ergebnis auf die nächstfolgende oder übernächste Anweisung. Damit im Makrocode eindeutig festgehalten ist, wann die Bedingung zu Ende ist, wird der Anweisungsblock mit End If abgeschlossen.

```
If bedingung = wahr then
    Nächste Anweisung
Else
    Übernächste Anweisung
End If
```

Alternative: Wenn nur eine Aktion als Folge auf den Wahrheitswert WAHR der Bedingung folgt, genügt es, die Anweisung ohne End If in eine Zeile zu schreiben:

```
If bedingung = wahr then Nächste Anweisung
```

Nicht selten werden in einem Bedingungsblock auch mehrere Alternativen angeboten. Sie können diese mit dem Zusatz ElseIf in den Block einbauen:

```
If bedingung = wahr then
    Anweisung
ElseIf zweitebedingung = wahr then
    Anweisung
ElseIf drittebedingung = wahr then
    Anweisung
End If
```

Die Select Case-Anweisung

Eine zusätzliche und häufig bessere Alternative zu den If-Bedingungen bietet die Select Case-Anweisung. Ein Ausdruck wird nicht wie bei If mit einem Wert verglichen, sondern mit mehreren. Der Block hält dann für jedes Ergebnis eine Anweisungsfolge bereit.

```
Select Case Ausdruck
    Case Fall1
        Anweisungen
    Case Fall2
        Anweisungen
    ....
End Select
```

Verwenden Sie Select Case anstelle von If, wenn die Bedingung mehr als zwei Ergebnisse liefern kann. Das Makro prüft ein Zelldatum ab und belegt in Abhängigkeit vom Monat des Datums eine Textvariable, die zum Schluss in einer Meldung ausgegeben wird:

```
Sub CaseTest()
 Dim zellinhalt
 zelldatum = ActiveCell.Value
 If Not IsDate(zelldatum) Then Exit Sub
 Select Case Month(zelldatum)
  Case 1 To 2
   mtext = "Winter"
  Case 3, 4, 5
   mtext = "Frühling"
  Case 6 To 7
   mtext = "Sommer"
  Case 8
   mtext = "Hochsommer"
  Case 9 To 11
   mtext = "Herbst"
  Case 12
   mtext = "Winter"
 End Select
  ok = MsgBox(mtext, vbInformation, "Jahreszeit")
End Sub
```

Listing 19.26 Makro zum Testen der Select Case-Funktion

19.9.7 Kontrollstrukturen: Schleifen

Schleifen brauchen Sie in der Makroprogrammierung, um wiederkehrende Aktionen zu produzieren. Die Anzahl der Wiederholungen kann dabei abhängig sein von einer Bedingung, die erfüllt sein muss, damit die Schleife beendet wird, oder einfach von einem Zähler, der vorgibt, wie oft die Schleife zu laufen hat.

Die Zählschleife (For...Next-Schleife)

Stellen Sie sich diese Schleife wie den Rundenzähler einer Autorennbahn vor: Der Anfang ist die Runde 1, das Ende ist durch die Anzahl der Runden festgelegt. Bei jedem Durchgang wird der Zähler um die Schrittweite (auch 1) erhöht. Die Schleife läuft so lange, bis der Schleifenzähler den Endwert erreicht hat:

```
Sub Rundenzähler()
 Dim i As Integer
 For i = 1 To 20 Step 1
  Beep
  MsgBox "Runde: " & i
 Next i
End Sub
```

Listing 19.27 Makro: Rundenzähler

Die Angabe `Step` kann auch wegfallen, wenn die Schrittweite 1 ist. `Step` kann aber auch rückwärts zählen, z.B. mit -1 um je eine Stelle. Das setzt natürlich voraus, dass der Anfangswert höher ist als der Endwert.

Die Do-Schleife

Die gleiche Aufgabe lässt sich auch mit einer Schleife lösen, die mit `Do While` beginnt und mit `Loop` endet. Innerhalb dieser Schleife werden alle Aktionen nur so lange ausgeführt, bis die zum Schleifenbeginn formulierte Bedingung erfüllt ist.

```
Do While i  20
 i = i + 1
 MsgBox "Runde: " & i
Loop
```

Die For...Each-Schleife

Eine besonders nützliche Schleifenanweisung für Makros, die mit Tabellenbereichen oder Listenobjekten zu tun haben, ist die `For...Each`-Schleife. In dieser Schleifenart wird weder ein Schleifenzähler noch eine Bedingung benötigt. Die Schleife läuft so lange, bis alle Elemente eines Bereiches, alle Zellen einer Markierung oder alle Blätter einer Arbeitsmappe abgearbeitet sind.

```
For Each i In Selection
  MsgBox i.Value
Next
```

Beispiel: Lottozahlen

CD-ROM Das Beispiel finden Sie auf der Buch-CD unter *Lottozahlengenerator.xlsm*.

Mit diesem Programm berechnen Sie endlich den absolut sicheren Lottozahlentipp fürs Wochenende: Der Lottozahlengenerator berechnet per Zufallszahl sechs Zahlen; eine Datenfeldvariable und eine `If`-Anweisung sorgen dafür, dass keine doppelten Zahlen vorkommen können.

```
Sub LottozahlenGenerator()
  Dim i%, zahlen(5), j%
  Dim mtext As String
  ' Zufallszahlengenerator
  Randomize
  ' Erste Zahl ziehen, Variable belegen
  zahlen(0) = Int(Rnd * 49) + 1
  ' Die nächsten Zahlen
  For i = 1 To 5
    Randomize
    zahlen(i) = Int(Rnd * 49) + 1
       ' Prüfen, ob Zahl schon gezogen ist
       For j = 0 To i - 1
          If zahlen(j) = zahlen(i) Then
             ' Zahl schon gezogen
             i = i - 1
             Exit For
          End If
      Next j
  Next i
  ' Meldungstext konstruieren
  For i = 0 To 5
   mtext = mtext & "Zahl " & i + 1 & ": " _
      & vbTab & zahlen(i) & vbCr
  Next i
  ' Meldung ausgeben
  MsgBox "Hier die Lottozahlen vom nächsten Sams-
tag:" _
         & vbCr & vbCr & mtext, vbInformation, _
         "Lottozahlengenerator"
End Sub
```

Listing 19.28 Makro »Lottozahlengenerator«

Für die Sortierung des Datenfeldes benutzen Sie das BubbleSort-Verfahren. Es gibt mehrere Varianten davon, hier eine kurze, die eine dritte Variable einführt. Binden Sie die `DIM`-Anweisungen am Anfang der Prozedur ein und die Sequenz vor der letzten Schleife, die den Meldungstext produziert:

```
Dim First%, Last%, Temp%
First = LBound(zahlen())
Last = UBound(zahlen())
For i = First To Last - 1
   For j = i + 1 To Last
      If zahlen(i)  zahlen(j) Then
         Temp = zahlen(j)
         zahlen(j) = zahlen(i)
         zahlen(i) = Temp
      End If
   Next j
Next i
```

19.10 Makros testen und Fehler aufspüren

Ein neues Makro testen Sie, wie zuvor bereits beschrieben, indem Sie es starten. Dazu klicken Sie in der Symbolleiste *Visual Basic* auf das Startsymbol oder wählen *Ansicht/Makros/Makros anzeigen*, markieren das Makro und starten mit *Ausführen*. Leider werden Sie in den meisten Fällen anstelle des gewünschten Diagramms oder der Kalkulation auf dem Blatt erst einmal eine lapidare Fehlermeldung zu Gesicht bekommen. Neue Makros laufen nie auf Anhieb fehlerfrei, und auch der erfahrenste Programmierer produziert Fehler, die er dann mit mehr oder weniger Aufwand im Code aufspüren muss. Um diesen Aufwand so gering wie möglich zu halten, stellt Excel einige Textwerkzeuge zur Verfügung.

19.10.1 Die Fehlermeldung

Wenn beim Ablauf des Makros ein Fehler auftritt, stoppt der Editor das Makro und meldet den Fehler in einer Dialogbox. Die Fehlermeldung selbst weist auf den Fehler hin, ist aber in ihrer Abstraktheit für Einsteiger oft nicht allzu nützlich.

1. Klicken Sie auf *Debuggen*, um sofort in das Modulblatt zu schalten. Die fehlerhafte Anweisung wird markiert.
2. Mit *Beenden* schließen Sie das Makro, ohne zum Editor zurückzukehren.
3. Die *Hilfe* gibt Auskunft über den Fehler, der unter dem angezeigten Fehlercode gemeldet wird.

Eine Liste aller auffangbaren Fehler enthält der Knowledge-Base-Artikel KB142138. Suchen Sie ihn im Browserfenster.

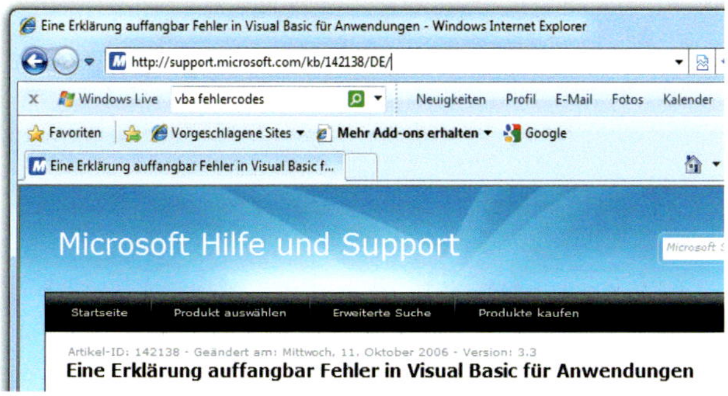

Abbildung 19.54 Knowledge Base: Auffangbare Fehler

19.10.2 Die Fehlerprüfung

CD-ROM Sie finden das Beispiel auf der CD zum Buch: *FehlerLog.xlsm*.

Die Anweisung `On Error` sorgt dafür, dass das Makro bei eventuell auftretenden Fehlern nicht abbricht. Mit `On Error` schalten Sie die Fehlerprüfung aus und lenken das Makro im Fehlerfall auf eine Sprungadresse (im Beispiel mit der Bezeichnung »fehler«). Nach dieser Anweisung wird die Fehlerprüfung sofort wieder eingeschaltet, und das Makro bricht wieder ab, wenn ein Fehler auftritt.

Verwenden Sie `On Error`, um sicherzustellen, dass eine Tabelle oder Mappe, die Sie bearbeiten wollen, auch da ist:

```
Sub Fehlertest()
  On Error GoTo fehler
  Sheets("Test").Select
  Exit Sub
fehler:
 MsgBox "Die Tabelle ist nicht vorhanden!", vbCriti-
cal, _
"Fehler " & Err
End Sub
```

Listing 19.29 Makro Fehlertest

» Verwenden Sie die Fehlerprüfung, um Symbolleisten zu löschen und neu anzulegen. Hat der Benutzer die Leiste schon vorher gelöscht, tritt kein Fehler auf. Sie können mit `On Error Goto` … oder mit der kürzeren Variante `On Error Resume Next` arbeiten, die einfach in der nächsten Zeile weitermacht, wenn ein Fehler auftritt.

ACHTUNG Vergessen Sie aber auf keinen Fall, die Fehlerprüfung mit `On Error Goto 0` wieder einzuschalten, wenn die potenzielle Fehlerquelle vorbei ist. Excel kann bei ausgeschalteter Fehlerprüfung fürchterlich viel Unheil anrichten!

FehlerLogbuch

Schreiben Sie die Makrofehler in eine Textdatei. In dieser können Sie unabhängig von Excel auf die Fehlersuche gehen.

```
Sub ErrTest()
  On Error GoTo msgErr_Write
  ChDir "Test"
  Exit Sub
msgErr_Write:
  WriteErr
End Sub
Public Sub WriteErr()
  'Ausgabe von Fehlermeldungen in Log- oder err-File
  Dim strFehlerDatei As String, datnr As Integer
  Dim err_mldg As String, pfad As String
  ' Freie Dateinummer
  datnr = FreeFile
  strFehlerDatei = "Fehler-Logbuch.txt"
  ' Hier bestimmen Sie den Pfad zum Logbuch
  pfad = "C:\Daten\"
  ' Datei wird geöffnet
  Open pfad & strFehlerDatei For Append As #datnr
  ' Auf Fehler überprüfen und eintragen
  If Err.Number <> 0 Then
    err_mldg = "Fehler # " & Str(Err.Number) _
    & " - ausgelöst von " _
    & Err.Source & " Beschr.: " & Err.Description
  Print #datnr, "***"; strFehlerDatei; "***"
  Print #datnr, Date, Time, err_mldg
  Print #datnr, "*******"
  Close #datnr
  ' Meldung (evtl. abschalten)
  MsgBox "Fehler in Logbuch eingetragen"
 End If
End Sub
```

19.11 Dialogprogrammierung mit UserForms

UserForms bilden die Schnittstelle zwischen Makro und Makrobenutzer. Sie fordern Eingaben vom Benutzer an, bieten Auswahllisten, Optionen und Ankreuzkästchen an und verarbeiten die eingegebenen Daten auch gleich.

Dateneingabeformulare, Hinweise und Warnungen, Fehlermeldungen und Fortschrittsmelder in der Programmsteuerung - das Einsatzspektrum der UserForm deckt alle Ebenen der Kommunikation mit dem Anwender ab.

Der Vorteil von Dialogfeldern liegt auf der Hand: Benutzer von Makrolösungen bekommen nur die Daten zu sehen, die für sie relevant sind, und arbeiten mit Auswahlmöglichkeiten, die der Programmierer gezielt vorgeben kann. UserForms reagieren natürlich auch auf Eingaben, mit wenig Aufwand lassen sich Schaltflächen, Optionen und Ankreuzkästchen so präparieren, dass sie den Dialog selbst auf den Benutzer abstimmen.

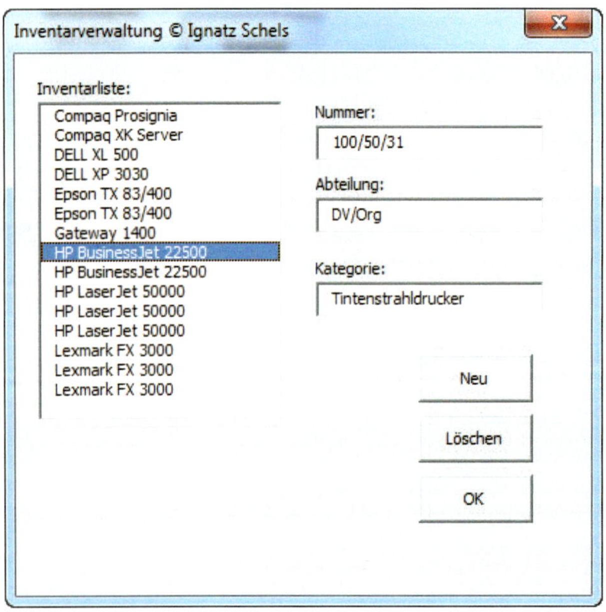

Abbildung 19.55 Beispiele: UserForms für Datenverwaltung, Formularwesen ...

So viel Komfort hat natürlich seinen Preis: User-Forms müssen aufwendig programmiert werden, jede einzelne Schaltfläche erfordert ihr eigenes Makro. Steuerelemente wie Listen und Optionen werden vor dem Aufruf mit aktuellen Werten versorgt, und nach Abschluss des Dialogs muss die Auswahl oder Änderung des Benutzers ausgelesen werden, damit das Makro die Daten an Excel liefern oder mit weiteren Anweisungen fortfahren kann.

Praxisbeispiel Inventarverwaltung

Die Geheimnisse der UserForm-Programmierung entdecken Sie am einfachsten, wenn Sie eine Anforderung aus der Praxis in die Tat, sprich in eine dialoggesteuerte VBA-Anwendung, umsetzen.

Ihre Aufgabe ist es, die DV-Ausstattung der Firma zu verwalten, und dazu haben Sie eine Tabelle mit einer Inventarliste erstellt. Um den Bestand möglichst flexibel zu verwalten und auszuwerten, erstellen Sie eine dialoggesteuerte Inventarverwaltung.

CD-ROM Beispieldaten zum Üben finden Sie auf der Buch-CD unter *Inventarverwaltung.xlsx*, die Lösung unter *Inventarverwaltung_Loesung.xlsm*.

19.11.1 Neue UserForm erstellen

1. Drücken Sie `Alt`+`F11`, um den Visual Basic-Editor aufzurufen. Die Mappe steht als Projekt im Projekt-Explorer-Fenster.
2. Wählen Sie *Einfügen/UserForm*. Tragen Sie im Eigenschaftenfenster neben der Eigenschaft *Name* die Bezeichnung der UserForm ein:

   ```
   frmInventarverwaltung
   ```

3. Wählen Sie *Einfügen/Modul*, benennen Sie das Modul über die Eigenschaft *Name:*

   ```
   basVerwaltung
   ```

4. Schreiben Sie die erste Prozedur zum Aufruf der UserForm:

```
Sub UserFormStart()
  frmInventarverwaltung.Show
End Sub
```

Listing 19.30 Aufruf der UserForm

TIPP Sie können die UserForm auch ohne Startmakro testen. Drücken Sie im Visual Basic-Editor `F5`, oder klicken Sie auf das Symbol *Sub/UserForm ausführen*.

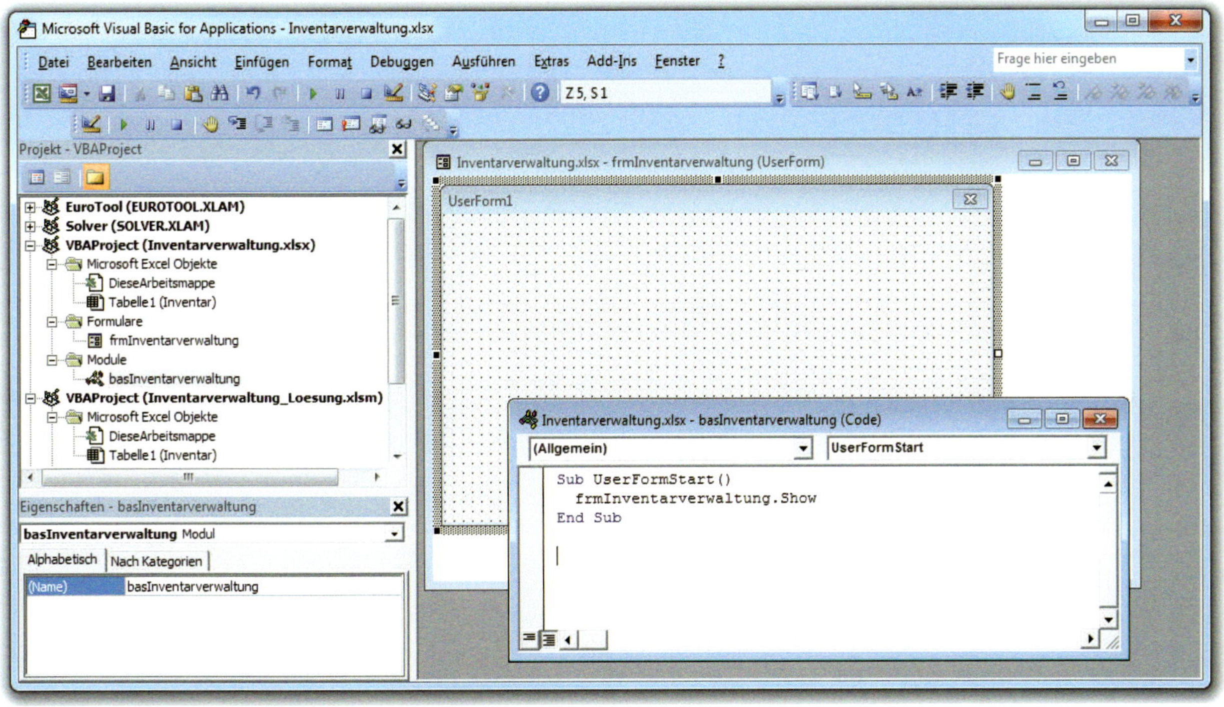

Abbildung 19.56 Die erste UserForm mit Aufrufmakro

19.11.2 UserForm gestalten, Steuerelemente einfügen

Das Raster der UserForm bestimmen Sie unter *Extras/Optionen* auf der Registerkarte *Allgemein*. Die Größe der Box ändern Sie durch Ziehen der Markierungspunkte im angeklickten Objekt. Alle Formatierungen und Inhalte der UserForm weisen Sie über das Eigenschaftenfenster zu. Tragen Sie gleich neben `Caption` die Überschrift ein:

```
Inventarverwaltung © <Ihr Name>
```

TIPP Das Copyright-Zeichen erzeugen Sie bei aktivierter [Num]-Taste mit [Alt]+[0][1][6][9].

Weitere nützliche Eigenschaften der UserForm:

Eigenschaft	Eintrag
Hintergrundfarbe	`BackColor`
Hintergrundbild	`Picture`
Position auf dem Bildschirm nach dem Start	`StartUpPosition`

Tabelle 19.13 Eigenschaften der UserForm

Die Werkzeugsammlung

Das kleine Fenster mit den Werkzeugen für die Steuerelemente wird nur angezeigt, wenn die UserForm aktiv ist. Falls nicht, klicken Sie auf das gleichnamige Symbol oder wählen *Ansicht/Werkzeugsammlung*.

Abbildung 19.57 Die Werkzeugsammlung

	Pfeilsymbol zum Markieren der UserForm oder einzelner Elemente (mit gedrückter Maustaste Markierungsrahmen ziehen).
	Bezeichnungsfelder für statischen Text, der direkt eingegeben wird. Diese Elemente können aus Prozeduren heraus verändert werden.
	Textfelder für einzugebenden Text. Der angezeigte Text stammt aus der Eigenschaft `Value`. Das kann eine Tabellenzelle sein, ein Text oder eine Zahl.
	Kombinationsfelder für Drop-down-Listen, die ihren Inhalt über die Eigenschaft `ControlSource` oder (bei Tabellenwerten) aus `RowSource` beziehen.
	Listenfelder, ähnliche Eigenschaften wie Kombinationsfelder.
	Kontrollkästchen, kann in der Eigenschaft `Value` nur den Wert `True` oder `False` annehmen. Diese Eigenschaft wird per Makro abgefragt oder gesetzt. `If UserForm1.CheckBox1.Value = True Then ...`
	Optionsfelder und Optionsfeldgruppen. Diese Radiobuttons werden zu einer Gruppe zusammengefasst, und das markierte Element erhält automatisch den Wert `True`, wenn die Option markiert wird. `If UserForm1.OptionButton1.Value = True Then ...`
	Umschaltfelder können wie die Kontrollkästchen den Wert `True` oder `False` annehmen.
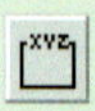	Befehlsschaltflächen werden über Ereignisprozeduren gesteuert. Der angezeigte Text ist die Eigenschaft `Caption`.
	Rahmen verbinden Optionsfelder, die zusammengehören, zu einer Gruppe.
 	Register- und Multiseitenwerkzeuge bieten die Möglichkeit, Informationen auf mehreren Seiten anzubieten. Um Seiten einzufügen, zu löschen oder umzubenennen, markieren Sie das Element und aktivieren mit der rechten Maustaste das Kontextmenü.
 	Bildlaufleisten und Drehfelder steuern den Wert einer Zelle oder andere Steuerelemente.
	Anzeigefeld zum Einfügen eines Bildes. Der Name der Bilddatei wird als Eigenschaft `Picture` eingetragen.
	RefEdit-Felder sind Texteingabefelder, die Zellbezüge aufnehmen und anzeigen können.

Tabelle 19.14 Die Werkzeuge der Toolbox

Steuerelemente zeichnen

Um ein Steuerelement einzufügen, aktivieren Sie das passende Werkzeug, setzen den Mauszeiger in die User-Form und ziehen das Objekt in der gewünschten Größe auf. Höhe und Breite des neuen Elements werden durch Ziehen der Markierungspunkte geändert, und das Eigenschaftenfenster bietet alle Formatierungen und Inhalte des Elements zur Änderung an, solange dieses markiert ist.

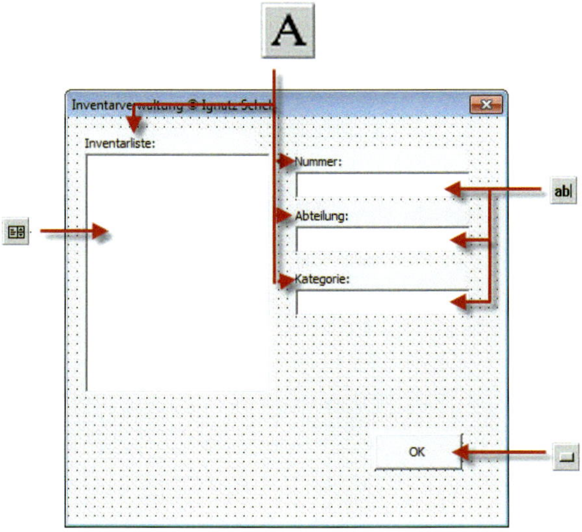

Abbildung 19.58 Steuerelemente zeichnen

TIPP Verwenden Sie in der UserForm keine unterschiedlichen Schriften, und seien Sie sparsam mit Farben und Mustern für Elemente. Eine schlichte Optik ist für den Anwender besser.

Namen für Steuerelemente zuweisen

Die Elemente einer UserForm erhalten nach dem Einzeichnen eine Bezeichnung zugewiesen (Eigenschaft `Name`, z.B. `Label1`, `Textbox1` ...). Diese Pseudonamen dürfen Sie nicht übernehmen, ein guter Programmierstil ist es, die Steuerelemente mit sprechenden Namen und vor allem mit eindeutigem Präfix (Vorsatz) zu versehen. Damit sind die Elemente auch in komplexen Dialogen leicht zuzuordnen, und Fehler lassen sich leichter vermeiden. Verwenden Sie das Präfix der »Namenskonventionen« für die Eigenschaft `Name` des UserForm-Elements:

Steuerelement	Techn. Name	Kürzel	Beispiel
Form	Form	frm	frmVerwaltung
Kontrollkästchen	Check Box	chk	chkEingabe
Kombinationsfeld	ComboBox	cbo	cboAuswahl
Befehlsschaltfläche	Command Button	cmd	cmdBeenden
Rahmen	Frame	fra	fraAdressen
Horizontaler Schieberegler	Horizontal Scroll Bar	hsb	hsbLaut
Vertikaler Schieberegler	Vertical Scroll Bar	vsb	vsbTempo
Anzeige (Bild)	Image	img	imgFoto
Bezeichnungsfeld	Label	lbl	lblName
Listenfeld	List Box	lst	lstRegionen
Optionsfeld	Options Button	opt	optPasswort
Textfeld	Text Box	txt	txtEingabe

Tabelle 19.15 Namenskonventionen für UserForm-Elemente

TIPP Eine vollständige Liste mit allen Namenskonventionen finden Sie in diesem Knowledge-Base-Artikel von Microsoft:

http://support.microsoft.com/support/kb/articles/Q110/2/64.asp

Benennen Sie Ihre Steuerelemente wie im Bild gezeigt durch Zuweisung der Eigenschaft `Name`.

19.11.3 Tabellendaten in die UserForm übernehmen

Für den Import der Daten können Sie entweder das Aufrufmakro heranziehen und die Anweisungen vor den Dialogaufruf mit der Methode `userform.show` eintragen. Eine elegantere Methode bietet die Ereignisliste der UserForm. Wie alle VBA-Objekte bietet auch der Bildschirmdialog eine Anzahl von programmierbaren und auswertbaren Ereignissen. Sie finden diese im Codeblatt der UserForm. Um dieses zu aktivieren, klicken Sie im VBA-Editor doppelt auf die Rasterfläche der UserForm oder schalten im Projekt-Explorer zwischen Code und Objekt um.

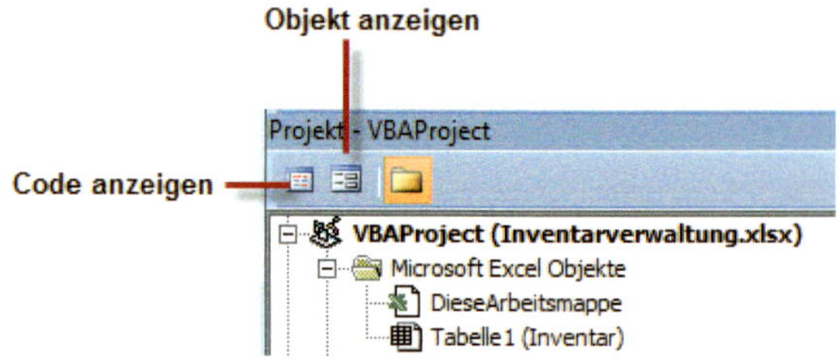

Abbildung 19.60 UserForm und Codeblatt

1. Öffnen Sie das Codeblatt der UserForm.
2. Der Editor schreibt eine erste Prozedur mit dem `Click`-Ereignis. Löschen Sie diese wieder, und stellen Sie in der Ereignisliste rechts oben den Eintrag *Initialize* ein.
3. Schreiben Sie die Anweisungen, um die Produkte in der ersten Spalte der Liste in das Listenfeld einzutragen:

```
Private Sub UserForm_Initialize()
 ' Tabelle und Startzelle auswählen
 Sheets("Inventar").Select
 [a2].Select
```

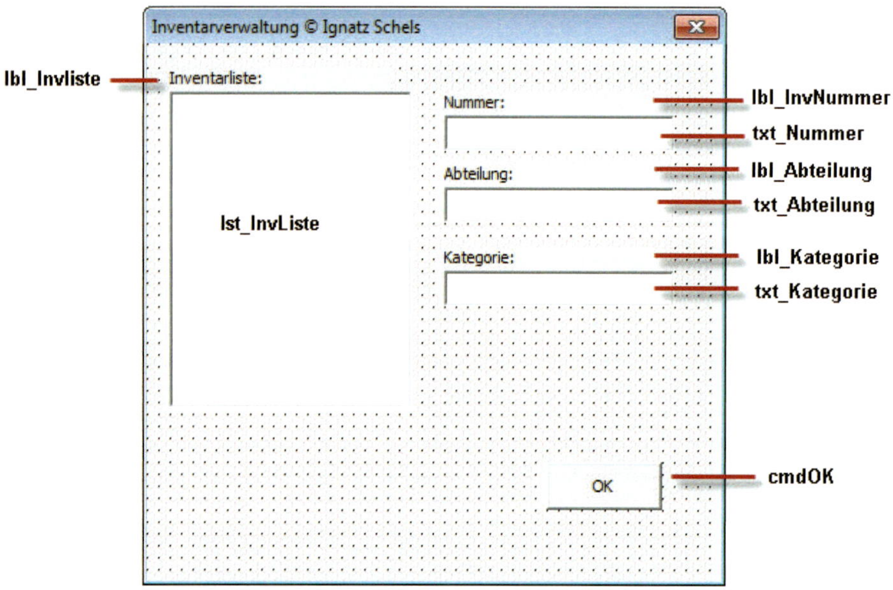

Abbildung 19.59 Namen der Steuerelemente

```
 ' Produktliste einlesen
 Do While ActiveCell.Value <> ""
  ' Inhalt der aktiven Zelle einfügen
  Me.lst_InvListe.AddItem ActiveCell.Value
  ' Nächste Zeile ansteuern
  ActiveCell.Offset(1, 0).Select
 Loop
End Sub
```

Listing 19.31 Initialize-Makro der UserForm

Verwenden Sie wie hier gezeigt das globale Objekt `Me` anstelle des UserForm-Namens. Die Methode `AddItem` fügt hier den Inhalt der aktiven Zelle in die Liste ein, eine `Do...While`-Schleife steuert den Zellzeiger über alle Listeneinträge.

TIPP Wenn die Zeilenzahl der Liste feststeht, können Sie auch die Eigenschaft `RowSource` des Listenelements nutzen. Tragen Sie den Bezug auf die Liste ein (`Inventar!A2:A16`).

Das Ergebnis der Prozedur sehen Sie, wenn Sie die UserForm starten. Mit dem `Initialize`-Makro werden alle Zellinhalte aus der Spalte A in das Listenfeld übernommen.

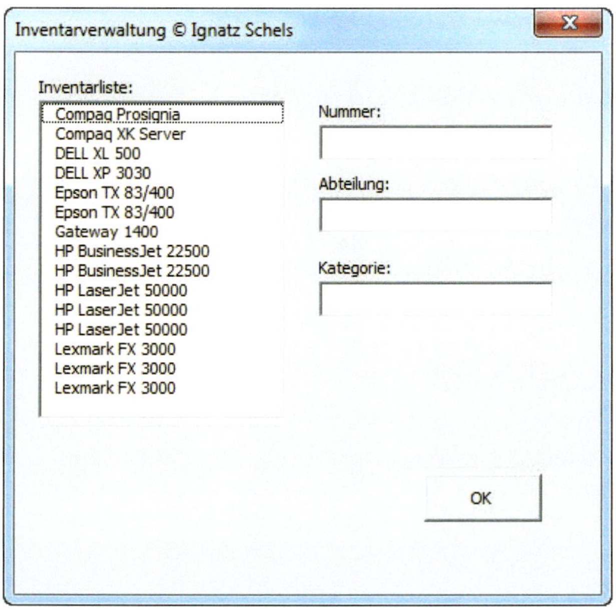

Abbildung 19.61 Die Liste ist gefüllt.

Listenauswahl auswerten

Die Textfelder werden erst dann mit Informationen gefüllt, wenn ein Eintrag in der Liste markiert ist, und dafür ist wieder ein Ereignis zuständig, das aber nicht mehr »von außen«, sondern von einem Element der UserForm ausgelöst wird.

1. Aktivieren Sie per Doppelklick auf das Listenelement `lst_InvListe` das Codeblatt der UserForm.
2. Die `Click`-Prozedur für dieses Element wird sofort erstellt, Sie können die Anweisungen zwischen `Sub` und `End Sub` einfügen:

```
Private Sub lst_InvListe_Click()
 Dim auswahl As Integer
 auswahl = Me.lst_InvListe.ListIndex
 With Me
  .txt_Kategorie = [a2].Offset(auswahl, 1)
  .txt_Abteilung = [a2].Offset(auswahl, 2)
  .txt_Nummer = [a2].Offset(auswahl, 3)
 End With
End Sub
```

Listing 19.32 Das Click-Makro des Listenelements

Die Eigenschaft `.ListIndex` enthält die Nummer des in der Liste markierten Eintrags. In einer `With`-Klammer werden den übrigen Elementen der UserForm (`Me`) die Daten zugewiesen. Die Textfelder werden mit den Zellinhalten aus der Tabelle gefüllt, die ein Offset ab der ersten Zelladresse (`zelle.Offset(zeile,spalte)`) ausliest.

TIPP Listen beginnen immer bei 0, wenn `Option Base 1` nicht am Modulanfang gesetzt ist. Deshalb liefert der erste Eintrag in der Liste den Listenindex 0.

19.11.4 Schaltflächen programmieren

Wie Sie bisher beim Austesten der UserForm festgestellt haben, funktioniert die Schaltfläche *OK* noch nicht. Im Gegensatz zur `MsgBox`, deren Schaltflächen über Konstanten und Rückgabewerte gesteuert werden, müssen diese anklickbaren Formularelemente mit Makros versehen werden.

OK schließt die UserForm

1. Markieren Sie die *OK*-Schaltfläche in der UserForm per Doppelklick.
2. Die Ereignisprozedur für den Klick auf das Element wird erstellt, Sie können die Anweisung zum Schließen der UserForm eintragen:

```
Private Sub cmdOK_Click()
  Unload Me
End Sub
```

Listing 19.33 Makro UserForm schließen

Mauszeiger-Aktionen

Das wichtigste Schaltflächenereignis ist natürlich das `Click`-Ereignis, die Liste im Codeblatt bietet aber noch weitere Feinheiten, z.B. diese:

`MouseMove`

Fährt die Maus über das Steuerelement, erhält dieses einen Auswahlrahmen, und die Schrift wird fett gedruckt:

```
Private Sub cmdOK_MouseMove(ByVal Button As Integer, _
                            ByVal Shift As Integer, _
                            ByVal X As Single, _
                            ByVal Y As Single)
  With Me.cmdOK
    .Font.Bold = True
    .Default = True
  End With
End Sub
```

Listing 19.34 Makro für Mauszeiger-Ereignis

Um die Zuweisung aufzuheben, wenn der Mauszeiger wieder aus dem Steuerelement herausfährt, wird das `MouseMove`-Ereignis der UserForm entsprechend programmiert. Klicken Sie dazu doppelt auf die UserForm. Schalten Sie auf das Ereignis `MouseMove` um (das `Click`-Makro können Sie anschließend löschen):

```
Private Sub UserForm_MouseMove(ByVal Button As Integer, _
                               ByVal Shift As Integer, _
                               ByVal X As Single, _
                               ByVal Y As Single)
  With Me.cmdOK
   .Font.Bold = False
   .Default = False
  End With
End Sub
```

Listing 19.35 Makro für Mauszeiger auf UserForms

Weitere Schaltflächen-Ereignisse

Ereignis	Beschreibung
`BeforeDragOver`	Wenn die Schaltfläche Ziel einer Drag&Drop-Operation wird, brauchen Sie dieses Ereignis, um zu überprüfen, ob der Mauszeiger das Ziel erreicht hat.
`BeforeDropOr-Paste`	Auch dieses Ereignis wird für eine Drag&Drop-Operation gebraucht.
`Click`	Tritt ein, wenn die Schaltfläche angeklickt wird.
`DblClick`	Doppelklick-Ereignis der Schaltfläche.
`Enter`	Tritt ein, wenn das Element den Fokus von einem anderen Element der UserForm erhält.
`Exit`	Tritt ein, wenn das Element den Fokus an ein anderes Element abgibt.
`KeyDown, KeyUp`	Tritt ein, wenn der Benutzer eine Taste drückt oder loslässt.
`KeyPress`	Tritt ein, wenn der Benutzer eine Taste drückt, die ein ANSI-Zeichen erzeugt. `KeyUp` und `KeyDown` werden mit ausgeführt.
`MouseDown, MouseUp`	Tritt ein, wenn der Benutzer eine Maustaste anklickt. `MouseDown` tritt ein, wenn der Benutzer die Maustaste drückt, `MouseUp` tritt ein, wenn der Benutzer die Maustaste loslässt.
`MouseMove`	Tritt ein, wenn der Mauszeiger in die Fläche des Steuerelementes zeigt.

Tabelle 19.16 Schaltflächen-Ereignisse

Datensatz löschen

Eine letzte Schaltfläche darf in diesem kleinen Datenverwaltungsmodell nicht fehlen: Zeichnen Sie eine weitere Schaltfläche ein, nennen Sie diese *cmdLöschen*, und schreiben Sie das Makro für das `Click`-Ereignis, das den markierten Datensatz aus der Tabelle löscht. Fügen Sie aber eine Sicherheitsabfrage ein, damit die Daten nicht versehentlich gelöscht werden:

```
Private Sub cmdLöschen_Click()
 Dim auswahl, antwort As Integer
 auswahl = Me.lst_InvListe.ListIndex
 If auswahl >= 0 Then
  antwort = MsgBox("Wollen Sie den Satz löschen?", _
     vbYesNo, "Inventarverwaltung © 2003 Schels")
  If antwort = vbYes Then
   ' Satz aus Tabelle löschen
   Range([a2].Offset(auswahl, 0), _
   [a2].Offset(auswahl, 0) _
   .End(xlToRight)) _
   .Delete Shift:=xlUp
   ' Satz aus Liste löschen
    Me.lst_InvListe.RemoveItem (auswahl)
  End If
 End If
End Sub
```

Listing 19.36 Datensatz aus der Tabelle löschen

19.11.5 Das Change-Ereignis

Für den Export der geänderten Daten aus der UserForm gibt es zwei Varianten:

- » Der Datensatz wird erfasst und mit Klick auf eine Schaltfläche in die Tabelle übertragen.
- » Alle Änderungen werden über das `Change`-Ereignis sofort in die Tabelle übernommen.

Letztere ist die elegantere Methode und einfacher zu programmieren. Für die Textfelder *Kategorie*, *Abteilung* und *Inventarnummer* erstellen Sie je ein Makro zum `Change`-Ereignis, das die Änderung gleich in die passende Tabellenspalte schreibt. Hier exemplarisch für das Textelement `txt_Abteilung`:

```
Private Sub txt_Abteilung_Change()
  Dim auswahl As Integer
   With Me
   auswahl = .lst_InvListe.ListIndex
   If auswahl = 0 Then
      [a2].Offset(auswahl, 2) = .txt_Abteilung
   End If
 End With
End Sub
```

Listing 19.37 Makro für das Change-Ereignis des Textelements

19.11.6 UserForm aus UserForm aufrufen

Die nächste Aufgabe gibt Ihnen die Möglichkeit, eine weitere UserForm zu gestalten und diese per Schaltfläche aus dem ersten Formular abzurufen. So sieht die UserForm für neue Datensätze aus:

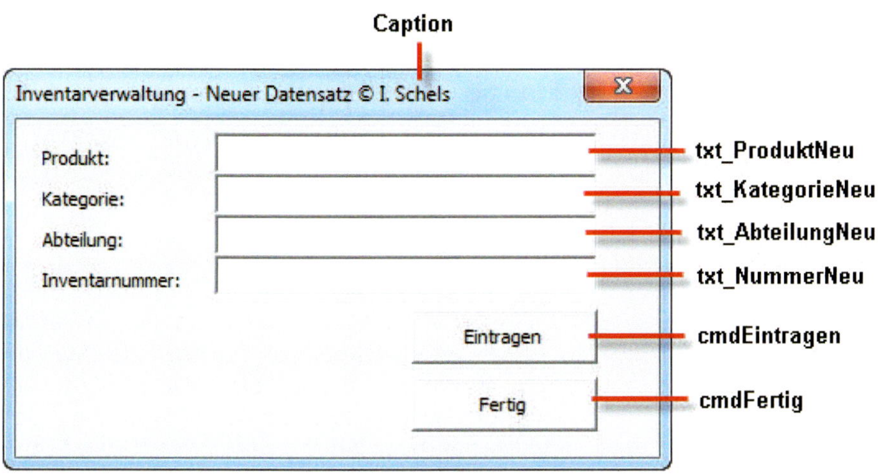

Abbildung 19.62 Neue UserForm für neue Datensätze

Das Click-Ereignis der Schaltfläche *cmdEintragen* ist für die Übertragung der Daten aus den Textfeldern in die Tabelle vorgesehen, und hier brauchen Sie einen Trick, um die letzte Zeile der Liste zu ermitteln: Suchen Sie ab der letzten Zelle, nach oben gerechnet ([a65536].End(xlup)), mit der Eigenschaft End einfach den ersten Eintrag. Hier das Makro, das den neuen Datensatz in die Tabelle schreibt:

```
Private Sub cmdEintragen_Click()
 Dim lastrow, i As Integer
 ' Letzte Zeile suchen
 lastrow = [a65536].End(xlUp).Row + 1
 ' Daten aus der UserForm übertragen
 For i = 1 To 4
  Cells(lastrow, i) = Me.txt_ProduktNeu.Value
  Cells(lastrow, i) = Me.txt_KategorieNeu.Value
  Cells(lastrow, i) = Me.txt_AbteilungNeu.Value
  Cells(lastrow, i) = Me.txt_NummerNeu.Value
 Next i
 ' Datenfelder löschen
 With Me
   .txt_ProduktNeu.Value = ""
   .txt_KategorieNeu.Value = ""
   .txt_AbteilungNeu.Value = ""
   .txt_NummerNeu.Value = ""
  End With
End Sub
```

Listing 19.38 Makro schreibt neuen Satz in die nächste freie Zeile.

Die zweite Schaltfläche mit der Caption Fertig schließt die zweite UserForm. Damit die Liste in der ersten wieder aktuell ist, schließen Sie diese ebenfalls und öffnen sie gleich wieder. Damit wird nämlich das Initialize-Makro wieder aktiv, und das »füttert« ja die Liste mit den Daten aus der Tabelle:

```
Private Sub cmdFertig_Click()
 Unload Me
 Unload frmInventarverwaltung
 frmInventarverwaltung.Show
End Sub
```

Listing 19.39 Click-Ereignismakro für cmdFertig

Aufrufschaltfläche in der ersten UserForm

Für den Aufruf zeichnen Sie eine Schaltfläche, *cmdNeu*, in die erste UserForm ein. Das Makro für das Click-Ereignis startet einfach das zweite Formular:

```
Private Sub cmdNeu_Click()
 frmNeuerSatz
End Sub
```

Listing 19.40 Click-Ereignismakro für die Schaltfläche »Neu« in der ersten UserForm

REFERENZ In *Kapitel 20 (VBA-Praxis)* und in der Datei *VBA Praxis* auf der CD zum Buch finden Sie weitere Beispiele zur UserForm-Programmierung.

19.12 VBA-Funktionen

Die Makrosprache VBA steht nicht nur für die Produktion ablauffähiger Programme (Prozeduren), sondern auch für Funktionen zur Verfügung, und diese können wahlweise als zusätzliche Tabellenfunktionen oder zur Unterstützung der Prozeduren verwendet werden.

Funktionen speichern

Es gibt mehrere Möglichkeiten, Funktionen zu speichern:

» Wenn die Funktion nur für Berechnungen in der aktiven Arbeitsmappe benötigt wird, erstellen Sie ein Modul im Projekt der Mappe und schreiben die Funktionen in dieses Modul (oder weitere Module, wie bei Prozeduren spielt es für den Aufruf keine Rolle, in welchem Modul die Funktion steht).

» Funktionen, die grundsätzlich für alle Mappen verfügbar sein sollten, schreiben Sie in ein Modulblatt der persönlichen Makroarbeitsmappe *PERSONAL.XLSB*. Wenn diese noch nicht verfügbar ist, zeichnen Sie einfach eine Prozedur mit dieser Mappe als Ziel auf (*siehe Kapitel 19.4: Makros speichern und laden*).

» Die Profi-Version: Erstellen Sie Funktionen in einer eigenen Mappe, speichern Sie diese als Add-In (*Datei/Speichern unter*, Dateityp *Add-In*), und binden Sie dieses über den Add-In-Manager in Ihre Excel-Oberfläche ein.

Funktion schreiben

Eine Funktion erstellen Sie über *Einfügen/Prozedur*. Tragen Sie den Funktionsnamen ein, und schalten Sie auf den Typ *Function* um.

Sie können die Funktion natürlich auch manuell in das Modulblatt eintragen. Schreiben Sie nur den Aufruf, der Rest wird erstellt:

```
Function <funktionsname>

End Function
```

Gültigkeit und Namensregelungen

Für den Namen und den Gültigkeitsbereich gelten die gleichen Regeln wie für Prozeduren:

» *Public:* Auf die Funktion kann von allen anderen Prozeduren und Funktionen in allen Modulen zugegriffen werden. Steht die Funktion in einem Modul mit einer `Option Private`-Anweisung im Kopfbereich, kann auf sie nur innerhalb des Projekts zugegriffen werden. Das Schlüsselwort *Public* ist Standard, es kann auch weggelassen werden.

» *Private:* Auf die Funktion kann nur von anderen Prozeduren und Funktionen aus dem Modul zugegriffen werden, in dem sie deklariert wurde.

» Das erste Zeichen des Funktionsnamens muss ein Buchstabe sein.

» Leerzeichen, Punkt, Komma, Ausrufezeichen und die Zeichen @, &, $, # sind in einem Funktionsnamen nicht erlaubt, der Name darf nicht länger als 255 Zeichen sein.

» Der Funktionsname darf nicht mit einem Schlüsselwort aus VBA verwechselbar sein. Benennen Sie Funktionen möglichst nicht mit Programmiersprachenelementen wie `Sub`, `End`, `GoTo` oder Ähnlichem.

» In einem Projekt dürfen Funktionsnamen nicht mehrfach vorkommen, auch nicht, wenn sie in unterschiedlichen Modulen stehen.

19.12.1 Benutzerdefinierte Tabellenfunktionen

VBA-Funktionen unterscheiden sich in ihrer Verwendung nicht von eingebauten Excel-Tabellenfunktionen, wie *SUMME()* oder *MITTELWERT()*. Sie werden programmiert, wenn das Funktionsangebot nicht ausreicht, um komplexe Rechenvorgänge durchzuführen. Eine benutzerdefinierte VBA-Funktion erhält mit dem Aufruf Argumente, berechnet diese und gibt das Ergebnis über den Funktionsnamen zurück.

Ein Beispiel: Diese Funktion wandelt einen Euro-Betrag in Dollar um. Betrag und aktueller Umrechnungskurs werden als Argumente in der Klammer übergeben:

```
Function EuroinDollar(betrag, kurs)
 EuroinDollar = betrag * kurs
End Function
```

Listing 19.41 Funktion zur Euro-Umrechnung

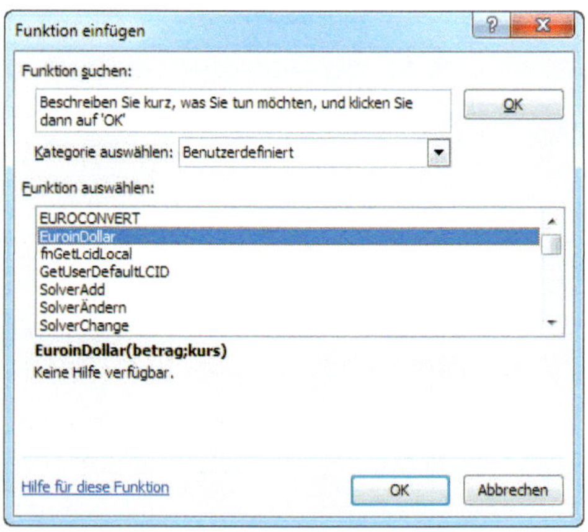

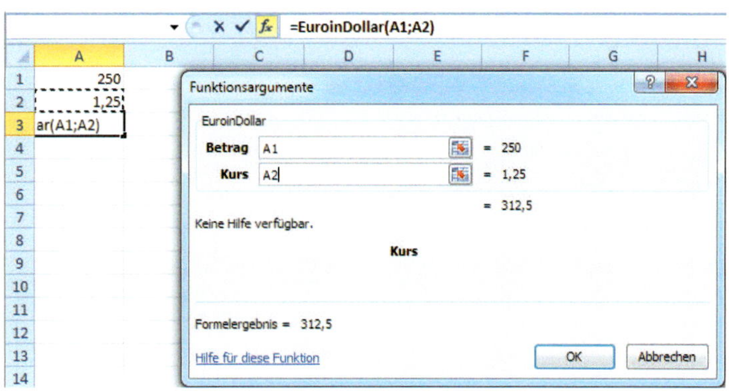

Abbildung 19.63 Eine benutzerdefinierte Funktion …

Der Aufruf der Funktion erfolgt in einer Formel, als Argumente gelten Texte und Zahlen, Zellbezüge oder Bereichsnamen.

1. Schreiben Sie den Dollar-Betrag in die Zelle A1.
2. Geben Sie den Währungskurs in der Zelle B1 an.
3. Setzen Sie den Zellzeiger in die Zelle C1, und wählen Sie *Formel/Funktionsbibliothek/Funktion einfügen*.
4. Der Funktions-Assistent wird aktiv, schalten Sie in die Kategorie *Benutzerdefiniert* um, und wählen Sie die Funktion.
5. Tragen Sie in der Funktionspalette die beiden Zellbezüge für die Argumente der Funktion ein, und schließen Sie mit Klick auf *OK* ab.

Die Funktion wird eingetragen, sie berechnet das Ergebnis aus den beiden Argumenten:

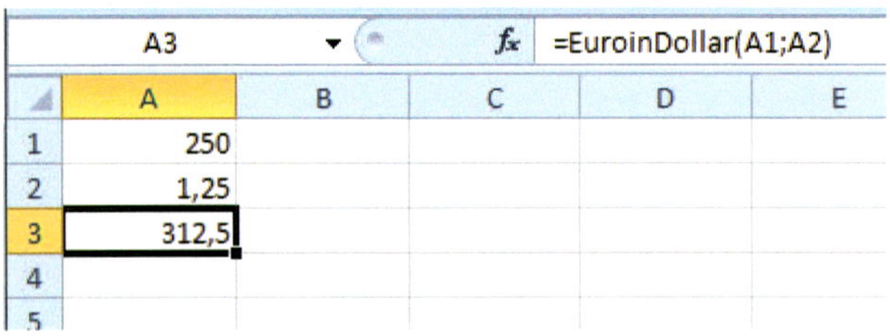

Abbildung 19.64 ... und das Ergebnis

HINWEIS Wenn die Funktion aus einem anderen VBA-Projekt stammt, wird der Name der Mappe vor die Funktion gestellt:

PERSONAL.XLSB!EuroInDollar

Wann werden benutzerdefinierte Funktionen berechnet?

Eine programmierte Funktion wird in der Regel nur berechnet, wenn sie eingetragen wird oder wenn sich eines der beteiligten Argumente ändert (im Beispiel: wenn ein neuer Betrag oder Dollar-Kurs erfasst wird). Auch beim Öffnen, Speichern und Drucken der Tabelle werden alle Funktionen durchgerechnet.

Sie können die Funktion so präparieren, dass sie automatisch mit jeder Neuberechnung der Tabelle mitberechnet wird. Schreiben Sie diese Zeile gleich nach dem Funktionsaufruf in die Funktion:

```
Application.Volatile
```

Die meisten VBA-Elemente können sowohl in Prozeduren als auch in Funktionen zum Einsatz kommen. Sie können Bedingungen (`If ... Then ... Else`), Schleifen (`For ... Next`) benutzen, Vorsicht ist nur bei Dialogen geboten. Bedenken Sie, dass alle Funktionen stets neu berechnet werden, wenn sich deren Argumente ändern, wenn Tabellen oder Zellbereiche gespeichert und gedruckt werden. Die Verwendung von `InputBox` oder `MsgBox` in Funktionsmakros ist daher nicht zu empfehlen.

Praxisbeispiele für Funktionen

CD-ROM Sie finden die Beispiele auf der Buch-CD unter *Funktionsbeispiele.xlsm*.

Betrag in Euro und Cent aufteilen

Teilen Sie einen Betrag in Euro und Cent auf, verwenden Sie eine Bedingung in der Funktion, die mit der VBA-Funktion `IsNumeric` ermittelt, ob der Wert numerisch ist und damit einen `#WERT`-Fehler bei Texten vermeidet:

```
Function NurEuro(EURBetrag)
  If Not IsNumeric(EURBetrag) Then
     NurEuro = ""
  Else
     NurEuro = Int(EURBetrag)
  End If
End Function
```

Listing 19.42 Funktion zur Euro-Berechnung

Aufruf der Funktion:

```
=NurEuro(Betrag)
```

```
Function NurCent(EURBetrag)
  If Not IsNumeric(EURBetrag) Then
     NurCent = ""
  Else
     NurCent = (EURBetrag - Int(EURBetrag)) * 100
  End If
End Function
```

Listing 19.43 Zweite Euro-Funktion

Aufruf der Funktion:

```
=NurCent(Betrag)
```

Kalenderwoche berechnen

Die Funktion berechnet die Kalenderwoche nach DIN-Norm. Der Funktion wird ein Datum übergeben:

```
Function KW(Datum As Date) As Single
 Dim i As Integer
 If Weekday(Datum) = 1 Then
   i = 1
 Else
   i = 0
 End If
 KW = Format(Datum, "ww", , vbFirstFourDays) - i
End Function
```

Listing 19.44 Funktion zur Berechnung der Kalenderwoche

Funktionen für Controlling-Kennzahlen

Die für die Unternehmenssteuerung wichtigen Kennzahlen werden in der Regel aus mehr oder weniger komplexen Formeln gebildet, die am einfachsten als benutzerdefinierte Funktionen erstellt werden. Weisen Sie die Argumente über Bereichsnamen zu, damit Sie die Zahlen nicht verwechseln:

1. Markieren Sie die Bilanzzahlen einschließlich der Beschriftung in der ersten Spalte (im Beispiel A2:B12).
2. Wählen Sie *Formeln/Definierte Namen/Aus Auswahl Erstellen*.
3. Die Option *Aus linker Spalte* ist angekreuzt, bestätigen Sie mit *OK*.
4. Schreiben Sie die erste Funktion in einem neuen Modul:

```
Function LiquiditätErstenGrades(FlüssigeMittel,
KVerb)
  LiquiditätErstenGrades = FlüssigeMittel / KVerb *
100
End Function
```

Listing 19.45 Die erste Kennzahlenfunktion

In der Zelle E2 konstruieren Sie jetzt die Funktion über den Funktions-Assistenten. Drücken Sie, wenn der Cursor im Eingabefeld eines Arguments blinkt, die Funktionstaste F3, und tragen Sie den eben erstellten Bereichsnamen für die Bilanzzahl ein.

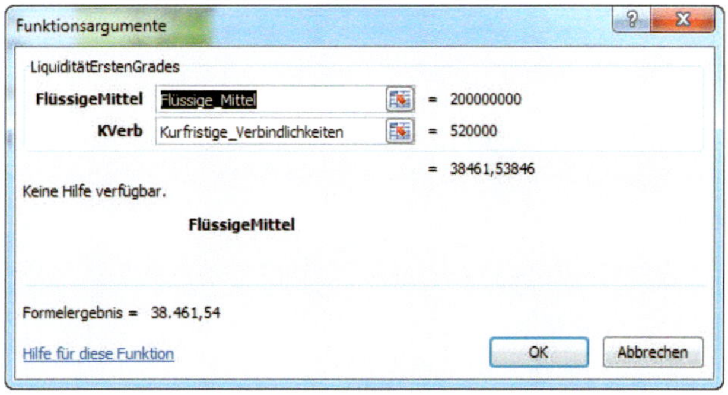

Abbildung 19.66 Die Argumente werden aus den Bereichsnamen übernommen.

19.12.2 Funktionen und Prozeduren

Funktionen werden nicht nur in Tabellen, sondern auch in Verbindung mit Prozeduren benutzt. Die Funktion übernimmt die Aufgabe von Berechnungen oder Teilbe-

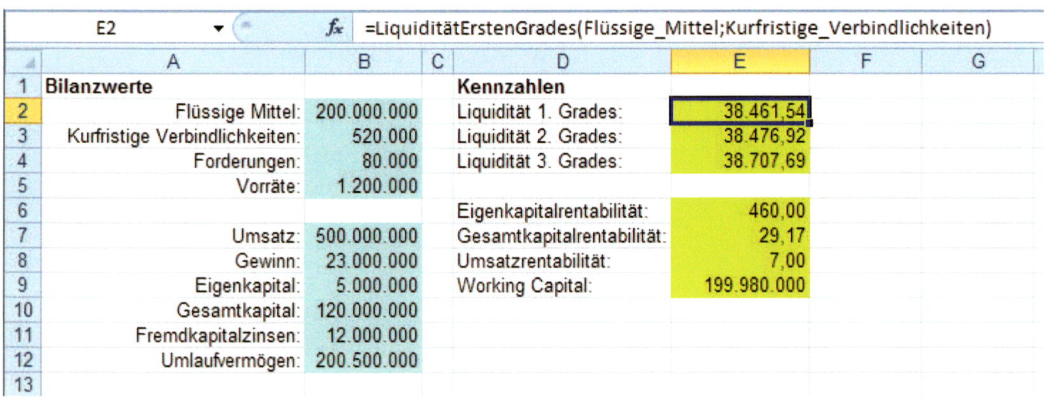

E2 =LiquiditätErstenGrades(Flüssige_Mittel;Kurfristige_Verbindlichkeiten)

	A	B	C	D	E	F	G
1	Bilanzwerte			Kennzahlen			
2	Flüssige Mittel:	200.000.000		Liquidität 1. Grades:	38.461,54		
3	Kurfristige Verbindlichkeiten:	520.000		Liquidität 2. Grades:	38.476,92		
4	Forderungen:	80.000		Liquidität 3. Grades:	38.707,69		
5	Vorräte:	1.200.000					
6				Eigenkapitalrentabilität:	460,00		
7	Umsatz:	500.000.000		Gesamtkapitalrentabilität:	29,17		
8	Gewinn:	23.000.000		Umsatzrentabilität:	7,00		
9	Eigenkapital:	5.000.000		Working Capital:	199.980.000		
10	Gesamtkapital:	120.000.000					
11	Fremdkapitalzinsen:	12.000.000					
12	Umlaufvermögen:	200.500.000					
13							

Abbildung 19.65 Kennzahlen mit Funktionen berechnen

rechnungen, kann aber auch für Aktionen benutzt werden, in denen Objekte aus den Bibliotheken verwendet werden.

Aufruf einer Funktion aus Prozeduren

In den meisten Fällen wird eine Funktion nicht direkt aufgerufen, sondern einer Variablen zugewiesen. Der Aufruf einer Funktion würde lauten:

```
Call funktionsname(argumente)
```

In diesem Fall hätte die Funktion aber keine Möglichkeit, einen Wert zurückzuliefern. Deshalb wird die Funktion mit Zuweisung an eine Variable aufgerufen:

```
Rückgabewert = funktionsname(argumente)
```

Praxis: TabEraser löscht Tabellen

CD-ROM Sie finden das Beispiel auf der Buch-CD unter *TabEraser.xlsm*.

Die Funktion kommt dann zum Einsatz, wenn Berechnungen oder Aktionen immer wieder, aber mit wechselnden Argumenten benötigt werden. Eine dieser Aufgaben ist das Löschen von Tabellenblättern. Die Anweisung dafür lautet:

```
Sheets("Blattname").Delete
```

In Makros hat diese Anweisung mehrere Hindernisse: Die Löschung muss vom Anwender bestätigt werden, Excel liefert eine Sicherheitswarnung dazu. Ist die Tabelle nicht zu finden oder kann sie aus anderen Gründen nicht gelöscht werden, löst die Codezeile einen Fehler aus.

Schreiben Sie eine Funktion, die Sie in allen Makroprozeduren aufrufen können, um eine Tabelle zu löschen. Als Argumente geben Sie der Funktion den Namen des Blattes und einen Modus, der bestimmt, ob eine Sicherheitsmeldung angezeigt wird oder nicht. Die Meldungen werden von der Funktion abgefangen, Sie können eigene Meldungen für alle Varianten der Aktion definieren.

```
Function TabEraser(bname As String, modus As
Boolean) As String
  Dim lösch As Boolean, löschtext As String, okMsg
  Dim Tabelle, TabExist As Boolean
  löschtext = "Wollen Sie das Tabellenblatt " _
            & vbCr & "<" & bname & ">" _
            & vbCr & "löschen?"
  ' Prüfen, ob Blatt existiert
  TabExist = False
  For Each Tabelle In Sheets
   If Tabelle.Name = bname Then TabExist = True
  Next Tabelle
  If TabExist = False Then
    TabEraser = "Tabellenblatt " _
       & vbCr & "<" & bname & ">" _
       & vbCr & "ist nicht in der Arbeitsmappe!"
       Exit Function
  End If
  ' Fehlerroutine einschalten
  On Error GoTo fehler
  If modus = True Then
    ' Meldungen von Excel ausschalten
    Application.DisplayAlerts = False
    ' Blatt löschen
    lösch = Sheets(bname).Delete
  Else
    okMsg = MsgBox(löschtext, vbYesNo + vbQuestion,
_
            "TabEraser © 2003 Schels")
    If okMsg = vbYes Then
     ' Meldungen von Excel ausschalten
     Application.DisplayAlerts = False
     ' Blatt löschen
     lösch = Sheets(bname).Delete
    Else
     lösch = False
    End If
  End If
 ' Meldungen einschalten
  Application.DisplayAlerts = True
  ' Funktion beenden
  If lösch = True Then
    TabEraser = bname & " gelöscht"
  Else
    TabEraser = bname & " wurde nicht gelöscht"
  End If
  Exit Function
fehler:
  TabEraser = Err.Description
  On Error GoTo 0
End Function
```

Listing 19.46 Die Funktion TabEraser löscht Tabellen ohne Rückfrage.

19.13 VBA-Beispiele

Hier folgt eine alphabetisch geordnete Liste mit Makrobeispielen und Makrotechniken.

CD-ROM Alle in diesem Kapitel vorgestellten Makros finden Sie auf der Buch-CD unter *VBA-Praxis.xlsm*. Für den Aufruf stehen in den Tabellen jeweils Schaltflächen zur Verfügung.

Dateiname aus Pfad

Dieses Makro rechnet den Dateinamen aus einer Pfadangabe heraus. Der Pfad der aktiven Mappe wird über die Eigenschaft `Fullname` ermittelt.

```
Sub DateiAusPfad()
 Dim Pfadname As String, dateiname As String, Pfad As
String
 Dim länge As Integer, n As Integer, position As Integer
 Pfadname = ActiveWorkbook.FullName
 länge = Len(Pfadname)
 Do
  n = InStr(n + 1, Pfadname, "\")
  If n = 0 Then Exit Do
   position = n
  Loop
 Pfad = Left(Pfadname, position - 1)
 dateiname = Right(Pfadname, länge - position)
 MsgBox Pfad, vbInformation, "Pfad"
 MsgBox dateiname, vbInformation, "Dateiname"
End Sub
```

Listing 19.47 Makro berechnet Dateiname aus Pfad.

Dateien und Ordner im aktuellen Verzeichnis listen

In diesem Makro werden die Variablen auf Modulebene deklariert, damit sie beim Verlassen der Unterprogramme weiter zur Verfügung stehen. `Option Base 1` setzt den Index für die Datenfelder auf 1. Das Makro *DateienUndOrdner* produziert eine Liste mit allen Ordnern und Dateien des aktiven Pfades in einer neuen Tabelle.

```
Sub DateienUndOrdner()
 ' Ordnerliste
 Getfolders
 ' Dateiliste
 GetFiles
 ' Neue Tabelle
 Sheets.Add
 [a1] = "Ordner"
 [b1] = "Dateien"
 ' Ordnerliste
 If foldercount > 0 Then
   For fcount = LBound(folders) To UBound(folders)
    [a1].Offset(fcount, 0) = folders(fcount)
   Next fcount
 End If
 ' Dateiliste schreiben
 If fcount > 0 Then
  For fcount = LBound(files) To UBound(files)
   [b1].Offset(fcount, 0) = files(fcount)
  Next fcount
  Columns("A:B").EntireColumn.AutoFit
 End If
End Sub
```

Listing 19.48 Das Makro erzeugt eine Datei- und Ordnerliste.

```
Sub GetFiles()
 Dim myfile
 fcount = 0
 myfile = Dir("")
 Do
  fcount = fcount + 1
  ReDim Preserve files(fcount)
  files(fcount) = myfile
  myfile = Dir()
 Loop Until myfile = ""
End Sub
Sub Getfolders()
  Dim mydir
  mypath = CurDir() & "\"
  foldercount = 0
  mydir = Dir("", vbDirectory)
  Do
    If mydir = "." Or mydir = ".." Then GoTo continue
    If GetAttr(mypath & mydir) = vbDirectory Then
      foldercount = foldercount + 1
      ReDim Preserve folders(fcount)
      folders(fcount) = mydir
    End If
continue:
    mydir = Dir()
    Loop Until mydir = ""
End Sub
```

Listing 19.49 Unterprogramme für die Datei- und Ordnerliste

Fehler-Logbuch

Eine nützliche Programmierhilfe ist das Fehler-Logbuch. Schreiben Sie alle Fehler in eine Textdatei, die Sie später leicht überprüfen können. Geben Sie Datum, Zeit und Auslöser des Fehlers mit an:

```
Public Sub WriteErr()
  'Ausgabe von Fehlermeldungen in Log- oder Err-File
  Dim strFehlerDatei As String, datnr As Integer
  Dim err_mldg As String, pfad As String
  ' Freie Dateinummer
  datnr = FreeFile
  strFehlerDatei = "Fehler-Logbuch.txt"
  ' Hier bestimmen Sie den Pfad zum Logbuch
  pfad = "C:\Daten\"
  ' Datei wird geöffnet
  Open pfad & strFehlerDatei For Append As #datnr
  ' Auf Fehler überprüfen und eintragen
  If Err.Number  0 Then
    err_mldg = "Fehler # " & Str(Err.Number) _
    & " - ausgelöst von " _
    & Err.Source & " Beschr.: " & Err.Description
  Print #datnr, "***"; strFehlerDatei; "***"
  Print #datnr, Date, Time, err_mldg
  Print #datnr, "*******"
  Close #datnr
  ' Meldung (evtl. abschalten)
  MsgBox "Fehler in Logbuch eingetragen"
 End If
End Sub
```

Listing 19.50 Das Makro schreibt Fehler in ein Fehlerlogbuch.

Mit diesem Makro testen Sie das Logbuch, der Fehler wird produziert, wenn der `ChDir`-Befehl keinen Ordner »Test« findet:

```
Sub ErrTest()
  On Error GoTo msgErr_Write
  ChDir "Test"
  Exit Sub
msgErr_Write:
  WriteErr
End Sub
```

Listing 19.51 Makro zum Testen des Logbuchs

Kontextmenü

Das Makro erstellt ein neues Kontextmenü, legt ein Symbol darin an und weist diesem Symbol ein Makro zu.

```
Sub KontextMenueNeu()
  Dim NeuesMenü As CommandBarButton
  With CommandBars("Cell")
   'Bestehendes Menü löschen
   Do While .Controls.Count > 0
     On Error Resume Next
     .Controls(1).Delete
   Loop
   'Neues Menü erstellen
   Set NeuesMenü = .Controls.Add(msoControlButton)
   With NeuesMenü
     .Caption = "&Neues Menü"
     .OnAction = "Makro1"
   End With
  End With
End Sub
```

Listing 19.52 Makro für ein Kontextmenü

Dieses Makro ist mit dem Kontextmenü verknüpft:

```
Sub Makro1()
  MsgBox "Menüpunkt gewählt!"
End Sub
```

Dieses Makro setzt das Kontextmenü in den Ursprungszustand zurück:

```
Sub reset()
  Application.CommandBars("Cell").reset
End Sub
```

Makro verzögern

Nicht selten muss ein Makro verzögert werden, damit eine größere Berechnung, ein Formatierungsaufbau oder Ähnliches durchgeführt werden kann. Sie können Ihr VBA-Makro mit `For...Next`-Schleifen unter Verwendung entsprechend großer Schleifenzähler verzögern. Hier eine bessere Lösung: Verwenden Sie die API-Funktion `Sleep`. Sie bietet die Möglichkeit, die Verzögerung exakt in Millisekunden zu bestimmen.

Tragen Sie diese Deklaration in den Deklarationsteil Ihres Moduls ein:

```
Declare Sub sleep Lib "kernel32" _
Alias "Sleep" (ByVal dwMilliseconds As Long)
```

Hier ein Makro zum Testen der `Sleep`-Funktion. Es gibt mit einer Verzögerung von einer Sekunde 100 Zahlen in das Direktfenster aus.

```
Sub sleeptest()
 Dim zähler
 For zähler = 1 To 100
 Debug.Print zähler
 sleep 1000
 Next

End Sub
```

Listing 19.53 Makro verzögert die Schleife.

Mappe geöffnet?

Um festzustellen, ob eine Mappe schon aktiv ist, verwenden Sie eine Funktion, die mithilfe einer Fehlerroutine prüft, ob sich die Mappe öffnen lässt. Das Ergebnis der Funktion werten Sie in der Prozedur aus.

```
Sub MappeÖffnen()
  Dim mappe
  mappe = InputBox("Welche Mappe?")
  If mappe = "" Then Exit Sub
  If MappeO((mappe)) = False Then
    MsgBox "Mappe " & mappe & " konnte nicht geöff-
net werden"
  End If
End Sub
Function MappeO(wb As String) As Boolean
  Dim ok
  On Error Resume Next
  ok = Workbooks(wb).Name
  On Error GoTo Fehler
  Workbooks.Open wb
  MappeO = True
  Exit Function
Fehler:
  MappeO = False
End Function
```

Listing 19.54 Das Makro testet, ob eine Mappe geöffnet ist.

Mappe öffnen mit GetOpenFilename

`GetOpenFilename` präsentiert den Öffnen-Dialog, öffnet aber die Mappe nicht, sondern gibt den Namen zurück, der dann über `Workbooks.Open` zum Öffnen benutzt werden kann.

```
Sub Öffnen()
  Dim dateiname
  'ggf. Laufwerk und Ordner als Vorgabe setzen
  ChDir "\Daten"
  ChDrive "c:\"
  dateiname = Application.GetOpenFilename _
       ("Microsoft Excel-Dateien (*.xls),*.xls")
    If dateiname = False Then Exit Sub
    MsgBox "Ihre Auswahl:" & vbNewLine & dateiname
End Sub
```

Listing 19.55 Das Makro präsentiert den Öffnen-Dialog.

Tabelle existiert?

Wenn Sie per Makro eine Tabelle ansteuern, sollten Sie über eine Funktion prüfen, ob diese auch existiert:

```
Sub TabTest()
  Dim TabSuche
  TabSuche = InputBox("Tabelle?")
  If TabX(TabSuche) = True Then
    MsgBox "Tabelle existiert!"
  Else
    MsgBox "Tabelle nicht vorhanden"
  End If
End Sub
Function TabX(tabelle)
  Dim T, U
  TabX = False
  tabelle = UCase(tabelle)
  For Each T In Sheets
     U = UCase(T.Name)
     If U = tabelle Then
       TabX = True
       Exit Function
     End If
  Next
End Function
```

Listing 19.56 Das Makro prüft, ob die Tabelle existiert.

Tabellen sortieren

Mit zwei geschachtelten Schleifen sind die Tabellen schnell aufsteigend sortiert.

```
Sub Blaetter_Sortieren()
 Dim anzahl, x, y
 anzahl = ActiveWorkbook.Worksheets.Count
 For x = 1 To anzahl
   For y = x To anzahl
     If Worksheets(y).Name < Worksheets(x).Name Then
        Worksheets(y).Move Before:=Worksheets(x)
     End If
   Next y
 Next x
End Sub
```

Listing 19.57 Das Makro sortiert Tabellen.

Verknüpfte Mappen öffnen

Mit diesem Makro aktivieren Sie alle Mappen, die mit der aktiven Mappe verknüpft sind. Die Ober- und Untergrenze der Verknüpfungsliste wird mit `LBound` und `UBound` ausgelotet.

```
Sub VerknuepfteMappenÖffnen()
  Dim slink As Variant, i As Integer
  slink = ActiveWorkbook.LinkSources(xlExcelLinks)
  If slink = "" Then
    MsgBox "Keine Verknüpfungen!"
    Exit Sub
  End If
  For i = 1 To UBound(slink)
   Workbooks.Open slink(i)
  Next i
End Sub
```

Listing 19.58 Das Makro öffnet alle verknüpften Mappen.

Zellen: Farbensumme

Der Name sagt es bereits: Addieren Sie alle Zellen, die eine bestimmte Farbe haben. Das Aufrufmakro übergibt den Bereich und die Farbnummer an eine Funktion:

```
Sub FarbenSummieren()
 Dim farbnummer, bereich As Range
 Set bereich = Sheets("Zellen").Range("$E$3:$G$9")
 farbnummer = InputBox("Welche Farbe?", , 3)
 If farbnummer = "" Then Exit Sub
 MsgBox FarbSumme(bereich, (farbnummer))
End Sub
```

Listing 19.59 Das Makro summiert Zellen nach Farben.

Die Funktion sucht die Farbzuweisung und summiert die Zellinhalte:

```
Function FarbSumme(bereich As Range, farbnummer As
Integer)
  Dim zelle
  FarbSumme = 0
  For Each zelle In bereich
    If zelle.Interior.ColorIndex = farbnummer Then
       FarbSumme = FarbSumme + zelle.Value
    End If
  Next zelle
End Function
```

Zellen: Formeln einfärben

Ein nützliches Makro für umfangreiche Tabellenmodelle: Färben Sie alle Formelzellen ein. `SpecialCells` ist eine Eigenschaft von `Cells`, die diese Aktion unterstützt:

```
Sub FormelzellenFärben()
 Dim zelle As Range
 For Each zelle In ActiveSheet.Cells.
SpecialCells(xlFormulas)
   zelle.Interior.ColorIndex = 3
 Next zelle
End Sub
```

Listing 19.60 Das Makro färbt alle Formelzellen.

Windows-Programme ausführen

Mit der `Shell`-Anweisung werden externe Programme direkt aus dem Makro heraus gestartet. Verwenden Sie `SendKeys`, um dem Programm Daten zu übergeben. Hier der Aufruf des Windows-Programms *Editor*:

```
Sub StartExtApp()
  Dim ok
  SendKeys "Hallo!"
  ok = Shell("notepad.exe", vbNormalFocus)
End Sub
```

Listing 19.61 Windows-Editor aufrufen

(`notepad.exe` = Editor, `Calc.exe` = Taschenrechner, `MSPaint.exe` = Zeichenprogramm, `sol.exe` = Solitär usw.)

19.13.1 UserForm-Beispiele

CD-ROM Öffnen Sie die Mappe *VBA-Praxis.xlsm*, und testen Sie die Makros auf diesem Blatt. Sie zeigen Ihnen nützliche Techniken aus der UserForm-Programmierung.

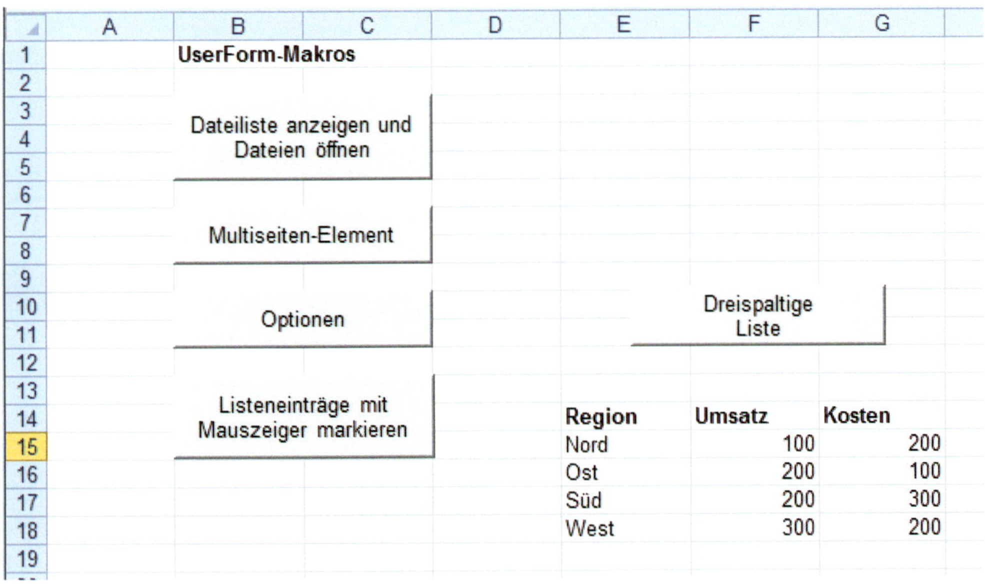

Abbildung 19.67 Beispiele für die UserForm-Programmierung

UserForm-Beispiel	Erklärung
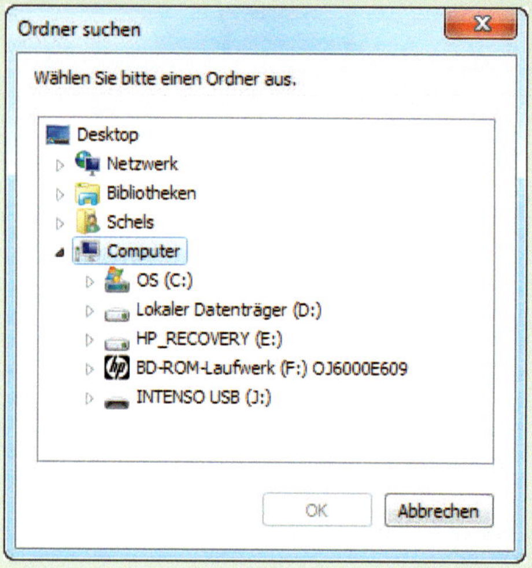	**Dateien anzeigen und Dateien öffnen:** Über eine API-Funktion erhalten Sie eine Ordner- und Laufwerkliste. Suchen Sie den passenden Ordner, und die XLS-Dateien in diesem werden in eine Liste eingelesen. Sie können anschließend mehrere Dateien gleichzeitig markieren und öffnen.
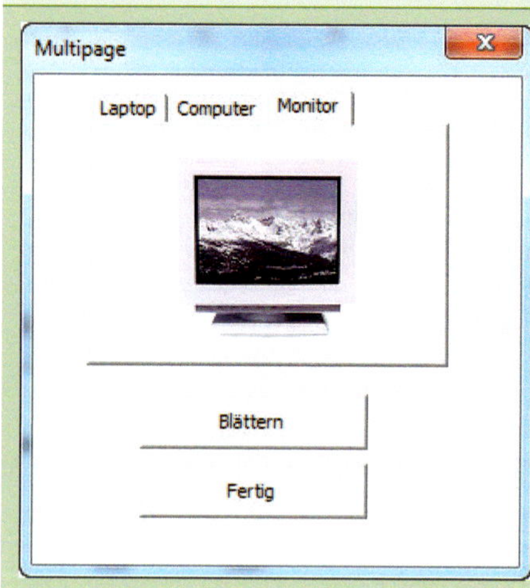	**Multiseiten-Element:** Wie ein Element mit mehreren Seiten auf einer UserForm programmiert wird, zeigt dieses Beispiel.
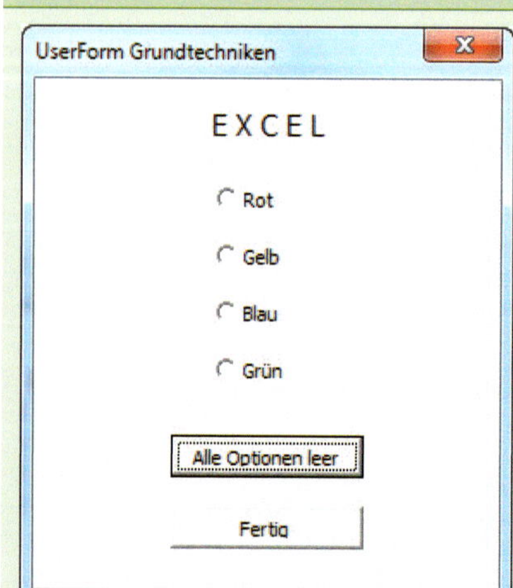	**Optionen:** Hier können Sie im Makrocode der UserForm nachsehen, wie Optionsfelder ausgelesen und Optionen verwaltet werden.

UserForm-Beispiel	Erklärung
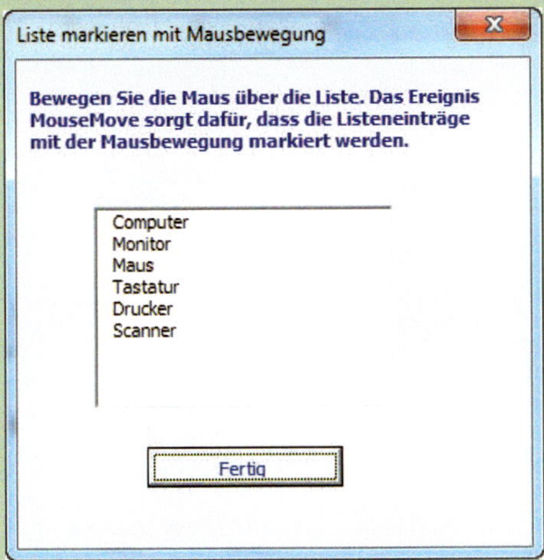	**Listeneinträge mit Mauszeiger markieren:** Ein Spezialtrick mit den Mauszeigerkoordinaten und dem `MouseMove`-Ereignis, absolut sehenswert!
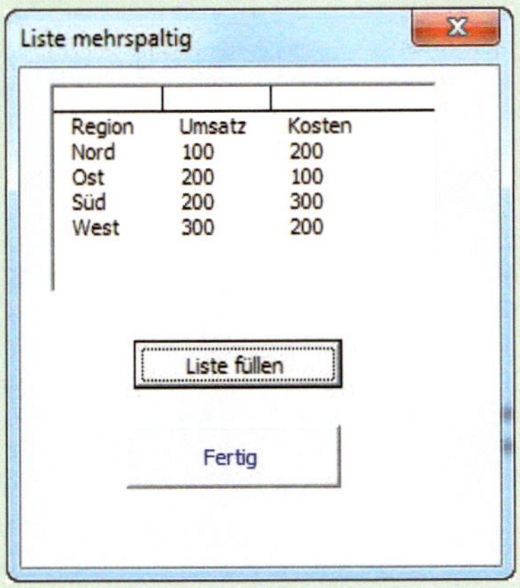	**Dreispaltige Liste:** Eine einfache, aber wirkungsvolle Technik, um mehrere Spalten aus einer Tabelle in ein Listenelement zu bekommen.

Tabelle 19.17 Beispielmakros für UserForm-Programmierung

Kapitel 20

VBA-Praxis

Lesen Sie im ersten Abschnitt, wie Makros zertifiziert und mit digitaler Signatur versehen werden. Was Sie tun können, wenn Sie das Kennwort in einem Projekt vergessen haben, zeigt der zweite Abschnitt.

Wie Sie die Oberfläche von Excel 2010 mit Symbolleisten und Multifunktionsleiste programmieren, lernen Sie im dritten Abschnitt.

20.1 Ein Makro-Zertifikat

Öffnet ein Anwender zum ersten Mal eine Mappe, die VBA-Makros enthält, bekommt er die Sicherungsmeldung

`Von Microsoft Office wurde ein potentielles Sicherheitsrisiko identifiziert.`

Wie Sie aus dem VBA-Kapitel wissen, erhalten Sie die Sicherheitsmeldung, wenn im Sicherheitscenter für Makros die Stufe *Mittel* eingestellt ist (mit *Hoch* können Sie gar keine Makros laden, wenn kein Zertifikat vorliegt).

Erstellen Sie sich Ihr eigenes Zertifikat, und signieren Sie Ihre Makros damit, können Sie alle Makros ohne Warnungen auf Ihrem eigenen Rechner starten und bearbeiten.

20.1.1 Office-Programm für Zertifikate

Microsoft stellt für die Ausstellung von Zertifikaten im Office-Paket eine Software zur Verfügung. Wenn diese nicht im Startmenü angeboten wird, holen Sie diese Aktivierung in der Wartungsinstallation nach:

1. Doppelklicken Sie in der Systemsteuerung auf *Software*.
2. Starten Sie die Systemsteuerung, öffnen Sie das Dienstprogramm *Software*.
3. Suchen Sie den Eintrag *Microsoft Office Professional 2010*, und klicken Sie auf *Ändern*.
4. Klicken Sie im Office-Setup auf *Features hinzufügen/entfernen*.
5. Wählen Sie für die Kategorie *Gemeinsam genutzte Office-Features* die Einstellung in *Vom Arbeitsplatz starten*.
6. Klicken Sie auf *Aktualisieren*, um die Installation abzuschließen.

20.1.2 Zertifikat erstellen

Die Software für eigene Zertifikate steht jetzt zur Verfügung, erstellen Sie Ihr erstes Zertifikat. Die Programmdatei heißt *SELCERT.EXE*, sie wird unter *Start/Alle Programme/Microsoft Office/Microsoft Office-Tools* mit dem Befehl *Digitales Zertifikat für VBA-Projekte* gestartet.

Eine Dialogbox erscheint, geben Sie den Namen ein, den Sie in Ihrem Zertifikat sehen oder anzeigen wollen. Daraufhin wird ein digitales Zertifikat zum Signieren von Code mit diesem Namen erstellt und in Ihrem persönlichen Zertifikatsspeicher abgelegt.

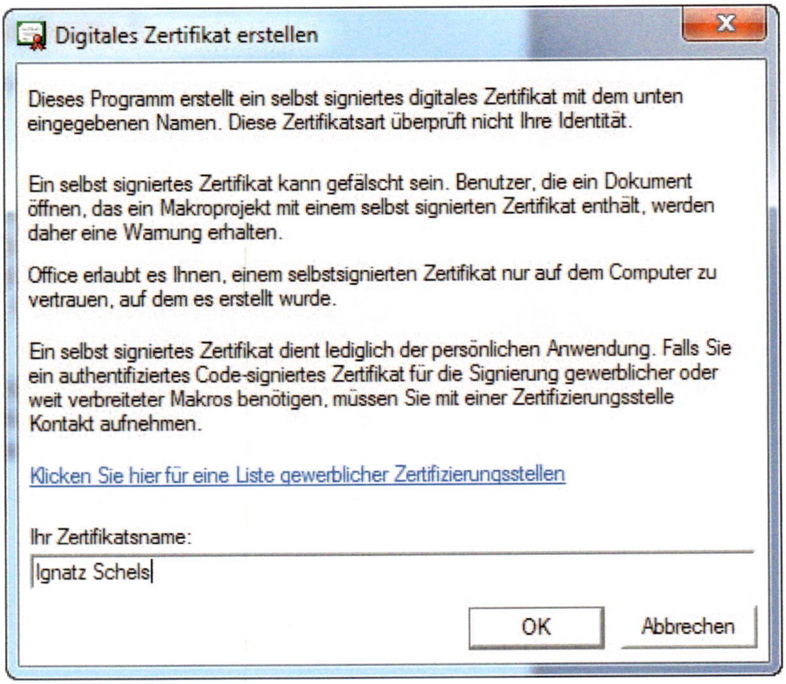

Abbildung 20.1
Digitales Zertifikat erstellen

1. Bestätigen Sie die Meldung, und Ihr eigenes Zertifikat ist erstellt.

Klicken Sie auf den Link, um eine Liste von Zertifizierungsstellen im Browserfenster zu öffnen. Bei diesen Anbietern können Sie Zertifikate kaufen, die größere Entwicklungen absichern. Eine Alternative bietet diese Freeware-Lösung für selbst signierte Testzertifikate:

`http://www.abylonsoft.de/selfcert/index.htm`

20.1.3 Digitale Signatur erstellen

1. Starten Sie die Makroarbeitsmappe in der mittleren oder niedrigen Sicherheitsstufe, in der Sie die Makros bearbeiten können. Wechseln Sie mit Alt+F11 in das Fenster des Visual Basic-Editors.
2. Wählen Sie *Extras/Digitale Signatur*.
3. Die bereits zugewiesenen Zertifikate werden angezeigt, klicken Sie auf *Wählen*, um ein Zertifikat zu wählen.
4. Markieren Sie Ihr Zertifikat. Mit *Zertifikat anzeigen* erhalten Sie Details dazu, klicken Sie auf *OK*, um es zuzuweisen.

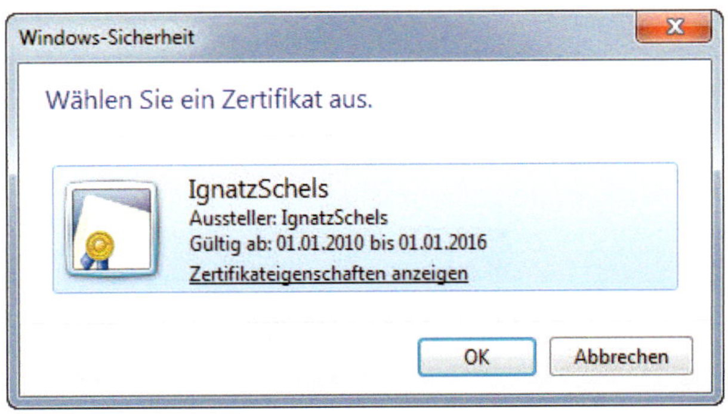

Abbildung 20.2 Ein eigenes Zertifikat

20.1.4 Echte Zertifizierung

Diese eigenen Zertifikate dienen nur zu Testzwecken, Microsoft stellt das Programm auch nur für diesen Zweck zur Verfügung. Wenn Sie eine echte Zertifizierung brauchen, setzen Sie sich mit einer Zertifizierungsstelle in Verbindung und beantragen ein solches Zertifikat.

Die Links in den Dialogboxen sind meistens falsch, aber Sie können alle wichtigen Informationen zur Zertifizierung bei Microsoft abrufen.

White Paper von Microsoft

Mit diesem Link erhalten Sie eine 30 Seiten starke DOC-Datei, in der die wichtigsten Fragen zur digitalen Signatur und Zertifizierung von Makros beantwortet werden:

`http://download.microsoft.com/download/OfficeXPStandard/offxpsec/1/W98NT42KMe/DE/offxpsec.exe`

Aus dem Inhalt:

- Digitale Signaturen
- So signieren Sie Ihre Makros
- Unterstützung für Virenscanner
- Aufklären über Sicherheitsfragen

20.2 Kennwortschutz entfernen

Wie Sie in Kapitel 17 gelesen haben, bietet Excel eine Fülle von Schutzmechanismen an, beginnend vom Passwortschutz über den Blatt- und Arbeitsmappenschutz bis zu den Makrosicherheitseinstellungen im Vertrauensstellungscenter. In der Praxis gerät der Schutz oft zum Nachteil des Anwenders, wenn er beispielsweise seine eigenen Kennwörter vergisst oder Daten in Arbeitsmappen vorliegen, deren Kennwörter nicht mehr greifbar sind.

Für solche Fälle sollten Sie die Techniken kennen, um Kennwörter zu entfernen. Auf keinen Fall dürfen Sie diese anwenden, um Daten auszuspähen oder zu manipulieren, die Ihnen nicht gehören.

HINWEIS Die Ausführungen beziehen sich ausschließlich auf Kennwörter. Dateipasswörter können nur mit entsprechender Spezialsoftware entfernt werden, im Internet finden Sie hierzu einige Anbieter.

20.2.1 Blattschutz und Arbeitsmappenschutz entfernen

Der Blattschutz ist ein nützliches Hilfsmittel, um Tabellenblätter vor unbeabsichtigten Löschungen oder Veränderungen zu schützen. Besonders trickreich ist er nicht, die Daten können herauskopiert werden, sofern sie sichtbar sind. Mit einer einfachen Codesequenz entfernen Sie den Blattschutz. Kopieren Sie diese in ein Modul, und starten Sie das Makro per Schaltfläche oder mit F5 aus dem VBA-Editor.

Bringen Sie Geduld mit - je nach Länge des Passwortes dauert die Prozedur mehrere Minuten. Da das Kennwort für Tabellenblätter beliebig lang sein kann, lässt sich keine Garantie geben für diese Routine.

CD-ROM Das Beispiel finden Sie auf der Buch-CD unter *Blattschutz aufheben.xlsm*.

```
Sub Blattschutz_löschen()
On Error Resume Next
For i = 65 To 66
For j = 65 To 66
For k = 65 To 66
For l = 65 To 66
For m = 65 To 66
For n = 65 To 66
For o = 65 To 66
For p = 65 To 66
For q = 65 To 66
For r = 65 To 66
For s = 65 To 66
For t = 32 To 126
ActiveSheet.Unprotect Chr(i) & Chr(j) _
& Chr(k) & Chr(l) & Chr(m) & _
Chr(n) & Chr(o) & Chr(p) & Chr(q) _
& Chr(r) & Chr(s) & Chr(t)
Next t
Next s
Next r
Next q
Next p
Next o
Next n
Next m
Next l
Next k
Next j
Next i
MsgBox "Blattschutz entfernt"
End Sub
```

Listing 20.1 Das Makro löscht den Blattschutz.

20.3 Makros im Menüband und in der Symbolleiste

Mit dem neuen Look präsentiert Excel 2010 nicht nur dem Anwender, sondern auch dem Entwickler eine neue Oberfläche, die viele Möglichkeiten für individuelle Gestaltung eröffnet. Bis zur Vorgängerversion Office 2003 bestand die Benutzerführung aus einer Menüleiste, mehreren Symbolleisten und den Kontextmenüs, und alle diese Elemente waren relativ einfach über das Objektmodell programmierbar.

Excel 2007 tauschte die Menüs und Symbolleisten gegen eine Schnellstartleiste und eine Multifunktionsleiste, und mit dem neuen Dateiformat ändert sich auch die Art der Programmierung für die Oberfläche grundlegend. In Excel 2010 heißt die Multifunktionsleiste Menüband, das Prinzip ist gleich geblieben. Das Menüband kann im Unterschied zur Multifunktionsleiste aber wieder benutzerspezifisch angepasst werden, was die Einbindung von VBA-Makros in die Oberfläche sehr erleichtert.

20.3.1 Makros in der Symbolleiste für den Schnellzugriff

Die kleine Symbolleiste wird benutzerspezifisch in einer Datei mit der Bezeichnung Excel.QAT (Quick Access Toolbar) gespeichert. Sie enthält XML-Codes und kann mit entsprechenden Kenntnissen über XML-Programmierung einfach angepasst werden. Es geht aber auch ohne Programmierkenntnisse:

Hier ein Makro, das Informationen über das System in einer Meldungsbox ausgibt.

```
Sub EnvInfo()
 Dim i As Integer, strMtext As String
 For i = 1 To 32
   mtext = mtext & Environ(i) & vbCr
 Next i
 MsgBox mtext, vbInformation, "EnvINFO © I. Schels"
End Sub
```

Listing 20.2 Makro für Systeminformationen

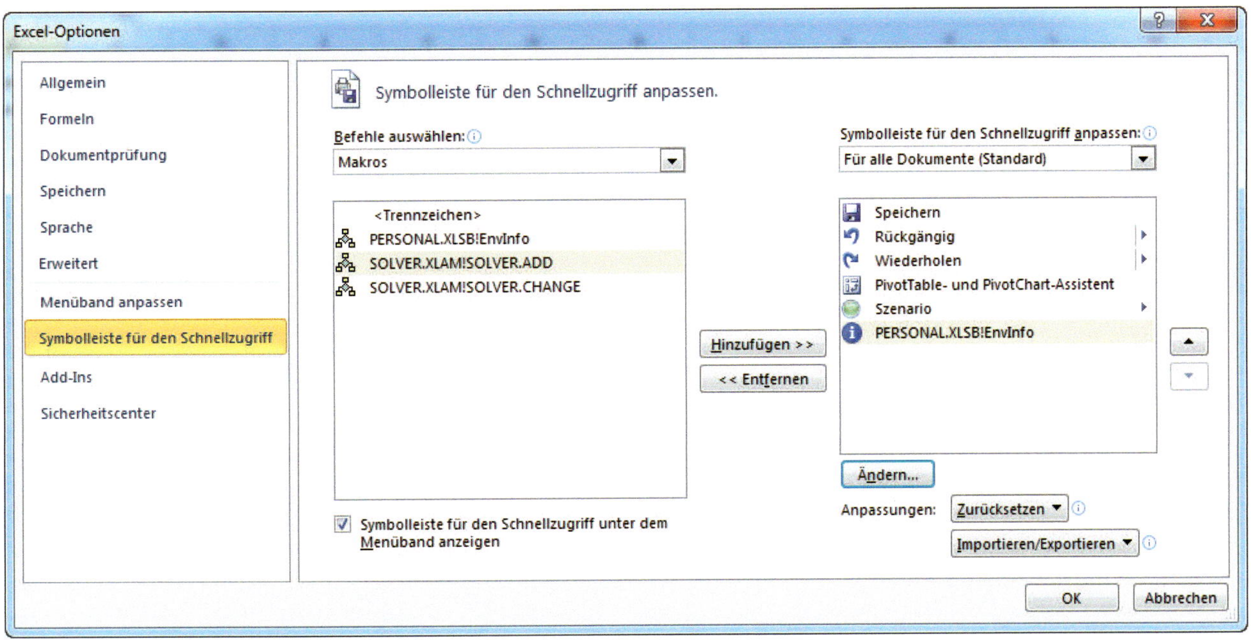

Abbildung 20.3 Die Symbolleiste für den Schnellzugriff mit Makro

1. Stellen Sie Ihre Makros in der persönlichen Makroarbeitsmappe PERSONAL.XLSB zur Verfügung. Diese Mappe wird mit dem Start von Excel geladen.
2. Wählen Sie *Datei/Optionen/Symbolleiste für den Schnellzugriff anpassen*, und suchen Sie die Kategorie *Makros*.
3. Ziehen Sie das Makros aus der linken Liste in die rechte Liste.
4. Mit *Ändern* können Sie das Makrosymbol ändern, suchen Sie ein anderes Symbol aus der Dialogbox.

Die Makros stehen damit zur Verfügung, die QAT-Datei enthält die entsprechenden Codes, und hier können Sie auch andere Symbole für die Makros einbinden.

20.3.2 Makros im Menüband platzieren

Auch die Makros, die Sie im Menüband bereitstellen, sollten am besten in der persönlichen Makroarbeitsmappe PERSONAL.XLSB gespeichert werden, denn das ist die Einzige, die automatisch mit Excel geladen wird. Sie können natürlich auch Makros aus anderen Mappen in das Menüband einbinden, diese werden aktiviert, wenn Sie das Makro ausführen.

1. Wählen Sie *Datei/Optionen/Menüband anpassen*.
2. Fügen Sie eine neue Registerkarte mit einer neuen Gruppe ein, oder markieren Sie ein Register und fügen Sie eine neue Gruppe ein.
3. Markieren Sie die Gruppe, und stellen Sie in der linken Liste *Makros* ein.
4. Suchen Sie das Makro, und klicken Sie auf *Hinzufügen*, um das Makro einzufügen.
5. Wählen Sie für Register, Gruppe und Makro *Umbenennen*, und fügen Sie neue Bezeichnungen und Symbolbilder ein.

Das Makro steht damit im Menüband bereit, ein Klick darauf startet es. Nach dem Schließen des Programmfensters wird das Menüband in die Datei Excel.CustomUI geschrieben, unter diesem Pfad ist sie zu finden:

C:\Users\Benutzername\AppData\Local\Microsoft\Office

Wenn Sie Ihre Makrozuweisung auf einem anderen Rechner vornehmen wollen, kopieren Sie einfach diese Datei.

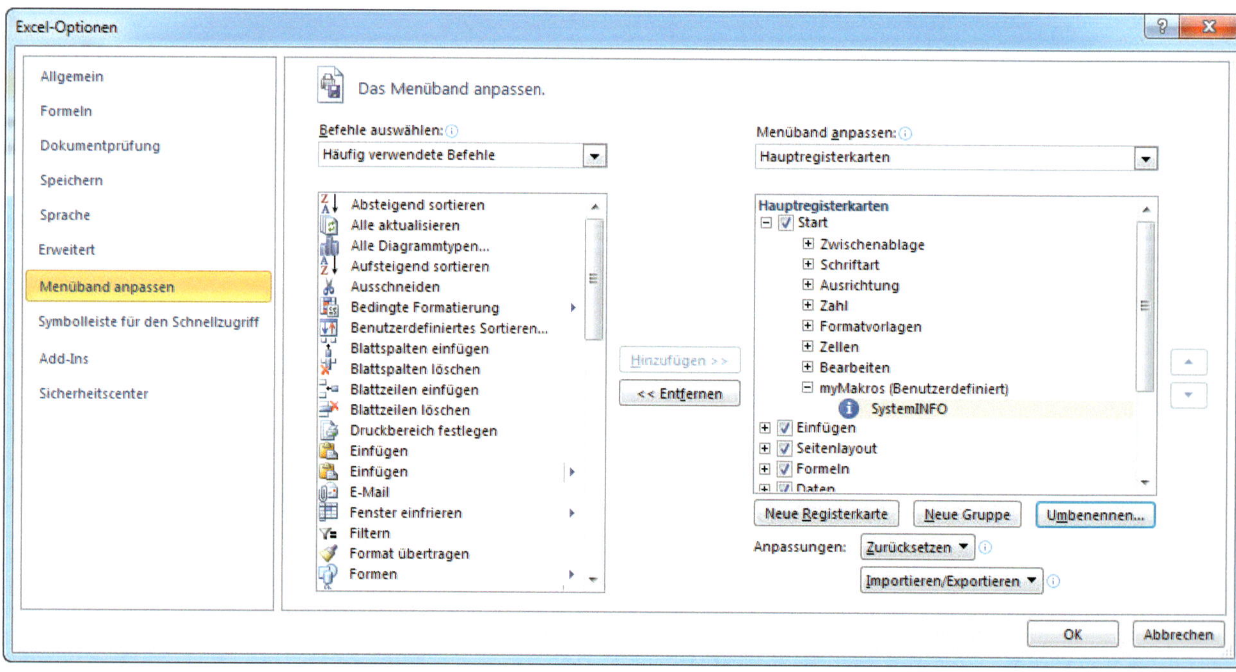

Abbildung 20.4 Makro in Menüband einfügen

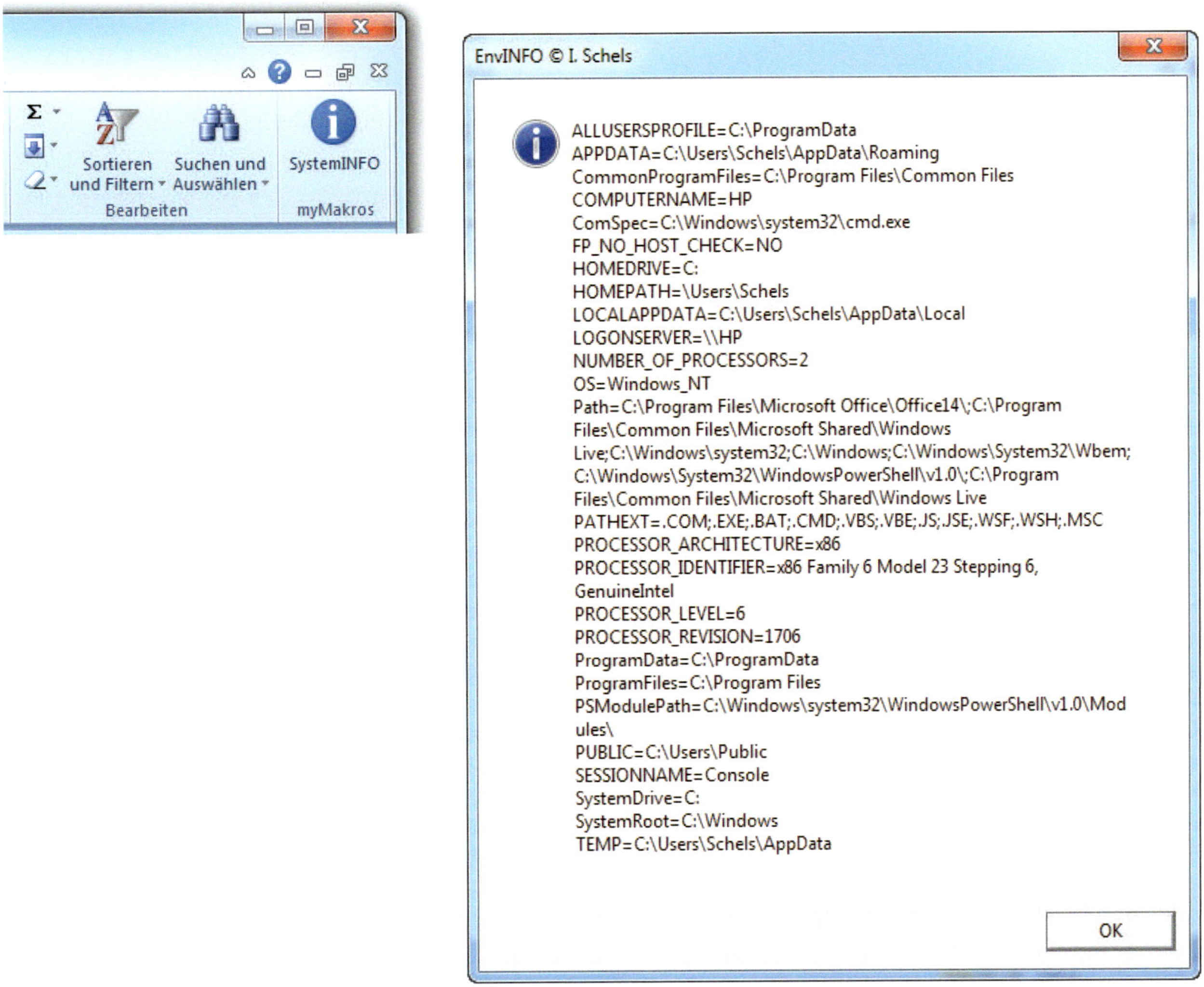

Abbildung 20.5 Das Makro aus der PERSONAL.XLSB im Menüband

20.3.3 Menüband programmieren

Erheblich mehr Aufwand erfordert die programmtechnische Anpassung der Haupt-Benutzeroberfläche, des Menübands. Der »Ribbon«, wie diese Leiste in der Entwicklersprache heißt, wird mit einer Kombination aus XML und einer weiteren Programmiersprache, zum Beispiel C#, codiert und angepasst. Da XML-Codes als Textdateien mit einfachen Texteditoren bearbeitet werden können, ist die Anpassung der Leiste einfach, wenn der Code einmal programmiert ist. Die Programmierung erfordert aber gute XML-Kenntnisse. Nützliche Werkzeuge für diesen Zweck sind sogenannte RibbonCustomizer. Mit diesen können Sie die Menübandregister und -gruppen mit Elementen versehen und die daraus entstehenden XML-Codes gleich in die Arbeitsmappendatei integrieren.

RibbonCustomizer http://pschmid.net/index.php	Der RibbonCustomizer wird als Add-In installiert und bietet ähnlich wie die Anpassung der Symbolleiste für den Schnellzugriff einen Dialog, in dem alle Register, Gruppen und Befehle angepasst werden können.
Custom UI Editor http://openxmldeveloper.org/articles/customuieditor.aspx	Dieser Editor öffnen die Datei und bietet eine leere Seite an, in die der Code einkopiert wird (mit Beispielcodes).

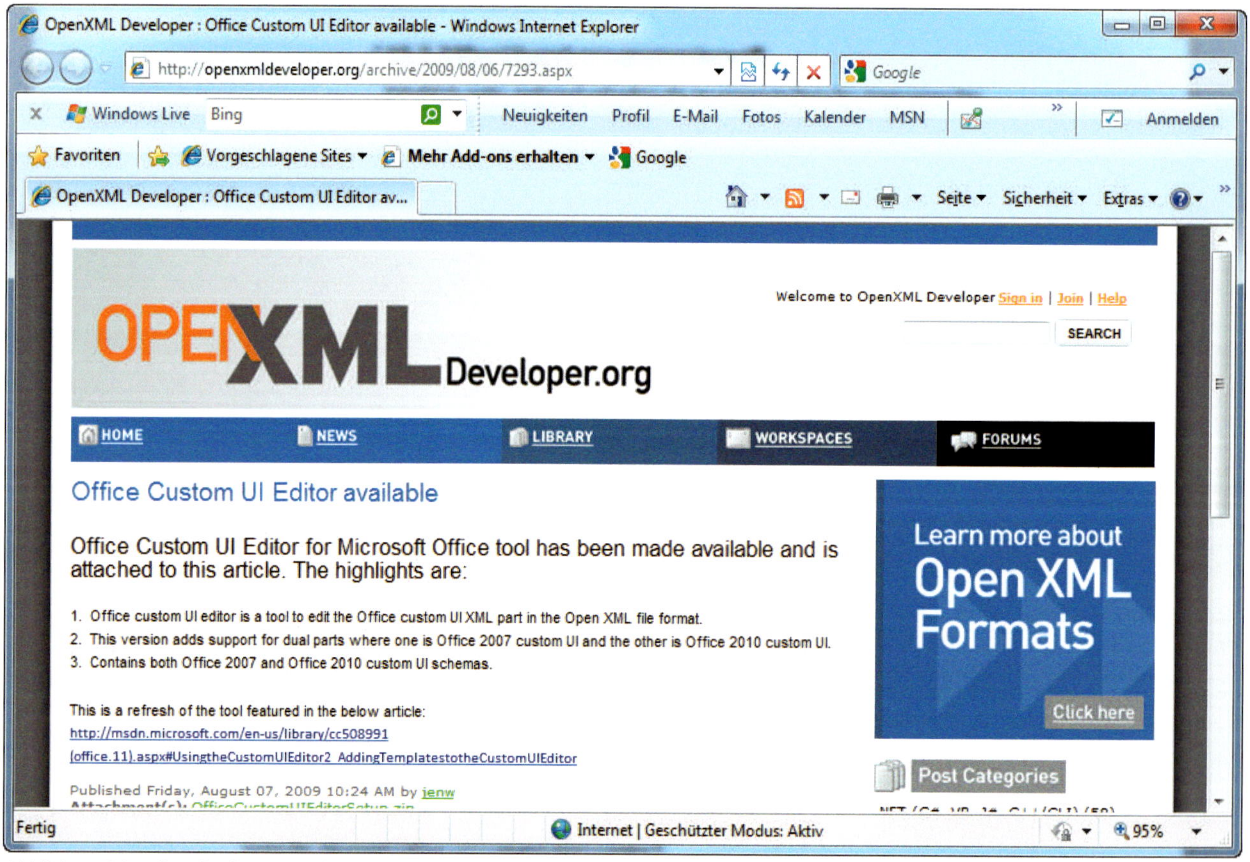

Abbildung 20.6 Der Custom UI Editor ermöglicht die Anpassung.

20.4 Spaß mit Excel

Das Leben ist ernst genug: Gönnen Sie sich eine Auszeit mit Excel-Spaßmakros. Im Internet finden Sie zahlreiche Seiten mit Spielen, Rätseln, Sudokus und vieles mehr. Noch mehr Spaß macht allerdings das Selbstprogrammieren, denn bei der Gelegenheit lernen Sie auch noch VBA kennen. Hier ein paar Beispiele:

CD-ROM Auf der Buch-CD unter VBA *FunMakros.xlsm*

20.4.1 Geld verdienen

Ein Dialogfenster mit einer etwas verrückten Schaltfläche. Sehen Sie sich das Ereignis *MouseMove* im Codeblatt der UserForm *frmGeld* an, es ändert die Beschriftung der Schaltfläche, wenn der Mauszeiger draufzeigt.

20.4.2 Geschenk

Mit einer API-Funktion (API = *Application Programming Interface*) servieren Sie dem Anwender sein Geschenk. API-Funktionen nutzen die Windows-Schnittstelle, hier wird einfach das CD-ROM-Laufwerk geöffnet.

20.4.3 BullShit-BINGO

Das beliebte Spiel für langweilige Konferenzen und Meetings. Der Redner wird sich wundern, wie aufmerksam seine Zuhörer sind, dabei versuchen sie nur, ähnlich wie beim BINGO fünf Allgemeinphrasen in einer Reihe, Spalte oder Diagonale zu sammeln. Wer es geschafft hat, springt auf und ruft laut »Bullshit!«. Das Tabellenblatt stellt drei Listen zur Auswahl, über ein Kombinationsfeld und einen dynamischen Bereichsnamen wird diese per INDEX-Funktion in den BINGO-Bereich verknüpft. Für die Auswertung der Klicks sorgt das Ereignis *Worksheet_SelectionChange*.

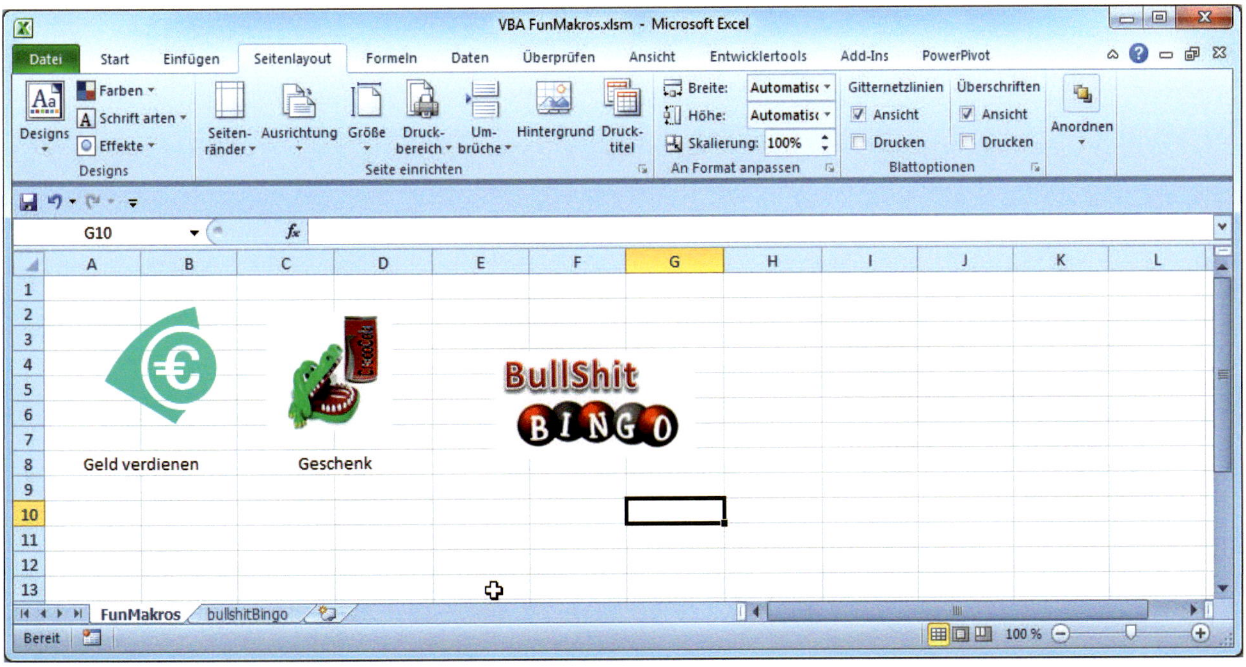

Abbildung 20.7 Fun-Makros mit VBA

Teil 7
Anhang

Drei wichtige Anhänge finden Sie in diesem Teil:

Anhang A beschreibt alle Optionen des VBA-Editors. Sehen Sie sich die Optionen an, und richten Sie Ihre Programmieroberfläche passend ein.

Shortcuts sind für den fortgeschrittenen Anwender sehr wichtig und eine Voraussetzung für schnelles und konzentriertes Arbeiten. Anhang B listet die wichtigsten Tastenkombinationen.

In Anhang C finden Sie eine vollständige Übersicht über die Tabellen, nach Funktionskategorien geordnet und als alphabetische Liste. Wenn Sie Umsteiger von einer älteren Version sind, achten Sie besonders auf die Liste der kompatiblen Funktionen.

Anhang A: Die Optionen des VBA-Editors

Für VBA-Programmierer sind hier die Optionen des Editors ausführlich beschrieben.

Anhang B: Tastenkombinationen

Shortcuts sind das wichtigste Werkzeug für eine optimierte Bearbeitung von Arbeitsmappen und Tabellen. In diesem Anhang finden Sie eine Übersicht über alle wichtigen Tastenkombinationen.

Anhang C: Funktionsübersicht

Funktionen sind die wichtigsten Werkzeuge der Tabellenkalkulation. In diesem Anhang finden Sie eine Auflistung aller Funktionen, nach Kategorien geordnet.

Anhang A
Die Optionen des VBA-Editors

Der Visual Basic Editor bietet eine Reihe von Voreinstellungen, die für das Codieren der Makros wichtig sind.

1. Schalten Sie mit [Alt]+[F11] in den Visual Basic-Editor.
2. Wählen Sie *Extras/Optionen*.
3. Die erste Registerkarte *Editor* enthält die Einstellungen für das Code- und das Projektfenster.

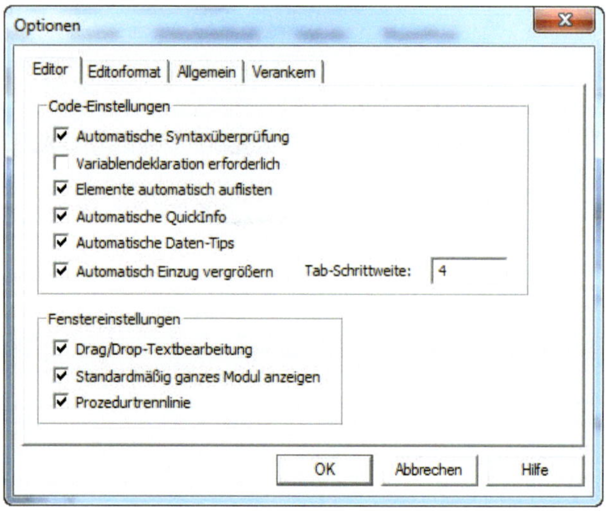

Abbildung A.1 Die Registerkarte Editor

A.1 Editor

» *Automatische Syntaxüberprüfung* bestimmt, ob Visual Basic nach der Eingabe einer Codezeile automatisch die Syntax überprüfen soll.

» *Variablendeklaration erforderlich* bestimmt, ob explizite Variablendeklarationen in Modulen erforderlich sind. Mit der Aktivierung dieser Option wird in allen neuen Modulen die `Option Explicit`-Anweisung im Deklarationsbereich eingefügt.

HINWEIS Bereits erstellte Module erhalten diesen Eintrag nicht mehr, schreiben Sie ihn per Hand in die erste Zeile.

» *Elemente automatisch auflisten* zeigt eine Liste mit den Informationen an, die die Anweisung an der aktuellen Einfügemarke logisch vervollständigen würden.

» *Automatische QuickInfo* zeigt bei der Eingabe Informationen zu Funktionen und deren Parametern an.

» *Automatische Daten-Tips* zeigt den Wert der Variablen an, auf der der Cursor positioniert ist. Die Option ist nur im Haltemodus verfügbar.

» *Automatisch Einzug vergrössern* ermöglicht, für die erste Codezeile einen Tabulator festzulegen. Alle nachfolgenden Zeilen beginnen an der Tab-Position.

» *Tab-Schrittweite* stellt die Tab-Schrittweite auf einen Wert zwischen 1 und 32 Leerzeichen ein; die Standardeinstellung ist vier Leerzeichen.

- *Drag/Drop-Textbearbeitung* ermöglicht das Ziehen und Ablegen von Elementen im aktuellen Code und vom Codefenster in das Direkt- oder Überwachungsfenster.
- *Standardmässig ganzes Modul anzeigen* stellt den Standardzustand für neue Module so ein, dass Prozeduren im Codefenster entweder fortlaufend als Liste dargestellt werden, durch die geblättert werden kann, oder dass immer nur jeweils eine Prozedur angezeigt wird. Die Darstellung von momentan geöffneten Modulen ist davon nicht betroffen.
- *Prozedurtrennlinie* ermöglicht die Anzeige bzw. das Ausblenden von Prozedurtrennlinien am Ende der einzelnen Prozeduren im Codefenster.

A.2 Editorformat

Auf der zweiten Registerkarte wird die Darstellung des Visual Basic-Codes bestimmt. Sehen Sie sich die Farben und Schriftvereinbarungen an, die für die einzelnen Teile eines Makros vereinbart sind. Kommentare werden grün eingefärbt, nicht akzeptierte Befehle rot, und wenn Sie ein Makro im Schrittmodus abarbeiten, kennzeichnet der Editor den aktiven Befehl mit einer Farbunterlegung. Wechseln Sie hier die Schrift oder die Schrift- und Hintergrundfarben, wenn Ihr System diese nicht richtig anzeigen kann.

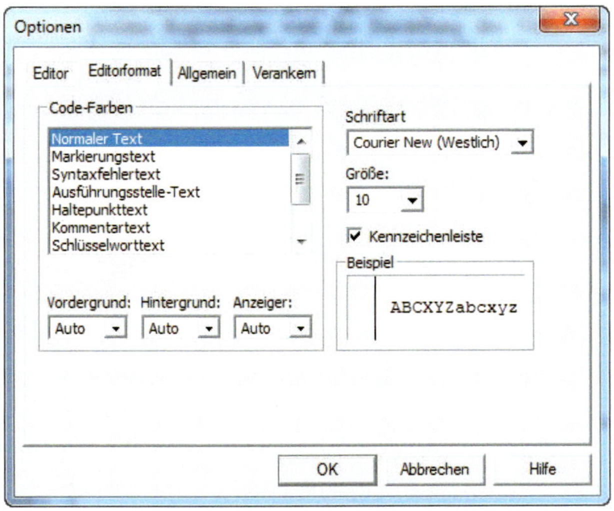

Abbildung A.2 Die Registerkarte Editorformat

A.3 Allgemein

Auf der dritten Registerkarte werden allgemeine Einstellungen für die gesamte Editor-Oberfläche vorgenommen.

Die *Einstellungen für Formular-Raster* bestimmen die Darstellungsart des Formulars beim Bearbeiten:

- *Raster anzeigen* legt fest, ob das Raster in UserForms angezeigt wird.
- *Rastereinheiten* legt die Rastereinheiten für das Formular an.
  - *Breite* legt die Breite der Rasterzellen in einem Formular fest (2–60 Punkt).
  - *Höhe* legt die Höhe der Rasterzellen in einem Formular fest (2–60 Punkt).
- *Am Raster ausrichten* richtet die äußeren Begrenzungen von Steuerelementen automatisch an den Rasterlinien aus.
- *QuickInfo anzeigen* zeigt QuickInfos für die Symbolleisten-Schaltflächen an.

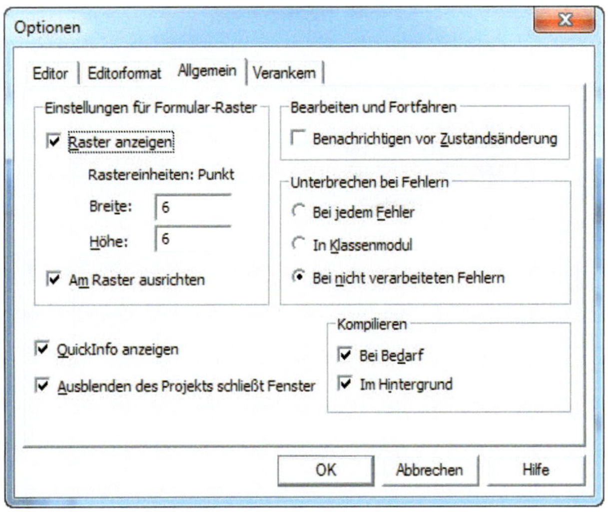

Abbildung A.3 Die Registerkarte Allgemein

- *Ausblenden des Projekts schliesst Fenster* legt fest, ob die Projekt-, UserForm-, Objekt- oder Modulfenster automatisch geschlossen werden, wenn ein Projekt im Projekt-Explorer ausgeblendet wird.

Unter *Bearbeiten und Fortfahren* finden Sie *Benachrichtigen vor Zustandsänderung*. Damit legen Sie fest, ob eine Benachrichtigung erfolgt, wenn durch die angeforderte Aktion alle Variablen auf Modulebene für ein laufendes Projekt zurückgesetzt werden.

Unterbrechen bei Fehlern legt fest, wie Fehler in der Visual Basic-Entwicklungsumgebung verarbeitet werden. Das Einstellen dieser Option wirkt sich auf alle Instanzen von Visual Basic aus, die nach dem Ändern dieser Einstellung gestartet wurden.

» *Bei jedem Fehler*: Bei jedem Fehler wird für das Projekt der Haltemodus aktiviert, unabhängig davon, ob eine Fehlerbehandlungsroutine aktiviert ist oder ob sich der Code in einem Klassenmodul befindet.

» *In Klassenmodul*: Alle nicht verarbeiteten Fehler in einem Klassenmodul bewirken, dass für das Projekt in der Codezeile des Klassenmoduls, die den Fehler verursacht hat, der Haltemodus aktiviert wird.

» *Bei nicht verarbeiteten Fehlern*: Wenn eine Fehlerbehandlungsroutine läuft, wird der Fehler behandelt, ohne den Haltemodus zu aktivieren. Sollte keine Fehlerbehandlungsroutine vorhanden sein, bewirkt der Fehler, dass der Haltemodus für das Projekt aktiviert wird. Ein nicht verarbeiteter Fehler in einem Klassenmodul bewirkt jedoch, dass für das Projekt in der Codezeile, die die falsche Prozedur für die Klasse aufgerufen hat, der Haltemodus aktiviert wird.

Kompilieren Bei Bedarf legt fest, ob ein Projekt vor dem Start vollständig oder ob der Code bei Bedarf kompiliert wird, wodurch die Anwendung schneller gestartet werden kann.

Im Hintergrund legt fest, ob Leerlaufzeit während der Laufzeit für die Kompilierung des Projekts im Hintergrund verwendet werden soll. Diese Option kann die Ausführungsgeschwindigkeit während der Laufzeit verbessern und ist nur verfügbar, wenn auch die Option *Bei Bedarf* aktiviert ist.

A.4 Verankern

Auf der letzten Registerkarte können Sie festlegen, welche Fenster verankerbar sein sollen. Ein Fenster ist verankert, wenn es mit einer Kante eines anderen verankerbaren Fensters oder eines Anwendungsfensters verbunden ist. Ein verankerbares Fenster wird beim Verschieben automatisch ausgerichtet. Ein Fenster ist nicht verankerbar, wenn es an eine beliebige Position auf dem Bildschirm verschoben werden kann und diese Position beibehält.

Wählen Sie die Fenster aus, die verankerbar sein sollen, und deaktivieren Sie die Kontrollkästchen für die anderen Fenster. Ein beliebiges Fenster, kein oder alle Fenster in der Liste können verankert werden.

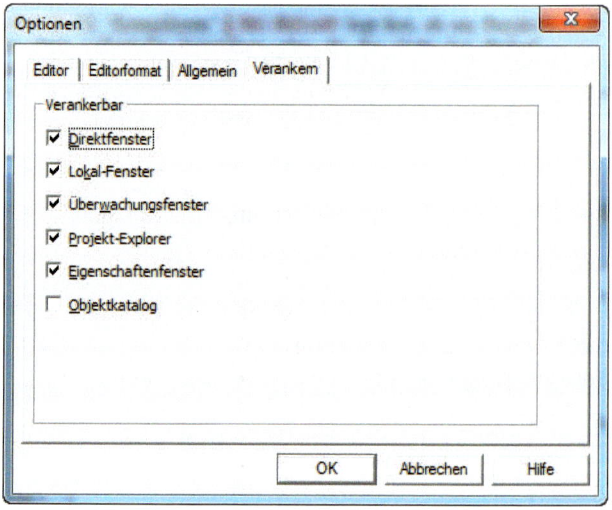

Abbildung A.4 Die Registerkarte Verankern

Anhang B
Tastenkombinationen

Tastenkombinationen (Shortcuts) sind nützliche kleine Helfer bei der täglichen Arbeit mit Zellen, Tabellen und Objekten. Excel bietet zahlreiche Shortcuts von den Funktionstasten bis zu Kombinationen mit der Strg-, Shift- und Alt-Taste. Die meisten sind identisch mit denen der älteren Versionen, einige wurden aber geändert.

Formelanzeige mit Strg +

Einer der nützlichsten Shortcuts funktioniert leider nicht mehr unter Excel 2010: Mit Strg + # konnte in den Vorversionen das Tabellenblatt auf die Formelanzeige umgeschaltet werden. Anstelle der Ergebnisse zeigt diese Ansicht alle Formeln in den Zellen an, dazu werden alle Spaltenbreiten verdoppelt. Ein weiterer Klick blendet diese Anzeige wieder aus. Im Register *Formeln* wird zwar ein Symbol dafür angeboten, und die QuickInfo meldet auch noch den alten Shortcut, aber dieser ist in Excel 2010 anders belegt. Markieren Sie eine Zelle oder einen Zellbereich und drücken Strg + #, erhält die Markierung das Zahlenformat TT. MMM JJ.

1. Wählen Sie *Ansicht/Makros/Makro aufzeichnen*.
2. Geben Sie den Makronamen *Formelanzeige* ein und tragen Sie eine Tastenkombination Ihrer Wahl ein, z. B. *Ctrl* + *y*. Das #-Zeichen ist leider nicht erlaubt, weil schon belegt (Ctrl = Strg-Taste).
3. Geben Sie als Speicherort *Persönliche Makroarbeitsmappe* an.

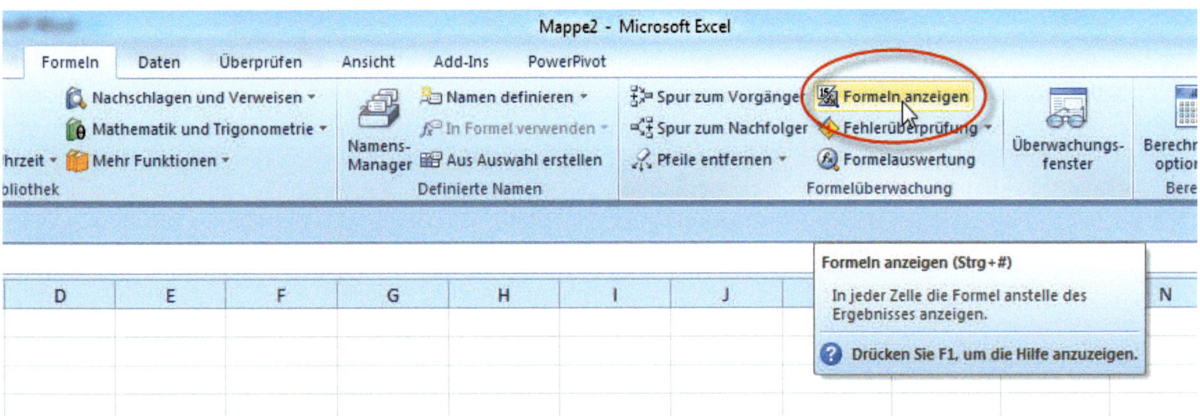

Abbildung B.1 Formelanzeige ein/ausblenden mit falschem Shortcut

4. Führen Sie eine beliebige Aktion aus (z. B. Zellzeiger verschieben) und beenden Sie die Aufzeichnung mit *Ansicht/Makros/Aufzeichnung beenden*.

5. Aktivieren Sie mit Alt + F11 den Visual Basic-Editor. Öffnen Sie im Projekt-Explorer das Modul mit der höchsten Nummer (Modul1) und ändern Sie das Makro ab. Löschen Sie alles zwischen `Sub` und `End Sub` und tragen Sie diesen Befehl ein:

```
Sub Formelanzeige()
 ActiveWindow.DisplayFormulas = _
 Not ActiveWindow.DisplayFormulas
End Sub
```

6. Klicken Sie auf das Diskettensymbol, um die persönliche Makroarbeitsmappe zu speichern, und schließen Sie den VBA-Editor wieder.

Jetzt können Sie mit dieser Tastenkombination im aktuellen Arbeitsblatt zwischen Formeln und Ergebnissen Shift en.

B.1 Übersicht Tastenkombinationen

CD-ROM Diese Übersicht finden Sie auch auf der CD zum Buch unter *Excel 2010 Tastenkombinationen.xlsx*.

Taste	Beschreibung
Strg + Shift +	Ausgeblendete Zeilen im markierten Bereich einblenden.
STRG + SHIFT + &	Rahmen um die markierten Zellen zeichnen.
STRG + SHIFT +	Rahmen um die markierten Zellen löschen.
STRG + SHIFT + $	Weist das Währungsformat mit zwei Dezimalstellen zu (negative Zahlen in Klammern).
STRG + SHIFT + %	Weist das Prozentformat ohne Dezimalstellen zu.
STRG + SHIFT + (	Weist das Exponentialzahlenformat mit zwei Dezimalstellen zu.
STRG + #	Weist das Datumsformat TT. MMM JJ zu.
STRG + SHIFT + !	Weist das Zahlenformat #.##0,00 zu.
STRG + SHIFT + *	Markiert den Bereich um die aktive Zelle oder die PivotTable.
STRG + . (Punkt)	Trägt das aktuelle Datum ein.
STRG + SHIFT + :	Trägt die aktuelle Uhrzeit ein.
STRG + + (Plus)	Fügt leere Zellen, Zeilen oder Spalten ein.
STRG + - (Minus)	Löscht Zellen, Zeilen oder Spalten.
STRG + 1	Zeigt das Dialogfeld »Zellen formatieren« an.
STRG + 2	Formatiert die markierten Zellen fett oder hebt die Formatierung auf.
STRG + 3	Formatiert die markierten Zellen kursiv oder hebt die Formatierung auf.
STRG + 4	Unterstreicht die markierten Zellen oder hebt die Unterstreichung auf.
STRG + 5	Streicht die markierten Zellen durch oder hebt die Formatierung auf.
STRG + 6	Blendet alle Objekte ein oder aus und schaltet unter *Einfügen* die Gruppen *Illustrationen* und *Diagramme* ab.
STRG + 7	Blendet die Gliederungssymbole ein oder aus.

Taste	Beschreibung
STRG + 8	Blendet die Spalten der markierten Zellen aus.
STRG + SHIFT + 8	Blendet die Spalten der markierten Zeilen ein.
STRG + 9	Blendet die Zeilen der markierten Zellen aus.
STRG + SHIFT + 9	Blendet die Zeilen der markierten Zellen ein.
STRG + A	Markiert das gesamte Arbeitsblatt oder den aktuellen Bereich. Wenn Sie STRG + A ein zweites Mal drücken, wird das gesamte Arbeitsblatt ausgewählt. Wenn der Cursor in einer Formel rechts neben einem Funktionsnamen steht, wird das Dialogfeld *Funktionsargumente* angezeigt.
STRG + SHIFT + A	Fügt die Argumentnamen und Klammern einer Funktion ein, wenn der Cursor in einer Formel rechts neben einem Funktionsnamen steht.
STRG + SHIFT + F	Formatiert fett oder hebt die Formatierung auf.
STRG + C	Kopiert die markierten Zellen.
STRG + D	Aktiviert *Unten ausfüllen*, um den Inhalt und das Format der obersten Zelle eines markierten Bereichs in die darunter liegenden Zellen zu kopieren.
STRG + F	Zeigt das Dialogfeld *Suchen und Ersetzen* mit dem Register *Suchen* an.
STRG + G	Öffnet das Dialogfeld *Gehe zu* (auch mit F5).
STRG + H	Zeigt das Dialogfeld *Suchen und Ersetzen* an mit dem Register *Ersetzen* an.
STRG + SHIFT + K	Formatiert kursiv oder hebt die Formatierung auf.
STRG + K	Öffnet das Dialogfeld *Hyperlink einfügen.* Wenn ein Hyperlink markiert ist, wird *Hyperlink bearbeiten* angezeigt.
STRG + L	Zeigt das Dialogfeld *Tabelle erstellen* an.
STRG + N	Erstellt eine neue, leere Arbeitsmappe mit der Standardvorlage.
STRG + O	Zeigt das Dialogfeld *Öffnen* an, um eine Datei zu öffnen oder zu suchen.
STRG + SHIFT + O	Markiert alle Zellen, die Kommentare enthalten.
STRG + P	Öffnet *Drucken* in der Backstage-Ansicht.
STRG + SHIFT + P	Öffnet *Zellen formatieren* mit dem Register *Schriftart.*
STRG + R	Verwendet den Befehl *Rechts ausfüllen*, um den Inhalt und das Format der Zelle ganz links in einem markierten Bereich in die Zellen rechts daneben zu kopieren.
STRG + S	Speichert die aktive Datei unter dem aktuellen Dateinamen im aktuellen Dateiformat am aktuellen Speicherort. Wurde die Datei noch nicht gespeichert, erscheint *Speichern unter.*
STRG + T	Zeigt das Dialogfeld *Tabelle erstellen* an.
STRG + SHIFT + U	Unterstreicht oder hebt die Unterstreichung auf.
STRG + V	Fügt den Inhalt der Zwischenablage an der Cursorposition oder in die markierten Zellen ein (nur wenn die Zwischenablage nicht leer ist).
STRG + Alt + V	Zeigt das Dialogfeld *Inhalte einfügen* an (nur wenn die Zwischenablage nicht leer ist).

Taste	Beschreibung
STRG + W	Schließt die aktuelle Arbeitsmappe.
STRG + X	Schneidet die markierten Zellen oder den markierten Text in die Zwischenablage aus.
STRG + Y	Wiederholt den letzten Befehl oder die letzte Aktion, sofern möglich.
STRG + Z	Verwendet den Befehl *Rückgängig*, um den letzten Befehl rückgängig zu machen oder den zuletzt eingegebenen Eintrag zu löschen.
STRG + Bild ↓	Navigiert zum nächsten Tabellenblatt.
STRG + Bild ↑	Navigiert zum vorherigen Tabellenblatt.
STRG + SHIFT + Bild ↓	Markiert das aktuelle und das nächste Tabellenblatt, bildet eine Gruppe.
STRG + Bild ↑	Markiert das aktuelle und das vorherige Tabellenblatt, bildet eine Gruppe.
STRG + EINGABE	Füllt alle markierten Zellen mit der Eingabe (Bearbeitungsleiste muss offen sein).
STRG + LEERTASTE	Markiert die Spalte, in der der Zellzeiger steht.
SHIFT + LEERTASTE	Markiert die Zeile, in der der Zellzeiger steht.
STRG + SHIFT - LEERTASTE	Markiert das gesamte Tabellenblatt.
ALT + LEERTASTE	Öffnet das Steuerungsmenü des Excel-Fensters links oben.
ALT + EINGABE	Fügt einen Zeilenumbruch ein (Bearbeitungsleiste muss offen sein).
SHIFT + EINGABE	Schließt die Eingabe ab und setzt den Zellzeiger eine Zelle höher.
Ende	Startet oder beendet den Beendigungsmodus. Wird eine Pfeiltaste nach dem Start gedrückt, springt der Zellzeiger zum Ende der Markierung oder zum Ende des Tabellenblattes.
STRG + Ende	Setzt den Zellzeiger in die zuletzt verwendete Zelle oder an Ende des Tabellenblattes.
STRG + SHIFT + Ende	Markiert vom Zellzeiger bis zur zuletzt verwendeten Zelle oder zum Ende des Tabellenblattes. Ist die Bearbeitungsleiste offen, wird der Inhalt vom Cursor bis zum Ende markiert.
Entf	Löscht Zellen oder markierte Objekte oder markierte Elemente in Diagrammen (z. B. Legende). In der Bearbeitungsleiste wird das Zeichen rechts vom Cursor gelöscht.
→ ← ↑ ↓	Bewegen den Zellzeiger oder steuern, wenn ein Register aktiviert ist (mit Alt), das nächste oder vorherige Register an.
STRG + → Strg + ←	Setzt den Zellzeiger an das Ende des aktuellen Bereiches oder des Tabellenblattes.
SHIFT + ← → ↑ ↓	Erweitert die Markierung um eine Zeile oder Spalte.
Pos1	Setzt den Zellzeiger an den linken Rand des Tabellenblattes.
STRG + Pos1	Setzt den Zellzeiger in die Zelle A1.
Backspace	Löscht den Zellinhalt, ohne die Bearbeitungsleiste zu schließen. Löscht in der Bearbeitungsleiste das Zeichen links vom Cursor.
Tab	Setzt den Zellzeiger eine Spalte nach rechts.
SHIFT + Tab	Setzt den Zellzeiger eine Spalte nach links.

Taste	Beschreibung
STRG + Tab	Wechselt in einem Dialogfeld zur nächsten Registerkarte.
STRG + SHIFT + Tab	Wechselt in einem Dialogfeld zur vorherigen Registerkarte.
STRG + F1	Menüband ein- und ausblenden.
F1	Aktiviert das Hilfefenster.
F2	Öffnet die Bearbeitungsleiste für die aktive Zelle.
F4	Wiederholt den letzten Befehl.
F5	Blendet das Dialogfenster *Gehe zu* ein.
F6	Blendet die Tastenbelegung im Menüband aus. Zum Einblenden zweimal F6 oder ALT drücken.
F7	Startet die Rechtschreibprüfung.
SHIFT + F7	Öffnet den Aufgabenbereich mit *Recherchieren.*
F8	Fixiert den Zellzeiger, mit den Cursortasten kann die Markierung erweitert werden. Hebt die Fixierung wieder auf.
F10	Blendet die Tastenbelegung im Menüband ein oder aus.
SHIFT + F10	Blendet das Kontextmenü am Zellzeiger ein.

Anhang C
Funktionsübersicht

Funktionen sind die wichtigsten Werkzeuge der Tabellenkalkulation. Excel stellt fast 380 Funktionen zur Verfügung und ordnet diese in Kategorien von Finanzmathematisch bis Technisch ein. Hier finden Sie eine Auflistung aller Funktionen, zunächst nach Funktionskategorien mit allen Argumenten in den Funktionsklammern geordnet und anschließend alphabetisch.

C.1 Finanzmathematische Funktionen

AMORDEGRK(Kosten;Datum;Erste_Periode;Restwert;Periode;Rate;Basis)
Liefert den für eine Abrechnungsperiode anzusetzenden Abschreibungsbetrag. Diese Funktion wird für das französische Buchführungssystem bereitgestellt.

AMORLINEARK(AnschWert;Kaufdatum;ErsterZinstermin;...)
Liefert den für eine Abrechnungsperiode anzusetzenden Abschreibungsbetrag (siehe AMORDEGRK).

AUFGELZINS(Emission;ErsterZinstermin;Abrechnung;Satz ...)
Liefert die aufgelaufenen Zinsen (Stückzinsen) eines Wertpapiers, das regelmäßig Zinsen abwirft.

AUFGELZINSF(Emission;Abrechnung;Nominalzins;Nennwert;Basis)
Liefert die aufgelaufenen Zinsen (Stückzinsen) eines Wertpapiers, die bei Fälligkeit ausgezahlt werden.

AUSZAHLUNG(Abrechnung;Fälligkeit;Anlage;Disagio;Basis)
Gibt den Auszahlungsbetrag eines voll investierten Wertpapiers am Fälligkeitstermin zurück.

BW(Zins;Zzr;Rmz;Zw;F)
Liefert den Barwert einer Investition auf Grundlage von Zinssatz (Zins), Anzahl der Zahlungen (Zzr), Zahlungsbetrag (Rmz), zukünftigem Wert (Zw) und Fälligkeit (F). Der Zinssatz muss als Dezimalzahl angegeben werden (0,06 = 6 %).

DIA(Kosten;Rest;Dauer;Zr)
Liefert den Wert der digitalen Abschreibung eines Anlageobjekts über einen bestimmten Zeitraum auf Grundlage von Anschaffungspreis für das Objekt (Kosten), Restwert am Ende der Abschreibung (Rest), Nutzungsdauer des Objekts (Dauer) und Zeitraum (Zr). Diese Funktion arbeitet nach der US-Abschreibungsformel.

DISAGIO(Abrechnung;Fälligkeit;Kurs;Rückzahlung;Basis)
Gibt den in Prozent ausgedrückten Abzinsungssatz eines Wertpapiers zurück.

DURATION(Abrechnung;Fälligkeit;Nominalzins;Rendite;Häufigkeit;Basis)
Gibt für einen angenommenen Nennwert von 50 € die Macauley-Dauer zurück. Diese Dauer ist als gewichteter Mittelwert des Barwerts der Cashflows definiert und dient als Maß, wie der Kurs eines Wertpapiers auf Änderungen der Rendite reagiert.

EFFEKTIV(Nominalzins;Perioden)
Gibt die jährliche Effektivverzinsung zurück, ausgehend von einer Nominalverzinsung sowie der jeweiligen Anzahl der Zinszahlungen pro Jahr.

GDA(Kosten;Rest;Dauer;Zeitraum;Faktor)
Liefert den Abschreibungswert eines Anlageobjekts über einen bestimmten Zeitraum unter Verwendung der geometrisch degressiven Abschreibungsmethode.

GDA2(Anschaffwert;Restwert;Nutzungsdauer;Periode;Monate)
Liefert nach der Methode der geometrisch-degressiven Abschreibung für eine bestimmte Periode den tatsächlichen Abschreibungsbetrag eines Aktivpostens.

IKV(Werte;Schätzwert)
Liefert den internen Kapitalverzinsungssatz einer Liste von Cashflows, wobei der Schätzwert als Vorgabe gleich 0,1, also 10 %, ist.

ISPMT(Rate;Per;Nper;Pv)
Gibt den Zinssatz für gleich große Rückzahlungsraten zurück.

KAPZ(Zins;Zr;Zzr;Bw;Zw;F)
Liefert die Kapitalzahlung in einem gegebenen Zeitraum (Zr) für eine Investition auf der Basis von regelmäßigen, konstanten Zahlungen. Errechnet wird der Tilgungs- oder Kapitalanteil an einer Monatsrate in einem bestimmten Zeitraum der Abschreibung.

KUMKAPITAL(Zins;Zr;Bw;Zeitraum_Anfang;Zeitraum_Ende;F)
Berechnet die Tilgung eines Darlehens zwischen zwei Perioden.

KUMZINSZ(Zins;Zr;Bw;Zeitraum_Anfang;Zeitraum_Ende;F)
Berechnet die kumulierten Zinsen eines Darlehens zwischen zwei Perioden.

KURS(Abrechnung;Fälligkeit;Zins;Rendite;Rückzahlung;Häufigkeit;Basis)
Liefert den Kurs eines Wertpapiers.

KURSDISAGIO(Abrechnung;Fälligkeit;Disagio;Rückzahlung;Basis)
Liefert den Kurs eines unverzinslichen Wertpapiers.

KURSFÄLLIG(Abrechnung;Fälligkeit;Emission;Zins;Rendite;Basis)
Liefert den Kurs eines Wertpapiers, das Zinsen am Fälligkeitsdatum auszahlt.

LIA(Kosten;Rest;Dauer)
Liefert den Wert der linearen Abschreibung eines Anlageobjekts für einen einzigen Zeitraum. Grundlage sind der Anschaffungspreis für das Objekt (Kosten), der Restwert am Ende der Abschreibung (Rest) und die Nutzungsdauer des Objekts (Dauer).

MDURATION(Abrechnung;Fälligkeit;Nominalzins;Rendite;Häufigkeit;Basis)
Liefert die modifizierte Macauley-Duration eines Wertpapiers.

NBW(Zins;Wert1;Wert2)
Liefert den Nettobarwert einer Investition der angegebenen Werte unter Berücksichtigung des Zinssatzes. Der Zinssatz steht für einen Ertrag aus einer alternativen Investition bzw. für die Inflationsrate.

NOMINAL(Effektiver_Zins;Perioden)
Liefert die jährliche Nominalverzinsung.

NOTIERUNGBRU(Zahl;Teiler)
Konvertiert eine Notierung in dezimaler Schreibweise in einen gemischten Dezimalbruch.

NOTIERUNGDEZ(Zahl;Teiler)
Konvertiert einen Dezimalbruch in eine Dezimalzahl.

QIKV(Werte;Investitionssatz;Reinvestitionssatz)
Liefert den qualifizierten internen Kapitalverzinsungssatz einer Liste von Cashflows bei vorgegebenem Zinssatz für die Investitionen, der die Finanzierungskosten der negativen Cashflows beschreibt, und der Reinvestitionserträge, die die Reinvestition der positiven Cashflows einbringt.

RENDITE(Abrechnung;Fälligkeit;Zins;Kurs; Rückzahlung;Häufigkeit;Basis)
Liefert die Rendite eines Wertpapiers, das periodisch Zinsen auszahlt.

RENDITEDIS(Abrechnung;Fälligkeit;Kurs; Rückzahlung;Basis)
Liefert die jährliche Rendite eines unverzinslichen Wertpapiers.

RENDITEFÄLL(Abrechnung;Fälligkeit;Emission;Zins; Kurs;Basis)
Liefert die jährliche Rendite eines Wertpapiers, das Zinsen am Fälligkeitsdatum auszahlt.

RMZ(Zins;Zzr;Bw;Zw;F)
Liefert die regelmäßigen Zahlungen für eine Investition, wobei sich diese aus den Argumenten für den Zinsfuß je Zeitraum (Zins), die Anzahl der Zahlungen (Zzr), den Barwert (Bw), den zukünftigen Wert (Zw) und die Fälligkeit (F) zusammensetzt. Verwendet wird diese Funktion im Zusammenhang mit Cashflow-Rechnungen.

TBILLÄQUIV(Abrechnung;Fälligkeit;Disagio)
Rechnet die Verzinsung eines Schatzwechsels (Treasury Bill) in die jährliche Verzinsung um.

TBILLKURS(Abrechnung;Fälligkeit;Disagio)
Liefert den Kurs eines Schatzwechsels.

TBILLRENDITE(Abrechnung;Fälligkeit;Disagio)
Liefert die Rendite eines Schatzwechsels.

UNREGER.KURS(Abrechnung;Fälligkeit;Emission; Erster_Zinstermin;Zins;Rendite;Rückzahlung; Häufigkeit;Basis)
Liefert den Kurs eines Wertpapiers mit einem unregelmäßigen ersten Zinstermin.

UNREGER.REND(Abrechnung;Fälligkeit;Emission; Erster_Zinstermin;Zins;Kurs;Rückzahlung;Häufigkeit; Basis)
Liefert die Rendite eines Wertpapiers mit einem unregelmäßigen ersten Zinstermin.

UNREGLE.KURS(Abrechnung;Fälligkeit;Letzter Zinstermin;Zins; Rendite;Rückzahlung;Häufigkeit; Basis)
Liefert den Kurs eines Wertpapiers mit einem unregelmäßigen letzten Zinstermin.

UNREGLE.REND(Abrechnung;Fälligkeit; Letzter Zinstermin;Zins;Kurs;Rendite;Rückzahlung; Häufigkeit;Basis)
Liefert die Rendite eines Wertpapiers mit einem unregelmäßigen letzten Zinstermin.

VDB(Kosten;Rest;Dauer;Zeitraum_Anfang; Zeitraum_Ende;Faktor;Nicht wechseln)
Funktioniert ähnlich wie die Funktion GDA(). Auch mit VDB() ermitteln Sie den Abschreibungswert eines Objekts in einem Zeitraum der Nutzungsdauer. Im Unterschied zur Funktion GDA() können Sie sich auch auf Teilzeiträume innerhalb der Nutzungsdauer beziehen.

XINTZINSFUSS(Werte;Zeitpunkte;Schätzwerte)
Liefert den internen Zinsfuß einer Reihe von Zahlungen.

XKAPITALWERT(Zins;Werte;Zeitpunkte)
Liefert den Kapitalwert einer Reihe von Zahlungen.

ZINS(Zzr;Rmz;Bw;Zw;F;Schätzwert)
Liefert den Zinssatz für eine Investition, der sich aus den Argumenten für die Anzahl der Zahlungen (Zzr), den Zahlungsbetrag (Rmz), den Barwert (Bw), den zukünftigen Wert (Zw), die Fälligkeit (F) und einen Schätzwert zusammensetzt.

ZINSSATZ(Abrechnung;Fälligkeit;Anlage; Rückzahlung;Basis)
Liefert den Zinssatz eines voll investierten Wertpapiers.

ZINSTERMNZ(Abrechnung;Fälligkeit;Häufigkeit; Basis)
Liefert das Datum des ersten Zinstermins nach dem Abrechnungstermin.

ZINSTERMTAGE(Abrechnung;Fälligkeit;Häufigkeit; Basis)
Liefert die Anzahl Tage der Zinsperiode inklusive Abrechnungstermin.

ZINSTERMTAGNZ(Abrechnung;Fälligkeit;Häufigkeit; Basis)
Liefert die Anzahl Tage vom Abrechnungstermin bis zum nächsten Zinstermin.

ZINSTERMTAGVA(Abrechnung;Fälligkeit;Häufigkeit; Basis)
Liefert die Anzahl Tage vom Anfang des Zinstermins bis zum Abrechnungstermin.

ZINSTERMVZ(Abrechnung;Fälligkeit;Häufigkeit;Basis)
Liefert das Datum des letzten Zinstermins vor dem Abrechnungstermin.

ZINSTERMZAHL(Abrechnung;Fälligkeit;Häufigkeit; Basis)
Liefert die Anzahl der Zinstermine zwischen Abrechnungs- und Fälligkeitsdatum.

ZINSZ(Zins;Zr;Zzr;Bw;Zw;F)
Liefert die Zinszahlung in einem bestimmten Zeitraum für eine Investition auf der Basis regelmäßiger, konstanter Zahlungen bei einem konstanten Zinssatz.

ZW(Zins;Zzr;Rmz;Bw;F)
Liefert den zukünftigen Wert einer Investition, der sich aus den Argumenten für den Zinssatz (Zins), die Zahl der Zeiträume (Zzr), die regelmäßigen Zahlungen (Rmz), den Barwert (Bw) und die Fälligkeit (F) zusammensetzt. Verwendet wird diese Formel im Zusammenhang mit Cashflow-Rechnungen.

ZW2(Kapital:Zinsen)
Liefert den aufgezinsten Wert des Anfangskapitals für unterschiedliche Zinssätze.

ZZR(Zins;Rmz;Bw;Zw;F)
Liefert die Anzahl der Zahlungen für eine Investition, die sich aus den Argumenten für den Zinssatz (Zins), die regelmäßigen Zahlungen (Rmz), den Barwert (Bw), den zukünftigen Wert (Zw) und die Fälligkeit (F) zusammensetzt.

C.2 Datum & Zeit

ARBEITSTAG(Ausgangsdatum;Tage;Freie_Tage)
Liefert die fortlaufende Zahl des Tagesdatums, das um die jeweils angegebene Anzahl von Arbeitstagen vor oder hinter dem Ausgangsdatum liegt.

ARBEITSTAG.INTL(Ausgangsdatum;Tage; Wochenende;Freie_Tage)
Liefert die fortlaufende Zahl des Tagesdatums, das um die jeweils angegebene Anzahl von Arbeitstagen vor oder hinter dem Ausgangsdatum liegt (mit Wahl der Wochenendtage).

BRTEILJAHRE(Ausgangsdatum;Enddatum;Basis)
Wandelt die Anzahl der ganzen Tage zwischen Ausgangsdatum und Enddatum in Bruchteile von Jahren um. Unter Verwendung der Arbeitsblattfunktion BRTEILJAHRE können z.B. Laufzeiten von Forderungen oder Verbindlichkeiten besser miteinander verglichen werden.

DATUM(Jahr:Monat;Tag)
Liefert die dem angegebenen Datum entsprechende serielle Zahl, eine ganze Zahl aus dem Bereich zwischen 0 und 2958465.

DATWERT(Zahl)
Liefert eine serielle Datumszahl, der eine Zeichenfolge zugrunde liegt, die in jedem beliebigen Excel-Datumsformat formatiert sein kann.

EDATUM(Ausgangsdatum;Monate)
Gibt die fortlaufende Zahl des Datums zurück, das eine bestimmte Anzahl von Monaten vor bzw. nach dem angegebenen Datum (Ausgangsdatum) liegt.

HEUTE()
Liefert das aktuelle Datum, wenn die Tabelle neu berechnet wurde.

JAHR(Datum)
Liefert eine Jahresangabe aus der angegebenen seriellen Zahl. Die Jahresangabe ist eine ganze Zahl aus dem Bereich zwischen 1.900 und 2.078.

JETZT()
Liefert das aktuelle Datum und die aktuelle Zeit, wenn die Tabelle neu berechnet wurde. Ausgegeben wird eine serielle Zahl, die für das Datum im Bereich zwischen 0 (1.1.1900) und 65.380 (31.12.2078) und für die Zeit im Bereich zwischen 0 (0:00:00) und 0,999 (23:59:59) liegt.

KALENDERWOCHE(Datum:Rückgabe)
Liefert eine Zahl, die angibt, in welche Kalenderwoche des Jahres das Datum fällt.

MINUTE(serielle Zahl)
Liefert eine Minutenangabe aus der angegebenen laufenden Zahl. Die Minutenangabe ist eine ganze Zahl aus dem Bereich zwischen 0 und 59.

MONAT(Zahl)
Liefert eine Monatsangabe aus der angegebenen laufenden Zahl. Die Monatsangabe ist eine ganze Zahl aus dem Bereich zwischen 1 und 12.

MONATSENDE(Ausgangsdatum;Monate)
Liefert die fortlaufende Zahl des Monats, der eine bestimmte Anzahl Monate vor oder nach dem Ausgangsdatum liegt.

NETTOARBEITSTAGE(Ausgangsdatum;Enddatum;
Freie_Tage)
Liefert die Anzahl Arbeitstage zwischen Ausgangsdatum und Enddatum unter Einbeziehung der Datumswerte im Argument Freie_Tage.

NETTOARBEITSTAGE.INTL(Ausgangsdatum;
Enddatum;Wochenende;Freie_Tage)
Liefert die Anzahl Arbeitstage zwischen Ausgangsdatum und Enddatum unter Einbeziehung der Datumswerte im Argument Freie_Tage und der Auswahl der Wochenendtage.

SEKUNDE(Zahl)
Liefert eine Sekundenangabe aus der angegebenen, laufenden Zahl. Die Sekundenangabe ist eine ganze Zahl aus dem Bereich zwischen 0 und 59.

STUNDE(Zahl)
Liefert eine Stundenangabe aus der angegebenen laufenden Zahl. Die Stundenangabe ist eine ganze Zahl aus dem Bereich zwischen 0 und 23.

TAG(Zahl)
Liefert eine Tagesangabe aus der angegebenen laufenden Zahl. Die Tagesangabe ist eine ganze Zahl aus dem Bereich zwischen 1 und 31.

TAGE360(Anfangsdatum;Enddatum)
Liefert die Anzahl der Tage zwischen Anfangsdatum und Enddatum. Basis für die Berechnung ist ein Jahr, in dem jeder Monat 30 Tage hat.

WOCHENTAG(Serielle Zahl)
Liefert eine Wochentagsangabe aus der angegebenen laufenden Zahl. Die Wochentagsangabe ist eine ganze Zahl aus dem Bereich zwischen 1 und 7, wobei der Wert 1 den Sonntag darstellt.

ZEIT(Stunde;Minute;Sekunde)
Liefert eine laufende Zahl, bestehend aus Stunde, Minute und Sekunde.

ZEITWERT(Zeit)
Liefert eine serielle Datumszahl aus einem Text. Dieser Text kann in einem beliebigen Excel-Zeitformat formatiert sein.

C.3 Mathematisch/Trigonometrisch

ABRUNDEN(Zahl;Anzahl_Stellen)
Rundet eine Zahl auf die angegebene Anzahl Stellen ab. Im Unterschied zu RUNDEN wird die Zahl immer abgerundet (RUNDEN rundet ab 5 nach oben).

ABS(Zahl)
Gibt den absoluten Wert einer Zahl ohne Vorzeichen aus.

AGGREGAT(Funktionsnr;Option;Bezug1;Bezug2; ...)
Liefert das Aggregat einer Liste oder eines benannten Bereiches mit der Möglichkeit, Fehler und ausgeblendete Zeilen auszuschließen.

ARCCOS(Zahl)
Liefert den Arkuskosinus des Arguments Zahl im Bogenmaß, der Winkel, dessen Kosinus Zahl ist. Der Wert des Arguments muss dabei zwischen -1 und 1 liegen. Das Ergebnis ist ein Wert zwischen 0 und Pi.

ARCCOSHYP(Zahl)
Liefert den Kehrwert des hyperbolischen Kosinus des Arguments Zahl, der Wert, dessen hyperbolischer Kosinus Zahl ist. Der Wert des Arguments muss größer oder gleich 1 sein.

ARCSIN(Zahl)
Liefert den Arkussinus des Arguments Zahl im Bogenmaß, der Winkel, dessen Sinus Zahl ist. Der Wert des Arguments muss dabei zwischen -1 und 1 liegen. Das Ergebnis ist ein Wert zwischen -Pi/2 und Pi/2.

ARCSINHYP(Zahl)
Liefert den Kehrwert des hyperbolischen Sinus des Arguments Zahl, der Wert, dessen hyperbolischer Sinus Zahl ist.

ARCTAN(Zahl)
Liefert den Arkustangens des Arguments Zahl im Bogenmaß, der Winkel, dessen Tangens Zahl ist. Der Wert des Arguments muss zwischen -1 und 1 liegen. Das Ergebnis ist ein Wert zwischen -Pi/2 und Pi/2.

ARCTAN2(x_Koordinate;y_Koordinate)
Liefert den Arkustangens aus den beiden Koordinaten x und y im Bogenmaß, der Winkel zwischen der x-Achse und dem Punkt x,y. Das Ergebnis ist ein Wert zwischen -Pi und Pi, wobei Pi ausgeschlossen ist. Sind beide Argumente gleich 0, so erhalten Sie als Ergebnis den Fehlerwert DIV/0.

ARCTANHYP(Zahl)
Liefert den Kehrwert des hyperbolischen Tangens des Arguments Zahl, der Wert, dessen hyperbolischer Tangens Zahl ist. Das Argument Zahl muss größer als -1 und kleiner als 1 sein.

AUFRUNDEN(Zahl;Anzahl_Stellen)
Rundet die Zahl auf Anzahl_Stellen auf. Zahl ist die reelle Zahl, die aufgerundet werden soll.

BOGENMASS(Winkel)
Wandelt Grad in Bogenmaß (Radiant) um.

COS(Zahl)
Liefert den Kosinus des Arguments Zahl im Bogenmaß.

COSHYP(Zahl)
Liefert den hyperbolischen Kosinus des Arguments Zahl.

EXP(Zahl)
Berechnet die Basis des natürlichen Logarithmus hoch x. Die Basis bildet die Konstante e (2,7182818...).

FAKULTÄT(Zahl)
Liefert die Fakultät von x. Steht im Argument eine Dezimalzahl, werden die Stellen hinter dem Komma ignoriert und die Ganzzahl berechnet.

GANZZAHL(Zahl)
Diese Funktion liefert die nächstkleinere, ganze Zahl des Arguments Zahl.

GERADE(Zahl)
Diese Funktion rundet eine Zahl auf die nächste gerade ganze Zahl auf. Sie können diese Funktion für die Verarbeitung von Elementen einsetzen, die paarweise auftreten.

GGT(Zahl1;Zahl2; ... Zahln)
Liefert den größten gemeinsamen Teiler.

GRAD(Winkel)
Diese Funktion wandelt ein Bogenmaß (Radiant) in Grad um.

KGV(Zahl1;Zahl2; ... Zahln)
Liefert das kleinste gemeinsame Vielfache.

KOMBINATIONEN(n;k)
Liefert die Anzahl der Kombinationen ohne Wiederholung von k Elementen aus einer Menge von n Elementen. Verwenden Sie KOMBINATIONEN, wenn Sie berechnen möchten, wie viele Gruppen aus einer bestimmten Anzahl von Elementen gebildet werden können.

KÜRZEN(Zahl;Stellenzahl)
Schneidet die Kommastellen einer Zahl ab.

KÜRZEN(Zahl1;AnzahlStellen)
Schneidet die Kommastellen einer Zahl ab.

LN(Zahl)
Liefert den natürlichen Logarithmus des Arguments Zahl.

LOG(Zahl;Basis)
Diese Funktion liefert den Logarithmus des Arguments Zahl zur Basis. Achten Sie darauf, dass das Argument positiv ist. Wird die Basis nicht angegeben, erhält sie automatisch den Wert 10.

LOG10(Zahl)
Liefert den Zehnerlogarithmus des Arguments Zahl. Das Argument muss positiv sein.

MDET(Zahl)
Diese Funktion liefert die Matrixdeterminante einer Matrix.

MINV(Matrix)
Liefert die inverse Matrix zu einem Array. Voraussetzung ist, dass die Matrix quadratisch ist und Zahlen enthält. Das Produkt aus einer Matrix und ihrer Inversen ist die Einheitsmatrix, d.h. eine quadratische Matrix, in der alle Werte in der Diagonalen gleich 1 und alle anderen Werte gleich 0 sind.

MMULT(Matrix;Matrix2)
Liefert das Produkt der beiden Matrizen. Voraussetzung ist, dass die Matrizen quadratisch sind und Zahlen enthalten.

OBERGRENZE(Zahl;Schritt)
Diese Funktion rundet eine Zahl auf das nächste Vielfache von Schritt auf.

OBERGRENZE.GENAU(Zahl;Schritt)
Diese Funktion rundet eine Zahl betragsmäßig auf das nächste Vielfache von Schritt auf.

PI()
Liefert den Näherungswert für Pi, wobei dieser den Wert 3,1415926535898 annimmt.

POLYNOMIAL(Zahl1;Zahl2; ...)
Liefert den Polynominalkoeffizienten einer Gruppe von Zahlen.

POTENZ(Zahl1;Potenz)
Liefert als Ergebnis eine potenzierte Zahl.

POTENZREIHE(x;n;m;Koeffizienten)
Liefert die Summe von Potenzen.

PRODUKT(Zahl1;Zahl2; ... Zahln)
Liefert das Produkt aus den angegebenen Zahlen. Bei Angabe eines Bereichs werden nicht leere Felder nur berechnet, wenn sie weder Text noch eine Fehlermeldung enthalten.

QUADRATESUMME(Zahl1;Zahl2; ... Zahln)
Summiert die quadrierten Argumente.

QUOTIENT(Zähler;Nenner)
Liefert den ganzzahligen Anteil einer Division.

REST(Zahl:Divisor)
Liefert den Restwert der Division von Zahl und Divisor. Das Ergebnis erhält das Vorzeichen des Divisors.

RÖMISCH(Zahl;Typ)
Wandelt eine arabische Zahl in eine römische Zahl als Text um.

RUNDEN(Zahl;Anzahl_Stellen)
Diese Funktion liefert den auf die angegebenen Stellen gerundeten Wert des Arguments Zahl.

SIN(Zahl)
Liefert den Sinus des Arguments Zahl im Bogenmaß.

SINHYP(Zahl)
Liefert den hyperbolischen Sinus des Arguments Zahl.

SUMME(Zahl1;Zahl2; .... Zahln)
Liefert die Summe aller angegebenen Zahlen.

SUMMENPRODUKT(Matrix1;Matrix2; ... Matrixn)
Liefert die Summe der Produkte aller sich entsprechenden Tabellenelemente. Für die Argumente Array1 und Array2 werden Bezüge angegeben, die die gleiche Anzahl Zeilen und Spalten haben.

SUMMEWENN(Bereich;Suchkriterien;SummeBereich)
Addiert die Zahlen im SummeBereich, die in der Zeile mit den Suchkriterien in Bereich übereinstimmen.

SUMMEWENNS(SummeBereich;Suchkriterienbereich ;Kriterien ...)
Addiert die Zahlen im SummeBereich, wenn die Kriterien im Suchkriterienbereich übereinstimmen (bis zu 127 Bereiche).

SUMMEX2MY2(Matrix_x;Matrix_y)
Summiert für zusammengehörige Komponenten zweier Matrizen die Differenzen der Quadrate.

SUMMEX2PY2(Matrix_x;Matrix_y)
Summiert für zusammengehörige Komponenten zweier Matrizen die Summen der Quadrate.

SUMMEXMY2(Matrix_x;Matrix_y)
Summiert für zusammengehörige Komponenten zweier Matrizen die quadrierten Differenzen.

TAN(Winkel)
Liefert den Tangens des Arguments Winkel im Bogenmaß.

TANHYP(Zahl)
Liefert den hyperbolischen Tangens des Arguments Zahl.

TEILERGEBNIS(Funktion;Bezug)
Liefert innerhalb einer Liste oder Datenbank ein Teilergebnis.

UNGERADE(Zahl)
Diese Funktion rundet Zahl auf die nächste ungerade ganze Zahl auf. Zahl ist der Wert, den Sie runden möchten.

UNTERGRENZE(Zahl;Schritt)
Diese Funktion rundet eine Zahl betragsmäßig auf das größte Vielfache von Schritt ab.

UNTERGRENZE.GENAU(Zahl;Schritt)
Diese Funktion rundet eine Zahl betragsmäßig auf die nächste Ganzzahl oder das nächste Vielfache von Schritt ab.

VORZEICHEN(Zahl)
Liefert den Wert des Vorzeichens des Arguments Zahl. Der Wert des Vorzeichens ist 1, wenn das Argument eine positive Zahl ist, und -1 bei einem negativen Argument. Mit Zahl = 0 ist das Ergebnis ebenfalls 0.

VRUNDEN(Zahl;Vielfaches)
Rundet eine Zahl auf ein Vielfaches.

WURZEL(Zahl)
Liefert die Quadratwurzel des Arguments Zahl.

WURZELPI(Zahl)
Liefert die Wurzel aus der mit Pi multiplizierten Zahl.

ZUFALLSBEREICH(Untere_Zahl;Obere_Zahl)
Liefert eine ganzzahlige Zufallszahl aus dem angegebenen Bereich.

ZUFALLSZAHL()
Liefert eine Zufallszahl, die nach jeder Neuberechnung der Tabelle aus dem Bereich 0 bis 0,999 neu errechnet wird.

ZWEIFAKULTÄT(Zahl)
Liefert die Fakultät zu Zahl mit Schrittlänge 2.

C.4 Statistik

ACHSENABSCHNITT(y_Werte;x_Werte)
Diese Funktion berechnet die Anfangsordinate der Regressionsgeraden, die zu den in x_Werte und y_Werte gespeicherten Datenpunkten gehört.

ANZAHL(Wert1;Wert2; ... Wertn)
Liefert die Anzahl der Zahlen in der Argumenteliste. Im Unterschied zu ANZAHL2() werden nur die Zahlenwerte gezählt.

ANZAHL2(Wert1;Wert2; ... Wertn)
Liefert die Anzahl der nicht leeren Felder der Argumenteliste.

ANZAHLLEEREZELLEN(Bereich)
Zählt, wie viele Zellen des angegebenen Bereichs leer sind. Formelzellen werden mitgezählt, Nullwerte nicht.

BESTIMMTHEITSMASS(y_Werte;x_Werte)
Gibt das Quadrat des Pearson'schen Korrelationskoeffizienten zurück.

BETA.INV(Wahrsch;Alpha;Beta;A;B)
Liefert die Quantile der Betaverteilung. Das heißt, gilt Wahrsch = BETAVERT(x; ...), dann gilt BETAINV(Wahrsch; ...) = x.

BETA.VERT(X;Alpha;Beta;A;B)
Liefert Werte der Verteilungsfunktion einer betaverteilten Zufallsvariablen.

BINOM.INV(Versuche;Erfolgswahrsch;Alpha)
Gibt die kumulierte Wahrscheinlichkeit der Binominalverteilung zurück.

BINOM.VERT(Zahl_Erfolge;Versuche;Erfolgswahrsch;Kumuliert)
Liefert Wahrscheinlichkeiten einer binomialverteilten Zufallsvariablen.

CHIQU.INV(Wahrsch;Freiheitsgrade)
Liefert die Perzentile der linksseitigen Chi-Quadrat-Verteilung.

CHIQU.INV.RE(Wahrsch;Freiheitsgrade)
Liefert die Perzentile der rechtsseitigen Chi-Quadrat-Verteilung.

CHIQU.TEST(Beob_Messwerte;Erwart_Werte)
Liefert die Teststatistik eines Chi-Quadrat-Unabhängigkeitstests.

CHIQU.VERT(x;Freiheitsgrade;kumuliert)
Gibt Werte der linksseitigen Verteilungsfunktion (1-Alpha) einer Chi-Quadrat-verteilten Zufallsgröße zurück.

CHIQU.VERT.RE(x;Freiheitsgrade)
Gibt Werte der rechtsseitigen Verteilungsfunktion (1-Alpha) einer Chi-Quadrat-verteilten Zufallsgröße zurück.

EXPON.VERT(x;Lambda;Kumuliert)
Liefert Wahrscheinlichkeiten einer exponentialverteilten Zufallsvariablen.

FINV(Wahrsch;Freiheitsgrade1;Freiheitsgrade2)
Liefert die Perzentile der linksseitigen F-Verteilung.

FINV.RE(Wahrsch;Freiheitsgrade1;Freiheitsgrade2)
Liefert die Perzentile der rechtsseitigen F-Verteilung.

F.TEST(Matrix1;Matrix2)
Liefert die Teststatistik eines F-Tests.

F.VERT(x;Freiheitsgrade1;Freiheitsgrade2)
Liefert Werte der Verteilungsfunktion (1-Alpha) einer F-verteilten Zufallsvariablen.

F.VERT.RE(x;Freiheitsgrade1;Freiheitsgrade2)
Liefert Werte der Verteilungsfunktion (1-Alpha) einer rechtsseitigen F-verteilten Zufallsvariablen.

FISHER(x)
Liefert die Fisher-Transformation für x.

FISHERINV(y)
Liefert die Umkehrung der Fisher-Transformation.

G.TEST(Matrix;x;Sigma)
Liefert die zweiseitige Prüfstatistik für einen Gauß-Test (Normalverteilung).

GAMMA.INV(Wahrsch;Alpha;Beta)
Liefert den Kehrwert der kumulierten Gammaverteilung.

GAMMA.VERT(x;Alpha;Beta;kumuliert)
Liefert die Wahrscheinlichkeiten einer Gammaverteilung.

GAMMALN(x)
Liefert den natürlichen Logarithmus der Gammafunktion.

GAMMALN.GENAU(x)
Liefert den natürlichen Logarithmus der Gammafunktion.

GAMMA.VERT(x;Alpha;Beta;Kumuliert)
Liefert Wahrscheinlichkeiten einer gammaverteilten Zufallsvariablen.

GEOMITTEL(Zahl1;Zahl2)
Liefert das geometrische Mittel einer Menge positiver Zahlen.

GESTUTZTMITTEL(Matrix;Prozent)
Liefert den Mittelwert einer Datengruppe, ohne seine Werte an den Rändern.

HARMITTEL(Zahl1;Zahl2; ... Zahln)
Liefert das harmonische Mittel einer Datenmenge, d.h. den Kehrwert eines aus Kehrwerten berechneten arithmetischen Mittels.

HÄUFIGKEIT(Daten;Gruppe)
Liefert eine statistische Häufigkeitsverteilung als Array. Die Funktion ignoriert leere Zellen und Text.

HYPGEOM.VERT(Erfolge_S;Umfang_S;Erfolge_G; Umfang_G)
Liefert Wahrscheinlichkeiten einer hypergeometrischverteilten Zufallsvariablen.

KGRÖSSTE(Matrix;k)
Liefert den k-größten Wert einer Datengruppe. Mit dieser Funktion können Sie eine Zahl auf Basis ihrer relativen Größe ermitteln. Beispielsweise können Sie mit KGRÖSSTE den Punktestand des Erst-, Zweit- oder Drittplatzierten ermitteln.

KKLEINSTE(Matrix;k)
Liefert den k-kleinsten Wert einer Datengruppe. Mit dieser Funktion können Sie Werte ermitteln, die innerhalb einer Datenmenge eine bestimmte relative Größe haben.

KONFIDENZ.NORM(Alpha;Standabwn;Umfang_S)
Ermöglicht die Berechnung des 1-Alpha-Konfidenzintervalls für den Erwartungswert einer Zufallsvariablen.

KONFIDENZ.T(Alpha;Standabwn;Umfang_S)
Ermöglicht die Berechnung des 1-Alpha-Konfidenzintervalls für den Erwartungswert einer t-verteilten Zufallsvariablen.

KORREL(Matrix1;Matrix2)
Liefert den Korrelationskoeffizienten einer zweidimensionalen Zufallsgröße, deren Werte in den Zellbereichen Matrix1 und Matrix2 stehen.

KOVARIANZ.P(Matrix1;Matrix2)
Liefert die Kovarianz, also den Mittelwert der für alle Datenpunktpaare gebildeten Produkte der Abweichungen einer Grundgesamtheit.

KOVARIANZ.S(Matrix1;Matrix2)
Liefert die Kovarianz, also den Mittelwert der für alle Datenpunktpaare gebildeten Produkte der Abweichungen einer Stichprobe.

KRITBINOM(Versuche;Erfolgswahrsch;Alpha)
Liefert den kleinsten Wert, für den die kumulierten Wahrscheinlichkeiten der Binomialverteilung größer oder gleich einer Grenzwahrscheinlichkeit sind.

KURT(Zahl1;Zahl2)
Liefert die Kurtosis (Exzess) einer Datengruppe. Die Kurtosis ist ein Maß für die Wölbung (d.h. wie spitz oder flach) einer Verteilung im Vergleich zu der Normalverteilung.

LOGNORM.INV(Wahrsch;Mittelwert;Standabwn)
Liefert die Umkehrfunktion der logarithmischen Normalverteilung von x.

LOGNORM.VERT(x;Mittelwert;Standabwn)
Liefert Werte der Verteilungsfunktion einer lognormalverteilten Zufallsvariablen, wobei ln(x) mit den Parametern Mittelwert und Standabwn normalverteilt ist.

MAX(Zahl1;Zahl2; ... Zahln)
Liefert den größten Wert aus den angegebenen Zahlen.

MAXA(Zahl1;Zahl2; ... Zahln)
Liefert den größten Wert aus den angegebenen Argumenten.

MEDIAN(Zahl1;Zahl2; ... Zahln)
Liefert den Median aus den genannten Zahlen.

MIN(Zahl1;Zahl2;... Zahln)
Liefert den kleinsten Wert aus den angegebenen Zahlen.

MINA(Zahl1;Zahl2;... Zahln)
Liefert den kleinsten Wert aus den angegebenen Argumenten.

MITTELABW(Zahl1;Zahl2; ... Zahln)
Liefert die durchschnittliche absolute Abweichung einer Reihe von Merkmalsausprägungen und ihrem Mittelwert. MITTELABW ist ein Maß für die Streuung innerhalb einer Datengruppe.

MITTELWERT(Zahl1;Zahl2; ... Zahln)
Liefert den Mittelwert, der sich aus der Gesamtsumme des Bereichs dividiert durch die Anzahl der Werte ermittelt.

MITTELWERTA(Zahl1;Zahl2; ... Zahln)
Liefert den Mittelwert, der sich aus der Gesamtsumme des Bereichs dividiert durch die Anzahl der Werte ermittelt. Text und Wahrheitswerte werden berücksichtigt.

MITTELWERTWENN(Bereich;Kriterien; Mittelwertbereich)
Liefert den Mittelwert für die durch eine bestimmte Bedingung festgelegten Zellen.

MITTELWERTWENNS(Bereich;Kriterien; Mittelwertbereich)
Liefert den Mittelwert für Zellen unter Berücksichtigung einer oder mehrerer Kriterien.

MODALWERT(Zahl1;Zahl2; ... Zahln)
Diese Funktion liefert den Wert, der innerhalb einer Matrix oder einer Datengruppe am häufigsten vorkommt. Genauso wie MEDIAN ist MODALWERT ein Maß für die Lage der Werte.

MODUS.EINF(Zahl1;Zahl2;...)
Gibt den am häufigsten vorkommenden Wert in einer Datengruppe oder einem Array zurück.

MODUS.VIELF(Zahl1;Zahl2; ...)
Gibt ein vertikales Array der am häufigsten vorkommenden Werte in einer Datengruppe oder einem Array zurück

NEGBINOM.VERT(Zahl_Misserfolge;Zahl_Erfolge; Erfolgswahrsch)
Liefert Wahrscheinlichkeiten einer negativbinomialverteilten Zufallsvariablen. NEGBINOMVERT berechnet, wie wahrscheinlich es ist, dass es genau Zahl_Misserfolge gibt, bevor der letzte positive Ausgang (Zahl_Erfolge) gezogen wird, wenn Erfolgswahrsch die gleichbleibende Wahrscheinlichkeit eines Erfolgs angibt.

NORM.S.INV(Wahrsch;Mittelwert;Standardabwn)
Liefert für den angegebenen Mittelwert und die angegebene Standardabweichung die Perzentile der Standardnormalverteilung.

NORM.INV(Wahrsch;Mittelwert;Standardabwn)
Liefert für den angegebenen Mittelwert und die angegebene Standardabweichung die Perzentile der Normalverteilung.

NORM.S.VERT(z;Kumuliert)
Liefert Wahrscheinlichkeiten einer standardmäßigen normalverteilten Zufallsvariablen für den angegebenen Mittelwert und die angegebene Standardabweichung.

NORM.VERT(x;Mittelwert;Standabwn;Kumuliert)
Liefert Wahrscheinlichkeiten einer normalverteilten Zufallsvariablen für den angegebenen Mittelwert und die angegebene Standardabweichung.

PEARSON(Matrix1;Matrix2)
Liefert den Pearson´schen Korrelationskoeffizienten r. Dieser Koeffizient ist ein dimensionsloser Index mit dem Wertebereich -1,0 kleiner oder gleich r kleiner oder gleich 1,0 und ein Maß dafür, inwieweit zwischen zwei Datensätzen eine lineare Abhängigkeit besteht.

POISSON.VERT(x;Mittelwert;Kumuliert)
Liefert Wahrscheinlichkeiten einer poissonverteilten Zufallsvariablen.

QUANTIL.EXKL(Matrix;Alpha)
Liefert das Alpha-Quantil einer Gruppe von Daten für den Bereich 0 bis 1 ausschließlich 1.

QUANTIL.INKL(Matrix;Alpha)
Liefert das Alpha-Quantil einer Gruppe von Daten für den Bereich 0 bis 1 einschließlich 1.

QUANTILSRANG.EXKL(Matrix;x;Genauigkeit)
Liefert den prozentualen Rang (Alpha) eines Werts für den Bereich 0 bis 1 ausschließlich 1.

QUANTILSRANG.INKL(Matrix;x;Genauigkeit)
Liefert den prozentualen Rang (Alpha) eines Werts für den Bereich 0 bis 1 einschließlich 1.

QUARTILE.EXKL(Matrix;Quartil)
Liefert die Quartile der Datengruppe für den Bereich 0 bis 1 ausschließlich 1.

QUARTILE.INKL(Matrix;Quartil)
Liefert die Quartile der Datengruppe für den Bereich 0 bis 1 einschließlich 1.

RANG.GLEICH(Zahl;Bezug;Reihenfolge)
Liefert den Rang, den eine Zahl innerhalb einer Liste von Zahlen einnimmt (Rang = Größe der Zahl). Gleiche Zahlen erhalten eine Rangnummer.

RANG.MITTELW(Zahl;Bezug;Reihenfolge)
Liefert den Rang, den eine Zahl innerhalb einer Liste von Zahlen einnimmt (Rang = Größe der Zahl). Gleiche Zahlen werden gemittelt.

RGP(Bekannte y_Werte;Bekannte x_Werte; Konstante;Stats)
Diese Funktion liefert in einem Array die Parameter der Exponentialkurve nach der Gleichung $y = mx + b$, wobei m die Steigung der Geraden und b der Schnittpunkt mit der y-Achse ist.

RKP(Bekannte y_Werte;Bekannte x_Werte; Konstante;Stats)
Diese Funktion berechnet eine Exponentialkurve, die die größtmögliche Übereinstimmung mit Ihren Daten darstellt, und liefert ein diese Kurve beschreibendes Array.

SCHÄTZER(x;y_Werte;x_Werte)
Liefert ausgehend von einer linearen Regression einer Stichprobe einen Vorhersagewert. Die x- und y-Werte der jeweiligen Stichprobe können als Matrizen oder Datenbereiche angegeben werden.

SCHIEFE(Zahl1;Zahl2)
Liefert die Schiefe einer Verteilung. Die Schiefe ist ein Maß dafür, wie asymmetrisch eine eingipflige Häufigkeitsverteilung um ihren Mittelwert ist.

STABW.N(Zahl1;Zahl2; .... Zahln)
Liefert die Standardabweichung ausgehend von der Grundgesamtheit, wobei das Ergebnis das Maß für die Streuung der Werte ist.

STABW.S(Zahl1;Zahl2; .... Zahln)
Liefert die Standardabweichung ausgehend von einer Stichprobe, wobei das Ergebnis das Maß für die Streuung der Werte ist.

STABWA(Zahl1;Zahl2; .... Zahln)
Liefert die Standardabweichung aus den angegebenen Werten (Stichprobe), berücksichtigt auch Text und Wahrheitswerte.

STABWNA(Zahl1;Zahl2; .... Zahln)
Liefert die Standardabweichung ausgehend von der Grundgesamtheit, berücksichtigt dabei auch Text und Wahrheitswerte.

STANDARDISIERUNG(x;Mittelwert;Standabwn)
Liefert den standardisierten Wert einer Verteilung, die durch Mittelwert und Standabwn charakterisiert ist.

STEIGUNG(y_Werte;x_Werte)
Liefert die Steigung der Regressionsgeraden, die an die in y_Werte und x_Werte abgelegten Datenpunkte angepasst ist. Die Steigung entspricht dem Quotienten aus dem jeweiligen vertikalen und dem horizontalen Ab-

stand zweier beliebiger Punkte der Geraden und ist ein Maß für die Änderung entlang der Regressionsgeraden.

STFEHLERYX(y_Werte;x_Werte)
Liefert den Standardfehler der geschätzten y_Werte für alle x_Werte der Regression. Der Standardfehler ist ein Maß dafür, wie groß der Fehler bei der Prognose (Vorhersage) des zu einem x_Wert gehörenden y_Werts ist.

SUMQUADABW(Zahl1;Zahl2; .... Zahln)
Liefert die Summe der quadrierten Abweichungen von Datenpunkten von deren Stichprobenmittelwert.

T.INV(Wahrsch;Freiheitsgrade)
Liefert die linksseitigen Quantile der t-Verteilung für die angegebene Anzahl von Freiheitsgraden.

T.INV.2S(Wahrsch;Freiheitsgrade)
Liefert die zweiseitigen Quantile der t-Verteilung für die angegebene Anzahl von Freiheitsgraden.

T.TEST(Matrix1;Matrix2;Seiten;Typ)
Liefert die Teststatistik eines studentischen t-Tests. Mithilfe von TTEST können Sie feststellen, ob es wahrscheinlich ist, dass zwei Stichproben aus zwei Grundgesamtheiten stammen, die denselben Mittelwert haben.

T.VERT(x;Freiheitsgrade;kumuliert)
Liefert die (Student) t-Verteilung (1-Alpha) der linken Endfläche. Eine t-Verteilung wird verwendet, um Hypothesen bei Vorliegen kleiner Stichproben zu überprüfen.

T.VERT.2S(x;Freiheitsgrade)
Liefert die (Student) t-Verteilung (1-Alpha) für zwei Endflächen

T.VERT.RE(x;Freiheitsgrade)
Liefert die (Student) t-Verteilung (1-Alpha) der rechten Endfläche. Eine t-Verteilung wird verwendet, um Hypothesen bei Vorliegen kleiner Stichproben zu überprüfen.

TREND(Bekannte y_Werte;Bekannte x_Werte; Neue x_Werte;Konstante)
Liefert die Werte der Linearkurve nach der Gleichung y = m * x + b, wobei m die Steigung der Geraden und b der Schnittpunkt mit der y-Achse ist. Anhand der als Argument Neue x_Werte an die Funktion übergebenen Werte werden dann die entsprechenden y-Werte errechnet und in Array-Form ausgegeben.

VAR.P(Zahl1;Zahl2; ... Zahln)
Liefert die Schätzung der Varianz einer Grundgesamtheit, die in den Argumenten angegeben ist. Logische Werte und Texte werden ignoriert.

VAR.S(Zahl1;Zahl2; ... Zahln)
Liefert die Schätzung der Varianz einer Stichprobe, die in den Argumenten angegeben ist. Logische Werte und Texte werden ignoriert.

VARIANZA(Zahl1;Zahl2; ... Zahln)
Liefert die Schätzung der Varianz einer Grundgesamtheit anhand einer Stichprobe, berücksichtigt dabei auch Text und Wahrheitswerte.

VARIANZENA(Zahl1;Zahl2; ... Zahln)
Liefert die Varianz einer Grundgesamtheit, berücksichtigt dabei auch Text und Wahrheitswerte.

VARIATION(Bekannte y_Werte;Bekannte x_ Werte;Neue x_Werte;Konstante)
Liefert die Werte der Exponentialkurve nach der Gleichung y = b * mx, wobei m die Steigung der Geraden und b der Schnittpunkt mit der y-Achse ist. Anhand der als Argument Neue x_Werte an die Funktion übergebenen Werte werden dann die entsprechenden y-Werte errechnet und in Form eines Arrays ausgegeben.

VARIATIONEN(n;k)
Liefert die Anzahl der Möglichkeiten, um k Elemente aus einer Menge von n Elementen ohne Zurücklegen zu ziehen.

WAHRSCHBEREICH(Beob_Werte;Beob_Wahrsch; Untergrenze;Obergrenze)
Liefert die Wahrscheinlichkeit für ein von zwei Werten eingeschlossenes Intervall. Ist das Argument Obergrenze nicht angegeben, berechnet diese Funktion die Wahrscheinlichkeit, dass zu Beob_Werte gehörende Werte gleich dem Wert von Untergrenze sind.

WEIBULL.VERT(x;Alpha;Beta;Kumuliert)
Liefert Wahrscheinlichkeiten einer Weibull-verteilten Zufallsvariablen. Diese Verteilung können Sie bei Zuverlässigkeitsanalysen verwenden.

ZÄHLENWENN(Bereich;Suchkriterien)
Zählt die nicht leeren Zellen eines Bereichs, deren Inhalte mit den Suchkriterien übereinstimmen.

ZÄHLENWENNS(Kriterienbereich;Kriterien ...)
Zählt die nicht leeren Zellen eines Bereichs, die durch eine Menge von Bedingungen oder Kriterien festgelegt ist.

C.5 Matrix

ADRESSE(Zeile;Spalte;Abs;A1;Tabellenname)
Liefert die Zelladresse als Text. Mit dem Argument Zeile wird die Zeilennummer bestimmt und mit Spalte die Spaltennummer.

BEREICH.VERSCHIEBEN(Bezug;Zeilen;Spalten;Höhe ;Breite)
Diese Funktion liefert einen relativ zur aktiven Zelle verschobenen Bezug. BEREICH.VERSCHIEBEN() kommt zur Anwendung, wenn ein um eine bestimmte Zeilen- und/oder Spaltenzahl verschobener Bereich in der Formel verarbeitet werden muss.

BEREICHE(Zahl)
Liefert die Anzahl der im Bezug enthaltenen Bereiche. Der Bezug kann sich auf ein einzelnes Feld oder einen Mehrfachbereich beziehen.

HYPERLINK(Hyperlinkadresse;Freundlicher_Name)
Erstellt eine Verknüpfung, die auf Klick mit einer Hyperlinkadresse verbindet.

INDEX(Matrix;Zeile;Spalte)
Verwendet einen Index, um aus einem Bezug oder einer Matrix einen Wert auszuwählen.

INDEX(Bezug;Zeile;Spalte;Bereich)
Liefert den Bezug der Zelle, in der sich eine bestimmte Zeile und Spalte schneiden.

INDIREKT(Bezug;A1)
Gibt den Bezug eines Textwerts in der angegebenen Schreibweise zurück.

MTRANS(Matrix)
Liefert den transponierten Inhalt der Matrix. Zur Bildung der transponierten Matrix wird die erste Zeile der Matrix als erste Spalte der neuen Matrix verwendet, die zweite Zeile der Matrix als zweite Spalte usw.

PIVOTDATENZUORDNEN(Datenfeld;PivotTable;E1; F1; ...)
Gibt Werte aus einer Pivot-Tabelle zurück.

RTD(ID;Server;Topic1;Topic2; ...)
Empfängt Echtzeitdaten von einem Programm, das COM-Automatisierung unterstützt.

SPALTE(Bezug)
Liefert die Spaltennummer, die zu dem angegebenen Bezug gehört. Bezug ist die Zelle oder der Zellbereich, deren bzw. dessen Spaltennummer Sie ermitteln möchten.

SPALTEN(Bezug)
Gibt die Anzahl der Spalten eines Bezuges wieder.

SVERWEIS(Suchkriterium;Bereich;Spaltenindex)
Liefert einen dem Suchkriterium entsprechenden Wert einer Matrix, der sich in der mit Spaltenindex angegebenen Spalte der Matrix befindet.

VERGLEICH(Suchkriterium;Sucharray;Vergleichstyp)
Liefert die relative Position eines Werts entsprechend dem Suchkriterium, wobei der Vergleichstyp 1 den größten Wert (Suchkriterium<=) in aufsteigender Reihenfolge liefert, der Typ -1 den kleinsten Wert (Suchkriterium>=) in absteigender Reihenfolge und 0 den ersten Wert.

VERWEIS(Suchkriterium;Suchvektor;Ergebnisvektor) Vektorform
Im Vektorformat sucht VERWEIS() im Suchvektor nach dem angegebenen Suchkriterium und liefert dann als Ergebnis den Wert, der an der entsprechenden Position im Ergebnisvektor steht.

VERWEIS(Suchkriterium;Array) Matrixform
Im Matrixformat liefert die Funktion als Ergebnis den letzten Wert der Zeile/Spalte einer Tabelle bzw. eines Bereichs, in dem der als Suchkriterium angegebene Wert als erster Wert steht.

WAHL(Index;Wert1;Wert2; ... Wertn)
Liefert einen Wert aus der Liste, der durch den Index bestimmt wird. Ist der Index gleich 1, wird der erste Wert der Liste ausgegeben.

WVERWEIS(Suchkriterium;Mehrfachoperationsarray; Zeilenindex)
Liefert einen dem Suchkriterium entsprechenden Wert einer Mehrfachoperation. Es wird eine Spalte gesucht, in deren erster Zeile das Suchkriterium enthalten ist. Anschließend ermittelt die Funktion den Wert des Felds, das sich in der dem Zeilenindex entsprechenden Spalte befindet.

ZEILE(Bezug)
Liefert die im Bezug enthaltenen Zeilennummern. Wird ein Bereich angegeben, so erfolgt die Ausgabe der Zeilen als ein vertikales Array.

ZEILEN(Matrix)
Liefert die Anzahl der Zeilen in der Matrix.

C.6 Datenbank

DBANZAHL(Datenbank;Datenbankfeld;Suchkriterien)
Liefert die Anzahl der Zahlen im angegebenen Feld derjenigen Datensätze der Datenbank, die die Suchkriterien erfüllen.

DBANZAHL2(Datenbank;Datenbankfeld; Suchkriterien)
Liefert die Anzahl der nicht leeren Felder im angegebenen Feld derjenigen Datensätze der Datenbank, die die Suchkriterien erfüllen.

DBAUSZUG(Datenbank;Datenbankfeld;Suchkriterien)
Liefert einen einzigen Feldeintrag aus der Datenbank. Durch die Argumente der Funktion geben Sie an, in welcher Datenbank gesucht, welche Suchkriterien ausgewertet werden sollen und welcher Feldinhalt von der Funktion ausgegeben werden soll.

DBMAX(Datenbank;Datenbankfeld;Suchkriterien)
Liefert die größte Zahl im angegebenen Feld derjenigen Datensätze der Datenbank, die die Suchkriterien erfüllen.

DBMIN(Datenbank;Datenbankfeld;Suchkriterien)
Liefert die kleinste Zahl im angegebenen Feld derjenigen Datensätze der Datenbank, die die Suchkriterien erfüllen.

DBMITTELWERT(Datenbank;Datenbankfeld; Suchkriterien)
Liefert den Mittelwert der Zahlen im angegebenen Feld derjenigen Datensätze der Datenbank, die die Suchkriterien erfüllen.

DBPRODUKT(Datenbank;Datenbankfeld; Suchkriterien)
Liefert das Produkt der Zahlen im angegebenen Feld derjenigen Datensätze der Datenbank, die die Suchkriterien erfüllen.

DBSTDABW(Datenbank;Datenbankfeld;Suchkriterien)
Liefert die Standardabweichung durch Schätzung aus einer Stichprobe unter Verwendung der Zahlen im angegebenen Feld derjenigen Datensätze der Datenbank, die die Suchkriterien erfüllen.

DBSTDABWN(Datenbank;Datenbankfeld; Suchkriterien)
Liefert die Standardabweichung einer Grundgesamtheit unter Verwendung der Zahlen im angegebenen Feld derjenigen Datensätze der Datenbank, die die Suchkriterien erfüllen.

DBSUMME(Datenbank;Datenbankfeld;Suchkriterien)
Liefert die Summe der Zahlen im angegebenen Feld derjenigen Datensätze der Datenbank, die die Suchkriterien erfüllen.

DBVARIANZ(Datenbank;Datenbankfeld;Suchkriterien)
Liefert die Varianz durch Schätzung aus einer Stichprobe unter Verwendung der Zahlen im angegebenen Feld derjenigen Datensätze der Datenbank, die die Suchkriterien erfüllen.

DBVARIANZEN(Datenbank;Datenbankfeld; Suchkriterien)
Liefert die Varianz einer Grundgesamtheit unter Verwendung der Zahlen im angegebenen Feld derjenigen Datensätze der Datenbank, die die Suchkriterien erfüllen.

C.7 Text

BAHTTEXT(Zahl)
Wandelt eine Zahl in Thai-Text um und fügt diesem das Suffix »Baht« hinzu.

CODE(Zahl)
Liefert den ASCII-Code des ersten Zeichens des angegebenen Textes bzw. den Code des Macintosh-Zeichensatzes, wenn Sie mit diesem System arbeiten - z.B. CODE(ABC) = 65 (ASCII-Code von A).

DM(Zahl;Dezimalstellen)
Liefert einen Text mit Währungsformat, wobei der Wert Zahl als Basis zugrunde liegt.

ERSETZEN(Alter_Text;Beginn;Anzahl_Zeichen; Neuer_Text)
Liefert einen Text, der auf einem alten Text basiert, wobei die angegebene Anzahl von Zeichen ab der genannten Position durch einen neuen Text ersetzt wurde.

FEST(Zahl;Dezimalstellen)
Liefert die auf die angegebenen Dezimalstellen gerundete Zahl als Text. Der Wert für die Dezimalstellen muss kleiner als 127 sein, wobei negative Werte eine Rundung links vom Komma ergeben. Das Ergebnis dieser Funktion ist keine Zahl, d.h. kein numerischer Wert, mehr, und damit kann nicht mehr gerechnet werden.

FINDEN(Suchtext;Text;Beginn)
Liefert die Position des Zeichens, bei dem der Suchtext zum ersten Mal auftritt. Das erste Zeichen in Text hat die Nummer 1. Mit dem Argument Beginn können Sie festlegen, an welcher Position in Text mit der Suche begonnen werden soll. Lassen Sie das Argument Beginn aus, so wird bei Position 1 begonnen. Ist der angegebene Suchtext in Text nicht zu finden, wird WERT! ausgegeben.

GLÄTTEN(Text)
Liefert einen Text, wobei unnötige Leerstellen im Argument Text entfernt wurden. Unnötige Leerstellen sind solche vor dem Beginn des ersten Worts oder mehrere Leerstellen zwischen zwei Wörtern.

GROSS(Text)
Liefert eine Zeichenfolge, die nur aus Großbuchstaben besteht. Das Argument Text kann dabei aus Groß- bzw. Kleinbuchstaben oder einer Kombination aus beiden bestehen. Enthält das Argument numerische Werte, so erfolgt die Ausgabe des Fehlerwerts WERT!.

GROSS2(Text)
Liefert einen Text, wobei der erste Buchstabe und alle Buchstaben hinter einem Leerzeichen in Großbuchstaben umgewandelt wurden.

IDENTISCH(Text1;Text2)
Diese Funktion vollzieht eine Prüfung, ob die angegebenen Texte untereinander identisch sind.

KLEIN(Text)
Wandelt einen Text in Kleinbuchstaben um.

LÄNGE(Text)
Liefert die Anzahl der Zeichen im angegebenen Text.

LINKS(Text;Anzahl_Zeichen)
Liefert die angegebene Anzahl von Zeichen ab dem Beginn des Textes. Anzahl_Zeichen muss größer als 0 sein. Ist Anzahl_Zeichen größer als die Anzahl der Zeichen im gesamten Text, wird der Text vollständig ausgegeben.

RECHTS(Text;Anzahl_Zeichen)
Liefert die mit Anzahl_ Zeichen definierte Anzahl von Zeichen ab dem Ende der im Argument Text angegebenen Zeichenfolge.

SÄUBERN(Text)
Löscht alle Steuerzeichen aus dem angegebenen Text.

SUCHEN(Suchtext;Text;Beginn)
Liefert die Position des Zeichens, bei dem der Suchtext ab der mit Beginn definierten Position zum ersten Mal in Text auftritt.

T(Wert)
Liefert den Textwert des angegebenen Werts.

TEIL(Text;Beginn;Anzahl_Zeichen)
Liefert einen Teil des angegebenen Textes, wobei der Teil durch die Anfangsposition Beginn und Anzahl_Zeichen definiert ist.

TEXT(Wert;Zahlenformat)
Wandelt den Wert in Text um und verwendet dafür das angegebene Textformat. Das Textformat muss ein mit dem Befehl Zahlenformat... formatierter Text sein.

VERKETTEN(Text1;Text2; ... Textn)
Verknüpft einzelne Textelemente zu einer Zeichenkette.

WECHSELN(Text;Alter Text;Neuer Text;Häufigkeit)
Liefert den mit dem Argument Text angegebenen Text, in dem alle Zeichen, die Alter Text entsprechen, durch die Zeichen ersetzt sind, die als Neuer Text angegeben wurden.

WERT(Text)
Liefert eine Zahl, die im Text dargestellt wird. Text muss die Zahl in der gleichen Darstellung enthalten, wie sie durch Anwendung eines der Formatcodes aufbereitet wird.

WIEDERHOLEN(Text;Multiplikator)
Liefert eine Zeichenfolge des Textes mit der im Multiplikator definierten Länge.

ZEICHEN(Zahl)
Liefert das Zeichen, dessen ASCII-Code mit Zahl definiert ist.

C.8 Logik

FALSCH()
Liefert den logischen Wert FALSCH. Diese Funktion wird in Verbindung mit verschachtelten Funktionen genutzt.

NICHT(Wahrheitswert)
Logische Umkehrung des Arguments. Liefert den umgekehrten Wahrheitswert des Felds Wahrheitswert. Mit WAHR liefert NICHT den Wert FALSCH und umgekehrt.

ODER(Wahrheitswert 1;Wahrheitswert 2)
Liefert den logischen Wert WAHR, wenn mindestens einer der Werte in der Liste WAHR ist. Ist dies nicht der Fall, wird der logische Wert FALSCH ausgegeben.

UND(Wahrheitswert 1;Wahrheitswert 2)
Liefert den logischen Wert WAHR, wenn alle Werte in der Liste WAHR sind. Ist dies nicht der Fall, wird der logische Wert FALSCH ausgegeben.

WAHR()
Liefert den logischen Wert WAHR. Die Funktion wird im Zusammenhang mit verschachtelten Funktionen benutzt.

WENN(Wahrheitsprüfung;Dann-Wert;Sonst-Wert)
Liefert den Dann-Wert, wenn die Wahrheitsprüfung den logischen Wert WAHR ergibt. Ist die Wahrheitsprüfung FALSCH, wird der Sonst-Wert ausgegeben.

WENNFEHLER(Wert;Wert_falls_Fehler)
Gibt einen Wert_falls_Fehler aus, wenn der Ausdruck im ersten Argument einen Fehler produziert.

C.9 Information

FEHLER.TYP(Fehlerwert)
Liefert den bei der Berechnung aufgetretenen Fehlertyp als Zahl.

INFO(Typ)
Gibt Informationen zur aktuellen Betriebssystemsumgebung zurück.

ISTBEZUG(Wert)
Liefert den logischen Wert WAHR, wenn der Wert ein Bezug ist; andernfalls liefert die Funktion den logischen Wert FALSCH.

ISTFEHL(Wert)
Liefert den logischen Wert WAHR, wenn der Inhalt des Felds aus einer Fehlermeldung (außer #NV) besteht; andernfalls liefert die Funktion den logischen Wert FALSCH.

ISTFEHLER(Wert)
Liefert den logischen Wert WAHR, wenn der Inhalt des Felds aus einer Fehlermeldung (z.B. DIV/0!) besteht. Lautet die Fehlermeldung NV!, so ist das Ergebnis der logische Wert FALSCH.

ISTGERADE(Zahl)
Liefert WAHR, wenn die Zahl gerade ist.

ISTKTEXT(Wert)
Liefert den logischen Wert WAHR, wenn der Inhalt des Felds keinen Text enthält. Ist dies nicht der Fall, wird der logische Wert FALSCH ausgegeben.

ISTLEER(Wert)
Liefert den logischen Wert WAHR, wenn der Inhalt des Felds bzw. des Bereichs leer ist. Ist dies nicht der Fall, wird der logische Wert FALSCH ausgegeben.

ISTLOG(Wert)
Liefert den logischen Wert WAHR, wenn der Inhalt des Felds aus einem logischen Wert besteht. Ist dies nicht der Fall, wird der logische Wert FALSCH ausgegeben.

ISTNV(Wert)
Liefert den logischen Wert WAHR, wenn der Inhalt des Felds aus dem Fehlerwert #NV besteht. Ist dies nicht der Fall, wird der logische Wert FALSCH ausgegeben.

ISTTEXT(Wert)
Liefert den logischen Wert WAHR, wenn ein Feld einen Text enthält. Ist dies nicht der Fall, wird der logische Wert FALSCH ausgegeben.

ISTUNGERADE(Zahl)
Liefert WAHR, wenn die Zahl ungerade ist.

ISTZAHL(Wert)
Liefert den logischen Wert WAHR, wenn ein Feld einen numerischen Wert enthält. Ist dies nicht der Fall, wird der logische Wert FALSCH ausgegeben.

N(Wert)
Liefert den numerischen Wert des Felds, wobei eine Zahl gleich bleibt, der logische Wert WAHR in eine 1 umgewandelt und alles andere als eine Null ausgegeben wird.

NV()
Liefert den Fehlerwert #NV (Wert ist nicht verfügbar). Bezieht sich eine Funktion auf einen Bereich, der ein Feld mit dem Inhalt #NV enthält, so wird als Ergebnis der Wert #NV geliefert.

TYP(Wert)
Liefert den Datentyp des angegebenen Werts, wobei der Wert Zahl dem Typ 1, der Wert Text dem Typ 2, der Wert Wahrheitswert dem Typ 4, der Wert Fehlerwert dem Wert 16 und der Wert Matrix dem Typ 64 entspricht.

ZELLE(Infotyp;Bezug)
Liefert Informationen über Formatierung, Position oder Inhalt des oberen linken Felds im Bezug.

C.10 Technisch

BESSELI(x;n)
Liefert die modifizierte Bessel-Funktion In(x).

BESSELJ(x;n)
Liefert die Bessel-Funktion Jn(x).

BESSELK(x;n)
Liefert die modifizierte Bessel-Funktion In(x).

BESSELY(x;n)
Liefert die Bessel-Funktion Yn(x).

BININDEZ(Zahl)
Wandelt eine binäre Zahl (Dualzahl) in eine dezimale Zahl um.

BININHEX(Zahl;Stellen)
Wandelt eine binäre Zahl (Dualzahl) in eine hexadezimale Zahl um.

BININOKT(Zahl;Stellen)
Wandelt eine binäre Zahl (Dualzahl) in eine Oktalzahl um.

DELTA(Zahl1:Zahl2)
Überprüft, ob zwei Werte gleich sind.

DEZINBIN(Zahl)
Wandelt eine dezimale Zahl (Dualzahl) in eine binäre Zahl um.

DEZINHEX(Zahl;Stellen)
Wandelt eine dezimale Zahl (Dualzahl) in eine hexadezimale Zahl um.

DEZINOKT(Zahl;Stellen)
Wandelt eine Dezimalzahl in eine Oktalzahl um.

GAUSSFEHLER(Untere_Grenze;Obere_Grenze)
Gibt die Gauß'sche Fehlerfunktion zurück.

GAUSSF.GENAU(x)
Gibt die Gauß'sche Fehlerfunktion mit Untergrenze zurück.

GAUSSFKOMPL(x)
Gibt das Komplement zur Gauß'schen Fehlerfunktion zurück.

GAUSSFKOMPL.GENAU(x)
Gibt das Komplement zur Gauß'schen Fehlerfunktion zurück.

GGANZZAHL(Zahl:Schritt)
Überprüft, ob eine Zahl größer als ein Schwellenwert ist.

HEXINBIN(Zahl)
Wandelt eine hexadezimale Zahl in eine binäre Zahl um.

HEXINDEZ(Zahl;Stellen)
Wandelt eine hexadezimale Zahl in eine dezimale Zahl um.

HEXINOKT(Zahl;Stellen)
Wandelt eine hexadezimale Zahl in eine Oktalzahl um.

IMABS(Komplexe_Zahl)
Liefert den Absolutbetrag einer komplexen Zahl.

IMAGINÄRTEIL(Komplexe_Zahl)
Liefert den Imaginärteil einer komplexen Zahl.

IMAPOTENZ(Komplexe_Zahl;Potenz)
Potenziert eine komplexe Zahl mit einer ganzen Zahl.

IMARGUMENT()
Liefert den Winkel zum Bogenmaß zur Darstellung der komplexen Zahl in trigonometrischer Schreibweise.

IMCOS(Komplexe_Zahl)
Liefert den Kosinus einer komplexen Zahl.

IMDIV(Komplexe_Zahl1;Komplexe_Zahl2)
Liefert den Quotient zweier komplexer Zahlen.

IMEXP(Komplexe_Zahl)
Gibt die algebraische Form einer in exponentieller Form vorliegenden komplexen Zahl zurück.

IMKONJUGIERTE(Komplexe_Zahl)
Liefert die konjugierte Zahl zu einer komplexen Zahl.

IMLN(Komplexe_Zahl)
Liefert den natürlichen Logarithmus einer komplexen Zahl.

IMLOG10(Komplexe_Zahl)
Liefert den Logarithmus einer komplexen Zahl zur Basis 10.

IMLOG2(Komplexe_Zahl)
Liefert den Logarithmus einer komplexen Zahl zur Basis 2.

IMPRODUKT(Komplexe_Zahl1;Komplexe_Zahl2; ... Komplexe_Zahln)
Liefert das Produkt von 2 bis 29 komplexen Zahlen.

IMREALTEIL(Komplexe_Zahl)
Liefert den Realteil einer komplexen Zahl.

IMSIN(Komplexe_Zahl)
Liefert den Sinus einer komplexen Zahl.

IMSUB(Komplexe_Zahl1;Komplexe_Zahl2)
Liefert die Differenz zweier komplexer Zahlen.

IMSUMME(Komplexe_Zahl1;Komplexe_Zahl2; ... Komplexe_Zahln)
Liefert die Summe komplexer Zahlen.

IMWURZEL(Komplexe_Zahl)
Liefert die Quadratwurzel einer komplexen Zahl.

KOMPLEXE(Realteil;Imaginärteil;Suffix)
Wandelt den Realteil und Imaginärteil in eine komplexe Zahl um.

OKTINBIN(Zahl)
Wandelt eine oktale Zahl in eine binäre Zahl um.

OKTINDEZ(Zahl;Stellen)
Wandelt eine oktale Zahl in eine dezimale Zahl um.

OKTINHEX(Zahl;Stellen)
Wandelt eine oktale Zahl in eine hexadezimale Zahl um.

UMWANDELN(Zahl;Von_Maßeinheit;In_Maßeinheit)
Wandelt eine Zahl von einem Maßsystem in ein anderes Maßsystem um.

C.11 Cube

CUBEELEMENT(Verbindung;Element_Ausdruck; Beschriftung)
Gibt ein Element oder ein Tupel aus dem Cube zurück. Wird verwendet, um zu überprüfen, ob das Element oder Tupel im Cube vorhanden ist.

CUBEELEMENTEIGENSCHAFT(Verbindung; Element_Ausdruck;Eigenschaft)
Gibt den Wert einer Elementeigenschaft aus dem Cube zurück. Damit wird geprüft, ob ein Elementname im Cube vorhanden ist, und die angegebene Eigenschaft für dieses Element wird zurückgegeben.

CUBEKPIELEMENT(Verbindung;kpi_Name; kpi_Eigenschaft;Beschriftung)
Gibt die Eigenschaft eines Key Performance Indicators (KPI) zurück und zeigt den KPI-Namen in der Zelle an.

CUBEMENGE(Verbindung;Menge_Ausdruck; Beschriftung;Sortierreihenfolge;sortieren_nach)
Definiert einen berechneten Satz von Elementen oder Tupeln, indem ein Satzausdruck an den Cube auf dem Server gesendet wird.

CUBEMENGENANZAHL(Menge)
Gibt die Anzahl der Elemente in einem Satz zurück.

CUBERANGELEMENT(Verbindung;Menge_ Ausdruck;Rang;Beschriftung)
Gibt das n-te oder n-rangige Element in einer Menge zurück. Wird verwendet, um mindestens ein Element in einer Menge zurückzugeben.

CUBEWERT(Verbindung;Element_Ausdruck1; Element_Ausdruck2...)
Gibt einen aggregierten Wert aus dem Cube zurück.

C.12 Kompatibilität/umbenannte Funktionen

In Excel 2010 wurden einige Funktionen aus Excel 2007 umbenannt, damit sie besser den wissenschaftlichen Definitionen entsprechen. Die nachfolgende Liste enthält eine Gegenüberstellung der alten und neuen Funktionsnamen. Es wird empfohlen, mit den neuen Funktionen zu arbeiten, die früheren Funktionen stehen aber nach wie vor zur Verfügung und werden unterstützt. Achten Sie aber darauf, dass einige neue Funktionen zusätzliche oder geänderte Argumente haben. Der Funktions-Assistent bietet für diese Funktionen eine eigene Kategorie *Kompatibilität* an.

Funktion alt	Funktion neu
BETAINV()	BETA.INV()
BETAVERT()	BETA.VERT()
BINOMVERT()	BINOM.VERT()
CHINV()	CHIQU.INV(), CHIQU.INV.RE()
CHITEST()	CHIQU.TEST()
CHIVERT()	CHIQU.VERT()
EXPONVERT()	EXPON.VERT()
FINV()	F:INV(), F.INV.RE()
FTEST()	F.TEST()
FVERT()	F.VERT(), F.VERT.RE()
GAMMAINV()	GAMMA.INV()
GAMMAVERT()	GAMMA.VERT()
GTEST()	G.TEST()
HYPGEOMVERT()	HYPGEOM.VERT()
KONFIDENT()	KONFIDENZ.NORM(), KONFIDENZ.T()
KOVAR()	KOVARIANZ.P(), KOVARIANZ.S()
KRITBINOM()	BINOM.INV()
LOGINV()	LOGNORM.INV()
LOGNORMVERT()	LOGNORM.VERT()
MODALWERT()	MODUS.VIELF(), MODUS.EINF()
NEGBINOMVERT()	NEGBINOM.VERT()
NORMINV()	NORM.INV()
NORMWERT()	NORM.VERT()
POISSON()	POISSON.VERT()
QUANTIL()	QUANTIL.EXKL(), QUANTIL.INKL()
QUANTILSRANG()	QUANTILSRANG.EXKL(), QUANTILSRANG.INKL()
QUARTILE()	QUARTILE.EXKL(), QUARTILE.INKL()
RANG()	RANG.GLEICH(), RANG.MITTELW()
STABW()	STABW.S()
STABWN()	STABW.N()
STANDNORMINV()	NORM.S.INV()
STANDNORMVERT()	NORM.S.VERT()

Funktion alt	Funktion neu
TINV()	T.INV.2S(), T.INV()
TTEST()	T.TEST()
TVERT()	T.VERT.2S(), T.VERT.RE()
VARIANZ()	VAR.S()
VARIANZEN()	VAR.P()
WEIBULL()	WEIBULL.VERT()

C.13 Alphabetische Funktionsliste

Funktion	Erklärung
ABRUNDEN()	Rundet eine Zahl gegen null ab
ABS()	Gibt den Absolutbetrag einer Zahl zurück.
ACHSENABSCHNITT()	Gibt die Anfangsordinate einer Regressionsgeraden zurück.
ADRESSE()	Gibt eine Zelladresse zurück.
AGGREGAT()	Liefert das Aggregat einer Liste oder eines benannten Bereiches.
AMORDEGRK()	Gibt die anteilige lineare Abschreibung eines Wirtschaftsguts mit einem Abschreibungskoeffizienten zurück.
AMORLINEARK()	Gibt die anteilige lineare Abschreibung eines Wirtschaftsguts zurück.
ANZAHL()	Zählt die Anzahl von Zahlen in der Liste der Argumente.
ANZAHL2()	Zählt die Anzahl von Werten in der Liste der Argumente.
ANZAHLLEEREZELLEN()	Zählt die leeren Zellen in einem Zellbereich.
ARBEITSTAG()	Liefert das Datum vor oder nach einer Anzahl von Arbeitstagen.
ARBEITSTAG.INTL()	Liefert das Datum vor oder nach einer Anzahl von Arbeitstagen mit variablen Wochenendtagen.
ARCCOS()	Gibt den Arkuskosinus einer Zahl zurück.
ARCCOSHYP()	Gibt den umgekehrt hyperbolischen Kosinus einer Zahl zurück.
ARCSIN()	Gibt den Arkussinus einer Zahl zurück.
ARCSINHYP()	Gibt den umgekehrt hyperbolischen Sinus einer Zahl zurück.
ARCTAN()	Gibt den Arkustangens einer Zahl zurück.
ARCTAN2()	Gibt den Arkustangens von x- und y-Koordinaten zurück.
ARCTANHYP()	Gibt den umgekehrt hyperbolischen Tangens einer Zahl zurück.
AUFGELZINS()	Gibt die aufgelaufenen Zinsen für ein Wertpapier zurück.
AUFGELZINSF()	Gibt die aufgelaufenen Zinsen (Stückzinsen) eines Wertpapiers zurück, die bei Fälligkeit ausgezahlt werden.
AUFRUFEN()	Startet eine Prozedur in einer DLL (Dynamic Link Library) oder Coderessource.

Funktion	Erklärung
AUFRUNDEN()	Rundet eine Zahl entgegen null auf.
AUSZAHLUNG()	Gibt den Auszahlungsbetrag eines Wertpapiers am Fälligkeitstermin zurück.
BAHTTEXT()	Wandelt eine Zahl in Thai-Text mit dem Suffix »Baht« um.
BEREICH.VERSCHIEBEN()	Gibt einen Bezug zurück, der gegenüber einem anderen Bezug verschoben ist. Dabei kann die Höhe und Breite des Bezugs variiert werden.
BEREICHE()	Gibt die Anzahl der Bereiche zurück, die angegeben werden.
BESSELI()	Liefert die modifizierte Bessel-Funktion In(x).
BESSELJ()	Liefert die Bessel-Funktion Jn(x).
BESSELK()	Liefert die modifizierte Bessel-Funktion Kn(x).
BESSELY()	Liefert die Bessel-Funktion Yn(x).
BESTIMMTHEITSMASS()	Gibt das Quadrat des Pearson´schen Korrelationskoeffizienten zurück.
BETA.INV()	Gibt Quantile der Betaverteilungsfunktion zurück.
BETA.VERT()	Gibt Wahrscheinlichkeiten einer binomialverteilten Zufallsvariablen zurück.
BININDEZ()	Wandelt eine binäre Zahl (Dualzahl) in eine dezimale Zahl um
BININHEX()	Wandelt eine binäre Zahl (Dualzahl) in eine hexadezimale Zahl um
BININOKT()	Wandelt eine binäre Zahl (Dualzahl) in eine oktale Zahl um
BINOM.INV()	Gibt die kumulierten Wahrscheinlichkeiten einer binomialverteilten Zufallsvariable zurück.
BINOM.VERT()	Gibt Wahrscheinlichkeiten einer binomialverteilten Zufallsvariable zurück.
BOGENMASS()	Wandelt Werte von Grad ins Bogenmaß um.
BRTEILJAHRE()	Berechnet den Zeitraum zwischen zwei Datumswerten in Jahren.
BW()	Gibt den Barwert einer Investition zurück.
CHIQU.INV()	Gibt die Perzentile der linksseitigen Chi-Quadrat-Verteilung zurück.
CHIQU.INV.RE()	Gibt die Perzentile der rechtsseitigen Chi-Quadrat-Verteilung zurück.
CHIQU.TEST()	Gibt die Teststatistik eines Chi-Quadrat-Unabhängigkeitstests zurück.
CHIQU.VERT()	Gibt Werte der linksseitigen Verteilungsfunktion (1-Alpha) einer Chi-Quadrat-verteilten Zufallsgröße zurück.
CHIQU.VERT.RE()	Gibt Werte der rechtsseitigen Verteilungsfunktion (1-Alpha) einer Chi-Quadrat-verteilten Zufallsgröße zurück.
CODE()	Gibt die Codezahl des Textes aus.
COS()	Gibt den Kosinus einer Zahl zurück.
COSHYP()	Gibt den hyperbolischen Cosinus einer Zahl zurück.
CUBEELEMENT()	Gibt ein Element oder Tupel in einem Cube zurück.
CUBEELEMENTEIGENSCHAFT()	Gibt den Wert einer Elementeigenschaft aus dem Cube zurück.
CUBEKPIELEMENT()	Gibt Eigenschaft und Measure eines Key Performance Indicators (KPI) zurück und zeigt den Namen des KPI in der Zelle an.

Funktion	Erklärung
CUBEMENGE()	Definiert einen berechneten Satz von Elementen oder Tupeln.
CUBEMENGENANZAHL()	Gibt die Anzahl der Elemente in einem Datensatz zurück.
CUBERANGELEMENT()	Gibt das Element eines Cubes zurück, das dem angegebenen Rang entspricht.
CUBEWERT()	Gibt einen aggregierten Wert aus dem Cube zurück.
DATUM()	Liefert die serielle Zahl aus einem Datumstext.
DATWERT()	Wandelt einen Text in ein Datum um.
DBANZAHL()	Gibt die Anzahl der Datensätze aus, die Bedingungen aus dem Suchkriterienbereich erfüllen.
DBANZAHL2()	Ermittelt die nicht leeren Felder, die Bedingungen aus dem Suchkriterienbereich erfüllen. Ohne Feldangabe wird die Anzahl der Felder der Datenbank ausgegeben.
DBAUSZUG()	Wählt die Datensätze aus, die mit den Suchkriterien übereinstimmen.
DBMAX()	Ermittelt die größte Zahl in einem angegebenen Feld.
DBMIN()	Ermittelt die kleinste Zahl in einem angegebenen Feld.
DBMITTELWERT()	Bildet den Mittelwert aller Zahlen in einem Feld.
DBPRODUKT()	Multipliziert alle Werte in einem angegebenen Feld.
DBSTDABW()	Ermittelt die Standardabweichung (durch Schätzung) mit Werten aus einem angegebenen Feld.
DBSTDABWN()	Ermittelt die Standardabweichung (normal) mit Werten aus einem angegebenen Feld.
DBSUMME()	Summiert alle Werte in einem angegebenen Feld.
DBVARIANZ()	Ermittelt durch Schätzung einer Stichprobe die Varianz einer Grundgesamteinheit mit Werten aus einem angegebenen Feld.
DBVARIANZEN()	Ermittelt die Varianz einer Grundgesamteinheit mit Werten aus einem angegebenen Feld.
DELTA()	Überprüft, ob zwei Werte gleich sind.
DEZINBIN()	Wandelt eine dezimale Zahl in eine binäre Zahl (Dualzahl) um.
DEZINHEX()	Wandelt eine dezimale Zahl in eine hexadezimale Zahl um.
DEZINOKT()	Wandelt eine dezimale Zahl in eine oktale Zahl um.
DIA()	Gibt die arithmetisch-degressive Abschreibung eines Wirtschaftsguts zurück.
DISAGIO()	Gibt den Abschlag (Disagio) eines Wertpapiers zurück.
DM()	Wandelt eine Zahl in Text im Währungsformat um.
DURATION()	Gibt die jährliche Duration eines Wertpapiers mit periodischen Zinszahlungen zurück.
EDATUM()	Liefert die Datumszahl eines Tages, der n Monate vom Ausgangsdatum entfernt ist.
EFFEKTIV()	Gibt die jährliche Effektivverzinsung zurück.
ERSETZEN()	Ersetzt einen Text in der Zelle durch einen anderen.
EUROCONVERT()	Wird mit dem Add-In Euroconverter installiert. Das Add-In ist nicht mehr besonders aktuell, es rechnet Währungen um, die es längst nicht mehr gibt.

Funktion	Erklärung
EXP()	Potenziert die Basis e mit der als Argument angegebenen Zahl.
EXPON.VERT()	Gibt die exponentielle Verteilung zurück.
F.TEST()	Gibt die Teststatistik eines F-Testes zurück.
F.VERT()	Liefert Werte der Verteilungsfunktion (1-Alpha) einer linksseitigen F-verteilten Zufallsvariablen.
F.VERT.RE()	Liefert Werte der Verteilungsfunktion (1-Alpha) einer rechtsseitigen F-verteilten Zufallsvariablen.
FAKULTÄT()	Gibt die Fakultät einer Zahl zurück.
FALSCH()	Gibt den logischen Wert FALSCH zurück.
FEHLER.TYP()	Liefert die Information über einen aufgetretenen Formelfehler.
FEST()	Formatiert eine Zahl als Text mit festen Nachkommastellen.
FINDEN()	Findet eine Textstelle im angegebenen Text.
FINV()	Liefert die Perzentile der linksseitigen F-Verteilung.
FINV.RE()	Liefert die Perzentile der rechtsseitigen F-Verteilung.
FISHER()	Liefert die Fisher-Transformation.
FISHERINV()	Liefert die Umkehrung der Fisher-Transformation.
G.TEST()	Liefert die einseitige Prüfstatistik für einen Gauß-Test (Normalverteilung).
GAMMA.INV()	Liefert Quantile der Gammaverteilung.
GAMMA.VERT()	Gibt die Gammaverteilung zurück.
GAMMALN()	Liefert den natürlichen Logarithmus der Gammafunktion, (x).
GAMMALN.GENAU()	Liefert den natürlichen Logarithmus der Gammafunktion, (x).
GANZZAHL()	Rundet eine Zahl bis zur nächsten geraden Ganzzahl auf.
GAUSSF.GENAU()	Liefert die Gauß´sche Fehlerfunktion (mit Untergrenze)
GAUSSFEHLER()	Liefert die Gauß'sche Fehlerfunktion (mit Ober- und Untergrenze)
GAUSSFKOMPL()	Liefert das Komplement zur Gauß'schen Fehlerfunktion
GAUSSFKOMPL.GENAU()	Liefert das Komplement zur Gauß'schen Fehlerfunktion
GDA()	Gibt die degressive Doppelraten-Abschreibung eines Wirtschaftsguts für eine Periode zurück.
GDA2()	Gibt die geometrisch-degressive Abschreibung eines Wirtschaftsguts für eine bestimmte Periode zurück.
GEOMITTEL()	Gibt den geometrischen Mittelwert zurück.
GERADE()	Rundet eine positive Zahl auf die nächste gerade Ganzzahl auf und eine negative Zahl auf die nächste gerade Ganzzahl ab.
GESTUTZTMITTEL()	Gibt den Mittelwert eines Datensatzes ohne seine Werte an den Rändern zurück.
GetUserDefaultLCID	Eine API-Funktion für die Benutzerkennung von Windows.
GGANZZAHL()	Überprüft, ob eine Zahl größer als ein gegebener Schwellenwert ist.

Funktion	Erklärung
GGT()	Gibt den größten gemeinsamen Teiler (Divisor) zurück.
GLÄTTEN()	Entfernt die Leerzeichen aus einer Zelle.
GRAD()	Wandelt Werte im Bogenmaß in Grad um.
GROSS()	Wandelt Text in Großschrift um.
GROSS2()	Wandelt Text in Großschrift/Kleinschrift um.
HARMITTEL()	Gibt das harmonische Mittel zurück.
HÄUFIGKEIT()	Gibt eine Häufigkeitsverteilung als vertikale Matrix zurück.
HEUTE()	Liefert das aktuelle Tagesdatum.
HEXINBIN()	Wandelt eine hexadezimale Zahl in eine binäre Zahl (Dualzahl) um.
HEXINDEZ()	Wandelt eine hexadezimale Zahl in eine dezimale Zahl um.
HEXINOKT()	Wandelt eine hexadezimale Zahl in eine oktale Zahl um.
HYPERLINK()	Erstellt eine Verknüpfung auf Zellen, Dateien oder HTML-Adressen.
HYPGEOM.VERT()	Gibt die hypergeometrische Verteilung zurück.
IDENTISCH()	Prüft zwei Zeichenfolgen ab, ob diese identisch sind.
IKV()	Gibt den internen Zinsfuß einer Investition ohne Finanzierungskosten oder Reinvestitionsgewinne zurück.
IMABS()	Liefert den Absolutbetrag (Modul) einer komplexen Zahl.
IMAGINÄRTEIL()	Liefert den Imaginärteil einer komplexen Zahl.
IMAPOTENZ()	Potenziert eine komplexe Zahl mit einer ganzen Zahl.
IMARGUMENT()	Liefert den Winkel im Bogenmaß zur Darstellung der komplexen Zahl in trigonometrischer Schreibweise.
IMCOS()	Liefert den Kosinus einer komplexen Zahl.
IMDIV()	Liefert den Quotient zweier komplexer Zahlen.
IMEXP()	Liefert die algebraische Form einer in exponentieller Schreibweise vorliegenden komplexen Zahl.
IMKONJUGIERTE()	Liefert die konjugierte komplexe Zahl zu einer komplexen Zahl.
IMLN()	Liefert den natürlichen Logarithmus einer komplexen Zahl.
IMLOG10()	Liefert den Logarithmus einer komplexen Zahl zur Basis 10.
IMLOG2()	Liefert den Logarithmus einer komplexen Zahl zur Basis 2.
IMPRODUKT()	Liefert das Produkt von 2 bis 29 komplexer Zahlen.
IMREALTEIL()	Liefert den Realteil einer komplexen Zahl.
IMSIN()	Liefert den Sinus einer komplexen Zahl.
IMSUB()	Liefert die Differenz zweier komplexer Zahlen.
IMSUMME()	Liefert die Summe komplexer Zahlen.
IMWURZEL()	Liefert die Quadratwurzel einer komplexen Zahl.

Funktion	Erklärung
INDEX()	Gibt den Inhalt einer Zelle zurück, die sich im Schnittpunkt der angegebenen Zeile und Spalte befindet.
INDIREKT()	Gibt den Bezug einer Zelladresse zurück, die in Textform vorliegt.
INFO()	Liefert Informationen zu der aktuellen Betriebssystemumgebung.
ISPMT()	Gibt den Zinssatz für gleich große Rückzahlungsraten zurück.
ISTBEZUG()	Gibt WAHR zurück, wenn der Wert ein Bezug ist.
ISTFEHL()	Gibt WAHR zurück, wenn der Wert ein beliebiger Fehler mit Ausnahme von #NV ist.
ISTFEHLER()	Gibt WAHR zurück, wenn der Wert ein beliebiger Fehler ist.
ISTGERADE()	Gibt WAHR zurück, wenn die Zahl gerade ist.
ISTKTEXT()	Gibt WAHR zurück, wenn der Wert keinen Text darstellt.
ISTLEER()	Liefert den Wert WAHR, wenn der Wert leer ist.
ISTLOG()	Gibt WAHR zurück, wenn der Wert ein logischer Wert ist.
ISTNV()	Gibt WAHR zurück, wenn der Wert der Fehlerwert #NV ist.
ISTTEXT()	Gibt WAHR zurück, wenn der Wert Text darstellt.
ISTUNGERADE()	Gibt WAHR zurück, wenn die Zahl ungerade ist.
ISTZAHL()	Liefert WAHR, wenn der Wert eine Zahl ist.
JAHR()	Wandelt eine serielle Zahl in eine Jahreszahl um.
JETZT()	Liefert das Tagesdatum und die aktuelle Uhrzeit.
KALENDERWOCHE()	Wandelt ein Datum in die Kalenderwoche um.
KAPZ()	Ermittelt die Tilgung für einen Kredit.
KGRÖSSTE()	Liefert den k-größten Wert eines Datensatzes.
KGV()	Gibt das kleinste gemeinsame Vielfache zurück.
KKLEINSTE()	Liefert den k-kleinsten Wert eines Datensatzes.
KLEIN()	Wandelt Text in Kleinschrift um.
KOMBINATIONEN()	Gibt die Anzahl von Kombinationen für eine gegebene Anzahl von Objekten zurück.
KOMPLEXE()	Wandelt den Real- und Imaginärteil in eine komplexe Zahl um.
KONFIDENZ.NORM()	Ermöglicht die Berechnung des 1-Alpha-Konfidenzintervalls für den Erwartungswert einer Zufallsvariablen.
KONFIDENZ.T()	Ermöglicht die Berechnung des 1-Alpha-Konfidenzintervalls für den Erwartungswert einer t-verteilten Zufallsvariable.
KORREL()	Liefert den Korrelationskoeffizienten von zwei Datensätzen.
KOVARIANZ.P()	Gibt die Kovarianz, den Mittelwert des Produkts von Abweichungspaaren, zurück.
KOVARIANZ.S()	Gibt die Kovarianz einer Stichprobe, den Mittelwert des Produkts von Abweichungspaaren, zurück.
KRITBINOM()	Gibt den kleinsten Wert zurück, für den die kumulierten Wahrscheinlichkeiten der Binomialverteilung größer oder gleich einer Grenzwahrscheinlichkeit sind.

Funktion	Erklärung
KUMKAPITAL()	Berechnet den Wert, der für die Tilgung eines Darlehens für einen bestimmten Zeitraum aufgebracht wird.
KUMZINSZ()	Berechnet die kumulierten Zinsen für einen zu definierenden Zeitraum.
KURS()	Gibt den Kurs eines verzinslichen Wertpapiers zurück.
KURSDISAGIO()	Gibt den Kurs eines unverzinslichen Wertpapiers zurück.
KURSFÄLLIG()	Gibt den Kurs eines Wertpapiers zurück, das Zinsen am Fälligkeitsdatum auszahlt.
KURT()	Liefert die Kurtosis (Exzess) eines Datensatzes.
KÜRZEN()	Kürzt eine Zahl auf eine ganze Zahl.
LÄNGE()	Gibt die Länge eines Textes (Anzahl der Buchstaben) aus.
LIA()	Liefert die lineare Abschreibung eines Wirtschaftsguts pro Periode.
LINKS()	Gibt den linken Teil einer Zelle aus.
LN()	Gibt den natürlichen Logarithmus einer Zahl zurück.
LOG()	Gibt den Logarithmus einer Zahl zu einer angegebenen Basis zurück.
LOG10()	Gibt den Logarithmus zur Basis 10 einer Zahl zurück.
LOGNORM.INV()	Gibt die Perzentile der Lognormalverteilung zurück.
LOGNORM.VERT()	Gibt die Werte der Verteilungsfunktion einer lognormalverteilten Zufallsvariablen zurück.
MAX()	Gibt den maximalen Wert einer Liste von Argumenten zurück.
MAXA()	Gibt den maximalen Wert einer Liste von Argumenten mit Zahlen, Text und Wahrheitswerten zurück.
MDET()	Gibt die Determinante einer Matrix zurück.
MDURATION()	Gibt die geänderte Dauer eines Wertpapiers zurück.
MEDIAN()	Gibt den Median der gegebenen Zahlen zurück.
MIN()	Gibt den minimalen Wert einer Liste von Argumenten zurück.
MINA()	Gibt den minimalen Wert einer Liste von Argumenten zurück, einschließlich Zahlen, Text und logischer Werte.
MINUTE()	Wandelt eine serielle Zahl in Minuten um.
MINV()	Gibt die inverse Matrix einer Matrix zurück.
MITTELABW()	Gibt die durchschnittliche absolute Abweichung von Datenpunkten von ihrem Mittelwert zurück.
MITTELWERT()	Gibt den Mittelwert der Argumente zurück.
MITTELWERTA()	Gibt den Mittelwert der zugehörigen Argumente, die Zahlen, Text und Wahrheitswerte enthalten, zurück
MITTELWERTWENN()	Gibt den Durchschnittswert (arithmetisches Mittel) für alle Zellen in einem Bereich zurück, die einem angegebenen Kriterium entsprechen.
MITTELWERTWENNS()	Gibt den Durchschnittswert (arithmetisches Mittel) aller Zellen zurück, die mehreren Kriterien entsprechen.
MMULT()	Gibt das Matrixprodukt zweier Matrizen zurück.
MODALWERT()	Gibt den häufigsten Wert einer Datengruppe zurück.

Funktion	Erklärung
MODUS.EINF()	Gibt den am häufigsten vorkommenden Wert in einer Datengruppe oder einem Array zurück.
MODUS.VIELF()	Gibt ein vertikales Array der am häufigsten vorkommenden Werte in einer Datengruppe oder einem Array zurück
MONAT()	Wandelt eine serielle Zahl in einen Monat um.
MONATSENDE()	Liefert den letzten Tag des Monats, der n Tage vom Ausgangsdatum entfernt ist.
MTRANS()	Gibt die transponierte Matrix einer Matrix zurück.
N()	Gibt einen Wert zurück, der in eine Zahl umgewandelt wurde.
NBW()	Gibt den Nettobarwert einer Investition zurück.
NEGBINOM.VERT()	Gibt die Wahrscheinlichkeit einer negativen Binomialverteilung zurück.
NETTOARBEITSTAGE()	Liefert die Anzahl Arbeitstage, die zwischen zwei Datumswerten liegen.
NETTOARBEITSTAGE.INTL()	Liefert die Anzahl der Arbeitstage zwischen zwei Datumswerten mit benutzerdefinierten Wochenenden.
NICHT()	Kehrt die Logik des Arguments um, das in der Formelklammer angegeben wird.
NOMINAL()	Gibt die jährliche Nominalverzinsung zurück.
NORM.INV()	Gibt die Perzentile der Normalverteilung zurück.
NORM.S.INV()	Gibt die Perzentile der Standardnormalverteilung zurück.
NORM.S.VERT()	Gibt Werte der Verteilungsfunktion standardmäßiger, normalverteilter Zufallsvariablen zurück.
NORM.VERT()	Gibt Wahrscheinlichkeiten einer normalverteilten Zufallsvariable zurück.
NOTIERUNGBRU()	Konvertiert eine dezimale Notierung in einen gemischten Dezimalbruch.
NOTIERUNGDEZ()	Konvertiert eine Notierung im Dezimalbruch in eine Dezimalzahl.
NV()	Gibt den Fehlerwert #NV zurück.
OBERGRENZE()	Rundet eine Zahl bis zur nächsten ganzen Zahl oder bis zum nächsten Vielfachen von einem Schritt auf.
OBERGRENZE.GENAU()	Rundet eine Zahl auf das kleinste Vielfache von Schritt auf.
ODER()	Gibt WAHR zurück, wenn eines der Argumente in der Klammer WAHR ist.
OKTINBIN()	Wandelt eine oktale Zahl in eine binäre Zahl (Dualzahl) um.
OKTINDEZ()	Wandelt eine oktale Zahl in eine dezimale Zahl um.
OKTINHEX()	Wandelt eine oktale Zahl in eine hexadezimale Zahl um.
PEARSON()	Gibt den Pearson´schen Korrelationskoeffizienten zurück.
PI()	Gibt den Wert von Pi zurück.
PIVOTDATENZUORDNEN()	Gibt die konsolidierten Werte einer Pivot-Tabelle zurück.
POISSON.VERT()	Gibt Wahrscheinlichkeiten einer poissonverteilten Zufallsvariablen zurück.
POLYNOMIAL()	Gibt das Polynom einer Reihe von Zahlen zurück.
POTENZ()	Gibt das Ergebnis einer potenzierten Zahl zurück.

Funktion	Erklärung
POTENZREIHE()	Gibt die Summe von Potenzen auf Basis der Formel zurück.
PRODUKT()	Multipliziert seine Argumente.
QIKV()	Gibt den modifizierten internen Zinsfuß zurück.
QUADRATESUMME()	Gibt die Quadratsumme der Argumente zurück.
QUANTIL.EXKL()	Gibt das Alpha-Quantil einer Gruppe von Daten mit k im Bereich von 0 bis 1 ausschließlich zurück.
QUANTIL.INKL()	Gibt das Alpha-Quantil einer Gruppe von Daten mit k im Bereich von 0 bis 1 einschließlich zurück.
QUANTILSRANG.EXKL()	Gibt den prozentualen Rang (Alpha) eines Werts in einem Datenbereich als Prozentsatz des Bereiches (0 bis 1 ausschließlich) zurück.
QUANTILSRANG.INKL()	Gibt den prozentualen Rang (Alpha) eines Werts in einem Datenbereich als Prozentsatz des Bereiches (0 bis 1 einschließlich) zurück.
QUARTILE.EXKL()	Gibt die Quartile eines Datensatzes zurück, basierend auf Perzentilwerten von 0 bis 1 ausschließlich.
QUARTILE.INKL()	Gibt die Quartile eines Datensatzes zurück, basierend auf Perzentilwerten von 0 bis 1 einschließlich.
QUOTIENT()	Gibt den ganzzahligen Teil einer Division zurück.
RANG.GLEICH()	Liefert den Rang, den eine Zahl innerhalb einer Liste von Zahlen einnimmt, bei mehreren Werten den obersten Rang.
RANG.MITTELW()	Liefert den Rang, den eine Zahl innerhalb einer Liste von Zahlen einnimmt, bei mehreren Werten den durchschnittlichen Rang.
RECHTS()	Gibt den rechten Teil der Zelle aus.
REGISTER.KENNUMMER()	Gibt die Registrierkennung der angegebenen DLL bzw. der vorher registrierten Coderessource zurück.
RENDITE()	Gibt die Rendite eines verzinslichen Wertpapiers zurück.
RENDITEDIS()	Gibt die Rendite eines unverzinslichen Wertpapiers zurück.
RENDITEFÄLL()	Gibt die Rendite eines Wertpapiers zurück, das Zinsen am Fälligkeitsdatum auszahlt.
REST()	Gibt den Rest einer Division zurück.
RGP()	Berechnet die Statistik für eine Linie unter Verwendung der Methode der kleinsten Quadrate.
RKP()	Berechnet in Regressionsanalysen eine Exponentialkurve.
RÖMISCH()	Wandelt eine arabische Zahl in eine römische Zahl als Text um.
RMZ()	Regelmäßige Zahlungen einer Annuität.
RTD()	Ruft Daten aus einem Programm ab, das die COM-Automatisierung unterstützt.
RUNDEN()	Rundet eine Zahl auf eine angegebene Anzahl von Ziffern.
SÄUBERN()	Entfernt alle nicht druckbaren Zeichen aus dem Text.
SCHÄTZER()	Gibt den Schätzwert für den linearen Trend zurück.
SCHIEFE()	Gibt die Schiefe einer Verteilung zurück.
SEKUNDE()	Wandelt eine Zahl in eine Sekunde um.

Funktion	Erklärung
SIN()	Gibt den Sinus eines gegebenen Winkels zurück.
SINHYP()	Gibt den hyperbolischen Sinus einer Zahl zurück.
SPALTE()	Gibt die Spaltennummer oder die Spaltennummer eines Bezugs aus.
SPALTEN()	Gibt die Anzahl der Spalten eines Bezugs zurück.
SQL.REQUEST()	Stellt eine Verbindung zu einer externen Datenquelle her.
STABW.N()	Berechnet die Standardabweichung einer Grundgesamtheit.
STABW.S()	Schätzt die Standardabweichung auf der Grundlage einer Stichprobe.
STABWA()	Schätzt die Standardabweichung auf der Grundlage einer Stichprobe einschließlich logischer Werte und Text.
STABWNA()	Berechnet die Standardabweichung auf Grundlage einer Grundgesamtheit, einschließlich Text und logischer Werte.
STANDARDISIERUNG()	Gibt einen standardisierten Wert zurück.
STEIGUNG()	Gibt die Steigung einer Regressionsgeraden zurück.
STFEHLERYX()	Liefert den Standardfehler der geschätzten y-Werte für alle x-Werte der Regression.
STUNDE()	Wandelt eine Zahl in eine Stunde um.
SUCHEN()	Sucht eine Textstelle im angegebenen Text.
SUMME()	Addiert die Argumente.
SUMMENPRODUKT()	Gibt die Summe der Produkte von entsprechenden Matrixkomponenten zurück.
SUMMEWENN()	Addiert Zellen, die mit den Suchkriterien übereinstimmen.
SUMMEWENNS()	Addiert Zellen, die mit einer Gruppe von Suchkriterien übereinstimmen.
SUMMEX2MY2()	Gibt die Summe der Differenz zusammengehöriger Werte in zwei Matrizen zurück.
SUMMEX2PY2()	Summiert für zusammengehörige Komponenten zweier Matrizen die Summen der Quadrate.
SUMMEXMY2()	Summiert für zusammengehörige Komponenten zweier Matrizen die quadrierten Differenzen.
SUMQUADABW()	Gibt die Summe von quadrierten Abweichungen zurück.
SVERWEIS()	Gibt den Wert in einer Liste zurück, der sich in der gleichen Spalte mit dem Suchkriterium befindet.
T()	Wandelt die Argumente einer Formel in Text um.
T.INV()	Gibt die linksseitige Quantile der t-Verteilung (Student) zurück.
T.INV.2S()	Gibt die zweiseitige Quantile der t-Verteilung (Student) zurück.
T.TEST()	Liefert die Teststatistik eines t-Tests (Student).
T.VERT()	Gibt die t-Verteilung (Student) der linken Endfläche zurück.
T.VERT.2S()	Gibt die t-Verteilung (Student) für zwei Endflächen zurück.
T.VERT.RE()	Gibt die t-Verteilung (Student) der rechten Endfläche zurück.
TAG()	Wandelt eine serielle Zahl in eine Tageszahl um.

Funktion	Erklärung
TAGE360()	Berechnet die Anzahl der zwischen zwei Tagen liegenden Tage, ausgehend von 360 Tagen pro Jahr.
TAN()	Gibt den Tangens einer Zahl zurück.
TANHYP()	Gibt den hyperbolischen Tangens einer Zahl zurück.
TBILLÄQUIV()	Gibt die jährliche Verzinsung eines Schatzwechsels (Treasury Bill) zurück.
TBILLKURS()	Gibt den Kurs eines Schatzwechsels (Treasury Bill) zurück.
TBILLRENDITE()	Gibt die Rendite eines Schatzwechsels (Treasury Bill) zurück.
TEIL()	Gibt einen Teil der Zelle aus.
TEILERGEBNIS()	Liefert ein Teilergebnis einer Liste oder Datenbank.
TEXT()	Wandelt eine Zahl in Text um (mit Zahlenformat).
TREND()	Gibt Werte zurück, die sich aus einem linearen Trend ergeben.
TYP()	Gibt eine Zahl zurück, die den Datentyp eines Werts anzeigt.
UMWANDELN()	Wandelt eine Zahl von einem Maßsystem in ein anderes um.
UND()	Gibt WAHR zurück, wenn alle Argumente in der Klammer WAHR sind.
UNGERADE()	Rundet eine Zahl bis zur nächsten ungeraden Ganzzahl auf.
UNREGER.KURS()	Gibt den Kurs eines Wertpapiers mit einem unregelmäßigen ersten Zinstermin zurück.
UNREGER.REND()	Gibt die Rendite eines Wertpapiers mit einem unregelmäßigen ersten Zinstermin zurück.
UNREGLE.KURS()	Gibt den Kurs eines Wertpapiers mit einem unregelmäßigen letzten Zinstermin zurück.
UNREGLE.REND()	Gibt die Rendite eines Wertpapiers mit einem unregelmäßigen letzten Zinstermin zurück.
UNTERGRENZE()	Rundet eine Zahl gegen null ab.
UNTERGRENZE.GENAU()	Rundet eine Zahl auf die nächste Ganzzahl oder auf das nächste Vielfache von Schritt ab.
VAR.P()	Berechnet die Varianz, ausgehend von der Grundgesamtheit ohne logische Werte und Texte.
VAR.S()	Berechnet die Varianz, ausgehend von einer Stichprobe ohne logische Werte und Texte.
VARIANZA()	Schätzt die Varianz ausgehend von einer Stichprobe einschließlich Text und Wahrheitswerten.
VARIANZENA()	Berechnet die Varianz ausgehend von der Grundgesamtheit einschließlich Text und Wahrheitswerte.
VARIATION()	Gibt Werte zurück, die sich aus einem exponentiellen Trend ergeben.
VARIATIONEN()	Gibt die Anzahl von Variationen für eine gegebene Anzahl von Objekten zurück.
VDB()	Gibt die degressive Doppelraten-Abschreibung eines Wirtschaftsgutes für eine bestimmte Periode zurück.
VERGLEICH()	Sucht in einer Matrix nach einem Suchbegriff und gibt die Position der Fundstelle aus.
VERKETTEN()	Verknüpft mehrere Texte zu einem Text.
VERWEIS()	Gibt den Wert in einer Liste zurück, der sich in einer anderen Spalte mit dem Suchkriterium befindet.
VORZEICHEN()	Gibt das Vorzeichen einer Zahl zurück.
VRUNDEN()	Gibt eine auf das gewünschte Vielfache gerundete Zahl zurück.

Funktion	Erklärung
WAHL()	Gibt einen Wert aus einer Liste von Werten zurück, die mit dem ersten Argument indiziert wird.
WAHR()	Gibt den logischen Wert WAHR zurück.
WAHRSCHBEREICH()	Liefert die Wahrscheinlichkeit für ein von zwei Werten eingeschlossenes Intervall.
WECHSELN()	Wechselt einen Text in der Zelle durch einen anderen.
WEIBULL.VERT()	Gibt Wahrscheinlichkeiten einer Weibull-verteilten Zufallsvariablen zurück.
WENN()	Gibt einen durchzuführenden logischen Test an.
WENNFEHLER()	Gibt einen Fehlerwert aus, wenn ein Ausdruck fehlerhaft ist, andernfalls den Ausdruck selbst bzw. dessen Ergebnis.
WERT()	Wandelt einen Text in eine Zahl um.
WIEDERHOLEN()	Wiederholt einen Text so oft, wie im zweiten Argument angegeben.
WOCHENTAG()	Wandelt eine fortlaufende Zahl in einen Wochentag um.
WURZEL()	Gibt eine positive Quadratwurzel zurück.
WURZELPI()	Gibt die Quadratwurzel von (Zahl * Pi) zurück.
WVERWEIS()	Gibt den Wert in einer Liste zurück, der sich in der gleichen Zeile mit dem Suchkriterium befindet.
XINTZINSFUSS()	Gibt den internen Zinsfuß einer Reihe nicht periodisch anfallender Zahlungen zurück.
XKAPITALWERT()	Gibt den Nettobarwert einer Reihe nicht periodisch anfallender Zahlungen zurück.
ZÄHLENWENN()	Zählt die nicht leeren Zellen eines Bereichs, deren Inhalte mit den Suchkriterien übereinstimmen.
ZÄHLENWENNS()	Zählt die Anzahl der Zellen eines Bereichs, deren Inhalte durch die angegebenen Bedingungen bestimmt werden.
ZEICHEN()	Gibt das Zeichen der angegebenen Codezahl zurück.
ZEILE()	Gibt die Nummer der Zeile oder die Zeilennummer eines Bezugs aus.
ZEILEN()	Gibt die Anzahl der Zeilen eines Bezugs aus.
ZEIT()	Liefert die serielle Zahl eines Zeitwerts.
ZEITWERT()	Wandelt einen Text in eine Zeit um.
ZELLE()	Gibt Informationen zur Formatierung, Position oder dem Inhalt der Zelle zurück.
ZINS()	Gibt den Zinssatz einer Annuität pro Periode zurück.
ZINSSATZ()	Gibt den Zinssatz eines voll investierten Wertpapiers zurück.
ZINSTERMNZ()	Gibt das Datum des ersten Zinstermins nach dem Abrechnungstermin zurück.
ZINSTERMTAGE()	Gibt die Anzahl Tage einer Zinsperiode (inklusive Abrechnungstermin) zurück.
ZINSTERMTAGNZ()	Gibt die Anzahl der Tage vom Abrechnungstermin bis zum nächsten Zinstermin zurück.
ZINSTERMTAGVA()	Gibt die Anzahl der Tage vom Anfang des Zinstermins bis zum Abrechnungstermin zurück.
ZINSTERMVZ()	Gibt das Datum des letzten Zinstermins vor dem Abrechnungstermin zurück.
ZINSTERMZAHL()	Gibt die Anzahl der Zinstermine zwischen Abrechnungs- und Fälligkeitsdatum zurück.

Funktion	Erklärung
ZINSZ()	Ermittelt Zinsbeträge für eine zu definierende Periode.
ZUFALLSBEREICH()	Gibt eine Zufallszahl zwischen den von Ihnen angegebenen Zahlen zurück.
ZUFALLSZAHL()	Gibt eine Zufallszahl zwischen 0 und 1 zurück.
ZW()	Gibt den zukünftigen Wert einer Investition zurück.
ZW2()	Gibt den aufgezinsten Wert des Anfangskapitals für eine Reihe periodisch unterschiedlicher Zinssätze zurück.
ZWEIFAKULTÄT()	Gibt die Fakultät mit Schrittlänge 2 einer Zahl zurück.
ZZR()	Berechnet, wie viele Zahlungsperioden benötigt werden, um einen Kredit zu tilgen.

Stichwortverzeichnis

Q

R

S

U

V